2018 年度教育部哲学社会科学研究
后期资助重大项目（18JHQ007）

张金龙

著

北魏社会经济制度研究

上

中华书局

图书在版编目（CIP）数据

北魏社会经济制度研究/张金龙著. —北京:中华书局,2023.11
(2025.1重印)
ISBN 978-7-101-16361-2

Ⅰ.北…　Ⅱ.张…　Ⅲ.中国经济-经济制度-经济史-研究-
北魏　Ⅳ.F129.392

中国国家版本馆 CIP 数据核字（2023）第 193728 号

书　　　名	北魏社会经济制度研究（全二册）
著　　　者	张金龙
责任编辑	胡　珂
责任印制	陈丽娜
封面设计	周　玉
出版发行	中华书局
	（北京市丰台区太平桥西里 38 号　100073）
	http://www.zhbc.com.cn
	E-mail:zhbc@zhbc.com.cn
印　　　刷	北京中科印刷有限公司
版　　　次	2023 年 11 月第 1 版
	2025 年 1 月第 2 次印刷
规　　　格	开本/920×1250 毫米　1/32
	印张 31⅛　插页 4　字数 740 千字
印　　　数	2001-3500 册
国际书号	ISBN 978-7-101-16361-2
定　　　价	144.00 元

目　录

【上篇】　俸禄制及相关问题

【中篇】　均田制及相关问题

【下篇】　三长制及相关问题

【下篇】　三长制及相关问题

前　言

——本书各章内容提要

　　本书的研究对象以历史上的经济制度为主,属于历史学和经济学研究的共同领域,具有交叉学科的性质。著者虽然是专业的历史学研究者,但在四十年前大学学习时即曾接受马克思主义政治经济学的教育,近年除了充分关注本书所关涉领域的专业论著外,还研读了包括马克思主义经典作家著作在内的西方经济学家的大量论著,同时对其它学科门类的经典著作也多有参阅,大大开阔了眼界,这对于从历史学和经济学等多个维度以及从中外比较的视角进行观察和分析颇有助益,便于对相关问题作进一步的认识和思考。北魏俸禄制(包括惩贪条款)、均田制和三长制(包括新税制)虽然都以经济制度为主,但又不是纯粹的经济制度,还涉及统治的其它方面,因而对相关制度的考察也就不能仅仅局限于经济史的范围。事实上,经济史本身也不完全是对历史上的经济问题的单纯性研究,而是与其它学科领域多有关联,或者说必须同时注意到经济以外的问题才能看得更为透彻。对于制度史的研究来说,尤其需要关注其时代背景,因为"过去的制度只能在结合它们的背景考察时才能被理解"。在英国著名法律史家威廉·迈特兰(1850—1906)看来,"离开人类本身,任何人类思想和制度都不会存在,都不会有自己的生命"①。因此,制度史研究应该充分重视人的因素——制定和执行制度的人以及受制度规范和制约的人。

诺贝尔经济学奖得主道格拉斯·诺斯(1920—2015)认为,"只有在制度演化的历史话语中,才能理解过去"②。就本书的研究对象而言,对制度演化或变迁的研究无疑也是理解北魏历史的十分重要的途径,同时由于以俸禄制、均田制和三长制、新税制为核心的改革新政产生了长远的历史影响,故而这一研究对于理解北魏以后的历史——特别是直到唐朝中叶为止的均田制时代的历史——也具有重要的参考价值。不单单是经济制度,其实就政治制度、社会制度等其它方面的制度而论,诺斯之言同样具有普适性。毫无疑问,制度史研究是理解过去的根本性途径,自然也是认识历史的必由之路,是历史研究最不容忽视的一个领域。由于"在技术状况方面没有经历过任何重大的变动",故而技术要素对中国古代农业生产或者说传统农业社会的经济发展的影响,在大多数情况下便可忽略不计③,而制度因素即国家有关的政策法

----

① 美国历史学家斯开勒对英国中世纪史家塞缪尔·迈特兰及其孙子威廉·迈特兰历史认识论的归纳,见《历史精神的体现者:弗莱德利克·威廉·迈特兰》,《美国历史协会主席演说集(1949——1960)》,第 44、50 页。

② 〔美〕道格拉斯·C·诺斯:《制度、制度变迁与经济绩效》,第 1 页。

③ 德·希·珀金斯认为:"在华北平原,二十世纪使用的绝大多数工具早在北魏时代(公元五世纪),甚至在汉朝就已经很驰名。尤其令人吃惊的是,至少在十四世纪以后,中国任何地方使用的工具都没有什么明显的变化。"(《中国农业的发展(1368—1968 年)》,第 45、68 页)陈振汉认为:"我国的农业生产技术和劳动生产率,直到解放的时候(有的方面甚至到今天为止),与历史上两汉魏晋南北朝相比,没有多大差别。"(《我国历史上国民经济的发达和落后及其原因》,《社会经济史学论文集》,第 660 页)

规如田制、税制等的影响力便凸显出来,成为认识社会经济发展状况的关键因素。对于北魏社会经济史而言,孝文帝中叶的社会经济制度改革无疑是最为关键的环节,很有必要以之为线索纵横贯通,进行全面而深入的探析。

本书分为上、中、下三篇,以北魏孝文帝时代实行的俸禄制、均田制和三长制为中心,对整个北魏时期的社会经济制度进行动态考察,力图将微观分析与宏观综合结合起来,最大限度地呈现北魏社会经济制度变迁的细节和全貌。兹将各章的内容提要略述于此,以供读者参考。

序章《拓跋鲜卑的狩猎与北魏前期畜牧业》。拓跋鲜卑本为东北渔猎部族,南迁匈奴故地前后开始出现了畜牧业。北魏建国以后半个多世纪,狩猎活动仍然非常活跃,狩猎之地先在京城之北的豺山,太武帝以后转移到河西牧场和阴山猎场,河西和漠南地区也是北魏最重要的畜牧业区域,饲养的马、牛、羊和骆驼、鹿等动物为牧民和北魏国家提供了大量的皮毛及肉食。正是由于能够保证北魏统治阶层游牧和狩猎活动的场所,提供了维持其民族传统所需的生活用品,道武帝在京畿地区的离散部落措施才得以顺利实施。游牧于漠南的高车(敕勒)部族以及在河西牧场的非汉族部落是北魏最主要的牧民,也有像在秀容川从事畜牧业的契胡部尔朱氏等个别小区域的游牧部族。对北魏前期诸帝的出巡情况的考察有助于了解当时的狩猎情况。经济目的——解决文臣武将以及军队的供给问题,应该是狩猎的最重要的动机。通过狩猎,既可获得生活资料,又能够锻炼拓跋将士的军事本领,有利于军队战斗力的提高。历次战争中获得大量赏赐的鲜、汉官僚贵族大多有自己的家族产业,一般都是农牧业兼营。北魏前期统治机构中有专门负责狩猎的部门——游猎曹或羽猎曹,管理畜牧业的官职有太仆卿、驾部尚书及牧曹尚书、都牧给事、典牧令、龙牧曹奏事中散和左牧令、驼牛都尉等。

第一章《北魏前期官贵的经济来源》。孝文帝太和八年（484）俸禄制班行前的百年间，北魏官贵经济收入主要有四大途径：一是通过经营"产业"积累财富，北魏前期大多数地方长官都是由有"家财"者充任，官贵之家"治生求利"相当普遍，以农业生产为主的家庭经济活动是官吏致富的重要渠道。虽然也有官贵通过商业活动而牟利，但由于当时商品货币经济并不发达，农业生产仍然是官贵家庭经济活动的主要方式。二是在持续半个世纪的征服兼并战争中，北魏朝廷通过对掠夺物的"赏赐"或"班赐"而对包括俘虏在内的战利品进行再分配，成为官贵获取财富的基本方式。"赏赐"是因特殊原因对个别官贵临时赐予财物，"班赐"则是普遍性地向贵族官吏将士乃至庶民百姓赐予财物。此外，一些将领有时还会私自进行掳掠以增加财富。三是官吏贪污现象颇为突出，在朝廷的默许下，"取给于民"成为北魏前期地方长官最主要的经济来源，文成帝以后相继实施了地方长官卸任审计制度和官员考绩制度，为改善吏治提供了一定的制度基础。北魏前期大多数地方官通过贪婪搜刮来增加财富，长此以往必将导致吏治败坏，对巩固统治十分不利。四是官贵通过封爵而得到相应的经济待遇，他们在获得赐爵后即有可能按一定比例食封国（爵）租税（国秩、爵秩），同时也会得到数量不等的事力（国吏、群隶）作为亲恤、干禄，以获取经济收入。此外，也有一些清廉的官吏及其家人在维持生计方面遇到困难，有时还不得不接受他人的救济。

第二章《俸禄制的班行及其背景》。与秦汉魏晋南朝不同，北魏开国近一个世纪百官无禄，吏治腐败与此关系颇大。在参考《周礼》和两汉魏晋制度的基础上，孝文帝太和八年六月下诏班禄,并规定"罢诸商人"、增收户调及严惩赃罪。班禄诏显示,北魏地方官府与商人关系密切,地方官府中大概存在着类似隋朝公廨田的田产,其收获物需通过商业贸易或发放高利贷而牟利,也不排除商人作为包税商负责赋税征收的可能性。约在俸禄制班行前十年左右,实行俸禄制的建议已被提出且有零星官"禄"的记载,表明俸禄制是在总结之前相关经验的基础上加以定型和成熟化的产物。俸禄制实施的前提是政府财政收入的增加,在与班禄诏同时颁布的新的税制中,民户的赋税额度为帛五匹、絮二斤、丝一斤、粟二十二石九斗及调外帛二匹,比之前增加帛三匹二丈、粟二石九斗。比之原先的户调有较大程度的提高,民众的负担在短期内必然有所加重。针对废止俸禄制的提议,中书监高闾从历史、现实和理论相结合的角度,系统阐述了实施俸禄制的必要性及其政治作用——俸禄制实施后官吏的贪赃枉法行为将受到遏制,民众的实际负担则会减轻,有利于更好地加强统治。

第三章《俸禄制的惩贪条款及其式微》。北魏建国近百年间百官无禄,成为贪官污吏不断滋生的一大原因,地方长官直接治民,方便聚敛财富,故贪赃枉法尤为普遍。吏治腐败加剧了民众负担,而政府的税收也受到影响,严重威胁北魏王朝的统治基础。在北魏建立以后的半个多世纪,朝廷虽曾屡次下诏强调肃明吏治,但总的来看对贪赃枉法行为仍以纵容或默许为主。文成帝以后北魏朝廷开始比较重视制定相应的制度法规来改善地方吏治,文成帝定制对卸任地方长官进行审计并予以奖惩,太上皇(献文帝)执政时正式颁布考绩制度,对地方长官的监督迈上新的台阶。孝文帝班行俸禄制时,规定了相当严厉的惩贪条款,对贪赃枉法者严惩不贷,同时对官吏的渎职采取黜免或削夺俸禄的处罚以示惩戒,北魏吏治有了极大的改善,呈现出前所未有的政治清明的局面。北魏晚期政治日趋黑暗,法律弛废,俸禄制的惩贪条款形同虚设,贪官污吏多因遇赦而得以逃避严惩,贪奢之风弥漫官场,吏治腐败触目惊心,整个官僚系统腐朽不堪,统治危机日甚一日,终致一发而不可收拾,成为导致北魏政权崩溃的主要原因之一。

第四章《北魏均田制的理论来源》。太和九年(485)十月,北魏孝文帝下诏班行均田制,其主旨是要限制豪强兼并,劝课农桑,务尽地利,"兴富民之本",实现"天下太平,百姓丰足"的理想社会。通过实行合理的土地制度,使民众与土地紧密结合,发展农业生产,从而实现社会的和谐稳定。这与现代人类社会追求"和平"与"发展"的主流观念具有高度一致性,彰显了巨大的进步性。出身于儒学世家赵郡李氏的李安世向孝文帝提出实施均田的建议,为制定均田制提供了理论基础。实施均田制是为了解决"民困饥流散,豪右多有占夺"的社会现实问题,缩小贫富差距,以达到"同富约之不均,一齐民于编户"及"家丰岁储,人给资用"的目标。均田疏的理论渊源是孔子"均无贫"的学说及孟子的井田说,而均田制同《周礼》所载井田制之间有明显的继承性,两者的基本原则颇有相通之处,但均田制绝不是对井田制的全盘复制和生搬硬套,而是一定程度上参照井田制的受田原理,在综合考虑各方面细节的基础上,制定出的一套完备可行的土地法令。

第五章《北魏均田制颁行的时代背景》。北魏建国以来,历代统治者都比较重视农业生产,先后实行了"计口受田"和"人牛力相贸"等重要制度。孝文帝初年定制"一夫制治田四十亩,中男二十亩",已是均田制的雏形。均田制的几个基本法则,在均田令颁布前都已确立。均田制实施前近十年间,大规模的灾荒接连不断,民众的死亡和逃亡以及豪强的兼并,严重影响政府的财源和社会的稳定,北魏王朝采取了许多措施以缓解危机。要改变"地有遗利，民无余财"的现状，使下层百姓摆脱"争亩畔以亡身"以及"因饥馑以弃业"的悲惨境地，唯有更好地发挥土地和劳动力的效能，使民众具备能够保障自身生存并承担国家赋税徭役的能力。经过一系列探索，在总结北魏旧制并参照前代中原王朝制度基础上，历史上第一部完备的土地法规——均田制应运而生。这是北魏统治集团吸取儒家经典中的治国方略，总结历史经验教训，反思北魏前期农业政策和土地制度，尤其是对解决连续不断的灾荒侵袭的方案进行充分反思之后，所作的经济体制的革命性变革。

第六章 《北魏均田令条文释义（一）——"露田"相关问题疏证》。北魏均田令将田地分为"露田""桑田"和"麻田"三类，其中露田具有主体性地位，其受田对象包括男夫、妇人（十五岁以上的已婚成年男、女）及奴婢、丁牛。"露田"一词乃北魏均田令首创，其得名盖因田地不受树荫遮蔽而暴露于野之故，与西欧中世纪庄园制中不植树的"广为开放"的广田或敞地（open field）制度相似。露田属国有土地，有受有还，禁止在其上种树。奴婢依良人受田，既是对官僚贵族和豪强大族的优待，也表明政府对原本依附于豪强的荫户拥有全格管理权，同时又有为被卖作奴婢的流亡饥民生计着想的考量。良人达到课税年龄即受露田，年老免课或死亡则要还田，奴婢和丁牛是有则受、无则还，受田与否要看其是否具有耕、织能力。丁牛受田限四头，有利于维护富裕自耕农阶层的利益，同时也有鼓励民户养牛的目的。露田受田大率为倍田，在多数地区一夫一妇实际受田亩数应为（40+20）×2＝120亩，若为"三易之田"则为（40+20）×3＝180亩，这既是考虑轮休以便缓解地力，也便于日后对民户田地数额随受田人口变动而进行相应地调整。民户所受露田尽可能连片集中，以便于耕作，而采取"先贫后富"的步骤，则体现了抑制豪强的目的。北魏均田令中露田受田的规定,与西晋占田制中课田的规定相似,很可能具有因袭关系。

第七章 《北魏均田令条文释义(二)——"桑田"相关问题疏证》。"桑田"即专门用于栽种桑树以养蚕的田地,无还受之限,一旦拥有便成为民户的家庭私产。桑田从总体上计入民户应受露田之倍田数额,按均田制受田标准计算,民户已有土地若在满足桑田和露田之倍田数额后仍有盈余,则盈余部分可以继续占有和使用并获取收益,但在拥有者死后则要上交国家。承认民户土地占有的既成事实,有利于促进土地的利用和生产的发展,同时也为家庭人口数量和年龄结构变化后田地的调整提供了方便。初次受田的民户,男夫和男奴一人给桑田二十亩,须栽种桑树五十棵、枣树五棵、榆树三棵,而不宜种桑树的地区则是男夫给田一亩,需按规定栽种榆树和枣树。作为私有土地的桑田无课税义务,但通过强制种树的规定使民户能够保证调绢的缴纳,也就间接地将征收租调的内涵体现于桑田之中。桑田上须栽种桑、榆、枣树的强制规定,除了缴纳调绢及满足民众衣被之需的考量外,还因为桑、榆、枣树具有备荒和药用等多方面的社会经济价值。此外,晋人喜食枣的传统以及医家徐謇可能参与均田令的制定,推测与均田令中此一规定有关。种树御荒乃中国古代治道之传统,桑田中种树的规定有利于解决灾荒问题,也体现了北魏政府颁布均田制的宗旨。井田制下"余二十亩以为庐舍"及"还庐树桑",孟子言"五亩之宅,树之以桑,五十者可以衣帛矣",北魏桑田的规定或受其启发而来。本章附节考察了《齐民要术》所载产品买卖与商品经济:成书于东魏初年的《齐民要术》为认识北魏均田制实施以后农林牧副渔各业生产情况提供了第一手资料,除大忙的六、九月和寒冷的正、十二月外,一年中有八个月都可见到买卖活动,买卖之物包括粮食、蔬菜、果·木、花草、牲畜五大类数十个品种,基本都是必不可少的生产生活资料和用品。

第八章 《北魏均田令条文释义(三)——"麻田"及其它问题疏证》。不宜蚕桑之地的男夫、妇人及奴婢可受"麻田"十五亩,据"皆从还受之法"推断,麻田也可倍之、再倍之。麻田用于种植大麻,生产的麻纤维可满足征税所需调麻、布匹和民众的衣被等生活所需,同时麻子作为五谷之一亦有食用价值(粮食、油料、麻汁饮料),且宜于长期保存,备荒价值颇高。均田对象除了成年男女及丁牛外,还给老(七十岁以上)、小(十一至十四岁)及残疾人等弱势人群授以半夫田,年逾七十者可不退还所受田地,寡妇守志不改嫁者即使不再课税也授给妇田,体现了儒家的民本思想,也符合良善社会的宗旨。规定每年正月进行露田和麻田的还受,是因为正月为一年之始且为农闲之时。土广民稀("宽乡")和人口稠密之地("狭乡")的受田有不同规定,宽乡在受田之外若有余力可向官府租佃以扩大耕种面积,狭乡因难以满足"进丁"(男子成年结婚,女子嫁入为妇)受田之需,允许民户到宽乡垦荒,对不愿迁移者亦有明确的受田规定。又规定"新居者"的宅田和园地为一亩,奴婢为良人的六成,且成丁男女须在其田地上人均种菜五分之一亩,体现了均田令欲解决"民困饥流散"的宗旨。无论正田还是倍田或再倍之田,一人所受田地应集中连片;若有新进丁需受田,或者次丁已受田而进为正丁后扩大受田面积,尽可能选择在原有田地旁就近受田。若同时受田则采取"先贫后富"的步骤,也是均田制"同富约之不均,一齐民于编户"宗旨的体现。被徙边地者若无子孙而在故乡不再有家室,以及因故而绝户者,其原有园宅地和桑田全部收归国有并重新分配,授受之余则给其亲属,而在未授之时则借给其亲属,可避免因绝户而使原有熟田抛荒,也可增加公田面积,有利于缓解因进丁等原因而产生的对公田的需求。最后一条是关于地方官"公田"的规定,目的是为了保障地方官府的办公费用。此与始于隋朝的"职分田"无关,而是隋"公廨田"的前身。

第九章《北魏均田制颁布和实施的时间问题》。魏收于北齐初年所撰《魏书》之《高祖纪上》载孝文帝太和九年十月丁未下诏在全国实施均田,《食货志》亦载太和九年下诏行均田之制,其后相关文献的记载均无歧异。《魏书·李安世传》载其上疏中有"三长既立,始返旧墟"之语,史家谓"后均田之制起于此矣",而《高祖纪下》载太和十年二月甲戌"初立"三长,两制始行时间存在矛盾。现代学者就均田制和三长制实施的时间先后问题提出了不少看法,或通过对均田、三长两制内涵的解释以调和文献记载的矛盾,或谓《魏书》关于两制尤其是均田制颁行时间的记载有误,认为均田制的颁行是在三长制之后。本章对现代学界代表性的观点进行评述,考析相关史料并提出明确证据,认为均田制的颁布在太和九年十月的记载毋庸置疑,而其完全落实则经过了数年时间,《高祖纪下》所载太和十四年十二月壬午诏可以看作是全面推行均田制的标志。

第十章《北魏均田制的实施与破坏》。史书中关于北魏均田制实施的记载颇为零星,难以窥其大略。北朝后期的三通碑铭和文书资料为认识北魏均田制的实施提供了重要的实物证据。西魏大统四年(538)《白实等造中兴寺石像记》记载宗氏家族成员施地兴建佛教功德之事,除白田(即露田或倍田)外,宅田、园田、麻田等田地名称均见于北魏均田令,是均田制在当地实施的铁证。作为北朝均田和赋税制度实施的最重要的实物证据,西魏大统十三年(547)敦煌籍帐文书亦有助于认识北魏均田制的实施情况,文书所见"麻""正""园"田即北魏均田令中的"麻田""露田""居住园宅",本章选取刘文成和叩延天富两户为例对相关问题进行了具体分析。北齐武成帝大宁二年(562)所立《标异乡义慈惠石柱颂》记载严氏家族成员在东魏武定四年(546)及其后两次"各舍课田"建立义坊之事,"世业课田"显示在河清三年(564)令颁布前东魏境内麻田已具世业性质,均田制老免还田、以丁男(女)作为受田对象的规定均有所体现。均田制的实施是为了抑制豪强,限制地权的过度集中,但在现实社会生活中,土地买卖和兼并仍时有发生,在公权力侵蚀和政局动荡的影响下,北魏晚期均田制的相关规定被突破的情形日趋严重。

第十一章《北魏均田制研究史述要》。北魏孝文帝太和九年颁布的均田制,是中国历史上第一部完整的土地法规,历史影响深远。近百年来学界对均田制展开了大量研究,研究的中心议题包括:均田制的渊源和实施背景问题,均田制的目的和作用及其实施情况,以及均田制的性质问题。关于均田制的渊源,一般是从北魏百年历史发展及中原传统土地制度中探寻,大多追溯到北魏初年以来实施的计口授田以及西晋的占田制,或进一步上溯到曹魏屯田制、汉代名田制、战国授田制、西周井田制等,既强调北魏初前期制度的影响,又认为均田制的渊源具有多面性。关于北魏均田制出现的原因或背景,往往是同其目的和作用结合起来进行考察,主要是在分析李安世均田疏及孝文帝均田诏相关内容的基础上进行论述,谓实施均田制就是为了解决豪强兼并、贫富分化而导致的民众贫穷饥馑的严峻的社会现实问题,认为均田制既有抑制豪强兼并的一面,同时更强调均田制是为了鼓励垦荒发展农业生产,目的是使无主荒田与无地农民结合起来,在恢复北魏农业生产上发挥了积极作用。关于均田制的性质,也就是其所体现的土地所有权问题,主要是围绕均田制是土地国有制还是私有制,抑或两者兼而有之、孰轻孰重的问题展开论述。也有个别学者强调均田制体现了拓跋鲜卑的农村公社性质,或者是具有公社残余的一种封建土地所有制度。总的来看,学界关于北魏均田制的认识还存在较大分歧,应该说尚未形成最后定论。关于北魏均田制的所有制性质,唐代均田制时代的法律法规——《唐律疏议》——可提供重要参证,总的来看,唐代均田制的私有制性质略强于北魏,反映了土地私有化随时代变化而加强的趋势。结合古代罗马法、《拿破仑法典》以及近代以来思想家对所有权概念的比较一致的定义——使用权、受益权和处分权,可以说北魏均田制是一种以私有制为主的混合经济制度,这种制度有利于推动社会经济的发展。

第十二章《孝文帝改革前北魏赋税制度的变化》。从北魏建立到北方统一的半个世纪,最重要的财源即是战争掠夺。北魏赋税制度脱胎于战时财政体制,而且较长一段时期主要是为战争服务的。北魏统一北方过程中,在进行战争掠夺的同时,即开始向农业人口征收赋税,随着时间的推移农业税在财政收入中的比重逐渐提高。在太和八年俸禄制颁布之前约百年间,北魏税制经历了从临时性的租赋征发到"九品混通"、再到"租粟三等九品之制"的变化。太武帝太延元年(435)开始,北魏农业人口的赋税为每户调帛二匹、絮二斤、丝一斤及租粟二十石,还有"调外之费"帛一匹二丈;延兴三年(473)七月后"河南六(七)州之民户收绢一匹、绵一斤、租三十石"。太和八年六月班行俸禄制,赋税额度调整为帛五匹、絮二斤、丝一斤、粟二十二石九斗及调外帛二匹。赋税及其缴纳(运费等)是广大农民的沉重负担,但也应该看到,为了巩固在占领区的统治,也是为了保证赋税的征收,北魏统治者采取了一系列鼓励农业生产的措施,成为社会经济发展的重要推动力。税制的变化一定程度上也反映了北魏王朝治理能力和对地方控制力的不断强化。

第十三章《从宗主督护制到三长制》。北魏前期没有县以下地方基层行政组织,主要依靠强宗大族控制基层社会,以宗族中的年高德劭者或强力人物为"宗主督护",协助地方官府进行统治。北魏前期的宗主督护制与具有悠久历史的印度和俄罗斯等国的"村落"体制有一定的相似性。认为均田制实施前北魏境内坞壁遍地、坞壁主"长期割据地方",是完全没有史实依据的臆断。在北方统一社会安定的局面下,坞壁的存在既无必要,也不会被允许。坞壁具有军事性,坞主是武装起来的流民帅,是战争年代的产物;宗主督护制下的基层社会仅仅具有社会性和经济性,宗主是和平年代基层社会的宗族领袖。李显甫开李鱼川的事迹虽然有助于宗族社会的认识,但却与北魏前期的宗主督护制毫无关系。太和十年二月"初立党、里、邻三长,定民户籍",同时还有新税制和社会救助的相关制度颁布。在接到李冲上奏后,北魏朝廷广泛征求官僚集团意见,针对中书令郑羲等人提出的异议,冯太后认为"立三长,则课有常准,赋有恒分,苟荫之户可出",孝文帝立三长诏进一步说明了设立三长制的宗旨和意义。通过均田制吸引流亡人口或依附于豪强的"苟荫之户",再通过三长制"定民户籍"以保证赋税徭役的征发,极大地提高了北魏政府控制基层社会的能力,有利于抑制地方豪强和加强中央集权。

第十四章《北魏新税制的确立及其它》。均田制意在吸引民众主动脱离豪强大族的控制而成为编户齐民,三长制则是通过有计划的普查和清理户籍而将豪强大族荫附下的民户检括出来,变成政府所控制的纳税服役人口,新税制以"均徭省赋"为原则,目的在于减轻民众负担,有利于吸引荫户脱离豪强控制,从而增加国家的财政收入。俸禄制班行后每户赋税额度有较大程度增加,然而仅仅过了一年多时间,北魏政府便对税制进行了彻底改革,在设立三长的同时颁布了更为公平合理的新税制,帛一匹或布一匹、粟二石(实际还要再缴绵八两或麻十五斤)大体上即为一户均田农民所应负担的赋税额度。三长制设立、新税制颁布后,北魏实际的纳税人口约为四百万至五百万户(孝文帝后期至孝明帝前期),则全国一年的赋税总额约为绢四百至五百万匹、粟八百至一千万石、绵三百二十至四百万斤或麻六千至七千五百万斤。李彪提出的和籴和屯田方案,史载得到孝文帝赞赏并予以"施行",然其抽调全国编户十分之一进行屯田的方案可能并未真正落实,屯田的收入也就无从确定。除了以户调名目征收的农业税,北魏的财政收入中还应包括畜牧业以及盐业、矿业和官营手工业等方面的收入,主要体现为实物税,尤以河东盐池的盐税最为重要。此外,还应该有城市市场税等其它收入。本章附节考察了西魏大统文书所见的租调制度:大统十三年敦煌籍帐文书是有关北朝经济制度最重要的实物证据,文书所体现的调布、麻的征收额度,与孝文帝改革后的北魏新税制比较相符。文书中户等高低只与租额相挂钩,但与调布、麻的多少无关,体现的也是北魏税制的精神。

第十五章《三长制的源流、职能和作用》。北魏三长制的构想源于《周礼》关于地方行政组织系统的规定:邻长、里长、党长分别相当于《周礼》乡遂系统之邻长、里宰、酂长,党长又是对《周礼》乡党系统"党正"之名的效法,其职能应该还参考了《周礼》军旅之制。西魏大统十年后及北周实行党族、闾里二长制(无比邻之设),东魏北齐沿用三长制而有所变通,隋朝沿北周之制并复归汉晋的乡里建制。三长是北魏政府控制基层社会的主要代表,是沟通民户和地方郡县机构的桥梁,宗主督护制主要体现的是地方基层社会的自治性,而三长制更多地体现出地方基层行政组织的性质。三长制的设立是为了实施均田、校户和征发赋役,负责地方教化、督促农业生产、维护社会治安、实施社会救助也是三长的基本职能。其经济职能无疑占有核心地位,在设立三长制的诏令中还包括了新的赋税制度,便充分体现了三长制设立的初衷和目的。三长制的设立有助于解决豪强荫附现象,为均田制和新税制的实施提供了方便,对开展饥荒救济、促进社会经济的恢复和发展以及维持地方基层社会的稳定都起到了积极作用。按均田制时代粗略的户口数估算,北魏全国的三长总数约为一百万至一百二十万,而复除(三正复丁)总人数约为一百二十万至一百五十万,这一庞大的数字反映了北魏政府为了加强对地方基层社会的控制付出的巨大成本和代价,当然也为改革新政的贯彻落实提供了强有力的组织保证。本章附节考察了北魏汉族民丁的兵役和北魏极盛期的户口总数问题:北魏前期不乏以汉人当兵或进入禁卫军系统的事例,但多为特殊情况,而征发汉人承担力役在北魏建国初就已开始。至少到孝文帝太和初——均田制和三长制实施前夕,汉族民丁已经有了普遍服兵役的义务,义务兵役制当在其时确立。北魏人口的增长既得益于版图的扩张,又是社会经济恢复和发展的结果,尤其离不开改革后的校户和经济增长的作用。均田制和三长制实施三四十年后北魏极盛期的人口约为五百万户、二千五百万口,亦有可能接近三千万口,这一经济奇观集中体现了社会经济制度改革的成就。

序章　拓跋鲜卑的狩猎与北魏前期畜牧业

第一节　部落时代拓跋鲜卑的狩猎

《魏书·序纪》载拓跋鲜卑发祥之初的历史,谓其"统幽都之北,广漠之野,畜牧迁徙,射猎为业,淳朴为俗,简易为化,不为文字,刻木纪契而已,世事远近,人相传授,如史官之纪录焉"①。这一记载高度概括了大兴安岭时期拓跋鲜卑的社会发展状况。当时拓跋鲜卑还处于原始社会时期,尚未进入文明社会。他们以畜牧和狩猎为主要生活方式,没有文字,更没有社会组织。严格地说,"射猎为业"应是拓跋鲜卑在大兴安岭时期的主要生活方式,而"畜牧迁徙"则应是其走出大兴安岭以后逐渐发展起来的生活方式。毫无疑问,大兴安岭"群山林海的地理形势,适合于狩猎经济"②;"大兴安岭是一个极宜狩猎的地区,狩猎是这个地区传统

①《魏书》卷一《序纪》,第一册,第1页。
②黄烈:《中国古代民族史研究》,第275页。

1

的生产方式"①。"嘎仙洞文化层出土的大量兽骨均为野生动物，也说明当时确实以狩猎为主要经济活动"②。而在莽莽林海中要进行"畜牧迁徙"则不大可能，因此"畜牧迁徙"只能是拓跋鲜卑从大兴安岭南迁以后所形成的生活方式。

从成帝毛之后又经过了数代，至第六代宣帝推寅时，"南迁大泽（即今呼伦湖，在内蒙古新巴尔虎右旗北），方千余里，厥土昏冥沮洳。谋更南徙，未行而崩"③。拓跋鲜卑南迁到达的"大泽"，学界主张即今内蒙古呼伦贝尔地区之呼伦湖④。按呼伦贝尔地区属北温带半干旱区，气候干燥寒冷，"风大而频，春风尤甚，8级以上的大风年均30天以上"；湖泊众多（多属碱湖），沼泽地不少，降水主要集中于6—9月。⑤ 这符合"厥土昏冥沮洳"的历史记载。关于拓跋鲜卑从嘎仙洞向呼伦湖地区迁徙的动机，黄烈认为："在嘎仙洞时期，拓跋族生活于群山林海之间，其活动空间和生产条件受到很大限制，只能经营狩猎经济。生产力的低下和周围环境的限制，决定了拓跋氏族和部落不可能有很大发展。""当拓跋族已发现畜牧业对他们的生活更加有利时，就不得不离开山岭重叠的

①黎虎：《北魏前期的狩猎经济》。
②乔梁、杨晶：《早期拓跋鲜卑遗存试析》。
③《魏书》卷一《序纪》，第一册，第2页。
④马长寿认为：大泽"方千余里，当系一个湖泊众多的沮洳地带。这一地区，从迁徙方向和地形来说，可能就是呼伦贝尔湖"（《乌桓与鲜卑》，第226页）。按大泽即今呼伦湖的看法为大多数学者所认同，但也有学者持不同意见，认为"其地在蒙古草原西部的西偏科布多地方，而不应在蒙古草原东北的呼伦贝尔湖一带"（张博泉：《嘎仙洞刻石与对拓跋鲜卑史源的研究》）。
⑤更详细的情况，参见中国大百科全书编委会《中国大百科全书·中国地理》"呼伦贝尔草原"条，第199—200页。

林海地带,另觅比较广阔的草场。"①由于史料所限,对于拓跋鲜卑这次迁徙的具体动机无从得知,只能进行推测,人口压力、环境变化等因素(如猎获物减少、疾疫等)都有可能是导致拓跋鲜卑从大兴安岭林海中迁徙到漠北草原地带的原因。从拓跋推寅"谋更南徙"推断,拓跋鲜卑对于大泽地带"厥土昏冥沮洳"的环境显然并不十分满意,因此追求理想的生活场所无疑应该是拓跋鲜卑"南迁大泽"的重要动机。② 当然他们能够来到呼伦湖地区,一个重要的条件是当时这一带有着可以让他们生存的地域,当地原本是北匈奴的统辖区域,若拓跋鲜卑不是北匈奴之一部,或原本隶属于北匈奴,则在北匈奴强盛之时他们就不可能到这一带生活。

内蒙古扎赉诺尔古墓的棺木是用桦木制造的,而出土的陪葬品中,有不少桦木与桦树皮制品,如第一次发掘的二十余座墓葬中可见到桦树皮圆牌十九件,桦树皮盒四件,桦树皮弓囊一件,桦木弓一件③。在其它拓跋鲜卑文化遗存中也都有不少桦树制品④。考古学界普遍认为扎赉诺尔墓群是拓跋鲜卑南迁大泽后的

---

① 黄烈:《拓跋鲜卑早期国家的形成》,《魏晋隋唐史论集》第 2 辑,第 67 页。
② 据《史集》记载,蒙古族的祖先曾经居住在名为"额儿古涅—昆"的险峻山岭中,后来因部落繁衍,地狭人稠,遂设法移居到更为广阔的草原地带。(〔波斯〕拉施特主编:《史集》,第一卷第一分册,第 251—252 页)此与拓跋鲜卑先民从嘎仙洞移居到呼伦湖的情形有相似之处。
③ 内蒙古文物工作队:《内蒙古扎赉诺尔古墓群发掘简报》。
④ 如内蒙古额尔古纳右旗拉布达林三座拓跋鲜卑墓葬均出土了桦树皮器物:M1 桦皮器已破损;M2 有 1 件桦树皮容器;M3 墓主人"头顶并列陈放 2 件桦树皮器,一件为桦树皮圆牌,一件桦树皮囊","两腿上压着桦树皮制弓囊、箭袋各一个"。(赵越:《内蒙古额右旗拉布达林发现鲜卑墓》)

遗址①,这种利用桦树木、皮制作生产工具和生活用品乃至丧葬用具的技艺和习俗大概在大兴安岭时期就已形成,表明拓跋鲜卑与其生活地域的桦树之间有着密切的共生关系。当然,利用当地生长的桦树制作日常用具或葬具并非拓跋鲜卑的独创,而应该是当时北方狩猎游牧部族的共同习惯。

拓跋邻令其子诘汾率领部落向南迁徙。迁徙途中,拓跋鲜卑遇到了重重困难:"山谷高深,九难八阻,于是欲止。有神兽,其形似马,其声类牛,先行导引,历年乃出。始居匈奴之故地。"②按马和牛是游牧部落最重要的牲畜品种,"形似马""声类牛"的"神兽"在一定程度上反映出拓跋鲜卑在当时已开始走上游牧生活道路,这与考古发现是完全吻合的。马和牛是当时拓跋鲜卑部族最重要的牲畜,扎赉诺尔、拉布达林等地墓葬中随葬的马头和牛头以及相应的四蹄,显示马和牛在拓跋鲜卑部族中的重要性。因此,"神兽"应该是对马和牛的神化,大概反映了拓跋鲜卑部族当时的民族心理,他们渴望能将马的矫健迅疾与牛的驯服沉稳合而为一③,带领他们向着更加美好的牧场迁徙。当然,"神兽"可能就是拓跋部落或整个鲜卑部落联盟的图腾形象。或以为"此神兽,鲜卑语即'鲜卑郭落'。所谓'神兽',只是驯鹿的形态、功能,加上神话色彩的产物"④。按驯鹿是大兴安岭地区常见的动物,在

---

①参见宿白《东北、内蒙古地区的鲜卑遗迹——鲜卑遗迹辑录之一》,乔梁、杨晶《早期拓跋鲜卑遗存试析》。

②《魏书》卷一《序纪》,第一册,第2页。

③《后汉书》卷九〇《鲜卑传》:"又禽兽异于中国者,野马、原羊、角端牛,以角为弓,俗谓之角端弓者。"(第十册,第2985页)拓跋鲜卑先世传说中的神兽形象也有可能是野马与角端牛的复合体。

④干志耿、孙秀仁:《关于鲜卑早期历史及其考古遗存的几个问题》。

嘎仙洞时期拓跋鲜卑部族应该就已认识驯鹿,且其与马形相差甚大,以驯鹿指代神兽恐怕不确。在扎赉诺尔等拓跋鲜卑文化遗存中发现了大量的箭、镞、弓囊,一方面是武器,用于和不同部族进行战斗,另一方面又是生产工具,用于狩猎。"神兽"的传说"很可能反映当他们离开大鲜卑山故地后,遇到了一些原先未见的不熟悉的野兽","表明了他们对'神兽'的崇拜和依赖之甚"。① 因而也不排除其反映拓跋鲜卑狩猎生活的可能性。1980 年在内蒙古土默特左旗讨合气村出土了二件北魏时期的神兽纹带饰②,"神兽纹为虎头、鸟喙、豹身、羊角、双翼"③。在和林格尔鸡鸣驿(榆树梁)北魏墓壁画中有青龙、白虎、朱雀、玄武四神兽④。大同沙岭北魏墓壁画北壁上栏共分六格,前五格"每格内画一形态各异的奇禽异兽,第六格已漫漶不清"⑤。按五幅图全都有翼,以表明其神格。第一图头部残缺,其完整的身躯颇似一匹飞奔的骏马,能够看到的三蹄似各不相同,但更似牛蹄。这或许就是《魏书·序纪》所言引导拓跋鲜卑部落南迁的"神兽"。第二幅图头似犬,身似禽,腿足似豹(或虎),翼展扩张,或许就是龙的形象。第三幅图头形似狼,第四幅图头形似野猪,第五幅图头形似鬣狗。从这些图

---

① 黎虎:《北魏前期的狩猎经济》。
② 伊克坚等:《土默特左旗出土北魏时期文物》图一·1 及图版叁·1。
③ 张景明等:《从群虎图岩画谈中国北方草原地区的虎纹装饰》。
④ 苏俊:《内蒙古和林格尔北魏壁画墓发掘的意义》;刘瑞娥等:《鸡鸣驿北魏壁画墓清理随想》;张景明等:《从群虎图岩画谈中国北方草原地区的虎纹装饰》。
⑤ 大同市考古研究所:《山西大同沙岭北魏壁画墓发掘简报》(图三〇—三五)。

中似乎又都能看到龙的形象①,其中四幅或许就是青龙、白虎、朱雀、玄武四神兽②。导引拓跋鲜卑部族南迁匈奴故地的所谓"神兽",虽然不排除为现实中某一动物形象的可能性,但更可能是一个几种动物的复合体。从拓跋鲜卑南迁及当时已经走上游牧生活的角度而论,神兽应该就是对拓跋鲜卑部族生存和发展至关重要的马和牛的复合体,其主体是马,所谓老马识途也。若此传说并非来自拓跋鲜卑世代相传,而是其在平定中原之初重建其先世历史时羼入,则是对这两种家畜在当时地位的肯定,即马是进行战斗的主要工具,而牛是从事农耕的主要工具,是北魏政权生存

---

① 关于北魏时期龙的形象,参见内蒙古博物馆藏金龙饰(张景明:《中国北方草原古代金银器》图版六四),大同石家寨司马金龙墓石棺床雕龙形象(山西省大同市博物馆、山西省文物工作委员会:《山西大同石家寨北魏司马金龙墓》),大同湖东一号墓出土的鎏金铜牌饰(山西省大同市考古研究所:《大同湖东北魏一号墓》图一三·1),大同下深井北魏墓出土铜鎏金镂空人龙纹饰件(大同市考古研究所:《山西大同下深井北魏墓发掘简报》图三·9),大同迎宾大道北魏墓出土金牌饰(大同市考古研究所:《山西大同迎宾大道北魏墓群》图二四、图三五·1)。按湖东一号墓铜牌饰实际也是铜鎏金镂空人龙纹饰件,和下深井墓人龙纹饰件稍有区别,属于同一类物件。又,北魏后期龙的形象,参见林树中《江苏丹阳南齐陵墓砖印壁画探讨》,洛阳博物馆《洛阳北魏画象石棺》。在汉代画像石上有大量龙的图像,参见王建中、闪修山《南阳两汉画像石》,朱锡禄《武氏祠汉画像石》,薛文灿、刘松根《河南新郑汉代画像砖》,高文《四川汉代石棺画像集》。关于中国古代龙形象的演变,参见罗二虎《试论古代墓葬中龙形象的演变》,刘志雄等《龙与中国文化》。
② 据推测墓主为文宣帝高洋的河北磁县湾漳北齐皇陵壁画墓,墓道两壁上栏壁画共绘制神兽神鸟三十八个(两壁对称,实为十九种),与大同沙岭壁画墓中的神兽形态已有较大差异。参见中国社会科学院考古研究所等《河北磁县湾漳北朝墓》,徐光冀《河北磁县湾漳北朝大型壁画墓的发掘与研究》,郑滦明《湾漳北齐皇陵壁画墓神禽瑞兽分析》。

发展的基石。

在参与中原地区政争的过程中,拓跋鲜卑必定能够获得人口和财物、兵器等战利品,此外还可以在战区野兽丰富的山上纵情狩猎,得到丰厚的收获,如穆帝五年(312)拓跋猗卢与其长子六脩及辅相卫雄、范班、姬澹等率骑救刘琨,战后"帝因大猎于寿阳山,陈阅皮肉,山为变赤"①。

第二节　北魏前期的狩猎活动

1. 道武帝的狩猎活动

道武帝于天赐元年十二月戊辰(十六,405.1.31)、三年春正月甲申(初八,2.11)、四月庚申(十五,5.18)、八月甲辰(初一,8.30)、四年八月、五年正月六次行幸犲山宫②,明元帝于永兴五年(413)八(九)月丁丑(十五,10.25)、神瑞元年(414)二月庚戌(廿一,3.27)、二年十一月丁亥(初八,12.24)、泰常元年(416)正月甲申(初六,2.19)、十月壬戌(十八,11.23)五次行幸犲山宫③,足见犲山宫在北魏初年具有十分重要的地位。史载天兴六年(403)七

---

① 《魏书》卷一四《神元平文诸帝子孙·穆帝长子六脩传》,第二册,第348页。又见《资治通鉴》卷八八《晋纪一〇》怀帝永嘉六年十一月条,第六册,第2785页。

② 《魏书》卷二《太祖纪》,第一册,第42—43页。按"天赐元年十二月戊辰(十六,405.1.31)",是指阴历天赐元年十二月十六日,公历405年1月31日。后同此。

③ 《魏书》卷三《太宗纪》,第一册,第53—54、56页。

月"戊子（廿七,8.30）,车驾北巡,筑离宫于犲山,纵士校猎";天赐"三年春正月甲申,车驾北巡,幸犲山宫,校猎"。① 和（素和）跋被处死即是在"车驾北狩犲山"之时②。由此可见,犲山应该是北魏道武帝校猎的重要场所,犲山宫的兴建主要是为道武帝及拓跋贵族进行校猎活动提供方便。犲山在京师平城之北,距参合陂及善无北泽不远。《魏书·蠕蠕传》:"天兴五年,社仑闻太祖征姚兴,遂犯塞,入参合陂,南至犲山及善无北泽。"③作为北魏初年一个十分重要的地方,犲山及犲山宫均不见于郦道元《水经注》的记载,颇不可思议。不过,郦道元还记载了一处北魏初年的狩猎之地,《水经注·灅水》:"灅水又东北,迳白狼堆南,魏烈祖道武皇帝于是遇白狼之瑞,故斯阜纳称焉。阜上有故宫庙,楼榭基雉尚崇,每至鹰隼之秋,羽猎之日,肆阅清野,为升眺之逸地矣。"④这一记载可从侧面加深对犲山宫的认识。史载"后世祖西巡五原,回幸犲山校猎"云云,⑤可知太武帝时代还曾在犲山校猎。尽管如此,太武帝对犲山宫的正式行幸却不见于记载。不仅如此,太武帝以后

---

① 《魏书》卷二《太祖纪》,第一册,第41—42页。

② 《魏书》卷二八《和跋传》,第二册,第682页。

③ 《魏书》卷一〇三《蠕蠕传》,第六册,第2291页。

④ ［北魏］郦道元注,杨守敬、熊会贞疏:《水经注疏》卷一三《灅水》,中册,第1134页。又,［清］顾祖禹《读史方舆纪要》卷四〇《山西二·代州》"犲山"条本注:"在州西北故善无县境。晋元兴元年（402）柔然侵魏,自参合陂至犲山及善无北泽是也。明年,魏主珪筑犲山宫于此,自是数如此山宫,如别宫焉。""猎岭,在夏屋山东北。……《志》云:山本名腊岭,后魏都平城,常猎于此,因名。"（第四册,第1852页）按灅南宫即在夏屋山旁,北魏君主行幸灅南宫时很可能就在猎岭校猎。

⑤ 《魏书》卷二八《和跋传》,第二册,第682页。同书卷四上《世祖纪上》:始光三年（426）"六月,幸云中旧宫,谒陵庙;西至五原,田于阴山;东至和兜山"（第一册,第71页）。由此推测,犲山应在阴山山脉（西段）。

再未见到北魏皇帝行幸豺山宫的记载,很显然豺山作为拓跋鲜卑皇家狩猎基地的职能已经丧失,可能有两方面的原因:一方面,经过道武帝、明元帝时期十余次大规模的校猎,豺山一带可猎获的野兽大概所剩无几,校猎豺山已无必要也无可能;另一方面,随着征服赫连夏以及漠南地域局势的稳定,更加广阔的河西、阴山猎场可资利用,河西、阴山取代豺山而成为新的皇家狩猎基地。

这样,平城、鹿苑、豺山宫便分别承担了农耕、游牧、狩猎三种职能,正是由于鹿苑和豺山能够为北魏统治阶层提供游牧、狩猎活动的场所,提供维持其民族传统所需的生活必需品,道武帝在京畿地区的离散部落措施才有可能实施。

2. 明元帝的狩猎活动

明元帝曾多次亲自出外巡察,其目的之一便是为了在对地方状况了解的基础上采取措施巩固统治。明元帝出巡始于永兴四年(412)七月,一直持续到其去世前夕的泰常八年(423)八月。在此期间,明元帝几乎每年都要出巡。明元帝在位不足十五年,而有出巡记录的年份多达十年近二十次,永兴四年之后只有神瑞元年(414)及泰常三年未曾出巡。永兴四年七月距明元帝即位已近三年,开始出巡表明此时其统治已经稳固,北魏朝政已完全控制于明元帝手中。①

明元帝出巡有着多方面的目的,其中最重要的目的应该是出于经济上的考虑,即为了田猎而出巡,这种出巡可称之为巡狩。巡狩在明元帝的出巡中所占比例最大,《魏书·太宗纪》对其具体

---

①关于北魏一代皇帝行幸活动的系统研究,参见〔日〕佐藤智水《北魏皇帝の行幸について》。

情形有如下记载①：

> 永兴四年(412)七月东巡，"己卯(十一，9.2)，大狝于石会山(在今山西榆社县西北)"。
>
> 五年"六月，西幸五原(今内蒙古包头市西哈德门沟口古城堡；一说即今内蒙古乌拉特前旗东南堡子湾古城)，校猎于骨罗山(在今内蒙古乌拉特前旗东北一带)，获兽十万"。七月，"南次定襄大落城(在今内蒙古清水河县西南)②，东逾十岭山(在今内蒙古和林格尔县东南、山西右玉县西北)，田于善无川(在今山西右玉县西北)"。
>
> 神瑞二年(415)五月，"东幸大宁(今河北张家口市)"，"丁未(廿五，7.17)，田于四岬山(在今河北张家口万全区北)"。③
>
> 泰常元年(416)六月，"车驾北巡。秋七月甲申(初九，8.17)，帝自白鹿陂西行④，大狝于牛川(在今内蒙古集宁市一带)"。
>
> 二年五月"车驾西巡，至于云中(今内蒙古和林格尔县西

---

① 《魏书》卷三《太宗纪》，第一册，第 52、53、55、56、57、58、60、61 页。

② 大落城即太落城、太罗城。关于大落城及其地位的重要性，参见严耕望《唐代交通图考》第五卷《河东河北区》，篇三七《太原北塞交通诸道》，第1355 页。

③ 《魏书》卷一一二上《灵征志上》载"神瑞二年五月，帝猎于榤仑山，获白鼠一"(第八册，第 2923 页)。可知本年明元帝在榤仑山还进行过狩猎。然榤仑山地望难以确考，平城近郊有车轮山，不排除榤仑山为车轮山之误的可能性。

④ 白鹿陂当即元代所谓察罕脑儿——白湖(今河北沽源县北囫囵诺尔之小红城遗址)，参见陈得芝《元察罕脑儿行宫今地考》，《蒙元史研究丛稿》，第47—48 页。

北古城子），遂济河，田于大漠"。十二月"庚申（廿三，418.1.15），田于西山（马邑西山？今山西朔州市西南）"。

四年十二月，"西巡，至云中，逾白道（今内蒙古呼和浩特市西北通武川大道），北猎野马于辱孤山（在今内蒙古武川县西北，或达尔罕茂明安联合旗南）。至于黄河，从君子津（在今内蒙古托克托县南河口镇附近，或清水河县西北喇嘛湾南）西渡，大狩于薛林山（在今内蒙古土默特左旗境内）"。

五年"六月丙寅（十三，7.9），行幸羁特山（在今内蒙古土默特右旗北）"。七月，经五原至云中大室，"赐从者大酺"。①

六年七月，"西巡，猎于柞山（在今内蒙古土默特左旗北），亲射虎，获之，遂至于河。八月庚子（廿四，10.6），大狝于犊渚（在今内蒙古托克托县以西黄河北岸一带）"。十二月，"（自代）西巡狩，至于云中"。

以上事例充分显示，经济因素在明元帝出巡活动中占有特别重要的地位。明元帝外出巡狩的地点，以平城周边山区及西自五原河套东至大宁濡源一线的阴山漠南地区为主，后者也是拓跋鲜卑曾经的主要游牧区域。由此可见，这一带地区在明元帝时期仍是北魏国家重要的物资供应基地。明元帝校猎的实例史书中亦有所记载：京兆人王洛儿"善骑射，太宗在东宫，给事帐下，侍从游猎，夙夜无怠。性谨愿，未尝有过。太宗尝猎于灅南，乘冰而济，冰陷没马，洛儿投水，奉太宗出岸。水没洛儿，殆将冻死，太宗解衣以赐之。自是恩宠日隆"。② 这是道武帝末年拓跋嗣为太子时

---

① 此举表明，此前还在羁特山进行了狩猎活动。
② 《魏书》卷三四《王洛儿传》，第三册，第799页。

发生的事。代人来大千"骁果,善骑射",后任"内幢将,典宿卫禁旅","尝从太宗校猎,见虎在高岩上,大千持稍直前刺之,应手而死。太宗嘉其勇壮"。① 宗室拓跋干"机悟沉勇,善弓马,少有父风。太宗即位,拜内将军、都将,入备禁中。太宗出游于白登之东北,干以骑从。有双鸥飞鸣于上,太宗命左右射之,莫能中,鸥旋飞稍高。干自请射之,以二箭下双鸥。太宗嘉之,赐御马、弓矢、金带一,以旌其能。军中于是号曰'射鸥都将'"②。

除了田猎,捕鱼仍然占据一定的位置,明元帝出巡中曾三次"观渔":永兴四年七月"戊子(二十,9.11),临去畿陂(在今内蒙古太仆寺旗南③)观渔";神瑞二年"六月戊午(初七,7.28),幸去畿陂,观渔";泰常四年"五月庚寅朔(初一,6.9),观渔于㶟水(今桑干河)"。④ 北魏定都平城以后在京师相继建造了三座鱼池:道

①《魏书》卷三〇《来大千传》,第三册,第725页。
②《魏书》卷一五《昭成子孙·卫王仪传附干传》,第二册,第372页。
③严耕望认为其地当今沽源县西之克勒湖或其西南,参见《唐代交通图考》第五卷《河东河北区》,篇五三《北朝隋唐东北塞外东西交通线》,第1781、1783页。
④《魏书》卷三《太宗纪》,第一册,第52、55、59页。《水经注》卷一三《㶟水》:"祁夷水又东北,迳兰亭南,又东北,迳石门关北,旧道出中山故关也。又东北流,水侧有故池。按《魏土地记》曰:代城西南三十里有代王鱼池,池西北有代王台,东去代城四十里。"(《水经注疏》,中册,第1163页)按此即明元帝"观渔于㶟水"之处。旋鸿池也可能是北魏帝王观渔之处,同上卷:"㶟水又东迳班氏县南,如浑水注之。水出凉城旋鸿县西南五十余里,东流迳故城南……东合旋鸿池水,水出旋鸿县东山下,水积成池。北引鱼水,水出鱼溪,南流注池。池水吐纳川流,以成巨沼,东西二里,南北四里,北对凉川城之南池,池方五十里,俗名乞伏袁池。虽隔越山阜,鸟道不远,云霞之间,常有(按:有脱文)西南流迳旋鸿县南,右合如浑水,是总二水之名矣。"(第1135—1137页)

武帝天兴三年(400)三月,"穿城南渠通于城内,作东、西鱼池"①。
明元帝永兴五年(413)二月"癸丑(十八,4.4),穿鱼池于北苑"②。
鱼池的功能除了供皇家饮食之用,可能还有观赏的目的。孝文帝
太和九年(485)七月"戊子(廿三,8.19),幸鱼池,登青原冈"③。
此或即位于北苑的鱼池。作为狩猎业的重要补充,捕鱼业在拓跋
鲜卑传统产业中占有一定的地位,北魏建立后较长时期内仍然未
退出经济生活领域。"观渔"见于北魏前期道武帝、明元帝和文成
帝三代,表明渔业直到文成帝时期仍然并未全废。毫无疑问,捕
鱼在当时拓跋鲜卑的经济活动中仍占有一定的地位④。《蒙古秘
史》载成吉思汗早年的生活经历,有云:

> 他们(帖木真兄弟)坐在母亲斡难河的岸上,整治钓钩,
> 钓取有疾残的鱼。他们把针弯曲成钩子,钓取细鳞白鱼和鳟
> 条鱼。他们结成拦河鱼网,去捞取小鱼、大鱼。他们就这样
> 奉养自己的母亲。有一天,帖木真、合撒儿、别克帖儿、别勒
> 古台四个人,同坐在一起拉鱼钩时,一条闪亮的小鱼上了钩。
> 别克帖儿、别勒古台二人向帖木真、合撒儿二人夺取了那条
> 小鱼。⑤

清乾隆皇帝《御制松花江捕鱼》诗云:

---

①《魏书》卷二《太祖纪》,第一册,第36页。
②《魏书》卷三《太宗纪》,第一册,第52页。
③《魏书》卷七上《高祖纪上》,第一册,第155页。
④参见黎虎《北魏前期的狩猎经济》。
⑤余大钧译注:《蒙古秘史》卷二第75、76节,第75页。

松江网鱼亦可观,潭清潦尽澄秋烟。虞人技痒欲效悃,我亦因之一放船。施罟濊濊旋近岸,清波可数鲦鲈鲢。就中鳣鲤称最大,度以寻丈长鬐轩。波里颓如玉山倒,掷叉百中诚何难。钩牵绳曳乃就陆,椎牛十五一当焉。举网邪许集众力,银刀雪戟飞缤翻。计功受赐即命罢,方虑当秋江水寒。①

这对于理解拓跋鲜卑人的捕鱼生活也有一定的参照意义。比较而言,鲜卑人的捕鱼生活或许更接近于帖木真兄弟少年时的所作所为。

　　通过外出巡狩以及对代北部族的掠夺,北魏王朝获得了大量的兽类、牲畜及奴隶、俘虏②,极大地增强了北魏国家的经济实力,使其政权机构得以正常运转,同时通过赏赐使统治阶层各级成员(包括士兵)获得了经济实惠,有助于调动他们的积极性,鼓励他们更好地进行征战和掠夺。明元帝巡狩及掠夺所得多用来赏赐群臣将士,犒赏部民,有时也对归附的藩国渠帅等施以恩惠。永兴四年八月还宫后,"幸西宫,临板殿,大飨群臣将吏,以田猎所获赐之,命民大酺三日"。五年七月,从校猎地五原骨罗山"还幸薄山","赐从者大酺于山下"。八月还宫,"辛未(?),赐征还将士牛、马、奴婢各有差"。泰常四年十二月,西巡,"大狩于薛林山"。

────────────

① [清]阿桂等:《钦定满洲源流考》卷一五《山川二·混同江》,《景印文渊阁四库全书》史部二五七"地理类",第四九九册,第687页下栏。
② 参见本书第一章表1、2所列相关事例。战争中对敌方财物的掠夺以及把自由人虏为奴隶,这种现象在古代世界应该相当普遍。罗马时代的"奴隶们就叫做mancipia(俘虏),即战争的胜利品,本来只是罗马人中间的来自征服和掳掠的转让,后来就用来应用到对付被征服的民族"(〔意〕维科:《新科学》,第559页)。

次年正月初一,"自薛林东还,至于屋窦城(在今内蒙古土默特左旗南),飨劳将士,大酺二日,班禽兽以赐之"。五年六月出巡,七月"丁未(廿五,8.19),幸云中大室,赐从者大酺"。泰常六年"十有二月丙申(廿二,422.1.30),西巡狩,至于云中"。次年"正月甲辰朔,自云中西行,幸屋窦城,赐从者大酺三日,蕃渠帅缯帛各有差"。二月丙戌(十三,3.21)"还宫","赐从者布帛各有差,大飨于西宫"。① 泰常八年十一月,明元帝在临终前"遗诏以司空奚斤所获军实赐大臣,自司徒长孙嵩已下至士卒各有差"②。足见以掠夺物赏赐大臣在当时北魏的统治中具有多么大的重要性。在官吏没有俸禄制的时代,通过赏赐以笼络王公大臣忠于朝廷是极为重要的政治任务。

就北魏当时的经济状况而言,在平城地区要维持官吏及将领和士兵的经济需求无疑是捉襟见肘的,明元帝出巡的重要目的之一便是为了解决文臣武将以及军队的供给问题,特别是军队的供给问题尤为重要。这从多次狩猎之后"飨劳将士""大飨群臣将吏"及"班赐""大酺"即可看出。③ 另外,外出巡狩是拓跋鲜卑游牧部族的生活习性和社会传统,因而也是维持其民族性所必须的手段,通过狩猎,既可获得生活资料,又能够锻炼拓跋将士的军事

---

① 《魏书》卷三《太宗纪》,第一册,第52、53、60、61页。
② 《魏书》卷三《太宗纪》,第一册,第64页。
③ 日本学者前田正名认为:"根据流入平城的家畜类和畜产品及兽类分析,太祖时期(386—409年)畜牧狩猎经济残余的存在最为显著,以后逐渐减弱。从拓跋部在平城定居生活的固定化和北魏社会的普遍汉化特别是农耕化这一历史演变考虑,上述情况的出现无疑是理所当然的,但大体上说直到世祖时期(423—452年)为止,畜牧狩猎经济残余的存在还是比较普遍的。""太宗时期(409—423年),对外征讨活动显著减少,但曾多次进行校猎。"(《平城历史地理学研究》,第250、252页)

本领,有利于军队战斗力的提高。亚里士多德云:"战争技术的某一意义本来可以说是在自然间获得生活资料(财产);[战争就导源于狩猎,]而狩猎随后则成为广义的战争的一部分;掠取野兽以维持人类的饱暖既为人类应该熟悉的技术,那么,对于原来应该服属于他人的卑下部落,倘使竟然不愿服属,人类向它进行战争(掠取自然奴隶的战争),也应该是合乎自然而正当的。"①其关于掠夺奴隶的战争的正义性的观点自然不足为训,但谓狩猎为战争之源,应该还是颇有理据的。"大规模狩猎必须有秩序,有组织地进行。"因而也是"最好的军事训练"。"狩猎能锻炼刻苦耐劳和坚韧不拔的战斗精神,更能培养出严格的军纪"。②此乃莫任南通过研究匈奴军事制度而得出的认识,这种情况同样也适宜于对拓跋鲜卑狩猎活动作用的认识。

3. 太武帝的狩猎活动

在太武帝五十余次的出巡中,田猎(狩猎、校猎)占有很大的比重,甚至可以说是最主要的目的,他对河西、阴山、北山、南山等地的巡幸几乎都要进行田猎。田猎既是娱乐的一种,同时更具有重要的军事意义,也有一定的经济目的。通过经常不断的田猎活动,锻炼各级将领的指挥才能,培养士兵的武勇精神,提高军队的战斗力。田猎的收获物用来赏赐将士,是他们获取收入和财富的重要方式。③拓跋鲜卑本是一个以狩猎和游牧为生的草原民族,

①〔古希腊〕亚里士多德:《政治学》卷三,第 23 页。
②莫任南:《匈奴的军事制度》。
③美国学者丹尼斯·塞诺对古代内亚民族狩猎之经济意义有简明扼要的论述,参见《略论中央欧亚狩猎之经济意义》,《丹尼斯·塞诺内亚研究文选》,第 157—166 页。

田猎无疑是保持其民族传统、维持其民族特性的重要途径①。明确记载太武帝出巡时进行田猎的事例有：

【表1】北魏太武帝出巡田猎情况

时　　间	纪　　事	出处《魏书》卷/页②
始光三年（426）六月	田于阴山。	4s/71
始光三年秋七月	筑马射台于长川，帝亲登台观走马，王公诸国君长驰射，中者赐金锦缯絮各有差。	4s/71
神䴥元年（428）四月戊午（初一，4.30 廿一，5.20）	田于河西。	4s/74
神䴥元年十月壬子（十八，11.10）	田于牛川。	4s/74
神䴥元年十一月	行幸河西，大校猎。	4s/74
神䴥二年十一月	西巡狩，田于河西，至祚山而还。	4s/75
神䴥三年八月甲戌（二十，9.23）	行幸南宫，猎于南山。	4s/76
神䴥四年十一月丙辰（初十，12.29）	北部敕勒莫弗库若于（干）率其部数万骑，驱鹿数百万诣（漠南）行	4s/79

---

①逯耀东云："拓跋氏迁都平城以后，到世祖拓跋焘时代"，拓跋氏君主"大部分的时间都是车驾奔驰在外，当然一部分的时间是为了征战。这种穿梭不停的巡游四方，和拓跋氏原来'迁徙为业'的生活有密切关系。……同时拓跋氏君主每年六月，都要到阴山'却霜'，这是他们仍然保持迁徙习惯最好的例证……拓跋氏君主除了喜爱'巡幸'之外，对于'射猎'仍然有着浓厚的兴趣。""狩猎是他们传统的生活习惯"，"拓跋氏君主将猎获物分赐他们的臣民"，一起"分享草原生活的情趣"。（《从平城到洛阳——拓跋魏文化转变的历程》，第40—41页）

②说明：4s＝卷四上；4x＝卷四下。

时　间	纪　事	出处《魏书》卷/页
	在所,帝因而大狩以赐从者,勒石漠南,以记功德。	
太延元年(435)七月	田于榑杨。	4s/85
太延元年十一月己巳(十六,12.21)	行幸冀州时校猎于广川。	4s/86
太延二年八月丁亥(初八,9.4)	帝校猎于河西。	4s/87
太平真君五年(444)八月乙丑(初三,8.31)	田于河西。	4x/98
太平真君七年二月	亲征盖吴,还幸雍城,田于岐山之阳。	4x/100
太平真君十年三月	在漠南北伐后蒐于河西。	4x/103
太平真君十一年八月癸亥(初六,9.27)	田于河西。	4x/104

　　这些情况显示,太武帝田猎之地主要集中于河西和北边阴山漠南地区,只有一次是在中原的广川,一次是在平定盖吴之乱途经雍城时于岐山之阳的田猎,其中河西在太武帝田猎中的地位尤其突出。河西之地原为赫连夏辖境,北魏从赫连夏夺得河西之地后设立了四个军镇以加强对当地的统治,并且在河西广袤的土地上建立了规模庞大的牧场。因此,太武帝巡幸河西并进行田猎的重要目的是为了向原赫连夏统治区域显示北魏政权的强大威力,具有重要的政治意图。太武帝对河西、阴山漠南的多次巡幸虽未明确记载是否进行了田猎活动,但这种可能性是很大的,也可能

规模相对较小,故史书未载①。文成帝和平二年(461)三月,"发并、肆州五千人治河西猎道"②。河西猎道应该早就存在,其始于北魏占领河西之初,这次"治河西猎道"当为平整或拓宽之类。这一记载也表明河西为北魏皇家重要的狩猎场所,狩猎为北魏皇帝出巡河西的重要目的。

4. 狩猎与军事

狩猎(田猎)是一种具有悠久历史传统的活动,它既是获取猎物的经济活动,更是一项重要的军事活动。《春秋公羊传·桓公四年》"公狩于郎"下何休注云:"田者,蒐狩之总名也。古者肉食,衣皮服,捕禽者(兽),故谓之田。"③《白虎通》云:"王者诸侯所以田猎者何? 为田除害,上以共宗庙,下以简集士众也。"④也就是说,田猎具有三方面的功能:消除田地中的禽兽之害;猎获物以供宗庙祭祀之用;训练士兵的集体行动能力。北魏君主的田猎活动和先秦时期中原王朝和诸侯所举行的田猎的动机虽不完全相同,但其功能应该是相通的。成书于北魏的《张邱建算经》,其卷上载有两道关于围猎的例题:

今有官猎得鹿,赐围兵。初围三人中赐鹿五头,次围五

①前田正名认为:"太平真君元年以后,世祖的校猎活动较前减少。尽管他曾多次出巡阴山一带,但从不见有捕获兽类,班赐臣僚的记载。这表明,与太祖及太宗时期相比,传统的狩猎观念已日趋淡薄。"(《平城历史地理学研究》,第 272 页)
②《魏书》卷五《高宗纪》,第一册,第 119 页。
③《春秋公羊传注疏》卷四,《十三经注疏》,下册,第 2215 页上栏。
④[汉]班固撰,[清]陈立疏证:《白虎通疏证》卷一二《阙文·田猎》,下册,第 590 页。

人中赐鹿七头,次围七人中赐鹿九头。并三围赐鹿一十五万二千三百三十三头、少半头。问围兵几何? 答曰:三万五千人。

今有猎围周四百五十二里一百八十步,布围兵十步一人。今欲缩令通身得地四尺。问围内缩几何? 答曰:三十里五十二步。①

这反映了由国家组织官军进行的大型的狩猎活动的场面。前一题参与的围兵多达三万五千人,猎获的鹿用于赐围兵的就达十五万二千三百三十二头半,实际猎获的数量应该更高,这种情形只能是在河西或漠南皇家猎场中偶一为之。后一题参与的围兵,以一里三百六十步计,也有一万六千二百九十人②。当然,算术题毕竟只是现实的曲折表达,未必与实际等同,不过也不可能全出于凭空臆想③。此外,该书中还有一道题也是关于布围的,只是不明确究竟是围猎还是训练或实战中的布围。

今有围兵二万三千四百人以布围周,各相去五步。今围内缩除一十九里一百五十步而止。问兵相去几何? 答曰:四步、四分步之三。④

---

①钱宝琮校点:《算经十书》,《李俨钱宝琮科学史全集》,第四卷,第258—259页。

②〔(452×360)+180〕÷10＝16290。

③《魏书》卷四上《世祖纪上》:神麚四年(431)十月,"行幸漠南。十一月丙辰(初十,12.29),北部敕勒莫弗库若于率其部数万骑,驱鹿数百万,诣行在所,帝因而大狩以赐从者,勒石漠南,以记功德"(第一册,第79页)。这两道题可以说与此若合符节。

④钱宝琮校点:《算经十书》,《李俨钱宝琮科学史全集》,第四卷,第259页。

这三道题从一个侧面反映了北魏时期狩猎及训练作战时围兵布阵的现实情况,有助于更加直观地认识北魏狩猎活动及其军事意义。在这三道题中,调动的兵力少则一万六七千人,多则三万五千人,反映了皇家狩猎或军事行动中的兵围场面。此外,该书卷下还有两道题是关于小型猎鹿场面的:

> 今有甲、乙、丙、丁、戊五人共猎获鹿,约以甲六、乙五、丙四、丁三、戊二分之。今获鹿五,问各得几何? 答曰:甲得一鹿四分鹿之二,乙得一鹿四分鹿之一,丙得一鹿,丁得四分鹿之三,戊得四分鹿之二。①

> 今有鹿直西走,马猎追之,未及三十六步。鹿回直北走,马俱斜逐之,走五十步,未及一十步。斜直射之,得鹿。若鹿不回,马猎追之,问几何里而及之? 答曰:三里。②

透过这两道题,对于北魏狩猎的具体情形可有更为明晰的认识。

关于后世突厥的狩猎,学界有这样的论述:"在草原和山里进行有组织的狩猎既有军事意义,也有经济意义:正是在这样的狩猎中,武士得到训练,各个分遣队学会协调行动。"③北魏统治者进行的狩猎活动亦具有相似的意义。"商代田猎与军事活动有密切的关系。通过田猎活动来举行军队的战阵演习,以达到训练士卒

①[北周]甄鸾注经,[唐]李淳风注释,刘孝孙撰细草:《张邱建算经》卷下,《景印文渊阁四库全书》子部一〇三"天文算法类",第七九七册,第282页下栏。
②钱宝琮校点:《算经十书》,《李俨钱宝琮科学史全集》,第四卷,第285页。
③[俄]B. A. 李特文斯基主编、[中]张广达等副主编:《中亚文明史》第三卷《文明的交会:公元250年至750年》,第285页。

的目的,这也是田猎活动频繁的原因之一。较大规模的田猎活动不仅训练了士卒的战斗意志和实战能力,同时还可以加强军事情报、物资运输等辅助系统的工作能力。"①表现狩猎的图像在狼山岩画中数量最多,"有单人行猎,也有双人行猎,集体围猎。猎人所用的武器,主要是弓箭,也有棍棒"。"猎人狩猎,步行较多,也有骑马射击者。""有的围猎图中,除画出猎人们将野兽团团围住,齐向野兽射击外,还有围猎圈外,刻着一些守卫者,以防野兽逃逸。"在磴口县与阿拉善左旗交界的托林沟"山高涧深,奇石林立,石罅流出清泉,山隙遍开野花,这是宜于野兽繁殖的地方,也是理想的猎场",因而这一带凿刻的行猎图像也最多。在狼山岩画上刻画最多的动物是羊、马、牛、鹿,是游牧民族生活的集中体现。②北魏时期,狼山主要是敕勒(高车)民族生活之地。道武帝登国五年(390)"冬十月,迁云中,讨高车豆陈部于狼山,破之"③。可知此前高车豆陈部游牧于狼山。北魏征服高车及后来设置六镇后,高车主要是在包括阴山山脉在内的漠南地区游牧,位于阴山山脉西段的狼山自然成为高车游牧的主要地区之一。因此,狼山岩画中有可能包括属于高车民族的遗迹。

关于后世蒙古人的狩猎,《黑鞑事略》有简略记载:"其主打围,必大会众,挑土以为坑,插木以为表,维以毳索,系以毡羽,犹汉兔罝之智,绵亘一二百里间,风飘羽飞,则兽皆惊骇而不敢奔

---

① 孟世凯:《殷商时代田猎活动的性质与作用》。
② 盖山林:《内蒙阴山山脉狼山地区岩画》。早在北魏末年郦道元看到的狼山岩画上,虎、马属于所描绘的主要动物。《水经注》卷三《河水三》:"河水又东北,历石崖山西,去北地五百里。山石之上,自然有文,尽若虎马之状,粲然成著,类似图焉,故亦谓之画石山也。"(《水经注疏》,上册,第210页)
③《魏书》卷二《太祖纪》,第一册,第23页。

逸,然后蹙围攫击焉。"①历代狩猎的场景,还可从有关的诗歌中窥其万一。南朝陈代张正见《和诸葛览从军游》诗云:"治兵耀武节,纵猎骇畿封。迅鹘驰千里,高罝起百重。腾麛毙马足,饥鼯落剑锋。云根飞烧火,鸟道绝禽踪。方罗四海俊,聊以习军容。"②元代耶律楚材《扈从冬狩》诗云:"天皇冬狩如行兵,白旄一麾长围成。长围不知几千里,蛰龙震慄山神惊。长围布置如圆阵,方骑云屯贯鱼进。千群野马杂山羊,赤熊白鹿奔青麏。壮士弯弓殒奇兽,更驱虎豹逐贪狼。独有中书倦游客,放下毡帘诵《周易》。"③关于古代罗马人的狩猎活动,西方近代大史家吉本在《罗马帝国衰亡史》中有着非常生动的描述:

> 狩猎为培养战士勇敢精神提供了最好的场所……骑兵们将广大地域内的野兽围起来,组成一长达若干英里的大包围圈,然后朝着圈内中心有规则的前进。包围圈逐步缩小,被围困的野兽任他们射杀。在这种场合下,骑兵进军常常要继续好几天。他们必须爬过山岭,越过河流,绕穿山谷,而不能中断那规定的逐步前进。他们要养成习惯,眼光盯住中心目标,策马前进,他们之间当保持一定间隙。进行时要留意

---

① [宋]彭大雅:《黑鞑事略》,第4页。按《蒙古秘史》载阿勒坛、忽察儿等拥立帖木真为成吉思汗,他们对帖木真的誓言中说:"围猎狡兽时,我们愿为先驱前去围赶,把旷野的野兽,围赶得肚皮挨着肚皮,把山崖上的野兽,围赶得大腿挨着大腿!"(余大钧译注:《蒙古秘史》卷三,第123节,第149页)

② [唐]欧阳询:《艺文类聚》卷六六《产业部下·田猎》,下册,第1173页。按"容"一作"戎"。

③ [清]顾嗣立编:《元诗选初集》乙集《湛然居士集》,上册,第366页。

左右两边队伍情况,时而快步,时而停顿一下,以求得步调一致。他们必须留心领导者发出的号声,互相呼应。领导者在这所实际学校里,学习到最重要的军事艺术课程:迅速而准确地判断狩猎场地、距离和时间。当战争发生时,人们只须变换一下目标,即将围攻野兽的耐心、勇气和技能,用去对付敌人,那就可以了。"①

北魏前期历代皇帝所进行的狩猎活动,其情形与蒙古人、罗马人的狩猎应该具有相似性。

第三节　河西牧场与北魏前期畜牧业

河西本为赫连夏国土,太武帝攻占其国都统万城后河西之地遂成为北魏的领土,北魏在河西建起了规模宏大的牧场。北魏占据关陇,尤其是赫连夏残余政权完全被灭后,太武帝对河西地区的定位更加提升,在河西建行宫表明他要将其地作为一个政治中心来对待。一方面是对河西重要性的认可和对河西牧场的关注,另一方面也是为了加强对关陇地区的统治,是关陇地区政治地位上升的表现。明元帝时期河西问题基本得到解决,太武帝占领统万城以后,河西成了北魏田猎的又一重要地区。太武帝及其后文成帝行幸河西,田猎是主要目的之一,稳定河西局势则是另一目的,而最主要的原因是北魏在河西地区设有国营牧场。《魏书·食货志》:

---

①转引自莫任南《匈奴的军事制度》。

世祖之平统万,定秦陇,以河西水草善,乃以为牧地。畜产滋息,马至二百余万匹,橐驼将半之,牛羊则无数。高祖即位之后,复以河阳为牧场,恒置戎马十万匹,以拟京师军警之备。每岁自河西徙牧于并州,以渐南转,欲其习水土而无死伤也,而河西之牧弥滋矣。正光以后,天下丧乱,遂为群寇所盗掠焉。①

可知北魏河西牧场设于太武帝平定赫连夏之后,其范围至为广大,东起太行山脉及桑干河—汾河流域,西达秦陇地域。同书《司马楚之传附子跃传》:

金龙弟跃,字宝龙。尚赵郡公主,拜驸马都尉。代兄为云中镇将、朔州刺史,假安北将军、河内公。跃表罢河西苑封,与民垦殖。有司执奏:"此麋鹿所聚,太官取给。今若与民,至于奉献时禽,惧有所阙。"诏曰:"此地若任稼穑,虽有兽利,事须废封。若是山涧,虞禁何损?寻先朝置此,岂苟藉斯禽,亮亦以俟军行薪蒸之用。其更论之。"跃固请宜以与民,高祖从之。还为祠部尚书、大鸿胪卿、颍川王师,以疾表求解任。太和十九年卒。②

河西牧场不仅牧养着无数的马、骆驼(橐驼)、牛、羊等畜产,而且还有禁民垦殖的河西苑封,其中聚集了大量的麋鹿,是北魏统治者进行狩猎的重要场所。畜牧业在当时仍是北魏国民经济的重

①《魏书》卷一一〇《食货志》,第八册,第 2857 页。
②《魏书》卷三七《司马楚之传附子跃传》,第三册,第 859—860 页。

要支柱,太武帝行幸河西最主要的目的当是为了考察河西牧场的生产状况。同时通过狩猎来充实京师的供应,班赐群臣,还可乘机阅武练兵,提高将士的战斗能力。

北魏河西牧场的西境大概到了高平镇一带。《于景墓志》:"至延昌中,朝廷以河西二镇国之蕃屏,总旅率戎,实归英桀,遂除君为宁朔将军、薄骨律高平二镇大将。"①《魏书·董绍传》:"(尒朱)天光败,贺拔岳复请绍为其开府谘议参军。永熙中,加车骑将军。岳后携绍于高平牧马,绍悲而赋诗曰:'走马山之阿,马渴饮黄河。宁谓胡关下,复闻楚客歌。'后为宇文黑獭所杀。"②《周书·贺拔岳传》:"岳自诣北境,安置边防。率众趣平凉西界,布营数十里,托以牧马于原州,为自安之计。"③《魏书·地形志下》:原州,"太延二年(436)置镇,正光五年(524)改置,并置郡县。治高平城"④。河西当包括高平、安定、统万、薄骨律四镇。太平真君五年(444),刁雍为薄骨律镇将。七年,刁雍上表,谓"奉诏高平、安定、统万及臣所守四镇,出车五千乘,运屯谷五十万斛付沃野镇,以供军粮"云云。⑤ 高平在前秦时期就已经是主要的牧场,有传世前秦官印"兼高平马牧丞"印为证⑥。又有"河西七镇"之说,史载长孙观"以征西大将军、假司空、督河西七镇诸军讨吐谷浑。部帅拾寅遁藏,焚其所居城邑而还"⑦。

---

①赵万里:《汉魏南北朝墓志集释》图版二五二之二,第四册。
②《魏书》卷七九《董绍传》,第五册,第1759—1760页。
③《周书》卷一四《贺拔岳传》,第一册,第225页。
④《魏书》卷一〇六下《地形志下》,第七册,第2622页。
⑤《魏书》卷三八《刁雍传》,第三册,第868页。
⑥罗福颐主编:《秦汉南北朝官印征存》卷九《十六国官印·五前秦苻氏官印》,图版2136,第376页。
⑦《魏书》卷二五《长孙道生传附观传》,第二册,第646页。

朱大渭对北魏一朝的国营畜牧业经济状况进行了全面系统的考察,他认为北魏有四大国营牧场,河西牧场为其中之一,其地域范围即位于凉州为中心的河西走廊地区①。按河西牧场的确是北魏最重要的国营牧场之一,但河西牧场并不是在河西走廊地区。河西牧场所在地主要是原赫连夏的统治区域,其中心在原大夏国都统万城一带,因其位于自河套南流黄河以西地区而得名,与原北凉统治区域的河西走廊没有关系。这从史书的有关记载可以得到证明。《魏书·刘洁传》:

　　　　敕勒新民以将吏侵夺,咸出怨言,期牛马饱草,当赴漠北。洁与左仆射安原奏,欲及河冰未解,徙之河西,冰解之后,不得北遁。……洁等固执,乃听分徙三万余落于河西,西至白盐池(在今宁夏盐池县北)。新民惊骇,皆曰:"圈我于河西之中,是将杀我也!"欲西走凉州。洁与侍中古弼屯五原(今内蒙古包头市西哈德门沟口古城堡;一说即今内蒙古乌拉特前旗东南堡子湾古城)河北、左仆射安原屯悦拔城(当今内蒙古东胜市西泊江海子乡大成梁古城)北备之。②

同书《莫含传附孙云传》:"世祖之克赫连昌,诏云与常山王素留镇统万。……时初并河西,人心未一,云抚慰新旧,皆得其所。"③关

---

①朱大渭:《北魏的国营畜牧业经济》,《六朝史论》,第346—347页。杨际平云:"敦煌等地曾被北魏开辟为河西牧场。颁布地令后,又曾罢河西牧场'与民垦殖'。"(《北朝隋唐"均田制"新探》,第136页)很显然,杨氏也是将北魏河西牧场的地域范围误认为河西走廊地区。
②《魏书》卷二八《刘洁传》,第二册,第687页。
③《魏书》卷二三《莫含传附孙云传》,第二册,第604页。

于河西地望,《资治通鉴》梁武帝中大通二年(530)十二月条:"尒朱荣之死也,敬宗诏河西贼帅纥豆陵步蕃使袭秀容。"胡三省注:"步蕃居北河之西。"①中大通六年春正月壬辰条:"魏丞相欢击伊利于河西,擒之,迁其部落于河东。"胡注:"河西,五原河之西也。河东,亦五原河之东。"②关于北魏牧场及北魏的国营畜牧业特别是"国有牧场上放牧的牧人"的具体情况,周一良、唐长孺均有所论列③。对于北魏河西地区的地理、居民及畜牧业状况,日本学者前田正名作了系统全面的研究,他认为:"鄂尔多斯沙漠东南缘边地区由无定河、窟野河以及其他许多河川的流域构成,形成了该沙漠缘边地区中最大的绿洲。因这块地方位于南流黄河的西侧,所以在北魏时代通称为河西。鄂尔多斯沙漠东南缘边的这一地区,是北魏时代绝好的畜牧基地,特别是无定河流域,是当时无与伦比的畜牧产区,大批的牲畜、畜产品从这里源源流入平城。"④

到孝文帝统治时期,在司马跃的建议下,孝文帝解除了河西苑封。太武帝行幸河西进行田猎,主要区域应是在后来孝文帝解禁的河西苑,其地与京师平城及六镇的距离都比较近。《魏书·宇文福传》:

　　　除都牧给事。(太和)十七年,车驾南讨,假冠军将军、后

---

①《资治通鉴》卷一五四《梁纪一〇》,第一〇册,第4792页。
②《资治通鉴》卷一五六《梁纪一二》,第一一册,第4836页。
③参见周一良《〈魏书〉札记·马场》,《魏晋南北朝史札记》,第357—358页;唐长孺《拓跋国家的建立及其封建化》,《魏晋南北朝史论丛》,第209—216页。
④〔日〕前田正名:《平城历史地理学研究》,第258页。关于北魏河西地域问题的考证,又可参见康乐《北魏的"河西"》,《从西郊到南郊——国家祭典与北魏政治》,第283—288页。

军将军。时仍迁洛，敕福检行牧马之所。福规石济以西、河内以东，拒黄河南北千里为牧地。事寻施行，今之马场是也。及从代移杂畜于牧所，福善于将养，并无损耗，高祖嘉之。寻补司卫监。从驾豫州，加冠军将军、西道都将、假节、征虏将军。领精骑一千，专殿驾后。未几，转骁骑将军，仍领太仆、典牧令。①

在迁都之前，京师平城周边地区应该也是北魏的重要牧地之一，宇文福所规划的河阳千里牧场最初的牲畜便是从代都迁徙而来的杂畜，其数量想必也是颇为可观的。

《魏书·尔朱荣传》对自北魏初年以来一个多世纪尔朱氏家族家业的兴盛状况有着生动的记述：

> 高祖羽健，登国（386—396）初为领民酋长，率契胡武士千七百人从驾平晋阳，定中山。论功拜散骑常侍。以居秀容川，诏割方三百里封之，长为世业。太祖初以南秀容川原沃衍，欲令居之。羽健曰："臣家世奉国，给侍左右。北秀容既在划内，差近京师，岂以沃墝更迁远地。"太祖许之。……父新兴，太和（477—499）中，继为酋长。家世豪擅，财货丰赢。曾行马群，见一白蛇，头有两角，游于马前。新兴异之，谓曰："尔若有神，令我畜牧蕃息。"自是之后，日觉滋盛，牛羊驼马，色别为群，谷量而已。朝廷每有征讨，辄献私马，兼备资粮，助裨军用。高祖嘉之，除右将军、光禄大夫。及迁洛后，特听冬朝京师，夏归部落。每入朝，诸王公朝贵竞以珍玩遗之，新

---

① 《魏书》卷四四《宇文福传》，第三册，第1000—1001页。

兴亦报以名马。转散骑常侍、平北将军、秀容第一领民酋长。新兴每春秋二时,恒与妻子阅畜牧于川泽,射猎自娱。肃宗(515—528)世,以年老启求传爵于荣,朝廷许之。……荣洁白,美容貌,幼而神机明决。及长,好射猎,每设围誓众,便为军陈之法,号令严肃,众莫敢犯。①

按尔朱氏家族所居秀容川南邻并州,西南邻河西地区,从尔朱氏领地畜牧业的繁盛可以想象出北魏河西地区畜牧业的盛况②。以上记载还显示,繁盛的牧场是进行射猎自娱以及演练军阵兵法的佳地,这是保持胡族武勇特性的最佳途径之一。北魏前期历代帝王到漠南阴山及河西牧场行幸,类似于尔朱荣在其秀容川家族牧场举行的射猎活动也应该是重要内容。

除了河西牧场及尔朱氏家族外,在未被道武帝离散的代西善无及漠南等地的部落仍然从事畜牧业,尤其在漠南镇戍的大量高车(敕勒)部民是北魏畜牧业的主力。神䴥二年四月至八月太武帝率领北魏大军北征,臣服于柔然的“高车诸部杀大檀(柔然牟汗纥升盖可汗)种类,前后归降三十余万”;又征讨屯巳尼陂(今俄罗斯贝加尔湖)的东部高车,“高车诸部望军降者数十万”。③ 这些降附的以高车部众为主的“新民”被“列置”于“东至濡源(今河北

---

① 《魏书》卷七四《尔朱荣传》,第五册,第 1643—1644 页。

② 《魏书》卷七四《尔朱荣传》:“南秀容牧子万子乞真反叛,杀太仆卿陆延;并州牧子素和婆嵛崄作逆。荣并前后讨平之。”“敕勒斛律洛阳作逆桑干西,与费也头牧子迭相椅角,荣率骑破洛阳于深井,逐牧子于河西。”(第五册,第 1645 页)按牧子当为北魏国有牧场上的牧人。此虽北魏末年(孝明帝后期)事,但也可以看出南秀容、并州及桑干河流域、河西是北魏畜牧业的重要地区。

③ 《魏书》卷一〇三《蠕蠕传》,第六册,第 2293 页。

丰宁县西)、西暨五原(今内蒙古包头市西哈德门沟口古城堡;一说即今内蒙古乌拉特前旗东南堡子湾古城)、阴山(今内蒙古河套西北之阴山山脉),竟三千里"的漠南草原①。史称降服的高车诸部数十万落及所获马牛羊百余万,北魏"皆徙置漠南千里之地。乘高车,逐水草,畜牧蕃息,数年之后,渐知粒食,岁致献贡,由是国家马及牛羊遂至于贱,毡皮委积"②。毫无疑问,他们是北魏畜牧业的最重要的生产者,其生产所得既保障了部民的生活所需,也为北魏政府提供了大量的皮毛及肉食之需。

此外,在历次战争中获得大量赏赐的鲜、汉官僚贵族也都有自己的家族产业,不仅从事农耕生产,也有畜牧业生产,这从大同司马金龙墓和宋绍祖墓等北魏墓葬的随葬品可见一斑。司马金龙墓出土陶家畜包括马、牛、羊、猪、狗、鸡、骆驼等33件,具体情况为:大马13件,高30.2厘米、长41.6厘米,"屈颈斜视,高大雄健";小马2件,"体较小,大部残缺";驮粮马2件,高19厘米、长30.2厘米;牛5件,高19厘米、长29.1厘米;羊2件,高10.4厘米、长17.7厘米,"造型简括";猪2件,高12.8厘米、长24.8厘米,"一公较大,一母较小,颈高体长,造型简括";狗2件,高16.3厘米,"蹲卧状,一公一母,母狗衔一小狗";鸡1件,高10.4厘米、长8.9厘米;骆驼3件,高31.5厘米、长29.5厘米,"双峰,昂首站立"。此外还有木马1件,高13厘米、残长27.5厘米,"腐朽严重,仅头部较完好"③。宋绍祖墓出土陶家畜包括骆驼、马、驮粮驴、猪、羊、狗等22件,其具体情况是:骆驼1件,高17.8厘米,

①《魏书》卷四上《世祖纪上》,第一册,第75页。
②《魏书》卷一〇三《高车传》,第六册,第2309页。
③山西省大同市博物馆、山西省文物工作委员会:《山西大同石家寨北魏司马金龙墓》。

"蹲卧状,遍施白彩,残损严重";马12件,长39厘米、高34.2厘米,"马颈及系带上有漂亮的图案,颈下系銮铃。辔头齐备";驮粮驴2件,长31.2厘米、高22.8厘米,"鞍上驮有一白色长袋";牛4件,长32.6厘米、高20.4厘米,"头有笼套,四腿短粗";羊2件,长17.8厘米、高9.5厘米;狗2件,长13.6厘米、高6.3厘米。①很显然,这些牲畜陶俑是按照一定的比例烧制而成,很可能是以墓主人现实生活中日常所用家畜为模本的,当然司马金龙及宋绍祖家族所饲养的牲畜肯定远远大于此数。应该说,司马金龙墓和宋绍祖墓出土遗物在一定程度上反映了北魏时期游牧经济的特色,更确切地说是农牧并存的经济特色。

第四节　北魏前期的狩猎和畜牧业机构

　　北魏前期统治机构中有专门负责狩猎的部门。《魏书·韩茂传附子备传》:"又进爵行唐侯,拜冠军将军、太子庶子。迁宁西将军,典游猎曹,加散骑常侍。袭爵安定公、征南大将军。"②从韩备前后任职及加官散骑常侍来看,游猎曹是一个颇为重要的部门。同书《罗结传附曾孙伊利传》:"高宗时袭爵。除内行长,以沉密小心、恭勤不怠领御食、羽猎诸曹事。伊利曾病,显祖幸其宅,自视医药,其见待如此。稍迁散骑常侍、仪曹尚书。"③《穆泰传》:"以功臣子孙,尚章武长公主,拜驸马都尉,典羽猎四曹事,赐爵冯翊

---

①山西省考古研究所等:《大同市北魏宋绍祖墓发掘简报》。
②《魏书》卷五一《韩茂传附子备传》,第四册,第1128页。
③《魏书》卷四四《罗结传附曾孙伊利传》,第三册,第988页。

侯。迁殿中尚书,加散骑常侍、安西将军。进爵为公。"①穆泰所典羽猎四曹,其它三曹之名不得而知。

从罗伊利、穆泰的前后任职、加官及其亲近程度可以看出,羽猎曹同样是极其重要的部门。羽猎曹与游猎曹为同一机构的可能性较大,即在文成帝以前名为游猎曹,在献文帝以后名为羽猎曹。名称的改变可能反映了其职能的变迁,以游猎曹为名的时代,狩猎对象包括各种野兽和鸟类;而以羽猎曹为名的时代,狩猎对象可能主要是各种鸟类。御食、羽猎曹由同一人典掌,或许表示猎物主要是用来供给皇帝及其家庭成员食用的。《魏书·皇后·文成文明皇后冯氏传》:"高祖诏曰:'朕以虚寡,幼篡宝历,仰恃慈明,缉宁四海,欲报之德,正觉是凭,诸鸷鸟伤生之类,宜放之山林。其以此地为太皇太后经始灵塔。'于是罢鹰师曹,以其地为报德佛寺。"②时在太和四年(480)春③。时人狩猎,常以鹰犬相助,鹰师曹应该是"专门负责饲养、训练鹰鹞,以供帝王狩猎之用"④,其与羽猎曹为同一机构的可能性甚大。

道武帝天赐二(三)年(405/406)正月,"置散骑郎、猎郎,诸省令史、省事、典签"⑤。史书所载猎郎的实例,主要是在北魏道武帝末年明元帝初年:长孙翰"太祖时,以善骑射,为猎郎"⑥。古弼

①《魏书》卷二七《穆泰传》,第二册,第663页。
②《魏书》卷一三《皇后·文成文明皇后冯氏传》,第二册,第328页。
③《魏书》卷一一四《释老志》:太和"四年(480)春,诏以鹰师为报德寺"(第八册,第3039页)。就在此前数年的延兴五年(475)四月"诏禁畜鹰鹞,开相告之制"(《魏书》卷七上《高祖纪上》,第一册,第141页),这是禁止民间擅自进行捕猎活动的举措。
④黎虎:《北魏前期的狩猎经济》。
⑤《魏书》卷一一三《官氏志》,第八册,第2974页。
⑥《魏书》卷二六《长孙翰传》,第二册,第653页。

"善骑射,初为猎郎"①。叔孙俊"年十五,内侍左右,性谨密,初无过行。以便弓马,转为猎郎"②。安原"雅性矜严,沉勇多智略。太宗时,为猎郎"③。周几"少以善骑射,为猎郎"④。胡三省云:"拓跋氏起于代北,俗尚猎,故置猎郎,以豪望子弟有材勇者为之,亦汉期门郎、羽林郎之类也。"⑤猎郎当是在皇帝狩猎时进行侍从保卫的年轻禁卫武官。史载代人来大千"骁果善骑射,为骑都尉"⑥。由此推测,明元帝以后猎郎可能为骑都尉之类官职所取代⑦。

除前述都牧给事外,太仆卿、驾部尚书及牧曹尚书、典牧令、龙牧曹奏事中散和左牧令、驼牛都尉应该都是管理畜牧业的官职。

《魏书·阉官·李坚传》:"高祖迁洛,转被委授,为太仆卿,检课牧产,多有滋息。"⑧《尒朱荣传》:"南秀容牧子万子乞真反叛,杀太仆卿陆延。"⑨太仆卿当为北魏朝廷负责畜牧业的行政长官,都牧给事、典牧令均当隶属于太仆卿。太武帝末年率大军南征刘

---

① 《魏书》卷二八《古弼传》,第二册,第 689 页。
② 《魏书》卷二九《叔孙俊传》,第二册,第 705 页。
③ 《魏书》卷三〇《安原传》,第三册,第 714 页。
④ 《魏书》卷三〇《周几传》,第三册,第 726 页。
⑤ 《资治通鉴》卷一一五《晋纪三七》安帝义熙五年(409)十月"猎郎叔孙俊"下注,第八册,第 3624 页。
⑥ 《魏书》卷三〇《来大千传》,第三册,第 725 页。
⑦ 关于北魏前期的狩猎机构和猎郎,又可参见黎虎《北魏前期的狩猎经济》;苏哲《魏晋南北朝壁画墓の世界——繪に描かれた群雄割拠と民族移動の時代》,第 80—83 页。
⑧ 《魏书》卷九四《阉官·李坚传》,第六册,第 2026 页。
⑨ 《魏书》卷七四《尒朱荣传》,第五册,第 1645 页。

宋,左卫将军阉官孙小"除留台将军","车驾还都,迁给事中,缩太仆曹。……转小领驾部。课理有方,畜牧蕃息。出为冠军将军、并州刺史,进爵中都侯。"①由此可见,太仆曹和尚书驾部都应该是北魏管理畜牧业的部门。孙小本来在朝负责畜牧事宜,随后被任命为并州刺史。据上引《魏书·食货志》的记载可知,河西牧场的马牛羊等牲畜每年都要徙牧并州,故并州刺史孙小应该仍然管理其辖境的牧业。

高车部人乞伏居"显祖时为散骑常侍、领牧曹尚书,赐爵宁国侯。以忠谨慎密,常在左右,出内诏命"②。宗室疏属拓跋祯"通解诸方之语,便骑射。世祖时,为司卫监"。"高祖初,赐爵沛郡公。后拜南豫州刺史","后征为都牧尚书"。③ 都牧尚书与牧曹尚书"盖一职之异称也"④。高道约在太武帝时期"拜都牧令"⑤。封和突于景明二年(501)正月死于"屯骑校尉、领都牧令"任上,终年六十四岁,其任此职当始于孝文帝迁都前⑥。张修虎约在北魏后期任"都牧、驾部二曹给事中"⑦。其所任都牧给事中与前述宇文福所任都牧给事当为同一官职。孝文帝太和十四年(490)"秋七月甲辰(初八,8.9),诏罢都牧杂制"⑧。十五年十二月,置都牧

①《魏书》卷九四《阉官·孙小传》,第六册,第 2018 页。

②《魏书》卷八六《孝感·乞伏保传》,第五册,第 1883 页。

③《魏书》卷一五《昭成子孙·秦王翰传附祯传》,第二册,第 372—373 页。

④严耕望:《北魏尚书制度考》。

⑤《魏书》卷三二《高湖传附道传》,第三册,第 756 页。

⑥《封和突墓志》,马玉基《大同市小站村花圪坮塔台北魏墓清理简报》。按其籍贯为"恒州代郡平城人",显然原本为鲜卑是贲氏。

⑦《魏书》卷二四《张衮传》附传,第二册,第 619 页。按其伯父张白泽死于孝文帝太和五年,修虎为白泽弟库之次子,故推断其任职应在北魏后期。

⑧《魏书》卷七下《高祖纪下》,第一册,第 166 页。

少卿官①。都牧少卿官的设置当与一年多之前"罢都牧杂制"的举措有关。都牧令当即都牧少卿之改名,亦不排除为其部属的可能。都牧令与都牧给事、典牧令应该是性质、地位相当的官职,其前身或即北魏初年的都牧主②。吕罗汉献文帝时为镇西将军、秦益二州刺史,讨平泾州、仇池氐羌反叛。《魏书·吕罗汉传》:

> 秦益阻远,南连仇池,西接赤水,诸羌恃险,数为叛逆。自罗汉莅州,抚以威惠,西戎怀德,土境帖然。高祖诏罗汉曰:"……然赤水羌民,远居边土,非卿善诱,何以招辑? 卿所得口马,表求贡奉,朕嘉乃诚,便敕领纳。其马印付都牧,口以赐卿。"征拜内都大官,听讼察狱,多得其情。太和六年(482),卒于官。③

都牧职司于此可见一斑。

鲜卑人吕洛拔"长子文祖,显祖以其勋臣子,补龙牧曹奏事中散。以牧产不滋,坐徙于武川镇"④。龙牧曹奏事中散可能隶属于太仆曹(卿)或驾部尚书。又有左牧令,《魏书·斛斯椿传》:"广牧富昌人也。父敦,肃宗时为左牧令。时河西贼起,牧民不安,椿

---

①《魏书》卷一一三《官氏志》,第八册,第2976页。
②后燕驸马都尉、玄菟公宇文陵,在北魏平定中山后,"率甲骑五百归魏,拜都牧主,赐爵安定侯"(《周书》卷一《文帝纪上》,第一册,第1页)。又,《新唐书》卷七一下《宰相世系表一下》:宇文佚豆归"生六子,一曰拔拔陵陵","拔拔陵陵号阿若谚,仕后魏,都牧主、开府仪同三司、安定忠侯"。(第八册,第2403页)
③《魏书》卷五一《吕罗汉传》,第四册,第1139页。
④《魏书》卷三〇《吕洛拔传附长子文祖传》,第三册,第732页。

乃将家投尔朱荣,荣以椿兼其都督府铠曹参军。"①左牧令是在河西牧场负责畜牧管理的官职,很可能同时还有右牧令。此外,北魏还设有驼牛都尉以具体管理河西牧场的牧业生产,《魏书·侯莫陈悦传》:"代郡人也。父婆罗门,为驼牛都尉,故悦长于河西。好田猎,便骑射。会牧子逆乱,遂归尔朱荣,荣引为都督府长流参军,稍迁大都督。"②看来牧子应归驼牛都尉管辖,此职也显示骆驼和牛在河西牧场里占有较大比重。侯莫陈悦的经历表明,河西不仅是饲养骆驼和马牛羊的牧场,同时还是进行骑射田猎的胜地。

---

① 《魏书》卷八〇《斛斯椿传》,第五册,第 1772 页。
② 《魏书》卷八〇《侯莫陈悦传》,第五册,第 1784 页。又可参见《周书》卷一四《侯莫陈悦传》,第一册,第 225 页;《北史》卷四九《侯莫陈悦传》,第六册,第 1803—1804 页。孝庄帝永安三年(530)四月,萧宝夤于安定被擒,"囚送京师","赐死于驼牛署"。(《魏书》卷一〇《敬宗纪》,第一册,第 264 页)可知驼牛署是在京师,但驼牛都尉作为具体管理河西牧场的官职,其任职场所是在河西地区。

【上篇】
俸禄制及相关问题

第一章　北魏前期官贵的经济来源

《魏书·食货志》谓"高宗时,牧守之官,颇为货利"①,表明当时地方长官普遍通过商业活动以牟利。北魏政权与商人的关系非同寻常,其建国即曾得到商人的支持。辽东胡人安同早在北魏建国前即在代北部落从事"商贩"活动,后"奉侍"拓跋珪。"登国初,太祖征兵于慕容垂","同频使称旨,遂见宠异,以为外朝大人,与和跋等出入禁中,迭典庶事。太祖班赐功臣,同以使功居多,赐以妻妾及隶户三十、马二匹、羊五十口,加广武将军"。② 安同受道武帝派遣向后燕"征兵"是在登国二年五月③,时距北魏建国还不到一年半时间。其时"地广兵强,跨有朔裔"的独孤部酋刘显④,与拓跋窟咄(拓跋珪叔父)等部联合,欲消灭拓跋珪。在安同游说下,后燕国君慕容垂遣子贺驎率步骑六千支持拓跋珪,打败刘显和窟咄,"尽收其部落"⑤,"悉收其众"⑥,不仅挽救了而且壮大了

---

① 《魏书》卷一一〇《食货志》,第八册,第2851页。

② 《魏书》卷三〇《安同传》,第三册,第712页。

③ 参见《魏书》卷二《太祖纪》,第一册,第21页。

④ 《魏书》卷二四《张衮传》,第二册,第613页。

⑤ 《魏书》卷二《太祖纪》,第一册,第22页。

⑥ 《魏书》卷二《太祖纪》,第一册,第21页;卷一五《昭成子孙·昭成子窟咄传》,第二册,第386页。

新生的拓跋魏政权。安同为拓跋珪出使请求救援时仍然是一介商人,其时拓跋珪逃亡至阴山之北的贺兰部,安同自中山"与垂使人兰纥俱还,达牛川,窟咄兄子意烈捍之。安同乃隐藏于商贾囊中,至暮乃入空井,得免,仍奔贺驎"①。北魏道武帝利用商人出身的安同为新建立的北魏政权从事外交斡旋活动,尤其是通过向后燕借兵,从而摆脱了严重的政治危机,对北魏政权的建立和生存作出了积极贡献。

天兴五年(402)北魏与后秦在汾河流域发生柴壁之战,安同"从征"并"进计"于道武帝,"从之","以谋功,赐爵北新侯,加安远将军"。及至"世祖即位,进爵高阳公,拜光禄勋。寻除征东大将军、冀青二州刺史","颇殖财货,大兴寺塔,为百姓所苦"。② 安同"长子屈,太宗时典太仓事,盗官粳米数石,欲以养亲。同大怒,奏求戮屈,自劾不能训子,请罪。太宗嘉而恕之,遂诏长给同粳米"③。太武帝时,屈弟"原兄弟(原、颉、聪、蓬)外节俭而内实积聚,及诛后,籍其财至数万"④。安同父子在北魏半个世纪的经历,可以说反映了俸禄制班行前北魏官吏经济收入的几种方式:一是朝廷的"班赐";二是通过"赐爵""进爵"而得到相应的收入;三是"殖财货"——经营商业而牟利;四是以权谋私、贪赃枉法之所得。

献文帝时期,武陵公崔宽为镇西将军、陕城镇将,这是他官宦生涯的最后一任职务,史书对其在陕城镇的治理状况有如下记载:

---

①《魏书》卷一五《昭成子孙·昭成子窟咄传》,第二册,第385页。
②《魏书》卷三〇《安同传》,第三册,第712—713页。
③《魏书》卷三〇《安同传附子屈传》,第三册,第713页。
④《魏书》卷三〇《安原传》,第三册,第715页。

二崤地崄,民多寇劫。宽性滑稽,诱接豪右,宿盗、魁帅,与相交结,倾衿待遇,不逆微细。是以能得民庶忻心,莫不感其意气。时官无禄力,唯取给于民。宽善抚纳,招致礼遗,大有受取,而与之者无恨。又弘农出漆蜡竹木之饶,路与南通,贩贸来往。家产丰富,而百姓乐之。诸镇之中,号为能政。及解镇还京,民多追恋,诣阙上章者三百余人。书奏,高祖嘉之。延兴二年(472)卒,年六十三。①

这一记载表明,"取给于民"是北魏前期地方长官最主要的收入来源,此外很可能还因地制宜通过其它途径获取财富,甚至因此可致"家产丰富"。崔宽通过"抚纳"当地豪右及宿盗、魁帅而收取其礼物,又通过控制当地与南方的贸易而坐收利润。由此来看,如果地方长官获取财富的方式能为当地"百姓"认可,北魏朝廷也不会予以追究。换言之,北魏朝廷实际上鼓励官吏在不影响统治的前提下以适宜的方式适度牟利。

通过以上所述安同父子和崔宽的两个事例,大体上能够看出北魏前期官贵经济收入的基本来源。不过,由于北魏前期商品货币经济并不发达,大多数官贵不可能通过商业活动而牟利,更多地仍然是以从事农业生产为主。总的来看,在俸禄制班行前,北魏官贵经济收入的途径主要有四:一是通过经营"产业"积累财富,这应该是大多数官贵经济收入的主要渠道;二是在北魏初前期半个世纪的征服兼并战争中对掠夺物的班赐和赏赐,这应是官贵经济收入的重要途径;三是高级官吏通过爵位得到相应的经济待遇,这也应该是不可忽视的经济来源;四是官吏贪污现象颇为

---

① 《魏书》卷二四《崔玄伯传附崔宽传》,第二册,第 625 页。

突出,这是其获取财富的普遍手段。除此之外,北魏官贵也可能还会有其它的途经获取经济收入。①

第一节 经营"产业"

明元帝神瑞元年(414)"十一月壬午(廿七,12.24),诏使者巡行诸州,校阅守宰资财,非自家所赍,悉簿为赃"。二年三月,诏曰:"刺史守宰,率多逋慢,前后怠惰,数加督罚,犹不悛改。今年赀调悬违者,谪出家财充之,不听征发于民。"②由此可见,当时地方长官的"资财"全都来自于"自家所赍",他们不可能从官府得到俸禄,因之大多数地方长官都是由有"家财"者充任,也只有家有财产者出任地方长官才能维持正常的生活。以此类推,可知北魏前期大多数贵族官吏都属于有产者。

道武帝诛杀外朝大人和(素和)跋,跋临终谓其弟毗曰:"灅北地瘠,可居水南,就耕良田,广为产业,各相勉励,务自纂修。"③可见所谓"产业"即指拥有耕地从事农业生产。侍中、御史中尉甄琛在宣武帝初年因朋附恩倖赵脩而被"免归本郡",于是"专事产业,躬亲农圃,时以鹰犬驰逐自娱"④。这表明从北魏初年以来的一百

---

① 李剑农云:"太和八年(484年)以前,元魏之文武百官,尚无官禄。凡服役其下者,倚赐物为生活资料之一部分。其他部分,除非法贪枉,取自小民外,则供自奴隶之生产劳力。"(《中国古代经济史稿》第二卷《魏晋南北朝隋唐部分》,第36页)
② 《魏书》卷三《太宗纪》,第一册,第54—55页。
③ 《魏书》卷二八《和跋传》,第二册,第682页。
④ 《魏书》卷六八《甄琛传》,第四册,第1513页。

多年时间里,"产业"的概念并未发生显著变化,经营"产业"者是指拥有一定规模的农田耕地的"地主"阶级。后燕慕容垂之殿中侍御史仇嵩,其子"广、盆并善营产业,家于中山,号为巨富"①,时当北魏初年。北魏开国名臣许谦,临终前"为阳曲护军,赐爵平舒侯、安远将军"②。其子许洛阳袭爵,历任冠军司马、祁令、雁门太守。史载"洛阳家田三生嘉禾,皆异垄合颖,世祖善之"③。由此可见,许洛阳家是经营田产的,究竟是得自于道武帝的"计口授田",还是与平舒侯的封爵有关,或者是通过其它途径获得,难以作出明确判断。道武帝曾孙拓跋平原为齐兖二州都督、镇南将军、齐州刺史,"时岁谷不登,齐民饥馑,平原以私米三千余斛为粥,以全民命。北州戍卒一千余人,还者皆给路粮"。其后"还京师,每岁率诸军屯于漠南,以备蠕蠕",又迁雍秦梁益四州都督、征南大将军、开府、雍州刺史,于太和十一年(487)死于长安任上。④则其任职齐州当在太和初年,是在俸禄制颁布之前。拓跋平原家颇为富有,既有可能是来自爵位(河南王)的收入,也有可能是经营产业的结果。除了经营农田产业外,还有官吏从事其它可以获利的营生,如活到九十高龄的阉官王琚,"常饮牛乳,色如处子"⑤,其家应该长期饲养奶牛。总的情况是,北魏前期大多数官员通过经营"产业"以获取经济收入。

北魏末年太保、侍中杨椿《诫子孙书》中有云:清河翁(杨椿祖

---

①《魏书》卷九四《阉官·仇洛齐传》,第六册,第 2014 页。
②《魏书》卷二四《许谦传》,第二册,第 611 页。
③《魏书》卷二四《许谦传附子洛阳传》,第二册,第 611 页。
④《魏书》卷一六《道武七王·河南王曜传附孙平原传》,第二册,第 396 页。
⑤《魏书》卷九四《阉官·王琚传》,第六册,第 2015 页。

父杨真)"常约敕诸父","又不听治生求利"。① 反证官贵之家"治生求利"在当时颇为普遍。《魏书·良吏·张恂传附长年传》：

> 出为宁远将军、汝南太守。有郡民刘崇之兄弟分析，家贫惟有一牛，争之不决，讼于郡庭。长年见之，凄然曰："汝曹当以一牛，故致此竞，脱有二牛，各应得一，岂有讼理。"即以家牛一头赐之。于是郡境之中各相诚约，咸敦敬让。太和（477—499）初，卒于家。②

汝南太守张长年以自家牛一头赐予郡民刘崇之兄弟，说明他家是经营产业的，其家所养牛之数量虽然不得而知，恐怕不止一两头，主要用途应该是农业生产。张长年祖父张恂并不经营产业，其父张代曾任陈留、北平二郡太守，"所历著清称，有父之遗风"③，是否经营产业不得而知，但至少到张长年一辈已开始经营产业了。毕众敬为兖州东平须昌人，卒于太和十五年（491）十月。晚年居住京师平城，后以老还乡，史称"众敬善持家业，尤能督课田产，大致储积"④。

当然，也有不少官吏并不像和跋家族与甄琛、张长年、毕众敬那样经营产业（田产）。清河崔宏（玄伯）在道武帝时期自后燕入魏，为吏部尚书，负责典章制度的制定。崔宏"不营产业"，故颇为贫困，道武帝"厚加馈赐"而使其生活得到有力保障。《魏书·崔

---

①《魏书》卷五八《杨椿传》，第四册，第 1289 页。
②《魏书》卷八八《良吏·张恂传附孙长年传》，第五册，第 1900—1901 页。
③《魏书》卷八八《良吏·张恂传附孙长年传》，第五册，第 1900 页。
④《魏书》卷六一《毕众敬传附子元宾传》，第四册，第 1361 页。

玄伯传》:"及置八部大夫以拟八坐,玄伯通署三十六曹,如令仆统事,深为太祖所任,势倾朝廷。而俭约自居,不营产业,家徒四壁;出无车乘,朝晡步上;母年七十,供养无重膳。太祖尝使人密察,闻而益重之,厚加馈赐。"①张恂的事例比较典型地反映了北魏前期不营产业的中低级地方官的经济情况。上谷沮阳人张恂,道武帝时期曾任广平、常山太守,政绩突出。在广平,"恂招集离散,劝课农桑,民归之者千户";在常山,"恂开建学校,优显儒士,吏民歌咏之"。史称"于时丧乱之后,罕能克厉,惟恂当官清白,仁恕临下,百姓亲爱之,其治为当时第一。太祖闻而嘉叹"。"恂性清俭,不营产业,身死之日,家无余财。太宗悼惜之"。② 由此可见,当时大多数的地方官并非像张恂那样"当官清白","不营产业",而是通过贪婪搜刮和经营产业来增加财富,这无疑是他们获得收入的正常途径。

苟(若干)孤在明元帝时为镇军大将军、并州刺史、博陵公,"不治产业,死之日家无余财,百姓追思之"③。可知即便贵为公爵,若"不治产业"也仅能维持基本生活而难有余财。高允在文成帝时迁任中书令,其第"惟草屋数间,布被缊袍,厨中盐菜而已",文成帝对其"清贫"大为慨叹。④ 聊城侯陆馛在文成帝时"出为散骑常侍、安南将军、相州刺史,假长广公。为政清平,抑强扶弱"。"又简取诸县强门百余人,以为假子,诱接殷勤,赐以衣服,令各归家,为耳目于外。""在州七年,家至贫约。征为散骑常侍,民乞留馛者千余人。显祖不许……赐绢五百匹、奴婢十口。馛之还也,

①《魏书》卷二四《崔玄伯传》,第二册,第 621 页。
②《魏书》卷八八《良吏·张恂传》,第五册,第 1900 页。
③《魏书》卷四四《苟颓传附从叔孤传》,第三册,第 995 页。
④《魏书》卷四八《高允传》,第三册,第 1076 页。

吏民大敛布帛以遗之，馣一皆不受，民亦不取，于是以物造佛寺焉，名长广公寺。"①按陆馣出刺相州之初可为百余假子"赐以衣服"，显然是有较多积蓄的，但因其为政清平，使得"家至贫约"，而朝廷的赏赐无疑可缓解其生活困难。陆馣家应该从事一定的生产经营活动，否则难以养活十口奴婢。此例还表明，当地民众的主动奉送也可能成为地方长官的经济来源。贾秀"自始及终，历奉五帝，虽不至大官，常掌机要。而廉清俭约，不营资产。年七十三，遇疾，给医药，赐几杖"②。按朝廷"给医药"既是对贾秀的宠遇，也是因其无力支付医药费用之故。广陵侯元"衍性清慎，所在廉洁，又不营产业，历牧四州，皆有称绩，亡日无敛尸具"③。时当孝文帝时期，其晚年任职应在俸禄制颁布之后。这表明，即便有官俸收入，清廉而"不营产业"的官吏仍会身陷贫困④。孝文帝后期齐郡内史房伯祖的事例也可从一个侧面说明这一现象，史载其"闇弱，委事于功曹张僧皓，僧皓大有受纳，伯祖衣食不充"⑤。

　　安定临泾人胡方回，曾任赫连夏中书侍郎，"世祖破赫连昌，方回入国"，任至中书侍郎，"清贫守道，以寿终"。子始昌，"历位至南部主书"。始昌子丑孙，"中书学生、秘书郎、中散。世不治产

<hr>

①《魏书》卷四○《陆馣传》，第三册，第904页。
②《魏书》卷三三《贾秀传》，第三册，第793页。
③《魏书》卷一九上《景穆十二王上·元衍传》，第二册，第442页。
④南朝的情况亦与此类似，如刘宋官吏孔觊"不治产业，居常贫馨"（《宋书》卷八四《孔觊传》，第七册，第2155页）。
⑤《魏书》卷四三《房法寿传附子伯祖传》，第三册，第971页。此条后接着记："后广陵王羽为青州，伯祖为从事中郎、平原相。"据同书卷七下《高祖纪下》，广陵王羽为青州刺史是在太和十九年十二月辛酉（廿七，496.1.27）（第一册，第178—179页）。

业,家甚贫约,兄弟并早亡"。① 胡丑孙"兄弟并早亡",与其"世不治产业,家甚贫约"无疑具有因果关系。大儒燕国蓟人平恒,"安贫乐道,不以屡空改操",被"征为中书博士","出为幽州别驾。廉贞寡欲,不营资产,衣食至常不足,妻子不免饥寒"。② "世有冠冕,为西夏著姓"的安定临泾人胡叟,虽然在北魏并未担任过任何实际官职,但其经历也具有一定的参照价值。胡叟在北凉被灭前归魏,"拜虎威将军,赐爵始复男。家于密云,蓬室草筵,惟以酒自适"。③ 然而绝大多数时候,他却身陷饥贫之中。《魏书·胡叟传》:

> 叟不治产业,常苦饥贫,然不以为耻。养子字蝎蛉,以自给养。每至贵胜之门,恒乘一牸牛,弊韦袴褶而已。作布囊,容三四斗,饮啖醉饱,便盛余肉饼以付蝎蛉。见车马荣华者,视之蔑如也。尚书李敷尝遗之以财,都无所取。……于(高)允馆见中书侍郎赵郡李璨,璨被服华靡,叟贫老衣褐,璨颇忽之。……高闾曾造其家,值叟短褐曳柴,从田归舍,为闾设浊酒蔬食,皆手自办集。其馆宇卑陋,园畴褊局,而饭菜精洁,醯酱调美。见其二妾,并年衰跛眇,衣布穿弊。闾见其贫约,以物直十余匹赠之,亦无辞愧。……密云左右皆祗仰其德,岁时奉以麻布谷麦,叟随分散之,家无余财。年八十而卒。
>
> 叟元妻敦煌宋氏,先亡,无子。后庶养者,亦皆早夭,竟以绝后。叟死,无有家人营主凶事,胡始昌迎而殡之于家,葬

①《魏书》卷五二《胡方回传》及附传,第四册,第 1149 页。
②《魏书》卷八四《儒林·平恒传》,第五册,第 1845 页。
③参见《魏书》卷五二《胡叟传》,第四册,第 1149—1151 页。

于墓次。即令一弟继之,袭其爵始复男、虎威将军。叟与始昌虽为宗室,而性气殊诡,不相好附。于其存也,往来乃简,及亡而收恤至厚,议者以为非必敦哀疏宗,或缘求利品秩也。①

尚书李敷及中书侍郎李璨均出身赵郡李氏②,其经济实力看来颇为雄厚,很显然其家族是经营产业的。胡叟因"不治产业"而"常苦饥贫",其庶子早夭而绝后亦当与其饥贫有关。不过从其"恒乘一犗牛""从田归舍""园畦辟局"等记载来看,他还是有少量的田园耕种,这是维持其生活的基本保障。除此之外,他还从"贵胜之门"得到赠施,当地人"岁时奉以麻布谷麦"也成为其重要的生活来源。胡叟的"始复男、虎威将军"爵位并非实封,但从人们对胡始昌的议论来看似乎也有一定的利益。

　　傅竖眼在宣武帝时期为益州刺史,史称"竖眼性既清素,不营产业,衣食之外,俸禄粟帛皆以飨赐夷首,赈恤士卒"③。傅竖眼的情况比较特殊,他是负责北魏西南经略的主帅,其俸禄可能较高,加之其性"清素",故其俸禄粟帛除了维持基本生活外还有所剩

_____

① 《魏书》卷五二《胡叟传》,第四册,第 1151—1152 页。按"醯酱调美"之"醯"字,《北史》卷三四《胡叟传》(第四册,第 1264 页)及《册府元龟》卷八一〇作"醯"(第十册,第 9635 页上栏),四库全书本《魏书》(第二六一册,第 705 页上栏)及《太平御览》卷九七六引《后魏书》(第九〇一册,第 610 页下栏)作"醢"。

② 李敷为太武帝朝名臣李顺长子,颇受文成帝"宠遇",任至"散骑常侍、南部尚书、中书监,领内外秘书"。(《魏书》卷三六《李敷传》,第三册,第 833 页)李璨(432—471)为李顺从兄弟,曾长期担任中书郎(侍郎)。(卷四九《李璨传》,第三册,第 1101 页)

③ 《魏书》卷七〇《傅竖眼传》,第五册,第 1558 页。

余。对于清俭者而言,俸禄是能够维持其基本生活的。大儒常景"清俭自守,不营产业,至于衣食,取济而已"①。《魏书·常景传》:

> 耽好经史,爱玩文词,若遇新异之书,殷勤求访,或复质买,不问价之贵贱,必以得为期。友人刁整每谓曰:"卿清德自居,不事家业,虽俭约可尚,将何以自济也?吾恐挚太常方餧于栢谷耳。"遂与卫将军羊深矜其所乏,乃率刁双、司马彦邕、李谐、毕祖彦、毕义显等各出钱千文而为买马焉。天平初,迁邺,景匹马从驾。是时诏下三日,户四十万狼狈就道,收百官马,尚书丞郎已下非陪从者尽乘驴。齐献武王以景清贫,特给车牛四乘,妻孥方得达邺。②

由此可见,常景的俸禄在维持生活之外还有一定盈余,但因其嗜好买书而所剩无几,结果还不得不依靠友人和高欢的接济才能度过迁邺的难关。"不营产业"作为官吏"性清俭"的主要指标之一,而"无产业"往往也是"家贫"的重要表现。③ 在大多数情况下,官吏若"不营产业",即便能够维持基本生活,也往往难有余财。山伟在北魏末任至侍中,东魏初"除卫大将军、中书令,监起居",而因其"不营产业,身亡之后,卖宅营葬,妻子不免飘泊,士友叹愍之"④。元悰在东魏初年任太尉、录尚书事、司州牧、青州刺史并死于青州任上,因其

①《魏书》卷八二《常景传》,第五册,第 1805 页。
②《魏书》卷八二《常景传》,第五册,第 1805—1806 页。
③《魏书》卷九二《列女传》载"姚氏妇杨氏者,阉人苻承祖姨也。家贫无产业"云云(第六册,第 1981 页),可证。
④参见《魏书》卷八一《山伟传》,第五册,第 1793、1794 页。

"性清俭,不营产业,身死之日,家无余财"①。按山伟与元悰生前地位均颇高,理当有比较丰厚的俸禄收入,但这是在东魏初年战争时代,他们大概未必能够按时如数领取到应得的俸禄。

贪官高遵在孝文帝时期历任中书侍郎及齐州刺史,曾大肆搜刮民财,终被赐死。其弟次文"虽无位官而赀产巨万。遵每责其财,又结憾于遵,吉凶不相往反"②。很显然,未入仕途的高次文经营着颇具规模的产业,而高遵的正当收入仅为俸禄,为满足其贪欲而搜刮民财且向其弟索取。换言之,从致富角度而论,经营产业比单纯为官更为划算。清河崔敬友在担任本州(齐州)治中时"受纳"而为御史所案,因逃亡得免,"后除梁郡太守,会遭所生母忧,不拜"。"自景明(500—503)已降,频岁不登,饥寒请丐者,皆取足而去。又置逆旅于肃然山南大路之北,设食以供行者。"③由此来看,崔敬友家颇为富裕,毫无疑问乃经营产业所致。清河东武城人张烈兄弟的事例更为典型。孝文帝后期张烈曾任顺阳太守,宣武帝初"封清河县开国子,邑二百户。寻以母老归养。积十余年,频值凶俭,烈为粥以食饥人,蒙济者甚众,乡党以此称之"。孝明帝时期张烈历任司徒右长史等职,后"出为镇东将军、青州刺史。于时议者以烈家产畜殖,僮客甚多,虑其怨望,不宜出为本州,改授安北将军、瀛州刺史。为政清静,吏民安之。更满还朝,因辞老还乡里。兄弟同居怡怡然,为亲类所慕"。④ 也是在孝明帝时期,朝廷曾数度征召烈弟僧暠入朝任职,"并不赴"。史称其"好

---

① 《魏书》卷一九上《景穆十二王上·京兆王子推传附孙悰传》,第二册,第444页。
② 《魏书》卷八九《酷吏·高遵传》,第六册,第1921页。
③ 《魏书》卷六七《崔光传附弟敬友传》,第四册,第1501页。
④ 《魏书》卷七六《张烈传》,第五册,第1686页。

营产业,孜孜不已,藏镪巨万,他资亦称是"。当然,张烈家族之致富还与其节俭的生活态度有关,"兄弟自供俭约,车马瘦弊,身服布裳,而婢妾纨绮"。①

　　北魏时期并非所有"性清俭,不营产业"的官吏都是贫困者,尤其是王公贵族,如孝明帝初年任豫州刺史及给事黄门侍郎的安丰王延明,为文成帝之孙,虽然"性清俭,不营产业",但在宣武帝"延昌(512—515)初,岁大饥,延明乃减家财,以拯宾客数十人,并赡其家"。② 由此足见元延明家财力之雄厚。阎庆胤"为东秦州敷城太守。在政五年,清勤厉俗。频年饥馑,庆胤岁常以家粟千石赈恤贫穷,民赖以济。其部民杨宝龙等一千余人,申讼美政"③。从下文纪事推断,此事发生于孝明帝前期胡太后临朝听政之时。阎庆胤虽然为政"清勤",但却能"以家粟千石赈恤贫穷",无充裕的家财难以办到。从"有司奏"可知,当时"齐州东魏郡太守路邕,在郡治能与之相埒,语其分赡又亦不殊"。④ 若非经营产业,仅靠郡太守的俸禄收入恐难至此。又如平昌太守崔和"家巨富",其子轨"盗钱百万,背和亡走"⑤,时亦在北魏晚期,他家显然也是经营产业的。

第二节　朝廷赐予

　　经营产业无疑是官吏致富的主要渠道,但并非唯一渠道。特

①《魏书》卷七六《张烈传附弟僧晧传》,第五册,第 1687 页。
②《魏书》卷二〇《文成五王·安丰王延明传》,第二册,第 530 页。
③《魏书》卷八八《良吏·阎庆胤传》,第五册,第 1903 页。
④《魏书》卷八八《良吏·阎庆胤传》,第五册,第 1903 页。
⑤《魏书》卷二四《崔僧渊传附从弟和传》,第二册,第 634 页。

别是在北魏前期,接受朝廷的巨额赏赐往往成为官吏致富的终南捷径。北魏末年,杨椿告老还乡前所作《诫子孙书》开篇即云:"我家入魏之始,即为上客,给田宅,赐奴婢、马牛羊,遂成富室。"①可见接受朝廷赐予是官贵致富的重要途径。北魏开国功臣罗(叱罗)结,太武帝时"监典后宫,出入卧内,因除长信卿。年一百一十,诏听归老,赐大宁(今河北张家口市)东川以为居业,并为筑城,即号曰罗侯城"②。大宁东川宜耕宜牧,其后罗结家族的产业即在其地。与此不同,北魏朝廷对官贵的赐予大多是以实物形式发放的,奴婢也是最为常见的赏赐品。明元昭哀皇后之弟姚黄眉,为后秦国君姚兴之子,后"姚泓灭,黄眉间来归。太宗厚礼待之,赐爵陇西公,尚阳翟公主,拜驸马都尉,赐隶户二百"③。明元密皇后之兄杜超,"始光(424—428)中,世祖思念舅氏,以超为阳平公,尚南安长公主,拜驸马都尉,位大鸿胪卿。车驾数幸其第,赏赐巨万"④。内三郎豆代田从太武帝平定赫连昌,"以战功赐奴婢十五口、黄金百斤、银百斤"。后为散骑常侍、右卫将军、领内都幢将,"从讨和龙(北燕),战功居多,迁殿中尚书,赐奴婢六十口"⑤。李顺为前将军,从"征统万","破其左军"。"及克统万,世祖赐诸将珍宝杂物,顺固辞,唯取书数千卷,世祖善之。至京论功,以顺为给事黄门侍郎,赐奴婢十五户、帛千匹。"⑥

高允在太武帝时期至文成帝前期担任中书侍郎长达二十七

①《魏书》卷五八《杨椿传》,第四册,第1289页。
②《魏书》卷四四《罗结传》,第三册,第987页。
③《魏书》卷八三上《外戚上·姚黄眉传》,第五册,第1814页。
④《魏书》卷八三上《外戚上·杜超传》,第五册,第1815页。
⑤《魏书》卷三〇《豆代田传》,第三册,第727页。
⑥《魏书》卷三六《李顺传》,第三册,第830页。

年之久，生活颇为清贫，"允常使诸子樵采自给"。迁中书令之日，文成帝幸其第，叹其清贫，"即赐帛五百匹、粟千斛"。其生活状况由此大为改善，这从其对青齐士人的救济可见一斑："显祖平青齐，徙其族望于代。时诸士人流移远至，率皆饥寒。徙人之中，多允姻媾，皆徒步造门。允散财竭产，以相赡赈，慰问周至。"①很显然，高允家如果没有一定的财力是难以为此的。朝廷赏赐无疑是高允家财的主要来源。直到孝文帝时，朝廷还对其"赐珍味，每春秋常致之。寻诏朝晡给膳，朔望致牛酒，衣服绵绢，每月送给"。高允临终前，朝廷"遣使备赐御膳珍羞，自酒米至于盐醯百有余品，皆尽时味，及床帐、衣服、茵被、几杖，罗列于庭"。死后，"诏给绢一千匹、布二千匹、绵五百斤、锦五十匹、杂彩百匹、谷千斛以周丧用。魏初以来，存亡蒙赉者莫及焉，朝庭荣之"。②

　　文成帝乳母常氏被尊为皇太后，其家族兄弟子侄活跃于政坛，直到献文帝初年开始衰败，史称"诸常自兴安及至是，皆以亲疏受爵赐田宅，时为隆盛"。常氏成员在孝文帝初年因"飞书""诬谤朝政"而遭到惩处，"其家僮人者百人，金锦布帛数万计，赐尚书以下、宿卫以上"。③ 孝文帝初年，高飏自高丽"与弟乘信及其乡人韩内、冀富等入国，拜厉威将军、河间子，乘信明威将军，俱待以客礼，赐奴婢牛马采帛"④。冯太后临朝听政时，其兄冯熙为侍中、太师、车骑大将军、开府、都督、洛州刺史，"熙为政不能仁

---

①《魏书》卷四八《高允传》，第三册，第1076、1089页。
②《魏书》卷四八《高允传》，第三册，第1088、1090页。
③《魏书》卷八三上《外戚上·闾毗传附常氏传》，第五册，第1818页。
④《魏书》卷八三下《外戚下·高肇传》，第五册，第1829页。同书卷七上《高祖纪上》：延兴元年(471)九月，"高丽民奴久等相率来降，各赐田宅"(第一册，第135页)。按高肇之父高飏入魏或在此时。

厚,而信佛法,自出家财,在诸州镇建佛图精舍合七十二处,写一十六部一切经。延致名德沙门,日与讲论,精勤不倦,所费亦不赀"。史载"高祖前后纳熙三女,二为后,一为左昭仪。由是冯氏宠贵益隆,赏赐累巨万"。① 事实上,对冯熙的赏赐并不自孝文帝纳其女为后妃始,从其被冯太后访知进京时无疑就已开始。不论如何,其"家财"是得自于朝廷的赏赐。太和十九年冯熙病故,"凡所营送,皆公家为备。又敕代给彩帛前后六千匹,以供凶用"②。冯熙之子冯诞,为博陵长公主所生,在其病故时,"诏留守赐赗物布帛五千匹、谷五千斛,以供葬事"③。

献文帝时期,李䜣"出为使持节、安南将军、相州刺史。为政清简,明于折狱,奸盗止息,百姓称之","以䜣治为诸州之最,加赐衣服"。④ 宗亲任城王云在献文帝时"拜侍中、中都大官,赐帛千匹、羊千口"。"出为冀州刺史","迁使持节、都督陕西诸军事、征南大将军、长安镇都大将、雍州刺史。云廉谨自修,留心庶狱,挫抑豪强,群盗息止,州民颂之者千有余人。文明太后嘉之,赐帛千匹"。⑤ 代人于烈为冯太后亲信,"迁殿中尚书,赐帛三千匹。于时高祖幼冲,文明太后称制,烈与元丕、陆叡、李冲等各赐金策,许以有罪不死"⑥。中书侍郎高遵"与游明根、高闾、李冲入议律令,亲对御坐,时有陈奏。以积年之劳,赐粟帛牛马"⑦。南安王桢

①《魏书》卷八三上《外戚上·冯熙传》,第五册,第1819、1820页。
②《魏书》卷八三上《外戚上·冯熙传》,第五册,第1820页。
③《魏书》卷八三上《外戚上·冯诞传》,第五册,第1822页。
④《魏书》卷四六《李䜣传》,第三册,第1040页。
⑤《魏书》卷一九中《景穆十二王中·任城王云传》,第二册,第462页。
⑥《魏书》三一《于烈传》,第三册,第737—738页。
⑦《魏书》卷八九《酷吏·高遵传》,第六册,第1921页。

"性忠谨,事母以孝闻,赐帛千匹以褒之"①。孝明帝时宗室元遥上表有云:"太和之季,方有意于吴蜀,经始之费,虑深在初,割减之起,暂出当时也。且临淮王提,分属籍之始,高祖赐帛三千匹,所以重分离;乐良王长命,亦赐缣二千匹,所以存慈眷。"②北魏一朝,类似的赏赐或班赐不绝于史。

北魏朝廷对官吏的赏赐,尤以冯太后赏赐阉官的事例最为典型。史称"文明太后临朝,中官用事",阉官张祐"宠幸冠诸阉官","特被恩宠,岁月赏赐,家累巨万"。其于"太和十年薨",又"赐帛千匹"。③ 阉官王遇"与抱嶷并为文明太后所宠,前后赐以奴婢数百人,马牛羊他物称是,二人俱号富室"。王遇养其弟之子厉为子,官至右军将军,"产业有过于遇时"。④ 阉官王琚曾任礼部尚书及冀州刺史,"以其年老,拜散骑常侍,养老于家。前后赐以车马、衣服、杂物不可称计"。后"扶老自平城从迁洛邑。高祖以其朝旧,遣左右劳问之。琚附表自陈初至家多乏,蒙赐帛二百匹"。⑤ 阉官苻承祖姨姚氏妇杨氏,"家贫无产业。及承祖为文明太后所宠贵,亲姻皆求利润,唯杨独不欲"。其姊(承祖母)"每遗其衣服""与之奴婢",杨氏"多不受"或"不肯受"。⑥ 苻承祖家的富有无疑也是来自冯太后的赏赐。史称"是时有李丰之徒数人,皆被眷宠,出入禁闱,并致名位,积赀巨万,第宅华壮。文明太后

①《魏书》卷一九下《景穆十二王下·南安王桢传》,第二册,第493页。
②《魏书》卷一九上《景穆十二王上·元遥传》,第二册,第446页。
③《魏书》卷九四《阉官·张祐传》,第六册,第2020、2021页。
④《魏书》卷九四《阉官·王遇传》,第六册,第2024、2025页。
⑤《魏书》卷九四《阉官·王琚传》,第六册,第2015页。
⑥《魏书》卷九二《列女·姚氏妇杨氏传》,第六册,第1981—1982页。

崩后,乃渐衰矣"①。

北魏君主所进行的赐予主要有赏赐和班赐之分。"赏赐"是因特殊原因对个别贵族官吏临时赐予财物,"班赐"则是普遍性地向贵族官吏将士乃至庶民百姓赐予财物。北方统一之前,"战争既是北魏最大的开支,也是最大的收入","一次战争下来,大都会出现国用充足的后果"。② 北魏朝廷通过"班赐"对战争掠夺物实施再分配,乃是北魏前期贵族官吏获得物质财富的最主要的途径,以下摘录《魏书·本纪》的有关记载以窥其一斑。

【道武帝时期】前代国时期,即可见到拓跋君主班赐之例,如代王(昭成帝拓跋什翼犍)郎中令许谦,"从征卫辰,以功赐僮隶三十户"③。代国复国第二年,代王拓跋珪即开始进行班赐,其后又进行过多次大规模的班赐活动。登国"二年(387)春正月,班赐功臣长孙嵩等七十三人各有差"。六年冬十月,大破蠕蠕,"班赐从臣各有差"。十一月,大破卫辰子"直力鞬军于铁歧山南,获其器械辎重,牛羊二十余万",既而追擒直力鞬,灭卫辰部。"自河已南,诸部悉平。簿其珍宝畜产,名马三十余万匹,牛羊四百余万头。班赐大臣各有差。"登国"七年(392)春正月,幸木根山,遂次黑盐池。飨宴群臣,觐诸国贡使。北之美水。三(二)月甲子(廿七,4.5),宴群臣于水滨,还幸河南宫"。三月,"西部泣黎大人茂

---

① 《魏书》卷九四《阉官传》,第六册,第 2020 页。
② 蒋福亚:《魏晋南北朝社会经济史》,第 152 页。
③ 《魏书》卷二四《许谦传》,第二册,第 610 页。同书卷一《序纪》:建国"三十年(367)冬十月,帝征卫辰。时河冰未成,帝乃以苇絙约渐,俄然冰合,犹未能坚,乃散苇于上,冰草相结,如浮桥焉。众军利涉,出其不意,卫辰与宗族西走,收其部落而还,俘获生口及马牛羊数十万头"(第一册,第 15 页)。许谦受赐当在其时。

鲜叛走,遣南部大人长孙嵩追讨,大破之。夏五月,班赐诸官马牛羊各有差"。皇始二年(397)十月,北魏占领后燕都城中山,"获其所传皇帝玺绶、图书,府库珍宝,簿列数万。班赐功臣及将士各有差"。天兴二年(399)"二月丁亥朔(初一,3.23),诸军同会,破高车杂种三十余部,获七万余口,马三十余万匹,牛羊百四十余万。骠骑大将军卫王仪督三万骑别从西北绝漠千余里,破其遗进七部,获二万余口,马五万余匹,牛羊二十余万头,高车二十余万乘,并服玩诸物。还次牛川及薄山,并刻石记功。班赐从臣各有差"。"以所获高车众起鹿苑,南因台阴,北距长城,东包白登,属之西山,广轮数十里。""秋七月,起天华殿。辛酉(初七,8.24),大阅于鹿苑,飨赐各有差。"三年正月,"赐群臣布帛各有差"。四年七月,"诏赐天下镇戍将士布帛各有差"。五年正月"戊子(十九,3.8),材官将军和突破黜弗、素古延等诸部,获马三千余匹,牛羊七万余头。辛卯(廿二,3.11),蠕蠕社仑遣骑救素古延等,和突逆击破之于山南河曲,获铠马二千余匹。班师,赏赐将士各有差"。二月,征西大将军常山王遵等追讨木易于与卫辰子屈丐(赫连屈丐)至陇西瓦亭,"获其辎重库藏,马四万余匹,骆驼、牦牛三千余头,牛、羊九万余口。班赐将士各有差"。①

【明元帝时期】永兴三年(411)"秋七月戊申(初四,8.8),赐卫士酺三日、布帛各有差。辛酉(十七,8.21),赐附国大人锦罽衣服各有差。""四年春二月癸未(十二,3.10),登虎圈射虎;赐南平公长孙嵩等布帛各有差。"七月初一明元帝东巡,"己卯(十一,9.2),大狝于石会山"。"庚寅(廿二,9.13),至于濡源。西巡,幸北部诸落,赐以缯帛。八月庚戌(十二,10.3),车驾还宫。壬子

---

① 以上见《魏书》卷二《太祖纪》,第一册,第21、24、25、31、34—35、36、39 页。

（十四，10.5），幸西宫，临板殿，大飨群臣将吏，以田猎所获赐之，命民大酺三日。乙卯（十七，10.8），赐王公以下至宿卫将士布帛各有差。冬十有一月乙丑（己丑/廿三，413.1.10），赐宗室近属南阳王良已下至于缌麻之亲布帛各有差。"五年正月，"颉拔大、渠帅四十余人诣阙奉贡，赐以缯帛锦罽各有差"。"庚寅（廿四，3.12），大阅于东郊，部署将帅。以山阳侯奚斤为前军，众三万；阳平王熙等十二将，各一万骑。帝临白登，躬自校览焉。二月戊申（十三，3.30），赐阳平王熙及诸王、公、侯、将士布帛各有差。"七月，"奚斤等破越勤倍泥部落于跋那山西，获马五万匹，牛二十万头，徙二万余家于大宁，计口受田"。"丙戌（廿三，9.4），车驾自大室西南巡诸部落，赐其渠帅缯帛各有差。""八月癸卯（十一，9.21），车驾还宫。癸丑（廿一，10.1），奚斤等班师。甲寅（廿二，10.2），帝临白登，观降民，数军实。"九月"辛未（初九，10.19）①，赐征还将士牛、马、奴婢各有差。置新民于大宁川，给农器，计口受田。"神瑞元年（414）正月"辛巳（廿一，2.26），幸繁畤。赐王公已下至于士卒百工布帛各有差"。"二年春正月丙辰（初二，1.27），车驾至自北伐，赐从征将士布帛各有差。二月丁亥（初三，2.27），大飨于西宫，赐附国大、渠帅朝岁首者缯帛金罽各有差。"泰常"五年（420）春正月丙戌朔（初一，1.31），自薛林东还，至于屋窦城，飨劳将士，大酺二日，班禽兽以赐之"。七月"丁未（廿五，8.19），幸云中大室，赐从者大酺"。"七年春正月甲辰朔（初一，2.7），自云中西行，幸屋窦城，赐从者大酺三日、蕃渠帅缯帛各有差。二月丙戌（十三，3.21），车驾还宫，赐从者布帛各有差，大飨于西宫。"八年"十有一月己巳（初六，12.24），帝崩于西宫"，"遗诏以司空奚斤所获军实

①本条原系于八月条，本年八月无辛未，当为九月辛未。

赐大臣,自司徒长孙嵩已下至士卒各有差"。①

【太武帝时期】始光"二年(425)春正月己卯(廿三,2.26),车驾至自北伐,以其杂畜班赐将士各有差"。"三年春正月壬申(廿二,2.14),车驾至自北伐。班军实以赐将士,行、留各有差。""秋七月,筑马射台于长川,帝亲登台观走马;王公诸国君长驰射,中者赐金锦缯絮各有差。""十有一月戊寅(初三,12.17),帝率轻骑二万袭赫连昌。壬午(初七,12.21),至其城下,徙万余家而还。""至祚山,班所虏获以赐将士各有差。""四年春正月乙酉(十一,2.22),车驾至自西伐,赐留台文武生口、缯帛、马牛各有差。"六月"乙巳(初三,7.12),车驾入城(统万),虏昌群弟及其诸母、姊妹、妻妾、宫人万数,府库珍宝车旗器物不可胜计,擒昌尚书王买、薛超等及司马德宗将毛脩之、秦雍人士数千人,获马三十余万匹,牛羊数千万。以昌宫人及生口、金银、珍玩、布帛班赉将士各有差"。"秋七月己卯(初七,8.15),筑坛于祚岭,戏马驰射,赐射中者金锦缯絮各有差。""八月壬子(十一,9.17),车驾至自西伐,饮至策勋,告于宗庙,班军实以赐留台百僚各有差。"神麚二年(429)四月"庚寅(廿九,6.16),车驾北伐"。"秋七月,车驾东辕。至黑山,校数军实,班赐王公将士各有差。"三年十一月,攻占赫连夏残余政权据守的安定城,"己亥(十七,12.17),帝幸安定,获乞伏炽磐质子及定车旗,簿其生口、财畜,班赐将士各有差"。"十有二月丁卯(十五,431.1.14),定弟社于、度洛孤面缚出降,平凉平,收其珍宝。""四年春正月壬午(初一,1.29),车驾次于木根山,大飨群臣,赐布帛各有差。"二月"癸酉(廿二,3.21),车驾还宫,饮至策勋,告于宗庙,赐留台百官各有差,战士赐复十年"。十月,"行幸漠南。

---

① 以上见《魏书》卷三《太宗纪》,第一册,第 51、52、53、54、55、60、61、64 页。

十一月丙辰(初十,12.29),北部敕勒莫弗库若于率其部数万骑,驱鹿数百万,诣行在所,帝因而大狩以赐从者,勒石漠南,以记功德"。延和"三年(434)春正月乙未(初一,1.26),车驾次于女水,大飨群臣,班赐各有差"。十月"甲午(初五,11.21),破白龙余党于五原。诏山胡为白龙所逼及归降者,听为平民。诸与白龙同恶,斩数千人,虏其妻子,班赐将士各有差"。太延四年(438)"冬十月乙丑(廿九,12.1),大飨六军。十二月丁巳(廿二,439.1.22),车驾至自北伐"。五年"秋七月己巳(初七,8.2),车驾至上郡属国城,大飨群臣,讲武马射。壬午(二十,8.15),留辎重,分部诸军:……九月丙戌(廿五,10.18)……(沮渠)牧犍与左右文武五千人面缚军门,帝解其缚,待以藩臣之礼。收其城内户口二十余万,仓库珍宝不可称计。进张掖公秃发保周爵为王,与龙骧将军穆罴、安远将军源贺分略诸郡,杂人降者亦数十万。……镇北将军封沓讨乐都,掠数千家而还。班赐将士各有差"。① 太平真君八年(447)二月"癸未(初五,3.7),行幸中山,颁赐从官文武各有差"。十年九月,北伐。"十月庚子(初八,11.8),皇太子及群官奉迎于行宫。壬午(壬子:二十,11.20),大飨,班赐所获及布帛各有差。"十二年(正平元年)"三月己亥(十五,5.1),车驾至自南伐,饮至策勋,告于宗庙。以降民五万余家分置近畿。赐留台文武所获军资生口各有差"。史载太武帝"每以财者军国之本,无所轻费,至赏赐皆是死事勋绩之家,亲戚爱宠未曾横有所及"。②

———————

① 以上见《魏书》卷四上《世祖纪上》,第一册,第70、71、72—73、75、77、78、79、83、84、89—90页。
② 以上见《魏书》卷四下《世祖纪下》,第一册,第101、103、105、107页。

通过赏赐或班赐对战争掠夺物实施再分配,是北魏君主为提高将士战斗力而采取的最重要的手段,也是贵族官吏及将士获取财富的主要途径。《张邱建算经》卷上载有两道例题,内容是对王公贵族和各级官吏赏赐的计算,今抄录于下:

今有官出库金五十九斤一两,赐王九人,公十二人,侯十五人,子十八人,男二十一人。王得金各多公五两,公得金各多侯四两,侯得金各多子三两,子得金各多男二两。问王、公、侯、子、男各得金几何?答曰:王一斤六两,公一斤一两,侯十三两,子十两,男八两。

今有十等人,甲等十人,官赐金依等次差降之。上三人先入,得金四斤,持出。下四人后入,得金三斤,持出。中央三人未到者,亦依等次更给。问各得金几何?及未到三人复应得金几何?答曰:甲一斤七十八分斤之三十三,乙一斤七十八分斤之二十六,丙一斤七十八分斤之十九,丁一斤七十八分斤之十二,戊一斤七十八分斤之五,己七十八分斤之七十六,庚七十八分斤之六十九,辛七十八分斤之六十二,壬七十八分斤之五十五,癸七十八分斤之四十八。未到三人共得三斤七十八分斤之十五。[1]

学界比较一致的看法是《张邱建算经》成书于北魏中前期[2],虽然不能确定以上例题反映的是什么时间的情况,且现实中的赏赐也

①钱宝琮校点:《算经十书》,《李俨钱宝琮科学史全集》,第四卷,第263—264、264—265页。
②参见本书第十二章第二节,第689—690页。

未必完全如此,但还是能够提供从其它文献中无法得到的认识,有助于更加直观地了解北魏君主对官贵进行的赏赐。在君主主动赐予的同时,一些将领有时还私自进行掳掠。如北魏道武帝率军进围后燕都城中山,慕容"宝弃城走和龙,城内无主,百姓惶惑,东门不闭。太祖将夜入乘城,据守其门。(王)建贪而无谋,意在虏获,恐士卒肆掠,盗乱府库,请俟天明,太祖乃止"①。太武帝太平真君八年"六月,西征诸将扶风公元(拓跋)处真等八将坐盗没军资,所在虏掠,赃各千万计,并斩之"②。代人金城公周(普)观为高平镇将,"真君初,诏观统五军西讨秃发保周于张掖。徙其民数百家,将置于京师,至武威,辄与诸将私分之。世祖大怒,黜观为金城侯,改授内都大官"③。

【文成帝至孝文帝时期】在实现北方统一以后,由于战争数量急剧减少,通过赏赐或班赐对战利品进行再分配也就随之锐减。其后文成帝至孝文帝时期半个世纪的时间里,北魏朝廷对贵族官僚等虽然偶有赏赐或班赐,且对战利品的再分配并非完全禁绝,但主要方式和内容却与以往大不相同。文成帝兴安二年(453)"十有二月,诛河间郑民为贼盗者,男年十五以下为生口,班赐从臣各有差"。兴光二年(太安元年,455)三月己亥(初八,4.10)下诏,谓"今始奉世祖、恭宗神主于太庙,又于西苑遍秩群神。朕以大庆飨赐百僚"云云。④ 和平二年(461)冬,"诏出内库绫绵布帛二十万匹,令内外百官分曹赌射"⑤。"四年春三月乙未(廿一,

---

① 《魏书》卷三〇《王建传》,第三册,第710页。
② 《魏书》卷四下《世祖纪下》,第一册,第102页。
③ 《魏书》卷三〇《周观传》,第三册,第728页。
④ 《魏书》卷五《高宗纪》,第一册,第113、114页。
⑤ 《魏书》卷一一〇《食货志》,第八册,第2851页。

4.24)，赐京师民年七十以上太官厨食，以终其年。"①同年八月丙寅（廿四，9.22），"畋于河西"，诏曰："朕顺时畋猎，而从官杀获过度，既殚禽兽，乖不合围之义。其敕从官及典围将校，自今已后，不听滥杀。其畋获皮肉，别自颁赉。"②孝文帝延兴元年（471）九月，"高丽民奴久等相率来降，各赐田宅"。三年（473）十一月"癸巳（二十，12.25），太上皇帝南巡，至于怀州。所过问民疾苦，赐高年、孝悌力田布帛"。太和三年（479）"十有一月癸卯（初五，12.4），赐京师贫穷、高年、疾患不能自存者衣服布帛各有差"。四年"六月丁卯（初二，6.25），以澍雨大洽，曲赦京师。以绅绫绢布百万匹及南伐所俘赐王公已下"。七月"壬子（十八，8.9），改作东明观。诏会京师耆老，赐锦彩、衣服、几杖、稻米、蜜、面，复家人不徭役"。五年四月"壬子（廿三，6.5），以南俘万余口班赐群臣"。六年二月"癸丑（廿八，4.2），赐王公已下清勤著称者谷帛有差"。"八月癸未朔（初一，8.30），分遣大使巡行天下遭水之处，亏民租赋，贫俭不自存者，赐以粟帛"。八年"五月己卯（初七，6.16），诏赈赐河南七州戍兵"。③

　　根据以上所列，大体可以窥见文成帝至孝文帝时期朝廷进行赏赐或班赐的基本情况，尤其值得注意的是，不仅赏赐或班赐的次数比之前大为减少，而且对战利品的再分配更是少之又少。很显然，通过战争掠夺已无法向朝廷和统治集团成员提供生活所需，也不可能以此激励统治集团成员提高效忠的积极性。只有另

---

①《魏书》卷五《高宗纪》，第一册，第 121 页。按同书卷一一〇《食货志》亦载此事，第八册，第 2851 页。

②《魏书》卷五《高宗纪》，第一册，第 121 页。

③以上见《魏书》卷七上《高祖纪上》，第一册，第 135、139—140、147、148、149、150、151—152、153 页。

辟财源以满足统治集团对物质财富的需求,才能使他们更好地为北魏统治卖力。在北方统一战争结束近半个世纪后,社会经济有了很大程度的恢复和发展,政府可以掌握更多的编户齐民,通过征收赋税徭役以开辟财源,增加国库收入,进而以此为基础解决官吏的收入问题便成为可能①。正是在这种情况下,俸禄制应运而生。

太和八年六月俸禄制颁布后,高级官吏的俸禄应该说足以维持其奢华的生活开支,然而要真正致富则需经营产业或得到朝廷的巨额赏赐,这从宣武帝、孝明帝时期外戚高、胡两家的待遇即可得到充分认识。宣武帝"景明(500—503)初,世宗追思舅氏,征(高)肇兄弟等"。"又诏飏(肇父)嫡孙猛袭勃海公爵,封肇平原郡公,肇弟显澄城郡公,三人同日受封","数日之间,富贵赫弈。是年,咸阳王禧诛,财物珍宝奴婢田宅多入高氏"。② 灵太后之父胡国珍,"灵太后临朝,加侍中,封安定郡公,给甲第,赐帛布绵穀奴婢车马牛甚厚"。死后"给东园温明秘器、五时朝服各一具、衣一袭,赠布五千匹、钱一百万、蜡千斤",又"赐物三千段、粟一千五百石"。③

---

①王毓铨云:"'编户',意思是编制起来的人户";"'齐民',就是'平民'"。"'民户'是'编户齐民'的主体。""编制起来为的是管理约束,管理的目的为的是使平民各安其分、各尽其分、应当差役。""编户齐民必须著籍,在官府登记,附籍当差。不着(著)籍为'脱漏户口',律有惩罚。"(《〈中国历史上农民的身分〉写作提纲》,《莱芜集》,第366页)

②《魏书》卷八三下《外戚下·高肇传》,第五册,第1829页。

③《魏书》卷八三下《外戚下·胡国珍传》,第五册,第1833、1834、1835页。

【表1】北魏前期(386—484)班·赏赐表:(1)普赐

时间	受赐者	班·赏赐内容	班·赏赐背景	出处(魏书)卷/页①
道武帝登国二年正月	功臣长孙嵩等七十三人	班赐		2/21
六年十月	从臣	班赐	从驾北伐,大破蠕蠕。	2/24
六年十二月	大臣	班赐	灭卫辰,获珍宝畜产甚巨。	2/24
七年五月	诸官	班赐马牛羊		2/25
皇始二年十月	功臣及将士	班赐	破后燕中山,多获府库珍宝。	2/31
天兴二年二月	从臣	班赐	破高车杂种,所获甚巨。	2/34—35
二年七月	〔朝臣等〕	飨、赐	起天华殿;大阅于鹿苑。	2/35
三年正月	群臣	赐布帛		2/36
四年七月	天下镇戍将士	赐布帛		2/39
五年正月	将士	赏赐	破黜弗、素古延等诸部及蠕蠕社仑,所获不菲。	2/39

①在本表和下表中,s、z、x分别代表上、中、下卷。

时间	受赐者	班·赏赐内容	班·赏赐背景	出处（魏书）卷/页
五年二月	将士	班赐	于安定之高平破木易于等部，所获甚巨。	2/39
〔清河王绍〕	朝士	班赐	闻人心不安，大出财帛。	24/622
明元帝永兴三年七月	卫士	赐酺三日及布帛		3/51
三年七月	附国大人	赐锦罽衣服		3/51
四年二月	南平公长孙嵩等	赐布帛	登虎圈射虎。	3/51
四年七月	北部诸落	赐缯帛	西巡幸。	3/52
四年八月	群臣将吏民	以田猎所获赐之命大酺三日	幸西宫，临板殿。	3/52
四年八月	王公以下至宿卫将士	赐布帛		3/52
四年十一月	宗室近属南阳王良已下至于缌麻之亲	赐布帛		3/52
五年正月	颎拔大、渠帅四十余人	赐缯帛锦罽	诣阙奉贡。	3/52
五年二月	阳平王熙及诸王、公、侯、将士	赐布帛		3/52

时间	受赐者	班·赏赐内容	班·赏赐背景	出处（魏书）卷/页
五年七月	从者	赐大酺于山下	幸薄山，登观太祖游幸刻石颂德之处，于其旁起石坛而荐飨。	3/53
五年七月	部落渠帅	赐缯帛	自大室西南巡诸部落。	3/53
五年八（九）月	征还将士	赐牛、马、奴婢		3/53
神瑞元年正月	王公已下至于士卒、百工	赐布帛	幸繁畤。	3/54
二年正月	从征将士	赐布帛	车驾至自北伐。	3/55
二年二月	附国大、渠帅朝岁首者	赐缯帛金罽	大飨于西宫。	3/55
泰常五年正月	将士	大酺二日，班赐禽兽	出巡自薛林东还。	3/60
五年七月	从者	赐大酺	出巡西至五原，再幸云中大室。	3/60
七年正月	从者蕃渠帅	赐大酺三日缯帛	自云中西行，幸屋窦城。	3/61
七年二月	从者	赐布帛，大飨于西宫	出巡还宫。	3/61

时间	受赐者	班·赏赐内容	班·赏赐背景	出处（魏书）卷/页
八年闰四月	从官（王公已下逮于厮贱）	班赐	南征（巡）还至晋阳。	3/63
八年十一月	大臣自司徒长孙嵩已下至士卒	赐军实	帝崩,遗诏。	3/64
太武帝始光二年正月	将士	班赐杂畜	车驾至自北伐。	4s/70
三年正月	将士（行、留）	班赐军实	车驾至自北伐。	4s/71
三年七月	王公诸国君长驰射中者	赐金锦缯絮	筑马射台于长川,帝亲登台观走马。	4s/71
三年十一月	将士	班赐俘虏	帝率轻骑二万袭赫连昌,徙万余家而还。	4s/71
四年正月	留台文武	赐生口、缯帛、马牛	车驾至自西伐。	4s/72
四年六月	将士	班赉赫连昌宫人及生口、金银、珍玩、布帛	克夏都统万城,所获甚巨,返京班赐。①	4s/73

---

① 又见《魏书》卷三六《李顺传》,谓"及克统万,世祖赐诸将珍宝杂物"云云（第三册,第 830 页）。

时间	受赐者	班·赏赐内容	班·赏赐背景	出处（魏书）卷/页
四年七月	驰射中者	赐金锦缯絮	筑坛于祚岭，戏马驰射。	4s/73
四年八月	留台百僚	班赐军实	车驾至自西伐，饮至策勋，告于宗庙。	4s/73
神麚二年七月	从驾王公、将士	班赐军实	车驾东辕，至黑山，校数军实。	4s/75
三年十一月	将士	班赐（生口、财畜）	帝幸安定，获乞伏炽盘质子及赫连定车旗，簿其生口、财畜。	4s/77
四年正月	群臣	赐布帛	西征东还，车驾次于木根山，大飨群臣。	4s/78
四年二月	留台百官	赐（军实）	车驾还宫，饮至策勋，告于宗庙。	4s/78
四年十一月	从者	赐大狩猎物（鹿）	北部敕勒莫弗库若于率其部数万骑，驱鹿数百万，诣行在所，帝因而大狩，勒石漠南，以记功德。	4s/79

时间	受赐者	班·赏赐内容	班·赏赐背景	出处（魏书）卷/页
延和元年八月	将士	班赐生口	车驾讨斩北燕尚书高绍。	4s/81
三年正月	群臣	班赐	车驾次于女水，大飨群臣。	4s/83
三年十月	将士	班赐所虏叛军妻子	斩山胡白龙叛军数千人。	4s/84
太延五年九月	将士	班赐	克北凉都城姑臧，所获甚巨。	4s/89—90
太平真君八年二月	从官文武	颁赐	高凉王那等自安定讨平朔方胡，又与临淮王提等合军共攻斩叛胡曹仆浑;行幸中山。	4x/101
十年正月	百僚	班赐	帝在漠南，大飨百僚。	4x/103
十年十月	群官	班赐（北伐）所获及布帛	皇太子及群官奉迎于行宫，大飨。	4x/103
十一年四月	从者及留台郎吏已上	赐生口	舆驾还宫。	4x/104

时间	受赐者	班·赏赐内容	班·赏赐背景	出处（魏书）卷/页
正平元年三月	留台文武	赐以所获军资生口	车驾至自南伐，饮至策勋，告于宗庙；以降民五万余家分置近畿。	4x/105
文成帝兴安元年十月	百僚	班赐	高宗即位。	41/920
二年十二月	从臣	班赐生口	诛河间郑民为贼盗者，男年十五以下为生口。	5/113
和平四年三月	京师民年七十以上	赐太官厨食以终其年		5/121
献文帝皇兴元年九月	六镇贫人	赐布人三匹		6/128
二年	百官	赐以奴婢	以青齐降民为奴婢，分赐百官。	50/1119
孝文帝延兴三年三月	贫民	赐以诸仓囤谷麦		7s/138
三年十一月	高年、孝悌力田	赐以布帛	太上皇帝南巡，至于怀州；所过问民疾苦。	7s/139—140
太和元年十月	京邑耆老年七十已上	赐以衣服	宴于太华殿。	7s/144
二年二月	贫民无妻者	赐以宫人	行幸代之汤泉；所过问民疾苦。	7s/145

时间	受赐者	班·赏赐内容	班·赏赐背景	出处（魏书）卷/页
太和三年冬至	群臣	赐帛人三十匹	高祖、文明太后大飨群官。	54/1203
三年十一月	京师贫穷、高年、疾患不能自存者	赐以衣服布帛		7s/147
四年四月	天下贫人一户之内无杂财谷帛者	赐廪一年		7s/148
四年六月	王公已下	赐以绸绫绢布百万匹及南伐所俘		7s/148
四年七月	京师耆老	赐以锦彩、衣服、几杖、稻米、蜜、面	诏会京师耆老，赐锦彩等并复家人不徭役。	7s/149
五年二月	孝悌力田、孤贫不能自存者	赐以谷帛	大赦天下，赐孝悌等谷帛有差，免宫人年老者还其所亲。	7s/150
五年四月	群臣	班赐南俘万余口		7s/150
六年二月	王公已下清勤著称者	赐以谷帛		7s/151
六年三月	贫老者	赐以衣服	幸武州山石窟寺。	7s/151

时间	受赐者	班·赏赐内容	班·赏赐背景	出处（魏书）卷/页
六年四月	畿内鳏寡孤独不能自存者	赐以粟帛		7s/151
六年八月	天下遭水之处贫俭不自存者	赐以粟帛	分遣大使巡行天下遭水之处，丐民租赋并赐贫俭不自存者。	7s/151—152
七年四月	鳏寡不能自存者	赐衣服、粟、帛	幸崞山，赐所过鳏寡不能自存者。	7s/152
八年五月	河南七州戍兵	赈赐		7s/153

【表 2】北魏前期班·赏赐表（386—484）:（2）赏赐

时代	受赐者	班·赏赐内容	班·赏赐原因	出处（魏书）卷/页
道武帝皇始二年十月	卫王仪	赐慕容普骥妻周氏并其僮仆财物 赐绢布绵牛马羊等 赐御马、御带、缣锦等	从破后燕慕容德； 从讨后秦姚平有功； 世祖（皇孙）生，起拜而歌舞以贺。	15/371
	长孙肥	赏赐奴婢数百口，畜物以千计	南平中原，西摧羌寇，肥功居多。	26/652

时代	受赐者	班·赏赐内容	班·赏赐原因	出处(魏书)卷/页
	王建	赐奴婢数十口,杂畜数千 赐僮隶五千户	从征伐诸国,破二十余部,以功受赐; 从征破卫辰。	30/709
	安同	妻妾及隶户三十、马二匹、羊五十口	太祖班赐功臣,同以使功居多受赐。	30/712
	于栗磾	赐名马 大赐金帛	开井陉路袭后燕,车驾后至,见道路修理,大悦; 赵魏平定,太祖置酒高会。	31/735
	崔玄伯(宏)	赐以牛米	破中山还京遇宏扶母登恒岭,嘉之。	24/621
	李先	赏奴婢三口、马牛羊五十头	从驾北伐,大破蠕蠕。	33/789
	张济	赏赐奴婢百口、马牛数百、羊二十余口	频从车驾北伐,谋功居多。	33/788
	赫连文陈	奴婢数十口	父子归阙,赏赐拜官。	30/724
	高车俟利曷莫弗敕力犍	赐谷二万斛	率其九百余落内附,拜官赏赐。	103/2308
	高车解批莫弗幡豆建	赐衣服,岁给廪食	率其部三十余落内附,拜官赏赐。	103/2308—2309

时代	受赐者	班·赏赐内容	班·赏赐原因	出处（魏书）卷/页
明元帝即位初	崔玄伯	特赐帛二百匹	以不受清河王绍财帛，特赐之。	24/622
即位初	张恂	赐帛三百匹	赏赐，拜官。	88/1900
	李先（宏）	赐绢五十匹、丝五十斤、杂彩五十匹，御马一匹，隶户二十二	诏有司曰："先所知者，皆军国大事，自今常宿于内。"加官拜爵。	33/790
永兴元年？	王洛儿	赐僮隶五十户	助帝即位。	34/800
永兴四年二月	长孙嵩等	布帛	登虎圈射虎，赐之。	3/51
永兴五年	王洛儿	赐温明秘器	元勋宠臣，丧葬之用。	34/800
神瑞三年	崔浩	赐妾一人、御衣一袭、绢五十匹、绵五十斤	谏止神瑞二年迁都之议，来年大熟。	35/808
神瑞三年	周澹	赐妾一人、御衣一袭、绢五十匹、绵五十斤	谏止神瑞二年迁都之议，来年大熟。	35/808
泰常元年	叔孙俊	赐温明秘器	元勋宠臣，丧葬之用。	29/706
泰常二年	崔浩	赐御缥醪酒十觚，水精戎盐一两	与帝论刘裕北伐，大悦，语至中夜。	35/811
泰常六年	拓跋熙	赐温明秘器	皇弟，丧葬之用。	16/391

时代	受赐者	班·赏赐内容	班·赏赐原因	出处(魏书)卷/页
泰常八年	穆观	赐以通身隐起金饰棺	公主之婿,公爵。	27/664
太武帝始光三、四年	拓跋幹	赐御马、弓矢、金带	随帝出游于白登山东北,以二箭射下双鸥,帝嘉之,以旌其能。	15/372
	姚黄眉	赐隶户二百	后秦国君姚兴之子,皇后之弟,国灭归魏,赐爵、尚主、拜官、赐隶户。	83s/1814
	豆代田	赐奴婢十五口、黄金百斤、银百斤	从驾平赫连昌,以战功受赐。	30/727
	李顺	赐奴婢十五户、帛千匹	克夏都统万,返京论功。	36/830
神䴥二年	李先	赐金缕命服一袭	丧葬之用。	33/791
	李顺	赐绢千匹,厩马一乘	使北凉有功。	36/832
	豆代田	赐奴婢六十口	从讨和龙,战功居多。	30/727
	宿沓干	赐奴婢十七户	从驾讨和龙,以功受赐。	30/724
	毛修之	赐奴婢、牛羊	从讨和龙,别破三堡。	43/960
延和中	车伊洛	赐绢一百匹、绵一百斤、绣	焉耆胡帅,恒修职贡,授军	30/723

时代	受赐者	班·赏赐内容	班·赏赐原因	出处(魏书)卷/页
		衣一具、金带靴帽	号、封王、赏赐。	
	陈建	赐户二十	帝讨山胡白龙,遇袭堕马,几至不测,建以身捍贼,大呼奋击,杀贼数人,身被十余创。	34/802
	房法寿	给以田宅、奴婢	以功赐爵、加号,赏赐。	43/970
	于洛拔	赐奴婢四十口	从征平凉州。	31/737
	屈垣	赐甲第;赏赐隆厚	委以大政,车驾出征,常居中留镇,数临幸其第。	33/777
	卢鲁元	赏赐僮隶前后数百人、布帛以万计 赐甲第	常从征伐,出入卧内,每有平殄,辄以功赏赐;欲其居近,易于往来,乃赐甲第于宫门南。	34/801
	奚斤	赐僮隶七十户 赐安车	从平凉州,以战功受赐;以元老受赐。	29/700
太平真君十一年	王慧龙	赐以剑马钱帛	宋将王玄谟寇滑台,慧龙设奇兵大破之。	38/876

时代	受赐者	班·赏赐内容	班·赏赐原因	出处(魏书)卷/页
	司马楚之	赐前后部鼓吹	屯颍川以拒宋军入寇。	37/855
正平二年	车伊洛	赐以妻妾、奴婢、田宅、牛羊	伊洛朝京师。	30/723
	拓跋纂	赐步挽几	封王,赏赐以优异之。	15/372
	拓跋库汗	赐一金兔	从驾北巡,有兔起乘舆前,命库汗射之,应弦而毙。	15/384
	拓跋浑	赐马百匹,僮仆数十人	善射,帝器其艺能,常引侍左右。	16/400
	古弼	赐衣一袭、马二匹、鹿十头	将校猎于河西。弼留守,违命以弱马给骑人,其"选肥马备军实"的理由为帝所赏识。	28/692
	叔孙建	赐以衣马	出征在外,上表论南境形势,帝优诏答之并赏赐。	29/704
	于栗磾	赐东园秘器、朝服一具、衣一袭	丧葬之用。	31/736
	王宪	特赐锦绣布帛绵彩珍羞礼膳	以元老受赐。	33/775

时代	受赐者	班·赏赐内容	班·赏赐原因	出处(魏书)卷/页
	崔浩	赐缯絮布帛各千段	以辅东宫之勤受赐。	35/825
	司马楚之	赐隶户一百	从征凉州,以功受赐。	37/856
	司马准	赐布六百匹	为广宁太守,悦近来远,清俭有称。	37/860
	李祥	赐以衣马	为淮阳太守,流民归之者万余家,劝课农桑,百姓安业。	53/1174
	仇洛齐	赐奴马	宠臣卢鲁元舅,入京引见受赐。	94/2013
	古弼	赐帛千匹、绵千斤	为东宫四辅之一,以保傅东宫有老成之勤。	28/691
	张黎	赐布帛各千匹	为东宫四辅之一,以保傅东宫有老成之勤。	28/693
	崔浩	赐布帛各千匹	为东宫四辅之一,以保傅东宫有老成之勤。	28/693
文成帝即位	源贺	赐戎马一匹	帝即位,班赐百僚。	41/920

时代	受赐者	班·赏赐内容	班·赏赐原因	出处(魏书)卷/页
兴安二年	车伊洛	赐绵绢杂彩五百匹,衣二十七袭	丧葬之用。	30/723
兴光中	宿石	赐绵一百斤,帛五十匹,骏马一匹 赐骏马一匹	从幸苑内,游猎,于高宗前走马,道峻,马倒殒绝,久之乃苏,由是御马得制; 从猎,叩马谏帝放弃亲射虎之意,引帝至高原上;后虎腾跃杀人。	30/724
太安五年	李宝	赐命服一袭	丧葬之用。	39/886
和平五年六月	皮豹子	命服一袭	丧葬之用。	51/1132
	拓跋提	赐马百匹、羊千口	平吐京叛胡。	16/396
	尉拨	赐以衣服	为杏城镇将,清平有惠绩。	30/729
	源贺	赐衣马器物	为冀州刺史,时考殿最,贺治为第一。	41/921
	高允	赐帛五百匹、粟千斛	帝幸允第,见其清贫。	48/1076
献文帝皇兴二年	薛安都	为起第宅,馆宇崇丽,资给甚厚	与毕众敬朝于京师,大见礼重。	61/1354

时代	受赐者	班·赏赐内容	班·赏赐原因	出处（魏书）卷/页
	毕众敬	赐甲第一区	朝于京师，因留之。	61/1360
	贾秀	赐几杖	年老遇疾。	33/793
	拓跋谓	赐几杖服物 赐秘器	后谢老归家，显祖善礼遇之； 丧葬之用。	14/357
	拓跋兴都	赐几杖服物，致膳于第	谢老归家，显祖益礼之。	14/357
	拓跋云	赐帛千匹、羊千口	为徐州刺史，治理有方，不受百姓所送钱货。	19z/462
	刘尼	赐别户三十	显祖即位，以尼有大功于先朝，弥加尊重。	30/722
	尉拨	赐衣服	为悬瓠镇将，显祖嘉其声效。	30/729
	陆馛	赐绢五百匹、奴婢十口	为相州刺史七年，家至贫约，征为散骑常侍。	40/904
	李䜣	加赐衣服	为相州刺史，治为诸州之最。	46/1040
	鹿生	赐以骢马，加以青服	为济南太守，有治称，帝嘉其能，特征赴	88/1901

时代	受赐者	班·赏赐内容	班·赏赐原因	出处(魏书)卷/页
			季秋马射,赏赐以彰其廉洁。	
孝文帝延兴元年九月	高丽民奴久等	各赐田宅	相率来降。	7s/135
	高飏	赐奴婢牛马彩帛	高祖初,与弟乘信及其乡人韩内、冀富等入国,俱待以客礼。	83x/1829
延兴末	程骏	赐布帛百匹	持节如高丽迎高丽王琏女。	60/1346
承明元年	娄提	文明太后诏赐帛二百匹	显祖暴崩,提"遂引佩刀自刺,几至于死"。	87/1891
承明元年	程骏	文明太后赐衣一袭、帛二百匹	议事受赐。	60/1346
太和三年	源贺	赙杂彩五百匹,赐辒辌车及命服、温明秘器	丧葬之用。	41/923
太和三年	高允	特赐蜀牛一头、四望蜀车一乘、素几杖各一,蜀刀一口	议定律令。	48/1088
太和三年	沈文秀	赐绢彩二百匹赐以戎服	嘉文秀忠于其国;	61/1367

时代	受赐者	班·赏赐内容	班·赏赐原因	出处(魏书)卷/页
			为南征都将,临发受赐。	
太和四年	拓跋忠	赐杂彩二百匹	病笃,辞退,养疾于高柳,舆驾亲送都门之外。	15/376—377
太和五年	张白泽	赐帛一千匹、粟三千石	丧葬之用。	24/617
太和五年	杨懿	赐帛三百匹	为广平太守,有称绩。高祖南巡,吏人颂之。	58/1279
太和五年	程骏	文明太后令赐帛六百匹	沙门法秀谋反伏诛,骏上表并奏《得一颂》。	60/1349
太和五年前	拓跋云	文明太后赐帛千匹	为长安镇都大将、雍州刺史,廉谨自修,留心庶狱,挫抑豪强,群盗息止,州民颂之。	19z/462
太和五年前	王叡	太后密赐珍玩缯彩前后巨万,不可胜数;加以田园、奴婢、牛马、杂畜,并尽良美;造甲第	文明太后宠臣(出入帷幄,人莫能知,率常以夜帷车载往)。	93/1989 14/358

时代	受赐者	班·赏赐内容	班·赏赐原因	出处（魏书）卷/页
	元丕	赐以珍宝；造甲第；赐金印一纽；又特赐金券	文明太后重年敬旧，存问周渥。	14/358
太和五年	于烈	赐帛三千匹	迁殿中尚书	31/737
太和六年	吕罗汉	赐命服一袭	丧葬之用。	51/1139
太和六年	赵黑	赐绢四百五十匹、谷一千斛、车牛二十乘	丧葬之用。	94/2017
太和八年	刁雍	赐命服一袭、赗帛五百匹	丧葬之用。	38/871
太和八年	陆定国	赐命服一袭	丧葬之用。	40/909
太和八年五月	陆叡	赐夏服一具	正月，与陇西公元琛并持节为东西二道大使，褒善罚恶，声称闻于京师。	40/911
	元澄	赐衣一袭、乘马一匹	为梁州刺史，仇池帖然，西南款顺，加官赏赐，以旌其能。	19z/463
	元桢	赐帛千匹	性忠谨，事母以孝闻，赏赐以褒之。	19x/493
	邓良奴	赐钱十万、布五十匹	丧葬之用。	24/636

时代	受赐者	班·赏赐内容	班·赏赐原因	出处(魏书)卷/页
	韦崇	赐帛二百匹	为南颍川太守,不好发摘细事,吏民感之,郡中大治,高祖闻而嘉赏。	45/1012
	韦珍	赐骅骝二匹、帛五十匹、谷三百斛	为郢州刺史,在州有声绩,朝廷嘉之,迁号赏赐。	45/1013—1014
	杨津	文明太后赐缣百匹	为侍御中散,以敬慎见知。	58/1296
	阳尼	赐帛百匹	高祖亲在苑堂讲诸经典,诏尼侍听。	72/1601
	阳藻	赐帛六十匹	为建德太守,以清贫受赐。	72/1602
	尔朱代勤	岁赐帛百匹赐帛五百匹、布二百匹	以老致仕;丧葬之用。	74/1643—1644
	刘渴侯	赐绢千匹、谷千斛	丧葬之用。	87/1892
	胡泥	赐衣服一袭	为司卫监,率勒禁中,不惮豪贵。以法绳殿中尚书叔孙侯头,高祖闻而嘉焉。	89/1918
	王琚	赐帛二百匹	高祖以其朝旧,遣左右劳	94/2015

时代	受赐者	班·赏赐内容	班·赏赐原因	出处(魏书)卷/页
			问之,琚附表自陈初至家多乏。	
	赵黑	赐帛五百匹、谷一千五百石	为定州刺史,克己清俭,忧济公私,高祖、文明太后幸中山闻而赏赐。	94/2017
	抱睹生	赏赐衣马 赐黄金八十斤、缯彩及绢八百匹	其子抱嶷为太后所宠,乃征其父睹生,拜官赏赐;丧葬之用。	94/2022
	抱嶷	赐赏奴婢牛马盖数百千,他物称是	太后所宠阉官。	94/2022
	王遇	赐以奴婢数百人,马牛羊他物称是	与抱嶷并为文明太后所宠,前后赏赐,俱号富室。	94/2024
	梁弥机	赐以车骑、戎马、锦彩等	入京朝贡。	101/2242

第三节　贪赃枉法

北魏建立以后的将近一百年间,官吏没有俸禄,这是与秦汉魏晋南朝官僚制度的一大区别。洁己奉公的地方长官往往过着贫困的生活,但却能够赢得当地民众的爱戴。后燕河间太守吕显于四世纪末归附北魏,道武帝"赐爵魏昌男,拜钜鹿太守。清身奉公,务存赡恤,妻子不免饥寒"。钜鹿民众对其统治非常满意,歌诗以颂其善政曰:"时惟府君,克己清明。缉我荒土,民胥乐生。愿寿无疆,以享长龄。"①张蒲在明元帝时期与长孙道生一起平定丁零翟猛雀之乱,后为南中郎将、南蛮校尉及陈兵将军、济州刺史,先后隶长孙嵩及叔孙建两位大将出征青兖。"世祖即位,以蒲清贫,妻子衣食不给,乃出为相州刺史。"②按相州位于河北平原南部,是当时北魏经济最发达的地区之一。太武帝任命张蒲出刺相州,首先应该是考虑到他此前在河北及南部边疆征讨的经历——比较熟悉当地形势且有较高的声望,同时也是为了改善其家庭的贫困状况,因为地方长官直接治民,方便聚敛财富。由此也可看出,在为官没有俸禄的时代,地方长官的敛财一定程度上是得到北魏君主认可的。

献文帝时期,皇叔任城王云被任命为"都督徐兖二州缘淮诸军事、征东大将军、开府、徐州刺史"。他在北魏东南边疆徐州的治理有着良好的记录,史称其"性善抚绥,得徐方之心,为百姓所追恋。送遗钱货,一无所受"。孝文帝初年由侍中、中都大官"出为冀州刺史,仍本将军。云留心政事,甚得下情,于是合州请户输绢五尺、粟五升以报云恩"。③ 由此可见,对于勤政爱民的地方长官,当地百姓不仅会献上美好的祝福,通常还会主动奉送钱物以

---

① 《魏书》卷五一《吕罗汉传》,第四册,第 1137 页。
② 《魏书》卷三三《张蒲传》,第三册,第 779 页。
③ 《魏书》卷一九中《景穆十二王中·任城王云传》,第二册,第 462 页。

为报答。当然,像任城王云这样的皇亲国戚,虽然为官没有俸禄,但会有别的经济来源,拒绝接受治下百姓奉送的钱物并不影响其生活。不过,当时清廉如任城王云者只是另类,史书对其事迹特加记载也是由于这个缘故。

以上所述张蒲、吕显、任城王云等清廉官吏,在北魏前期的官场上可以说凤毛麟角,而大多数地方长官肯定不是这样,若治下百姓没有主动向其奉送财物,他们就会想方设法进行搜括盘剥。史家论及孝文帝之前的北魏吏治状况,谓"政术治风,未能咸允,虽动贻大戮,而贪虐未悛,亦由网漏吞舟,时挂一目"①。通过贪污掠夺以获取财富,无疑是北魏前期官贵经济收入的重要途径。百官无禄必然导致贪污横行②,即便有个别例外,也不可能改变官僚阶层整体贪腐的状况。

由于为官没有俸禄,故贪官污吏就要想方设法通过各种途径聚集财富。不加限制和制约的权力是滋长腐败的温床。即便受到限制和制约,贪官污吏也往往能够找到满足贪欲的机会。见诸史籍的官贵毕竟只是整个官僚队伍的极少数,而基于种种原因也

①《魏书》卷八八《良吏传·序》,第五册,第 1899 页。

②清人赵翼云:"后魏未有官禄之制,其廉者贫苦异常","否则必取给于富豪"。"是惩贪之法未尝不严,然朝廷不制禄以养廉,而徒责以不许受赃,是不清其源而徒遏其流,安可得也。"(王树民校证:《廿二史札记校证》卷一四《魏齐周隋书并北史·后魏百官无禄》,上册,第 301—302 页)李剑农云,"太和改制以前,俸制未定,贪墨成风"(《中国古代经济史稿》第二卷《魏晋南北朝隋唐部分》,第 161 页)。唐长孺云,"北魏在太和八年(四八四年)之前官吏一概不给俸禄,所以贪污现象,特别严重"(《均田制度的产生及其破坏》)。〔日〕堀敏一云,"可以说地方官不法行为不绝的直接原因,在于到此为止(即颁布俸禄制前)北魏不给官吏俸禄"(《均田制的研究》,第 109 页)。

不是见于史传的官贵的贪腐行为都会被如实记录下来。太武帝始光四年(427)十二月,"行幸中山,守宰贪污免者十数人"。神䴥元年(428)正月,"以天下守令多行非法,精选忠良悉代之"。① 由此可见,地方长官贪污的现状是多么触目惊心,而朝廷对他们的处罚看来并不严厉。近十年后,太延三年(437)五月己丑(十五,7.3)诏有云:"内外群官及牧守令长,不能忧勤所司,纠察非法,废公带私,更相隐置,浊货为官,政存苟且。"②可见在太武帝大量撤换贪腐地方长官之后,贪污公行的状况并未得到根本改观,贪腐者仍然层出不穷。地方长官直接治民,故成为官僚阶层中贪赃枉法的主体。广大百姓是北魏物质财富的最基本的提供者,而地方长官则是沟通北魏朝廷和地方百姓之间的桥梁,其贪腐行为必然影响吏治的清明,严重威胁到北魏王朝的统治基础,尽管朝廷三令五申,却无法杜绝这种现象。

当然,贪赃枉法不仅仅是属于地方官的专利,在其他职位的官员身上也并不罕见。《魏书·公孙轨传》:

> 出为虎牢镇将。初,世祖将北征,发民驴以运粮,使轨部诣雍州。轨令驴主皆加绢一匹,乃与受之。百姓为之语曰:"驴无强弱,辅脊自壮。"众共嗤之。坐征还。真君二年(441)卒,时年五十一。轨既死,世祖谓崔浩曰:"吾行过上党,父老皆曰:公孙轨为受货纵贼,使至今余奸不除,轨之咎也。其初来,单马执鞭;返去,从车百两,载物而南。丁零渠帅乘山骂轨,轨怒,取骂者之母,以矛刺其阴而杀之,曰:'何以生此逆

---

① 《魏书》卷四上《世祖纪上》,第一册,第73页。
② 《魏书》卷四上《世祖纪上》,第一册,第88页。

子!'从下到臂,分磔四支于山树上以肆其忿。是忍行不忍之事。轨幸而早死,至今在者,吾必族而诛之。"①

公孙轨在负责执行军事运输任务时顺手牵羊,谋取私利,其罪行在当时便受到惩处。而当其死后,太武帝又了解到其恶行的更多细节,对之产生了更大的愤恨。因其早死,得以幸免族诛之祸。尚书令刘洁为太武帝宠臣,"洁既居势要,擅作威福,诸阿附者登进,忤恨者黜免,内外惮之,侧目而视。拔城破国者,聚敛财货,与洁分之"。被诛后,"籍其家产,财盈巨万"。② 太武帝欲征赫连夏,长孙"嵩等固谏不可。帝大怒,责嵩在官贪污,使武士顿辱"③。太武帝为了消除身为开国元老的鲜卑贵族长孙嵩对其军事行动的阻挠,不失时机地找到了合理借口,实现了政治目的。由此来看,"贪污"罪名会被当作君主压制大臣的正当理由,而长孙嵩本非清廉之辈,也就为太武帝制造了消除隐患的口实。

《魏书·阉官·段霸传》:"霸少以谨敏见知,稍迁至中常侍、中护军将军、殿中尚书,领寿安少府,赐爵武陵公。出为安东将军、定州刺史。世祖亲考内外,大明黜陟。前定州治中张浑屯告霸前在定州浊货贪秽,便道致财,归之乡里。召霸定对,霸不首引。世祖以霸近臣而不尽实,由此益怒,欲斩之。恭宗进请,遂免霸为庶人。"④段霸在出任定州刺史前以阉官身份执掌禁卫军,同

---

①《魏书》卷三三《公孙轨传》,第三册,第784页。
②《魏书》卷二八《刘洁传》,第二册,第689页。
③《魏书》卷二五《长孙嵩传》,第二册,第644页。
④《魏书》卷九四《阉官·段霸传》,第六册,第2014—2015页。

时负责皇太后宫中事务①,可以说已拥有相当显赫的地位。即便是在阉官受到重用的整个北魏前期,这种情形也是颇为罕见的。纵然如此,在他受到贪污指控后仍然要面临被砍头的危险。当然,招致太武帝愤怒的主要原因并不完全是其贪秽行为,而是其在太武帝审问时拒不坦白认罪的顽固态度。太武帝似乎并非真心要将这位近臣处死,而太子的求情正好给他一个可下的台阶,段霸也就得以保全性命。由于官吏贪污受贿等行为十分普遍,法不责众,并非所有犯赃罪者都会受到相应的惩处。事实上,北魏君主对案发的贪官大多采取宽容态度,往往从轻发落,尤其对其亲信宠臣更是如此。精通《易》学的高阳新城人许彦,"世祖初,被征,以卜筮频验,遂在左右,参与谋议,拜散骑常侍,赐爵博陵侯。彦质厚慎密,与人言不及内事,世祖以此益亲待之。进爵武昌公。拜安东将军、相州刺史。在州受纳,多违法度,诏书切让之。然以彦腹心近臣,弗之罪也"②。

文成帝时期,北魏朝廷对地方长官的治理情况非常关注,多次下诏发布相关指示,同时还派遣大批使者考察地方吏治。太安元年(455)六月癸酉(十三,7. 13)诏云:"今遣尚书穆伏真等三十人,巡行州郡,观察风俗。"规定穆伏真等"入其境"需检治五个方面的事项,第二个方面为"耆老饭蔬食,少壮无衣褐,则聚敛烦数,

①《魏书》卷五《高宗纪》:和平元年(460)"夏四月戊戌(初七,5. 12),皇太后常氏崩于寿安宫"(第一册,第118页)。按常氏为文成帝乳母(《魏书》卷一三《后妃·高宗乳母常氏传》,第二册,第327页),生前被尊为皇太后。太武帝时期寿安宫的主人应该也是其乳母——窦(纥豆陵)氏(同上卷《世祖保母窦氏传》,第326页)。
②《魏书》卷四六《许彦传》,第三册,第1036页。

匮于财也"。① 也就是说,百姓衣食无着的根源在于地方长官的聚敛无度,毫无疑问这是看到了问题的实质。地方长官借职务之便贪赃枉法自不待言,而朝廷派到地方的巡行使者也有可能加入到贪官队伍之中。有鉴于此,诏书又规定"使者受财,断察不平,听诣公车上诉"②。

地方长官的贪赃枉法行为必然带来严重后果,在正常赋役之外的额外盘剥,无疑会大大加重地方民众的负担,激化社会矛盾,引起社会动荡,不利于北魏王朝对基层社会的有效控制。太安四年五月壬戌(十九,6.16),诏曰:

> 朕即阼至今,屡下宽大之旨,蠲除烦苛,去诸不急,欲令物获其所,人安其业。而牧守百里,不能宣扬恩意,求欲无厌,断截官物以入于己,使课调悬少,而深文极墨,委罪于民。苛求免咎,曾不改惧。国家之制,赋役乃轻,比年已来,杂调减省。而所在州郡,咸有逋悬,非在职之官绥导失所,贪秽过度,谁使之致? 自今常调不充,民不安业,宰民之徒,加以死罪。申告天下,称朕意焉。③

文成帝时期的年号有兴安、太安、和平,表明实现社会安定和平是文成帝的统治目标,地方长官的贪赃枉法将会激化阶级矛盾,破坏社会稳定,成为实现大安的绊脚石。

一年多之后,文成帝又颁布诏令,就肃明吏治作出进一步指

---

① 《魏书》卷五《高宗纪》,第一册,第 114 页。
② 《魏书》卷五《高宗纪》,第一册,第 115 页。
③ 《魏书》卷五《高宗纪》,第一册,第 116—117 页。

示。太安五年九月戊辰(初三,10.15),诏曰:

> 夫褒赏必于有功,刑罚审于有罪,此古今之所同,由来之
> 常式。牧守莅民,侵食百姓,以营家业,王赋不充,虽岁满去
> 职,应计前逋,正其刑罪。而主者失于督察,不加弹正,使有
> 罪者优游获免,无罪者妄受其辜,是启奸邪之路,长贪暴之
> 心,岂所谓原情处罪,以正天下。自今诸迁代者,仰列在职殿
> 最,案制治罪。克举者加之爵宠,有愆者肆之刑戮,使能否殊
> 贯,刑赏不差。主者明为条制,以为常楷。①

诏书规定对卸任地方长官进行审计,并根据审计情况予以奖惩,
可以说是从源头上防止地方长官贪赃枉法的重要举措,具有里程
碑意义。这一诏令若能真正实施,肯定会起到改善吏治的积极作
用。当然,在帝制时代要完全杜绝地方长官贪赃枉法的现象,也
是不可能实现的梦想。财政收支的平衡是国家政权正常运转的
必要条件,在大规模战争结束后的和平时代,保证赋税的足额征
收成为维持北魏国家财政稳定的最重要手段,这也是地方长官最
为重要的职责。既要圆满完成国家的赋税征收额度,又能够最大
限度地牟取私利,地方长官想出了两全其美的办法。

和平二年(461)正月乙酉(廿八,2.23),诏曰:

> 刺史牧民,为万里之表。自顷每因发调,逼民假贷,大商
> 富贾,要射时利,旬日之间,增赢十倍。上下通同,分以润屋。
> 故编户之家,困于冻馁;豪富之门,日有兼积。为政之弊,莫

①《魏书》卷五《高宗纪》,第一册,第117—118页。

过于此。其一切禁绝,犯者十疋以上皆死。布告天下,咸令知禁。①

由此可见,地方长官既要足额完成国家税收以避免朝廷制裁,同时还要满足其贪欲,与富商大贾勾结以期互惠互利,便是最为便捷的途径。然而,广大的民众却不得不陷于官府盘剥和高利贷的深渊而难以自拔,基层社会的稳定因此受到严重威胁。② 北魏朝廷应该是通过此前派遣使者巡行而掌握到这种情况,为了解决这一危及统治基础的重大问题,文成帝颁布了专门的法令。同年"五月癸未(廿八,6.21),诏南部尚书黄卢头、李敷等考课诸州"③。南部尚书管辖的对象是北魏南方地区,亦即以河北平原为中心的广大农耕区,是北魏赋税征收的主要区域。毫无疑问,黄卢头、李敷等对诸州的考课,应该就是检查和落实正月乙酉诏的具体行动。

文成帝时期对吏治的整肃不仅仅停留在字面上,而是得到了具体的贯彻落实。文成帝以尧暄"恭谨"而"擢为中散","奉使齐州,检平原镇将及长史贪暴事,推情诊理,皆得其实"。④ 谷洪为南

---

① 《魏书》卷五《高宗纪》,第一册,第 119 页。
② 古典经济学鼻祖亚当·斯密说:"在中国,只有富商或者大资本所有者才可能享有较高程度的安全保障,而贫民或者小商小贩则享受不到任何安全保障,他们的财物随时都可能被下级官吏以执行法律为借口强行掠夺走。""在中国,各行各业都在压迫贫民,这必然导致富商垄断。富者垄断了行业,就能获得巨额利润。"(《国富论》上册,第 180 页)斯密所言应该是其同时代的中国(清代)的情况,但以之与俸禄制班行前的北魏基层社会的现状相比,应该说也是比较相近的。
③ 《魏书》卷五《高宗纪》,第一册,第 119 页。
④ 《魏书》卷四二《尧暄传》,第三册,第 954 页。

部尚书,"赐爵荥阳公"。"洪性贪奢,仆妾衣服锦绮,赀累千金,而求欲滋剧。时显祖舅李峻等初至京师,官给衣服,洪辄截没。为有司所纠,并穷其前后赃罪,坐以伏法。"①陈建为幽州刺史、假秦郡公,"高宗以建贪暴懦弱,遣使就州罚杖五十"②。濮阳太守窦遵"多所受纳。其子僧演奸通民妇,为民贾邈所告,免官"③。文成帝时期颁布的一系列法令及采取的督促落实措施,应该收到了一定的成效。尽管如此,截至文成帝末年,各级官府机构及地方长官仍在劳役兵民,但贪赃枉法现象似已不甚突出。和平四年三(四)月乙巳(初一,5.4),诏曰:"朕宪章旧典,分职设官,欲令敷扬治化,缉熙庶绩。然在职之人,皆蒙显擢,委以事任,当厉己竭诚,务省徭役,使兵民优逸,家给人赡。今内外诸司、州镇守宰,侵使兵民,劳役非一。自今擅有召役,逼雇不程,皆论同枉法。"④《魏书·食货志》:"高宗时,牧守之官,颇为货利。太安初,遣使者二十余辈循行天下,观风俗,视民所疾苦。诏使者察诸州郡垦殖田亩、饮食衣服、闾里虚实、盗贼劫掠、贫富强劣而罚之,自此牧守颇改前弊,民以安业。"⑤这表明,文成帝非常重视地方吏治,其吏治政策的确取得了良好效果。文成帝时期在赋役征发方面做到了合理适度,加之大规模战争业已停息,国库充盈,故可废除正常赋役之外的各种征发以减轻民众的负担。

经过八十年的统治,北魏统治者已深刻体认到统治的基本原理。献文帝即位之初,和平六年(465)六月乙丑(初四,7.12)

①《魏书》卷三三《谷浑传附孙洪传》,第三册,第781页。
②《魏书》卷三四《陈建传》,第三册,第803页。
③《魏书》卷四六《窦瑾传附子遵传》,第三册,第1036页。
④《魏书》卷五《高宗纪》,第一册,第121页。
⑤《魏书》卷一一○《食货志》,第八册,第2851页。

诏曰:

> 夫赋敛烦则民财匮,课调轻则用不足,是以十一而税,颂声作矣。先朝权其轻重,以惠百姓。朕承洪业,上惟祖宗之休命,夙兴待旦,惟民之恤,欲令天下同于逸豫。而徭赋不息,将何以塞烦去苛,拯济黎元者哉! 今兵革不起,畜积有余,诸有杂调,一以与民。①

在北魏统治者看来,过度的赋役征发会使民众陷于贫穷,而适度的税收却是维持统治的基本保障,因此合理适度的赋税征收会收到巩固统治的良好效果。此诏与文成帝时期的一系列诏令,其所体现的统治思想完全一致,应该是深谙儒家学说的中书侍郎—中书令高允所草拟而得到北魏最高统治者所认可。

文成帝以后,改善吏治的制度建设仍在推进。最值得一提的是,太上皇(献文帝)执政期间进一步明确了对地方长官的奖惩和考核制度。延兴二年(472)十二月庚戌(初二,473.1.16),诏曰:

> 《书》云:"三载一考,三考黜陟幽明。"顷者已来,官以劳升,未久而代,牧守无恤民之心,竞为聚敛,送故迎新,相属于路,非所以固民志、隆治道也。自今牧守温仁清俭、克己奉公者,可久于其任;岁积有成,迁位一级。其有贪残非道、侵削黎庶者,虽在官甫尔,必加黜罚。著之于令,永为彝准。②

---

① 《魏书》卷六《显祖纪》,第一册,第125—126页。
② 《魏书》卷七上《高祖纪上》,第一册,第138页。

这是北魏王朝第一次明确提出,以治理状况之优劣为标准确定对地方长官的升降,是北魏考绩制度正式确立的标志。延兴五年二月"癸丑(十八,3.10),诏定考课,明黜陟"①。这应该是对二年十二月庚戌诏的具体化,从而使得考绩制度进一步完善,当更具可操作性。丹阳公叔孙邻为文成帝亲信安城王叔孙俊之弟,由尚书令"出为凉州镇大将,加镇西将军。邻与镇副将奚牧,并以贵戚子弟,竞贪财货,专作威福。遂相纠发,坐伏诛"②。从上下文纪事推断,叔孙(乙旃)邻与奚(达奚)牧罪发伏诛应在献文帝时期。文成帝乳母常氏之兄常英,天安(466—467)中为平州刺史,"英黩货,徙燉煌"。常"伯夫为洛州刺史,以赃污欺妄征斩于京师"。③按献文帝初年常氏势力遭受打击主要缘于政治因素,但常氏人物不能洁身自好,为其败亡制造了更为正当的理由。李䜣为使持节、安南将军、相州刺史,"为政清简,明于折狱,奸盗止息","以䜣治为诸州之最,加赐衣服。自是遂有骄矜自得之志。乃受纳民财及商胡珍宝。兵民告言,尚书李敷与䜣少长相好,每左右之。或有劝以奏闻,敷不许。显祖闻䜣罪状,槛车征䜣,拷劾抵罪"。④ 政

①《魏书》卷七上《高祖纪上》,第一册,第141页。
②《魏书》卷二九《叔孙俊传》,第二册,第706页。按凉州"神䴥(428—431)中为镇,太和(477—499)中复"(《魏书》卷一〇六下《地形志下》,第七册,第2622页)。凉州镇设置的确切时间不见记载,同书卷一九下《景穆十二王下·城阳王鸾传》:"高祖时,拜外都大官,又出为持节、都督河西诸军事、征西大将军、领护西戎校尉、凉州镇都大将。改镇立州,以鸾为凉州刺史,姑臧镇都大将,余如故。后朝于京师。会车驾南讨,领镇军将军。定都洛阳,高祖幸邺,诏鸾留守。"(第二册,第509页)据此,凉州镇应在太和十年前后改为凉州。
③《魏书》卷八三上《外戚上·闾毗传附常氏传》,第五册,第1817、1818页。
④《魏书》卷四六《李䜣传》,第三册,第1040页。

治斗争是李䜣被诛的主因,但其自身的不洁为反对者提供了口实。

当权者的欲望从来都是难以禁绝的,即便有卸任审计制度及考课制度,还有不定期的遣使巡行加以监督,贪官污吏也会尽量钻空子以满足其贪欲。冯太后第二次临朝听政之时,有一部分贪赃枉法的地方长官受到了惩处。如于烈为屯田给纳,"太和初,秦州刺史尉洛侯、雍州刺史宜都王目辰、长安镇将陈提等贪残不法,烈受诏案验,咸获赃罪,洛侯、目辰等皆致大辟,提坐徒边"①。当然更多的贪官污吏可能并未被发现,太和二年(478)十一月庚戌(初七,12.16)颁诏,谓"诸州刺史,牧民之官,自顷以来,遂各怠慢,纵奸纳赂,背公缘私,致令贼盗并兴,侵劫兹甚,奸宄之声,屡闻朕听","有司明为条禁,称朕意焉"②。由此来看,当时地方长官贪赃枉法、地方治安混乱的情形依然严重,冯太后命令相关部门制定具体的条例以便禁绝地方长官的贪赃枉法。也就是说,北魏王朝把制度法规的完善作为改善吏治的主要途径,充分显示了统治能力的提高。冯熙为侍中、太师、车骑大将军、开府、都督、洛州刺史,"熙为州,因事取人子女为奴婢,有容色者幸之为妾,有子女数十人。号为贪纵"③。寇臻字仙胜,"显祖末,为中川太守。时冯熙为洛州刺史,政号贪虐。仙胜微能附之,甚得其意"④。按冯熙为冯太后之兄,故其仕途丝毫未因贪纵行为而受影响,集权专制政治的弊端于此可见一斑。太和六年秋发生水灾,"八月癸未朔(初一,8.30),分遣大使巡行天下遭水之处,丐民租赋,贫俭

①《魏书》卷三一《于烈传》,第三册,第737页。
②《魏书》卷七上《高祖纪上》,第一册,第146页。
③《魏书》卷八三上《外戚上·冯熙传》,第五册,第1819页。
④《魏书》卷四二《寇赞传附子臻传》,第三册,第947—948页。

不自存者,赐以粟帛"①。同年十二月丁亥(初七,483.1.1)诏有
云:"去秋淫雨,洪水为灾,百姓嗷然,朕用嗟愍,故遣使者循方赈
恤。而牧守不思利民之道,期于取办。爱毛反裘,甚无谓也。今
课督未入及将来租算,一以丐之。有司勉加劝课,以要来穰,称朕
意焉。"②仅仅一个月之后,太和七年正月庚申(十一,2.3)诏曰:
"朕每思知百姓之所疾苦,以增修宽政,而明不烛远,实有缺焉。
故具问守宰苛虐之状于州郡使者、秀孝、计掾,而对多不实,甚乖
朕虚求之意。宜案以大辟,明罔上必诛。然情犹未忍,可恕罪听
归。申下天下,使知后犯无恕。"③关于遣使巡行的具体环节,通过
此诏可以得到较为明确的认识。

　　如上所述,大体上从文成帝时期开始,北魏朝廷就比较重视
制定相应的制度法规来改善地方吏治,尤其是在太上皇执政的延
兴年间正式颁布考绩制度,对地方长官的监督可以说迈上了一个
新的台阶。然而为官没有俸禄,要想禁绝官吏通过贪污受贿积聚
财富的现象,无异缘木求鱼,自然不得要领。总的来看,由于吏治
关乎地方统治的稳定,故在俸禄制班行之前,北魏太武帝以后的
几朝统治者都比较关注吏治状况的改善,但贪赃枉法的现象依
然十分普遍。在北方统一战争结束将近半个世纪之后,通过正
常的赋税收入即能保证国库的充盈,在维持国家机器运转的前
提下,已完全具备给官吏班发俸禄的条件,这是改善吏治的必由
之路。

①《魏书》卷七上《高祖纪上》,第一册,第151—152页。
②《魏书》卷七上《高祖纪上》,第一册,第152页。
③《魏书》卷七上《高祖纪上》,第一册,第152页。

第四节　爵秩亲恤

　　献文帝天安元年(466)"秋七月辛亥(廿六,8.22),诏:诸有诈取爵位,罪特原之,削其爵职。其有祖、父假爵号货赇以正名者,不听继袭。诸非劳进超迁者,亦各还初。不以实闻者,以大不敬论"[1]。爵位看来不仅仅是一种单纯表示贵族身份的荣誉,应该还具有实际的经济意义,否则"诈取爵位"或以"货赇"使"假爵号""正名"便没有太大必要。道武帝天赐元年(404)"九月,减五等之爵,始分为四,曰王、公、侯、子,除伯、男二号。皇子及异姓元功上勋者封王,宗室及始蕃王皆降为公,诸公降为侯,侯、子亦以此为差。于是封王者十人,公者二十二人,侯者七十九人,子者一百三人。王封大郡,公封小郡,侯封大县,子封小县。王第一品,公第二品,侯第三品,子第四品"[2]。同年"十有一月,上幸西宫,大选朝臣,令各辨宗党,保举才行,诸部子孙失业赐爵者二千余人"[3]。按"失业赐爵"之语显示,受爵者是有一定的经济收入的。天赐元年"十二月,诏始赐王、公、侯、子国臣吏,大郡王二百人,次郡王、上郡公百人,次郡公五十人,侯二十五人,子十二人,皆立典师,职比家丞,总统群隶"[4]。从此以后,封国设有多则二百、少则十二名国吏(群隶),由典师统领其从事农业、畜牧业、手工业等各类生产劳动,其收获物自然归其国主所有。孝文帝末年,其弟彭

---

[1]《魏书》卷六《显祖纪》,第一册,第126页。
[2]《魏书》卷一一三《官氏志》,第八册,第2973页。
[3]《魏书》卷二《太祖纪》,第一册,第42页。
[4]《魏书》卷一一三《官氏志》,第八册,第2974页。

城王"勰表以一岁国秩、职俸、亲恤以裨军国"。诏曰："割身存国，理为远矣。但汝以我亲，乃减己助国。职俸便停，亲、国二事，听三分受一"。① 也就是说，彭城王勰的收入包括国秩、职俸、亲恤三项，其他爵位贵族的收入亦当类此②。宣武帝时期，梁朝梁秦二州行事夏侯道迁自南郑归降北魏，赐爵"丰县开国侯，食邑一千户"。入京后转濮阳县开国侯，食邑如故，"国秩岁入三千余匹，专供酒馔，不营家产"。③ 食邑一千户的开国侯即可岁入国秩三千余匹，这是相当可观的一笔收入。

俸禄制班行前，王公贵族和各级官吏没有职俸，但封国的国秩和亲恤即孝文帝所言"亲、国二事"应该是存在的④，当然不一定能够保证完全落实。太武帝延和"二年（433）春正月乙卯（十五，2.20），抚军大将军永昌王健督诸军救辽西"。"二月庚午（初一，3.7），诏兼鸿胪卿李继持节假冯崇车骑大将军、辽西王，承制听置尚书已下；赐崇功臣爵秩各有差"。⑤ 按"秩"在汉代是表示俸禄的专用词，赐"爵秩"既意味着赐爵的同时给予物质赏赐，同时表示赐爵即有"俸秩"，准确地说是"国秩"。延和元年正月己

① 《魏书》卷二一下《献文六王下·彭城王勰传》，第二册，第574页。
② 又，此前孝文帝南伐，皇从叔任城王"澄表请以国秩一岁租布帛助供军资，诏受其半"（《魏书》卷一九中《景穆十二王中·任城王澄传》，第二册，第469页）。孝明帝时元遥上表云："臣去皇上，虽是五世之远，于先帝便是天子之孙，高祖所以国秩禄赋复给衣食，后族唯给其赋不与衣食者，欲以别外内、限异同也。"（同书卷一九上《景穆十二王上·元遥传》，第446页）
③ 《魏书》卷七一《夏侯道迁传》，第五册，第1583页。
④ 关于"亲恤"，参见周一良《〈魏书〉札记·亲恤》，《魏晋南北朝史札记》，第331页。
⑤ 《魏书》卷四上《世祖纪上》，第一册，第82页。

巳(廿四,3.11)诏云,"其王公将军以下,普增爵秩"①。按此"爵秩"实即国秩。当然,爵秩又可以表示爵位的高低秩序即爵位等次,如孝文帝曾"诏延四庙之子,下逮玄孙之胄,申宗宴于皇信堂,不以爵秩为列,悉序昭穆为次,用家人之礼"②。奚斤死后,"长子他观袭爵。世祖曰:'斤关西之败,国有常刑。以其佐命先朝,故复其爵秩,将收孟明之效。今斤终其天年,君臣之分全矣。'于是降他观爵为公,除广平太守"③。按奚斤本为宜城王,在追讨赫连夏余部时于平凉战败被俘,后"降爵为公",又"改为弘农王"④。太武帝所言"爵秩"既表示爵位,同时又包含国秩之义。

国秩应该相当于食邑,即按一定比例收取封国的租税。如前所述,道武帝时期任广平、常山太守的张恂"当官清白","性清俭,不营产业,身死之日,家无余财",但其基本的生活还是能够得到保障的,在官吏不发俸禄的情况下其收入来源只有一种可能性,即通过爵秩获得。皇始初,中书侍郎张恂"从将军奚牧略地晋川,拜镇远将军,赐爵平皋子",而其死后"赠征虏将军、并州刺史、平皋侯"。⑤《魏书·地形志上》怀州武德郡平皋县条本注:"二汉、晋属河内。有平皋陂、平皋城、安昌城。"⑥则平皋县为实土,地属并州,张恂应该是通过平皋子这一爵秩而维持其生计的。他在出任广平太守之前已被"赐爵平皋子",而从死赠平皋侯及其子纯袭爵平皋子来看,平皋子这一爵位持续到张恂临终之时。

---

①《魏书》卷四上《世祖纪上》,第一册,第80页。
②《魏书》卷一九中《景穆十二王中·任城王澄传》,第二册,第464页。
③《魏书》卷二九《奚斤传附子他观传》,第二册,第700页。
④《魏书》卷二九《奚斤传》,第二册,第700页。
⑤《魏书》卷八八《良吏·张恂传》,第五册,第1900页。
⑥《魏书》卷一〇六上《地形志上》,第七册,第2481页。

总之，北魏前期官僚贵族在获得赐爵后即有可能按一定比例食封国（爵）租税（国秩、爵秩），同时也会得到数量不等的事力（国吏、群隶）作为亲恤、干禄，以获取经济收入。

第五节　自助与被救助

《魏书·良吏传》："张应，不知何许人。延兴（471—476）中，为鲁郡太守。应履行贞素，声绩著闻。妻子樵采以自供。高祖深嘉其能，迁京兆太守。所在清白，得吏民之忻心焉。"[1]张应似乎并无爵位，故其家人的生活来源不得不通过"妻子樵采以自供"。家人自食其力应该也是北魏前期地方官维持生活的一种方式，不过可能只有极少数清白廉吏如此，且仅限于郡守县令等中低级官员。像张应这样清廉的地方郡县官吏，只能在清贫中度日。

与此相似的情况，可从河中蒲坂石氏家族对当地地方长官的救助行为中得到更为充分的认识。《魏书·节义传》：

> 石文德，河中蒲坂人也，有行义。真君（440—451）初，县令黄宣在任丧亡，宣单贫无期亲，文德祖父苗以家财殡葬，持服三年，奉养宣妻二十余载。及亡，又衰经敛袥，率礼无阙。自苗逮文德，刺史守令卒官者，制服送之。五世同居，闺门雍睦。[2]

---

①《魏书》卷八八《良吏·张应传》，第五册，第1901页。
②《魏书》卷八七《节义·石文德传》，第五册，第1890页。

按石文德"五世同居",显然是一个大家族①,因而在当地任职的刺史守令卒官后他才有能力为其承办丧事。这一记载同时也表明,由于没有正规的收入来源,刺史守令若无家族实力的支撑,往往会出现生活拮据的情况,甚至在其死后连丧葬费用也无处着落,而其遗属的生活则不得不靠他人接济来维持。

河阳人张安祖"袭世爵山北侯。时有元承贵,曾为河阳令,家贫,且赴尚书求选,逢天寒甚,遂冻死路侧。一子年幼,停尸门巷,棺敛无托。安祖悲哭尽礼,买木为棺,手自营作,敛殡周给"②。按此事发生的时间无法确定,但在北魏迁都前的可能性较大,很可能是在俸禄制颁布之前。常山九门人石祖兴,"太守田文彪、县令和真等丧亡,祖兴自出家绢二百余匹,营护丧事"③。这是发生在孝文帝时期的事,但并不清楚当时是否已经实行俸禄制。类似常山太守田文彪、九门县令和真及河阳令元承贵的情况,或许并非特例,而是当时地方基层官吏生活状况的普遍写照。

---

① 石文德家族很可能属于羯胡石氏(中亚粟特胡)后裔,其家很可能经营商业,因而有较强经济实力。

②《魏书》卷八七《节义·张安祖传》,第五册,第 1896 页。

③《魏书》卷八七《节义·石祖兴传》,第五册,第 1894 页。按石祖兴能够"自出家绢二百余匹"为亡故太守、县令办理丧事,表明其家颇为富裕,或许也以经商为业,其同样有可能为粟特胡后裔。

第二章　俸禄制的班行及其背景

　　北魏建国之后的近百年间百官无禄,这是北魏官僚制度与秦汉魏晋最突出的差别之一。著名历史学家唐长孺说:"北魏前期百官不给俸禄,既是部落遗风,也是永嘉乱后北方诸政权的传统惯例。"①崔宽约在北魏献文帝时期由弘农太守升任陕城镇将,史称"时官无禄力,唯取给于民"②。很显然,"官无禄力"是造成吏治腐败的重要因素,因为"取给于民"肯定不是民众自愿奉献,往往需要通过横征暴敛才能实现。诚如英国近代著名经济学家大卫·休谟(1711—1776)所言:"横征暴敛、恣意搜刮"会造成"恶劣后果","实行普遍征税的办法所收集到的一个英镑要比不平等地胡乱摊派所搞的一个先令为害要轻"。③ 北魏前期,朝廷虽曾多次颁诏,企图整肃吏治,但收效甚微。清代史家赵翼云:"后魏未有官禄之制,其廉者贫苦异常","否则必取给于富豪"。"是惩贪之法未尝不严,然朝廷不制禄以养廉,而徒责以不许受赃,是不清

---

①唐长孺:《魏晋南北朝隋唐史三论——中国封建社会的形成和前期的变化》,第149页。
②《魏书》卷二四《崔玄伯传附崔宽传》,第二册,第625页。
③《休谟经济论文选》,第77页。

其源而徒遏其流,安可得也。"①地方官直接治民,故为贪赃枉法的主要阶层,自然会对北魏王朝的统治效能产生极其不良的影响。当然,国家的赋税征收中有一部分"调外之费"被"委之州库"②,应该是用来维持地方政府的日常运作的。无论如何,没有俸禄的官宦生涯,绝对无法满足官僚阶级的贪欲,这是制约北魏政治文明进程的一大问题。在整个官僚群体中,由于地方官直接治民,肩负着维持社会治安和征发赋税徭役的重任,故地方吏治的良莠与北魏王朝统治的稳定息息相关。而现实情况是,地方官往往利用职务之便,上下其手,成为贪赃枉法行为的主体。如何从根本上解决这一问题,北魏前期的历代统治者都曾采取过一些措施,但却收效甚微。经过近百年时间的历史进程,北魏统治者终于认识到,官吏无禄便无以养廉,班行俸禄制遂被提上议事日程。

第一节 俸禄制班行与"罢诸商人"问题

孝文帝太和八年(484)六月丁卯(廿六,8.3),下诏曰:

> 置官班禄,行之尚矣。《周礼》有食禄之典,二汉著受俸
> 之秩。逮于魏晋,莫不聿稽往宪,以经纶治道。自中原丧乱,

---

① [清]赵翼撰,王树民校证:《廿二史札记校证》卷一四《魏齐周隋书并北史·后魏百官无禄》,上册,第301—302页。邓之诚亦有类似看法:"魏初百官无禄,取给于人民。廉者不得温饱,贪者坐拥厚资,实政之最秕者。旋知其弊,勒为厉禁。然不制禄以养廉,徒恃法以诛赃吏,非正本清源之计也。"(《中华二千年史》卷二,第166页)
② 《魏书》卷一一〇《食货志》,第八册,第2852页。

兹制中绝,先朝因循,未遑厘改。朕永鉴四方,求民之瘼,夙兴昧旦,至于忧勤。故宪章旧典,始班俸禄。罢诸商人,以简民事。户增调三匹、谷二斛九斗,以为官司之禄。均预调为二匹之赋,即兼商用。虽有一时之烦,终克永逸之益。禄行之后,赃满一匹者死。变法改度,宜为更始,其大赦天下,与之惟新。①

同年八月甲辰(初四,9.9)诏中有"故变时法,远遵古典,班制俸禄,改更刑书"之语,可以看作是对六月丁卯诏的进一步概括。在正式对官员班发俸禄前夕,同年九月戊戌(廿八,11.2)又下诏,谓"俸制已立,宜时班行,其以十月为首,每季一请","于是内外百官受禄有差"②。按"每季一请"即"季别受之"③,说明"当时给俸乃按季度班发"④。

---

① 《魏书》卷七上《高祖纪上》,第一册,第153—154页。
② 《魏书》卷七上《高祖纪上》,第一册,第154页。
③ 《资治通鉴》卷一三六《齐纪二》武帝永明二年九月条,第九册,第4261页;《文献通考》卷一六五《刑考四·刑制》,第八册,第4934页。
④ 周一良:《〈魏书〉札记·班禄与商人》,《魏晋南北朝史札记》,第398页。又,《魏书》卷七八《张普惠传》:"出除左将军、东豫州刺史。……普惠不营财业,好有进举,敦于故旧。冀州人侯坚固少时与其游学,早终,其子长瑜,普惠每于四时请俸,无不减赡给其衣食。及为豫州,启长瑜解褐,携其合门拯给之。孝昌元年(525)三月,在州卒,时年五十八。"(第五册,第1746页)这表明地方官俸禄的班发也是"每季一请",并且直到北魏晚期也是如此。同书卷四一《源怀传》:宣武帝时,源怀为使持节、侍中、行台,"巡行北边六镇、恒燕朔三州"。上表有云:"诸镇水田,请依《地令》分给细民,先贫后富。若分付不平,令一人怨讼者,镇将已下连署之官,各夺一时之禄,四人已上夺禄一周。"(第三册,第926页)卷一一一《刑罚志》载孝明帝神龟(518—520)中议兰陵公主驸马都尉刘辉案件,诏谓"都坐、尚(转下页注)

太和十年"十有一月,议定州郡县官依户给俸"①。周一良据此认为,"班禄之制盖先从内官开始,再及地方"②。不过也有这种可能,即太和八年十月"受禄"之"内外百官"中也包括了地方官,只是当时并未按其统辖户口之多寡而确定其俸禄额度。太和十年十一月"议定州郡县官依户给俸"的政策,与太和九年冬均田制和十年春三长制的实行密切相关,目的是为了鼓励地方官积极配合此两制的实施而"校比民户",使更多的包荫之户成为政府控制下的编户齐民。③ 此外,俸禄制还有一个环节,即:太和九年"二月己亥(初二,3.3),制皇子封王者、皇孙及曾孙绍封者、皇女封者岁禄各有差"④。这是对受封皇室子(女)孙颁给俸禄的制度,从"岁禄"之词来看,应该是每年发放一次,同时也表明在此之前皇室后裔并无俸禄。为了给官吏班发俸禄,就必须增加政府的财政

(接上页注)书悉夺禄一时"(第八册,第2888页)。周一良云:"所谓一时犹今之一季度。《通典》一○二载后汉赵商论改葬服缌云,'三月而除,三月一时'。"(《〈魏书〉札记·班禄与商人》,《魏晋南北朝史札记》,第398—399页)《魏书》卷三一《于忠传》:"初,太和中军国多事,高祖以用度不足,百官之禄四分减一。"(第三册,第743页)同书卷七二《阳固传》载宣武帝末年御史中尉王显谓治书侍御史阳固曰:"吾作太府卿,库藏充实,卿以为何如?"固对曰:"公收百官之禄四分之一,州郡赃赎悉入京藏,以此充府,未足为多。且有聚敛之臣,宁有盗臣,岂不戒哉!"(第五册,第1604—1605页)据《隋书》卷二七《百官志中》载,继承北魏后期制度的东魏北齐官俸,自第一品至从第九品不论多寡皆分为四秩(第三册,第763页)。凡此,均说明北魏官俸是按季度发放的。
①《魏书》卷七下《高祖纪下》,第一册,第161页。
②周一良:《〈魏书〉札记·班禄与商人》,《魏晋南北朝史札记》,第398页。
③参见《魏书》卷七上《高祖纪上》、卷七下《高祖纪下》,第一册,第154、161页;卷一一○《食货志》,第八册,第2853—2856页。
④《魏书》卷七上《高祖纪上》,第一册,第155页。

收入,为此北魏政府又采取了扩大赋税征收额度的措施。官吏没有俸禄是造成贪虐公行、吏治腐败恶劣的重要原因,惩治贪赃枉法也就成为实施俸禄制的重要目的,因而在班行俸禄制的同时又颁布了严惩贪官污吏的律令。俸禄制班行后,可以说"通过不法的收(搜)括和挪用公款取得官吏个人的收入则被禁止"①。下文所引高闾的上表,对此即有充分的论证。

上引班禄诏谓"罢诸商人,以简民事",并谓官吏给俸后"均预调为二匹之赋,即兼商用",则无论俸禄制班行之前或之后,均与商人及商业关系颇深,其间究竟有着怎样的关系呢?文成帝和平二年(461)正月乙酉(廿八,2.23),诏曰:"刺史牧民,为万里之表。自顷每因发调,逼民假贷,大商富贾,要射时利,旬日之间,增赢十倍。上下通同,分以润屋。故编户之家,困于冻馁;豪富之门,日有兼积。为政之弊,莫过于此。其一切禁绝,犯者十疋以上皆死。布告天下,咸令知禁。"②按班禄诏中所言"商人",应即此类"大商富贾"。赵翼云:"按文成诏中所谓商贾邀利,刺史分润,孝文诏中所谓罢诸商人,以简人事,盖是时官未有禄,惟藉商贾取利而抽分之,至见于诏书,则陋例已习为常矣。"③西魏大统十年(544),宇文泰大行台度支尚书、领著作、兼司农卿苏绰"为六条诏书,奏施行之"。其第六条为"均赋役",论赋税征收问题,谓"如其(地方官)不预劝戒,临时迫切,复恐稽缓,以为己过,捶扑交至,取办目前。富商大贾,缘兹射利,有者从之贵买,无者与之举息。

①〔日〕堀敏一:《均田制的研究》,第111页。
②《魏书》卷五《高宗纪》,第一册,第119页。
③《廿二史札记校证》卷一四《魏齐周隋书并北史·后魏百官无禄》,上册,第302页。

输税之民,于是弊矣"。① 这与北魏文成帝诏中所言情形如出一辙,表明在均田制实施半个多世纪之后这种状况并未得到彻底改观。《隋书·食货志》:"先是京官及诸州并给公廨钱,回易生利,以给公用。至(开皇)十四年(594)六月,工部尚书安平郡公苏孝慈等以为:所在官司,因循往昔,以公廨钱物,出举兴生,唯利是求,烦扰百姓,败损风俗,莫斯之甚。于是奏皆给地以营农,回易取利,一皆禁止。十七年十一月,诏在京及在外诸司公廨,在市回易及诸处兴生,并听之。唯禁出举收利云。"②在北魏颁布俸禄制之前的地方官府中,很可能也存在着类似隋朝公廨田的田产,其收获物通过商人进行贸易或发放高利贷而牟利。对北魏俸禄制班行后"罢诸商人"这一变革的认识,可从隋文帝后期公廨钱制度的改革中得到启发。

日本学者堀敏一对班禄诏中所言"罢诸商人"一事作了比较具体的分析:

看来以前是利用"诸商人"来筹划充作俸禄的费用。这种商人究竟是什么样一种人,并不清楚。不过从"罢诸商人"来看,好象是有一种专属于官司的商人。参照上面的和平二年(四六一年)正月诏,地方官向人民的直接强制放债(所谓的出举)和依靠商人运用公款谋利。因为有"因发调",所以在征收户调的同时,放贷以取得高利。还可以看出把征收的租税的一部分,挪用为商人的资金。如后所述,当时在户调之外,还征收一定数额的"调外之费",因为这是存入州库的,

---

① 《周书》卷二三《苏绰传》,第二册,第382、390页。
② 《隋书》卷二四《食货志》,第三册,第685—686页。

所以有以调外之费充本钱的说法……不过商人的资金大概不止于此。……北魏前期的地方政治,是通过和地方富商、豪族的妥协、勾结进行的……为了提供官人的费用,各官府都有专属的商人,并把调外之费充做这种商人运用的资金。现在既然实行俸禄制,那么调外之费就变成了不同于官人个人所得的所谓公廨费用。……在制定俸禄制的同时,增加调外帛之额。而且在宣称"罢诸商人"的同一个诏令中,重新说"兼商用",可见并非要禁止官府经商,而是如以后的公廨钱,被确认为旨在筹集公廨费用的运用。①

周一良也认为班禄诏中的商人与隋唐公廨钱制度相似,但其论述角度与堀氏有异:

孝文班禄诏书言"罢诸商人",似商人与官司俸禄有关,而语焉不详。案:《隋书·食货志》:"先是京官及诸州并给公廨钱,回易取利,以给公用。"唐代初年有所谓捉钱令史,实以商人为之,用公廨钱从事商贩借贷,获利以供官员。《唐会要》九一内外官料钱上条,"武德已后,国家仓库犹虚。应京官料钱,并给公廨本,令当司令史番官回易给利,计官员多少分给"。……卷九一载褚遂良于贞观十二年上疏,言捉钱令史皆"身能估贩,家足资财"之商贾子孙,市井之人。北魏与官俸有关之商人,或亦类似唐之捉钱令史与?唯当时货币关系远不如唐代之发达,其经营方式当未必全

①〔日〕堀敏一:《均田制的研究》,第109—111页。

相同也。①

若此,则隋唐公廨钱制度的源头即可追溯至北魏前期②。在太和
九年颁布的均田令中,规定"诸宰民之官,各随地给公田,刺史十
五顷,太守十顷,治中、别驾各八顷,县令、郡丞六顷"③。按所给公
田主要是作为地方官府之办公费用④,这就必须将一部分收获物
用来出售,参与市场交易,因而少不了商人参与其中。俸禄制班
行之前的商人也可能发挥了类似的作用,俸禄制班行之后很可能
废除了以前专司其事的私商,由政府官吏直接参与市场交易,或
者专设经营此类交易的官商。⑤

---

① 周一良:《〈魏书〉札记·班禄与商人》,《魏晋南北朝史札记》,第 399 页。
② 关于隋代公廨田制度,参见陈仲安、王素《汉唐职官制度研究》,第 382—
384 页;冻国栋《隋代俸禄制度一瞥》,《中国中古经济与社会史论稿》,第
110—112 页。
③ 《魏书》卷一一〇《食货志》,第八册,第 2855 页。
④ 宣武帝时散骑常侍、给事黄门侍郎高聪"媚附"恩倖茹皓,"乃因皓启请青
州镇下治中公廨以为私宅,又乞水田数十顷,皆被遂许"。(《魏书》卷六八
《高聪传》,第四册,第 1522 页)由此可见,最晚在北魏后期已有将地方官
府称为"公廨"的说法,则将均田制下给予"宰民之官"的"更代相付"且不
得买卖的"公田",称之为公廨田亦无不可。
⑤ 李剑农云:"至诏语中'罢诸商人'及'均预调为二匹之赋,即兼商用'等
语,其意义究为如何,未易确悉。""似为罢私商改为官商,以预调之每户
二匹作为官营商业之本……"(《中国古代经济史稿》第二卷《魏晋南北
朝隋唐部分》,第 155 页)范文澜对此问题的解释是:"许多州郡县不产丝
帛,只产麻布,因此,又令每户出帛一匹二丈,存放州库,作为由官府委托
商人调换布帛的费用。这里就有一批商人在为官府调换布帛的形式下
同享贪污的利益。魏孝文帝所定新制是,每户增调帛三匹(疑是原调二
匹外新加一匹),谷二石九斗,作为百官的俸禄。产麻布各地即用麻布充
税,不再换丝帛。另增调外帛二匹(一匹二丈,外再加二丈,〔转下页注〕

唐长孺对孝文帝班禄诏中的"罢诸商人"问题的理解与堀敏一所言"各官府都有专属的商人"大致相同,他说:"班禄与罢商人相互关联,表明当时从中央到地方的各级官僚机构都专置商人,他们的任务就是经营货殖,为官僚提供财物。"①他又结合《南齐书·魏虏传》的有关记载②,认为:"皇室宫妃以婢使生产,经营贩卖这些生产品的当然不可能是这些妃嫔,我想也像诸官僚机构一样设置商人。大致北魏早期自宫廷妃嫔以至各级官僚机构都设置商人,为他们殖货求利。当然,商人也即在贵族官僚保护下为自己增殖财富。这是一种非常特殊的制度。总之,在北魏前期,商业表现为一种特殊的形态,商人活动与拓跋皇室、贵族官僚和官府机构紧密联系在一起,这一点与当时北方商品货币经济的发展水平有关,也恐怕与拓跋族社会及其政权特点有密切的关联。"③也就是说,在北魏前期的皇宫和各级官僚机构中都设置商人,一方面为皇室和贵族官僚提供所需的商品,同时还将他们生产的商品贩卖出去,商人自然也就通过这样的商业活动而积累财富。这种可能性的确不能排除,但仅仅是一种颇具想象力的推测,就所能见到的有关零星记载来看还不能为这种推测提供直接证据。与上述三家的观点相近,陈连庆也认为文

〔接上页注〕凑足二匹),作为废除商人的费用。"(范文澜、蔡美彪等著:《中国通史》,第二册,第591—592页)范氏对俸禄制班行前、后商人角色的这种定位并无任何史实支撑。

①唐长孺:《魏晋南北朝隋唐史三论——中国封建社会的形成和前期的变化》,第149页。

②《南齐书》卷五七《魏虏传》:"妃妾皆住土屋,婢使千余人,织绫锦贩卖,酤酒,养猪羊,牧牛马,种菜逐利。"(第二册,第984页)

③唐长孺:《魏晋南北朝隋唐史三论——中国封建社会的形成和前期的变化》,第149—150页。

成帝和孝文帝诏中提及的商人是专属于官府的官商:"这些大商富贾并不是一般商人,而是由国家直接控制的商人。早在前燕慕容儁时,商人与百工一样,也有具体名额,由国家掌握。""北魏与前燕年代相去不远,当亦沿用其制。正因商人由国家控制,故在孝文时才有罢商人的措施。"①高敏对文成帝和平二年正月乙酉诏的解释是:"可知官府每于征发租调之时,强迫无法缴纳租调的百姓向商人假贷,商人就趁此机会抬高利息,旬日之间可以获得利息十倍。然后由商人与官府分享其利息。以此言之,则官府必是组织了一个商人集团专门经营高利贷而后与官府分享其利,故有'罢诸商人'之语。"概言之,即是一种"以商人逼民假贷取利并与官吏抽分之(子)的办法"。②俸禄制班行前与征税有关的商人,的确不排除为放债者的可能性,但仍然属于大胆的猜测,而没有具体的史料为证。除了上述可能性外,商人的职能或许还包括承担赋税的转运,但要向缴税的农户收取运输费用。

《夏侯阳算经》所载例题云:"今有官本钱八百八十贯文,每贯月别收息六十,计息五十二贯八百文。内六百文充公廨食料。五十二贯二百文逐官高卑共分:太守十分,别驾七分,司马五分,录事参军二人各三分,司仓参军三分,司法参军三分,司户参军三

---

①陈连庆:《〈晋书·食货志〉校注 〈魏书·食货志〉校注》,第253页。同书又云:"罢商人由皇帝亲自颁发诏书,说明这些商人不是一般的商人,而是由政府豢养的官商。"(第266页)
②高敏:《关于北魏百官无禄制的两个问题——兼与严耕望先生商榷》,《秦汉魏晋南北朝史论考》,第175页。

分,参军二人各二分。问各钱几何?"①此当为唐代制度②,但若考
虑到公廨钱(田)制度的源头是在北魏,则此题亦可从一个侧面帮
助理解北魏前期地方官府的公用经费筹措及分配制度,特别是其
与商人的关系。当然时代不同,制度也不可能完全等同,就交换
媒介或一般等价物而论,唐代是钱币(铜钱)流通的时代,而北魏
在孝文帝太和十九年铸造"太和五铢"前的一个世纪"钱货无所周
流"③,俸禄制实施之时自然也是这种状况,其时充当交换媒介的
是绢帛或布帛。《魏书·食货志》载和平二年(461)冬,"诏出内

---

① 钱宝琮校点:《算经十书》,《李俨钱宝琮科学史全集》,第四卷,第439—440
页。按"六十"原作"六分",此为钱氏校改。《隋书》卷三四《经籍志三》载
"《夏侯阳算经》二卷"(第四册,1025页),为是书最早见于著录。《旧
唐书》卷四七《经籍志下》载"《夏侯阳算经》三卷",其下有小注"甄鸾注"。
(第六册,第2039页)《新唐书》卷五九《艺文志三》作"《夏侯阳算经》一
卷",小注亦作"甄鸾注";又载"韩延《夏侯阳算经》一卷"(第五册,第
1545、1546页)。按甄鸾为北周时人,当非是书原著者。然今本已非原本,
有不少内容反映的是唐代的制度,钱宝琮认为"传本《夏侯阳算经》是在唐
代宗在位时期(公元763—779年)写成的"(《〈夏侯阳算经〉提要》,《李俨
钱宝琮科学史全集》,第四卷,第421页;《夏侯阳算经考》,同上书,第九
卷,第99—104页),陈梦家谓"中唐时所编《夏侯阳算经》"云云(《亩制与
里制》,《中国古代度量衡论文集》,第230页),李兆华认为该书"成书年代
当在唐德宗兴元元年(公元784年)左右"(卢嘉锡总主编:《中国科学技术
史·数学卷》〔本卷主编郭书春、副主编李兆华〕,第188页)。又,吴文俊
主编《中国数学史大系》第四卷《西晋至五代》(本卷主编沈康身)亦完全
因袭了钱宝琮关于《夏侯阳算经》断代的看法(第82页)。今人所见《夏侯
阳算经》掺入了唐代两税法的相关内容,亦即其成书的下限在两税法确立
之后,应该是符合实际的判断。
②《旧唐书》卷一三《德宗纪下》:贞元十七年(801)三月"丁丑(十五,5.1),
省天下州府别驾、司马、田曹、参军"(第二册,第394页)。
③《魏书》卷一一〇《食货志》,第八册,第2863页。

库绫绵布帛二十万匹,令内外百官分曹赌射"①。作为赌射标的物的绫绵布帛,所起的正是交换媒介的功能,而不完全是作为具体的物品或商品来看待的。如本书第一章表1、2所见,北魏前期对王公大臣等的大量赏赐,给予的主要即是绢帛等物,所体现的主要仍是交换媒介——货币——的功能,而不是具体的物品或商品的功能。对此,《魏书·赵柔传》所载两则史事有更具体的体现:

> 出为河内太守,甚著仁惠。柔尝在路得人所遗金珠一贯,价直数百缣,柔呼主还之。后有人与柔铧数百枚者,柔与子善明鬻之于市。有从柔买,索绢二十匹。有商人知其贱,与柔三十匹,善明欲取之。柔曰:"与人交易,一言便定,岂可以利动心也。"遂与之。②

时当北魏文成帝时。这一记载充分表明,当时承担交换媒介功能的是缣、绢之类的丝织品。又如常山九门人石祖兴在"太守田文彪、县令和真等丧亡"时,"自出家绢二百余匹,营护丧事"。③ 时当孝文帝时期,但应该是在太和十九年铸造发行五铢钱之前。此处石祖兴所出"家绢"自然也是具有交换媒介的功能,作为购买丧事所需物品及雇用人力之用。在所见北魏前期买地券中,这种状况也有明确体现。齐州人高聪在孝文帝时担任中书侍郎,史称"每假归山东,必借备骡马,将从百余,屯逼民家求丝缣,不满意则

---

① 《魏书》卷一一〇《食货志》,第八册,第2851页。
② 《魏书》卷五二《赵柔传》,第四册,第1162页。
③ 《魏书》卷八七《节义·石祖兴传》,第五册,第1894页。

诟骂不去,强相征求,旬月之间,缣布千数"①。北齐并州开府仓曹参军祖珽借"受山东课输"之便,"大有受纳,丰于财产……出山东大文绫并连珠孔雀罗等百余匹"②。很显然,两人从山东地区所得缣布或绫罗主要体现的是其货币或者说财富功能,当然同时也具有其自身作为丝织品的"物"的功能③。《魏书》中有两处关于"债负"的记载:夏侯"夬性好酒,居丧不戚,醇醪肥鲜,不离于口。沽买饮啖,多所费用。父时田园,货卖略尽,人间债负数犹千余匹"。按其父道迁于孝明帝"熙平(516—518)年病卒"。④ 其负债是以绢帛匹数来计价的。孝庄帝永安二年(529)"八月庚戌朔,诏诸有公私债负,一钱以上巨万以还,悉皆禁断,不得征责"⑤。虽然仅过

---

①《魏书》卷八九《酷吏·高遵传》,第六册,第1921页。
②《北齐书》卷三九《祖珽传》,第二册,第514页。
③甘肃灵台出土北魏太武帝太延二年(436)《苟头赤鲁买地瓦券》载,"从同军民车阿姚买地五十亩","顾布六匹",又"买车奥地卅亩,顾布四匹"。(于省吾:《双剑誃古器物图录》,卷下,图四五;收入张传玺主编《中国历代契约会编考释》,上册,第117页)则一匹布可买地八亩多或七亩半。山西大同阳高文成帝太安三年(457)"尉迟定州墓"(该墓墓主学界有不同看法,此不具论),墓石椁封门石铭文载"步胡豆和民莫堤尉迟定州以官绢六匹从六(大?)臣常买得初文侯莫陈染干买砖八千枚"云云(殷宪、刘俊喜:《北魏尉迟定州墓石椁封门石铭文》)。则一匹官绢可买一千三百多块砖。陕西长武孝文帝太和元年(477)《鹑觚民郭孟给买地砖券》载,"从从兄仪宗买地卅五亩,要永为家业,与谷卅斛","谷时贾石五斗价直五十□,布卅尺"。(刘庆柱:《陕西长武县出土太和元年地券》,收入张传玺主编《中国历代契约会编考释》,上册,第121页)可知此交易是以谷买地,属于以物易物,但谷价还是要与布匹折价,似乎此交易中一斛谷与一尺布等值,也可以看出作为交换媒介(货币)的是布匹而非谷物。
④《魏书》卷七一《夏侯道迁传附长子夬传》《夏侯道迁传》,第五册,第1584、1583页。
⑤《魏书》卷一○《敬宗纪》,第一册,第263页。

了十余年时间,负债已用铜钱来计数。

熊彼特在论述"瓦尔拉体系"的交换理论时提出:"我们将引进一种计价商品——即一种标准商品,所有交换关系都将用它来表示——但不引进实际流通或持有的货币。"①北魏的绢帛(丝织品)也可以看作是熊彼特所言"计价商品"②。当代宏观经济学认为:"货币是能够被普遍接受的充当交易媒介的任何一种东西。"③"货币是能方便用于购买产品和劳务的任何资产。""在现代经济中,货币发挥三方面的职能:交换媒介,储藏手段和价值尺度。""在已经被使用了数千年的历史中,货币采用过这样或那样的形式。在大部分时期,人们使用的是商品货币:交换媒介本身是商品,通常是金或者银,而这些商品还具有其他的作用。这些其他的用处赋予了商品货币价值,这些价值与它们充当交换媒介无关。"④作为交换媒介的物品,应当具备"耐久性、标准化、可分性"的特性⑤,当然还必须具有"购买力"⑥,只有这样的物品才方便流通使用并体现价值尺度。以此而论,北魏太和十九年前使用铜钱之前,普遍以丝织品——绢帛作为交换媒介,而绢帛即属于商品货币——除了具备货币最基本的三种职能,还具有其作为商品的属性——使用价值。因此,用绢帛之类商品货币进行的交易

①〔美〕约瑟夫·熊彼特:《经济分析史》第三卷,第367页。
②当然,在西方经济学交换理论中,这种"计价商品"主要是指黄金(金本位)。
③〔美〕保罗·萨缪尔森、威廉·诺德豪斯:《经济学(第十九版)》,下册,第781页。
④〔美〕保罗·克鲁格曼、罗宾·韦尔斯:《宏观经济学》,第399、400、401页。
⑤〔英〕琼·罗宾逊:《资本积累论》,第42页。
⑥〔英〕阿尔弗雷德·马歇尔、玛丽·佩利·马歇尔:《马歇尔文集》第1卷《产业经济学》,第108页。

行为自然也属于商品经济,而非自然经济,这应该是对魏晋南北朝时期(包括北魏前期)未使用钱币作为交换媒介的商品交易性质的一个基本认知,也可以说是重新界定。无论是钱币单行,还是钱货(钱币与商品货币)并行,或是仅仅使用商品货币,其交易行为都属于商品经济的性质,而不能仅仅将钱币交易看作是商品经济,而将运用商品货币进行的交易看作是自然经济的表现。相应地,只有自给自足的经济生活或包括以物易物的交易行为才应该属于自然经济①。

还需一提,在世界古代历史上,凡是税收中有商人参与者往往与包税制有关,那么北魏前期与税收有关的"商人"有无包税商的可能性?以腐败问题研究著称的发展经济学家克利特加德说:"在古代,'包税'的做法就十分普遍。""统治者把征收各种专门税的权力卖给那些出价最高的私人投标者。中标者或包税人便

---

① 彭信威谓其时"自然经济仍旧占着支配的地位,不论租赋,贪赃,赈恤,俸给,物价等,都是以布帛计算。到太和十九年以后,才进入货币经济的阶段"(《中国货币史》,第160页)。何兹全认为:从东汉末年"钱货不行"到北魏孝文帝"铸太和五铢钱止","在这三百年间,布、帛、谷物代替金属货币成为物价标尺和交换手段"。"魏晋南北朝时期,在市场上购买物品和计算物价都是用布帛或谷物,出门带路费也是带布帛。这种自然经济形态,在中原地区大体上维持了三百来年。"(《汉魏之际社会经济的变化》,《读史集》,第76、77页)又可参见全汉昇《中古自然经济》。谓不行钱币(金属货币)的时代为自然经济,按经济学界目前的认知,其说显然已经过时。马克斯·韦伯将古代货币分为四种形式:(1)作为个人装饰的物品。(2)功用货币。(3)衣着货币。(4)象征货币。关于衣着货币,他说:"这种货币基本上是既发挥对内货币职能也发挥对外货币职能的。我们看到作为衣着货币的,有当地所不出产的皮毛、皮革和织品。"(《经济通史》,第150页)可以说,魏晋南北朝时期以绢帛等纺织品作为交换媒介,体现的正是衣着货币的职能,与韦氏所说不同的是,其广泛运用于国内的商品交易,且由当地所出产。

建立自己的征收机构,以及必要的执行机构。"①虽然史书中并无蛛丝马迹可以判断北魏俸禄制班行前参与赋税征收事务的商人是否就是包税商,但从孝文帝班禄诏中专门提出"罢诸商人,以简民事"来看,这种可能性似乎不能被排除。假设诏书所提及的"商人"就是包税商,则有两种可能:若为私商,则其类似于所谓"私人投标者";若为官商,则其具有固定性和垄断性。

第二节　关于俸禄制的班行时间

高允出身河北大族勃海高氏,太武帝神䴥四年(431)被征入朝担任中书博士,继而迁任中书侍郎,"为郎二十七年不徙官。时百官无禄,允常使诸子樵采自给"。司徒陆丽曰:"高允虽蒙宠待,而家贫布衣,妻子不立。"文成帝曾"幸允第,惟草屋数间,布被缊袍,厨中盐菜而已"。② 由此可见,对于清廉官吏而言,在没有俸禄的情况下维持生计的确颇为艰辛。河南大族荥阳郑氏的代表人物郑羲,在孝文帝太和初年为冯太后恩倖中山王叡傅,"是后历年不转,资产亦乏,因请假归,遂盘桓不返"。正是由于官无俸禄,才导致家族实力雄厚的郑羲也因资产困乏而不愿在朝任职。与高允不同,郑羲在担任西兖州刺史时"多所受纳,政以贿成","治阙廉清"。③ 因此,他对没有俸禄的官宦生活也就不大有什么兴趣。

不过还有个别记载似乎表明,在太和八年之前已有官"禄"的

---

① 〔南非〕罗伯特·克利特加德:《控制腐败》,第 75 页。
② 《魏书》卷四八《高允传》,第三册,第 1076 页。
③ 《魏书》卷五六《郑羲传》,第四册,第 1239 页。

存在。孝文帝延兴三年(473)二月"甲戌(廿七,4.10),诏:县令能静一县劫盗者,兼治二县,即食其禄;能静二县者,兼治三县,三年迁为郡守。二千石能静二郡,上至三郡,亦如之,三年迁为刺史"①。这一诏令是在太上皇(献文帝)执掌大政时颁布的,"即食其禄"显示当时县令应该是有俸禄的,郡守和刺史是否有俸禄难以确知②。但问题是,这仅仅是政策层面的规定,还是现实政治的写照,无法作出明确判断。《魏书·阉官·赵黑传》:

> 黑得幸两宫,禄赐优厚。是时尚书李䜣亦有宠于显祖,
> 与黑对绾选部。……出为假节、镇南大将军、仪同三司、定州
> 刺史,进爵为王。克己清俭,忧济公私。时有人欲行私赂,黑
> 曰:"高官禄厚,足以自给,卖公营私,本非情愿。"终无
> 所纳。③

按赵黑任定州刺史时"高祖、文明太后幸中山",时当太和五年(481)④。赵黑随即转任冀州刺史并于"太和六年(482)秋薨于官"⑤。以上所记史事应该发生在孝文帝延兴年间至太和初年期间,与延兴三年二月甲戌诏时间相近。"禄赐优厚""高官禄厚"之语表明,当时官吏确有俸禄。不过,从"黑得幸两宫,禄赐优厚"

---

① 《魏书》卷七上《高祖纪上》,第一册,第138页。
② 杨际平据此认为:"(这是)把俸禄作为奖惩官吏的一种手段。不过,此时班禄的范围还很小,很可能仅限于牧守令长。"(《论北魏太和八年的班禄酬廉》)
③ 《魏书》卷九四《阉官·赵黑传》,第六册,第2016—2017页。
④ 参见《魏书》卷七上《高祖纪上》,第一册,第150页。
⑤ 《魏书》卷九四《阉官·赵黑传》,第六册,第2017页。

的记载来看,赵黑所得"禄"属于"两宫"(太上皇和太皇太后)对他的赏赐,与其官位之高低并无必然联系,显然也不是按时定量班发的。赵黑所言"高官禄厚,足以自给"云云,说明"禄"之厚薄与官位高低有关,但并不能确定其所得之"禄"是否根据官位按时定量班发,且北魏各级官吏是否都能得到这种俸禄亦无从得知。最大的可能性是,"高官禄厚"之"禄"也属于"禄赐"之类。孝文帝和冯太后行幸中山时听到赵黑拒绝贿赂的事迹,"赐帛五百匹、谷一千五百石",其死后"诏赐绢四百五十匹、谷一千斛、车牛二十乘,致枢至都"。① 由此也可以看出,来自朝廷的班赐是其主要的收入来源。无论如何,在太和八年推行俸禄制之前已经出现了官"禄"的记载,大概在太上皇执政的延兴年间和冯太后临朝听政的太和初年已经有了关于官吏俸禄的某种规定,但可能仅限于一部分官职,且并不一定按时定量班发,而是以"禄赐"的形式班给。若此,则俸禄制是在总结之前相关制度的基础上加以定型和成熟化的产物。

不仅如此,早在延兴年间太上皇执政时期,实行俸禄制的建议就已提了出来。张白泽在延兴年间"出行雍州刺史,清心少欲,吏民安之"。其时"显祖诏诸监临之官,所监治受羊一口、酒一斛者,罪至大辟,与者以从坐论。纠告得尚书已下罪状者,各随所纠官轻重而授之"。白泽上表谏曰:

> 伏见诏书,禁尚书以下受礼者刑身,纠之者代职。伏惟三载考绩,黜陟幽明,斯乃不易之令轨,百王之通式。今之都曹,古之公卿也,皆翊扶万几,赞徽百揆,风化藉此而平,治道

① 《魏书》卷九四《阉官·赵黑传》,第六册,第 2017 页。

由兹而穆。且周之下士,尚有代耕,况皇朝贵仕,而服勤无报,岂所谓祖袭尧舜、宪章文武者乎? 羊酒之罚,若行不已,臣恐奸人窥望,忠臣懈节。而欲使事静民安,治清务简,至于委任责成,下民难辩。如臣愚量,请依律令旧法,稽同前典,班禄酬廉,首去乱群,常刑无赦。苟能如此,则升平之轨,期月可望,刑措之风,三年必致矣。

对于张白泽的这一建议,史称"显祖纳之"[1]。按其建议为献文帝所采纳,应该与张白泽的特殊身份有关。张白泽为魏初名臣张衮之孙,"本字钟葵,显祖赐名白泽,纳其女为嫔"[2]。如果张白泽的建议完全被献文帝所采纳,则在当时就应该实行"班禄酬廉"之制,即俸禄制的班行不会始于孝文帝太和八年,而会早在约十年前献文帝为太上皇执政时期。

杜绍顺认为,北魏俸禄制始于献文帝时期(466—471)[3]。杨际平将张白泽上表的时间定在皇兴(467—471)年间,并谓"大体上就从此时起,北魏就开始对地方守宰班禄"[4]。北魏道武帝天兴三年(400)诏,告诫群臣维护君主专制,以"保荣禄于天年,流余庆于后世"[5]。《魏书·杨椿传》:"自太祖平中山,多置军府,以相威

①《魏书》卷二四《张衮传附白泽传》,第二册,第616页。
②《魏书》卷二四《张衮传附白泽传》,第二册,第616页。按"显祖纳之"后接着记:"太和初,怀州民伊祁苟初三十余人谋反,将杀刺史。文明太后欲尽诛一城之民。白泽谏曰:……太后从之。转散骑常侍,迁殿中尚书。太和五年,卒。"(第616—617页)可知张白泽行雍州刺史并上表谏止"羊酒之罚"、提议"班禄酬廉"是在太和初之前,即孝文帝延兴(471—476)后期。
③杜绍顺:《北魏何时始行俸禄制》。
④杨际平:《论北魏太和八年的班禄酬廉》。
⑤《魏书》卷二《太祖纪》,第一册,第37页。

摄。凡有八军,军各配兵五千,食禄主帅军各四十六人。自中原稍定,八军之兵,渐割南戍,一军兵才千余,然主帅如故,费禄不少。椿表罢四军,减其帅百八十四人。"①景有泉据此认为:"军府主帅'食禄'(即领取俸禄),并且一直延续到杨椿上疏的孝文帝时期。""早在太祖时期北魏至少在军府主帅中已实行俸禄制似可肯定。"②道武帝诏中"荣禄"之词大概只是泛指,并不一定意味着当时北魏官吏就已全都享有俸禄。定州刺史杨椿上表建议裁撤中山军府是在宣武帝时期,时距太和八年俸禄制班行已有多年,很可能是按当下的制度以比附北魏初年以来的情形,并不能直接证明自道武帝时起"军府主帅"一定就"领取俸禄"。"食禄"恐怕是指由朝廷提供其生活所需,而非"领取俸禄"之谓。太和八年俸禄制班行之后,"淮南王他奏求依旧断禄"③,也表明此前北魏尚未班行俸禄制。堀敏一认为:"不过至少在北魏前期,除了部分例外,似乎是不给俸禄的。制定统一的俸禄制,实际上是从四八四年(太和八年)以后开始的。"④其说更有理据。

然而,《魏书·高祖纪上》载太和八年六月丁卯诏明言"始班俸禄"⑤,《高祖纪下》载太和十年"十有一月,议定州郡县官依户给俸"⑥,《酷吏·李洪之传》载"时高祖始建禄制,法禁严峻"⑦,

①《魏书》卷五八《杨椿传》,第四册,第1287页。
②景有泉:《关于北魏俸禄制的几个问题》。
③《魏书》卷五四《高闾传》,第四册,第1198页。
④〔日〕堀敏一:《均田制的研究》,第109页。又,日本学者冈崎文夫对俸禄制班行于太和八年的记载有所怀疑,似乎认为俸禄制与三长制同时实行(《南北朝に於ける社会経済制度》,第177—178页),然其理由难以服人。
⑤《魏书》卷七上《高祖纪上》,第一册,第154页。
⑥《魏书》卷七下《高祖纪下》,第一册,第161页。
⑦《魏书》卷八九《酷吏·李洪之传》,第六册,第1919页。

《食货志》载"太和八年,始准古班百官之禄"①,《刑罚志》载"至(太和)八年,始班禄制"②。又,太和九年二月乙巳(初八,3.9)诏,谓"朕班禄删刑"云云③。毫无疑问,俸禄制的确始行于太和八年,而不是在献文帝时期,更不可能是在北魏初年④。由此推测,张白泽的建议只是被献文帝部分采纳,惩治官吏贪污受贿的新法估计在当时被马上废止,而"班禄酬廉"的新制却并未制定出来。《魏书·景穆十二王中·任城王云传》:"除都督徐兖二州缘淮诸军事、征东大将军、开府、徐州刺史。""性善抚绥,得徐方之心,为百姓所追恋,送遗钱货,一无所受。显祖闻而嘉之。复拜侍中、中都大官,赐帛千匹、羊千口。出为冀州刺史,仍本将军。云留心政事,甚得下情,于是合州请户输绢五尺、粟五升以报云恩。高祖嘉之,迁使持节、都督陕西诸军事、征南大将军、长安镇都大将、雍州刺史。云廉谨自修,留心庶狱,挫抑豪强,群盗息止,州民颂之者千有余人。文明太后嘉之,赐帛千匹。太和五年,薨于州。"⑤由以上记载来看,从献文帝时期到孝文帝太和五年,无论是地方都督、刺史还是中央官,都没有按时班授俸禄的制度,其收入主要来自最高统治者的赐予。虽然任城王云拒绝了百姓所送钱、货及绢、粟等物,但大多数官吏可能并非如此,而是通过强制或非

---

① 《魏书》卷一一〇《食货志》,第八册,第2852页。
② 《魏书》卷一一一《刑罚志》,第八册,第2877页。
③ 《魏书》卷七上《高祖纪上》,第一册,第155页。
④ 《魏书》卷三〇《安同传》:"同长子屈,太宗时,典太仓事,盗官粳米数石,欲以养亲。同大怒,奏求戮屈,自劾不能训子,请罪。太宗嘉而恕之,遂诏长给同粳米。"(第三册,第713页)此亦可证当时官吏并无按制度发放的俸禄。
⑤ 《魏书》卷一九中《景穆十二王中·任城王云传》,第二册,第462页。

强制性的手段从治下民众手中获取财物。

　　未能制定出俸禄制，与当时特殊的政治形势的制约有关。大概在张白泽上谏不久，献文帝便被冯太后毒杀①，冯太后在重新临朝听政后致力于巩固统治，暂时无暇顾及整肃吏治和制定俸禄制。从张白泽"祖袭尧舜、宪章文武"之语来看，献文帝在当时大概就已考虑按照儒家思想和中原旧制改革北魏制度。换言之，孝文帝太和年间的北魏改革在献文帝后期即已滥觞。由此也可看出，孝文帝改革体现了时代的需要，并不完全是君主（孝文帝、冯太后）个人意志的产物。

第三节　税制变化与俸禄发放

　　增加政府的财政收入是实施俸禄制的前提。如上所引，孝文帝班禄诏谓，"户增调三匹、谷二斛九斗，以为官司之禄"云云。《魏书·食货志》对此有具体的记载②：

　　　　太和八年，始准古班百官之禄，以品第各有差。先是，天下户以九品混通，户调帛二匹、絮二斤、丝一斤、粟二十石；又入帛一匹二丈，委之州库，以供调外之费。至是，户增帛三匹、粟二石九斗，以为官司之禄。后增调外帛满二匹。所调各随其土所出：其司、冀、雍、华、定、相、泰、洛、豫、怀、兖、陕、

①关于北魏献文帝之死，参见拙著《北魏政治史》五，第351—362页。
②《魏书》卷一一○《食货志》，第八册，第2852—2853页。

徐、青、齐、济、南豫、东兖、东徐十九州①，贡绵绢及丝；幽、平、并、肆、岐、泾、荆、凉、梁、汾、秦、安、营、齯、夏、光、郢、东秦②，司州万年、雁门、上谷、灵丘、广宁、平凉郡③，怀州邵上郡之长平、白水县④，青州北海郡之胶东县，平昌郡之东武、平昌县，高密郡之昌安、高密、夷安、黔陬县⑤，泰州河东之蒲坂、汾阴县⑥，东徐州东莞郡之莒、诸、东莞县，雍州冯翊郡之莲芍县，

---

① 钱大昕云："此时司州治平城，洛州治洛阳，豫州治虎牢，则悬瓠为南豫矣。兖州治滑台，则瑕丘为东兖矣。东徐州即南青州。（穆亮都督豫洛南北豫徐兖六州诸军事，谓虎牢与悬瓠也。）"（《廿二史考异》卷三〇《魏书三·食货志》，上册，第 508 页）

② 钱大昕云："此时荆州治上洛，东秦州治杏城（即北华州）。梁州盖治洛谷。郢州未详所治，《地形志》南安郡太和十三年置郢州，十八年改为南中府者是也，其地当在今叶县。"（《廿二史考异》卷三〇《魏书三·食货志》，上册，第 508 页）

③ 钱大昕云："魏初都平城，置司州，其所领郡县，魏收《志》皆阙而不书。今据此《志》，知万年等六郡当时皆隶司州。又皇兴中置平齐郡于平城西北，当亦隶司州也。"（《廿二史考异》卷三〇《魏书三·食货志》，上册，第 508 页）

④ 此处原作"邵郡上郡"，钱大昕云："案：《地形志》，皇兴四年置邵上郡，太和中并河内，孝昌中改邵郡，此文当云邵上郡，误多一'郡'字。'长平'《地形志》作'葰平'，邵上郡本属怀州，《地形志》亦未载。"（《廿二史考异》卷三〇《魏书三·食货志》，上册，第 509 页）中华书局点校本据钱说删改，参见《魏书》，1974 年，第八册，第 2863 页；本卷"校勘记"〔三〕，第 2867 页。

⑤ 钱大昕云："案：《地形志》，平昌、高密二郡皆属胶州，胶州置于永安二年，太和之世，尚未立胶州也。《地形志》，东武、平昌二县属高密郡，昌安属平昌郡，与此志亦异。"（《廿二史考异》卷三〇《魏书三·食货志》，上册，第 509 页）

⑥ 《魏书》诸本及《册府元龟》卷五〇四《邦计部·丝帛》（第六册，第 6055 页上栏）俱作"秦州"。钱大昕云："案：《地形志》，汾阴属北乡郡，不属河东。"（《廿二史考异》卷三〇《魏书三·食货志》，上册，第 509 页）

咸阳郡之宁夷县,北地郡之三原、云阳、铜官、宜君县①,华州华山郡之夏阳县,徐州北济阴郡之离狐、丰县,东海郡之赣榆、襄贲县②,皆以麻布充税。

按俸禄制颁布一年多之后,北魏赋税制度在设立三长制时又作了重大调整,《食货志》对此亦有所记载。在太和十九年(495)冶铸通行"太和五铢"之前,北魏"钱货无所周流",官吏的俸禄则是以绢给付。"太和五铢"流通之后,"内外百官禄皆准绢给钱,绢匹为钱二百"。③虽然有这样的制度规定,但在实际操作时则未必完全如此。《魏书·韩麒麟传》载其太和十一年在齐州刺史任上的上表中有"租粟才可给俸"之语④,《元诠墓志》载其在正始年间为定州刺史时"舍秩粟数百万斛,以饩饥民"⑤。虽然就此还难以作出全国所有地方官的俸禄都是用粮食(粟)支给的判断,但这种可能性应该很大。无法确定北魏的官俸究竟是以绢帛(后为钱币)还是以粟作为额度的,推测最初类似汉制以粟作为额度的可能性较大,因为粟的额度是固定的,不像绢帛或钱币会随着物价的变化而发生波动。

户调帛、絮、丝、粟等物当运抵京师进入国库,主要当用于皇

①钱大昕云:"案:《地形志》,北地郡无三原县。"(《廿二史考异》卷三〇《魏书三·食货志》,上册,第509页)
②钱大昕云:"当作'北济阴郡',《志》脱'阴'字。《地形志》,东海郡属海州,襄贲别属海西郡,亦隶海州。"(《廿二史考异》卷三〇《魏书三·食货志》,上册,第509页)
③《魏书》卷一一〇《食货志》,第八册,第2863页。
④《魏书》卷六〇《韩麒麟传》,第四册,第1333页。
⑤赵万里:《汉魏南北朝墓志集释》图版一六〇《元诠墓志》。

室的生活供应、奢侈消费及中央政府的日常运转，还有军费及皇家工程的费用等等开支。"调外帛"不用上缴国库，而是"委之州库，以供调外之费"，这一部分征敛从常理推测其应该主要是用作地方政府运转的办公的费用。① 然则其具体内涵或者说用途究竟如何，在史书中并无蛛丝马迹可寻。日本学者渡边信一郎认为："不见于前代史料"的调外帛，"这是中国财政史上第一次明确了地方经费，具有划时代意义"，"表明中央政府不仅实施了对地方经费的中央管理，同样也有加强集中财政主权的一面"。② 那么，北魏的调外帛是否真的具有与中央经费相对应的地方经费的性质？因为现存史料中没有任何相关的信息可供了解，仅从"委之州库"还无法断定其为地方经费。这种制度始于太武帝时期，在俸禄制颁布后其数额有所增加，也就是说它不像俸禄制和均田制、三长制那样是体现孝文帝经济制度改革的一环。在俸禄制颁布前，官吏没有俸禄，也就不存在用调外帛发放俸禄的问题，那么服务于地方政府的各类人员（吏职、杂役等）是否需要支付费用？地方政府征收赋税时是否需要有费用支出？凡此，均无记载可以说明。虽然同样没有记载，但可以推想，地方政府要将常调运送到京师所在的国库，必定不可能无偿进行，很可能需要一大笔开

---

① 陈连庆云："调外之费留州使用，则户调必须解往中央，这种办法是唐代留州、上供之制的滥觞。"（《〈晋书·食货志〉校注　〈魏书·食货志〉校注》，第 268 页）按理"委之州库"之外的户调都要运往京师上缴国库，但事实恐非完全如此，如边疆地区驻兵较多，有战事时要向前线运送粮草等军需物资，大多数情况下应该是从比较近的州郡调拨，这些地区的户调肯定不会先运到京师国库再转运到遥远的边疆或战区。即便是就近运送，也未必能够满足需要，故而会有额外的征敛或在地实施屯田等措施作为补充。本书第十四章第三节将对此有所述及。
② 〔日〕渡边信一郎：《中國古代の財政と國家》，第 153—154 页。

销才能完成。即便是官府吏役不支付薪俸，但在诸如维持地方治安等方面也一定会有所花费。再如拓展或平整道路以及兴修水利工程等兴作，恐怕也不一定完全都是无偿劳动。另外，据北魏后期的记载可知，俸禄之外还有"百官常给之酒"以及"内外百官及诸蕃客廪食及肉"，数量不菲，其制始于何时难以确知，很可能在俸禄制颁布前就已存在，果如此，则就地方政府而言其相关支出非调外帛不可，或者说成为调外之费的大宗费用。尤其值得注意的是北齐河清三年令的规定："率人一床，调绢一疋、绵八两（凡十斤绵中，折一斤作丝。），垦租二石，义租五斗。奴婢各准良人之半。牛调二尺，垦租一斗，义租五升。垦租送台，义租纳郡，以备水旱。"[1]与北魏太和制度不同的是，河清令不是在调绢之外征收调外帛，而是在垦租之外征收义租且明确规定"垦租送台，义租纳郡，以备水旱"。很显然，北齐的义租与北魏的调外帛颇为相似，推断北魏的调外帛的主要功用也是为了防备水旱。比较而言，当灾荒发生时，北齐的义租可以直接用来开仓赈恤，比较方便，而北魏的调外帛则需以之购买粮食才能用于救济灾民，但粮食易于腐败变质，储存所需的粮仓较大，而绢帛可以长期保存，所需的仓库也较小，可谓各有利弊。由此看来，虽然不排除调外帛具有以上所及的功用，但更主要的恐怕还是为了在水旱灾害发生时救济饥荒。新税制颁布不久，北魏实施和籴制度[2]，新税制下编户齐民在常调之外并不缴纳调外帛，而是从常调之中划拨一定比例作为调外之费，调外之费可能主要用于和籴，即在粮价较低时籴粮入仓，

---

[1]《隋书》卷二四《食货志》，第三册，第677—678页。

[2]参见《魏书》卷一一〇《食货志》，第八册，第2857页；卷六二《李彪传》，第四册，第1385—1386页。

而在粮价较高时粜出以平抑粮价,当饥荒发生时则免费赈济。应该说,地方政府拥有这样一笔经费(在不同时期体现为钱币、粮食、绢帛等不同形态),想来并非北魏首创,前代必有相关制度,只是名目不同罢了,故而把北魏的调外帛或调外之费当作"中国财政史上第一次明确了地方经费",恐怕并非中肯之论。

《五曹算经》所载例题云:"今有米一千五百七十七斛,斛别加八斗三升,问计几何? 答曰:二千八百八十五斛九斗一升。""今有粟九百斛,斛别加二斗五升,问加几何? 答曰:二百二十五斛。"[1]按"斛别加"即每斛额外加征的米粟数量,其名目何谓未见明确记载。唐代《夏侯阳算经》所载例题云:"今有地收谷一千二百六十三斛九斗六升七合三勺,斛别加二升耗,问正、耗共计几何? 答曰:一千二百八十九斛二斗四升六合六勺四抄六撮。"[2]此"斛别加"为每斛之耗折,即为了弥补运输或保管过程中因鸟鼠等偷食或天气变化等因素所导致的损耗。作为耗折而别加征敛,数量不应该太大,此题显示的别加耗比例为百分之二。五代后唐长兴"二年(931)闰五月敕:今后诸州府所纳秆草,每二十束别纳加耗一束,充场司耗折"[3]。此诏规定的加耗比例为百分之五。南宋"乾道七年(1171),诏广南起发粗色香药物货,每纲二万斤,加耗

---

[1]《五曹算经》卷三《集曹》、卷四《仓曹》,《李俨钱宝琮科学史全集》,第四卷,第320、322页。按钱宝琮认为:"《五曹算经》的编写年代当在元魏初年以后。""甄鸾是西魏、北周时人,搜集了当时与州县行政有关的算术问题,编成这五卷书是无可怀疑的。"(《五曹算经提要》,同上书,第309页)王仲荦《魏晋南北朝物价考》引《五曹算经》,"锦价""丝价"条括注"北魏初","水果价"条括注"北魏初期","日给粮"条括注"北朝"。(《金泥玉屑丛考》,第78、87、97页)
[2]《夏侯阳算经》卷中《求地税》,《李俨钱宝琮科学史全集》,第四卷,第438页。
[3]《册府元龟》卷四八八《邦计部·赋税二》,第六册,第5841页上栏。

六百斤"①。此诏规定的加耗比例为百分之三。看来作为耗折而别加的数量一般不会超过原征收额度的百分之五。《五曹算经》所载两题显示的别加比例分别高达百分之八十三和二十五,显然不可能是出于弥补耗折的目的而进行的征敛,最大可能就是所谓输入州库的调外之费。之所以有不同的比例,可能与所在州库之远近、纳粮民户之贫富以及统治事务之闲剧等因素有关。

安乐王诠为文成帝之孙,他在宣武帝正始年间担任使持节、都督定州诸军事、平北将军、定州刺史,"岁属灾馑,王乃开公廪,舍秩粟数百万斛,以饩饥民"②。按元诠赈济饥民的数百万斛"秩粟",显然是定州用来发放俸禄的。地方行政长官"依户给俸"是北魏俸禄发放的原则之一,即根据其所统行政区民户数量之多寡而确定其领取俸禄的额度。在太和十七年《职员令》颁布后,无论是中央官还是地方官,应该是根据品阶的高低而享受不同额度的俸禄。比较而言,地方官的俸禄应当优于中央官,盖地方官治民,事烦于中央官也。正因如此,对于清贫的中央官,朝廷往往会令其"带"某一地方官以增加其收入,如:孝文帝迁都,崔亮为中书侍郎,兼尚书左丞,"亮虽历显任,其妻不免亲事舂簸。高祖闻之,嘉其清贫,诏带野王令"③。裴聿"自著作佐郎出为北中府长史。时高祖以聿与中书侍郎崔亮并清贫,欲以干禄优之,乃以亮带野王县,聿带温县,时人荣之"④。按野王、温县均在畿内⑤,表明以京

①《宋史》卷一八六《食货志下八》,第一三册,第4566页。
②赵万里:《汉魏南北朝墓志集释》图版一六〇《元诠墓志》。
③《魏书》卷六六《崔亮传》,第四册,第1476页。
④《魏书》卷六九《裴延儁传附族兄聿传》,第五册,第1535页。
⑤野王为河内郡治,天安二年(467)至太和十八年(494)为怀州治所,温县亦属河内郡。(《魏书》卷一〇六上《地形志上》,第七册,第2480〔转下页注〕

官带畿内县令可以增加俸禄，从而在一定程度上改善其"清贫"状况①。孝明帝正光三年（522）十二月"丁亥（廿九，523.1.31），以牧守妄立碑颂，辄兴寺塔，第宅丰侈，店肆商贩，诏：中尉端衡，肃厉威风，以见事纠劾。七品、六品，禄足代耕，亦不听锢贴店肆，争利城市"②。按"禄足代耕"云云显示，北魏晚期六品、七品地方官

［接上页注］—2481 页）太和十八年后，河内郡当并于新设之司州。《魏书》卷四〇《陆俟传附琇传》：宣武帝"景明（500—503）初，试守河内郡。咸阳王禧谋反，令子昙和与尹仵期、薛继祖等先据河内"（第三册，第 905 页）。卷一九中《景穆十二王中·任城王澄传》：孝明帝时任城王澄上奏，谓"时四中郎将兵数寡弱，不足以襟带京师，澄奏宜以东中带荣阳郡，南中带鲁阳郡，西中带恒农郡，北中带河内郡，选二品、三品亲贤兼称者居之"（第二册，第 475 页）。

① 钱大昕云："魏世京职俸薄，亮虽任中书侍郎、尚书左丞，而干禄犹不如县令之饶裕，故令其带野王令。同时北中府长史裴聿亦带温令。"（《廿二史考异》卷二八《魏书一·崔亮传》，上册，第 484 页）

② 《魏书》卷九《肃宗纪》，第一册，第 233—234 页。按地方长官"锢贴店肆，争利城市"，看来是当时比较普遍的现象，表明北魏晚期在州治和郡治所在的城市商品经济已经比较发达。不过，在边境或民族杂居地区的州郡治所，也有个别封闭落后的地方，最典型的是华州治所李润堡。宣武帝时宗室元燮"除征虏将军、华州刺史"，上表云："州治李润堡"，"胡夷内附，遂为戎落"，"居冈饮涧，井谷秽杂，升降劬劳，往还数里"。其地本为"国初护羌小戍，及改镇立郡，依岳立州，因籍仓府，未刊名实"。而"冯翊古城，羌、魏两民之交，许、洛水陆之际，先汉之左辅，皇魏之右翼，形胜名都，实惟西蕃奥府"，故请求移州治于此。（《魏书》卷一九下《景穆十二王下·元燮传》，第二册，第 518 页）何兹全认为："从性质方面来看，北朝时的城邑，一般只是些比较大的坞堡，谈不上经济意义。"其唯一的证据就是李润堡，谓"华州的州治只是一个中世纪的堡垒，而不是一个经济城市"。不仅如此，他还据此得出结论性判断："魏晋南北朝的城市只不过是一个地方政府的所在地或一个军事要地。"（《汉魏之际封建说》，《读史集》，第 13 页）毫无疑问，这是典型的以点代面和以偏概全。在《汉魏之际社会经济的变化》一文中，何氏对此有更具体的分析，其观点似有所调整，但并无根本改变。（同上书，第 78—79 页）

（县令）之俸禄大体上是能够维持其本人及家人的基本生活所需的。

　　孝明帝"正光（520—525）后，四方多事，加以水旱，国用不足"，"有司奏断百官常给之酒，计一岁所省合米五万三千五十四斛九升，糵谷六千九百六十斛，面三十万五百九十九斤"①。由此可见，北魏后期百官除俸禄外，还有"常给之酒"，也可能是折合成米、糵谷、面等物供给。不久之后，"有司又奏内外百官及诸蕃客廪食及肉悉二分减一，计终岁省肉百五十九万九千八百五十六斤，米五万三千九百三十二石"②。可知内外百官及诸蕃客还供给廪食及肉，正常年份每年总共需供给三百一十九万九千七百一十二斤肉及十万七千八百六十四石米，无疑也是一笔不小的开支。虽然未见明确记载，但想来百官常给之酒和内外百官及诸蕃客廪食及肉之供给，在俸禄制班行之前很可能也是存在的。

　　北魏负责俸禄管理的机构，史书虽无明确记载，但从《唐六典》及注文的相关记载中还是能够得出准确的认识。《太平御览·职官部十六》引《六典》曰："比部郎中、员外郎掌勾诸司百寮俸料、公廨、赃赎、调敛、徒役课程、逋悬数物，以周知内外之经费而总勾之。凡内官料俸以品第高下为差，外官以州、县、府之上、中、下为差。"③按比部为尚书刑部四司之第三司。《唐六典·尚书刑部》"比部郎中一人从五品上"下本注："魏氏置，历晋、宋、

————————

① 《魏书》卷一一〇《食货志》，第八册，第2860—2861页。
② 《魏书》卷一一〇《食货志》，第八册，第2861页。
③ 《太平御览》卷二一八《职官部十六·比部郎中比部员外郎》，第二册，第1037页上栏。按今本《唐六典》所载颇有脱漏，点校本已据《御览》此条补正，参见《唐六典》卷六《尚书刑部》，第194页及212页"校勘记"〔一二九〕。

齐、后魏、北齐皆有郎中。后周天官府有计部中大夫,盖其任也。"
"自晋、宋、齐、梁、陈皆吏部尚书领比部,后魏、北齐及隋则都官尚
书领之,皇朝因焉。"①按北齐都官尚书"统都官、二千石、比部、水
部、膳部五曹"②。其中都官曹"掌畿内非违得失事",二千石曹
"掌畿外得失等事",比部曹"掌诏书律令勾检等事"。官吏贪赃
枉法等非违行为应该是都官曹和二千石曹的职责范围,比部曹所
"掌诏书律令勾检等事"应该与《唐六典》所载比部郎中、员外郎
的职掌相当,"诸司百寮俸料、公廨"等事即为其主要职责。从东
魏北齐与北魏后期制度的承袭关系推测,北魏都官尚书的建制可
能也是如此。若此,则北魏时期负责俸禄管理的机构当为都官尚
书所领比部郎中③,此与孝文帝确立俸禄制以杜绝官吏贪赃枉法
的目的相符合。将官吏俸禄与肃贪结合起来进行管理,是孝文帝
太和八年俸禄制改革时所独创,这一改革为其后的北齐、隋、唐所
继承,影响深远。虽然比部很有可能是北魏负责官吏俸禄管理的
机构,但官吏俸禄开支的前提则是赋税的征收与开支,而掌管赋
税征收与开支的机构应该是度支尚书。关于北魏度支尚书,将在
后文予以讨论,兹不具述。

北魏比部之职可考者有:宗室疏属拓跋度,任至比部尚书④,
具体时间不明,在明元帝、太武帝时期的可能性较大。拓跋石,曾

①《唐六典》卷六《尚书刑部》,第 194 页。
②《隋书》卷二七《百官志中》,第三册,第 753 页。
③孝文帝太和十七年令可见:尚书郎中,第五品上;尚书郎,从第五品中。
(《魏书》卷一一三《官氏志》,第八册,第 2984—2986 页)则当时都官尚书
所领既有比部郎中,亦有比部郎。
④《魏书》卷一四《神元平文诸帝子孙·高凉王孤传附孙度传》,第二册,第
351 页。

任比部侍郎①,当在文成帝时期。李孝伯曾任比部尚书②,当在太武帝时期。宿石之子倪,太和初为比部侍御③。《魏书·陈建传》可见"比部尚书、平原王陆叡"④,《刘休宾传附子文晔传》可见"比部尚书陆叡"⑤。然《陆叡传》载其曾为"北部长,转尚书","迁尚书左仆射,领北部尚书"。⑥ 北、比形似而讹,陆叡所任当为比部尚书⑦。北魏前期有比部尚书当无疑义⑧,但比部的职能已无从得知。因其时官吏没有俸禄,故比部的职能不会包括俸禄管理亦可确定。北魏后期比部之职仅有一位担任者可考,崔亮之子"士安,历尚书比部郎"⑨,其职当为都官尚书所领,负责官吏俸禄等事务的管理应为其基本职掌。

【附】北齐官俸表

东魏北齐官制以继承北魏后期官制为主,北齐俸禄制度在史

---

① 《魏书》卷一四《神元平文诸帝子孙·司徒石传》,第二册,第 356 页。

② 《魏书》卷五三《李孝伯传》,第四册,第 1168 页。

③ 《魏书》卷三〇《宿石传》,第三册,第 725 页。

④ 《魏书》卷三四《陈建传》,第三册,第 803 页。按《宋本册府元龟》卷四七二作"比部尚书"(第二册,第 1157 页上栏),明本《册府元龟》卷四七二作"北部尚书"(第六册,第 5625 页上栏)。

⑤ 《魏书》卷四三《刘休宾传附子文晔传》,第三册,第 968 页。

⑥ 《魏书》卷四〇《陆叡传》,第三册,第 911 页。

⑦ 参见严耕望《北魏尚书制度考》。

⑧ 严耕望认为北魏前期并无比部之职,所见记载皆为北部之讹(《北魏尚书制度考》),则属武断。

⑨ 《魏书》卷六六《崔亮传附子士安传》,第四册,第 1481 页。

书中有明确记载,可以作为理解北魏俸禄制度的一个参照系。兹据《隋书·百官志中》的相关记载列表如下[1]:

【表1】北齐九品职官俸禄表

官品	岁禄(匹)	1秩(匹)	官品	岁禄(匹)	1秩(匹)
第一品	800	200	从第一品	700	175
第二品	600	150	从第二品	500	125
第三品	400	100	从第三品	300	75
第四品	240	60	从第四品	200	50
第五品	160	40	从第五品	120	30
第六品	100	25	从第六品	80	20
第七品	60	15	从第七品	40	10
第八品	36	9	从第八品	32	8
第九品	28	7	从第九品	24	6

● "禄率一分以帛,一分以粟,一分以钱。事繁者优一秩,平者守本秩,闲者降一秩。长兼、试守者,亦降一秩。官非执事,不朝拜者,皆不给禄。"

【表2】北齐州郡县官俸禄表

州刺史	岁秩(匹)	郡太守	岁秩(匹)	县令	岁秩(匹)
上上	800[2]	上上	500[3]	上上	150[4]
上中	750	上中	450	上中	140
上下	700	上下	400	上下	130
中上	600	中上	360	中上	100

---

①《隋书》卷二七《百官志中》,第三册,第763—765页。
②与司州牧同。
③清都尹为五百五十匹。
④邺、临漳、成安三县同。

州刺史	岁秩（匹）	郡太守	岁秩（匹）	县令	岁秩（匹）
中中	550	中中	330	中中	95
中下	500	中下	300	中下	90
下上	400	下上	260	下上	70
下中	350	下中	240	下中	60
下下	300	下下	220	下下	50

● "州自长史已下逮于史吏，郡、县自丞已下逮于掾佐，亦皆以帛为秩。郡有尉者，尉减丞之半。皆以其所出常调课之。其镇将、戍主、军主·副、幢主·副逮于掾史，亦各有差矣。"

● "诸州刺史、守、令已下，干及力皆听敕乃给。其干出所部之人，一干输绢十八匹，干身放之。力则以其州、郡、县白直充。"

朱大渭推算北魏各级官吏的年俸自一品至从九品分别为：1300、1137、974、811、648、485、387、322、257、192、160、128、96、64、58、52、46、40 匹[1]。与北齐官俸比较，这一组数字可能出入较大，未必能够反映北魏官俸的实际情况。北齐官俸自第一品至从第九品皆分为四秩，反映出按季度班发的事实。北魏官俸也是按季度班发，各品级官吏的俸禄必定也应分为四秩，即为四的倍数。由于州郡县官直接治民，统治事务更为繁杂，故而与其他序列的九品职官的俸禄标准不同，俸秩数量更大，且并非四的倍数，而是五的倍数（五秩），很可能不是按季度班发，有可能一年分五次发放，或者按季度班发，年终再追加一秩。北魏孝文帝《岁施道人应统帛诏》："可取八解之义，岁施帛八百疋，准四辈之况，随四时而

----

[1] 朱大渭：《两晋南北朝的官俸》，《六朝史论》，第 257 页。

给。""可依朝官上秩,当月而施。"①如上所见,北齐一品朝官和上
上州刺史的俸禄皆为年俸八百匹,结合孝文帝此诏,推测北魏和
东魏的俸禄标准亦应如此,而且也是一年四次发放。在钱币流通
前,北魏俸禄当以绢帛发放,上引孝文帝诏可以为证。太和十九
年铸"太和五铢","诏京师及诸州镇皆通行之。内外百官禄皆准
绢给钱,绢匹为钱二百"。② 由于当时钱币紧俏,这一规定是否得
到严格遵守,无法作出判断。

　　若北魏后期的俸禄与东魏北齐相同,则太和十九年以后按钱
发放的俸禄标准应该如下表所示:

① [唐]释道宣:《广弘明集》卷二四《僧行篇五之二》元魏孝文帝《褒扬僧德
诏》之六,《中华大藏经》(汉文部分)第六三册,第262页中、下栏。
② 《魏书》卷一一○《食货志》,第八册,第2863页。按《北史》卷五五《房谟
传》:"魏朝以河南数州,乡俗绢滥,退绢一疋,征钱三百,人庶苦之。谟乃
表请钱绢两受,任人所乐,朝廷从之。"(第七册,第1992页)时房谟为东魏
徐州刺史。可知当时东魏河南地区的几个州,官价疋绢值三百钱,而民间
则因绢多钱少,疋绢实际价格低于三百钱。这种情况的出现一方面反映
了当时河南地区丝织业的发展,自然也是北魏均田制以来农桑经济进步
的产物,另一方面也与孝文帝太和十九年(495)钱币流通以来需求量不
断增加有关。史载孝文帝铸"太和五铢"后,"诏京师及诸州镇皆通行之。
内外百官禄皆准绢给钱,绢匹为钱二百"(《魏书》卷一一○《食货志》,第
八册,第2863页)。这成为助推钱的需求量激增的一个重要因素。孝庄
帝时铸"永安五铢","官欲贵钱,乃出藏绢,分遣使人于二市卖之,绢匹
止钱二百,而私市者犹三百。利之所在,盗铸弥众"。(同上,第2865—
2866页)北齐时官吏俸禄的发放"一分以帛,一分以粟,一分以钱"(《隋
书》卷二七《百官志中》,第三册,第764页)。东魏时期的制度应该也是
如此。这一规定有助于减少对钱币的需求,同时也反映了当时钱币供不
应求的现状。

【表3】北魏九品职官俸禄表

官品	岁禄（钱）	1秩（钱）	官品	岁禄（钱）	1秩（钱）
第一品	160000	40000	从第一品	140000	35000
第二品	120000	30000	从第二品	100000	25000
第三品	80000	20000	从第三品	60000	15000
第四品	48000	12000	从第四品	40000	10000
第五品	32000	8000	从第五品	24000	6000
第六品	20000	5000	从第六品	16000	4000
第七品	12000	3000	从第七品	8000	2000
第八品	7200	1800	从第八品	6400	1600
第九品	5600	1400	从第九品	4800	1200

【表4】北魏州郡县官俸禄表

州刺史	岁秩（钱）	郡太守	岁秩（钱）	县令	岁秩（钱）
上上	160000	上上	100000	上上	30000
上中	150000	上中	90000	上中	28000
上下	140000	上下	80000	上下	26000
中上	120000	中上	72000	中上	20000
中中	110000	中中	66000	中中	19000
中下	100000	中下	60000	中下	18000
下上	80000	下上	52000	下上	14000
下中	70000	下中	48000	下中	12000
下下	60000	下下	44000	下下	10000

第四节　统治集团有关俸禄制的争议

在俸禄制实施不久后的太和十一年,齐州刺史韩麒麟在"表陈时务"时提出,"臣所统齐州,租粟才可给俸,略无入仓",①这表明地方官吏的俸禄就地发放,而且是一笔很大的开支。与国家的其他公共费用一样,官吏俸禄也是来自于民户缴纳的赋税,而在俸禄制班行后国家原有的公共费用并不会减少,自然只有增加赋税收入才能够落实俸禄制,在班禄诏中也能够看到民户赋税额度的大幅度增加。因此,就表面或短期来看,俸禄制颁布后民众的负担无疑会有所加重。针对俸禄制实施后赋税增加的问题,徐州刺史薛虎子向北魏朝廷上疏提出了具体建议,其辞曰:

> 臣窃寻居边之民,蒙化日浅,戎马之所,资计素微。小户者一丁而已,计其征调之费,终岁乃有七缣。去年征责不备,或有货易田宅,质妻卖子,呻吟道路,不可忍闻。今淮南之人,思慕圣化,延颈企足,十室而九。恐闻赋重,更怀进退。非惟损皇风之盛,虑伤慕义之心。且臣所居,与南连接,民情去就,实所谙知。特宜宽省,以招未至。其小郡太守,数户而已。一请止六尺绢,岁不满匹。既委边捍,取其必死,邀之士重,何吝君轻。今班制已行,布之天下,不宜忤冒,以乱朝章。但猥藉恩私,备位蕃岳,忧责之地,敢不尽言。②

---

① 《魏书》卷六〇《韩麒麟传》,第四册,第1332、1333页。
② 《魏书》卷四四《薛虎子传》,第三册,第997—998页。

太和九年二月乙巳(初八,3.9),诏曰:"昔之哲王,莫不博采下情,勤求箴谏,建设旌鼓,询纳刍荛。朕班禄删刑,虑不周允,虚怀说直,思显洪猷。百司卿士及工商吏民,其各上书极谏,靡有所隐。"[1]薛虎子的上奏应该是响应此诏而发,大概是在太和九年二月或其后不久,但应在同年十月丁未(十三,11.6)均田制颁布之前。从薛虎子上奏可知,俸禄制实施之初徐州民众的负担的确有很大程度的增加,尽管尚未引起严重后果,但从保境安民角度而论,其负面影响不容忽视。薛虎子所刺徐州的情况其实比较特殊:徐州地处东南边疆,所控制的民户本来就颇为有限,加之其"资计素微",一旦赋调加重,当地民众就会逃离北魏境内而臣服于南朝政权,从而影响到边境地区的安全稳定。薛虎子在上疏中充分肯定了实施俸禄制的积极意义,他所强调的是,希望北魏统治者能够区别不同的情况,对徐州的特殊问题作出灵活处置。太皇太后冯氏专门就薛虎子奏文作出批示:"俸制已行,不可以小有不平,便亏通式。"[2]可见为了维护俸禄制的权威性和统一性,冯太后并未采纳薛虎子的建议。

薛虎子对作为改革新政的俸禄制给予了高度评价,同时又希望其在实施中能够针对不同地区的特殊情况而有所变通。此外,当时还有大臣提出了完全废除俸禄制的主张,史载"淮南王他奏求依旧断禄,文明太后令召群臣议之"[3]。淮南王他上奏的具体内容已无从得知,不过其反对实施俸禄制则是明确的。淮南王他为北魏开国君主道武帝之孙,阳平王熙长子,"身长八尺,美姿貌,性

---

[1]《魏书》卷七上《高祖纪上》,第一册,第155页。
[2]《魏书》卷四四《薛虎子传》,第三册,第998页。
[3]《魏书》卷五四《高闾传》,第四册,第1198页。

谨厚,武艺过人"。太武帝时期他曾经率军讨伐山胡白龙、柔然及吐京叛胡,其后又相继担任河洛关陇地区军政长官并建立了突出政绩:为"使持节、都督豫洛河南诸军事、镇南大将军、开府仪同三司,镇虎牢,威名甚著";为"使持节、都督雍秦二州诸军事、镇西大将军、开府仪同三司、雍州刺史,镇长安,绥抚秦土,得民夷之心"。又为虎牢镇都大将,并于献文帝初年转任"使持节、都督凉州诸军事、镇西大将军"。于"高祖初,入为中都大官,拜侍中,转征西大将军。迁司徒,赐安车几杖,入朝不趋"。①《魏书·神元平文诸帝子孙·东阳王丕传》:

> 高祖时,封东阳王,拜侍中、司徒公。……寻迁太尉、录尚书事。时淮南王他、淮阳王尉元、河东王苟颓并以旧老见礼,每有大事,引入禁中,乘步挽,杖于朝,进退相随。丕、他、元三人,皆容貌壮伟,腰带十围,大耳秀眉,须鬓斑白,百僚观瞻,莫不祇耸。唯苟颓小为短劣,姿望亦不逮之。高祖、文明太后重年敬旧,存问周渥,赐以珍宝。②

毫无疑问,淮南王他是当时地位显赫的一位宗室元老,在北魏朝

---

① 《魏书》卷一六《道武七王·淮南王他传》,第二册,第 391 页。按本传载其于"高宗时,转使持节、都督凉州诸军事、镇西大将军,仪同如故"(第 391 页),不确。同书卷六《显祖纪》:"和平六年(465)夏五月甲辰(十二,6.21),即皇帝位,大赦天下。尊皇后曰皇太后。""壬子(二十,6.29),以淮南王他为镇西大将军、仪同三司,镇凉州。"(第一册,第 125 页)可见淮南王他转任凉州军区长官是在文成帝死后。又,同书卷七上《高祖纪上》:太和九年"十有二月乙卯(廿二,486.1.13),侍中淮南王他为司徒"(第一册,第 156 页)。

② 《魏书》卷一四《神元平文诸帝子孙·东阳王丕传》,第二册,第 357—358 页。

廷有着举足轻重的影响力,其对俸禄制的反对自然不可等闲视之。正因如此,才会有"文明太后令召群臣议之"的重大举措。

就在此次冯太后召集君臣商议淮南王他上奏之时,中书监高闾上表对其观点进行批驳,其辞云:

> 天生烝民,树之以君,明君不能独理,必须臣以作辅。君使臣以礼,臣事君以忠。故车服有等差,爵命有分秩;德高者则位尊,任广者则禄重;下者禄足以代耕,上者俸足以行义。庶民均其赋,以展奉上之心;君王聚其材,以供事业之用。君班其俸,垂惠则厚;臣受其禄,感恩则深。于是贪残之心止,竭效之诚笃;兆庶无侵削之烦,百辟备礼容之美。斯则经世之明典,为治之至术。自尧舜以来,逮于三季,虽优劣不同,而斯道弗改。自中原崩否,天下幅裂,海内未一,民户耗减,国用不充,俸禄遂废。此则事出临时之宜,良非长久之道。大魏应期绍祚,照临万方,九服既和,八表咸谧。二圣钦明文思,道冠百代,动遵礼式,稽考旧章,准百王不易之胜法,述前圣利世之高轨。置立邻党,班宣俸禄,事设令行,于今已久。苟慝不生,上下无怨,奸巧革虑,窥觎绝心,利润之厚,同于天地。以斯观之,如何可改?又洪波奔激,则堤防宜厚;奸悖充斥,则禁网须严。且饥寒切身,慈母不保其子;家给人足,礼让可得而生。但廉清之人,不必皆富;丰财之士,未必悉贤。今给其俸,则清(贪)者足以息其滥窃,贪(清)者足以感而劝善;若不班禄,则贪者肆其奸情,清者不能自保。难易之验,灼然可知,如何一朝便欲去俸?淮南之议,不亦谬乎?[1]

————

① 《魏书》卷五四《高闾传》,第四册,第 1198—1199 页。

最终，冯太后和孝文帝接受了高闾的意见，"诏从闾议"①，从而保证了俸禄制这一改革新政的继续实施。

高闾上疏谓"置立邻党，班宣俸禄，事设令行，于今已久"，似乎应该是在三长制、俸禄制实施已久之后的事。其实并非如此。淮南王他死于太和十二年九月癸卯（廿六，10.17），②因此其提出废除俸禄制的主张只能是在太和十年二月三长制颁布之后至太和十二年九月其去世之前。淮南王他死时距三长制颁布刚过两年半，距俸禄制颁布也就四年余，高闾谓二制班宣"已久"乃是夸大其词。不过据此似乎可以推断，这次讨论的时间当在淮南王他去世前不久，以太和十二年的可能性较大。高闾从历史、现实和理论结合的角度，系统阐述了俸禄制实施的必要性以及俸禄制的政治作用，既有力地批驳了反对俸禄制的观点，又有助于更好地理解俸禄制的历史意义。高闾很可能是俸禄制主要的制定者，上引表文显示，他精通《周礼》典制，熟悉前代历史变迁，而孝文帝班禄诏开宗明义即云："置官班禄，行之尚矣。《周礼》有食禄之典，二汉著受俸之秩。逮于魏晋，莫不聿稽往宪，以经纶治道。"表明北魏统治者在制定俸禄制时的确参考了《周礼》和两汉魏晋有关史籍中的官制类文献③，道出了这一改革新政的实质。北魏俸禄

---

① 《魏书》卷五四《高闾传》，第四册，第1199页。

② 《魏书》卷七下《高祖纪下》，第一册，第164页。

③ 《周礼·天官·大宰》："以八则治都鄙。……四曰禄位，以驭其士。""以八柄诏王驭群臣。一曰爵，以驭其贵。二曰禄，以驭其富。"（《周礼注疏》卷二，《十三经注疏》，上册，第646页上、中栏）《地官·大司徒》："辨其山林、川泽、丘陵、坟衍、原隰之名物"。"因此五物者民之常，而施十有二教焉。……十有二曰以庸制禄，则民兴功。"贾疏云："庸，功也。人有功则制禄与之，民皆兴其功业。"（卷一○，第702页上栏、703页上、中栏）又有"司禄"之职，然其相关内容亡佚，难得其详。《夏官·司士》：（转下页注）

制的制定，所依据的是儒家经典《周礼》的相关规定，并以两汉魏晋的历史传统作为参照。可以说这是孝文帝改革政策制定的一个基本原则，不仅俸禄制如此，其它的制度改革亦莫不如是。

（接上页注）"以德诏爵，以功诏禄。""凡邦国三岁则稽士任，而进退其爵禄。"（卷三一，第848下栏、850页上栏）按两汉以"秩次"确定职官之等级高下，上自万石、中二千石，下至百石及斗食、佐史之秩。（《汉书》卷一九上《百官公卿表上》，第三册，第721页；《续汉书·百官志五》，《后汉书》，第一二册，第3632—3633页）魏晋则以九品定职官等级高下，百官皆有俸禄，然俸禄之具体数目在现存文献中没有明确记载。

第三章　俸禄制的惩贪条款及其式微

　　北魏建国近百年间百官无禄,成为贪官污吏产生的一大原因,地方长官直接治民,方便聚敛财富,故贪赃枉法尤为普遍。吏治腐败加剧了民众负担,而政府的税收也难以完成,严重威胁北魏王朝的统治基础。在北魏建立以后的半个多世纪里,统治者虽曾屡次下诏强调肃明吏治,但总的来看仍以纵容为主。文成帝以后北魏朝廷开始比较重视制定相应的制度法规来改善地方吏治,文成帝定制对卸任地方长官进行审计并予以奖惩,太上皇(献文帝)执政时正式颁布考绩制度,对地方长官的监督迈上新的台阶。孝文帝太和八年班行俸禄制,规定了相当严厉的惩贪条款并予以严格执行,对贪赃枉法者均严惩不贷,同时对官吏的渎职则采取黜免或削夺俸禄的处罚以示惩戒,北魏吏治有了极大改善,呈现出前所未有的清明局面。北魏晚期王朝政治日趋黑暗,法律弛废,俸禄制惩贪条款形同虚设,贪官污吏多因遇赦而得以逃避严惩,贪奢之风弥漫官场,吏治腐败触目惊心,整个官僚阶层腐朽不堪,统治危机日甚一日,终致一发而不可收拾,成为导致北魏政权崩溃的最主要原因之一。

第一节　俸禄制颁布之初对贪官污吏的严惩

俸禄制的班行,为改善吏治提供了物质基础和制度保障。诚如高闾所言,实施俸禄制就是为了使各级官吏"贪残之心止、竭效之诚笃",使黎民百姓"无侵削之烦",从而实现吏治的清正廉明——"清(贪)者足以息其滥窃,贪(清)者足以感而劝善"①。太和八年(484)班行俸禄的同时,还规定了惩贪条款,即"禄行之后,赃满一匹者死"②。更具体的规定则是,"义赃一匹、枉法无多少皆死"③。而此前的相关律条是,"枉法十匹、义赃二百匹大辟"④。两相比较,惩处力度前后差别竟高达二百倍之巨! 胡三省云:"枉法,谓受赇枉法而出入人罪者。义赃,谓人私情相馈遗,虽非乞

---

① 《魏书》卷五四《高闾传》,第四册,第 1199 页。
② 《魏书》卷七上《高祖纪上》,第一册,第 154 页。
③ 《魏书》卷一一一《刑罚志》,第八册,第 2877 页。
④ 《魏书》卷一一一《刑罚志》,第八册,第 2877 页;《通典》卷一六四《刑法二·刑制中》,第四册,第 4226 页。《资治通鉴》卷一三六《齐纪二》武帝永明二年(484)九月条所载有异,为"枉法十匹,义赃二十匹,罪死"(第九册,第 4261 页)。《文献通考》卷一六五《刑考四·刑制》所载相同,第八册,第 4934 页。按"义赃二百匹"与"义赃二十匹"相差十倍之大,当从《魏书》《通典》作"义赃二百匹"为是。又,《魏书》卷五《高宗纪》:和平二年(461)正月乙酉(廿八,2.23),诏曰:"刺史牧民,为万里之表。自顷每因发调,逼民假贷,大商富贾,要射时利……其一切禁绝,犯者十匹以上皆死。布告天下,咸令知禁。"(第一册,第 119 页)按"枉法十匹,义赃二百匹大辟"的律条或在是时颁布。

取,亦计所受论赃。"①冯太后和孝文帝通过实施俸禄制以整肃吏治,其决心之大,于此可见一斑。尤其值得提出的是,北魏法律对贪官污吏的这一惩处规定并非具文,至少在孝文帝时期是得到了严格执行的。《魏书·刑罚志》云:"是秋,遣使者巡行天下,纠守宰之不法,坐赃死者四十余人。食禄者局蹐,赇谒之路殆绝。"②四十余位守宰因贪赃枉法而被杀,占当时北魏全国地方长官的比例应该不小③。表明此前北魏地方长官贪赃枉法行为之普遍,同时也体现出冯太后和孝文帝惩贪之决心和力度。

考察史载,地方长官被惩处的具体事例如:平东将军、定州刺史胡泥,"以暴虐,刑罚酷滥,受纳货贿,征还戮之。将就法也,高祖临太华殿引见,遣侍臣宣诏责之,遂就家赐自尽"④。冠军将军、幽州刺史张赦提,本"克己厉约,遂有清称",而"后颇纵妻段氏,多有受纳,令僧尼因事通请,贪虐流闻。中散李真香出使幽州,采访牧守政绩。真香验案其罪",又"使驾部令赵秦州重往究讯",遂

---

① 《资治通鉴》卷一三六《齐纪二》武帝永明二年九月条胡注,第九册,第4261页。按《唐六典》卷六《尚书刑部》郎中员外郎条,唐代规定赃罪有六:强盗赃、枉法赃、不枉法赃、窃盗赃、受所监临赃、坐赃。本注:"枉法赃,谓受人财为曲法处分事者";"不枉法赃,谓虽受财,依法处分者";"强盗赃,谓以威力取其财,并与药酒及食使狂乱取财";"窃盗赃者,谓私窃人财";"受所监临赃者,谓不因公事受部人财物者";"坐赃者,谓非监临主司而因事受财者"(第187—188页)。《通典》卷一六三《刑法一·刑制上》,汉文帝定刑律"及吏受赇枉法"条本注:枉法,"谓曲公法而受赂者"(第五册,第4197页)。
② 《魏书》卷一一一《刑罚志》,第八册,第2877页。
③ 据《南齐书》卷五七《魏虏传》,俸禄制班行之时,北魏共有三十八州(第二册,第989页),但所辖郡国数难以确知。
④ 《魏书》卷八九《酷吏·胡泥传》,第六册,第1918页。

"处斩提大辟。高祖诏赐死于第"。① 胡泥和张赦提二人是否属于俸禄制颁布当年秋被查处者之列,史无明载。具有准外戚身份的使持节、安南将军、秦益二州刺史李洪之,则明确是在俸禄制颁布之初亦即太和八年秋遭到惩处的。《魏书·酷吏·李洪之传》:

> 洪之素非廉清,每多受纳。时高祖始建禄制,法禁严峻,司察所闻,无不穷纠。遂锁洪之赴京。高祖临太华庭集群官,有司奏洪之受赃狼藉,又以酷暴。高祖亲临数之,以其大臣,听在家自裁。②

李洪之在秦州的治理虽然比较严酷,"刻害之声闻于朝野",但其治理成效还是相当突出的,史称"洪之善御戎夷,颇有威惠",其所采取的措施令"众羌喜悦,求编课调,所入十倍于常"。③ 尽管如此,北魏朝廷对其贪赃枉法行为却无所假贷,予以最严厉的惩处。

在俸禄制颁布数年之后,又有多达六位担任州牧镇将的宗室诸王相继因贪赃枉法等罪行而被严惩。《魏书·高祖纪下》的相关记载如下:

> 太和十二年十一月,"梁州刺史临淮王提坐贪纵徙配北镇"。
> 十三年三月,"夏州刺史章武王彬以贪赇削封"。
> "六月,汝阴王天赐、南安王桢并坐赃贿免为庶人。"

---

①《魏书》卷八九《酷吏·张赦提传》,第六册,第 1922—1923 页。
②《魏书》卷八九《酷吏·李洪之传》,第六册,第 1919—1920 页。
③《魏书》卷八九《酷吏·李洪之传》,第六册,第 1919 页。

十四年十月，"京兆王太兴有罪，免官削爵"。

十五年"六月丁未，济阴王郁以贪残赐死"。①

按以上六王皆为太武帝之孙或曾孙。临淮王提"为梁州刺史，以贪纵削除，加罚，徙配北镇"②。汝阴王天赐历任镇南大将军、虎牢镇都大将，内都大官，征北大将军、护匈奴中郎将、怀朔镇大将，"坐贪残，恕死，削除官爵"③。南安王桢历任征南大将军、中都大官，内都大官，凉州镇都大将、都督西戎诸军事、征西大将军、领护西域校尉、仪同三司、凉州刺史，内都大官，使持节、侍中、本将军、开府、长安镇都大将、雍州刺史④。章武王彬时任使持节、都督东秦幽夏三州诸军事、镇西大将军、西戎校尉、统万镇都大将、朔州刺史，"以贪惏削封"⑤。京兆王太兴"拜长安镇都大将，以黩货削除官爵"⑥。济阴王郁"为徐州刺史，以黩货赐死，国除"⑦。

南安王桢曾因"事母以孝闻，赐帛千匹以褒之"，后"征赴讲武"，孝文帝于皇信堂引见并诫之曰：

①《魏书》卷七下《高祖纪下》，第一册，第 164、165、166、168 页。
②《魏书》卷一八《太武五王·临淮王谭传附子提传》，第二册，第 419 页。
③《魏书》卷一九上《景穆十二王上·汝阴王天赐传》，第二册，第 450 页。
④《魏书》卷一九下《景穆十二王下·南安王桢传》，第二册，第 493 页。
⑤《魏书》卷一九下《景穆十二王下·章武王太洛传附子彬传》，第二册，第 513 页。
⑥《魏书》卷一九上《景穆十二王上·京兆王子推传附子太兴传》，第二册，第 443 页。按太兴后复王爵，历任秘书监、统万镇将、夏州刺史、守卫尉卿，最后"舍王爵入道"，"为沙门，更名僧懿，居嵩山"。（第 444 页）
⑦《魏书》卷一九上《景穆十二王上·济阴王小新成传附子郁传》，第二册，第 447 页。

翁孝行著于私庭,令问彰于邦国,每钦忠懿,思一言展,故因讲武,远征赴阙。仰恋仁慈,情在未已。但长安镇年饥民俭,理须绥抚,不容久留,翁今还州,其勤隐恤,无令境内有饥馁之民。翁既国之懿亲,终无贫贱之虑。所宜慎者,略有三事:一者,恃亲骄矜,违礼僭度;二者,傲慢贪奢,不恤政事;三者,饮酒游逸,不择交友。三者不去,患祸将生。但能慎此,足以全身远害,光国荣家,终始之德成矣。①

南安王桢为文成帝之弟,于孝文帝为叔祖,故以"翁"呼之。作为一位宗室元老,他并未把年轻皇帝的告诫放在心上,"而桢不能遵奉,后乃聚敛肆情",结果自取其辱,受到严惩。《魏书·慕容白曜传附契传》:"太和初,以名家子擢为中散,迁宰官。南安王桢有贪暴之响,遣中散间文祖诣长安察之。文祖受桢金宝之赂,为桢隐而不言。事发,坐之。"冯太后引见群臣"论贪清",孝文帝曰:"古有待放之臣,亦有离俗之士,卿等自审不胜贪心者,听辞位归第。"②足见冯太后和孝文帝两位最高统治者对吏治问题的高度重视。《魏书·景穆十二王下·南安王桢传》对其被惩处的过程有具体记载:

文明太后、高祖并临皇信堂,引见王公。太后令曰:"汝阴王天赐、南安王桢不顺法度,黩货聚敛,依犯论坐,将至不测。卿等为当存亲以毁令,为欲灭亲以明法?"群臣咸以二王托体先皇,宜蒙矜恕。太后不答。高祖乃诏曰:"南安王桢以

①《魏书》卷一九下《景穆十二王下·南安王桢传》,第二册,第493—494页。
②《魏书》卷五〇《慕容白曜传附契传》,第三册,第1122—1123页。

懿戚之贵,作镇关右,不能洁己奉公,助宣皇度,方肆贪欲,殖货私庭,放纵奸囚,壅绝诉讼,货遗诸使,邀求虚称。二三之状,皆犯刑书。昔魏武翦发以齐众,叔向戮弟以明法,克己忍亲,以率天下。夫岂不怀,有为而然耳。今者所犯,事重畴日,循古推刑,实在难恕。皇太后天慈宽笃,恩矜国属,每一寻惟高宗孔怀之近,发言哽塞,悲恸于怀;且以南安王孝养之名,闻于内外,特一原恕,削除封爵,以庶人归第,禁锢终身。"①

正因南安王桢在宗室中辈分较高,故太皇太后亲自出马协助孝文帝对之予以惩处。通过这一典型案件的处理,目的是对其他王公大臣起到儆戒作用,使他们今后不敢再贪赃枉法②,同时也有助于树立孝文帝的皇威。

高遵在太和前期担任中书侍郎多年,"涉历文史,颇有笔札",为孝文帝所"识待"。后"出为立忠将军、齐州刺史",因贪赃枉法之罪而被处死。《魏书·酷吏·高遵传》对其贪残行为及被惩处的情况有比较详细的记载:

> 遵性不廉清,在中书时,每假归山东,必借备骡马,将从百余。屯逼民家求丝缣,不满意则诟骂不去,强相征求。旬月之间,缣布千数。邦邑苦之。遵既临州,本意未弭,选召僚吏,多所取纳。又其妻明氏家在齐州,母弟舅甥共相凭属,争

①《魏书》卷一九下《景穆十二王下·南安王桢传》,第二册,第494页。
②又如济阴王郁枉法赐死后,孝文帝遣使告知元弟冀州刺史咸阳王禧,"因而诫之"。(《魏书》卷二一上《献文六王上·咸阳王禧传》,第二册,第534页)

求货利，严暴非理，杀害甚多。贪酷之响，帝颇闻之。及车驾幸邺，遵自州来朝，会有赦宥。遵临还州，请辞帝于行宫，引见诮让之。遵自陈无负，帝厉声曰："若无迁都赦，必无高遵矣！又卿非惟贪惏，又虐于刑法，谓何如济阴王，犹不免于法。卿何人，而为此行！自今宜自谨约。"还州，仍不悛革。齐州人孟僧振至洛讼遵。诏廷尉少卿刘述穷鞫，皆如所诉。先是，沙门道登过遵，遵以道登荷宠于高祖，多奉以货，深托仗之。道登屡因言次申启救遵，帝不省纳，遂诏述赐遵死。①

高遵虽曾被孝文帝所"识待"，却丝毫未能减轻对其贪赃枉法行为的惩处力度。通过高遵一案可知，孝文帝对贪官污吏的惩处，是经过了法官严格的调查审问而后作出判决。

严格的调查审问，可以避免冤假错案的发生。薛虎子为徐州刺史，"在州十一载，太和十五年（491）卒"。秘书丞李彪曾"频使江南"，他在回答孝文帝"徐州刺史政绩何如"的询问时，称薛虎子"绥边布化，甚得其和"。② 然而，他却遭到曾被其以"赃污"之罪加以惩处的下属的诬告，《魏书·薛虎子传》：

> 沛郡太守邵安、下邳太守张攀咸以赃污，虎子案之于法。安等遣子弟上书，诬虎子南通贼虏。高祖曰："此其妄矣，朕度虎子必不然也。"推案果虚。乃下诏曰："夫君臣体合，则功业可兴；上下猜惧，则治道替矣。沛郡太守邵安、下邳太守张攀咸以贪惏获罪，各遣子弟诣阙，告刺史虎子纵民通贼，妄称无端。

---

①《魏书》卷八九《酷吏·高遵传》，第六册，第1920—1921页。
②《魏书》卷四四《薛虎子传》，第三册，第998页。

安宜赐死,攀及子僧保鞭一百、配敦煌,安息他生鞭一百。可集州官兵民等,宣告行决。塞彼轻狡之源,开此陈力之效。"①

由于孝文帝在之前就作过充分的调查研究,对薛虎子在徐州的治理业绩了如指掌,故当薛虎子的下属对其进行诬告时便能马上察觉其中的猫腻,从而作出准确的判断。当然,案件的定性还必须通过严格的司法程序,并不完全由君主的主观意志所决定。孝文帝就薛虎子被诬告一案发布的诏令,不仅仅在于对案件作出准确的判决,而且还希望通过对案件性质的分析和公开宣判的方式,以警诫统治集团成员,希望他们能够做到"君臣体合"、上下一心,共同维护北魏王朝的统治。

从上述事例可以看出,孝文帝时期受到惩处的贪官污吏,主要是地方行政长官。这是因为地方官直接治民,最容易以权谋私,尤其在征收赋税时上下其手,通过所掌握的公权力从其治下的民众手中掠夺财富。诚如休谟所言:"捐税如果变成横征暴敛,最为有害。"②元人张德辉云:"男耕女织,终岁勤苦,择其精者输之官,余粗恶者将以仰事俯育,而亲民之吏复横敛以尽之,则民鲜有不冻馁者矣。"③北魏朝廷在对贪官污吏进行惩处时,会根据不同的身份而有轻重之分,王公贵族一般较少处以死罪,所见者仅汝阴王天赐一人,而三位异姓贪官则全都被处以极刑。这是北魏刑法亲贵疏贱原则的反映,体现了北魏政权维护统治阶级特别是拓跋宗室阶层特权的性质。北魏实施俸禄制之前官吏贪污的现

①《魏书》卷四四《薛虎子传》,第三册,第998页。
②《休谟经济论文选》,第75页。
③《元史》卷一六三《张德辉传》,第一三册,第3824页。按元世祖在潜邸时,问张德辉"农家作劳,何衣食之不赡"? 此为张答言中之语。

象,见于史书记载者主要是地方长官,同时也有零星中央官的事例。高闾"贪猥矜慢。初在中书,好詈辱诸博士。博士、学生百有余人,有所干求者,无不受其财货"。但他在孝文帝后期担任地方长官时一改旧貌,"及老为二州,乃更廉俭自谨,有良牧之誉"。[①] 这是因为在俸禄制班行后高闾相继出任相州、冀州两个大州的行政长官,俸禄收入比较充裕,而俸禄制惩贪条款也应该起了警示作用。史家论孝文帝时期的吏治状况,谓"高祖肃明纲纪,赏罚必行,肇革旧轨,时多奉法"[②]。由此可见,俸禄制班行之后北魏吏治状况的确得到了巨大的改善,也就是说吏治清明的出现与俸禄制惩贪条款的严格落实有着密不可分的关系。当然,也必须看到俸禄制的惩贪作用是有其限度的,尤其是具有很强的时效性。大多数官吏的贪残行为在俸禄制班行之初受到严厉惩处,慑于严刑峻法的威力,这类犯罪行为在一段时期内比较少见。

在君主专制时代,与贪赃枉法相比,官吏的渎职应该更具普遍性,其对统治的危害似乎较小,但也不能一味加以纵容。俸禄制班行后,北魏王朝对官吏的渎职往往采取黜免或削夺俸禄的处罚以示惩戒。孝文帝曾对宰相机构尚书省官员的任职状况进行考评,谓尚书等曰:"朕仰纂乾构,君临万宇。往者稽古典章,树兹百职。然尚书之任,枢机是司,岂惟总括百揆,缉和人务而已,朕之得失,实在于斯。自卿等在任,年垂二周,未尝言朕之一失,献可否之片规,又不尝进一贤而退一不肖,此二事罪之大者。"[③]于是对录尚书事广陵王羽以下尚书省主要官员的工作状况一一提出

---

①《魏书》卷五四《高闾传》,第四册,第1210页。
②《魏书》卷八八《良吏传·序》,第五册,第1899页。
③《魏书》卷二一上《献文六王上·广陵王羽传》,第二册,第548页。

严厉批评,并进行了相应的处罚,兹将具体情况列表如下①:

【表1】孝文帝对尚书省等机构官员的考黜

姓名	身份	官职	考绩	处罚1	处罚2
元羽	皇弟	录尚书等	近小人,远君子,在公阿党,亏我皇宪,出入无章,动乖礼则,应在下下之第。……功勤之绩,不闻于朝;阿党之音,频干朕听。	黜录尚书、廷尉,但居特进、太保。	
陆叡	八姓	尚书令	叔翻(元羽)自近以来,偏颇懈怠。不能相导以义,虽不成大责,已致小罚。		夺尚书令禄一周。
元赞	宗室	左仆射	久居机要,不能光赞物务,奖励同僚……又为少师,未允所授。	解少师之任。	削禄一周。
元澄	从皇叔	吏部尚书	神志骄傲,少保之任,似不能存意。	解少保。	
于果	八姓	长兼尚书	履历卑浅,超升名任,不能勤谨夙夜,数辞以疾。	解长兼,可光禄大夫、守尚书。	削禄一周。
尉羽②	八姓	守尚书	在集书,殊无忧存左史之事。	降为长兼常侍。	削禄一周。

---

①《魏书》卷二一上《献文六王上·广陵王羽传》,第二册,第548—550页。
②又,《魏书》卷五〇《尉元传附子羽传》:"加通直散骑常侍,守殿中尚书,兼侍中。以父忧去职。又起复本官,诏袭爵,加平南将军。高祖亲考百司,以羽怠惰,降常侍为长兼,仍守尚书,夺禄一周。迁洛,以山阳在畿内,改为博陵郡开国公。"(第三册,第1116页)

姓名	身份	官职	考绩	处罚1	处罚2
卢渊	汉高门	守尚书	始为守尚书,未合考绩;在集书,尝不以左史在意。	降为长兼王师,守常侍、尚书如故。	夺常侍禄一周。
公孙良乞伏义受		左丞右丞	不能正心直言,规佐尚书,论罪应合大辟。	以白衣守本官(若三年有成,还复本任;如其无成,则永归南亩)。	冠服禄恤,尽皆削夺。
元景	宗室	散骑常侍	自任集书,合省遁堕,致使王言遗滞,起居不修。	降为中大夫,守常侍。	夺禄一周。
李彦	汉高门	谏议大夫	虽处谏议之官,实人不称职。	去谏议,退为元士。	
游肇	汉高门	中庶子	识学可观(可为中)。		
李平	汉高门	中舍人	识学可观(可为中)。		
元诠	宗室	太子太傅	(可为下中)。	解东华之任,退为员外散骑常侍。	
冯夙	外戚		(可为下下)。	免中庶子,免爵两任,员外常侍如故。	
闾贤保	外戚	中舍人	(可为下下)。	退为武骑常侍。	

如上表所示,孝文帝根据对尚书省官员的考评结果给予不同程度的处罚,由于他们并未触犯刑法,所以一般都是降职处理,且同时伴有"夺(削)禄一周"即取消一年俸禄的经济处罚。这样,

俸禄制便成为处罚渎职官员的重要手段之一。孝文帝的处罚决定表明,官员只有被考评为"下"时才会受到降职夺禄的处罚。孝文帝以后,夺禄的规定仍然是处罚官员渎职的重要手段。宣武帝亲政之初,太傅、领司徒、侍中、录尚书事北海王详与八座上奏,谓"谨寻夺禄事条,班已周岁"云云,可见在此前一年还班行了有关"夺禄"的具体条例。从奏文内容来看,主要是针对地方长官维护社会治安方面的相关规定。上奏有云:"臣等参议:若依制削夺,则县无期月之宰;附条贬黜,郡靡岁稔之守。此制必行,所谓法令滋章,盗贼多有。""然绥导之体,得失在人。乃可重选慎官,依律劾禁,不宜轻改法令,削黜群司。今请改制条,还附律处。其励己公清,赏有常典,风谣黩贿,案为考第。"其建议为宣武帝所接受,史称"世宗从之"。①

新的条例虽然被废除,但官员渎职仍会受到夺禄的处罚。如城阳王鸾"爱乐佛道",在定州刺史任上"缮起佛寺,劝率百姓,共为土木之劳,公私费扰,颇为民患"。宣武帝闻而诏曰:"鸾亲唯宗懿,作牧大州,民物殷繁,绥宁所属,宜克己厉诚,崇清树惠。而乃骤相征发,专为烦扰,编户嗷嗷,家怀嗟怨。北州土广,奸乱是由,准法寻愆,应加肃黜。以鸾戚属,情有未忍,可遣使者,以义督责,夺禄一周,微示威罚也。"②源怀出巡六镇,上表朝廷请求解决主将参僚等压迫百姓的现状,建议:"诸镇水田,请依《地令》分给细民,先贫后富。若分付不平,令一人怨讼者,镇将已下连署之官,各夺一时之禄,四人已上夺禄一周。"③孝明帝神龟(518—520)年间,

---

① 《魏书》卷二一上《献文六王上·北海王详传》,第二册,第560—561页。
② 《魏书》卷一九下《景穆十二王下·城阳王鸾传》,第二册,第510页。
③ 《魏书》卷四一《源怀传》,第三册,第926页。

兰陵公主驸马都尉刘辉奸乱殴主伤胎逃亡一案，尚书省官员对朝廷的处理提出不同意见，引起朝廷不满，下诏对提出反对意见的尚书三公郎中崔纂及尚书省负责官员进行处罚，诏谓"崔纂可免郎，都坐、尚书悉夺禄一时"①。

俸禄制班行之时，北魏统一北方已近半个世纪，占领青齐地区也有将近二十年的时间。北魏王朝在统治广大的农业地区多年之后，一方面能够征收到大量的赋税租调，可以保证给官吏发放俸禄的支出，另一方面改变以往官吏特别是地方长官贪残苛虐行政的局面，是对广大农耕居民进行更有效统治的基础。因此，在给各级官吏班发俸禄的同时，又对以往法律中有关惩贪的条款作了修订，其惩治的标准比过去严厉得多。在俸禄制颁布之初的一段时间内，这一法律条款得到严格执行，包括王公贵族在内的大量贪官污吏被惩处，北魏吏治有了极大的改善，呈现出前所未有的清明局面。

第二节　北魏晚期地方官的贪腐及其惩处情况

不过，用于俸禄制的惩贪条款太过严苛，各级贵族官吏非常容易触犯刑网，一不小心就可能人头落地，因为对于握有大大小小权力的贵族官吏而言，保持绝对的清廉并非易事。这种现象显然并非统治者所希望，改弦更张自是不可避免，如果不改变律条，则必定会在执行上进行调整。"法网过严易于产生执法松弛的现

---

①《魏书》卷一一一《刑罚志》，第八册，第2888页。

象"①,在朝纲不振的情况下就更是如此。

从长期来看,俸禄制班行后北魏官僚集团的贪婪和私欲并未得到根本遏制,尤其是在北魏后期王朝政治衰败的大背景之下,贪腐之风在整个官场弥漫,虽然一部分官吏的贪腐行为遭到御史揭发纠弹,但朝廷往往予以赦免而令其逃脱了法律的严惩。统治集团对贪官污吏的保护助长了歪风邪气,使得其更加肆无忌惮,俸禄制所规定的惩贪条款于是形同虚设,失去了最初制定时的效能。从北魏迁都以后特别是从宣武帝时期开始,官僚集团的贪腐之风重新抬头且呈愈演愈烈之势,地方官贪赃枉法的现象尤为普遍。史书中出现了大量地方官因贪赃枉法而被纠弹或惩处的事例,从一个侧面反映了当时吏治腐败之触目惊心。可以肯定地说,以下所列只是冰山一角,远远不能反映北魏后期官吏贪腐情状之全貌。

寇臻在孝文帝迁都后为郢州弘农太守,"坐受纳,为御史所弹,遂废卒于家"②。兼定州大中正李宣茂,"坐受乡人财货,为御史所劾,除名为民"③。崔敬友为本州(齐州)治中,"颇有受纳,御史案之,乃与守者俱逃"④。赵超宗,"太和末,为豫州平南府长史、带汝南太守、加建威将军,赐爵寻阳伯。入为骁骑将军。超宗在汝南,多所受纳,货赂太傅北海王详,详言之于世宗,除持节、征

---

①《休谟经济论文选》,第 124 页。
②《魏书》卷四二《寇赞传附子臻传》,第三册,第 948 页。
③《魏书》卷四九《李灵传附宣茂传》,第三册,第 1102 页。
④《魏书》卷六七《崔光传附弟敬友传》,第四册,第 1501 页。按崔敬友为东清河人,东清河郡时属齐州。同书卷一一二上《灵征志上》:"世宗景明四年(503)十一月,齐州东清河郡桃李花。"(第八册,第 2912 页)

虏将军、岐州刺史"①。阉官李坚,"世宗初,出为安东将军、瀛州刺史","所在受纳,家产巨万"。②左卫将军武昌王鉴在孝文帝迁都后出为征虏将军、齐州刺史,其精良的治理受到孝文帝高度称赞,也为齐人所"爱咏"。宣武帝初年,鉴兄"和罢沙门归俗,弃其妻子,纳一寡妇曹氏为妻。曹氏年齿已长,携男女五人随鉴至历城,干乱政事。和与曹及五子七处受纳,鉴皆顺其意,言无不从。于是狱以贿成,取受狼籍,齐人苦之"。③如上所见,徐州刺史济阴王郁在俸禄制颁布后"以贪污赐死,爵除"④,其弟偃之子诞于宣武帝景明三年(502)通过申诉而获准"袭爵,除齐州刺史"⑤。《魏书·景穆十二王上·济阴王诞传》:

> 在州贪暴,大为人患,牛马骡驴,无不逼夺。家之奴隶,悉迫取良人为妇。有沙门为诞采药,还而见之,诞曰:"师从外来,有何消息?"对曰:"唯闻王贪,愿王早代。"诞曰:"齐州七万户,吾至来,一家未得三十钱,何得言贪?"后为御史中尉元纂所纠,会赦免。⑥

很显然,元诞在齐州大肆掠夺,其贪残暴戾远比其伯父拓跋郁在徐州更为严重,但却仅仅丢掉官位了事。外戚于烈死于宣武帝初

---

①《魏书》卷五二《赵逸传附超宗传》,第四册,第1146页。
②《魏书》卷九四《阉官·李坚传》,第六册,第2026页。
③《魏书》卷一六《道武七王·武昌王鉴传》,第二册,第397页。
④《魏书》卷一九上《景穆十二王上·济阴王小新成传》附,第二册,第448页。
⑤《魏书》卷一九上《景穆十二王上·济阴王小新成传》附,第二册,第448页。
⑥《魏书》卷一九上《景穆十二王上·济阴王小新成传附孙诞传》,第二册,第448页。

年,其长子于祚"袭父爵。除假节、振威将军、沃野镇将,贪残多所受纳。坐免官,以公还第"①。广陵王羽岳父郑平城,"出为东平原太守。性清狂使酒,为政贪残。卒,赠征虏将军、南青州刺史"②。看来是因死亡而躲过了惩罚。杨播在景明(500—503)年间出任华州刺史,"至州借民田,为御史王基所劾,削除官爵"③。兖州刺史王云,"坐受所部荆山戍主杜虞财货,又取官绢,因染割易,御史纠劾,付廷尉,遇赦免"④。赵令胜"历河北、恒农二郡太守,并坐贪暴,为御史所弹,遇赦免"⑤。并州刺史王琼,"有受纳之响,为中尉王显所劾,终得雪免"⑥。高平镇将于景,"坐贪残受纳,为御史中尉王显所弹,会赦免"⑦。《魏书·源怀传》:

> 又诏为使持节、加侍中、行台,巡行北边六镇、恒燕朔三州,赈给贫乏,兼采风俗,考论殿最,事之得失,皆先决后闻。……时后父于劲势倾朝野,劲兄于祚与怀宿昔通婚,时为沃野镇将,颇有受纳。怀将入镇,祚郊迎道左,怀不与语,即劾祚免官。怀朔镇将元尼须与怀少旧,亦贪秽狼藉,置酒请怀,谓怀曰:"命之长短,由卿之口,岂可不相宽贷?"怀曰:"今日之集,乃是源怀与故人饮酒之坐,非鞠狱之所也。明日公庭,始为使人捡(检)镇将罪状之处。"尼须挥泪而已,无以

①《魏书》卷三一《于烈传附长子祚传》,第三册,第740页。
②《魏书》卷五六《郑羲传附平城传》,第四册,第1244页。
③《魏书》卷五八《杨播传》,第四册,第1280页。
④《魏书》卷三三《王宪传附孙云传》,第三册,第776页。
⑤《魏书》卷五二《赵逸传附令胜传》,第四册,第1146—1147页。
⑥《魏书》卷三八《王慧龙传附孙琼传》,第三册,第878页。
⑦《魏书》卷三一《于忠传附弟景传》,第三册,第747页。

对之。怀既而表劾尼须。其奉公不挠,皆此类也。①

治书侍御史阳固出使怀荒,"镇将万贰望风逃走",又"劾恒农太守裴粲免官"。② 平北长史韩务,"颇有受纳,为御史中尉李平所劾,付廷尉,会赦免"③。郑敬叔为"司州都官从事、荥阳邑中正、濮阳太守,坐贪秽除名"④。张纂为乐陵太守,"在郡多所受纳,闻御史至,弃郡逃走,于是除名,乃卒"⑤。清河太守高双,"浊货将刑,在市遇赦免。时北海王详为录尚书,双多纳金宝,除司空长史。未几,迁太尉长史。俄出为征虏将军、凉州刺史,专肆贪暴,以罪免。后货高肇,复起为幽州刺史。又以贪秽被劾,罪未判,遇赦复任"⑥。可知高双在宣武帝时期曾三次因贪赃而被惩处,又因两次行贿当朝权臣而得以重新任职。东徐州刺史王世弼,"治任于刑,为民所怨,有受纳之响",上任一年余,便"为御史中尉李平所弹,会赦免"⑦。崔逞为南兖州刺史,"盗用官瓦,赃污狼藉,为御史中尉李平所纠,免官"。后为豫州刺史,"坐遣子析户,分隶三县,广占田宅,藏匿官奴,障谷陂苇,侵盗公私,为御史中尉王显所弹,免官"⑧。护军高聪,"藉贵因权","贿纳之音,闻于遐迩",御史中尉崔亮"面陈聪罪"。出为并州刺史,"在并州数岁,多不率法","再

①《魏书》卷四一《源怀传》,第三册,第 926 页。
②《魏书》卷七二《阳固传》,第五册,第 1604 页。
③《魏书》卷四二《韩秀传附子务传》,第三册,第 953 页。
④《魏书》卷五六《郑羲传附敬叔传》,第四册,第 1245 页。
⑤《魏书》卷六八《甄琛传附张纂传》,第四册,第 1519 页。
⑥《魏书》卷六二《高道悦传附双传》,第四册,第 1402 页。
⑦《魏书》卷七一《王世弼传》,第五册,第 1588 页。
⑧《魏书》卷八九《酷吏·崔逞传》,第六册,第 1925 页。

为大使、御史举奏"。① 文成帝之孙河间王琛的贪婪,充分反映了当时吏治之恶劣。"世宗时,拜定州刺史。琛妃,世宗舅女,高皇后妹。琛凭恃内外,多所受纳,贪惏之极。"②

孝明帝初年河间王琛"还朝",临朝听政的"灵太后诏曰:'琛在定州,惟不将中山宫来,自余无所不致,何可更复叙用?'由是遂废于家"。后巴结贿赂权阉刘腾而得以重新任职,由兼都官尚书"出为秦州刺史,在州聚敛,百姓吁嗟"。"琛性贪暴,既总军省,求欲无厌,百姓患害,有甚狼虎。"③李崇在孝文、宣武、孝明帝三朝数十年间历任内外要职,晚年任至尚书令、加侍中,成为当朝宰相。他虽然颇具行政才干,政绩突出,"然性好财货,贩肆聚敛,家资巨万,营求不息"④。而其"子世哲为相州刺史,亦无清白状。邺洛市鄽,收擅其利,为时论所鄙"⑤。广阳王渊在孝明帝时为恒州刺史,"在州多所受纳,政以贿成,私家有马千匹者必取百匹,以此为恒"⑥。定州刺史杨椿"因治黑山道余功,伐木私造佛寺,役使兵

①《魏书》卷六八《高聪传》,第四册,第 1522 页。
②《魏书》卷二〇《文成五王·河间王琛传》,第二册,第 529 页。
③《魏书》卷二〇《文成五王·河间王琛传》,第二册,第 529 页。
④《魏书》卷六六《李崇传》,第四册,第 1473 页。又,同书卷七七《辛雄传附族祖琛传》:"景明中,为伏波将军、济州辅国府长史。转奉车都尉,出为扬州征南府长史。刺史李崇,多事产业,琛每诤折,崇不从,遂相纠举,诏并不问。"(第五册,第 1701 页)
⑤《魏书》卷六六《李崇传》,第四册,第 1473 页。按《李崇传附长子世哲传》:"性轻率,供奉豪侈。""性倾巧,善事人,亦以货赂自达。高肇、刘腾之处势也,皆与亲善,故世号为'李锥'。肃宗末,迁宗正卿……又改授太仆卿,加镇东将军。寻出为相州刺史,将军如故。世哲至州,斥逐细人,迁徙佛寺,逼买其地,广兴第宅,百姓患之。崇北征之后,征兼太常卿。御史高道穆毁发其宅,表其罪过。"(第 1474—1475 页)
⑥《魏书》卷一八《太武五王·广阳王渊传》,第二册,第 429 页。

力,为御史所劾,除名为庶人"①。中护军、河南尹章武王融"性尤贪残,恣情聚敛,为中尉纠弹,削除官爵"②。凉州刺史司马仲明"坐贪残,为御史所弹,遇赦免,积年不叙"③。龙骧将军、安州刺史郑云,"坐选举受财,为御史所纠,因暴病卒"④。薛峦曾任"秦州刺史,镇远将军、陇西镇将、带陇西太守,后为荥阳太守,迁平北将军、肆州刺史。所在贪秽,在州弥甚"⑤。荥阳郑氏出身的"济州刺史郑尚弟远庆先为苑陵令,多所受纳,百姓患之"。行荥阳太守宋世景对其"绳之以法,远庆惧,弃官亡走"。⑥《周书·寇儁传》:"孝昌(525—527)中,朝议以国用不足,乃置盐池都将,秩比上郡。前后居职者,多有侵隐。"⑦按当时北魏每年所收盐池税不少于三十万匹绢,与农业最发达的冀定二州一年的税收相当⑧。盐池都将的职责应该是负责盐池的保护和盐税的征收,自然是一个肥缺。从以上记载来看,每一任盐池都将都要乘机渔利,中饱私囊。与宣武帝时期相比,孝明帝以后见于记载的贪官污吏较少,并不意味着当时吏治状况得到了改善,而是由于朝廷政治更加昏暗,贪官污吏恣意妄为而很少受到查处之故。

不可否认,北魏晚期地方吏治也不完全是漆黑一片,当时仍有个别基层官吏清廉爱民,其身影在昏暗的政局中闪烁着独特的

---

① 《魏书》卷五八《杨椿传》,第四册,第 1287 页。
② 《魏书》卷一九下《景穆十二王下·章武王融传》,第二册,第 514 页。
③ 《魏书》卷三七《司马叔璠传附仲明传》,第三册,第 862 页。
④ 《魏书》卷五六《郑羲传附云传》,第四册,第 1249 页。按本传并未载其因
  贪赃被惩处,但从上下文义推断应该因之而被免官。
⑤ 《魏书》卷六一《薛安都传附孙峦传》,第四册,第 1355 页。
⑥ 《魏书》卷八八《良吏·宋世景传》,第五册,第 1902 页。
⑦ 《周书》卷三七《寇儁传》,第三册,第 658 页。
⑧ 参见《魏书》卷二五《长孙稚传》,第二册,第 648 页。

光芒。阳平清渊人路邕,"世宗时,积功劳,除齐州东魏郡太守,有惠政"。孝明帝初年灵太后临朝时,专门下诏对路邕进行表彰,谓"邕莅政清勤,善绥民俗",遇荒年饥馑,"邕自出家粟,赈赐贫窘,民以获济"。"邕以善治民,稍迁至南青州刺史而卒"。① 不过总的来看,北魏统治者对地方长官善政的表彰乃事出权宜,并非一以贯之的方针政策。阎庆胤"为东秦州敷城太守。在政五年,清勤厉俗。频年饥馑,庆胤岁常以家粟千石赈恤贫穷,民赖以济。其部民杨宝龙等一千余人,申讼美政"。时有司奏请朝廷给予他同路邕一样的褒赏,遗憾的是"灵太后卒无褒赏焉"。② 平原人明亮,孝明帝时期先后为阳平、汲郡太守,政绩突出,"二郡民吏,迄今追思之"。其在阳平任上,"清白爱民,甚有惠政,声绩之美,显著当时。朝廷嘉其风化"。在汲郡任上,"为治如前,誉宣远近"。③ 常山九门人杜纂,宣武帝时先后任南秦州武都太守及汉阳太守,"并以清白为名"。孝明帝时为清河内史,"性俭约,尤爱贫老,至能问民疾苦,对之泣涕。劝督农桑,亲自检视,勤者赏以物帛,惰者加以罪遣。吊死问生,甚有恩纪"。"正光末,清河人房通等三百人颂纂德政,乞重临郡。诏许之"。"纂所历任,好行小惠,蔬食弊衣,多涉诬矫,而轻财洁己,终无受纳,为百姓所思,号为良守"。④ 河东闻喜人裴佗,"清白任真,不事家产,宅不过三十步,又无田园。暑不张盖,寒不衣裘,其贞俭若此"。"为赵郡太守,为治有方,威惠甚著,猾吏奸民莫不改肃。所得俸禄,分恤贫穷。转

①《魏书》卷八八《良吏·路邕传》,第五册,第1903页。
②《魏书》卷八八《良吏·阎庆胤传》,第五册,第1903—1904页。
③《魏书》卷八八《良吏·明亮传》,第五册,第1904页。
④《魏书》卷八八《良吏·杜纂传》,第五册,第1905—1906页。

前将军、东荆州刺史,郡民恋仰,倾境饯送,至今追思之"。① 在北魏数以百计的州郡县中,数十年间仅能看到这么几位良吏尽心竭力,恪尽职守,其善政的光辉显然不足以改变地方吏治腐败的整体面貌。对于他们的良好治理,与民众的爱戴和思念相比,朝廷的表彰则显得颇为吝啬和苍白。

第三节　北魏晚期上层社会的贪奢之风

迁都洛阳仅仅数年之后,奋发有为的改革家孝文帝英年早逝。年轻的宣武帝即位之初,即受制于以叔父咸阳王禧为首的顾命大臣。大约在宣武帝初年,甄密"疾世俗贪竞,干没荣宠,曾作《风赋》以见意"②,可见当时社会风气之一斑。咸阳王禧本即"性贪",而当其为首辅执掌朝廷大权后,便"潜受贿赂,阴为威惠"。"禧性骄奢,贪淫财色,姬妾数十,意尚不已,衣被绣绮,车乘鲜丽,犹远有简娉,以恣其情。由是昧求货贿,奴婢千数,田业盐铁,遍于远近,臣吏僮隶,相继经营"。③ 不久,宣武帝与执掌禁卫军权的外戚于烈合谋发动政变,废黜辅政大臣而亲政④。咸阳王禧随即因谋反失败而被诛,"绝其诸子属籍。禧之诸女,微给资产奴婢,

①《魏书》卷八八《良吏·裴佗传》,第五册,第 1906—1907 页。
②《魏书》卷六八《甄琛传附密传》,第四册,第 1518 页。按此条介于"太和中,奉朝请"与"后参中山王英军事,英钟离败退"之间,据《梁书》卷二《武帝纪中》可知,"英钟离败退"是在梁天监六年即北魏正始四年(507)四月癸巳(初四,5.1)(第一册,第 45 页)。
③《魏书》卷二一上《献文六王上·咸阳王禧传》,第二册,第 537 页。
④参见拙著《北魏政治史》八,第 32—35 页。

自余家财,悉以分赉高肇、赵修二家。其余赐内外百官,逮于流外,多者百余匹,下至十匹①。孝文帝在世时作为皇长弟的咸阳王禧肯定已比较富有,但如此巨额的家财主要还是在他执政的仅仅一年多时间里聚集的,其贪婪程度远超常人想象。宣武帝亲政之初,其弟京兆王愉"与弟广平王怀颇相夸尚,竞慕奢丽,贪纵不法。于是世宗摄愉禁中推案,杖愉五十,出为冀州刺史"②。按京兆王愉出朝外任主要是宣武帝为了防范宗室诸王威胁皇位,"贪纵不法"不过是一个冠冕堂皇的理由而已。宣武帝一朝,为了保证皇位不受威胁,对强大的宗室阶层采取打压措施,重用恩倖和外戚以协助其掌握政权,特别是具有多重外戚身份的高肇长期专权,对政局影响尤大。统治集团内部的矛盾斗争在宣武帝时期比较突出,官吏被处死多与政治斗争有关,而很少涉及贪污受贿等经济原因。③

与孝文帝后期贪官污吏往往不保首领的情形相比,宣武帝以降几乎不再见到官吏因贪赃枉法而丢掉性命的事例。由于宣武帝本人并非强势君主,其统治特点是"垂拱无为"而"宽以摄下"④,故而对于贪赃枉法的官吏处罚也较轻。宣武帝初年散骑常侍、兼尚书卢昶上疏指出:当时"牧守令长多失其人","守宰暴贪,风闻于魏阙",而"往岁法官案验,多挂刑网,谓必显戮,以明劝诫。然后遣使覆讯,公违宪典。或承风挟请,轻树私恩;或容情受贿,

①《魏书》卷二一上《献文六王上·咸阳王禧传》,第二册,第 539 页。
②《魏书》卷二二《孝文五王·京兆王愉传》,第二册,第 590 页。
③参见拙著《北魏政治史》八,第 55—69 页。
④《魏书》卷八《世宗纪·史臣曰》,第一册,第 215 页。又,同书卷一一〇《食货志》:"世宗即位,政存宽简。"(第八册,第 2862 页)卷一一一《刑罚志》:"世宗即位,意在宽政。"(第八册,第 2878 页)卷八八《良吏传·序》:"世宗优游而治,宽政遂往。"(第五册,第 1899 页)

辄施己惠。御史所劾,皆言诬枉;申雪罪人,更云清白"。① 如上所见,宣武帝时期贪官污吏多因"遇赦"而逃避了严惩,一般都以"免官"了事,更未见到有人由于贪赃枉法而丢掉性命。宣武帝在位一共十六个年头,大赦七次,曲赦五次②。绝大多数年份都有赦诏颁布,这就为因违法而被弹劾的官吏免受严惩提供了大量机会③。

宣武帝时期官吏的贪腐行为大多都会受到查处,虽然几乎都是因"遇赦免"而逃脱严惩,但其仕途还是会大受影响,甚至就此走到尽头。而在孝明帝以后,贪赃枉法者很少受到查处,如果不走运而案发,也可打通关节而免受处罚。如上举凉州刺史司马仲明因贪残而被免官,"积年不叙",后娶灵太后从姊为继室,政治境遇随即得到改善。④ 禁卫军首脑领军将军元叉发动政变,废黜临朝听政的妻姐胡太后,专断北魏朝政。当其时,从最高统治者到地方军政长官,多以贪残为务。元叉本人"耽酒好色,与夺任情。乃于禁中自作别库掌握之,宝充牣其中"⑤。其父京兆王继"晚更贪婪,聚敛无已","牧守令长新除赴官,无不受纳货贿,以相托附"。⑥ 可以想象,这些新上任的地方长官贿赂元继的财物将会在其任上加倍地捞取回来,治下百姓不可避免地要遭受更大的祸害。元叉死党权阉刘腾,"公私属请,唯在财货。舟车之利,水陆无遗;山泽之饶,所在固护;剥削六镇,交通互市。岁入利息以巨

①《魏书》卷四七《卢昶传》,第三册,第 1056 页。
②参见《魏书》卷八《世宗纪》相关记载,第一册,第 191—215 页。关于北魏的大赦和曲赦,又可参见沈家本《历代刑法考》,第二册,第 603—607 页。
③参见拙作《北魏御史台政治职能考论》。
④参见《魏书》卷三七《司马叔璠传附仲明传》,第三册,第 862 页。
⑤《魏书》卷一六《道武七王·元叉传》,第二册,第 405 页。
⑥《魏书》卷一六《道武七王·京兆王继传》,第二册,第 403 页。

万计"①。其宅第"屋宇奢侈,梁栋逾制,一里之间,廊庑充溢。堂比宣光殿,门匹乾明门,博敞弘丽,诸王莫及也"②。刘腾财富的积聚当然不始于元叉政变之后,在此之前"太后临朝,阉寺专宠,宦者之家,积金满堂"③。作为阉官势力的代表人物,刘腾在胡太后第一个临朝听政期就已"积金满堂"可无疑问。宣武帝时期因"贪秽狼籍"而被免官的郑云,"肃宗时,纳贿刘腾,得为龙骧将军、安州刺史"。④ 孝明帝初年被"废于家"的河间王琛,为了重新进入仕途,通过贿赂以接近最高统治者并获得了成功。"琛以肃宗始学,献金字《孝经》。又无方自达,乃与刘腾为养息,赂腾金宝巨万计。腾屡为之言,乃得兼都官尚书。出为秦州刺史。"在秦州任上他故伎重演,"内恃刘腾,无所畏惮"。⑤ "琛在秦州,多无政绩,遣使向西域求名马,远至波斯国,得千里马,号曰'追风赤骥'。次有七百里者十余匹,皆有名字。以银为槽,金为环锁,诸王服其豪富。"⑥肆州刺史薛峦任职以"贪秽"著称,非但未受到查处,还"纳贿于司空刘腾,以求美官,未得而腾死"。⑦ 相反,若不贿赂讨好当权者,则会受到打压而影响仕途。王琼在孝明帝时期为兖州刺史,后"去州归京,多年沉滞。所居在司空刘腾宅西,腾虽势倾朝野,初不候之。腾既权重,吞并邻宅,增广旧居,唯琼终不肯与。

①《魏书》卷九四《阉官·刘腾传》,第六册,第 2028 页。
②[后魏]杨衒之撰,周祖谟校释:《洛阳伽蓝记校释》卷一《城内·建中寺》,第 49 页。
③《洛阳伽蓝记校释》卷一《城内·昭仪尼寺》,第 59 页。
④《魏书》卷五六《郑羲传附云传》,第四册,第 1249 页。按本传并未载其因贪赃被惩处,但从上下文义推断应该因之而被免官。
⑤《魏书》卷二〇《文成五王·河间王琛传》,第二册,第 529 页。
⑥《洛阳伽蓝记校释》卷四《城西·开善寺》,第 164 页。
⑦《魏书》卷六一《薛安都传附孙峦传》,第四册,第 1355 页。

以此久见抑屈"①。

　　尔朱荣发动河阴之变，扶持孝庄帝即位，其心腹元天穆为太尉、录尚书事，封上党王，"凭藉尔朱，爵位隆极，当时熏灼，朝野倾悚。王公已下，每旦盈门，受纳财货，珍宝充积"②。上有所好，下必效焉。上梁不正下梁歪，有如此贪婪的最高统治者，必然也不会有清正廉明的官僚队伍。孝明帝以后，北魏朝纲更加不振，不但政治腐败严重，而且政局日趋混乱，统治危机不断加剧，乃至陷于不可收拾的境地。史书所载贪官污吏被弹纠的事例大为减少，并不是因为当时官吏贪赃枉法现象有所改善，而是他们一般很少受到惩罚，故不为史书所记载。宣武帝时期官吏的贪残大多会受到免官、除名等轻微处罚，而孝明帝时期甚至连这样的处理也很少见到。如上所述，向当朝权贵纳贿成为贪官免受惩处的重要手段。法律弛废的现象在孝明帝前期已经非常严重，任城王澄奏云："臣闻设令在于必行，立罚贵能肃物。令而不行，不如无令。罚不能肃，孰与亡罚。"当时"百官有司，怠于奉法"，"网漏禁宽"乃是一个重要原因。③

　　孔子曰："其身正，不令而行；其身不正，虽令不从。"④贾谊云："君能为善，则吏必能为善矣；吏能为善，则民必能为善矣。故民之不善也，吏之罪也；吏之不善也，君之过也。"⑤西汉贾谊所揭

①《魏书》卷三八《王慧龙传附孙琼传》，第三册，第878页。
②《魏书》卷一四《神元平文诸帝子孙·元天穆传》，第二册，第356页。
③《魏书》卷一一四《释老志》，第八册，第3046页。
④［宋］朱熹：《论语集注》卷七《子路》，《四书章句集注》，第143页。
⑤［汉］贾谊撰，阎振益等校注：《新书校注》卷九《大政上》，第341页。按《淮南子》卷九《主术训》："人主贵正而尚忠，忠正在上位，执正营事，则谗佞奸邪无由进矣。""得失之道，权要在主。是故绳正于上，木直于下……故人主诚正，则直士任事，而奸人伏匿矣。人主不正，则邪人得志，忠者隐蔽矣。"（何宁：《淮南子集释》卷九《主术训》，中册，第640—641页）所表达的显然也是相近的意涵。

示的这一政治原理,可以说是对孔子之言的具体化。在中国古代各个王朝的没落时代,几乎不可避免地都出现了吏治败坏的现象,而其根源则是最高统治者的昏庸无能和腐化堕落。就整个北魏晚期的官场而言,从最高统治者到地方州郡长官,几乎都在不择手段地疯狂追逐经济利益,社会风气因之日趋败坏。地方官的贪赃枉法行为极其严重自不待言,负责人事的中央官也往往乘机渔利,上下其手,成为导致吏治腐败的主要推手。元修义在孝明帝初为秦州刺史,"在州多受纳"。"累迁吏部尚书。及在铨衡,唯专货贿,授官大小,皆有定价"①。皇太后之父胡国珍亲信皇甫玚为吏部郎,"性贪婪,多所受纳,鬻卖吏官,皆有定价。后以丞相高阳王雍之婿,超拜持节、冠军将军、豫州刺史。为政残暴,百姓患之"②。此外,元世儁在北魏末前废帝时为吏部尚书,史称"世儁居选曹,不能厉心,多所受纳,为中尉弹纠,坐免官。寻复本职"③。元叉专政后期,六镇之乱爆发,反抗北魏腐朽统治的战火迅即席卷全国各地。统治集团中的有识之士为了救亡图存,反思目前局势,提出了种种看法。孙绍认为,之所以会出现"漠北叛命,陇右构逆,中州惊扰"的危难之局,"皆由上法不通,下情怨塞故也"④。辛雄则认为,之所以出现"夷夏之民相将为乱"的险恶局势,"盖由官授不得其人,百姓不堪其命

---

① 《魏书》卷一九上《景穆十二王上·汝阴王天赐传附子脩义传》,第二册,第451页。
② 《魏书》卷七一《裴叔业传附皇甫玚传》,第五册,第1579页。
③ 《魏书》卷一九中《景穆十二王中·任城王云传附孙世儁传》,第二册,第488页。
④ 《魏书》卷七八《孙绍传》,第五册,第1725页。

故也"。① 朝廷负责人事大权的吏部尚书不以选拔人才为务,或"唯专货贿,授官大小,皆有定价",或"多所受纳,鬻卖吏官,皆有定价",其结果只能是"官授不得其人,百姓不堪其命"。如此黑暗腐朽的统治,自然没有什么存续的理由,北魏政权的土崩瓦解也就指日可待了。

梁武帝末年,散骑常侍贺琛"启陈事条封奏",其第二条有云:"今天下宰守所以皆尚贪残罕有廉白者,良由风俗侈靡使之然也。"指出"淫奢之弊,其事多端","为吏牧民者,竞为剥削"。"其余淫侈,著之凡百,习以成俗,日见滋甚。欲使人守廉隅,吏尚清白,安可得邪!"②事实上,迁都以后的北魏汉人官贵和迅速汉化的鲜卑王公贵族等统治阶级成员,其骄奢淫逸的程度远超梁代的士族阶层。从宣武帝时期开始,北魏自皇帝、太后、后妃而下,各级达官显贵都在大兴屋宇,营建寺院,洛阳城内布满官贵豪宅和大小佛寺。宣武帝为其所宠恩倖赵修"广增宅舍,多所并兼,洞门高堂,房庑周博,崇丽拟于诸王"③。宣武帝所宠另一恩倖茹皓,"潜自经营,阴有纳受,货产盈积。起宅宫西,朝贵弗之及也"④。洛阳城晖文里太保崔光、太傅李延寔、冀州刺史李韶、秘书监郑道昭等四宅,"并丰堂崛起,高门洞开"⑤。司农张伦以"豪侈"著称,"斋

_____

①《魏书》卷七七《辛雄传》,第五册,第 1696 页。早在宣武帝初年,散骑常侍、兼尚书卢昶就已指出当时的"牧守令长多失其人","不思所以安民,正思所以润屋","刻暴百姓,人民怨嗟"。(《魏书》卷四七《卢昶传》,第三册,第 1056 页)

②《梁书》卷三八《贺琛传》,第二册,第 543—544 页。

③《魏书》卷九三《恩倖·赵脩传》,第六册,第 1999 页。

④《魏书》卷九三《恩倖·茹皓传》,第六册,第 2001 页。

⑤《洛阳伽蓝记校释》卷二《城东·秦太上君寺》,第 85 页。

宇光丽,服玩精奇,车马出入,逾于邦君"。其在昭德里之宅,"园林山池之美,诸王莫及"。① 敬义里正始寺石碑,"背上有侍中崔光施钱四十万,陈留侯李崇施钱二十万"②。崔光被认为是当时上层官僚中的清廉者③,然而仅仅营建正始寺的一次施舍就多达四十万钱,其经济实力可想而知。

北魏晚期京师洛阳城有不少超大规模的寺院,如:宣武帝所立景明寺,"东西南北方五百步","山悬堂光观盛,一千余间"。"至正光年中,太后始造七层浮图一所,去地百仞"。④ 景明寺南一里有胡太后姊妹"为父追福"所立秦太上公二寺(双女寺),"各有五层浮图一所,高五十丈"⑤。胡太后"为母追福"所立秦太上君寺,"中有五层浮图一所,修刹入云,高门向街"。⑥ 太后从姑所立胡统寺,"宝塔五重,金刹高耸,洞房周匝,对户交疏,朱柱素壁,甚为佳丽"⑦。胡太后所立永宁寺在洛阳寺院中最为壮观华丽,其规模空前绝后:"中有九层浮图一所,架木为之,举高九十丈。上有金刹,复高十丈;合去地一千尺。去京师百里,已遥见之"。"殚土木之功,穷造形之巧。佛事精妙,不可思议。绣柱金铺,骇人心目。""僧房楼观,一千余间,雕梁粉壁,青璀绮疏,难得而言"。"装饰毕功,明帝与太后共登之。视宫中如掌内,临京师若家庭"。北魏灭亡之年(534)的二月,永宁寺"浮图为火所烧","火经三月

---

①《洛阳伽蓝记校释》卷二《城东·正始寺》,第90页。
②《洛阳伽蓝记校释》卷二《城东·正始寺》,第89页。
③参见《洛阳伽蓝记》卷四《城西·开善寺》,《洛阳伽蓝记校释》,第167页。
④《洛阳伽蓝记校释》卷三《城南·景明寺》,第113—114页。按逸史本、汉魏本作"山悬台观光盛",义较长。
⑤《洛阳伽蓝记校释》卷三《城南·大统寺》,第119页。
⑥《洛阳伽蓝记校释》卷二《城东·秦太上君寺》,第84—85页。
⑦《洛阳伽蓝记校释》卷一《城内·胡统寺》,第63页。

不灭。有火入地寻柱,周年犹有烟气"。① 时人有云,"当世富贵,高阳、广平"②。按"高阳"即孝文帝之弟高阳王雍,孝明帝正光(520—525)中为丞相,"贵极人臣,富兼山海。居止第宅,匹于帝宫。白壁丹楹,窈窕连亘,飞檐反宇,辇辂周通。僮仆六千,妓女五百,隋珠照日,罗衣从风。自汉晋以来,诸王豪侈,未之有也"。"雍嗜口味,厚自奉养,一食必以数万钱为限,海陆珍羞,方丈于前"。尚书令李崇"亦富倾天下,僮仆千人,而性多俭吝,恶衣粗食",其谓人曰:"高阳一食,敌我千日。"③"广平"即孝明帝叔父广平王怀,其舍宅所立平等寺,"堂宇宏美,林木萧森,平台复道,独显当世"④。《洛阳伽蓝记·城西·法云寺》:

> 当时四海晏清,八荒率职,缥囊纪庆,玉烛调辰,百姓殷阜,年登俗乐。鳏寡不闻犬豕之食,茕独不见牛马之衣。于是帝族王侯,外戚公主,擅山海之富,居川林之饶,争修园宅,互相夸竞。崇门丰室,洞户连房,飞馆生风,重楼起雾。高台芳榭,家家而筑;花林曲池,园园而有。莫不桃李夏绿,竹柏冬青。……于时国家殷富,库藏盈溢,钱绢露积于廊者,不可校数。及太后赐百官负绢,任意自取,朝臣莫不称力而去。唯(章武王)融与陈留侯李崇负绢过任,蹶倒伤踝。⑤

主管京师官仓的司空仓曹参军张普惠身临其境,目睹了北魏官僚

---

①《洛阳伽蓝记校释》卷一《城内·永宁寺》,第 19、20—21、27、47—48 页。
②《洛阳伽蓝记校释》卷三《城南·高阳王寺》,第 141 页。
③《洛阳伽蓝记校释》卷三《城南·高阳王寺》,第 137—138 页。
④《洛阳伽蓝记校释》卷二《城东·平等寺》,第 95 页。
⑤《洛阳伽蓝记校释》卷四《城西·开善寺》,第 163、166—167 页。

集团的贪欲表现,他在孝明帝时上疏,谓"今百官请俸,人乐长阔,并欲厚重,无复准极"云云。① 与上述记载相结合,当时北魏官僚贵族阶层之贪婪丑恶的嘴脸可以说暴露无遗。

以宗室为首的统治集团成员,奢侈淫靡,不以为耻,反以为荣,奢华攀比之风在北魏晚期的上层社会弥漫。其时,"河间王琛最为豪首,常与高阳争衡。造文柏堂,形如徽音殿。置玉井金罐,以五色缬为绳。妓女三百人,尽皆国色"。"琛常会宗室,陈诸宝器,金瓶银瓮百余口,瓯檠盘盒称是,自余酒器,有水晶钵、玛瑙杯、琉璃碗、赤玉卮数十枚。作工奇妙,中土所无,皆从西域而来。又陈女乐及诸名马,复引诸王按行府库。锦罽珠玑,冰罗雾縠,充积其内。绣缬、紬绫、丝彩、越葛、钱绢等,不可数计"。可笑的是,河间王琛的夸富行为竟然把另一宗室章武王融气出病来。"融立性贪暴,志欲无限,见之叹愧,不觉生疾。还家,卧三日不起。江阳王继来省疾,谓曰:'卿之财产,应得抗衡。何为叹羡,以至于此?'融曰:'常谓高阳一人,宝货多于融;谁知河间,瞻之在前!'"②北魏统治集团的贪婪无耻,嘴脸之极端丑恶,可以说暴露得淋漓尽致。法国历史学家路易·勃朗(1811—1882)说:"在我们的时代里,特权阶级沉溺在肉欲的享乐里;在奢侈豪华方面,他们达到了空前的高峰,他们除了享乐没有别的宗教;他们把感官的范围扩大到想入非非的境界;他们认为,怎样使用生命并无意

①《魏书》卷七八《张普惠传》,第五册,第 1736 页。按具体事例见于同书卷七六《卢同传》:"熙平(516—518)初,转左丞,加征虏将军。时相州刺史奚康生征民岁调,皆七八十尺,以邀奉公之誉。部内患之,同于岁禄官给长绢。同乃举按康生度外征调。书奏,诏科康生之罪,兼褒同在公之绩。"(第五册,第 1681—1682 页)

②《洛阳伽蓝记校释》卷四《城西·开善寺》,第 163—164、165、166 页。

义,而人生的享乐才是一切……"①可以看出,北魏晚期上层官僚的腐化程度丝毫不亚于当时法国的特权阶级。上层官僚如此贪腐,要指望地方吏治能够清明,无异于缘木求鱼。陈寅恪认为梁代贺琛之言"反映了士族的贪婪腐朽","淫奢在权贵内部已泛滥成灾","统治阶级已经走上败亡之路"。② 按照现代经济学观点,"奢侈品消费的每一次增加,除了会促进财富生产力的增强外,还会导致社会财富储备的减少,进而抑制财富的积累"③。在一个物产丰富的发达国家,高消费有助于推进经济的增长,但在一个物产匮乏的贫穷国家,高消费则是有害无益。中国古代的农业社会几乎都是贫穷社会,故而统治集团的奢侈腐化,必定会对贫穷的下层社会带来更大的困扰,引发难以克服的政治危机,从而最终导致政权的覆亡,这是一条铁的定律。梁武帝及其统治集团如此,北魏后期的统治集团如此,任何时代的统治者亦概莫能外。权力导致腐败,如何监督和制约权贵手中的权力,是关乎统治稳定乃至政权存亡的关键问题,历代统治者都为此绞尽脑汁,寻找各种解决之道。

诺贝尔经济学奖得主冈纳·缪尔达尔(1898—1987)说:"腐败盛行造成了发展的强大障碍与抑制。人心涣散的腐败与巩固国家的努力背道而驰。它降低了人们对政府及政府机构的尊敬与忠诚。"④另一诺奖得主约瑟夫·斯蒂格利茨(1943—)说:"实

---

① 〔法〕路易·勃朗:《劳动组织》,第8页。
② 万绳楠整理:《陈寅恪魏晋南北朝史讲演录》,第195、196页。
③ 〔英〕阿尔弗雷德·马歇尔、玛丽·佩利·马歇尔:《马歇尔文集》第1卷《产业经济学》,第27页。
④ 〔瑞典〕冈纳·缪尔达尔著,塞思·金缩写:《亚洲的戏剧:南亚国家贫困问题研究》,第182页。

施行政事务制度之目的,就是要防止权力不会被滥用。"①然而权力和利益如影随形,如果没有强有力的约束和制衡机制,则权力的滥用必不可免。要稳定和巩固统治,当政者就必须采取根本办法,防止权力的滥用和权贵的腐化。法国启蒙思想家霍尔巴赫(1723—1789)论君主制的缺点,认为"滥用一词总是与权力结不解之缘,不错,集中在一个人手里的社会力量能量大、功效高,可是,正因为如此,这种力量就对社会本身隐含着巨大的危险性"②。发展经济学家罗伯特·克里特加德认为:"腐败泛滥的社会是不健康的社会。"③"从广义上讲,腐败是出于非官方目的并滥用职权。""破坏游戏规则的腐败行为","势必阻碍经济和政治的健康发展"。腐败会腐蚀社会风气,削弱经济。"体制本身的腐败往往是最致命的杀手,它可以破坏游戏规则"。④ 实际上,腐败往往是打着官方旗号或以官方为招牌的官吏的个人行为,也有可能是团伙行为,其行为不仅会侵害国家利益,也会对民众财产乃至生命构成威胁,还有可能在官府内部或不同层级官吏之间产生互利或互害的结果。严重的腐败对国家和社会的危害往往是全局性的,不仅腐蚀社会风气,阻碍经济发展,更会对政治环境造成污染,使得正气消融而邪气盛行,甚至导致社会矛盾激化而难有化解之道。按理说,北魏俸禄制中严厉的惩贪条款应该成为高悬于各级官吏头上的利剑,稍有不慎将会身败名裂,死无葬身之地。然而,

①〔美〕约瑟夫·斯蒂格利茨:《斯蒂格利茨经济学文集》第六卷(下)《发展与发展政策》,第 362 页。

②〔法〕霍尔巴赫:《自然政治论》,第 52 页。

③〔南非〕罗伯特·克利特加德:《控制腐败》,第 244 页。

④转引自〔美〕保罗·萨缪尔森、威廉·诺德豪斯《经济学(第十九版)》,下册,第 909 页。按此处人名译作"罗伯特·克里特加尔德"。

北魏后期体制本身的腐败十分严重——政治日趋黑暗,腐败奢侈,蔚为风气,罕见违法必究,有法不依成为常态。由于法令规章不再得到严格遵循,官吏贪赃枉法的罪行也就不可能受到应有惩处,于是恶的效应像瘟疫一样扩散开来,吏治极端败坏而不察,致使整个官僚阶层腐朽不堪,统治危机日甚一日,待到六镇之乱打翻"多米诺骨牌",终于一发而不可收拾。"不堪其命"的全国各族百姓络绎不绝地加入到反抗腐朽统治的洪流之中,使北魏政权陷入崩溃和瓦解的局面而无法自拔。这种情况当然并非北魏晚期所独有,类似的情形总是在历史上一再重演,一次次向后世的统治者敲响警钟。然而警钟却并非能够一直长鸣,利令智昏的统治者很快便将历史的教训抛诸脑后,于是不得不重蹈前人覆辙,一步步走向灭亡之路。念及于此,不禁扼腕叹息!

【中篇】
均田制及相关问题

第四章　北魏均田制的理论来源

　　自人类出现以来,土地便是人类所赖以生存的最主要的自然资源,"土地为食粮与原料所自出,人民所资生"①,其重要性无可替代。在数千年的农耕社会,诚如恩格斯所言,"农业是整个古代世界的决定性的生产部门"②,农民在土地上的劳动是最主要的经济活动,不仅能为全体社会成员提供生活原料,同时也是国家和社会得以维系的根本保障。在重农主义者眼里,农业生产是财富的真正源泉,故而"耕种者的繁荣昌盛是一切其它等级的财富的必要基础"③。"土地所生产的财富","是所有财富中具有头等重要意义的,因为全人类的生活资料都是来自土地",因此"农业的总产量随着土地所有权所获得的保障而迅速提高"。④ 北魏孝文帝均田诏明确提出,实行均田制就为了限制豪强兼并,在务尽地利的基础上"劝课农桑,兴富民之本",从而实现"天下太平,百姓

---

① 万国鼎:《〈地政月刊〉发刊词》,收入王思明等主编《万国鼎文集》,第 309 页。
②〔德〕弗·恩格斯:《家庭、私有制和国家的起源》,《马克思恩格斯全集》第二十一卷,第 169 页。
③〔法〕布阿吉尔贝尔:《谷物论》,《布阿吉尔贝尔选集》,第 215 页。
④〔瑞士〕西斯蒙第:《政治经济学新原理:或论财富同人口的关系》,第 100、105 页。

丰足"的理想社会。① 北魏均田制所追求的富民社会,乃是使全体编户齐民都能拥有自己的土地资产,并通过各自的辛勤劳动,以达到在个体农户衣食无忧基础上的全民富裕。

第一节 李安世与均田疏

"不重视经济发展问题必然招致祸害。"②毫无疑问,"天下太平,百姓丰足"的社会必然是一个经济发展的社会,也只有重视经济发展问题的统治者,才能将"天下太平,百姓丰足"作为其治理的目标。据记载,均田制是孝文帝采纳主客给事中李安世(443—493)③的建议而制定的。史载"时民困饥流散,豪右多有占夺,安世乃上疏",其辞曰:

> 臣闻量地画野,经国大式;邑地相参,致治之本。井税之兴,其来日久;田莱之数,制之以限。盖欲使土不旷功,民罔游力。雄擅之家,不独膏腴之美;单陋之夫,亦有顷亩之分。所以恤彼贫微,抑兹贪欲,同富约之不均,一齐民于编户。窃见州郡之民,或因年俭流移,弃卖田宅,漂居异乡,事涉数世。三长既立,始返旧墟,庐井荒毁,桑榆改植。事已历远,易生

---

①《魏书》卷七上《高祖纪上》,第一册,第156页。
②〔美〕萨缪尔森:《经济学》下册,第176页。
③李安世"太和十七年(493)卒于家"(《魏书》卷五三《李安世传》,第四册,第1177页),其享年几何史未明载,然其于兴安二年(453)被文成帝引见并以为中书学生,时"安世年十一"(第1175页),则其当生于太武帝太平真君四年(443)。

假冒。强宗豪族,肆其侵凌,远认魏晋之家,近引亲旧之验。又年载稍久,乡老所惑,群证虽多,莫可取据。各附亲知,互有长短,两证徒具,听者犹疑,争讼迁延,连纪不判。良畴委而不开,柔桑枯而不采,侥幸之徒兴,繁多之狱作。欲令家丰岁储,人给资用,其可得乎!愚谓今虽桑井难复,宜更均量,审其径术,令分艺有准,力业相称,细民获资生之利,豪右靡余地之盈。则无私之泽,乃播均于兆庶;如阜如山,可有积于比户矣。又所争之田,宜限年断,事久难明,悉属今主。然后虚妄之民,绝望于觊觎;守分之士,永免于凌夺矣。

对于李安世此疏,史称"高祖深纳之,后均田之制起于此矣"。① 李安世把民户"流移"——"弃卖田宅,漂居异乡"——的原因归诸"年俭",自然有其依据,也是符合常理的,但未必全面。《金史·食货志一》:"及卫绍王之时,军旅不息,宣宗立而南迁,死徙之余,所在为虚矣。户口日耗,军费日急,赋敛繁重,皆仰给于河南,民不堪命,率弃庐田,相继亡去。"② 这一记载显示,金代河南地区民户逃亡的原因是"赋敛繁重"而使"民不堪命",想来北魏时期民户的流亡也不能排除存在类似原因。最大的可能是,"年俭"和"赋敛繁重"双重作用导致了民户难以在原居地安身立命,只得逃亡异乡以求活命③。正如路易·勃朗所言,"贫困经常使人们牺

①《魏书》卷五三《李安世传》,第四册,第 1176 页。
②《金史》卷四六《食货志一·户口》,第四册,第 1036 页。
③ 宋高宗绍兴"十七年(1147)十一月二日,上谕辅臣曰:'州县灾伤,宜令官司留意检放,不得苟取一时税租,却致人户逃移,难以复业。'"(《宋会要辑稿》卷四七五〇《食货一之九·检田杂录》,第 4806 页上栏)宋高宗的上谕表明,民户逃亡是因为难以承受自然灾害和政府租税的双重夹击。

牺个人的尊严","贫困使具有独立人格的人降到从属的地位"。①
流落异乡的北魏饥民为了活命,不得不牺牲自由身份而投靠豪强
地主,变成类似农奴身份的依附民。

李安世所言流民返乡后的财产纠纷及其解决方案,实际上涉
及到流民返乡后对原有(或祖上)田产的所有权的认定问题。面
对因"争讼迁延,连纪不判"而导致的"桑井难复"现象——"良畴
委而不开,柔桑枯而不采,侥幸之徒兴,繁多之狱作",李安世提出
的解决方案是"宜更均量,审其径术,令分艺有准,力业相称,细民
获资生之利,豪右靡余地之盈",亦即"所争之田,宜限年断,事久
难明,悉属今主"。也就是说,确定一个时间点,在该时间点之后
易主的土地回归原所有者或其子孙继承,而在该时间点之前的易
主土地由于"事久难明",则应归属现所有者②。精研中国法制史
的日本学者仁井田陞认为:"这里所谓'宜限年断',似乎是一种具
有出诉期限制度意味的规定。""所谓'今主'都是在现实中从土
地里为自己取得收益的占有者","而是具有被推定为合法权利者
的前提的占有者","是受到相对保护的"。"李安世的上疏中所
显示的问题,与日耳曼法中的 Gewere 制度、日本中世法中有关
'知行'的规定相同,是占有中权利的推定问题即占有所具有的防
御性作用。"③东罗马帝国查士丁尼时代颁布的《法学阶梯》关于
"自然取得方式"中有所谓"先占"原则,即将无主财产占为己有,

<hr />

① 〔法〕路易·勃朗:《劳动组织》,第 5 页。
② 日本学者对此提出了几种不同的解释,参见〔日〕堀敏一《均田制的研究》,
　　第 130—131 页。
③ 〔日〕仁井田陞:《中国法制史》,第 295、296 页。

其中即包括荒废的土地——新发现或以前从未经过耕种的土地。① 李安世均田疏所言虽然与此"先占"原则不尽相同，但还是有相通之处，即在一定的年限过后今主便具备了"先占"原则，成为其所占有田地的合法的所有者。黑格尔曾就所有权的时间属性或时效制度进行了阐释：所有权的"主观表现就是使用、利用或其他意思表示。它是属于时间的；从时间方面说，客观性是这种意思表示的持续。如果没有这种持续，物就成为无主物，因为它被意志和占有的现实所委弃了。因之，我就因时效而丧失或取得所有权"。"在法中采用时效制度"，"即欲杜绝远年请求权所能引起的争执和纠纷，而确保所有权的安全，等等。与此相反，时效制度是建立在所有权的实在性这一规定上，即占有某物的意志必须表达于外"。② 李安世疏中提及的易主土地的处分意见，实际上就是关于所有权的"时效"或"远年请求权"问题。土地所有权具有实在性和持续性，必须是一直实际占有才属于真正的所有，若是在没有外力干预的条件下遗弃其原来所有的土地——长期弃耕，则意味着所有者主动放弃其所有权，该土地即成为无主地，而无主地重新获得所有权所遵循的原则当即初始土地的"先占"原则——谁先占有即取得所有权。问题是原所有者弃耕多久算是主动放弃所有权，亦即所有权的时效性如何计算？

元世祖至元十四年（1277）三月颁布的圣旨云：

据淮西道宣慰使昂吉儿奏："淮西庐州地面，为咱每军马

---

① 参见〔罗马〕查士丁尼《法学总论：法学阶梯》，第 51 页；〔英〕梅因《古代法》，第 139 页。

② 〔德〕黑格尔：《法哲学原理　或自然法和国家学纲要》，第 81—82 页。

多年征进,百姓每撇下的空闲田地多有。若自愿种田的人教种呵,煞便当。教种时分与了限次,教他田地主人来者。主人每限次里不来,愿种田的人每教种者。种了之后主人每来,道是俺的田地来么道,休争占者。更军每合请的粮食搬运呵,百姓生受,更费了官粮。教军每做屯田呵,于官有益,粮食也容易。"么道,为这般奏的上头,与圣旨去也。圣旨到日,田地的主人限半年出来,经由官司,若委实是他田地,无争差呵,分付主人,教依旧种者。若限次里头不来呵,不拣甚么人,自愿种的教种者。更军民根底,斟酌与牛具、农器、种子,教做屯田者。种了的后头,主人出来,道"是俺的田地来"么道,体争要者。钦此。①

由此可见,元朝政府对于因蒙古军南征过程中百姓逃亡而留下的"空闲田地"的处置办法是:原田主在半年的期限内有优先权,若其在半年期限内回归故里,经过官司甄别无误,则田地重新归其耕种。若在半年之后原田主并未返回,则由已种者继续耕种。如果该田地无人耕种,则愿种者可随意耕种,或者官府给予牛具农器种子,在其上进行军屯或民屯。圣旨传达到当地半年期限之后,原田主的权利即告终止,若其进行申诉或争要,官府不予支持。元世祖的这一圣旨在一定程度上也体现了"先占"原则,即在圣旨规定的有效期之后原先的主人便失去了所有权,而新的占有者便成为合法的主人。实际上,被遗弃的土地要么是原所有者死于战乱,要么是为了逃避战争而流亡他乡,他们必然对元朝政府

---

①陈高华等点校:《元典章》卷一九《户部五·民田·荒闲田土无主的做屯田》,第677—678页。

抱有戒心，未必会在短短半年的时间就能够重拾信任，返回故土耕种其原有土地，更主要的是，流亡异乡者几乎不大可能在半年之内就得悉圣旨之意且能够完成返乡及复耕的行动。因此，虽然圣旨规定原主人对被其遗弃的土地具有优先占有并恢复其所有权，但几乎不具有可操作性。这条圣旨的真正意图是：元朝政府通过给予所有权的方式鼓励当地民众耕垦空闲土地，以便使遭到战争破坏的社会经济尽快恢复起来，从而满足其对租税征收的需要。虽然李安世疏中提出了某种原则性意见，但看不到具体的解决办法，想来北魏解决"所争之田"的办法未必同元朝一模一样，但不排除会有较大的相似性，李安世疏所言"宜限年断"亦有可能类似元世祖圣旨中的"限次里"——"圣旨到日，田地的主人限半年出来"。

　　清朝也有类似情况。美国学者安·奥斯本研究了清朝的"产权、税收和国家对权利的保护"问题，指出"在清朝中前期，通过开垦获得所有权一度处于主导地位"，对于国家"允许开发"的土地，"开发人通过纳税获得所有权"。也就是说，"一个家庭耕种一块土地而且纳税、服劳役即被认可为这块土地的所有人"。在开垦的荒地中，既有原本不曾耕种过的真正的荒地，也有受战乱等影响而"被抛荒的已开发土地"，对于前者的开垦不会存在产权纠纷，但对于后者的开发则很可能引发新、旧主人之间争夺产权的纷争。复垦被抛荒土地的程序是："这种土地需首先从税收登记中清除出去，然后归类为无主地。当地居民和难民就可以开始耕种了。"一般来说，大多数王朝通行的办法相近，土地开垦之初的头三年应该会享受免除赋役的优待。"这些申请去承担开垦责任的人被授予一定时期的耕作权，去恢复土地的生产力。然后政府开始对土地进行登记纳税，从而耕种人以官方盖印证书的形式获得土地所有权。这种证书,或是未来的税收凭证,或是鱼鳞图册里列出的土地和所有者,都可以作为所有权的证明,这也将保护他们子孙后代对土地的所有权。"通常情况下,耕种不曾被开垦的荒地的主人,在纳税之始就能获得土地的完全所有权或永久所有权,而复垦他人抛弃土地的主人,则"有可能在对土地进行纳税达到 30 年的时候获得土地完全的所有权"。若发生被复垦土地的原所有人或其后代回到故乡要求恢复其所有权的情况,则会根据土地抛荒的年代的长短进行处置:"如果他们对土地的抛弃超过30 年,那么他们的请求失去法律效力;如果原有人只是对土地抛弃了几年,那么他们在补偿现有者已付的税收和劳役及他们未缴的税额情况下,可以取得原来所有的产权"。土地所有权争执的相关案件显示,若新主人取得土地所有权不足三十年,一般会被判决和旧主人之间按年限长短进行一定比例的分割,如对于一家复垦后纳税十二三年的土地,将三分之二的土地判归旧主人,而三分之一的土地判归新主人。① 李安世均田疏所言"宜更均量,审其径术,令分艺有准,力业相称",或即类似处理办法。

明晰所有权或产权问题对于经济发展具有十分重要的作用,在古代农耕社会尤其不可忽视。马歇尔夫妇说:"在农业社会中,耕地所有权为社会建设提供了坚实基础。""在欧洲大陆上,大部分土地的小规模经营者的优势在于他们拥有所耕种土地的所有权。""在哪一种制度能最大限度地提高人们的总体幸福感这一问题上","如果让全世界的经济学家来进行投票,大家可能更青睐这样的一种土地所有制:不管是在新兴国家的大农场中,还是在

---

① 参见〔美〕曾小萍等编《早期近代中国的契约与产权》,第 112、116—117、118 页。

古老国家的小块土地上,耕种者拥有土地的所有权。"①诺贝尔经济学奖得主阿瑟·刘易斯(1915—1991)说:"资产权是举世公认的制度;因为没有这一条,没有改善人们生活环境的动力,人类就不会有任何进步。""如果土地所有权不稳定,种种困难也将出现";"澄清所有权是经济增长中的一个必要步骤"。② 英国古典经济学家约翰·穆勒(1806—1873)曾就所有权易主问题提出过类似李安世的主张,他说:

> 固然,按照所有权的基本思想,对于靠暴力或欺诈取得的物品,或因不了解情况而占有别人已先取得所有权的物品,都不应承认其为占有者的财产。但是,过一段时间之后,如果证人全部死亡或失踪,而交易的真实情况已查不清,则不以他们的非法取得为不法,是保障合法占有者所必需的。所以,任何国家的法规都承认,若干年内从未在法律上提出疑义的所有权,是完全的所有权。即令这种占有是不合法的,过一个世代以后,由也许是真正的所有者取回这种物品,重新行使其久未行使的权利,这样做通常会比将原先的不公置之不问,带来更大的不公正,而且经常会带来更大的公私祸害。③

穆勒所言所有权的对象不单单是指土地,但在中国古代社会所有

①〔英〕阿尔弗雷德·马歇尔、玛丽·佩利·马歇尔:《马歇尔文集》第 1 卷《产业经济学》,第 68、92、98 页。
②〔英〕阿瑟·刘易斯:《经济增长理论》,第 69、105 页。
③〔英〕约翰·穆勒:《政治经济学原理——及其在社会哲学上的若干应用》,上卷,第 246 页。

权指涉的最主要的物品自非土地莫属。穆勒之说的依据是"任何国家的法规",可以确定的是并未包括中国古代的法规。美国学者曾小萍认为:"在(中华)帝国成文法中证明产权存在的最有力的证据是关于盗窃的条例。自唐朝起,盗窃财物被认为是一个主要的罪名而且定义甚广。"以中国古代法律中"关于盗窃的条例"作为"产权存在的最有力的证据",无疑是正确的看法(当然此类法律规定不仅仅具有保护产权一个目的,也包含了规范社会治安等因素),但此类法律规定却并非始于唐朝。《唐律疏议》作为中国现存最早的没有缺失的法律文本,保存了当时制定的全部的法律条文,其"关于盗窃的条例"可以通过其中的《贼盗律》而得到全面了解,与盗窃密切相关的诈骗的法律规定则可通过《诈伪律》而了解。事实上,在中国古代有成文法以来就已出现了与盗窃和诈骗有关的法律规定。《晋书·刑法志·序》:魏文侯时李"悝撰次诸国法,著《法经》。以为王者之政,莫急于盗贼,故其律始于《盗贼》"①。因为《法经》的依据是"诸国法",故其《盗贼》篇的相关内容应该在之前的战国法律中就已存在。秦汉以降的历代王朝,在其法律中都有关于"盗贼"方面的篇章②,也就反映出保护

①《晋书》卷三〇《刑法志》,第三册,第 922 页。
②《史记》卷八《高祖本纪》:"还军霸上。召诸县父老豪杰曰:'父老苦秦苛法久矣……吾当王关中。与父老约,法三章耳:杀人者死,伤人及盗抵罪。余悉除去秦法。……'"(第二册,第 362 页)可见作为"秦法"内容之一的"盗",即便是在刘邦对"秦法"整体否定的前提下仍得以保留,反映出其对社会治安和公私产权保护之高度关切。汉"《盗律》有贼伤之例,《贼律》有盗章之文"。曹魏《新律》中有《盗律》《贼律》《诈伪》。(《晋书》卷三〇《刑法志》,第三册,第 923、924 页)《晋律》《宋律》《齐律》中有《盗律》《贼律》《诈伪》,《梁律》中有《盗劫》《贼叛》《诈伪》(《唐六典》卷六《刑部尚书》本注,第 181 页)。北魏法律中有《盗律》《贼律》(《魏书》〔转下页注〕

公共的和私人的财产权是中国古代各个时期的国家政权的基本义务或责任。土地作为农耕社会最主要的资产,自然也属于产权保护的范围,一般来说土地被盗窃和诈骗的可能性较小,但土地产物粮食等则是易于被盗窃的东西。对土地产物的保护,一定程度上也就体现了对土地产权的保护。不过,关于土地所有权的保护,目前所能见到的最早的法律规定是在《唐律疏议·户婚》中(集中于"盗耕种公私田""妄认盗卖公私田""在官侵夺私田""盗耕人墓田"等条),因为土地属于民户的家庭财产,故而对土地的违法行为——盗耕、盗卖、侵夺——即属于《户婚》律的惩处范围。

何谓"均田"?何兹全认为:"所谓均田制,简单的说就是由政府以法令强制农民附着于土地,并且把土地分配给农民而向其征收一定数量的户调、田租的制度。"[1]郑学檬认为,"按等制和各有其分是所谓均田的原则,均田非平均分田",而"各有其分"意即"该多的多,该少的少,但都该有"[2]。从均田令规定的受田条款来看,身份相同的受田对象其应受田亩数是相同的,当然每个家庭具体受田的多少则会因不同变量而有所差异,如良口和奴婢、耕牛的多少,当地土地的广狭等等方面,但就制度规定和制定初衷而言,无疑是有着"均"田的意图。时人称太和九年所颁行的土地分配制度为"均田之制",自然也是恰如其分的说法。至于均田制在实施过程中随着时间的推移而出现的异化,则另当别论。

〔接上页注〕卷一一一《刑罚志》,第八册,第2875、2880、2882、2884页),《北齐律》有《诈伪》《贼盗》,《周律》有《劫盗》《贼叛》《诈伪》(《隋书》卷二五《刑法志》,第三册,第705、707页)。
[1]何兹全:《魏晋南北朝史略》,第160页。
[2]郑学檬:《关于"均田制"的名称、含义及其和"请田"关系之探讨》,方行主编《中国社会经济史论丛:吴承明教授九十华诞纪念文集》,第215页。

早在均田制颁布二十余年前，文成帝太安五年十二月戊申（十五，460.1.23）诏云：“而六镇、云中、高平、二雍、秦州，遍遇灾旱，年谷不收。其遣开仓廪以赈之。有流徙者，谕还桑梓。欲市籴他界，为关傍郡，通其交易之路。”[1]灾荒发生以后，无论是否得到政府允许，民众为了生存流亡异乡实属必然。北魏政府希望流亡的民众能够及时回到故乡生活，但真正能够返回家园的流民可能并不多。李安世均田疏所云因饥荒“漂居异乡”的流民，即是在北魏前期历次饥荒中离乡背井者。从均田疏的内容来看，其核心在于“田莱之数，制之以限”，即“雄擅之家，不独膏腴之美；单陋之夫，亦有顷亩之分”，亦即通过“恤彼贫微，抑兹贪欲”，而使“细民获资生之利，豪右靡余地之盈”，以达到“同富约之不均，一齐民于编户”的目的。《礼记·坊记》载子云：“小人贫斯约，富斯骄，约斯盗，骄斯乱。礼者，因人之情而为之节文，以为民坊者也。故圣人之制富贵也，使民富不足以骄，贫不至于约，贵不慊于上，故乱益亡。”[2]按李安世所言“同富约之不均”，其渊源即在于此，表明其精神体现了儒家思想。[3]

如上所述，李安世上均田疏的背景是“时民困饥流散，豪右多有占夺”，这对于理解均田制颁行的背景颇为关键。由于饥荒而导致民户逃亡，离乡背井的饥民脱离了政府的有效控制，豪强大族趁机将其“占夺”，导致为政府纳税服役人口的减少，这应该是

---

①《魏书》卷五《高宗纪》，第一册，第118页。
②《礼记正义》卷五一，《十三经注疏》，下册，第1618页中栏。
③日本学者谷川道雄认为：均田制“旨在抑制豪右，维持细民生计之意图清晰可见”。或者说，其“目的在于防止民间土地所有不均，以及由此可能产生的贫富差别，力图实现并保持一个齐民的世界”。（《中国中世社会与共同体》，第237页）

问题的核心。饥民逃亡会带来严重的社会问题,除了国家的赋役征发受损外,还可能引起治安问题,直接危害统治稳定。史载汉武帝时,"天下奢侈,官乱民贫,盗贼并起,亡命者众"①。按"官乱民贫"乃是"盗贼并起,亡命者众"的原因,而"盗贼并起"与"亡命者众"是互为因果的关系。流民或逃户依附荫庇于豪强大族,成为维持生存的主要途径。《盐铁论·未通》载"文学曰",谓"大抵逋流,皆在大家"②。《南齐书·州郡志上》:"南兖州镇广陵","时(两晋之际)百姓遭难,流移此境,流民多庇大姓以为客"。③《唐会要·逃户》:

> 证圣元年(695),凤阁舍人李峤上表曰:"……今天下之人,流散非一,或违背军镇,或因缘逐粮,苟免岁时,偷避徭役。此等浮衣寓食,积岁淹年,王役不供,簿籍不挂,或出入关防,或往来山泽。非直课调虚蠲,阙于恒赋,亦自诱动愚俗,堪为祸患,不可不深虑也。"④

李峤所言,简明扼要地道出了流民逃户对国家徭役征发和课调征收所带来的消极影响,更重要的是还有可能引发"祸患"的危险。三年后的圣历元年(698),陈子昂在《上蜀川安危事》中有云:"今诸州逃走户,有三万余在蓬、渠、果、合、遂等州山林之中,不属州县,土豪大族,阿隐相容,征敛驱役,皆入(?)国用。其中游手惰业亡命之徒,结为光火大贼,依凭林险,巢穴其中。若以甲兵捕之,

---

①《汉书》卷七二《贡禹传》,第一〇册,第 3077 页。
②王利器校注:《盐铁论校注(定本)》卷三,上册,第 192 页。
③《南齐书》卷一四《州郡志上》,第一册,第 255 页。
④《唐会要》卷八五《逃户》,下册,第 1560 页。

则鸟散山谷;如州县怠慢,则劫杀公行。"①陈子昂上书更明确地指出了蜀川逃户脱离州县控制,依附于土豪大族以及凭险为寇的现状。这种状况,在古代社会应该具有一定的普遍性。不管什么时代,流民逃户问题若得不到有效控制,必然会对国家政权构成巨大威胁,成为影响统治安危的重要问题。

早在李安世上疏十余年前的献文帝后期,北魏朝廷"以五州民户殷多,编籍不实,以(韩)均忠直不阿,诏均检括,出十余万户"②。仅仅黄河流域五州之地就已检括出十余万户,全国的情形可想而知。毫无疑问,均田制实施前夕应该有大量的浮户或流民未被政府所掌控。韩均括户的具体措施史无明载,而走马楼吴简中有"隐核乡界""料核乡界""隐核所部"户口或叛走吏民的简牍,兹仅举木牍一枚以见一斑:

> 都乡劝农掾郭宋叩头死罪白:被曹敕,条列乡界方远□
> 居民,占上户籍分别言。案文书,辄部岁伍五京陈□毛常等
> 隐核所部。今京关言,州吏姚达、诚裕、大男赵式等三户口食
> 十三人,□在部界。谨列人名口食年纪别为簿,如牒。谨
> 列言。宋诚惶诚恐叩头死罪死罪。
> 诣户曹
> (肆·4523—1)③

---

①《陈拾遗集》卷八《杂著》,《景印文渊阁四库全书》集部四"别集类",第一
○六五册,第617页下栏。
②《魏书》卷五一《韩茂传附子均传》,第四册,第1129页。
③长沙简牍博物馆等:《长沙走马楼三国吴简·竹简〔肆〕》,下册,第730页。

北魏地方基层行政制度与孙吴不尽相同,故韩均括户未必与孙吴长沙郡临湘侯国"都乡劝农掾郭宋""隐核所部"之法完全相同,但其做法应该大致相似。韩均时任征南大将军、广阿镇大将、都督三州(定冀相)诸军事,此前曾任定州刺史、青冀二州刺史,则其所括户之五州,当即定、相、青、冀四州及广阿镇。韩均本人不可能亲自出马"检括"未入户籍或脱籍之民户,必定是由五州郡县政府遵照朝廷诏令指定相关官吏实施。由于当时北魏尚无县以下基层行政组织,故不像孙吴那样由乡吏负责实施,而应该是由县令及其所辖吏员具体承担。韩均在此诸州镇任职时,治理有方,史称其"恤民廉谨,甚有治称";"均在冀州,劫盗止息";"清身率下,明为耳目,广设方略,禁断奸邪"。① 加之其所任征南大将军、广阿镇大将、定冀相三州都督的军事权力,故其在括户时能够刚柔并举,从而收到良好的效果。

北魏末年,宋世良"为殿中侍御史,诣河北括户,大获浮惰"。待其返回京师后,"孝庄劳之曰:'知卿所括得丁,倍于本帐。若官人皆如此用心,便是更出一天下也。'"②孝明帝中后期以来河北地区近十年的大动乱,一方面是大量的政府编户流离失所,另一方面是六镇之乱后大量流民南下河北,所以才能够括出"倍于本帐"的丁口。括户的目的主要是在括丁,即增加纳税服役人口,这是维持政权运转的基础和根本。三十多年前孝文帝颁行均田制和三长制的目的与此相似。虽然两个时期百姓流亡的原因并不相同,但因百姓的流亡而使政府控制的人口减少,特别是承担赋

---

① 《魏书》卷五一《韩茂传附子均传》,第四册,第1128—1129页。
② 《北史》卷二六《宋隐传附世良传》,第三册,第941页;《北齐书》卷四六《循吏·宋世良传》,第二册,第639页。

役义务的丁口锐减,则两者并无二致。从韩均检括五州得十余万户,宋世良河北括户括得"倍于本帐"的丁口,亦足见将众多的浮户或流民及时收归政府编户之中的必要,孝庄帝"更出一天下"之语,更是将括户的重要性提高到前所未有的高度。均田制实施前大量依附民为豪强大族所控制,既是对北魏王朝的统治在政治上的离心倾向,更重要的是削弱了北魏王朝统治的经济基础。特别是俸禄制实行后政府的财政开支猛增,急需广开财源,而在农业作为主要财政基础的古代社会,增加政府控制的民户数量无疑是最有效的途径。

"均田"一词并非北魏孝文帝时所创,早在战国或西汉时期就已出现。《大戴礼记·夏小正》:"农率均田。率者,循也。均田者,始除田也。言农夫急除田也。"清人王聘珍云:

> 农谓农夫。《尔雅》曰:"均,易也。"《孟子》曰:"易其田畴。"赵注云:"易,治也。"传云"率者循也"者,《尔雅·释诂》文。云"均田者始除田也"者,除犹修治也。云"言农夫急除田也"者,《农书》曰"春草冒撅,陈根可拔,耕者急发"是也。[1]

据此,则《夏小正》所言"均田"并无后来均田制之"均田"之义。然《礼记正义·月令》孔颖达疏云:"田,畯也。均田,则审端径遂也。"[2]若此,则"均田"有受田之义,与北魏隋唐之"均田"有相通之处。孔颖达盖据唐制以释"均田"之义,未必符合《夏小正》本义。西汉末年宦官董贤贵宠用事,丞相王嘉上封事,谓"诏书罢

① [清]王聘珍:《大戴礼记解诂》卷二,第27页。
② 《礼记正义》卷一四,《十三经注疏》,上册,第1357页中栏。

菀,而以赐贤二千余顷,均田之制从此堕坏"云云。① 孟康曰:"自公卿以下至于吏民,名曰均田,皆有顷数,于品制中令均等。今赐贤二千余顷,则坏其等制也。"②按王嘉封事所言"均田"发生于成帝绥和二年(前7)六月,时丞相孔光、大司空何武奏请:"诸侯王、列侯皆得名田国中。列侯在长安,公主名田县道,及关内侯、吏民名田皆毋过三十顷。诸侯王奴婢二百人,列侯、公主百人,关内侯、吏民三十人。期尽三年,犯者没入官。"③颜师古曰:"名田,占田也。各为立限,不使富者过制,则贫弱之家可足也。"④汉武帝时董仲舒所言"限民名田,以澹不足"⑤,即为此意。以此推测,北魏孝文帝时借用"均田"之词以命名新制定的田制,也就不能完全排除其具有限田的意图。不过总的来看,北魏均田制的内涵与西汉末年的"均田"有很大区别,倒是与西晋占田荫客制⑥较为近似。

---

①《汉书》卷八六《王嘉传》,第一一册,第 3496 页。又可参见《资治通鉴》卷三五《汉纪二七》哀帝元寿元年(前2)正月条,第三册,第 1111 页。

②《汉书》卷八六《王嘉传》颜师古注引,第一一册,第 3497 页。

③《汉书》卷二四上《食货志上》,第四册,第 1142—1143 页。同书卷一一《哀帝纪》所载"有司条奏"略同,并谓"年六十以上,十岁以下,不在数中。贾人皆不得名田、为吏,犯者以律论。诸名田畜奴婢过品,皆没入县官"。(第一册,第 336 页)

④《汉书》卷二四上《食货志上》注,第四册,第 1138 页。

⑤《汉书》卷二四上《食货志上》,第四册,第 1137 页。按"澹"又作"赡",参见《通典》卷一《食货一·田制上》,第一册,第 9 页;《资治通鉴》卷三三《汉纪二五》成帝绥和二年(前7)五月,第三册,第 1060 页。郑学檬据此认为:"汉代所说的均田指的是'于品制中令均等',品高田多,品低田少,董贤只是驸马,一次就受赐二千余顷,破坏了各得其分的'等制'。"(《关于"均田制"的名称、含义及其和"请田"关系之探讨》,《中国社会经济史论丛:吴承明教授九十华诞纪念文集》,第 215 页)

⑥参见《晋书》卷二六《食货志》,第三册,第 790—791 页。

李安世上均田疏的具体时间不明,按理应在均田制班行前不久。《魏书·李安世传》:"累迁主客令。萧赜使刘缵朝贡……迁主客给事中。"①按齐武帝曾两次派遣刘缵出使北魏,同书《岛夷萧赜传》:"道成死,子赜僭立,改年为永明(483—493)。赜遣其骁骑将军刘缵、前将军张谟朝贡。""九年,遣辅国将军刘缵、通直郎裴昭明朝贡。"②《南齐书·魏虏传》:"永明元年(483)冬,遣骁骑将军刘缵、前军将军张谟使虏。"③《魏书·高祖纪上》:太和七年"十有一月辛丑(廿七,484.1.10),萧赜遣使朝贡"。九年"五月,高丽国及萧赜并遣使朝贡"。④ 此即刘缵两次出使北魏的具体时间。李安世以主客令身份接待刘缵,本传并未明确记载是在刘缵前一次还是后一次来到平城时。若为前一次,则李安世迁任主客给事中奏上均田疏应在太和八年左右,无疑是在均田制颁布之前;若为后一次,则其奏上均田疏也应该是在太和九年十月均田制颁布之前。比较而言,以前一次可能性较大。若此,则均田制的确是孝文帝接受李安世建议后制定并颁布的,"后均田之制起于此矣"是准确的记载。但问题是均田疏中"三长既立"的记载,却与史书所载三长、均田两制的颁布时间发生冲突,因而李安世以主客令接待刘缵是在其后一次来使时的可能性也就不能完全被排除。果如此,则均田疏中"三长既立"一语便可迎刃而解,但史家所谓"后均田之制起于此矣"的判断却不再成立,李安世上疏也就不是均田制的起因,而是为了解决均田制实施过程中存在的问题。

---

①《魏书》卷五三《李安世传》,第四册,第 1175 页。

②《魏书》卷九八《岛夷萧赜传》,第六册,第 2164 页。

③《南齐书》卷五七《魏虏传》,第二册,第 989 页。

④《魏书》卷七上《高祖纪上》,第一册,第 153、155 页。

李安世出身于河北大族赵郡李氏,这是北魏时期最受朝廷重视并对统治作出过巨大贡献的几大家族之一,其地位和贡献可与崔宏、崔浩父子为代表的清河崔氏以及李冲为代表的陇西李氏相媲美。安世祖父李曾,"少治《郑氏礼》《左氏春秋》,以教授为业","太祖时,征拜博士。出为赵郡太守,令行禁止,劫盗奔窜,太宗嘉之"。数次为害山东的并州丁零,"知曾能得百姓死力,惮不入境"。① 曾子李祥,"学传家业,乡党宗之。世祖诏州郡举贤良,祥应贡,对策合旨,除中书博士"。北魏太武帝末年亲征刘宋,"遣尚书韩元兴(茂)率众出青州,以祥为军司。略地至于陈汝,淮北之民诣军降者七千余户,迁之于兖豫之南,置淮阳郡以抚之,拜祥为太守,加绥远将军。流民归之者万余家,劝课农桑,百姓安业"。"迁河间太守,有威恩之称。太安(455—459)中,征拜中书侍郎,民有千余上书,乞留数年,高宗不许"。② 祥弟李孝伯,"少传父业,博综群言。美风仪,动有法度",是太武帝后期最受宠幸的汉人大臣之一,其地位仅次于清河崔浩。史称其"体度恢雅,明达政事,朝野贵贱,咸推重之"。③ 孝伯从父兄李顺,"博涉经史,有才策,知名于世",是太武帝前期最受重用的汉人大臣之一。其父李系与李曾当为亲兄弟。④ 顺长子李敷极受文成帝"宠遇","迁散骑常侍、南部尚书、中书监,领内外秘书","朝政大议,事无不关"。⑤

李安世为李祥之子,"幼而聪悟",年十一即为中书学生,"高宗每幸国学,恒独被引问"。"天安(466—467)初,拜中散,以温敏

①《魏书》卷五三《李孝伯传附父曾传》,第四册,第 1167 页。
②《魏书》卷五三《李孝伯传附兄祥传》,第四册,第 1174—1175 页。
③《魏书》卷五三《李孝伯传》,第四册,第 1167、1172 页。
④《魏书》卷三六《李顺传》,第三册,第 829 页。
⑤《魏书》卷三六《李顺传附长子敷传》,第三册,第 833 页。

敬慎,显祖亲爱之。累迁主客令"。"安世美容貌,善举止",受到来访南朝使节的称赞,"迁主客给事中"。① 由此推断,李安世以主客令身份接待南朝来使是在南齐刘缵第一次出使北魏,即太和七年十一月底十二月初,其任主客给事中当在太和八年初。正是在这一职位上,李安世向孝文帝提出了实施均田的建议,为制定均田制提供了理论基础②。其后李安世"出为安平将军、相州刺史、假节、赵郡公。敦劝农桑,禁断淫祀,西门豹、史起,有功于民者,为之修饰庙堂。表荐广平宋翻、阳平路恃庆,皆为朝廷善士"。相州治下的"广平人李波,宗族强盛,残掠生民。前刺史薛道攧亲往讨之,波率其宗族拒战,大破攧军。遂为逋逃之薮,公私成患。百姓为之语曰:'李波小妹字雍容,褰裙逐马如卷蓬,左射右射必叠双。妇女尚如此,男子那可逢!'"李安世均田疏中所言"强宗豪族,肆其侵凌",广平李氏堪称典型。李安世出刺相州,实施均田制当为其施政的重要内容,而广平李氏家族的猖狂显然构成了很大的阻力,必须予以清除,"安世设方略诱波及诸子侄三十余人,斩于邺市,境内肃然"。③

---

① 《魏书》卷五三《李安世传》,第四册,第 1175 页。
② 胡寄窗云:"均田制的全部规划是否出自李安世之手,不得而知,他至少也是参与均田规划者之一。"均田"诏书中列举均田的理由与李安世的《均田疏》所列举的相同,足以证明他是均田制度的主要规划人"。不过,均田制"具体规定的指导思想虽来自李安世,但这是一个巨大的经济创举,估计不可能是出于李安世一个人的规划"。(《中国经济思想史》,中册,第274、277 页)
③ 以上见《魏书》卷五三《李安世传》,第四册,第 1176—1177 页。唐长孺就《李波小妹歌》所反映的河北大族的骑射之风作过简明扼要的论述,参见《读〈李波小妹歌〉论北朝大族骑射之风》,《唐长孺社会文化史论丛》,第117—120 页。

第二节　均田制与儒家学说

鲁哀公因为饥荒之年国用不足而向有若讨教,《论语·颜渊》:

> 哀公问于有若曰:"年饥,用不足,如之何?"有若对曰:"盍彻乎?"曰:"二,吾犹不足,如之何其彻也?"对曰:"百姓足,君孰与不足? 百姓不足,君孰与足?"①

《孟子·滕文公章句上》:"夏后氏五十而贡,殷人七十而助,周人百亩而彻,其实皆什一也。彻者,彻也;助者,藉也。"②朱熹《论语集注》云:"公意盖欲加赋以足用也",而"有若请但专行彻法,欲公节用以厚民也"。"彻,通也,均也。周制:一夫受田百亩,而与同沟共井之人通力合作,计亩均收,大率民得其九,公取其一,故谓之彻。鲁自宣公税亩,又逐亩什取其一,则为什而取二矣。"哀公以为"什而取二""犹不足","故言此以示加赋之意"。有若则认为"民富,则君不至独贫;民贫,则君不能独富"。③ 略早于孔子,老子对赋税多寡与民众贫富之间的关系提出了类似的看法:"民之饥,以其上食税之多,是以饥。"④

明吕坤云:"足民,王政之大本。百姓足,万政举;百姓不足,

①《论语集注》卷六《颜渊》,《四书章句集注》,第 135 页。
②《孟子集注》卷五,《四书章句集注》,第 254 页。
③《论语集注》卷六《颜渊》,《四书章句集注》,第 135 页。
④朱谦之:《老子校释》第七十五章,第 292 页。

万政废。"①"百姓足，君孰与不足？百姓不足，君孰与足？"此话虽然出自有若之口，但与孔子的思想并不矛盾，或者说正是孔子思想的体现。②《论语·季氏》载孔子谓求（冉有）之语，有云：

> 丘也闻有国有家者，不患寡而患不均，不患贫而患不安。盖均无贫，和无寡，安无倾。

唐人孔颖达云："国，诸侯。家，卿大夫。不患土地人民之寡少，患政理之不均平。""忧不能安民耳。民安则国富。"③近人刘宝楠云："寡者，民多流亡也。均者，言班爵禄、制田里，皆均平也。"④西汉董仲舒《春秋繁露·度制》：

> 孔子曰："不患贫而患不均。"故有所积重，则有所空虚矣。大富则骄，大贫则忧，忧则为盗，骄则为暴，此众人之情也。圣者则于众人之情，见乱之所从生，故其制人道而差上下也。使富者足以示贵而不至于骄，贫者足以养生而不至于忧，以此为度而调均之，是以财不匮而上下相安，故易治也。⑤

---

①［明］吕坤：《呻吟语》卷五《外篇·治道》，王国轩、王秀梅整理《吕坤全集》，中册，第 827 页。
②唐庆增认为，"孔子及其他儒家代表，皆以生财列于理财之先，以为民食足则政府财政问题，自然迎刃而解，了无困难"（《中国经济思想史》上卷，第 82 页）。
③《论语注疏》卷一六，《十三经注疏》，下册，第 2520 页下栏。
④刘宝楠：《论语正义》卷一九，《诸子集成》，第 1 册，第 352 页。
⑤苏舆：《春秋繁露义证》卷八《度制》，第 227—228 页。

北魏孝明帝后期张普惠上疏引孔子语,亦为"不患贫而患不均"①。顾炎武云:"民之所以不安,以其有贫有富。贫者至于不能自存,而富者常恐人之有求,而多为吝啬之计,于是乎有争心矣。夫子有言:'不患贫而患不均。'……此所谓均无贫者,而财用有不足乎?"②由此可见,西汉董仲舒、北魏张普惠及明清之际顾炎武所见《论语·季氏》所载孔子之语,皆为"不患贫而患不均"。③从上下文的逻辑关系来看,与下文"均无贫,和无寡,安无倾"对应的上文无疑应该是"不患贫而患不均,不患寡而患不安"。金景芳等云:"这段话的关键处在一个均字。对均字的训解,董仲舒《春

①《魏书》卷七八《张普惠传》,第五册,第 1745 页。
②[清]顾炎武著,陈垣校注:《日知录校注》卷六"庶民安故财用足"条,上册,第 344—345 页。
③《汉书》卷二四上《食货志上》引作"不患寡而患不均,不患贫而患不安。盖均亡贫,和亡寡,安亡倾"(第四册,第 1117 页)。可知东汉班固所见与今本《论语》同。[清]俞樾《群经平议》卷三一:"寡、贫二字传写互易,此本作'不患贫而患不均,不患寡而患不安'。贫以财言,不均亦以财言,财宜平均,不均则不如无财矣,故不患贫而患不均也。寡以人言,不安亦以人言,人宜乎安,不安则不如无人矣,故不患寡而患不安也。下文云'均无贫',此承上句言。又云'和无寡。安无倾',此承下句言。观'均无贫'之一语,可知此文之误易矣。《春秋繁露·度制篇》引孔子曰'不患贫而患不均',可据以订正。"(《续修四库全书》,第 178 册,第 511 页上栏)今人程树德、钱穆、杨伯峻、金景芳等亦主此说,参见程树德《论语集释》卷三三,第四册,第 1138 页;钱穆《论语新解》,第 428 页;杨伯峻《论语译注》,第 174 页;金景芳等《孔子新传》,第 155 页。刘宝楠有不同看法:"盖贫由于不均,故下文言均无贫。《论语》本错综其文,而《繁露》则依义引之,故不同也。和无寡者,言既均平,则上下和协,民皆思归也。"(《论语正义》卷一九,《诸子集成》,第 1 册,第 352 页)李泽厚认为:"其实这里的'均'并非平均,而应作'分'解。康有为《论语注》:'均,各得其分',即按不同等级、身份而有不同的分配。'不患'两句或应作'不患贫而患不均,不患寡而患不安',但错简流传已久,不必再更正了。"(《论语今读》,第 385—386 页)

秋繁露·度制篇》讲的透辟……董氏以为均不是均贫富,大家绝对平均,均是贫富在贵贱等差上表现出来,该富的当富,该贫的当贫,但不可无限拉大贫富差别,造成大贫大富。"①史载孝文帝"每言:凡为人君,患于不均,不能推诚御物。苟能均、诚,胡越之人亦可亲如兄弟"②。可以说,孝文帝的"均""诚"思想是对孔子"均无贫,和无寡,安无倾"思想的继承、变通和推进,这是其接受李安世均田疏并制定和班行均田制的思想基础。

"理民之道,地著为本。故必建步立亩,正其经界。"③从"量地画野""井税之兴"等语可以看出,孟子井田说乃是李安世均田疏最直接的理论来源。滕文公"使毕战问井地",孟子曰:

> ……夫仁政,必自经界始。经界不正,井地不钧,谷禄不平,是故暴君汙吏必慢其经界。经界既正,分田制禄可坐而定也。……请野九一而助,国中什一使自赋。卿以下必有圭田,圭田五十亩;余夫二十五亩。死徙无出乡,乡田同井,出入相友,守望相助,疾病相扶持,则百姓亲睦。方里而井,井九百亩,其中为公田。八家皆私百亩,同养公田。公事毕,然后敢治私事。④

----

①金景芳等:《孔子新传》,第 155 页。唐庆增认为:孔子"均平学说在中国经济思想史上居极重要之地位,其意义有二":"政府敛税,人民之担负宜平均";"政府宜调剂人民财富,使之渐趋均平"。孔子及《周礼》"均富之说,支配中国数千年来之经济理论"。(《中国经济思想史》上卷,第 78 页)
②《魏书》卷七下《高祖纪下》,第一册,第 186 页。
③《汉书》卷二四上《食货志上》,第四册,第 1119 页。
④《孟子注疏》卷五上《滕文公章句上》,《十三经注疏》,下册,第 2702 页下栏、2703 页上栏。

朱熹注《孟子》云:"经界,谓治地分田,经画其沟涂封植之界也。此法不修,则田无定分,而豪强得以兼并,故井地有不钧(均);赋无定法,而贪暴得以多取,故谷禄有不平。此欲行仁政者之所以必从此始,而暴君污吏则必欲慢而废之也。有以正之,则分田制禄,可不劳而定矣。"①又,朱熹注《论语》引"杨氏曰:仁政必自经界始,经界正而后井地均、谷禄平,而军国之需皆量是以为出焉。故一彻而百度举矣,上下宁忧不足乎?""然什一,天下之中正,多则桀,寡则一貉,不可改也。"②张载云:"仁政必自经界始。贫富不均,教养无法,虽欲言治,皆苟而已。"③孟子关于井田制的论述,与孔子"不患贫而患不均,不患寡而患不安"的思想,可谓一脉相承。《孟子·梁惠王章句上》:"五亩之宅,树之以桑,五十者可以衣帛矣。"④《尽心章句上》:"五亩之宅,树墙下以桑,匹妇蚕之,则老者足以衣帛矣。五母鸡,二母彘,无失其时,老者足以无失肉矣。百亩之田,匹夫耕之,八口之家足以无饥矣。"⑤冯太后和孝文帝为首的北魏统治集团所欲实现的理想社会应该就是这样。

孟子所言井田制在历史上是否曾经存在过,学界的认识并不统一。齐思和认为:"井田制之为孟子之理想,似无问题。不过孟子此种理想,自亦有所依据,而非完全'凭空杜撰'者,盖井田制度固属理想,而助法则为封建时期之通制。"⑥仁井田陞认为:"是否

①《孟子集注》卷五《滕文公章句上》,《四书章句集注》,第 256 页。
②《论语集注》卷六《颜渊》,《四书章句集注》,第 135—136 页。
③[宋]吕大临:《横渠先生行状》,《张载集·附录》,第 384 页。又见[宋]朱熹·吕祖谦同编、叶采集解《近思录》卷九《治法》,《景印文渊阁四库全书》子部五"儒家类",第六九册,第 95 页上栏。
④《孟子注疏》卷一,《十三经注疏》,下册,第 2666 页中栏。
⑤《孟子注疏》卷一三,《十三经注疏》,下册,第 2768 页中栏。
⑥齐思和:《孟子井田说辨》,《中国史探研》,第 181 页。

真正存在着传说中的那样一种制度,我是宁愿持否定意见的。对于学者们所乐意引用的证实井田法存在的资料,例如所谓'六十归田'(《汉书·食货志》)之类,我想这恐怕是后世的作伪吧。"①不过,大多数学者还是认为井田制并非孟子向壁虚构,而是确有其事。赵冈的看法最为明确,认为"先秦的土地制度就是井田制这一系列的办法",具体而言:"大部分的耕地被平均分配给个体小农户去独立使用,也就是分田到户的办法,由农民靠自发的工作意愿去努力经营,所有的收获物归农民自己掌握占有。在这同时,统治者保留了一部分耕地,做为'公田',由农民提供劳力耕作,以为换取份地的交换条件。"②关于其所有制性质,学者的认识亦有差别。冀朝鼎认为:其说"清楚地概括和揭示了古代中国在生产上的基本社会经济单位,即最古老的村落公社所具有的本质特征,而这种村落公社,到了孟子的时代,已经明显地经历了一个分解与分化的过程"③。金景芳认为:"井田制的特点是把土地分配给单个家庭并定期实行重新分配。亦即直接生产者对土地只有私人的和共同的占有权和使用权,而没有私有土地的所有权。马克思又把它叫做'公有制'。"④吕思勉论春秋战国以前制度云:"古代人民对于土地,并无所有权之观念。""大抵古代社会本行共产制,除征服者侵入,为寄生者,强人民纳税,将彼视为禄田外,本无私有之观念也。"⑤亚当·斯密云:"土地成为私有之后,一般总

---

①〔日〕仁井田陞:《中国法制史》,第215页。
②赵冈:《中国古代的井田制、私有产权与市场经济》,《农业经济史论集:产权、人口与农业生产》,第129—130页。
③冀朝鼎:《中国历史上的基本经济区与水利事业的发展》,第50—51页。
④金景芳:《论井田制度》,第81页。
⑤吕思勉:《中国制度史》,第549页。

是划定一部分土地作为维持政府经费之用,希腊各自由邦都有这种土地。亚里士多德认为私人的土地应该环绕在王室土地的四周,因为居住在城市附近的人总是拥护战争的,对防御都有信心,而敌人总是首先侵入邻近边界的土地。在一切未开化的国家,都有指定专供国家使用的土地,所以无须征税。"①此与周代国野之分及井田制颇有相通之处,一定程度上可以看作是历史上早期国家具有普遍性的制度。马克斯·韦伯认为井田制是一种"共产主义的农业组织",并说"这种制度只具有一时的重要性,而且也只有在巨川大河附近能用灌溉来种稻的地方才占支配地位"。②谓井田制只能在巨川大河附近灌溉种稻的地方实行,恐怕只是其对中国古代尤其是北方地区农业的想当然之说,是对所谓东方治水社会的误解。井田制只能在平原地区实行,但未必一定是在巨川大河附近,更可能是在中小型河流的流域内,而西周北方地区的主粮作物当以五谷为主,即使有水稻,也不会占多大比重。

李亚农云:"在李安世的思想中,毫无问题,孟子的井田制占着重要的地位。自战国以来,孟子的幻想虽经过儒家长期地热烈

①〔英〕坎南编著:《亚当·斯密关于法律、警察、岁入及军备的演讲》,第246页。

②〔德〕马克斯·韦伯:《经济通史》,第15页。韦氏接着说:"中国原始的经济组织,可得之于迄今仍在中国农村中常见的氏族经济中,在那里,氏族都各有自己的小型祠堂和学塾,并且共同耕作,共同经营经济生活。"(同上页)虽然时当中国民国初年,但其所说"今"应该还是指晚清时期,氏族即是宗族的同义词,当时的宗族普遍有小型祠堂和学塾应该符合实际(未必尽然),但除了极少的数世同堂的大家族外,恐怕很少有"共同耕作,共同经营经济生活"的情况,不仅当时没有,井田制以后的两三千年间也没有普遍出现过。这表明即便是像韦伯这样对中国文化颇有研究的西方伟大学者,对中国历史文化的了解和认识也有相当的局限。

的宣传,始终没有得到实现的机会,也没有实现的可能。及至北魏的太和年间,幻想的井田制终于获得了几分现实的地盘。划田为井,虽然没有做到;量地均田,却实行了四五十年。我们认为孟子的思想,是均田制的强力的思想背景之一。"①按李氏对井田制的认识未必恰当,但其对北魏均田制与孟子学说之间关系的判断则是可取的。当然,孟子井田说虽然是李安世均田疏重要的理论来源,但均田制毕竟和井田制有很大不同,甚至可以说有本质的区别。就均田令的具体条文来看,与《周礼》所载井田制的确有着一定的承袭关系(见下),似乎可以作出推断,《周礼》乃是均田制更为直接的理论来源。这与赵郡李氏的家学有密切关系,李曾"少治《郑氏礼》《左氏春秋》,以教授为业";李祥"学传家业,乡党宗之"。②《礼》学以制度为主,《左氏春秋》以历史为主,表明关注古代制度和历史是赵郡李氏家学的特色。李安世十一岁即进入中书学研读经史,因其熟读经史,加之"美容貌,善举止",故多年在外交机构任职。其长子李玚(博陵崔氏所生),"涉历史传,颇有文才"。③ 玚弟谧,"少好学,博通诸经,周览百氏";"十三通《孝经》《论语》《毛诗》《尚书》,历数之术尤尽其长,州闾乡党有神童之号"。"览《考工记》《大戴礼·盛德篇》,以明堂之制不同,遂著《明堂制度论》",又"鸠集诸经,广校同异,比三《传》事例,名《春秋丛林》,十有二卷"。④ 谧弟郁(兄弟并沧水公主所生),"好学沉静,博通经史",在孝明帝时期为广平王怀友,是当时最杰出的经学大师之一。史载"时学士徐遵明教授山东,生徒甚盛,怀征遵明

---

① 《李亚农史论集》,第363页。
② 《魏书》卷五三《李安世传》,第四册,第1167、1174页。
③ 《魏书》卷五三《李安世传附长子玚传》,第四册,第1177页。
④ 《魏书》卷九〇《逸士·李谧传》,第六册,第1932、1938页。

在馆,令郁问其《五经》义例十余条,遵明所答数条而已"。为国子博士,"自国学之建,诸博士率不讲说,朝夕教授,惟郁而已。谦虚雅宽,甚有儒者之风"。① 史书中虽未明确记载李安世参与均田制的制定,但可能性甚大。在李安世看来,只有"使土不旷功,民罔游力","恤彼贫微,抑兹贪欲,同富约之不均,一齐民于编户",才能实现"家丰岁储,人给资用"或者说"细民获资生之利,豪右靡余地之盈"的目的。② 惟其如此,距离真正的治世也就不再遥远。毫无疑问,熟读经史的李安世对《周礼》以及孔、孟学说均了然于胸。

关于均田令是由何人所制定的问题,在此略作申述。首先,谓奏上均田疏的李安世为均田令的主要制定者,应该不会有什么问题。其次,三长制与均田制关系密切,可以看作是一体两面的关系(详见本书下篇相关论述),谓三长制的制定者李冲参与了均田令的制定,应该也是合乎情理的。《魏书·李冲传》:"及议礼仪律令,润饰辞旨,刊定轻重,高祖虽自下笔,无不访决焉。"③李冲所议律令,自当包括均田令在内。此外,俸禄制的制定者高闾以及游明根、高祐等汉族士人中的佼佼者,很可能也都参与了均田令的制定。史载高祐"以昔参定律令之勤,赐帛五百匹、粟五百石、马一匹"④。均田令制定之时,高祐正在朝担任秘书令,推测其参与制定均田令当无大误。高闾"出除镇南将军、相州刺史。以参定律令之勤,赐布帛千匹、粟一千斛、牛马各三"⑤。很显然,赏赐应该是对其先前"参定律令"之劳的补偿。结合上文推断,高闾可

①《魏书》卷五三《李安世传附子郁传》,第四册,第 1178—1179 页。
②《魏书》卷五三《李安世传》,第四册,第 1176 页。
③《魏书》卷五三《李冲传》,第四册,第 1181 页。
④《魏书》卷五七《高祐传》,第四册,第 1261 页。
⑤《魏书》卷五四《高闾传》,第四册,第 1206 页。

能在中书监任上参与了均田令的制定。游明根为仪曹尚书,"又参定律令,屡进谠言"①。由此推测,游明根应该也是均田令的制定者之一。高祐"博涉书史"②,高闾"博综经史"③,游明根"综习经典"④,对于制定均田令而言,其渊博的学识可谓适逢其会。上引《李冲传》谓"润饰辞旨,刊定轻重,高祖虽自下笔",表明孝文帝不仅是包括均田令在内的礼仪律令改革的最终决定者,也对相关文本进行了实质性修改。

第三节 均田制与井田制的渊源关系

林毅夫说:"制度变迁过程中,大多数制度安排都可以从以前的制度结构中继承下来。"⑤从均田令条文中即可看到,北魏均田制与《周礼》所载井田制之间有密切的继承关系,两者的基本原则有许多相通之处,均田制的一些条文即是对井田制所作的变通,完全有理由相信北魏均田制是参照《周礼》所载井田制而制定的(有可能还参考了《孟子》《汉书·食货志》等典籍的相关记载)。在北魏统治者制定农业政策和土地制度时,历来都十分重视《周礼》的相关记载,常以之作为指导思想。神瑞二年(415)京畿地区发生严重饥荒,明元帝打算迁都于邺,采纳博士崔浩建议而放弃,

①《魏书》卷五五《游明根传》,第四册,第 1214 页。
②《魏书》卷五七《高祐传》,第四册,第 1259 页。
③《魏书》卷五四《高闾传》,第四册,第 1196 页。
④《魏书》卷五五《游明根传》,第四册,第 1213 页。
⑤林毅夫:《关于制度变迁的经济学理论:诱致性变迁与强制性变迁》,《财产权利与制度变迁——产权学派与新制度学派译文集》,第 402 页。

"于是分简尤贫者就食山东",并"敕有司劝课留农者",提倡发展农副业生产,"自是民皆力勤,故岁数丰穰,畜牧滋息"。① 太武帝时期太子监国,"制有司课畿内之民,使无牛家以人牛力相贸,垦殖锄耨",结果出现了"垦田大为增辟"的局面。② 这两次重要的农业政策和土地制度的制定,都是以《周礼》作为指导思想的。具体而言,在明元帝敕书和太子的制书中分别引《周礼·天官冢宰》"大宰之职"条及《地官·司徒》"闾师"条的记载作为理论依据。《周礼·地官·司徒》:

> 闾师掌国中及四郊之人民、六畜之数,以任其力,以待其政令,以时征其赋。凡任民任农以耕事,贡九谷;任圃以树事,贡草木;任工以饬材事,贡器物;任商以市事,贡货贿;任牧以畜事,贡鸟兽;任嫔以女事,贡布帛;任衡以山事,贡其物;任虞以泽事,贡其物。凡无职者出夫布。凡庶民不畜者祭无牲,不耕者祭无盛,不树者无椁,不蚕者不帛,不绩者不衰。③

可以说,均田制发展农业生产的精神与《周礼》此条完全一致。更为重要的是,均田制的基本原则与《周礼》所载井田制具有密切的渊源关系。《魏志·司马朗传》:"又以为宜复井田。往者以民各有累世之业,难中夺之,是以至今。今承大乱之后,民人分散,土业无主,皆为公田,宜及此时复之。"按司马朗"复井田"之议是在

---

① 《魏书》卷一一〇《食货志》,第八册,第 2850 页。
② 《魏书》卷四下《世祖纪下附恭宗纪》,第一册,第 108—109 页。
③ 《周礼注疏》卷一三,《十三经注疏》,上册,第 727 页上、中栏。

其东汉末年担任"丞相主簿"之时。① 他显然是想通过"复井田"来发展遭到战乱严重破坏的农业生产。顾炎武《日知录》"立言不为一时"条：

> 天下之事，有言在一时，而其效见于数十百年之后者。《魏志》司马朗有复井田之议，谓："往者以民各有累世之业，难中夺之。今承大乱之后，民人分散，土业无主，皆为公田，宜及此时复之。"当世未之行也。及拓跋氏之有中原，令户绝者墟宅桑榆，尽为公田以给授，而口分、世业之制自此而起。迄于隋、唐守之。②

这是历史上最早明确提出井田制（司马朗复井田之议）为均田制渊源的观点。顾氏门人潘耒《日知录序》云："呜呼，先生非一世之人，此书非一世之书也。魏司马朗复井田之议，至易代而后行；元虞集京东水利之策，至异世而见用。立言不为一时，《录》中固已言之矣。"③由潘氏之言，足见其对乃师此一发现是非常看重的。

顾炎武之前，已有学者对均田制与井田制之异同进行比较。参与《资治通鉴》编撰的北宋史家刘恕，否认均田制与井田制有渊源关系，他说："后魏均田制度，似今世佃官田及绝户田出租税，非如三代井田也。魏、齐、周、隋兵革不息，农民少而旷土多，故均田之制存。至唐承平日久，丁口滋众，官无闲田，不复给授，故田制为空文。《唐志》云：'口分、世业之田坏而为兼并。'似指以为井

---

①《三国志》卷一五《魏书·司马朗传》，第二册，第467—468页。
②［清］顾炎武著，陈垣校注：《日知录校注》卷一九，中册，第1049—1050页。
③［清］顾炎武著，陈垣校注：《日知录校注·原序》，上册，序文第20页。

田之比,失之远矣。"①南宋史家郑樵认为,均田制"口分、世业虽非井田之法,而得三代之遗意"②。也就是说,口分、世业田虽与井田制有别,但整体来看均田制继承了井田制的精神,这大概是古代学者最早明确提出均田制与井田制具有某种相通之处。

另一南宋学者叶适比较唐代均田制与周制之异同,提出了如下看法:

> 元魏稍立田制,至于北齐、后周皆相承授民田,其初亦未尝无法度,但末年推行不到头,其法度亦是空立。唐兴,只因元魏、北齐制度而损益之。其度田之法,阔一步、长二百四十步为亩,百亩为顷,一夫受田一顷。周制乃是百步为亩,唐却是二倍有余,此一项制度与成周不合。八十亩为口分,二十亩为世业。是一家之田,口分须据下来人数占田多少。周制八家皆私百亩,唐制若子弟多则占田愈多,此又一项与成周不合。所谓田多可以足其人者为宽乡,少者为狭乡。狭乡之田减宽乡之半,其地有厚薄,岁一易者倍授之,宽乡三易者不倍授,工商者宽乡减半,狭乡不给,亦与周制不同。先王建

①[宋]王应麟著,[清]翁元圻等注:《困学纪闻》(全校本)卷一六《考史·历代田制考》载"刘氏(恕)曰",下册,第1785页。又见同氏《玉海》卷一七六《食货·田制》"唐口分世业田"条引"刘恕曰",《景印文渊阁四库全书》子部二五三"类书类",第九四七册,第541页下栏。按[宋]刘羲仲《通鉴问疑》所载刘恕答司马光问,文字与此略异,参见《景印文渊阁四库全书》史部四四四"史评类",第六八八册,第9页下栏、10页上栏。又见[宋]刘元高编《三刘家集·刘恕·通鉴议论》,《景印文渊阁四库全书》集部二八四"总集类",第一三四五册,第552页下栏。
②《通志》卷六一《食货略一·赋税》,《景印文渊阁四库全书》史部一三二"别史类",第三七四册,第268页上栏。

国,只是有分土,无分民,但付人以百里之地,任其自治。……唐既止用守令为治,则分田之时不当先论宽乡、狭乡,当以土论,不当以人论。今却宽乡自得多,狭乡自得少,自狭乡徙宽乡者又得并卖口分、永业而去。成周之制虽是授田与民,其间水旱之不时,凶荒之不常,上又赈贷救恤,使之可以相补助,而不至匮乏。若唐但知授田而已,而无补助之法,纵立义仓赈给之名,而既令自卖其田,便自无恤民之实矣。周之制最不容民迁徙,惟有罪则徙之。唐却容他自迁徙,并得自卖所分之田。①

寻绎上文,叶氏意在说明唐代均田制允许民户"得自卖所分之田",从而导致土地私有化,为土地兼并开了方便之门,这是造成后世田制大坏的根源。叶氏对唐代均田制的批判,主要出自他对社会现实问题的思考,由于并未深究古代田制和地权关系的历史变迁,故不乏偏颇之处。从其论述来看,虽然指出了唐均田制与周制(井田制)的种种不同,但实际上是在认可两制具有继承性的基础上来进行比较的,属于同中有异,尽管在可否买卖上有本质的区别。

叶适对均田制的评价自非持平之论,但他以是否允许买卖田地作为均田制和井田制的一大差别,应该说看到了问题的实质。当然他认为历史上田地的买卖自唐代均田制始,自非的论,对此马端临已有明确的批判。马氏认为均田制"不能尽如三代之制",其具体看法如下:

① 《文献通考》卷二《田赋考二·历代田赋之制》引"水心叶氏曰",第一册,第 48—49 页。

盖自秦至今千四百余年,其间能行授田、均田之法者,自元魏孝文至唐初才二百年,而其制尽隳矣。何三代贡、助、彻之法千余年而不变也?盖有封建足以维持井田故也。三代而上,天下非天子之所得私也;秦废封建,而始以天下奉一人矣。三代而上,田产非庶人所得私也;秦废井田,而始捐田产以与百姓矣。秦于其所当予者取之,所当取者予之,然沿袭既久,反古实难。欲复封建,是自割裂其土宇,以启纷争;欲复井田,是强夺民之田产以召怨讟,书生之论所以不可行也。①

马端临紧密联系田制所行时代背景尤其是当时的社会制度立论,可谓切中肯綮。虽然他并未否认均田制与井田制有一定的联系或可通之处,但认为两种田制在总体上有很大的区别,均田制与井田制相同之处在于其授田之制,而不同则在于井田制实施贡、助、彻之法。以此观之,马氏之说实与上引叶氏之说可以相通。清人吴铤《因时论·均田限田》云:"井田废,而天下之田无定数。""尝考古今田制,莫如唐均田法为善。凡天下丁男十八以上者授田一顷,笃疾授四十亩,寡妻妾三十亩,自为户者加二十亩,皆以二十亩为永业,其余为口分。其制本于后魏,与《周礼》不合。太宗行之十余年,斗米三钱,夜不闭户,治为后世最。""近世井田断不可行。山川之奥不可井,城郭之错不可井,园林廛漆之系属不可井。必得平原广陆,始可以行之,古者因其时而为之。近世田既不可井,而欲定田制,莫如行均田法而去其弊,限民田无得过

①《文献通考》卷一《田赋考一·历代田赋之制》按语,第一册,第28页。

五十亩,则为者多矣。"①吴氏认为北魏均田制"与《周礼》不合",显然未达一间,不过他所指出的均田制与井田制的差异,应该说还是颇有理据。

诚然,北魏均田制在制定时无疑参考了井田制的相关内容,但两者却有本质区别,均田制决不是对井田制的全盘恢复和生搬硬套,而是依据井田制的受田原理,紧密结合北魏当时的社会状况,在综合考虑各方面细节基础上,制定出的一套完备可行的土地法令。正因如此,它才能在中古时期实行近三百年之久,对农业生产的发展和社会的进步发挥了巨大的作用。② 若结合赋役制度来考虑,则北魏均田制在制定时应该更直接地参考了西晋占田、课田制和户调之式。此外,均田制与北魏前期的计口受田尤其是太武帝后期太子监国时颁布的人牛力相贸及太和元年的受田制度,更是一脉相承的。

左思《魏都赋》有云:"右则疏圃曲池,下畹高堂。……朕朕埛野,奕奕菑亩。甘荼伊蕱,芒种斯阜。西门溉其前,史起灌其后。澄流十二,同源异口。畜为屯云,泄为行雨。水澍秔稌,陆莳稷黍。黝黝桑柘,油油麻纻。均田画畤,蕃庐错列。姜芋充茂,桃李

---

① [清]盛康辑:《皇朝经世文编续编》卷三五《户政七·赋役二》,第 3607—3609 页。

② 李剑农认为,均田制乃"详细周密之规制,远非王莽王田令之粗略可比","制度本身规定之周详审慎",为其得以施行之一因。(《中国古代经济史稿》第二卷《魏晋南北朝隋唐部分》,第 160—161 页)日本学者西嶋定生在论及均田法与井田法的精神之间的关系时有云:"均田法是标志那个时代的政府土地政策的法制之一,因而必然以一定的思想意识为依据,但是思想意识毕竟不等于政策。要使一种思想意识具体化为政策,只有同当时的政治和社会方面的各种条件结合起来才是可能的,从而具体地表现出政策的历史特性。"(《中国经济史研究》,第 311 页)

荫翳,家安其所,而服美自悦。邑屋相望,而隔逾奕世。"①按左思出生于曹魏,主要的生活经历是在西晋时期,他对曹魏建立前夕邺城的以上描述,不仅提到"均田",而且若按后来北魏均田制的规定,则均田制下的社会状况与左思所描述的情形亦可谓十分相似。这究竟是左思对理想社会状况的一种勾画,还是比较忠实地反映了其生活时代的社会现实,难以作出明确判断。或者说,这种状况的确是古代士人对理想社会的期望,而北魏均田制的颁布使其实现具备了可能性。

①[梁]萧统编,[唐]李善注:《文选》,第一册,第 272、276 页。

第五章　北魏均田制颁行的时代背景

　　均田制是北魏前期百年间农业政策和土地制度演变的结果,也是农业经济完全成为北魏社会经济主体阶段的产物。北魏建国以来,历代统治者都比较重视农业生产,先后实行"计口受田"和"人牛力相贸"等重要制度。孝文帝初年定制"一夫制治田四十亩,中男二十亩",已是均田令的雏形。均田制的几个基本法则,在太和九年均田令颁布之前都已确立。均田制实施前近十年间,大规模的灾荒接连不断,民众的死亡和逃亡以及豪强的兼并,严重影响政府的财源和社会的稳定,对北魏王朝的统治造成很大冲击,为此北魏王朝采取了许多措施以缓解危机。为了消除"民有余力""地有遗利"的局面,更好地发挥土地和劳动力的效能,使民众在完成国家赋税徭役征发的同时还有一定积蓄,从而有能力度过饥荒,经过一系列探索,在总结北魏旧制并参照前代中原王朝制度的基础上,历史上第一部完备的土地法规——均田制在孝文帝太和九年十月应运而生。

第一节　北魏前期农业政策和土地制度的演变

　　早在先秦时期,管、孟、荀等伟大思想家就对土地和农业生产及其与社会政治生活的关系作了深刻的阐述。近百年前,顾孟余结合历史与现实对中国的农民问题进行了探讨,认为"土地问题,只是当时社会经济全构造的一部份","是受当时整个的社会经济的制度所支配的"。"因为土地问题,是农业问题的一部份,而农业问题,又为全社会经济的一部份。所以某一时期的土地情形,一定要带着当时全社会经济的色彩。"①按照北魏孝文帝诏令所言,实行均田制是为了"劝课农桑,兴富民之本"②,即通过土地和劳动力的紧密结合以恢复和发展农业生产,并在此基础上保证政府正常的财政收入③。这与北魏以往的相关统治政策和土地制度有密切的关系,也可以说是北魏近百年农业政策和土地制度演变的结果。

拓跋鲜卑虽为游牧民族,但在北魏建国伊始便十分重视农业生产。道武帝于北魏建立之次年,即登国元年(386)"二月,幸定襄之盛乐,息众课农"。"九年春三月,帝北巡。使东平公元仪屯田于河北五原,至于楒杨塞外"。④ 史称"太祖定中原,接丧乱之弊,兵革并起,民废农业。方事虽殷,然经略之先,以食为本,使东平公仪垦辟河北,自五原至于楒阳塞外为屯田"⑤。登国十年五月,后燕皇帝慕容垂遣太子慕容宝等"帅众八万,自五原伐魏"。

---

① 公孙愈之:《中国农民问题》。按公孙愈之为顾孟余之笔名。
②《魏书》卷七上《高祖纪上》,第一册,第 156 页。
③ 政府的财政收入主要来自于农业人口缴纳的赋税,土地产出越多,赋税的来源就越能得到保障。因为"国家的收入总是按比例地随着王国内土地收益的增减而增减,那君主将愿意与土地所有者一道同舟共济,并且愿意通过对国家的良好统治,像土地所有者一样,尽可能地促进农业的繁荣"(〔法〕魁奈:《中华帝国的专制制度》,第 144—145 页)。
④《魏书》卷二《太祖纪》,第一册,第 20、26 页。
⑤《魏书》卷一一〇《食货志》,第八册,第 2849 页。

七月,魏王拓跋珪纳张衮建议,"悉徙部落畜产,西渡河千余里以避之。燕军至五原,降魏别部三万余家,收穄田百余万斛"。① 拓跋仪屯田收效之大②,于此可见一斑。占领河北地区之后,北魏朝廷更是把发展农业生产提到了重要的日程。天兴元年(398)二月,"诏给内徙新民耕牛,计口受田"③。《魏书·食货志》:

> 既定中山,分徙吏民及徒何种人、工伎巧十万余家以充京都,各给耕牛,计口授田。天兴初,制定京邑,东至代郡,西及善无,南极阴馆,北尽参合,为畿内之田。其外四方四维,置八部帅以监之,劝课农耕,量校收入,以为殿最。又躬耕籍田,率先百姓。自后比岁大熟,匹中八十余斛。是时戎车不息,虽频有年,犹未足以久赡矣。④

十余年后,明元帝永兴五年(413)七月,"奚斤等破越勤倍泥部落于跋那山西,获马五万匹,牛二十万头,徙二万余家于大宁,计口受田";八月,"置新民于大宁川,给农器,计口受田"。⑤ 虽然并无给新民耕牛的明确记载,但看起来马和牛都有可能供其饲养并使

①《资治通鉴》卷一〇八《晋纪三〇》孝武帝太元二十年(395)五月、七月条,第八册,第3421、3422页。
②唐长孺云:"穄是小米一类的谷物,由于小米能耐旱、耐寒及成熟期短之故直到现在还是内蒙古自治区以及热河等地主要农作物之一,七月正是收获之时。我们当然不能将这百余万斛的收获量完全归之于屯田,因为我们不能断定除屯田以外没有农耕,但屯田必然占很大的比重。"(《拓跋国家的建立及其封建化》,《魏晋南北朝史论丛》,第221页)
③《魏书》卷二《太祖纪》,第一册,第32页。
④《魏书》卷一一〇《食货志》,第八册,第2849—2850页。
⑤《魏书》卷三《太宗纪》,第一册,第53页。

用(是否归其所有则未必),而且应该在国家需要时能够随时进行征调。土地与耕牛、农器是进行农业生产的基本生产资料,为了使这些完全赤贫的被徙"新民"顺利从事农业生产,皆由北魏政府统一供给。这与拓跋仪河套屯田时的"分农稼"如出一辙,虽然不能明确当时实行的"计口受田"是否具有屯田制度的性质①。北魏末年位极人臣的杨椿在告老归家前,所撰《诫子孙书》之开篇即云:"我家入魏之始,即为上客,给田宅,赐奴婢、马牛羊,遂成富室。自尔至今二十年,二千石方伯不绝,禄恤甚多。"②无法确定杨椿所言"给田宅"是否属于"计口受田",但可以看出上层徙民还被赐予奴婢、马牛羊等而得以迅速摆脱窘迫境地,而普通的受田民未必能够享受到同等待遇。

北魏初年"计口授田"或"计口受田"的对象,是被强制迁徙到京畿地域的被征服地区或部落的民众,这些"新民"在徙居之地

---

① 堀敏一云:"计口受田民不仅分得土地,而且还得到农具和耕牛,由于一切的生产手段都必须依靠国家,所以不难想象其自立性之低。"(《均田制的研究》,第95页)"我在旧稿里,把计口受田制的地位比为魏的屯田制。原因之一是它并非执行于国境内的所有郡县,而是以部分地域的居民为基础的制度。"他认为"计口受田民可作为国有地的耕作者,对国家负有不同于一般郡县民的负担"(同上书,第98页及同页注②)陈连庆也有相似看法,认为"从性质来说,它也是屯田的一种,因为它所采用的剥削方法也必然是按是否使用官牛而异其剥削量的分成制"。(《〈晋书·食货志〉校注 〈魏书·食货志〉校注》,第231页)傅克辉认为:"计口授田是按照各户的人口总数,以家庭为单位分配土地","在计口授田的全部手续完成之后,自然而然地就形成了一份包括户主姓名、家庭人口总数和受田总额三方面内容的文件",即"计口授田簿"。(《魏晋南北朝籍帐研究》,第86页)这种可能性的确很大,但见不到相关的文献记载支持此说。
② 《魏书》卷五八《杨椿传》,第四册,第1289页。按"二十年"当为"百二十年"之讹。

可谓一无所有,所有的生产生活资料都必须由北魏政府供给。《汉书·平帝纪》:元始二年(2)夏,"郡国大旱,蝗,青州尤甚,民流亡。安汉公、四辅、三公、卿大夫、吏民为百姓困乏献其田宅者二百三十人,以口赋贫民"。颜师古注:"计口而给其田宅。"①北魏新民的性质当然与此不同,但就赤贫的程度而言,则无甚区别。同样,北魏对于新民的计口授(受)田实际上也应该是"计口而给其田宅"。王莽篡位后实行王田制,下诏云:"古者,设庐井八家,一夫一妇田百亩,什一而税,则国给民富而颂声作。""予前在大麓,始令天下公田口井,时则有嘉禾之祥,遭反虏逆贼且止。今更名天下田曰'王田',奴婢曰'私属',皆不得卖买。其男口不盈八,而田过一井者,分余田予九族邻里乡党。故无田,今当受田者,如制度。"颜师古注"公田口井"曰:"计口而为井田。"②王莽的王田制是在农民现有土地的基础上按井田制的标准多退少补,以期整齐划一,而北魏的新民则是在一无所有的情况下由政府统一计口受田,也不排除是按井田制的模式受田及征税的可能。北魏平定河北地区之后,道武帝又下令"离散诸部,分土定居,不听迁徙,其君长大人皆同编户"③。按"离散诸部"又作"散诸部落"④、"分散诸部"⑤,"也就是将被拓跋鲜卑征服的和主动归附的各个部落分散定居居住,使其摆脱居无定所随水草畜牧的生活状态,

①《汉书》卷一二《平帝纪》,第一册,第353页。
②《汉书》卷九九中《王莽传中》,第一二册,第4110—4112页。
③《魏书》卷八三上《外戚上·贺讷传》,第五册,第1812页。
④《魏书》卷一一三《官氏志》:"凡此四方诸部,岁时朝贡。登国初,太祖散诸部落,始同为编民。"(第八册,第3014页)
⑤《魏书》卷一○三《高车传》:"太祖时,分散诸部,唯高车以类粗犷,不任使役,故得别为部落。"(第六册,第2309页)

而成为拓跋政权控制下的编户齐民,以定居农业为主要生产生活方式"①。前均田制时代的北魏农业生产以计口受田为基本形态,其法史无明载,但必定是受到中原农耕社会生产方式影响的结果。战乱之后有大量荒芜的田地可供授受,乃是计口受(授)田得以实施的前提条件。

史载明"太祖即位,遣使核浙西田亩,又以中原田多荒芜,命省臣议计民授田"②。年代虽然相距遥远,但与北魏的"计口授田"所体现的原理则是相通的。在伊斯兰教征服印度以后,"伊玛目有权加以分配的那一部分土地的分配情况",据阿拉伯法学家伊本—贾马的分类,第一类土地为"军功田",即:"把土地或有一定收入的项目分配给受田人,作为其完全独有的财产。这一类土地是:(1)还没有被任何人耕种的地段,(2)被原占有者抛弃的土地,(3)现在虽然仍被异教徒耕种,但在征服敌国以前已被伊玛目答应分给穆斯林军队某个成员的土地。"③北魏初年对新民的"计口授田",应该说与此颇有相通之处。这三种情形的土地,前两种属于荒地自无疑义,而最后一种若与北魏相比附则可看作是没收的反抗者的土地,因为北魏在征服敌对的反抗者后会掠俘为奴,他们的土地自然也会被没收成为官田,具有了重新分配的条件——"无主"荒田。不过,北魏"计口授田"的具体做法史书中未见记载,究竟是先分配或得到政府认可后再开荒耕种,还是先开荒耕种而后再得到政府认可,抑或两种状况并存,难以确定。

---

①拙著《北魏政治史》二,第186—187页。

②《钦定续通典》卷三《食货·田制下·明》,《景印文渊阁四库全书》史部三九七"政书类",第六三九册,第37页上栏。

③〔德〕卡·马克思:《马·柯瓦列夫斯基〈公社土地占有制〉一书摘要》,《马克思恩格斯全集》第四十五卷,第266—267页。

根据古代印度的情形①，推断还是以第一种可能性最大，也就是说应该还是先实施"计口授田"，其后受田者再进行开垦耕种。柯瓦列夫斯基对"军功田"的作用有概括的说明："因为被赐的这一类土地通常都是荒地，因而是不纳地亩税的，所以其目的在于扩大耕种面积，也就是扩大征收地亩税的土地面积，从而增加国家收入。"②北魏的"计口授田"无疑也具有这样的作用，所授田地由于原本为荒地而无效益，只有开发后进行生产才有可能征收租税。不过，这一举措同时还因为安顿新民，使其拥有了进行生产生活的资本，自然也就有利于稳定统治局面。"计口授田"以后的土地制度，也可从古代印度的情形予以类推。柯瓦列夫斯基指出：莫卧儿帝国时期"在将荒地交给愿意耕种的人的时候，那就是确立'物权'的问题，即确立不得收回并可以继承的土地所有权——'米尔克'或'莫尔克'——的问题"③。同样，北魏"计口授田"后

---

①柯瓦列夫斯基书中写到："关于未经耕种的土地，《穆尔泰卡》是这样说的：'伊玛目在任何时候都有权将未经耕种的国家土地予以分配。任何人，无论是正教徒或异教徒，凡将荒地加以耕种者，都获得对那块荒地的所有权。'但是事实上，这需要取得伊玛目的同意。例如，在《海代牙》中是这样说的：'谁在得到伊玛目许可之后耕种荒地，那他 eo ipso 就成为荒地的所有者。凡未经其许可而擅自耕种者，根据阿布·哈尼法的说法，便不得享此权利。……从征服之日起，全部荒地都转为整个正教徒社会所有。因此，个人对于荒地的占有，正如对一切战利品的占有一样，如果不经正教徒教长伊玛目的许可，都是不可设想的。'"（〔德〕卡·马克思：《马·柯瓦列夫斯基〈公社土地占有制〉一书摘要》，《马克思恩格斯全集》第四十五卷，第 266 页）

②〔德〕卡·马克思：《马·柯瓦列夫斯基〈公社土地占有制〉一书摘要》，《马克思恩格斯全集》第四十五卷，第 267 页。

③〔德〕卡·马克思：《马·柯瓦列夫斯基〈公社土地占有制〉一书摘要》，《马克思恩格斯全集》第四十五卷，第 279 页。

也应该确立了类似的土地所有权,亦即受田者取得了对所受田地的可以继承的所有权——土地私有权。若此,则"计口授田"应该就与曹魏的屯田制不同,而与西晋的占田制类似。

《周礼·地官·小司徒》:"乃均土地,以稽其人民,而周知其数。上地家七人,可任也者家三人;中地家六人,可任也者二家五人;下地家五人,可任也者家二人。"贾公彦云:"七人之中,一人为家长,余六人在,强弱半,强而可任使者家三人。""六人之内,一人为家长,余五人在,强弱半,不可得言可任者二人半,故取两家并言可任者二家五人。""五人之内,一人为家长,余四人在,强弱半,故云可任者家二人。"①马端临云:"按《小司徒》言上地、中地、下地,以田之肥瘠言之。"②《周礼·地官·遂人》:"辨其野之土,上地、中地、下地,以颁田里。上地,夫一廛,田百晦(亩),莱五十晦;余夫亦如之。中地,夫一廛,田百晦,莱百晦;余夫亦如之。下地,夫一廛,田百晦,莱二百晦;余夫亦如之。"③孙诒让云:"又案《小司徒》计口授田之法,上地家七人,中地家六人,下地家五人。依《汉志》及先郑、赵邠卿说,则无论上、中、下地,皆家一人受正田,其余男子任耕者,悉为余夫,别受田,是余夫即在七人、六人、五人之内,而受田则在正田之外也。依何邵公说,则以五口为一家,盖举下地为率,五口之外众男,乃为余夫。以是推之,似上地家七口,中地家六口,其余夫亦必在七口、六口之外。"④不论经文的涵义如何理解,《周礼》中的受田之法乃是计口受田,故不排除北魏计口受田制是以之为蓝本进行设计的可能性。

<hr>

①《周礼注疏》卷一一,[清]阮元校刻《十三经注疏》,上册,第711页中栏。
②《文献通考》卷一《田赋考一·历代田赋之制》本注,第一册,第8页。
③《周礼注疏》卷一五,《十三经注疏》,上册,第740页下栏。
④[清]孙诒让:《周礼正义》卷二九《地官·遂人》,第三册,第1130页。

北魏明元帝"神瑞二年（415），又不熟，京畿之内，路有行馑。帝以饥将迁都于邺，用博士崔浩计乃止。于是分简尤贫者就食山东"。时明元帝"敕有司劝课留农者"，其中有云："教行三农，生殖九谷；教行园圃，毓长草木；教行虞衡，山泽作材；教行薮牧，养蕃鸟兽；教行百工，饬成器用；教行商贾，阜通货贿；教行嫔妇，化治丝枲；教行臣妾，事勤力役。"史称"自是民皆力勤，故岁数丰穰，畜牧滋息"。① 由此可见，农业和畜牧业虽然都是北魏经济的支柱，但农业的地位似乎更胜一筹。泰常二年（417）二月丙午（初四，3.7），诏曰："九州之民，隔远京邑，时有壅滞，守宰至不以闻。今东作方兴，或有贫穷失农务者。其遣使者巡行天下，省诸州，观民风俗，问民疾苦，察守宰治行。诸有不能自申，皆因以闻。"②很显然，农业在当时社会经济中已占据重要的地位。泰常三年"八月，雁门、河内大雨水，复其租税。九月甲寅（廿一，11.5），诏诸州调民租，户五十石，积于定、相、冀三州"。四年四月，明元帝"南巡，幸雁门。赐所过无出今年租赋。五月庚寅朔（初一，6.9），观渔于灅水。己亥（初十，6.18），车驾还宫，复所过一年租赋"。③

---

① 《魏书》卷一一〇《食货志》，第八册，第 2850 页。按明元帝敕书"教行三农……事勤力役"云云，乃是概括《周礼》之语，《天官冢宰》"大宰之职"："以九职任万民：一曰三农，生九谷；二曰园圃，毓草木；三曰虞衡，作山泽之材；四曰薮牧，养蕃鸟兽；五曰百工，饬化八材；六曰商贾，阜通货贿；七曰嫔妇，化治丝枲；八曰臣妾，聚敛疏材；九曰闲民，无常职，转移执事。"（《周礼注疏》卷二，《十三经注疏》，上册，第 647 页上栏）
② 《魏书》卷三《太宗纪》，第一册，第 57 页。
③ 《魏书》卷三《太宗纪》，第一册，第 59 页。按明元帝南巡雁门发生于前一年雁门大雨水仅仅半年多时间后，应该有视察灾区并督促免除租赋的赈灾措施落实的目的。

泰常七年明元帝东巡,"复所过田租之半"①。这表明,农业地区的租税已成为北魏王朝财政收入的重要来源。

此后,北魏君主南巡或东巡时对所经地区采取租赋减免遂成为常态。不过,当时北方统一战争尚未结束,畜牧业在国家经济中的重要性仍然不容忽视。泰常六年"二月,调民二十户输戎马一匹、大牛一头"。三月"乙亥(廿七,5.14),制六部民羊满百口输戎马一匹"。②也就是说,普通的民户饲养马和牛,而六部民则饲养羊和马,从普通民户和六部民中征集戎马是保证战马供应的重要途径。普通民户自然以农业为主业,但同时也有作为副业的畜牧养殖③。农业很可能也是六部民的主业,但畜牧业在其生产中所占比重较大④,谓其

---

①《魏书》卷三《太宗纪》,第一册,第62页。

②《魏书》卷三《太宗纪》,第一册,第61页。按后一记载一般认为是以拓跋鲜卑为主体的六部民仍然以畜牧业为生产生活方式的证据。唐长孺云:"以羊作为财富标准,自然是对牧民而言。虽然纪载上称为六部,但既由国家直接下令征税,并以'民'为征收单位,显然是指'编户'而言。"(《拓跋国家的建立及其封建化》,《魏晋南北朝史论丛》,第208页)堀敏一云,"总的来说六部之民依然盛行畜牧"(《均田制的研究》,第103页)。

③如北魏晚期孝明帝时广阳王渊为恒州刺史,"在州多所受纳,政以贿成,私家有马千匹者必取百匹,以此为恒"(《魏书》卷一八《太武五王·广阳王渊传》,第二册,第429页)。恒州的中心区域即北魏前期的京师地区,当地在北魏后期虽不乏畜牧业,但总体上还是应该以农业为主。

④《齐民要术·养羊》:"羊一千口者,三四月中,种大豆一顷杂谷,并草留之,不须锄治。八九月中,刈作青茭。若不种豆、谷者,初草实成时,收刈杂草,薄铺使干,勿令郁浥。既至冬寒,多饶风霜,或春初雨落,青草未生时,则须饲,不宜出放。"([后魏]贾思勰著,缪启愉校释:《齐民要术校释》卷六,第426—427页)据此,种十亩饲料田即可满足百口羊的越冬所需,对于普通民户而言只是其拥有土地的一小部分,因而可以推测养羊百口的六部民似乎是以农业为主业,畜牧业为副业。又,《齐民要术》本篇本(转下页注)

"兼营农牧"①,当无疑义。以拓跋鲜卑为主体的六部民属于北魏的统治阶级,他们在北魏初年的征战中得到大量牲口的赏赐,在从事农业生产的同时养殖百口上下的羊群当属正常。

《魏书·张蒲传附子昭传》:"延和二年(433),出为幽州刺史,开府,加宁东将军。时幽州年谷不登,州廪虚罄,民多菜色。昭谓民吏曰:'何我之不德而遇其时乎?'乃使富人通济贫乏,车马之家籴运外境,贫弱者劝以农桑。岁乃大熟,士女称颂之。在任三年,卒。"②这一记载反映了当时地方官解决饥荒问题的几条途径:开仓赈恤,贫富相通,籴运外境,劝课农桑。毫无疑问,劝课农桑为治本之策。太武帝在位期间,数次就农业问题颁诏,提出轻徭薄赋、劝课农桑,并按均贫富为原则制定出征收赋税的新制度。就田制而言,最值得注意的是太子监国时所颁布的一项新政策。《魏书·世祖纪下附恭宗纪》:

> 初,恭宗监国,曾令曰:"《周书》言:'任农以耕事,贡九谷;任圃以树事,贡草木;任工以余材,贡器物;任商以市事,

(接上页注)注,贾思勰回忆其养羊经历及教训云:"余昔有羊二百口,茭豆既少,无以饲,一岁之中,饿死过半。假有在者,疥瘦赢弊,与死不殊,毛复浅短,全无润泽。余初谓家自不宜,又疑岁道病瘦,乃饥饿所致,无他故也。人家八月收获之始,多无庸暇,宜卖羊雇人,所费既少,所存者大。"(《齐民要术校释》,第 427 页)贾思勰家肯定是以农业为生的,这表明一个富裕农户养羊百口作为家庭副业,在北魏时期属于正常情况。贾思勰养羊的具体时间不得而知,似应在其年轻时,以五、六世纪之交即北魏迁都不久后的可能性较大。明元帝时期和北魏均田制时代的社会状况虽有较大差别,但一个富裕农户可养羊百口作为副业应该不会有多大问题。
① 杨际平:《北朝隋唐"均田制"新探》,第 55 页。
② 《魏书》卷三三《张蒲传附子昭传》,第三册,第 780 页。

贡货贿；任牧以畜事，贡鸟兽；任嫔以女事，贡布帛；任衡以山事，贡其材；任虞以泽事，贡其物。'其制有司课畿内之民，使无牛家以人牛力相贸，垦殖锄耨。其有牛家与无牛家一人种田二十二亩，偿以私锄功七亩，如是为差。至与小、老无牛家种田七亩，小、老者偿以锄功二亩。皆以五口下贫家为率。各列家别口数，所劝种顷亩，明立簿目。所种者于地首标题姓名，以辨播殖之功。"又禁饮酒、杂戏、弃本沽贩者。垦田大为增辟。①

总的来看，这一命令是北魏政府采用强制性的办法在畿内地区推广牛耕以提高生产效率，发展当地的农业生产。牛耕无疑比人力更为高效，但是作为"畿内之民"主体的"五口下贫家"不少属于

---

① 《魏书》卷四下《世祖纪下附恭宗纪》，第一册，第 108—109 页。按"其有牛家与无牛家一人种田二十二亩，偿以私锄功七亩"，《册府元龟》卷四九五《邦计部一三·田制》作"其有牛家与无牛家一牛种田二十亩，偿以耘锄功七亩"（第六册，第 5923 页中、下栏第 5923 页）。中华书局点校本《魏书》本卷"校勘记"〔七〕云："按所谓'人牛力相贸'，即有牛家以牛力换取人力，'一人'当作'一牛'，'私'也当作'耘'。意谓有牛家出牛一头，为无牛家耕种二十或二十二亩；无牛家出人，为有牛家耘锄七亩以为报偿。"（第 110 页）按下文"与小、老无牛家种田七亩，小、老者偿以锄功二亩"，牛力与人力劳动的地亩之比为三倍半，因为是对弱势人群小、老者而言，自然要比丁口之家更为优惠。据此推测普通编户人牛力相贸的比例也应该能够除尽，更可能是牛力二十一亩对应锄功七亩。谓"一人"当作"一牛"，似乎不妥，因为牛耕既可一牛也可二牛，但操犁铧耕种者则为一人。此处是指有牛家为无牛家耕种，至于是用一牛还是两牛耕种，恐怕不会作明确限定。"私锄功"和"耘锄功"之义并无不同，但"耘""锄"义同，似无重复必要，此处意在强调人力，故以"私"字见长。牛力与锄功的亩数比或许在一定程度上反映了当时有牛家和无牛家之比——1:3。

无牛之家①,通过"人牛力相贸"之制即可使得有牛家的耕牛和无牛家的人力互通有无,从而最大程度地发挥各自的效用。景穆太子拓跋晃监国时实施的这一制度,可以看作是北魏初年实施的计口受田制向孝文帝时期均田制过渡的桥梁,从中既可看到北魏初年"计口受田"制的痕迹,又可看到后来均田制的影子②。

关于当时的牛耕方式,可从近百年之后《齐民要术》的相关记载来观察。东汉后期崔寔所撰《政论》曰:"武帝以赵过为搜粟都尉,教民耕殖。其法三犁共一牛,一人将之,下种,挽耧,皆取备焉。日种一顷。……今辽东耕犁,辕长四尺,回转相妨,既用两牛,两人牵之,一人将耕,一人下种,二人挽耧:凡用两牛六人,一日才种二十五亩。其悬绝如此。"贾思勰注云:"按三犁共一牛,若今三脚耧矣,未知耕法如何? 今自济州以西,犹用长辕犁、两脚耧。长辕耕平地尚可,于山涧之间则不任用,且回转至难,费力,

---

① 美国经济史学家万志英在述及北魏"人牛力相贸"之制时认为:"拥有耕牛是一项巨大优势,自然有利于大地主。多数的小农都没有耕牛。"(《剑桥中国经济史:古代到19世纪》,第166页)对于农户而言,拥有耕牛自然有利于更好地进行生产,但也不能说只有大地主才会拥有耕牛,即便如其所说"多数的小农都没有耕牛",那还有少数的小农应该拥有耕牛,中小地主自然也会拥有耕牛,无疑"拥有耕牛"并非大地主的专属。直到明清时期,"决不是所有的农民都自有耕畜或租赁耕畜。贫苦农民一般都把自己套在犁上或套在水车的器械上"(〔美〕德·希·珀金斯:《中国农业的发展(1368—1968年)》,第70页)。富裕农民(中农、富农)和地主应该不至于缺少耕畜。就北魏"人牛力相贸"之制的出发点来看,显然是为了让有牛家和无牛家取长补短,互通有无,从而使得全体农户能够在耕种时节更好地进行生产,无论就目的还是结果而论,恐怕都不可能只是"有利于大地主"的做法。
② 日本学者西村元佑、田村实造、古贺登及堀敏一均持这种观点,参见〔日〕堀敏一《均田制的研究》,第106页正文及注①。

未若齐人蔚犁之柔便也。两脚耧种,垄概,亦不如一脚耧之得中也。"①尤须注意的是,"人牛力相贸"制度实施的理论依据来自儒家经典《周礼》,其所引《周书》之言,语出《周礼·地官·司徒》"闾师"条②。按此诏与上引明元帝神瑞二年敕书均引述《周礼》文义,应该是由一位熟谙儒家经典的文臣所起草,最大可能即出自崔浩之手,反映了儒家思想特别是《周礼》的精神在北魏农业政策和土地制度的制定中所发挥的理论指导作用。

据《魏书·食货志》记载,北魏初年将原后燕"吏民及徒何种人、工伎巧十万余家"迁徙到京畿并"各给耕牛,计口授田"。③ 经过近半个世纪,这些家庭的成年人大多都已死亡,家庭成员当以其子孙后代为主。很显然,"畿内之民"的主体就是这些计口授田民户,太子监国令文也显示,当时"畿内之民"的主体为"五口下贫家",是以个体小农家庭为主要成分的,这也反映出北魏计口授田制度的实施对象主要是个体小农阶层。总的来看,人牛力相贸"是一项由政府公开倡导的农民互助合作制度"④。也不排除这样的可能性:"人力和牛力的交换体现出农民之间存在的共同体规定","不论有牛者还是无牛者,都在国家的直接统治下,国家利用他们之间的共同体规定,推行强制性的土地开垦政策"。具体而言,这一制度"是以畿内的贫民为对象,大概是让他们开垦国有地,其时让无牛家向有牛家借牛,而以一定的劳动偿还有牛家。规定各人的耕种面积,按照家口数在账簿里记上所耕种的面积,

---

① 《齐民要术校释》卷一《耕田》,第 50 页。
② 《周礼注疏》卷一三,《十三经注疏》,上册,第 727 页上栏。日本学者川本芳昭即曾明确指出这一点,参见《魏晋南北朝时代の民族問題》,第 379 页。
③ 《魏书》卷一一〇《食货志》,第八册,第 2849—2850 页。
④ 拙著《北魏政治史》四,第 390 页。

以及在所耕种土地上标明姓名,以考核成绩,因此明显地带有强制性"。① 不论如何,"拓跋晃以北魏政府名义下达的这一切实可行的制度,有利于调动农民开垦荒地的积极性,为农业生产的恢复和发展找到了一个合适的对策"②。这一制度的实施使得"垦田大为增辟",于是"此后数年之中,军国用足矣"。③ 在畿内实施的这一制度,后来又推广到全国各个州郡。④

孝文帝延兴三年(473)二月癸丑(初六,3. 20),诏:"牧守令长,勤率百姓,无令失时。同部之内,贫富相通。家有兼牛,通借无者。若不从诏,一门之内终身不仕。守宰不督察,免所居官。"⑤事实应该是,在拓跋晃监国颁布畿内"人牛力相贸"制度后不久,北魏政府便将其推广到全国⑥。而这次颁诏是再一次强调农民在生产上要互助合作,有牛家要将多余的牛力借与无牛家,通过互通有无以达到促进农业生产的目的。太和元年(477)三月丙午

①〔日〕堀敏一:《均田制的研究》,第105—106页。
②拙著《北魏政治史》四,第391页。
③《魏书》卷一一〇《食货志》,第八册,第2851页。
④吕思勉对"人牛力相贸"之制持几近反面的评价,认为"此等烦碎之政令,安能及于闾阎而收实效? 史云'垦田大为增辟,'亦不过缘饰之辞耳"(《两晋南北朝史》,下册,第1081页)。然其并未提出任何理由或证据,自属武断之词。
⑤《魏书》卷七上《高祖纪上》,第一册,第138页。
⑥《魏书》卷四八《高允传》:"世祖引允与论刑政,言甚称旨。因问允曰:'万机之务,何者为先?'是时多禁封良田,又京师游食者众。允因言曰:'臣少也贱,所知唯田,请言农事。古人云:方一里则为田三顷七十亩,百里则田三万七千顷。若勤之,则亩益三斗,不勤则亩损三斗。方百里损益之率,为粟二百二十二万斛,况以天下之广乎? 若公私有储,虽遇饥年,复何忧哉?'世祖善之。遂除田禁,悉以授民。"(第三册,第1069页)按太武帝接受高允建议而"除田禁,悉以授民",或许反映的就是"人牛力相贸"制度推广到全国的情况。

（廿三，4.21），诏曰："朕政治多阙,灾眚屡兴。去年牛疫,死伤太半,耕垦之利,当有亏损。今东作既兴,人须肆业。其敕在所督课田农,有牛者加勤于常岁,无牛者倍庸于余年。一夫制治田四十亩,中男二十亩。无令人有余力,地有遗利。"①此诏与景穆太子令及延兴三年二月癸丑诏的精神可谓一脉相承,如"无牛者倍庸于余年"即是"人牛力相贸"制度的延续,表明牛力与人力在农业生产中具有相当的效能,均田令中"丁牛一头受田三十亩,限四牛"的规定正是这一现实的体现。北齐河清三年均田令虽然取消了丁牛受田的规定,但又规定"人有人力无牛,或有牛无力者,须令相便,皆得纳种,使地无遗利,人无游手焉"②。可以看出,这仍然体现了"人牛力相贸"的精神。而"一夫制治田四十亩,中男二十亩"的规定,与均田令"诸男夫十五以上受露田四十亩"及"年十一已上""授以半夫田"的规定完全相同,可以看作是均田制的雏形。③

综上所述可知,均田制的几个重要原则,在太和九年颁布均

---

①《魏书》卷七上《高祖纪上》,第一册,第 144 页。按在此前不到两个月,即本年正月辛亥(廿七,2.25)诏曰:"今牧民者,与朕共治天下也。宜简以徭役,先之劝奖,相其水陆,务尽地利,使农夫外布,桑妇内勤。若轻有征发,致夺民时,以侵擅论。民有不从长教,惰于农桑者,加以罪刑。"(第 143 页)此两诏都强调劝课农桑,但后一诏令更具可操作性。

②《隋书》卷二四《食货志》,第三册,第 678 页。

③唐长孺认为:"以后孝文帝(元宏)统治时期所颁布的均田制,其中有一条是牛也可以分配到四十亩田,但限制四牛,这显然还是'人牛力相贸'之法的沿袭。只是过去重在保证有牛家获得劳动力,和无牛家获得牛力,现在则是保证与限制有牛家的获得土地。"(《拓跋国家的建立及其封建化》,《魏晋南北朝史论丛》,第 226—227 页)傅筑夫认为:"这是要把每一个能生产的劳动力都安置在土地上,以尽量开发无法利用的荒田,减少土地的荒芜程度,不使'人有余力,地有遗利',这已是实行均田制的(转下页注)

田令之前都已确立。"计口受田",在北魏建国之初就已实行并在后来作了几次更为具体的规定;"劝课农桑"或"务尽地利",从明元帝建国以来的诏令中就一直在强调;"人牛力相贸",自太武帝后期即开始在畿内实行并推广到全国。此外,均田令第四条和十二条分别对受田民种桑、枣、榆、果及种菜作了具体规定,而早在十余年前的延兴二年(472)四月庚子(十八,5.11),即有诏"诸州郡课民益种菜果"①,两者显然也有继承关系。毫无疑问,均田制是北魏前期百年间农业政策和土地制度演变的结果,也是农业经济完全成为北魏社会经济主体阶段的产物。英国新古典经济学创始人阿尔弗雷德·马歇尔(1842—1924)指出:"经济进化是渐进的。""它的前进运动决不是突然的";"天才的发明家、组织者或财政家虽然似乎可以一举而改变一个民族的经济组织",但"也不外乎是使得久已在准备中的广泛的建设性的发展达到成熟而已"。② 北魏均田制的颁行,足以看作是"改变一个民族的经济组织"的重大举措,然而这一变革的出现"决不是突然的",可谓渊源有自,也可以说就是"使得久已在准备中的广泛的建设性的发展达到成熟而已"。

南宋叶适云:"史称拓跋'经略之先,以食为本,垦(垦)辟河北,计民授田',常与诸戎深入角逐,得其卤获,时佐国用,比刘、石之搏噬其民有间矣。至太和则又制禄、立长、行钱,稍循汉晋之

(接上页注)前奏了。"(《中国封建社会经济史》三,第214页)韩国磐认为:"孝文帝的丙午诏实即将畿内一夫治田亩数和人牛力相贸办法推广到全国,这是由计口授田向均田制发展的一个鲜明标志。"(《南北朝经济史略》,第242页)

①《魏书》卷七上《高祖纪上》,第一册,第137页。
②〔英〕马歇尔:《经济学原理》上卷,"原著第八版序言",第17—18页。

旧。要之，为国既久，以渐修立，自然如此。然不于立国之初便分别先后，其国亦不能至于久。论八政者首载食货，信非目前事也。"①毫无疑问，北魏农业的出现和发展，农业政策和土地制度的变革，是北魏能够入主中原的重要因素。这与拓跋鲜卑接受中原传统的生产方式密切相关。如对于标志北魏农业出现的拓跋仪河套屯田，唐长孺认为："所谓'分农稼'的意义，可解释为与屯田民分取谷物。这种屯田分成制度是渊源于汉魏以来的旧制。"②按"计口受田"更与继承中原传统有关，"计口"应该是对秦汉以来中原王朝户籍制度的沿袭，"受田"无疑只能是农耕经济的反映。"人牛力相贸"完全是在农耕经济方式下的互助合作制度，从制度制定的理论依据及其内涵而言，都与所谓拓跋鲜卑的传统毫无关系。"人牛力相贸"制下种田及锄功亩数的规定，以及太和元年三月丙午诏"一夫制治田四十亩，中男二十亩"的规定，既是对"计口受田"制的沿袭，也是对西晋占田制的继承。

第二节　均田令颁布前夕的灾荒现象

在古代农耕社会，人们抵御自然灾害的能力非常有限，水旱风暴及病虫害、瘟疫（人、畜）等都可能造成巨大破坏，从而引发严重的饥荒，出现人口大量死亡和流亡的悲惨景象。西晋傅玄认为："陆田者，命悬于天也。人力虽修，水旱不时，则一年功弃矣。

---

① [宋]叶适：《习学记言》卷三四《北史·魏书》，《景印文渊阁四库全书》子部一五五"杂家类"，第八四九册，第639页。
②唐长孺：《拓跋国家的建立及其封建化》，《魏晋南北朝史论丛》，第220页。

田制之由人,人力苟修,则地利可尽。天时不如地利,地利不如人事。"①总的来看,北魏统治的绝大多数地区还是以陆田为主的旱地农业,天时对农业生产的影响甚大,若发生水旱灾害,人力很难扭转。"灾荒是危机的伴侣。自然灾害是任何时候都会发生的,但在危机阶段,农民抵抗天灾的能力大大地被削弱,灾荒的严重程度和破坏性超过了任何时期。在土地兼并加速、危机趋向深刻化的过程中,大量破产的农民转化成了流民。"②北魏统治中心"平城和桑干河上游地区,尤其是平城,一旦发生水旱等自然灾害造成的饥荒,它所具有的经济弱点便马上暴露无遗,于是社会一片混乱,大众陷入悲惨境地"。"北魏诸帝在一再强调振肃纲纪、清除官僚贪污腐化现象的同时,大力提倡发展农垦事业",“应该被认为是从根本上解决国家危机所采取的重要方针"。从这个角度来认识,均田制的实行可以看作"是为了打开困境而大胆采取的带有起死回生意义的政策"之一。③ 北魏孝文帝太和九年十月丁未(十三,11.6)下诏班行均田制,指出当时的社会问题是:"富

---

① 《太平御览》卷八二一《资产部一·田》引《傅子》,第四册,第 3658 页上栏。按"田制之由人",[唐]马总《意林》卷五《物理论十六卷》作"水田制之由人"(《景印文渊阁四库全书》子部一七八"杂家类",第八七二册,第 272 页上栏),[明]徐元太《喻林》卷二二《人事门二十·审势》引此,出处即作《意林·物理论》(同上子部二六四"类书类",第九五八册,第 307 页下栏)。又按《宋史》卷一七六《食货志上四》载度支判官陈尧叟等之言引《傅子》,作"水田之制由人力"(第一三册,第 4265 页);[明]徐光启《农政全书》卷七《农事·营治下》及卷四四《荒政·备荒考中》引《傅子》,分别作"水田制之由人"及"水田之制由人力"(《景印文渊阁四库全书》子部三七"农家类",第七三一册,第 95 页上栏、650 页下栏)。综上,可知此处当脱"水"字。

② 胡如雷:《中国封建社会形态研究》,第 317 页。

③ 〔日〕前田正名:《平城历史地理学研究》,第 325—326 页。

强者并兼山泽,贫弱者望绝一廛,致令地有遗利,民无余财,或争亩畔以亡身,或因饥馑以弃业。"[1]李安世奏上均田疏的背景是,"时民困饥流散,豪右多有占夺"[2]。也就是说,制定和班行均田制的目的就是为了解决民众因饥荒而流亡、豪强兼并十分突出的社会问题,这是均田制产生的社会背景,也就是北魏王朝实施均田制的直接原因。可以说,自然灾害造成的严重饥荒是北魏统治者制定农业政策和土地制度的催化剂,均田制的实施更是如此。

诺贝尔经济学奖得主阿马蒂亚·森认为:"从广义上说,饥饿是指人们没有充足的食物,而饥荒则指由饥饿所造成的大量死亡的恶性现象。""饥荒意味着饥饿,反之则不然;饥饿意味着贫困,反之也不然。"[3]换言之,贫困并不意味着饥饿,饥饿也不意味着饥荒,只有因饥饿而导致大规模的人口死亡现象才能算作饥荒。其说简明扼要,但稍欠精准。饥饿者一定贫困,但贫困者未必总处于饥饿状态。饥荒一定是由饥饿所导致,但小众或局部的饥饿现象还不能看作是饥荒。李丹把饥荒分为两种类型,即"由战争破坏所致的饥荒与由农业歉收和补贴转移所致的饥荒"[4]。此处所言"补贴转移"大概可以理解为救济不到位。纵观人类饥荒史,天灾人祸的确是导致饥荒的重要原因,然而李氏所说的这两个方面还不能涵盖导致饥荒的全部原因,还有一种不可忽视的原因,就是统治者的倒行逆施——实行了有违常理的政策措施或制度,导致在既没有战争又没有天灾的情况下出现大规模的饥荒,而且这类饥荒造成的破坏性往往更为广泛。饥荒除了导致大量人口死

①《魏书》卷七上《高祖纪上》,第一册,第 156 页。
②《魏书》卷五三《李安世传》,第四册,第 1176 页。
③〔印〕阿马蒂亚·森:《贫困与饥荒》,第 55、53 页。
④〔美〕李丹:《理解农民中国——社会科学哲学的案例研究》,第 251 页。

亡的现象,通常还会出现饥民大量流亡异乡以保命的情形,李安世均田疏所言"民困饥流散"即属于饥荒的表现,或者说民众因贫困和饥饿难以在其居住地继续生存下去,不得不流亡异乡以谋求生路。对于安土重迁的农民而言,若非发生普遍性的大规模的饥荒,一般不会选择离乡背井,或者失去其自由民身份而成为豪强地主的依附民。豪强兼并不仅仅是对土地资源的垄断,同时也是对人口资源的垄断,属于政府禁止的越界行为。豪强兼并对其他自耕农的收入产生了消极影响,甚至导致不少人倾家荡产,不得不改变自耕农身份,投入豪强门下而成为其依附民。不仅如此,豪强兼并使得政府控制的编户齐民数量减少,对国家财政收入的负面影响也是不容忽视的。刘易斯综合经济学界的相关研究,指出经济"垄断"行为有利有弊,"由于垄断(而)造成的害处在经济增长领域比在其他经济领域更为明显"。经济学家的著述所关注的是"垄断使'边际'比例紊乱",从而影响到"一般福利"或"资源的分配"。[1]其说针对的应该是现代工商业为主的经济增长,但用来理解中国古代的豪强兼并对经济增长的影响,似乎也有一定契合之处。

考察史载,在均田制颁布之前的一段时期,北魏境内的确发生了多次颇具规模的水旱灾害,成为导致饥荒的直接因素。孝文帝延兴二年(472)九月"己酉(三十,11.16),诏以州镇十一水,丏民田租,开仓赈恤。又诏流迸之民,皆令还本,违者配徙边镇"[2]。同年十一月"壬辰(十四,12.29),分遣使者巡省风俗,问民疾苦"。

---

① 〔英〕阿瑟·刘易斯:《经济增长理论》,第110页。

② 《魏书》卷七上《高祖纪上》,第一册,第137页。按同书卷一〇五之二《天象志二》:"是年(延兴二年),以州镇十一水旱,免民田租,开仓赈恤。"(第七册,第2360页)则当时十一州镇不仅仅发生了水灾,有的州镇还发生了旱灾,应该说更符合实际。

三年"三月壬午(初六,4.18),诏诸仓囤谷麦充积者,出赐贫民"。
"十有二月庚戌(初八,474.1.11),诏关外苑囿听民樵采。""是岁,州镇十一水旱,丐民田租,开仓赈恤。相州民饿死者二千八百四十五人。"①连续两年发生的水灾或水旱灾害均波及全国十一个州镇,范围颇为广泛,当政的太上皇献文帝均采取了相应的赈济措施。河北平原农业发达的相州饿死饥民近三千人,饥荒严重程度可见一斑。数年之后,冯太后第二次临朝听政,由于连续不断的严重灾荒,使得恢复和发展农业生产的问题变得更加迫切。临朝听政刚刚半年,冯太后便于太和元年正月辛亥(廿七,2.25)颁布了劝农诏,其辞曰:"今牧民者,与朕共治天下也。宜简以徭役,先之劝奖,相其水陆,务尽地利,使农夫外布,桑妇内勤。若轻有征发,致夺民时,以侵擅论。民有不从长教,惰于农桑者,加以罪刑。"与此同时,邻近京师的"云中饥,开仓赈恤"。接着又在三月丙午(廿三,4.21)颁诏,要求各地"督课田农,有牛者加勤于常岁,无牛者倍庸于余年。一夫制治田四十亩,中男二十亩。无令人有余力,地有遗利"。② 毫无疑问,这一具有均田制雏形的制度直接起因于前一年发生的极其严重的牛疫。

其后近十年间,大规模的灾荒更是接连不断。《魏书·高祖纪上》的相关记载如下:

> 太和元年十二月"丁未(廿八,478.2.16),诏以州郡八水旱蝗,民饥,开仓赈恤"。
>
> 二年,"是岁,州镇二十余水旱,民饥,开仓赈恤"。

①《魏书》卷七上《高祖纪上》,第一册,第137—138、140页。
②《魏书》卷七上《高祖纪上》,第一册,第143—144页。

三年"六月辛未(初一,7.5),以雍州民饥,开仓赈恤"。

四年,"是岁,诏以州镇十八水旱,民饥,开仓赈恤"。

五年"十有二月癸巳(初七,482.1.12),诏以州镇十二民饥,开仓赈恤"。

六年"八月癸未朔(初一,8.30),分遣大使巡行天下遭水之处,丐民租赋,贫俭不自存者,赐以粟帛"。十二月丁亥(初七,483.1.1),诏曰:"去秋淫雨,洪水为灾,百姓嗷然,朕用嗟悯,故遣使者循方赈恤。"

七年"三月甲戌(廿五,4.18),以冀、定二州民饥,诏郡县为粥于路以食之,又弛关津之禁,任其去来"。"六月,定州上言,为粥给饥人,所活九十四万七千余口。"九月,"冀州上言,为粥给饥民,所活七十五万一千七百余口"。十二月,"诏以州镇十三民饥,开仓赈恤"。

八年"十有二月,诏以州镇十五水旱,民饥,遣使者循行,问所疾苦,开仓赈恤"。

九年八月庚申(廿六,9.20),诏曰:"数州灾水,饥馑荐臻,致有卖鬻男女者。天之所谴,在予一人,而百姓无辜,横罹艰毒,朕用殷忧夕惕,忘食与寝。"①

以上情况显示,从冯太后第二次临朝听政开始到均田令颁布前夕,北魏境内自然灾害频仍,水旱交加而引发的饥荒持续不断,在大多数年份灾荒波及的范围都比较广泛,尤其是太和七年冀、定

①《魏书》卷七上《高祖纪上》,第一册,第145、146、147、149、151—153、155、156页。

二州的饥荒极其严重。这两个州可以说是北魏的粮仓①,并且定州也是冯太后的故里,两年前冯太后和孝文帝一行即曾南巡定州②。因此,严重的饥荒对冯太后和孝文帝为首的北魏统治集团的心理冲击无疑是巨大的。上引记载显示,灾荒发生之后,北魏朝廷的赈济措施一般是开仓赈恤或遣使循方赈恤。而在当地无力救济的情况下,甚至不得不允许饥民流亡他乡求生并"为粥于路以食之"。其中"为粥给饥民"乃是一个创举。

尤需注意的是,在发生旱灾时冯太后还特别重视举行祈雨仪式以求尽快摆脱灾害,如:

> 太和元年"五月乙酉(初三,5.30),车驾祈雨于武州山,俄而澍雨大洽"。
>
> 二年四月"京师旱。甲辰(廿七,6.13),祈天灾于北苑,亲自礼焉。减膳,避正殿。丙午(廿九,6.15),澍雨大洽,曲赦京师"。
>
> 三年"五月丁巳(十六,6.21),帝祈雨于北苑,闭阳门,是日澍雨大洽"。
>
> 四年二月癸巳(廿七,3.23),诏曰:"今东作方兴,庶类萌动,品物资生,膏雨不降,岁一不登,百姓饥乏,朕甚惧焉。其敕天下,祀山川群神及能兴云雨者,修饰祠堂,荐以牲璧。民有疾苦,所在存问。""六月丁卯(初二,6.25),以澍雨大洽,曲

---

① 曹魏时期杜恕上疏,谓"冀州户口最多,田多垦辟,又有桑枣之饶,国家征求之府"。(《三国志》卷一六《魏书·杜恕传》,第二册,第499页)北魏宣武帝时崔楷上疏,谓"冀定数州"乃"华壤膏腴"之地(《魏书》卷五六《崔楷传》,第四册,第1253页),是最重要的农业区。
② 参见《魏书》卷七上《高祖纪上》,第一册,第150页。

赦京师。"

　　五年四月甲寅(廿五,6.7),诏曰:"时雨不霈,春苗萎悴。诸
有骸骨之处,皆敕埋藏,勿令露见。有神祇之所,悉可祷祈。"①

按祭祀山川之神以御灾屡见于儒家经典的记载②,也是前代王朝
的政治传统③。不违农时是进行农业生产的根本法则,而旱灾的

---

①《魏书》卷七上《高祖纪上》,第一册,第 144、145、147、148、150 页。同书卷
　一〇八之一《礼志一》:"太和二年,旱。帝亲祈皇天、日月五星于苑中,祭
　之夕大雨,遂赦京师。三年,上祈于北苑,又祷星于苑中。"(第八册,第
　2740 页)

②《诗经·周颂·时迈》:"怀柔百神,及河乔岳。"(《毛诗正义》卷一九之二,
　《十三经注疏》,上册,第 589 页上栏)《礼记·祭法》:"山林川谷丘陵能出
　云,为风雨,见怪物,皆曰神。""能御大菑则祀之。""山林川谷丘陵,民所取
　财用也。"(《礼记正义》卷四六,《十三经注疏》,下册,第 1588 页上栏、1590
　页中·下栏)《王制》:"山川神祇有不举者,为不敬。"(卷一一,上册,第
　1328 页中栏)《左传·昭公元年》载子产曰:"山川之神,则水旱疠疫之灾,
　于是乎禜之。日月星辰之神,则雪霜风雨之不时,于是乎禜之。"(《春秋左
　传正义》卷四一,《十三经注疏》,下册,第 2024 页上栏)

③汉文帝前元十五年(前 165)"夏四月,上幸雍,始郊见五帝,赦天下,修名山
　大川尝祀而绝者,有司以岁时致礼"。后元元年(前 163)三月,诏云:"间
　者数年比不登,又有水旱疾疫之灾,朕甚忧。""意者朕之政有所失而行
　有过与? 乃天道有不顺,地利或不得,人事多失和,鬼神废不享与? 何以致
　此?"(《汉书》卷四《文帝纪》,第一册,第 127—128 页)《续汉书·祭祀志
　中》东汉章帝元和二年(85)正月,诏曰:"山川百神,应祀者未尽。其议增
　修群祀宜享祀者。"注引《东观书》载诏,引"孝文十二年令曰:'比年五谷不
　登,欲有以增诸神之祀。'"谓"今恐山川百神应典祀者尚未尽秩,其议增修
　群祀宜享祀者,以祈丰年,以致嘉福,以蕃兆民"。(《后汉书》,第一一册,
　第 3183 页)顺帝阳嘉三年(134),"河南、三辅大旱,五谷灾伤,天子亲自露
　坐德阳殿东厢请雨,又下司隶、河南祷祀河神、名山、大泽"。(《后汉书》卷
　六一《周举传》,第七册,第 2025 页)汉和帝时久旱,"时岁灾旱,祈雨不
　应"。(卷三五《张奋传》,第五册,第 1199 页)《续汉书·礼仪志〔转下页注〕

发生会导致农时错失,使正常的农业生产难以进行。《齐民要术·种谷》:"凡种谷,雨后为佳。遇小雨,宜接湿种;遇大雨,待薉生。(小雨不接湿,无以生禾苗;大雨不待白背,湿辗则令苗瘦。薉若盛者,先锄一遍,然后纳种乃佳也。)春若遇旱,秋耕之地,得仰垄待雨。(春耕者,不中也。)夏若仰垄,非直荡汰不生,兼与草薉俱出。"[1]同书《种麻子》引《氾胜之书》曰:"种麻,豫调和田。二月下旬,三月上旬,傍雨种之。"[2]对普通农户而言,谷和麻是决定

[接上页注]中》:"自立春至立夏,尽立秋,郡国上雨泽。若少,郡县各扫除社稷;其旱也,公卿官长以次行零礼求雨。闭诸阳,衣皂,兴土龙,立土人舞僮二佾,七日一变如故事。反拘朱索萦社,伐朱鼓。祷赛以少牢如礼。"注引《汉旧仪》:"求雨,太常祷天地、宗庙、社稷、山川以赛,各如其常牢,礼也。四月立夏,旱,乃求雨祷雨而已;后旱,复重祷而已;讫立秋,虽旱不得祷求雨也。"(《后汉书》,第一一册,第3117—3118页)《晋书》卷一九《礼志上》:"《左氏传》'龙见而雩',经典尚矣。《汉仪》:自立春至立夏,尽立秋,郡国尚旱,郡县各扫除社稷。其旱也,公卿官长以次行零礼求雨,闭诸阳,衣皂,兴土龙,立土人,舞僮二佾,七日一变,如故事。"(《晋书》,第三册,第597页)祈雨仪式的具体细节,参见[汉]董仲舒《春秋繁露·求雨》(苏舆:《春秋繁露义证》,第426—437页)、《续汉书·礼仪志中》(《后汉书》,第一一册,第3117页)。《宋书》卷一七《礼志四》:"晋武帝咸宁二年(276)春,久旱。四月丁巳(?),诏曰:'诸旱处广加祈请。'五月庚午(廿一,6.19),始祈雨于社稷山川。六月戊子(初九,7.7),获澍雨。此雩禜旧典也。太康三年(282)四月、十年二月,又如之。是后修之至今。"(第二册,第484页)

[1]《齐民要术校释》卷一《种谷》,第66页。按"无以生禾苗",校释本"生"作"坐",误。所见各本及[元]司农司《农桑辑要》卷二《播种·种谷》(《景印文渊阁四库全书》子部三六"农家类",第七三〇册,第211页上栏)、[元]王祯《农书》卷七《百谷谱一·粟》(同上册,第359页上栏)、[明]徐光启《农政全书》卷二五《树艺·谷部上》(同上,第七三一册,第365页上栏)引《齐民要术》,皆作"生"。

[2]《齐民要术校释》卷二《种麻子》,第124页。

衣、食生产的主要农作物,可以说是当时最重要的两种农作物,遇上春旱便无法下种,当年的收成自然就会落空。事实上,绝大多数农作物也都是如此。因此,错失农时,轻则造成减产,重则颗粒无收,饥荒由之而起,统治者自然不能不慎重对待。大概由于太和六年以后的灾害以水灾为主,故未见到祈雨的记载①。不过旱灾仍时有发生,因而这种变化也可能与孝文帝开始参与朝政决策并改变原有统治方式有关。

第三节　救荒政策与均田制的颁行

阿马蒂亚·森指出:"虽然饥荒总是包含着饥饿的严重蔓延,

---

① 北魏与祈雨有关的祭祀,可从《魏书》卷一〇八之一《礼志一》的有关记载约略窥之。明元帝永兴四年(412)"立太祖庙于白登山。岁一祭,具太牢,帝亲之,亦无常月。兼祀皇天上帝,以山神配,旱则祷之,多有效"。泰常三年(418),"又六宗、灵星、风伯、雨师、司民、司禄、先农之坛,皆有别兆,祭有常日,牲用少牢"。"其余山川及海若诸神在州郡者,合三百二十四所,每岁十月,遣祀官诣州镇遍祀。有水旱灾厉,则牧守各随其界内祈谒,其祭皆用牲。王畿内诸山川,皆列祀次祭,若有水旱则祷之。"太武帝"太延元年(435),立庙于恒岳、华岳、嵩岳上,各置侍祀九十人,岁时祈祷水旱"。太延二年六月,经司徒崔浩奏议,仅保留"祀典所宜祀,凡五十七所","余复重及小神""皆罢之"。文成帝和平元年(460)"四月旱,下诏州郡,于其界内神无大小,悉洒扫荐以酒脯。年登之后,各随本秩,祭以牲牢。至是,群祀先废者皆复之"。孝文帝延兴二年(472),时"天地五郊、社稷已下及诸神,合一千七十五所"。太和十五年(491),时"飨祀诸神,凡有一千二百余处"。同年八月戊午(廿九,10.17)诏曰:"先恒有水火之神四十余名,及城北星神。今圆丘之下,既祭风伯、雨师、司中、司命,明堂祭门、户、井、灶、中霤,每神皆有。此四十神计不须立,悉可罢之。"(第八册,第2736—2740、2748—2749页)

但是,我们却没有理由认为,它会影响到遭受饥荒国家中的所有阶层。"①此说诚然。不过,对于依赖农业经济立国的北魏政权而言,虽然统治集团还不会受到饥饿的威胁,对于有较强经济实力的豪强大族而言,饥荒的消极影响相对较小,但境内大面积歉收或绝收,编户齐民的大量死亡和流散,国家的财政收入必然大为缩减,如不能得到及时止损,其后果不堪设想。通过祈雨仪式以图缓解旱灾的影响,便集中反映了北魏统治者的这种焦虑状态。除了举行祈雨仪式外,更为重要的是,北魏政府还通过其它的政策措施改善或缓解灾荒所造成的危害,这在刑法、吏治等诸多方面都有具体的表现。

在均田令颁布之前,北魏朝廷曾三次颁诏恤刑:

> 太和四年(480)"四月己卯(十四,5.8),幸廷尉、籍坊二狱,引见诸囚。诏曰:'廷尉者,天下之平,民命之所悬也。朕得惟刑之恤者,仗狱官之称其任也。一夫不耕,将或受其馁;一妇不织,将或受其寒。今农时要月,百姓肆力之秋,而愚民陷罪者甚众。宜随轻重决遣,以赴耕耘之业。'"
>
> 同年九月戊子(廿五,11.13),诏曰:"隆寒雪降,诸在徽纆及转输在都或有冻馁,朕用愍焉。可遣侍臣诣廷尉狱及有囚之所,周巡省察。饥寒者给以衣食,桎梏者代以轻锁。"
>
> 五年五月庚申朔(初一,6.13),诏曰:"乃者边兵屡动,劳役未息,百姓因之轻陷刑网。狱讼烦兴,四民失业,朕每念之,用伤怀抱。农时要月,民须肆力,其敕天下,勿使有留狱

---

① 〔印〕阿马蒂亚·森:《贫困与饥荒》,第58—59页。

久囚。"①

由此可见，颁诏恤刑的目的是为了在"农时要月"有足够的劳动力投入农业生产。孝文帝曾就"何以止灾而致丰稔"的问题咨询秘书令高祐，高祐认为"旌贤佐政，敬授民时，则灾消穰至矣"。②《资治通鉴》载唐高宗显庆元年（656）四月"己未，上谓侍臣曰：'朕思养人（民）之道，未得其要，公等为朕陈之。'"来济对答引齐桓公时老人之语曰："君不夺农时，则国人皆有余食矣；不夺要，则国人皆有余衣矣。"③孔子曰："道千乘之国，敬事而信，节用而爱人，使民以时。"④按"使民以时"即"无夺农时"⑤。孟子曰："不违农时，谷不可胜食也。"赵岐云："使民得三时务农，不违夺其要时，则五谷饶穰，不可胜食。"⑥朱熹云："农时，谓春耕、夏耘、秋收之

_____

① 《魏书》卷七上《高祖纪上》，第一册，第148—150页。
② 《魏书》卷五七《高祐传》，第四册，第1261页。
③ 《资治通鉴》卷二〇〇《唐纪十六》，第一四册，第6296—6297页。
④ 《论语注疏》卷一《学而》，《十三经注疏》，下册，第2457页中栏。按[明]湛若水解"使民以时"云："此圣人言治国之要也。时，农隙之候，春耕、夏耘、秋收之时，凡有兴作，必于此时之隙乃役之也。"（《格物通》卷八七《禁夺时》，《景印文渊阁四库全书》子部二二"儒家类"，第七一六册，第778页下栏）
⑤ 《汉书》卷二四上《食货志上》，第四册，第1123页。按《荀子·王霸篇》云："无夺农时"则"农夫莫不朴力而寡能矣"。"农夫朴力而寡能，则上不失天时，下不失地利，中得人和，而百事不废"。（[清]王先谦：《荀子集解》卷七，上册，第229页）
⑥ 《孟子注疏》卷一上《梁惠王章句上》，《十三经注疏》，下册，第2666页中栏。又同卷同页，孟子曰："百亩之田，勿夺其时，数口之家可以无饥矣。"按卷一下《梁惠王章句下》复言之，"数口"作"八口"（第2671页中栏）。

时。"①贾思勰云:"顺天时,量地利,则用力少而成功多。任情返道,劳而无获。"②按"顺天时"即是"无夺农时",所谓"凡耕之本,在于趣时"③;"顺时种之,则收常倍"④;"获不可不速,常以急疾为务"⑤;"稼欲熟,收欲速,此良农之务也"⑥。

《尚书·尧典》:"乃命羲和,钦若昊天,历象日月星辰,敬授人

① 《孟子集注》卷一《梁惠王章句上》,《四书章句集注》,第 203 页。
② 《齐民要术校释》卷一《种谷》,第 65 页。
③ 《齐民要术校释》卷一《耕田》引《氾胜之书》,第 48 页。《氾胜之书》对以时而耕的重要性有具体说明:"春冻解,地气始通,土一和解。夏至,天气始暑,阴气始盛,土复解。夏至后九十日,昼夜分,天地气和。以此时耕田,一而当五,名曰膏泽,皆得时功。""春候地气始通:……以时耕,一而当四;和气去耕,四不当一。""慎无早耕。须草生,至可种时,有雨即种,土相亲,苗独生,草秽烂,皆成良田。此一耕而当五也。不如此而早耕,块硬,苗、秽同孔出,不可锄治,反为败田。秋无雨而耕,绝土气,土坚垎,名曰'腊田'。及盛冬耕,泄阴气,土枯燥,名曰'脯田'。脯田与腊田,皆伤田,二岁不起稼,则一岁休之。""凡麦田,常以五月耕,六月再耕,七月勿耕,谨摩平以待种时。五月耕,一当三。六月耕,一当再。若七月耕,五不当一。"(《齐民要术校释》,第 49 页)
④ 《齐民要术校释》卷一《收种》引《氾胜之书》,第 57 页。
⑤ 《齐民要术校释》卷一《种谷》引《氾胜之书》,第 84 页。又,《汉书》卷二四上《食货志上》:"力耕数耘,收获如寇盗之至。"颜师古注:"如寇盗之至,谓促遽之甚,恐为风雨所损。"(第四册,第 1120—1121 页)
⑥ 《齐民要术校释》卷一《种谷》引杨泉《物理论》,第 85 页。同篇又云:"熟,速刈;干,速积。"本注:"刈早则镰伤,刈晚则穗折,遇风则收减。湿积则藁烂,积晚则损耗,连雨则生耳。"(第 67 页)卷二《黍穄》:"刈穄欲早,刈黍欲晚。(穄晚多零落,黍早米不成。)"(第 102 页)《梁秫》:"收刈欲晚。(性不零落,早刈损实。)"(第 107 页)《大豆》:"收刈欲晚。(此不零落,刈早损实。)""叶落尽,然后刈。叶不尽,则难治。(刈讫则速耕。大豆性炒,秋不耕则无泽也。)"(第 109 页)"种荏者……九月中,候近地叶有黄落者,速刈之。(叶少不黄必浥郁。刈不速,逢风则叶落尽,遇雨则烂不成。)"(第 109—110 页)

时。"①按"敬授人时"亦作"敬授民时"。南宋史浩讲解其义,云:"而其修德修政,动合自然之道而已";"君天下者,苟能顺天之时,授人以事,亦自然之理"②。则所谓"顺天之时"即是"合自然之道"或"自然之理"。《尚书·舜典》:"咨十有二牧,曰食哉惟时。"南宋朱熹云:"王政以食为首,农事以时为先。舜言足食之道,惟在于不违农时也。"明丘濬云:"君之所以治者以民,民之所以生者以食,食之所以足者以农,农之所以耕者以时。""欲足其食,农时不可违。此帝舜所以咨牧,而必以食为先,而勉之以时也。"③《六韬》载太公答文王论"爱民之道"云:"农不失时则成之","农失其时则败之"④。《管子》谓"无夺民时,则百姓富"⑤。又谓"明主有六务",其"五曰天时,六曰地宜"⑥。又谓"顺天之时,约地之宜";"故风雨时,五谷实,草木美多,六畜蕃息,国富兵强";"不失其时然后富"。所谓"天时"即是"春仁,夏忠,秋急,冬闭"。唐房玄龄注:"生者仁也。长者忠也,收当急也,藏当闭也。"⑦《国语·周语》载单子曰:"不夺农时,不蔑民功。(蔑,弃也。)有优无匮,有逸无罢。"⑧明湛若水曰:"农时,农作之时也。蔑,弃也。民功,农

---

①《尚书注疏》卷一,《十三经注疏》,上册,第 119 页中栏。

②[宋]史浩:《尚书讲义》卷一《虞书·尧典》,《景印文渊阁四库全书》经部五〇"书类",第五六册,第 173 页上、下栏。

③[明]丘濬:《大学衍义补》卷一五《治国平天下之要·固邦本·重民之事》,《景印文渊阁四库全书》子部一八"儒家类",第七一二册,第 207 页下栏。又可参见同书卷一九《分民之牧》,第 271 页下栏—272 页上栏。

④曹胜高、安娜译注:《六韬·鬼谷子》,第 14—15 页。

⑤黎翔凤:《管子校注》卷八《小匡》,上册,第 402 页。

⑥《管子校注》卷一七《七臣七主》,中册,第 995 页。

⑦《管子校注》卷一七《禁藏》,中册,第 1018 页。

⑧徐元诰:《国语集解》卷二《周语中》,第 66 页。按( )内为吴韦昭注。

功也。优,有余也。匮,乏也。罢,劳惫也。夫财出于民,而农务为本。"①《吕氏春秋·士容论》设专篇论"审时",谓"农之道(耕道)"要在"得时","得时之稼兴,失时之稼约"②。《淮南子·诠言训》:"为治之本,务在于安民。安民之本,在于足用。足用之本,在于勿夺时。"③按"勿夺时"者,"言不夺民之农要时"④。"时事不共,是谓大凶"。"数夺民时,大饥乃来。"⑤汉人韩婴理想中的"贤君之治","不夺民力,役不逾时,百姓得耕,家有收聚,民无冻馁,食无腐败"⑥,乃是其重要表现。《盐铁论·执务》载"贤良曰":"赋敛省而农不失时,则百姓足,而流人归其田里。"⑦西魏苏绰所为"六条诏书"云:"夫百亩之田,必春耕之,夏种之,秋收之,然后冬食之。此三时者,农之要也。若失其一时,则谷不可得而食。""若此三时不务省事,而令民废农者,是则绝民之命,驱以就死然。"⑧只有遵循"农时"进行农业生产,才有可能获得丰收⑨。

---

① [明]湛若水:《格物通》卷八七《禁夺时》,《景印文渊阁四库全书》子部二二"儒家类",第七一六册,第 780 页下栏。

② [战国]吕不韦著,陈奇猷校释:《吕氏春秋新校释》卷二六《士容论》,下册,第 1790、1792 页。

③ 何宁:《淮南子集释》卷一四《诠言训》,中册,第 997 页。按同书卷二〇《泰族训》所载略同,唯"安民"作"宁民"(下册,第 1413 页)。

④《齐民要术校释》卷一《种谷》本注,第 75 页。

⑤《吕氏春秋新校释》卷二六《士容论·上农》,下册,第 1720 页。

⑥ [汉]韩婴撰,许维遹校释:《韩诗外传集释》卷八,第 291 页。

⑦ 王利器:《盐铁论校注(定本)》卷七,下册,第 456 页。

⑧《周书》卷二三《苏绰传》,第二册,第 385 页。

⑨ 法国古典经济学家布阿吉尔贝尔(1646—1714)在《谷物论》中便特别强调遵循自然法则、不违农时的重要性,他说:"必须顺大自然行事","也只有大自然才能够安排平衡;所以,不要妨碍大自然的作用"。"如果土地没有能够及时耕作,那就会是一个致命伤;这就是说,要是耕作不能做到不误季节,不违农时,一切就都完了。"(《布阿吉尔贝尔选集》,第 269—271 页)

所谓"得时之和,适地之宜,田虽薄恶,收可亩十石"①。上引孝文帝诏书特别强调"农时要月,民须肆力",即反映了冯太后、孝文帝为首的北魏统治集团对农业生产的高度重视,而且从己卯诏书和庚申诏书来看,劳动力的不足显然是制约当时农业生产发展的一个重要因素。灾荒会严重影响农业的收成,直接威胁到百姓的生命安全,造成劳动力的减损,从而又进一步对农业生产产生消极影响。在农业成为社会支柱产业的时代,农业税便成为政府财政收入的基本来源,因此灾荒还对北魏国家机器的正常运转构成了严重威胁。这自然更会引起统治集团的高度重视,而通过一系列措施以缓解灾荒危害,无疑便是巩固统治的最关紧要的一个环节②。

均田令颁布前,北魏朝廷还曾三次颁诏以便改善吏治:

太和二年(478)十一月庚戌(初七,12.16),诏曰:"悬爵于朝,而有功者必糜其赏;悬刑于市,而有罪者必罹其辜。斯乃古今之成典,治道之实要。诸州刺史,牧民之官,自顷以来,遂各怠慢,纵奸纳赂,背公缘私,致令贼盗并兴,侵劫兹甚,奸宄之声,屡闻朕听。……有司明为条禁,称朕意焉。"

七年正月庚申(十一,2.3),诏曰:"朕每思知百姓之所疾苦,以增修宽政。而明不烛远,实有缺焉。故具问守宰苛虐

---

① 《齐民要术校释》卷一《耕田》引《氾胜之书》,第50页。
② 针对上述相关诏令,吕思勉云:"案魏本一小部落,后来虽藉兵力,窃据中原,然实不知治体,其政令亦不甚能行,故至恭宗劝农,所留意者,仍不过畿内,至高祖世,乃勤勤告诫牧、守,然以魏吏治之坏,此等空言,又岂能有验邪?"(《两晋南北朝史》,下册,第1081页)与其对"人牛力相贸"之制的批评一样,此说亦出于纯主观臆断,显示其对北魏政治颇具偏见。

之状于州郡使者、秀孝、计掾,而对多不实,甚乖朕虚求之意。宜案以大辟,明罔上必诛。然情犹未忍,可恕罪听归。申下天下,使知后犯无恕。"

"八年春正月,诏陇西公元琛、尚书陆叡为东、西二道大使,褒善罚恶。"①

按第一次措施虽然是在旱灾解除半年余之后采取的,未必与缓解饥荒有直接的关系,但第二、三次举措与灾荒的发生确有密切的关系。地方长官"纵奸纳赂,背公缘私"等违法犯罪行为,无疑会激化阶级矛盾,是引起"贼盗并兴"的根源,严重者甚至有可能危及北魏统治的基石。若天灾引起的饥荒与地方长官的苛虐同时侵袭,则百姓便无法承受疾苦,为了活命,也就不得不选择流亡,或依附于豪强,或结草为寇。若地方长官施行善政,则可在一定程度上缓解灾荒引起的困境,使饥民感受到"皇恩浩荡",不至于因生活窘迫揭竿而起。② 冯太后和孝文帝为首的北魏统治集团之所以如此重视灾荒问题,甚至改变北魏王朝的统治方针、政策,应该就是基于这样的考虑。因此,太和二年十一月庚戌诏所言地方长官"纵奸纳赂,背公缘私,致令贼盗并兴",无疑也是当时北魏政

---

① 《魏书》卷七上《高祖纪上》,第一册,第 146、152—153 页。
② 陈振汉云:"中国历史上的内乱,不论其时地与近因若何,大概都可以说是农民战争,其主因一方面在天灾苛政之后,饥馑为患民不聊生,而一方面贫富悬殊,在此种情形之下,尤为显著……灾荒之所以形成,多与污吏的贪没公帑,疏于水利荒政有关,而流寇起事的原因,每在求诛贪劣掠夺财产,所以直接间接均与吏治贪劣有关。"(《中国政治传统与经济建设政策——经济建设与经济政策问题之二》,《社会经济史学论文集》,第 233 页)

府制定农业政策和土地制度的重要参考。①

此外,北魏朝廷还采取了一些措施以缓和灾荒引起的困局:

> 太和二年"八月,分遣使者考察守宰,问民疾苦。丙戌
> (十一,9.23),诏罢诸州禽兽之贡"。
>
> 三年"八月壬申(初三,9.4),诏群臣直言尽规,靡有所
> 隐"。"十有一月癸卯(初五,12.4),赐京师贫穷、高年、疾患
> 不能自存者衣服布帛各有差。"
>
> 四年正月"丁巳(二十,2.16),罢畜鹰鹞之所,以其地为
> 报德佛寺"。四月"甲申(十九,5.13),赐天下贫人一户之内
> 无杂财谷帛者廪一年"。
>
> 五年七月"甲戌(十六,8.26),班乞养杂户及户籍之制五
> 条"。
>
> 六年八月"庚子(十八,9.16),罢山泽之禁"。十二月丁
> 亥(初七,483.1.1),诏曰:"今课督未入及将来租算,一以丐
> 之。有司勉加劝课,以要来穰,称朕意焉。"②

联系灾荒发生的时间,可知以上措施的实行的确应该与缓和灾荒
引起的社会矛盾有关。"罢诸州禽兽之贡""罢畜鹰鹞之所"及

---

① 太和前期发生的反叛活动见于记载者有:太和元年十一月"丁亥(初七,
11.28),怀州民伊祁苟初自称尧后应王,聚众于重山,洛州刺史冯熙讨灭
之"。四年正月,"雍州氐齐男王反,杀美阳令,州郡捕斩之"。五年二月,
"沙门法秀谋反,伏诛"。五月"庚午(十一,6.23),青州主簿崔次恩聚众谋
叛,州军击之,次恩走郁洲"。(《魏书》卷七上《高祖纪上》,第一册,第
145、148、150页)
② 《魏书》卷七上《高祖纪上》,第一册,第146—148、151—152页。

"罢山泽之禁",是具有因果关系的几项举措。① 这些举措无疑可以减轻基层民众的负担,也有让利于民的意味,同时还表明北魏官方狩猎活动至此已经基本结束。派遣使者考察地方长官的治理状况,同时了解民间的疾苦,征求群臣对统治的意见,有助于及时发现并化解社会矛盾,找到更好的赈灾济困和发展经济的办法。② 对贫病年老等减少或丧失了生活能力的弱势人群的关怀,有可能暂时使他们勉强维持生计,摆脱濒临死亡的困境。免除未入课督及将来租算,则可大大减轻灾民的负担,使他们有可能进行再生产。"乞养杂户及户籍之制五条"的具体内容不得而知,大概与抑制豪强兼并、增加自耕农户的数量有关,后来的三长制似乎与此具有一定的承袭关系。

　　李安世上疏言均田的背景是,"时民困饥流散,豪右多有占夺",表明这种现象就发生在当下,结合太和元年以来灾荒不断的情况,可证其说之不诬。更具体一点说,太和七年三月"弛关津之禁,任其去来"措施的实行,使大量的饥民有了逃荒谋生的机会,定州和冀州上言"为粥给饥民"所活人口大概就是当时河北地区"困饥流散"的饥民总数。两州相加居然高达一百七十万口之众,推测这些人口并不完全都是定州和冀州人,应该还有不少来自外州郡的人

---

① 汉文帝时的相关举措可资参证,《汉书》卷四《文帝纪》:后元六年(前158)"夏四月,大旱,蝗。令诸侯无入贡,弛山泽,减诸服御,损郎吏员,发仓庾以振民,民得卖爵"(第一册,第131页)。
② 《魏书》卷二四《崔玄伯传附崔衡传》:"太和二年,袭爵武陵公、镇西将军,迁给事中。车驾巡狩,以衡为大都督长史。衡涉猎书史,陈备御之方、便国利民之策凡五十余条。"(第二册,第625页)按崔衡"陈备御之方、便国利民之策",当是响应朝廷太和三年八月壬申诏而发,此后北魏统治政策的调整和变革应该与其所陈五十余条方策有很大关系。

口,结合太和九年八月庚申诏推测,至少还当包括幽、相二州的饥民。太和七年十二月"庚午(廿六,484.2.8),开林虑山禁,与民共之"①。此与一年多之前颁布的"罢山泽之禁"政策有关联②。林

①《魏书》卷七上《高祖纪上》,第一册,第153页。十余年前,北魏政府就曾采取过类似的措施,延兴三年(473)"十有二月庚戌(初八,474.1.11),诏关外苑囿听民樵采"(第140页)。时献文帝以太上皇身份执掌国政。"关外"的具体范围并不清楚,应该是指京畿以外的地区,"苑囿"之设主要当用于皇家狩猎游玩及采办材木等,大多应有山林资源,"听民樵采"意味着开"封禁"。后来的"罢山泽之禁"、"开林虑山禁"措施,与此可谓如出一辙。
②此前北魏政府之所以实行"山泽之禁"或"山禁"制度,主要是为了独占山泽之利。山泽中有各种动植物资源,而地方向朝廷上贡的土特产尤其"禽兽之贡"大多应该出自山林。孝文帝时,赵郡公主之夫司马跃"为云中镇将、朔州刺史、假安北将军、河内公。跃表罢河西苑封,与民垦殖。有司执奏:'此麋鹿所聚,太官取给,今若与民,至于奉献时禽,惧有所阙。'诏曰:'此地若任稼穑,虽有兽利,事须废封。若是山涧,虞禁何损? 寻先朝置此,岂苟藉斯禽,亮亦以俟军行薪蒸之用。其更论之。'跃固请宜以与民,高祖从之"(《魏书》卷三七《司马楚之传附子跃传》,第三册,第859—860页)。山中有良药可采。《水经注》卷六《涑水》:"(坛道山)厥顶方平,有良药。《神农本草》曰:地有固活、女疏、铜芸、紫菀之族也。"([北魏]郦道元注,杨守敬、熊会贞疏:《水经注疏》,上册,第592页)又有蜂蜜可采。[唐]李吉甫:《元和郡县图志》卷二二《山南道三·兴州·鸣水县》:"厨山,在县南三里。极崇峻幽深,多木蜜,百姓资其利。"(上册,第571页)泽中则有鱼盐蒲苇菱芡之利。《水经注》卷一三《灅水》:"祁夷水东北迳青牛渊……潭深不测,而水周多莲藕生焉。"(《水经注疏》,中册,第1167页)《元和郡县图志》卷一五《河东道四·邢州·钜鹿县》:"大陆泽,一名钜鹿,在县西北五里。……按泽东西二十里,南北三十里,葭芦菱莲鱼蟹之类,充牣其中。泽畔又有咸泉,煮而成盐,百姓资之。"《洺州·永年县》:"鸡泽,在县西南十里。……今其泽鱼鳖菱芡,州境所资。"(上册,第428、431页)卷一六《河北道一·怀州·武德县》:"平皋陂,在县南二十三里,周回二十五里。多菱莲蒲苇,百姓资其利。"(第446页)卷一八《河北道三·定州·望都县》:"阳城淀,县东南七里,周回三十里。莞蒲菱芡,靡所不生。"《沧州·长芦县》:"萨摩陂,在县北十五里。周回五十里,有蒲(转下页注)

虑山"南接太行,北连恒岳"①,地理位置十分重要,在林虑山实行封禁政策当与此有关。林虑山地属相州邺郡②,"开林虑山禁"的

（接上页注）鱼之利。"（第 512、518 页）另一方面,由于山泽往往成为"盗贼"藏匿的渊薮,开放山泽之禁有可能对北魏统治构成威胁。《魏书》卷二《太祖纪》:天兴五年(402)十一月,"遣左将军莫题讨上党群盗秦颇、丁零翟都于壶关。丁丑(十二,12.22),上党太守捕颇,斩之,都走林虑(山)"(第一册,第 40 页)。卷五一《韩茂传附子均传》:"广阿泽在定、冀、相三州之界,土广民稀,多有寇盗,乃置镇以静之。以均在冀州劫盗止息,除本将军、广阿镇大将,加都督三州诸军事。均清身率下,明为耳目,广设方略,禁断奸邪,于是赵郡屠各、西山丁零聚党山泽以劫害为业者,均皆诱慰追捕,远近震跼。"(第四册,第 1128—1129 页)

①《元和郡县图志》卷一六《河北道一·相州》"林虑县"条,上册,第 456 页。
②《魏书》卷一〇六上《地形志上·司州》林虑郡林虑县条本注:"二汉属河内,晋属汲郡。前汉名隆虑,后汉避殇帝名改焉。真君六年(445)并邺,太和二十一年(497)复。"(第七册,第 2459 页)同书卷一二《孝静帝纪》:天平元年(534)十一月,"改相州刺史为司州牧,魏郡太守为魏尹,徙邺旧人西径百里,以居新迁之人。分邺置临漳县,以魏郡、林虑、广平、阳丘、汲郡、黎阳、东濮阳、清河、广宗等郡为皇畿"(第一册,第 298 页)。《元和郡县图志》卷一六《河北道一·相州》:林虑县,"晋属汲郡。后魏太武帝省入邺县。文帝立,复属魏郡"(上册,第 455—456 页)。按文帝当即孝文帝,则太平真君六年前和太和二十一年后林虑县属魏郡所辖。《水经注》卷一〇《浊漳水》:"漳水又东,迳磻阳城北,仓石水入焉。水出林虑县之仓石溪,东北迳鲁班门西,双阙昂藏,石壁霞举,左右结石脩防。崇基仍存,北迳偏桥东,即林虑之峤岭,抱犊固也。石磴西陛,陟踵脩上,五里余,崿路中断,四五丈中,以木为偏桥,劣得通行,亦言故有偏桥之名矣。自上犹须攀萝扪葛,方乃自津山顶,即庾衮眩坠处也。仓石溪水又北,合白木溪。溪水出壶关县东白木川,东迳百亩城北,盖同仇池百顷之称矣。又东,迳林虑县之石门谷,又注于苍溪水。"杨守敬疏引《林县志》:"宋端拱元年,于磻阳城置采造务,采林虑北山材木,城在今林县西北八十里。"《彰德府志》:鲁班门"在林县西北二十五里,两山相去五十步,峰势峻巧,缺然如门"。(《水经注疏》,上册,第 928—929 页)

举措,估计也与缓解当地的饥荒有关①。同年"州镇十三民饥",足见其时饥荒范围甚广。

太和九年八月庚申(廿六,9.20)诏谓,"今自太和六年已来,买定、冀、幽、相四州饥民良口者,尽还所亲,虽娉为妻妾,遇之非理,情不乐者亦离之"②。这表明,当时有不少饥民被买卖而成为奴婢③。与此同时,离乡背井的饥民为了生存,还主动或被动地依附于当地豪强大族,"时民困饥流散,豪右多有占夺"即是这种现实的生动写照。正是在这种情况下,孝文帝于太和八年(484)八月甲辰(初四,9.9)下诏曰:

---

① 此外,山中有矿产资源,这是实行山禁制度的又一重要因素。《元和郡县图志》卷一六《河北道一·相州》"林虑县"条:"林虑山,在县西二十里。山多铁,县有铁官。"(上册,第456页)虽然没有明确记载显示北魏时期已在林虑山进行铁矿开采和冶铁生产,但可能性很大。

② 《魏书》卷七上《高祖纪上》,第一册,第156页。早在文成帝末年北魏朝廷就颁布过类似诏令,和平四年(463)八月壬申(三十,9.28)诏曰:"前以民遭饥寒,不自存济,有卖鬻男女者,尽仰还其家。或因缘势力,或私行请托,共相通容,不时检校,令良家子息仍为奴婢。今仰精究,不听取赎,有犯加罪。若仍不检还,听其父兄上诉,以掠人论。"(《魏书》卷五《高宗纪》,第一册,第121页)

③ 吐鲁番哈拉和卓九九号墓出土《北凉承平八年(公元450年)翟绍远买婢券》,是一份保存完整的奴婢买卖文书,其辞云:"承平八年岁次己丑九月廿二日,翟绍远从石阿奴买婢壹人,字绍女,年廿五,交与丘慈锦三张半。贾(价)则毕,人即付。若后有何(呵)盗仞(认)名,仰本主了,不了,部(倍)还本贾(价)。二主先和后券,券成之后,各不得返悔,悔者罚丘慈锦七张,入不悔者。民有私要,要行二主,各自署名为信。券唯一支,在绍远边。书印道护。"(国家文物局古文献研究室等:《吐鲁番出土文书》,第一册,第187页)时当北魏太武帝末年,与孝文帝太和六年相距三十余年。北魏奴婢买卖的具体情形难得其详,推测也应该具有与北凉残余政权相似的程序。

帝业至重，非广询无以致治；王务至繁，非博采无以兴功。先王知其如此，故虚己以求过，明恕以思咎。是以谏鼓置于尧世，谤木立于舜庭，用能耳目四达，庶类咸熙。朕承累圣之洪基，属千载之昌运，每布遐风，景行前式。承明之初，班下内外，听人各尽规，以补其阙。中旨虽宣，允称者少。故变时法，远遵古典，班制俸禄，改更刑书。宽猛未允，人或异议，思言者莫由申情，求谏者无因自达，故令上明不周，下情壅塞。今制百辟卿士，工商吏民，各上便宜。利民益治，损化伤政，直言极谏，勿有所隐，务令辞无烦华，理从简实。朕将亲览，以知世事之要，使言之者无罪，闻之者足以为戒。①

分析当时形势，可以推断李安世均田疏、李冲三长疏就是为响应甲辰诏书而上，均田制和三长制也就随之应运而生。具体而言，均田疏和三长疏上奏的时间以太和九年春夏时节的可能性最大。均田制和三长制的制定并不是截然分开的行动，而应该是放在一起共同考虑的结果。李安世上疏时或许就已清楚即将实施三长制，因而在其疏中提到"三长既立"云云，从疏文内容来看，主要是对均田制和三长制设立后将要出现的问题提出解决的对策。否则，就只能解释为是在三长制已立之后所上，目的是为了解决已经出现的问题，当然其上疏也就不能看作是均田制的起因了。

由于长期的战乱和饥荒的影响，北魏境内不少地区人口并不稠密，而是有较多的荒地可供分配，这无疑为均田制的实施提供

---

① 《魏书》卷七上《高祖纪上》，第一册，第154页。

了条件①。如献文帝时位于定、冀、相三州之界的广阿泽地域(北魏在其地设广阿镇进行治理),即是"土广民稀,多有寇盗"②。按"土广民稀"的广阿泽周边自然有不少荒地,加之"多有寇盗",民众不能安居乐业,田畴荒芜的现象必定十分严重。这种情况想来并非仅局限于广阿镇一地,在山泽之地或边远地区大概较为普遍,遇上饥荒则会更加严重。太和十一年齐州刺史韩麒麟"表陈时务",谓其时"耕者日少,田有荒芜"。京师地区虽然民庶繁众,但据韩麒麟上表所言,绝大部分的人并没有很好地与土地相结合,所谓"不田者多,游食之口,三分居二"。因游民"动以万计","农人不劝,素无储积",故并无克服饥荒的能力,"饥寒之本,实在于斯"。③ 李安世均田疏云,"盖欲使土不旷功,民罔游力"④,亦证当时存在着可观的荒地和未与土地结合的劳动力。

《魏书·食货志》:"世祖之平统万,定秦陇,以河西水草善,乃以为牧地。畜产滋息,马至二百余万匹,橐驼将半之,牛羊则无数。高祖即位之后,复以河阳为牧场,恒置戎马十万匹,以拟京师军警之备。每岁自河西徙牧于并州,以渐南转,欲其习水土而无死伤也,而河西之牧弥滋矣。"⑤国营牧场上大概是不能进行农耕的,但并州无疑是农业地区,没有大量的荒地存在,徙牧便不大可

①晋武帝太康(280—289)年间,傅咸上书云:"古者人稠地狭而有储蓄,由于节也;今者土广人稀而患不足,由于奢也。"(《晋书》卷四七《傅咸传》,第五册,第1325页)按北魏实施均田制时人、地关系的情形大概与西晋太康年间差别不大,因而就全国形势而论无疑也可以说是土广人稀。
②《魏书》卷五一《韩茂传附子均传》,第四册,第1129页。
③《魏书》卷六〇《韩麒麟传》,第四册,第1332—1333页。
④《魏书》卷五三《李安世传》,第四册,第1176页。
⑤《魏书》卷一一〇《食货志》,第八册,第2857页。

能。孝文帝迁都时,令宇文"福检行牧马之所。福规石济以西、河内以东,拒黄河南北千里为牧地"①。《资治通鉴》齐明帝建武元年(494)十一月:"魏主敕后军将军宇文福行牧地,福表石济以西、河内以东,距河凡十里。魏主自代徙杂畜置其地,使福掌之。"胡三省注云:"牧地,纵则石济以西,河内以东,横则距河十里。按:杜佑《通典》,卫州汲县,古牧野之地。则其地宜畜牧,有自来矣。"②由此来看,北宋司马光等人所见《魏书》相关记载,作"距黄河南北十里为牧地"。比较而言,此说显然更为可信。当时黄河沿岸人口应该并不稠密,否则不太可能设置牧场。也就是说,在均田令颁布近十年后黄河沿岸仍有一定的荒地可供利用。

亚当·斯密说:"听任大量土地集中在个别私人手中是阻碍农业发展的一个重大因素。如果一个人的土地多过自己所能耕种的数量,一部分土地在某种意义上就是荒废了。"③布阿吉尔贝尔说:"不论土地如何肥美,如没有耕种,那么对于地主和君王来说,等于一钱不值。"④不管是因豪强占有超过自己耕种能力的土地而使一部分土地被荒废,还是无主荒地未被开发利用,对于遭受饥荒困扰的北魏社会,都是迫切需要加以解决的问题。如何使土地和民众有效地结合起来,以加强土地的利用,提高生产效率,使民众在完成国家赋税徭役征发的同时还将有较多的积蓄,从而

①《魏书》卷四四《宇文福传》,第三册,第 1000 页。
②《资治通鉴》卷一三九《齐纪五》,第一〇册,第 4369 页。
③〔英〕坎南编著:《亚当·斯密关于法律、警察、岁入及军备的演讲》,第 234 页。
④〔法〕布阿吉尔贝尔:《法国详情》,《布阿吉尔贝尔选集》,第 113 页。布氏又云:"世界上最好的土地,要是没有耕种,就和最坏的土地没有丝毫差别";"土地再肥沃,如果不可能或者被限制开发利用,那也是毫无用处的"。(同上书,第 39、100 页)

有能力度过饥荒,是摆在当时北魏统治集团面前的一项艰巨任务。均田制就是在这种背景之下诞生的。均田令颁布约半个世纪后,贾思勰所撰《齐民要术·耕田》中对开垦荒地的方法有具体说明:

> 凡开荒山泽田,皆七月芟艾之,草干即放火,至春而开垦。根朽省功。其林木大者劙杀之,叶死不扇,便任耕种。三岁后,根枯茎朽,以火烧之。入地尽矣。耕荒毕,以铁齿镉榛再遍杷之,漫掷黍穄,劳亦再遍。明年,乃中为谷田。①

北魏前期计口授田及均田令颁布以后的开荒方法大概与此无异。贾思勰完成《齐民要术》的东魏初年,刚刚经历了北魏末年长达十年的战乱,人口锐减,经济凋敝,农业生产亟待恢复。孝文帝颁布均田令之时,北魏社会经济的状况应该优于东魏初年,但远非尽如人意,由于遭受多年持续不断的饥荒侵袭,大量民众离乡背井,或毙命异乡,或沦为奴婢,必然有大量农田荒芜,失于耕作。面对

---

① 《齐民要术校释》卷一《耕田》,第 37 页。[元]王祯《农书》卷二《农桑通诀二·垦耕篇》所载开荒之法与《齐民要术》有所不同:"大凡开荒,必趁雨后,又要调停犁道浅深粗细。浅则务尽草根,深则不至塞墱,粗则贪生费力,细则贪熟少功,唯得中则可耕荒,毕以铁齿镉鑄过漫。种黍、稷或脂麻、绿豆,杷劳再遍。明年,乃中为谷田。今汉沔淮颍上,率多创开荒地。当年多种脂麻等,种有收至盈溢仓箱速富者。如旧稻塍内开耕毕,便撒稻种,直至成熟,不须薅拔。缘新开地内,草根既死,无草可生,若诸色种子,年年拣净,别无稗莠,数年之间,可无荒薉。"(《景印文渊阁四库全书》子部三六"农家类",第七三〇册,第 327 页下栏)王祯所言汉沔淮颍地域,主要是种植水稻的水田,而贾思勰所言主要是北方地区以种植黍穄为主的旱地,故在开荒方法上也有较大差别。

"民有余力""地有遗利"的局面,实施均田制正当其时。

诺贝尔经济学奖得主道格拉斯·诺斯(1920—2015)认为:"战争、革命、武力征服以及自然灾害都是非连续性制度变迁的源泉";而所谓"非连续性的变迁",是与"渐进的变迁"或"演进性变迁"相对而言,"指的是正规规则的一种根本变迁"。① 北魏均田制虽然与历史上的井田、占田以及计口授田等制度有一定渊源关系,具有"渐进的变迁"或"演进性变迁"的一些因素,但总的来看仍然是带有根本性的制度创新,可以看作是"非连续性制度变迁"或"正规规则的一种根本变迁"。北魏初年所实施的离散部落与计口授田制度,战争、革命、武力征服是其源泉;而孝文帝时期所颁布的均田制,自然灾害乃是其重要源泉。通过对北魏中叶饥荒状况的考察,结合李安世均田疏和孝文帝均田诏对均田制制定和颁行原因的申说,可以印证诺斯从西方经济史中得出的这一理论认识。

---

① 〔美〕道格拉斯·C·诺斯:《制度、制度变迁与经济绩效》,第119—120页。

第六章　北魏均田令条文释义（一）

——"露田"相关问题疏证

　　《魏书·食货志》载太和"九年，下诏均给天下民田"①，均田令（《地令》）共有十五条具体规定（下文所引，序号为著者所加），是中国古代社会第一部完备的土地法规，在中国土地制度史上具有划时代的意义，其重要性自不待言②。郑樵在对均田制渊源进行考察的同时，还对均田制的创立给予了高度评价：

　　　　伟哉！后魏孝文帝之为人君也，真英断之主乎！井田废七百年，一旦纳李安世之言，而行均田之法。国则有民，民则有田，周齐不能易其法，隋唐不能改其贯，故天下无无田之夫，无不耕之民。口分、世业虽非井田之法，而得三代之遗

---

①《魏书》卷一一〇《食货志》，第八册，第 2853 页。

②〔英〕琼·罗宾逊指出："社会的全部结构受到有关土地所有权利和遗产继承的一些规章制度的影响。"（《资本积累论》，第 321 页）北魏均田制即属于"有关土地所有权利和遗产继承的一些规章制度"，其影响及于"社会的全部结构"，故其重要性怎么估量也不为过。

意。……自太和至开元,三百年之民,抑何幸也!①

郑氏之说虽有溢美之嫌,但其对孝文帝时代北魏创立均田制及其历史意义的充分肯定,不失为真知灼见。顾炎武在《日知录》中专列"后魏田制"一条,对北魏田制予以表彰:"后魏虽起朔漠,据有中原,然其垦田、均田之制有足为后世法者。"孝文帝诏颁均田制,"于是有口分、世业之制,唐时犹沿之。嗟乎,人君欲留心民事而创百世之规,其亦运之掌上也已"。② 钱穆认为,"直到北魏均田制出现,农民地位,始见改善。这一新制……是历史上一番大革命"③。赵俪生在《中国土地制度史论要》中有云:"均田制度是中国历史上两个大的田制之一,也是全世界田土制度史中的一个重要范例。"④赵冈说:"北魏倡行的均田法是晋以后最重要的土地制度变革,也可以说是自秦废井田以后 2000 年内最重要的一次土地制度变革","是中国历史上少见的一篇详尽的土地制度立法"。⑤ 曾我部静雄有云:"此均田法并非只实行于中国,同时还传播于日本等东亚诸国,而成为各该国土地法之母体,乃是具有世界性之重要的土地法。"⑥西嶋定生对均田制的地位和意义有更明晰的表述:"在中国土地制度史上,开创于五世纪后半叶,一直

---

① 《通志》卷六一《食货略一·赋税》,《景印文渊阁四库全书》史部一三二"别史类",第三七四册,第 268 页上栏。
② [清]顾炎武著,陈垣校注:《日知录校注》卷一〇,上册,第 575 页。
③ 钱穆:《中国社会演变》,《国史新论》,第 21—22 页。
④ 赵俪生:《中国土地制度史》,第 94 页。
⑤ 赵冈:《历史上的土地制度与地权分配》,第 37、39 页。又见赵冈、陈钟毅《中国经济制度史》,第 20、23 页。
⑥ [日]曾我部静雄:《中国律令史の研究》,第 163 页。参见同氏《关于均田法之名称和实态》,《大陆杂志史学丛书》第三辑第二册,第 324 页。

延续到八世纪中叶,虽几经荣枯兴衰而存在了三百年之久的均田制,是一种特殊的土地制度,它在下述两个方面值得人们重视。第一,这个土地法在中国历史上,除了传说中的井田法以外,是第一个由国家政权颁布的全国性土地立法。第二,这个土地法,影响了周围各民族,特别是日本,给它们的土地制度带来了巨大的变化。也就是说,它不仅是中国历史上的重大问题,而且对我们日本人来说,它对我们的历史也是具有重大意义的。"[1]全面准确地理解均田令条文,是认识北魏均田制的基础和前提,在均田制研究中必不可少,学界相关论著虽然多有论及[2],但迄今为止尚不能说已有完整系统的考释,故很有必要对均田令条文作一细致的分析和阐释。

第一节 "露田"释义

(一)诸男夫十五以上,受露田四十亩,妇人二十亩。奴婢依良。丁牛一头受田三十亩,限四牛。所授之田率倍之,三易之田

---

①〔日〕西嶋定生:《中国经济史研究》,第200页。
②对于均田制令文的涵义,学界所论甚赜。参见〔日〕堀敏一《均田制的研究》,第137—247页;唐长孺《均田制度的产生及其破坏》及《北魏均田制中的几个问题——均田制度的产生及其破坏的附录》,《魏晋南北朝史论丛续编》,第16—28页;王仲荦《魏晋南北朝史》下册,第522—536页;汪篯《北魏均田令试释》,《汉唐史论稿》,第144—152页;赵俪生《中国土地制度史》,第102—107页;高敏《北魏均田法令校释——兼论北魏均田制的实质》,《魏晋南北朝社会经济史探讨》,第186—219页;郑欣《北朝均田制度散论》,《魏晋南北朝史探索》,第156—181页;陈连庆《〈晋书·食货志〉校注 〈魏书·食货志〉校注》,第275—285页。

再倍之,以供耕作及还受之盈缩。①

　　这是均田令关于"露田"受田的具体规定。此乃"露田"一词在历史上最早出现,知其为北魏均田令所首创。唐人杜佑曰:"不栽树者谓之露田。"②则露田是因田地不受树荫遮蔽暴露于野而得名,与之相对者为"桑田"。桑田以种树(桑树为主)为标志,而露田以不种树为标志,种植粮食作物为其主要用途③。露田中不得种树,据均田令第五条令文规定可知,若露田中种树则会混淆露田和桑田的性质,破坏正常的还受。北宋刘恕云:"露田有还受,

――――――――

①《魏书》卷一一〇《食货志》,第八册,第2853页。

②《通典》卷一《食货一·田制上》"后魏"条本注,第一册,第17页。按此说颇为后世学者所接受,参见[宋]刘羲仲《通鉴问疑》(载刘恕之说),《景印文渊阁四库全书》史部四四四"史评类",第六八六册,第9页上栏;《资治通鉴》卷一三六《齐纪二》武帝永明三年(485)十月、卷一六九《陈纪三》文帝天嘉五年(564)三月注,第九、一二册,第4268、5239页;《通志》卷六一《食货略一·田制》,《景印文渊阁四库全书》史部一三二"别史类"第三七四册,第253页下栏;《文献通考》卷二《田赋考二·历代田赋之制》本注,第一册,第39页;[明]丘濬《大学衍义补》卷一四《治国平天下之要·固邦本·制民之产》,《景印文渊阁四库全书》子部一八"儒家类",第七一二册,第201页上栏;[明]王祎《大事记续编》卷三九,同上史部九一"编年类",第三三三册,第550页上栏。亦未见今人对此提出异议。

③万国鼎云:"露田者寻常栽培农作物之田,在还受之列。桑田则为栽种桑榆枣果之田,而不必尽行种桑,惟系世业,身终不还,与露田根本不同。"(《中国田制史》,第167页)这是现代学界最早就露田与桑田的概念及其区别提出解释,其说简明扼要,合乎制度规定。陈登原认为:"露田即是荒田,是有骨无肉的田,是力贫不足的田,是并无草毛的田。"(《试论北魏的均田制度》)其说显然是荒诞的,"有骨无肉"及"力贫不足"无疑都不能用来形容田土之性状,而不毛之地与荒地也是不能等同的,荒地肯定要长杂草、树木等野生植物,否则只能是沙漠或盐碱地。若是,则分配给农户又有何用?

故不得种桑、麻也。"①《汉书·食货志上》："田中不得有树,用妨五谷。"②《齐民要术·种谷》引《汉书·食货志》此语后云："五谷之田,不宜树果。谚曰:'桃李不言,下自成蹊。'非直妨耕种,损禾苗,抑亦堕夫之所休息,竖子之所嬉游。"③也就是说,种树不仅妨碍正常耕种,树荫会遮蔽阳光,树根会吸收养分,严重影响农作物生长,而且还会诱使农夫在树荫下休息,引来孩童嬉戏游玩,践踏庄稼。按《齐民要术》修撰于北魏末东魏初,贾思勰生活于北魏晚期均田制时代,他对"五谷之田"的解释反映了均田制时代的现状,用来理解北魏均田令中的露田自然颇为恰切。

　　钱穆认为:"所谓'露田','露'或是荫冒之反义。以其属于朝臣,故称'露'。以其为露田,所以须还受。以其须还受,故不得种桑榆。以其不种桑榆,始称露田。唐杜佑《通典》注:'不栽树,故曰露。'杜佑虽是制度家,但这一点不一定对。以下这讲法当较佳:因当时有荫户、露户两种,露户无遮荫,要纳租税,故称露田。"④这一段话可谓前后矛盾、对错参半。所言"以其须还受,故不得种桑榆。以其不种桑榆,始称露田",是正确的理解。然而钱氏又不认同杜佑"不栽树者谓之露田"的解释,显与其"不种桑榆"为露田之说相冲突。露田何以会"属于朝臣",又何以因之而称为"露"? 令人困惑不解。荫户于国家而言可以说不纳租税,但对其所依附的豪强而言肯定是要缴纳地租和承担力役的。无遮荫可以称作"露",但"露"未必可以理解为"荫冒之反义",更何况

①［宋］刘羲仲:《通鉴问疑》,《景印文渊阁四库全书》史部四四四"史评类",第六八六册,第9页下栏。
②《汉书》卷二四上《食货志上》,第四册,第1120页。
③［后魏］贾思勰著,缪启愉校释:《齐民要术校释》卷一《种谷》,第92页。
④钱穆讲授、叶龙记录整理:《中国经济史》,第167页。

露田是针对全体编户齐民的,是与桑田相对而言。若荫户未成为编户齐民,则不仅不可能给受露田,也不会有桑田。而一旦其脱离豪强的荫庇,纳入国家的户籍管理系统,自然也就同时能够拥有露田和桑田。又,"露户"之名于史仅见。齐武帝时顾宪之上议有云:"山阴一县,课户二万,其民赀不满三千者,殆将居半,刻又刻之,犹且三分余一。凡有赀者,多是士人复除。其贫极者,悉皆露户役民。三五属官,盖惟分定,百端输调,又则常然。"①按"有赀者"与"贫极者"相对,"士人复除"与"露户役民"相对。士人属于富裕者之列,享受复除特权,故毋需服役。而露户属于最贫困的民户,还要承担服役义务。因其为"贫极者",其屋舍不仅不会有高墙大院,甚至可能连门户庭院也没有,而是暴露于露天敞地,露户之名或缘于此②。

栽种桑、榆、枣、果树的桑田(见下)被树荫遮蔽,而种植农作物的露田则为敞开之地,且一年中有半年左右的时间荒闲,称作露田自然比较恰当。露即露天,与敞开、开放意近。露田的性质为公田,在分属几个受田者的露田地界之间大概没有篱笆、围栏之类的隔离物。而与之相对的桑田则为私田,用来种植桑、榆、枣、果树,很可能有围栏或围墙,既显示其为私有土地,也是为了保护桑、榆、枣、果树免遭偷盗。所种桑、榆、枣、果树有可能作为

---

① 《南齐书》卷四六《陆慧晓传附顾宪之传》,第二册,第808页。
② 杜牧《过田家宅》诗所言"墙缺见蓬蒿"([清]冯集梧注:《樊川诗集注》,第183页),王建《田家留客》诗所言"田家破门户"(《御定全唐诗》卷二九八,《景印文渊阁四库全书》集部三六五"总集类",第一四二六册,第13页上栏),钱大昕《田家》诗所言"人行茅屋罅,犬吠枳篱斜"(《潜研堂诗集》,《嘉定钱大昕全集》第一〇卷,第110页),与南齐顾宪之所言"露户"相去不远,应该是古代社会贫寒农家的普遍情形。

划分地界的标志物或隔离物①,南朝襄阳地区即有这种实例见于记载。《南齐书·孝义传》:"韩系伯,襄阳人也。事父母谨孝。襄阳土俗,邻居种桑树于界上为志,系伯以桑枝荫妨他地,迁堺上开数尺,邻畔随复侵之。系伯辄更改种。久之,邻人惭愧,还所侵地,躬往谢之。"②与此相反,北魏露田上不得种桑树的规定也就意味着其具有开放性的特征③。

---

① 谭惠中据李安世均田疏所云"庐井荒毁,桑榆改植",认为"在土地上栽种桑榆等树木是当时人作为表示自己土地四至的标界","在有主之地的周围种着桑榆等树是北魏时普遍的情况"。(《关于北魏均田制的实质》)虽然没有明确的史料记载予以证实,但不能排除这种可能性。

② 《南齐书》卷五五《孝义·韩系伯传》,第二册,第957页。

③ 如果私田之间没有地界,则有可能遭到恶邻蚕食,也可能因此而引发纠纷。即便是现代社会,也难以避免,著者在家乡即曾听闻其例。马克·布洛赫描写的中世纪法国的情形可作一旁证:各家的田地之间没有明显的分界线,"这就给那些农民们称作'犁垄吞食者'的人有侵占土地的可趁之机。几年耕作中犁铧越出法定界限,耕地就扩大了几个新沟(或"垄")……犁头一偏就可带来可观的收益。有人提到,一块地在60年中面积可扩大三分之一"。(《法国农村史》,第52—53页)马克斯·韦伯也提及古代日耳曼人犁地时造成地界不清的情形:"因为这种耕犁在右侧有一个翻土犁板,在犁地时往往有向左偏的倾向,所以日积月累,长条地之间的界限就不免混淆。因此犁沟渐渐变得参差不齐,加之各长条地之间又没有田埂(至少原来如此),而只有一道界沟相隔,以致常常把属于别人的长条地犁过来。于是就由'田地审查员'用竿,后来又用所谓弹簧尺把原来的地界重新予以恢复。"(《经济通史》,第5页)在韦氏看来,之所以出现"把属于别人的长条地犁过来"纯粹属于引犁的构造所决定的犁地技术而造成,何以只把别人的地犁过来而不是相反,显然仅用纯技术原因是无法解释的。比较而言,还是按布洛赫所说把这些只把别人的地犁过来的人称为"犁垄吞食者"更符合事实。

苑士兴谓"露田即指大田"①。梁方仲云："西欧中古时期的庄园制中 open field 亦是指不植树的广田。"②按欧洲中世纪的敞地制度，其最显著的特征之一就是"广为开放"③，这是因为田地在休耕或夏、秋季收获后空闲之时，还要用来放牧牲畜。美国历史学家詹姆斯·汤普逊（1869—1941）写道：

　　　　除了领主的自留地外，所有村庄的可耕地，都分成为三大块田地：春耕田、秋耕田和休耕田。这就是"三田制度"。如果干草已经收割，可放牧牲口于草地上。如果干草还未收割，用石头或木桩来标出在干草地段内每个村民所有的部分。这种"草地分段制"在欧洲许多地方，继续保持到后来。无论如何，牲口一定可以在休耕田上吃新生的青草；如果庄稼的收获已毕，它们还可吃它们的残梗。④

马克斯·韦伯在记述了德国农村实行的三圃制之后说："牲畜在冬季饲养于畜舍内，夏季则放牧在牧场上。""庄头决定何时播种、何时收割，并指挥农民在已播种谷物的耕地上筑围篱，使之与休闲地分隔开来。一旦收割完毕，围篱立刻拆除，凡是没有在共同

────────────

①苑士兴：《北魏至隋唐的均田制度》，《中国历代土地制度问题讨论集》，第320 页。
②梁方仲：《中国历代户口、田地、田赋统计》，第 477 页。按 open field 通常译作敞开田、开放田、敞地、开阔地，而译作露田似乎更为确切。又，open field 亦译作旷田，参见〔美〕卜凯《中国农家经济》，上册，第 27 页。卜氏云："……但此种家家耕种既无藩篱，而又东邻西落之旷田制，却正与昔日的英国以及欧洲其他诸国所通行之条田制（Strip Field System）无大差异。"
③〔法〕马克·布洛赫：《法国农村史》，第 51 页。
④〔美〕汤普逊：《中世纪经济社会史（300—1300 年）》，下册，第 366 页。

收割日将庄稼收割掉的人，他的庄稼必将遭到放出去吃残梗的牲畜所践踏。"①马克·布洛赫这样描述法国农村的相关情形：

> 小麦收获后耕地休闲。土地"空了"，"闲了"。……如是二年轮作制，则要休耕一年。如在三年轮作制，收过冬小麦的耕田则要在下一年春天播种春小麦，而收获春小麦的耕田要进入休耕期。不过这种"空闲"的土地并非一无所产。自行生长的茅草和杂草可供牲畜食用，尤其是那些杂草，它们长在茅草丛中，并在茅草死后继续旺盛地蔓延生长。18世纪一份材料记载着弗朗什孔泰农民讲的话："一年中三分之二，农民畜群的饲料来源几乎都出自空闲的耕田。"不过，不要以为每个耕种者都可以任意将其财富留给自己的牲畜。空闲地作为牧场是主要的集体财富。村庄中所有牲畜都集合成群，人们或根据地方政权的指示，或根据传统习惯，将它们放养在收割后的耕地上，土地所有者则必须任其啃食，如对待自己的牲畜一样，实际上他自己的牲畜也混杂其间。②

北魏的农村也可能存在着类似的情况，当然由于各个地区自然条件千差万别，肯定并非千篇一律。北魏皇室及统治集团的主要成员，其先辈都以畜牧业为生，而在畜牧业生产中，牧场是广为开放的场地，不会有明显的划分地界的围栏之类隔离物。在北魏建国初实行离散部落和计口受田以后，农业生产中必定还有大量畜牧经济的成分，在其耕作制度中自然要考虑如何更方便兼营畜牧

① 〔德〕马克斯·韦伯：《经济通史》，第5页。
② 〔法〕马克·布洛赫：《法国农村史》，第56—57页。

业,很可能在那时就已实行了露田制。若然,则太和均田制中的露田制即是对自北魏初年以来就已形成的这种农业生产方式的继承和推广。北齐河清三年均田令和隋朝均田制继承了北魏露田制①,而到唐代"露田"一词便从均田制中消失了,被代之以"口分田"的名目②。

据古罗马史家塔西佗所撰《日耳曼尼亚志》(约成书于公元一世纪末)记载:"土地是由公社共有的,公社土地的多少,以耕者口数为准;公社之内,再按贵贱分给各人。"③此非日耳曼人所特有,在中世纪早期的欧洲蛮族人中比较普遍地存在"定期重新分配土地的习俗",法国史学家布瓦松纳(1862—1935)有这样的记述:

> 为了耕种而保留的最好的土地,分成价值相等的长条(gewan-ne),组成冬季播种、春季播种和休耕地三大圃。它们是逐年或定期在各家中间分配的。……每一个村庄公社包括十个到四十个这样的家庭份地,每一家庭份地用抽签方法,平均分配到约三十英亩……家庭财产是由每一家对公共土地和分配给它的几块耕地的权利构成的,在这些土地上,每个成员均有平等的权利。这全部就形成了世袭财产,它可能包括三十到一百英亩,其中大部分是耕地,其余的就留为休耕地。这就是法兰克人的撒利克土地,盎格鲁—撒克逊人的祖先遗下地。……没有给各个男孩和各家人家分割出一个部分或一份私有财产(即仅为总体中的一部分)。私有财

---

①参见《隋书》卷二四《食货志》,第三册,第 677—678、680—681 页。
②参见《旧唐书》卷四三《职官志二》,卷四八《食货志上》,第六册,第 1826、2088 页。
③〔古罗马〕塔西佗:《阿古利可拉传 日耳曼尼亚志》,第 68 页。

产只限于对武器、牲畜、食物和家具,以及对一所木房及其小小屋基地的所有权。①

北魏的露田名义上也属于国有土地并且进行平均分配,同时均田令中也没有给未成丁者授田的规定,与布瓦松纳所言三田制下欧洲蛮族的土地分配习俗(制度)确有相通之处。就此而论,若谓北魏均田制一定程度上具有农村(村庄)公社的性质,并非完全没有道理。然布氏所言亦有前后矛盾之处,如谓分配的土地本属于"世袭财产",但却又说各家没有"私有财产"(这里即指土地财产,不包括武器、牲畜、食物和家具与住房及宅基地的所有权)。关于中世纪西欧的土地制度是否具有公社性质,《剑桥欧洲经济史》有这样的描述:"可耕地为私人所有想必是法兰克诸王国最初建立时的普遍情况,没有确切迹象表明这里曾有公社农业或公社所有制。任何人垦荒耕种,便成为那片土地的主人。""英格兰的开放地耕作制度,无法确切地表明其农业曾经非常公社化。分散的条状土地以及几个世纪不变的制度,并不能证明这里没有私有财产或是没有旨在保持土地平等的公社制度。实际上土地的划分方式告诉我们,同大陆一样,这些土地是村民的私人财产;在自由人村庄周围必定存在的依附农村庄里,依附农享有固定的土地所有权,不得任意改变。"②作者虽然并未完全否认在中世纪的法国和英国有农村公社的迹象,但主要还是强调土地制度所具有的私有制性质。

---

① 〔法〕P. 布瓦松纳:《中世纪欧洲生活和劳动(五至十世纪)》,第 10—11 页。
② 〔英〕M. M. 波斯坦主编:《剑桥欧洲经济史》第一卷《中世纪的农业生活》,第 170、第 174 页。

俄国著名史学家克柳切夫斯基(1841—1911)认为：

> （十九世纪）农业改革时期的农村基层社会，它具有公社
> 土地制度的一切特点，它的基本原则是共同占有土地。其重
> 要特点可以说是：1）必须平均分配份地；2）公社具有严格的
> 阶级等级；3）连环保。土地是按照农民的劳动力和赋税能力
> 而分配的。除了根据人口调查的数字分给份地外，还有一种
> 按照赋役能力的实际情况分给的份地，即按照各户的现有劳
> 动力强行分配土地。这是因为每个农民份地的多寡决定着
> 他的义务的轻重。一旦出生和死亡破坏了这种一致性，那么
> 就需要重新分配土地，以恢复平衡。①

可以看出，北魏均田制尤其是露田的还受，以及三长制及其配套
的赋税徭役制度，的确与俄罗斯十九世纪的农村基层社会有一定
的相似性，谓北魏均田制具有某种农村公社的性质或许不无道
理。然而，有一个最根本的问题，即具备了农村公社特点的十九
世纪俄罗斯农村基层社会，其"基本原则是共同占有土地"，这和
北魏均田制有本质的区别。均田制下的露田虽然原则上有还有
受，但要把它归于共同占有土地恐怕还难以令人信服。虽然说是
"共同占有土地"，但又说是"必须平均分配份地"，看起来土地还
是分配给各家各户单独经营，并非集体耕作，若此则与北魏的露
田又具有较大的相似性。然而即便如此，两者仍然有很大的不
同，因为在北魏的均田制中还有完全由受田民户私人所有的
桑田。

---

① 〔俄〕瓦·奥·克柳切夫斯基：《俄国史教程》第二卷，第 297 页。

在马克思晚年所摘录的俄国学者马·柯瓦列夫斯基（1851—1916）《公社土地占有制》一书中，有大量关于古代农村公社的记述，涉及世界上不少地区，兹截取若干片段以资参证。关于美洲印第安人的农村公社，该书引用了萨尔托里乌斯《墨西哥》一书的相关内容："不论在农村或在城市，土人往往结成公社团体按居住区居住。他们的公社团体是牢固的，这是印第安人的特点。年老的成员不允许后辈迁居到其他村落去。很大一部分印第安村落都共同占有土地和资本，不愿分开。只有宅院和周围的园圃被认为是公民的私有财产。可耕地和草地是整个村落的财产，由某些公民耕种，不缴纳任何地租。这些土地有一部分是共同耕种的：其收益用来弥补公社开支。"①由此可见，墨西哥印第安人农村公社的所有制与上述法国中世纪和俄国土地改革前的农村公社没有多大差别，土地和资本为村落或公社共同占有，只有住房和宅基地（也许还包括宅院周围的园圃）为公社成员家庭所有。很显然，不仅北魏均田制时代的所有制关系与此完全不同，即便北魏初年计口授田以来的所有制关系也并非这样。

柯氏在书中详细考察了印度各地形态多样的土地关系，可以看到大量农村公社土地占有的复杂形态，他将印度土地关系整体情况概述为："没有一个国家象印度那样具有如此多种形式的土地关系。除了氏族公社之外还有地区公社或农村公社；定期的平均的重新分配耕地和草地——包括交换住房——的制度与终身

---

① 〔德〕卡·马克思：《马·柯瓦列夫斯基〈公社土地占有制〉一书摘要》，《马克思恩格斯全集》第四十五卷，第 227 页。按《公社土地占有制》即《公社土地占有制，其解体的原因、进程和结果》，该书 1879 年出版于莫斯科。

的不平等的份地制度并存,这些份地的大小或者是由继承法规定的,或者是由最近一次重新分配时期的实际占有情况决定的;公社的经营和私人的经营同时存在;有的地方有公社耕地,而另外一些地方则只有公社附属地(如森林,牧场等);有的地方,公社全体居民都可以使用公社土地,有的地方使用权仅限于少数古老移民家庭;除了上述形形色色的公共所有制形式以外,还有农民的小块土地所有制,最后,还有往往包括整个区的大面积的大土地所有制。"总的来看,印度的公社制度经历了氏族公社和家庭公社两个阶段:"(1)最初是实行土地共同所有制和集体耕种的氏族公社;(2)氏族公社依照氏族分支的数目而分为或多或少的家庭公社。"①兹各举一例以见一斑。"在印度北部和西北部的某些地区保存下来"的氏族公社土地占有形式,"土地只由最近的亲属即不分居家庭(这是梅恩给这种形式的氏族公社所起的名称)的成员共同所有并共同经营"②。毫无疑问,无论均田制实施前还是实施后,北魏的土地关系与此完全不同。此外,"出自同一个始祖的土地占有者公社,在(印度)全国各地都可以看到","每一个共同占有者都有一定地段,通常由他本人来耕种,他依照公社当局的摊派,缴纳向他征收的土地税……这样规定的可耕份地,既不能认为是终身的,也不能认为是世袭的。份地归各个家庭支配,一直

---

① 〔德〕卡·马克思:《马·柯瓦列夫斯基〈公社土地占有制〉一书摘要》,《马克思恩格斯全集》第四十五卷,第 231、242 页。

② 〔德〕卡·马克思:《马·柯瓦列夫斯基〈公社土地占有制〉一书摘要》,《马克思恩格斯全集》第四十五卷,第 232 页。按"不分居家庭包括父亲、母亲、儿子,儿子的妻子、子女和子女的儿女(即孙子女)、伯叔、姑婶、侄辈和从兄弟辈"(第 309 页)。这是阿尔及利亚卡比尔人的"不分居家庭"的情况,想来古代印度的"不分居家庭"应该也是这种结构,中国中古时期"数世同居"的大家族大概也不会有什么差别。

到必须给新生的或暂时外出的氏族成员分配新的份地,因而必须重新分配公社耕地为止"。份地"地段的大小"决定于"每一个公社社员距始祖远近的不同"。后来的发展趋势是"个体份地事实上就成为终身的,甚至成为世袭的了"。① 北魏均田制的露田与这种形式看似有某种相似性,实则分配原则截然不同。印度的"份地"分配的原则是,根据血缘关系即世袭亲属的远近来决定份地量的大小,如"在库祖雷加村(班达省),公社会议(班查亚特)在着手确定个体共同占有者时,首先要确定每个公社成员距氏族始祖的亲属等级,其次才依据印度法律关于各个亲属应分享亡人遗产多少的规定,把或大或小的地段分给各个家庭,供其使用"。不仅如此,通常情况下,"各个家庭的个体份地远远不包括公社的全部土地。公社的一部分土地——在大多数情况下是森林、沼泽地和牧场,但常常也有适于农业的地段——仍然归氏族全体成员共同使用;对于这种土地,还长期实行在处理土质肥沃的地段方面已经废除的共同经营制度,或由氏族成员亲身劳动,或雇人劳动"。② 很显然,北魏均田制中的露田与印度农村公社的"个体份地"在分配原则上没有丝毫共同之处,两者是截然不同的东西,也就不可能体现相同的社会性质。北魏均田制下是否还有"全体成员共同使用"的土地,虽然没有明确记载,但可以肯定的是,即便某地有暂时没有分配完毕的土地,也是归国家所有,以便以后人丁增加后进行受田,而不可能由家族、村落(三长制下)成员"共同经营"。当然,北魏均田制时代的基层社会完全纳入了国家行政

---

① 〔德〕卡·马克思:《马·柯瓦列夫斯基〈公社土地占有制〉一书摘要》,《马克思恩格斯全集》第四十五卷,第 235 页。
② 〔德〕卡·马克思:《马·柯瓦列夫斯基〈公社土地占有制〉一书摘要》,《马克思恩格斯全集》第四十五卷,第 235 页。

体系,由国家选派的邻、里、党长进行管理,与氏族或宗族血缘没有任何关系。

另外,印度农村公社还有一种土地分配方式:在印度北部和西北部的一些地区,"每隔一定时间,往往是每隔一年,把公社土地平均分配,这在印度土地所有制形式的历史上乃是比较晚期的一种形式"。那么,这种分配方式与北魏均田制下每年一次的露田还受有无相同之处呢? 柯氏书中继续写到:"这种形式不仅出现于同一村落以内,而且出现于两个和两个以上彼此有亲属关系的村庄之间,往往不仅涉及耕地,而且还涉及农舍(〔宅旁土地〕——即与农民住宅毗连的土地)。""重新分配并没有定期性,至少在荒地(已垦地)多的公社中是这样。但是在这种土地不多的地方,重新分配的时间就比较短——十年、八年、五年,往往甚至每年重分一次。后一种情形,在这样一些公社中最常见,在那里,由于最适于耕种的土地面积有限,在当年的那一次重新分配中无法使全体共同占有者都能均等地分到土地。因此,他们就通过每年都重新分配一次的办法而轮流获得使用这些土地的权利。"与此相似,在一些村落还有"定期交换份地的现象"或"每年交换其份地的习俗",柯氏推测"这种习俗的发生是由于人们希望消除一切不平等现象;而将土地交给人们比较永久地使用,则可能造成不平等"。① 尽管北魏均田制也是旨在维持民户占有土地的平等,但显然不会为了追求平等而对民户占有的土地进行轮换或交换,可以说印度农村公社的这种土地分配方式体现的是原始

---

① 〔德〕卡·马克思:《马·柯瓦列夫斯基〈公社土地占有制〉一书摘要》,《马克思恩格斯全集》第四十五卷,第 238、240—241 页。

社会的绝对平等①,而北魏均田制的露田还受体现的是阶级社会的相对平等,两者有着本质的区别。总的来看,认为北魏均田制和三长制下的地方基层社会与农村公社毫不相干,应该是符合历史实际的。

露田作为公田,其给受的一个重要前提是,有大量尚未开垦的荒闲土地可供政府支配。太武帝后期太子拓跋晃监国时,实行人牛力相贸之制,结果"垦田大为增辟"②。这表明北魏境内有大量的荒地可供开垦,到均田制颁布之时,虽然已过去了数十年,北魏人口数量有较大程度增加,但除了京师及河北平原以外,绝大多数地区的人口应该并不稠密,可垦荒地估计仍然不少。太和十一年,韩麒麟"表陈时务"时指出,当时"贵富之家"和"工商之族"奢侈无度,而"农夫餔糟糠,蚕妇乏短褐。故令耕者日少,田有荒芜"。③ 韩麒麟此表因"京都大饥"而上,所言主要当指京师地区。不管出于何种原因,现实中的确存在着不少未被个体家庭占有的荒芜田地。卢道将由秘书丞"出为燕郡太守",任职期间"优礼儒生,励劝学业,敦课农桑,垦田岁倍"④。虽然具体时间不明,但从上下文推断,应在宣武帝后期或孝明帝前期。很显然,当时北魏东北地区的燕郡仍有大量荒地可垦,而卢道将之"敦课农桑"无非

---

① 马歇尔夫妇说:"在我们的日耳曼先祖的村落社会和存在于印度的类似村落社会中,我们没有发现土地私有制。"(〔英〕阿尔弗雷德·马歇尔、玛丽·佩利·马歇尔:《马歇尔文集》第 1 卷《产业经济学》,第 247 页)上述柯瓦列夫斯基《公社土地占有制》一书中显示的情形可以佐证马氏的这一判断。
② 《魏书》卷四下《世祖纪下附恭宗纪》,第一册,第 109 页。
③ 《魏书》卷六〇《韩麒麟传》,第四册,第 1332—1333 页。
④ 《魏书》卷四七《卢渊传附子道将传》,第三册,第 1051 页。

是更好地落实均田制度。①

第二节　露田的受田对象（一）——良人

　　露田受田的对象包括男夫、妇人及奴婢、丁牛。男夫、妇人指已婚成年男、女②，具体是指年龄十五岁以上者，而其年龄上限并不十分明确，但据均田令相关条文似应在七十岁（也可能在六十五岁左右），事实上真正能够活到这个岁数的百姓十分有限，也就是说绝大多数百姓终其一生都要在农田中辛勤劳作并承担国家的赋税和徭役。未婚成年女子是否受田，并无明确记载，但从婢女受田的情形推断（见下），未婚丁女也应该具有受田资格。露田的受田亩数大率为倍田，就一夫一妇之良、奴而论，其实际受田亩数应为（40+20）×2＝120 亩；若其地为"三易之田"则应为（40+20）×3＝180 亩。就每户丁牛受田的上限而论，倍田应为（30×4）×

①统计数字显示，"到二十世纪中叶，中国耕地总数是十四世纪后期的四倍"（〔美〕德·希·珀金斯：《中国农业的发展（1368—1968 年）》，第 241 页）。十四世纪后期到二十世纪中叶，是中国人口快速增长的时期，耕地数量的大幅度提高应该主要与边疆地区的垦殖有关，但在内地恐怕也还是有一些未被开垦的土地得到开发（包括围湖造田和山林地的开垦等）。在人口远少于这一时期的五世纪后期，想必北魏统治区域还应该有大量的可耕地未被开垦。

②关于北魏均田制中的"妇人"究竟是不是已婚妇女，日本学界有不同看法，参见〔日〕堀敏一《均田制的研究》，第 151—155 页。不过，从均田令条文来看，主要受田对象是一夫一妇的小农家庭，故此处之"妇人"理解为已婚妇女应该符合其本义。

2＝240亩,若为"三易之田"则应为(30×4)×3＝360亩①。这在人少地多的地区可以实行,但在人口稠密的地区恐怕很难保证倍田的给受。西晋占田制规定:"男子一人占田七十亩,女子三十亩。其外丁男课田五十亩,丁女二十亩,次丁男半之,女则不课。"②北魏均田制关于露田受田的规定,与西晋占田制关于课田的规定非常相似③,或者说"露田"就是由"课田"改名而来。

关于成丁年龄,在北魏一代是有变化的。明元帝永兴"五年(413)春正月己巳(初三,2.19),大阅,畿内男子十二以上悉集"④。这表明当时北魏官方把十二岁作为成丁年龄。由于当时北魏政权所控制的人口比较有限,而持续不断的征战又亟需补充兵员,这一决定便是这种社会现实的体现。太武帝神䴥四年(431)十月诏崔浩定律令⑤,其中有"大逆不道腰斩,诛其同籍,年十四已下腐刑,女子没县官"及"年十四已下,降刑之半"的规定⑥,则当时的成丁年龄为十四岁。文成帝兴安二年(453)"十有

①《资治通鉴》卷一三六《齐纪二》武帝永明三年(485)十月条,胡三省注:"倍之者,合受四十亩,授以八十亩。此一易之田也。三易之田,三年耕然后复故,故再倍以授之。"(第九册,第4268页)按此仅就男夫受田而论。又,马克斯·韦伯在述及古代日耳曼人的份地(海得)占有情况时指出:"作为标准来说,通常认为40英亩是维持一个典型家庭所不可少的土地。"(《经济通史》,第6页)按40英亩约为243市亩,北魏的亩积略大于今市亩,则古代德国家庭的份地数额与北魏均田制下一个家庭所受倍田数额大体相当。这在一定程度上反映了均田制时代的北魏与八世纪初年以来的德国处于相近的生产力水平。
②《晋书》卷二六《食货志》,第三册,第790页。
③学界对西晋课田的性质和内涵的论述甚多,看法亦不尽一致,兹不具述。
④《魏书》卷三《太宗纪》,第一册,第52页。
⑤《魏书》卷四上《世祖纪上》,第一册,第79页。
⑥《魏书》卷一一一《刑罚志》,第八册,第2874页。

二月,诛河间鄚民为贼盗者,男年十五以下为生口,班赐从臣各有差"①。据此,似文成帝初年已将成丁年龄提高到十五岁。不过,源贺在文成帝时上疏论刑律修订,谓"若年十三已下,家人首恶,计谋所不及"云云,②则可能又将成丁年龄降至十三岁,此亦有可能为次丁年限。不管怎样,至迟到孝文帝太和九年颁布均田令时,成丁年龄已提高到十五岁,李冲立三长疏谓"民年十五以上未娶者"云云,③表明十五岁是当时正常的结婚年龄④。这一成丁年龄略低于两晋南朝,且远低于汉唐时期的其它朝代⑤。成丁意味

---

① 《魏书》卷五《高宗纪》,第一册,第113页。

② 《魏书》卷四一《源贺传》,第三册,第920页。

③ 《魏书》卷一一〇《食货志》,第八册,第2855页。

④ 今人对北朝人结婚年龄的研究也表明当时成人年龄甚早,薛瑞泽认为北朝女子十三岁、男子十四岁左右结婚(《嬗变中的婚姻——魏晋南北朝婚姻形态研究》,第113—115、119—122页),谢宝富认为北朝女子结婚的年龄一般在十三四岁以上,男子一般在十五岁以上(《北朝婚丧礼俗研究》,第2页)。《魏书》卷五八《杨播传》:"兄弟皆有孙。唯椿有曾孙,年十五六矣,椿常欲为之早娶,望见玄孙。"(第四册,第1302页)杨椿死于北魏末年,在杨播兄弟中年龄最长,故其晚年有成年的曾孙。这条记载表明,北魏末年十五六岁娶妻即属"早娶",正常的娶妻年龄当在十七八或十八九岁,这与均田制十五岁成丁的规定相比有所提高。东魏北齐、西魏北周将成丁年龄提高至十八岁,即是对北魏末年已经出现的晚婚现象的制度化,但也不排除北魏末年成丁年龄已提高至十八岁的可能性。赵冈认为:北齐、北周和隋朝"一连串提高受田年龄及提早还田年龄,极可能是因为人口密度增加,土地渐感不够分配"(《历史上的土地制度与地权分配》,第42页)。这种可能性应该也是存在的。

⑤ 《通志》卷六一《食货略一·丁中》:"汉孝景二年,令天下男子年二十而始傅。晋武帝平吴后,有司奏:男子年十六以上至六十为正丁;十五以下至十三、六十以上至六十五为次丁;十二以下、六十六以上为老、小,不事。宋孝武帝大明中,从王敬弘之言,以十五至十六为半丁,十七为全丁。北齐武成清河(河清)三年,乃令男子十八以上、六十五以下为丁,(转下页注)

着可以结婚,同时还要负担国家的赋税徭役。由于长期持续不断的战争使得人口锐减,为了鼓励人口数量尽快增长,也为了扩大国家的财源和兵源,北魏政府不得不降低成丁年龄,并提高"老免"年龄,当然广大的劳动者则要为此付出比其它朝代更为沉重的代价。①

万国鼎认为北魏有老、小、丁之规定,根据北魏均田令的相关条款,谓"意者或以十五以上为丁也","其或以十岁以下为小,七十以上为老乎?"②鲁才全推测:北魏"大抵十五以上至六十九岁为丁,十一至十四岁为中,十岁以下为小,七十岁以上为老"③。北魏均田令之所以将成丁年龄定在十五岁,应该是对北魏前期实际

(接上页注)十六以上、十七以下为中,六十六以上为老,十五以下为小。隋文帝颁新令,男女三岁以下为黄,十岁以下为小,十七以下为中,十八以上为丁,丁从课役,六十为老,乃免。开皇三年,令军人以二十一成丁。炀帝即位,户口益多,男子以二十二成丁。"(《景印文渊阁四库全书》史部一三二"别史类",第三七四册,第 271 页下栏、272 页上栏)又可参见梁方仲《中国历代户口、田地、田赋统计》,第 468—469 页。唐长孺认为:"从西晋以来直到宋代就以十六岁为全丁,十三至十五岁为半丁,宋代由于王弘建议改为十五至十六为半丁,十七为全,梁、陈似乎又拉长了一岁。"(《三至六世纪江南大土地所有制的发展》,第 38 页)

① 走马楼吴简显示,孙吴时期男女均以十五岁成丁,称作"大男""大女";十四岁以下为小,称作"子男""子女"或"小男""小女";六十一岁以上为老,称作"老男""老女"。相关研究,参见高敏《吴简中所见"丁中老小"之制——读〈长沙走马楼三国吴简·竹简[壹]〉札记之四》,《长沙走马楼简牍研究》,第 103—108 页;于振波《从"傅籍"到"丁中"——对吴简中"口、事、筭、事"比例关系的考察》,《走马楼吴简研究论文精选》,上册,第 589—604 页。

② 万国鼎:《中国田制史》,第 174 页。

③ 鲁才全:《北朝的徭役制度》,《中国古代史论丛》一九八二年第三辑,第 169 页。

成丁年龄的调整,同时也可能参考了儒家经典的相关记载。孔子曰,"吾十有五而志于学"①。东汉班固《白虎通义·辟雍》:"古者所以年十五入大学何?以为八岁毁齿,始有识知,入学学书计。七八十五,阴阳备,故十五成童志明,入大学,学经籍。"②《汉书·食货志上》:"十五入大学,学先圣礼乐,而知朝廷君臣之礼。"③《春秋穀梁传·文公十二年》:"男子二十而冠,冠而列,丈夫三十而娶。女子十五而许嫁,二十而嫁。"④《礼记·曲礼上》:"男子二十冠而字","女子许嫁,笄而字"⑤。又,《白虎通义·姓名》:"(妇人)十五通乎织纴纺绩之事,思虑定,故许嫁,笄而字。故《礼经》曰:'女子十五许嫁,笄,礼之称字。'"⑥按《礼记》注谓"以许嫁为成人",大概混淆了"许嫁"与"嫁"的界限,"许嫁"还不能被看作是成人的标志。也就是说,儒家经典中的十五岁并非成人的年龄,而是向成人过渡的标志性年龄。北魏的社会现实是在籍人口较少,显然并不允许完全照搬古制。《晋书·食货志》:"男女年十六已上至六十为正丁,十五已下至十三、六十一已上至六十五为次丁,十二已下、六十六已上为老、小,不事。"⑦北魏实行均田制时的社会状况当与西晋武帝时期比较接近,西晋占田制下根据年龄将百姓划分为正丁、次丁和老、小,应该是北魏均田制

①《论语注疏》卷二《为政》,《十三经注疏》,下册,第 2461 页下栏。
②[汉]班固撰,[清]陈立疏证:《白虎通疏证》卷六《辟雍》,上册,第 253 页。
③《汉书》卷二四《食货志上》,第四册,第 1122 页。
④《春秋谷梁传注疏》卷一一,《十三经注疏》,下册,第 2408 页下栏。
⑤《礼记正义》卷二,《十三经注疏》,上册,第 1241 页下栏。
⑥《白虎通疏证》卷九《姓名》,下册,第 416—417 页。
⑦《晋书》卷二六《食货志》,第三册,第 790 页。按东晋孝武帝时豫章太守范甯"陈时政",有云:"今以十六为全丁,则备成人之役矣。以十三为半丁,所任非复童幼之事矣。""今宜修礼文,以二十为全丁,十六至(转下页注)

相关规定的更为直接的渊源。

尤其值得重视的是,《汉书·食货志上》详细记述井田制的方方面面,其内容"大部分是依据《孟子》《周礼》《韩诗外传》等前世的文献编纂起来的",但其中"民年二十受田,六十归田"的记载不见于前世文献,这是有关还受田的最早记载,"应是在东汉才出现的"。"人有病老生死,农户的人口也并不是一直保持不变的,因此,实行还受,使各种各样农户的人口和土地的面积经常成比例,这当是比较公平均等的。不用说,以后的均田制的最大特征就在于田地还受,所以井田说中表现出来的还受思想,具有重要的意义。"[1]在《汉书·食货志》与北魏均田制之间,再无关于田地还受的记载,即便西晋占田制也没有这方面的具体规定,因此可以比较明确地断定,北魏均田制中这一最具特色的规定,其渊源就是《汉书·食货志》。甚至可以这样说,北魏均田制的制定者在考虑参照井田制的原则时,有可能直接选取《汉书·食货志》的记载作为范本,而不一定是按照《孟子》或《周礼》的记载。种种迹象显示,《汉书·食货志》所记载的井田制社会模式,应该是北魏孝文帝君臣所期望的理想社会[2]。

晁错说汉文帝,谓"今农夫五口之家,其服役者不下二人,其

(接上页注)十九为半丁,则人无夭折,生长滋繁矣。"虽然"帝善之",但看来并未付诸实施。(《晋书》卷七五《范汪传附子甯传》,第七册,第1986—1988页)

[1] 〔日〕堀敏一:《均田制的研究》,第10—11页。

[2] 《魏书》卷二四《崔玄伯传》:"太祖曾引玄伯讲《汉书》,至娄敬说汉祖欲以鲁元公主妻匈奴,善之,嗟叹者良久。是以诸公主皆厘降于宾附之国,朝臣子弟,虽名族美彦,不得尚焉。"(第二册,第621页)这表明,早在北魏初年,《汉书》就成为统治者学习历史经验的重要参考。

能耕者不过百亩,百亩之收不过百石"①。据此,则西汉初年平均亩产量仅为一石左右。经过一两个世纪的土壤改良和农业技术的发展,到西汉晚期粮食亩产量有了很大程度的提高。《氾胜之书》云:"得时之和,适地之宜,田虽薄恶,收可亩十石。"②"养美田,亩可十石;以薄田,尚可亩取五石。"③综合来看,西汉晚期正常年景良田亩产量为十石,薄田则为五石。而《氾胜之书》所载"区种法",亩产量则十倍于此:"区种,天旱常溉之,一亩常收百斛。""上农夫区""亩收百斛。丁男、长女治十亩。十亩收千石。岁食三十六石,支二十六年";"中农夫区""收粟五十一石";"下农夫区""收二十八石"。氾胜之曰:"验,美田至十九石,中田十三石,薄田一十石。""骨汁、粪汁溲种:……如此则以区种之,大旱浇之,其收至亩百石以上。"④按亩收百斛(石)、五十一石、二十八石只能是试验田的产量,在关中沃壤中用"骨汁、粪汁溲种"方能及之,需耗费大量劳动力,故"丁男、长女治十亩",与五口之家田百亩的差距很大。当然,此非常人可为。而据氾胜之验证的结果,美田亩产可至十九石,中田十三石,薄田一十石。这应该是一个比较合理的数字,即用"区种法"精耕细作的良田,所能达到的最高亩产量应在十至二十石之间,比普通耕作法提高了约两倍。东汉晚期仲长统《昌言·损益篇》云:"今通肥饶之率,计稼穑之入,令亩

① 《汉书》卷二四上《食货志上》,第四册,第 1132 页。
② 《齐民要术校释》卷一《耕田》引,第 50 页。
③ 《齐民要术校释》卷二《小豆》引,第 116 页。
④ 《齐民要术校释》卷一《种谷》,第 83—84 页。又,同书卷二《大小麦》:"氾胜之区种麦:'区大小如上农夫区。……大男、大女治十亩。至五月收,区一亩,得百石以上,十亩得千石以上。'"(第 133 页)

收三斛，斛取一斗，未为甚多。"①则当时田地的平均亩产量为三斛（石）左右。看来东汉晚期农田的平均亩产量比之西汉有较大幅度的下降，这可能与政局的混乱有关，也可能是持续两百年的开发利用之后土壤肥力（地力）出现了严重的损耗。

《氾胜之书》"区种法"之"下农夫区"下，贾思勰本注："谚曰：'顷不比亩善。'谓多恶不如少善也。西兖州刺史刘仁之老成懿德，谓余言曰：'昔在洛阳，于宅田以七十步之地，试为区田，收粟三十六石。'然则一亩之收，有过百石矣。少地之家，所宜遵用之。"②按刘仁之生活于北魏晚期，卒于东魏初年，曾任兼黄门侍郎、兼中书令及西兖州刺史等职③。贾思勰亲耳所闻，北魏晚期刘仁之在京师洛阳地区用"区种法"种了一小块试验田，亩产量可达百余石。由此看来，北魏晚期良田的极限亩产量，与西汉晚期相比大体持平或有所提高。由于魏晋以后政局动荡，长期的战乱使人口锐减，大量土地荒芜，经过三百年左右的时间，与东汉晚期相比，北魏晚期地力有了很大程度的提高。总的来看，北魏均田制时代的亩产量应该与西汉晚期基本持平。《齐民要术·种谷》："良地一亩，用子五升，薄地三升。"《大小麦》："种瞿麦法：以伏为时。亩收十石。"本注："良地一亩，用子五升，薄田三四升。"④则

---

① 《后汉书》卷四九《仲长统传》，第六册，第 1656 页。

② 《齐民要术校释》卷一《种谷》，第 83 页。

③ 《魏书》卷八一《刘仁之传》，第五册，第 1794 页。刘仁之事迹，又可参见《北齐书》卷四六《循吏·孟业传》，第二册，第 641 页；《北史》卷八六《循吏·孟业传》，第九册，第 2874 页。

④ 《齐民要术校释》卷一《种谷》、卷二《大小麦》，第 65、127 页。又，同书卷二《大小麦》附载青稞麦，"好收四十石。石八九斗面"（第 133 页）。按此条被认为有可能是后世羼入的内容（缪启愉：《齐民要术校释·前言》，第 5 页），故可忽略不计。

"亩收十石"应为良地一亩的产量,而从种子用量推测,薄田的收成最高不过良地的六成或六至八成(谷),实际则要更低,能够达到一半可能也就不错了。因为良地不容易受外在条件制约,而薄田则否。上引《氾胜之书》所载西汉亩产量,良田为十石,薄田为五石,想来北魏的情况也不会有大异。《五曹算经》有题云:"今有官田九百亩,凡一步收粟三升二合,问计几何? 答曰:六千九百一十二斛。"①据此,则亩产量为 7.68 斛(石)。此数约当十石与五石的中间值,应与当时的平均亩产量相去不远。《齐民要术·种谷》"地势有良薄"下贾思勰注:"良田宜种晚,薄田宜种早。良田非独宜晚,早亦无害;薄地宜早,晚必不成实也。"②若此,则一夫一妇受露田六十亩的北魏普通均田民户,丰收年景其露田上的粮食总产量最高有可能达到六百石(斛),而在大多数情况下则应低于此数,如果当地土壤比较瘠薄,则能有一半的产量已算万幸。③

上引《氾胜之书》所载丁男、长女两人"岁食三十六石",当指尚未舂碾之原粮。以西汉升斗容量计,合今 1233 市斤,按出米率六成计④,则人均年口粮约需 370 斤米,对于农村成年劳动者而言,这一数字应该是比较合理的。北魏孝文帝曾谓穆亮曰,"徐州

①《五曹算经》卷四《仓曹》,《李俨钱宝琮科学史全集》,第四卷,第 322 页。
②《齐民要术校释》卷一《种谷》,第 65 页。
③蒙文通认为"元魏的产量是七十亩一百二十斛,合唐量是八十斛"(《中国历代农产量的扩大和赋役制度及学术思想的演变》,《古史甄微》,第 279 页),但未说明是以何为据得出这一数据的。
④《九章算术》卷二《粟米》卷首载"粟米之法:粟率五十 粝米三十 粺米二十七 糳米二十四 御米二十一"(《李俨钱宝琮科学史全集》,第四卷,第 91 页)。可见粟的最高出米率为六成(粝米),最低为四成二(御米)。魏晋南北朝时期依然如此,参见《五曹算经》卷三《集曹》前四题(同上书,第 319 页)。

表给归化人禀……计万户投化,岁食百万"①。周一良认为:"百万当是以石或斛为单位,大致以一户五口计,则一户百石,每人每月合二石。孝文帝所言为大略估计,较为近之。"②按户年均口粮百石,则每人年均口粮二十石,月不足二石。以北魏升斗容量计,每人年均口粮合今 792.6 市斤,同样按出米率六成计,则每人年均口粮约 475.56 斤米,远大于西汉丁男、长女的年均口粮,显然不太合理。之所以会出现这么大误差,有两种可能性:要么此万户的户均人口多于五人,要么当时北魏的升斗容量低于今人估算的数值③。史载孝文帝改革度量衡制度,"诏改长尺、大斗,依《周礼》制度,班之天下"④,其主旨便是"废大斗,去长尺,改重秤"⑤。故孝文帝改革后的制度很可能与遵循《周礼》改制的新莽量制相同,即一石(斛)为 19.81 市斤。若此,则此万户的人均年口粮为396.2 斤原粮,折合 237.72 斤米。考虑到家庭人口中既有食量较大的丁男、长女,还有食量较小的老人和孩子,则此一数值应该比较符合实际⑥。若均田民户按五口之家计,一年口粮总计约需原

①《魏书》卷二七《穆亮传》,第二册,第 670 页。
②周一良:《〈宋书〉札记·南北朝时口粮数》,《魏晋南北朝史札记》,第 126 页。
③关于北魏升斗容量,参见梁方仲《中国历代度量衡变迁表》,《中国历代户口、田地、田赋统计》,第 545 页。按梁氏所列数值的依据为吴承洛《中国度量衡史》。又,下言新莽量制亦据此表。
④《魏书》卷七下《高祖纪下》,第一册,第 178 页。
⑤《魏书》卷七八《张普惠传》,第五册,第 1736 页。
⑥以此类推,则孝文帝改革后的尺度和斤两制度亦应按《周礼》(新莽)制度换算,而不应该按学界通常所说的大斗、长尺、重秤计算。《汉书》卷二四《食货志上》载"李悝为魏文侯作尽地力之教",谓"食,人月一石半,五人终岁为粟九十石"。(第四册,第 1124—1125 页)每人每年食用十八石,与上言北魏孝文帝所言人均年二十石比较接近,也表明当时北魏的量制与周制可能无别。

粮一百石左右,则露田所收粮食在保证民户口粮及种子的同时还会有较多的余粮。考虑到民户同时拥有桑田或麻田,若按制度规定受田足分,则均田土地的收成在满足民户衣食之需的同时,完全能够保证国家赋税的缴纳。当然,如果遇到水旱灾害,也有望比较平稳地度过荒年。①

第三节　露田的受田对象(二)——奴婢

北魏均田令"奴婢依良"受田的规定,表明奴婢与良人以相同的标准给受露田②,亦即男奴四十亩、婢女二十亩,则北魏奴婢的

---

① 《汉书》卷二四《食货志上》所载李悝"尽地力之教":"今一夫挟五口,治田百亩,岁收亩一石半,为粟百五十石……上孰(熟)其收自四……中孰自三……下孰自倍……小饥则收百石,中饥七十石,大饥三十石。"注引张晏曰:"平岁百亩收百五十石,今大孰四倍,收六百石。""自三,四百五十石也。""自倍,收三百石。""平岁百亩之收,收百五十石。今小饥收百石,收三分之二也。"中饥"收二分之一"。大饥"收五分之一也"。(第四册,第1125—1126页)可知大熟、中熟、下熟之年的产量是平常年景的四倍、三倍、二倍,平均亩产量可达六石、四石半、三石,而灾年的收成依次为平年的三分之二、二分之一和五分之一,平均亩产量低至一石、七斗五升、三斗。若换算成北魏的亩积,则平年的平均亩产量约为 5.335 石,丰年的平均亩产量分别约为 21.34 石、16 石、10.67 石,灾年的平均亩产量约为 3.56 石、2.67 石、1.07 石。由此来看,即便是北魏亩产量在战国魏国基础上没有增长,平年的收成每亩至少也在五石以上。关于李悝"岁收亩一石半",万国鼎谓"合今每市亩收粟 1.031 市石。每市石粟约重 135 市斤上下,今假定为 135 市斤,则每市亩收粟 139 市斤"(《战国时代农业的飞跃发展及其动因和影响》,《万国鼎文集》,第 18 页)。

② 钱穆云:"所谓'奴各依良',指奴婢与良民待遇相同,是一种大优待。"(钱穆讲授、叶龙记录整理:《中国经济史》,第 166 页)

成"丁"年龄也应为十五岁,他们同样拥有结婚的权利。仁井田陞云:"中国的奴隶自古以来都是可以拥有财产的,这较之罗马古法和日耳曼古法中的奴隶绝对没有人格(权利能力),有着显著的差异。"①北魏均田令规定奴婢有权利受田,正是奴隶可以拥有财产的具体例证,但这种财产究竟属于其主人还是奴隶本人(家)所有则成为问题。若奴隶拥有独立的家庭,则其所受田地自可视为其家庭财产,但问题是中国历史上所见奴隶人口往往都是附着于其主人户籍的。仁井田氏又云:"奴婢的主人能够自由地处理奴隶,如出售、赠予或作为质押品。"②若此,则奴隶(奴婢)所拥有的财产对其自身来说并无任何实际意义。他在解释北魏均田制关于奴婢和丁牛受田的规定时,谓"给奴隶和耕牛的所有者授田"云云,③显然也与其中国的奴隶"可以拥有财产"说相矛盾。奴婢不具备与良人一样的身份自由,他们是主人的隶属民,占有一定数量奴婢的主人当然以各级官僚贵族为主,也应包括地方上没有官位和爵位的普通豪族,李安世均田疏中所言"豪右",大概即指这类人。北魏时期奴婢附于其主人户籍之中当无疑义。④ 不过此并非北魏所创,很可能自户籍有良、奴之分以来一直都是如此。西汉王褒《僮约》云:"神爵三年(前59)正月十五日,资中男子王子渊,从成都安志里女子杨惠,买亡夫时户下髯奴便,决贾万五千。

---

① [日]仁井田陞:《中国法制史》,第 96 页。
② [日]仁井田陞:《中国法制史》,第 100 页。
③ [日]仁井田陞:《中国法制史》,第 216 页。
④ 德国历史学派创始人威廉·罗雪尔(1817—1894)说:奴隶民与依附民(庄园的家奴、从仆)"这两种人对东家有从事各种劳役的义务。他们被授与很多采地,东家从那里征收实物地租"(《历史方法的国民经济学讲义大纲》,第 50 页)。虽然说与北魏的国家奴婢授田不同,但可以看出奴隶拥有一块土地进行耕作在古代社会具有一定的普遍性。

奴当从百役使,不得有二言。"①走马楼吴简中可见:"孙子男□年
六岁　孙户下奴土长六尺";"巴女弟思年九岁　司户下婢汝长五
尺。"②这表明奴婢虽然可以被买卖,但却不光具有财产属性,同时
也被作为家庭成员而登记在主人户口之下③。北魏时期的奴婢,

①《太平御览》卷五九八《文部一四·契券》,第三册,第 2693 页下栏。按此
　处误《僮约》为《约僮》。
②长沙市文物考古研究所等:《长沙走马楼三国吴简·竹简〔壹〕》,下册,第
　980、1053 页。按吴简中有关"户下奴""户下婢"的简文极多,兹不备举。
　又按《晋书》卷七七《何充传》:"入为都督扬豫徐州之琅邪诸军事、假节、领
　扬州刺史,将军如故。先是,(庾)翼悉发江、荆二州编户奴以充兵役,士庶
　嗷然。充复欲发扬州奴以均其谤。后以中兴时已发三吴,今不宜复发而
　止。"(第七册,第 2029 页)可知东晋至少在扬、荆、江诸州有"编户奴",然
　其究竟是奴婢为编户,还是良人户下之奴,并不十分明确。唐代有官、私
　奴婢,《唐六典》卷一九《司农寺》:"凡官户、奴婢男女成人,先以本色媲偶。
　若给赐,许其妻、子相随。若犯籍没,以其所能各配诸司,妇人巧者入掖
　庭。"(第 525 页)《唐律疏议》卷一七《贼盗律》"谋杀制使府主等官"条疏
　议:"若司农官户、奴婢谋杀司农卿者,理与工、乐谋杀太常卿、少府监无
　别。"卷一八《贼盗律》"杀人移乡"条疏议,谓"工、乐及官户、奴并谓不属
　县贯"云云。卷二八《捕亡律》"官户奴婢亡"条:"诸官户、官奴婢亡者,一
　日杖六十,三日加一等。"本注:"部曲、私奴婢亦同。"(第 326、342、536 页)
　由此可见,唐代官户、官奴婢虽然并非完全等同的概念,官户地位稍高于
　奴婢,但两者均非良人,类似于部曲、私奴婢之关系。官户大体上可以理
　解为隶属于官府的奴婢户,官奴婢可以婚偶并有户籍,但其户籍不隶于州
　县,而是隶于中央有关部门如司农寺,私奴婢当隶于主人户下。《金史》卷
　四六《食货志一》:"其为户有数等,有课役户、不课役户、本户、杂户、正户、
　监户、官户、奴婢户、二税户。""凡没入官良人,隶宫籍监为监户;没入官奴
　婢,隶太府监为官户。"(第四册,第 1028、1032 页)
③相关研究,参见陈爽《走马楼吴简所见奴婢户籍及相关问题》,于振波《略
　论走马楼吴简中的"户下奴婢"》,蒋福亚《长沙走马楼吴简所见奴婢杂
　议》,熊曲《论长沙走马楼吴简中"生口"及相关问题》,凌文超《走马楼吴
　简中所见的生口买卖——兼谈魏晋封建论之奴客相混》,沈刚(转下页注)

主要是以北魏初年以来历次战争中的战俘和掠民及其后代为主。每次战争之后,北魏朝廷总会把大量的战俘和掳掠的平民赏赐给有功的将领,甚至没有参与战争的其他官吏也会得到班赐。[①] 这些奴婢的后代亦不具备良人身份,而是延续其父辈的贱民身份。均田令颁布时,战俘及其后代和掠卖(卖身)为奴者及其后代两种类型的奴婢应该都是存在的。

北魏时期,奴婢虽然身份卑贱,但亦可结婚生子,如:兖州刺史"李式坐事被收","时式子宪生始满月",兖州从事汲固"于式妇闺抱宪归藏之。及捕者收宪,属有一婢产男,母以婢儿授之"。[②] 宿石"从驾讨和龙,以功赐奴婢十七户"[③]。这表明奴婢可以独立成户,不必依附于某一主人。不过,在北魏大量的奴婢赏赐的事例中,仅见到这一条奴婢称"户"的记载,其他全都是以"口"或"人"计数。由此推测,北魏奴婢结婚生育独立成户可能并非普遍现象。若奴婢不结婚生育,则主家对奴隶的拥有只能维持一代,这显然不合常理。之所以在奴婢赏赐的事例中多以"口"或"人"计数,主要是因为他们原本并非奴婢,而是战争中的俘虏。《魏书·献文六王上·咸阳王禧传》:"于时王国舍人应取八族及清修之门,禧取任城王隶户为之,深为高祖所责。"[④]反证当时良贱通婚是比较普遍的现象。同书《卢玄传附子度世传》:"初,玄有五子,

<hr>

(接上页注)《长沙走马楼三国吴简所见"生口"买卖问题补论》。

① 以战俘为奴隶是古代世界的普遍现象。维科说:奴隶"是在创建城市之后在战争中所捕得的战俘"(《新科学》,第104页)。威廉·罗雪尔说:"所谓非自由民,在德国也象在其他地方所能看到的那样,通常是由于征服而形成的。"(《历史方法的国民经济学讲义大纲》,第50页)

②《魏书》卷八七《节义·汲固传》,第五册,第1891页。

③《魏书》卷三〇《宿石传》,第三册,第724页。

④《魏书》卷二一上《献文六王上·咸阳王禧传》,第二册,第534页。

嫡唯度世,余皆别生。崔浩事难,其庶兄弟常欲危害之,度世常深
忿恨。及度世有子,每诚约令绝妾孽,不得使长,以防后患。至渊
兄弟,婢贱生子,虽形貌相类,皆不举接。为识者所非。"①可见当
时门阀大族成员娶婢女为妾或与婢女发生性行为而生育子女,应
该颇为常见。太和二年(478)五月,诏曰:"又皇族、贵戚及士民之
家,不惟氏族,下与非类婚偶。先帝亲发明诏,为之科禁,而百姓
习常,仍不肃改。朕今宪章旧典,祗案先制,著之律令,永为定准。
犯者以违制论。"②上举事例即属于诏书所言"下与非类婚偶",这
种现象在社会上习以为常,非常之普遍。孝文帝诏明令禁止不同
身份等级之间的婚偶,也就反证同类婚偶并不违法,贱民之间婚
配属于正常现象。张家山汉简《二年律令·杂律》:"民为奴妻而
有子,子畀奴主。"③这条律令虽未明令禁止良民女子下嫁奴隶为
妻,但有遏制这种现象的意图,同时也显示了奴隶可以娶妻生子
的社会现实,并且法律对奴隶结婚并无禁令。又,《二年律令·置
后律》:"婢御其主而有子,主死,免其婢为庶人。"④此与上条律文
正好相反,看来是鼓励婢女与其主人之间交合生子的。若所生为
女,大概得不到转换身份的法律待遇。律文的目的还是为了增加
政府户籍中的男丁人数,以便扩大赋税徭役的来源。扬雄《方言》
三:"齐之北鄙、燕之北郊,凡民男而婿婢谓之臧,女而妇奴谓之

①《魏书》卷四七《卢玄传附子度世传》,第三册,第1046页。
②《魏书》卷七上《高祖纪上》,第一册,第145页。
③张家山二四七号汉墓竹简整理小组:《张家山汉墓竹简〔二四七号墓〕(释
　文修订本)》,第34页。
④《张家山汉墓竹简〔二四七号墓〕(释文修订本)》,第61页。

获。"①可见汉代良民与奴婢之间结婚并非个别现象。据塔西佗《日耳曼尼亚志》记载，在古日耳曼人中，奴隶"每人都有自己的一所房屋和一个家庭"②。休谟考察了西方古代奴隶的结婚生育情况，他的看法是："可见奴隶结婚，哪怕是在乡下种田的隶农，尽管看来更加象是理所当然的，然而不然，这的确不是普遍的。"③刘易斯的相关看法是："许多奴隶主只要男性成年奴隶，而且不鼓励他们结婚。女奴不受欢迎，不鼓励她们生孩子，如果她们确有子女，也不让她们有充足的时间去照料。所以生育率低，婴幼儿死亡率高；这样，奴隶的人口便不能自我繁衍。"④按不鼓励奴隶结婚，似乎意味着奴隶是有权结婚的。不过其下文又说："农奴制大大优于奴隶制"，"农奴有权结婚，而且在这方面他们同自由民生活一样"。若此，则奴隶应该无权结婚，刘易斯在这一问题上前后观点存在着矛盾。

不过，良人以婢女为妾，其子女的身份虽然卑于嫡出者，但仍然具有良人身份。如上引《魏书·卢玄传附度世传》的记载显示，良人与婢女所生子身份仍为良人，虽然会受到其嫡兄弟的贱视，但社会舆论似乎并不鼓励这种歧视行为。王公贵族霸占其门下婢女的情况必定不在少数。如冯太后之兄冯熙为侍中、太师、车骑大将军、开府、都督、洛州刺史，"熙为州，因事取人子女为奴婢，有容色者幸之为妾，有子女数十人"⑤。刘辉，"正始初，尚兰陵长

---

① 〔汉〕扬雄撰，〔晋〕郭璞注：《輶轩使者绝代语释别国方言》，《景印文渊阁四库全书》经部二一五"小学类"，第二二一册，第 298 页下栏。
② 〔古罗马〕塔西佗：《阿古利可拉传　日耳曼尼亚志》，第 67 页。
③ 〔英〕大卫·休谟：《休谟经济论文选》，第 106 页。
④ 〔英〕阿瑟·刘易斯：《经济增长理论》，第 132 页。
⑤ 《魏书》卷八三上《外戚上·冯熙传》，第五册，第 1819 页。

公主,世宗第二姊也。拜员外常侍。公主颇严妒,辉尝私幸主侍婢有身,主笞杀之"①。孝明帝后期,高阳王"雍表请:王公以下贱妾,悉不听用织成锦绣、金玉珠玑,违者以违旨论;奴婢悉不得衣绫绮缬,止于缦缯而已,奴则布服,并不得以金银为钗带,犯者鞭一百。太后从之,而不能久行也"②。张僧晧"好营产业,孜孜不已,藏镪巨万,他资亦称是。兄弟自供俭约,车马瘦敝,身服布裳,而婢妾纨绮"③。这些记载显示,当时王公贵族大多都有婢女出身的贱妾,他们的奴婢往往穿金戴银,锦衣玉食,过着比较优裕的生活。良人可纳婢女为妾,所生子女为良人,但未见男奴娶良人为妻的事例,应该是为法律所禁止的④。汪篯结合《魏书·食货志》及西魏大统十三年敦煌户籍残卷(S.0613),认为:"男子之成丁、受田、纳课、服役,以年龄为准,而不以婚否为准。""而良人女子受田、纳课,则以婚否为准,而无关于年龄。故已婚者曰'妇人',曰'丁妻',而无'丁女'一词。以此,凡良人女子之超过良人男子成丁年龄而未婚者,悉称'中女'。""盖婢女之受田、纳课,乃以年龄为准,而不以婚否为准,与良人男子同,而与良人女子异(良人女子,率皆及年而嫁,故不在父家受田。婢为主人之财产,故在主家受田),故以十八进丁,称为'丁婢'。""北魏太和之制,良人男子

---

① 《魏书》卷五九《刘昶传附子辉传》,第四册,第1311页。
② 《魏书》卷二一上《献文六王上·高阳王雍传》,第二册,第556页。
③ 《魏书》卷七六《张烈传附弟僧晧传》,第五册,第1687页。
④ 仁井田陞云:"奴隶也有法律所认可的婚姻(这一点无论唐律还是明清律都是一样的),一般而言,不仅是奴隶,所有贱民的婚姻都伴随着某种程度的限制,虽说有限制,应该注意的是这种婚姻所具有的合法性。"(《中国法制史》,第96页)在罗马帝国时期,公民权后来被"授予任何在罗马出生的人,哪怕是一个由奴隶父亲生的,只要母亲本来是自由的或经过解放的就行"(〔意〕维科:《新科学》,第538页)。

以十五成丁,奴、婢亦必以十五为成丁之年,始受田、纳课。所谓
'奴、婢依良',只能如此理解,而不能以为奴依良人男子、婢依良
人女子也。"①

均田令规定奴婢受田,主要是因为当时北魏社会上存在着大
量的奴婢且常被用于农业生产②。李冲提出三长制时的新税制
中,规定"奴任耕、婢任绩者,八口当未娶者四(即一夫一妇之
调)"③。宣武帝时邢峦上表,谓"且俗谚云,耕则问田奴,绢则问

----

①汪籛:《北魏均田令试释》,《汉唐史论稿》,第 145 页。
②《魏书》卷一一四《释老志》:"昙曜奏:平齐户及诸民,有能岁输谷六十斛
入僧曹者,即为'僧祇户',粟为'僧祇粟'。至于俭岁,赈给饥民。又请
民犯重罪及官奴以为'佛图户',以供诸寺扫洒,岁兼营田输粟。高宗并
许之。于是僧祇户、粟及寺户,遍于州镇矣。"(第八册,第 3037 页)由此
可见,罪犯及官奴出身的"佛图户"("寺户"),在文成帝时就已成为寺院
地产上的生产者。北魏受田奴婢参与农业生产是确定无疑的,但其具体
情形还有待进一步明晰。奴隶用于田间劳动,在西方世界有着悠久传
统。从诗人赫西俄德的诗篇《工作与时日》中可以看到,早在约公元前八
世纪的古希腊,"小康农家也往往不止一个奴隶;他们已由主要从事家务
劳动和辅助性劳动的家长制奴隶变为主要从事生产劳动的奴隶;他们耕
地、播种、收割、打扫谷仓、造打谷场等等",并且"女奴也开始用于田间劳
动"。(《工作与时日 神谱》,《译者序》,第 10 页)在十六世纪的俄罗
斯,"土地占有者早就使自己的一部分奴仆耕种主人的土地,分给他们一
部分房屋、经济设施和土地"(〔俄〕瓦·奥·克柳切夫斯基:《俄国史教
程》第二卷,第 296 页)。这对于理解北魏的奴婢受田也有一定的帮助。
众所周知,美国南方种植园中曾大量使用黑奴进行劳动,在南北战争前
的奴隶制经济颇具效率,美国经济史学者的研究表明,所谓"奴隶是懒惰
的和在经济上不合算的说法都是无稽之谈"(〔美〕萨缪尔森:《经济学》下
册,第 206 页)。
③《魏书》卷一一〇《食货志》,第八册,第 2855 页。

织婢"云云。① 奴隶进行生产劳动,原则上说其"生产成果全部归于财产的所有人",也就是说对奴隶而言"没有由于工作而产生的所得"②。杨珍在北魏初年自河北入魏,"即为上客,给田宅,赐奴婢、马牛羊,遂成富室"③。文成帝时,乳母常氏(昭太后)家势显赫,诸常"皆以亲疏受爵、赐田宅,时为隆盛"。孝文帝时,常氏家道衰落,常员与常禽可"共为飞书,诬谤朝政。事发,有司执宪,刑及五族。高祖以昭太后故,罪止一门。近年老,赦免归家,恕其孙一人扶养之,给奴婢、田宅。其家僮入者百人,金锦布帛数万计,赐尚书以下、宿卫以上"。④ 恩倖王叡死于孝文帝太和五年(481),史称"叡出入帷幄,太后密赐珍玩缯彩,人莫能知","前后巨万,不可胜数。加以田园、奴婢、牛马、杂畜,并尽良美"⑤。咸阳王禧"奴婢千数,田业盐铁遍于远近,臣吏僮隶,相继经营"⑥。无论是奴婢还是家僮,应该都以从事生产经营为主。北周工部中大夫裴侠,"帝矜其贫苦,乃为起宅,并赐良田十顷,奴隶、耕牛、粮粟,莫不备足"⑦。此亦证当时奴隶是官贵之家大土地上的主要劳

<hr>

① 《魏书》卷六五《邢峦传》,第四册,第 1445 页。按邢峦此语本之于 450 年沈庆之谓宋文帝之语。《宋书》卷七七《沈庆之传》载庆之曰,"治国譬如治家,耕当问奴,织当访婢"云云(第七册,第 1999 页)。《魏书》卷九七《岛夷刘义隆传》引此,作"治国如治家,耕当问奴,织当问婢"(第六册,第 2140 页)。

② 〔英〕琼·罗宾逊:《资本积累论》,第 12 页。

③ 《魏书》卷五八《杨椿传》,第四册,第 1289 页。

④ 《魏书》卷八三上《外戚上·闾毗传附常英传》,第五册,第 1818 页。

⑤ 《魏书》卷九三《恩倖·王叡传》,第六册,第 1989 页。

⑥ 《魏书》卷二一上《献文六王上·咸阳王禧传》,第二册,第 537 页。

⑦ 《周书》卷三五《裴侠传》,第三册,第 620 页。按《北史》卷三八《裴侠传》"耕牛"作"耕耒"(第五册,第 1402 页),校勘记谓"此作'耒',当是形讹"(第 1410 页)。

动者。《颜氏家训·勉学篇》:"自荒乱已来,诸见俘虏,虽百世小人,知读《论语》《孝经》者,尚为人师;虽千载冠冕,不晓书记者,莫不耕田养马。"①这些耕田养马者往往是在战败被俘后而沦为奴婢的②。当时奴婢的生产能力大体上为两人耕种一顷土地③,则咸阳王禧所拥有的田地至少也在五百顷以上。宣武帝初年咸阳王禧谋反时,从其"城西小宅""与臣妾向洪池别墅",并遣"其国斋帅刘小苟""奉启,云'检行田牧'"。④ 可知咸阳王禧的田产就在洪池一带⑤,其土地上既有农田,又有牧场,规模之大,可以想见。

---

① [北齐]颜之推撰,王利器集解:《颜氏家训集解》卷三,第 145 页。

② 战争中对敌方财物的掠夺以及把自由人虏为奴隶,是古代世界颇为普遍的现象。东罗马帝国查士丁尼(527—565 年在位)时代颁布的法律有这样的规定:"根据万民法,我们从敌人那里取得的东西,立即属于我们所有,甚至自由人也沦为我们的奴隶。"(〔罗马〕查士丁尼:《法学总论:法学阶梯》,第 51 页)

③ 《颜氏家训》卷五《止足篇》载"常以二十口家,奴婢盛多,不可出二十人,良田十顷"云云(《颜氏家训集解》,第 317 页)。《北齐书》卷四《文宣纪》载其篡位后"诏封魏帝为中山王",赐予"奴婢二百人,水碾一具,田百顷"等物。(第一册,第 51 页)卷三二《陆法和传》载其"举州入齐"后,被赐物中包括"田一百顷、奴婢二百人"(第二册,第 430—431 页)。

④ 《魏书》卷二一上《献文六王上·咸阳王禧传》,第二册,第 538 页。

⑤ 《魏书》卷一九中《景穆十二王中·任城王澄传》:"高祖至北邙,遂幸洪池,命澄侍升龙舟,因赋诗以序怀。"(第二册,第 465 页)卷五三《李冲传》:"高祖自邺还京,泛舟洪池,乃从容谓冲曰:'朕欲从此通渠于洛,南伐之日,何容不从此入洛,从洛入河……'"(第四册,第 1185 页)由此可见,洪池位于北邙山与洛水之间。洪池又名洪池陂,同书卷一一《出帝平阳王纪》:中兴三年(533)二月"辛巳,幸洪池陂,遂游田"(第一册,第 289 页)。《资治通鉴》卷一四四《齐纪一○》和帝中兴元年(501)五月,禧"与姬妾及左右宿洪池别墅"下胡三省注:"洪池即汉之鸿池,在洛阳东二十里。田庐曰墅,今人谓之别业。晋人以来,往往治池馆,观游于其中。"(第一○册,第 4487—4488 页)北魏时其名亦当为鸿池、鸿池陂,洪池、洪池陂(转下页注)

第四节　露田的受田对象(三)——丁牛

《周礼·地官·司徒》:"载师掌任土之法,以物地事,授地职,而待其政令。"所掌田地之名即有"牛田"和"牧田"。郑司农(众)云:"牛田者,以养公家之牛。""牧田者,牧六畜之田。"郑玄云:"牛田、牧田,畜牧者之家所受田也。"[1]北魏丁牛受田与此"牛田"虽然不同,但不排除均田令制定者借用"牛田"之名的可能性。

《风俗通》曰:"牛乃耕农之本,百姓所仰,为用最大,国家之为强弱也。"[2]《宣室志》曰:"牛者,所以耕田畴,为生人之本。"[3]北魏太和均田令中的"丁牛"即是指有耕作能力的成年牛,亦即耕牛、大牛[4],丁牛受田意味着拥有丁牛的民户为实际受田者。《资

(接上页注)疑传写之讹。《水经注》卷一六《谷水》:"谷水又东,注鸿池陂。《百官志》曰:鸿池,池名也,在洛阳东二十里。丞一人,二百石。池东西千步,南北一千一百步,四周有塘,池中又有东西横塘,水溜迳通。故李尤《鸿池陂铭》曰:鸿泽之陂,圣王所规,开源东注,出自城池也。"熊会贞谓其地"在今偃师县西"。([后魏]郦道元注,杨守敬、熊会贞疏:《水经注疏》,上册,第1436页)以北魏中尺(约0.28米)计之,则洪池面积约为4583亩(4657市亩)。

① [清]孙诒让:《周礼正义》卷二四,第四册,第937、938页。

②《艺文类聚》卷八五《百谷部·谷》,下册,第1446页。

③《太平广记》卷三五六《夜叉一》"朱岘女"条,第八册,第2819—2820页。

④《魏书》卷三《太宗纪》:泰常六年(421)"二月,调民二十户输戎马一匹、大牛一头"(第一册,第61页)。按"丁牛"与"大牛"具有相同的内涵。钱穆云,丁牛"是指精壮之牛,而非牛犊或老牛"(钱穆讲授、叶龙记录整理:《中国经济史》,第166页)。陈连庆谓丁牛是"指有劳动力的牛"(《〈晋书·食货志〉校注　〈魏书·食货志〉校注》,第277页)。

治通鉴》载北齐租调田制,"牛受六十亩"下胡三省注:"按《五代志》,丁牛一头受田六十亩,限止四年。丁牛者,胜耕之牛,牧牛者得受其田。"①按《五代志》即今本《隋书·志》,胡三省所引出自《隋书·食货志》。金宣宗贞祐四年(1216)胥鼎上言,谓"河东兵革之余,疲民稍复,然丁牛既少,莫能耕稼"云云。② 此处之"丁牛"与北朝均田令中的"丁牛"涵义相同,也有可能是指丁、牛,即人丁和耕牛。后一种情况史有其例,如明宣宗时"分辽东各卫屯军为三等,丁、牛兼者为上,丁、牛有一为中,俱无者为下"③。西魏大统十三年敦煌籍帐文书 B 类"计账"记载"牛陆头 四头受田课 二头未受田不课"④。因为此六头牛并非一户所有,而且"未受田"者亦有成年牛,故此记载与北魏均田令所规定的丁牛受田限四头的条款无关,反映的是有受田资格的牛在受田的同时要承

①《资治通鉴》卷一六九《陈纪三》文帝天嘉五年(564)二月条,第一二册,第5240 页。按同书卷一三六《齐纪二》武帝永明三年(485)十月"奴婢依良丁"下,胡三省注:"良丁,谓良人成丁者。"(第九册,第4268 页)此与胡氏对北齐均田令"丁牛"的理解相矛盾。按北魏均田令后条有云:"诸麻布之土,男夫及课,别给麻田十亩,妇人五亩。奴婢依良。皆从还受之法。"则"奴婢依良"成句,"丁"字下属,"丁牛"成词。又,《隋书》卷二四《食货志》载北齐河清三年(564)令:"其方百里外及州人,一夫受露田八十亩,妇四十亩。奴婢依良人,限数与在京百官同。丁牛一头,受田六十亩,限止四牛。"(第三册,第677 页)按"四牛"原作"四年",点校本据《通典》卷二改("校勘记"〔五〕,第693 页)。汪籛引此并云:"则知以'丁'字连下'牛'字读为更有理据。"(《北魏均田令试释》,《汉唐史论稿》,第144 页)关于"四牛"与"四年"孰是孰非的问题,中国学者未见异议,俱以"四牛"为是,而在日本学者中则颇有争议,参见〔日〕堀敏一《均田制的研究》,第161—162 页。总的来看,持"四年"说者的理据难以服人。
②《金史》卷一〇八《胥鼎传》,第七册,第2376 页。
③《明史》卷七七《食货志一》,第七册,第1885 页。
④唐耕耦、陆宏基:《敦煌社会经济文献真迹释录》,第一辑,第122 页。

担相应的课税,而不受田的牛则不承担课税。因为牛与人一样可受田并承担课税,故对于牛的记载也就成为籍帐(计账户籍)中必不可少的内容。此外,作为主要的财产或生产资料,耕牛无论受田与否都要在户籍相关文书中予以登记。大统十三年 A 类"户籍"文书中,其天婆罗门户有"牛两头特大",侯老生户有"牛一头黑特大",据推算,前者受田而后者未受田。这表明耕牛是否受田,还受制于当地的土地宽狭程度以及民户自身土地占有的状况。①

均田制"限四牛"的规定表明②,有牛民户最多可因此多受田一百二十亩,相当于三个男丁或两对夫妇受田的数量。也就是说,此条法令制定的初衷主要是为富裕自耕农阶层考虑,而不一定是为了保障拥有大量牛只的大地主或大牧主的利益。因为"丁牛虽多,给田止于一百二十亩,故曰限四牛也"③。有牛农户乃是

①参见杨际平《北朝隋唐"均田制"新探》,第 123—124 页。
②春秋鲁国曾进行三次改制:宣公十五年(前 594)"初税亩",成公元年(前 590)"作丘甲",哀公十二年(前 483)"用田赋"。徐中舒云:"丘是井田的编制,本来不服兵役,现在要丘出兵甲。《司马法》曰:'四邑为丘,丘有戎马一匹,牛三头,是曰匹马丘牛。'古代甲是用牛皮作的,所以令丘出牛;出马,则与作甲的要求不合。所以这里'丘有[戎]马一匹牛三头',只应作'丘有牛四头'。丘出牛,故曰'丘牛'。每邑一牛,'四邑为丘',共有四牛,每邑负担也是相等的。"(《试论周代田制及其社会性质》,《徐中舒历史论文选辑》,下册,第 870 页)北魏均田制丁牛受田且限四牛的规定,不排除是受《司马法》丘之制启发而制定的。《周礼·地官·小司徒》载"九夫为井,四井为邑,四邑为丘,四丘为甸,四甸为县,四县为都"(《周礼注疏》卷一一,《十三经注疏》,上册,第 711 页下栏),均田制丁牛受田限四牛的规定也可能是参照丘井四进制而来。
③[宋]刘羲仲:《通鉴问疑》,《景印文渊阁四库全书》史部四四四"史评类",第六八六册,第 9 页上栏。

农民中的富裕者,北魏丁牛受田的规定无疑有利于这一部分民户,同时也有鼓励民户养牛的目的①。宫崎市定认为:耕牛受田"以四头为限","是为了防止占有耕地后发展为牧场"②。这种可能性虽不能完全排除,但应该很小。因为作为牧业而言,牛虽然不可或缺,但还应该有其它牲畜,如马、骡、驴和羊。从当时的社会状况来看,在农耕地区开辟私人牧场的可能性似乎不大。

尤其值得注意的是,在北魏均田制颁布不到十年前,即冯太后临朝听政的当年(承明元年,476)曾发生过一次大规模的牛疫,结果造成"死伤太半"的严重后果③。牛疫使得北魏境内牛的损

---

① 《魏书》卷八八《良吏·张恂传附孙长年传》:"出为宁远将军、汝南太守。有郡民刘崇之兄弟分析,家贫惟有一牛,争之不决,讼于郡庭。"时当"太和初"之前。(第五册,第1900—1901页)这表明对于兄弟同爨的家庭而言,家中只有一牛便被认为是贫户,反证作为主要生产资料的耕牛应该是当时大多数小农家庭必备之物。不过,从太武帝时期的"人牛力相贸"之制推测,当时无牛家的数量似乎亦颇为可观。

② 〔日〕宫崎市定:《东洋朴素主义的民族和文明主义的社会》,第59页。

③ 《魏书》卷一一〇《食货志》:"(太和)十一年,大旱,京都民饥。加以牛疫,公私阙乏,时有以马驴及橐驼供驾挽耕载。"(第八册,第2856页)按牛疫发生于承明元年(476),同书卷七上《高祖纪上》太和元年(477)三月丙午(廿三,4.21)诏,谓"去年牛疫,死伤太半,耕垦之利,当有亏损"(第一册,第144页)。虽然过了十年时间,但看来全国的耕牛数量远未恢复到疫前的水平,对农业生产的正常进行自然会有很大的消极影响。北魏均田令中规定丁牛受田,必与这一背景有密切关系。全国性的牛疫在历史上非常罕见,耕牛的大量死亡会严重制约农业生产的正常进行,其危害相当巨大,统治者会采取积极措施以减轻其破坏性。东汉明、章帝交代之际,永平十八年(75)发生"牛疫"。章帝建初元年(76)正月丙寅(廿三,3.17)诏云:"比年牛多疾疫,垦田减少,谷价颇贵,人以流亡。"(《后汉书》卷三《章帝纪》,第一册,第132页)又,"章帝建初四年冬,京都牛大疫"(《续汉书·五行志四》,《后汉书》第一一册,第3336页)。元和元年(84)二月甲戌(十八,4.12)诏云:"自牛疫已(转下页注)

耗相当严重,到均田制颁布时耕牛的数量肯定尚未恢复到疫前的水平,这当然会严重制约农业生产。延兴五年(475)"六月庚午(初七,7.25),禁杀牛马"[1]。牛马对于农耕生产的正常进行具有至关重要的作用,北魏政府保护牛马的这道命令表明,当时可用于农业生产的牛马并不充裕,是当时耕牛数量较少的现实的反映。而次年发生的牛疫所造成的破坏,则可谓雪上加霜。如上所引,西魏大统十三年敦煌籍帐文书 B 类"计账"中三十三户共有牛六头,当时普通民户耕牛拥有率之低可见一斑。北齐宋孝王《关东风俗传》谓"宋世良天保(550—559)中献书,请以富家牛地先给贫人"云云,[2]表明有牛者乃富裕之家,北魏均田制

(接上页注)来,谷食连少,良由吏教未至,刺史、二千石不以为负。其令郡国募人无田欲徙它界就肥饶者,恣听之;到所,赐给公田,为雇耕佣,赁种饷,贳与田器,勿收租五岁,除筭三年。其后欲还本乡者,勿禁。"(《后汉书·章帝纪》,第一册,第 145 页)这两次牛疫破坏性之大可见一斑。《后汉书》卷三九《刘般传》:"是时下令禁民二业,又以郡国牛疫,通使区种增耕,而吏下检结,多失其实,百姓患之。"般上言,谓"又郡国以牛疫、水旱,垦田多减,故诏敕区种,增进顷亩,以为民也"云云。(第五册,第1305 页)为了尽量减轻牛疫所造成的危害,汉章帝采取了"区种增耕"等一系列积极的农业政策。牛疫与北魏均田制之间的关系,大致属于同类情况。唐代曾发生两次局部性的牛疫,政府也都采取了相应的措施以减轻其破坏性。唐高宗永隆(680—681)中,王方翼"以功迁夏州都督。属牛疫,无以营农,方翼造人耕之法,施关键,使人推之,百姓赖焉"(同上卷一八五上《良吏上·王方翼传》,第一五册,第4803 页)。唐德宗贞元七年(791)三月,"关辅牛疫死,十亡五六。上遣中使以诸道两税钱买牛,散给畿民无牛者"(《旧唐书》卷一三《德宗纪下》,第二册,第 371 页)。
[1]《魏书》卷七上《高祖纪上》,第一册,第 141 页。
[2]《通典》卷二《食货二·田制下》"北齐"条,第一册,第 28 页。

时代的情形亦当相近①。北魏丁牛受田的条款被北齐均田令所继承,武成帝河清三年(564)令有"丁牛一头受田六十亩,限止四牛"的规定②。又,唐玄宗开元二十五年(737)令规定屯田之制:"其稻田每八十亩配牛一头。诸营田若五十顷外更有地剩配丁牛者,所收斛斗皆准顷亩折除。"③也应该与受到北朝均田令的影响有关。

　　无论世界各地,牛都是传统农业社会中最重要的生产工具④。古希腊诗人赫西俄德提到"牛和壮骡翻耕过的田亩"云云,⑤可知在公元前八世纪的古希腊是用牛和壮骡来翻耕田地。从其所著诗篇《工作与时日》(亦译作《作业和时令》)来看,主要还是用牛耕地。其中有诗句云:"先营家室,以安其妻。爰畜牡牛,以曳其犁。"亚里士多德认为"这里关于妻室所说到的牛,在穷苦家庭中

---

① 日本学者谷川道雄认为:"对奴婢、耕牛的给田规定","不能仅仅看作是对大土地所有的容忍,还必须看到有其开垦土地的目的。而作为这一目的的根本原因,不单在于国家财政政策","还必须承认有其扩大国家全体财富的意图的一方面。也就是说,均田令制在与这一理念一致的范围内,未必就是以否认大土地所有为原则的"。(《中国中世社会与共同体》,第 255—256 页)

② 《隋书》卷二四《食货志》,第三册,第 677 页。

③ 《通典》卷二《食货二·屯田》,第一册,第 44 页。

④ 马克斯·韦伯说:"在原始农业生活中,所谓耨耕是占支配地位的。既不用耕犁也不用驮畜,耕作的工具就是一根尖棍,男子拿着它在田间走来走去地挖穴,妇女把种子撒入穴内。""东方的灌溉农业是直接从原始的耨耕发展出来的,不使用耕犁。"(《经济通史》,第 16—17、37 页)按其所言东方是指中国、小亚细亚、埃及,若就原始的耨耕而论,不使用耕畜自无疑义,但谓东方的灌溉农业不使用耕畜,则是完全错误的。中国古代无论是水田还是旱地的耕作,都少不了耕畜的助力,想来小亚细亚、埃及也不会是纯粹用人力进行耕作。

⑤ 〔古希腊〕赫西俄德:《工作与时日　神谱》,第 2 页。

就相当于奴隶"①。穷苦家庭没有耕牛，就需要用人力来耕地，著者少时曾目睹过人力耕地的场景。看来古希腊的穷苦家庭基本没有耕牛可用，但还是会有奴隶可供役使。每天清晨下地耕种，"给耕牛戴上颈轭，系上皮带，握住犁把，手挥鞭赶它们拉犁耕地"②，这是赫西俄德笔下的耕地情形，著者少时所见故乡耕地的场景与此完全相同，可见无论世界各地，传统农业社会的劳作方式并无太大出入。赫氏又云："耕田要用两头都是9岁的公牛，因为这时它们力气最足，正当最佳年龄时期，最适合耕田。在田里它们不会打架或破坏耕犁，致使活儿不能完成。"③其说未必完全符合现实，只用九岁的公牛进行耕田，无论多么富有的人家恐怕都难以办到，因为需要喂养大量的牛只才能做到，而且在九岁以前的喂养毫无成效，会耗费大量的草料和人力。不过从中也可以看出，牛是受到特别保护的家产，否则也不会进行多年的喂养。耕牛作为农业社会最主要的生产资料，理所当然要受到特别的保护。古印度《摩奴法典》（成书时代约当中国汉代）中，也有特别保护牛的相关条款，如：在诸多"被宣布为堕落到杂种种姓的行为"中，"杀一牝牛"居首；"应受十二年苦行的罪犯，如不退隐山林，可在剃去须发后，住在村庄或牝牛牧场附近……一心对牝牛或婆罗门做好事。在那里，为拯救牝牛或婆罗门，应立刻牺牲自

---

① 〔古希腊〕亚里士多德：《政治学》卷一，第5—6页。按亚里士多德所引诗句为该诗篇之第405行，是赫氏对其愚蠢的兄长佩耳塞斯的告诫，张竹明等译作："首先，弄到一所房屋、一个女人和一头耕牛。女人我是说的女奴，不是说的妻子，她也可以赶牛耕地。"（《工作与时日　神谱》，第13页）可以看出，两译文之文意有明显差别。

② 〔古希腊〕赫西俄德：《工作与时日　神谱》，第14页。

③ 〔古希腊〕赫西俄德：《工作与时日　神谱》，第13—14页。

己的生命;拯救一只牝牛或一位婆罗门的生命的人,可偿赎他杀害一位僧侣种姓人士的罪恶。""犯误杀牝牛这种二等罪恶者,应当剃光头,披他所杀的牝牛的皮,吞大麦稀粥并栖身在牝牛牧场内一个月……要每天尾随牝牛后,直立,吞食牛蹄扬起的尘埃,夜间在侍候并敬礼它们之后,坐在它们旁边守卫它们。"①在欧洲中世纪,牲畜中"牛是最重要的,有时简单地称其为动物(animalia),在公民法中受到特别的保护"。加洛林时期的赋税册中,"牛被分为耕牛、母牛、小母牛、小公牛和公牛"。② 北魏均田令规定丁牛受田,既是因为耕牛不但是最重要的生产资料,而且也是重要的劳动力,从北魏太武帝时太子监国所颁布的"人牛力相贸"制度中便可体会到这一点③。对于普通自耕农而言,无牛者即为"下贫家"。张长年任汝南太守时,"有郡民刘崇之兄弟分析,家贫,惟有一牛,争之不决,讼于郡庭",长年"即以家牛一头赐之"。④

　　丁牛受田一方面有维护地主和富裕自耕农利益的因素,同时也有鼓励民户养牛的因素。"牛是动力、燃料(粪便可供燃烧)、肥料和食物的潜在而方便的资源。"⑤牛既是不可或缺的生产资料,又是劳动力的重要补充,牛力作为农业社会最重要的畜力,是人

---

① 〔法〕迭朗善译:《摩奴法典》,第 266—267、269、272—273 页。按:这种传统一直延续到现代社会,"纵观印度各地的立法,视牛的性命如同人的性命。这种宗教禁忌随处可见"(〔瑞典〕冈纳·缪尔达尔著,塞思·金缩写:《亚洲的戏剧:南亚国家贫困问题研究》,第 46 页)。

② 〔德〕汉斯—维尔纳·格茨:《欧洲中世纪生活》,第 167 页。

③ 参见《魏书》卷四下《世祖纪下附恭宗纪》,第一册,第 108 页。

④ 《魏书》卷八八《良吏·张恂传附孙长年传》,第五册,第 1900—1901 页。

⑤ 〔瑞典〕冈纳·缪尔达尔著,塞思·金缩写:《亚洲的戏剧:南亚国家贫困问题研究》,第 231 页。

力的重要辅助和帮手。此外,牛粪既是肥料,又是燃料,牛还可以
作为肉食的一个来源①,至于是否食用牛奶则无法作出判断②。
耕牛受田既有农耕社会重视牛的传统的影响,也应该与北魏游牧
经济的残余有关。拓跋祖先曾经以游牧为生,而在均田制实行之
际,北魏在漠南、河西等地的国有牧场以及类似秀容川这样的领
民酋长的领地上仍有规模很大的畜牧业生产,北魏统治者对于畜
牧业显然并不陌生。在北方农耕地区养牛不能仅仅依靠放牧,还
需要草料喂养,尤其在冬季更需要大量草料以供越冬,必须占有
一定的土地才行。《齐民要术》虽然并无关于养牛的明确记载,但
《养羊》篇所载养羊法可资参考:"羊一千口者,三四月中,种大豆
一顷杂谷,并草留之,不须锄治。八九月中,刈作青茭。若不种
豆、谷者,初草实成时,收刈杂草,薄铺使干,勿令郁浥。䔲豆、胡
豆、蓬、藜、荆、棘为上;大小豆其次之;高丽豆萁,尤是所便;芦、䕡
二种则不中。……)既至冬寒,多饶风霜,或春初雨落,青草未生
时,则须饲,不宜出放。"③牛的饲养方法虽然与羊不尽相同,但基
本环节实无大异。越冬的草料除了粮食作物的秸秆外,有些还得
专门种植。农户养牛与专门的畜牧养殖虽不尽相同,但需要牧场

①北魏有禁止杀牛的法规,但牛只因老病或坠崖之类原因死亡后应该是可
以食用的。著者年少乡居时,生产队的牛只不得作为肉用食物被宰杀,但
在自然死亡后则被剥皮分肉,农户按人头会分得一份。
②北魏孝文帝时期的阉官王琚,"常饮牛乳,色如处子"(《魏书》卷九四《阉
官·王琚传》,第六册,第 2015 页)。王琚为高平人,其地属于畜牧业经济
区,受宫刑后又长期生活于平城宫中,自非普通农民可比,但受十六国北
魏以来游牧民族文化影响,不能完全排除北魏部分以农为生的地主和
农民有此习惯的可能。
③《齐民要术校释》卷六《养羊》,第 426—427 页。

和积贮草料,道理并无二致。①

第五节 "倍田"与休耕

　　一个自耕农小家庭以夫妇二人、丁牛一头受田计,则其所受露田应为九十亩,接近春秋战国以来五口之家百亩之数②。春秋

---

① 又,唐代驿马受田也是可资参证的资料。《通典》卷二《食货二·田制下》引大唐开元二十五年《令》:"诸驿封田皆随近给,每马一匹给地四十亩。若驿侧有牧田之处,匹各减五亩。其传送马,每匹给田二十亩。"(第一册,第 31 页)《新唐书》卷四六《百官志一》:"凡驿马,给地四顷,莳以苜蓿。""凡传驿马驴,每岁上其死损、肥瘠之数。"(第四册,第 1198 页)卷五一《食货志一》:"贞观中,初税草以给诸闲,而驿马有牧田。"(第五册,第 1343 页)

② 《荀子·大略》:"不富无以养民情,不教无以理民性。故家五亩宅,百亩田,务其业而勿夺其时,所以富之也。"([清]王先谦:《荀子集解》卷一九,下册,第 498 页)《管子·巨乘马》:"一农之量,壤百亩也,春事二十五日之内。"《山权数》:"地量百亩,一夫之力也。"《轻重甲》:"一农之事,终岁耕百亩。"(黎翔凤:《管子校注》卷二一、二二、二三,下册,第 1223、1306、1436 页)又,《吕氏春秋》卷一六《先识览·乐成》载史起对魏襄王曰:"魏氏之行田也以百亩,邺独二百亩,是田恶也。"([战国]吕不韦著,陈奇猷校释:《吕氏春秋新校释》,下册,第 1000 页)此为倍田。《汉书》卷二四上《食货志上》载"李悝为魏文侯作尽地力之教",谓"今一夫挟五口,治田百亩"云云。晁错说汉文帝,"今农夫五口之家","其能耕者不过百亩"。(第四册,第 1124—1125、1132 页)《春秋公羊传注疏》卷一六《宣公十五年》何休注云:"一夫一妇,受田百亩,以养父母妻子,五口为一家。"(《十三经注疏》,下册,第 2287 页上栏)《后汉书》卷七六《循吏·刘宠传》,[唐]李贤注引《春秋井田记》:"人年三十,受田百亩,以食五口。五口为一户,父母妻子也。"(第九册,第 2478 页)湖北江陵凤凰山汉墓出土西汉文景年间户籍册,一里二十五家中二十四家的口数共有一百一十二口,平均每家 4.67 口,接近五口之数,每家人口虽然多少不等,但大体以三至六口的户数居多。(黄盛璋:《江陵凤凰山汉墓简牍及其在历史地理研究上〔转下页注〕

战国亩积远小于北魏,则北魏均田制下民户的受田数实际高于春秋战国的百亩之数。若受倍田则为一百八十亩,再倍之田则为二

〔接上页注〕的价值〕)而据《汉书》卷二八《地理志》及《续汉书·郡国志》记
　　载,西汉末年和东汉中期全国每户平均人口分别为 4.87 和 5.07,大体上
　　平均也是五口之家。南北朝时代也有这种情况,如:宋文帝"元嘉(424—
　　453)中,晋陵蒋崇平为劫见禽,云与恭妻弟吴晞张为侣。晞张先行不在,
　　本村遇水,妻息五口避水,移寄恭家"(《宋书》卷九一《孝义·蒋恭传》,第
　　八册,第 3250—3251 页)。北魏太武帝时太子拓跋晃监国,实行人牛力相
　　贸制,令中有"皆以五口下贫家为率"之语(《魏书》卷四下《世祖纪下附
　　恭宗纪》,第一册,第 109 页)。当然,与"五口下贫家"相对的还有"五十
　　家、三十家方为一户"(卷五三《李冲传》,第四册,第 1180 页)的大家庭,但
　　其各自所占的比重则不甚明了。龙登高认为:"在土地私有制下,家庭财
　　产的多寡成为短缺经济下农户生育的天然约束因素,因此中国历代家庭
　　平均规模都不到五口。"(《中国传统地权制度及其变迁》,第 19 页)按中国
　　历代家庭人口规模平均不到五口的原因,与家庭财产的多寡并不一定具
　　有因果关系,不排除在某一时期某些地方存在过由于经济因素的制约而
　　进行节育或溺婴、卖儿鬻女的行为,但总的来说人口规模主要还是受不同
　　时期不同地域的经济发展水平特别是医疗条件、个体生育能力等因素的
　　制约。如在经济水平高、医疗条件好的时期和地区,婴儿的生育率或成活
　　率(生产和养育)以及长大成人的几率自然会较高;反之亦然。此外,人口
　　的增殖还与社会的安定程度和气候因素等密切相关。如在和平时期,社
　　会局势比较安宁,气候状况比较稳定(自然灾害及疫病较少),人们能够进
　　行正常的生产生活,必然有利于人口的增殖;反之亦然。应该说,只要能够
　　维持最低的温饱限度,和平时期的人口增殖和健康成长主要还是受制于
　　经济发展水平特别是医疗条件。诚如马歇尔夫妇所言:"人口的增长不是
　　取决于人口的出生数量,而是取决于人出生以后能够成长、成熟的人口数
　　量。"(〔英〕阿尔弗雷德·马歇尔、玛丽·佩利·马歇尔:《马歇尔文集》第
　　1 卷《产业经济学》,第 48 页)在同一时期同一地域,民户基本财产结构没
　　有明显差别的情况下,家庭人口数量的多寡又与个体生育能力具有更为
　　密切的关系。不可否认,富户由于经济实力较强,可以娶三妻四妾,有能力
　　养活较多的子女,有利于家庭人口规模的提升,但毕竟只是极少数,未必
　　能够对社会整体的家庭平均人口规模产生决定性影响。

百七十亩。之所以给受倍田,是因为没有轮休而连续耕种会过度损耗地力,不仅影响粮食产量,长此以往还会造成土壤的贫瘠化①。关于田地的休耕,可从《齐民要术》的记载略窥一二。谷和麻是当时最重要的农作物,而种谷和种麻的田地都必须轮休。《齐民要术·种谷》:"谷田必须岁易。"贾思勰本注:"㶥子则莠多而收薄矣。"《种麻》:"麻欲得良田,不用故墟。""田欲岁易。"本注:故墟连种"有点叶夭折之患,不任作布也"。② 倍田的给受除了考虑轮休以缓解地力过度损耗之外,也是为了"还受之盈缩",意即将来随着受田民户家庭人口的变动而方便对田地数额进行调整。③ 当然,受倍田还得有条件,即当地人少地多,有充足的多

① 何以规定"所授之田率倍之",钱穆云:"是希望人民都报户口,故特别优待之。此乃暂时性之规定,为要安定民心,以作立国久远之计。"(钱穆讲授、叶龙记录整理:《中国经济史》,第 167 页)此乃望文生义,忽略了令文后半"三易之田再倍之,以供耕作及还受之盈缩"的规定。毫无疑问,"率倍之""再倍之"就是为了便于"易田"即轮休耕种,也是为今后还受留出盈缩空间。

② 《齐民要术校释》卷一、卷二,第 65、118 页。又,同书卷一《耕田》引《氾胜之书》:"秋无雨而耕,绝土气,土坚垎,名曰'腊(脂)田'。及盛冬耕,泄阴气,土枯燥,名曰'脯田'。脯田与腊(脂)田,皆伤田,二岁不起稼,则一岁休之。"(第 49 页)按此乃三易之田。不过,均田令所言"三易之田"恐指高寒地区的田地而言。万绳楠云:"从贾思勰所记北方谷田的轮种可知均田后,在北方确实实行了轮种。""可以反证均田制的实行与维持。"(《魏晋南北朝史论稿》,第 272 页)关于《齐民要术》所载轮作制度,参见黎虎《魏晋南北朝时期的农业》,《魏晋南北朝史论》,第 48—49 页;赵德馨主编《中国经济通史》第三卷(本卷作者何德章),第 431 页。

③ 胡寄窗云:"倍田的作用在平时可作休耕之田,在人口变动时可作为调整分配额的贮备土地。"(《中国经济思想史》,中册,第 283 页)杨际平云:"有了这一条规定,绝大多数的应受田户的土地还授,就可以不必出户,亦即实际上不还不受。"(《北朝隋唐"均田制"新探》,第 34 页)比较而言,胡说更符合令文原意。

余土地以供给受①。此点在均田令中亦有明确规定。

　　受倍田以便休耕,并非北魏均田制首创,而是对传统耕作制度的继承,同时还与当时的生产力水平有关。《周礼·地官·大司徒》:"不易之地家百畮,一易之地家二百畮,再易之地家三百畮。"②按畮即亩,"易"地即休耕③。《周礼·地官·遂人》:"以岁

---

①实际情况是,在地少人多的地区(狭乡),不仅不可能受倍田,就连应受田数也不能保证。汪籛云:"盖古之所谓倍,既可以是加倍,亦可以是减半。"(《西魏大统十三年敦煌户籍跋语》,《汉唐史论稿》,第155页)不过,就北魏均田令的规定而言,"倍田"显然并无减半之意。

②《周礼正义》卷二九,第三册,第735页。

③[清]孙诒让云:"畮,《释文》(按即[唐]陆德明《经典释文》)作畝,云'本亦作古畮字。'案:《说文·田部》作畮,云'六尺为步,步百为畮。从田每声。重文�×,畮或从田十久。'畝即畂之俗体,经例皆作畮,不作畝,陆本误。""凡田或种谷,或休生艸,更迭变易,故谓之易。"(《周礼正义》卷一九《地官·大司徒》,第三册,第736、738页)又引郑司农云:"不易之地,岁种之,地美,故家百畮。一易之地,休一岁乃复种,地薄,故家二百畮。再易之地,休二岁乃复种,故家三百畮。"惠士奇云:"土劳多瘠,故必休之而土乃肥。其所谓休者,非弃之也。春萌而斫其新,夏夷而芟其陈,秋绳而败其实,冬耜而划其根,则有薙氏杀草之法,以治其地。土各异物,物各异宜,则有草人土化之法,以物其地。水归其泽,泽草所生,则有稻人扬芟之法,以作其地。如是而休一岁二岁,然后复种,则土加肥美,其收数倍于岁垦之田,故曰易。"(同上书,第735、739页)又按《新唐书》卷五一《食货志一》:"其地有薄厚,岁一易者,倍授之。宽乡三易者,不倍授。"(第五册,第1342页)《唐律疏议》卷一三《户婚》:"诸盗耕种公私田者,一亩以下笞三十,五亩加一等;过杖一百,十亩加一等,罪止徒一年半。荒田,减一等。"疏议曰:"'荒田减一等',谓在帐籍之内,荒废未耕种者,减熟田罪一等。"(第244—245页)按熟田即正在耕种的土地,荒田即列于户主名下暂未耕种之地。无故荒芜田地,主司及户主均要受到处罚。又云:"诸部内田畴荒芜者,以十分论,一分笞三十,一分加一等,罪止徒一年。户主犯者,亦计所荒芜五分论,一分笞三十,一分加一等。"疏议曰:"'部内',谓州县及里正所管田。""不耕谓之荒,不锄谓之芜。"(第248页)据此,则上条之"荒田"即休耕土地,而非荒芜之田畴。

时稽其人民,而授之田野,简其兵器,教之稼穑。……以土宜教甿稼穑……以土均平政。辨其野之土,上地、中地、下地,以颁田里。上地,夫一廛,田百晦,莱五十晦;余夫亦如之。中地,夫一廛,田百晦,莱百晦;余夫亦如之。下地,夫一廛,田百晦,莱二百晦;余夫亦如之。"注云:"莱,谓休不耕者。"郑司农云:"户计一夫一妇而赋之田,其一户有数口者,余夫亦受此田也。廛,居也。"①《汉书·食货志上》:"民受田,上田夫百亩,中田夫二百亩,下田夫三百亩。岁耕种者为不易上田;休一岁者为一易中田;休二岁者为再易下田,三岁更耕之,自爰其处。"②何休云:"司空谨别田之高下善恶,分为三品:上田一岁一垦,中田二岁一垦,下田三岁一垦。肥饶不得独乐,墝埆不得独苦,故三年一换主易居。"③何炳棣云:"《周礼》一书所述周代授田的通则,虽然是经过战国时期儒家整齐一致化过的,大体应是根据古制,并明白反映出一个最多三年周期的轮耕制。"④何兹全认为之所以要实行"易"田,是因为"当时生产力低,土地一般不能年年耕种,耕种收获一年以后,必须休

---

① 《周礼正义》卷二九《地官·遂人》,第四册,第 1121、1123、1127 页。
② 《汉书》卷二四上《食货志上》,第四册,第 1119 页。《管子·山权数》:"高田十石,闲田五石,庸田三石,其余皆属诸荒田。"(《管子校注》卷二二,下册,第 1306 页)按高田、闲田、庸田即相当于不易上田、一易中田、再易下田。又,《明史》卷七七《食货志一·田制》:"凡田以近郭为上地,迤远为中地、下地。"(第七册,第 1882 页)又可参见《日知录》卷一〇"地亩大小"条(《日知录校注》,上册,第 571—572 页),《钦定续文献通考》卷二《田赋考·历代田赋之制》(《景印文渊阁四库全书》史部三八四"政书类",第六二六册,第 42 页)。按明清时期的上、中、下地与北魏的上、中、下田应该有相同或相近的含义。
③ 《春秋公羊传注疏》卷一六《宣公十五年》"初税亩"下何休注,《十三经注疏》,下册,第 2287 页上栏。
④ 何炳棣:《华北原始土地耕作方式:科学、训诂互证示例》。

耕一年、二年,以休息地力"①。

有研究者认为"中国自春秋战国以来放弃了土地休耕的粗放型农业,走上了农业集约化生产的道路"。"中国在春秋战国以前也曾存在过与中世纪西欧三圃制相似的耕作制度,但春秋战国时期农业生产的进步克服了这种落后的粗放型,走上了精耕细作的集约化。"比较而言,"中世纪西欧农牧混合的经济","正反映了封建时代西欧经济发展的落后状态"。② 这种看法或许过高地估计了春秋战国农业生产技术的进步,也与秦汉以后农业生产的现状不完全相符,至少魏晋南北朝时期的农业生产未必都能够以"精耕细作的集约化"来概括,而且北魏均田制和《齐民要术》的记载明白无误地显示,当时农业生产中仍然存在休耕制度③。此外,以连作为进步,而以休耕为落后,恐怕也是值得斟酌的。是否采取集约化的耕作方式,除了技术因素外,可能还与对提高单位面积产量的需求度有关。诚如许倬云所言:"历史上常见的情形,因人口密度高,农夫才以为集约式耕种可以在同一单位面积的农田获得更多的利润。换句话说,即使农夫已知道了精耕佃(细?)作的技术,若人口密度不到一定的水平,农夫也犯不着在一块小面积土地上用尽气力。"④

土地需要休耕,是因为"古时的农民注意到,由于施肥不足,耕地需要'休闲':即为了不使地力衰竭,不仅需变换作物,而且需

①何兹全:《周代土地制度及其演变》,《读史集》,第 133 页。
②马克垚主编:《中西封建社会比较研究》(第一章,王渊明执笔),第 48—49 页。
③又可参见李根蟠《中国农业史》,第 116 页。
④许倬云:《汉代的精耕农作与市场经济》,《求古编》,第 549—550 页。

在一定时期内休耕"①。中国古代如此,世界其它地方亦莫不如是,如欧洲中世纪农村就曾在不少地方实行二田(圃)制或三田(圃)制的休耕制度。欧洲古代盛行休耕制度,最初为二田制,约在八世纪初出现了三田制。②"两(二)田制度曾是罗马人的办法,而在日耳曼人中也是普遍应用的。"二田制即每年轮休一次,前一年秋天播种小麦或裸麦,到第二年冬天收获,第三年秋天才能重新播种,亦即平均一年只有三分之一耕地可获收成;而三田制则是"在三块各别的耕地上春耕、秋耕和休耕;就是,二块地播种,一块地休耕的轮流"。"这样,每年中三分之二的土地可以生利,而使三分之一的土地休息,并用作牧场来补充那些在干草收割后作为牧场的草地。"从二田制到三田制的转变显示了"极大的经济进步性"。格拉斯《农业史》通过比较说明了"三田制比二田制的优越性":

> 试比较在有一千八百亩可耕的庄园上使用这两种制度的结果。使用二田制度,所得的结果是:
>
> 九百亩(耕地,耕一次) …………………… 九百
> 九百亩(休耕地,耕二次) …………………… 一千八百
> 耕地总亩数 …………………… 二千七百
> 使用三田制度所得的结果是:
> 六百亩(冬耕地,耕一次) …………………… 六百
> 六百亩(春耕地,耕一次) …………………… 六百
> 六百亩(休耕地,耕二次) …………………… 一千二百

①〔法〕马克·布洛赫:《法国农村史》,第41页。
②参见〔德〕汉斯—维尔纳·格茨:《欧洲中世纪生活》,第164页。

耕地总亩数 ·············· 二千四百

汤普逊据此认为:"这样看来,在二田制度下,〔每两年中〕我们在二千七百亩可耕的土地上,〔每年〕只有九百亩的收获,而在三田制度下,我们在二千四百亩可耕的土地上,可有一千二百亩的收获。"①布洛赫对法国中世纪农村两种轮作(休耕)制度有这样的描述:"短的一种是两年轮作:在播种年以秋播为主,有时是春播,接下来就是一年的休耕。当然在每个农庄内,一年里大体只有一半土地耕种收获,另一半则空闲,如此循环,周而复始。""长的一种是三年轮作","在原则上,每一个经营单位,每一片土地都分成大致相等的三部分":"轮作田的一部分在秋季播种冬小麦","第二部分留待播种春小麦","第三部分休耕一年,到来年秋天再种冬小麦。其余两部分也是如此,上一年种冬小麦的轮种春小麦,种春小麦的休耕。如此年复一年进行三圃轮作"。② 马克斯·韦伯认为古代德国"耕作通常是按三圃制进行的","三圃制的采用至少不会晚于 8 世纪",他对德国的三圃制有这样的描述:"所谓三圃制耕作,就是首先把全部耕地划分为三个区域,在一段时期内,第一区若播种冬季谷物,第二区就播种夏季谷物,第三区则休闲,并施以肥料(至少在过去历史上是有过施肥这类事的)。这三个区域每年轮流更换,所以某一区今年种了冬季谷物,第二年就

①以上引自〔美〕汤普逊《中世纪经济社会史(300—1300 年)》,下册,第 366、368—369 页。
②以上引自〔法〕马克·布洛赫《法国农村史》,第 45—46 页。又可参见〔德〕汉斯—维尔纳·格茨《欧洲中世纪生活》,第 164—166 页。关于中世纪英国的轮作制度,还可参见沈汉《英国土地制度史》,第 6—10 页。

种夏季谷物,再下一年则休闲,其他两区也作相应的轮换。"①

　　上引第一条令文为均田令的核心条文,受田和倍田的规定表明,北魏均田制受到《周礼》所载受田制(井田制)的很大影响。可以这样说,北魏均田制是以《周礼》受田制的相关记载为原则,结合当时的实际社会情况,对田地种类、受田数、成丁年龄作了一定的调整,又增加了奴婢和丁牛受田的内容。《周礼》所载井田制,"六尺为步,步百为畮(亩)"②。秦汉时期,以二百四十平方步为一亩。《说文解字·田部》"畮"字条:"六尺为步,步百为畮。秦田二百四十步为畮。"③《通典·州郡四·古雍州下》"风俗"条:"商鞅佐秦,以一夫力余,地利不尽,于是改制二百四十步为亩,百亩给一夫矣。"④张家山汉简《二年律令·田律》:"田广一步,袤二百卌步,为畛,亩二畛","百亩为顷"。⑤《算术书》也显示,汉代田租是以二百四十步为亩制进行征收的⑥。《汉书·食货志上》"率十二夫为田一井一屋,故畮五顷"下,颜师古注引邓展曰:"九夫为井,三夫为屋。夫百亩,于古为十二顷。古百步为亩,汉时二百四

────────────

① 〔德〕马克斯·韦伯:《经济通史》,第5页。
② 《汉书》卷二四上《食货志上》,第四册,第1119页。又可参见《周礼·地官·小司徒》郑玄注(《十三经注疏》,上册,第712页上栏)、《晋书》卷一四《地理志·序》引《司马法》(第二册,第412页)、《通典》卷一七四《州郡四·古雍州》"风俗"条(第五册,第4563页)。《太平御览》卷七五〇《工艺部七·数》引《一位筭法》:"按千乘之图、周之制度、司马法,'六尺为步,步百为亩',是古之制也。"(第四册,第3328页下栏)
③ 〔汉〕许慎撰,〔清〕段玉裁注:《说文解字注》十三篇下《田部》"畮"字条,第695—696页。
④ 《通典》卷一七四《州郡四·古雍州下》,第五册,第4563页。
⑤ 《张家山汉墓竹简〔二四七号墓〕(释文修订本)》,第42页。
⑥ 参见彭浩《张家山汉简〈算数书〉注释》,第6页。

十步为亩,古千二百亩,则得今五顷。"①吴简显示,孙吴时期的亩制与汉制相同,也是二百四十平方步为一亩②。《通典·食货二·田制下》:"大唐开元二十五年《令》:田广一步、长二百四十步为亩,百亩为顷。"本注:"自秦汉以降,即二百四十步为亩,非独始于国家,盖具《令》文耳。"③《齐民要术》所载亩制正是如此,《种榆、白杨》:种白杨法,"一亩三垄,一垄七百二十株,一株两根,一亩四千三百二十株"。缪启愉云:"这反映贾思勰当时的亩制是阔1步长240步的长条亩。1步6尺,1亩长1440尺,每2尺1株,每株2根,1步的宽度开成了3条插植沟,则1440÷2=720株(1沟株数)720×2×3=4320根(1亩总根数)。"④北魏承袭秦汉之制,还是以二百四十平方步为一亩,权以北魏中尺(约0.28米)计之,则一亩为677.376平方米⑤,稍大于今一市亩(约666.67平方米)。北魏尺度大于周制,北魏男夫受田四十亩比周制百亩还要多四成以上⑥。

---

①《汉书》卷二四上《食货志上》,第四册,第1139—1140页。

②参见孙继民《走马楼〈嘉禾吏民田家莂〉所见孙吴的亩制》。

③《通典》卷二《食货二·田制下》,第一册,第29页。

④《齐民要术校释》卷五《种榆、白杨》,第344页及345页注【五】。

⑤参见梁方仲《中国历代度量衡变迁表》,《中国历代户口、田地、田赋统计》,第541页。按吴承洛推算(《中国度量衡史》),北魏尺度有四,分别相当于27.81厘米、27.90厘米、29.51厘米、29.97厘米(《中国历代户口、田地、田赋统计》,第543页),所换算的亩积分别约为668.21平方米、672.55平方米、752.41平方米、776.05平方米。一市亩约为666.67平方米,可知北魏最小的亩积也是略大于现在的亩积。

⑥周尺约合今23厘米(梁方仲:《中国历代度量衡变迁表》,《中国历代户口、田地、田赋统计》,第540页),则周代一亩(一百平方步)为190.44平方米,不到北魏一亩的三成。

第六节　关于露田的还受

(二)诸民年及课则受田,老免及身没则还田。奴婢、牛随有无以还受。[①]

这是均田令关于露田还受条件的规定。"年及课"是指达到课税规定的年龄,具体是指十五岁以上的成丁男女,"老免"是指年老免课,按照后条规定可知当为七十岁,"身没"则是指由于患病等原因尚未到免课年龄而死亡。[②] 也就是说,对于良人而言,达到课税年龄即受露田,年老免课就要还田,未到免课年龄而死亡,其家人也要将死者的露田归还。奴婢和丁牛的还受条件是有则受、无则还,这是对其主人而言。虽然没有明确奴婢是否课税,但其受田恐怕也并非不受年龄限制,而应该与良人一样是给有劳动能力者受田,年幼、年老者不在受田之列。三长制下的新税制规定"奴任耕、婢任绩者,八口当未娶者四"[③],表明均田令最初颁布时可能尚无奴婢受田的规定,但很快在三长制下的新税制中作出了明确的规定。均田制所言"年及课"中的"课",最初除了租调外,是否还包括力役(兵役和杂徭),未见明确记载,但在三长制中

[①]《魏书》卷一一〇《食货志》,第八册,第 2853 页。

[②]《隋书》卷二四《食货志》载北齐河清三年令:"(男子)率以十八受田,输租调,二十充兵,六十免力役,六十六退田,免租调。"(第三册,第 677 页)堀敏一据此推断:"北魏的'年及课'中的课,可以认为是租调。"(《均田制的研究》,第 206 页)他又认为"北齐河清三年令中的兵役制起源于北魏"。(第 217 页)

[③]《魏书》卷一一〇《食货志》,第八册,第 2855 页。

有关于三长复除特权("三正复丁")的规定,表明丁男具有服役的义务,则此"课"似应包括服役在内。不过,太和十二年(488)李彪上封事中言屯田,谓"一夫之田,岁责六十斛,蠲其正课并征戍杂役"①,表明丁男要承担"征戍杂役",但"征戍杂役"并非"课"的内容,而是与"课"并列的丁男的义务。均田令此条之"老免"显然是与"年及课"相对而言,"课"是指课税,并不涉及兵役和劳役(徭役)。均田令第八条规定"寡妇守志者虽免课亦授妇田",可以确证均田令中的"课"即是专指课税而言,并不包括徭役在内。② 有关徭役的规定当在其它的法律条文中体现。

奴婢受田、还田,皆当看其是否具有耕、织的能力。丁牛受田也应该按上条规定,只限于四头,并非毫无限制。奴婢和丁牛死失,自然都要还田。这些规定与均田制要达到"民无余力,地无遗利"的宗旨有关,并不仅仅是从照顾官僚贵族和豪强大族的利益出发。受田的目的是为了使有生产能力者与土地紧密结合,在维持其基本生活的同时能够保证国家对租调力役的征发。这样,既维护了社会的和谐稳定,又使得国家机器可以正常运转。之所以将课税与受田联系起来,是因为在均田制的制定者看来,既然国家授民以田(露田),受田者就要承担相应的租调负担,表明权利和义务是对等的。当时"荫附者皆无官役,豪强征敛,倍于公赋"③。此条规定则明确宣示,国家对依附于豪强的荫户具有全格

---

① 《魏书》卷六二《李彪传》,第四册,第 1386 页。
② 万志英认为:"兵役毫无疑问是均田制的内容之一",北魏"国家依赖均田制来征调军力和劳动力"。(《剑桥中国经济史:古代到 19 世纪》,第 158、157 页)。遗憾的是,从均田令十五条令文中无论如何也看不到关于"兵役"或"征调军力和劳动力"的任何文字,甚至就连蛛丝马迹也无所查寻。
③ 《魏书》卷一一〇《食货志》,第八册,第 2855 页。

管理权,这是国家与豪强争夺地方行政权和财政权的反映。

仁井田陞认为:"从给奴隶和耕牛的所有者授田便可以知道,虽说是所谓均田,却并不是一种对地主具有否定意义的土地制度。"①学界对这一问题的看法大多与此近似。陶希圣和武仙卿说:"从奴婢与牛的能够受田,也可以晓得均田制度的课耕的精神。荒废土地的急待开发,使劳动力的需要大为增加,五胡以降的耕牛缺乏,及太和元年前后的牛疫,使政府对耕牛颇为重视,太和九年令下,耕牛之能受田,决非偶然。奴婢系属于他人的一种物件,个人没有土地的所有权,而授田令有奴婢依良的规定,且其负担税额只占良人的四分之一。这样的优待奴婢,也只有从重视其劳动力上求了解。所以这时不论人的良贱,只要有耕种的能力,就有耕种的机会。荒敝时代政府对于荒废的国有庄园,奖励垦辟,也必然是这样的了。"②后来的研究者关注奴婢和耕牛受田,都是从北魏政府对豪族妥协或优待的角度进行理解,几乎无人再提及这一点。不过从实施均田制是为了使劳动力和土地最大程度地相结合来看,不能完全排除这种可能性。奴婢没有人身自由,不能独立为户,故奴婢受田同耕牛受田一样,田归主人实际所有。"奴婢、牛随有无以还受"的规定,也充分说明了这一点。有一个疑问,奴婢是否也与良人一样"老免""还田",就法令条文来看并无明确规定。从均田制两处提及"奴婢依良"推测,谓奴婢也应该与良人一样"老免""还田",方才符合均田制的原则。西魏大统十三年(547)敦煌籍帐文书(S.0613),其中某一户包括"婢来花己未生年究(玖),实年十八,进丁",受田项有"口一贱,丁

---

① 〔日〕仁井田陞:《中国法制史》,第216页。
② 陶希圣、武仙卿:《南北朝经济史》,第17页。

婢",其赋税额度为布"一丈"、麻"八两"、租"四斗五升"。① 奴婢既有"进丁"且成"丁"后须承担赋税之义务,则必有"进丁"受田及老免还田之权利②。均田令规定奴婢承担的赋税远少于平民,主要应该在于他们还需承担对主人的义务。虽然并无具体的史料佐证,但这是符合常理的推断。

值得一提的是,北宋刘羲仲所撰《通鉴问疑》记录了《资治通鉴》编撰时,君实(司马光)与道原(刘恕)就若干历史疑点如何准确理解而进行的问答,其中关于北魏均田制的问答颇值得关注。司马光就北魏均田令意涵的理解一共提出了七个问题,第一条即是如何理解"还受以生死为断"的问题。司马光云:"《魏纪》太和九年均田诏云,'还受以生死为断'。《志》云'十五以上受田';又云'及课则受田,老免则还田';又云'有举户老、小、癃者,年逾七十不还',是不以生死为断也。"与其它六条提出问题不同,司马光此条主要是指出《魏书·高祖纪》与《食货志》的相关记载及其存在的矛盾之处。刘恕则从北魏均田制与北宋现实制度的比较角度,简单阐述了自己的看法,认为:"诏书言其略,故云'还受以生死为断';本志言其详,故有还不还之别也。"③按"老免则还田"是就整体而言,具体到残疾人家庭

①唐耕耦、陆宏基:《敦煌社会经济文献真迹释录》,第一辑,第 120 页。
②当然,在现实生活中很可能由于奴婢极少能够活到老免还田的年纪,即便有这样的规定,实际操作的机会大概也会寥寥无几。当然,也不排除奴婢受田的规定只是为了给官贵豪强占有大量的土地提供一种合法的机制,则以其占有的奴婢作为依托便属于顺水推舟的行为,故而也就没有必要再作出老免还田的规定。
③[宋]刘羲仲:《通鉴问疑》,《景印文渊阁四库全书》史部四四四"史评类",第六八六册,第 8 页下栏、9 页上栏。

则有"年逾七十不还"（见下文第八条令文）的特殊照顾,这是对"老免还田"令文的有限突破,但令文没有明确说明残疾人在死后并不还田,看来死而还田应该是均田制的基本原则。也就是说,均田令与均田诏所云"还受以生死为断"并不存在矛盾。司马光对此理解有偏颇,刘恕应该是看到了这一点,但并未明言,故其回答也不具针对性,在对《食货志》所载均田令文的理解上只提"有还不还之别",而不言是否"以生死为断"。当然,对于终生辛劳的北魏均田农民而言,绝大多数人恐怕很难活到均田令所规定的还田的年岁,故而均田制在实际操作的过程中绝大多数场合应该还是"还受以生死为断"。

第七节　官贵豪强与均田制

　　北魏均田令奴婢依良受田的规定,客观上无疑能够起到维护官贵特权阶层利益的作用。王公贵族和高官显宦在北魏前期因战功而被赐予大量的奴婢,他们被给受和良人一样亩数的田地,然而赋税额度却远远低于给受相同数量田地的良人,这就使得官贵阶层在实行均田制后仍然可以保有其原有的奴婢和土地,维持其奢华的生活,其经济特权不会受到损害。正因如此,官贵阶层对均田制将会采取积极支持的态度,其顺利推行也是以此为前提的。此外还有一些没有官宦背景的地方豪强大族,也应该是奴婢的拥有者,他们同样是均田制这一规定的受益者。不仅如此,奴婢受田可使实际受田人口数量增加,有利于垦耕更多的荒闲之地,从而促进全国经济总量的增长,这与均田制"劝课农桑,兴富民之本"的宗旨颇为相符。① 虽然均田制有奴婢受田的明确规定，但关于北魏奴婢进行生产劳动的情形却没有具体记载。布洛赫把中世纪法国"使用奴隶耕作的办法"划分为两种："一种如同仆役，每天接受领主或其代理人的指派耕作，另一种是领主分配给奴隶块地，任其耕作，收获据各种不同规定在领主与奴隶间进行分配。后者实际上就是佃农，他在领地上还要服一些徭役。""佃农式奴隶""由于有权占有部分劳动成果，所以劳动较好"，"他们有家庭，劳动力来源能长期维持"。② 尽管无法得知确切情况，但可以推想，布氏所描述的欧洲的这两类奴隶劳动在北魏均田制下很可能都是存在的。

　　无论是在均田制实施前还是实施后，豪强地主所拥有的奴婢数量一般不会发生变化，而其名下原有的"荫附者"——农奴式的依附民③，在均田制实施后应当不复存在。荫附者大概是通过租

---

① 日本学者堀敏一云："国家掌握全部的劳力和土地，把这些劳力全部投入到土地的耕垦中，以期恢复生产，这是初期均田制的另一重要目的。单丁、奴婢给田额较多的缘故大概也是基于这一目的。""北魏时期，奴婢与小农同样受田，是因为国家需动员一切劳动力，重新开垦五胡动乱以来荒废的土地，恢复生产。"（《均田制的研究》，第 155、170 页）

② 〔法〕马克·布洛赫：《法国农村史》，第 82、83 页。

③ 恩格斯在《家庭、私有制和国家的起源》一书中提到，在古代意大利"以奴隶劳动为基础的大庄园经济"衰落后，"小规模经营又成为唯一有利的耕作形式"，其主要耕种者为租地的"隶农"——介于奴隶和自由人之间，具有很强的人身依附关系，并说"他们是中世纪农奴的前辈"。（《马克思恩格斯全集》第二十一卷，第 169—170 页）应该说，北魏的豪强荫户与恩格斯所说的隶农有相似性。恩格斯对隶农身份特征的归纳是："他们每年缴纳一定的款项，附着在土地上，并且可以跟那块土地一起出售；这种隶农虽不是奴隶，但也不被认为是自由人，他们不能和自由人通婚，他们相互间的婚姻也不被认为是合法的，而是像奴隶的婚姻一样，只被（转下页注）

佃的方式耕种所依附的豪强地主的土地,除了需要交纳高于官府赋税的地租外,同时还应有承担杂役的义务。从经济学角度看,拥有依附民的豪强地主经济在发展生产上并不具有优越性。诺贝尔经济学奖得主保罗·萨缪尔森(1915—2009)指出:"许多不发达国家的地主拥有的土地面积太大,妨碍了土地的有效利用。佃户没有改良土地的积极性,因为他知道,土地随时都可能被地主收回,也因为他从痛苦的经验中知道,他辛辛苦苦地干一年不会带来什么好处。地主也同样没有积极性来改良土地,因为他担心不负责任的佃户会滥用经过改良的土地。"[1]土地改良是农业生产进步的一个重要因素,缺少改良的土地会出现效益递减,其产出会呈现下降趋势。想来这种现象并非现代社会所独有,古代的地主经济很可能也存在着类似的弊端。正由于此,北魏均田制打散或削弱了原有的豪强地主经济,自然有利于农业生产率的提高,具有促进经济发展的积极意义。《荀子·富国篇》:"足国之道:节用裕民……裕民则民富,民富则田肥以易,田肥以易则出实百倍。""不知节用裕民则民贫,民贫则田瘠以秽,田瘠以秽则出实不半。"[2]在荀子看来,民众富裕就会改良土地并增加在土地上的投入,使田地更加肥沃,产量自然就会得到极大程度提高;而民众贫穷,则不仅不可能采取措施增加地力,而且由于投入不足而使土壤贫瘠荒秽,其结果只能是减产而不可能获取好的收成。只有

(接上页注)看做简单的同居。"(同上)关于欧洲中世纪的隶农,又可参见〔法〕马克·布洛赫《封建社会》上卷《依附关系的成长》,第407—409页。遗憾的是,由于史料记载阙如,我们对北魏豪强荫户的身份状况难以作出更具体的了解。

[1]〔美〕萨缪尔森:《经济学》下册,第191页。

[2]〔清〕王先谦:《荀子集解》卷六,上册,第177页。

"劝课农桑,兴富民之本",才能形成农业生产的良性循环,产量的不断提高和经济的持续发展才能有可靠的保证。

西魏大统十三年(547)敦煌籍帐文书 B 类"计账"所录三十三户中,有受田资格者共有丁男三十七人、丁妻三十人、瘸老中小男七人、贱婢一人、老女一人、牛六头①,可见拥有奴婢的普通民户极少。北魏均田制时代的情形亦当与此相近。从均田制实施过程中出现的问题来看,奴婢受田的规定的确为豪富之家提供了广占田产的依据。"北魏均田制之所以能施行,而阻挠尚少者,亦在于此。"②北齐宋孝王《关东风俗传》云:"广占者,依《令》,奴婢请田亦与良人相似。以无田之良口,比有地之奴、牛。"③占有奴婢最多的当然还是王公贵族,如宣武帝初年位居辅政大臣之首的皇叔咸阳王禧,拥有"奴婢千数"。而当其谋反失败被诛后,"财物、珍宝、奴婢、田宅多入高氏"。④ 按"高氏"即外戚高肇家族。宋孝王之言表明,王公贵族家庭是纳入均田制而进行受田的。又如钜鹿太守崔敞,出身清河崔氏,其妻李氏为公主之甥,家有"奴婢田宅二百余口"⑤。孝明帝时,高阳王雍家有"僮仆六千,妓女五百";"其竹林鱼池,侔于禁苑,芳草如积,珍木连阴";"一食必以数万钱为限,海陆珍羞,方丈于前"。⑥ 宰相李崇"富倾天下,僮仆千

---

① 唐耕耦、陆宏基:《敦煌社会经济文献真迹释录》第一辑,第 122 页;〔日〕池田温:《中国古代籍帐研究》,第 125 页。
② 李剑农:《中国古代经济史稿》第二卷《魏晋南北朝隋唐部分》,第 161 页。
③《通典》卷二《食货二·田制下》"北齐"条,第一册,第 28 页。
④《魏书》卷八三下《外戚下·高肇传》,第五册,第 1829 页。
⑤《魏书》卷二四《崔宽传附孙敞传》,第二册,第 626 页。
⑥〔后魏〕杨衒之撰,周祖谟校释:《洛阳伽蓝记校释》卷三《城南·高阳王寺》,第 137—138 页。

人"①。李崇家主要是在都城洛阳和相州治所邺城(崇子世哲为相州刺史)经营商业,史称其"性好财货,贩肆聚敛,家资巨万,营求不息","邺洛市廛,收擅其利"②。有上千僮仆,其家必定还经营农业生产,咸阳王禧之"田业盐铁遍于远近,臣吏僮隶,相继经营"即是明证。若一千奴婢男、女各半,则按均田令规定,便可受露田六万亩(六百顷),则像咸阳王禧、李崇这样的高官显贵拥有近千顷土地也是符合均田令规定的。而像高阳王雍家有"僮仆六千",仅按奴婢受田一项即可拥有近两千顷土地。《北齐书·李玙传附晓传》:"及迁都邺,晓便寓居清河,托从母兄崔悛宅。给良田三十顷,晓遂筑室安居。"③按崔悛为清河崔休长子,东魏"武定中,七兵尚书、武城县开国公",兄弟九人中有多人为官。④ 可以想象,其家族实力雄厚自不待言,所拥有的奴婢田宅应不在少数。就上文提及的另一清河崔氏崔敞家而言,仅奴婢二百余口按常规受田就能获得至少一百好几十顷土地。崔悛家所拥有的田地应该有数百顷之多,他才能够大方地将三十顷良田送给其表弟。此外,北魏后期某些地方豪族的势力亦不可小觑,如"(东)郡人孙天恩家豪富,尝与和争地,遣奴客打和垂死"。按"和"即道武帝玄孙元和,曾出家为沙门,"孝文崩后,和罢沙门归俗"。孝明帝时出任东郡太守,"和诬天恩与北贼来往,父子兄弟一时俱戮,资财田宅皆没于官。天恩宗从欲诣阙诉冤,以和元叉之亲,不敢告列"。⑤

①《洛阳伽蓝记校释》卷三《城南·高阳王寺》,第 138 页。
②《魏书》卷六六《李崇传》,第四册,第 1473 页。
③《北齐书》卷二九《李玙传附晓传》,第二册,第 397 页。又可参见《北史》卷一〇〇《序传》,第一〇册,第 3339 页。
④参见《魏书》卷六九《崔休传》及附传,第五册,第 1527 页。
⑤《北史》卷一六《道武七王·河南王曜附曾孙和传》,第二册,第 593—594 页。

由此可见,地方土豪终究不是王公贵族的对手。

从均田令制定的初衷而言,其着眼点即在于国家能够最大程度地控制编户齐民,使其与土地充分结合,在生产发展民众生活得到保障的基础上适度合理地征发赋税徭役,以满足皇家供应、官吏俸禄和公共开支的需求。虽然均田制并无刻意保护大土地所有制的意图,但最大限度地维护王公贵族和各级官吏以及地方豪强大族的经济权益无疑也在考量之中①。而这些大族出身的官僚贵族多为帝室姻亲,自然也是北魏王朝统治的重要支柱,奏上均田疏的赵郡李安世家族颇具典型性。安世后妻为沧水公主,他在孝文帝时担任相州刺史,面对"宗族强盛,残掠生民"的广平人李波,"设方略诱波及诸子侄三十余人,斩于邺市,境内肃然"。②作为北魏一代最有代表性的官宦世家之一,赵郡李氏家族经济实力必定十分强大,拥有大量的田产自不待言。这从史书所载其子孙辈的事迹中能够看得更为清楚。《隋书·隐逸·李士谦传》:"李氏宗党豪盛,每至春秋二社,必高会极欢,无不沉醉喧乱。"③按李士谦为李安世之孙,死于隋文帝开皇八年(588)④。其父李谧(沧水公主之子)"弃产营书,手自删削,卷无重复者四千有余矣"⑤,足见其家产之丰盈。史载李士谦种种善行,诸如"有牛犯

---

①唐长孺云:"僮隶一般来源于充赏的战俘,因而是公开合法的私属。均田令明确规定奴婢受田,僮隶当然也包括在奴婢的范围内。这就是说贵族豪强的广大土地即使不是特赐也可以奴婢(僮隶)名义合法占有。"(《魏晋南北朝时期的客和部曲》,《魏晋南北朝史论拾遗》,第13—14页)

②以上见《魏书》卷五三《李安世传》,第四册,第1176—1177页。

③《隋书》卷七七《隐逸·李士谦传》,第六册,第1752页。

④参见《北史》卷三三《李孝伯传附士谦传》,第四册,第1233、1235页。

⑤《魏书》卷九〇《逸士·李谧传》,第六册,第1938页;《北史》卷三三《李孝伯传附谧传》,第四册,第1231页。

其田者","望见盗刈其禾黍者","其家僮尝执盗粟者","其奴尝与乡人董震因醉角力"而扼喉毙之,皆未予追究,在在显示其"性宽厚"之情状。①《北史·李孝伯传附孙士谦传》:

> 家富于财,躬处节俭,每以振施为务。……后出粟万石以贷乡人,属年谷不登,债家无以偿,皆来致谢。士谦曰:"吾家余粟,本图赈赡,岂求利哉!"于是悉召债家,为设酒食,对之燔契,曰:"债了矣,幸勿为念也。"各令罢去。明年大熟,债家争来偿,士谦拒之,一无所受。他年饥,多有死者,士谦罄家资为之糜粥,赖以全活者万计。收埋骸骨,所见无遗。至春,又出田粮种子,分给贫乏。……凶年散谷至万余石,合诸药以救疾疠,如此积三十年。②

按:李士谦之"家富于财,躬处节俭",与本书前已提及的安屈、安原兄弟"外节俭而内实积聚",故得"财至数万",以及张僧晧"好营产业,孜孜不已,藏镪巨万,他资亦称是。兄弟自供俭约,车马瘦敝,身服布裳",均表明家庭财富的积累一方面是由于尽力且善于经营的结果,另一方面也是勤俭节约的结果,离开了哪一个方面都不可能实现。这符合现代经济学"资本是劳动和节约的结

---

①《隋书》卷七七《隐逸·李士谦传》,第六册,第 1753 页。

②《北史》卷三三《李孝伯传附士谦传》,第四册,第 1233—1234 页。按《隋书》卷七七《隐逸·李士谦传》所载略同,然"出粟万石"作"出粟数千石",且不载"凶年散谷至万余石,合诸药以救疾疠,如此积三十年"。(第六册,第 1753 页)

果"①这一基本原理。经营即为劳动,既包括体力劳动,又包括智力劳动,对于这些富有的财主而言,他们大概不会亲自下地劳动,而是由奴隶、依附民等承担体力劳动,但对于生产者的指挥和督促,生产计划及其落实,收成及其分配、销售等环节,都是智力劳动的体现,非其亲力亲为不可。勤俭节约可以看作是对待生产物——收成——的基本态度,与之相对的则是挥霍浪费。对一个家庭(无论大小)而言,首先是要通过勤劳而获得较好的收成,然后是通过节俭以积累财富(储蓄),才有可能达致富裕,反之则入不敷出,只能是日益贫困。李士谦家一年可有余粟万石以供借贷,饥年竭尽家资可救活上万人且能够"收埋骸骨",凶年可散谷万余石以济穷困且向患病者施药救治,凡此都反映出他家经济实力之强大。其家庭财力雄厚既是继承祖辈家业的结果,也与其"躬处节俭"的生活态度有密切关系,想来其家庭成员也会和他一样不会挥霍浪费。创造财富必须有大量的土地资源和可供支配的劳动力,其拥有大量的田地和僮仆奴婢自无可疑。李士谦死后,"其妻范阳卢氏""乃散粟五百石以赈穷乏,免奴婢六十人"。②其家奴婢之多可见一斑。

除了赵郡李氏李安世家族外,其他门阀大族的情况也不例外。如上文提及的清河崔休,其妹为孝文帝嫔,从他一次性就给从弟李晓三十顷良田,足见其家田产之多,家族经济实力之雄厚不容置疑。崔休在宣武帝初年担任勃海太守,"下车先戮豪猾数

①〔英〕阿尔弗雷德·马歇尔、玛丽·佩利·马歇尔:《马歇尔文集》第 1 卷《产业经济学》,第 19、22 页。
②《北史》卷三三《李孝伯传附士谦传》,第四册,第 1235 页。按《隋书》卷七七《隐逸·李士谦传》不载"免奴婢六十人"(第六册,第 1754 页)。

人,广布耳目,所在奸盗,莫不擒翦,百姓畏之,寇盗止息,清身率下,勃海大治"①。崔休对地方豪强的态度可以说同李安世如出一辙,自然也是北魏王朝所认可的手法。又如范阳卢氏家族有上百年入仕北魏的历史,孝文帝时与皇室发生了密切的联姻关系。卢敏,"高祖纳其女为嫔"②;其弟昶子元聿,"尚高祖女义阳长公主"③;其父"度世从祖弟神宝","太和中,高祖为高阳王雍纳其女为妃"④。卢敏长子"义僖少时,幽州频遭水旱,先有谷数万石贷民,义僖以年谷不熟,乃燔其契。州闾悦其恩德"。按卢义僖于东魏"兴和(539—542)中卒,年六十四",则其生年在 476—479 年。史载其"年九岁,丧父",则其"少时"当指父死之后由其持家之时,恰在北魏均田制颁行之后不久。⑤ 卢义僖家以"谷数万石贷民",比之"出粟万石以贷乡人"的李士谦家,经济实力应该更为强大。这表明卢义僖家在均田制实行后仍然拥有大量的田产,可以想象其家奴婢僮仆的数量必定也是非常可观。《魏书·卢玄传附道将传》:

> 道将涉猎经史,风气謇谔,颇有文才,为一家后来之冠,诸父并敬惮之。彭城王勰、任城王澄皆虚襟相待。勰为中军大将军,辟行参军。迁司徒东閤祭酒、尚书左外兵郎中,转秘书丞。出为燕郡太守。道将下车,表乐毅、霍原之墓,而为之

① 《魏书》卷六九《崔休传》,第五册,第 1526 页。
② 《魏书》卷四七《卢玄传附敏传》,第三册,第 1053 页。
③ 《魏书》卷四七《卢玄传附元聿传》,第三册,第 1060 页。
④ 《魏书》卷四七《卢玄传附神宝传》,第三册,第 1063 页。又可参见同书卷二一上《献文六王上·咸阳王禧传》,第二册,第 535 页。
⑤ 《魏书》卷四七《卢玄传附义僖传》,第三册,第 1053—1054 页。

立祠。优礼儒生,励劝学业,敦课农桑,垦田岁倍。①

如上所述,赵郡李安世对相州广平豪强李波家族的诱杀,清河崔休对冀州勃海豪猾奸盗的戮翦,可以说都是贯彻三长制和均田制以加强北魏王朝地方统治的强力举措。而范阳卢氏家族卢道将(敏兄渊长子)在燕郡的举措,则是以文德治理地方的典型,从中能够感受到其对均田制和三长制精神的贯彻,自然也是有助于巩固北魏王朝的地方统治的。

不仅门阀大族,其他官僚贵族占有大量土地的现象也比较普遍。北魏末年,时任太保、侍中的弘农杨氏代表人物杨椿在《诫子孙书》中提及,其祖父"常约敕诸父","又不听治生求利"。② 由此推断,官贵之家"治生求利"的现象事实上相当普遍。杨椿所言"治生求利",应该主要是指占有大量土地进行农业生产并通过出售产品以获取利润。宣武帝初年,侍中、御史中尉甄琛被"免归本郡",于是"专事产业,躬亲农圃,时以鹰犬驰逐自娱"。③ 由此可见,甄琛在老家中山郡毋极县的农庄颇具规模。兖州东平须昌人毕众敬,卒于孝文帝太和十五年(491)十月。他在晚年曾两度担任兖州刺史,太和二年于京师被"赐甲第一区","后以笃老,乞还桑梓,朝廷许之"。史称"众敬善持家业,尤能督课田产,大致储积"。④ 毕众敬多年在其本籍兖州担任行政长官,卸任后虽曾在京师居住,但为时不长,在其家乡有着强大的社会影响和雄厚的经

①《魏书》卷四七《卢玄传附道将传》,第三册,第1050—1051页。
②《魏书》卷五八《杨椿传》,第四册,第1289页。
③《魏书》卷六八《甄琛传》,第四册,第1513页。
④《魏书》卷六一《毕众敬传》及附传,第四册,第1360—1361页。

济实力,他的田产面积虽不得而知,但具有相当规模当无疑义。

诺贝尔经济学奖得主道格拉斯·诺斯认为:"尽管正规规则的整个变迁可能会发生,但同时有许多非正规制约却具有极大的生存能力";"新的正规规则会补偿现存的非正规制约,这类变迁有时是可能的,尤其是在一个局部均衡逻辑下"。[①] 通过均田制而将豪强大族名下的依附民转变为北魏政府控制的编户齐民,这是北魏均田制的宗旨,然而均田制对于豪强大族特别是官僚贵族也作了较大程度的让步,通过"奴婢依良"受田的规定而对其占有大量土地的现实加以认可。均田制即属于"新的正规规则",而豪强官贵占有大量土地则属于"现存的非正规制约"。均田制通过"奴婢依良"及丁牛受田等规定,在"新的正规规则"中对"现存的非正规制约"进行了一定的"补偿",从而达到了"局部均衡"。完全的均衡是不可能的,因为在北魏地方基层社会,均田制之前豪强的力量比较强大,而在均田制及三长制实施后政府则是具有控制性的力量。均田制虽然对豪强有一定程度的照顾或让步,但还是有限度的,因为虽然认可豪强通过奴婢和丁牛受田而享有经济特权,但却不认可豪强荫户即其拥有依附民的现状。严格来说,没有官宦背景的地方豪强所拥有的奴婢数量想来比较有限,而王公贵族则是奴婢的大量拥有者,所以"奴婢依良"受田主要的受益者当为王公贵族而非地方豪强,因此本条规定主要是在维护作为北魏统治集团上层的高级官贵的经济利益。不过,对官贵豪强利益的维护——或者说一定程度的让步,无疑可以减少均田制和三长制在实施过程中有可能出现的阻力,扩大支持改革的力量,从而有利于改革新政的顺利推行。

---

① 〔美〕道格拉斯·C·诺斯:《制度、制度变迁与经济绩效》,第122页。

第七章　北魏均田令条文释义（二）

——"桑田"相关问题疏证

除了露田外，北魏均田令中还有一类田地——桑田，受田数量虽不及露田，但却具有相当的重要性，对于认识均田制的性质举足轻重。均田令对桑田的受田标准、用途及还受原则有比露田更加具体的规定。

第一节　关于"桑田"的规定

（三）诸桑田不在还受之限，但通入倍田分。于分虽盈，没则还田，不得以充露田之数。不足者以露田充倍。①

这是关于民户原有田地即"桑田"的规定。按"于分虽盈，没则还田"，《通典》作"于分虽盈"②，《册府元龟》作"于数虽盈"③，

---

①《魏书》卷一一〇《食货志》，第八册，第2853页。
②《通典》卷一《食货一·田制上》，第一册，第18页。
③《宋本册府元龟》卷四九五《邦计部一三·田制》，第二册，第1249页下栏；明本《册府元龟》卷四九五《邦计部一三·田制》，第六册，第5923页下栏。

唐长孺、汪籛均认为"没则还田"为衍文①。桑田即专门用于栽种桑树以养蚕的田地②,桑田之名即因其用途而来。汪籛云:"桑田对露田而言。古人于田边种植桑树,用以饲蚕。""熟田率于田边植桑,谓之桑田,亦即私田也。"③此条规定首先明确了桑田不受还受之限约束的性质,表明桑田一旦拥有便成为民户家庭私产,民户对其具有全格所有权——私有权,即不仅有占有权、使用权、获益权,还应该有传承权。不过桑田也不是与露田毫无关系,因为它要从总体上计入民户应受露田之倍田数额内。若计入倍田之后仍有盈余,则盈余部分在受田者死亡后须上交国家,亦即不得传诸后世,或者说这一部分土地不具有传承权。换言之,民户已有土地按均田制受田标准计算,若在满足桑田和露田倍田数额之后仍有盈余,则盈余部分不必上交国家,民户可以继续占有、使用并获取收益,但在其死后则要上交国家。考虑到民户家庭人口变动的因素,盈田数额也会相应地发生变化,最初的盈田在一段时间以后可能就不再成为盈田,而又成为受田数额之内的田地。这一规定承认民户土地占有的既成事实,不至于因政府过多干预而引发纷争,有利于促进土地的利用和生产的发展,同时也为家庭人口数量和年龄结构变化后田地的还受提供了方便。盈田"不得

---

① 参见唐长孺《北魏均田制中的几个问题》,《魏晋南北朝史论丛续编》,第24—25页;汪籛《北魏均田令试释》,《汉唐史论稿》,第145—146页;陈连庆《〈晋书·食货志〉校注 〈魏书·食货志〉校注》,第279页。
② 《齐民要术》对种桑、养蚕之法尤其是后者有颇为具体的记载([后魏]贾思勰著,缪启愉校释:《齐民要术校释》卷五《种桑、柘》,第317—318、326—327、332—334页),正是北魏均田制时代普遍种桑养蚕情形的反映。
③ 汪籛:《北魏均田令试释》,《汉唐史论稿》,第146页。

以充露田之数",意在表明其不必遵循露田还受原则,亦即不必马上上交国家。最后,如果民户现有土地在桑田数额之外还有多余,多余部分算作露田之倍田,如果还不足倍田之数,则不足部分按照露田受田规定予以补足。总的来看,此条法令意在以"桑田"的形式对民户现有土地的法律地位进行认可和规范,也可以说是为了保护民户的私有土地所有权。就现存零星记载来看,在均田制实施后民户现有土地是否属于变更之列,没有直接的证据予以证实或证伪。

关于均田令本条规定的内涵,有一定的费解之处,学界的看法亦不尽相同。万国鼎云:"按'通入倍田分'以下云云,史文如此,不甚明了。意者盖谓桑田多于二十亩,则计入倍田。例如某甲已有桑田三十五亩,则所盈之十五亩,计入倍田。又加授露田二十五亩,以足倍田四十亩之数,所谓不足者以露田充倍是也。逮身没还田,正田倍田皆还,然此曾充倍田之十五亩桑田,不得视同露田而入官。"[1]唐长孺的解释与万氏有所不同:"这一条是针对均田之前原有桑田而言的。所以还没有提到男夫给桑田二十亩,开头就说'诸桑田不在还受之限',这就意味着这一条所指的不是初受的桑田,而是原已有之的。对于这类桑田在初均田时并不动它,但却可以算作倍田分。即是少给或不给倍田。如果原有桑田超过了倍田分(四十亩以上),法令规定不能匀入露田数中,即是说并不减少其应受露田数。其超额桑田根据第四条'盈者得卖其盈',可以出卖。如果倍田分由于部分或全部作为桑田以致不足额时,法令准许把露田抽取一部分来补足,即是维持必要的

---

①万国鼎:《中国田制史》,第 169 页。

休耕地。"①汪篯对此条田令有更为具体明晰的解释:"此条适用于荒地甚多之宽乡,此条中之桑田指私家原有之耕地,亦即父、祖传袭之私田,可称之为父、祖桑田。所谓'诸桑田不在还受之限,但通入倍田分'者,即父、祖桑田不从还受之法,但须纳入倍田数额内计算。据第四条……之规定,则知家内原无父、祖桑田或父、祖桑田不足二十亩之户,始由封建国家授给桑田二十亩,或补足达桑田二十亩。至于家内原有父、祖桑田甚多之户,则国家不再授以荒地为桑田。由此可知,家内原有父、祖桑田甚多之户,须以其家父、祖桑田抵充应受桑田及倍田之数额,即一丁须以六十亩抵充,超过此数者为盈田。""从'于分虽盈,不得以充露田之数'之规定,可以推知北魏均田令具有在宽荒之乡实行强制垦荒之用意。"②胡如雷对此条规定有如下理解:"桑田缺额首先用倍田补充,倍田补充后仍有缺额,则以露田充倍田继续补充。可见统治者授田的原则是:首先保证私有权最充分的桑田足额,在狭乡受田严重不足之处,则以先减少倍田、然后减少露田的办法保证桑田足额。"③

(四)诸初受田者,男夫一人给田二十亩,课莳余种桑五十树、枣五株、榆三根。非桑之土,夫给一亩,依法课莳榆、枣。奴各依良。限三年种毕;不毕,夺其不毕之地。于桑、榆地分杂莳余果及多种桑、榆者不禁。④

这是关于初受田者桑田受田亩数及其用途的规定。按此条

①唐长孺:《北魏均田制中的几个问题》,《魏晋南北朝史论丛续编》,第25页。
②汪篯:《北魏均田令试释》,《汉唐史论稿》,第146—147页。
③胡如雷:《中国封建社会形态研究》,第42页。
④《魏书》卷一一〇《食货志》,第八册,第2853页。

规定,初次受田的民户男夫一人给桑田二十亩,而男夫受露田四十亩,倍田则为八十亩,两者相加为一百亩,与井田制下一夫受田百亩的数额相同。桑田上必须栽种桑树五十棵、枣树五棵、榆树三棵,而不宜种桑树的地区则是男夫给田一亩,需按规定栽种榆树和枣树。男奴同男夫一样给桑田并要按规定种植桑、榆、枣树。不见妇人和婢女给田的规定,表明初受田者桑田给受的对象仅限于男夫和男奴。民户在占有桑田之后必须依法栽种桑、榆、枣树,且要在三年之内栽种完毕,否则未种完毕的剩余土地将被没收。此外,均田令并不禁止在"桑榆地分"上栽种果树,或者多种桑树和榆树。这一强制性的规定表明,桑田的"买卖、种植并非只服从个人的意志,只由个人支配。因此,又不能说桑田完全是私有"①。不过总的来看,均田令是把桑田作为私有土地看待的。与露田不同,均田令对于桑田并未提及课税的问题,主要是因为桑田不在还受之限,同时也表明桑田为私有土地,不存在权利和义务对等的问题。当然,通过强制种桑的规定使民户能够保证调绢的缴纳,也就间接地将征收租调的内涵体现于桑田之中。

从这条规定来看,初受桑田必须栽种桑、榆、枣树,桑田不仅有其名,而且有其实,即因其用途主要为种桑树而得名。关于这一规定的目的,何德章认为:"栽树不仅仅是使他们'获资生之利',还因为获得了桑田而不栽种长时间才能获利的桑枣,他们就仍处于不安定状态。只有种上树,建立家园,他们才可能真正成为国家稳定的编户。"②这种因素不能排除。不过更为主要的因素应该还是因为均田制下的受田民户必须承担国家的赋税徭役,而

①万绳楠:《魏晋南北朝史论稿》,第269—270页。
②赵德馨主编:《中国经济通史》第三卷(本卷作者何德章),第348页。

赋税主要是以绢、绵的形态来缴纳的,当时商品经济并不发达,民户不可能全都通过市场交易获得绢、绵以供纳税之用,除了种桑养蚕别无他途。在不宜种桑地区则以麻田充之,即充分反映了这一因素。当然,即便是在宜桑地区,民户很可能也要用少量的土地种麻,以供日常穿着等生活之用。

关于在桑田上栽种桑、榆、枣树的数量——桑五十树、枣五株、榆三根,从本条规定不能完全确定究竟是总数还是每亩应栽之数。《隋书·食货志》载北齐河清三年(564)均田令,相关规定为:"又每丁给永业二十亩,为桑田。其中种桑五十根、榆三根、枣五根,不在还受之限。"①按北齐均田制无疑是在继承北魏均田制的基础上,根据当时的社会需要进行了若干修订,据此推断,北魏均田令关于桑田上种树的数量亦应为二十亩所种之总数。《唐律疏议·户婚》"里正授田课农桑违法"条,疏议曰:"依《田令》:'户内永业田,每亩课植桑五十根以上,榆、枣各十根以上。土地不宜者,任依乡法。'"②《通典·食货二·田制下》:"大唐开元二十五年《令》"规定:"诸永业田皆传子孙,不在收授之限,即子孙犯除名者,所承之地亦不追。每亩课种桑五十根以上,榆、枣各十根以上,三年种毕。乡土不宜者,任以所宜树充。"③万国鼎云:"按魏齐令桑田种桑五十株,系泛指二十亩而言。此则言每亩,相差殊远。二者之中,当有一误。"④唐长孺认为《通典》所引开元二十五年《令》中的"每亩"为衍文,唐代均田制之源在北魏,以唐制逆推,似可断定北魏桑田中种树数目的规定应为二十亩桑田中种树

①《隋书》卷二四《食货志》,第三册,第677页。
②《唐律疏议》卷一三《户婚》,第249页。
③《通典》卷二《食货二·田制下》,第一册,第30页。
④万国鼎:《中国田制史》,第176页。

的总数①。汪篯云："课莳余种桑五十树、枣五株、榆三根：谓二十亩内须种此数，非谓每亩上须种此数。"②刘俊文的看法与此不同，他将《唐律疏议》"课植桑五十根以上，榆、枣各十根以上"句，据《通典》卷二、《册府元龟》卷四九五引《田令》补作"每亩课植桑五十根以上，榆、枣各十根以上"③。孙天福也认为，"北魏均田令中所规定一夫应种的五十八株树，是就每亩而言"④。若一亩种植桑五十树、枣五株、榆三根，则拥有二十亩桑田的普通民户，需要种植一千株桑树、一百株枣树、六十株榆树，这种情况显然有悖常理，可能性非常之小。比较而言，五十树桑为二十亩桑田所种植之总数，应该更符合实际。⑤

––––––––––––

① 参见唐长孺《北魏均田制中的几个问题》，《魏晋南北朝史论丛续编》，第26—27页。按当代学者大多认同此说，参见王仲荦《魏晋南北朝史》下册，第526页；高敏《北魏均田法令校释——兼论北魏均田制的实质》，《魏晋南北朝社会经济史探讨》，第204—205页；杨际平《唐田令的"户内永业田课植桑五十根以上"——兼谈唐宋间桑园的植桑密度》；陈连庆《〈晋书·食货志〉校注 〈魏书·食货志〉校注》，第279页。
② 汪篯：《北魏均田令试释》，《汉唐史论稿》，第147页。
③ 刘俊文：《唐律疏议》卷一三"校勘记"〔五〕，第259页；《唐律疏议笺解》，上册，第994页。
④ 孙天福：《北魏桑田种树小考》。
⑤《齐民要术·种桑、柘》引《氾胜之书》曰："种桑法：五月取椹著水中，即以手溃之，以水灌洗，取子，阴干。治肥田十亩，荒田久不耕者尤善，好耕治之。每亩以黍、椹子各三升合种之。黍、桑当俱生，锄之，桑令稀疏调适。黍熟，获之。桑生正与黍高平，因以利镰摩地刈之，曝令燥。后有风调，放火烧之，常逆风起火。桑至春生，一亩食三箔蚕。"（《齐民要术校释》卷五，第326—327页）按此种种植当为矮树密植。王夫之《周易稗疏》卷一《上经》"苞桑"条："盖桑田之桑，分畦而种，枝干条达。"（《景印文渊阁四库全书》经部三三"易类"，第三册，第138页上栏）其所言桑田显系矮树密植，不大可能同时耕种庄稼。又按傅筑夫云："人们分到桑田（转下页注）

第七章　北魏均田令条文释义（二）　｜　343

北魏均田令规定桑田种植桑、榆、枣树,应该是对当时河北地区现有农业传统的继承。曹魏明帝太和(227—233)中杜恕上疏,谓"冀州户口最多,田多垦辟,又有桑、枣之饶"云云。[1] 北魏道武帝皇始元年(396)"十有一月庚子朔(初一,12. 16),帝至真定。自常山以东,守宰或捐城奔窜,或稽颡军门,唯中山、邺、信都三城不下。别诏征东大将军东平公仪五万骑南攻邺,冠军将军王建、左军将军李栗等攻信都,军之所行,不得伤民桑、枣"[2]。可见后燕统治下的河北地区桑树和枣树的种植是比较普遍的。北魏占领这一地区之后,当地的农业传统应该得到继续保持。傅永卒于孝明帝熙平元年(516),"葬于东清河",时其父母"葬已数十年矣,棺为桑、枣根所绕束,去地尺余,甚为周固"。[3] 当地桑、枣种植之普遍,于此盖可想见。[4]

(接上页注)后,限制在三年之内遍植桑、枣、榆、果,如到期不能完成任务,即收回其所分之田,说明北魏王朝把植树造林是当作一个紧急任务来全力推行的。"其认识的基础便是"桑田——种树之田"。(《中国封建社会经济史》第三卷,第227页)也只有在桑田上只种树而不种田,才能说成是植树造林。而据《齐民要术·种桑、柘》载贾思勰之言,"凡耕桑田,不用近树"(《齐民要术校释》卷五,第318页),则桑田属于耕种的田地,所栽桑树属于疏植之大树,并非是在桑田上密植造林。

[1]《三国志》卷一六《魏书·杜恕传》,第二册,第499页。

[2]《魏书》卷二《太祖纪》,第一册,第28页。

[3]《魏书》卷七〇《傅永传》,第五册,第1554、1555页。

[4]中国古代种植桑、榆、枣树的农业传统,并不局限于河北地区。在甘肃临泽出土的建兴元年(313)争讼简牍文书中,可见到"居山作坝塘,种桑、榆、杏、椋"的记载。(杨国誉:《"田产争讼爰书"所展示的汉晋经济研究新视角——甘肃临泽县新出西晋简册释读与初探》)又,唐人于鹄《山中寄樊尚书》诗云:"无媒还有计,春谷种桑榆。"([宋]计有功:《唐诗纪事》卷二九,《景印文渊阁四库全书》集部二一八"诗文评类",第一四七九册,第578页上栏)

第二节　前均田制时代的蚕桑业与"桑田"

桑树在中国有悠久的栽培历史。"殷代卜辞屡见桑、丝、帛等字";《诗经》中桑出现于二十诗篇,在《诗经》所列全部木本、草本植物中,以出现篇数论,桑居第一位","反映桑在古代华北的地理分布远较后代为广"。① "桑田"之名也并非自北魏才开始出现,自从有人工养蚕的历史以来,便应该有专门种植桑树的桑田②。早在先秦时期文献中就已出现"桑田"的记载。《诗经·鄘风·桑中》:"期我乎桑中,要我乎上宫,送我乎淇之上矣。"按"桑中"盖即桑林之中或桑田之中。又,《定之方中》:"灵雨既零,命彼倌人。星言夙驾,说于桑田。"③宋人王质云:"植桑贵土,润地苏上。……此灵雨者,应允臧也,所以适田,观植桑地。"④《左传·僖公二年》:"虢公败戎于桑田。"杜预注:"桑田,虢地,在弘

---

①何炳棣:《黄土与中国农业的起源》,第175—176页。又可参见同氏《中国农业的本土起源(续)》。

②关于中国古代蚕桑业历史的通论,参见史念海《黄河流域蚕桑事业盛衰的变迁》,《河山集》,第253—279页;夏鼐《我国古代蚕、桑、丝、绸的历史》;邹逸麟《有关我国历史上蚕桑业的几个历史地理问题》,《椿庐史地论稿》,第449—468页。

③《毛诗正义》卷三,《十三经注疏》,上册,第314页下栏、315页上栏、316页下栏。

④[宋]王质:《诗总闻》卷三《鄘风》,《景印文渊阁四库全书》经部六六"诗类",第七二册,第477页上栏。

农陕县东北。"①按地名"既为桑田,自系养蚕的地方"②。《史记·货殖列传》所列"其人皆与千户侯等"之诸般情形,即包括"齐、鲁千亩桑麻"③。此虽未提桑田之名,而有桑田之实。这表明,司马迁时代在齐、鲁之地已有大片桑田存在④。江苏仪征胥浦西汉墓出土的"先令券书"竹简,为墓主朱凌(自称"妪")元始五年(5)所立关于财产继承的遗嘱。她先后嫁与三夫,有子女六人。券书云:"仙君、弱君等贫毋(无)产业",四月十日,"妪以稻田一处、桑田二处分予弱君,波田一处分予仙君"。同年十二月,子"公文伤人为徒,贫无产业"。十一日,"仙君、弱君各归田于妪,让予公文。妪即受田,以田分予公文,稻田二处、桑田二处,田界易如故,公文不得移卖田予他人"。⑤ 这是西汉时期民户已在自家田地上辟出一块专门用于种植桑树并称之为"桑田"的实证。

---

①《春秋左传正义》卷一二,《十三经注疏》,下册,第 1791 页下栏。又,[晋]杜预《春秋释例》卷六《土地名二》:"桑田,弘农陕县东北有桑田亭。"(《景印文渊阁四库全书》经部一四〇"春秋类",第一四六册,第 119 页下栏)[宋]程公说《春秋分记》卷三一《书十三·疆理书七》"虢地释名"条:"桑田,陕州灵宝县稠桑驿。"(同上经部一四八"春秋类",第一五四册,第 332 页下栏)

②史念海:《黄河流域蚕桑事业盛衰的变迁》,《河山集》,第 254 页。

③《史记》卷一二九《货殖列传》,第一〇册,第 3272 页。

④[清]胡渭《禹贡锥指》卷三"桑土既蚕是降丘宅土"条下云:"《史记·货殖传》言:邹、鲁滨洙、泗,颇有桑麻之业。又曰:齐、鲁千亩桑,其人与千户侯等。又曰:沂、泗水以北,宜五谷、桑、麻。是青、徐之土亦宜桑也。"(第 76 页)

⑤扬州博物馆:《江苏仪征胥浦 101 号西汉墓》。关于"先令券书"的研究,参见陈平、王勤金《仪征胥浦 101 号西汉墓〈先令券书〉初考》;〔美〕韩献博《汉代遗嘱所见女性、亲戚关系和财产》,《简帛研究》二〇〇一(下),第 776—785 页;李解民《扬州仪征胥浦简书新考》,《长沙三国吴简暨百年来简帛发现与研究国际学术研讨会论文集》,第 449—457 页。

《三国志·蜀书·赵云传》，裴松之注引《云别传》曰："益州既定,时议欲以成都中屋舍及城外园地、桑田分赐诸将。"①表明东汉末期成都平原即有专门的桑田。汉末三国时期,成都平原是著名的丝织品产地。史载曹操曾"遣人到蜀买锦","操使蜀反,验问增锦之状"。② 足见蜀锦之声名远播。张飞"与先主会于成都。益州既平,赐诸葛亮、法正、飞及关羽金各五百斤、银千斤、钱五千万、锦千匹,其余颁赐各有差"③。按刘备颁赐诸葛亮等人的锦千匹即是成都平原所产蜀锦。及至蜀汉,成都平原上仍然有大面积的桑田,诸葛亮临终"自表后主",谓"成都有桑八百株,薄田十五顷,子弟衣食,自有余饶"云云。④ 诸葛亮家共有田产十五顷,八百株桑树有可能在这十五顷土地上都有种植,也可能只在其中一部分土地上种植。魏文帝诏群臣曰："前后每得蜀锦,殊不相似。"环氏《吴记》曰："蜀遣使吴,赍重锦千端。"⑤蜀锦数量及花色之多盖可想见。左思《蜀都赋》云："栋宇相望,桑梓接连。""阛阓之里,伎巧之家。百室离房,机杼相和。贝锦斐成,濯色江波。"⑥《诸葛亮集》曰："今民贫国虚,决敌之资,唯仰锦耳。"⑦《丹阳记》曰："斗场锦署,(刘裕)平关右,迁其百工也。江东历代尚未有锦,而成都

---

① 《三国志》卷三六《蜀书·赵云传》注,第四册,第 950 页。
② 《后汉书》卷八二下《方术下·左慈传》,第一〇册,第 2747 页。
③ 《三国志》卷三六《蜀书·张飞传》,第四册,第 943 页。
④ 《三国志》卷三五《蜀书·诸葛亮传》,第四册,第 927 页。
⑤ 《艺文类聚》卷八五《布帛部·锦》,下册,第 1457—1458 页。按《隋书》卷三三《经籍志二》："《吴纪》九卷(晋太学博士环济撰)。"(第四册,第 955 页)《艺文类聚》所引环氏《吴记》当即环济《吴纪》无疑,《隋志》归入"正史"类,应作"《吴纪》"为是。
⑥ [梁]萧统编,[唐]李善注:《文选》,第一册,第 181、185 页。
⑦ 《太平御览》卷八一五《布帛部二·锦》,第四册,第 3624 页下栏。

独称妙。故三国时,魏则布(市)于蜀,而吴亦资西道。"①《隋书·地理志上》载蜀地风俗,谓"人多工巧,绫锦雕镂之妙,殆侔于上国"②。

《三国志·魏书·曹爽传》载,曹爽心腹何"晏等专政,共分割洛阳、野王典农部桑田数百顷"云云。③ 可知在曹魏屯田土地上辟有专门的桑田。走马楼吴简可见"桑乡典田掾""桑乡劝农掾"④,"桑乡"之得名可能与其地有大面积桑田有关。吐鲁番出土《前秦建元二十年(384)籍》,所记为高昌郡高宁县都乡安邑里几户民籍,其中即有田地种类及其数量的记载,可见到"桑园四亩半""桑三亩""桑三亩半""桑一亩""桑二亩"。⑤ "桑园""桑"皆为桑田,二者性质无别。吐鲁番出土北凉承平年间(443—460)? 高昌郡高昌县赀簿中,《□预等户赀簿》可见:"桑八亩半""桑一亩""桑

---

① 《太平御览》卷八一五《布帛部二·锦》,第四册,第3624页下栏。按《初学记》卷二七《宝器部·锦》引《丹阳记》云:"历代尚未有锦,而成都独称妙。故三国时,魏则市于蜀,吴亦资西蜀。至是,始乃有之。"(第三册,第655页)《丹阳记》为山谦之所撰,山谦之在宋文帝元嘉二十年(443)时为"史学生"(《宋书》卷一四《礼志一》,第二册,第354页),宋文帝曾"诏学士山谦之草封禅仪注"(卷一六《礼志三》,第439页),孝武帝时"奉朝请山谦之"受命修撰国史(卷九四《恩倖·徐爰传》,第八册,第2308页;卷一○○《自序》,第2467页)。
② 《隋书》卷二九《地理志上》,第三册,第830页。
③ 《三国志》卷九《魏书·曹爽传》,第一册,第284页。
④ "桑乡典田掾",见《长沙走马楼三国吴简·竹简〔壹〕》(简1361、5589)、《长沙走马楼三国吴简·竹简〔贰〕》(简6582)、《长沙走马楼三国吴简·竹简〔叁〕》(简3892)、《长沙走马楼三国吴简·竹简〔柒〕》(简4471)、《长沙走马楼三国吴简·竹简〔捌〕》(简5280);"桑乡劝农掾",见《长沙走马楼三国吴简·竹简〔贰〕》(简8883)。
⑤ 参见荣新江《吐鲁番新出〈前秦建元二十年籍〉研究》。

一亩半""桑一亩半""桑田亩半""桑二亩""桑二亩""泮桑二亩半""桑六亩""桑半亩""桑四亩""桑廿亩""桑四亩";《潘靖等户赀簿》可见"新开田半亩种桑""桑三亩""桑二亩半";《孝敬里冯法政等户赀簿》可见"田地桑二亩""田地桑二亩""田地桑一亩""桑一亩半""桑一亩半""桑二亩""桑二亩""桑二亩""桑一亩""桑一亩""桑三亩半""桑四亩""桑二亩半"。与前秦户籍比较,北凉赀簿所载田地种类更多,其中有关"葡萄"即葡萄园亩数的记载不少,这应该是吐鲁番地区特殊性的体现。①

汉魏十六国时期,河北平原丝织业颇为发达。《西京杂记》"霍显为淳于衍起第赠金"条:"霍光妻遗淳于衍蒲桃锦二十四匹,散花绫二十五匹。绫出钜鹿陈宝光家,宝光妻传其法。霍显召入其第,使作之。机用一百二十镊,六十日成一匹,匹直万钱。"又,"尉佗贡献"条:"尉佗献高祖鲛鱼、荔枝,高祖报以蒲桃锦四匹。"②若此记载可信,则西汉初前期河北地区的织锦就已闻名于世。左思《魏都赋》云:"(邺城)水潴秔稌,陆蒔稷黍。黝黝桑柘,油油麻纻。""锦绣襄邑,罗绮朝歌。绵纩房子,缣总清河。若此之属,繁富夥够。"③曹魏河北平原丝织业之发达于此可见一斑。后赵首都邺城的官府丝织业极为发达,织锦品种花色繁多。陆翙《邺中记》曰:"石季龙冬月施熟锦流苏斗帐,四角安纯金龙头,衔五色流苏,或用黄绨博山文锦,或用紫绨大小明光锦。""织锦罗(署),在中尚坊(方)。三署皆数百人。"《邺中记》曰:"锦有大登高、小登高,大明光、小明光,大博山、小博山,大茱萸、小茱萸,大

① 参见朱雷《吐鲁番出土北凉赀簿考释·附录》,《敦煌吐鲁番文书论丛》,第17—23页。
② [晋] 葛洪:《西京杂记》卷一、三,第33、145页。
③ 《文选》,第一册,第276、290页。

交龙、小交龙,蒲桃文锦,斑文锦,凤皇朱雀锦,韬文锦,桃核文锦。或青绨,或白绨,或黄绨,或绿绨,或紫绨,或蜀绨,工巧百数,不可尽名也。"①又曰:"石虎冬月施流苏斗帐,悬金薄织成腕囊。""石虎皇后出,女妓二千为卤簿。冬月皆著紫纶巾、熟锦袴,脚著五文织成鞾。"②这是河北平原蚕桑养殖业发达的充分体现。

均田令颁布时青齐地域入魏已有十余年,成为北魏又一个重要的经济重心区域,当地的丝织业也颇为发达。齐鲁地区自古以来即有发达的丝织业。《尚书·禹贡》:"济、河惟兖州。九河既道,雷夏既泽。灉沮会同,桑土既蚕。……厥贡漆、丝。厥篚织文。"孔传云:"地宜漆林,又宜桑蚕。织文锦绮之属,盛之篚,篚而贡焉。"③《范子计然》曰:"绣细文出齐,上价匹二万、中万、下五千也。"④《国语·齐语》载齐桓公曰:"昔吾先君襄公……九妃、六嫔,陈妾数百,食必粱肉,衣必文绣。"⑤史载公仪休为鲁相,"见其家织布好,而疾出其家妇,燔其机,云'欲令农士工女安所雠其货乎?'"⑥无论西晋还是北魏前期的户调,其征收的主要对象都是绢帛丝绵,作为纳税主体的农业人口自然要用一定数量的田地种植桑树才能保证赋税的缴纳。北魏均田制乃是对这种旧制的继承和规范化。

李安世所上均田疏谓,"庐井荒毁,桑榆改植","良畴委而不

①《初学记》卷二七《宝器部·绣》,第三册,第 655 页。按《太平御览》卷八一五《布帛部二·锦》所载略同,第四册,第 3624 页下栏。
②《太平御览》卷八一六《布帛部三·织成》,第四册,第 3628 页下栏。
③《尚书注疏》卷六,《十三经注疏》,上册,第 147 页中、下栏。
④《初学记》卷二七《宝器部·绣》,第三册,第 656 页;《太平御览》卷八一五《布帛部二·绣》,第四册,第 3625 页下栏。
⑤徐元诰:《国语集解》,第 217 页。
⑥《史记》卷一一九《循吏列传》,第一〇册,第 3102 页。

开,柔桑枯而不采","愚谓今虽桑井难复"云云。① 胡三省云:"桑井,谓古者井田之制,'五亩之宅,树墙下以桑'也。"②毫无疑问,北魏均田制实行之前,在华北平原宜桑之土肯定也有大面积的桑田存在。《魏书·崔逞传》:

> 太祖攻中山未克,六军乏粮,民多匿谷,问群臣以取粟方略。逞曰:"取椹可以助粮。故飞鸮食椹而改音,《诗》称其事。"太祖虽衔其侮慢,然兵既须食,乃听以椹当租。逞又曰:"可使军人及时自取,过时则落尽。"太祖怒曰:"内贼未平,兵人安可解甲仗入林野而收椹乎? 是何言欤!"③

由此可见,北魏初年河北平原即生长着大量的桑树。北魏占领河北地区后即有大量由锦绣、罗縠和绫罗等不同种类纺织专业户组成的杂、营户遍及河北各地。"天兴(399—404)中,诏采诸漏户,令输纶绵。自后诸逃户占为细茧、罗縠者甚众。"④按"采诸漏户,令输纶绵"的制度即来自于"绫罗户民乐葵"的建议⑤。细茧、罗縠是专门从事丝织业的民户,这表明当时河北地区是重要的桑蚕养殖区。

---

① 《魏书》卷五三《李安世传》,第四册,第 1176 页。
② 《资治通鉴》卷一三六《齐纪二》武帝永明三年(485)八月条,第九册,第 4268 页。按"五亩之宅,树墙下以桑",语出《孟子·尽心章句上》(《孟子注疏》卷一三,《十三经注疏》,下册,第 2768 页中栏)。
③ 《魏书》卷三二《崔逞传》,第三册,第 758 页。
④ 《魏书》卷一一〇《食货志》,第八册,第 2850—2851 页。
⑤ 《魏书》卷九四《阉官·仇洛齐传》,第六册,第 2013 页。

第三节　均田制与北魏家庭纺织业

　　男耕女织以满足人民衣食之需,是中国农业的悠久传统。"纺绩织纴"乃妇人之"分事"①,故而女子自幼即需学习纺织技能。《礼记·内则》:"女子十年不出,姆教婉娩听从,执麻枲,治丝茧,织纴组紃,学女事,以共衣服。"东汉郑玄注:"不出,恒居内也。婉谓言语也,娩之言媚也,媚谓容貌也。紃,绦也。"唐孔颖达疏谓此是女子"未嫁之前"事,"执麻枲以为妇功,组紃皆为绦纴,谓缯帛,或云组是绶也。然则薄阔为组,似绳者为紃"。② 宋人方悫曰:"不出谓常居闺阁之内也。""执麻枲,则绩事也。治丝茧,则蚕事也。织以机,纴以箴,组绶属。凡此,皆学女事以共衣服之用也。"③真德秀曰:"姆,女师也。"司马光曰:"女子六岁始习女工之小者。""蚕桑、织绩、裁缝及为饮膳,不惟正是妇人之职,兼欲使之知衣食所来之艰难,不敢恣为奢丽。"④与农耕生产相比,纺织技术更为复杂,专业化程度颇高,需要经过专门培训,自幼学习,且需多年实践经验,才能够熟练掌握。一般来说,女子在出嫁前必须掌握养蚕、纺织和缝纫等女工之事,可以说这是其成人的前提,也

---

① 吴毓江:《墨子校注》卷八《非乐上》,上册,第 382 页。
② 《礼记正义》卷二八,《十三经注疏》,下册,第 1471 页中栏。
③ [宋]卫湜:《礼记集说》卷七二引"严陵方氏曰",《景印文渊阁四库全书》经部一一二"礼类",第一一八册,第 526 页下栏—527 页上栏。按此当出方悫所撰《礼记解》(亦作《礼记解义》)。
④ [宋]真德秀:《西山读书记》卷二一《小学大学》,《景印文渊阁四库全书》子部一一"儒家类",第七〇五册,第 646 页下栏。按司马光语为本卷所引"温公曰"。

是今后生存的基本能力。作为技术性要求很高的手工技术,蚕桑业技术同其它需要熟练技术的工作一样,"需要从早期的儿童时期就开始不断地练习和实践"。相较而言,古代的农耕种植虽然也有一定的技术要求,但总的来说还比较粗放,主要是依靠劳动者的力量来完成,可以说农夫只是"在其职业生涯的早期,通过碎片化的学习来获取"世代传承的耕作方法,毋需经过专门的长时间的学习和训练即能够很快掌握。① 若在不宜种桑养蚕的地区,女子则需掌握麻(大麻或苎麻等)纺织技能。事实上,即便是在宜蚕桑地区,除了掌握养蚕和丝织技能,也还需要掌握麻纺织技能。正因如此,家庭纺织业——无论丝织业还是麻织业,在中国古代社会必定相当普及。不过,这种情形在五胡十六国时代可能有所改观,移居中原的胡族家庭接受男耕女织的生活方式想来并非一蹴而就。北魏初年所见锦绣、罗縠和绫罗等不同种类的纺织专业户,正是当时纺织业并未在所有家庭普及的反映。随着北魏统治的巩固,农业在国民经济中的比重不断加大,家庭纺织业的普及程度也在不断提高,此可从《魏书·食货志》的记载略窥一斑:"旧制,民间所织绢、布,皆幅广二尺二寸,长四十尺为一匹,六十尺为一端,令任服用。后乃渐至滥恶,不依尺度。高祖延兴三年(473)秋七月,更立严制,令一准前式,违者罪各有差,有司不检察与同罪。"②

著名经济史学家赵冈在论及明清江南纺织业时认为:丝绸业远比棉织业更为复杂,"织工的技术要求很高,不是所有家庭成员均可胜任的。丝织业生产步骤很多,包括缫丝……等等工序。每

①引文出自〔英〕阿尔弗雷德·马歇尔、玛丽·佩利·马歇尔《马歇尔文集》第 1 卷《产业经济学》,第 78、171 页。
②《魏书》卷一一〇《食货志》,第八册,第 2852 页。

一道工序都需要相当的专业技巧"。而且"织花纹织物的""花机需要三人同时协同操作,至少也要两人配合。即令是缫丝也要多人合作"。故而"这种种条件均非普通农家所能满足者",江南农户"能在家中织平纹丝织物者为数较少,能织花纹织物者更少"。① 北魏后期家庭纺织业的情形已无从得知,普通均田农户可以单独从事麻纺织业当无疑义,至于丝织业也应该主要由自家为之才能完成每年的绢帛缴纳。需要两人以上合作完成的工序,若单个农户家庭没有足够的可以从事相关工作的女性成员,不排除邻里亲族之间进行互助合作的可能。也就是说,不存在难以克服的困难。《颜氏家训·治家篇》:"河北妇人,织纴组紃之事,黼黻锦绣罗绮之工,大优于江东也。"②这表明,北朝后期河北地区家庭纺织业(丝织、麻织)的水平很高,认为这种情况与北魏均田制的实施具有密切关系,应该并非空穴来风。《齐民要术·杂说》引崔寔《四民月令》,对一年十二个月的农事活动等作了记述,兹摘录与女工有关的记载如下(语出贾思勰者前标〔贾注〕或〔贾〕以别之):

> 正月,"命女工趋织布"。
> 二月,"蚕事未起,命缝人浣冬衣,彻复为袷。其有嬴帛,遂供秋服"。〔贾注〕"凡浣故帛,用灰汁则色黄而且脆。㩲小豆为末,下绢笮,投汤中以洗之,洁白而柔肕,胜皂荚矣。"
> 〔贾〕"漱生衣绢法:以水浸绢令没,一日数度回转之。六七日,水微臭,然后拍出,柔肕洁白,大胜用灰。"

---

① 赵冈:《19世纪末以前为什么我国没有手工棉纺织工厂》,《农业经济史论集:产权、人口与农业生产》,第129—130页。
② [北齐]颜之推撰,王利器集解:《颜氏家训集解》卷一,第62页。

三月，"蚕农尚闲"，可"籴黍、买布"。

四月，"茧既入簇，趋缲，剖线；具机杼，敬经络"。"可籴……弊絮"。

五月，可"收弊絮及布帛"。

六月，"命女工织缣练。（绢及纱縠之属。）可烧灰，染青绀杂色"。

七月，"处暑中，向秋节，浣故制新，作袷薄，以备始凉"；"收缣练"。

八月，"凉风戒寒，趣练缣帛，染彩色"。

〔贾〕"河东染御黄法：碓捣地黄根令熟，灰汁和之，搅令匀，搦取汁，别器盛。更捣滓，使极熟，又以灰汁和之，如薄粥；泻入不渝釜中，煮生绢。数回转使匀，举看有盛水袋子，便是绢熟。抒出著盆中，寻绎舒张。少时，捩出，净振去滓。晒极干。以别绢滤白淳汁，和热抒出，更就盆染之，急舒展令匀。汁冷，捩出，曝干，则成矣。……大率三升地黄，染得一匹御黄。地黄多则好。柞柴、桑薪、蒿灰等物，皆得用之。"

"擘丝治絮，制新浣故；及韦履贱好，预买以备冬寒。"

十月，"可析（折）麻，绩绩布缕。作白履、不借。（草履之贱者曰不借。）卖缣帛、弊絮"。①

---

①《齐民要术校释》卷三《杂说》，第 226、233、234、239、240 页。按"缣练"，缪校以为当作"缣縛"，其理由为"'练'是煮练绢帛，不能织"（第 236 页注 15）。其说似不可从。〔汉〕史游《急就篇》卷二："绨络缣练素帛蝉。"〔唐〕颜师古注："……缣之言兼也，并丝而织，甚致密也。练者，煮缣而熟之也。……一曰缣已练者，呼为素帛，若今言白练者也。"白练乃丝织品无疑，自可织之。又，〔汉〕桓宽《盐铁论》卷七《散不足》篇载"贤良曰"："茧紬缣练者，婚姻之嘉饰也。"（王利器：《盐铁论校注（定本）》，上册，第 350 页）

《四民月令》所载内容是东汉豪族地主庄园经济和生活方式的反映,贾思勰摘录相关内容,也表明它们与其生活的均田制时代的社会经济状况有相通之处。上引《四民月令》及贾思勰之言所载家庭纺织业,包括丝绸和麻布纺织、染色和衣被鞋子等缝制及洗涤、晾晒、收储诸环节,可以说也是北魏均田制时代家庭妇女劳动生活的基本内容。

　　唐代农书《四时类要》载农家"岁用杂事",其中与桑麻生产、纺织及衣被缝制等相关的内容是:正月,"修蚕屋,织蚕箔,造桑机,造麻鞋"。二月,"造布,浣冬衣"。六月,"命女工织紬绢","沤麻"。七月,"浣故衣,制新衣,作夹衣,以备始凉";"沤晚麻"。八月,"下旬造油衣","备冬衣"。十一月,"货薪柴绵絮","折麻、放麻"。① 按"修蚕屋""造桑机"和"沤麻""沤晚麻"应该主要是农夫的工作,但农妇也应该要参与其事。"织紬绢"需要很高的技术含量,自非经验丰富的女工所不能为。其它如"造麻鞋""造布"和制衣、洗衣等工作,亦当由农妇承担。养蚕、缲丝与丝织品的纺织、染色及刺绣、制衣等环节,都是十分复杂的劳动,有着很高的技术含量,女子在出嫁前需要十年的学习才有可能获得相关的技能。这从后世农书的记载中可以得到更为直观的认识。比较而言,麻纺织相关的技术则相对简单,不过与一般的农作物相比,麻从种植到变成布匹、衣被也要更多的工序才能完成。其中青麻收割后必须经过沤麻环节,才能降低其所含胶质成分,大大增加其柔韧度和绵软性,从而提高其作为纺织原料的性能。因此,麻田须在河流附近才方便沤麻,若在缺水的山地,大麻虽然可

---

① [元]司农司:《农桑辑要》卷七,《景印文渊阁四库全书》子部三六"农家类",第七三〇册,第288—289页上栏。按《四时类要》为唐末韩鄂(谔)所撰。

以生长,但沤麻却并非易事。沤麻有助于麻纤维变白及易于剥皮,"析(折)麻"①则是为了便于纺织①,"放麻"应该是储存剥好的麻纤维以便开年"造麻鞋""造布"之需。麻纤维之所以要放置一段时间后方才使用,很可能是因为其在陈化后纺织性能能够得到改善,当然也不排除考虑农时的因素,如"造麻鞋""造布"都是在相对农闲的正、二月进行。

----

① 关于《齐民要术》引《四民月令》所载"可析麻",缪启愉云,"'析',各本作'柝'或'拆',《宝典》又作'折',此指剖析麻纤维,均'析'之形误"(《齐民要术校释》,第242页注⑩)。按《农政全书》及《钦定授时通考》引此,均作"折麻"([明]徐光启撰,石声汉校注:《农政全书校注》卷一〇《农事·授时》,上册,第242页;[清]鄂尔泰、张廷玉等撰,董诰等补:《钦定授时通考》卷六《天时·冬》,《景印文渊阁四库全书》子部三八"农家类",第七三二册,第74页下栏)。[清]汤右曾《雨中晓发》诗云:"析麻向中原,剥枣怀往路。"(《怀清堂集》卷八《雨中晓发》,《景印文渊阁四库全书》集部二六四"别集类",第一三二五册,第510页上栏)此处"析麻"与"剥枣"对偶,为剥麻之义无疑,即把麻皮纤维从麻杆上剥下来,若织布则需进一步对麻皮进行细分。[唐]常建《渔浦》诗中"沤纻为缊袍,折麻为长缨"(《常建诗》卷二《五言古诗》,《景印文渊阁四库全书》集部一〇"别集类",第一〇七一册,第432页上栏),盖亦指此。"折""析"形近而歧,古代文献中"折麻"和"析麻"互见,而以"折麻"居多,"析麻"则极罕见。《陕西通志》卷四五《风俗·时令》引《咸宁县志》:"中元,折麻、谷,具缗、酒,以献祖考。"([清]刘于义等监修、沈青崖等编纂:《陕西通志》,《景印文渊阁四库全书》史部三一一"地理类",第五五三册,第563页上栏)此处"折麻、谷"应该是折取还在田间尚未收获的麻、谷等作物的穗子,向祖先敬献,与《齐民要术》和《四时类要》所载十月或十一月"析(折)麻"不同。[清]陈大章《诗传名物集览》卷一二《木·以薪以蒸》:"《说文》:'蒸,折麻中干也。'一曰麻干,可以烧。"(《景印文渊阁四库全书》经部八〇"诗类",第八六册,第816页上栏)据此,则此处当作"折麻"为是。著者家乡方言,此两种农活均可用"折"字表达。如"折麦秆"即是将麦秸的外皮折取掉,以便用其芯作编织之用,与"折麻"之义相当。

刘易斯说:"手工业者从事的职业首先是织布,布在任何地方都是人类仅次于食品的第二需要。"①对均田制实施之时的北魏社会而言,布匹不仅仅具有制作生活必需品衣被鞋子等物的基本原料,而且还具有货币功能(特别是绢帛),是当时最基本的交换媒介,正因如此,绢帛绵麻也就成了赋税征收的两类对象之一。由此来看,无论对北魏统治者还是广大民众来说,布匹都属于一日不可或缺之物,其与民众的生存和国家的统治可谓息息相关。种桑养蚕和种麻剥皮以提供纺织原料,而织成品则具有多方面的用途:保证税调(绢帛+绵麻)的缴纳,满足民户自身的衣被鞋袜之需,作为交换媒介购买生活必需品。基于上述需求,以及均田制规定所有民户都必须种桑或种麻,不难想象在均田制实施后北魏境内全部的均田农妇都应该从事家庭纺织业。此前北魏境内的家庭纺织业很可能也是普遍存在的,但尚未达到家家户户都进行生产的程度。可以这样认为,均田制等社会经济制度改革促进了以纺织业为核心的家庭手工业的普及和发展,成为北魏经济增长和繁荣的重要表现②。广而言之,以纺织业为核心的家庭手工业

①〔英〕阿瑟·刘易斯:《经济增长理论》,第163页。
②万志英认为:"以布匹缴纳相当比重的家庭税以及技术的创新,使得分裂时期的纺织生产取得了巨大进展。所有的家庭都需要参与布匹的生产:北方地区主要生产丝、麻,南方地区主要生产苎麻及其他麻类纤维。""在均田制下,女性纺织不但满足了家庭的穿衣需求,通过市场销售为家庭增加了额外的收入,而且还贡献了一半以上的家庭税。"(《剑桥中国经济史:古代到19世纪》,第167—168页)从上下文来看,其所言应该是指北魏均田制时代的状况,虽然并无明确的证据证成其说,但结合当时的社会状况和制度规定,大体上应该相去不远。不过,即便是到了孝文帝太和十九年行用五铢钱以后,铜钱也未能完全取代绢布而成为独立的货币,也就意味着纺织品在体现其商品价值的同时,仍然承担着货币功能,故其进入市场交易除了有可能赚钱以外,主要应该还是作为货币为农户购买生活必需品。

具有很大的优势,其在古代农业社会发挥了不可替代的巨大作用。刘易斯对家庭手工业优点的阐述,对于这一问题的认识是有帮助的。他说:"家庭手工业由于是一种非全日性职业,大概最富有生命力。农民和他们的妻子只在一年当中的一部分时间终日忙于农业。他们如果用一年的其余时间在自己家里主要为自己生产一些物品,他们产品的成本……是十分低廉的,因此他们能够经得住非常激烈的竞争。""所有手工业生产,同工厂生产相比,都具有这样一种优越性:它节省了两个难得的因素,一是资本,一是管理技能。""在没有大批量标准化要求的行业里,小规模生产,不管是在家庭里还是在小作坊里,都是最富有生命力的。"①学界的传统看法是,由于受到战乱等因素的影响,魏晋南北朝自然经济发达而商品货币经济萎缩,相应地民营手工业也"受到较大的抑制"②。不过若转换思路,将家庭手工业也看作是民营手工业,则这一看法也需要进行相应的调整。不可否认,以个体农户家庭为单位的养蚕或种麻以纺纱织布虽然规模很小,但总归还是属于手工业生产,谓其为民营手工业当无疑义。顺带一提,传统观点认为古代社会的手工业作坊和商业店铺一样,主要存在于城市,这种认识同样并不全面。事实上,个体农户家庭手工业主要不在城市存在,而作为社会大众生活必需品的陶瓷器的生产,尤其是供给广大农民家庭之需的陶瓷器的生产场所应该主要是在农村地区。就商业而言,固定的店铺主要是在城市或市镇经营,但还有大量的游商(货郎)活动于广大农村地区,生产陶瓷器的窑场同

---

① 〔英〕阿瑟·刘易斯:《经济增长理论》,第164—165页。
② 厉以宁:《资本主义的起源——比较经济史研究》,第460页。

时也是进行售卖的场所①。至于作为古代社会商业交易活动重要组成的土地买卖,当然主要是在广大的农村地区进行的,毫无疑问农村是土地商品交易的主要场所。基于此,可以说古代社会的手工业和商业网络是通过城市和农村共同织就的,离开任何一方都是难以为继的。

高聪在北魏孝文帝时由中书侍郎迁任本州齐州刺史,史称"遵性不廉清,在中书时,每假归山东,必借备骡马,将从百余,屯逼民家求丝缣,不满意则诟骂不去,强相征求,旬月之间,缣布千数"②。北朝青齐蚕桑业之发达,从《齐民要术·种桑、柘》关于黑鲁桑、黄鲁桑的相关记载可见一斑③。《北齐书·祖珽传》的一则纪事也可帮助认识北朝山东地区丝织业的状况:祖珽为并州开府仓曹参军,"仓曹虽云州局,乃受山东课输,由此大有受纳,丰于财产……出山东大文绫并连珠孔雀罗等百余匹"④。按此处所云"山东"当指太行山以东地区,包括河北平原和齐鲁地域。《隋书·百官志中》载后齐制度:"太府寺,掌金帛府库,营造器物。""中尚方,又别领别局、泾州丝局、雍州丝局、定州紬绫局四局丞。

---

① 实际上,也不局限于陶瓷器,如农家日常所用的铁制农具如镰刀、锄头、斧子等以及生活用具如菜刀、铁锅之类的东西,其打造和售卖就不一定非得在市镇上,完全可能是在农村作坊生产并进行出售。著者少时就曾见到邻村一老妇有制作"曲子"(用来制作甜胚子)的技艺,本村和周边的村民需要时都到她家购买。虽然规模不大,也不一定全年都进行生产和售卖,但仍然可以看作是一种家庭手工业和商业经营。类似情况想必也存在于古代社会。
② 《魏书》卷八九《酷吏·高遵传》,第六册,第 1921 页。
③ 《齐民要术校释》卷五《种桑、柘》,第 317—318 页。
④ 《北齐书》卷三九《祖珽传》,第二册,第 514 页。

右尚方,又别领别局丞。司染署,又别领京坊、河东、信都三局丞。"①按:泾州与雍州在北周境内,北齐(东魏北齐)中尚方所领泾州丝局、雍州丝局当是继承北魏制度而未作变更。定州绸绫局位于河北平原中心区域,距京师邺城不远,反映了东魏北齐河北平原丝织业的发达。司染署所领京坊局应该是在京师邺城,很可能与中尚方所领别局相对应。信都局位于定州,当与定州绸绫局同处一地。至于司染署所辖河东局,可能主要从事麻布印染②。严耕望云:"汉世丝纺织业最盛之地为齐梁地区,在大河之南";"南北朝末年,丝纺织业最盛之区在大河以北"。所以然者,"盖南北纷争,河南之地常为战场,人民生活不能安定,故致工业衰替;大河以北,本属平原蚕桑区域,既有大河隔限,不但不受战争之恶劣影响,转因战争而日趋繁荣耳。"③

《唐六典》载河北道"厥赋绢、绵及丝",其中"相州调兼以丝,余州皆以绢、绵";"厥贡罗、绫、平紬、丝布、绵紬"等,其中"恒州贡春罗、孔雀等罗,定州两窠细绫","洺、博、魏等州平紬","魏州绵紬,卫、赵、莫、冀等州绵,瀛、深、冀、德、棣等州绢,相州纱","邢州丝布,恒州罗,定州紬、绫,幽州范阳绫"。④ 由此可见,无论是赋税还是贡品,唐代河北道皆为丝绸类,毫无疑问,当时河北道全境都是蚕桑业区域。河南道"厥赋绢、絁、绵、布",其中"陈、许、汝、颖州调以絁、绵,唐州麻布,余州并以绢及绵"。"厥贡紬、絁、文

---

① 《隋书》卷二七《百官志中》,第三册,第 757 页。
② 《唐六典》卷三《尚书户部》载河东道"厥赋布、绵",其中"蒲州调以绵,余州并用麻、布";贡品中的纺织品仅见"隰、石二州胡女布"。(第 66 页)看来唐代河东道各州皆为麻布产区,推测北魏时期也是如此。
③ 严耕望:《唐代纺织工业之地理分布》,《唐史研究丛稿》,第 645 页。
④ 《唐六典》卷三《尚书户部》,第 67 页。

绫、丝葛"等,其中"郑、汴、许、陈、亳、宋、曹、濮、郓、徐等州绢,汝州紬、絁,陕、颍、徐三州紬、絁,仙、滑二州方纹绫,豫州鸡鹈绫、双丝绫","颍州绵,兖州镜花绫,齐州丝葛","青州仙文绫","泗州赀布","密州布,海州楚布"。[①] 从赋税品种来看,唐代河南道只有唐州不生产丝绸,属于单纯的种麻区;从贡品种类来看,绝大部分州为蚕桑业区域,也有个别州如齐、泗、密、海诸州的特产并非丝织品,应该属于桑麻(葛)两宜但以麻(葛)为主的区域。唐代河北道和河南道所辖地域,是当年北魏统治的最主要区域,这一地域丝织业的发达虽然有汉魏晋时期历史传统的影响,但更主要的是北魏、北齐以来均田制促进的结果。或者说,河北地区丝织业后来居上,实与北魏以来近两个世纪作为王朝经济重心,特别是东魏北齐时期作为政治、经济和文化中心区域的独特地位具有密不可分的关系,也是孝文帝实行均田制以后桑田普遍推广的结果。

北魏蚕乡的普通均田农民,其衣被面料是否为丝织品,史书并无具体明确的记载,最大可能还是使用相对廉价的麻织品。《初学记》引《范子计然》曰:"古者庶人耄耋而后衣丝,其余则麻枲而已,故曰'布衣'。今富者绮绣罗纨,素绨冰锦也。"[②]此记载显示,上古时代的平民百姓,只有耄耋老人才能够穿着丝绸衣服,其他人只能穿着麻布衣服,以"布衣"指称平民百姓即缘于此。但到了范蠡所在的春秋末期,富人都已穿着丝绸衣服,衣丝、衣麻由

---

①《唐六典》卷三《尚书户部》,第 65—66 页。
②《初学记》卷二七《宝器部·绣》,第三册,第 656 页。按《盐铁论》卷七《散不足》篇载"贤良曰":"古者庶人耋老而后衣丝,其余则麻枲而已,故命曰'布衣'。""今富者缛绣罗纨,中者素绨锦冰。"(《盐铁论校注(定本)》,上册,第 350 页)

财富多寡决定,而非政治地位决定。战国时期的孟子亦有近似说法:"五亩之宅,树之以桑,五十者可以衣帛矣。"东汉赵岐云:"树桑墙下,古者年五十乃衣帛矣。"①又谓"五十非帛不暖"②。南宋朱熹云:"五十始衰,非帛不暖,未五十者不得衣也。"也可以说,"少壮之人""不得衣帛"。③ 孟子所云"五十者可以衣帛矣"及下文"七十者可以食肉矣",乃是其所言"教申之以孝悌之义"的具体表现,同时也与朱熹所言照顾年老体衰的因素有关。不过,老者可以"衣帛"恐怕不完全是从保暖角度考虑,因为以温带气候为主的古代北方地区并非一年四季都有保暖的需要,即便出于保暖之需,丝织物未必就比毛、麻织物具有更佳的效能。"老耄而后衣丝"或"五十者可以衣帛",主要应该还是因为丝绸衣服既舒适又轻便,与毛、麻织物相比,更加适宜老人敏感的肌肤。当然,丝帛如果作为棉衣的填充物,则应该比麻纤维作填充物更为保暖。制度虽则如此,但贫寒人家的老者恐怕也未必都能有丝绸衣服可穿。"富者绮绣罗纨素绨冰锦"大概并不仅仅是先秦时期的情形,不难想象,官贵富户家庭成员无论老幼青壮,以丝绸为衣料应该是古代社会非常普遍的现象。④ 周武帝建德六年(577)九月"戊

---

① 《孟子注疏》卷一上《梁惠王章句上》,《十三经注疏》,下册,第 2666 页中栏。按同书卷一三下《尽心章句上》载孟子曰:"五亩之宅,树墙下以桑,匹妇蚕之,则老者足以衣帛矣。"(第 2768 页中栏)

② 《孟子注疏》卷一三下《尽心章句上》,《十三经注疏》,下册,第 2768 页中栏。

③ 《孟子集注》卷一《梁惠王章句上》,《四书章句集注》,第 204 页。

④ 《汉书》卷一下《高帝纪下》:八年(前 199)春三月,令"贾人毋得衣锦绣绮縠绪纻罽"。颜师古注:"贾人,坐贩卖者也。绮,文缯也,即今之细绫也。絺,细葛也。纻,织纻为布及疏也。罽,织毛若今毼及氍毹之类也。"(《汉书》,第一册,第 65、66 页)按同书卷九四下《匈奴传下》:甘露三年(前 51)正月,匈奴呼韩邪单于朝见汉宣帝于甘泉宫,"赐以……锦绣(转下页)

寅（初八，10.5），初令民庶已上，唯听衣绸、绵绸、丝布、圆绫、纱、绢、绡、葛、布等九种，余悉停断。朝祭之服，不拘此例"①。诏书所列九种面料，以丝织品居多，此处所言"民庶已上"是否包括"民庶"在内，并不十分明确，但从"朝祭之服，不拘此例"来看，似乎还是针对官贵而言。北朝时期宜桑地区民众的日常衣被，富户以丝织品为主的可能性较大，而比较贫寒的普通农户不大可能在日常穿着丝绸衣服。具有货币职能的丝织品，对普通农户而言太过珍贵，而且作为劳动者，也不适宜穿着丝绸衣服进行农业生产。

犹需一提，对于商品经济并不发达的古代社会尤其是广大农村地区而言，人民的衣食等生活必需品在大多数情况下必须通过自给自足的方式来解决，温饱问题既是民命所关，也是统治大计，几乎所有朝代正常的统治者都会出台相应的政策措施。《史记·龟策列传》载卫平对宋元王曰："故牧人民，为之城郭，内经闾术，

（接上页注）绮縠杂帛八千匹"（第一一册，第3798页）。看来"縠"亦为丝织品。《礼记正义》卷四〇《杂记上》，郑玄注："素沙，若今纱縠之帛也。"（《十三经注疏》，下册，第1551页下栏）〔魏〕张揖《广雅》卷七《释器》："縠，绢也。"（《景印文渊阁四库全书》经部二一五"小学类"，第二二一册，第452页下栏）由此来看，与重农抑商政策相配套，西汉初年对商人的穿着作了严格的限定，不仅不能穿丝绸衣服，甚至细葛、纻布和毛料也都在限制之列。然而在现实中，这种限制恐怕难以真正落实。《史记》卷一二九《货殖列传》："齐带山海，膏壤千里，宜桑麻，人民多文彩布帛鱼盐。"（第一〇册，第3265页）这表明，在山东半岛广大的宜桑麻地区，包括商人在内的人民的衣服面料既有麻布也有丝绸，似乎并未受到限制。《汉书》卷四八《贾谊传》："白縠之表，薄纨之里，緁以偏诸，美者黼绣，是古天子之服，今富人大贾嘉会召客者以被墙。""且帝之身自衣皂绨，而富民墙屋被文绣；天子之后以缘其领，庶人孽妾缘其履。"（第八册，第2242页）西汉如此，其他朝代恐怕也不会有例外。
①《周书》卷六《武帝纪下》，第一册，第104页。

外为阡陌。夫妻男女,赋之田宅,列其室屋。为之图籍,别其名族。立官置吏,劝以爵禄。衣以桑麻,养以五谷。耕之耰之,钼之耨之。口得所嗜,目得所美,身受其利。"①毫无疑问,人民有田宅室屋,通过种植桑麻五谷以供衣食,这是一个政权进行统治的根基。《货殖列传》:"齐带山海,膏壤千里,宜桑麻,人民多文彩布帛鱼盐。"②土地广大肥沃,宜于桑麻生长,人民生活自然能够富足美满。元人吴景奎诗句"生男有室女有家,买田筑室栽桑麻"③,可以说是古代农民美满生活的写照。

北魏均田制之后,统治者对种植桑麻枣果的重视,莫过于明太祖朱元璋,《明会典》载其事曰:

> 国初,令天下农民凡有田五亩至十亩者,栽桑、麻、木绵各半亩;十亩已上者,倍之。田多者,以是为差。有司亲临督视,惰者有罚。不种桑者,使出绢一疋;不种麻者,使出麻布一疋;不种木绵者,使出绵布一疋。洪武元年(1638),奏准桑麻科征之额,麻每亩八两,木绵每亩四两。栽桑者,四年以后有成,始征其租。十八年,以农桑起科太重,百姓艰难,令今后以定数为额,听从种植,不必起科。二十五年,令凤阳、滁州、庐州、和州每户种桑二百株、枣二百株、柿二百株。④

①《史记》卷一二八《龟策列传》,第一〇册,第3232页。
②《史记》卷一二九《货殖列传》,第一〇册,第3265页。
③[元]吴景奎:《药房樵唱》卷一《五言古风·送日者黄学海归江西》,《景印文渊阁四库全书》集部一五四"别集类",第一二五册,第424页下栏。
④[明]徐溥等撰,李东阳等重修:《明会典》卷一九《户部四·事例》,《景印文渊阁四库全书》史部三七五"政书类",第六一七册,第236页上栏。按[清]徐乾学《资治通鉴后编》卷一八二《元纪三〇》于顺帝至正二十四年(1364)六月载其事,谓"吴王下令"云云(《景印文渊阁四库(转下页注)

《钦定续文献通考》又载:明太祖洪武"二十七年三月,课民树桑、枣、木棉"。"每百户初年课二百株,次年四百株,三年六百株。具如目报,违者戍边。又以湖广长、永、宝、衡地宜桑而种者少,命取淮、徐桑种给之。次年十二月,又命河南、山东桑、枣毋征税。"[1]朱元璋曾在社会最底层生活,深知民间疾苦及其症结所在,对于桑、麻、木绵和枣果等与民众生活的密切关系有着切身体会,自然也就十分清楚保障民众的生活对于反元战争的成功以及新生政权的巩固所具有的重要性。《春明梦余录》载崇祯十七年(1644)正月二十七日阁臣蒋德璟奏,云:"国初,令农家凡有田五亩,栽桑、麻各半亩;又令凤、滁等处每户种桑二百株;又令天下多栽桑、枣,每里初年二百株,三年六百株,违者罚有差。故其时桑多而穰亦多。今自贼寇残破之后,畿内及山东、河南几无桑矣。"[2]由此可见,明朝初年制定的这一政策确实得到了贯彻执行,持续有明一代,桑枣遍野,田园茂盛,无疑产生了巨大的社会经济效益。

第四节 桑蚕的多重经济价值

种桑养蚕具有多重经济价值,这是北魏政府给民户授桑田并强制规定必须栽种大量桑树的根本原因。桑树最主要的价值当然是用桑叶来养蚕,以保证丝织原料的供应,对于编户齐民而言,

---

(接上页注)全书》史部一○三"编年类",第三四五册,第575页上栏)。按是年朱元璋称吴王。

[1][清]嵇璜、曹仁虎等:《钦定续文献通考》卷二《田赋考·历代田赋之制》,《景印文渊阁四库全书》史部三八四"政书类",第六二六册,第48页下栏。

[2][清]孙承泽:《春明梦余录》卷三八《户部四·宝泉局》,第682页。

种桑养蚕既可以保证完成国家赋税的正常缴纳①,还能够满足自身对于作为交换媒介的丝织品(货币)的需要,也可以说是民户积累财富的最主要手段。陈振汉论清代"农村家庭副业劳动"中的"蚕丝业",谓"乾隆时有'一亩桑,十亩田'的说法,后来更有人说'桑八亩当田百亩之人',可见蚕桑确系利益优厚的生产事业"②。虽然没有具体的史料为证,但可以想象北魏均田制时代蚕丝业与种植粮食作物相比,其收益应该与清代不相上下,所不同的是,魏晋南北朝的丝织品作为交换媒介(货币)可以直接反映财富的多寡,而清代则需通过市场交易来变现。如此来看,北魏均田制关于桑田及在桑田上种桑的强制规定,不仅能够保证民户的赋税缴纳和衣物所需,而且还能够直接增加农民家庭财富,是实现均田制"兴富民之本"的意图的关键举措。另一方面,由于种桑养蚕有利可图,也就不排除民户受利益驱动少种粮食的可能,这样也会产生很大的问题,不仅影响国家的赋税缴纳(因为粮食与绵麻及其织物共同构成赋税征收的对象),而且也会影响民众的口粮。在市场交易比较发达的现代社会,农民的逐利行为一般不会产生消极影响,因为无论国家还是民众都可以通过市场渠道购买所需的粮食。当然,大多数情况下,农民都会先考虑粮食生产以保证家人的口粮供应,只要不遇到自然灾害,露田种植的粮食作物是能够满足税粮缴纳和口粮供应的需求的。但是,如果不能保证及时在桑田上种植足够的桑树,则税捐的缴纳便成为问题,同样也

①周一良云:"种桑以养蚕,为保证户调绢帛丝绵之课。"(《〈魏书〉札记·粟、谷、榆、枣》,《魏晋南北朝史札记》,第 395 页)
②陈振汉:《18—19 世纪中国的地租、社会消费和积累》,《社会经济史学论文集》,第 708—709 页。

会使进行必要的市场交易的绢帛成为稀缺品,有可能导致物价上涨。这样看来,均田制有关桑田的规定还具有稳定和促进市场经济的作用,有利于商品交换关系的发展。甚至可以这样认为,均田制颁布十年后北魏王朝开始铸造并发行铜钱(太和五铢),也是均田制实行以来市场经济发展的产物,因为市场经济的发展,迫切需要更为轻便的货币,以铜钱代替绢帛或钱帛并用,显然要比单独使用绢帛作为货币更为简便易行。

桑椹又可用来备荒,此乃桑树仅次于养蚕吐丝的价值。如上所引,北魏初年攻打后燕河北地区时,投降不久的汉族士人崔逞(时任御史中丞)向拓跋珪提出以桑椹补充军粮之缺的建议。《齐民要术》引《四民月令》:三月,“冬谷或尽,椹、麦未熟,乃顺阳布德,振赡穷乏”[1]。对于储蓄有限的穷困农户而言,三月可以说是最难熬的月份,冬粮大多已经吃完,而桑椹和麦子还没有成熟,所谓青黄不接即其时也。若待四月份桑椹、五月份麦子相继成熟,则饥民便可渡过难关。唐代农书《四时类要》载农家“岁用杂事”,其中“收干椹子”系于四月条。[2] 均田制规定每户桑田上须栽种五十棵桑树,若待其长成,则每年收获的桑椹数量必定颇为可观,且不大受天时的影响,足以帮助缺粮的百姓度过饥困。《齐民要术·种桑、柘》:“(桑)椹熟时,多收,曝干之,凶年粟少,可以当食。”本注:“今自河以北,大家收百石,少者尚数十斛。故杜、葛乱后,饥馑荐臻,唯仰以全躯命。数州之内,民死而生者,干椹之

---

① 《齐民要术校释》卷三《杂说》,第 233 页。关于《杂说》是否为《齐民要术》原文,学界有不同认识,兹不具论。

② [元]司农司:《农桑辑要》卷七,《景印文渊阁四库全书》子部三六“农家类”,第七三〇册,第 288 页下栏。

力也。"①桑椹救荒作用之大,于此可见一斑。贾思勰所亲历的北魏末年河北地区的情况,充分反映出均田制颁行以后北魏境内桑树种植之普遍,同时这也是均田制得到实施的有力佐证。明代周王朱橚《救荒本草》载:"桑椹树,叶、皮及实皆可食。""其叶饲蚕。结实为桑椹,有黑、白二种,桑之精英尽在于椹。""救饥:采桑椹熟者食之。或熬成膏,摊于桑叶上晒干,捣作饼收藏。或直取椹子晒干,可藏经年。及取椹子清汁置瓶中,封三二日,即成酒。其色味似葡萄酒,甚佳。亦可熬烧酒,可藏经年,味力愈佳。其叶嫩老皆可煤食,皮炒干磨面可食。"②由此可见,不仅桑椹味美可食,而且桑叶和桑皮亦具有食用价值。尤其桑椹晒干或熬膏、酿酒,可以长期保存,自是备荒佳品。

《齐民要术·杂说》引《四民月令》载,八月事项中有"趣练缣帛,染彩色"。其下贾思勰记"河东染御黄法",染色的原料是用擣地黄根与灰汁相和而成,"柞柴、桑薪、蒿灰等物,皆得用之"。③由此可见,桑薪(柴)灰是丝绸染色的重要原料。用桑叶干粉喂蚕可起到治疗蚕病的作用,同时还可作为喂牛的优质饲料。《农桑辑要·养蚕》"收干桑叶"条:"《务本新书》:'秋深,桑叶未黄,多广收拾,曝干,捣碎,于无烟火处收顿,春蚕大眠后用。'土农必用桑欲落时捋叶,(未欲落,捋,伤来年桑眼;已落者,短津味。泥封,收囤。)至腊月内,捣磨成面。(腊月内制者,能消蚕热病。瓷器内

---

① 《齐民要术校释》卷五《种桑、柘》,第 318 页。
② [明]朱橚撰,倪根金校注,张翠君参注:《救荒本草校注》卷三《木部》,第 292—293 页。
③ 《齐民要术校释》卷三《杂说》,第 239—240 页。

可多收,饲蚕余,剩作牛料,牛甚美食。)"①按《务本新书》的成书
年代史无明载,或以为当在金代。虽然在《齐民要术》中未见到相
关内容,但推测收取桑叶晒干捣碎作为养蚕和喂牛饲料的做法,
应该并非始于金元时代,北魏有此做法的可能性很大。干桑叶作
为牛饲料,还见于《农桑辑要·孳畜》"牛"条载"《韩氏直说》喂养
牛法":"牛一具三只,每日前后饲,约饲草三束,豆料八升,或用蚕
沙、干桑叶,水三桶浸之。"②清人陈大章《诗传名物集览》有云:
"(桑)叶多积,可备荒,亦可食猪、羊、牛、马。"③可见桑叶不仅可
以备荒、喂牛,也可以喂养猪、羊、马,作为家畜食物用途颇广。此
外,桑叶还是制造酒麹的重要佐料。《齐民要术》载"河东神麹
方",在主料麦之外还要添加四样佐料:"桑叶五分,苍耳一分,艾
一分,茱萸一分";"大州白堕麹方饼法",在主料谷之外还要添加
三样佐料:"桑叶、胡菜叶、艾,各二尺围,长二尺许"。④ 上述以桑

①《农桑辑要》卷四《养蚕》,《景印文渊阁四库全书》子部三六"农家类",第
　七三〇册,第 235 页下栏。[元]鲁明善《农桑衣食撮要》卷下,十二月"捣
　磨干桑叶"条:"腊月内制者,能消蚕热病,捣磨成面,入洁净瓮内收贮。饲
　蚕余,剩者可做牛料,甚美食之。"(《景印文渊阁四库全书》子部三六"农家
　类",第七三〇册,第 313 页下栏、314 页上栏)
②《农桑辑要》卷七《孳畜》,《景印文渊阁四库全书》子部三六"农家类",第
　七三〇册,第 283 页下栏、284 页上栏。
③《诗传名物集览》卷十一《木·降观于桑》,《景印文渊阁四库全书》经部八
　〇"诗类",第八六册,第 793 页上栏。
④《齐民要术校释》卷七《造神麹并酒》《法酒》,第 496、528 页。按[清]陈启源
　《毛诗稽古编》卷一《周南·卷耳》:"卷耳即今药草中苍耳子也。""今造神麹亦
　用苍耳汁,然神麹惟入药,不以酿也。"(《景印文渊阁四库全书》经部七九"诗
　类",第八五册,第 340 页下栏、341 页上栏)神麹或神麹酒作为药材屡见于古代
　医方,然神麹酒亦可作为保健品饮用,[唐]元稹《元氏长庆集》卷一三《律诗·
　饮致用神麹酒三十韵》:"七月调神麹,三春酿绿醽。"(《元稹集》,第 150 页)

叶干粉喂蚕和在制造酒麹时以桑叶作为辅料,已能显示桑叶所具有的药用价值,而桑叶的确是一味用途广泛的中药材,如东晋葛洪《肘后备急方》载:"《经验后方》:治肺毒疮如大风疾,绿云散。以桑叶好者,净洗过熟,蒸一宿后,日干为末,水调二钱匕服。"①明朱橚《普济方》载"桑叶味甘,甘,寒,有少毒","治脚气水肿,利大小肠"。② 李时珍《本草纲目》谓桑"叶,气味苦、甘,寒,有小毒"③,并总结前代医书中的相关方剂,对其药用价值作了更为全面的记述,但不能确定北魏时期这些价值都已被发现和利用。

不单是桑叶,桑树的药用价值还有多方面表现。首先,桑树的果实——桑椹也具有很高的药用价值。关于桑椹的药性,古代医书的记载略有出入:"桑椹,味甘,寒,无毒。单食止消渴。"④"桑椹,味甘,性暖。"⑤桑椹味甘、无毒自无疑义,但性寒、性暖则有歧异。唐代医家陈藏器云:"(桑椹)利五脏关节,通血气,久服

①［晋］葛洪撰,古求知等校注:《肘后备急方校注》卷五《治癞癣疥漆疮诸恶疮方》,第159页。又,［宋］许叔微《类证普济本事方》卷三《风寒湿痹白虎病节走注诸病》:"治风毒疮,如大风疾。绿灵散:用桑叶洗,熟蒸,日干为末,水调二钱,日服四五丸。"(《景印文渊阁四库全书》子部四七"医家类",第七四一册,第397页上栏。)按"绿灵散"应该与《肘后备急方》中的"绿云散"为同一方剂。
②［明］朱橚:《普济方》卷二四五《脚气门·脚气变成水肿》,《景印文渊阁四库全书》子部六一"医家类",第七五五册,第164页下栏。
③［明］李时珍:《本草纲目》(校点本)卷三六《木之三·桑》,第三册,第2067页。
④［明］缪希雍:《神农本草经疏》卷一三《木部中品·桑根白皮附桑椹》,第195页。按《本草纲目》(校点本)卷三六《木之三·桑》载"单食止消渴"出自苏恭(第三册,第2066页)。苏恭为唐代医家,撰有《新修本草》(《唐本草》)。
⑤《救荒本草校注》卷三《木部》,第292页。

不饥,安魂镇神,令人聪明,变白不老。多收曝干,为末,蜜丸日服。"①陈氏生活于唐朝均田制时代,桑树的种植必定十分普遍,无论是从救荒角度,还是从药材储存角度,在桑椹成熟季节予以收集并晒干或炼蜜为丸,都是十分必要的。上引《齐民要术》和《救荒本草》都有收储桑椹干以备荒的记载,后者还载有桑椹膏饼和桑椹酒(清酒、烧酒),但在北魏时期是否有此做法未见明载。明代医家缪希雍对桑椹的药性及其药理作了比较全面的分析:

> 桑椹者,桑之精华所结也。其味甘,其气寒,其色初丹后紫,味厚于气。合而论之,甘寒益血而除热,其为凉血、补血、益阴之药无疑矣。消渴由于内热津液不足,生津故止渴。五脏皆属阴,益阴故利五脏。阴不足则关节之血气不通,血生津满,阴气长盛则不饥而血气自通矣。热退阴生,则肝心无火,故魂安而神自清宁。神清则聪明内发,阴复则变白不老。甘寒除热,故解中酒毒。性寒而下行利水,故利水气而消肿。皆自然之道也。②

北宋医家寇宗奭曰:"《本经》言桑甚详,独遗乌椹。然桑之精英,尽在于此。采摘微研,以布滤汁,石器熬成稀膏,量入多少蜜熬稠,贮瓷器中。每抄一二钱,食后、夜卧,以沸汤点服。治服金石

---

① 《神农本草经疏》卷一三《木部中品·桑根白皮附桑椹》,第 195 页。《普济方》卷五〇《头门·须发黄白》:"变白不老。(出《本草》)多收桑椹,曝干捣末,蜜和为丸,每日服六十丸。"(《景印文渊阁四库全书》子部五四"医家类",第七四八册,第 406 页上栏)
② 《神农本草经疏》卷一三《木部中品·桑根白皮附桑椹》,第 195 页。

药发热口渴,生精神,及小肠热甚。"①此对桑椹膏的制作步骤、服用方法及其药用价值都有具体说明。《四时月令》云:"四月,宜饮桑椹酒,能理(治)百种风热。其法:用桑椹汁三斗,重汤煮至一斗半,入白蜜二合,酥油一两,生姜汁一合,煮令得所,瓶收。每服一合,和酒饮之。亦可以汁熬烧酒,藏之经年,味愈佳。"②虽然未明确提及桑椹酒的药用性,但其具有有益于身体的补益作用则应无疑。按此见于缪希雍《神农本草经疏》,清《御定佩文斋广群芳谱》袭之③,然从文义来看,此恐非东汉崔寔《四时月令》之文。比较来看,以上文字更像是出自唐宋文献④。《遵生八笺》引《云笈

---

① 《神农本草经疏》卷一三《木部中品·桑根白皮附桑椹》,第 195 页。按此当出自寇氏《本草衍义》。[金]张元素《保命集》卷下《瘰疬论》:"治瘰疬文武膏。(桑椹也)。文武实。(二斗黑熟者)右以布袋取汁,银石器中熬成薄膏,白汤点一匙,日三服。"(《景印文渊阁四库全书》子部五一"医家类",第七四五册,第 84 页下栏)

② 《神农本草经疏》卷一三《木部中品·桑根白皮附桑椹》,第 195 页。

③ [清]汪灏、张逸少等:《御定佩文斋广群芳谱》卷一一,《景印文渊阁四库全书》子部一五一"谱录类",第八四五册,第 471 页。

④ 考现存古代文献,酥油最早见于东晋法显《佛国记》及佛教经典,并非中国之物,唐代已在中国广泛使用,医方中亦颇为常见,然东汉时中国已有酥油则相当可疑。烧酒在中国何时出现?[明]方以智《物理小识》卷六《饮食类》:"烧酒。元时始创其法,名阿尔奇,稻黍杂粮等皆可烧。"(《景印文渊阁四库全书》子部一七三"杂家类",第八六七册,第 856 页下栏)然其在《通雅》卷三九《饮食》中的观点似有不同:"阿剌吉酒,烧酒也。《饮膳正要》:烧酒之法,自元始有。……宋窦苹《酒谱》有'醰酒烧春''升庵特赏烧春'之名,余谓是烧酒耳。""孟奇引乐天曰:'荔枝新熟鸡冠色,烧酒初开琥珀香。'今庐州有镜面烧,广州尚荔枝烧。芦酒,咂嘛酒也。"(同上子部一六三"杂家类",第八五七册,第 743 页下栏、744 页上栏)[明]张萱《疑耀》卷六"烧酒泛荔枝"条:"余乡啖荔枝,多以烧酒泛之,即制荔枝酒者,亦以烧酒。盖自唐已然矣。白乐天有诗曰:'荔枝新熟鸡冠色,烧酒初开琥珀香。欲摘一枝倾一盏,西楼无客共谁尝。'此一证也。"(同上〔转下页注〕

七签》曰："是月（四月）望后，宜食桑椹酒，治风热之疾。亦可造膏，用桑椹取汁三斗，白蜜四两，酥油一两，生姜汁二两，以罐先盛椹汁，重汤煮汁到三升，方入蜜、酥、姜汁，再加盐三钱，又煮如膏，磁器收贮。每服一小杯，酒服，大治百种风疾。"①按此与上引《四时月令》文字显然出于同源。《普济方》所载"治水肿"之"桑椹方"："用桑椹子并心皮二件，先将心皮细切，以水二斗煮取一斗，去滓，入桑椹重煮五升，以好糯米五升酿为酒，每服一升。"②《神农本草经疏》引此，谓"《普济方》'治水肿胀满……宜用桑椹酒治之……'"③。此作"桑椹酒"，亦无不妥。《四时类要》载农家"岁用杂事"，四月"收干椹子"。④ 收储桑椹干，既可以作为日后备荒之用，亦因其具有药用价值。推测北魏均田制时代的情形并无大异。

在桑树相关药材中，以桑根白皮（桑白皮、桑皮）的应用最为广泛。《神农本草经》云："桑根白皮，味甘，寒，无毒。主伤中，五劳，六极，羸瘦，崩中脉绝，补虚益气。去肺中水气，唾血，热渴，水肿，腹满，胪胀，利水道。去寸白，可以缝金疮。"⑤据《本草纲目》，

〔接上页注〕子部一六二"杂家类"，第八五六册，第 278 页上栏）《本草纲目》
（校点本）卷二五《谷之四》："烧酒非古法也，自元时始创其法。用浓酒和
糟入甑，蒸令气上，用器承取滴露。"（第三册，第 1567 页）不管怎样，东汉
尚无烧酒当无疑义。
① [明] 高濂：《遵生八笺》卷四《四时调摄笺夏·四月事宜》，上册，第 158 页。
② 《普济方》卷一九二《水病门·诸肿》，《景印文渊阁四库全书》子部五九
"医家类"，第七五三册，第 368 页上栏。
③ 《神农本草经疏》卷一三《木部中品·桑根白皮附桑椹》，第 195 页。
④ 《农桑辑要》卷七，《景印文渊阁四库全书》子部三六"农家类"，第七三〇
册，第 288 页下栏。
⑤ 《神农本草经疏》卷一三《木部中品·桑根白皮附桑椹》，第 195 页。按《证
类本草》卷一三《木部中品》"甘寒"误作"皆寒"（《景印文渊阁四库全
书》子部四六"医家类"，第七四〇册，第 629 页下栏）。

"主伤中,五劳……补虚益气"出自《本经》,即《神农本草经》;而"去肺中水气……可以缝金疮"则出自《别录》,即陶弘景《名医别录》。此外,《纲目》还撮录了历代医家和医书对桑根白皮药用价值的其它相关记载:"治肺气喘满,虚劳,客热头痛,内补不足。"此出自"甄权",当即隋唐时期医家甄权的《药性本草》。"煮汁饮,利五脏。入散用,下一切风气、水气。"此出自"孟诜",当即唐代医家孟诜的《食疗本草》。"调中下气,消痰止渴,开胃下食,杀腹脏虫,止霍乱吐泻。研汁治小儿天吊惊痫客忤,及傅鹅口疮,大验。"此出自《大明》,即《大明日华本草》。"泻肺,利大小肠,降气,散血。(时珍)"①盖即李时珍自己的新发现。除桑叶(包括经霜桑叶)、桑椹(桑椹酒)和桑根白皮(桑白皮、桑皮)外,桑枝、桑柴(桑柴火)、桑皮汁(桑根白皮汁)、桑灰汁以及寄生于桑树(干、枝、叶)的桑寄生(桑上寄生)、桑花、桑耳(桑黄)、桑螵蛸、桑蠹、缘桑螺(桑牛、天螺)等亦可入药②。《四时类要》载"岁用杂事",二月"采桑螵蛸"③,足见其在一年的农事活动中不可或缺。此外,桑蝎虫(桑木中蝎虫)或其屎烧灰亦是一味中药材④,只是其用途颇

---

① 《本草纲目》(校点本)卷三六《木之三·桑》,第三册,第 2064 页。

② 参见《本草纲目》卷三六《木之三·桑》、卷三九《虫之一·桑螵蛸》、卷四二《虫之四·缘桑螺》,第三、四册(1981 年),第 2067、2244、2364—2365 页;《神农本草经疏》卷一三《木部中品·桑根白皮附桑椹》,第 195—196 页。按桑花等物并非皆生于桑树,但以生于桑树者为佳,其得名亦缘于此。

③ 《农桑辑要》卷七,《景印文渊阁四库全书》子部三六"农家类",第七三〇册,第 288 页下栏。

④ [唐]孙思邈著,李景荣等校释:《备急千金要方校释》卷二《妇人方·妊娠诸病》,第 36 页。[唐]王焘:《外台秘要方》卷三三《损妊方》,《景印文渊阁四库全书》子部四三"医家类",第七三七册,第 379 页上栏;《普济方》卷三四三《妊娠诸疾门·滑胎》,同上子部六四"医家类",第七五八册,第 216 页上栏。

为单一。

蚕蛹作为高蛋白食品而在养蚕地区被人们所食用,其俗由来已久。《齐民要术》引《四民月令》四月条:"是月也,可作弃蛹,以御宾客。"按缪启愉《四民月令辑释》和《齐民要术校释》此处均据《太平御览》所引改作"枣糒"[1],但未必正确。"弃蛹"当即缫丝后的废弃蚕蛹,作为富含优质蛋白的美味,自是招待宾客的佳肴。上文载本月"茧既入簇,趋缲,剖线"云云,则此处"作弃蛹"亦是顺理成章。而大枣约在中秋时节成熟,《四时类要》载八月"收枣"[2],存放半年多之后才进行加工,不合常理。《肘后备急方》"疗猘犬咬人方"条:"又当终身禁食犬肉、蚕蛹。食此发,则不可救矣。"[3]可证东晋时人有食用蚕蛹的习惯。《本草纲目》卵生虫类药物卷"蚕蛹"下本注:"瑞曰:'缫丝后蛹子,今人食之,呼小蜂儿。'"[4]按此盖元代吴瑞《日用本草》之语[5]。不难想象,蚕蛹应该还具有药用价值。现代研究表明,蚕蛹富含蛋白质、脂肪酸和多种维生素,其蛋白质中有十八种氨基酸,营养价值很高。古代

---

① [东汉]崔寔著,缪启愉辑释,万国鼎审订:《四民月令辑释》,第47、134页及49页注;《齐民要术校释》,第234页。其依据是《太平御览》卷八六〇《饮食部十八·糗糒》:"崔寔《四民月令》曰:四月,可作枣糒。"(第四册,第3821页下栏)

②《农桑辑要》卷七,《景印文渊阁四库全书》子部三六"农家类",第七三〇册,第288页下栏。

③《肘后备急方校注》卷七《治卒有猘犬凡所咬毒方》,第197页。

④《本草纲目》(校点本)卷三九《虫之一·蚕》,第四册,第2251页。

⑤参见《本草纲目》(校点本)卷一《序例·历代诸家本草》'日用本草'及本注,第一册,第9页。

医书载"治劳瘦","用蚕蛹子食之",①即是基于医家对蚕蛹营养价值的认识。《外台秘要方》载："崔氏疗蚘虫方:取缲蚕蛹汁,空腹饮之,良。若非缲丝时,即须收蛹暴干,患者捣筛,取意斟酌多少,和粥饮服之。"②按此出于《崔氏方》,《旧唐书·经籍志下》载"《崔氏纂要方》十卷(崔知悌撰)"③,盖即是书。崔知悌仕宦于唐高宗时期,仪凤四年(679)二月任户部尚书④。不过总的来看,古代医书中以蚕蛹或缲蚕蛹汁入药的方剂极为罕见,蚕蛹恐怕还是作为一种补充高蛋白营养的食品而为养蚕区民众所利用。以蚕入药,主要还是利用感染白僵菌而死的蚕的幼体——白僵蚕,古代医方中有广泛地应用。此外,蚕沙(矢、屎)的应用也比较普遍。《本草纲目》所载"百病主治药",蚕类药物可见蚕蛹、蚕茧、原蚕沙、晚蚕沙、缲丝汤、雪蚕、白僵蚕,"虫"类(卵生类)药物可见蚕(白僵蚕、原蚕)及蚕沙、蜕、茧、蛹(蚀)、蛾(罗)、卵(蜕)、蚵(苗)、纸(连)、茧卤汁(茧蛹汁)。这些药物在古代医方中都有使用。唐孙思邈《备急千金要方》载:"原蚕雄蛾,味咸温,有小毒。主益精气,强男子阳道,交接不倦,甚治泄精。不用相连者。"⑤

---

① 《普济方》卷二三三《虚劳门·虚劳羸瘦》,《景印文渊阁四库全书》子部六〇"医家类",第七五四册,第 789 页上栏。按同书卷一〇七《诸风门·劳风》作"治风及劳瘦,取蚕蛹子食之"(子部五六"医家类",第七五〇册,第 513 页上栏)。两处皆载"出《本草》",可知此方其来已久。

② 《外台秘要方》卷二六《蚘虫方》,《景印文渊阁四库全书》子部四三"医家类",第七三七册,第 127 页下栏、128 页上栏。

③ 《旧唐书》卷四七《经籍志下》,第六册,第 2050 页。按《新唐书》卷五九《艺文志三》载"《崔氏纂要方》十卷(崔行功)"(第五册,第 1571 页),后世著录皆袭之。

④ 《旧唐书》卷五《高宗纪下》,第一册,第 104 页。

⑤ 《备急千金要方校释》卷二六《食治·鸟兽》,第 570 页。

《本草纲目》亦载"雄原蚕蛾,气味咸温,有小毒",李时珍本注:"按徐之才《药对》云:'热,无毒。入药炒,去翅、足用。'"①徐之才本为梁朝豫章王综镇北府主簿,随其镇守彭城,在梁武帝普通六年(525)六月萧综降魏不久②,之才于孝明帝"孝昌二年(526),至洛,敕居南馆,礼遇甚优"③。由此可见,北朝时医家对蚕的药性已有明确的认识。

蚕除了吐丝和药、食之用外,其排泄物蚕矢(屎、沙)还是优质肥料,对提高农作物产量具有重要作用。《齐民要术·耕田》:"凡美田之法,绿豆为上,小豆、胡麻次之。悉皆五、六月中穰种,七月、八月犁掩杀之,为春谷田,则亩收十石,其美与蚕矢、熟粪同。"④《种麻子》引《氾胜之书》曰:"率九尺一树。树高一尺,以蚕矢粪之,树五升。无蚕矢,以溷中熟粪粪之,亦善,树一升。"⑤《种瓠》引《氾胜之书》"种瓠法":"以三月耕良田十亩。……区种四实。蚕矢一斗,与土粪合。浇之,水二升;所干处,复浇之。""十亩凡得五万七千六百瓠。瓠直十钱,并直五十七万六千文。用蚕矢二百石,牛耕、功力直二万六千文。余有五十五万。"又引同书"区种瓠法":"收种子须大者。……先掘地作坑,方圆、深各三尺。用蚕沙与土相和,令中半,(若无蚕沙,生牛粪亦得。)著坑中,足蹑令坚。以水沃之。"⑥《种桑、柘(养蚕附)》:"凡耕桑田,不用近树。(伤桑、破犁,所谓两失。)其犁不著处,斸地令起,斫去浮根,以蚕

<hr>

① 《本草纲目》(校点本)卷三九《虫之一·原蚕》,第四册,第 2254 页。
② 参见《梁书》卷三《武帝纪下》,第一册,第 70 页。
③ 《北齐书》卷三三《徐之才传》,第二册,第 444 页。
④ 《齐民要术校释》卷一,第 38 页。
⑤ 《齐民要术校释》卷二,第 124 页。
⑥ 《齐民要术校释》卷二,第 166、167 页。

矢粪之。"①综上可见,蚕矢不仅是优质肥料,有助于提高农业生产量,更重要的是对于土壤改良具有不可忽视的作用。此外,蚕矢及缲蚕蛹汁还是拌种的重要佐料。《齐民要术·种谷》引《氾胜之书》曰:"薄田不能粪者,以原蚕矢杂禾种种之,则禾不虫。""又取马骨锉一石,以水三石,煮之三沸;漉去滓,以汁渍附子五枚。三四日,去附子,以汁和蚕矢、羊矢各等分,挠令洞洞如稠粥。先种二十日时,以溲种,如麦饭状。"又引氾胜之曰:"骨汁、粪汁溲种:锉马骨……若无骨,煮缲蛹汁和溲。""此言马、蚕,皆虫之先也,及附子,令稼不蝗虫,骨汁及缲蛹汁皆肥,使稼耐旱,终岁不失于获。"②《大小麦》引《氾胜之书》曰:"当种麦,若天旱无雨泽,则薄渍麦种以酢浆并蚕矢;夜半渍,向晨速投之,令与白露俱下。酢浆令麦耐旱,蚕矢令麦忍寒。"③由此可见,以蚕矢或缲蚕蛹汁等汁液拌种还可以避免农作物虫害,增强抵抗干旱和严寒的性能,而提高土壤肥力自在不言中。总之,在种植某些农作物时使用蚕矢或缲蚕蛹汁拌种、作为底肥或基肥,既可以增强土壤肥力,也可以提高农作物的优异性能,自然有助于农作物产量和品质的提高,持之以恒则能够改良土壤的品质,发挥长效作用,故而也可以说是农业生产技术得以改进的重要催化媒介之一。

还需一提,桑皮和蚕茧也是造纸的优质原料。先看蚕茧纸。东汉许慎《说文解字·系部》:"纸,丝滓也。"清人段玉裁注:"滓者,淀也,因以为凡物渣滓之称。"④明周祈《名义考》引《说文》后

①《齐民要术校释》卷五,第 318 页。
②《齐民要术校释》卷一,第 81、83—84 页。
③《齐民要术校释》卷二,第 132—133 页。
④[汉]许慎撰,[清]段玉裁注:《说文解字注》篇一三上,第 644 页。

云:"以丝缫余絮为纸,以是为书,谓之帛书,非真缣帛也。""高丽蚕茧纸,即古丝潫纸。"①宋人戴侗《六书故》释"纸"云:"盖以丝潫败絮合而为之。后汉蔡伦始以败网杂树肤为纸,以代简牍。"②清人何琇《樵香小记》云:"或疑古无纸,小篆何以有纸字。案《说文》,'纸'训'丝潫也'。然则蔡伦以败絮、鱼网为纸,正丝潫耳,故以名之。"③丝潫纸可以看作是蚕茧纸的前身,或者说蚕茧纸是丝潫纸的改良。蚕茧纸在宋代纸品中占有一席之地。明人高濂《论纸》云,"宋有澄心堂纸……蚕茧纸"④。文震亨《长物志》亦谓"宋有澄心堂纸……及藤白、鹄白、蚕茧等纸"⑤。茧纸在唐代为书家所常用。唐人戴叔伦《怀素上人草书歌》,有"秋毫茧纸常相随"句⑥。北宋《宣和书谱》载御府所藏唐末张庭范书法作品八,其一为"正书《造茧纸法》"⑦。直到元明时期,蚕茧纸仍是书家常用的书写载体。元人洪希文《赠徐邦献馆吴塘东道主郭氏》诗有"蚕茧纸中留墨迹"句⑧,明人居节《舟中梦后月明江清怅然有怀》

①[明]周祈:《名义考》卷一二《物部·纸》,《景印文渊阁四库全书》子部一六二"杂家类",第八五六册,第447页上栏。

②[宋]戴侗:《六书故》卷三〇《工事六》"纸"字条,《景印文渊阁四库全书》经部二二〇"小学类",第二二六册,第568页下栏。

③[清]何琇:《樵香小记》卷下"纸字"条,《景印文渊阁四库全书》子部一六五"杂家类",第八五九册,第795页上栏。

④《遵生八笺》卷一二《燕闲清赏笺中·论纸》,下册,第612页。

⑤[明]文震亨:《长物志》卷七《器具·纸》,《景印文渊阁四库全书》子部一七八"杂家类",第八七二册,第73页上栏。

⑥《文苑英华》卷三三八《謌行八·书》,第三册,第1752页。

⑦[宋]不著撰人:《宣和书谱》卷一八《草书六·唐》,《景印文渊阁四库全书》子部一一九"艺术类",第八一三册,第300页上栏。

⑧[元]洪希文:《续轩渠集》卷六《七言律诗下》,《景印文渊阁四库全书》集部一四四"别集类",第一二〇五册,第122页下栏。

诗有"蚕茧纸新教写字"句①。张应文《论纸》谓"晋有子邑纸、侧理纸、茧纸"②,其说确有事实依据,即王羲之用蚕茧纸书写《兰亭序》的著名事例。《法书要录》载《何延之〈兰亭记〉》,谓王羲之"用蚕茧纸、鼠须笔"书成。③《艺文类聚》引《语林》曰:"王右军为会稽令,谢公就乞笺纸。检校库中有九万笺纸,悉以乞谢公。"④王羲之会稽库中之九万笺纸未必皆为蚕茧纸,但其中必定少不了蚕茧纸。毫无疑问,东晋已普遍使用蚕茧纸书写,北魏时期当然非常有可能用蚕茧来造纸。

再来看桑皮纸。晋人王嘉(子年)《拾遗记》载贾逵事,"乃剥庭中桑皮以为牒,或题于扉屏,且诵且记"⑤。此记贾逵少时学习事,时当东汉晚期。很显然,其时尚未有以桑皮为原料所造纸张,而是直接以桑皮作为书写载体。北宋初年苏易简所撰《文房四谱》一书记载造纸历史,其中有云:"蜀中多以麻为纸,有玉屑、屑骨之号;江浙间多以嫩竹为纸;北土以桑皮为纸;剡溪以藤为纸;海人以苔为纸;浙人以麦茎、稻秆为之者脆薄焉,以麦稿、油藤为之者尤佳。"⑥以上史料所属时代无明确记载,但其上下文所载内容上自汉初、下迄唐代,推测本段所记当在魏晋隋唐时期。《说郛》所录《负暄杂录》(阙名)"蛮纸"条云:"唐中国未备,多取于外

①[清]张豫章等:《御选明诗》卷八四《七言律诗十七》,《景印文渊阁四库全书》集部三八三"总集类",第一四四四册,第 158 页上栏。

②[明]张应文:《清秘藏》卷上《论纸》,《景印文渊阁四库全书》子部一七八"杂家类",第八七二册,第 15 页上栏。

③[唐]张彦远:《法书要录》卷三,第 124 页。

④《艺文类聚》卷五八《杂文部四·纸》,第 1053 页。

⑤[晋]王嘉撰,[梁]萧绮录:《拾遗记》卷六,第 154 页。

⑥[宋]苏易简:《文房四谱·纸谱·二之造》,第 198 页。按[宋]朱长文《墨池编》卷二〇《器用二·纸》亦载其事(上册,第 652 页)。

夷……今中国惟有桑皮纸、蜀中藤纸、越中竹纸、江南楮皮纸。南唐以徽纸作澄心堂纸,得名若蜀笺、吴笺,皆染捣而成。"①按《负暄杂录》撰者,《说郛》题注作"阙名",清厉鹗《宋诗纪事》"顾逢"条题注:"逢字君际,吴郡人。宋末,举进士不第。""有《船窗夜话》《负暄杂录》及《诗集》。"②明人王鏊《姑苏志·文学》"高常"条亦略载其事迹③。若"今"为《负暄杂录》撰者顾逢所处时代,则"中国惟有桑皮纸"云云只能说明宋代已有桑皮纸,但从上下文叙事来看,"中国惟有桑皮纸"云云应该是在南唐之前,为唐代叙事,撰者当是从前代著述中截取相关文字而未作调整修饰。清人陈大章《诗传名物集览》谓桑"皮可制纸",引米芾云:"北地桑皮纸最佳。"④按陈元龙《格致镜原》引米芾《十纸说》,其中有云:"六合纸,自晋已用,乃蔡侯渔网遗制也。网,麻也,人因而用木皮。河北桑皮纸,白而慢弱,糊浆砑成,佳如古纸。"⑤陈大章所引米芾之语,或缘此而来。毫无疑问,北宋时期河北桑皮纸的制作技术已经十分成熟,自非短时间所能达到。可以设想,北魏均田制推行后,河北地区桑树的种植非常普遍,以桑皮为原料进行造纸,应该是水到渠成的事。经过数百年的发展,到宋代,桑皮纸的质量十分优异也

---

①《说郛》卷二四下《负暄杂录》,《景印文渊阁四库全书》子部一八三"杂家类",第八七七册,第 393 页下栏。

②[清]厉鹗:《宋诗纪事》卷七九,下册,第 1919 页。

③[明]王鏊:《姑苏志》卷五四《人物十四·文学》,《景印文渊阁四库全书》史部二五一"地理类",第四九三册,第 1023 页下栏。

④《诗传名物集览》卷一一《木·降观于桑》,《景印文渊阁四库全书》经部八〇"诗类",第八六册,第 793 页上栏。

⑤[清]陈元龙:《格致镜原》卷三七《文具类一·纸》,《景印文渊阁四库全书》子部三三七"类书类",第一〇三一册,第 570 页上栏。

就不足为奇了①。张应文《清秘藏·论纸》,谓"唐有……桑皮纸、桑根纸"云云②。高濂《遵生八笺·论纸》,谓"蜀有……十色薛涛笺,名曰蜀笺。有……桑根纸……宋有澄心堂纸"云云③。按桑根纸即桑皮纸,此证唐代确有桑皮纸。王世贞《弇州四部稿》载:"晋武帝赐杜预万番,写《春秋释例》……晋武又赐张华万番,造《博物志》。扶桑国出笈皮纸,中国有桑皮纸,蜀中藤纸,江南竹纸、楮皮纸,黟歙凝霜纸,浙中有麦䴸、稻秆纸。王右军会稽库中有纸九万番,悉以乞谢安。宋张永所制纸,为天下最,尚方不及。"④从上下文来看,"中国有桑皮纸"当在晋代。《文房四谱》载:"雷孔璋曾孙穆之犹有张华与其祖书,所书乃桑根纸也。"⑤此证晋武帝时期已有桑皮纸。综上所述可知,最迟在西晋时期桑皮纸已经面世,北魏时期北方地区以桑皮为原料进行造纸自无疑义,谓均田令规定桑田

---

① [明]王世贞:《弇州四部稿》卷一二九《文部·杂文跋三十八首》"又前后汉书后"条,谓所购宋本"班、范二《汉书》尤为诸本之冠,桑皮纸匀洁如玉"云云(《景印文渊阁四库全书》集部二二〇"别集类",第一二八一册,第168页下栏)。

②《清秘藏》卷上《论纸》,《景印文渊阁四库全书》子部一七八"杂家类",第八七二册,第15页上栏。

③《遵生八笺》卷一二《燕闲清赏笺中·论纸》,下册,第612页。

④《弇州四部稿》卷一七〇《说部·宛委余编一五》,《景印文渊阁四库全书》集部二二〇"别集类",第一二八一册,第703页下栏。按《通雅》卷三二《器用·纸笔墨砚》亦载此(《景印文渊阁四库全书》子部一六三"杂家类",第八五七册,第621页),文字微异。

⑤《文房四谱·纸谱·一之叙事》,第186页。按[宋]祝穆《古今事文类聚别集》卷一四《文房四友部》(《景印文渊阁四库全书》子部二三三"类书类",第九二七册,第746页上栏)、[明]顾起元《说略》卷二二《工考上》(同上子部二七〇"类书类",第九六四册,第741页下栏)、[明]陈耀文《天中记》卷三八《纸》(同上子部二七二"类书类",第九六六册,第763页上栏)俱袭之。

中种桑还与造纸需求有关,唐宋时期河北地区桑皮纸制造技艺的纯熟精良,与北魏均田制有着因果关系,并非无根之谈。①

不论是为了桑树更好地生长,还是为了采摘桑叶以供养蚕之便,都要对桑树枝条进行修剪或砍伐。《诗经·七月》:"蚕月条桑,取彼斧斨。以伐远扬,猗彼女桑。"郑玄曰:"条桑,枝落,采其叶也。"孔颖达曰:"远者,谓长枝去人远也。扬条,扬者也,谓长条扬起者,皆手所不及,故枝落之而采其叶。"②苏辙曰:"取叶存条曰猗。猗,长也。叶尽则条猗,猗其长也。少枝长条曰女桑。"③《齐民要术·种桑、柘》:"剶桑,十二月为上时,正月次之,二月为下。(白汁出则损叶。)大率桑多者宜苦斫,桑少者宜省剶。秋斫欲苦,而避日中;(触热树焦枯,苦斫春条茂。)冬春省剶,竟日得作。"④按《玉篇·刀部》:斫,"刀斫"。剶,"削也,去枝也"。⑤ 所谓"条桑"即是用刀斧砍伐枝条之谓,著者家乡方言仍有此类表达方式(条树木)。条(斫、剶)桑所得枝条,可以有多种用途。上已提及,桑枝是一味重要的中药材。桑皮纸的原料主要应该利用的也是桑树枝条,而不一定是对砍伐的整棵树木进行剥皮加工。此

①[清]傅恒等《钦定皇舆西域图志》卷四二《服物二·回部·日用之器》:"喀阿斯,即纸也。以桑枝嫩条捣烂为之,色微带碧,其光洁者略似高丽纸。"(《景印文渊阁四库全书》史部二五八"地理类",第五〇〇册,第807页上栏)此与内地用桑皮为基本原料所造桑皮纸相近,不过因其由嫩桑条所造,故纸色略微泛绿。

②《毛诗正义》卷八之一《国风·豳》,《十三经注疏》,上册,第390页中栏。

③[宋]苏辙:《诗集传》卷八《国风·豳》,《景印文渊阁四库全书》经部六四"诗类",第七〇册,第394页下栏。

④《齐民要术校释》卷五《种桑、柘》,第318页。

⑤[梁]顾野王撰,[唐]孙强增补,[宋]陈彭年等重修:《重修玉篇》卷一七《斤部》《刀部》,《景印文渊阁四库全书》经部二一八"小学类",第二二四册,第144页下栏、146页下栏。

外,桑枝还可作为薪柴使用。宋庄绰《鸡肋编》载:"河朔、山东养蚕之利逾于稼穑,而村人寒月盗伐桑枝以为柴薪,为害甚大。"①想来北魏时完全可能存在以桑枝为柴薪的现象。唐人冯贽《云仙杂记》载:"杜胜宅以软漆缠桑枝编为篱障,雨一过,黑光照四面。时通甫爱之,欲以铜官第取,不应。(《邺郡名录》)"②按《邺郡名录》似仅见于此,杜胜于唐宣宗时任至户部侍郎、判户部事③,其父杜黄裳于唐宪宗元和初年担任宰相,封邠国公④。《齐民要术》设专篇记述"作园篱法",主要用酸枣或柳树、榆树栽种修剪以作庭园篱笆墙⑤。不过也不排除当时已有用桑枝进行编织的个别情况。由于桑枝具有很高的柔韧性,与榆树和柳树枝条相比一点也不逊色,故而有着良好的编织性能,既可以编织篱笆墙,当然也能够编织各种筐篮等器物,这应该也是桑树的功用之一。

桑　　　　　　　　　蚕

---

① [宋]庄绰:《鸡肋编》卷上,第9页。

② [唐]冯贽:《云仙杂记》卷三"软漆缠桑枝为篱障"条,《景印文渊阁四库全书》子部三四一"小说家类",第一〇三五册,第654页。

③《旧唐书》卷一八下《宣宗纪下》:大中十二年(858)二月,"以朝请大夫、权知刑部侍郎、赐紫金鱼袋杜胜为户部侍郎、判户部事"(第二册,第643页)。

④ 参见《旧唐书》卷一四七《杜黄裳传》,第一二册,第3973—3975页;《资治通鉴》卷二四八《唐纪六四》宣宗大中二年十二月条,第一七册,第8037页。

⑤ 参见《齐民要术校释》卷四《园篱》,第254页。

第五节　榆树的经济价值

　　榆树具有很高的经济价值,栽种榆树是农民增收的有效途径。曹魏时期郑浑为魏郡太守,"以郡下百姓苦乏材木,乃课树榆为篱,并益树五果;榆皆成藩,五果丰实。入魏郡界,村落齐整如一,民得财足用饶。明帝闻之,下诏称述,布告天下"[1]。看来魏明帝曾将郑浑的这一成功经验向全国推广。《齐民要术·种榆、白杨》榆树条详细记载其经济价值,在不同的生长阶段有不同的效益,榆荚、榆叶可出卖,而榆木可作椽,且"镟作独乐及盏",做成魁、椀、瓶、榼、器皿及车毂、蒲桃瓺,又可卖柴,获利渠道甚广。种榆树"既无牛、犁、种子、人功之费,不虑水、旱、风、虫之灾"。又引崔寔曰:"二月,榆荚成,及青收,干,以为旨蓄。色变白将落,可作㿿酶,随节早晏,勿失其适。"贾思勰对"旨蓄"的解释是:"旨,美也;蓄,积也。司部收青荚,小蒸,曝之,至冬以酿酒,滑香,宜养老。《诗》云'我有旨蓄,亦以御冬'也。"对"㿿酶"的解释是:"榆酱。"[2]榆酱既可食用,又具有药用价值,"能助肺杀诸虫,下气"[3]。

---

①《三国志》卷一六《魏书·郑浑传》,第二册,第 511—512 页。

②《齐民要术校释》卷五《种榆、白杨》,第 341—342 页。

③ [元] 王祯:《农书》卷一〇《百谷谱九·竹木》"榆"条,《景印文渊阁四库全书》子部三六"农家类",第七三〇册,第 398 页。按《农政全书》卷三八《种植·木部》亦载此,出处作"《农桑通诀》"(《景印文渊阁四库全书》子部三七"农家类",第七三一册,第 542 页下栏)。《农桑通诀》为王祯《农书》之前六卷。《普济方》卷二三九《诸虫门·诸虫》:"助肺杀诸虫,下气,令人能食,消心腹间恶气,卒心冷气。(《澹寮方》)右以榆子作浆,食之良,亦甚香美,有少辛味,陈者尤为佳。"(同上子部六〇"医家类",第七五〔转下页注〕

由于北魏均田制的实行,经过数十年时间,人们对榆树的经济价值有了充分的认识,故贾思勰在《齐民要术》中对之作了系统的记述。

北魏均田令规定每户受田农民应在其桑田上种榆三根,不一定完全是从民户种树获利的角度考虑,主要还是因为榆荚、榆叶均可食用,故在生月青黄不接时可起到救荒作用。贾思勰谓"榆荚味甘,甘者春时将煮卖","三年春可将荚、叶卖之"。① 史载"河南人常笑河北人好食榆叶",故北魏孝明帝末年河间邢杲率流人在青州暴动时,"齐人号之为'齰榆贼'"。② 不但榆荚、榆叶可以食用,就连榆皮也具有食用价值。在饥荒十分严重的情况下,榆皮也能够作为救命之物而被食用。著者犹记少小村居之时,常从父母和村中年长者口中听到当年饥饿难忍时剥榆皮做面食用的苦难经历。同样的情况,在古代也曾屡屡发生。汉成帝"河平元年(前 28)三月,旱,伤麦,民食榆皮"③。唐高宗"咸亨二年(671),驾幸东都,留太子于京师监国。时属大旱,关中饥乏,令取廊下兵士粮视之,见有食榆皮、蓬实者,乃令家令等各给米使

〔接上页注〕四册,第 968 页上栏)按《澹寮方》(《澹寮集验秘方》)为元初医僧继洪(号澹寮)所辑。《本草纲目》(校点本)卷二五《谷之四·榆仁酱》:"造法:取榆仁,水浸一伏时,袋盛揉洗去涎,以蓼汁拌晒。如此七次,同发过面麹,如造酱法,下盐晒之。每一升,麹四斤,盐一斤,水五斤"。"气味辛美,温,无毒。主治利大小便,心腹恶气,杀诸虫。不宜多食。(孟诜)"卷三五《木之二·榆》:"子酱似芜荑,能助肺杀诸虫,下气,令人能食,消心腹间恶气,卒心痛,涂诸疮癣,以陈者良。(孟诜)"(第三册,第 1553、2042页)按两条皆当引自唐代医家孟诜《必效方》或《补养方》《食疗本草》。

①《齐民要术校释》卷五《种榆、白杨》,第 341—342 页。
②《魏书》卷一四《神元平文诸帝子孙·元天穆传》,第二册,第 355 页。
③《汉书》卷二六《天文志》,第五册,第 1310 页。

足"①。辽天祚帝天庆八年十二月(1119.1.13—2.11),"时山前诸路大饥,乾、显、宜、锦、兴中等路斗粟直数缣,民削榆皮食之,既而人相食"②。宋徽宗宣和六年十二月(1125.1.7—2.4),"河北、山东盗起,命内侍梁方平讨之。(时转粮以给燕山,民力疲困,重以盐额科敛,加之连岁凶荒,民食榆皮、野菜不给,至自相食,于是饥民并起为盗。)"③宋高宗建炎四年(1130)九月"二十五日甲子(10.28),金人陷楚州"。"围城初,有野麦、野豆可以为粮,后皆不生物……有凫茨、芦根,男女无贵贱斸掘之,后为水所没。城中绝粮,食至草木,有屑榆皮而食者,亲戚互相食唉。"④明朝万历年间,张居正于文华殿"侍讲,读毕,而以给事中所上《灾伤疏》闻之。因谓凤阳及江南诸郡屡无岁,而徐、宿之间民至屑榆皮而食,不急赈之则相聚为盗,赈之切不可缓"⑤。清朝康熙二年(1663),"山左大饥,穷黎剥榆皮、掘草根以供食"⑥。康熙四十二年秋,御史李发甲上《赈济齐饥疏》,谓"山东六府被灾特重","自入夏以来,阴沴异常,麦秋无望。盖至槐头、柳茎、水草、榆皮,无不攫取争唉,老弱幼稚者半为厎瘠,少壮强勇者乞食他乡"。"卖妻鬻子,止博百

---

①《旧唐书》卷八六《高宗中宗诸子·孝敬皇帝弘传》,第九册,第2829页。

②《辽史》卷二八《天祚帝纪二》,第一册,第338页。

③[宋]陈均:《皇朝编年纲目备要》卷二九《徽宗皇帝》。

④[宋]徐梦莘:《三朝北盟会编》卷一四二《炎兴下帙四十二》,下册,第1035页下栏。按[宋]李心传《建炎以来系年要录》卷三七载此,金兵攻破楚州的日期作"九月戊辰(廿九,11.1)"(第二册,第840页)。

⑤[明]王世贞:《嘉靖以来首辅传》卷八《申时行传》,《景印文渊阁四库全书》史部二一〇"传记类",第四五二册,第523页下栏。

⑥[清]岳濬等监修,杜诏等编纂:《山东通志》卷二七《宦绩志·名宦总部·皇清》,《景印文渊阁四库全书》史部二九八"地理类",第五四〇册,第674页上栏。

钱;捣叶磨根,难充一饱。甚有人相残食之惨。"①《江南通志》记载了清朝雍正十一年(1733)所"旌表"之两位"列女":常州府"陈德浃妻何氏,金匮人,夫亡岁祲,竭力奉姑,自食糠粃、榆皮,苦节历数十年"。宁国府"儒童韩禹畴妻唐氏,宣城人,夫亡抚孤,时遇饥馑,尝括榆皮度日"。② 何氏的事例表明,食糠粃、榆皮是当时贫困阶层民众比较常态的生活景况。

陈启源云:"《内则》:养父母,枌榆列于珍味。今惟荒岁,饥民始食其皮。"③证之以上事例,陈氏之说显然并不准确,但其说也表明在他生活的清朝初年饥民食用榆皮的普遍性。事实上,在数千年的古代社会,以榆皮充饥乃是荒年饥民经常性的无奈选择。古代农书对榆钱、榆叶和榆皮的食用功能和制作方法有明确记载,即是这种情况的反映。元人王祯《农书》载:"榆叶曝干,捣罗为末,盐水调匀,日中炙曝,天寒于火上熬过,拌菜食之,味颇辛美。榆皮去上皴涩干枯者,将中间嫩处刮干碓为粉,当歉岁亦可代食。

---

①[清]鄂尔泰等监修,靖道谟等编纂:《云南通志》卷二九之四《奏疏·本朝一》,《景印文渊阁四库全书》史部三二八"地理类",第五七〇册,第402页下栏、403页上栏。按雍正九年敕编《圣祖仁皇帝圣训》卷四五《饬臣工三》载康熙四十二年(1703)九月丁巳(十四,10.24)上谕,谓"至御史李发甲条奏'盗贼蜂起,人民相食'"云云(《景印文渊阁四库全书》史部一六九"诏令奏议类",第四一一册,第668页下栏),此"条奏"盖即《赈济齐饥疏》。

②[清]赵弘恩等监修,黄之隽等编纂:《江南通志》卷一八三《人物志·列女·常州府》、卷一八五《宁国府》,《景印文渊阁四库全书》史部二七〇"地理类",第五一二册,第263页上栏、359页上栏。

③[清]陈启源:《毛诗稽古编》卷二八《辨物·总辨》,《景印文渊阁四库全书》经部七九"诗类",第八五册,第750页下栏、751页上栏。

昔丰沛岁饥,民以榆皮作屑煮食之,人赖以济焉。"①明人冯复京《六家诗名物疏》载:"陶隐居（陶弘景）云:'榆皮性至滑利,初生荚仁,以作糜羹。'《本草衍义》云:'榆皮砣为粉,歉岁农以代食。叶青嫩时收贮,亦用为羹茹。'"②按《本草衍义》为宋人寇宗奭所撰。《救荒本草》载:"榆皮味甘,性平,无毒。救饥,采肥嫩榆叶煠熟,水浸淘净,油盐调食。其榆钱,煮糜羹食佳,但令人多睡。或焯过晒干备用,或为酱,皆可食。榆皮刮去其上干燥皱涩者,取中间软嫩皮锉碎,晒干,炒焙极干,捣磨为面,拌糠粃、草末蒸食,取其滑泽易食。又云:榆皮与檀皮为末,服之令人不饥。根皮亦可捣磨为面食。"③徐光启《农政全书》载:"榆根皮作面,可和香剂,嫩叶煠浸,淘净可食。榆钱可羹,又可蒸糕饵。"④鲍山《野菜博录》载:"榆树,皮、叶、实可食。""味甘平,滑利,无毒。食法:采取嫩叶,淘净,煠食,皮可磨面。"⑤《农政全书》又载:"榆皮湿捣如糊,粘瓦石极有力。汴、洛以石为碓嘴,用此胶之。"⑥这可以看作是榆皮食用价值之外的又一功能,无从得知北魏时这一功能是否已被发现并得到利用,它却从一个侧面说明榆皮富含胶质,容易形成饱腹感,若无其它面食菜蔬掺和,恐怕难以消化。尤其是经过饥荒折磨的饥民,身体素质本就很差,肠胃功能极弱,在进食榆

---

①《农书》卷一〇《百谷谱九·竹木》"榆"条,《景印文渊阁四库全书》子部"农家类",第七三〇册,第 398 页上栏。

②［明］冯复京:《六家诗名物疏》卷二四《国风·山有枢篇》"榆"条,《景印文渊阁四库全书》经部七四"诗类",第八〇册,第 272 页上栏。

③《救荒本草校注》卷三《木部·榆钱树》,第 293—294 页。

④《农政全书校注》卷三八《种植·木部》,中册,第 1047 页。

⑤［明］鲍山:《野菜博录》卷四《木部》,《景印文渊阁四库全书》子部三七"农家类",第七三一册,第 1112 页上栏。

⑥《农政全书校注》卷三八《种植·木部》,中册,第 1047 页。

皮面后会对身体造成进一步伤害,故而进食榆皮面只能说是饥不择食时无可奈何的选择。不管怎样,在饥荒发生的地区,吃榆皮面几乎可以说是饥民活命的最后手段。一旦榆皮剥食净尽,死亡便会随时降临,甚而出现人相食的惨状,反抗活动往往伴随着饥民的逃亡而形成,从而引发严重的统治危机。这在以上相关事例中都有一定程度的体现。反过来看,由于榆皮具有救荒功能,或者说榆树的大量种植在一定程度上可以降低饥荒造成的危害,也就有可能避免流民逃亡或举行反抗活动,从而缓解饥荒导致的社会危机。北魏均田令规定榆树为民户桑田上必须种植的树种,主要着眼点在于榆荚、榆叶、榆皮所具有的食用性,尤其是在春夏之交青黄不接时可以起到应急作用,缓解粮食短缺所造成的危机。

　　不止如此,榆树还有其它的重要价值。北方地区春天蚕种孵化的时间有时会早于桑树发芽的时间,而同时榆树则会发芽,用榆树嫩芽喂养幼蚕正好可以弥补这一时间空缺。北魏均田令规定每户受田农民必须在其桑田上种植榆树三根,很可能就有这种考虑①。此外,上已提及榆酱的药用价值,其实榆皮(榆白皮)的药用价值更为广泛。《肘后备急方》载"榆皮(捣屑),随多少,杂

---

① 王婉妮《榆钱情结》提到:"上小学时,最开心的莫过于榆树顶出嫩芽的日子,只因那卵状披针形的嫩芽儿正好可以供破壳的小蚕食用,在桑树发芽尚早的日子,榆树叶便是喂食幼蚕的最佳选择。"(《煤炭资讯网·矿山文学》2020年4月3日)著者儿时也曾有过类似体验。该文作者家乡在陕西省大荔县,位于关中平原东部,与著者家乡甘肃省甘谷县的半山地带气候环境有很大差异,但榆树早于桑树发芽却并无不同,推测这种现象在北方地区可能比较普遍。果如此,则在桑田上种植榆树对于民户养蚕来说就不是可有可无而是必不可少的。

米作粥食,小便利",可"疗身体暴肿满"。① 同书又载"饮水服气"自救之法,"若可得游涉之地周行山泽间者",采取的办法之一是,"树木上自耳及檀、榆白皮并可辟饥也"。② 前者取榆皮滑利之性,后者取其充饥之用。唐宋以后医书中榆白皮的应用更为普遍。孙思邈《备急千金要方》中共有二十个方剂用到榆白皮,涉及的篇目包括《妇人方》(六)、《少小婴孺方》(一)、《肾脏方》(二)、《膀胱腑方》(四)、《消渴方》(三)、《丁肿方》(二)、《备急方》(一)、《食治》(一)。另,同书用到榆皮的方剂共有四个,涉及的篇目包括《妇人方》《心脏方》("治染须发方")《脾臟方》《消渴方》,用到榆根白皮的方剂有二,分见于《脾臟方》《丁肿方》。榆皮即榆白皮,名异而实同。《膀胱腑方》:"榆皮通滑泄热,煎,治肾热应,胞囊涩热,小便黄赤,苦不通方。"方中君药即作榆白皮。可知《备急千金要方》中共有二十六个方剂用到榆白皮,涉及十个科类。不仅榆皮具有重要的药用价值,榆叶和榆花亦可入药。《备急千金要方》云:"凡榆叶味甘,平滑,无毒,主小儿痫,小便不利,伤暑热困闷,煮汁冷服。生榆白皮,味甘冷,无毒,利小便,破石淋。花,主小儿头疮。"③不过总的来看,榆叶和榆花主要应该还是作为食治药物,而见诸方剂者则颇为罕见④。

榆皮为医方十剂中滑剂的代表性药物。《备急千金要方》所载"治小便不通方",用滑石、葵子、榆白皮,"右三味治下筛,煮麻

---

① 《肘后备急方校注》卷三《治卒身面肿满方》,第 97 页。
② 《肘后备急方校注》卷四《治卒绝粮失食饥急欲死方》附载,第 134 页。
③ 《备急千金要方校释》卷二六《食治·菜蔬》,第 561 页。
④ 《备急千金要方校释》卷一二《胆腑·胆虚实》:"治虚劳不得眠方。酸枣、榆叶(各等分)。"(第 266 页)《本草纲目》(校点本)卷四《百病主治药·小儿惊痫》"阳证"条:"榆花(浴小儿痫热)。"(第一册,第 384 页)

子汁一升半,取一升,以散二方寸匕和,分三服即通"。① 按滑石、葵子、榆白皮及麻子汁皆具滑利之性,故可治小便不通。宋人唐慎微《证类本草》云:"滑可去著,即冬葵、榆皮之属是也。"②金人张元素《保命集》云:"滑。涩则气著,欲其利也,如便难内闭,必滑剂以利之。《本草》曰:'滑可去著,即冬葵、榆皮之属。'滑能养窍,故润利也。"③正是因为"榆皮性至滑利",故对于治疗器官不通如肛肠、泌尿和产科等科的疾病,榆皮会成为方剂中的常用药物。《神农本草经疏·附录十剂》云:"滑剂。之才曰:'滑可去著,冬葵子、榆白皮之属是也。'"④按"之才"即北齐著名医家徐之才⑤,《证类本草》"药对"下本注:"北齐尚书令西阳王徐之才撰。以众药名品君臣作药,性毒相反及所主疾病分类而记之,凡二卷。旧《本草》引以为据,其言治病用药最详。"⑥《通志·校雠略·书有名亡实不亡论》:"李氏《本草拾遗》《删繁本草》、徐之才《药对》《南海药谱》《药林》《药论》《药忌》之书,《证类本草》收

①《备急千金要方》卷六四《消渴方·淋闭》,《景印文渊阁四库全书》子部四一"医家类",第七三五册,第663页上栏。按"右""三服",校释本作"上""二服"(《备急千金要方校释》卷二一《淋闭》,第457页)。
②《证类本草》卷一《序例上》,《景印文渊阁四库全书》子部四六"医家类",第七四〇册,第23页下栏。
③《保命集》卷上《本草论》,《景印文渊阁四库全书》子部五一"医家类",第七四五册,第26页下栏。
④《神农本草经疏》卷一《论十剂本义·附录十剂》,第5页。
⑤其生平事迹,参见《北齐书》卷三三《徐之才传》,第二册,第444—448页;赵万里《汉魏南北朝墓志集释》三四三之二《徐之才墓志》。
⑥《证类本草》卷一《补注所引书传》,《景印文渊阁四库全书》子部四六"医家类",第七四〇册,第25页上栏。按《新唐书》卷五九《艺文志三》:"徐之才《雷公药对》二卷。"(第五册,第1567页)知其书本名为《雷公药对》。

之矣。"①可以确定,"滑可去著"云云,的确出自徐之才《药对》一书。徐之才与陶弘景对榆皮药性的认识完全一致,也能够代表北魏均田制时代医家的基本判断。早在徐之才入洛半个多世纪前,其从祖徐謇就从青州来到北魏京师平城,在其于北魏宣武帝时去世前的近半个世纪时间里,一直在朝担任御医,其对于榆皮的药性想必也是了解的。北魏均田制颁布时,徐謇正在担任内侍长②。而参与均田令制定的李安世、李冲等人也都是内侍官,故不排除这种可能性:徐謇参与了均田令的制定,并从医药角度对桑田上强制栽种桑、榆、枣树三种兼具药用价值的树木的必要性提出了建议。除了可医人疾,榆白皮也可用来疗治牛病,《农桑辑要》载:"牛肚胀及嗽方。取榆白皮,水煮令熟,甚滑,以三五升灌之,即差。"③

第六节　枣树的经济价值

北魏明元帝泰常三年(418)定制,"立春之日,遣有司迎春于东郊,祭用酒、脯、枣、栗,无牲币"④。枣作为贡品用于祭祀,或许并非一时举措,很可能作为制度得以长期延续。《魏书·释老志》载道士寇谦之与仙人成公兴相遇之事,云:"(成公兴)至谦之从母

---

① 《通志》卷七一《校雠略·书有名亡实不亡论一篇》,《景印文渊阁四库全书》史部一三二"别史类",第三七四册,第 483 页下栏。
② 《魏书》卷九一《术艺·徐謇传》,第六册,第 1966 页。
③ 《农桑辑要》卷七《孳畜·牛(水牛附)》,《景印文渊阁四库全书》子部三六"农家类",第七三〇册,第 283 页上栏。
④ 《魏书》卷一〇八之一《礼志一》,第八册,第 2737 页。

家佣赁。谦之尝觐其姨,见兴行貌甚强,力作不倦,请回赁兴,代己使役。乃将还,令其开舍南辣田。谦之树下坐算,兴恳发致勤,时来看算。"①按"辣田",《册府元龟》作"枣田"②,当是③。寇谦之为"南雍州刺史赞之弟"④,《魏书·寇赞传》谓其为"上谷人,因难徙冯翊万年"⑤,则寇谦之家在冯翊郡万年县,其"舍南枣田"位于关中平原中心地带。虽然仅此一例,但可以想象北魏境内会有很多地方存在着类似寇谦之家那样的枣田。而在均田制实施以后,这样的枣田可以说遍布于全国各地。《史记·货殖列传》列出了"其人皆与千户侯等"的十种情形,其中即包括"安邑千树枣"及"齐、鲁千亩桑麻"。⑥ 这表明种植大枣具有显著的经济效益,是人民致富的重要途径。北魏均田制欲"兴富民之本",规定并鼓励民户在自家桑田上种植大枣自有其充分理由,而在北方宜桑地区应该都适宜种植大枣,故而此规定完全具有现实操作性。贾思勰《齐民要术》列《种枣》专门记述大枣的种植、田间管理、采收、晾晒以及枣制品的加工等环节,正是北魏均田制实施半个世纪以来民户在桑田上种植大枣现状的反映。

与桑树和榆树相比,大枣的食用价值更为突出。大枣味美且具有丰富的营养,又能够长期保存,因此栽种枣树对于备荒尤为重要。《齐民要术·种枣》记载了几种大枣制品的加工方法:

---

①《魏书》卷一一四《释老志》,第八册,第 3049 页。

②《册府元龟》卷五三《帝王部五三·尚黄老》,第一册,第 585 页。

③中华书局点校本《魏书》卷一一四《释老志》"校勘记"〔三九〕谓《册府》"'辣'作'枣',疑是"(第八册,第 3061 页)。按下云"谦之树下坐算",则此无疑应作"枣"。

④《魏书》卷一一四《释老志》,第八册,第 3049 页。

⑤《魏书》卷四二《寇赞传》,第三册,第 946 页。

⑥《史记》卷一二九《货殖列传》,第一〇册,第 3272 页。

《食经》曰:"作干枣法:新菰蒋,露于庭,以枣著上,厚三寸,复以新蒋覆之。凡三日三夜,撤覆露之,毕日曝,取干,内屋中。率一石,以酒一升,漱著器中,密泥之。经数年不败也。"

枣油法:郑玄曰:"枣油,捣枣实和以涂缯上,燥而形似油也,乃成之。"

枣脯法:切枣曝之,干如脯也。……

作酸枣麨法:多收红软者,箔上日曝令干。大釜中煮之,水仅自淹。一沸即漉出,盆研之。生布绞取浓汁,涂盘上或盆中。盛暑日曝使干,渐以手摩挲,散为末。以方寸匕投一椀水中,酸甜味足,即成好浆。远行用和米麨,饥渴俱当也。①

《四时类要》载八月"收枣"②,此为农家"岁用杂事"之一。《齐民要术》载收枣和晒枣法云:

全赤即收。收法:日日撼而落之为上。(半赤而收者,肉未充满,干则色黄而皮皱;将赤味亦不佳;全赤久不收,则皮硬〔破〕,复有乌鸟之患。)

晒枣法:先治地令净。(有草莱,令枣臭。)布椽于箔下,置枣于箔上,以杴聚而复散之,一日中二十度乃佳。夜仍不聚。(得霜露气,干速,成。阴雨之时,乃聚而苫盖之。)五六日后,别择取红软者,上高厨而曝之。(厨上者已干,虽厚一

---

①《齐民要术校释》卷四《种枣》,第 264 页。
②《农桑辑要》卷七,《景印文渊阁四库全书》子部三六"农家类",第七三〇册,第 288 页下栏。

尺亦不坏。)择去胅烂者。(胅者永不干,留之徒令污枣。)其未干者,晒曝如法。

(梗枣)足霜,色殷,然后乃收之。早收者涩,不任食之也。①

大枣品种繁多,"皆味甘美",《救荒本草》载:"《本草》有'大枣,干枣也。一名美枣,一名良枣'。生枣出河东平泽及近北州郡,青、晋、绛、蒲州者特佳。""救饥:采嫩叶煠熟,水浸作成黄色,淘净,油盐调食。其枣红熟时,摘取食之。其结生硬未红时,煮食亦可。"②大枣味道甘甜可口,营养丰富,晒干保存,一年四季都可食用,更是补益佳品。元代农学家王祯云:"夫枣咏于《诗》,记于《礼》,不特为可荐之果,用以入药,调和胃气,其功不少。"③明代周王朱橚云:大枣"蒸煮食,补肠胃,肥中益气"④。在灾荒发生之时,饥民若能有大枣或其制品食用,无异于久旱逢甘霖,自可发挥巨大的救济作用。周一良云:"至于桑田必课种枣,盖以其经久不坏,能起备荒作用";"枣可以充饥,此均田制所以课桑田种枣也。"⑤此说颇有见地,不过均田令规定桑田种枣,其原因非此一端。宋人彭乘《墨客挥犀》载:"倪彦及朝奉尝为太原府幕官,云:太原人喜食枣,无贵贱老少,常置枣于怀袖间,等闲探取食之。则人之齿皆

---

① 《齐民要术校释》卷四《种枣》,第 263—264 页。
② 《救荒本草校注》卷四《果部·枣树》,第 330—331 页。
③ 《农书》卷九《百谷谱七·果属·枣》,《景印文渊阁四库全书》子部三六"农家类",第七三○册,第 389 页上栏。
④ 《救荒本草校注》卷四《果部·枣树》,第 331 页。
⑤ 周一良:《〈魏书〉札记·粟、谷、榆、枣》,《魏晋南北朝史札记》,第 396—397 页。

黄,缘食枣故。乃验嵇叔夜'齿居晋而黄'之说。"①按"齿居晋而黄",见嵇康《养生论》②,表明最晚从曹魏时期起晋人即喜好食枣,此习俗的形成显然与"晋地多枣"③且品质"特佳"有关。毫无疑问,宋代"太原人喜食枣"的习俗由来已久,北魏时期必定也是如此。北魏前期京师平城与太原相邻,推测包括统治集团在内的平城居民也有食枣的喜好。由此来看,北魏均田令规定桑田上必须种植枣树,应该与晋地盛产优质大枣以及晋人喜食枣的习俗有很大关系。

作为一味用途广泛的中药材,大枣具有极高的药用价值,与其食用性相比,其药用性似乎更为重要。《神农本草经》云:

> 大枣味甘,平,无毒。主心腹邪气,安中养脾,助十二经,平胃气,通九窍。补少气、少津液,身中不足,大惊,四肢重。和百药,补中益气,强力,除烦闷,疗心下悬,肠澼。久服轻身延年,不饥神仙。④

①[宋]彭乘:《墨客挥犀》卷二"齿黄"条,《侯鲭录 墨客挥犀 续墨客挥犀》,第 291 页。按此亦见于[宋]张杲《医说》卷四《口齿喉舌耳》"枣能黄齿"条,出处注作《遯斋闲览》(《景印文渊阁四库全书》子部四八"医家类",第七四二册,第 98 页下栏,99 页上栏)。《遯斋闲览》撰者为宋人陈正敏。
②[魏]嵇康著,戴明扬校注:《嵇康集校注》卷三,上册,第 254 页。
③[元]吾衍《闲居录》:"嵇康《养生论》有云'齿居晋而黄',六臣竟不能解。及观《医说》方得其旨,云'晋地多枣,人尝置之怀袖中'。若蜀人之噉槟榔,则知甘味伤脾,故齿黄也。"(《景印文渊阁四库全书》子部一七二"杂家类",第八六六册,第 639 页下栏)
④《神农本草经疏》卷二三《果部三品·大枣》,《景印文渊阁四库全书》子部八一"医家类",第七七五册,第 803 页下栏。按《证类本草》卷二三《果部·大枣》所载同,唯"澼"作"癖","延年"作"长年"。(《景印文渊阁四库全书》子部四六"医家类",第七四〇册,第 941 页下栏)又,《备急千金要方》卷二六《食治·果实》(《备急千金要方校释》,第 557 页),文字微异。

明代医家缪希雍疏云：

> 大枣纯得土之冲气,兼感天之微阳以生。本经:味甘,气平,无毒。东垣、孟诜言:温,气、味俱厚,阳也。入足太阴阳明经,经曰:里不足者,以甘补之。又曰:形不足者,温之以气。甘能补中,温能益气,甘温能补脾胃而生津液,则十二经脉自通,九窍利,四肢和也。正气足,则神自安,故主心腹邪气,及大惊。中得缓,则烦闷除,故疗心下悬急及少气。脾得补,则气力强,肠胃清,故主身中不足及肠澼。甘能解毒,故主和百药。脾胃足,气血充,后天生气借此而盈溢,故久服轻身长年,不饥神仙也。然亦指辟谷修炼者言之,非恒人所能耳。①

缪氏所疏,以中医理论为指导,通过对大枣性味的具体分析,对其发生药理作用的机制作了揭示,阐明了其间的因果关系。大枣除了其自身所具有的治疗作用外,还由于其具有"主和百药"的性能,在古代医方中被广泛应用,如汉末张仲景《伤寒论》中有三十一个方剂用到大枣,东晋葛洪《肘后备急方》中有六个方剂用到大枣,唐代孙思邈《备急千金要方》中有七十六个方剂用到大枣。《肘后备急方》较少用到大枣,主要是因为南方地区大枣产地少且其品质较差②。《备急千金要方》中大量以大枣入药,应该是与均

---

① 《神农本草经疏》卷二三《果部三品·大枣》,第273页。
② 《证类本草》卷二三《果部三品·大枣》,"生河东平泽"下注引陶隐居云:"江东临沂金城枣形大而虚,少脂,好者亦可用。南枣大恶,殆不堪噉。"(《景印文渊阁四库全书》子部四六"医家类",第七四〇册,第941页下栏、942页上栏)《农书》卷九《百谷谱七·果属·枣》:"南北皆有(转下页注)

田制时代大枣的种植极为普遍,药源充足有一定的关系。

第七节　前均田制时代的种树御荒传统

　　均田令之所以规定在民户均田土地中专门划出一部分作为桑田("桑、榆地分")并具体要求栽种桑、榆、枣树的数量及时限,主要是因为北魏政府颁布均田制的宗旨之一,乃是为了从根本上解决灾荒问题。种树御荒乃中国古代治道的一个重要传统。汉文帝前元十二年(前 168)三月诏,谓"岁一不登,民有饥色","吾诏书数下,岁劝民种树"云云。[1] 景帝后元三年(前 141)正月诏,"其令郡国务劝农桑,益种树,可得衣食物"[2]。《淮南子·主术训》:"食者民之本也,民者国之本也,国者君之本也。是故人君者""教民养育六畜,以时种树,务修田畴,滋植桑麻"[3]。孟子云:

（接上页注）之,然南枣坚燥,不如北枣肥美。"(同上子部三六"农家类",第七三〇册,第 389 页上栏)[元]柳贯《打枣谱·名》"南枣"下本注:"大恶,不堪噉。"(《说郛》卷一〇五,同上子部一八八"杂家类",第八八二册,第 144 页上栏)《救荒本草》卷七《果部·枣树》:"江南出者坚燥少肉。"(《救荒本草校注》卷四《果部·枣树》,第 330 页)不过亦有例外,《打枣谱·名》"盐官枣"下本注:"出海盐,紫色,味佳。"(《说郛》卷一〇五,第 144 页下栏)邓元锡《物性志》云:"又南枣产浙之浦江县,味甘肉厚,核小肌细。"([清]陈元龙《格致镜原》卷七四《果类一·枣》引,《景印文渊阁四库全书》子部三三八"类书类",第一〇三二册,第 406 页下栏)按《明史》卷二八三《儒林二·邓元锡传》,邓元锡为明嘉靖万历时人(第二四册,第 7291—7292 页)。

[1]《汉书》卷四《文帝纪》,第一册,第 124 页。
[2]《汉书》卷五《景帝纪》,第一册,第 152—153 页。
[3]何宁:《淮南子集释》卷九《主术训》,中册,第 685—686 页。

"五亩之宅,树之以桑,五十者可以衣帛矣。"①《汉书·食货志上》载井田之制,"井方一里,是为九夫。八家共之,各受私田百亩,公田十亩,是为八百八十亩,余二十亩以为庐舍"。又,"还庐树桑,菜茹有畦"。②《晋书·地理志·序》引"《司马法》广陈三代",与《汉志》所载略同,惟"各受私田百亩"作"一夫一妇受私田百亩","还庐树桑"作"环庐种桑、柘"。③ 由此推断,北魏男夫及奴给桑田二十亩的规定,很可能是受到井田制下"余二十亩以为庐舍"及"还庐树桑"之制的启发而制定的。不过,两者有很大的差别,井田制下二十亩的庐舍为八家共有且仅在庐舍周围栽种桑树④,而北魏的二十亩桑田则与庐舍无关,且其用途是专门为了种桑养蚕。当然,北魏均田令此条规定主要还是对当时农业结构与民众生活及国家财政需要进行综合分析后制定的。西晋占田制规定,一夫一妇占田一百亩,其中课田七十亩⑤。若露田相当于课田,则桑田相当于三十亩不课之田,两制中男子均为二十亩,而北魏均田令此条并无女子受桑田的规定,但从男耕女织及男夫受麻田十亩、妇人受麻田五亩(奴婢依良)推断,妇人和婢女受桑田十亩的可能性似亦不能完全排除。若然,则这条法令在后世文献流传过程中很可能遗失了"妇人给田二十亩"的条款,而后文"奴各依

①《孟子注疏》卷一上《梁惠王章句上》,《十三经注疏》,下册,第 2666 页中栏。
②《汉书》卷二四上《食货志上》,第四册,第 1119—1120 页。
③《晋书》卷一四《地理志上》,第二册,第 412 页。
④《韩诗外传》卷四:"八家为邻,家得百亩。余夫各得二十五亩。家为公田十亩,余二十亩共为庐舍,各得二亩半。"([汉]韩婴撰,许维遹校释:《韩诗外传集释》,第 143 页)
⑤《晋书》卷二六《食货志》,第三册,第 790 页。

良"也与现存法令条文不合,当是后人因"奴婢依良"与前文仅有男夫受田相冲突而作了修改①。

　　贾思勰所撰《齐民要术》记载了北魏末年或东魏初年的亩制和桑、榆、枣树的种植方法,其成书大约是在均田制开始实行半个世纪之后,应该能够比较准确地反映均田制时代北魏的实际状况。种桑树法,先用黑鲁桑椹种子"畦种","明年正月,移而栽之,率五尺一根。其下常劚掘种菉豆、小豆。(二豆良美,润泽益桑。)栽后二年,慎勿采、沐。大如臂许,正月中移之,率十步一树,(阴相接者,则妨禾豆。)行欲小掎角,不用正相当。(相当者则妨犁。)"②按贾思勰所言桑树种植方法表明,田地中并非全部种植桑树,而是桑树与农作物(菉豆、小豆)套种,可谓一举两得。为了避免树荫遮挡阳光影响农作物生长,提倡每间隔十步种桑树一棵,也就是说每棵桑树占地一百平方步,则二十亩(20×240 平方步)可种桑树四十八棵,接近五十棵之数,再加上田间地头,种桑五十树及枣五株、榆三根,应该比较可行。不过,这种种法可以说相当稀疏,故仍可在桑田上"杂莳余果及多种桑、榆"。③ 万国鼎

①有研究者提出:"私有桑田只限于男夫,又表明了男子是私有财产的所有人,亦即户主。"(田昌五、漆侠总主编:《中国封建社会经济史》第二卷〔本卷主编朱大渭、张泽咸〕,第 99 页)也有研究者认为,妇人不受桑田"显然是遵从中原地区男性才有财产继承权的传统"(杨际平:《北朝隋唐"均田制"新探》,第 37 页)。此两说或不无可能,但总归出于推测,难以完全令人信服。事实上,妇人的财产也可由其子女继承,这种事例也并非完全没有(如前引西汉"先令券书"),何况拓跋鲜卑传统中女性的地位本来就高。
②《齐民要术校释》卷五《种桑、柘》,第 317 页。
③除桑树外,还有不少瓜果蔬菜易于长时间储存,又可以通过买卖换取粮食,具有一定的救荒价值。《齐民要术》卷四《种梅、杏》引《嵩高山记》曰:"东北有牛山,其山多杏。至五月,烂然黄茂。自中国丧乱,百姓饥饿,皆资此为命,人人充饱。""杏子人,可以为粥。"(《齐民要术校释》(转下页注)

云:"一夫二十亩而课种桑榆枣共五十八株,若二十亩尽行种树,平均一亩不及三株,无是理也。且史称杂莳余果及多种桑榆者不禁,是则桑榆枣五十八株,显未种遍二十亩,而有余地以种他物矣。"①按照这样的种法,一户自耕农在均田土地上一年的收成,大体上既能够保证国家的赋税缴纳,又能够维持其家人基本的生活所需,正常年份应该还会略有盈余,这样遇上灾荒便可勉强应付。若遇上好年景,且经营得法,利用土地致富也不是没有可能,这点可从《齐民要术》关于农副业产品买卖的有关记载中窥见大概。

《齐民要术·栽树》:"凡栽树,正月为上时,二月为中时,三月为下时。然枣——鸡口,槐——兔目,桑——虾蟆眼,榆——负瘤散,自余杂木,鼠耳、虻翅,各其时。树,大率种数既多,不可一一

———————

（接上页注）第 282 页）按杏树的果、仁均可食用（甜杏仁可直接食用,苦杏仁可入药,炮制后亦可食用。）,且干果及果仁又能长期储存,具有很高的救荒价值。同上篇引史游《急就篇》曰:"园菜果蓏助米粮。"贾思勰云:"按杏一种,尚可赈贫穷,救饥馑,而况五果、蓏、菜之饶,岂直助粮而已矣?谚曰:'木奴千,无凶年。'盖言果实可以市易五谷也。"（第 282 页）正因如此,北魏均田令鼓励民户在桑莳地分上"杂莳余果"。又如芜菁,《齐民要术》卷三《蔓菁》:"一顷收子二百石,输与压油家,三量成米,此为收粟米六百石,亦胜谷田十顷"。芜菁根"干而蒸食,既甜且美","蒸而卖者,则收米十石也"。贾思勰本注:"若值凶年,一顷乃活百人耳。"汉桓帝诏曰:"横水为灾,五谷不登,令所伤郡国皆种芜菁,以助民食。"（第 187—188 页）故贾思勰谓"此可以度凶年,救饥馑"。（第 187 页）按《后汉书》卷七《桓帝纪》:永兴二年（154）六月,"诏司隶校尉、部刺史曰:'蝗灾为害,水变仍至,五谷不登,人无宿储。其令所伤郡国种芜菁,以助人食。'"（第二册,第 299 页）则《齐民要术》所引诏文"横水为灾"应为"蝗、水为灾"。由此看来,油料作物芜菁（蔓菁）不仅有很高的经济价值,而且还具有非凡的救荒作用。又,《齐民要术》卷六《养鱼》:莲、菱、芡,"多种,俭岁资此,足度荒年"（《齐民要术校释》,第 465 页）。

① 万国鼎:《中国田制史》,第 168 页。

备举,凡不见者,栽莳之法,皆求之此条。"①《伐木》:"凡伐木,四月、七月则不虫而坚肕。榆荚下,桑椹落,亦其时也。然则凡木有子实者,候其子实将熟,皆其时也。"②可见枣、槐、桑、榆是当时最具代表性的树种,而桑、榆的种植尤为普遍。③ 万绳楠云:"贾思勰为什么偏偏要举枣、槐、桑、榆的栽法,并说其他'皆求此之条'呢?只有一个解释,那就是自均田制实行以来,桑、枣、榆在桑田上得到了广泛的栽植,取得了较多的经验。""可以想见均田以后的北方,桑、枣、榆的生长是很茂盛的。以此,我们可以说均田制确实实行了。不仅实行,而且取得了成效。"④连云港尹湾汉简《集簿》载"春种树六十五万六千七百九十四亩,多前四万六千三百廿亩"⑤,研究者或释其为"春季种树"⑥,或认为所种树即为桑树⑦。结合北魏均田令及《齐民要术》的相关记载推断,《集簿》所载"春

---

①《齐民要术校释》卷四《栽树》,第 256 页。
②《齐民要术校释》卷五《伐木》,第 379 页。
③中国古代种植桑、榆、枣树的农业传统,并不局限于河北地区。甘肃临泽争讼简牍文书中,可见到"居山作坝塘,种桑、榆、杏、椶"的记载。(杨国誉:《"田产争讼爰书"所展示的汉晋经济研究新视角——甘肃临泽县新出西晋简册释读与初探》)唐人于鹄《山中寄襄阳樊司空》诗云:"无媒还有计,春谷种桑榆。"(《文苑英华》卷二五六《诗一〇六·寄赠一〇》,第二册,第 1289 页上栏)
④万绳楠:《魏晋南北朝史论稿》,第 272—273 页。又可参见傅举有《从〈齐民要术〉看北魏对桑田的规定》。
⑤连云港市博物馆等:《尹湾汉墓简牍》,第 78 页。
⑥参见谢桂华《尹湾汉墓所见东海郡行政文书考述》,《尹湾汉墓简牍综论》,第 29 页。
⑦参见高恒《汉代上计制度论考——兼评尹湾汉墓木牍〈集簿〉》、高伟《从尹湾简牍"春种树"面积资料谈西汉东海郡的蚕桑、纺织业》,《尹湾汉墓简牍综论》,第 134、158 页。

种树"亩数以桑田为主当无疑义,但应该还包括枣、榆、槐等具有较高经济价值的树种以及"杂木"。否则直言种桑树即可,而不必笼统以"种树"称之。

布洛赫说"森林为居住在林区附近的"古代法国居民提供了"丰富的生活资源",其中即包括"木材用于薪材、火把、建筑材料、房梁、要塞碉堡的栏栅、制作木鞋、犁柄、各种用具,以及用作加固道路的木桩"。[1] 对中国古人而言,木材的作用也应该与此类似。邢义田认为:"古代种树不单为了养蚕丝织,也为得到果实等食物以及建筑、器具等所需的木材;在住宅四周、道路或堤防旁植树则还有景观和保护道路堤防的作用;更基本的是为补充日常生活中不可或缺、消耗量又极大的柴薪燃料。中国古代自从以'火食'为主以后,日常生活所需的燃料无疑以柴薪及材木所烧的炭为主。"邢文纵横古今,广征博引,提出了充分的证据,证明尹湾汉简所载"春种树","所种不仅是桑树",应该"指多种多样的树"。[2] 特别是他将当地存在两处铁官和三处盐官联系起来考察,尤具卓见。《汉书·贡禹传》载其上言,谓"今汉家铸钱,及诸铁官皆置吏卒徒,攻山取铜铁","斩伐林木,亡有时禁"。[3] 炼铁和煮盐所需燃料必须用劈砍的大块木材,才能保证足够的火力。至于民户家庭做饭所用薪柴的补充或供应,恐怕不一定是重点。古代城市或官宦之家或许以木材为主要燃料,但就农村普通百姓而言,薪柴的来源未必以砍伐树木为主,在树木修剪过程中所获得的枝条(如桑枝和果树枝条),还有随地而生的各种小灌木以及庄稼的秸秆、

---

①〔法〕马克·布洛赫:《法国农村史》,第20页。
②邢义田:《从尹湾出土简牍看汉代的"种树"与"养老"》,《天下一家:皇帝、官僚与社会》,第541—542页。
③《汉书》卷七二《贡禹传》,第一〇册,第3075页。

田间地头的蒿草之类,晒干后都可以作为做饭的燃料,其中可以称为树木的小灌木并不需要专门的种植。至于北方过冬时加热火炕的燃料,秸秆、蒿草及谷物皮糠等即可满足。著者少小随父母村居时即经历了这样的生活,至今记忆犹新。尹湾汉简所载"春种树",作为大量专门种植的亩数而由官府汇总上报,足见其决非普通薪柴林木,而主要应该是具有重要经济价值的桑、榆、枣、果等树木以及作为炼铁和煮盐燃料的杂木。虽然未作具体考察,但想来古代中国人不会为了薪柴原料而去大面积种植树木。

【附】《齐民要术》所载产品买卖与商品经济[①]

关于《齐民要术》的成书年代,史籍中没有明确记载,作者题名"后魏高阳太守贾思勰撰",学界一般认为其"写成于公元 6 世纪 30 年代到 40 年代之间"[②]。《齐民要术·种桑、柘》种桑条本注:"今自河以北,大家收百石,少者尚数十斛。故杜、葛乱后,饥

[①] 关于这一问题的专论,参见陶希圣《齐民要术里田园的商品生产》;蒋福亚《〈齐民要术〉所见农民和市场的关系》,《魏晋南北朝经济史探》,第 461—474 页。

[②] 缪启愉:《齐民要术校释·前言》,第 1 页。万国鼎在《论〈齐民要术〉——我国现存最早的完整农书》一文中说:"《齐民要术》大概写成于后魏末或东魏初,大概是公元 6 世纪 30 年代或稍后的作品。"而在《祖国的丰富的农学遗产》和《古农书的整理和出版》中,万氏提出了更为明确的看法,谓《齐民要术》"是我们古代伟大的农业科学家贾思勰在 6 世纪 30 年代写成的","《齐民要术》,后魏贾思勰撰(6 世纪 30 年代)"。(《万国鼎文集》,第 54、314、323 页)按前二文发表于 1956 年,后一文发表于 1957 年。

谨荐臻,唯仰以全躯命。数州之内,民死而生者,干椹之力也。"①
按"杜、葛"是指杜洛周、葛荣。北魏孝明帝孝昌元年(525)八月,
"柔玄镇人杜洛周率众反于上谷,号年真王"。孝昌二年七月,葛
荣成为与杜洛周地位相当的河北叛军首领。武泰元年(528)二
月,"杜洛周为葛荣所并"。② 武泰元年九月,"柱国大将军尔朱荣
率骑七万讨葛荣于滏口,破擒之,余众悉降"③。据此,《齐民要
术》的成书不得早于北魏孝庄帝初年。《齐民要术·种谷》本注:
"西兖州刺史刘仁之老成懿德,谓余言曰:'昔在洛阳,于宅田以七
十步之地,试为区田,收粟三十六石。'"④按《魏书·刘仁之传》:
"出帝(532—534)初,为著作郎,兼中书令,既非其才,在史未尝执
笔。出除卫将军、西兖州刺史,在州有当时之誉。武定二年(544)
卒,赠卫大将军、吏部尚书、青州刺史,谥曰敬。"⑤据此,则刘仁之
出任西兖州刺史的时间虽然并不十分明确,但应在北魏末年东魏
初年无疑。贾思勰撰写《齐民要术》时刘仁之正在担任西兖州刺
史,且书成时仍在其任,则《齐民要术》成书下限不得晚于东魏武
定二年⑥。《齐民要术》的撰写应该从北魏晚期持续到东魏初期,
乃是北魏均田制实施以后社会经济——农林牧副渔各业生产实
践经验的总结和发展状况的反映。

---

① 《齐民要术校释》卷五《种桑、柘》,第 318 页。
② 《魏书》卷九《肃宗纪》,第一册,第 241、249 页。
③ 《魏书》卷一〇《敬宗纪》,第一册,第 260 页。
④ 《齐民要术校释》卷一《种谷》,第 83 页。
⑤ 《魏书》卷八一《刘仁之传》,第五册,第 1794 页。
⑥ 中国农史学界比较一致的看法是,"《齐民要术》大概写作于公元 6 世纪的
  30—40 年代之间"(卢嘉锡总主编《中国科学技术史·农学卷》〔本卷主编
  董恺忱、范楚玉〕,第 220 页)。又可参见梁家勉《有关〈齐民要术〉若干问
  题的再探讨》。

据上引《齐民要术》"西兖州刺史刘仁之"云云,又可断定贾思勰所任高阳太守必定离刘仁之生前任职的西兖州、死赠的青州不远,或为其辖郡。《魏书·地形志中》青州高阳郡下本注:"故乐安地,刘义隆置,魏因之。"①《齐民要术》中屡见"齐""鲁"或相关地名,尤其通过有关青州的两条记载,可以确证贾思勰是在青州撰写《齐民要术》的。《种枣》:"按:青州有乐氏枣,丰肌细核,多膏肥美,为天下第一。父老相传云:'乐毅破齐时,从燕赍来所种也。'齐郡西安、广饶二县所有名枣即是也。今世有陵枣、蒙弄枣也。"②《种椒》:"按:今青州有蜀椒种,本商人居椒为业,见椒中黑实,乃遂生意种之。凡种数千枚,止有一根生。数岁之后,便结子,实芬芳,香、形、色与蜀椒不殊,气势微弱耳。遂分布栽移,略遍州境也。"③又,《耕田》本注:"按:三犁共一牛,若今三脚耧矣,未知耕法如何? 今自济州以西,犹用长辕犁、两脚耧。长辕耕平地尚可,于山涧之间则不任用,且回转至难,费力,未若齐人蔚犁之柔便也。两脚耧种,垅概,亦不如一脚耧之得中也。"④按济州亦与青州相邻。

《齐民要术·杂说》云:"凡籴五谷、菜子,皆须初熟日籴,将种时粜,收利必倍。凡冬籴豆、谷,至夏秋初雨潦之时粜之,价亦倍矣。盖自然之数。"又引《师旷占》五谷贵贱法:"常以十月朔日,占春粜贵贱:风从东来,春贱;逆此者,贵。以四月朔占秋粜:风从南来、西来者,秋皆贱;逆此者,贵。以正月朔占夏粜:风从南来、

---

①《魏书》卷一〇六中《地形志中》,第七册,第 2523 页。
②《齐民要术校释》卷四《种枣》,第 260 页。
③《齐民要术校释》卷四《种椒》,第 309 页。
④《齐民要术校释》卷一《耕田》,第 50 页。

东来者,皆贱;逆此者,贵。"①粮食贵贱是年成丰俭的主要指标,与民众的生产生活和社会局面的稳定息息相关,此占充分反映了预测来年粮食贵贱在当时社会生活中的重要性。《杂说》记载了一年十二个月的生产经营和生活安排,其中包括一年中有关买卖的事项,兹将相关记载列表如下:

月份	买	卖	《校释》页
二月		可粜粟、黍、大小豆、麻、麦子等	233
三月	买布	可粜黍	233
四月	可籴穬及大麦		234
五月	籴穬、大小麦;至后籴穄黐,曝干,置罋中密封,至冬可养马	可粜大小豆、胡麻	234
七月	籴麦	粜大小豆	239
八月	及韦履贱好,预买以备冬寒;籴黍	粜种麦	240
十月	籴粟、豆、麻子	卖缣帛、弊絮	240
十一月	籴粳稻、粟、豆、麻子		240

　　以上情况显示,一年中有八个月可见买卖活动,仅有正月、六月、九月、十二月四个月未见。正月和十二月正值寒冬,又在新年前后,是人们休养生息的时间;六月和九月则是大忙季节,人们正忙于夏收和秋收。买卖的物资基本都是必不可少的生产生活资料和用品,即人们衣食所需之物。主要的粮食五谷及麻和麻子都可进入市场流通,在市场出售和购买粮食是人们正常的生产生活

----
① 《齐民要术校释》卷三《杂说》,第245页。

的必要构成。粟、黍、大小豆、麦子和麻、麻子——五谷——是当时最主要的农作物①,与人们的生产生活息息相关。此外,还有穬、大麦、粳稻、胡麻等农作物。《齐民要术·大小麦》:"《广志》曰:'……有半夏小麦,有秃芒大麦,有黑穬麦。'《陶隐居本草》云:'大麦为五谷长,即今倮麦也,一名麰麦,似穬麦,唯无皮耳。穬麦,此是今马食者。然则大、穬二麦,种别名异,而世人以为一物,谬矣。'按:世有落麦者,秃芒是也。又有春种穬麦也。"②煮杏酪粥即用宿穬麦(越冬穬麦)与杏人(仁)作原料③。北魏孝明帝神龟二年(519)二月壬寅(戊寅/廿八,4.13)诏有云:"农要之月,时泽弗应,嘉谷未纳,三麦枯悴。"④足见谷子与三麦是当时最主要

---

① 《周礼·天官》:"疾医掌养万民之疾病。……以五味、五谷、五药养其病。"[汉]郑玄注:"五谷,麻、黍、稷、麦、豆也。"(《周礼注疏》卷五,《十三经注疏》,上册,第667页中栏)《汉书》卷二四上《食货志上》:"种谷必杂五种,以备灾害。"[唐]颜师古注:"岁月有宜,及水旱之利也。种即五谷,谓黍、稷、麻、麦、豆也。"(第四册,第1120页)又,《五曹算经》卷三《集曹》载"凡粟八斗,易麦五斗";"凡豆九斗,易麻七斗"。(《李俨钱宝琮科学史全集》,第四卷,第319—320页)可知其时麦比粟贵,麻比豆贵。
② 《齐民要术校释》卷二《大小麦》,第126页。
③ 《齐民要术校释》卷九《醴酪》,第645页。
④ 《魏书》卷九《肃宗纪》,第一册,第229页。又,宣武帝后期"冀、定数州,频遭水害",崔楷上疏谓,"华壤膏腴,变为舄卤;菽麦禾黍,化作蒹蒲"(《魏书》卷五六《崔楷传》,第四册,第1253页)。可知菽、麦、禾、黍是当时北魏主要产粮区河北诸州的基本农作物。《魏书》卷一五《昭成子孙·元寿兴传》:"世宗初,为徐州刺史,在官贪虐,失于人心。其从兄侍中晖,深害其能,因潜之于帝,诏尚书崔亮驰驿检覆。亮发日,受晖旨,遂鞭挞三寡妇,令其自诬,称寿兴压己为婢。寿兴终恐不免,乃令其外弟中兵参军薛脩义将车十乘,运小麦经其禁之旁。寿兴因逾墙出。脩义以大木函盛寿兴,其上加麦,载之而出。遂至河东,匿脩义家。"(第二册,第377页)这一记载显示,小麦的种植可能在当时尤为普遍。

的粮食作物①。

（一）蔬菜②

【葵】"三月初，叶大如钱，逐概处拔大者卖之。一升葵，还得一升米。""一亩得葵三载，合收米九十车。车准二十斛，为米一千八百石。自四月八日以后，日日剪卖。""至八月社日止，留作秋菜。九月，指地卖，两亩得绢一匹。""胜作十顷谷田。止须一乘车牛专供此园。"③

【芜菁】"近市良田一顷，七月初种之。拟卖者，纯种'九英'。（'九英'叶根粗大，虽堪举卖，气味不美；欲自食者，须种细根。）一顷收叶三十载，正月、二月卖作葅菹，三载得一奴。收根依畔法，一顷收二百载，二十载得一婢。一顷收子二百石，输与压油家，三量成米，此为收粟米六百石，亦胜谷田十顷。"干芜菁根"蒸而卖者，则收米十石也"。④

【菘、芦菔】"秋中卖银，十亩得钱一万。"⑤

---

① 《魏书》卷七上《高祖纪上》：延兴三年（473）"三月壬午（初六，4.18），诏诸仓囷谷麦充积者，出赐贫民"（第一册，第 138 页）。按谷麦即谷子与三麦。三麦从东晋开始就已是重要的粮食作物，《晋书》卷二六《食货志》："（晋元帝）太兴元年（318），诏曰：'徐、扬二州土宜三麦，可督令熯地投秋下种，至夏而熟，继新故之交，于以周济，所益甚大。昔汉遣轻车使者氾胜之督三辅种麦，而关中遂穰。勿令后晚。'其后频年麦虽有旱蝗，而为益犹多。"（第三册，第 791 页）《宋书》卷三四《五行志五》："晋穆帝永和十年（354），三麦不登，至关西亦然。"（第三册，第 980 页）

② 蔬菜属于饮食原料，黎虎对魏晋南北朝时期饮食原料的买卖活动有系统研究，其中《齐民要术》的记载也是重要资料来源。（《魏晋南北朝时期的饮食原料市场》，《魏晋南北朝史论》，第 333—363 页）

③ 《齐民要术校释》卷三《种葵》，第 181 页。

④ 《齐民要术校释》卷三《蔓菁》，第 187—188 页。

⑤ 《齐民要术校释》卷三《蔓菁》，第 188 页。

【蓶】"叶不用剪。(供常食者,别种。)九月、十月出卖。"①

【胡荽】"近市负郭田,一亩用子二升,故概种,渐锄取,卖供生菜也。""菜生三二寸,锄去概者,供食及卖。""取子者","一亩收十石,都邑粜卖,石堪一匹绢"。②

（二）果、木

【杏仁】"杏子人,可以为粥。(多收卖者,可以供纸墨之直也。)"③

【楮木】"三年一斫。(三年不斫者,徒失钱无益也。)""指地卖者,省功而利少。煮剥卖皮者,虽劳而利大。(其柴足以供燃。)自能造纸,其利又多。种三十亩者,岁斫十亩,三年一遍,岁收绢百匹。"④

【柘木】"三年,间斸去,堪为浑心扶老杖。(一根三文。)十年,中四破为杖。(一根直二十文。)任为马鞭、胡床。(马鞭一枚直十文,胡床一具直百文。)十五年,任为弓材;(一张三百。)亦堪作履;(一两六十。)裁截碎木,中作锥、刀靶。(一个直三文。)二十年,好作犊车材。(一乘直万钱。)欲作鞍桥者,生枝长三尺许,以绳系旁枝,木橛钉著地中,令曲如桥。十年之后,便是浑成柘桥。(一具直绢一匹。)""此树条直,异于常材。十年之后,无所不任。(一树直绢十匹。)"⑤

【榆木】"按:今世有刺榆,木甚牢朚,可以为犊车材。梜榆,可以为车毂及器物。山榆,人可以为芜荑。凡种榆者,宜种刺、梜两

①《齐民要术校释》卷三《种蓶》,第 197 页。
②《齐民要术校释》卷三《种胡荽》,第 207—209 页。
③《齐民要术校释》卷四《种梅杏》,第 282 页。
④《齐民要术校释》卷五《种谷楮》,第 347—348 页。
⑤《齐民要术校释》卷五《种桑、柘》,第 324—325 页。

种,利益为多;其余软弱,例非佳木也。""又种榆法:……地须近市。(卖柴、荚、叶,省功也。)""三年春,可将荚、叶卖之。五年之后,便堪作椽。不挟者,即可斫卖。(一根十文。)挟者鏃作独乐及盏。(一个三文。)十年之后,魁、椀、瓶、榼,器皿,无所不任。(一椀七文,一魁二十,瓶、榼各直一百文也。)十五年后,中为车毂及蒲桃瓨。(瓨一口,直三百。车毂一具,直绢三匹。)其岁岁料简剥治之功,指柴雇人——十束雇一人——无业之人,争来就作。卖柴之利,已自无赀;(岁出万束,一束三文,则三十贯;荚叶在外也。)况诸器物,其利十倍。(于柴十倍,岁收三十万。)斫后复生,不劳更种,所谓一劳永逸。能种一顷,岁收千匹。唯须一人守护,指挥处分,既无牛、犁、种子、人功之费,不虑水、旱、风、虫之灾,比之谷田,劳逸万倍。男女初生,各与小树二十株,比至嫁娶,悉任车毂。一树三具,一具直绢三匹,成绢一百八十匹:娉财资遣,粗得充事。"①

【白杨】"一亩四千三百二十株。三年,中为蚕樀橺。五年,任为屋椽。十年,堪为栋梁。以蚕樀为率,一根五钱,一亩岁收二万一千六百文。(柴及栋梁、椽柱在外。)岁种三十亩,三年九十亩。一年卖三十亩,得钱六十四万八千文。周而复始,永世无穷。比之农夫,劳逸万倍。去山远者,实宜多种。千根以上,所求必备。"②

【杨柳】"三岁成椽。""一亩二千一百六十根,三十亩六万四千八百根。根直八钱,合收钱五十一万八千四百文。百树得柴一载,合柴六百四十八载。载直钱一百文,柴合收钱六万四千八百

①《齐民要术校释》卷五《种榆、白杨》,第338、341—342页。
②《齐民要术校释》卷五《种榆、白杨》,第344页。

文。都合收钱五十八万三千二百文。岁种三十亩,三年种九十亩;岁卖三十亩,终岁无穷。"①

【箕柳】"山涧河旁及下田不得五谷之处,水尽干时,熟耕数遍。至春冻释,于山陂河坎之旁,刈取箕柳,三寸截之,漫散,即劳。劳讫,引水停之。至秋,任为簸箕。五条一钱,一亩岁收万钱。"②

【楸木】"方两步一根,两亩一行。一行百二十树,五行合六百树。十年后,一树千钱,柴在外。车、板、盘、合、乐器,所在任用。以为棺材,胜于柏松。"③

(三)花草

【红蓝花、栀子】"负郭良田种一顷者,岁收绢三百匹。一顷收子二百斛,与麻子同价,既任车脂,亦堪为烛,即是直头成米。(二百石米,已当谷田;三百匹绢,超然在外。)一顷花,日须百人摘,以一家手力,十不充一。但驾车地头,每旦当有小儿僮女十百为群,自来分摘,正须平量,中半分取。是以单夫只妇,亦得多种。"④

【蓝】"种蓝十亩,敌谷田一顷。能自染青者,其利又倍矣。"⑤

(四)牲畜

"凡驴、马、牛、羊,收犊子、驹、羔法:常于市上伺候,见含重垂欲生者,辄买取。驹、犊一百五十日,羊羔六十日,皆能自活,不复藉乳。乳母好,堪为种产者,因留之以为种,恶者还卖:不失本价,坐赢驹、犊。还更买怀孕者。一岁之中,牛、马、驴得两番,羊得四

①《齐民要术校释》卷五《种槐、柳、楸、梓、梧、柞》,第 352 页。
②《齐民要术校释》卷五《种槐、柳、楸、梓、梧、柞》,第 352 页。
③《齐民要术校释》卷五《种槐、柳、楸、梓、梧、柞》,第 354 页。
④《齐民要术校释》卷五《种红蓝花、栀子》,第 364 页。
⑤《齐民要术校释》卷五《种蓝》,第 374 页。

倍。羊羔腊月、正月生者,留以作种;余月生者,剩而卖之。用二万钱为羊本,必岁收千口。所留之种,率皆精好,与世间绝殊,不可同日而语之。何必羔、犊之饶,又赢毡、酪之利矣。"①

第八节　露田与桑田的性质

(五)诸应还之田,不得种桑、榆、枣、果,种者以违令论,地入还分。②

这是关于露田用途或其性质的相关规定。均田令第六条规定桑田只受不还,而露田则是有还有受,故"应还之田"仅指露田。麻田虽然也是有还有受,但关于麻田的规定在此条之后,故此处所言"应还之田"显然只是露田,并不包括麻田。北宋刘恕云:"不栽树者谓之露田。""露田有还受,故不得种桑、麻也。"③由于露田属于应还之田,若栽种桑、榆、枣、果,便与桑田难以区分,若此则有可能将原本属于国有土地的露田人为地变成桑田而划入私有土地。长此以往,将会泯灭公私界限,助长土地兼并,造成国有土地被侵蚀而使国家无田可受的结果,均田制必将成为一纸空文。正是考虑到这种可能性,北魏政府一开始便严格规定露田的用途,若违反规定则应予纠正,即将原本属于"应还之田"而又种植了桑、榆、枣、果的土地明确其露田性质,归入应还之列,违反

---

①《齐民要术校释》卷六《养羊》,第 440 页。
②《魏书》卷一一〇《食货志》,第八册,第 2853 页。
③[宋]刘羲仲:《通鉴问疑》,《景印文渊阁四库全书》史部四四四"史评类",第六八六册,第 9 页上、下栏;[宋]刘元高编:《三刘家集·刘恕·通鉴议论》,同上集部二八四"总集类",第一三四五册,第 552 页上、下栏。

者的损失是在还田时将其所种桑、榆、枣、果随土地一同被政府收回。

有一个问题,即在不到还田时若发现违规行为,露田上所栽桑、榆、枣、果是否被拔除,难以确知法令制定者的考量,当然也不清楚具体的执行情况。民户泯灭露田和桑田界限以扩大私有土地面积,现实中必定也会时常发生这种状况,而此条规定意在防止并杜绝其发生,可以说已经考虑得相当周到了。《汉书·食货志上》:"田中不得有树,用妨五谷。"①北魏均田令规定露田"不得种桑、榆、枣、果",其理论渊源或即在此。根据均田令的规定,露田是民户土地的主体,露田不得种桑、榆、枣、果,意味着只能种植粮食作物,因而此条规定也是北魏政府为了保证粮食作物的种植面积,使受田民户最大限度地从事粮食生产,以防止出现民户陷入"困饥流散"的窘境,体现了颁布均田制的初衷。另外,赋税(租调)中租的部分要用粮食缴纳,保证粮食作物的种殖也是赋税征收的前提。

(六)诸桑田皆为世业,身终不还,恒从见口。有盈者无受无还,不足者受、种如法。盈者得卖其盈,不足者得买所不足。不得卖其分,亦不得买过所足。②

这是关于桑田性质及其还受、买卖限制的更为具体的规定。

---

① 《汉书》卷二四上《食货志上》,第四册,第1120页。此说又见《春秋公羊传注疏》卷一六《宣公十五年》"初税亩"下何休注(《十三经注疏》,下册,第2287页上栏)及《晋书》卷一四《地理志·序》引《司马法》(第二册,第412页)。按《孟子·梁惠王章句上》"五亩之宅,树之以桑"下,朱熹注:"田中不得有木,恐妨五谷,故于墙下植桑以供蚕事。"(《孟子集注》卷一,《四书章句集注》,第204页)

② 《魏书》卷一一〇《食货志》,第八册,第2854页。

此条明确规定桑田的性质为"世业"田,是可以世代继承的私有土地,与作为还受之田即具有国有土地性质的露田完全不同①。也就是说,即便受田者已死,其名下的桑田也毋需退还国家,这是因为受田民户的家口不仅有死亦有生,受田者死后桑田遂由其子孙继承②。所谓"恒从见口",是指根据现有人口来确定可以占有桑田的数额③。若民户拥有的桑田超出规定的受田亩数,则既不受田,也不还田,多余的部分仍归民户自家所有④。这说明桑田的受

---

① 南齐初年,义兴人吴达之"让世业旧田与族弟,弟亦不受,田遂闲废"(《南齐书》卷五五《孝义·吴达之传》,第二册,第 961 页)。可知"世业"田即是"旧田",当是其从父祖辈继承而来。仪征胥浦西汉墓出土"先令券书"竹简,墓主朱凌改立遗嘱,"以田分予(子)公文,稻田二处、桑田二处,田界易如故,公文不得移卖田予他人"(扬州博物馆:《江苏仪征胥浦 101 号西汉墓》)。公文所继承且不得卖予他人之稻和桑田,无疑即为"世业旧田"。甘肃临泽出土建兴元年(313)争讼简牍文书中,亦有关于田产继承的内容:"借田,祖母存时与买,无遗令及讬子姪券书以田与发之文。祖父母存时为香父及叔季分异,各有券书,发父兄弟分得城北田。"(杨国誉:《"田产争讼爰书"所展示的汉晋经济研究新视角——甘肃临泽县新出西晋简册释读与初探》)可见"世业"田的继承,必须通过遗嘱方为合法。

② 万志英认为:北齐"法律还第一次明确指出,分配的桑田是土地所得者的世袭财产('永业')"(《剑桥中国经济史:古代到 19 世纪》,第 167—168 页)。若此,则早在八十年前北魏均田令所规定的"诸桑田皆为世业,身终不还"又当何论?

③ 唐长孺云:"'恒从见口'……似是说桑田永远属于现有人口,即是现在这块桑田由谁占有即由其子孙传袭,不再分配。"(《北魏均田制中的几个问题》,《魏晋南北朝史论丛续编》,第 27 页)梁方仲云:"桑田的额数系依据现有人口作准,故曰:'恒从见口',如有多余,便不再授,但亦无须退还;如有不足,可以依法受足。"(《中国历代户口、田地、田赋统计》,第 477 页)

④ 汪籛云:"有盈者无受无还:父、祖桑田超过应受桑田及倍田者,即一丁之父、祖桑田超过六十亩者,既不向国家请授桑田,亦不须以盈田归还国家。"(《北魏均田令试释》,《汉唐史论稿》,第 148 页)

田数量并不完全是一个限田数额,而是对民户现有土地及其性质(类别)进行重新调整。桑田为世业田,可以"身终不还"并由子孙继承,政府也规定桑田必须种植桑、榆、枣、果,但却并非毫无限制,因为在进行还受的露田上是不能种植桑、榆、枣、果的。若民户现有桑田达不到规定的受田数额,则按令文要通过受田而予以补足,并且在规定的时间内种植规定数量的桑、榆、枣、果树①。

法令虽然有此规定,但在事实上桑田的补充未必都能够通过政府授田来实现,通过土地买卖——卖盈余或买不足进行调整,可能是更为主要的途径。郑樵对北魏均田令关于桑田买卖规定的解释是:"是令其从便买卖,以合均给之数,则又非强夺之以为公田,而授无田之人。"②唐玄宗开元二十五年《令》规定,"诸买地者,不得过本制";"凡卖买,皆须经所部官司申牒,年终彼此除附。若无文牒辄卖买,财没不追,地还本主"。③按"本制"即是均田令所规定的受田额度④。民户所能拥有的桑田亩数也可通过买卖而达到规定的数额,亦即桑田或者说民户现有私田是可以进行买卖的⑤,但前提是要以政府规定的桑田数额为标准,卖盈余而补不足。具体而言,不得

---

①汪篯云:"不足者受、种如法:原无父、祖桑田或父、祖桑田不足二十亩者,须由封建国家授给二十亩,或补足达二十亩,并须依第四条之规定于三年内种毕树数。"(《北魏均田令试释》,《汉唐史论稿》,第 148 页)

②《文献通考》卷二《田赋考二·历代田赋之制》按语,第一册,第 41 页。

③《通典》卷二《食货二·田制下》,第一册,第 31 页。

④正是基于此规定,贺昌群认为:"郑樵把北魏的均田同西晋的占田都看成是均田制","不是没有理由的";"均田和占田、限田是一件事的两面"。(《汉唐间封建的国有土地制与均田制》,第 60、115 页)

⑤万绳楠认为均田令此条关于土地买卖的规定"非单指桑田而言",实"包括露田和桑田二者"。(《魏晋南北朝史论稿》,第 268 页)很显然,这完全出于误解。

将受田份额内的桑田卖出,亦即民户现有桑田若没有超出均田制规定的受田额度,是不允许卖出的;也不得在占有足分或超出均田制规定的受田额度的情况下,再向他人买入土地。前者是为了防止出现民户因卖出土地而导致进一步贫穷的现象,也可以避免民户受外部的压力而被迫出卖土地;后者则是防止富裕民户通过买入土地而进一步扩大实力,从而出现新的豪强兼并现象。

上引均田令第三条规定桑田在充倍田后如仍有盈余,不能充作露田,但"没则还田",而此条规定"盈者得卖其盈",似乎存在矛盾,实则不然。正如按此条规定桑田"不足者受、种如法",即民户现有土地未达到桑田受田额度者,可以按规定受田,并在受田后按规定期限栽种规定数量的桑、榆、枣、果树,则"不足者得买所不足"便无从说起。换一个角度看,这两条关于桑田的规定一方面是对民众现有土地所有权——私有权的承认,另一方面又通过限定数额以保证民户必须拥有一定数额的私有土地,因为只有这样,民众的生活才能得到保障,社会才能安宁稳定,同时国家的赋税征收也就有了基本保证。还鼓励民户将规定数额之外的土地进行买卖,以便调整土地占有状况,第三条"没则还田"的规定有可能促使"盈者得卖其盈",从而也可使得"不足者得买所不足"有了市场基础。因为若盈者不愿卖其盈,则就不足者而言无从买所不足,就盈者而言将面临"没则还田"的风险。这两条规定应该是考虑到仅仅通过政府授田的手段或许难以完全实现均田的目的,故而还必须辅之以市场调节的手段以互通有无,去盈补亏。

康芒斯认为:"在制度经济学里,所有权通过交易买卖被让与和取得。"或者说,"交易的经济学始终是所有权的转移"。[①] 以此

---

① 〔美〕康芒斯:《制度经济学》,上册,第 105、130 页。

而论,在国有制或公有制下,原则上所有权是不得由个人之间通过"买卖被让与和取得"的。也就是说,个人如果能对其名下的土地进行买卖,便意味着他拥有对该土地的所有权——私有权。①马克思在《路易斯·亨·摩尔根〈古代社会〉一书摘要》中就"野蛮时代中级阶段的财产"问题所作摘录中,可见到如下文字:"土地仍然是部落公有……没有人对土地或房屋拥有个人所有权,任何人都无权把它们当作自由财产任意出卖和出让。土地为氏族或公社共有、共同住宅以及各个有亲属关系的家庭聚居的方式,都不容许个人占有房屋和土地。""财产权属于家庭中的女方,而且按女系由母亲传给女儿。他们共同占有土地,但是一个人开垦了一块土地之后,他就对这块土地拥有了个人权利,可以把它出卖给公社的任何人……""属于单个人或家庭的占有权,除了由他的或她的氏族继承者继承以外,是不能转让的。"②这表明马克思是认同摩尔根的以上发现和判断的,也就是说,以上文字可以体现他对所有权问题的认识——土地或财产的个人所有权包括了

---

① 在康芒斯看来,"制度经济学"即"所有权经济学","制度经济学是对商品、劳动或任何其他经济量的法律上的控制","法律上的控制是未来的物质的控制"。(《制度经济学》,上册,第107页)其表述虽然比较拗口且并不十分恰切,但可以感觉到,在他看来无论是现在还是将来,"对商品、劳动或任何其他经济量的法律上的控制"即属于所有权的范畴。可以买卖的土地自然也属于此"法律上的控制"的范围,拥有这类土地的人即拥有了对该土地的"法律上的控制"——所有权或私有权。

② 卡·马克思:《路易斯·亨·摩尔根〈古代社会〉一书摘要》,《马克思恩格斯全集》第四十五卷,第384、387页。按中间一段引文出自摩尔根著作注文所引"拉古纳村印第安人中的传教士赛米尔·戈尔曼牧师在新墨西哥州历史学会所作的报告"。此处马克思摘录相关对应文字,见〔美〕路易斯·亨利·摩尔根《古代社会》,第541—542、554页注⑧,译文文字表述与《马克思恩格斯全集》本有较大差异。

占有、出卖和出让以及能够被继承的权力。毫无疑问,"拥有"即意味着被拥有物属于拥有者的"自由财产",自当包括不受限制的使用的权力在内。个人所有权或私有权的基本前提是占有和能够使用并受益,但同时还需具备"把它们当作自由财产任意出卖和出让",而正是这一点恰恰成为判断是否真正具有个人所有权或私有权的核心要素,因为即便是没有个人所有权或私有权,在公共土地或房屋中也可以得到占有和能够使用并受益的权力——如在氏族公社的公有土地或房屋居住和生活,或农耕社会的佃农通过支付租金而获得对土地的耕种和获取收益的权力。①

均田令此条令文明确规定,民户拥有的私田可以进入买卖流通渠道,表明其具有私有土地的性质,也就承认了民户拥有土地的所有权,而对买卖条件所作的严格限制,目的自然是为了防止土地兼并,维护自耕农经济的正常发展。在农业作为国家经济基础的时代,一个拥有相同级别土地数量的均贫富的自耕农阶层,是北魏政府维持正常的赋税徭役来源的基本保证,也是国家机器运转的必要条件,因此,均田令的相关规定对自耕农阶层的权益

---

① 有必要明确的是,独立占有和自由使用乃是个人所有权或私有权的前提,因而也是所有权最基本的要素。关于古印度的土地制度,在柯瓦列夫斯基《公社土地占有制》一书中有这样的表述:"在《摩奴法典》中就已有土地私有制的痕迹;例如在《那罗陀法典》第 2 编第 11 章全章中,都载有关于私人占有地地界的争执;有许多细节谈到划定私人地界和恢复被侵占的占有地地界的规定。"(〔德〕卡·马克思:《马·柯瓦列夫斯基〈公社土地占有制〉一书摘要》,《马克思恩格斯全集》第四十五卷,第 253 页)马克思在摘录以上文字后未作评论,表明他是认可柯氏的以上论断的。

给予相应的保护。① 以色列著名社会学家艾森斯塔得（1923—
2010）概括地论述了历史官僚社会中国家机器的维持问题，认为

---

① 龙登高等认为："在私有产权制度下，农民可以建立自己的农庄，拥有独
立、排他的财产，才有安身立命之基。""土地私有与农庄独立经营为劳动
力的自由选择奠定了基础。没有独立、排他的财产权就难以摆脱人身依
附性与经济依赖性，如农民在魏晋南北朝或西欧中世纪依附于庄园，或在
计划经济下的依附于人民公社与单位。"（龙登高主编：《中国土地制度史》
卷一《地权制度与基层秩序》，第 159 页）虽然没有明说，但可以肯定的是，
其所言拥有私有产权的农民无疑即是自耕农或地主，而非佃农或依附民。
当然，不分青红皂白地将魏晋南北朝的农民都看作是"没有独立、排他的
财产权"，因而具有"人身依附性与经济依赖性"，应该说与历史事实严重
不符。就整个魏晋南北朝来看，拥有私有产权的非依附民还是占有绝对
的多数。另一方面，龙氏等又提出要"打破'自耕农最优论'的陈说"，认为
在"传统农地制度中的多层次产权和交易体现"下，"即使不考虑农户家庭
资本和劳动等生产要素的动态变化和外部冲击，只考虑农户运用自身积
累扩大再生产或适当缩小经营规模的要求，严格的自耕农制度也是不适
合的"。或者说，"严格的自耕农制度就将严重阻碍小农通过自身积累逐
步扩大或适度缩小生产经营规模的努力"。（同上，卷四《佃权新论：中国
传统农地经营权制度研究》，第 236—237 页）什么是"严格的自耕农制
度"，自然就是"拥有独立、排他的财产"或者说土地私有权的自耕农制度。
很显然，龙氏等对自耕农制度的两极评价存在着难以调和的矛盾。事实
上，早在近一个世纪前，金陵大学美籍农学教授卜凯通过对中国农村经济
的广泛调查，就已经得出了自耕农经济效能未必优于佃农的结论："假使
佃农现在能获得所耕种的土地所有权，而耕作的方法，仍能如现在一样的
精密，同时工作上也无须地主监视，则其经济上状况，定能胜于自耕农。"
而究其原因，则是由于"佃农是比自耕农勤苦耐劳，耕作有方"。（《中国农
家经济》，中册，第 205、207 页）虽然佃农经济的效能有可能优于自耕农经
济，但由于佃农的地租远比自耕农的赋税负担要重，故而在耕地占有面积
相近的情况下，佃农的生活水平还是不及自耕农。也就是说，对农民而
言，做自耕农比做佃农能够过上更好的生活，不仅实际收入要高，而且还
不用超负荷的劳动，一般也没有债务压力，生活相对比较安逸。当然，与
豪强地主有依附关系的农奴式的佃农，其社会地位和生活状（转下页注）

"统治者需要不间断的资源供给以维持行政机器,这一机器构成了他们的力量基础之一,及其政策不断贯彻的主要工具"①。就以农业立国的中国古代社会来说,绝大多数时期统治者所需要的资源供给即是以自耕农为主的编户齐民所担负的赋税徭役,赋税属于物质资源,徭役属于人力资源。美国著名政治学家亨廷顿(1927—2008)认为:"土地改革使自耕农在有效地使用其土地方面有直接经济利益可图,因而农业生产力和产量都趋于提高。"②现当代的土地改革会产生这样的效益,而北魏的均田制看来也不例外。美国社会学家鲁米斯说:"如果有这样的社会,营养不良普遍存在,短缺司空见惯,根据社会学家的假设,该社会就会高度评价土地的作用并赋予土地以神圣的性质";"在身份角色、权力和等级的分配中,土地往往是最重要的基础,因而土地的自由买卖和交换受到的限制就要大得多"。③毫无疑问,均田制颁行前的北魏社会正符合"营养不良普遍存在,短缺司空见惯"的特征,北魏均田令的颁布便体现了"高度评价土地的作用并赋予土地以神圣的性质",而均田令规定露田不得买卖且对桑田的买卖条件加以限制,也应该与"营养不良普遍存在,短缺司空见惯"的社会现实

(接上页注)况更无法和自耕农相比。冈纳·缪尔达尔对南亚的研究得出了不同于卜凯的认识:"租佃农制度特别是收益分成制,是双重地不公正。这种制度不但倾向于强令将农业的'剩余'送给那些多半不愿提供能增加土地生产率的资源的土地所有者,而且挫伤了那些实际从事农业劳动的人的积极性。"(塞思·金缩写:《亚洲的戏剧:南亚国家贫困问题研究》,第223页)比较而言,这种认识应该更为可信。

①艾森斯塔得:《帝国的政治体系》,第119页。

②〔美〕塞缪尔·P.亨廷顿:《变化社会中的政治秩序》,第348页。

③〔美〕鲁米斯:《农村社会组织》,《二十世纪西方社会理论文选Ⅲ:社会理论的知识学建构》,第594页。

有关。对以孝文帝和冯太后为首的北魏统治者而言,要改变"地有遗利,民无余财"的现状,使下层百姓摆脱"争亩畔以亡身","因饥馑以弃业"的悲惨境地,实现"天下太平,百姓丰足"的理想社会,唯有让其拥有能够保障自身生存并承担国家赋税徭役的能力,方为正道。均田制的实施,使得自耕农阶层——占有足够的并能自由使用和获取收益的土地资源的编户齐民——成为国家政权的经济和军事支柱。这是北魏统治集团吸取儒家经典中的治国方略,总结历史的经验教训,反思北魏前期农业政策和土地制度的实践,尤其是对解决连续不断的灾荒问题侵袭的方案进行充分的思考之后,所作的经济体制的革命性变革。

第八章 北魏均田令条文释义(三)

——"麻田"及其它问题疏证

除了露田和桑田两大类型的田地外,均田令中还有一类田地——麻田,其与露田和桑田既有相似性,又有一定的差别。

第一节 关于"麻田"的相关规定

(七)诸麻布之土,男夫及课,别给麻田十亩,妇人五亩。奴婢依良。皆从还受之法。①

这是关于"麻田"及其受田对象、标准及还受原则的规定。桑树的用途主要是用桑叶养蚕,这是丝织业的基础,但北魏境内并非所有土地都适宜种桑养蚕。"夫男耕女绩,天下之大业也。"②在自然经济为主的生产力条件下,男耕女织是维系衣食住行等生活必需品供应的基本要素,也是民众承担国家赋税徭役的经济来

---

① 《魏书》卷一一〇《食货志》,第八册,第2854页。
② [汉]桓宽:《盐铁论》卷三《园池》载"文学曰"(王利器校注:《盐铁论校注(定本)》,上册,第172页)。

源。因此,在不宜蚕桑的地区则需要种麻作为纺织原料,从事麻纺织业。麻田虽然和桑田一样用来生产纺织原料,但桑田为世业田,没有还田之说,而麻田却要还田。梁方仲作了这样的解释:"是因为麻是草本植物,当年便可收割;桑树和果树则不只需要较长的栽培时间,且可以连年收获,如一旦收回归公,不免影响到生产者的积极性,对剥削者也是不利的。且华北地区,桑树在丘陵小山上亦可种植;种麻则需要平坦之地和较佳的土壤,它的供给量是较为有限的,因此北魏规定丁男受麻田亩数仅为桑田之半,但丁女和奴婢也可受麻田;桑田是不授给妇女和婢的,因为她们没有继承'世业'的权利。"①唐耕耦对北魏麻田为还受之田的性质提出质疑,认为麻田应该与桑田一样也具有"世业"的性质,最大可能就是《魏书·食货志》的相关记载当有脱漏。他说:"当时北魏境内,种桑养蚕产丝绢的近十九个州,种麻生产麻布约十八个州以上。""为什么在同一均田令下,近十九个州的均田农民,既有还受之田,又有世业田;而十八个州以上的地区的均田农民只有还受之田,而无世业田? 这个问题,很难解释。"②的确如此,如果说均田制通过桑田的规定体现了民户的土地私有权,那么麻田地域民户的土地私有权又如何体现呢? 在一个国家、一套制度下,只是因为产出的不同而出现了差别明显的两种土地所有权形态,的确是难以理解的。

麻田对土壤、肥力和耕作的要求都比较高。《齐民要术·种麻》:"麻欲得良田,不用故墟。"本注:"故墟亦良,有点叶夭折之患,不任作布也。"又云:"地薄者粪之。耕不厌熟。"本注:"纵横

①梁方仲:《中国历代户口、田地、田赋统计》,第 478 页。
②唐耕耦:《西魏敦煌计帐文书以及若干有关问题》。

七遍以上,则麻无叶也。"①麻田还可套种槐树幼苗,同书《种槐、柳、楸、梓、梧、柞》:"(种槐)好雨种麻时,和麻子撒之。当年之中,即与麻齐。麻熟刈去,独留槐。槐既细长,不能自立,根别竖木,以绳拦之。明年劚地令熟,还于槐下种麻。三年正月,移而植之,亭亭条直,千百若一。若随宜取栽,非直长迟,树亦曲恶。"②麻的产量,同书《种麻子》引《氾胜之书》:"种麻……养麻如此,美田则亩五十石,及百石,薄田尚三十石。"③这应该是指麻子的产量,北魏时麻子的亩产量估计相差不大。北魏均田制下一夫一妇受麻田十五亩,正常年景一年可收麻子四百五十至一千五百石,所产麻纤维用于缴纳租调及全家衣被等日常所需,应该还会有一定的结余,而麻子可作粮油食用,麻秆也有利用价值。

就北魏统治区域而言,宜蚕桑的地区主要是在广大的平原地区,而麻布之土大多是边远地区,可耕地面积相对较少,麻田的受田额度远少于桑田,当与此有关。就土地的用途而言,麻田与桑田相似,主要也是用来生产纺织原料。但就土地的属性而言,桑田为私有土地,或者"不在还受之限",或者只受不还,而麻田则为国有土地,与露田性质相同,不仅有还有受,而且其还受之法也与露田相同。桑田与露田不同,仅为男夫受田,而麻田与露田相同,男夫、妇人及奴婢均受田,与露田的差别仅为丁牛不受田。根据"皆从还受之法"的规定,推断麻田也可以倍之、再倍之,若无奴婢的民户一夫一妇可拥有麻田十五亩、三十亩或四十五亩,有奴婢

---

① [后魏]贾思勰著,缪启愉校释:《齐民要术校释》卷二《种麻》,第118页。按本篇引《氾胜之书》对种麻之法有具体记载。
②《齐民要术校释》卷五《种槐、柳、楸、梓、梧、柞》,第350页。
③《齐民要术校释》卷二《种麻子》,第124页。

的民户则可借此拥有更多的土地,这是有利于官僚贵族和豪强大族的。不过因其性质为国有土地,不允许买卖,因而又可在一定程度上对之加以约束,限制土地兼并的发展。

大麻(火麻)

《魏书·食货志》载"太和八年,始准古班百官之禄","后增调外帛满二匹。所调各随其土所出"。① 其中"贡绵绢及丝"者为桑田地域,"以麻布充税"者为麻田地域,兹据其记载将具体征税地域列表如下:

【表1】北魏孝文帝太和八年所定桑田、麻田地域分布

	州域	属郡	属县
桑田地域	司、冀、雍、华、定、相、泰、洛、豫、怀、兖、陕、徐、青、齐、济、南豫、东兖、东徐州		

①《魏书》卷一一〇《食货志》,第八册,第2852页。

	州域	属郡	属县
麻田地域	幽、平、并、肆、岐、泾、荆、凉、梁、汾、秦、安、营、豳、夏、光、郢、东秦州		
	司州	万年、雁门、上谷、灵丘、广宁、平凉郡	
	怀州	邵上郡	长平、白水县
	青州	北海郡	胶东县
		平昌郡	东武、平昌县
		高密郡	昌安、高密、夷安、黔陬县
	泰州	河东郡	蒲坂、汾阴县
	东徐州	东莞郡	莒、诸、东莞县
	雍州	冯翊郡	莲芍县
		咸阳郡	宁夷县
		北地郡	三原、云阳、铜官、宜君县
	华州	华山郡	夏阳县
	徐州	北济阴郡	离狐、丰县
		东海郡	赣榆、襄贲县

当然,桑田与麻田地域的划分只反映当时的实际情况,有些宜蚕桑地区同时也适宜种麻,如齐鲁之地自古以来就是宜桑宜麻地区。《尚书·禹贡》:"海岱惟青州。……厥贡盐、絺,海物惟错。岱畎丝、枲……厥篚檿丝。"孔传云:"絺,细葛错杂非一种。""檿,桑蚕丝中琴瑟弦。"孔颖达云:"枲,麻也。""檿桑,山桑。郭璞曰:

柘属也。檿丝是蚕食檿桑所得丝,韧中琴瑟弦也。"①《史记·货殖列传》:"齐带山海,膏壤千里,宜桑、麻,人民多文彩布帛鱼盐。"邹、鲁"颇有桑麻之业,无林泽之饶"。② 这种情况在后世也没有改变,从《齐民要术》的相关记载中可得到充分认识。又如孙吴时期的柤中,"去襄阳一百五十里","土地平敞,宜桑麻,有水陆良田,沔南之膏腴沃壤"。③ 枝江"县旧治沮中,后移出百里洲,西去郡一百六十里,县左右有数十洲,槃布江中,其百里洲最为大也。中有桑田甘果,映江依洲,自县西至上明,东及江津,其中有九十九洲"④。夷道县故城"北有湖里渊,渊上橘柚蔽野,桑麻闇日"⑤。就北魏政府征税角度而论,若是宜桑宜麻之地一般会令其"贡绵绢及丝",而不会"以麻布充税"。《三国志·蜀书·先主传》:"涿郡涿县人。""先主少孤,与母贩履织席为业。舍东南角篱上有桑树生,高五丈余,遥望见童童如小车盖,往来者皆怪此树非凡,或谓当出贵人。先主少时,与宗中诸小儿于树下戏。"⑥按涿县在北魏属幽州范阳郡⑦,本为宜桑之地,然当地却"以麻布充税",属麻田地域。或许北魏孝文帝时由于气候寒冷,幽州已不大适合桑树种植,至少种麻更为适宜。《三国志·魏书·王凌传》注引《魏末传》曰:"凌少子字明山,最知名。善书,多技艺,人得其书,皆以为法。走向太原,追军及之,时有飞鸟集桑树,随枝低印,举弓射之

---

① 《尚书注疏》卷六,《十三经注疏》,上册,第 147 页下栏、148 页上栏。

② 《史记》卷一二九《货殖列传》,第一〇册,第 3265—3266 页。

③ 《三国志》卷五六《吴书·朱然传》注引《襄阳记》,第五册,第 1307 页。

④ [北魏]郦道元注,杨守敬、熊会贞疏:《水经注疏》卷三四《江水》引"盛弘之曰",下册,第 2854—2855 页。

⑤ 《水经注疏》卷三四《江水》,下册,第 2851 页。

⑥ 《三国志》卷三二《蜀书·先主传》,第四册,第 871 页。

⑦ 参见《魏书》卷一〇六上《地形志上》,第七册,第 2476 页。

即倒,追人乃止,不复进。"①太原为北魏并州治所②,当地在曹魏时也是宜桑之地,而到北魏时已成为麻田地域,其情形当与幽州类似。又,西晋时上党鲍瑗家"舍东北有大桑树"③,表明当地亦为宜桑之地,而上党郡在北魏时为并州所辖④,自是麻田地域。尽管上党郡适宜桑树生长,但在西晋时期当地似乎并不种桑养蚕,《太平御览》引《晋令》曰:"其上党及平阳输上麻二十二斤、下麻三十六斤,当绢一疋。课应田者,枲麻加半亩。"⑤与上党及平阳相距不远的河内也是麻产区,同书引《列女传》载"河内""张伯仁、仲仁之妻","二妇纺绩,得好枲麻,辄别异之,以为仲仁衣服"。⑥汾河流域自古即为宜麻之地,《淮南子》谓"汾水濛浊而宜麻"⑦。一直到元代,这一区域仍是宜麻区,郝经《河东罪言》疏有云:"河东土产,菜多于桑,而地宜麻,专纺绩织布,故有大布、卷布、板布等,自衣被外,折损价直,贸易白银,以供官赋。"⑧

    总的来看,北魏均田制时代的桑田主要分布于黄河中下游地区的平原地带,包括其支流渭水下游和济水流域,亦即河北平原和关中平原;麻田则分布于纬度或海拔较高的京师及太行山地区,还有边境地区和内地部分少数民族地区。《水经注·灅水》:"雁门水又东迳大宁郡北,魏太和中置。有脩水注之,即《山海经》

①《三国志》卷二八《魏书·王凌传》注,第三册,第 761 页。
②参见《魏书》卷一〇六上《地形志上》,第七册,第 2466 页。
③《晋书》卷九五《艺术·淳于智传》,第八册,第 2478 页。
④参见《魏书》卷一〇六上《地形志上》,第七册,第 2467 页。
⑤《太平御览》卷九九五《百卉部二·麻》,第四册,第 4403 页下栏。
⑥《太平御览》卷九九五《百卉部二·麻》,第四册,第 4403 页下栏。
⑦何宁:《淮南子集释》卷四《坠形训》,上册,第 351 页。
⑧[元]郝经:《陵川集》卷三二《奏议》,《景印文渊阁四库全书》集部一三一"别集类",第一一九二册,第 363 页下栏、364 页上栏。

所谓脩水东流注于雁门水也。《地理志》有于延水,而无雁门、脩水之名……自下亦通谓之于延水矣。水侧有桑林,故时人亦谓是水为㯟桑河也。斯乃北土寡桑,至此见之,因以名焉。"①按"北土寡桑",宜于放牧及种麻,故毛、麻织物应该是当地居民的主要衣料。《后汉书·崔寔传》:"出为五原太守。五原土宜麻枲,而俗不知织绩,民冬月无衣,积细草而卧其中,见吏则衣草而出。寔至官,斥卖储峙,为作纺绩、织纴、练缊之具以教之,民得以免寒苦。"唐李贤注:"杜预注《左传》曰:'织纴,织布者。'孔安国《论语注》曰:'缊,枲也。'"②《魏书·食货志》的记载显示,青齐地域是北魏重要的丝织业区域,这一地域桑田的分布颇为广泛,但也有不少郡县为麻布区,而且麻布区几乎都在沿海,这是因为滨海地域一般不宜蚕桑。《后汉书·刘般传》:"是时下令禁民二业,又以郡国牛疫,通使区种增耕,而吏下检结,多失其实,百姓患之。般上言:'郡国以官禁二业,至有田者不得渔捕。今滨江湖郡率少蚕桑,民资渔采以助口实,且以冬春闲月,不妨农事。夫渔猎之利,为田除害,有助谷食,无关二业也。'"③这虽然是东汉的情况,但北魏时期估计也不会有多大变化。从"滨江湖郡率少蚕桑"推断,滨海郡县应该也是少蚕桑或不宜蚕桑的地区。由于滨海之民主要以捕鱼为生,麻绳是结网及船帆、缆绳的主要原料,麻的生产自然必不

---

①《水经注疏》卷一三《㶟水》,中册,第 1179 页。
②《后汉书》卷五二《崔寔传》,第六册,第 1730 页。按［汉］刘珍等《东观汉记》卷一七《传十二·崔寔》(吴树平校注:《东观汉记校注》,下册,第 718 页)、《太平御览》卷九九五《百卉部二·麻》引华峤《后汉书》(第四册,第 4403 页上栏)及《齐民要术序》(《齐民要术校释》,第 8 页)亦载其事,文字略异。
③《后汉书》卷三九《刘般传》,第五册,第 1305 页。

可少。青齐北部沿海地域所种应该是草本的大麻,东南部地域则有可能种植木本的苎麻①。《史记·货殖列传》云:"齐带山海,膏壤千里,宜桑麻";邹、鲁"颇有桑麻之业";"沂、泗水以北,宜五谷桑麻六畜";"齐、鲁千亩桑麻"。② 由此可见,在司马迁生活的时代,齐、鲁地域桑麻皆宜,既能种桑养蚕又能种麻。司马迁所言具有高度概括性,并不表明齐、鲁各地完全没有差别。《唐六典》载河南道赋税,其中"陈、许、汝、颍州调以絁、绵,唐州麻布,余州并以绢及绵";贡品中"兖州镜花绫,齐州丝葛","青州仙文绫","泗州赀布","密州布,海州楚布"。③ 可见直到唐代,齐、鲁宜桑麻(沿海以麻为主)的状况仍未大变。可能的情形是,大部分地区应该是桑麻皆宜,但也不排除部分地区只能种桑或种麻。其他地区的情况应该也是这样。就北魏均田制的施行而言,在桑麻皆宜的区域,民户所受田地的主体为露田和桑田,而在不能种桑的区域,则为露田和麻田④。

---

① 《宋书》卷三《武帝纪下》:"床头有土鄣,壁上挂葛灯笼、麻绳拂。侍中袁顗盛称上俭素之德。"(第一册,第 60 页)《陈书》卷一八《沈众传》:"永定二年(558),兼起部尚书,监起太极殿。恒服布袍芒屩,以麻绳为带,又携干鱼蔬菜饭独啖之,朝士共诮其所为。"(第二册,第 244 页)按《唐六典》卷三《尚书户部》:江南道"厥赋麻、纻"。本注:"润州调火麻,余州并以纻布。"(第 70 页)据此可以确定,两书所载"麻绳"应该就是用润州所产火麻(大麻)纤维搓编而成。

② 《史记》卷一二九《货殖列传》,第一〇册,第 3265、3266、3270、3272 页。

③ 《唐六典》卷三《尚书户部》,第 65—66 页

④ 万志英认为:"北魏丝绸生产主要集中于中原核心地带,而麻的生产主要分布于周边区域。"(《剑桥中国经济史:古代到 19 世纪》,第 168 页)按"中原核心地带"及"周边区域"如何界定,万氏并未提及。其说显然过于笼统,自然谈不上准确,且未提出任何证据,自是猜测而已。

第二节　弱势人群受田的规定

　　法令颁布的目的都是为了实施,故而必须具备可操作性,需要考虑到实施过程中可能出现的各种各样的情形,相关的规定必须周备无阙。北魏均田令也具有这样的特点,除了关于露田、桑田和麻田的相关规定,还有一系列规定——涉及弱势人群的受田、还受田的时间和操作规程以及园宅地、公廨田等方面,此外对于人地关系出现矛盾时如何处理也有明确的规定。先来看有关弱势人群受田的规定。

　　(八)诸有举户老、小、癃残无授田者,年十一已上及癃者各授以半夫田,年逾七十者不还所受,寡妇守志者虽免课亦授妇田。①

　　这是均田令关于老、小、残疾人及寡妇等弱势人群受田的规定。按十一至十四岁为"小"(次丁),七十岁以上为"老"。北魏均田令年十一至十四为次丁的规定,有可能是参照《仪礼》并加以变通的结果。《仪礼·丧服》:"年十九至十六为长殇,十五至十二为中殇,十一至八岁为下殇。"②又,《汉书·食货志上》所载井田制,"民年二十受田,六十归田。七十以上,上所养也;十岁以下,上所长也;十一以上,上所强也"③。北魏年十一以上受半夫田、七十以上还田的规定,其来源更可能与此有关。又,太和元年(477)三月丙午(廿三,4.21)诏云:"一夫制治田四十亩,中男二十

---

①《魏书》卷一一○《食货志》,第八册,第2854页。
②《仪礼注疏》卷三一,《十三经注疏》,上册,第1111页下栏。
③《汉书》卷二四上《食货志上》,第四册,第1120页。

亩。"①则年少于男夫者为中男,即男子十一至十四岁为中男,均田令此条中的"小"实指这一年龄段的男子,亦即"中男"。"癃残"泛指残疾人,但"癃""残"所指对象各不相同。《白氏六帖事类集》"三疾令"条引户令:"诸一目盲、两耳聋、手无二指、足无大拇指、秃疮无发、久漏下重、大瘿肿之类,皆为残疾。痴哑、侏儒、腰折、一枝(肢)废,如此之类,皆为废疾。癫狂、两枝(肢)废、两目盲、如此之类,皆为笃疾。"②按"笃疾"是残疾人中最为严重者,无法自理,自然也不可能靠种田为生,故不在均田令规范的对象之中。不过,对于这类人北魏政府并非弃置不管,令其自生自灭,而是有专门的救助规定。李冲所定三长制规定:"孤独、癃老、笃疾、贫穷不能自存者,三长内迭养食之。"③可见"三长内迭养食之"的对象不仅仅是笃疾者,而是比较广泛,但都属于"不能自存者",以及靠自身能力无以维生者。

据此条规定,则全家皆为老、小、残疾人而不能按正常丁口受田的民户,年龄在十一至十四岁及身体有残疾的男子,每人授给半夫田——露田二十亩、桑田十亩(或麻田五亩),年龄超过七十岁者可不退还所受田地,寡妇守志不改嫁者即使不再课税也授给妇田,即每人露田二十亩,麻布之乡外加麻田五亩。此条虽不排除鼓励寡妇守节的因素,但主要应该是从社会救助的角度考虑的,因为在丈夫死后可能还有一家老小——年纪较大的公婆和未成年的子女——需要抚养,即使公婆还具有劳动和抚养孙子的能力,也存在着将来的养老和子女的成家等问题。如果说正常人群

---

①《魏书》卷七上《高祖纪上》,第一册,第 144 页。
②[唐]白居易:《白氏六帖事类集》卷九《疾三一》,第三册,第 19 页 a。
③《魏书》卷一一〇《食货志》,第八册,第 2855 页。

在受田的同时必定要考虑其承担的公共义务,亦即征收赋税徭役为重要目的,而关于弱势人群受田的规定显然并不具有这样的出发点。普通家庭的次丁和残疾人是否同样受田,从此条法令看不太清楚。不过正常情况下年逾七十者须归还所受露田,由此推断普通家庭的次丁和残疾人应该并不受田。

通过均田制此条规定的实施,可以使老、小、残疾人及寡妇等弱势人群的生活也能够得到相应保障,这应该是儒家民本思想影响北魏政治的一个具体体现。《礼记·礼运》载孔子论"大道之行"的表现,有云:"故人不独亲其亲,不独子其子,使老有所终,壮有所用,幼有所长,矜寡孤独废疾者皆有所养。"在孔子看来,这是"大同"社会的必备条件。①《大戴礼记·主言》载孔子答曾子问,谓"昔者明主之治民"而修七法,可使"四海之内无刑民",其中即包括"使之哀鳏寡,养孤独,恤贫穷"。②《礼记·王制》:"司徒修六礼以节民性,明七教以兴民德,齐八政以防淫,一道德以同俗,养耆老以致孝,恤孤独以逮不足。"③同书《乐记》谓造成"大乱之道"的原因,即包括"疾病不养,老幼孤独不得其所"。④《周礼·地官·遂人》:"辨其老幼废疾,与其施舍者。"⑤孔子暨儒家心目中的理想社会应该使包括老幼病残和矜寡孤独在内的弱势人群都能够得到供养体恤,在社会中找到立足和生存之道,北魏政府不仅在均田令条文中具体规定了这些弱势人群的特殊的受田规定,又在设立三长制时作出明确规定:"孤独、癃老、笃疾、贫穷不

①《礼记正义》卷二一,《十三经注疏》,下册,第1414页上栏。
②[清]王聘珍:《大戴礼记解诂》,第4—5页。
③《礼记正义》卷一三,《十三经注疏》,上册,第1342页上栏。
④《礼记正义》卷三七,《十三经注疏》,下册,第1529页上栏。
⑤《周礼注疏》卷一五,《十三经注疏》,上册,第741页上栏。

能自存者,三长内迭养食之。"①可贵的是,对于完全丧失了生产和生活能力的极端弱势者也没有放弃,而是通过代表政府的地方基层社会组织以民户轮流供养的方式给他们的生存提供了机会。这种对弱势人群的关照,自然是孝文帝君臣所受儒家思想熏陶的产物,反映了他们对理想的"大同"社会的向往。这也符合现代经济学有关扶贫济困的政策主张,代表了一种相当超前的治国理念。

第三节　还受田时间的规定

(九)诸还受民田,恒以正月。若始受田而身亡,及卖买奴婢、牛者,皆至明年正月乃得还受。②

这是关于田地还受时间的规定。由此可知,露田的归还与给受,都是在每年正月进行。从常理推断,应该是还田在先,给受在后。《通典·食货二·田制下》:"北齐给授田令,仍依魏朝。每年十月,普令转授,成丁而授,丁老而退,不听卖易。"③按此乃北齐初年定制,还受田时间与北魏虽异,但具体规程则同。就北魏而言,正常的土地还受即成丁受田、老免还田要在每年正月进行,此外因受田者死亡及奴婢和丁牛买卖而导致的土地还受也需等到来年正月进行。之所以在正月进行土地还受,可能与正月为一年之始有关。更为主要的原因应该是,正月天寒地冻,就北魏统治的

---

① 《魏书》卷一一〇《食货志》,第八册,第 2855 页。
② 《魏书》卷一一〇《食货志》,第八册,第 2854 页。
③ 《通典》卷二,第一册,第 26 页。

北中国地区而言,无论全国各地,前一年的生产都已彻底结束,下一年的生产尚未开始,此时进行土地还受既不会影响上一年的收获,也不会影响下一年的春耕①。北魏均田令规定露田有受有还,无论良民还是奴婢,均有生老病死,而奴婢和丁牛还能够买卖,因此还受田对象具有动态性,对露田进行调整便成为均田制时代农村的常态事项。

第四节 "宽乡"与"狭乡"的规定

(十)诸土广民稀之处,随力所及,官借民种莳。后有来居者②,依法封授。③

这是关于"宽乡"受田的规定。不过,北魏均田令颁布时尚未

①《齐民要术》引崔寔《四民月令》:正月,"农事未起";十二月,"休农息役"。([后魏]贾思勰著,缪启愉校释:《齐民要术校释》,第 234 页)[唐]李匡乂《资暇集》卷中"合酱"条:"人间多取正月晦日合酱,是日偶不暇为之者,则云时已失,大误也。案:昔者王政趋民正月作酱,是月以农事未兴之时,俾民乘此闲隙,备一岁调鼎之用。故给云:'雷鸣不作酱,腹中当鸣。'所贵令民不于二三月作酱,恐夺农时也。"(《景印文渊阁四库全书》子部一五六"杂家类",第八五〇册,第 153 页上、下栏)[元]司农司《农桑辑要》卷七《岁用杂事》引《四时类要》:"正月。竖篱落,粪田,开荒,修蚕屋,织蚕箔,造桑机,造麻鞋,舂米,筑墙。"按"舂米"下本注:"此月人闲。"(同上子部三六"农家类",第七三〇册,第 288 页上栏。)尽管也有不少农活要做,但正月仍属闲月,应该是进行田地还受的适当时间。
②原文为"役有土居者",中华书局点校本据《通典》及《册府元龟》改字。(参见《通典》卷一《食货一·田制上》,第一册,第 18 页;《册府元龟》卷四九五《邦计部一三·田制》,第六册,第 5924 页上栏)对此,论者几无异议。
③《魏书》卷一一〇《食货志》,第八册,第 2854 页。

出现"宽乡"的名称,因当时地方基层为即将实行的邻、里、党三长制,并无乡村建制。《隋书·食货志》:"天保八年(557),议徙冀、定、瀛无田之人,谓之乐迁,于幽州范阳宽乡以处之。百姓惊扰。"①这一记载表明,北齐时已经出现了"宽乡"的称谓,当然相应地也应该出现了"狭乡"。唐代法令规定:"凡州、县界内所部,受田悉足者为宽乡,不足者为狭乡。"②其实,"宽乡"与"狭乡"之义在汉代就已滥觞。崔寔《政论》曰:"今青、徐、兖、冀人稠土狭,不足相供。而三辅左右及凉、幽州,内附近郡,皆土旷人稀,厥田宜稼,悉不发垦。小人之情,安土重迁,宁就饥馁,无适乐土之虑。""是以景帝六年(前151),下诏郡国,令人得去硗狭,就宽肥。至武帝,遂徙关东贫人于陇西、北地、西河、上郡、会稽,凡七十二万五千口。后加徙猾吏于关内。今宜复遵故事,徙贫人不能自业者于宽地,此亦开草辟土振人之术也。"③按崔寔所言"故事"即指西汉景帝、武帝时从"人稠土狭"之处(硗狭)徙民于"土旷人稀"之处(宽肥、宽地)的故实。《汉书·景帝纪》载元年(前156)春正月,诏曰:"间者岁比不登,民多乏食,夭绝天年,朕甚痛之。郡国或硗陿,无所农桑毄畜;或地饶广,荐草莽,水泉利,而不得徙。其议民欲徙宽大地者,听之。"④据此,则《政论》所言"景帝六年"乃

---

①《隋书》卷二四《食货志》,第三册,第676页。

②《唐六典》卷三《尚书户部》,第75页;《旧唐书》卷四三《职官志二》,第六册,第1826页。参见《唐律疏议》卷一三《户婚律》"占田过限"条疏议引令文,第244页;《通典》卷二《食货二·田制下·大唐》,第30页。又,《新唐书》卷五一《食货志一》:"田多可以足其人者为宽乡,少者为狭乡。狭乡授田,减宽乡之半。其地有薄厚,岁一易者,倍授之。宽乡三易者,不倍授。"(第五册,第1342页)

③《通典》卷一《食货一·田制上》引,第一册,第14页。

④《汉书》卷五《景帝纪》,第一册,第139页。

"元年"之形讹,究为《政论》原本之讹,还是《通典》引用致讹,抑或后世流传之讹,难作判断。《武帝纪》载元狩"四年(前119)冬,有司言关东贫民徙陇西、北地、西河、上郡、会稽凡七十二万五千口,县官衣食振业,用度不足,请收银锡造白金及皮币以足用"[①]。按"人稠土狭""硗狭""硗陿",与后世均田制下的"狭乡"之义相通;"土旷人稀""宽肥""宽地""宽大地",与后世均田制下的"宽乡"之义相通。

　　宽乡土广民稀,自然也是接纳外来民户徙居之处,对于后来的徙居者,当按均田令规定给受土地。由于地多人少,故不仅当地民户可以满足均田令规定的受田数额,而且也鼓励民户在有余力的情况下通过向官府租佃以扩大耕种面积。汪篯对"官借民种莳"的解释是:"规定分额内之田谓之授,规定分额外之田谓之借。借民种莳之田,官府可以随时收回,故此下即接以'后有来居者,依法封授'。此语意谓若有新迁入之人,而官府无荒地可授时,即收回借民种莳之田,依规定授给新迁入之人。"[②]也就是说,虽然鼓励在受田额度之外扩大耕种面积,但这一部分需按租佃方式向国家缴纳不同于受田土地的租金。借种官田的租金额度未见明确记载,但大体可以推知。孝文帝太和十年设立三长制时规定的新税制,一夫一妇均田农户的年度税额为帛(布)一匹、粟二石,此外

---

①《汉书》卷六《武帝纪》,第一册,第178页。

②汪篯:《北魏均田令试释》,《汉唐史论稿》,第150页。日本学者堀敏一认为:"这是有关剩余土地,即所谓剩田的规定。这些土地通过官(或许是郡县)借给百姓耕种。"大多应属于官田、公田的草田、荒地。(《均田制的研究》,第385页)

可能还有绵八两或麻十五斤的附加税①。太和十二年李彪上封事七条,第三条主要言屯田,谓"一夫之田,岁责六十斛,蠲其正课并征戍杂役"云云。② 屯田征收额肯定要大大高于正常租赋。《魏书·食货志》:"孝昌二年(526)冬,税京师田租亩五升,借赁公田者亩一斗。"③这是北魏晚期战时状态下加大京师地区农民的剥削量以保证朝廷粮食供应的非常举措④,不可以平常论之,但从中可知借赁公田与普通受田民户相比租额恰好翻倍。以此类推,不排除均田制下借种官田的租金额度也是受田民户租调额度的两倍的可能性。不过,参照吴简所见孙吴有关制度,北魏"官借民种莳"的租额似乎不应该高于受田民户的租额⑤。

———————

① 参见本书第十四章第三节。按《张邱建算经》卷上有题云,"今有丝一斤八两,直绢一匹"。《五曹算经》卷五有题云,"今有丝九两,得绢一匹"。(《李俨钱宝琮科学史全集》,第四卷,第 269、327 页)据此,似可认为绵八两或麻十五斤可能即为生产一匹绢或布的原料,而丝价则为绢价之一半。

② 《魏书》卷六二《李彪传》,第四册,第 1386 页。

③ 《魏书》卷一一〇《食货志》,第八册,第 2861 页。

④ 《隋书》卷二四《食货志》:"魏自永安之后,政道陵夷,寇乱实繁,农商失业。官有征伐,皆权调于人,犹不足以相资奉……"(第三册,第 675 页)虽然时距永安还有两年时间,但局势已经非常相近,"税京师"之举正属于"权调于人"。

⑤ 孙吴嘉禾四年(235)熟田的赋税征收额为:"二年常限田"每亩税米一斛二斗、布二尺、钱七十,"余力田"每亩租米四斗五升六合。(黎虎:《"吏户"献疑——从长沙走马楼吴简谈起》,《先秦汉唐史论》,下册,第 315 页)以北魏均田制相比附,按制度规定的受田(露田、桑田或麻田)相当于孙吴的"二年常限田",借种官田则相当于孙吴的"余力田"。孙吴"余力田"的税额远低于"二年常限田",大概有鼓励民户在正常占田之外耕垦的意图。估计北魏在"土广民稀之处"采取的"官借民种莳"之法,也有着类似的宗旨。因为在"土广民稀之处"民户的受田肯定能够足额,如果借种官田的租金还要高于甚至为正常租调额度的倍数,恐怕很难会有人进行租种。

《唐六典·尚书户部》:"乐住之制:居狭乡者,听其从宽;居远者,听其从近;居轻役之地者,听其从重。"本注:"畿内诸州不得乐住畿外,京兆、河南府不得住余州。其京城县不得住余县,有军府州不得住无军府州。"①此本注乃是对"居远者,听其从近"之义的解释。按常理,京畿地区应该是徭役较重之地,故注文似亦包括对"居轻役之地者,听其从重"的解释。北齐天保八年实施的"乐迁"举措可以看作是唐代"乐住之制"的滥觞。"乐住之制"是政府允许和鼓励的民众迁徙的方式,若从宽乡迁居狭乡,从京畿迁居外地州县,从重役之地迁居轻役之地,则是不被允许的。

(十一)诸地狭之处,有进丁受田而不乐迁者,则以其家桑田为正田分,又不足不给倍田,又不足家内人别减分。无桑之乡准此为法。乐迁者听逐空荒,不限异州他郡,唯不听避劳就逸。其地足之处,不得无故而移。②

这是关于"狭乡"受田及迁移的规定③。狭乡即为人口稠密之地,其特点是人多地少,人地矛盾突出,一般以畿内为最。《隋书·食货志》:"时天下户口岁增,京辅及三河地少而人众,衣食不给。议者咸欲徙就宽乡。其年冬,帝命诸州考使议之。又令尚书以其事策问四方贡士,竟无长算。帝乃发使四出,均天下之田。其狭乡,每丁才至二十亩,老小又少焉。"④这是隋文帝开皇十二年(592)的事。《旧唐书·方伎·崔善为传》:"贞观(627—649)初,

①《唐六典》卷三,第74页。
②《魏书》卷一一〇《食货志》,第八册,第2854页。
③学界关于狭乡的系统性研究,参见〔日〕佐佐木荣一《北魏均田法の基礎的研究(三)——狭郷規定をめぐって》。汪篯对此条令文亦有比较具体明晰的解释,参见《北魏均田令试释》,《汉唐史论稿》,第150—151页。
④《隋书》卷二四《食货志》,第三册,第682页。

拜陕州刺史。时朝廷立议，户殷之处，得徙宽乡。善为上表称：
'畿内之地，是谓户殷，丁壮之人，悉入军府。若听移转，便出关
外。此则虚近实远，非经通之议。'其事乃止。"①这一记载正可作
为上引《唐六典》所载"乐住之制"的注解。畿内民户众多，自属
狭乡，按理说应该允许民众迁居关外，但出于加强京师拱卫之需，
而采取了重内虚外（"关中本位"）的政策。畿内驻扎着大量军
府，畿内民户之"丁壮之人，悉入军府"服役，故不得按狭乡迁居宽
乡的常规实行，而是反其道而行之。

　　狭乡由于人多地少，土地供应量有限，大概只能满足最初受
田之需，后来有"进丁"（男子结婚成年，女子嫁入为妇）而需受田
者②，于是鼓励其迁居宽乡，"听逐空荒"，不愿迁移者"则以其家
桑田为正田分，又不足不给倍田，又不足家内人别减分"。也就是
说，在狭乡不仅不能保证民户拥有按制度规定应得的受田数额，
而且还要以其家原有桑田充作露田，本来应该受倍田者也不再给
受，如果还不能达到规定的受田标准，则家庭应受田成员的受田
额度都要进行相应的缩减③。这从西魏大统十三年敦煌籍帐文书

---

① 《旧唐书》卷一九一《方伎·崔善为传》，第一六册，第5089页。
② 《孟子·滕文公章句上》："余夫二十五亩。"［宋］朱熹《孟子集注》卷五引
　　程子曰："一夫上父母、下妻子，以五口、八口为率，受田百亩。如有弟，是
　　余夫也。年十六，别受田二十五亩，俟其壮而有室，然后更受百亩之田。"
　　（《四书章句集注》，第256页）按北魏的"进丁受田"与此类似。
③ 梁方仲云："这是在狭乡里对新丁减授田数的办法：凡是达到成丁年龄而
　　不愿意迁往宽乡受田的新丁（进丁），则他或她所受之田，止以露田（正田）
　　为限，并应先将其家中原有的桑田亩数划入新丁应受之正田额数内来计
　　算；如有不足，便将该户原有的倍田挪来作补充；如仍不足数，则核减家内
　　人已有的正田数来作补充。"并据此作出推论："有时在政府方面也可能再
　　拨出一小部分田地来补足新丁应受的正田额（分）；但也可能（转下页注）

中可得到证实①。另外,政府鼓励民众从狭乡迁出,尤其是到空荒之地开荒种田,即便是异州他郡也不加限制,但若是"避劳就逸"则要杜绝②。因此,在土地能够满足受田所需的地区,便"不得无故而移"。唐代"乐住之制"中"居轻役之地者,听其从重",可以看作是对北魏均田令"不听避劳就逸"规定的继承。

从此条规定中,亦可窥见均田制之宗旨所在。万国鼎云:"田多人少,如数均给而有余,若不加授,则荒弃可惜。地狭人众,往往不克均给如常额,若不减授,则供不应求。不可不设法以济其穷。此为施行均田制度之最难问题之一,若不早为筹划,则无以施诸四方而行之久远。故魏制于此,颇费经营,以为调剂。"③均田制实行后,北魏政府鼓励民众从地狭之处徙居土广民稀之处,但徙居是有前提的,必须有利于民众与土地更紧密地结合,从而推动农业生产的发展。胡寄窗认为:"这一措施不仅体现当时已认识农业劳动人口的适当分布问题,并已能运用经济措施以指导农业人口之移动。"④马歇尔在论及农民和土地的关系时说:"我们从历史和观察中知道:各时代和各地方的每个农民都希望使用大量土地;当他不能无代价地获得土地时,他如有财产,就会出钱购买土地。""当不需要开垦的土地能无代价地获得时,每人使用土

(接上页注)完全不授新田,而只将家中诸成员原有的正倍田分作相适应的调配,并明确每个人名下各占有若干而已。"(《中国历代户口、田地、田赋统计》,第 481 页)

①参见〔日〕池田温《中国古代籍帐研究》,第 122—126 页。

②北齐宋孝王《关东风俗传》有云:"亦有懒惰之人,虽存田地,不肯肆力,在外浮游。"(《通典》卷二《食货二·田制下》,第一册,第 28 页)按此类"懒惰之人"即属于太和均田令所要禁止的"避劳就逸"者。

③万国鼎:《中国田制史》,第 168—169 页。

④胡寄窗:《中国经济思想史》,中册,第 290 页。

地的大小,只是他认为会给他的资本和劳动以最大报酬的数量。"
"等到他的儿辈长大起来,他们会有较多的资本和劳动用于土地;
为了避免获得递减的报酬起见,他们就要耕种较多的土地。但
是,也许到那时所有邻近的土地都已有人耕种了,为了得到更多
的土地,他们就必须购买土地,或租用土地而付给地租,或迁居到
不出代价而能得到土地的地方去。"①他所说的情况,与北魏均田
制规定的"土广民稀之处"和"地狭之处"虽然并非全然相同,但
却有助于对这两种情形下人地关系的理解。随着人口的增殖,原
来的"地狭之处"的人地矛盾就会进一步加剧,按规定的数额进行
受田几乎没有可能,拥有少量土地的农民只能通过购买或租种土
地才能在本乡本土维持生存,或者按均田制所倡导而迁居到"土
广民稀之处"以耕种足额的土地。事实上,即便是"土广民稀之
处",若在和平年代,不发生改朝换代的社会动荡,经过几代人的
繁衍,很可能也会变为"地狭之处",同样地会出现人多地少的矛
盾。北魏均田制关于"宽乡"和"狭乡"的条款,特别是鼓励"狭
乡"民户"听逐空荒"的规定,可以说是既考虑周全而又颇具先见
之明的。

　　马歇尔所说的现象即属于新古典经济学中的重要命题——
"土地稀缺和收益递减",其关系可以宏观表述为"土地所有者能
得到地租的原因是土地的稀缺"。② 萨缪尔森对此有具体解释:
"一旦处女地已被开垦净尽,新增加的劳动者便开始涌入现有的
已开垦的土地。私有土地第一次出现。现在,土地是稀缺的,并

①〔英〕马歇尔:《经济学原理》上卷,第168、169页。
②〔英〕约翰·梅纳德·凯恩斯:《就业、利息和货币通论(重译本)》,第
　　389页。

且用收取地租的办法加以分配。""当新的劳动者加在固定数量的土地之上时,每一个劳动者便具有较少的土地与之发生作用。因此,收益递减规律自然要发生作用。劳动—土地比例的递增和产量—土地比例的递减意味着每一最后的(或边际的)劳动者对产品的贡献持续降低,从而实际工资率持续降低。"[1]可以说,土地稀缺乃是土地私有制产生的前提,也是古典经济学收益递减律的认识基础。北魏均田制下的"地狭之处"的土地即属于稀缺资源,若当地的人口不发生流动,在没有战争和瘟疫侵扰的情况下,人口会持续增长,人地矛盾会越来越突出,最初的解决办法便是地少者向地多者购买或租佃土地,以维持基本的生存。很显然,无论是购买还是租佃,都与均田制的宗旨背道而驰。若没有其它途径,贫富分化的趋势会日益严重,很有可能出现不能维持温饱的饥民。如果再发生水旱灾害,情况就会更加严重,甚至发生反抗和暴动的可能性也不能排除。幸而当时就全国来看,人口和土地的比例关系还没有达到十分紧张的程度,还是有一些地区因为人烟较少,土地没有被全面开垦。"一般说来,人们总是在物产最丰富的地区定居。"[2]这样的地方生活环境和自然条件更好,单位土地面积上的投入产出比例会更高,当然也就有利于人口的增长,人地矛盾也会越来越突出。而人烟较少的地区往往比较偏远,自然条件也可能不会太好,生活环境当然更为艰苦,同等产出需要投入的劳动力就要更多。因此,欲令"地狭之处"的民众迁居其地,必须要用优惠的政策进行激励,至少也要通过一定期限的税役减免而让徙民安顿生活,顺利地进行劳动生产。不过,即便没

---

① 〔美〕萨缪尔森:《经济学》下册,第 127 页。
② 〔美〕萨缪尔森:《经济学》下册,第 189 页。

有特别的优惠政策,对于少地或无地的农民也是有一定的吸引力的,因为解决眼前的生存问题还是最为迫切的①。

　　刘易斯认为:"愿意流动与否部分是情感问题,部分是压力问题,部分是将迁往的地方对人们的吸引力问题。"其中"情感问题是一个人对其亲属、朋友、家园、地区或生活方式的依恋"。压力包括"突然出现饥荒、人口过剩、战争或其他自然灾害"等"安定遭受威胁的事件"。吸引力包括"友好的接待、合适的住所、经济的前景以及适应新生活的机会"等等"保证"。② 对于古代农耕社会的人们而言,不愿从世代居住生活的地方迁出,这是显而易见的事情。但凡迁居它乡者,必定是在原居住地的生活发生了严重的困难,就北魏均田制而言,则是作为基本生活资料的土地不能满足需要(资源短缺),属于刘氏所说的"人口过剩"的威胁,政府鼓励人们迁居,并向移民提供能够获得安定生活的种种保证。当然,一般来说安土重迁是农民的本性,除非万不得已,真正"乐迁"者恐怕并不多。邢义田云:"一个以安土重迁为特色的农业社会从先秦到两汉根本上并没有大的变化。如果不是迫于人口自然增加的压力或天灾人祸,绝大部分的农民大概不会轻易离开他们的土地。"③总的来看,较之中国历史上的其它时期,魏晋南北朝时期战乱频仍,人口死亡和流徙空前严重。尽管如此,对于依靠土

①卜凯对 1920 年代中国农村经济状况的调查显示,为了解决人多地少的突出矛盾,一个主要办法就是:"由人口较密的地方,迁至人口较疏的地方。例如移往东三省,与台湾,以谋生活即其一例。"(《中国农家经济》,下册,第 451 页)可以想象,类似情形在历史上很可能不断重演,除非民户被完全捆绑住手脚,而丧失了任何行动的自由。

②〔美〕阿瑟·刘易斯:《经济增长理论》,第 54 页。

③邢义田:《汉代的父老、僤与聚族里居——汉侍廷里父老僤买田约束石券读记》,《天下一家:皇帝、官僚与社会》,第 451 页。

地为生的农民而言,安土重迁仍为其本性,不到万不得已,他们是不会选择迁徙或流亡异地他乡的。上引《隋书·食货志》所载北齐天保八年"议徙冀、定、瀛无田之人""于幽州范阳宽乡以处之",结果导致"百姓惊扰",便充分体现了这一点。当时河北平原属于狭乡,人口稠密,当地自然条件宜于农耕,有大量民众生活,而幽州范阳属于边疆地区,人口稀少[①]。尽管人多地少,人们还是愿意留在河北平原生活,而不愿意被政府迁居到边地幽州范阳。以此推测,通常情况下民众并不乐意从狭乡主动迁居宽乡,离乡背井者往往是在本土生活难以为继不得已而为之[②],亦不排除有好逸恶劳者游荡他乡的情况,而政府对此则是严加禁止的。一般来说,北魏均田制时代的狭乡主要是在迁都前的京畿地区及自然条件较好的黄河流域平原地区,而宽乡应该是在靠近边境的地区或少数民族地区。但也不能一概而论,边远地区或少数民族地区往往多山地,可用来耕种的土地并不充裕,而"不易上田"则更少。尤其西北边地广布沙漠,绿洲地区生产条件较好,但也聚居了较

---

①北齐后主武平四年(573),寿阳城被陈将吴明彻攻陷,扬州道行台尚书卢潜"等督将五十八、军士一万皆没焉。陈人杀王琳,余皆囚于东冶。陈主欲知齐之虚实,乃出潜,曰:'囚本属幽州,于河北最小,口有五十万,落陈者,唯与郦伯伟二人耳。'"(《北史》卷三〇《卢潜传》,第四册,第1086页)周一良云:"据《魏书·地形志》,河北诸州人口,定州八十三万余,冀州四十六万余,瀛洲四十五万余,殷州三十五万余,沧州二十五万余,而幽州只十四万余。如有五十万人,不可谓河北最小。五十当是十五误倒。"(《〈北史〉札记·幽州口有五十万》,《魏晋南北朝史札记》,第481页)

②1927—1928年轰动世界的山东农民迁徙到东三省的事件,"其主要的原因,乃是由于作物荒歉,苛捐杂税,以及盗匪如毛"(〔美〕卜凯:《中国农家经济》,下册,第469页)。这种情形自非特例,而是颇具普遍性,卜氏所提出的这三点应该也能够涵括古代社会农民离乡背井的主要原因。也就是说,只有在生命安全无法得到保障的情况下农民才会选择离开本乡本土。

多的依靠绿洲生活的民众,每户农民所能拥有的田地非常有限,是典型的狭乡,西魏大统十三年敦煌籍帐文书中民户的受田额度便充分反映了这一情况。

民户移居他乡,劳民伤财,手续复杂,并非轻而易举。张家山汉简《二年律令·户律》:"有移徙者,辄移户及年籍爵细徙所,并封。留弗移,移不并封,及实不徙数盈十日,皆罚金四两;数在所正、典弗告,与同罪。乡部啬夫、吏主及案户者弗得,罚金各一两。"①由此可见,移居的民户必须严格按照国家法律的规定,随身携带由官府密封的户籍迁移手续向当地政府进行报到注册,若违反了法律规定,不仅移居者要被处以重金惩罚,所在地的负责员吏也要负连带责任。不清楚北魏是否有类似法律规定,但不会毫无节制应该是可以肯定的。可想而知,如果没有政府的组织和资助,个体农户要想从狭乡徙居宽乡不能说绝无可能,但一定会非常罕见。兹举唐代的事例以为旁证。《册府元龟》载唐太宗贞观"十八年(644)二月己酉(初五,3.18),幸灵口。村落偪侧,问其受田,丁三十亩,遂夜分而寝。忧其不给,诏雍州录尤少田者并给复,移之于宽乡"②。按灵口亦作零口③。移灵口民于宽乡之事未

---

① 张家山二四七号汉墓竹简整理小组:《张家山汉墓竹简〔二四七号墓〕(释文修订本)》,第 54 页。

② 《册府元龟》卷一〇五《帝王部一〇五·惠民一》、卷一一三《帝王部一一三·巡幸二》,第二册,第 1257 页上栏、1348 页上栏。

③ 《宋本册府元龟》卷四二《帝王部四二·仁慈》,第一册,第 45 页下栏。按明本《册府元龟》卷四二作"壶口"(第一册,第 477 页下栏—478 页上栏)。《资治通鉴》卷一九七《唐纪一三》"己酉,上幸灵口"下胡注:"《新书》作'零口'。《九域志》:京兆临潼县有零口镇。临潼,唐之昭应县;昭应,唐初之新丰县。按宋白《续通典》:京兆新丰县界有零水。零口,盖零水之口。"(第一三册,第 6207—6208 页)贺昌群认为:"从史实、地点、时(转下页注)

见《旧唐书》和《新唐书》记载,疑其本出于《太宗实录》。《新唐书·太宗纪》:贞观十八年"二月己酉,如零口。乙卯(十一,3.24),至自零口。丁巳(十三,3.26),给复突厥、高昌部人隶诸州者"[1]。两相对照,所载当为一事,则此次移于宽乡之雍州民,很可能即是唐初统一战争中归降而被安置于关中的突厥、高昌部民。因其属于后来者,故已经无法足额受田。此举除了解决这些"尤少田者"的生活问题,还可以消除不安定因素,毕竟作为非汉族民众,常驻于京畿心腹之地对唐朝廷而言是有隐患的。不论如何,此例表明从狭乡移居宽乡并非普通民众个体行为所能实现,而是需要政府的组织和支持。为了鼓励民众从狭乡迁居宽乡,唐代法令有明确的政策激励。《唐律疏议》"诸应受复除而不给"条,疏议引《令》文:"人居狭乡,乐迁就宽乡,去本居千里外复三年,五百里外复二年,三百里外复一年。"[2]正因民众安土重迁,故政府采取优惠措施鼓励其自狭乡迁居宽乡,以缓解狭乡日益严重的人地矛盾。北魏均田制时代,关于民众迁徙问题是否有这样具体的规定,尚无法作出明确判断。

不过,如果有实力的地方豪强带领宗族成员从狭乡徙居宽乡,进行开荒垦田,不仅有可能成为现实,也应该会得到政府的认可和鼓励。赵郡平棘人李"显甫,豪侠知名,集诸李数千家于殷州西山,开李鱼川方五六十里居之,显甫为其宗主。以军功赐爵平棘子,位河南太守"[3]。这条记载常被当作北魏宗主督护制的典型

(接上页注)间三方面看来,应改作零口为是。"(《汉唐间封建的国有土地制与均田制》,第 39 页注①)
①《新唐书》卷二《太宗纪》,第一册,第 43 页。
②《唐律疏议》卷一三《户婚律》,第 251 页。
③《北史》卷三三《李灵传附显甫传》,第四册,第 1202 页。

例证而被研究者一再引用,然而此与李冲在建议实行三长制的上疏中所言"宗主督护"(见第十四章)有本质不同。李显甫这样统领宗族数千家居于方圆五六十里之地的宗主,显然不可能是李冲提议用三长制所取代的"宗主督护",因为三长制下的邻、里、党长分别领户五、二十五、一百二十五户,则北魏前期具有督护职能的宗主,其所领宗族人户也不可能太多。两者相差之大不可以道里计。不仅如此,从上下文推断,李显甫"开李鱼川"当在北魏实行均田制到孝文帝迁都前后,当时地方基层已经废除了宗主督护制,不可能单单允许李显甫一人率领宗族自外于国家制度之外。李显甫的事例,恰恰反映了北魏均田制实施后"听逐空荒"——徙民宽乡进行开荒垦田的事实,也正因如此,北魏政府对其不仅没有进行制止和打压,反而予以肯定和表彰。

清人顾祖禹《读史方舆纪要》载:赞皇县五马山在"县东十里","后魏孝昌(525—527)末,赵郡豪李显甫聚诸李数千家于殷州西山方五六十里居之,即五马诸山矣"。[1] 陈仲安认为"李鱼川的开辟应在孝明帝孝昌二年(公元526)之后",其时"人民起义的烽火弥漫河北地区。尤其是鲜于脩礼这一支已经燃烧到了赵郡李氏的家门口了。因此李显甫之开李鱼川,也是为了避乱而建立坞堡组织"。[2] 周一良云:"李显甫是李悦祖之弟,传里说悦祖'袭爵高邑侯,例降为伯。'例降是孝文帝迁洛后的事,所以李显甫居李鱼川为数千家的宗主,很可能是在三长制建立的前夕,而宗主

<hr>

[1] [清]顾祖禹:《读史方舆纪要》卷一四《北直五·赵州·赞皇县》,第二册,第648页。
[2] 陈仲安:《十六国北朝时期北方大土地所有制的两种形式》。

之称,也和《李冲传》所记相合。"①按"例降"爵是在太和十六年正月,并非孝文帝迁都之后,但谓李显甫率宗族居李鱼川"很可能是在三长制建立的前夕",应该比较接近实际。赵克尧认为"李显甫当北魏季世,率领李氏宗族数千家离开赵郡平棘开辟殷州西山李鱼川"②。此与顾祖禹、陈仲安之说相近。卢开万认为李显甫开李鱼川的时间"最迟也应在孝文帝太和十八年(494)迁都洛阳以前","其方位在现今河北隆尧县东五六十里的地方"。③ 杨际平、李卿认为李显甫开李鱼川的时间在献文帝皇兴元年(467)至孝文帝太和二十三年(499)之间,其地点在今隆尧县治西约十五里之"尧山至县城之山谷谷地"④。高敏论及李鱼川,谓"李显甫与李元忠父子二人","其坞壁所在之李鱼川,有方圆五六十里之大,其时已是北魏末年和东魏、北齐时期,上距'宗主督护'制的废除已近一个世纪"。⑤ 按宗主督护制废罢于孝文帝设立三长制的太和十年(486),其后近一个世纪最早也得在北齐末年,其时李元忠已死亡三十年之久了。此可不论,在高氏看来李显甫开李鱼川最早

①周一良:《从北魏几郡的户口变化看三长制的作用》,《魏晋南北朝史论集续编》,第 63 页。

②赵克尧:《论魏晋南北朝的坞壁》。

③卢开万:《李显甫开李鱼川时间考》。

④杨际平、李卿:《李显甫集诸开李鱼川史事考辨——兼论魏收所谓的太和十年前"唯立宗主督护"》。按杨氏在早先发表的论文中说:"李显甫等开李鱼川在北魏孝昌二年(公元 526 年)后不久,李显甫等的垦田,或即元澄垦田授受之制的具体实施。"(杨际平:《略论北朝均田制的实施状况》)尽管时间判断有误,但将李显甫"开李鱼川"与均田制联系起来亦有可取之处。

⑤高敏:《关于北魏百官无禄制的两个问题——兼与严耕望先生商榷》,《秦汉魏晋南北朝史论考》,第 175 页。

也在北魏末年,实与清人顾祖禹的判断相近。

《北史·李灵传附显甫传》载其开李鱼川事后,"以军功赐爵平棘子,位河南太守。赠安州刺史,谥曰安"[1]。《魏书·李灵传附显甫传》虽未记开李鱼川事,但对李显甫仕履的记载更为全面:"本州别驾,迁步兵校尉。从驾南讨,以功赐爵平棘子,行并州事。寻除河北太守。卒,赠显武将军、安州刺史,谥曰威。"[2]迁都后河南太守改为河南尹,故可确定李显甫所任为"河北太守"而非"河南太守"。李显甫在随孝文帝迁都南伐时就已担任步兵校尉,而在此前他已任本州(定州)上佐别驾。也就是说,最晚太和十七年八月前他已在平城任职,率领宗人开李鱼川绝对不可能是在入朝任职之后,也不大不可能是在担任河北太守之后。虽然不排除在其担任本州别驾之时的可能,但似乎还是在之前为宜。综合判断,以在太和十年均田制和三长制颁行之初的可能性最大。能不能早到皇兴元年呢? 可能性似乎不大。李显甫父恢为长安镇副将,"皇兴元年,镇军大将军东平王道符谋反,杀恢及雍州刺史鱼玄明、雍州别驾李允等,恢时年四十八"[3]。可知李恢生于420年。显甫长子元忠,武定三年(545)卒,"年六十"[4]。可知李元忠生于486年。显甫为李恢次子,推断其生于450—455年的可能性较大。若此,则李显甫在皇兴元年还不具备作为宗主率领诸李数千家迁居并开发李鱼川之能力。而到均田制和三长制颁行之时,李

---

[1]《北史》卷三三《李灵传附显甫传》,第四册,第1202页。

[2]《魏书》卷四九《李灵传附显甫传》,第三册,第1098页。

[3]《魏书》卷四九《李灵传附恢传》,第三册,第1097页。按同书卷六《显祖纪》亦载其事,李恢被害的具体日期是皇兴元年正月庚子(十八,2.7)。(第一册,第127页)

[4]《北齐书》卷二二《李元忠传》,第一册,第315页。

显甫年届而立之年,正是身强力壮的时候,完全有能力作为宗主"集诸李数千家""开李鱼川"。① 李显甫虽非李恢长子而继承爵位,但从他担任本州别驾及其后的仕履来看,他在四兄弟中能力最为突出,其兄悦祖虽然继承了爵位,但却未见有何任职,估计政治才干有限。从李显甫子元忠在北魏晚期和东魏时期所表现的突出的政治才干,也可佐证这一判断。比较而言,学界关于李显甫开李鱼川之时间的推测,当以卢开万之说最接近实际。

无论是现居宽乡的民众,还是从狭乡徙居宽乡者,在"地有遗利"的情况下,北魏政府鼓励民众进行垦荒种植,然而相关措施究竟如何,并未见到具体记载。在此引用元朝及明朝初年鼓励垦耕荒闲土地的政策作一参照。先来看元朝的有关政策。元世祖至元十四年(1277)三月所颁圣旨中说,对于已经抛荒的"空闲田地",如果田地原来的主人在圣旨颁布后半年期限内不出来认领,

---

① 魏斌《李鱼川推理》一文对李显甫开李鱼川一事展开构思,虽未明言,但大体可以感觉他是将此事发生的时间定在太和六年至九年之间,具体背景则是当时河北平原发生的饥荒以及政府的山泽开禁政策,地点应该是"五马山及其以南的条形山岗"。具体而论,魏氏所提三次山泽开禁:皇兴四年(470)十月"诏弛山泽之禁",时间太早,不大可能;太和七年十二月"开林虑山禁",专指林虑山,亦无可能;那就只剩下太和六年八月的"罢山泽之禁"了。魏文有云:"李显甫主持的这次开发山泽事件,是赵郡李氏生活空间上的一次重要转折。除了水旱灾荒,河北大平原也不断遭受战乱。平原聚落在战乱中的自保能力是比较弱的,太行山东麓地区为他们提供了生存的弹性空间。"然就李显甫开李鱼川而言,若不信从清人顾祖禹所言事发于孝昌末(李显甫其时当已亡故)之说,则与战乱毫无关系。事实上,河北平原自四世纪末北魏占领以来的一百三十年间,虽然时有灾荒、偶有民变发生,但总的来看还是维持着和平安定的局面,正因如此,孝明帝时侍中元晖上书才会说"河北数州,国之基本";"国之资储,唯藉河北"。(《魏书》卷一五《昭成子孙·元晖传》,第二册,第380页)毫无疑问,河北平原"不断遭受战乱"只是魏氏想象中的场景,与现实并无任何干系。

则鼓励民众开垦耕种,谓"若自愿种田的人教种呵","愿种田的人每教种者","不拣甚么人,自愿种的教种者"。①《元史·世祖纪十》:载至元二十二年"九月乙亥,听民自实两淮荒地,免税三年"②。《元典章》所载更为具体:"都省除已札付户部,钦依圣旨事意,多出文榜,召募诸人开耕。若有前来开耕人户,先于荒闲地土内,验本人实有人丁约量标拨,每丁不过百亩。如是不敷,于富豪冒占地土内依上标拨。据开耕人户,三年外依例收税。"③二十三年十一月,准中书省咨云:"'诸路俱有荒芜田土,并合招募农民开垦耕种,若不少示宽恩,难以招集。合无将荒芜田土蠲免一切杂泛差役,似望不致荒芜,官民两便。'都省议得,开垦荒田之家年限满日,依乡原例送纳官米。"④二十八年七月,复"募民耕江南旷土,户不过五顷,官授之券,俾为永业,三年后征租"⑤。至元二十八年《至元新格》有云:"诸应系官荒地,贫民欲愿开种者,许赴所在官司入状请射,每丁给田百亩。官豪势要人等不请官司,无得冒占。年终照勘已给数目,开申合属上司,类册申部。"⑥大德四年(1300)十月圣旨云:"江北系官荒田,许给人耕种者,元拟第三年收税。或恐贫民力有不及,今并展限一年,永为定例。"⑦可以看出,由于受征服战争的影响,元朝初年在南方地区有大量的荒地,元朝政府希望抛荒田主能够返回故里认领,更主要的是鼓励或者

①陈高华等点校:《元典章》卷一九《户部五·荒田·荒闲田土无主的做屯田》,第677—678页。
②《元史》卷十三《世祖纪十》,第二册,第279页。
③《元典章》卷一九《户部五·荒田·荒田开耕三年收税》,第678页。
④《元典章》卷一九《户部五·荒田·荒田开垦限满纳米》,第679页。
⑤《元史》卷十六《世祖纪十三》,第二册,第349页。
⑥《元典章》卷一九《户部五·荒田·荒地许赴官请射》,第679页。
⑦《元典章》卷一九《户部五·荒田·开荒展限收税》,第679页。

招募民众进行开垦耕种,通常每丁不超过百亩,但在更空旷的地区则每户不超过五顷。为了吸引民众垦荒并使其能够安家立业,元朝政府还采取了减免租赋杂役的优惠政策,免除租税的年限为两年或三年。就免税等优惠政策而言,虽然在至元二十二年九月就有对开垦两淮荒地者"免税三年"的规定,但是否完全按此执行则是未知数。二十八年七月规定对耕垦江南旷土者"三年后征租",似乎也和对开垦两淮荒地者的优惠政策是相同的。不过从大德四年十月对耕种江北系官荒田者的政策来看,不排除之前的三年免税优惠实际上是"第三年收税"之意。当最后一条可见优惠政策一开始力度有限,实际上并不能够真正吸引垦荒者,或者两年免税优惠难以使垦荒者安居乐业,故而不得不采取"展限一年"的进一步优惠。在中统二年(1261)四月发布的圣旨谕十路宣抚司条画中,规定"逃户复业者","户下合着差税,一年全免,次年减半,然后依例验等第科征"。① 显然比对耕垦无主荒地者的优惠力度更小。总的来看,元朝在不同时间和不同地域针对不同的耕垦者采取了不同的优惠政策。再来看明朝初年的有关政策。《明会典》记载了明初鼓励垦荒的数条法令:"又令各处人民先因兵燹遗下田土,他人开垦成熟者听为己业,业主已还,有司于附近荒田拨补。""又令各处荒闲田地许诸人开垦,永为己业,俱免杂泛差科。三年后,并依民田起科税粮。""又令复业人民见今丁少而旧田多者,不许依前占护,止许尽力耕垦为业。见今丁多而旧田少者,有司于附近荒田验丁拨付。""(洪武)三年(1370),令以北方府县近城荒地召人开垦,每户十五亩,又给地二亩种菜。有余力

---

①《元典章》卷一九《户部五·荒田·荒闲田地给还招收逃户》,第676—677页。

者不限顷亩,皆免三年租税。"①可以看出,明朝初年对于垦荒者的免税免役优惠同元朝基本无异,但所能开垦的土地面积则大大缩减,元初每户可垦荒的面积最高可达五顷之多,而明初则仅为十七亩,虽然说"有余力者不限顷亩",但想来不会太多。之所以有这种差别,和元朝近百年间社会经济的发展不无关系,其中鼓励垦荒的政策显然也是发挥了重要作用②。按照明初政令,无论是因战乱而被遗弃的田土,还是尚未开垦的荒地,只要响应国家号召进行开垦耕种,就可以被认定"永为己业",并且还会免征三年的"杂泛差科",亦即在三年之内的收成完全归其所有,开垦者不用负担国家的赋税徭役。待三年之后,再"依民田起科税粮",而缴纳税粮也是国家承认其成为被开垦土地的业主——拥有土地私有权——的标志。对于耕种在战乱中抛弃的田土,在原有业主返回时往往会出现纠纷,明初的政策是维持现有业主的所有权,通过"于附近荒田拨补"的办法而对原有业主进行补偿,但在荒地被开垦殆尽的情况下,可能仍然会出现难以化解的矛盾。即便还

---

① [明]徐溥等撰,李东阳等重修:《明会典》卷一九《户部四·事例》,《景印文渊阁四库全书》史部三七五"政书类",第六一七册,第 227 页下栏。
② [元]王祯《农书》卷二《农桑通诀二·垦耕篇》:"今汉沔淮颍上,率多创开荒地。当年多种脂麻等,种有收至盈溢仓箱速富者。""所收常倍于熟田。盖旷闲既久,地力有余,苗稼曷茂,子粒蕃息也。谚云:'坐贾行商,不如开荒。'言其获利多也。除荒开垦之功如此。"卷十一《农器图谱一·田制门》:"今国家平定江南,以江淮旧为用兵之地,最加优恤,租税甚轻。至于沙田,听民耕垦自便,今为乐土。愚尝客居江淮,目击其事,辄为之赞云:……普宜稻秫,可植桑麻。种则杂错,收则倍加。……地为永业,姓随某家。三时力穑,多稼逾秅。公私彼此,横纵迤逦。租赋不常,丰稔惟嘉。常思饱德,赞咏非夸。"(《景印文渊阁四库全书》子部三六"农家类",第七三〇册,第 327 页下栏、421 页下栏)

有荒地可供开垦,但比之熟田需要投入更大的人力和资本,原有业主未必能够完全接受,故而仍有可能产生矛盾。毫无疑问,北魏均田制时代所实行的徙民宽乡的政策与上述元、明两朝的垦荒政策未必相同,但政策所体现的施政原则应该还是有相通之处的。对于弥补北魏相关政策及其具体实施情况的记载空白来说,上引元、明时期的相关记载还是有其参考价值的。

"拓荒到处都同时伴随着移民,从贫困地区移向富裕地区,从不再有可供开发利用的土地的地区流入还有着丰富的肥沃土地的地区。"[1]这是布洛赫笔下十二、十三世纪法国人拓荒垦殖的整体情况,没有关于北魏均田制实施后地狭之处的民户是如何迁徙到土广人稀之处的任何记载,但不能排除存在类似情形的可能性。克柳切夫斯基所描述的俄罗斯历史上移民垦荒的事例,对于认识中古均田制时代农民从狭乡徙居宽乡的情况也有一定的参考价值:

> 作为自由的、可以流动的佃户的农民,他们在取得他人的土地时大部分是两手空空,既无资金,也无农具。……依靠别人土地的这些农民需要土地占有者的帮助,特别是当他们耕种的是荒地、处女地或者早已荒芜的土地时,更是如此。移民几乎都需要这种帮助。……农民在秋季住到有人住过的、已经耕过的地段上,把建筑用品运进现成的庭院,从土地占有者那里获得帮助或贷款,即现金、牲口,更常见的是粮食,作为种子和人的口粮,用来播种和喂牲口,直到打下新的收成为止。……所谓帮助,一般是在初期提供的,用来整修

---

① 〔法〕马克·布洛赫:《法国农村史》,第28页。

房舍、住所和经济用房以及围圈田地,如果农民是按照合同办事的,这笔贷款可以不偿还。而借给牲口和其他农具,或者借给购买这些东西用的钱,是用来经营土地的,这笔贷款是农民的债务,在他离开土地占有者时是要偿还的。……如果农民租佣的是空闲的土地,需要翻耕和修建,那么,除了帮助和贷款以外,还可以完全免税免役或部分地免税免役,免税免役时间的长短,视这块地段荒废的程度,要求准备工作的复杂性而定。免税免役的时间可以是一年、两年和两年以上。在此期间,佃户既不向"君主纳税",也不向主人交现金、粮食和其他东西,或者只是免除其中的一部分义务。①

所不同的是,克氏所言俄罗斯移民耕种的土地——荒地、处女地或者早已荒芜的土地——归封建领主或地主所有②,故其耕种者的身份为佃农,而北魏的移民属于国家的编户齐民,其所耕种的宽乡的土地是按照均田制规定而给受的田地,但也鼓励农民租种超出指标的田地,只不过土地的主人是国家而非普通的领主或地主。十六世纪的莫斯科国家的农民,有的"甚至种不属于任何私人的官家土地,农民也不认为这种土地是自己的"③。均田制时代

---

① 〔俄〕瓦·奥·克柳切夫斯基:《俄国史教程》第二卷,第 297 页。

② 克柳切夫斯基说:"十六世纪的莫斯科国家存在三类土地占有者:君主、教会机构和服役人员。在莫斯科国家的领地内,我们没有发现别的私人土地占有者,即不存在农民土地占有者。各地的农民都是靠别人的土地——教会的、服役人员的或国家的土地生活的。"基于此,他认为"就土地的地位而言,即在法律上和经济上同土地的关系而言,十六世纪的农民是无地的庄稼人,种的是别人的土地"。(《俄国史教程》第二卷,第 288 页)按"服役人员"主要当指官吏和贵族,而非普通的兵士。

③ 〔俄〕瓦·奥·克柳切夫斯基:《俄国史教程》第二卷,第 288 页。

徙居宽乡开垦国有荒地的北魏农民,可以说与耕种这种官家土地的俄罗斯农民极为相像,只是无法得知这些北魏移民对于他们以受田名义所耕种的此类土地的看法——究竟是属于自己的土地,抑或是属于国家的土地? 如果说他们也可以看作是佃农,那他们就是国家的佃农,而非某一领主或普通地主的佃农,若此则地租便是通过赋税徭役而体现出来。

不难想象,均田制时代的移民为了在新的居住地尽快立足,必定也需要得到来自国家的帮助,包括借贷口粮和种子等必需品(由于长途跋涉,不大可能携带足够的口粮和种子以维持到来年收成之时),至于农具和基本的生活用具则有可能从故乡携带而来,但也不能保证齐备无缺。只有生活安定下来,能够维持最基本的生存,移民才能够进行正常的生产活动,因此要克服徙居之初的困难并非易事,国家的帮助必不可少,而代表国家的必然是当地基层政府——县及县以下的三长机构。除此之外,必定还要有免除若干年赋税徭役的优待措施,犹如上述洪武三年令或俄罗斯的情形一般。关于均田制时代农民从狭乡徙居宽乡后如何安家落户并开始生产生活的情况,遗憾的是史书中并未留下任何具体记载。清代规定荒地"开垦者在一定时期内对土地免税耕种,几年后开始通过纳税进行土地登记,然后他们将被授予土地所有权"。毕竟开垦荒地并非易事,为了鼓励垦荒,有时"国家会提供临时的贷款以作为人们开垦土地所需的初始投资"。[①] 俄罗斯历史上移民租地定居生活的相关情形也可作一参照,克柳切夫斯基说:"对新的'来人'是十分慎重的,要加以审查,有时也需要提出

---

①〔美〕曾小萍等编:《早期近代中国的契约与产权》第四章(安·奥斯本著),第119页。

一些担保人,保证他信守合同,居住在某个村子或乡村,作安份守己的农民,种地、建房,兴建新的房子,修理老的房子,不逃跑。""如果佃户租的是荒地,而不是现成的庭院和耕地的话,那么他要保证建房、耕地,围田地,清草场,安份地生活,不开小酒店,不偷盗。"①毫无疑问,北魏均田制时代的情形肯定与此不会完全一样,甚至会有较大的差别,但也会有相通之处。新移民必定也要被纳入基层行政组织,其所在地区的三长对于管理新移民、帮助其开始新生活肩负着不可推卸的责任。如果是原本并无人烟的徙居地,则一定不会是个别民户的迁徙,而应该是较多民户同时徙居(不一定全都来自同一个地方),以便于建立新的由邻、里、党组成的移民社区。

第五节　园宅地的规定

(十二)诸民有新居者,三口给地一亩以为居室,奴婢五口给一亩。男女十五以上,因其地分,口课种菜五分亩之一。②

这是关于居室菜地——园宅地的规定。按《周礼·地官》述"载师"之职掌,包括"以场圃任园地,以宅田、士田、贾田任近郊之地"。郑司农(众)云:"民宅曰宅。宅田者,以备益多也。"贾公彦云:"司农意,以宅本一夫受一区,恐后更有子弟国中不容,故别受宅田于近郊,以备于后子弟益多出往居之。"③北魏均田令所规定

---

① 〔俄〕瓦·奥·克柳切夫斯基:《俄国史教程》第二卷,第289页。

② 《魏书》卷一一〇《食货志》,第八册,第2854页。

③ 〔清〕孙诒让:《周礼正义》卷二四,第四册,第938、941页。按惠士奇、孙诒让对先郑说提出异议,此不具论。

的"新居者""以为居室"及"种菜"之一亩地,即属于宅田和园地。① 据李安世均田疏,州郡之民"因年俭流移,弃卖田宅,漂居异乡",而其返回旧墟时"庐井荒毁,桑榆改植"②。均田制颁布的一个重要目的便是为了解决"民困饥流散"的社会问题,而返乡流民能否迅速地投入农业生产,首先需要解决的问题便是安居乐业。此条规定便是专门为此而定。在露田、桑田和麻田的受田上,奴婢几乎完全与良人相同,但园宅给地奴婢仅为良人的六成,显示出良贱之别。奴婢给园宅地表明,奴婢应该可以单独成户。此外,成丁男女须在其均田土地上人均种菜五分之一亩,很显然这样的小块菜地应当是在庭院中或其侧近③,主要是为了供给民户自己食用之需,而不大可能有剩余产品出售。

根据西魏大统十三年敦煌籍帐文书,无论一家人口多少,其居住园宅全都是一亩④。这究竟是西魏所作的变更,还是北魏后期就已如此,难以确知。敦煌地区为狭乡,土地较少,很可能统一规定每户居住园宅为一亩。而在宽乡地区,大概只对建立"新居"

---

① 马克·布洛赫描述中世纪法国农村的情形时说:"那时在住宅周围,人们有自己的园地与果园,它们总是被圈围起来。所谓园地,就是圈地。""圈地的篱笆是一种标志,它告诉人们在任何情况下也不允许在圈地里进行公共放牧。"(《法国农村史》,第51页)北魏的居室菜地——园宅地的情形当与此类似。

② 《魏书》卷五三《李安世传》,第四册,第1176页。

③ 宅院内辟宅田种菜,古已有之,如河南淮阳于庄汉墓出土的陶宅院模型显示,其侧院(西院)内有三段农田(宅田),很可能就是菜地。参见周口地区文化局文物科、淮阳太昊陵文物保管所《淮阳于庄汉墓发掘简报》,骆明、陈红军《汉代农田布局的一个缩影——介绍淮阳出土三进陶院落模型的田园》。

④ 唐耕耦、陆宏基:《敦煌社会经济文献真迹释录》,第一辑,第112—127页。

的民户规定三口给一亩为居室,而民户原有居室即便超出这一标准也不会进行调整。要安家就必须有居室,无论是令流民返乡或地著,还是令其从豪强荫户变为编户齐民,都必须有居住园宅才可。隋文帝开皇十年(590)五月乙未(初九,6.16)诏有云:"魏末丧乱,宇县瓜分,役车岁动,未遑休息。兵士军人,权置坊府,南征北伐,居处无定。家无完堵,地罕包桑,恒为流寓之人,竟无乡里之号。"①可见有居室和桑田乃是作为编户齐民的重要标志②。

第六节　受田规程的补充条款

(十三)诸一人之分,正从正,倍从倍,不得隔越他畔。进丁受田者,恒从所近。若同时俱受,先贫后富。再倍之田,放此为法。③

这是关于受田规程的一个补充条款。据此条规定,无论正田还是倍田(再倍之田),一人所受田地都要集中连成一片,而不能分割开来与他人的田地相混。若某家有新进丁男女需受田,或者次丁已受田而进为正丁后扩大受田份额,则尽可能选择在原有田地旁就近受田。"不得隔越他畔"与"进丁受田者,恒从所近",体现的精神是一致的。若一户所有的土地分布于多处,显然不利于

---

① 《隋书》卷二《高祖纪下》,第一册,第34—35页。
② 日本学者曾我部静雄对北朝隋唐均田制之园宅地作过系统考察,参见《中国律令史の研究》,第252—266页。
③ 《魏书》卷一一〇《食货志》,第八册,第2854页。

生产劳作和田间管理①。这种情况应该还是基于闲田较多,没有人地矛盾或人地矛盾不突出的情况。司马光就此向刘恕提问:"一人之田,正从正,倍从倍,不得隔越他畔。是二者必须相邻,地形安得如此?"刘恕的回答是:"一人之分,正从正,倍从倍,不得隔越他畔。犹下文云,进丁受田,恒从所近。谓取逐户傍近,不必地相邻也。"②北宋与北魏相比,人口数量恐有数倍之差,人地矛盾远为突出,北魏均田制所提出的"不得隔越他畔"和"恒从所近"的原则,自然也就没有了实施的条件。土地的优劣主要由两个因素决定,首先当然是其肥沃和贫瘠程度,其次便是位置是否便于生

---

① 威廉·罗雪尔说:"如果想通过立法使农民阶级,即作为一国基础的阶级获得自由,并进而保障其自由,则立法必须规定不允许(土地)分割超过的最小限度。"而且"在限制分割的同时需要有轮换地"。"分割地分散在远离住宅地的地方,或各块分割地分散在各处,这在高度的经济发展阶段将愈益成为一种障碍。这对投入资本和劳动、对交通和地界等都有不便。"(《历史方法的国民经济学讲义大纲》,第60、61页)其主张可以说与北魏均田制倍田以及"不得隔越他畔"与"进丁受田者,恒从所近"的规定颇有相通之处。还需一提,阿瑟·刘易斯在论及由于继承制度的延续而造成的"土地由大分小"现象时说:"分地造成几方面的浪费。大量的劳动时间浪费在从一块地到另一块地之间的奔波上。其次,远处的土地不如近处的土地易于照管。这些土地由于易于发生病虫害,缺乏照顾和庄稼容易被盗而产量较少。由于收成不多,对它们照顾就越少。第三,设备、牛棚、水槽等设施,由于彼此之间距离较远,也许需要加倍投资。第四,如果地块太小,也许会难以犁地……筑地界可能还要浪费许多土地。然而,最大的损失还是时间。"(《经济增长理论》,第150页)其说应该是对包括罗雪尔在内的前代经济学家观点的继承和融通。

② [宋]刘義仲:《通鉴问疑》,《景印文渊阁四库全书》史部四四四"史评类",第六八六册,第8页下栏、9页上·下栏;[宋]刘元高编:《三刘家集·刘恕·通鉴议论》,《景印文渊阁四库全书》集部二八四"总集类",第一三四五册,第551页下栏、552页下栏。

产耕作(如田块是否连成一片,距离耕种者的远近及交通条件)①。均田令"进丁受田者,恒从所近"所体现的即是便于生产耕作的因素。

此外,规定若同时受田则采取"先贫后富"的步骤,充分体现了均田制"恤彼贫微,抑兹贪欲,同富约之不均,一齐民于编户"的目的。这主要是为了防止地方豪强富户借受田之机上下其手,独擅"膏腴之美",而贫民只剩"瘠土荒畴"。如此,方能使"细民获资生之利,豪右靡余地之盈"。按《唐律疏议·户婚律》"诸里正依令授人田课农桑"条,疏议引《田令》:"授田:先课役,后不课役;先无,后少;先贫,后富。"②《唐六典·尚书户部》:"凡授田,先课后不课,先贫后富,先无后少。凡州、县界内所部受田悉足者为宽乡,不足者为狭乡。"③唐代授田的这一原则,其渊源即在北魏。又,唐令(《赋役令》)规定"凡差科,先富强,后贫弱;先多丁,

---

① 〔英〕爱德华·威斯特说,"最肥沃的土地或最便于产品上市的土地,或者干脆说由于位置好和土质优良而能给所投入的费用带来最大收益的土地,无疑将首先被耕种"(《论资本用于土地》,第 10 页)。因位置好和土质优良而首先被耕种的土地自然就是最优等的土地,不过"位置好"并不完全由于"最便于产品上市",因为土地产出还是以粮食为主,粮食收获后需要通过辗打脱粒及入仓储藏等环节,而后才能实现其使用价值——部分用来食用,部分用于缴纳地租或赋税,部分作为商品用于出售。所有这些都是在田间地头无法实现的,故而土地所在位置的优劣与"最便于产品上市"并无多大关系,而与是否便于生产耕种关系密切。即便是种植用来出售的蔬菜、水果,也不可能在成熟后全都能一次性卖出,有一部分还得先储藏再售卖,仓储地点一般不会选择田间地头,最大可能还是会在宅院内外。也就是说,土地的位置好虽然不能完全排除"便于产品上市"的因素,但绝对不是主要因素。
② 《唐律疏议》卷一三《户婚律》,第 249 页。
③ 《唐六典》卷三《尚书户部》,第 75 页。

后少丁"①,想必北魏《赋役令》亦当有类似的规定。

(十四)诸远流配谪、无子孙及户绝者,墟宅、桑榆尽为公田,以供授受。授受之次,给其所亲;未给之间,亦借其所亲。②

这是关于受田规程的又一个补充条款。被流放到边远地区的罪犯,若无子孙而在故乡不再有家室,或因种种原因全家死亡而绝户,其原有园宅地和桑田全部收归国有,作为公田重新分配。在授受之后若有余田,则给其亲属,而在未授受之时则借给其亲属。此条是为了避免因绝户而使得原有的熟田被闲置而荒芜,同时也可在一定程度上增加公田面积,有利于缓解因进丁等原因而产生的对公田的新的需求。在分配原则上考虑到其原有户主亲属的利益,体现了亲近疏远的宗法性原则。"在旧罗马法中,无人主张的继承权归属于'同族人'。"③虽然北魏均田令此条的规定与罗马法不尽相同,但照顾绝户者亲属或同族人权益的立法原则颇有相通之处。此条规定进一步表明,北魏均田令制定时充分考虑了制度实施过程中各种可能出现的情况,不仅仅出于当下巩固统治的需要,亦为将来子孙后代着想,决非权宜之计。

第七节　地方官"公廨田"的规定

(十五)诸宰民之官,各随地给公田④**,刺史十五顷,太守十**

---

① 《唐律疏议》卷一三《户婚律》"诸差科赋役违法及不均平,杖六十"条疏议引《令》文,第251页。
② 《魏书》卷一一○《食货志》,第八册,第2855页。
③ 〔英〕梅因:《古代法》,第150页。
④ 《通典》卷一《食货一·田制上》作"各随匠给公田"(第一册,第19页);《册府元龟》卷四九五《邦计部一三·田制》作"各随所给公田"(转下页注)

顷,治中、别驾各八顷,县令、郡丞六顷。**更代相付。卖者坐如律。**①

　　这是关于地方官"公廨田"的规定。此"公田"的给受,目的是为了保障各级地方官的办公费用,故在其卸任时必须如数转交给下一任,若进行出卖则要依法惩处。② 北齐宋孝王《关东风俗传》云:"《魏令》:职分公田,不问贵贱,一人一顷,以供刍秣。"③按《魏令》关于职分公田的规定,显然是对均田令这一条款的补充,颇疑其下本亦有"更代相付""卖者坐如律"之类的规定。《通典·食货一·田制上》引后魏均田令,此条后本注:"职分田起于此。"④严格来说,北魏均田令此条与后世"职分田"有较大差别。"职分田"之名始于隋朝,《隋书·食货志》云:"京官又给职分田。

（接上页注）（第六册,第5924页上栏）,卷五〇五《邦计部二三·俸禄一》作"各随近给公田"（第6064页上栏）。按"匠"与"近"形近,当作"近"为是。中华书局点校本《通典》即据《册府元龟》卷五〇五改为"近",参见卷一"校勘记"〔六五〕,第一册,第25页。

①《魏书》卷一一〇《食货志》,第八册,第2855页。

②"宰民之官"是否同普通编户齐民一样也按均田令的规定给受露田、桑田或麻田,未见明确记载。方行认为:"北魏实行均田制时,并没有专门关于官吏受桑田（永业田）的规定,当时官吏本身受桑田数额与农民一样,每人二十亩。但可通过'奴婢依良'之制,占有大量土地。"（《中国封建社会的土地市场》）按"官吏本身受桑田数额与农民一样",其说并无明确的史料依据。黎虎也有类似观点,认为"'宰民之官'即'长吏'除了另授的公田之外,也与'吏民'同样按照均田法授田"（《"吏民"即编户齐民——原"吏民"之三》,《先秦汉唐史论》,下册,第497页）。他还认为"长吏""脱离本乡本土,在全国范围内流动"（《"吏民"的一体性——原"吏民"之四》,同上书,第528页）。此说诚然,不过没有"地著"的他们如何"按照均田法授田"便成为了问题。

③《通典》卷二《食货二·田制下》"北齐"条,第一册,第27页。

④《通典》卷一《食货一·田制上》,第一册,第19页。

一品者给田五顷。每品以五十亩为差,至五品则为田三顷,六品二顷五十亩。其下每品以五十亩为差,至九品为一顷。外官亦各有职分田。又给公廨田,以供公用。"[1]由此可见,隋代"职分田"的授给对象包括了"京官"和"外官",即内外百官皆有份,虽然没有明确规定是否可以买卖,但从给田数额推测很可能是将之给予官员作为私产。而北魏均田令此条所规定的"公田",只授给"宰民之官"即州郡县行政长官及主要僚佐,而且明确规定"更代相付"且不准买卖,若违规买卖则要承担法律责任。隋代公廨田的用途则有明确规定,仅作为"公用"[2]。《隋书·高祖纪下》:开皇十四年(594)"六月丁卯(初四,6.27),诏省府州县皆给公廨田,不得治生,与人争利"[3]。对于公廨田"以供公用"之义,于此可得到更加清晰的认识。公廨田不能被官吏占为己有,而作为私有土地进行生产经营。比较而言,北魏均田制中给予"宰民之官"的"公田"与隋代公廨田更为接近,而与职分田差别较大。北魏均田令给"公田"的对象仅限于地方长官,数额较大,从"更代相付"且不许买卖来看[4],是属于办公经费性的田地,而非官员的私产,此正与隋朝"以供公用"的"公廨田"相当。胡如雷认为"这种'更代

---

①《隋书》卷二四《食货志》,第三册,第 681 页。
②钱穆云:"至于公廨田,'公廨'即衙门之意。公廨田亦即所谓'公田',即政府的办公费用靠公廨田的田租收入来维持。"(钱穆讲授、叶龙记录整理:《中国经济史》,第 240 页)
③《隋书》卷二《高祖纪下》,第一册,第 39 页。
④贺昌群认为:"'更代相付',其意义与唐均田制的'皆许传子孙'相同,即世业田不得买卖。"(《汉唐间封建的国有土地制与均田制》,第 52 页)梁方仲不同意这种解释,他认为"太和诏所谓'更代相付',即原任官于离任前必须交代给继任官"(《中国历代户口、田地、田赋统计》,第 475 页)。很显然,梁氏的理解更合乎本意。

相付'的土地毫无私有性质,实际上就是国家的职田,所以杜佑在记载此事后紧接着就说:'职分田起于此'",而"职分田是国有土地"。① 他对此种田地所有权性质的判断得其本义,但又承袭杜佑之说谓其等同于后世职分田,则属误解②。

《关东风俗传》引《魏令》谓"职分公田""以供刍秣",按《周礼》"大宰之职","以九式均节财用","七曰刍秣之式"。郑玄注:"刍秣,养牛马禾谷也。"③宋人王昭禹云:"草谓之刍,谷谓之秣。刍秣以养牛马,有事则秣,无事则刍。"④由此可见,此一人一顷的职分公田是专门用于官吏任职期间为其使用的牛马种植饲料的土地。唐长孺认为:"宋孝王所说'一人一顷,以供刍秣'的公田,显然和均田令中给予地方官的公田不是一回事。这是牧地,在公

---

① 胡如雷:《中国封建社会形态研究》,第 16 页。又可参见同书第 39 页。汪籛云:"职分田更代相付,不听出卖,斯为国有土地,故曰公田。唐律中有'公、私田'之词,所谓'公'者,实指职分田、公廨田、屯田等,国有土地也。所谓'私'者,实包括永业、口分在内。"(《北魏均田令试释》,《汉唐史论稿》,第 152 页)又有著述谓此"公田"为"典型的国有土地",乃是"在职官员的俸田,即后来的职分田"。(田昌五、漆侠总主编:《中国封建社会经济史》第二卷〔本卷主编朱大渭、张泽咸〕,第 100—101 页)按以之为"俸田",比"职分田"之说走得更远。

② 关于此类田地的制度渊源,张传玺有比较系统的考察,他说:"职分田之制始于东汉、三国之际。""两晋时期,职分田制已行于州、郡。""南朝时期,职分田制也在推行之中。"(《战国秦汉三国时期的国有土地问题·五 附论魏晋南北朝时期国有土地政策的转变》,《秦汉问题研究(增订本)》,第 97—100 页)按其说皆有史料依据,自可成立。不过他将此作为北魏均田令中地方官所给"公田"及隋代官吏"职分田"的制度渊源,而"公廨田"则另有所指,则未必确当。

③ 《周礼注疏》卷二,《十三经注疏》,上册,第 648 页上栏。

④ 〔宋〕王昭禹:《周礼详解》卷二《大宰下》,《景印文渊阁四库全书》经部八五"礼类",第九一册,第 215 页上栏。

社中牧地本来公有,此时仍然算作公田,但已按人口分配了。世宗(宣武帝)时就把它永远赐与。赐田的特点是没有露田和桑田的区别,一律准许买卖,所以完全是私有的土地。"①日本学者堀敏一认为:"一人一顷的'职分公田'可以认为主要是以京官为对象的",而其建立的时间"最大的可能性是在迁都洛阳的时期",即太和十七、十八年(493—494)"迁都洛阳以后发布的令"。② 据上引《隋书·食货志》推断,北魏后期"职分公田"给受的对象恐怕还是地方长官而非京官。唐朝制度,"凡天下诸州有公廨田,凡诸州及都护府官人有职分田"③。此就笼统而言,其实唐代近三百年间,职分田之给受对象、数目及其收放可以说变化无恒。唐高祖"武德元年(618)十二月制:内外官各给职分田。京官一品十二顷……九品二顷。雍州及外州官二品十二顷……九品二顷五十亩"。唐太宗"贞观十一年(637)三月敕:内外官职田,恐侵百姓,先令官收。虑其禄薄家贫,所以别给地子。去岁缘有水旱,遂令总停。兹闻卑官颇难支济,事须优恤,使得自资。宜准元敕,给其地子"。唐玄宗开元十年(722)"命有司收内外官职田,以给逃还贫民户。其职田以正仓粟亩二升给之",又"停给"内外官职田地子。十八年又按旧制给受京官职田。④ 职田之给受无恒,反映了两方面的矛盾:一方面是随着人口的繁衍引起的人地矛盾,职田

---

①唐长孺:《均田制度的产生及其破坏》。

②〔日〕堀敏一:《均田制的研究》,第195—196页。邓文宽、武建国均同意堀氏关于此制确立(颁布)时间的判断,参见邓文宽《北魏末年修改地、赋、户令内容的复原与研究——以西魏大统十三年计帐为线索》,《出土文献研究续集》,第272页;武建国《论北朝隋唐均田制度的演变》(下),《汉唐经济社会研究》,第176页。

③《旧唐书》卷四三《职官志二》,第六册,第1826页。

④〔宋〕王溥:《唐会要》卷九二《内外官职田》,下册,第1669页。

的给受使得日益增多的民众的人均田地越来越少,正如开元二十九年三月敕所言:"京畿地狭,民户殷繁。计丁给田,尚犹不足。兼充百官苗子,固难周济。"①另一方面是唐朝君主为了笼络百官,又不能够完全不考虑他们的利益,于是就有收回职田或职田地子后又重新恢复旧制的决定。而在现实中,职田普遍租给民户耕种,唐玄宗"天宝元年(742)六月敕:如闻河东、河北官人职田,既纳地租,仍收桑课,田树兼税,人何以堪? 自今已后,官人及公廨职田有桑,一切不得更征丝课"②。按敕书所言"人"即租种"官人职田"的佃户③,其负担之重可以想见。尽管如此,仍可看作是解决这种矛盾的不太完美的一种有效方式。

地方长官皆有车马,其公廨田的耕种亦需牛力,但在北魏均田令或赋税制度中并未见到民户缴纳草料的相关规定。而在秦、汉律令中,对此均有明确的律文规定。云梦秦简《秦律十八种·田律》:"入顷刍稾,以其受田之数,无垦(垦)不垦,顷入刍三石、稾二石。"④《汉书·贡禹传》载其上言,谓农夫"已奉谷租,又出稾税"云云。颜师古注:"稾,禾秆也。"⑤里耶秦简可见"十月户刍钱三[百]"及"户刍钱六十四"的记载⑥。张家山汉简《二年律令·田律》:"入顷刍稾,顷入刍三石;上郡地恶,顷入二石;稾皆二石。""收入刍稾,县各度一岁用刍稾,足其县用,其余令顷入五十五钱

---

① 《唐会要》卷九二《内外官职田》,下册,第 1670 页。
② 《唐会要》卷九二《内外官职田》,下册,第 1670 页。
③ 王永兴认为:"职田、公廨田都是官田,由官府管理经营。""官府经营职田、公廨田的办法就是租佃制。"(《从田令和敦煌文书看唐代土地制度中几个问题》,《陈门问学丛稿》,第 156 页)
④ 睡虎地秦墓竹简整理小组:《睡虎地秦墓竹简》,第 21 页。
⑤ 《汉书》卷七二《贡禹传》,第一〇册,第 3075—3076 页。
⑥ 陈伟主编:《里耶秦简牍校释》,第一卷,第 179、286 页。

以当刍稾。刍一石当十五钱,稾一石当五钱。刍稾节贵于律,以入刍稾时平贾(价)入钱。""卿以下,五月户出赋十六钱,十月户出刍一石,足其县用,余以入顷刍律入钱。"①唐代律令未见明确条文,但亦有相关规定。殿中省尚乘局"尚乘奉御掌内外闲厩之马","凡秣马给料,以时为差"。"奉乘掌率习驭、掌闲、驾士及秣饲之法"。"司廪掌藁秸出纳"。② 尚书工部虞部郎中,"凡殿中、太仆所管闲厩马,两都皆五百里供其刍稾。其关内、陇右、西使、北使、南使诸牧监马、牛、驼、羊皆贮藁及茭草"。本注:"高原藁支七年,茭草支四年;平地藁支五年,茭草支三年;下土藁支四年,茭草支二年。"③由此可见,京师皇家御马饲养所需的草料由两都五百里内的民户供给,而国营牧场则负责国家所需马、牛、羊的饲养。

需要说明的是,北魏均田制是以一夫一妇及其子女组成的小农家庭为主要对象,而官僚贵族可以通过俸禄、爵秩、亲恤及朝廷赏赐和家族财产继承等多种途径获得包括土地在内的丰厚资产,其现有田产也不大可能受到触动。《水经注·巨马水》:"郦亭沟水""历紫渊东。余六世祖乐浪府君,自涿之先贤乡,爰宅其阴。西带巨川,东翼兹水,枝流津通,缠络墟圃,匪直田渔之赡可怀,信为游神之胜处也"。④ 学界常以郦道元对其祖居的这一记载来考察均田制实施后民户私有土地的状况,然郦氏家族自北魏初年以

---

①《张家山汉墓竹简〔二四七号墓〕(释文修订本)》,第41、43页。
②《唐六典》卷一一《殿中省》,第330—331页。
③《唐六典》卷七《尚书工部》,第225页。按《旧唐书》卷四三《职官志二》作"两都皆五百里"(第六册,第1841页),然无"北使"二字。
④[北魏]郦道元注,杨守敬、熊会贞疏:《水经注疏》卷一二《巨马水》,上册,第1115—1116页。

来四代为官,并非普通民户,也不是一般的乡间地主,与均田制主要针对的编户齐民阶层似乎关系不大。孝文帝曾将一块面积不小的湖泊赐予宰相李冲,《元和郡县图志·河南道四》郑州管城县条:"李氏陂,县东四里。后魏孝文帝以此陂赐仆射李冲,故俗呼为仆射陂。周回十八里。"[①]此举显然是为了表彰李冲对改革事业所作的突出贡献。类似的赏赐大概较为普遍。《洛阳伽蓝记》所载北魏后期王公贵族的豪奢,应该说与均田制并无干系。

根据太和均田令的规定,除地方长官的公田外,民户的受田情况可列表如下:

【表2】北魏均田令规定的受田情况

田地种类受田对象	露田(老免还田)		桑田(不还田)	麻田(老免还田)	园宅地
	正田	倍田			
男夫	40 亩	40(80)亩	20 亩	10 亩	3 人 1 亩
妇人	20 亩	20(40)亩		5 亩	
丁牛	30 亩	30 亩			
奴婢	依良还受				5 人 1 亩
癃、老、中、小男为户	受半夫之田				
寡妇为户	同妇人				

---

① [唐]李吉甫:《元和郡县图志》卷八《河南道四》,上册,第 203 页。据陈梦家考证,时制一里三百步,一步六尺(《亩制与里制》,《中国古代度量衡论文集》,第 234 页),以北魏中尺(0.28 米)计,一里比今制多四米;以北魏后尺(0.296 米)计,一里比今制多 32.8 米。关于北魏尺度,参见梁方仲《中国历代度量衡变迁表》,《中国历代户口、田地、田赋统计》,第 541 页。

第九章 北魏均田制颁布和实施的时间问题

《魏书·高祖纪上》载太和九年(485)十月丁未(十三,11.6)诏颁均田制①,《食货志》亦载太和"九年,下诏均给天下民田"②。其后,《北史·魏本纪三·高祖孝文帝纪》③《通典·食货一·田制上》④《资治通鉴》齐武帝永明三年十月条⑤及《通志·食货略一·田制》⑥《文献通考·田赋考二·历代均田之制》⑦,对此皆无异词。也就是说从文献记载角度来看,太和九年颁布均田制并无歧义。然而,还有两条记载引发当代学者的疑问。《魏书·李安世传》载其上均田疏中有"三长既立,始返旧墟"之语⑧,说明当时已经设立三长制。而同书《高祖纪下》记载,太和十年"二月甲戌

<hr />

① 《魏书》卷七上《高祖纪上》,第一册,第156页。
② 《魏书》卷一一〇《食货志》,第八册,第2853页。
③ 《北史》卷三《魏本纪三·高祖孝文帝纪》,第一册,第101页。
④ 《通典》卷一《食货一·田制上》,第一册,第17页。
⑤ 《资治通鉴》卷一三六《齐纪二》,第九册,第4268页。
⑥ 《通志》卷六一《食货略一·田制》,《景印文渊阁四库全书》史部一三二"别史类",第三七四册,第253页下栏。
⑦ 《文献通考》卷二《田赋考二·历代田赋之制》,第一册,第39页。
⑧ 《魏书》卷五三《李安世传》,第四册,第1176页。

474

（十三，4.2），初立党、里、邻三长"①。《李安世传》在记载均田疏之后即谓"后均田之制起于此矣"，则均田疏必定上于均田制颁布之前。这样，均田制颁布时间和立三长的时间便发生了冲突。此其一。其二是关于《魏书·韩麒麟传》相关记载的理解问题。"太和十一年，京都大饥"，齐州刺史韩"麒麟表陈时务"，其中有云：

> 今京师民庶，不田者多，游食之口，三分居二。盖一夫不耕，或受其饥，况于今者，动以万计。故顷年山东遭水，而民有馁终；今秋京都遇旱，谷价踊贵。实由农人不劝，素无储积故也。……贵富之家，童妾袆服；工商之族，玉食锦衣。农夫餔糟糠，蚕妇乏短褐。故令耕者日少，田有荒芜。谷帛罄于府库，宝货盈于市里；衣食匮于室，丽服溢于路。饥寒之本，实在于斯。②

韩麒麟上表的精神与孝文帝均田诏并无二致，反映了共同的时代要求。韩麒麟建议："制天下男女，计口受田，宰司四时巡行，台使岁一按检，勤相劝课，严加赏赐。数年之中，必有盈赡，虽遇灾凶，免于流亡矣。"③其所言"计口受田"，学界一般认为即是均田制的另一种表述。从其上表来看，当时均田制尚未在全国普遍推行。有学者据此对均田制的颁布或施行时间提出了疑问，认为均田制的颁布不仅有可能晚于三长制，而且也有可能晚于韩麒麟上表的时间。

---

①《魏书》卷七下《高祖纪下》，第一册，第 161 页。
②《魏书》卷六〇《韩麒麟传》，第四册，第 1332—1333 页。
③《魏书》卷六〇《韩麒麟传》，第四册，第 1333 页。

第一节　学界主要观点及其依据

《魏书·李安世传》载其上疏中"三长既立，始返旧墟"云云①，与有关均田制和三长制颁布时间的记载存在矛盾，成为均田制和三长制研究中不可回避的一个问题，许多学者对此曾发表看法或进行专题研究。最初的研究者试图通过对均田和三长涵义的解释以调和两者的矛盾，后来者则怀疑两制尤其是《魏书·高祖纪下》关于均田制颁布时间的记载有误。现代学者中，日本学者冈崎文夫最早注意到相关记载的矛盾，并认为均田制的施行是在三长制之后②。志田不动麿据《南齐书·魏虏传》的记载，认为北魏于太和九年某月制定三长制，数月之后即同年十月实行均田法，按法令规定，从太和十年正月起，为了还受田而开始户籍调查，至次年二月完成③。陈登原云："是故立三长者，所以括隐籍之户口也；颁均田者，所以赋诸荫附之人，于荒废之田也。然则太和九年之均田，太和十年之立三长，事乃一行而二岐（歧）。昔人疑何以先有均田，而后有整理户籍，知乎均田制之为括丁以垦荒，而三长制之为析户以定税，则九年而虚立田制，十年而立清查户口之税制，亦非于事不可能也。"④这大概是中国现代学者最早就均

---

①《魏书》卷五三《李安世传》，第四册，第 1176 页。
②参见〔日〕冈崎文夫《魏晋南北朝通史》，第 667—668 页；第 326 页。
③〔日〕志田不动麿：《北魏三长制制定年代考略》。
④陈登原：《中国田赋史》，第 83 页。

田制和三长制相关记载的矛盾提出明确解释①。不过,陈氏较早的观点与此有异:"顾均田制度之实行,必赖乎有翔实之人口统计。故在实施均田制度以前,最重要之设施,为户籍之编定,所谓'立三长'是也。"接着又引李冲所上立三长之疏,并云:"三长既立,户口既有可稽,于是可以致力于土地制度之建设。"②陈氏提出人口统计、户籍稽查在先而实行均田制在后,从逻辑上说自有其道理,然制度颁布在先而实行在后也是符合常理的,何况均田、三长两制的颁布相距只有不到五个月的时间。梁方仲对陈说提出了尖锐批评,认为据李安世上疏"'三长既立,始反旧圩(墟)'之语,得谓三长之立,犹在议行均田之前。但李冲上言是在太和十年,则断无疑义。今陈先生年代倒置,殊令人有车前马后之感。"③按陈说的确存在"年代倒置"的问题,但梁说亦有矛盾扞格之处。因为李冲上疏请立三长,必在三长制设立之太和十年二月前,但不一定非得在太和十年,若"谓三长之立,犹在议行均田之前",则李冲上疏必在太和九年十月颁布均田制之前(梁氏是承认《魏书》关于均田制颁布时间的记载的),也就不得谓之必在太和十年。

钱穆认为:"李疏云'三长既立,始返旧墟',则应在十年立三长后,而均田诏尚在九年。据《魏书》,立三长同时定'调'法,'调'法正须与均田相附而行,则九年有均田诏,信矣。盖均田非一年可成,李安世亦恐不止一疏,上引则似确在立三长后也。"本

---

① 其后,蒙思明在中国学界最早就均田制与三长制实施的时间问题作了专题研究,参见《北魏实施均田制与三长制的年代问题》,《魏晋南北朝的社会》,第222—227页。
② 陈登原:《中国土地制度》,第105页。
③ 梁方仲:《评陈登原著〈中国土地制度〉》,《中国社会经济史论》,第465页。

注且谓李疏"则明在推行均田以后"。①吕思勉云:"案均田之制,在大和九年,三长之立,在其十年二月,《疏》云三长既立,而《传》云均田之制起此,似乎有误。窃疑此《传》所云均田,非指九年定制,乃三长既立,民返旧墟,豪强不便而扞格之,犹欲肆其侵陵劫假之旧,安世乃复以为言,魏朝从之,立为年断,使事久难明者,悉属今主,俾贫民亦有田可耕,以是谓之均田也。"②对李安世均田疏中"三长既立,始返旧墟"与实行均田制和设立三长制时间相矛盾的问题,范文澜提出了这样的解释:"这里明说立三长在前,建议行均田在后。事实上也只有校正户籍以后,才有可能按户口奴婢牛具分配田地,如果按照立三长前的大户(三五十家成一户)分田,每户得田太少,无法进行耕种,因此,两事先后,当有错误,这里假定立三长在四八五年,行均田在四八六年。"③陈守实亦认为"班禄与立三长,不始于八年十年而在九年颁布的均田令前"。不过他又谓"太和十年(四八六年)因李冲的建议,(三长制)才明令

---

①钱穆:《国史大纲》,上册,第 333 页。按是书完稿于 1939 年,1940 年初版。严耕望对颁均田与立三长并无明确看法,只是在引用李安世均田疏中包括"三长既立,始返旧墟"的一句话后附注云:"柳翼谋先生钱宾四师均言此疏在太和十年或稍后,是也。"(《中国地方行政制度史——魏晋南北朝地方行政制度》,下册,第 684 页)按柳诒徵云:"按《通鉴》永明三年载李安世疏,四年载李冲之言,是三长之立,在安世上疏之后。然李疏明云'三长既立,始返旧墟'。似三长立后,始行均田。《魏书·李安世传》未言其上疏年月,而《食货志》明云'九年下诏均田,十年李冲上言立长'。疑李安世之疏,非太和九年所上。"(《中国文化史》,上册,第 460 页注②。是书钟山书局 1932 年初版)

②吕思勉:《两晋南北朝史》,下册,第 1059 页。按是书开明书店 1948 年初版,参见方德修《吕思勉先生著述系年》,《蒿庐问学记:吕思勉生平与学术》,第 336 页。

③范文澜、蔡美彪等著:《中国通史》,第二册,第 592 页。

颁布"。① 以上诸家所言,皆出于揣测和臆断,自然不足以服人。此外,何兹全认为"在均田制颁布的同一年,又宣布实行三长制"②。虽然颁行两制的诏令间隔只有五个月,但却是在两个年份,故不能说是在"同一年"颁布。

缪钺对于钱穆和吕思勉之说,颇不以为然,提出了如下看法:

> 钱、吕两氏之所解释,如细思之,仍有可疑者。均田固非一年可成,然下诏均田确在太和九年十月。观李安世疏详陈当时豪右占田甚广,细民无地可耕,援引井田古制,请政府抑豪强,恤贫弱,"宜更均量,审其径术,令分艺有准,力业相称",确是太和九年十月下诏均田以前之言,如在太和九年十月之后,朝廷已明令均田,纵使各地施行均田制,未尽完善,亦不应再作如是之语;盖均田诏下之后,理应人人有田,苟有弊病,应在郡县官吏授田之不公允,而不在豪右之冒认田地。至于谓李安世亦恐不止一疏,则臆测之言,毫无佐证,更不足以解此疑问。③

按钱、吕二氏之解释因无佐证,自然不足以释李安世疏与均田制颁布时间之疑,然缪氏所言均田诏下达后之情形,如"理应人人有田",即使有弊端也"不在豪右之冒认田地",恐怕也只能是一种理想状态,在当时豪右势力强大的社会情势下恐难臻此境界。不

---

①陈守实:《中国古代土地关系史稿》,第150—151页。
②白寿彝总主编:《中国通史》第五卷《中古时代·三国两晋南北朝时期》,上册(本册主编何兹全),第326页。
③缪钺:《北魏立三长制年月考》,《读史存稿》,第49页。

过，缪氏提出的证据的确值得关注。

《南齐书·魏虏传》:"(永明)三年(485)，初令邻、里、党各置一长，五家为邻，五邻为里，五里为党。四年，造户籍。"①据此，则三长制的设立是在太和九年，而不是在太和十年(486)，也就是说其设立完全有可能早于是年十月均田制的颁布。缪氏云:"太和九年夏间立三长，民返旧墟，因田地多为豪强冒认，细民无地可耕，故李安世上疏请朝廷均量田地，分给贫民，孝文纳其言，是年十月遂下诏行均田，而计口授田必须根据精密之户籍，故太和十年二月，复下诏造户籍。如此，则当时情事，厘然可明。""今既考定北魏立三长制在太和九年夏间，则《李安世传》中之疑义可以冰释矣。"②很显然，缪氏对其发现颇为自信。然而，此说并未被学界所接受，唐长孺便认为《南齐书·魏虏传》的记载"得之传闻"③，自然未必可信。日本学者松本善海在对《南齐书·魏虏传》与《魏书》有关记载详细考察的基础上，发现《魏虏传》关于北魏内部事务的记载存在不少纪年错误，其中大部分为提前一年，而关于北魏设立三长制时间的记载，不足以否定《魏书·高祖纪》太和十年的记载④。

李安世均田疏中的"三长既立"，《册府元龟》引作"子孙既立"⑤，而"子孙既立"似乎要比"三长既立"似乎更符合上下文义。

---

①《南齐书》卷五七《魏虏传》，第二册，第989页。
②缪钺:《北魏立三长制年月考》，《读史存稿》，第50页。
③唐长孺:《北魏均田制中的几个问题》，《魏晋南北朝史论丛续编》，第17页。
④参见〔日〕松本善海《北魏における均田·三长两制の制定をめぐる諸問题》，《中国村落制度の史的研究》，第260—281页。
⑤《宋本册府元龟》卷四九五《邦计部一三·田制》，第二册，第1250页下栏;明本《册府元龟》卷四九五《邦计部一三·田制》，第六册，第5924页下栏。

武仙卿最早发现这一异文,他认为《册府元龟》"'子孙既立'较《魏书·李安世传》所言的'三长既立'为妥当,亦可藉以打破与'太和十年初立三长'的记载的矛盾。"①然而武氏已据《玉海》将李安世上疏时间定在太和元年②,也就无所谓要"打破与'太和十年初立三长'的记载的矛盾"了。李剑农亦据《册府元龟》改"三长既立"为"子孙既立"③。蒙思明云:"以意义释之,'子孙'同'三长'皆一样可解,并无彼优于此之可言。然而《册府元龟》所引的李疏与今本《魏书》所载的李疏,他处亦颇有出入:如《魏书》作'远认魏晋之家,近引亲旧之验',《册府元龟》则'远认魏晋之冢,近引亲旧之验。''冢'字似较'家'字为优。虽不必因此遂可定'三长'之应作'子孙',至少证明《册府元龟》的引文必另有依据。如果应用以古本汇校古本证今本讹误的原则而承认《册府元龟》的引文为可信的话,则关于三长制这一记载的矛盾亦可暂告解决。"④按太武帝太延元年(435)十二月甲申(初一,436. 1. 5)诏云:"自今以后,亡匿避难,羁旅他乡,皆当归还旧居,不问前罪。"⑤虽然北魏朝廷的诏令要求流民必须归还旧居,但恐怕并无多少人愿意重回故土。此诏发布于均田制颁布前半个世纪,到李

———————

① 武仙卿:《北魏均田制度之一考察》。
② 《通典》卷一《食货一·田制上》载"孝文太和元年三月诏",其后接着载"时李安世上疏曰"。(第一册,第 17 页)[宋]王应麟《玉海》卷一七六《食货·田制》"元魏均田"条节引之,且标明此为《通典》之文。(《景印文渊阁四库全书》子部二五三"类书类",第九四七册,第 540 页上栏)武氏未审,遽以为定李安世上疏在太和元年乃《玉海》之意。
③ 李剑农:《中国古代经济史稿》第二卷《魏晋南北朝隋唐部分》,第 159 页。
④ 蒙思明:《北魏实施均田制与三长制的年代问题》,《魏晋南北朝的社会》,第 226—227 页。
⑤ 《魏书》卷四上《世祖纪上》,第一册,第 86 页。

安世上均田疏时,这些流民无疑已是"子孙既立"。事实上,不用这么长时间,因为当时十五岁成丁(北魏前期小于十五岁),则流民离乡后用不了二十年即可"子孙既立",若其离乡时子女接近成年,则"子孙既立"所需时间更短。甚至在冯太后第二次临朝听政之初因饥荒逃亡者,到均田制颁布时便有可能"子孙既立"。如果《魏书》"三长既立"确为"子孙既立"之讹,则均田疏不上于三长制设立之后,均田制的颁布亦不必晚于三长制设立之时。然而,正如唐长孺所指出:"'册府元龟'由于转引或传刻之讹也常有错误,譬如均田令的颁布误列于太平真君九年,李安世上疏列于文成帝时,我们难以保证'册府元龟'引文一定正确。"①对此,侯旭东认为:"对李安世上疏的不同记载不能因该书存在舛误而轻率否定。""《册府元龟》所记'子孙既立'显然要比《魏书·李安世传》的'三长既立'更贴切。"②李安世在均田疏中既言饥民"弃卖田宅,漂居异乡,事涉数世",其下若按《册府元龟》所载作"子孙既立,始返旧墟",显然是自相矛盾的。均田疏所言流民返乡后之财产纠纷等困难情形,也不完全像是在现实中业已发生,更应该像是他所设想的在均田制和三长制实施后,流民返乡可能会出现的问题以及解决的预案。

　　《册府元龟》在校勘学上有其独特的价值,王仲荦甚至认为,"如果利用它来校史,真是美不胜收"③。这是一方面。但另一方面,它也存在不少错讹之处,断不可一以之为是。就《册府元龟》

①唐长孺:《北魏均田制中的几个问题》,《魏晋南北朝史论丛续编》,第17页。
②侯旭东:《北朝"三长制"》,《北朝村民的生活世界——朝廷、州县与村里》,第111页。
③王仲荦:《从〈宋书·颜延之传·庭诰〉校勘记看〈册府元龟〉在校勘学上的价值》,《蜡华山馆丛稿》,第504页。

所载均田制、三长制相关史料来看,诚如唐长孺所言,不能忽略其舛误。兹仅以均田令为例,将几种文献的记载列表如下,以窥测相关记载之一隅。

《魏书》及《通典》《册府元龟》所载均田令异文比较表

《魏书》①	《通典》②	《宋本册府元龟》③	明本《册府元龟》④	问题点
(太和)九年下诏均给天下民田	(太和)九年下诏均给天下人田	太平真君九年下诏均给天下人田	大平真君九年下诏均给天下人田	《册府》时间讹误。
以供耕作及还受之盈缩	以供耕休及还受之盈缩	以供耕作及还受之盈缩	以供耕作及还受之盈缩	《通典》改字。
诸民年及课则受田	人年及课则受田	人年及课则受田	人年及课则受田	《册府》承《通典》避讳改字。
奴婢牛随有无以还受	奴婢牛随有无以还受	奴婢牛随有无以还爱	奴婢牛随有无以还受	宋本《册府》"爱"字形讹。
诸桑田不在还受之限	诸桑田不在还受之限	课桑田不在还受之限	课桑田不在还受之限	《册府》"课"字形讹。
但通入倍田分	但通入倍田分	但还入倍田分	但见人倍田分	宋本《册府》"还"字形讹,然义可通;明本《册府》"见人"二字讹。

---

①《魏书》卷一一〇《食货志》,第八册,第2853—2855页。

②《通典》卷一《食货一·田制上》,第一册,第17—19页。

③《宋本册府元龟》卷四九五《邦计部一三·田制》,第二册,第1249页下栏—1250页上栏。

④《册府元龟》卷四九五《邦计部一三·田制》,第六册,第5923页下栏—5924页上栏。

《魏书》①	《通典》②	《宋本册府元龟》③	明本《册府元龟》④	问题点
于分虽盈没则还田	于分虽盈〔没则还田〕	于数虽盈没则还田	于数虽盈没则还田	《册府》改字，然义可通；《通典》有脱漏
课莳余种桑五十树	课莳余种桑五十树	课种桑五十树	课种桑五十树	《册府》脱"莳余"二字。
依法课莳榆枣奴各依良限三年种毕不毕夺其不毕之地于桑榆地分杂莳余果	依法课莳〔榆枣奴各依良限三年种毕不毕夺其不毕之地于桑榆地分杂莳〕余果	依法课莳榆枣各依良限三年种毕夺其不毕之地于桑榆地分杂莳余果	依法课莳榆枣各依根限三年种毕夺其不毕之地于桑榆地分杂莳余果	《通典》有脱漏；《册府》脱"奴"字且明本"根"字讹。
不得种桑榆枣果	不得种桑榆枣果	不得种桑榆枣果	不得种桑枣果	明本《册府》脱"榆"字。
诸桑田皆为世业	诸桑田皆为代业	诸桑田皆为代业	诸桑田皆为代业	《册府》承《通典》避唐讳改字。
恒从见口	恒从见口	常从见口	尝从见口	《册府》避宋讳且明本字讹。
别给麻田十亩	别给麻田十亩	列给麻田十亩	列给麻田十亩	《册府》"列"字形讹。
诸有举户老小癃残	诸有举户老小残疾	诸有举户老小残疾	诸有举户老小残疾	《册府》承《通典》改字。
年十一已上及癃者	年十一以上及废疾者〔北宋本无"废"字〕	年十一以上及疾者	年十一以上须疾者	《册府》承《通典》改并删字且明本《册府》"须"字讹。
各授以半夫田	各授以半夫田	各授以半夫田	各受一半夫田	明本《册府》"一"字音讹；"受"字讹，然亦可通。

《魏书》①	《通典》②	《宋本册府元龟》③	明本《册府元龟》④	问题点
亦授妇田	亦授妇田	亦授妇田	亦受妇田	明本《册府》"受"字讹，然亦可通。
诸还受民田恒以正月	诸还受人田恒以正月	诸还受田常以正月	诸还受田尝以正月	《通典》避唐讳改字；《册府》避唐讳删字、避宋讳改字，且明本字讹。
及卖买奴婢牛者	及卖买奴婢牛者	及卖买奴婢牛者	及买卖奴婢牛者	明本《册府》"卖买"二字倒乙，然亦可通。
役有土居者	后有来居者	后有来居者	后有来居者	《魏书》"役有土"字讹（当为流传所致）；《册府》承《通典》字确。
依法封授	依法封授	依法封授	依法封受	明本《册府》形讹，然亦可通。
则以其家桑田为正田分	则以其家桑田为正田分	者则以其家桑田为正田分	则以家桑田为正田分	明本《册府》脱"其"字。
无桑之乡	无桑之乡	无桑之乡	家桑之乡	明本《册府》"家"字讹
诸民有新居者	诸人有新居者	诸人有新居者	诸人有新居者	《册府》承《通典》避唐讳。
奴婢五口给一亩	奴婢五口给一亩	奴婢五口一亩	奴婢五口一亩	《册府》脱"给"字，有乖本义。
口课种菜五分亩之一	口课种菜五分亩之一	口课种菜五分亩之一	口课种矣五分亩之一	明本《册府》"矣"字讹。

《魏书》①	《通典》②	《宋本册府元龟》③	明本《册府元龟》④	问题点
倍从倍	倍从倍	倍从倍	陪从陪	明本《册府》"陪"字讹。
恒从所近	恒从所近	常从所近	尝从所近	《册府》避宋讳改字且明本字讹。
再倍之田	再倍之田	再倍之田	再陪之田	明本《册府》"陪"字讹
各随地给公田	各随匠给公田	各随近给公田	各随所给公田	《通典》"匠"为"近"字形讹（当为流传所致）；明本《册府》"所"字讹，然义可通。

　　通过上表不难看出,《册府元龟》尤其是明本在均田令记载上的讹误可谓比比皆是,最严重的问题当然是将均田令的颁布时间由太和九年提前到太平真君九年(448),相差将近四十年,不排除抄写者将"太和"误作"太平真君"的可能,但从上下文记事来看,编撰者完全没有意识到此处存在问题。不仅如此,《册府元龟》还将李安世均田疏置于"文成时",孝文帝均田诏置于"太和元年",错得实在太过离谱。正因如此,其所载李安世均田疏中出现的"子孙既立"这一孤证便不能作为否定《魏书》"三长既立"的可靠证据。

　　假使《南齐书·魏虏传》的记载可信,或《册府元龟》所引为李安世上疏的原始文本,不管是哪种情况,矛盾均可迎刃而解。但问题是"子孙既立"仅为孤证,并无任何其他版本依据或本证予以支持,而且对于太和十一年韩麒麟上表所显示的情况也不能给出恰当的解释。唐长孺认为："如韩麒麟之说京师有那么多的'游食'，不象才'均给民田'的样子。"结合《魏书·高祖纪下》所载太和十一年八月"罢山北苑，以其地赐贫人"的记载，"可见代京一带在十一年还没有实行均田。特别是韩麒麟建议'制天下男女，计口授田'是对整个北魏统治区域而言的"。"不但韩麒麟仿佛完全不知道九年有均田令之颁布，为了灾荒问题而提出屯田建议的李彪也仿佛完全不知道这回事。""李安世疏中既然有矛盾的记载，加上上述疑点，我们对于均田令之颁布年月就很难确定为九年（四八五年）。"①按李彪建议载于《魏书·李彪传》②，据同书《食货志》记载，李彪封事上于太和十二年③。

《魏书·高祖纪下》：太和十四年"十有二月壬午（十九，491.1.14），诏依准丘井之式，遣使与州郡宣行条制，隐口漏丁，即

---

① 唐长孺：《北魏均田制中的几个问题》，《魏晋南北朝史论丛续编》，第18—19页。汤明檖在引述唐长孺观点后说："事实上，行均田与立三长是交错推行的，并且从下令均田到各地实施均田必须经历一段相当长的时间。"（《中国古代社会经济史》，第264页）至于两制的颁布孰先孰后，如何交错推行，汤氏并无具体说法。劳榦在引述李安世均田疏和韩麒麟太和十一年上疏的相关内容之后云，"均田之起，自此二奏"。又谓"均田制度由三长制立后，再施行的（应当在太和十年冬，《本纪》误为九年，因为诏书有'十有五年'的原故，其实十有五年，可能为整数，则在太和十年）"。（《魏晋南北朝简史》，第140—141页）按其说纯属臆断，且自相矛盾。还有著述提出了更加大胆的看法："李安世是'三长'制已经实行并且起到了促使流民还乡的作用之后，才提出《均田疏》的。这样，《均田诏》的颁发必然在'三长'制实施之后，而不可能在其前。如果'三长'制的改革发生在太和十年的材料无误，那么，《均田诏》的颁发，均田制的实行，只能是太和十年或者更后些时间的事。"（赵靖主编：《中国经济思想通史》第二卷，第270页）其推理简单武断，自非的论。

② 参见《魏书》卷六二《李彪传》，第四册，第1385页。

③ 参见《魏书》卷一一〇《食货志》，第八册，第2856—2857页。

听附实。若朋附豪势,陵抑孤弱,罪有常刑"①。冈崎文夫对这一记载的理解是:"丘井式实即划分固有的经界,实行均量的均田之制。而让隐口漏丁与土地结合,以防豪族的兼并,应即三长制政策之旨归。"②唐长孺对此有如下解释:

> 诏书说明太和十四年,有了一种"丘井之式"可以依准,又有"条制"可以宣行,按周礼地官大司徒云:"乃经土地而井牧其田野","九夫为井,四井为邑,四邑为丘,四丘为甸,四甸为县,四县为都,以任地事,而令贡赋"。井是以九夫所受之田的土地来计算的单位,"丘井之式"和所宣行的"条制"显然是与均田和三长制相关。③

由此他认为,"均田令是否在太和九年(四八五年)颁布是可疑的,但至迟太和十四年(四九〇年)十二月前已有此制"④。表面看

---

① 《魏书》卷七下《高祖纪下》,第一册,第 167 页。
② 〔日〕冈崎文夫:《南北朝に於ける社会经济制度》,第 182 页。按日本学者谷川道雄虽然对于均田制的施行时间没有明确的看法,但他认为"韩麒麟使用'计口授田'的表达,希望给用'天下男女'","与均田制形成关系密切"。(《中国中世社会与共同体》,第 258 页注〔14〕)换言之,其观点是均田制出现于太和十一年之后。
③ 唐长孺:《北魏均田制中的几个问题》,《魏晋南北朝史论丛续编》,第 19—20 页。按孝文帝诏中所言"丘井之式",既有可能是指《周礼》井—邑—丘—甸之制,更有可能是指丘亩之制和井邑之制。唐玄宗时兵部员外郎、兼侍御史宇文融"奏慕容琦……等二十九人为劝农判官,假御史,分按州县,括正丘亩,招徕户口而分业之"(《新唐书》卷一三四《宇文融传》,第一五册,第 4557—4558 页)。可知丘亩即田地,丘亩之制即为均田制无疑。井邑指村落,文献记载不胜枚举,井邑之制即为三长制无疑。
④ 唐长孺:《北魏均田制中的几个问题》,《魏晋南北朝史论丛续编》,第 20 页。

来,这种看法的确颇有理据,然而其说却与《魏书·高祖纪上》和《食货志》所载均田制颁布的时间有出入。正因如此,此说同样也未被学界所接受,唐氏晚年似亦不再坚持旧说①。

肯定太和九年颁布均田制的学者中,郑欣和高敏的相关论述值得关注。韩麒麟上表中有"制天下男女,计口受田"之语,学界一般认为这是他提出的解决饥荒的方案之一,也被认为是太和十一年尚未实行均田制的主要证据。郑欣认为这种理解有误,谓"韩麒麟表中的'制天下男女,计口授田'乃是已经推行的制度,并不是他提出的建议",亦即"太和十一年已经推行了均田制度",因此韩麒麟的上表不仅不能证明太和十一年尚未实行均田制,反而还是均田制已经推行的力证。② 尽管如此,从韩麒麟上表所述现状中的确看不到均田制已经推行的迹象,对此郑氏提出了三条理由:(1)"即使推行均田制,也不能保证所有人都能分到土地;即使大多数人都能均到土地,也不能保证他们不离开土地";(2)"三长制、新租调制是和均田制相互联系、相辅相成的两个制度","到太和十一年韩麒麟上表时,三长制和新租调制的成立不过一年左右,而定户籍、租调到均田,是需要一个过程的,所以均田的推行也不会太普遍";(3)"太和十年、十一年,代京一代(带)发生了大旱灾","即使均田制推行得十分彻底,大量人民变成'游食之口',也是在所难免的"。③ 与郑欣的观点相同,高敏也不同意唐

①参见唐长孺《魏晋南北朝隋唐史三论——中国封建社会的形成和前期的变化》,第 129 页;《魏晋南北朝隋唐史》,《大师讲史》,中册,第 146 页。
②万绳楠认为:韩麒麟要求"制天下男女,计口授田","只能说明:因为一次旱灾,很多受田农民又被抛离了土地,韩麒麟要求计口授田,是重新均田;不能说明太和九年均田未曾实行"。(《魏晋南北朝史论稿》,第 271 页)
③参见郑欣《北朝均田制度散论》,《魏晋南北朝史探索》,第 158—159 页。

长孺对均田制施行时间的看法,他认为"应当承认太和九年均田令颁布之日,就是均田制开始实行之时"①。但他并不同意郑氏对韩麒麟表中"制天下男女,计口受田"之语的理解,认为这"确是他的建议之一"。要解释其中的矛盾,"关键在于要把均田制的实行看作一个过程,也要把三长制、创新的租调制以及均田制当作一个不可分离的整体去看待"。② 尽管具体的理解有歧异,但郑、高二氏对均田制实行问题的认识在整体上是一致的。

太和十二年,秘书丞李彪上封事,其中有云:"顷年山东饥,去岁京师俭,内外人庶出入就丰,既废营产,疲而乃达,又于国体实有虚损。若先多积谷,安而给之,岂有驱督老弱,餬口千里之外?"为了从根本上解决这种困境,李彪建议实行和籴制度与屯田制度:

> 宜析州郡常调九分之二,京都度支岁用之余,各立官司,年丰籴积于仓,时俭则加私之二,粜之于人。如此,民必力田以买官绢,又务贮财以取官粟,年登则常积,岁凶则直给。又别立农官,取州郡户十分之一以为屯民,相水陆之宜,料顷亩之数,以赃赎杂物余财市牛科给,令其肆力。一夫之田,岁责六十斛,蠲其正课并征戍杂役。

李彪认为,"行此二事,数年之中,则谷积而人足,虽灾不为害"。③

---

①高敏:《北魏均田法令校释——兼论北魏均田制的实质》,《魏晋南北朝社会经济史探讨》,第219页。

②高敏:《北魏三长制与均田制的实行年代辨析》,《魏晋南北朝史发微》,第169页。

③《魏书》卷六二《李彪传》,第四册,第1385—1386页。

万绳楠认为李彪提出的和籴"这个办法在于维持均田制度"①。郑欣认为从李彪封事中"可看出均田制度已经推行的影子":"李彪说的'一夫之田',就是魏孝文帝在太和元年三月丙午诏书中说的'一夫制治田四十亩',也就是后来在均田令中规定的一夫'受露田四十亩'。由于均田制的推行,使一夫田、半夫田这类术语流行开来;李彪用'一夫之田'这句话,可说是当时均田制已经推行的反映。"②高敏认为郑氏提出的"这个说法是有道理的","《魏书·李彪传》所云,不仅不能证明当时未颁行均田令,而且正面证明当时已颁均田令并正在实行均田制的过程中"。③ 这的确是一个重要的发现,可以确证李彪上封事时均田制已经颁布。李彪所言"一夫之田,岁责六十斛,蠲其正课并征戍杂役",同时反映了均田制和三长制颁布以后民众的权利和义务,也表明均田、三长两制班行之初,并未马上收到恢复和发展社会生产的实效。不但未能使北魏朝廷所希望的改善社会经济窘境特别是严重的饥荒问题的目标立即实现,甚至还可能因为新制的实行引起暂时的混乱,使问题变得愈加复杂,社会经济形势更为严峻。

第二节　均田制颁布于太和九年的证据

　　《魏书·高闾传》载太和"十四年秋,闾上表",谓"伏惟陛

---

① 万绳楠:《魏晋南北朝史论稿》,第 271 页。
② 郑欣:《北朝均田制度散论》,《魏晋南北朝史探索》,第 160 页。
③ 高敏:《北魏三长制与均田制的实行年代辨析》,《魏晋南北朝史发微》,第 171 页。

下……太皇太后……虑狱讼之未息,定刑书以理之;惧蒸民之奸宄,置邻党以穆之;究庶官之勤剧,班俸禄以优之;知劳逸之难均,分民土以齐之"云云。① 按"定刑书"是指太和十一年的法律修订②,"置邻党""班俸禄""分民土"分别是指三长制、俸禄制、均田制。也就是说,在太和十四年秋之前,俸禄、均田、三长制这三项改革新政都已实行。高闾上表的具体时间应该早于太和十四年秋,表文开篇云:"奉癸未诏书,以春夏少雨,忧饥馑之方臻,愍黎元之伤瘁,同禹汤罪己之诚,齐尧舜引咎之德。虞灾致惧,询及卿士,令各上书,极陈损益。"③《魏书·高祖纪下》太和十一年(487)六月条:

> 癸未(廿九,8.4),诏曰:"春旱至今,野无青草。上天致谴,实由匪德。百姓无辜,将罹饥馑。寤寐思求,罔知所益。公卿内外股肱之臣,谋献所寄,其极言无隐,以救民瘼。"④

按高闾表中所言"癸未诏书"即指此条,远在东南边地的齐州刺史

---

① 《魏书》卷五四《高闾传》,第四册,第1204—1205页。
② 参见《魏书》卷一一一《刑罚志》,第八册,第2878页。同书卷七上《高祖纪上》载太和八年八月甲辰诏谓"故变时法,远遵古典,班制俸禄,改更刑书",九年二月乙巳诏谓"朕班禄删刑"云云。(第一册,第154—155页)松本善海认为高闾所言"定刑书"当指此,即在施行俸制的同时公布刑书。(《北魏における均田·三长两制の制定をめぐる諸問題》,《中国村落制度の史的研究》,第316—317页)按甲辰诏书与乙巳诏书所言"改更刑书"或"删刑",当为太和八年六月丁卯班禄诏所言"禄行之后,赃满一匹者死",而不是指对刑书的全面修订。因此,高闾所言"定刑书"应该是指《刑罚志》所载太和十一年的法律修订。
③ 《魏书》卷五四《高闾传》,第四册,第1204—1205页。
④ 《魏书》卷七下《高祖纪下》,第一册,第162页。

韩麒麟在当年即上表言安民之术,而高闾身为朝廷大臣(尚书、中书监),绝不可能在三年多之后才对孝文帝就解决旱灾引起的饥荒问题而号召臣下出谋划策的"癸未诏书"作出答复,因而可以推断其上表最可能是在太和十一年秋①。秘书丞李彪于太和十二年所上封事七条②,是一个解决当时社会问题的一揽子方案,是经过了较长时间的深思熟虑而提出的,很可能也是响应"癸未诏书"号召的结果,因而也可侧证高闾的上表不得晚至太和十四年秋方才提出。根据高闾的上表,可以断言太和十一年秋之前均田制和俸禄制、三长制都已班行,均田制的确应该是在太和九年十月颁布的③。

与俸禄制相比,均田制与三长制的实施难度较大,要在全国范围内普遍实行,即便没有阻力也并非一蹴而就,何况一定会遇到强大的阻力。三长制相对容易实施,而均田制则要复杂得多。太和十年二月设立三长制的同时,规定"定民户籍"。次年七月己丑(初六,8.10)诏曰:"今年谷不登,听民出关就食,遣使者造籍,分遣去留,所在开仓赈恤。"九月庚戌(廿八,10.30)诏曰:"去夏以岁旱民饥,须遣就食,旧籍杂乱,难可分简,故依局割民,阅户造籍,欲令去留得实,赈贷平均。然乃者以来,犹有饿死衢路,无人收识。良由本部不明,籍贯未实,廪恤不周,以至于此。朕猥居民

---

①参见〔日〕松本善海《北魏における均田・三长两制の制定をめぐる諸問題》,《中国村落制度の史的研究》,第317页。
②参见《魏书》卷六二《李彪传》,第四册,第1382—1389页。
③参见〔日〕松本善海《北魏における均田・三长两制の制定をめぐる諸問題》,《中国村落制度の史的研究》,第317—318页。持相同观点的日本学者还有:西村元佑《北魏均田攷》,佐佐木荣一《李安世の上奏と均田制の成立——上奏年次の追求を通して》。

上,闻用慨然。可重遣精检,勿令遗漏。"①由此可见,三长制设立一年半后"定民户籍"的事务也没有完全得到落实。若户籍不清,则"均给民田"便是一纸空文②,按照新税制规定来征收赋税更是纸上谈兵。同年八月"辛巳(廿八,10.1),罢山北苑,以其地赐贫民"③。很显然,京师地区可用于均田的土地十分有限,甚或根本没有,也就难以真正在京师地区实施均田制。太和十四年"秋七月甲辰(初八,8.9),诏罢都牧杂制"④。此举意味着有不少国有牧地被转为农田,应该也是为了实施均田制而采取的重要步骤。均田制实施的前提是要有地可授,李安世的意见是要从豪右手中分割土地和依附人口,但实际上"造籍"的工作进行得并不顺利,很可能遇到豪强的极力阻挠,故在无地可授的情况下政府不得不划出国有土地以供均田。

尤其值得注意的是,由于连年大范围的旱灾,出现了严重的饥荒和剧烈的人口流动,使得均田制在全国范围内的推行受到严重影响。均田制颁布后几年内发生的灾荒见于记载者有:太和十年十二月"乙酉(廿九,487.2.7),诏以汝南、颍川大饥,丏民田租,开仓赈恤"。十一年"二月甲子(初八,3.18),诏以肆州之雁门及代郡民饥,开仓赈恤"。"六月辛巳(廿七,8.2),秦州民饥,开仓赈恤"。本月癸未(廿九,8.4)诏谓,"春旱至今,野无青草",要求"公卿内外股肱之臣,谋猷所寄,其极言无隐,以救民瘼",旱灾之严重可见一斑。正是在这种情况下,孝文帝下诏"听民出关就

---

① 《魏书》卷七下《高祖纪下》,第一册,第 162 页。
② 万国鼎云:"均田必须周知户籍,方可按口授田,故立三长以定民籍。"(《中国田制史》,第 166 页)
③ 《魏书》卷七下《高祖纪下》,第一册,第 162 页。
④ 《魏书》卷七下《高祖纪下》,第一册,第 166 页。

食",民户为了生计而不得不离开本土,自然也就不可能实行均田制,即便已经实行恐怕也要废弃。十一月戊申(廿七,12.27)诏谓"岁既不登,民多饥窘",足见当年的饥荒并不仅仅局限于京师及雁门、代郡和秦州,而是波及全国不少地方。事实的确如此,史称"是岁大饥,诏所在开仓赈恤"。太和十二年仅见"十有一月,诏以二雍、豫三州民饥,开仓赈恤"的记载,看来这一年饥荒范围较小,但在前一年流亡他乡的大量饥民并不一定能够马上返回故土,因而未必可以在全国范围内全面推行均田制。太和十三年四月,"州镇十五大饥,诏所在开仓赈恤"。① 饥荒波及的范围依然十分广泛,表明前一年的收成很不理想。

在遇上灾荒时,北魏朝廷采取的措施主要是"开仓赈恤",偶尔还有"亏民田租"的举措,本地无法救助时则会"听民出关就食"。这些措施在北魏以往各朝代都曾不断实施,并无新意。"开仓赈恤"的前提是当地政府的官仓中要有足够的存粮,否则便是一纸空文,太和十二年李彪所上封事中建议在全国范围内实行和籴与屯田制度,即是由此而发。"亏民田租"的目的是为了缓和矛盾,事实上在灾荒年份饥民食不果腹,性命难保,不论是否减免田租,都不可能真正完成收缴任务,故此只是北魏朝廷的一个姿态,并无多大实际效用。"听民出关就食"是不得已而为之,其前提是邻近地区获得了丰收,有余粮可用于救济外地饥民。如果在一个广大的区域同时发生灾荒,此法便不可行。

此外,孝文帝还采取了新的发展农业生产的举措:太和十二年"五月丁酉(十八,6.13),诏六镇、云中、河西及关内六郡,各修水田,通渠溉灌"。十三年八月"戊子(十七,9.27),诏诸州镇有水

---

① 以上见《魏书》卷七下《高祖纪下》,第一册,第 161—165 页。

田之处,各通溉灌,遣匠者所在指授"。① 由国家号召的兴修水利的行动,在北魏历史上仅见于此,其重要意义不言而喻。先是在六镇、云中、河西及关内六郡试验,次年即推广到全国,可谓雷厉风行。此前发生的饥荒大多由旱灾引起,北魏朝廷认识到通过兴修水利以增加农田灌溉应该是从根本上解决问题的一个重要途径。

孝文帝为应对饥荒而号召臣下出谋划策,专门发布了"癸未诏书",其后又于太和十三年二月"庚子(廿六,4.12),引群臣访政道得失损益之宜";十四年二月"己卯(十一,3.17),诏遣侍臣循行州郡,问民疾苦"。② 通过这两次举措,孝文帝大概对地方基层的社情民意尤其均田制的实施状况有了进一步的了解,同时又得到了一些具体的建议,其结果在太和十四年七月甲辰"罢都牧杂制"以及十二月壬午"依准丘井之式,遣使与州郡宣行条制"两项举措中得到体现。甲辰诏是为了解决受田土地不足的问题,壬午诏则是为了解决豪强荫户的问题。这就表明,直到冯太后去世之时,均田制也没有在全国普遍推行,当然均田诏所希望的"兴富民之本"的目的也就不可能立竿见影。正因如此,韩麒麟上表和李彪封事中均未明确提到均田制,而且均田制已经实施的迹象也不太明显。

总之,均田制是在孝文帝太和九年十月颁布应无疑问,但其完全落实则经过了数年时间,太和十四年十二月壬午诏可以看作是均田制和三长制完全落实的一个标志。因此也可以说,均田制和三长制虽然颁布于冯太后在世之时,但其完全落实则到了冯太

---

① 《魏书》卷七下《高祖纪下》,第一册,第164—165页。
② 《魏书》卷七下《高祖纪下》,第一册,第164—165页。

后去世之后。冯太后死于太和十四年九月,孝文帝于次年正月"始听政于皇信东室"①,则太和十四年十二月壬午诏颁布时,孝文帝仍在为冯太后服丧,由此足见他对落实均田制和三长制的重视程度和急迫心理。冯太后在世时,遇上旱灾往往要举行祈雨仪式,孝文帝一改此法,显示了他与冯太后完全不同的自然观念和行事作风。太和十五年(491)四月,"自正月不雨,至于癸酉(十一,5.5),有司奏祈百神"。孝文帝诏曰:"昔成汤遇旱,齐景逢灾,并不由祈山川而致雨,皆至诚发中,澍润千里。万方有罪,在予一人。……唯当考躬责己,以待天谴。"②不仅如此,此后也未见到孝文帝祈雨的记载。孝文帝对自然规律有清醒的认识,他知道"祈山川"并不能"致雨",灾荒问题只有通过改善治道才能得到缓解③。透过孝文帝此诏,似可感觉到其时均田制已经完全得到实施的现状,而这无疑与去年年底"诏依准丘井之式,遣使与州郡宣行条制"有关。

①《魏书》卷七下《高祖纪下》,第一册,第 167 页。
②《魏书》卷七下《高祖纪下》,第一册,第 167—168 页。
③史称"鲁僖遇旱,而自责祈雨"(《后汉书》卷六一《周举传》,第七册,第 2026 页);"鲁僖遭旱,修政自救","而时雨自降"(卷三〇下《郎𫖮传》,第四册,第 1058 页)。具体情形见《后汉书·郎𫖮传》注引《春秋考异邮》:"僖公三年春夏不雨,于是僖公忧闵,玄服避舍,释更徭之逋,罢军寇之诛,去苛刻峻文惨毒之教,所蠲浮令四十五事。曰:'方今天旱,野无生稼,寡人当死,百姓何谤(罪)?不敢烦人请命,愿抚万人害,以身塞无状。'祷已,舍齐(斋)南郊,雨大澍也。"(第 1059 页)孝文帝的主张与鲁僖公颇为相似,而且从孝文帝对日月蚀的科学认识(《魏书》卷七下《高祖纪下》太和十二年九月甲午诏云:"日月薄蚀,阴阳之恒度耳。"〔第一册,第 164 页〕)推测,他大概已经认识到水旱灾害的发生与所谓山川之神无关,而是自然法则的作用。

第三节 补充论证

日本学者的研究显示,"三长制的方案以及围绕它的议论,在均田制颁布之前就已经出现了"①。堀敏一认为:"均田制因为要实行土地的还受,所以它在五个月后三长制实行之后才开始生效。也即是通过三长制,组织五家为邻,五邻为里,五里为党,依靠各级之长造户籍,控制农民家庭和土地,使得土地还受和新租调的征收开始变为可能。""均田制尽管在四八五年十月的诏令中颁布",但"它并没有立即实行,而且确认土地所有者和制订户籍颇费时日"。"在四八八年到四九〇年之间,在畿内、京城实行了土地的分割。""在四八五年这个阶段,还不存在象现存均田法规这样详细的规定,随着实施的体制逐渐完备,法规也完整起来成为令文,而太和十六年令的编纂,表明以均田制为基础的新的统治体制已经大体固定下来。"②在堀氏看来,均田制的实施是一个过程,太和九年均田诏的颁布并不意味着均田制的立即实施,只有当三长制颁布以后,才能开始实施均田制。他还对均田令十五条令文颁布于太和九年的松本善海说和太和十四年的西村元佑说提出了异议,认为应该是太和十六年令文。③ 然而,就所能见到

①〔日〕堀敏一:《均田制的研究》,第 113 页。按此为堀氏据古贺登《北魏三长考》、西村元佑《北魏的均田制度》而作出的概括。
②〔日〕堀敏一:《均田制的研究》,第 113、133、134 页。
③参见堀敏一《均田制的研究》,第 131—132 页。按日本学者中持相同观点者不乏其人,最近的研究者佐川英治认为:"《魏书·食货志》记载的均田法是太和十六年的'地令',不是太和九年的。"(《北齐标异乡(转下页注)

的史料记载来看,太和九年颁布均田令有明确记载,而太和十四年和十六年说则属揣测。也就是说,只有提出有力证据否定太和九年颁行均田令的文献记载,太和十四年说或十六年说才有成立的可能。

《魏书·高祖纪下》:太和十六年(492)"四月丁亥朔(初一,5.13),班新律令,大赦天下"①。堀敏一所言太和十六年令即指此次所班新律令的一部分。太和十六年四月丁亥所班新律令,是太和十五年"五月己亥(初八,5.31),议改律令"的结果,应该是对北魏现行法律的一次大规模修订,虽然不能完全排除对均田令条文进行修订的可能,但绝不会大动干戈。在太和十六年四月丁亥所班新律令中,均田令亦当包括其中,其正规的法律名称应即《地令》。源怀在宣武帝时期考察北镇后所上表文中建议,"诸镇水田,请依《地令》分给细民,先贫后富"②。按"先贫后富"正是均田制受田的原则,见均田令第十三条。从太和十四年"十有二月壬午(十九,491.1.14),诏依准丘井之式,遣使与州郡宣行条制"来看,当时应该已有《魏书·食货志》所载十五条均田令文的存在。也就是说,完整的均田令条文即便不是在太和九年十月均田诏颁布之时就已制定出来,也应该是在太和十四年十二月之前就已改定。所谓"丘井之式""条制",主要当指均田令条文而言。若与三长制相联系,"丘井之式"的内涵便可一目了然。立三长诏开宗明义即云:"夫任土错贡,所以通有无;井乘定赋,所

(接上页注)义慈惠石柱所见的乡义与国家的关系》,《社会与国家关系视野下的汉唐历史变迁》,第 260 页)
①《魏书》卷七下《高祖纪下》,第一册,第 169 页。
②《魏书》卷四一《源怀传》,第三册,第 926 页。

以均劳逸。"①可见诏书所言"丘井之式"就是"任土错贡""井乘定赋",实即均田制和三长制。也就是说,先实行受田,而后征收贡赋。据此,均田制与三长制孰先孰后的问题可谓不言自明。故可确切地说,太和九年十月丁未(十三,485.11.6)诏标志着均田令的颁布,而太和十四年十二月壬午(十九,491.1.14)诏则意味着均田制的全面落实。

北齐宋孝王《关东风俗传》曰:"《魏令》:职分公田,不问贵贱,一人一顷,以供刍秣。"②按此《魏令》亦当为北魏《地令》,不见于《魏书·食货志》所载均田令,可能是均田制颁布以后增加的补充条款。而据下文,此条《魏令》在宣武帝初年就已存在。孝明帝时,司空、侍中、尚书令任城王澄"奏《垦田授受之制》八条,甚有纲

---

①《魏书》卷一一○《食货志》,第八册,第 2855 页。按"丘井之式""井乘定赋",盖因于《汉书》卷二三《刑法志》的如下记载:"殷、周以兵定天下矣。天下既定,戢臧干戈,教以文德,而犹立司马之官,设六军之众,因井田而制军赋。地方一里为井;井十为通,通十为成,成方十里;成十为终,终十为同,同方百里;同十为封,封十为畿,畿方千里。有税有赋。税以足食,赋以足兵。故四井为邑,四邑为丘。丘,十六井也,有戎马一匹,牛三头。四丘为甸,甸,六十四井也,有戎马四匹,兵车一乘,牛十二头,甲士三人,卒七十二人,干戈备具,是谓乘马之法。一同百里,提封万井,除山川沈斥,城池邑居,园囿术路,三千六百井,定出赋六千四百井,戎马四百匹,兵车百乘,此卿大夫采地之大者也,是谓百乘之家。一封三百一十六里,提封十万井,定出赋六万四千井,戎马四千匹,兵车千乘,此诸侯之大者也,是谓千乘之国。天子畿方千里,提封百万井,定出赋六十四万井,戎马四万匹,兵车万乘,故称万乘之主。"(《汉书》,第四册,第 1081—1082 页)按如淳曰:"术,大道也。"[宋]吕祖谦《历代制度详说》卷一一《兵制·制度》引此,作"园囿衢路"(《景印文渊阁四库全书》子部二二九"类书类",第九二三册,第 977 页上栏)。
②《通典》卷二《食货二·田制下》"北齐"条,第一册,第 27 页。

贯,大便于时"①。崔孝芬为司徒记室参军、司空属、定州大中正,"长于剖判,甚有能名,府主任城王澄雅重之。熙平(516—518)中,澄奏《地制》八条,孝芬所参定也"②。按"《地制》八条"即"《垦田授受之制》八条",其具体内容不得而知,但应该是关于垦田授受的具体规程方面的改革,《魏书·食货志》所载十五条均田令文中是否包含了此八条的内容亦无从查考。从"大便于时"的记载来看,这八条《地制》在孝明帝时期曾加以实施。北齐均田令应该就是在经过改革以后的北魏后期均田令基础上进行修订的。

齐郡公崔衡约在均田令颁布之际出任泰州刺史,《魏书·崔玄伯传附崔宽传》:"先是,河东年饥,劫盗大起。衡至,修龚遂之法,劝课农桑,周年之间,寇盗止息。(太和)十二年卒,年五十四。"③按"龚遂之法"是指汉宣帝时期渤海太守龚遂治理渤海郡的经验,他以良政治郡,使得盗贼横行的渤海郡迅速实现太平。其时,"渤海左右郡岁饥,盗贼并起,二千石不能禽制"④,经过汉宣帝亲自选用,老臣龚遂受命出守渤海。《汉书·循吏·龚遂传》:

至渤海界,郡闻新太守至,发兵以迎,遂皆遣还,移书敕属县,悉罢逐捕盗贼吏。诸持鉏钩田器者皆为良民,吏无得问,持兵者乃为盗贼。遂单车独行至府,郡中翕然,盗贼亦皆罢。渤海又多劫略相随,闻遂教令,即时解散,弃其兵弩而持

①《魏书》卷一九中《景穆十二王中·任城王澄传》,第二册,第477页。
②《魏书》卷五七《崔孝芬传》,第四册,第1266页。
③《魏书》卷二四《崔玄伯传附崔宽传》,第二册,第626页。
④《汉书》卷八九《循吏·龚遂传》,第一一册,第3639页。

钩鉏。盗贼于是悉平,民安土乐业。遂乃开仓廪假贫民,选用良吏,尉安牧养焉。遂见齐俗奢侈,好末技,不田作,乃躬率以俭约,劝民务农桑,令口种一树榆、百本薤、五十本葱、一畦韭,家二母彘、五鸡。民有带持刀剑者,使卖剑买牛,卖刀买犊……春夏不得不趋田亩,秋冬课收敛,益蓄果实菱芡。劳来循行,郡中皆有畜积,吏民皆富实。狱讼止息。①

一言以蔽之,"龚遂之法"即"劝课农桑","兴富民之本"。孝文帝均田诏的思想主张可以说与此完全相通。崔衡"涉猎书史",应该非常熟悉前代有益的治国方略和为吏之道,在出刺泰州之前他曾向朝廷"陈备御之方,便国利民之策凡五十余条",其中很可能就有体现"龚遂之法"的内容,因此其所陈五十余条"备御之方,便国利民之策",必定与均田制之间有着密切的关系。而其太和十二年前在州刺史任上"修龚遂之法,劝课农桑",无疑可以看作是地方官实施均田制的典范,也是均田制颁布于太和九年十月的确证。

前引《南齐书·魏虏传》谓齐武帝永明三年即北魏孝文帝太和九年"初令邻、里、党各置一长,五家为邻,五邻为里,五里为党",永明四年即太和十年"造户籍"。《魏书·高祖纪下》载太和十年"二月甲戌,初立党、里、邻三长"。先立三长再造户籍,乃必然之理,《南齐书》与《魏书》的记载并无矛盾。关于三长制,两书的表述有别,《南齐书》作"初令邻、里、党各置一长",《魏书》作"初立党、里、邻三长"。"初令"是指颁布设立三长制的诏令,是未行之前;"初立"则是指三长制的确立,是已行之后。由此来看,

---

①《汉书》卷八九《循吏·龚遂传》,第一一册,第3639—3640页。

缪钺推断"太和九年夏间立三长",其后李安世上疏请行均田,孝文帝遂于"是年十月下诏行均田",自有其道理,不过他"考定北魏立三长制在太和九年夏间"则未必尽然。事实很可能是,北魏孝文帝接受李冲建议下诏实行三长制是在太和九年春夏,同年十月颁布均田制,经过大半年的推行,次年二月十三日朝廷确认三长制在全国范围内得到确立。

《魏书·食货志》:"(太和)十一年,大旱,京都民饥。加以牛疫,公私阙乏,时有以马驴及橐驼供驾挽耕载。诏听民就丰。行者十五六,道路给粮廪,至所在,三长赡养之,遣使者时省察焉。"①这是太和十一年前三长制就已完全确立的明证。由此可见,《魏书·高祖纪下》关于三长制"初立"时间的记载准确无误,则北魏朝廷下令在全国实行三长制应在太和十年二月之前一段时间,不得晚于太和九年秋冬,应以春夏时节为宜。② 这样,《李安世传》

---

① 《魏书》卷一一〇《食货志》,第八册,第 2856 页。
② 刘业农对均田制与三长制的关系有很好的说明:"均田制的推行,首先要建立健全的基层组织,做好土地分配的准备工作。""三长制的建立,是取消封建宗主的督护,加强基层组织与地方政府的联系,做到'以大督小,从近及远,如身之使手,干之总条。'这样,在执行检括豪强所苞隐的户口时,才能比较彻底;明确户籍,而后在贯彻授田,才能有可靠的依据。"(《北朝的均田制》)谭惠中认为"三长制的颁行主要是为了解决赋税问题",而"与三长制同时实行的赋税制度""是与均田制的规定完全相适应的","可以确切地证明均田制颁布在三长制之前"。(《关于北魏均田制的实质》)魏明孔认为均田令与均田制有别,太和九年均田令颁布之前北魏在部分地区已实行均田制,谓北魏初年的"计口授田"是"均田制的雏形",而太和元年诏"一夫制治田四十亩,中男二十亩"是"均田制的先声",表明"在北魏部分地区已经实行了均田制"。总的来看,"北魏颁布均田令在前(太和九年十月),设立三长制在后(太和十年二月),而均田制的普遍推行却是三长制确立之后的事(稍晚于太和十年二月)"。(《北魏立三长、(转下页注)

所载均田疏中"三长既立""后均田之制起于此矣",便不再成为矛盾,反而成为理解均田制和三长制关系的关键记载。如此来看,在现代学界的相关解释中,日本学者志田不动麿的观点似乎最接近真相。

(接上页注)行均田孰先孰后》)按"雏形"即是不成熟的制度,"先声"则是制度尚未形成,谓先有"雏形"后有"先声",且均田制早于均田令,足见其说逻辑混乱、荒诞不经。吕一飞考辨有关记载,认为:"北魏立三长制当在行均田制之前,甚至有可能早于班俸禄制;与其怀疑李安世、高闾疏表之言,不如怀疑今本《魏书》高祖纪、食货志所载立三长年代之正确性。"(《北魏立三长制年代质疑》)这是关于三长制设立时间的比较独特的看法,不过此说随即遭到张萍的否定(《也谈北魏立三长的年代》)。

张金龙

著

北魏社会经济制度研究 下

中华书局

第十章 北魏均田制的实施与破坏

　　北魏孝文帝太和九年（485）十月丁未（十三，11.6）下诏颁布均田制①，完备的十五条均田令文载于《魏书·食货志》②，然而对于北魏均田制的实施情况，除了诏书所言"今遣使者，循行州郡，与牧守均给天下之田，还受以生死为断"外，几乎未见其它明确记载。职是之故，研究者对这一问题往往语焉不详，或一笔带过，或据零星而模糊的记载加以简略的推断，缺乏系统扎实的实证研究。大多数研究者主张北魏均田制颁布后确曾在全国各地推行，也有研究者认为北魏均田制乃是一纸空文，并不曾真正实施③。应该说，孝文帝均田诏所言"均给天下之田"是一道强有力的法令，均田制颁布后得到了认真的贯彻和执行，这不仅有零星的史籍记载为证，而且西魏和东魏北齐时期的相关碑铭和文书都是支

---

①《魏书》卷七上《高祖纪上》，第一册，第 156 页。
②参见《魏书》卷一一〇《食货志》，第八册，第 2853—2855 页。
③中国学界的相关研究，参见本书第十二章《北魏均田制研究史述要》，该章前三节原题《北魏均田制研究史》，发表于《文史哲》2015 年第 5 期。日本学界的相关研究，参见〔日〕气贺泽保规《战后日本的中国史论争·均田制研究的展开》，刘俊文主编《日本学者研究中国史论著选译》第二卷《专论》，第 392—423 页。

持北魏均田制实施的有力物证。

第一节　反映北魏均田制实施的若干史文

《魏书·食货志》载孝文帝太和十一年(487)北魏境内发生了严重的旱灾,"诏听民就丰"并令道路所经之地"三长赡养之"[1]。《高祖纪下》载太和十一年七月己丑(初六,8.10)诏,"听民出关就食,遣使者造籍,分遣去留,所在开仓赈恤"[2]。据同书《公孙邃传》记载,孝文帝和冯太后曾就这次"依局割民,阅户造籍"工作的实效征询公卿的意见:

> 后高祖与文明太后引见王公以下,高祖曰:"比年方割畿内及京城三部,于百姓颇有益否?"邃对曰:"先者人民离散,主司猥多,至于督察,实难齐整。自方割以来,众赋易办,实有大益。"太后曰:"诸人多言无益,卿言可谓识治机矣。"[3]

从孝文帝之言可知,九月庚戌(廿八,10.30)诏所言"依局割民"[4],即"方割畿内及京城三部",亦即对畿内及京城三部的土地进行条块划分,民户与土地的关系也作了相应的调整;从南部尚书公孙邃的回答来看,"方割"的主要目的是为了"众赋易办",也可以说是为了更好的落实新税制。北魏朝廷以此次"听民出关就

----

[1]《魏书》卷一一〇《食货志》,第八册,第2856页。
[2]《魏书》卷七下《高祖纪下》,第一册,第162页。
[3]《魏书》卷三三《公孙邃传》,第三册,第786页。
[4]《魏书》卷七下《高祖纪下》,第一册,第162页。

食"为契机,对京师土地进行了条块划分,在编制新的户籍基础上以确定去留人口。"依局割民"和"阅户造籍",无疑即是落实均田制和三长制的具体规定。对于留在京师的贫民,北魏政府则赐予一定的国有土地,八月"辛巳(廿八,10.1),罢山北苑,以其地赐贫民"①。其时正当冬小麦播种时节。这是为了保证留在京师的贫民有田可种而采取的措施,也可以看作是具体实施均田制的一个举措。以此类推,在实施均田制和三长制时北魏全国各地大概也进行过类似"依局割民""阅户造籍"及把国有土地赐予贫民的工作。

太和二十年(496)七月丁亥(廿六,8.20)孝文帝诏云:"又京民始业,农桑为本,田稼多少,课督以不,具以状言。"②对照十余年前均田诏所言"劝课农桑,兴富民之本",可以作出当时已在新的京师地区实施均田制的判断。事实上,均田制实施后也未能彻底解决饥荒问题,发生饥荒后政府的救济仍然十分必要。《魏书·薛真度传》:

> 转征虏将军、豫州刺史。景明初,豫州大饥,真度表曰:"去岁不收,饥馑十五;今又灾雪三尺,民人萎馁,无以济之。臣辄日别出州仓米五十斛为粥,救其甚者。"诏曰:"真度所表,甚有忧济百姓之意,宜在拯恤。陈郡储粟虽复不多,亦可分赡。尚书量赈以闻。"③

---

① 《魏书》卷七下《高祖纪下》,第一册,第 162 页。
② 《魏书》卷七下《高祖纪下》,第一册,第 180 页。
③ 《魏书》卷六一《薛真度传》,第四册,第 1356 页。

景明三年(502)十二月戊子(初四,503.1.17),宣武帝诏云:"民本农桑,国重蚕籍,粢盛所凭,冕织攸寄。比京邑初基,耕桑暂缺,遗规往旨,宜必祗修。"①宣武帝亲政不久颁布的这一劝农诏书,意在使均田制得到进一步贯彻落实,改变迁都特别是都城营建所造成的影响农业生产的局面。正始元年(504)"十有二月丙子(初四,12.25),以苑牧公田分赐代迁之户"②。按"苑牧公田"亦称"牧田"③,主要当指孝文帝时在黄河流域设置的河阳牧场④。延昌二年(513)"闰二月辛丑(十七,4.7),以苑牧之地赐代迁民无

①《魏书》卷八《世宗纪》,第一册,第 195 页。
②《魏书》卷八《世宗纪》,第一册,第 198 页。
③《魏书》卷五八《杨椿传》,第四册,第 1287 页。
④《魏书》卷四四《宇文福传》:"除都牧给事。(太和)十七年,车驾南讨,假冠军将军、后军将军。时仍迁洛,敕福检行牧马之所。福规石济以西、河内以东,拒黄河南北千里为牧地。事寻施行,今之马场是也。及从代移杂畜于牧所,福善于将养,并无损耗,高祖嘉之。"(第三册,第 1000 页)按《资治通鉴》卷一三九《齐纪五》明帝建武元年(494)十一月:"魏主敕后军将军宇文福行牧地。福表石济以西,河内以东,距河凡十里。魏主自代徙杂畜置其地,使福掌之,畜无耗失,以为司卫监。"胡注:"牧地,纵则石济以西,河内以东,横则距河十里。"(第一〇册,第 4369 页)据此,则北宋司马光所见《魏书》"千里"当作"十里"。然《北史》卷二五《宇文福传》(第三册,第 929 页)及《册府元龟》卷六二一《卿监部·监牧》(第八册,第 7478 页上栏)、《通志》卷一四七《列传六〇·后魏·宇文福传》(《景印文渊阁四库全书》史部一三七"别史类",第三七九册,第 69 页上栏),此处并作"拒黄河南北千里为牧地"(《册府》脱"为"字),则《魏书·宇文福传》原作"千里"当无疑义,《通鉴》作"十里"应为司马光据文义所改,且坚信"千"为"十"之形讹,故亦未出考异以作说明。然此处将"千里"理解为是约指东西距离亦无不可。不管怎样,河阳牧场是在新都洛阳东北黄河以北的南北狭长地带设置的牧场,西起河内(今河南沁阳县),东至石济(石济津,在今河南滑县西南古黄河上)。河阳牧场饲养的牲畜从代京平城迁徙而来,其地"恒置戎马十万匹"(《魏书》卷一一〇《食货志》,第八册,第 2857 页)。

田者。癸卯(十九,4.9),定奴良之制,以景明为断"①。都城南迁后,京师地区的人口数量急剧膨胀,加之京师附近地区被开辟为河阳牧场,主要的可耕地被圈占为苑牧公田,使得当地的人地矛盾日渐凸显,宣武帝两次下诏将苑牧公田或苑牧之地赐予代迁民户,即是为了解决这一问题。这两次举措也可以看作是进一步落实均田制,或对均田制实施的现状进行一定程度的调整。延昌二年的政策与之前发生的水旱及地震灾害引起的饥荒密切相关,史载"是春,民饥,饿死者数万口"②。"代迁民无田者"的记载显示,当时代迁户中已有明显的贫富分化,这是京师地区土地兼并的反映,也是均田制开始遭到破坏的表现。

北宋史家刘恕云:"刘、石、苻、姚丧乱之后,土田无主,悉为公田。除兼并大族外,贫民往往无田可耕,故孝文分官田以给之。"③也就是说,"无主"荒田实际上归于政府名下而成为"公田",并非"贫民"随意"可耕",而北魏孝文帝颁均田制以受田(露田),实际上是把公田——"无主"荒田——分给贫民耕种。元世祖至元十三年(1276)十二月圣旨规定:浙东、浙西、江东、江西、淮东、淮西地区原"百姓田宅产业",不得随意侵占,"若无主,就近标拨与无田地百姓每者"。④ 从该圣旨上下文意来看,无主田地若被管军官、残宋官员、有势力人"强占",应该是要交回作为无主田宅产业就近分配给无田地的百姓。无法得知北魏孝文帝实施均田制时

①《魏书》卷八《世宗纪》,第一册,第213页。
②《魏书》卷八《世宗纪》,第一册,第213页。
③[宋]刘羲仲:《通鉴问疑》,《景印文渊阁四库全书》史部四四四"史评类",第六八六册,第9页上栏。
④陈高华等点校:《元典章》卷一九《户部五·民田·强占民田回付本主》,第673—674页。

的官田(无主荒地)是否也包括已经被豪强所占的这类土地,但从李安世均田疏来看,不能完全排除这种情形。由于蒙古征服汉地过程中大量人口死亡或逃亡,出现了不少无主田宅产业,对于有权有势者的强占行为,元朝统治者作出了及时回应——收归国有,重新进行分配。这样无田地的百姓能够得到耕种的土地,既可以使他们回归正常的生产生活,减少不安定因素,又能够为元朝政府提供新的税源,同时也具有笼络当地百姓支持元朝统治的目的,可谓一举而数得。"就近标拨与无田地百姓"颇为笼统,实际操作应该并非易事。《元典章·户部五·荒田》所载,可见至元五年□月"荒闲田地给还招收逃户"及至元十四年三月"荒闲田土无主的做屯田"两条圣旨①,表明荒田的处理存在着两种办法:一是招收逃户进行耕种,一是作为官府的屯田土地。"逃户"实际上就是至元十三年十二月圣旨所言"无田地百姓",因战乱逃亡到异乡,自然也就失去了原来的田宅产业,而成为无田地者,元朝政府的这种政策实际上也是让逃户地著的办法,将其重新纳入编户齐民系统,成为国家能够掌控的纳税服役人口。北魏孝文帝通过均田制而将豪强荫户变为编户齐民,可谓异曲同工。

柯瓦列夫斯基《公社土地占有制》一书所述古印度相关情况,对于认识北魏均田制的实施似有一定的参考价值。"在《那罗陀法典》中提到:'如果某一地段的占有者因贫穷而无力耕种,或者占有者身故或失踪,该地段的收益就属于直接从事耕种的人'。'一连五年没有耕种的土地,就被认为是无主的土地[亦即 ödes,

---

① 《元典章》卷一九《户部五·荒田》,第 676—678 页。

〔荒地〕〕’。"①北魏的"无主"荒田虽然史无明载,但古今史家比较一致的看法是北魏存在着此类田地,并且是露田受田的一个重要来源,而古印度的这种规定显然有助于对北魏"无主"荒田的理解,当然北魏"无主"地大概未必按连续五年没有耕种作为标准,五年以上或以下也许都有可能,但应该不会低于三年。如在伊斯兰教征服印度过程中对原有土地关系进行调整时,作为"军功田"而被赐予的荒地,"穆斯林法学家——马克里齐和《海代牙》——主张:伊玛目赐出的那块土地,如在整整三年期间事实上没有耕种,伊玛目有收回的权利。在这种情况下,这块土地可以立刻转赐给第三人,不过依照马瓦尔迪的学说,不得授予由伊玛目剥夺的人,这种人只有在经过三年以后(从剥夺时候算起),才能重新取得对荒地的所有权。在这方面,马瓦尔迪等人所依据的是这样一个传说,这个传说认为穆罕默德曾有过下述箴言:'凡占有土地而没有动手加以开垦满三年者,皆因此而应将占有权给予愿意加以开垦(耕种)的任何人'。"②这样看来,连续三年未被耕种的土地即被看作是无主地(荒地),政府有权对其进行处置。在阿尔及利亚的卡比尔人中,其"土地占有制距离原始形式的氏族所有制较远","氏族首领把荒地分配给那些使这些荒地适合于耕种并连种三年的人所有"。③ 在莫卧儿帝国时期,"蒙古人也正如其印度前辈和阿拉伯前辈一样,为了增加国家收入,力图减少未耕种的

---

① 〔德〕卡·马克思:《马·柯瓦列夫斯基〈公社土地占有制〉一书摘要》,《马克思恩格斯全集》第四十五卷,第 253 页。
② 〔德〕卡·马克思:《马·柯瓦列夫斯基〈公社土地占有制〉一书摘要》,《马克思恩格斯全集》第四十五卷,第 267 页。
③ 〔德〕卡·马克思:《马·柯瓦列夫斯基〈公社土地占有制〉一书摘要》,《马克思恩格斯全集》第四十五卷,第 309 页。

土地或被弃置的土地的数量"，根据奥朗则布的敕令，"凡某一地段的占有者由农村出走，将土地弃置不种，穆特苏狄和阿米拉就有权将其地段交与第三者作为份地，但这样做不得早于原占有者出走一周年"。[1] 也就是说，主人出走、弃置不种一周年以上的土地即可当作荒地来让他人进行耕种。随着时间的推移，荒置年限由五年缩减为三年，再由三年缩减为一年，这反映了印度社会人地关系随历史进程而不断紧张的情形。《那罗陀法典》约颁布于四、五世纪左右，当中国东晋十六国时期，虽然两国情形未必有可比性，但在比较长期战乱之后，虽然有近半个世纪的安定时期，总的来说均田制颁布之时的人地关系应该不太紧张，推断当时将弃置五年的无主地作为荒地的可能性应该较大。不过，北魏均田令第四条规定民户在桑田上须栽种桑、榆、枣树且须三年种毕，似可推断北魏荒田的标准或许更可能以弃置不种三年作为时限。

亚当·斯密在描述罗马帝国灭亡后日耳曼和塞西亚民族侵占西欧的情形时有云：

> 各蛮族对原罗马帝国境内的居民的掠夺和迫害，不仅使得城市与农村之间的贸易中断，而且使得城市成了荒墟，无人居住，农村也成了旷野，无人耕种。在罗马帝国统治时期曾经非常富裕的欧洲西部各行省，现在却变成了一个极其贫穷、极其野蛮的地区。在持续不断的骚乱中，各蛮族的首领或贵族，逐渐占有或篡夺了这个地区的大部分土地。大部分土地都是荒芜的，但是无论是有人耕种的耕地，还是无人耕

---

[1] 〔德〕卡·马克思：《马·柯瓦列夫斯基〈公社土地占有制〉一书摘要》，《马克思恩格斯全集》第四十五卷，第 279 页。

种的荒地,没有主人的土地却不复存在了。所有土地都被吞并了,其中大部分是被少数大地主独占的。在一开始,吞并荒地的危害虽然也很大,但是却可能只是一种暂时的危害。这些土地不久之后就会通过继承或转让,被分割成许多小块,而且会越分越小。但是,长子继承法的实施,却使大块土地不会再因继承而被分割拆细;同时,限定继承法则使人们无法通过分割转让将大块土地分成小块。……在这种情况下,大片大片的未耕种的荒地被少数豪族吞并后,就永远也没有重新分割变小的可能了。①

北魏均田制前的情形虽然与此不尽相同,但还是有不少相似性,在总体上人少地多的状况下,却出现了田地荒芜而贫富分化相当严重的现象。当时的荒芜土地不是被豪强官贵所占,就是成为国家所拥有的公田(官田),孝文帝均田诏所言“富强者并兼山泽,贫弱者望绝一廛,致令地有遗利,民无余财”,与斯密所描述的状况看起来相去不远。

太和十一年,韩麒麟“表陈时务”时指出,当时贵富之家和工商之族奢侈无度,而“农夫餔糟糠,蚕妇乏短褐。故令耕者日少,田有荒芜”。② 韩麒麟此表因“京都大饥”而上,所言主要当指京师地区。不管出于何种原因,现实中是存在着不少的荒芜田地。卢道将由秘书丞“出为燕郡太守”,任职期间“优礼儒生,励劝学业,敦课农桑,垦田岁倍”。③ 虽然具体时间不明,但从上下文推

---

①〔英〕亚当·斯密:《国富论》上册,第 477—478、481 页。
②《魏书》卷六〇《韩麒麟传》,第四册,第 1333 页。
③《魏书》卷四七《卢渊传附长子道将传》,第三册,第 1051 页。

断,应在宣武帝后期或孝明帝前期。很显然,当时北魏东北地区的燕郡仍有大量荒地可垦,而卢道将之"敦课农桑"无非是更好地落实均田制度。

孝文帝时,高闾上表中曾谓"知劳逸之难均,分民土以齐之"云云①。宣武帝时,河北地区水灾多发,崔楷上疏论减灾之方,其中有云:"其实上叶御灾之方,亦为中古井田之利。即之近事,有可比伦。"②按"分民土以齐之"与"中古井田之利"云云,分别是对均田制实施的高度概括。又,崔楷上疏建议通过兴修水利工程以防灾。"即以高下营田,因于水陆,水种粳稻,陆艺桑麻。必使室有久储,门丰余积。""使数州士女,无废耕桑之业;圣世洪恩,有赈饥荒之士。"③所言"水种粳稻,陆艺桑麻"及"耕桑之业",即是对均田制时代河北平原地区农业生产状况的简明扼要的描述,而"室有久储,门丰余积"则与孝文帝均田诏所言"劝课农桑,兴富民之本"的精神完全一致。《魏书·良吏·杜纂传》:"肃宗初,拜征虏将军、清河内史。性俭约,尤爱贫老,至能问民疾苦,对之泣涕。劝督农桑,亲自检视,勤者赏以物帛,惰者加以罪遣。吊死问生,甚有恩纪。"④杜纂在孝明帝时对清河郡的治理,比较典型地反映了均田制时代一个良吏的所作所为。早在孝文帝末年,杜纂为骑都尉"从驾寿春,敕纂缘淮慰劳。豫州刺史田益宗率户归国,使纂诣广陵安慰初附,赈给田廪"⑤。所谓"赈给田廪",一是对田益宗所率民(蛮)户给予粮食,以解一时之困;一是给其田地,以助将来

---

①《魏书》卷五四《高闾传》,第四册,第 1205 页。
②《魏书》卷五六《崔楷传》,第四册,第 1254 页。
③《魏书》卷五六《崔楷传》,第四册,第 1254—1255 页。
④《魏书》卷八八《良吏·杜纂传》,第五册,第 1905—1906 页。
⑤《魏书》卷八八《良吏·杜纂传》,第五册,第 1905 页。

生计。给田很可能即是按照均田制的规定而为之。崔孝暐在孝庄帝初年出任赵郡太守，"郡经葛荣离乱之后，民户丧亡，六畜无遗，斗粟乃至数缣，民皆卖鬻儿女。夏椹大熟，孝暐劝民多收之。郡内无牛，教其人种，招抚遗散，先恩后威，一周之后，流民大至，兴立学校，亲加劝笃，百姓赖之"[1]。在葛荣之乱前，赵郡的社会状况体现了均田制的特征，崔孝暐治理战乱后的赵郡，仍以恢复均田制为要务。孝庄帝永安二年（529），寇儁"出为左将军、梁州刺史。民俗荒犷，多为盗贼。儁乃令郡县立庠序，劝其耕桑，敦以礼让，数年之中，风俗顿革"[2]。按"劝其耕桑"意味着寇儁在梁州也是以实施均田制作为基本统治方式的。

上引史料虽然都能感觉到均田制在北魏境内普遍实施的现状，但却并非均田制实施的直接明白的例证。如所周知，史书中有关北魏均田制实施情况的明确记载仅有一条。史称"自京师迁洛，边朔遥远，加连年旱俭，百姓困弊"，宣武帝任命源怀"为使持节、加侍中、行台，巡行北边六镇、恒燕朔三州，赈给贫乏，兼采风俗，考论殿最，事之得失，皆先决后闻"。其后源怀上表曰：

> 景明（500—503）以来，北蕃连年灾旱，高原陆野，不任营殖，唯有水田，少可蓄宿。然主将参僚，专擅腴美，瘠土荒畴给百姓，因此困弊，日月滋甚。诸镇水田，请依《地令》分给细民，先贫后富。若分付不平，令一人怨讼者，镇将已下连署之官，各夺一时之禄，四人已上夺禄一周。

---

[1]《魏书》卷五七《崔挺传附子孝暐传》，第四册，第1270页。
[2]《周书》卷三七《寇儁传》，第三册，第658页。

源怀上表为宣武帝所采纳,"时细民为豪强陵压,积年枉滞,一朝见申者,日有百数"。① 这条记载显示,至迟到宣武帝初年,均田制已在北镇地区推行,但由于北镇地处干旱地带,可资耕种的良田非常有限,在授田时主将参僚等主司并未认真执行均田制"先贫后富"的规定,而是趁机将膏腴美田据为己有,将"瘠土荒畴给百姓",导致百姓日益贫困。根据源怀的建议,北镇地区依据均田令的相关规定对田地重新进行了分配。北镇耕地资源有限,应该属于"狭乡",人地矛盾比较突出,若在"宽乡"大概不会出现类似情况。虽然正式见诸记载的明确例证仅此一条,且并不十分具体,但还是能够据此得出均田制确已在北魏全国推行的认识,而对其实施过程中出现的基本问题在这一记载中也有所反映。

西魏大统十年(544),宇文泰大行台度支尚书、领著作、兼司农卿苏绰"为六条诏书,奏施行之"。"其三,尽地利"条云:

> 诸州郡县,每至岁首,必戒敕部民,无问少长,但能操持农器者,皆令就田,垦发以时,勿失其所。及布种既讫,嘉苗须理,麦秋在野,蚕停于室,若此之时,皆宜少长悉力,男女并功,若援溺、救火、寇盗之将至,然后可使农夫不废其业,蚕妇得就其功。……夫百亩之田,必春耕之,夏种之,秋收之,然后冬食之。……单劣之户及无牛之家,劝令有无相通,使得兼济。三农之隙,及阴雨之暇,又当教民种桑、植果,艺其菜蔬,修其园圃,畜育鸡豚,以备生生之资,以供养老之具。

---

① 《魏书》卷四一《源怀传》,第三册,第926—927页。

又,"其六,均赋役"条云:"绢乡先事织纴,麻土早修纺绩。"①从苏绰之言可以清晰地感觉到,当时西魏统治区域的农业生产完全是在均田制度之下进行的。从东魏初年贾思勰《齐民要术》的描述中,也可深切地感受到北魏后期均田制下农业生产的实际状况。《颜氏家训·治家篇》:"生民之本,要当稼穑而食,桑麻以衣。蔬果之畜,园场之所产;鸡豚之善,埘圈之所生。爰及栋宇器械,樵苏脂烛,莫非种殖之物也。"②毫无疑问,北齐颜之推所描绘的治家场景更是均田制时代家庭生产经营活动的典范。

东魏迁都邺城之初,便在河北地区推行均田。高隆之时为尚书右仆射,史称"时初给民田,贵势皆占良美,贫弱咸受瘠薄。隆之启高祖(高欢),悉更反易,乃得均平"③。可见最初受田时良田沃土都被贵势之家占有,而贫弱者所受之田全为瘠土薄地,经高隆之向高欢建议,这种情况被制止并得以更正。由此来看,均田制在当时已是深入人心的制度,时距北魏颁行均田制刚好半个世纪。虽然此前曾持续了十年时间的战乱,但仍然并未改变人们对均田制的基本态度。这也确凿无疑地表明,北魏后期均田制在全国范围内得到彻底贯彻执行,尽管不排除在受田时发生贵势之家乘机霸占良田沃土的现象,但在中央政权有正常执政能力的情况下,大体上能够按照均田制的基本规定实施。北齐"天保八年(557),议徙冀、定、瀛无田之人,谓之乐迁,于幽州范阳宽乡以处之"④。按北魏均田令规定:"诸地狭之处,有进丁受田而不乐迁

①《周书》卷二三《苏绰传》,第二册,第384—385、390页。
②[北齐]颜之推撰,王利器集解:《颜氏家训集解》卷一,第55页。
③《北齐书》卷一八《高隆之传》,第一册,第236页。
④《隋书》卷二四《食货志》,第三册,第676页。

者,则以其家桑田为正田分,又不足不给倍田,又不足家内人别减分。无桑之乡,准此为法。乐迁者听逐空荒,不限异州他郡,唯不听避劳就逸。其地足之处,不得无故而移。"①毫无疑问,北齐天保八年由政府强制推行的"乐迁"与北魏均田制所规定的自觉的"乐迁"有所差别,但从中可以看出均田制在当时仍然作为北齐正在实施的基本社会经济制度的现实。

虽然能够证明北魏均田制实施的直接记载仅有上引《魏书·源怀传》一条,但在西魏和东魏北齐时期的碑铭及敦煌文书中可以看到均田制实施的实例,相关资料都是在两朝对均田制进行改革之前,因而实际反映的主要应该是北魏后期的制度,故可作为北魏均田制实施的实物证据来看待。

第二节　西魏《白实等造中兴寺石像记》所见均田制实施情况

西魏《白实等造中兴寺石像记》:"大统三年岁次戊午四月己丑朔八日丙申,率固城上下村邑诸郡守、大都督、戍主、十州武义等,共崇斯福,为国主大王　□史造中兴寺石像。地皆严净,幽明照曜,此之净土。立功累年,营构方就。梵宫凝丽,其如自然,房廊周廓,跨蹑相寻。"②按碑铭云"大统三年",然所记年月日干支皆与是年不合,而大统四年为戊午年,且月日干支亦符,可证此造像记当造于大统四年四月八日(538.5.21)。碑中施地题名云:

---

① 《魏书》卷一一〇《食货志》,第八册,第2854页。
② 颜娟英主编:《北朝佛教石刻拓片百品》。按下引碑文均见此书。

众僧贸　檀越主施田廿五亩□□□□□寇将军殿中
将军邯郸县伯卞令恪

得仕养　檀越主施田卅亩镇西将军荆州主簿西鄂西□
二县令南阳□□□宗绍兴息伏贤

村六拾　檀越主施寺田十亩宁远将军都督宗伯仁

亩白田　檀越主施寺田五十亩讨寇将军奉朝请宗清奴

檀越主　檀越主施寺宅田一亩白田一亩乡邑主宗上字
元先

施田地　檀越主施寺并宅田十亩广武将军并州主簿宗
荣凤

　　　　檀越主施寺并宅田一亩平南将军□州太守□
州别驾宗凤起

　　　　檀越主施寺园白田□亩襄威将军奉朝请浑阳
县令宗方进

　　　　檀越主施寺白田廿亩襄威将军奉朝请宗天荣

　　　　檀越主施寺田廿亩南阳郡功曹宗显祖

　　　　大檀越主施白田卅亩园宅田十亩牛一头镇远
府功曹参军宗思宾

　　　　檀越主施寺并宅田廿亩襄威将军奉朝请南阳
郡功曹宗璘凤

　　　　檀越主施寺麻田十二亩讨寇将军奉朝请宗
法寿

按唐僧义净《南海寄归内法传·受斋轨则》云："是故圣制每但食
了,必须诵一两陁那伽他,报施主恩。"本注："梵云陁那钵底,译为
施主。陁那是施,钵底是主。而云檀越者,本非正译。略去那字,

取上陁音,转名为檀,更加越字,意道由行檀舍,自可越渡贫穷。妙释虽然,终乖正本。旧云达儭者,讹也。"①宋释法云《翻译名义集·七众弟子》:

> 优婆塞、优婆夷。肇曰:"义名信士男、信士女。"《净名疏》云:"此云清净士、清净女。"……《后汉书》名"伊蒲塞"。注云:"即优婆塞也。中华翻为近住,言受戒行堪近僧住也。"或名檀那者,《要览》曰:"梵语陁那钵底,唐言施主。"今称檀那,讹陁为檀、去钵底留那也。《思大乘论》云:"能破悭吝嫉妒,及贫穷下贱苦,故称陁;后得大富,及能引福德资粮,故称那。"又称檀越者,檀即施也,此人行施,越贫穷海。②

南宋楼钥《安岩华严院记》云:"亦有《松门记》三碑,皆居士所立,称为檀越主,则施财出力为多矣。"③也就是说,檀越主即施主,因其笃信佛教而将财产施与寺院,故得"檀越主"之称号。④ 在《白实等造中兴寺石像记》所载十三位施主中,以宗思宾所施最多,故

---

①[唐]义净著,王邦维校注:《南海寄归内法传校注》卷一《受斋轨则》,第66页。

②[南朝宋]法云:《翻译名义集》卷一,《大正新修大藏经》,第54册,第1073页上、中栏。

③[宋]楼钥:《攻媿集》卷五七《记》,《景印文渊阁四库全书》集部九二"别集类",第一一五三册,第35页上栏。

④职是之故,佛经中又有"檀越施主"之谓。参见《增一阿含经》卷四《护心品》、卷二四《善聚品》,《大正新修大藏经》,第2册,第564、680、681页;《大庄严论经》卷一五、《出曜经》卷一一《行品》、卷二一《我品》、卷二六《双要品》、卷二八《心意品》,第4册,第347、670、724、749、750、761页。

得"大檀越主"之称号①。

如上所见,在十三位施地造像者中,除卞令恪一人外,全都是宗氏成员。卞、宗有形似之疑,也就不排除卞令恪实为宗令恪的可能性。此外,在其他可见姓名的十八人中,还有七位宗氏成员。很显然,这是一个以宗氏家族为主兴建的佛教功德,表明宗氏在当地具有很强的实力。十三位檀越主分别施地二十五亩、四十亩、十亩、五十亩、二亩(1+1)、十亩、一亩、□亩、二十亩、二十亩、五十亩(40+10)、二十亩、十二亩,共计二百六十亩,另有一人施地亩数不清。施地最多者为五十亩,有两人,最少者一亩或二亩,各有一人,以二十亩人数最多。以此推测,二十亩大体上应该就是当地普通小农家庭土地富余的数量。从施地情况来看,在宗氏家族内部,各个家庭之间存在着一定的贫富差别,但是悬殊并不太大,总体上看各家的土地占有量比较平均,体现了均田制时代基本的家庭结构和土地占有状况。其中只有宗思宾一户在施地的同时施牛一头,其所施地五十亩,与宗清奴并列第一,说明他是宗氏家族中最为富有的一户。由于其施地数量最多,且施牛一头,故碑中称其为"大檀越主"。在其所施田地中,包括园宅田十亩,远比均田制规定的园宅田数量要大,这表明宗思宾是当地最大的富户,经济实力相当雄厚。除乡邑主宗上(元先)外,其他十二人全都有官位,但多为虚职,并非实授,很可能与北魏末年特殊政局

①"大檀越主"的记载比较少见,唐中和四年(884)六月五日《常熟县兴福寺再修功德记》载钱公某与顾罕、周垣等人因发起募捐"助修塑像"而被称为"大檀越主"。碑云:"先是,大檀越主吴兴钱公某、吴都(郡?)顾罕、汝南周垣,与彼亲友兼募信士,助修塑像,添达殿堂,奂赫垂芳,传之不朽。"(〔宋〕郑虎臣:《吴都文粹》卷九,《景印文渊阁四库全书》集部二九七"总集类",第一三五八册,第828页上栏)

下的滥授有关。宗上仅施地二亩,的确与其他有官位者差别很大。不过并不尽然,如"平南将军□州太守□州别驾宗凤起"地位似乎不低,但他的施地数量却仅有一亩,还少于宗上。

施地题名中各位施主所施田地名目不少,具体包括田、寺田、宅田、白田、寺并宅田、园白田、白田、园宅田、麻田等种类。其中"寺并宅田"当指寺田和宅田,"园白田"当指园田和白田,"园宅田"则为园田和宅田。这样,实际上共有田、寺田、宅田、白田、园田、麻田六类田地。而"田"是统称,实际上共有五类田地。"宅田"和"园田"当即北魏均田令所见居室和菜地,均田令规定:"诸民有新居者,三口给地一亩,以为居室,奴婢五口给一亩。男女十五以上,因其地分,口课种菜五分亩之一。"①麻田是均田制下重要的田地种类,均田令规定:"诸麻布之土,男夫及课,别给麻田十亩,妇人五亩,奴婢依良。皆从还受之法。"②从田地功能来看,麻田与桑田类似;就田地性质而言,麻田与露田相近。施地题名中的"麻田"表明,造像记所立之地固城一带属于"麻布之土",当地可能不宜种桑。施地题名中未见桑田也显示了这一情况。"施寺田"既可理解为施寺·田(施田于寺),又可理解为施·寺田(施予寺田),若无"寺并宅田"即可按前者理解。当然,被施田地均可看作是寺田,但在施舍之前若称作寺田则不明其内涵。总之,除"寺田"外,其它田地名称均可从北魏均田令中找到对应的名目,这是均田制在当地实施的铁证。施地题名中"白田"在均田令中未见,其涵义有待考证。

作为田地种类的"白田",历史上有四种涵义。一是指旱田、

---

① 《魏书》卷一一〇《食货志》,第八册,第 2854 页。
② 《魏书》卷一一〇《食货志》,第八册,第 2854 页。

旱地。《晋书·傅玄传》载其上便宜有云:"近魏初课田,不务多其顷亩,但务修其功力,故白田收至十余斛,水田收数十斛。"①《南齐书·蛮传》:"(汶阳)本临沮西界二百里中,水陆迂狭,鱼贯而行,有数处不通骑,而水、白田甚肥腴。桓温时,割以为郡。"②王羲之行书书札又云:"非无他旱,不伤白田耳。"③很显然,这三条记载显示魏晋南朝时期白田是与水田相对应的旱田,亦即不能灌溉的耕地。白田亦称白地,水田亦称水地。《元史·食货志一》:"凡种田者,白地每亩输税三升,水地每亩五升。"④

二是指上无苗稼之田地。东晋葛洪《抱朴子内篇·道意》云:"又南顿人张助者,耕白田,有一李栽应在耕次,助惜之,欲持归,乃掘取之,未得即去,以湿土封其根,以置空桑中,遂忘取之。"⑤南宋陈旉云:"若气候尚有寒,当且从容熟治苗田,以待其暖……多见人才暖便下种,不测其节候尚寒,忽为暴寒所折,芽蘖冻烂瓮臭,其苗田已不复可下种,乃始别择白田以为秧地。"⑥此白田是指谷物已收获或尚未下种的田地,是与上有禾苗的苗田或秧地相对而言。这种耕地是农家正在耕种的熟田,此类田地看来也是旱地,故亦可归入第一类。

三是指荒田、荒地。明人高启《白田耕舍记》:"白田在吴淞之滨,距郭三十余里。吴淞由具区之水东流而为川,去海不远,潮汐

①《晋书》卷四七《傅玄传》,第五册,第 1321 页。
②《南齐书》卷五八《蛮传》,第二册,第 1008 页。
③[宋]朱长文:《墨池编》卷五《宝藏二·唐张彦远释二王记札》,《景印文渊阁四库全书》子部一一八"艺术类",第八一二册,第 838 页上栏。
④《元史》卷九三《食货志一》,第八册,第 2358 页。
⑤王明:《抱朴子内篇校释》卷九,第 175 页。
⑥[宋]陈旉:《农书》卷上,《景印文渊阁四库全书》子部三六"农家类",第七三〇册,第 183 页上栏。

之所通焉。其旁名田数十万顷，悉赖以灌。惟白田最下，尝为水所冒，岁不得艺，人因以是名之。父老患焉，相率筑堤，以防其外。畚土以培其中，为勤累年，而免于水。今乃遂成腴沃，与他田比耕者，资其所出，咸自致殷足焉。"①与苗田相对应的白田不同，作为荒地的白田则是因故长期未能耕种的土地，这种土地经开发亦有可能成为耕地。王冕《喜雨歌赠姚炼师》诗："今年大旱值丙子，赤土不止一万里。米珠薪桂水如汞，天下苍生半游鬼。南山北山云不生，白田如纸无人耕。"②杨一清《一为处置拖欠边储事》奏折云："但年岁有丰歉，地土有肥瘠，西凤等府多苦旱灾，平庆、延安、临巩等府兼苦早霜之灾，加以转输征调，差役浩繁，人户逃移数多，县无完里，里无完甲，甚则十存三四，抛荒田土，白地相望。"③这种田地本来属于一、二类地，即为旱田，亦是上无禾苗的可耕地，但因旱灾而致百姓死亡，故成为无人耕种的荒地。

四是以所种谷物的色泽而命名。《水经注·温水》："九真太守任延始教耕犁，俗化交土，风行象林。知耕以来，六百余年，火耨耕艺，法与华同。名白田，种白谷，七月火作，十月登熟。名赤田，种赤谷，十二月作，四月登熟。所谓两熟之稻也。"④按任延于东汉光武帝时为九真太守，"九真俗以射猎为业，不知牛耕，民常告籴交阯，每致困乏。延乃令铸作田器，教之垦辟，田畴岁岁开

①［明］高启：《凫藻集》卷一《记》，《景印文渊阁四库全书》集部一六九"别集类"，第一二三〇册，第267页下栏。
②［明］王冕：《竹斋集》卷下《七言古体》，《景印文渊阁四库全书》集部一七二"别集类"，第一二三三册，第86页上栏。
③［明］杨一清：《关中奏议》卷一一《提督类》，《景印文渊阁四库全书》史部一八六"诏令奏议类"，第四二八册，第330页下栏。
④［后魏］郦道元注，杨守敬、熊会贞疏：《水经注疏》卷三六《温水》，下册，第3016—3017页。

广,百姓充给"①。《齐民要术·杂说》:"然后看地宜纳粟,先种黑地、微带下地,即种糙种;然后种高壤白地。其白地,候寒食后榆荚盛时纳种。以次种大豆、油麻等田。"②很显然,"高壤白地"即是地势较高处的旱地。又,《齐民要术》载"胡麻宜白地种",农史学家缪启愉谓此"指对同种作物有一定年份'空白'的非连作地"。③ 除非土地非常宽裕,否则在一片土地上通过一定年份的"空白"而避免因连作(重茬)引发产量降低和品质退化,完全没有必要,因为通过轮作即可避免重茬所带来的消极后果。此处之"白地"不排除有休耕地的性质,但主要应当还是指旱地。白地又可分为白软地和白沙地,《齐民要术》谓"蒜宜良软地",亦即"白软地"④,"姜宜白沙地"⑤。《白实等造中兴寺石像记》施地题名中所见"白田",应该与成书时间同时的《齐民要术》中所见"白地"——"高壤白地""白软地""白沙地"相当。其得名缘由,既可能与土壤颜色有关,还有可能就是指露田,施地题名中所见各类田地中概无露田之名,颇难理解,推测白田或即为露田之别称,将未种树

①《后汉书》卷七六《循吏·任延传》,第九册,第 2462 页。

②［后魏］贾思勰著,缪启愉校释:《齐民要术校释》,第 24 页。

③《齐民要术校释》卷二《胡麻》,第 149、151 页。

④《齐民要术校释》卷三《种蒜》,第 191 页。按本注云:"白软地蒜甜美而科大,黑软次之,刚强之地辛辣而瘦小也。"

⑤《齐民要术校释》卷三《种姜》,第 218 页。又,［明］徐光启《农政全书》卷三八《种植·木部》:"《齐民要术》曰:十月,选成熟栀子,取子淘净晒干。至来春三月,选沙白地斸畦,区深一尺,全去旧土,却收地上湿润浮土筛细,填满畦区,下种稠密如种茄法。"(《景印文渊阁四库全书》子部三七"农家类",第七三一册,第 558 页下栏)按此不见于今本《齐民要术》。［元］司农司《农桑辑要》卷六《竹木·栀子》亦载此(《景印文渊阁四库全书》子部三六"农家类",第七三〇册,第 275 页上栏),然未注出处。"沙白地"当即"白沙地",在后世农书中颇为常见。

（桑、榆、枣）而露出之地称为白田,以与桑田或麻田相对应。

《白实等造中兴寺石像记》刻于西魏大统四年,时距北魏分裂为东、西魏仅过了四年时间,当时西魏各方面的典章制度仍然沿袭北魏,均田制也不例外。更主要的是,此造像记虽然是在西魏初年铭刻的,但其所记与北魏均田制相关的各类田地,无疑是施主及其家庭成员从北魏后期延续下来的产业,是北魏时期均田制实施的实时性物证。此造像记充分证明,即便是在北魏末年和东、西魏初年的战乱年代,均田制在地方基层社会也是得到了认真的贯彻和执行的。

第三节　西魏大统十三年敦煌籍帐文书
所见均田制实施情况

最能反映北朝均田制实施情况的实物证据,当然是学界所熟知的 S. 0613 西魏大统十三年(547)敦煌籍帐文书(瓜州效谷郡?计帐)。该文书分为 A、B 两类:A 类是由九户独立的民户构成的户籍,登记户主和家庭成员的姓名、年龄、身份及受田和课税额度等内容;B 类是由若干组民户的合籍构成,共有三十三户,没有家庭成员的姓名,仅登记户、口之数量、类别、身份和课税额度,以及个别受田情况和总的受田额度等内容。此文书最初由日本学者山本达郎进行整理和分析,确定其应为西魏大统十三年敦煌地区的"计帐"式文书。① 此乃有关北朝均田制和赋税制实施的最主

①〔日〕山本达郎:《敦煌发现计账式的文书残简——大英博物馆所藏斯坦因带来汉文文书六一三号》(上、下)。按山本原文《敦煌発見計(转下页注)

要的实物证据,具有极其重要的学术价值①。毫无疑问,这一文书的发现和学界的相关研究,极大地推进了对北朝均田制的深入理解。

(接上页注)賬樣文書殘簡——大英博物館所藏スタイン将来漢文文書六一三号》(上、下),载《東洋学報》第 37 卷 2、3 号(1954 年)。其后,日本学者围绕此文书从各个角度进行了一系列研究,参见西村元佑《西魏·北周の均田制度——西魏計帳戶籍(スタイン漢文文書六一三号)における諸問題》;仁井田陞《敦煌発見の中国の計帳と日本の計帳》,《中国法制史研究　土地法·取引法》;虎尾俊哉《敦煌文書における税租》;佐佐木栄一《いわゆる計帳樣文書をめぐって——麻田の班給を中心として》;杉山佳男《実施状況からみたの均田制》,汉译文《从西域出土文书看均田制的实施状况》收入《唐代均田制研究选译》,第 368—395 页。按杉山文最为晚出,对山本达郎等学者的先行研究进行了大量商榷,得出的认识更为合理。中国学者对该文书的研究,参见唐耕耦《西魏敦煌计帐文书以及若干有关问题》;王棣《从〈邓延天富等户残卷〉看西魏北周的均田制度》《从〈邓延天富等户残卷〉看西魏北周的一些剥削制度》;王永兴《介绍敦煌文书西魏大统十三年(547 年)的计帐户籍残卷》,《陈门问学丛稿》,第 256—281 页;周秀女《从敦煌户籍残卷 S. 0613 号看北朝均田制的若干问题》;武建国《西魏大统十三年残卷与北朝均田制的有关问题》;杨际平《关于西魏大统十三年敦煌计帐户籍文书的几个问题》,《魏晋南北朝史研究》,第 404—428 页;邓文宽《北魏末年修改地、赋、户令内容的复原与研究——以西魏大统十三年计帐为线索》,《出土文献研究续集》。

① 王永兴云:"这是一件反映西魏北周均田制、租调制的文书。这件文书无论从哪方面看来,都对研究均田制、租调制具有十分重要意义。"(《介绍敦煌文书西魏大统十三年(547 年)的计帐户籍残卷》,《陈门问学丛稿》,第 256 页)日本学者西嶋定生云:"这张文书是我们现在所知道的有关北朝时代均田制实施情况的唯一的宝贵文献,它具体地证明了当时敦煌地区均田制的实施情况,特别是作为均田制实施对象的各户的家庭组成情况,已授田数与应授田数的百分比,已授田的分布情况以及租、役、调等等捐税负担情况。"(《中国经济史研究》,第 206 页)虽然时过半个多世纪,对这一文书的定位仍然不能改变。

大统(535—551)初年,"博览群书,尤善算术"的苏绰(498—546)被宇文泰任命为大行台左丞,"参典机密","绰始制文案程式,朱出墨入,及计帐户籍之法"。大统十年,大行台度支尚书、领著作、兼司农卿苏绰"又为六条诏书",宇文泰下令,"其牧守令长,非通六条及计帐者,不得居官"。[①] 这是历史文献中首次出现"计帐"一词,胡三省云:"计帐者,具来岁课役之大数,以报度支。户籍者,户口之籍。"[②]此后,西魏北周的户籍制度即按苏绰"计帐、户籍之法"执行。大统十三年敦煌籍帐文书应该反映的是苏绰制定的"计帐、户籍之法"。《隋书·食货志》:"后周太祖作相,创制六官。""司均掌田里之政令。凡人口十已上,宅五亩;口九已上(下),宅四亩;口五已下,宅三亩。有室者,田百四十亩,丁者田百亩。司赋掌功赋之政令。凡人自十八以至六十有四与轻癃者,皆赋之。"[③]由此可见,西魏对均田制进行改革是在"创制六官"之时,即魏恭帝三年(556)正月初一[④]。也就是说,直到北周建立前夕,几乎整个西魏一代的田制实际上都是北魏班行的均田制,故大统十三年籍帐文书中所反映的土地和赋役制度应该与北魏后

①《周书》卷二三《苏绰传》,第二册,第381—382、391页。
②《资治通鉴》卷一五七《梁纪一三》武帝大同元年(535)三月,"绰始制文案程式朱出、墨入及计帐、户籍之法"下胡注,第一一册,第4865页。
③《隋书》卷二四《食货志》,第三册,第679页。
④《周书》卷二《文帝纪下》:魏恭帝"三年(556)春正月丁丑(初一,1.28),初行《周礼》,建六官。""初,太祖以汉魏官繁,思革前弊。大统(535—551)中,乃命苏绰、卢辩依周制改创其事,寻亦置六卿官,然为撰次未成,众务犹归台阁。至是始毕,乃命行之。"(第一册,第36页)卷二四《卢辩传》:"初,太祖欲行《周官》,命苏绰专掌其事。未几而绰卒,乃令辩成之。于是依《周礼》建六官,置公、卿、大夫、士。并撰次朝仪,车服器用,多依古礼,革汉、魏之法。事并施行。""辩所述六官,太祖以魏恭帝三年始命行之。"(第二册,第404页)

期制度差别不大,从中可以看到北魏均田制的实态①。

　　不过也不排除另外的可能性,即大统年间曾对均田和赋役制度进行改革并且付诸实施。《周书·文帝纪下》:魏大统元年(535)三月,"太祖以戎役屡兴,民吏劳弊,乃命所司斟酌今古,参考变通,可以益国利民便时适治者,为二十四条新制,奏魏帝行之"。七年"冬十一月,太祖奏行十二条制,恐百官不勉于职事,又下令申明之"。十年"秋七月,魏帝以太祖前后所上二十四条及十二条新制,方为中兴永式,乃命尚书苏绰更损益之,总为五卷,班于天下。于是搜简贤才,以为牧守令长,皆依新制而遣焉"。② 由此可见,二十四条新制及十二条新制并行不悖,其内容似乎并不重复。若大统新制中包括土地和赋役制度,则大统十三年敦煌籍

---

① 汪篯云:"从此户籍中所见之制度,可以约略窥见由北魏太和令演变为北齐河清令之痕迹。此户籍早于河清令之颁布十七年,殆是西魏承用北魏晚年之制度而造。"(《西魏大统十三年敦煌户籍跋语》,《汉唐史论稿》,第156页)按大统十三年的确介于从北魏太和令颁布到北齐河清令颁布的区间里,但不能因此就说河清令与西魏制度之间有直接的传承关系。不管大统十三年籍帐文书所反映的究竟是北魏还是西魏的均田制,但它"是直接地反映了均田制实施后状况的资料"则无疑义。参见上揭杉山佳男文,《唐代均田制研究选译》,第369页。王仲荦云:"北周均田制,其应受田亩数,为'有室者,田百四十亩,'盖即承北魏太和之制,男子四十亩,女子二十亩,加倍田男子四十亩,女子二十亩,一夫一妇桑田二十亩,授田亩数,固未尝有所变化也。'丁者田百亩',盖亦并露田、倍田、桑田言之。"(《北周六典》,上册,第109页)按其说稍嫌牵强。若然,则大统文书所反映的不管是北魏均田制还是西魏北周均田制,实际上并无区别可言。王氏对西魏大统文书与西魏北周均田制的系统认识,又可参见《魏晋南北朝史》下册,第606—611页。

② 《周书》卷二《文帝纪下》,第一册,第21、27、28页。

帐文书所反映的制度更有可能是经过改制后的西魏制度①。不管属于哪种情况,就田制而言,北魏太和均田制的基本要素在当时应该并未发生实质性改变。因此,从大统十三年籍帐文书中还是可以看到北魏均田制的基本面貌或制度原则的。王仲荦云:"苏绰死在西魏大统十二年,这是《周书·苏绰传》明文记载着的。如果北周的田租、户调式真的是苏绰手订的话,那么在大统十二年之前,早已固定下来了,何以这个剥削数额与授田亩数等等,和敦煌石室发现的西魏大统十三年《邓延天富等户户籍计帐残卷》所记载的出入那么大呢? 我们的答覆是西魏到大统十二年,才真正取得河西走廊的瓜州和凉州,这个西魏大统十三年的敦煌户籍计帐,只是根据北魏以来授田令式,并参考敦煌地区均田土地和丁壮多少的实际情况来记录的,它还没有受到苏绰大统新制的太大影响。"②若此,则大统文书即是北魏均田制实施的具体体现③。

---

① 关于大统文书所反映的土地和赋役制度的时代特征问题,日本学界有不同意见。曾我部静雄认为该户籍"如实地记载了北魏系统的均田法的实态",参见《中国律令史の研究》,第402页。池田温虽然大体同意曾我部氏的观点,但又认为其中某些因素"显然与北魏制不同,实际存在着与北周、隋有其亲近性的一面,所以不能忽视出现于其间的一种过渡的性质"(《中国古代籍帐研究》,第140页)。堀敏一和铃木俊均认为西魏的田制与北魏的均田制有明确的继承关系,参见堀敏一《北朝の均田法規をめぐる諸問題》;铃木俊:《唐代的均田制度与敦煌户籍》,《唐代均田制研究选译》,第4—5页。

② 王仲荦:《魏晋南北朝史》下册,第612页。

③ 中国学者关于西魏大统十三年籍帐文书所反映的制度的时代,代表性的看法还有:唐耕耦认为,大统十三年敦煌计帐文书记载的"西魏敦煌地区应受田额的规定,可能是沿袭了北魏的均田令"(《西魏敦煌计帐文书以及若干有关问题》)。王永兴认为,"它是苏绰的计帐户籍之法的实用"(《介绍敦煌文书西魏大统十三年(547年)的计帐户籍残卷》,《陈门 (转下页注)

A 类"户籍"文书共包括九户的户籍,分别列出了每户的户主和家庭成员的姓名、年龄、身份及课税人口、额度与受田人口、额度及田地四至等等细节。兹仅以刘文成家的户籍为例,以见其一斑①:

    户主刘文成己丑生年叁拾玖　荡寇将军　　　　课户上

    妻任舍女甲午生年叁拾肆　台资妻

    息男子可乙卯生年拾叁　中男

    息男子义丁巳生年拾壹　中男

    息女黄口癸亥生年伅(伍)　小女②

    息男子侯辛酉生年柒　小男

    息男黄口甲子生年肆　小男

    …………

(接上页注)问学丛稿》,第 260 页)。周秀女认为,该文书"是北魏均田制的直接产物,它只能用以解释和说明北魏均田令颁布(四八五年)以后到宇文氏均田令实施(约五四七—五四九年)以前均田制度的实行情况"(《从敦煌户籍残卷 S. 0613 号看北朝均田制的若干问题》)。武建国认为,该文书"既不是按照北魏太和九年的田令,也不是按照西魏北周的田令",其"所反映的均田制度的时间界限,应为北魏肃宗熙平(516—517 年)以后至西魏北周均田令实施(约 547—549 年)以前这一历史时期"。(《西魏大统十三年残卷与北朝均田制的有关问题》)杨际平认为,"该文书所反映的各种制度尽管不合北魏太和九年令,但也未必不是取据于太和九年以后经过修订的北魏令制"(《关于西魏大统十三年敦煌计帐户籍文书的几个问题》,《魏晋南北朝史研究》,第 423 页)。邓文宽认为,"将西魏大统十三年计帐反映的田赋户制理解为西魏制比较可靠"(《北魏末年修改地、赋、户令内容的复原与研究——以西魏大统十三年计帐为线索》,《出土文献研究续集》,第 265 页)。

①唐耕耦、陆宏基:《敦煌社会经济文献真迹释录》第一辑,第 112—113 页。
②唐耕耦、陆宏基录文作"水亥",误。据该女年龄推算,其生于大统九年,是年为癸亥年。

计受田口二—
- 一丁男
- 一丁妻

应受田六十六亩—
- 卅六亩已受—
  - 十五亩麻
  - 廿亩正
  - 一亩园　二分未足
- 卅亩未受

一段十亩麻　舍西二步　东至舍　西、北至渠　南至白丑奴

一段廿亩正　舍东二步　东至侯老生　西至舍　南、北至渠

右件二段户主文成分　麻正足

一段五亩麻　舍□东□西□南□北

右件一段妻舍女分　麻足　正未受

一段一亩居住园宅

A 类文书叩延天富户受田相关内容

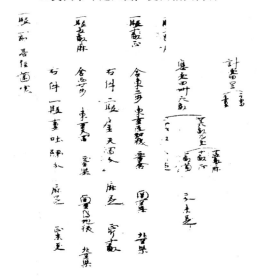

首先需要说明的是,大统十三年籍帐文书中的"麻"即麻田,"正"即正田(露田),"园"即"居住园宅"。敦煌地区属于狭乡,只受正田,不受倍田,故称露田为正田。兹将 A 类文书中各户受田情况列表如下①:

---

①下表据池田温《中国古代籍帐研究》第125—126 页表5 修正而成。

户主		刘文成	侯老生	其天婆罗门	□□□	□□□	叩延天富	王皮乱	白丑奴	口广世
受田者	丁男（人）	1	2	1	2	2	1	1	3	2
	丁妻（人）	1	1	1	1	1	1	1	2	1
	丁婢（人）				1					
	牛（头）		1	2						
应受田	麻田（亩）	15	25	15	30	25	15	15	40（30）	25
	正田（亩）	50	74	70	60	50	30	30	80	50
	园宅（亩）	1	1	1	1	1	1	1	1	1
已受田	麻田（亩）	15	25	15	30	10+15	15	15	30	15+10
	正田（亩）	20	38	55	10	15+	10	7	?	0
	园宅（亩）	1	1	1	1	1	1	1	1	1
受田率	麻田（亩）	100%	100%	100%	100%	100%？	100%	100%	（100%）	100%？
	正田（亩）	40%	51.35%	78.57%	16.67%	?	33.33%	23.33%	?	0
	园宅（亩）	100%	100%	100%	100%	100%	100%	100%	100%	100%
	合计	54.55%	64%	82.56%	45.05%	53.95%？	56.52%	50%	?	34.21%？
类别（未足比率）		二分未足	三分未足	三分未足	二分未足	二分未足？	二分未足	二分未足	未详	一分未足？

居住园宅的给受标准,所见九户全都是每户一亩,可见这些民户最初的居住园宅是经过政府的统一分配和规划而建,充分表明均田制的确曾按制度规定予以统一实施。北魏太和令规定居住园宅良人三口一亩、奴婢五口一亩,而大统文书中无论人口多寡全都是一亩,有两种可能性:一是北魏太和令的这一规定在具体落实过程中统一按一户一亩居住园宅执行;一是北魏晚期或西魏初年对太和令的规定进行了某些调整。虽然各户人口有别,户等亦不尽一致,但却拥有相同的居住园宅,这在一定程度上体现了均田制的平均思想。也可能最初实行均田时各家的人口和户等差别甚微,后来经过几十年的时间,由于生老病死和生产状况等因素的影响,人口和贫富差别均出现了较大的变化。

　　关于麻田的记载,其中两户有缺漏,另外七户有六户百分百受麻田,只有白丑奴户为特例,已受田为应受田的四分之三,似乎麻田也不一定全部受。白丑奴户应受田者除白丁二、丁妻二外,还有白丑奴"息男显受庚戌生年拾捌　白丁进丁",很显然作为新进丁的白显受尚未受麻田①。因此,白丑奴户麻田的受田率仍可看作是百分百。以此类推,麻田记载有缺漏的两户的已受田皆应为二十五亩,受田率亦为百分百。总的来看,居住园宅和麻田的受田率均为百分百,这应该是均田制在麻土受田的一个基本原则。对民户而言,有一亩居住园宅和一定的麻田,就能够拥有最低的生活保障。

　　而正田的受田率参差不齐,从这九户的情况来看,最低者不受正田,最高者接近八成,但无一例受田足分。结合 B 类文书,受

①杉山佳男即有近似看法,参见《从西域出土文书看均田制的实施状况》,《唐代均田制研究选译》,第 381 页。

田率的等差会看得更为清楚。兹以记载全面的"二分未足"的两户为例作一分析。荡寇将军刘文成家和白丁叩延天富家分别应受田六十六亩、四十六亩，而实际受田分别为三十六亩、二十六亩，亦即分别有三十亩、二十亩未受。在已受田中，刘家为十五亩麻、二十亩正、一亩园，叩延家为十五亩麻、十亩正、一亩园。刘家的人口结构为口七：一丁男、一丁女、二中男、二小男、一小女，其中受田口为一丁男、一丁女；叩延家为口四：一丁男、一丁女、一小男、一黄男（另，一老女已死），其中受田口亦为一丁男、一丁女。若按北魏均田令规定，刘家二中男亦当为受田口，则刘家应受露田（正田）40+20+（20×2）= 100 亩，麻田 10+5 = 15 亩，居住园宅 2 又 1/3 亩；叩延家应受露田（正田）40+20 = 60 亩，麻田 10+5 = 15 亩，居住园宅 1 又 1/3 亩。两家实际受田情况是："一段十亩麻""一段廿亩正"——"右件二段　户主文成分　麻正足"，"一段五亩麻"——"右件一段　妻舍女分　麻足　正未受"，"一段一亩居住园宅"；"一段十亩麻""一段十亩正"——"右件二段　户主天富分　麻足　正少十亩"，"一段五亩麻"——"右件一段　妻吐归分　麻足　正未受"，"一段一亩居住园宅"。由此可见，两家丁男、丁女麻田足分；正田刘文成足分受田二十亩，叩延天富受田十亩，十亩未受，表明丁男正田二十亩即足分，为北魏均田令应受露田（正田）四十亩之半。两家丁女（妻）均未受正田，表明在狭乡田地不足的情况下丁女实际上并不受正田。不过刘家有"卅亩未受"、叩延家有"廿亩未受"，即刘家为一丁女、二中男未受正田（均田令规定应受正田之半），叩延家为一丁男少受田加一丁女未受田。总之，两家应受正田分别为五十亩、三十亩，相当于应受正田分的一半，表明当地露田的受田标准为法令规定的一半，是否所有狭乡都是如此，难以确定。虽然露田应受正田数额缩减了一半,但当地的土地面积还是不能满足受田之需,而且缺额颇大。在上述实例中,刘文成受正田二十亩,为白丁受田额度的两倍,应该与其有"台资"(荡寇将军)有关①,而普通民户丁男所受正田实际仅为法令规定的四分之一。虽然不能完全确定北魏狭乡受田额度全都是这样,但很可能相差不大,至少有关精神是相通的②。

再将 B 类"计帐"文书中有关受田情况的记载转引如下③:

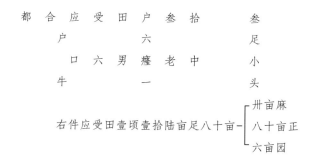

①《皇甫驎墓志》:"为清水太守,领带军镇。景明元年(500)中,旨格初班,简选台资,穷尽州望,除君为别驾,而君佐弼有方,民士悦乐。"(赵万里:《汉魏南北朝墓志集释》图版二一七)按《魏书》卷一一三《官氏志》:"(太和)二十三年,高祖复次《职令》,及帝崩,世宗初班行之,以为永制。"(第八册,第2993页)所谓"旨格初班"当指宣武帝初年颁布的后《职令》,"台资"是与府主辟除或版(板)授相对而言,亦即得到朝廷任命的正式官人身份。

②《隋书》卷二四《食货志》:"时天下户口岁增,京辅及三河,地少而人众,衣食不给。议者咸欲徙就宽乡。其年冬,帝命诸州考使议之。又令尚书,以其事策问四方贡士,竟无长算。帝乃发使四出,均天下之田。其狭乡,每丁才至二十亩,老、小又少焉。"时在开皇十二年(592)。按隋文帝初年定制,"其丁男、中男永业露田,皆遵后齐之制",而北齐"一夫受露田八十亩,妇四十亩"。(第三册,第682、680、677页)据此,则当时狭乡受田丁男仅为应受田四分之一,而丁女显然并不受田。这与敦煌西魏大统十三年籍帐文书所见完全相同。

③唐耕耦、陆宏基:《敦煌社会经济文献真迹释录》第一辑,第125—127页。

户 六 三 分 未 足

口 廿良 — ⌈ 口 十 一 丁 男
　　　　 ⌊ 口 九 丁 女

…………

右件应受田伍顷叁拾壹亩 — ⌈ 三顷八十五亩已受 — ⌈ 一顷卅五亩麻
　　　　　　　　　　　　 │ 　　　　　　　　　 │ 二顷五十亩正
　　　　　　　　　　　　 │ 　　　　　　　　　 ⌊ 六亩园
　　　　　　　　　　　　 ⌊ 一顷卅六亩　未　受

户 十 三 二 分 未 足

口 卅五良 — ⌈ 口十九男 — ⌈ 口十八　丁
　　　　　 │ 　　　　　 ⌊ 口一瘫　老
　　　　　 ⌊ 口 十 五 丁 女

口 一 贱 婢

牛 二 头

右件应受田捌顷肆拾捌亩 — ⌈ 四顷卅三亩已受 — ⌈ 二顷五十亩麻
　　　　　　　　　　　　 │ 　　　　　　　　　 │ 一顷七十亩正
　　　　　　　　　　　　 │ 　　　　　　　　　 ⌊ 十三亩　园
　　　　　　　　　　　　 ⌊ 四顷一十五亩未受

户 七 一 分 未 足

口 十四良 — ⌈ 口八丁男
　　　　　 ⌊ 口六丁女

……………………………………

右件应受田叁顷叁拾柒亩 — ⌈ 一顷十二亩已受 — ⌈ 一
　　　　　　　　　　　　 │ 　　　　　　　　　 │ 一
　　　　　　　　　　　　 │ 　　　　　　　　　 ⌊ 七 亩 园
　　　　　　　　　　　　 ⌊ 二 顷 廿 五 亩 未 受

户　　　一　　　　无　　　　　田

　　口　　　一　　　　老　　　　　女

右件应受田十五亩元无

B类文书受田相关内容(局部)

　　根据以上记载,相关的受田情况可列表如下①:

类别		足	三分未足	二分未足	一分未足	无田	合计
户数		6	6	13	7	1	33
受田者	丁男(口)		11	18	8		37
	丁女(口)		9	15	6		30
	瘫老(口)中小男(口)	6		1(瘫老男)			7
	老女(口)					1	1
	贱婢(口)			1			1
	牛(头)	1	3	2			6

---

①下表据池田温《中国古代籍帐研究》第123—125页表4修正而成。

类别		足	三分未足	二分未足	一分未足	无田	合计
应受田	麻田（亩）	30	155	265	110	5	565
	正田（亩）	80	370	570	220	10	1250
	园宅（亩）	6	6	13	7	0	32
	合计（亩）	116	531	848	337	15	1847
	户均（亩）	19.3	88.5	65.2	48.1	15	56.0
已受田	麻田（亩）	30	135	250	X	0	415+X
	正田（亩）	80	244(250)	170	X	0	494(500)+X
	园宅（亩）	6	6	13	7	0	32
	合计（亩）	116	385	433	112	0	1046
	户均（亩）	19.3	64.2	33.3	16.0	0	31.7
受田率	麻田（亩）	100%	87.1%	94.3%	?	0	73.5+?%
	正田（亩）	100%	66(67.6)%	29.8%	?	0	39.5(40)+?%
	园宅（亩）	100%	100%	100%	100%	0	100%
	合计（亩）	100%	72.5%	51.1%	33.2%	0	56.6%

在大统十三年 B 类"计帐"文书中，居住园宅的给受标准，所见三十三户中除老女户外全都是每户一亩，即便是癃、老、中、小男为户者也是如此。上述 A 类文书中九户无论人口多寡、户等高低，也都是每户一亩居住园宅。再次显示这些民户最初的居住园宅是经过政府的统一分配和规划而建，充分表明均田制的确曾按制度规定予以统一实施。

三十三户按其受田情况分为"足""三分未足""二分未足""一分未足""无田"五组，分别有六、六、十三、七、一户。无田的一户仅有老女一人,应该是丧失了生活能力者。北魏三长制规定:"孤独、癃老、笃疾、贫穷不能自存者,三长内迭养食之。"①从其既无麻田和正田又无园田来看,即属于"三长内迭养食之"的"不能自存者",从而也就证明北魏三长制的这一规定确实得到了贯彻执行。尽管如此,她仍然独立成户,这是对良人地位的认可。受田"足"的六户全都是弱势人群癃、老、中、小男,有两种可能性:一是这些民户原本属于受田不足户,各家丁男、丁女因故死没,其土地为未成年或残疾子弟、老人所继承,由于受田标准发生变化,故而成为受田"足"户,从有牛一头来看,其中某一户还属于较富裕的农户;二是这六户所受田地在当地是维持其生活的最低基准,或者说弱势人群的受田额度是维持生存的底线,因而其受田必须足分才行。事实上,这六户共受麻田三十亩、正田八十亩、居住园宅六亩,户数和麻田、正田的比例占全部三十二户(无田老女一户不计)的 18.75%和 5.31%、6.4%,表明其受田额度之低。并不清楚每户(人)受田的具体情况,但可以确定每人受麻田五亩。北魏太和均田令规定:"诸麻布之土,男夫及课,别给麻田十亩,妇人五亩。奴婢依良。皆从还受之法。"虽然并无癃、老、中、小男受麻田的具体规定,但却规定"诸有举户老小癃残无授田者,年十一已上及癃者各授以半夫田,年逾七十者不还所受"。② 癃、老、中、小男为户者正是"授以半夫田"的对象,文书的记载显示,半夫田既包括露田(正田),也包括麻田。这也就表明,北魏均田制的这一原则在西魏大统十三年敦煌籍帐文书中仍然有效。

"三分未足"的六户,计受田口二十,其中丁男十一口,丁女九

①《魏书》卷一一〇《食货志》,第八册,第2855页。
②《魏书》卷一一〇《食货志》,第八册,第2854页。

口,有牛三头。其受田情况是:"应受田五顷三十一亩",其中"三顷八十五亩已受","一顷卅六亩未受",已受田包括"一顷卅五亩麻""二顷五十亩正""六亩园"(已受田合计少六亩,推断正田已受田数为二顷四十四亩)。总受田率为 72.5%,其中麻田受田率为 87.1%,正田受田率为 66(67.6)%,全都不足分。麻田应受田一百五十五亩(丁男 10×11 = 110 亩,丁女 5×9 = 45 亩),实受田一百三十五亩,很可能丁男十一人中有两人为新进丁,类似 A 类文书中白丑奴息男显受"年拾捌　白丁进丁"。这样来看,这六户麻田的受田率仍可看作百分百。正田应受田三百七十亩(丁男 20×11 = 220 亩,丁女 10×9 = 90 亩,牛 20×3 = 60 亩),实受田二百四十四(二百五十)亩,一百二十六亩未受田。若丁女未受正田计九十亩,两新进丁男未受正田计四十亩,则大体接近未受正田之总数。

"二分未足"的十三户,共有良人三十四口、贱婢一口、牛二头,良口男十九(丁男十八、癃老一)、丁女十五。其受田情况是:"应受田八顷四十八亩",其中"四顷卅三亩已受","四顷一十五亩未受",已受田中"二顷五十亩麻""一顷七十亩正""十三亩园"。总受田率为 51.1%,其中麻田受田率为 94.3%,正田受田率为 29.8%,全都不足分。麻田应受田二百六十五亩(丁男 10×18 = 180 亩,丁女 5×15 = 75 亩,癃老 5 亩,贱婢 5 亩),实受田二百五十亩。十五亩未受田,最大可能是贱婢未受,还有一位新进丁男未受。这样麻田的受田率仍可看作是百分百。正田应受田五百七十亩(丁男 20×18 = 360 亩,丁女 10×15 = 150 亩,癃老 10 亩,贱婢 10 亩,牛 20×2 = 40 亩),实受田一百七十亩,四百亩未受田。似应作这样的理解:十八丁男中新进丁一人未受田,其余十七人各受正田十亩,丁女、癃老、贱婢均不受正田。在这一组中,牛二头并未受田。

"一分未足"的七户,有丁男八口,丁女六口。其受田情况是:

"应受田三顷三十七亩","二顷廿五亩未受",已受田中"七亩园",其余残缺,但可以确定"一顷十二亩已受"。总受田率为33.2%,麻田和正田的受田率均不可知。除去七亩园,应受麻田和正田为三顷三十亩,其中麻田一顷一十亩(丁男 10×8＝80 亩,丁女 5×6＝30 亩),正田二顷二十亩(丁男 20×8＝160 亩,丁女 10×6＝60 亩)。已受田一顷十二亩包括七亩园和麻田、正田一顷五亩,很可能正田全都未受,麻田有一丁女未受。

　　总的来看,"三分未足"即是受田数达到应受田数的三分之二左右,"二分未足"即是受田数达到应受田数的二分之一左右,"一分未足"即是受田数达到应受田数的三分之一左右。结合 A 类文书,64%—82.56%均属"三分未足",45.05%—56.52%均属"二分未足",33.2%为"一分未足"。在这三十三户中,除了极个别例外,无论丁男和丁女都给受足分的麻田,正田只有丁男和牛受田,丁女和奴婢并不受田,丁男受田数额一般为应受田数的一半(二十亩)。此外,癃、老、中、小男为户者给予"半夫田",包括麻田和正田。"一分未足"的民户仅有麻田而不受正田。文书显示,政府的确曾统一对一夫一妇的小农家庭给受麻田十五亩,由于当地是狭乡,每户并未给受多余的麻田,等到其子成丁后已无麻田可受①。可以推断,其最初受田的时间应在大统十三年前数年至十余年,亦即在西魏初年的可能性较大。不过其时西魏政权尚不能对瓜州实施有效统治②,当

---

① 万志英认为:"敦煌的居民几乎都分得了足额的麻田,而且他们拥有这些田地的永久所有权,可以传给后代。"(《剑桥中国经济史:古代到 19 世纪》,第 155 页)大统十三年文书中并无麻田为世业田的明确记载,何以能够确定其时当地民户所受麻田就具有"永久所有权,可以传给后代"呢?恐怕还是出自万氏惯用之法——猜测。
② 参见《周书》卷三二《申徽传》,第二册,第 556 页。

地所行制度想必还是北魏旧制。杉山佳男从 A 类文书中归纳出"均田制实施时的土地班给原则"有三点:"㊀授田从麻田开始,对户内所有的丁授完麻田后再开始班给正田。㊁对各授田人班给麻田、正田的顺序是户主→户主妻→户主夫妻以外的丁。㊂对大统十三年新进丁者原则上不给田。"[1]种种迹象显示,在西魏敦煌地区麻田的重要性实际上超出了正田(露田),尽管北魏的麻田需要还受,具有露田的性质,但很快从北齐开始麻田便与桑田一样成为了世业(永业)田(北周也可能同时实行)。也就是说,在民户土地中私有土地的比重超过国有土地,并且地位越来越重要。这种情况一定程度上反映了当时的社会现实,同时也可能与北魏实行均田制以后所导致的土地所有制结构的变化有关。这一点尤其值得引起重视。

第四节　北齐《标异乡义慈惠石柱颂》所见均田制实施情况

北齐武成帝大宁二年(562)所立《标异乡义慈惠石柱颂》[2],

①〔日〕杉山佳男:《从西域出土文书看均田制的实施状况》,《唐代均田制研究选译》,第 382 页。
②标异乡义慈惠石柱位于今河北定兴县城西北二十里石柱村,1961 年被国务院公布为全国重点文物保护单位。石柱分基础、柱身和石屋三层,通高6.65 米。基础为一巨石,近正方形,东、西两边各长 2 米,南北略短,基石上有覆莲座柱础。柱身高 4.5 米,呈不等边八角形,用两根浅棕色石灰石垒接而成,自下而上每高 1 米约内收 2.5 厘米,柱身各面刻有颂文和题名,共计 3400 余字。柱身顶端有一长方形石板,是石柱的盖板,又是石屋的基础。石屋建于石板之上,面阔三间,进深二间,单檐四阿式屋(转下页注)

其中的施地题记是反映东魏及北齐均田制的重要资料,对于认识北魏均田制也具有重要的价值。颂文所载施地题记如下:

> 初施义园宅地主,笃信弟子严僧安、故人严承、严法胤、严僧芝、严道业、严惠仙、严平仁等,并解苦空,仰慕祇陀之惠,设供招纳,舍地置坊。僧安手自穿井,定基立宅,实是起义檀越。今义坊园地,西至旧官道中,东尽明武城璜,悉是严氏世塓课田,皆为种善来资,忻舍无悔。 施主僧安,夙植定因,遭灾无难,荒后宝育男女,并各端慧。长子怀秀、次息奉悦、第三息怀达、第四要欣,性并恭孝,敬从父命,立义十载有余,重施义南课田八十亩,东至城门,西届旧官道中,平坦良〔田〕,立文永施,任义园食,众饵莳果,普天共味,随时礼念。愿资檀主,因慈感悟,宗房相学,广施如左。 施主严承,长息侍伯、伯弟阿继,孝心纯至,为父母重施义东城壕、城南两段廿亩地,任义拓园,种殖供宾,冥资施主,冀若把土,来招轮报。 施主严光璨,璨弟市显,兄弟门华,礼风

仪并著,儿孙端质,乡闾敬尚,施心弥隆,念福重义,有甚宗人。璨弟市显、显息士林、璨息惠房、第三定兴、璨孙洪略,共施武郭坯田四顷,施心坚固,众虽废坯,任众回便,卖买坯田,收利福用,见脩薄拘之因,来受菩提无尽之果。 施主严道业,业长息桃宾,父子重义轻财,为福舍地,现招十利,当获提伽净宝。 施主严惠仙,仙长子阿怀、第二兰怀、天保等,信义精诚,弗悕世报,各施地廿亩,任众造园,种收济义,心度如海,舍著为念。 施主严市念,念大儿〔渊〕长、长弟阿礼、阿友,兄弟〔孝〕顺,仰慕亡考,舍地卅亩,博严奉地,与义作园,利供一切,愿资亡者,既能存亡,博惠离车,净毕非迢。①

按所谓"起义檀越"亦即"初施义园宅地主",也就是最初施地建立义坊园地的各位施主。"笃信弟子"即优婆塞——居士、信士。《标异乡义慈惠石柱颂》中的"施主",即是《白实等造中兴寺石像记》的"檀越主"。对于这一重要石刻文献,学界已有比较深入的探讨。唐长孺最早关注颂文中的施地题记并对其中的"课田"与"庄田"作了考释②,刘淑芬则对《标异乡义慈惠石柱颂》进行了全

---

①拓片见北京图书馆金石组《北京图书馆藏中国历代石刻拓本汇编》,第七册,第116—121页;录文见毛远明校注《汉魏六朝碑刻校注》,第九册,第103—109页。按以下施地题记据校注本录文并参考拓片及唐、佐川二氏之录文,参见唐长孺《北齐标异乡义慈惠石柱颂所见的课田与庄田》,《山居存稿》,第120—121页;〔日〕佐川英治《北齐标异乡义慈惠石柱所见的乡义与国家的关系》,《社会与国家关系视野下的汉唐历史变迁》,第251—252页。文字有异者择善而从,标点亦微有改动,不再一一说明。
②参见唐长孺《北齐标异乡义慈惠石柱颂所见的课田与庄田》,《山居存稿》,第119—128页。

面系统的研究①,佐川英治在唐长孺的研究基础上探讨了施地题记所反映的"乡义"与国家的关系问题②。以下从均田制实施的角度对颂文中的施地题记作一考察。

根据《颂序》,严僧安等最初"舍地置坊"即建立乡义园宅是在东魏武定四年(546)。"武定四季(年),神武(高欢)北狩,敕道西移,旧堂寥廓,行人稍简。乃复依随官路,改卜今营,爰其经始,厥堵靡立。便有笃信弟子严僧安,合宗凤藉道因。……若父若子,乃识乃亲,或前或后,非贫非富。……各舍课田,同营此业,方圆多少,皆如别题。"而义坊原已有之,本在旧官道旁,其职能是"兴设义食,以拯饥虚"。武定四年严僧安等"舍地置坊",意味着原义坊被放弃,开始西迁选址新建。义坊西迁之初,依靠严氏家族施舍"世业课田"而建立"义坊园地",其规模"西至旧官道中,东尽明武城璜"。"世业课田"在史籍中未见记载。唐长孺认为是指"皆为世业,身终不还"且"在一定条件下准许买卖"的桑田③。佐川英治认为"是严氏世代相传的课田"之意——"强调的是把那块良田提供给义坊的严氏的功德"④。按"义坊所在是北魏幽州上谷郡故安县,即北齐幽州范阳郡范阳县",而幽州在北魏太和八

---

① 参见刘淑芬《北齐标异乡义慈惠石柱——中古佛教社会救济的个案研究》,《台湾学者中国史研究论丛·城市与乡村》,第52—86页。

② 参见〔日〕佐川英治《北齐标异乡义慈惠石柱所见的乡义与国家的关系》,《社会与国家关系视野下的汉唐历史变迁》,第248—260页。

③ 唐长孺:《北齐标异乡义慈惠石柱颂所见的课田与庄田》,《山居存稿》,第122页。杨际平认为:严氏"兄弟子侄所施的四顷庄田","实际上都是各户的私田,或者是已经私田化了的桑麻田"。(《北朝隋唐"均田制"新探》,第129页)

④ 〔日〕佐川英治:《北齐标异乡义慈惠石柱所见的乡义与国家的关系》,《社会与国家关系视野下的汉唐历史变迁》,第256页。

年定制中属于麻布之土,其地本无桑田,故唐氏认为严僧安等施主的"世业课田""只能说是桑田化了的麻田"①。也就是说,到严氏施地之时,当地的麻田也已转化为世业田。据北齐河清三年(564)令规定:"土不宜桑者,给麻田,如桑田法。"②而这仅仅是在义慈惠石柱建立一两年之后。有这样几种可能性:一是义坊西迁严氏初施地时,其所施地即为"世业课田",若此则东魏武定四年时麻田已具有与桑田同样的世业性质;二是十余年后严氏重施地扩大义坊规模及实力时,其所施地即为"世业课田",若此则北齐初年麻田已具有与桑田同样的世业性质;三是义慈惠石柱建立时,严氏成员所施地被认为是"世业课田",若此则大宁二年麻田已具有与桑田同样的世业性质。

无论如何,可以确定的是,在武成帝河清三年令颁布之前,在北齐境内麻田已具有世业的性质,同桑田一样不再还田,而由受田者子孙继承。河清三年令规定麻田"如桑田法",既有可能是对之前令文的承袭,也可能是对业已形成的成规的认可。比较而言,河清三年之前东魏北齐已有相同或相似规定的可能性更大。严氏家族初施作为"义坊园地"的"世业课田","西至旧官道中",旧官道被废弃是在武定四年,而此后不久严氏成员便施地建立义坊。由此来看,在旧官道被废弃后,严氏成员的土地扩展到"旧官道中",表明严氏所施"世业课田"并不能被理解为"世代相传的课田"。北魏末年幽州发生了一系列战乱,对当地基层社会影响很大。颂文云:"值魏孝昌之季,尘惊塞表,杜(洛周)、葛(荣)猖

---

① 唐长孺:《北齐标异乡义慈惠石柱颂所见的课田与庄田》,《山居存稿》,第123页。
② 《隋书》卷二四《食货志》,第三册,第677页。

狂,乘风间发,蚁集蜂聚,毒掠中原。桑干为虏马之池,燕赵成乱兵之地。士不芸耨,女无机杼,行路阻绝,音信虚悬。残害村薄,邻伍哀不相及;屠戮城社,所在皆如麻乱。形骸暴露,相看聚作北山;血河成流,远近翻为丹地。"颂文又谓"施主僧安,夙植定因,遭灾无难,荒后宝育男女"云云,表明严僧安家族也受到战乱的影响。由此可见,自北魏末年以来,标异乡所在地的人口结构和土地占有状况应该都曾发生过剧烈的变动,对"世业课田"内涵的理解不能离开这一背景。

义坊西迁十余年后,严氏家族成员——主要是初施地主的子弟辈,又拿出各自的土地捐献给义坊,这些土地(武郭埏田除外)仍紧邻义坊园地①,其后义坊的规模和经济实力有了进一步的扩展。严氏家族成员重新捐献的土地包括:施主严僧安四子怀秀、奉悦、怀达、要欣所施"义南课田八十亩",具体位置是"东至城门,西届旧官道中";施主严承之子侍伯、阿继所施"义东城壕、城南两段廿亩地";施主严光璨之弟市显及其子士林、璨子惠房、定兴、璨孙洪略等"共施武郭埏田四顷";施主严道业及其长子桃宾所"舍地";施主严惠仙及其子阿怀、兰怀、天保等"各施地廿亩";施主严市念及其子□□、阿礼、阿友"舍地卅亩"。初施主严僧安其时仍然在世,但重施地主并不包括他,而为他的四个儿子,应该是因老免还田而丧失了对土地的所有(经营)权。施主严光璨不见于初施地主名单,虽然很可能仍为家长,但施地主并不包括他,而是他

①刘淑芬云:"由于其时北方人多聚族而居,因此政府所配给他们的课田也都毗邻相连,以严氏宗族所施课田为主的义坊及其田园,应是相当完整的一片土地。""其新施土地和严氏宗族先前所施的土地是相邻毗连的。"(《北齐标异乡义慈惠石柱——中古佛教社会救济的个案研究》,《台湾学者中国史研究论丛·城市与乡村》,第65页)

的弟弟、子侄和孙子五人,当时他的年事已高,显然也是因为老免还田而丧失土地所有(经营)权。严市念家的情况类此。这些家族长者虽然作为施主出现,但土地并不归其所有,故具体的施地行为由其子(孙)弟承担。这就清楚地表明,均田制老免还田的原则得到了贯彻执行,这是均田制实施的明确例证。

严氏六个家族所施地,除施主严道业、桃宾父子施地亩数不清外,其他五家分别施地八十亩、二十亩、四顷、八十亩、四十亩,共计六顷二十亩。若算上严道业、桃宾父子所施地,严氏家族施地总数当在七顷左右。其中一顷八十亩用作义坊园宅地,栽种果树和饲养牲畜,也可用来扩建房舍,义坊及其附属土地有了较大程度的扩充,这几块土地"西至旧官道中,东尽明武城璜",应该是连成一片的。严道业父子所舍地似乎是用作商业交易的场所。明确为"重施"之地者,为严僧安子怀秀、奉悦、怀达、要欣四兄弟所施义南课田八十亩及严侍伯、阿继两兄弟所施二十亩,而严光璨弟市显、士林父子及璨子惠房、定兴和璨孙洪略五人所施武郭垞田四顷,严惠仙及其子阿怀、兰怀、天保四人各施地二十亩,严市念子渊长、阿礼、阿友三兄弟所舍地四十亩,似乎也属于"重施"之地,若此则施地题记所载地亩并不包括初施之地。由于严市显等五人所施武郭垞田四顷是为了"任众回便,卖买垞田,收利福用",因而并不纳入义园之中。除武郭垞田四顷面积较大外,其他人家所施田地面积并不大,如严僧安四子施地共八十亩,严承二子施地两段二十亩,严惠仙及其三子各施地二十亩,严市念及其三子舍地四十亩,这十二人共施地二百二十亩,每人多则二十亩,少则十亩。对于处在宽乡的标异乡而言,普通受田民户拿出这一数额的田地用作功德施舍完全能够承受得起。除武郭垞田外,严氏重施田地的用途分别为:"任义园食,众饵莳果";"任义拓园,种殖供宾";"任众造园,种收济义";"与义作园,利供一切"。很显然,其"用途脱不了一个'园'字,即施给义堂作园"。[1] 具体一点说,"这些土地田园除了建筑物所占地之外,大都是用以种植粮食蔬果,一则供应义食所需,二则也贩售求利,作为'义'的收入"[2]。严光璨兄弟所拥有的武郭垆田情况看来比较特殊,其实态难以明了,不过其拥有者共有五人,平均每人不到一顷,可能是以倍田或再倍田的名义占有。武郭垆田四顷与义坊似乎并不直接相连,捐出后实际上意味着庄园被废弃,允许庄田被买卖,所得利益则归义坊,用于义坊日常的经营维持。

《隋书·食货志》:"天保八年(557),议徙冀、定、瀛无田之人,谓之乐迁,于幽州范阳宽乡以处之。"[3]佐川英治认为:"天保八年正是开始'重施'的时候。笔者推测,此时'乐迁'措施是推动范阳地主积极施地的一个原因。"[4]按其说不无道理。还有一点值得注意,虽然施主一般都是各家族的长者,但施地行为的主体却不是他,而是其子(孙)弟,且父子兄弟单独列名,表明他们对各自所施田地的拥有权,体现了均田制以丁男(女)作为受田对象的规定,同时也表明在同一家族内部财产是分离的,究竟是同爨异产,还是分居异财,难以作出明确的判断。北齐宋孝王撰《关东风俗传》对北齐时期的豪强大族有这样的描述:"文宣之代,政令严

---

① 唐长孺:《北齐标异乡义慈惠石柱颂所见的课田与庄田》,《山居存稿》,第127页。
② 刘淑芬:《北齐标异乡义慈惠石柱——中古佛教社会救济的个案研究》,《台湾学者中国史研究论丛·城市与乡村》,第77页。
③《隋书》卷二四《食货志》,第三册,第676页。
④〔日〕佐川英治:《北齐标异乡义慈惠石柱所见的乡义与国家的关系》,《社会与国家关系视野下的汉唐历史变迁》,第255页。

猛,羊、毕诸豪,颇被徙逐。至若瀛、冀诸刘,清河张、宋,并州王氏,濮阳侯族,诸如此辈,一宗近将万室,烟火连接,比屋而居。"①这些规模庞大的宗族,势大力强自不待言,但他们却并非以大家族的形式同爨共财,而是"同宗而异炊"②,各自拥有其田宅。由此推测,严氏各个大家族内部虽然关系非常密切,但兄弟子孙也应该各有其田宅,当然就整个严氏宗族而言,"烟火连接,比屋而居"自无疑义。

《标异乡义慈惠石柱颂》建立于北齐武成帝大宁二年,是在河清三年对均田制进行改革两年之前,而据《颂序》记载,严氏家族"舍地置坊"建立乡义园宅始于东魏武定四年,则颂文所记相关的田地,无疑是严氏家族自北魏后期以来就已拥有。因此,颂文的相关记载乃是北魏均田制在当地得以实施的典型物证。

标异乡义慈惠石柱

①《通典》卷三《食货三·乡党》"北齐"条引,第一册,第62页。
②万绳楠:《魏晋南北朝史论稿》,第275页。

第五节　土地兼并与均田制的破坏

著名经济学家赵冈在评述西方制度经济学时提出:"产权制度是一个核心问题,此外还有一些辅佐的制度,如合理的经济立法,给予产权周密的保障。中国很早就建立了私有产权制度,可惜没有健全的立法来保障产权。"[1]按赵氏此说自有其道理,但若就北魏均田制而论,却不一定完全对症。北魏均田制可以说既确立了明晰的产权制度,也用"合理的经济立法,给予产权周密的保障"。不过遗憾的是,均田制并未起到使北魏政权长治久安的作用,在均田制颁布仅仅四十年后,便爆发了波及全国的反抗活动,最终导致北魏王朝走上不归之路。问题的症结究竟在哪里? 关键就在于随着北魏王朝统治的没落,均田制所规定的相关条款没有得到严格的遵守,与法律规定背道而驰的情况不仅未能及时纠正,甚而还会得到统治者的纵容,最高统治者带头违法的现象也并不鲜见。换言之,法律的完备适当虽然不可或缺,但能否严格执法则更加重要。

李安世均田疏谓"窃见州郡之民,或因年俭流移,弃卖田宅,漂居异乡"云云[2]。可见作为土地流转的重要渠道,均田制实施前北魏境内就已存在土地买卖的现象。均田令颁布前北魏境内土地买卖的实物证据,仅可见到两件:甘肃灵台所出太延二年(436)

---

①赵冈:《制度学派的经济史观及其他》,《农业经济史论集:产权、人口与农业生产》,第 51 页。
②《魏书》卷五三《李安世传》,第四册,第 1176 页。

《苟头赤鲁买地瓦券》，陕西长武所出太和元年（477）《鹑觚民郭孟给买地砖券》。① 北魏统治核心区域尚未发现田宅买卖的实物证据，但正如李安世所言，这种现象肯定是普遍存在的。北魏前期，豪强大族势力膨胀，大量自耕农成为其依附民，严重影响到政府控制的民户和土地数量，削弱了朝廷的统治基础。而在北方大规模征服兼并战争结束后，北魏政府的财源和兵源主要依赖于自耕农的纳税和服役。均田制的实施，就是为了抑制豪强大族力量的扩张，限制地权的过度集中，使农民和土地更紧密地结合，促进农业生产的发展，并在此基础上，保证赋税和兵役的有效征发②。刘易斯说："从经济增长的角度来看，制度的最重要的特点大概是它们允许有多大的活动自由。"③北魏均田制所针对的主要对象（受田者）无疑是作为"良人"的自耕农——编户齐民，而其中一部分人原本即是豪强地主的依附民，对他们而言，身份的转变也就意味着获得了更大的活动自由，自然有利于促进北魏的经济增长④。

---

① 分见于省吾《双剑誃古器物图录》卷下，图四五；刘庆柱《陕西长武县出土太和元年地券》。均收入张传玺主编《中国历代契约会编考释》，上册，第117、121页。又可参见鲁西奇《甘肃灵台、陕西长武所出北魏地券考释》。

② 田余庆云："封建政权得以维持的先决的物质条件，是维持赋税兵徭的来源，因此需要控制人丁。而地主阶级的发展，正是要从国家编户齐民中不断地分割人丁。""秦汉以来在中国出现的是一个统一的中央集权的专制国家，它只有获得全国范围的租赋徭役，才能维持足以统治全国的官僚机构和军队，进行各种活动。而这些都要靠在全国范围内控制人丁。"（《秦汉魏晋南北朝人身依附关系的发展》，《秦汉魏晋史探微》（重订本），第94—95页）

③〔英〕阿瑟·刘易斯：《经济增长理论》，第170页。

④ 熊彼特指出："自马歇尔以来，从理论上说通过公共政策来改进纯粹竞争机制的可能性，已不再是可争论的问题了。"（《经济分析史》第三卷，第349—350页）按刘易斯所言"制度的最重要的特点大概是它们（转下页注）

然而在现实社会生活中,由于种种原因,土地兼并始终并未完全停止。北齐宋孝王《关东风俗传》云:"《魏令》:'职分公田,不问贵贱,一人一顷,以供刍秣。'自宣武出猎以来,始以永赐,得听卖买。"①关于《关东风俗传》所云"宣武出猎",陈连庆谓"各家无说,不详"②,实则唐长孺早有推断,认为"可能即指"《魏书·世宗纪》所载延昌二年(513)闰二月"以苑牧之地赐代迁民无田者"③。邓文宽认为"宣武出猎"是指孝武帝西奔长安投靠宇文泰之事④,但却与文本原意无法对应。北魏宣武帝景明三年(502)"九月丁巳(初二,10.18),车驾行幸邺";"戊寅(廿三,11.8),阅武于邺南";"冬十月庚子(十六,11.30),帝亲射,远及一里五十步,群臣勒铭于射所。甲辰(二十,12.4),车驾还宫"。⑤ 因此,宋孝王所言"宣武出猎"最有可能是指北魏宣武帝行幸邺城之事。若然,则"永赐"职分公田是在景明三年冬宣武帝出巡邺城之后不

(接上页注)允许有多大的活动自由",与"通过公共政策来改进纯粹竞争机制"可谓异曲同工。北魏均田制正是通过"制度"或"公共政策"来调动民众的生产积极性,使生产者有了支配自己生产及产品的较大自由,从而有助于社会生产的发展,促进了经济的增长,自然也可以看作是改进了"竞争机制"。

① 《通典》卷二《食货二·田制下》"北齐"条引,第一册,第27页。

② 陈连庆:《〈晋书·食货志〉校注 〈魏书·食货志〉校注》,第283页。

③ 唐长孺:《均田制度的产生及其破坏》,《历史研究》1956年第2期。按唐文下云:"世宗把牧地永赐给代迁户无地者,自然也连带肯定一切代迁户对于原受土地的'永赐'性。"这表明他的确是将两条记载看作同一事,至于由此进一步推断代迁户对其原受土地具有"永赐"性,亦无任何证据可言。

④ 邓文宽:《北魏末年修改地、赋、户令内容的复原与研究——以西魏大统十三年计帐为线索》,《出土文献研究续集》,第272页。按〔日〕堀敏一云:"应该依照吉田虎雄《魏晋南北朝租税的研究》第一二三页注4中所说的'宣武'是'孝武'之误。"(《均田制的研究》,第195页注①)

⑤ 《魏书》卷八《世宗纪》,第一册,第194—195页。

久。"永赐"职分公田并允许买卖,应该是宣武帝亲政不久为了笼络各级官吏支持其统治而采取的举措①。正始元年(504)"十有二月丙子(初四,12.25),以苑牧公田分赐代迁之户"②。时距宣武帝出巡仅过了两年时间,宋孝王所云"永赐"职分公田或与此有关。"代迁之户"是指随都城南迁而由平城迁居洛阳的以拓跋鲜卑为主的各族人户,上自王公贵族下至羽林、虎贲和普通均田农民。孝文帝太和十八年(494)十二月"戊申(初八,495.1.19),优复代迁之户租赋三岁"③。此为"代迁之户"始见于记载④。"代迁之户"有租赋负担,自然应该包括普通均田民户,不过代迁之户中还应该包括自平城迁居新都洛阳的王公贵族、各级官吏、将士及其家庭成员,孝文帝"优复"租赋者属于前者,宣武帝"永赐"职分公田的对象则属于后者。

杨椿于永平(508—512)年间出任朔州刺史,"在州,为廷尉奏椿前为太仆卿日,招引细人,盗种牧田三百四十顷,依律处刑五岁",宣武帝"诏依寺断,听以赎论"。按杨椿曾任兼太仆卿、太仆卿,时当宣武帝正始年间(504—508)。⑤ 皇家牧场即苑牧公田归

①关于宣武帝亲政之经纬,参见拙著《北魏政治史》八,第32—35页。
②《魏书》卷八《世宗纪》,第一册,第198页。《隋书》卷二四《食货志》:"京城四面,诸坊之外三十里内为公田。受公田者,三县代迁户执事官一品已下,逮于羽林武贲,各有差。其外畿郡,华人官第一品已下,羽林武贲已上,各有差。"(第三册,第677页)按此条明载为北齐河清三年令之内容,然北齐并不存在代迁户,故此条令文很有可能沿袭自北魏,或即为宣武帝正始元年十二月丙子"以苑牧公田分赐代迁之户"相关令文之遗文,或在其基础上略作修订而已。
③《魏书》卷七下《高祖纪下》,第一册,第176页。
④关于代迁之户的相关情况,参见卢开万《"代迁户"初探》。
⑤《魏书》卷五八《杨椿传》,第四册,第1286—1287页。

太仆卿所司,故其乘机渔利,"招引细人,盗种牧田"。细人即普通百姓,他们当时拥有的土地可能很少,故在杨椿的招引下盗种牧田,而杨椿大概收取一定数量的田租以获利。不管是否入于私门,按制度没有朝廷的许可,牧田是不允许随便开垦的。无论如何,现实中职分公田的普遍买卖肯定不会在宣武帝"永赐"之后便马上开始。然而由于土地买卖的限制条件逐渐被打破,无疑将会推动土地私有化的进程①。到东魏时职分公田几乎全都用来进行交易,"迁邺之始,滥职众多,所得公田,悉从货易"②。

北魏晚期政局的动荡加剧了贫富分化,使地权集中的现象愈演愈烈。宣武帝初年,散骑常侍、给事黄门侍郎高聪"媚附"恩倖茹皓,"乃因皓启请青州镇下治中公廨以为私宅,又乞水田数十顷,皆被遂许"。③ 官吏可以通过"启请"而获得大量的良田,均田制在此时显然并未对官贵产生约束作用。宣武帝正始元年(504)底,南朝梁秦二州府长史、带汉中郡夏侯道迁自南郑来降,"于京城之西,水次之地,大起园池,殖列蔬果"。道迁于孝明帝熙平(516—518)年间病卒,其长子"夬性好酒,居丧不戚,醇醪肥鲜,不离于口。沽买饮啖,多所费用,父时田园,货卖略尽"。④ 这表明当时货卖田园属于很正常的现象。《魏书·傅永传》的记载更为明确:"熙平元年(516)卒,年八十三。赠安东将军、齐州刺史。永尝

①唐长孺认为:"这种可以买卖的赐田必然集中到贵族官僚富人手中。私有土地的肯定(即使是部分的)标识着大土地所有制的扩展及其合法化。"(《均田制度的产生及其破坏》)

②《通典》卷二《食货二·田制下》引宋孝王《关东风俗传》,第一册,第 27 页。

③《魏书》卷六八《高聪传》,第四册,第 1522 页。

④《魏书》卷七一《夏侯道迁传》《夏侯道迁传附子夬传》,第五册,第 1583、1584 页。

登北邙,于平坦处奋稍跃马,盘旋瞻望,有终焉之志。远慕杜预,近好李冲、王肃,欲葬附其墓,遂买左右地数顷。遗敕子叔伟曰:'此吾之永宅也。'"①宣武帝景明(500—503)年间,杨播出任华州刺史,"至州借民田,为御史王基所劾,削除官爵"②。孝明帝末年,宰相李崇之子李世哲出任相州刺史,"世哲至州,斥逐细人,迁徙佛寺,逼买其地,广兴第宅,百姓患之"③。李世哲的行为显示,北魏末年官僚贵族可以通过手中的权力逼迫贫民百姓出卖土地,毫无节制地大肆兴建第宅。更有甚者,豫州刺史崔暹竟然"遣子析户,分隶三县,广占田宅,藏匿官奴,障吝陂苇,侵盗公私"④。

杨播、李世哲和崔暹的所作所为都属于违法行为,因遭弹劾而受到一定的惩处。也就是说,正常情况下土地买卖是法律所不允许的,而官宦利用手中的公权力强买强卖,虽然难以禁止,但至少不是政府所鼓励的行为。尽管如此,买卖土地应该还是比较普遍的现象。如上引《魏书·傅永传》的记载显示,对于官贵而言,买卖土地的渠道是畅通的。北魏宣武帝正始四年(507)《张神洛买墓田砖券》云:

> 正始四年九月十六日,北坊民张神洛从系(县)民路阿凫买墓田三亩,南齐王墓,北引五十三步,东齐□墓,西引十二步。硕(赊?)绢九匹。其地保无寒盗。若有人识者,折成亩数,出凫好□□□官有□□私□。立券文后,各不得变悔。若先悔者,出绢五匹。画指为信。书券人潘□。时人路善

①《魏书》卷七〇《傅永传》,第五册,第 1554 页。
②《魏书》卷五八《杨播传》,第四册,第 1280 页。
③《魏书》卷六六《李崇传附子世哲传》,第四册,第 1475 页。
④《魏书》卷八九《酷吏·崔暹传》,第六册,第 1925 页。

王,时人路荣孙。①

此证当时土地已可买卖,有一套为人们所遵循的土地买卖法规,应该是得到政府认可的合法行为。从中可以看出,买地券包括这样几个要素:买卖契约订立的时间;买方和卖方的籍里、姓名;买卖土地的类别(用途)、数量及其位置(四至);买卖的价格;土地效能的保证;对买卖双方的约束(立约成交,悔约则偿,赔率约为买卖价格的六成);买卖双方画指为信;书券人及证明人姓名。与北魏前期两份买地券比较,其格式并无变化,可见这种买地券遵从的应该是民间习惯法。这一买地券显示,最晚在宣武帝前期土地买卖已是比较成熟和自然的社会现象,表明土地买卖具有一定的普遍性。需要注意的是,此次土地买卖与北魏前期所见两起土地买卖的差别。此次买卖的对象是墓田,而不是普通的均田土地,且数额较小,只有三亩。而北魏前期两起土地买卖是作为生产生活资料来购买的,数额较大。太武帝太延二年(436)《苟头赤鲁买地瓦券》,是其“从同军民车阿姚买地五十亩”,“顾布六匹”,又“买车奥地卅亩,顾布四匹”。② 孝文帝太和元年(477)《鹑觚民郭孟给买地砖券》,是其“从从兄仪宗买地卅五亩,要永为家业,与

① [清]端方:《陶斋藏石记》卷六,涀阳端氏刊本,清宣统元年(1909)。又见《北京图书馆藏中国历代石刻拓本汇编》,第二册,第 12 页。录文见〔日〕池田温《中国历代墓券略考》,及张传玺主编《中国历代契约会编考释》,上册,第 126 页。
② 于省吾:《双剑誃古器物图录》卷下,图四五。收入张传玺主编《中国历代契约会编考释》,上册,第 117 页。

谷卅斛","谷时贾石五斗价直五十□,布卅尺"。① 可以想见,均田制实施后除官僚贵族的强买强卖之外,普通民众即均田民户的土地买卖可能仅仅涉及墓田等特殊用地,且数额较小,一般不涉及大宗的均田土地。由此推测,北魏均田制实施后禁止土地买卖的规定应该得到了较充分地贯彻。

当然,在对公权力进行全面约束的制度出现之前,不管法令如何严密,也难以保证公权力对法令规定突破的行为不会发生。如果政治黑暗,法令就更成为一纸具文。北魏后期由于统治的松弛和政治的腐败,公权力对私有权的侵犯越来越严重,均田制也因之而逐渐背离其初衷。当然就北魏政府的法规而言,禁止官吏以各种方式强占民田,如上述崔暹"广占田宅"的行为,便"为御史中尉王显所弹,免官"。② 东魏初年司州别驾穆子琳"以占夺民田,免官爵"③。北魏孝庄帝"永安(528—530)初,华州民史底与司徒杨椿讼田。长史以下,以椿势贵,皆言椿直,欲以田给椿"。司空府主簿寇儁曰:"史底穷民,杨公横夺其地。若欲损不足以给有余,见使雷同,未敢闻命。""遂以地还史底。"寇儁因之受到孝庄帝的嘉奖,史称"孝庄帝后知之,嘉儁守正不挠,即拜司马,赐帛百匹。其附椿者,咸谴责焉"。④ 由此可见,即便是在北魏政局已陷入严重动荡的局势下,官贵强占民田仍然属于违法行为,并不受到政府的认可和鼓励。不过就整体而言,在公权力的侵蚀下,均田制的相关规定在现实生活中被突破的情形日趋严重。

---

①刘庆柱:《陕西长武县出土太和元年地券》。收入张传玺主编《中国历代契约会编考释》,上册,第 121 页。

②《魏书》卷八九《酷吏·崔暹传》,第六册,第 1925 页。

③《魏书》卷二七《穆崇传附子子琳传》,第二册,第 677 页。

④《周书》卷三七《寇儁传》,第三册,第 658 页。

北齐初年,均田制虽然并未被废除,但却遭到严重破坏,由于豪强兼并而导致的户口隐漏现象颇为常见。《隋书·食货志》:北齐文宣"帝刑罚酷滥,吏道因而成奸,豪党兼并,户口益多隐漏。旧制,未娶者输半床租调,阳翟一郡,户至数万,籍多无妻。有司劾之,帝以为生事。由是奸欺尤甚,户口租调,十亡六七"。时在"文宣受禅(550)"至"天保八年(557)"之间。① 宋孝王《关东风俗传》云:

> 其时强弱相凌,恃势侵夺,富有连畛亘陌,贫无立锥之地。……又河渚山泽有可耕垦肥饶之处,悉是豪势,或借或请,编户之人不得一垄。纠赏者,依《令》:"口分之外知有买匿,听相纠列,还以此地赏之。"至有贫人,实非剩长买匿者,苟贪钱货,诈吐壮丁口分,以与纠人,亦既无田,即便逃走。帖卖者,帖荒田七年,熟田五年,钱还地还,依《令》听许。露田虽复不听卖买,卖买亦无重责。贫户因王课不济,率多货卖田业,至春困急,轻致藏走。亦有懒惰之人,虽存田地,不肯肆力,在外浮游。三正卖其口田,以供租课。比来频有还人之格,欲以招慰逃散。假使暂还,即卖所得之地,地尽还走,虽有还名,终不肯住,正由县听其卖帖田园故也。②

很显然,东魏北齐时期豪强对土地的兼并已是有恃无恐。虽然均田令规定露田不许买卖,但事实却是,即便买卖一般也不会受到严厉处罚,因而露田也开始进入流通渠道。由于穷人往往很难完

①《隋书》卷二四《食货志》,第三册,第 676 页。
②《通典》卷二《食货二·田制下》"北齐"条引,第一册,第 27—28 页。

成租课,于是设法卖地逃亡。

如所周知,《魏书·食货志》中记载了北魏均田令十五条令文,乃是中国经济制度史上具有划时代意义的土地法规。然而,史书中有关北魏均田制实施的记载却极其零星,宣武帝时期源怀上表请求在六镇贯彻《地令》(即均田令)的记载可以看作是北魏后期均田制实施的唯一明确记载。不过钩稽分析史料,仍可看到多条能够反映均田制实施的文献记载。与史书中比较模糊的记载相比,西魏及北齐时期的碑铭及敦煌文书中所反映的均田制实施情况更为明确具体,对于认识北魏均田制的实施是更为难得的重要资料。《白实等造中兴寺石像记》记录了西魏大统四年(538)宗氏家族成员施地兴建佛教功德之事,所载宅田、白田(露田或倍田)、园田、麻田等田地名称,除白田外均见于北魏均田令,是均田制在当地实施的铁证。造像记铭刻之时,田制尚未改革,其所反映的自然是北魏均田制下的制度。西魏大统十三年(547)敦煌籍帐文书是有关北朝均田制和赋税制度实施的最重要的实物证据,文书分为A、B两类:A类是由九户独立的民户构成的户籍,登记户主和家庭成员的姓名、年龄、身份及课税人口、额度和受田人口、额度及田地四至等等细节,本章选取刘文成家的户籍为例予以考察;B类是由若干组民户的合籍构成,共有三十三户,无家庭成员姓名,仅登记户、口之数量、类别、身份和课税额度,还有个别受田情况和总的受田额度等内容,本章以荡寇将军刘文成和白丁叩延天富两户为例对相关问题进行分析。文书中的田地包括"麻""正""园",即北魏均田令中的"麻田""露田""居住园宅",敦煌属狭乡,不受倍田,故称露田为正田。西魏对均田制进行改革是在魏恭帝三年初,虽然大统十三年敦煌籍帐文书反映的是苏绰制定的"计帐户籍之法",但其所反映的田制很可能仍是北魏均田制,至少北魏太和均田制的基本要素应该并未发生实质性改变,从中还是可以看到北魏均田制的基本面貌或制度原则的。北齐武成帝大宁二年(562)所立《标异乡义慈惠石柱颂》,记载了严氏家族成员在东魏武定四年(546)及其后共分两次"各舍课田"建立义坊之事,"世业课田"的记载表明,在河清三年(564)令对均田制进行改革前东魏境内麻田已具世业性质,均田制老免还田的原则、以丁男(女)作为受田对象的规定,在颂文中均有所反映。

　　北方大规模征服兼并战争结束后,北魏王朝的财源和兵源主要依赖于自耕农的纳税和服役。均田制的实施就是为了抑制极度膨胀的豪强大族势力,使大量沦为豪强依附民的自耕农成为政府控制的编户齐民,从而扩大纳税和服役人口的数量,加强北魏王朝的统治基础。限制地权的过度集中,使农民和土地更紧密地结合,促进农业生产的发展,并在此基础上保证赋税和兵役的征发,乃是北魏均田制实施的主要目的。但在现实社会生活中,土地兼并并未完全停止,特别是北魏晚期动荡的政局加剧了贫富分化,使地权集中的现象愈演愈烈,均田制对官贵的约束作用越来越小。《张神洛买田砖券》显示,最晚在宣武帝前期土地买卖已是普遍的社会现象①。北魏后期政治日趋腐败,公权力对私有权的侵犯越来越严重,虽然政府并不认可官贵强占民田的违法行为,

①宋人林勋认为:"然(唐制)按一时户口而不为异日计,则后守法难矣。既无振贫之术,乃许之卖田,后魏以来弊法也。"([宋]王应麟:《玉海》卷一七六《食货·田制》"唐口分世业田"条引,《景印文渊阁四库全书》子部二五三"类书类"第九四七册,第 541 页下栏、542 页上栏)按此当出于林氏所撰《本政书》。《宋史》卷四二二《林勋传》:"为广州教授。建炎三年(1129)八月,献《本政书》十三篇,言:'国家兵农之政,率因唐末之故……宜仿古井田之制,使民一夫占田五十亩……'"(第三六册,第 12605 页)按"卖田"并非北魏均田制的明确规定,而是由于时局的变化导致制度失范所致。

但整体来看均田制的相关规定在现实生活中被突破的情形日益严重。东魏北齐时期豪强对土地的兼并已是有恃无恐，虽然均田令规定露田不许买卖，但事实上即便买卖也不大会受到严厉惩罚，难以完成租课的穷人往往会作出卖地逃亡的选择。不过，这种现象在北魏后期六镇之乱前似乎并不常见，北魏均田制时代土地所有制的形态当与制度规定相去不远。

总的来看，史书中关于北魏均田制实施的记载颇为零星，难以窥其大略。北朝后期的三通碑铭和文书资料为认识北魏均田制的实施提供了重要的实物证据。西魏大统四年（538）《白实等造中兴寺石像记》记载宗氏家族成员施地兴建佛教功德之事，除白田（即露田或倍田）外，宅田、园田、麻田等田地名称均见于北魏均田令，是均田制在当地实施的铁证。作为北朝均田制和赋税制度实施的最重要的实物证据，西魏大统十三年（547）敦煌籍帐文书亦有助于认识北魏均田制的实施情况，文书所见"麻""正""园"田即北魏均田令中的"麻田""露田""居住园宅"。北齐武成帝大宁二年（562）所立《标异乡义慈惠石柱颂》记载严氏家族成员在东魏武定四年（546）及其后共分两次"各舍课田"建立义坊之事，"世业课田"显示在河清三年（564）令颁布前东魏境内麻田已具世业性质，均田制老免还田、以丁男（女）作为受田对象的规定均有所体现。均田制的实施是为了抑制豪强，限制地权过度集中，但在现实社会生活中，土地买卖和兼并仍时有发生，在公权力侵蚀和政局动荡的影响下，北魏晚期均田制的相关规定被突破的情形日趋严重。

最后还有一个问题需要提及，即在均田制实施后民户所拥有的土地是否都被纳入了露田、桑田或麻田、园宅地中来统计？唐长孺认为："农民对于这块份地只有使用权和占有权（桑果田也不

能算作全部私有），就是奴隶主也只能随奴婢有无以还受。封建
依附关系也是不承认的。然而这只限于均田范围以内，此外仍然
存在着与此相对立的私有大土地和封建依附关系。"①不过，就北
魏时期而论，现存史料并无这方面的明确记载，恐怕还是应以存
疑更为稳妥。日本学者山本达郎通过对西魏大统十三年籍帐文
书的考察分析，认为"在均田法之内用退田来解释所有土地是不
可能的，因此，不得不承认存在均田法之外的土地。实际上，均田
法之外的土地是相当多的"。并且他还进一步指出："可以认为在
实行均田法的整个年代，都存在均田法之外的田。""认为均田法
之外的田多于均田法之内的田也无不可。"②在地广人稀的宽乡这
种情况肯定是存在的，但在人多地少的狭乡是否也是如此则是大
有疑问的，否则均田令也就不会鼓励民众从狭乡徙居宽乡了。因
为无论对政府还是民户而言，徙居都是有代价的，并非轻而易举
之事。

---

①唐长孺：《均田制度的产生及其破坏》。
②〔日〕山本达郎：《敦煌发现籍帐中的"自田"（续篇）》，《唐代均田制研究选
　译》，第363—364页。

第十一章 北魏均田制研究史述要

北魏孝文帝太和九年颁布的均田制,是中国历史上第一部完整的土地法规,历史影响深远。近百年来学术界对均田制展开了大量研究,中心议题包括:均田制的渊源和实施背景问题,均田制的目的、作用及其实施情况,以及均田制的性质问题。关于均田制的渊源,一般是从北魏百年历史发展及中原传统土地制度中探寻,大多追溯到北魏初年以来实施的计口授田以及西晋的占田制,或进一步上溯到曹魏屯田制、汉代名田制、战国授田制、西周井田制等,既强调北魏初前期制度的影响,又认为均田制的渊源具有多面性。关于北魏均田制出现的原因或背景,往往是将其目的或作用结合起来进行考察,主要是在分析李安世均田疏及孝文帝均田诏相关内容的基础上进行论述,即实施均田制就是为了解决豪强兼并、贫富分化而导致的民众贫穷饥馑的严峻的社会现实问题,认为均田制既有抑制豪强兼并的一面,同时更强调均田制是为了鼓励垦荒发展农业生产,目的是使无主荒田与无地农民结合起来,在恢复北魏农业生产上发挥了积极作用。关于均田制的性质,也就是其所体现的土地所有权问题,主要是围绕均田制是国家土地所有制或者私人土地所有制,抑或两者兼而有之、孰轻孰重的问题展开论述,也有个别学者强调均田制体现了拓跋鲜卑的农村公社性质,或者是带有村社性的一种封建土地所有制度。总的来看,学术界关于北魏均田制的观点还存在较大分歧,应该说尚未形成最后定论。

第一节　关于均田制的渊源和实施背景(原因)问题

唐人杜佑所撰《通典·食货一·田制上》,在北魏均田制前记述三事,包括太武帝朝景穆太子监国时畿内课田之制,孝文帝太和元年受田之制,李安世均田疏。① 虽未明确阐述均田制的渊源问题,但谓杜佑以太和九年的均田制与之前所行两制之间具有继承关系当无大谬。对于均田制的历史渊源问题,宋元时代的学者即有比较明确的判断。郑樵《通志·食货略一·赋税》云:"井田废七百年,一旦纳李安世之言,而行均田之法,国则有民,民则有田。"②言外之意,均田制是对井田制的继承或仿效。马端临不同意郑樵对均田制渊源的判断,《文献通考·田赋考二·历代田赋之制》在引述北魏均田制的相关记载后,按语有云:"夹漈郑氏言:井田废七百年,至后魏孝文始纳李安世之言,行均田之法。然晋武帝时,男子一人占田七十亩,女子三十亩,丁男课田五十亩,丁女二十亩,次丁男半之,女则不课,则亦非始于后魏也。但史不书

---

① 参见《通典》卷一《食货一·田制上》,第一册,第 16—17 页。
② 《通志》卷六一《食货略一·赋税》,《景印文渊阁四库全书》史部一三二"别史类",第三七四册,第 268 页上栏。

其还受之法,无由考其详耳。"①同书《田赋考一·历代田赋之制》
按语有云:"是以晋太康时,虽有男子一人占田七十亩之制,而史
不详言其还受之法。未几,五胡云扰,则已无所究诘。直至魏孝
文始行均田,然其立法之大概,亦不过因田之在民者而均之,不能
尽如三代之制。"②在马端临看来,北魏均田制与井田制没有多大
关联,与其说均田制是对井田制的效仿,还不如说是对西晋占田
制的继承。这是历史上第一次将均田制的渊源与占田制联系起
来,是马氏精于历代典制的具体体现。

万国鼎是最早对均田制渊源和实施背景问题提出系统看法
的现代学者之一,他说:

> 魏承丧乱之后,人烟稀少,土地荒芜,田多无主,于是政
> 府复得授民以田。此一事也。乱离之余,民返乡里,事涉数
> 世,庐井改观,假冒占夺,在所不免,争讼滋多。且强者或霸
> 占而不耕,地有遗利。弱者无田以自存,流徙不定。亦有均
> 田以塞争端,以尽地利,以抚流民之需要。此又一事也。魏
> 虽起自蛮夷,钦慕华化,孝文帝变法尤力,以自同于华夏。南
> 人虽以词藻相尚,北朝则崇经学,舍浮靡而重经世。儒者井
> 田之说,均产之论,较为易入。益以西晋占田法之前例,于时
> 复有均田之可能与需要,土地问题遂受重视,而均田之制,由
> 议论而见于行事矣。③

---

①《文献通考》卷二《田赋考二·历代田赋之制》,第一册,第 41 页。按《宋
　史》卷四三六《儒林六·郑樵传》:"好著书,不为文章,自负不下刘向、杨
　雄。居夹漈山,谢绝人事","学者称夹漈先生"。(第三七册,第 12944 页)
②《文献通考》卷一《田赋考一·历代田赋之制》,第一册,第 28 页。
③万国鼎:《中国田制史》,第 164 页。

此说紧密结合李安世均田疏和孝文帝均田诏,从时代背景、均田思想和制度渊源等方面对均田制出现的原因提出了宏观看法,虽然缺少具体的分析考证,但因万氏对中国田制史有全面系统的研究,从而使其可靠性得到了保证①。万氏的观点可以说具有奠基性意义,尽管几乎不被后人所提及,但其后学界对这一问题的看法大致不出此范围,如赵冈认为:"晋室南迁后,北方陷入五胡十六国的长期混乱状态,造成几种十分不利的经济现象,迫使后来的北魏拓跋政权采取均田制措施。第一,因为战争的伤亡及人民的逃避,留下大片无主的荒田。第二,很多农民逃离乡村,流落城市中,变成了不事生产的游民。第三,很多巨室士族没有南迁,他们留在北方家乡,靠了族人的力量结合成民间自卫武力。……乡民们以士族为核心,聚居在一起,每单位耕地上的人口密度极高,土地与人力资源的配合是十分不合理。"基于此,"人力与地力两者均不能充分利用","其结果是农业生产量很低,而政府又不能依法征收租税"。② 很显然,此说与万氏之说并无二致。

陶希圣是 1930 年代中国社会经济史学界的领军人物,他与武仙卿所著《南北朝经济史》一书是现代学界最早专门研究这一专题的著作,关于北魏前期的计口授田与均田制的关系,认为"计

---

①近三十年后,万国鼎就曹魏屯田、西晋占田制和北魏均田制的关系问题又提出了简明扼要的看法:"西晋在曹魏屯田和户调制度的基础上,加以损益而成占田课田制度,后魏又加以损益而成均田制度。"(《中国农业精耕细作传统的发生发展及其影响》,原载《新华日报》1961 年 7 月 22 日,收入《万国鼎文集》,第 5 页)
②赵冈:《历史上的土地制度与地权分配》,第 37 页。

口授田可以说是原始型的均田制度"①。这应该是学界最早提出两者具有密切关系的看法。此说实与杜佑的认识较为相近。二氏同时还把北魏均田制度的渊源追溯到魏晋时期,认为:"这是承受曹魏的屯田,西晋的占田课田而来,仅限于属于国家的土地。"②杨联陞认为:"晋朝的田地制度曾经被认为是北朝、隋朝、唐朝治下发展出来的一系列土地分配制度的先驱。所有这些类似的东西都被称为'均田'制度。"③钱穆则是从北魏自身的历史发展中寻找均田制的制度源头:"太祖天兴元年、太宗永兴五年,皆有'计口授田'之诏。高祖太和元年,诏:'敕在所督课田农,一夫制治田四十亩,中男二十亩,无令人有余力,地有遗利。'此皆北魏均田先声。"④按"先声"与"原始型"实则相去不远。

　　1950年代中叶开始,中国大陆学界兴起了古代土地制度史研究的热潮。侯外庐强调北魏均田制与秦、汉以来土地所有制的承袭关系,认为"北魏均田制是远而继承了中国秦、汉早已存在的主

---

① 陶希圣、武仙卿:《南北朝经济史》,第15页。同书又云:"北朝均田制度的实施,不是从太和九年才开始。北魏初期所行的计口授田,就是均田制度的原始规型。""均田制度,本是北朝国家庄园中始终推行的土地制度,由北魏初期的计口授田开始,以至于隋的均田终止。"(第18页)又可参见武仙卿《北魏均田制度之一考察》。

② 陶希圣、武仙卿:《南北朝经济史》,第18页。按劳榦1950年代在台湾大学讲课时提出,北魏"均田制度""究其来源,可说是由屯田制度而来"(《魏晋南北朝简史》,第137页)。但对两制之间的传承关系,未见作出令人信服的阐释。

③ 杨联陞:《晋代经济史释论》,《国史探微》,第241页。

④ 钱穆:《国史大纲》,上册,第332页。按是书最早出版于1940年,后在香港、台湾和大陆多次再版。高敏认为:恭宗监国时畿内课田和太和元年受田等制度的实施,"为均田制的推行准备了条件"(《论北魏的社会性质》,《魏晋南北朝史发微》,第211页)。

权即土地所有权这一封建的土地所有制形式的残余,近而因袭了西晋占田制的精神"①。这是现代中国马克思主义史学家中较早将北魏均田制的渊源与中原王朝传统田制联系起来的论断。蒙文通认为:"元魏北朝以来,永业是沿袭占田的意思,露田是沿袭课田的意思。"他还认为均田制与汉代以来的田制关系密切,谓汉代的"均田、限田制度"是与"魏晋'给公卿以下租牛客户数各有差'、'依官品受田'、'奴婢依良人受田'的占田课田和元魏、周、齐、隋、唐的均田制度是相衔接的。"②胡寄窗认为:"他(李安世)的均田思想的思想渊源,无疑地是吸取了历来井田、限田和占田等主张而综合地加以具体运用。""均田制有许多的规定都是在占田制基础上所作的重大发展",或者说"均田制是在占田制的基础上进一步发展的产物"。③

　　关于北魏均田制的渊源问题,研究者大都主张其与北魏早期的"计口授田"有渊源关系,同时又注意到中原王朝传统制度的影响。刘业农在学界较早提出了北魏均田制的二源说,他将北魏初年实行的"计口授田"看作是"前期"均田制,"为太和九年均田制的原始类型";又认为"西晋的占田制,虽然没有发生什么影响,却为后来北魏实行均田制,提供了很好的蓝本"。④ 苑士兴也认为北

①侯外庐:《中国封建制社会的发展及其由前期向后期转变的特征》,《中国封建社会史论》,第147—148页。按侯氏关于这一问题的最早表述见于所著《中国封建社会土地所有制形式的问题——中国封建社会发展规律商兑之一》,《历史研究》1954年第1期。
②蒙文通:《中国历代农产量的扩大和赋役制度及学术思想的演变》,《古史甄微》,第279、319页。按该文原载《四川大学学报》(哲学社会科学版)1957年第2期。
③胡寄窗:《中国经济思想史》,中册,第276、282页。
④刘业农:《北朝的均田制》。

魏孝文帝的均田法是"在推行'计口授田'的基础上吸取了西晋的占田制度"而颁布的①。如上所引,万国鼎早于此二十年前就提出了类似的观点,只是他并未展开论述。而陶希圣和武仙卿则不仅明确提出了均田制的二源说,还对此作了比较系统的考察,认为:"均田制度,并不是平均分配土地的所有权,而是要耕垦同量的土地,与计口授田具有同样的效力。曹魏的屯田和两晋的占田课田,也是不脱这样的意义;并且计口授田到均田的演变,也正同于屯田到占田的演变。"②尽管后来的研究者都不曾提及万国鼎和陶希圣、武仙卿等学者的早期论著,但可以说几乎都是对诸氏观点的继承和扬弃,故其筚路蓝缕之功不应被忽略。二源说或多源说在学界有较大的影响,认为除北魏前期"计口授田"等制度外,前代中原王朝的土地制度也是北魏均田制的源头,大多将北魏均田制的渊源追溯到西晋占田制或者更早的限田(名田)制和井田制。

王仲荦认为:太和九年实行的均田制,"其实是把过去拓跋部初到塞上分土定居后所奉行的这种制度(按即"给耕牛,计口授田"),加以推广于整个中原地区而已"。"倘使封建经济久已确立的中原地区以前没有推行过如西晋的占田制,那也不可能使北魏的均田制度很顺利地推行的。古代中国本来有'普天之下,莫非王土'那种井田制的传统看法,而西晋占田制的实施更加强了土地所有权属诸村社这一过程。孝文帝就是综合了北魏的'计口授田'与古代的井田制、西晋的占田制这几种过程而在中原地区

①苑士兴:《北魏至隋唐的均田制度》,《中国历代土地制度问题讨论集》,第319页。
②陶希圣、武仙卿:《南北朝经济史》,第15页。又可参见武仙卿《北魏均田制度之一考察》。

实施均田制度的。"①这是把北魏初年实施的计口授田、西晋占田制和先秦井田制作为北魏均田制的渊源。不过,均田制之所以能够在中原地区顺利推行,应该与西晋曾推行占田制并无任何关联。从西晋后期至北魏颁行均田制的长达近两个世纪,中原地区因战乱而造成了频繁的政权更迭、民族纷争、人口变动,可谓时过境迁,物是人非,占田制早已消失得无影无踪,不可能在实行均田制之时还会有什么影响力。若说占田制对均田制的出现发生过作用,恐怕只是在北魏统治者制定政策时作为其参考而已,与中原地区曾推行过占田制并无多大关系。

唐长孺也把均田制同北魏前期的计口授田等制度和西晋占田制相联系,他说:"均田、三长制的基本精神乃至某些具体措施可以看作是太和九年(公元 485 年)以前劝课农桑、计口受田等制度的延续和推广。""从另一方面,均田制又是西晋课田制的沿袭。""所以对于均田制的推行,在拓跋族政权看来,乃畿内计口受田等部族旧制的推广;而在李安世等汉族臣僚看来,却是对汉代限田以及西晋占田课田制的沿袭。"②可见唐氏并未提及井田制是否为均田制的渊源,但又注意到均田制与汉代的限田之间有承袭关系。这与其对西晋占田制的认识有关,他认为"西晋占田之制也即是汉代的'限民名田'","不管事实上是否真正执行规定,法

---

① 王仲荦:《魏晋南北朝史》下册,第 521—522 页。按王氏关于这一问题的最早论述,见其所著《北魏初期社会性质与拓跋宏的均田、迁都、改革》一文,载《文史哲》1955 年第 10 期。
② 唐长孺:《魏晋南北朝隋唐史三论——中国封建社会的形成和前期的变化》,第 124、126 页。又可参见同氏《均田制度的产生及其破坏》一文的相关论述。

律上占田是有限额的"。① 占田制规定"占田和荫佃客都有一定
的数字。这个数字有两种意义,第一表示对于土地与劳动力占有
的适当限制"②。此外,唐长孺又特别强调北魏均田制同汉代的限
田和西晋占田制之间的不同:"从汉代的限田到西晋的占田课田
制,虽然体现了作为一个集权国家对土地占有的干预权,实际上
却没有认真执行,或者说徒有虚文,根本没有实行。而且也没有
关于土地还授的具体规定。北魏均田制却得到了比较认真的执
行,那是因为当时具备实行这一制度的若干条件。"③

何兹全也有同王仲荦和唐长孺类似的看法:"北魏初期,政府
曾经在京城附近实行过计口授田,均田制就是在这一基础上推
广、改进而发展起来的。另外,中国古老的一夫受田百亩的井田
制以及西晋占田制,都给了均田制以经验借鉴。"④汤明檖认为:
"北魏均田制无疑是吸取了历来井田、限田和占田课田等思想或
制度而加以综合运用的。均田制的办法在两个方面是在西晋占
田课田制的基础上加以发展的:①土地分配与财政征课的密切结
合;②根据劳动力的强弱来分配土地和负担租税的原则。"⑤可见

---

① 唐长孺:《西晋户调式的意义》,《魏晋南北朝史论丛续编》,第 4 页。按日
本学者堀敏一认为:"占田的'占'字的原义是排他的、独占意义上的现实
支配。""西晋的田制里因为规定有七十亩、三十亩的面积,所以占田事实
上成了限田的意思,这是一般的公论。在这种意义上使用占田一语的先
驱者,是东汉的荀悦。"(《均田制的研究》,第 52 页)
② 唐长孺:《西晋田制试释》,《魏晋南北朝史论丛》,第 44 页。
③ 唐长孺:《魏晋南北朝隋唐史三论——中国封建社会的形成和前期的变
化》,第 127 页。
④ 白寿彝总主编:《中国通史》第五卷《中古时代·三国两晋南北朝时期》上
册(本册主编何兹全),第 325 页。
⑤ 汤明檖:《中国古代社会经济史》,第 263 页。

他虽然认为北魏均田制的制定借鉴或参考了井田制和限田制，但更强调西晋占田制的因素。李埏认为北魏孝文帝的均田制"远祧井田制，近继屯田制，但更加完备，更能适应当时的实际状况（至少是北方的状况）"①。然对此只是一笔带过，未作具体论证。均田制与屯田制没有什么关系可以确定，从李彪在均田制颁布数年后上封事请求实行屯田即可证明。井田制虽然对均田制的制定有影响，或者说均田制中有井田制的精神，但两者的差别也是显而易见的。李氏在另文中指出"均田制与孟子说的井田制不无渊源的关系"，同时也承认"时逾数百载，历史发生了很大变化，二者的差异还是很多的"②。至于差异为何，并未具体言说。

与上述诸家的观点略有不同，杨志玖的认识与钱穆之说更为接近，他主要是从北魏田制的演变历程中寻找均田制的渊源，认为"均田制是在北魏初期土地国有、计口授田的基础上，针对豪族对土地和人口的兼并荫庇，农民的流亡和起义而颁行的一种制度"③。以土地制度史为主要研究领域的赵俪生也认为，均田制主要是在吸收"计口授田"制精神的基础上制定出来的，他说："'计口授田'，是拓跋氏在实行均田制之前实行了一百多年的一种制度。在制定均田法的时候，作为统治者的一种古老习惯法，'计口授田'精神很大幅度地被吸收进去了。这是边疆少数民族给汉人封建成法中所输入的新血液。""均田制的前史，就是计口授田。或者不如这样说，计口授田是在贫富贵贱间不太悬殊、阶级关系不太紧张情况下的一种均田制；而均田制则是在贫富贵贱间已经

① 李埏：《三论中国封建土地国有制》。
② 李埏：《孟子的井田说和分工论——读〈孟子〉札记》。
③ 杨志玖：《论均田制的实施及其相关问题》。

相当悬殊、阶级关系已经相当紧张情况下的一种计口授田。""'计口受田'是拓跋族社会经济生活中最典型的东西，是后来均田制中骨干和灵魂性质的东西，也是后来许多议论者这样那样论点的有力根据。"①乌廷玉也是专治土地制度史的学者，他也主张北魏均田制的渊源就是北魏前期的计口授田制度②。很显然，赵、乌二氏的观点与王仲荦、唐长孺有别，而与钱穆、杨志玖之说比较接近。赵冈、陈钟毅也有类似看法，认为李安世均田疏"提议的办法是加强'三长制'，彻底清查户口，然后将境内土地收归国有，按劳动力多寡分配给农民耕种。也就是扩大早年的计口授田办法。于是孝文帝在太和九年(485 年)下诏实行'均田法'"③。陈连庆认为："魏初有计口授田的制度。孝文帝元宏太和元年(公元四七七年)诏：'一夫制治田四十亩，中男二十亩。'(见《魏书·高祖纪》)这都是均田制的渊源。"其形成"一为北魏建国以来土地经营的习惯，一为魏晋以来推行屯田、占田的经验"。"实行均田制，就是把拓跋氏长期以来在北方一带摸索的经验，放大于中原，而中原一带也因为屯田、占田的经验记忆犹新，接受它并不困难。"④可见陈氏与杨志玖的观点较为相似，他虽然提及魏晋以来的屯田、占田制，但却并未把它作为均田制的制度渊源看待。

整体来看，大多数研究者所持观点还是同万国鼎、陶希圣和

---

①赵俪生：《中国土地制度史》，第 95、108、337 页。
②乌廷玉：《中国历代土地制度史纲》上卷，第 191—192 页。
③赵冈、陈钟毅：《中国土地制度史》，第 28 页。
④陈连庆：《〈晋书·食货志〉校注 〈魏书·食货志〉校注》，第 275 页。陈氏又云："北魏是个后进的国家，其典章制度，上不过魏晋，下不过燕秦，它的土地制度的惟一兰(蓝)本就是占田制。计口受田，不过是占田制的翻版。"(《占田制的形成及其存续问题》，《中国古代史研究——陈连庆教授学术论文集》，第 533 页)

武仙卿及王仲荦、唐长孺等学者的看法更为接近,他们既强调北魏初前期制度的影响,又认为均田制的渊源具有多面性。韩国磐特别强调北魏前期计口授田对均田制的影响,认为"魏初的课农和计口授田,必然会发展成为均田制","均田制即计口授田的发展与完备化"。[①] 或者说,拓跋魏"将政府所掌握的官田荒地拿出来,改进以前计口授田的办法,并用轻税办法争取浮户隐户到国家的掌握中,因而出现了均田制"[②]。同时他还认为,"均田制曾经借鉴或取法于以前历代的土田制度和政策,可以确定无疑"[③]。均田制"能成为整套的制度,又必有其模特儿。这个模特儿就是西晋的占田制,更早一些就是师丹的'限田'和王莽的'王田制'"[④]。除"王田制"外,其说与陶希圣、武仙卿之说颇为近似。然而诚如马端临所言,北魏均田制与王莽"王田制"有着本质区别,故其绝对不可能是北魏均田制的"模特儿"。杨际平的看法与韩国磐类似:"均田令的提出是北魏鲜卑拓跋政权经济政策长期演变的结果,同时又受到汉族有关井田制传说的传统思想的深刻影响";"对均田制产生重大影响的,还应包括西晋的占田课田制";"北魏'均田制'的产生,更重要的原因,还在于鲜卑拓跋等部的公社传统,同时又与鲜卑拓跋等部封建化进程密切相关",亦即"是北魏政权计口授田和课田政策的继续和发展"。[⑤] 朱绍侯认为中国古代土地制度中的授田传统(西周井田制,秦汉辕田制、名田制,曹魏屯田制,西晋占田),"可以说对北魏均田制的颁

---

①韩国磐:《北朝隋唐的均田制度》,第44、67页。
②韩国磐:《南北朝经济史略》,第240页。
③韩国磐:《北朝隋唐的均田制度》,第57页。
④韩国磐:《南北朝经济史略》,第243页。
⑤杨际平:《北朝隋唐"均田制"新探》,第3、12、16、26—27页。

布,有着直接的影响",尤其是占田制"可以说是北魏统治者制定均田制的直接蓝本",而北魏前期实行的"计口授田"制度"正是均田制的早期雏型"。①

岑仲勉认为,北魏均田"与西周的授田虽不尽相同,论其性质、作用,则无大差异"②。吴荣曾对战国授田制有专题研究,认为"战国时农民受田后,到一定时间又须退田于官,这和后来均田制相似"③。武建国认为,北魏均田制"至迟应是滥觞于战国授田制"④。袁林对北魏均田制与战国授田制进行了全面的比较,认为:"从北魏开始的均田制度并非少数民族从边地带入中原的新制度,实滥觞于战国授田制。""北魏自拓跋珪进入中原,'离散诸部,分土定居,不听迁徙,其君长大人,皆同编户',同时实行屯田和计口授田,就完全改变了原有的社会经济结构。到孝文帝太和年间,行均田,立三长,改租调,全面推行了以汉化为基本内容的改制。""不是拓跋鲜卑把均田制带入了中原,而是在征服过程中,拓跋鲜卑学会了并发扬光大了中原汉民族社会的授田与限田传统,在新的历史条件下复活了国家授田制度。"⑤按北魏均田制与战国授田制相似或者说有相通之处,谓之"复活"亦无不可,但显然并不能说是"滥觞于战国授田制"。高敏认为:"秦的封建国有土地制,经秦朝及西汉,一直被保存下来。""汉代的'假公田'制度,实际上就是秦代的'租'种国有土地制的延续。""甚至汉及三国的'屯田',北魏及隋唐的'均田',都是同秦的封建国有土地制

---

①朱绍侯:《魏晋南北朝土地制度与阶级关系》,第135、139页。
②岑仲勉:《府兵制度研究》,第64页。
③吴荣曾:《战国授田制研究》,《先秦两汉史研究》,第93页。
④武建国:《均田制研究》,第15页。
⑤袁林:《两周土地制度新论》,第353、375页。

一脉相承的。"①李亚农认为北魏均田制是孟子井田制变相的翻版,同时也与北魏前期长期实行的"计口授田"制有直接的继承关系,"均田制就是在'计口授田'的基础上进一步制订出来的"②。他是最早提出均田制与北魏初前期实行的计口授田制有关联的现代中国学者之一,遗憾的是李氏对均田制渊源的追溯仅限于此,他不认为均田制与限田制和占田制有任何联系,说"它和汉朝的限田制,晋朝的占田制,固然丝毫没有共通之处,即和隋代的均

---

① 高敏:《从云梦秦简看秦的土地制度》,《云梦秦简初探》(增订本),第146—147页。按吴树平、邢义田持相似看法,而唐赞功和熊铁基、王瑞明的看法则有异。参见吴树平《云梦秦简所反映的秦代社会阶级状况》,《云梦秦简研究》,第80—84页;唐赞功《云梦秦简所涉及土地所有制形式问题初探》及熊铁基、王瑞明《秦代的封建土地所有制》,同上书,第53—66、67—78页;邢义田《张家山汉简〈二年律令〉读记》,《地不爱宝:汉代的简牍》,第167页。又,何双全认为:"根据简牍记载,当时(汉代)的土地政策是以私有制为基础,土地属私人所有,家族内可以继承或买卖。"(《〈汉简·乡里志〉及其研究》,甘肃省文物考古研究所《秦汉简牍论文集》,第182页)于振波比较张家山汉简《二年律令》"名田宅制"与唐代均田制,认为:"简牍资料所反映的名田制与北魏隋唐时期的均田制有诸多相似之处,反映出其间的历史继承关系。""战国秦汉的授田制、三国时期的屯田制、常限田制以至后来的占田制、均田制,都体现了国家对土地的控制力,而西汉中期以后的土地兼并、豪强大族的庄园经济,又在国家政权对土地控制力衰弱的情况下,表现出很强的私有色彩。"(《从张家山汉简看汉名田制与唐均田制之异同》)杨振红认为:"《二年律令》出土以后,我们在秦汉名田宅制与北魏以来至隋唐的均田制之间看到了清晰的沿承发展关系"。"名田宅制下国家对土地有一套严格的管理办法。""对占有土地没有达到法定标准者,通过'行田'补其不足。"(《龙岗秦简诸"田"、"租"简释义补正——结合张家山汉简看名田宅制的土地管理和田租征收》,《简帛研究》二○○四,第95页注1、98页)
② 《李亚农史论集》,第366页。

田制,亦大有区别"①。按李氏后一观点可以说颇为独特,无论中国学者还是日本学者,在论及北魏均田制源流问题时都持与此不同的看法。事实上,他的这一论断完全出自臆断,且未作任何论证,自然不足为据。

与上述观点不同,也有研究者主张均田制与北魏初年实施的计口授田制度无关。杨康荪认为:"成熟而完详的北魏均田令的真正渊源是源流久长的汉儒政治文化传统,而不是畿内粗略的计口授田制度。"②武建国认为:"均田制主要是渊源于古代中原地区的土地制度,是中原地区土地制度的继承和发展,而非源于北魏初年拓跋族的计口授田制,两者的区别是昭然的。"③均田制与计口授田制的"区别"如何"昭然",武氏却未作任何论证。不过,他又认为北魏初年的计口授田及太武帝时期太子拓跋晃实行的畿内课田制等,显示"国家是全国土地的最高地主,土地属于国家所有,受国家的支配和控制的精神原则的存在,便为实行以土地国有制为主导、民户需通过国家授受而占有土地的均田制提供了重要基础"④。武氏一方面认为"北魏初年推行的土地国有制和'计口授田',为后来的均田制的产生和推行提供了一定的社会基础和历史条件",另一方面又否认"均田制的土地授受是直接源于北魏初年的'计口授田'制"。⑤ 他主张"中国古代社会源远流长的土地国有制传统,为均田制在中原地区汉人中的推行提供了基

---

①《李亚农史论集》,第 356 页。按李氏关于北魏社会性质的研究,最早见于所著《周族的氏族制与拓跋族的前封建制》。
②杨康荪:《北魏均田制建置散论》。
③武建国:《论均田制的历史渊源》,《汉唐经济社会研究》,第 19 页。
④武建国:《均田制产生的社会原因和条件》,《汉唐经济社会研究》,第 28 页。
⑤武建国:《均田制研究》,第 15 页。

础",这些制度是"三代的井田制"、汉代的"限民名田"、曹魏的"屯田"、西晋的"占田课田"。① 这样看来所谓均田制实施的"基础"即是指均田制的渊源,则武氏关于北魏均田制渊源的认识是自相矛盾的。比较来看,其主张与侯外庐之说有相通之处,与高敏之说相近,区别主要在于高氏将北魏均田制的渊源追溯到秦代,而武氏则追溯到井田制或战国时期的授田制。

毫无疑问,在北魏建立之前从事游牧狩猎生活的拓跋鲜卑,其民族传统中绝不可能有农耕社会土地制度的任何成分,也就是说,均田制是北魏统治者对中原汉族传统土地制度的模仿。就表面而言,均田制中的确看不到有任何拓跋鲜卑民族传统的影响,不过均田制还是在一定程度上体现了拓跋鲜卑的民族传统,只是其隐含于均田令的相关规定中而未被察觉罢了。对此,本书第六章第一节对均田令"露田"条文的考释中已有阐述。在以往的研究中,也有学者认为均田制与拓跋鲜卑的村社或共同体传统有关,但都是隔靴搔痒,未能触及问题的实质。黎虎认为"均田制与西晋占田制也有着继承的关系","唐中叶以前中国古代的土地制度大体经历了三个互相衔接的发展阶段,即井田制、占田制和均田制,它们之间以公元前4世纪中叶的商鞅变法和北魏太和九年(公元485年)均田令的颁布为其界标"。② 虽然并未对均田制的渊源作具体论述,但其在考察占田制历史渊源时得出的这一认

①武建国:《均田制产生的社会原因和条件》,《汉唐经济社会研究》,第29页。武氏在《均田制研究》一书中说:"均田制主要是渊源于中国古代的土地制度,是周秦以来授田制、占田限田制的继承和发展。"(第1页)
②黎虎:《西晋占田制的历史渊源》,《魏晋南北朝史论》,第254页。该文对战国秦汉魏晋时期限田(名田)制度的发展演变进行了系统的梳理,充分阐明了西晋占田制的历史渊源。

识,对于准确理解均田制的渊源问题是有重要启发的。

自二十世纪初叶以来的近百年间,日本学者对均田制进行了大量研究,与中国学者的研究相比,其论著的数量和研究的深度均毫不逊色,甚至有过之而无不及①。按照气贺泽保规对日本均田制研究史的概述②,日本学者对北魏均田制渊源的认识大体有四种观点:(1)北魏均田制是对井田制的复兴,此说由最早开始研究均田制的玉井是博所开创③;(2)北魏均田制是继承西晋占田、课田制(课田制与曹魏屯田制关系密切)而确立的,此说由宫崎市定最先提出④;(3)北魏初年以来的计口授田为均田制的渊源,此

---

① 〔日〕堀敏一《均田制の研究》所附《参考文献目录》(《均田制的研究》,第391—446页),共列出直到该书出版前为止的相关日文论著425篇(部),可以说蔚为大观。其后二十余年间,仍有不少学者对均田制进行研究。气贺泽保规对日本均田制研究的学术史,特别是战后的研究状况作了简明扼要的综述,参见所著《战后日本的中国史论争·均田制研究的展开》,刘俊文主编《日本学者研究中国史论著选译》第二卷《专论》,第392—423页。该文所列"日本均田制研究概表"(第394—401页)收入1909—1986年间相关论著62篇(部)。与均田制有关的几乎所有问题,日本学者都曾作过仔细考索;上文所述中国学者关于均田制渊源问题的所有观点,日本学者几乎都早于中国学者而提出。日本学者最近的相关研究主要是佐川英治的系列论文:《三長·均田両制の成立過程——『魏書』の批判の検討をつうじて》《北魏均田制の目的と展開——奴婢給田を中心として》《北魏均田制研究の動向》。

② 参见〔日〕气贺泽保规《战后日本的中国史论争·均田制研究的展开》,刘俊文主编《日本学者研究中国史论著选译》第二卷《专论》,第407、410—412页。

③ 参见〔日〕玉井是博《唐時代の土地問題管見》,收入《支那社会経済史研究》。

④ 参见〔日〕宫崎市定《晋武帝の户调式に就て》,收入《宫崎市定全集》7《六朝》第3—28页。汉译文《晋武帝户调式研究》,刘俊文主编《日本学者研究中国史论著选译》第四卷《六朝隋唐》,第109—133页。又可参见同氏《东洋朴素主义的民族和文明主义的社会》,第58页。

说的开创者为清水泰次①；（4）均田制源自中国传统土地制度与北魏前期农业政策两个方面，可以看作是对前三说的调和，最早持此说者为西村元佑②。其后，河地重造发展了清水泰次和西村元佑关于北魏前期土地政策与均田制形成关系的论点，认为均田制的原型存在于北魏前期的徙民及计口授田政策中③。田村实造不认同均田制直接渊源于占田、课田制的观点，认为均田制是在计口授田基础上，依据华北地区土地所有的现状，兼顾统治阶层的利益，为了巩固北魏在华北的统治及实现经济的稳定而制定的。④ 此外，関尾史郎认为五世纪中叶北魏王朝积极实行的劝农政策并与之前的计口受田政策相结合，成为构成均田制的基础。⑤ 以下举京都学派和东京学派两位代表性学者的相关看法，以见日本学者关于均田制渊源问题观点之一斑。

宫崎市定认为："晋武帝在平吴之后，颁布了有名的户调式，成为以后北魏、北齐、隋唐诸王朝均田法、班田法的范例。""如果撇开古代传说实行过的井田制与助法，那么课田法是有史以来第一次出现的以一般百姓为对象的土地分配制度。而且，它上承曹魏的屯田制，成为以后直到隋唐土地制度的样板。甚至可以说，正是魏晋的土地制度，才是将中世与古代区别开来的划时代的重大事件。"通过对均田令有关条文的考察，指出其与西晋课田法之

---

① 参见〔日〕清水泰次《北魏均田攷》。
② 参见〔日〕西村元佑《北魏均田攷》。
③ 参见〔日〕河地重造《北魏王朝の成立とその性格について——徙民政策の展開から均田制へ》。
④ 参见〔日〕田村实造《均田法の系譜——均田法と計口受田制との関係》。
⑤ 参见〔日〕関尾史郎《北魏における勧農政策の動向——均田制発布以前を中心として》。

间有着密不可分的继承关系。对北魏均田令与西晋课田法之间的继承和变异,宫崎氏有如下概括性的说明:

> 北魏均田令并不像一般认为的那样,是突然出现的,它自晋户调式的系统沿袭而来,不单是接受了它的法律精神,晋课田法的痕迹也实际上保留在当时社会中。……而且北魏孝文帝前后,社会已经进入安定时期,在均田令颁布时,完全需要重新分配土地的人,相对来说比较少,大部分都在什么地方拥有一块土地耕种。大概无论怎样贫穷,一户实际上总会拥有二十亩左右的土地。即使那些土地原来是官有地或无主耕地,但面对现有的既成事实,政府也不能不承认其权利。或许只是将实际占有的土地作为桑田予以承认,完全重新接受桑田分配的情形很少,这是和晋课田不同的地方。晋课田全部都是一样,而在北魏,则存在有一部分与晋占田性质相同的桑田。换句话说,晋代国家拥有的佃农,到北魏时,已添加了几分自耕农性质。①

由此可见,宫崎氏仅将北魏均田制的渊源追溯到西晋课田法(占田制、户调式),并且特别强调两者之间具有直接的传承关系。不过他还认为课田法上承曹魏屯田制,换言之,即北魏均田制与曹魏的屯田制和西晋占田制之间都有渊源关系②。尽管他也提及古代的井田制和助法,却并未明言井田制也是均田制的渊源。总体

---

① 〔日〕宫崎市定:《晋武帝户调式研究》,刘俊文主编《日本学者研究中国史论著选译》第四卷《六朝隋唐》,第 109、115、123 页。
② 宫崎市定曾明确提出,北魏均田令"继承了远在曹魏时代〔实〕行过的屯田政策"(《东洋朴素主义的民族和文明主义的社会》,第 58 页)。

上看,宫崎氏对其观点虽有比较具体的论考,但仍不乏推测和想象的成分。在他看来,与西晋课田法不同,北魏的均田令主要是承认"实际占有的土地作为桑田",政府在具体施行中很少分配桑田,亦即西晋课田法比北魏均田令对土地的分配落实得更为彻底。此与上引唐长孺的观点差别甚大,相较而言还是唐说更为合乎实际。

堀敏一所著《均田制の研究——中国古代国家の土地政策と土地所有制》①,是日本学界关于均田制最具系统性的论著②,"本书意在考察均田制的形成及其具体内容的实施情况,并进一步论述均田制和似乎与均田制相矛盾的租佃制二者之间的关系"③。关于均田制的渊源或其形成背景,他认为:"均田制出现于五世纪的北魏王朝,而国家对人民的耕地进行规定限制,或者说国家分配土地给人民这种思想,并不是在五世纪突然表现出来的。可以

①〔日〕堀敏一:《均田制の研究——中国古代国家の土地政策と土地所有制》。

②气贺泽保规云:"堀敏一是自六十年代以来活跃展开的均田制研究中成果卓著者之一。"《均田制の研究》一书"依据日本自战前开始的研究成果及中国的长期研究积累,网罗搜集了包括敦煌、吐鲁番文书的相关史料,从中国古代以来的土地制度发展史上说明均田制,可以说是均田制研究史上一个阶段性的成果",属于"大家公认对战后均田制研究带来巨大推动并构成其发展阶段的代表性成果"之一。(《战后日本的中国史论争·均田制研究的展开》,刘俊文主编《日本学者研究中国史论著选译》第二卷《专论》,第409—410页)窪添庆文认为:堀敏一所著《均田制の研究》,"在以往研究的基础上,系统地论述了上述各种制度(按即屯田制、占田制、均田制及租庸调制等)的各个方面,确认了占田课田以至于均田制的基本性质,就是国家对小农直接统治体制的再建和维持,代表了这一领域现阶段所达到的研究水平"(《近年来日本的魏晋南北朝史研究》,《魏晋南北朝隋唐史资料》第12辑,第169页)。

③韩国磐:《均田制的研究》"汉译本序",第3页。

认为相传周代推行过的井田制,正是基于这种思想而实行的最早的土地制度。均田制是以井田制为样板,并企图使其复活而出现的。"西晋武帝统一中国后,"实行占田、课田制度","大家都认为这个制度是大约两个世纪后出现的均田制的先驱,具有历史性的意义"。① 无论是井田制还是占田制,都是均田制的远源,而其直接渊源则是北魏前期的农业政策,亦即"徙民政策与计口受田制","农业政策的转变和地方政治的强化",同时也与北魏的"豪族社会"有密切的关系。堀敏一综合日本学者的相关研究,指出:

> 均田制虽以中国以往的土地制度史的发展为前提产生出来,但它并不是在这个发展过程中自然而然地产生的。中国以往关于土地的诸制度,例如西汉的限田制、王莽的王田制、西晋的占田、课田制等,尽管它们的共同点都是仿效井田制,都是作为维护专制国家统治人民的制度而提出的……它们的各自的规定都是适应各各不同的历史阶段的产物。……特别被认为是均田制前驱的徙民政策和计口受田制,是北魏国家初期,在征服中原及其附近地区的过程中,一方面为了摧毁征服地的抵抗势力,另一方面为了确保大量的劳动人口充实京畿附近土地的需要而产生的。在这个政策的基础上,如果不是以强化了的国家权力为前提,均田制大概是无法实现的。……它的形成是以全国范围的公私田地为对象,并通过它把国家权力渗透到豪族社会内部,以实现

---

① 〔日〕堀敏一:《均田制的研究》,第3、39页。

对人民的直接统治。①

堀氏站在纵览中国唐代以前土地赋役制度全局的高度,以大量日本学者的先行研究为出发点,探讨均田制的形成和演变过程及相关的制度内涵,既有微观的精深考证,又有宏观的理论概括,在相关的研究论著中最为系统全面。其对均田制渊源问题的认识与上引唐长孺、王仲荦等中国学者的观点基本一致,应该说比宫崎市定的观点更具说服力。②

第二节　关于均田制的目的和作用及实施情况

关于北魏均田制出现的背景或原因,学界往往是将其目的或作用结合起来进行考察的。诚然,两者难以截然分开,或者说实施均田制的目的也可以看作是均田制出现的原因或背景。史称李安世上均田疏是考虑到"时民困饥流散,豪右多有占夺"的现实情况,特别强调要消除贫富过度分化,"恤彼贫微,抑兹贪欲,同富

---

① 〔日〕堀敏一:《均田制的研究》,第 87—88 页。按堀氏有关均田制问题的基本观点,又见所著《中国古代史の视点——私の中国史学(一)》,第197—210 页。

② 万志英在述及北魏均田制的背景时提出了如下看法:"鲜卑族牧羊人和中国农民之间经常出现利益纷争,紧张的情绪也经常演变成公开的对抗。到了 5 世纪中期,中原出现人口复苏,土地承受的压力也开始进一步显现。"(《剑桥中国经济史:古代到 19 世纪》,第 151 页)遍览学界关于均田制实施背景或原因的所有观点,以此说最为独特,然而万氏却没有提供一条文献证据,事实上史书中也见不到有支持其说的任何记载。

约之不均,一齐民于编户"。① 孝文帝均田诏谓当时"富强者并兼山泽,贫弱者望绝一廛"②,严重的贫富分化是造成民众贫穷饥馑的根本原因。很显然,实行均田制就是为了解决豪强兼并、贫富分化而导致的社会现实问题。学界对于均田制出现原因或背景的认识,大体即是围绕时人的这些表述而展开的。

钱穆认为:"此制用意并不在求田亩之绝对均给,只求富者稍有一限度,贫者亦有一最低之水准。""尤要者则在绝其荫冒,使租收尽归公上。""均田制之最高意义,还是要将豪强荫冒一切出豁,还是与西晋'户调'用意略似,依然是中央政府与豪强争夺民众之继续表演。""在豪强方面,亦仍有优假。(奴婢受田与良民等,而所调甚少,八奴婢始当一夫一妇之调。此乃魏廷故意优假豪族,已夺其荫冒,不可不稍与宽纵也。)"③吕思勉继承钱穆之说,对均田制的意义有这样的认识:"晋、南北朝时,豪族贵人,可谓极其奢侈,问其财自何来,则地权之不均,其大端也。""魏之所以救是失者,则为孝文时所行均田之制。""此为井田废坠以后疆理土田之一大举。其所由然,则与豪强争民也。""然则均田制之所为,不过于细民所耕种者,确定二十亩为其所有,此外又给之以四十亩,俾免其求乞于豪强耳。此均田之制,所以为与豪强大争其民也。然政府于豪贵之多田者,亦不夺之。""虽与豪强大争其民,而其行之初不甚激,此其所以不至激成相抗之局欤?然举数百年来私擅于

①《魏书》卷五三《李安世传》,第四册,第 1176 页。
②《魏书》卷七上《高祖纪上》,第一册,第 156 页。
③钱穆:《国史大纲》,上册,第 335—336、338 页。又可参见氏著《中国社会演变》,《国史新论》,第 21—22 页;《中国经济史》(钱穆讲授、叶龙记录整理),第 167—168 页。

豪强之土地、人民而悉出之,终不可不谓之贤矣。"①

　　日本学者森谷克己在述及北魏均田制时说:"这是欲在可能的范围内,尽量利用人们的劳动力及地力,藉此以增进剩余生产。""均田制的企图是在恢复因耕地及劳动人口的荒废所产生的农业生产的减退。"②武仙卿亦认为"均田不是平分土地的所有权,而是要耕垦同量的土地";"均田制度是课耕政策的实施,劝农课耕是均田制度的精神"。③ 陶希圣和武仙卿在论述均田制时特别强调其"课耕精神",认为北魏政府"为迫使人民垦辟,才去实行均田制度";"未实行均田制度以前的土地,大半都是些官田荒田,及流为官田的绝户田及没收田"。④ 后来学界的相关认识亦大体与此相同。其实,早在北宋时期史学家刘恕就已提出了这样的认识,他在回答司马光提问时指出:"《后魏·食货志》云:诸远流配谪无子孙及户绝者,墟宅桑榆尽为公田,以给授受。观均田制度,似今世佃官田及绝户田出租税,非如三代井田也。刘、石、苻、姚丧乱之后,土田无主,悉为公田。除兼并大族外,贫民往往无田可耕,故孝文分官田以给之。然有分限,丁口计亩给田,老死还纳,别授壮者。非若今世作全户税佃,不计其岁月,但不得典卖耳。"⑤

　　新中国成立以后的较长一段时期,以马克思主义为指导的研

①吕思勉:《两晋南北朝史》,下册,第 1054、1056、1057、1059、1060 页。
②〔日〕森谷克己:《中国社会经济史》,第 198、196 页。
③武仙卿:《北魏均田制度之一考察》。
④陶希圣、武仙卿:《南北朝经济史》,第 16 页。
⑤〔宋〕刘義仲:《通鉴问疑》,《景印文渊阁四库全书》史部四四四"史评类",第六八六册,第 9 页上栏;〔宋〕刘元高编:《三刘家集·刘恕·通鉴议论》,《景印文渊阁四库全书》集部二八四"总集类",第一三四五册,第 551 页下栏、552 页上栏。

究者,在这一问题的认识上往往会打上阶级斗争或社会形态学说的烙印。刘业农认为:"太和九年均田制的实行目的,主要是打击豪强,加强中央集权;并恢复小农经济,和缓社会阶级的矛盾。"①苑士兴认为"建基于均田制度之上的"同三长制一起实行的"新的租调税法","其目的在于缓和民族矛盾并和大族地主争夺劳动力"。而奴婢和丁牛授田的规定又表明,"北魏均田制度一方面固然表现在和大族地主争夺劳动力,但同时也必须要适当地满足贵族、地主的利益,因而才有条件推行均田制度"。②蒙文通一方面认为"北朝元魏的'均田'"是"王朝和门阀的斗争","元魏均田的目的"是"豪族和政府争夺劳动人民"(按其本义,应该是政府和豪族争夺劳动人民);另一方面又认为"元魏均田""奴婢八人才出一夫一妇之调,税额很轻,且对拥有奴婢的数目也没有限制,这都大有利于兼并者,可说是豪族的极盛时期"。③可见其认识存在着矛盾,若按后说,则完全否定了均田制抑制兼并的目的,也就不存在政府和豪族争夺劳动人民的问题了。杨志玖结合均田令的具体内容说明其抑制豪强兼并的原理:"严格说来,均田制并不能彻底防止兼并",但"在某些方面,它确实也可以防止兼并"。"(1)规定了每人应该占有的土地数量,虽然对已超过数量的私有土地不予没收,但却限制它的再扩大,这就可以遏止土地兼并的继续发展。(2)限制土地的自由买卖。桑田虽可买卖,但只是'盈者得卖其盈,不足者得买所不足。不得卖其分,亦不得买过所

①刘业农:《北朝的均田制》。
②苑士兴:《北魏至隋唐的均田制度》,《中国历代土地制度问题讨论集》,第321页。
③蒙文通:《中国历代农产量的扩大和赋役制度及学术思想的演变》,《古史甄微》,第333、339、350页。

足',还是有限制的。(3)对无地少地的农民,国家若能分配给他土地,他便成了国家的受田公民。这一方面可以保证他的最低生活,使他不致流入豪族手中,加强豪族的兼并力量;另方面由于土地受自政府,到时要归还,这就使他不敢变卖,旁人也不敢侵夺他的土地。(4)最后,均田是施行于一切公私土地上的,虽然对私有土地并不取消他的所有权,却也要冠以桑田露田之名。这好象是表面的形式,但通过这一形式,一切土地在法律上便都是受自政府,不得私有了。而政府的土地,是谁也不能兼并的。"①尽管如此,他却并不认为均田制在抑制豪强兼并方面有多大实际作用。万国鼎认为:"(后魏均田制度)主要精神在使耕者耕种相当土地(面积有伸缩,但在某种限度内)而负担一致的租税。这里实质是统一政权(王朝政府)向割据势力(豪强)争夺剥削对象(农民)。"②汪籛认为北魏实行均田等制的实质是,"封建国家把一部分大族豪强地主隐蔽的荫户转化为均田农民,把一部分大族豪强地主剥削农民的地租转化为赋役"③。"均田制的实施对大族是一个打击。封建国家和大族豪强有争夺,国家只要稍微减轻一些剥削就可以把这些农民争取过来,但这是统治阶级内部的斗争,不是革命行为,所以大族势力不是一击而溃,而是经历了一个几百年的衰落时期,到唐代前期才崩溃。"④何兹全认为:北朝"实行

①杨志玖:《关于北魏均田制的几个问题》。
②万国鼎:《中国农业精耕细作传统的发生发展及其影响》,《万国鼎文集》,第 5 页。
③《关于农民的阶级斗争在封建社会中的历史作用问题》,《汪籛隋唐史论稿》,第 322 页。
④汪籛:《两汉至南北朝大族豪强大土地所有制的发展和衰落》,《汉唐史论稿》,第 142 页。

均田的目的,主要也是和豪族争夺人口,不是争夺土地。当时人评论均田制的好处时,总是从户口增加,租赋得到减轻方面着眼。北魏孝文帝实行均田法的同时,又实行三长制。三长制就是为了配合均田制限制人口逃亡来和豪族争夺人口"①。也就是说,均田制并无抑制土地兼并的目的或作用。田余庆从中国古代封建依附关系发展的视角,对北魏均田制提出了这样的认识:"均田制是一个十分复杂的历史问题,其核心是以授田的办法吸引豪强所占的苞荫户,也就是《魏书·李安世传》所说'一齐民于编户'。均田制的意图既在于消除苞荫户,所以均田令中也就没有苞荫户亦即依附农民的法律地位。从这个角度看来,均田制可以说是专制国家对民间盛行的封建依附关系的最后一轮大规模的全国性的干预。"②至于"干预"的结果如何,却并未作出明确判断。田氏提出"均田制是一个十分复杂的历史问题",可以说是对这一问题难度的恰如其分的把握。

纵观二十世纪中叶以后学界的相关论述,虽然并不否认北魏均田制有抑制豪强兼并的一面,但大多并不特别强调这一点,更多的则是从鼓励垦荒发展农业生产的角度立论,这是与研究者对均田制性质的具体理解相关联的。王仲荦对均田制的作用有比较系统的论述:

　　均田制的实施,租调的减轻,固然在当时封建经济非常发展的情况下,不可能彻底改变"富强者并兼山泽"的现象,

<hr>

① 何兹全:《汉魏之际封建说》,《读史集》,第 16 页。
② 田余庆:《秦汉魏晋南北朝人身依附关系的发展》,《秦汉魏晋史探微》(重订本),第 93 页。

不过"贫弱者望绝一廛"的情况,由于农民得到土地,基本上已消除了。由于均田把游离的劳动人手重新和土地结合起来,由于奖励农民从狭乡迁居宽乡,由于荫庇的户口逐渐减少,因此,政府编户齐民的数字就大大地增加起来了……垦地面积也一定有着显著的增加。……这对于恢复黄河流域自魏晋以来遭受严重破坏的农业生产,是起了一定的积极作用的。……中原地区推行均田制成功,基本上改变了拓跋部过去虽然是农业已经占主导地位,而畜牧业仍占很大比重的局面。北魏王朝从这时候起,农业生产在社会经济中占居到绝大的比重了,中原地区新推行起来的均田制,已经成为北魏王朝唯一可靠的剥削方法了。同时,农业化的过程,也就是拓跋部更疾速地向封建化跃进的过程……①

由此可见,王氏不仅注意到均田制具有上述两方面的作用,同时还将其放到北魏社会变革的大背景中加以理解。唐长孺亦有相近看法,他认为均田制的推行"促使北方的自耕农大为增多,使无主荒田与无地农民在一定条件下结合起来,从而有利于北方农业生产的恢复发展,并在某种程度上阻滞了北方大土地所有制发展的速度"②。此外,他对均田制的作用问题还有更加具体的表述:

> 均田制的作用有两点:(1)垦荒。政府把荒地分配给无地或少地的农民,使劳动力和土地结合起来,这对于恢复北

①王仲荦:《魏晋南北朝史》下册,第535—536页。
②唐长孺:《魏晋南北朝隋唐史三论——中国封建社会的形成和前期的变化》,第130页。

方的农业生产起了积极作用;(2)西晋末年以来,由于长期的战争而使土地的占有者经常变换,争夺土地的现象也非常激烈。……均田制则是在一定年限内谁占有、谁耕种的土地就算作桑田授予。这样一来,便稳定了土地关系,农民不用担心自己所耕种的土地,会突然被别人指为原是他的土地,强行夺去,从而稳定了生产情绪。均田制对恢复北方的农业生产有积极作用。

要之,"统治者颁布均田制并不是看到很多农民丧失土地,便把土地授予他们,而是为了使劳动力和土地结合起来,以保证政府的租调收入、赋税收入。不过这一措施的实行,起了缓和阶级矛盾的作用,使无地或少地的农民在一定程度上有地可耕"。[1]

与王仲荦的观点相似,其他学者对于均田制目的和作用的相关认识,大体也都是从垦荒、发展农业生产、限制豪强过度兼并和增加政府财政收入等角度,就某一个或几个方面进行论述。苑士兴认为:"由于均田制的推行,把各地游散的户口重新组织到土地上来生产;由于检括了大族地主隐庇的户口,北魏政府的领户大为增多,自耕农大有增加,耕地面积有显著的扩大,暂时和缓了民族矛盾,使北方经济得到了恢复。"均田制"奠定了北魏政权的物质基础,保证了北魏班禄制度的执行,进一步巩固了北魏的中央政权"。[2] 汪篯说:"从'于分虽盈,不得以充露田之数'之规定,可以推知北魏均田令具有在宽荒之乡实行强制垦荒之用意。"[3]李剑

---

①唐长孺:《魏晋南北朝隋唐史》,《大师讲史》,中册,第147—148 页。
②苑士兴:《北魏至隋唐的均田制度》,《中国历代土地制度问题讨论集》,第322 页。
③汪篯:《北魏均田令试释》,《汉唐史论稿》,第147 页。

农指出:"盖北魏均田之精神,初不在于均贫富,而在使贫者亦有相当耕作之地,对于国家能负担正当之基本课税,土地亦不至于荒闲。""北魏之均田制,在于'均力业',不在于'均贫富'。力业既均,则贫富亦可获得自己劳力之收获品,不致全数沦于佣奴之地位,变为势家豪右之私附。势家豪右之兼并势力稍受限制,国家之财赋收入,乃得较为确实充裕,此北魏均田制之精神也。"①杨向奎认为:"孝文帝的均田制和西晋的占田制相似,也意味着政府与大地主间的土地人口之争";"拓跋氏一方面要和世族争田,一方面在使流民就业,使所有的农民农奴化"。②何兹全认为:均田制的出现,"一方面是为了增加生产,迅速改善农业生产的落后状况;另一方面是与豪族地主争夺人口和土地"。"均田制的实施,可使相当一部分农民获得了土地,得与生产资料重新结合;从而刺激了他们的生产积极性。大地主的兼并也受到一定限制。北魏朝廷大为头痛的流民和粮食问题,在均田制实行后,情况有所改善。"③汤明檖认为:"均田制实施的主要目的,是企图扭转当时劳动力和土地的脱节,以便稳固农业生产,增加租调收入。北魏政府面临的土地问题,是过去因战乱流移而现在重返家园的农民的土地安排,因而不得不考虑限制豪右的侵占土地。均田既可通过满足一部分农民的土地要求,以抑制世族地主的传统势力,而

①李剑农:《中国古代经济史稿》第二卷《魏晋南北朝隋唐部分》,第161页。按是书原名《魏晋南北朝隋唐经济史稿》,先后由生活·读书·新知三联书店(1959年)、中华书局(1963年)两次出版。
②杨向奎:《试论东汉北魏之际中国封建社会的特征》,《绎史斋学术文集》,第61页。
③白寿彝总主编:《中国通史》第五卷《中古时代·三国两晋南北朝时期》上册(本册主编何兹全),第324、326—327页。

封建国家所拥有的大量荒地,亦能获得生产所需的劳动力,可大大地充实封建财政收入。"①均田制实施之时,北魏统一北方的战争结束已近半个世纪,北魏统治的核心地区河北平原被纳入版图更是长达近一个世纪,期间很少发生大规模战争,认为均田制是为了"过去因战乱流移而现在重返家园的农民的土地安排",实在没有什么根据②。朱绍侯根据李安世均田疏和孝文帝均田诏,认为"颁布均田制是为了限制豪强的土地兼并,为了解决土地纠纷,为了发展农业生产,为了'兴富民之本'"③。陈连庆也持类似观点,他认为实施均田制的目的有三:"(一)把已经流散的农民重新束缚到国有土地上,以确保国家的租税来源;(二)分给农民以小块土地,以使浮户和隐户转变为国家编户;(三)恢复生产和发展生产。"④侯绍庄认为:"均田制的实质,乃是在保证鲜卑贵族和汉族官僚地主利益的前提下,把农民束缚在国有土地之上,强制其开垦耕种,以保证国家的租赋力役";"均田制在不触动社会原有

---

① 汤明檖:《中国古代社会经济史》,第262页。按后文又言:"北魏政府企图通过均田制以达到下列目的:①便于将流散的农民束缚在官荒土地上;②分给农民以小块土地,则有利于使浮户和隐户转变为国家编户;③较彻底地清理百年来户籍和地权的混乱情况。"(第262—263页)

② 日本学者持此说者颇不乏人,如:森谷克己将北中国"多年的战乱"所造成的破坏,作为"促进均田制的条件"之一(《中国社会经济史》,第196页)。仁井田陞云:"东晋以后,江北沦为战乱之地,由于流亡的农民很多,为了使之安定下来,并作为促使赋税收入增加的手段,北魏施行了均田制。""当时,由于越过草原南下的异民族的侵入,迫于动乱、饥馑的许多自耕农民流亡他乡,均田法的颁布就是为了使他们复归旧地。"(《中国法制史》,第216、295页)若按是说,最应该施行均田制的是十六国时期或北魏初前期,但事实却并非如此。

③ 朱绍侯:《魏晋南北朝土地制度与阶级关系》,第146页。

④ 陈连庆:《〈晋书·食货志〉校注 〈魏书·食货志〉校注》,第276页。

私地的基础上,把国家掌握的荒闲土地分给无地少地的农民,这对安定社会秩序,恢复和发展生产仍有其积极的意义"。此外,"北魏政府推行均田制的目的之一,是要和豪强地主争夺劳动人手,改变民多隐冒的积弊"。① 杨际平认为:"田令有关奴婢受田规定的立意并非力图扩大奴婢占有者的地产,而是依靠奴婢的耕垦能力尽量垦辟荒田闲壤,以增加政府的财政收入。"②赵冈、陈钟毅认为:"均田法的首要目的是企图达到耕地与人口的合理配合,不要留下大片荒田,也不要有过多的人口在宗族首领庇护下挤在一起"。"政府可以从豪强手中挖出大量的荫户,使之独立耕种,向国家缴纳赋税。至于限制兼并,恐怕不是此制的立法宗旨。"③

也有学者更强调北魏均田制在促进农业生产发展方面的目的和作用。万绳楠主要强调均田制解决"民困饥流散"的目的,认为:"太和均田主要考虑的是闾里空虚,民多流散,农不垦殖,田亩多荒,带来的经济危机。"北魏均田制"是把无主土地均给无田、少田人",是"恢复和发展小农经济形态"。④ 傅筑夫结合李安世均田疏,对均田制的作用进行了分析,他说:"通过这种授田办法,可以把大量荒闲无主的公田充分利用起来,从而可以迅速减少土地的荒芜程度,并加速农业的恢复,同时还在一定程度上缓和了阶

---

① 侯绍庄:《中国古代土地关系史》,第 170 页。
② 杨际平:《北朝隋唐"均田制"新探》,第 121 页。
③ 赵冈、陈钟毅:《中国土地制度史》,第 28—29 页。又可参见赵冈《历史上的土地制度与地权分配》,第 39—40 页。万志英也持类似看法,认为均田制的"直接目标"是"使耕地面积最大化,确保国家拥有稳定的收入来源"。均田制的实施,"更多的是为了保证财政收入,而非满足最低的生存保障。分配土地以种植桑麻,也是因为当时的农户需要缴纳布匹、纱线等实物税"。(《剑桥中国经济史:古代到 19 世纪》,第 155 页)
④ 万绳楠:《魏晋南北朝史论稿》,第 266—267 页。

级矛盾","使农村社会秩序安定,有利于农业生产"。① 黎虎认为:均田制的"目的之一,仍在保证个体农民占有一定数量的土地,并且通过还授规定和限制买卖等措施,力图使农民的土地占有更加稳定"。"与占田制和均田制相配合而颁布的租调征收制度,使个体农民的布帛、粟米负担大体稳定在一个定额之内,亦有利于调动农民增加单位面积产量的积极性,从而推动农民改良作物品种的积极性。"②曹贯一认为:"在发展农业生产方面,由于广大农民分得了土地,生产积极性提高,又在政府的奖掖扶植之下,利用当时所达到的生产技术,使广大荒废田地开垦起来,农业生产得到恢复与发展,人民生活有了相应的改善,国家财政收入亦有很大的增加。"③高敏也认为:"均田制实行后,确起了垦辟荒地和发展农业生产的作用。"④

以上所列诸家观点,钱穆、吕思勉强调的是政府与豪强争夺人口的一面,唐长孺等强调的则是劳动力与土地结合以恢复和发展农业生产的一面,前者侧重抑制兼并而后者则侧重垦荒生产。这两方面的作用显然都是不容忽视的,但难以确定孰轻孰重。日本学者堀敏一认为:"均田制是以按劳力分配给广大农民土地为目的的制度。而产生这种制度的前提是土地占有的不均。""国家掌握全部的劳力和土地,把这些劳力全部投入到土地的耕垦中,以期恢复生产,这是初期均田制的另一重要目的。""北魏时期,奴婢与小农同样受田,是因为国家需动员一切劳动力,重新开垦五

①傅筑夫:《中国封建社会经济史》,第三册,第 231 页。
②黎虎:《魏晋南北朝时期主粮作物品种的增加》,《魏晋南北朝史论》,第 83 页。
③曹贯一:《中国农业经济史》,第 334 页。
④高敏主编:《中国经济通史·魏晋南北朝经济卷》,上册,第 308 页。

胡动乱以来荒废的土地,恢复生产。""国家推行均田制的意图旨在农民中实行一定的田地还受,通过它来维持小农的存在,并将他们置于自己的直接统治之下。因此,在均田制下,农民原则上各自耕作国家授与的田地。"①其说大体上和中国学者唐长孺等人的观点有相通之处。上述观点主要是从发展农业生产的角度进行论述,同时指出北魏政府发展农业生产的目的是为了保证税源。还有一部分学者主要强调均田制的后一种目的。谷霁光认为:"各朝颁布均田的出发点,是更多的着眼于封建财政即租调的增入,虽然客观上也多少有利于农业生产的发展,不能说是从生产的角度出发的。"②韩国磐认为:"北魏统治者为着更有效地把劳动力束缚在土地上,以便榨取租调力役,这是实行均田制的根本目的。"③赵俪生认为:均田制"最重要的一个目的,就是由国家控制更多的小农,国家可以榨取到更多的租调"④。郑欣认为:"北魏推行均田的主要目的","就是令民间有存粮,以保证国家的剥削"。⑤ 蒋福亚认为:"北魏推行均田制,目的是确保并尽可能扩大其赋役收入。"⑥杨际平认为:"北魏至隋唐政府之所以要推行'均田制',目的是通过扶植、保护自耕农来保证赋税收入。"⑦

　　从吸引或争取隐户的角度考虑,大多数研究者虽然并不完全否认均田制具有抑制豪强的作用,但基本上都不认为均田制要改

①〔日〕堀敏一:《均田制的研究》,第 140、155、170、248 页。
②谷霁光:《怎样从封建生产关系来理解均田制度的实质》,《谷霁光史学文集》第二卷《经济史论》,第 256—257 页。
③韩国磐:《北朝隋唐的均田制度》,第 55 页。
④赵俪生:《中国土地制度史》,第 100 页。
⑤郑欣:《北朝均田制度散论》,《魏晋南北朝史探索》,第 159 页。
⑥蒋福亚:《魏晋南北朝社会经济史》,第 160 页。
⑦杨际平:《北朝隋唐"均田制"新探》,第 390 页。

变现有的土地占有状况,不会对豪强所拥有的土地进行干预或再分配。武仙卿认为:"奴婢、牛是北朝大族的土地的来源","北魏均田制度下之有大族或大地主,并非是保持其以往的土地未被均分,而是其当时所支配的劳动力足以耕种这些土地"。① 何启民也有类似观点,他认为由于奴婢、耕牛可以受田,使得"大家庭式的门第"在"土地的获得上,具备了有利的条件"。② 李剑农认为:"均田制之颁行,初非废除原有大土地私有制度","而在奴隶耕牛得配分土地之规定上,又复对豪家世族加以特别维护,故当时原有地主阶级,并未受到实际限制"。③ 王仲荦认为均田制完全没有起到限制或抑制豪强的目的,他说:均田制"对于大土地所有者的土地,则一点也没有触动。大土地所有者庄园内的部曲、佃客和寺院内的僧祇户,他们的身份经过均田以后,一点也没有改变"④。汪篯一方面认为"均田制的实施对大族是一个打击",另一方面又认为:"最初北魏定田令时限制是很宽的,并不触动地主的土地,不没收任何地主的土地,对他们原有的土地不加限额";"又不限奴婢数,而奴婢受田数从良"。⑤ 唐长孺认为:"实施均田制对于大小地主的既得利益也并没有多大损害","均田制实施之后,大量的苞荫户固然被清出著籍,成为受田农民,但宗主督护制不复存在,宗主实际上仍然存在,苞荫户也不可能全部括出,破产逃亡

①武仙卿:《北魏均田制度之一考察》,《食货》第 3 卷第 3 期(1936 年)。
②何启民:《北朝门第经济之研究》,《中古门第论集》,第 221 页。
③李剑农:《中国古代经济史稿》第二卷《魏晋南北朝隋唐部分》,第 165 页。
④王仲荦:《魏晋南北朝史》下册,第 534—535 页。
⑤汪篯:《两汉至南北朝大族豪强大土地所有制的发展和衰落》,《汉唐史论稿》,第 141—142 页。

的农民将继续成为封建大土地上的劳动者,这种情况还要长期存在。"①胡寄窗认为:"对奴婢受田,对耕牛受田,说明封建地主的大土地占有,仍然取得了法律上的保证。""均田制之推行除了可以暂时遏止土地兼并之势外,对大地主所有制并未有所变革","均田制事实上以法权形式巩固和加强了地主土地所有制"。②齐陈骏认为:"均田制的产生与发展","只能说明""它是封建主大土地所有制的一种补充形式,是为了保护封建主所有制所采取的一种必要手段,是封建主土地所有制派生出来的一种土地制度。""决不能以此来否认私有制的存在,决不能用这种国有制作为封建社会的主要所有制形式"。③此看法虽与上述李剑农等学者的观点有相似之处,但却存在着明显的矛盾,既然均田制是一种国有制,怎么可能会成为封建主大土地所有制的补充形式?均田制只实行于北朝及隋、唐诸朝,恐怕当时也不会有人认为中国封建社会就只是这几个朝代吧。孔令平认为:"北魏均田制的推行,是在与豪强地主和小自耕农土地所有制相妥协的前提下实施的。"既"没有触动豪族地主的大土地所有制","豪族还可以通过奴婢、牛来扩大土地的占有"。"均田制不是改变土地所有权的变革","并没有改变秦汉以来的封建土地私有制的性质"。④ 汤明

---

① 唐长孺:《魏晋南北朝隋唐史三论——中国封建社会的形成和前期的变化》,第 127—129 页。

② 胡寄窗:《中国经济思想史》,中册,第 283、288 页。

③ 齐陈骏:《均田制是地主土地所有制的补充形式》,《枳室史稿》,第 176 页。

④ 孔令平:《中世纪前期英国的田制与北魏均田制的比较研究》。美国学者韩森认为,北魏均田制"关于奴婢和家畜的优厚条款意味着拥有地产的豪族可以保有大片在名义上是授予其奴婢和耕牛的土地"。(《开放的帝国:1600 年前的中国历史》,第 165 页)

槌认为均田制是北魏政权"限制豪强大户"的措施,"多少可以抑止一般地主的兼并",同时又认为均田制"给予地主阶级以非常实际的巨大利益,事实上是巩固了地主阶级的剥削地位,从而也是加强了地主土地所有制"。① 杨际平认为:"北魏至隋唐各朝政府冀图通过禁止或限制桑田、露田、永业、口分田的买卖来阻止土地兼并,这个目的当然无法达到。"但他又不认同"'均田制'于豪强地主没有限制占田的意义,反而促进了豪强大族势力的发展"的看法。②

　　李埏等人认为"推行均田制是不触动人户原已占有的土地的,并极大地维护了大土地占有者们的利益","通过土地授受的数额来限制地主的占田,体现了抑制地主大土地占有制发展的立法精神"。③ 一方面是"极大地维护"其利益,另一方面却是"抑制"其发展,对大土地占有者或占有制而言,均田制究竟意欲何为? 此说显然是自相矛盾难以自圆其说的。杨志玖认为"均田制从来就不能好好地实行","这首先和均田制之不曾触动土地私有制有关。因为不触动私有制,也就不能把全国的土地重新调整,使无地少地的农民得到法令上规定的土地数目"。④ 万绳楠认为北魏均田制"不触动当前的土地占有情况","是肯定封建地主的土地占有形态"。⑤ 陈连庆也认为均田制"根本不触及地主阶级

①汤明槌:《中国古代社会经济史》,第268—269页。
②杨际平:《北朝隋唐"均田制"新探》,第391页。和杨氏观点相似,万志英认为均田制"不太可能会侵犯权势贵族的既得利益","对奴隶主和耕牛主人慷慨赠予土地的办法,却令大地主毫发无损"。(《剑桥中国经济史:古代到19世纪》,第155页)
③李埏、武建国主编:《中国古代土地国有制史》,第169页。
④杨志玖:《关于北魏均田制的几个问题》。
⑤万绳楠:《魏晋南北朝史论稿》,第267页。

的土地占有,这是它在推行中较少阻力的原因"①。傅筑夫说:
"均田制并不是要平均土地,因为它不是要夺多予少,使原来土地
占有的不均变为均,因而在本质上它不是要改变土地制度,而只
是针对当时客观存在的特殊情况,提出一种比较有效的解决办
法。"均田制"并不是从根本上改革土地制度,既然土地制度不改
变,则由此制度派生的土地问题,当然就不可能根本解决"。② 郑
学檬认为"按等制和各有其分是所谓均田的原则,均田非平均分
田","北魏'均田'并未改变秦汉以来的土地占有格局"。③ 秦汉
以降至北魏均田制颁布长达七百年的时间里,中国历史发生了天
翻地覆的变化,若谓这一历史长河中的土地占有格局没有发生变
化,而是千篇一律,实在令人匪夷所思。按照以上说法,均田制即便
有抑制、限制豪强或大土地所有制的一面,也是在吸引和争取荫户
的过程中所产生的客观作用。换言之,制定和实施均田制的初衷并
不是为了抑制豪强兼并、限制大土地所有制的发展。这种认识显
然与李安世均田疏和孝文帝均田诏的主旨不符,并非持平之论。

北宋刘恕云:"后魏均田制度,似今世佃官田及绝户田出租
税,非如三代井田也。魏、齐、周、隋兵革不息,农民少而旷土多,
故均田之制存。至唐承平日久,丁口滋众,官无闲田,不复给授,
故田制为空文。"④也就是说,北朝隋及唐前期能够实行均田制,乃

---

①陈连庆:《〈晋书·食货志〉校注　〈魏书·食货志〉校注》,第 276 页。
②傅筑夫:《中国封建社会经济史》,第三册,第 231 页。
③郑学檬:《关于"均田制"的名称、含义及其和"请田"关系之探讨》,方行主
　编《中国社会经济史论丛——吴承明教授九十华诞纪念文集》,第 215 页。
④[宋]王应麟:《困学纪闻》卷一六《考史·历代田制考》载"刘氏(恕)曰",
　[清]翁元圻等注、栾保群等校点:《困学纪闻》(全校本),下册,第 1785 页。
　又见同氏撰《玉海》卷一七六《食货·田制·唐口分世业田》,(转下页注)

是由于"农民少而旷土多",有荒地可供授受。生活于宋元之际的著名制度史家马端临云:

> 或谓井田之废已久,骤行均田,夺有余以予不足,必致烦扰,以兴怨讟,不知后魏何以能行。然观其立法,所受者露田,诸桑田不在还受之限。意桑田必是人户世业,是以栽植桑榆其上,而露田不栽树,则似所种者皆荒闲无主之田。又"诸远流配谪、无子孙及户绝者,墟宅、桑榆尽为公田,以供授受",则固非尽夺富者之田以予贫人也。又令:"有盈者无受不还,不足者受种如法。盈者得卖其盈,不足者得买所不足。不得卖其分,亦不得买过所足。"是令其从便买卖,以合均给之数,则又非强夺之以为公田,而授无田之人。①

这是历史上第一次对均田制中的还受之法及露田、桑田的性质等进行考察,在刘恕之后明确提出露田即为还受之田或为"荒闲无主之田"的看法②。后世持此说者不乏其人,如清初黄震孙所撰

_____

(接上页注)《景印文渊阁四库全书》子部二五三"类书类",第九四七册,第541页下栏。

①《文献通考》卷二《田赋考二·历代田赋之制》按语,第一册,第41页。

②《文献通考》卷四《田赋考四·历代田赋之制》,引宋太宗至道二年(996)劝农使陈靖上言后云:"按靖所言与元魏孝文时李安世之策略同,皆是官取荒闲无主之田以授民,但安世则仿井田立还授之法。"(第一册,第94页)马端临对桑田还受之法的认识,唐长孺有这样的评论:"马端临的意见部分地正确",桑田"确是田中栽植桑榆的已经开垦的人户'世业'。但假使理解为'富者之田'因之而得保存是有疑问的"。"桑田的不还受条文对于田中原有桑果之田准予保留,'富者之田'固然可以凭借这一条多保留一些,但决不能说富者之田都种着桑树。至于马端临所云'固(转下页注)

《限田论》云:"彼口分世业之法,吾谓独元魏之世可行之耳。盖北方本土旷人稀,而魏又承十六国纵横之后,人民死亡略尽。其新附之众,土田皆非其所固有,而户口复何得而数,是以其法易行。"①

　　研究北魏均田制的大多数现代学者也认为,均田制得以实施的前提条件是当时北魏境内有大量的荒地可垦,可以说是对刘恕、马端临之说的承袭。日本学者森谷克己在 1934 年出版的著作中明确提出均田制的实施与社会上存在大量荒田有关,他说:"尤其是在北中国,为了多年的战乱、水旱灾、饥馑等致土地荒废,人口稀薄,无主的田颇多,农业劳动的生产力大遭破坏,这些也足为促进均田制的条件。"又根据马端临之见,认为均田制"用做分配的田土是以无主荒闲的田为主的"。② 陶希圣、武仙卿指出:"南北朝时,有两种土地存在,一种是官有地,一种是私有地,北朝官有地的面积比较广阔,国家将这一部份土地分给农民,这就是上边所说的均田制度。"③能够分给农民的官有地,也可以看作是未被开发使用的荒地。陈登原认为:"颁均田者,所以赋诸荫附之人,于荒废之田也。"④也就是说,均田制"并非施行于一般的土地

(接上页注)非尽夺富人之田以予贫人'自然也是对的,但其办法在于均田范围之外的赐田以及奴婢丁牛受田而不在于桑田之不还受。"(《北魏均田制中的几个问题》,《魏晋南北朝史论丛续编》,第 27—28 页)郑欣认为:"马端临的这些看法是深刻的,有启发性的,但也有缺陷,因为很难说通过桑田就能保留地主的全部私有土地。"(《北朝均田制度散论》,《魏晋南北朝史探索》,第 164 页)

①〔清〕陆耀:《切问斋文钞》卷一五《财赋一》。
②〔日〕森谷克己:《中国社会经济史》,第 196、198 页。
③陶希圣、武仙卿:《南北朝经济史》,第 31 页。
④陈登原:《中国田赋史》,第 83 页。

之上,只是施于当时所掌握的荒土并公田之上","只是叫无业的农民,前来领种荒地"。① 杨联陞认为:北魏均田制度"很可能是在一个有限的范围内付诸实行的,而那时候政府手头上正有着大批的土地"②。李剑农云:"当时施行此制之可能,固因大乱灾荒之后,地旷人稀,有多量田土可供授受之故。"均田制"仅就荒地未耕、业主散亡以及产权不确之土地加以分配"。③ 汪篯云:"所谓'均田'者,一谓宽荒之乡,荒地可以均给;二谓盈者得卖出限额以上之桑田,不足者亦得买进限额以内之桑田,就长远言之,可以达到'均田'之目的。"④姜伯勤赞同马端临所言露田"则似所种者皆荒闲无主之田",谓其"对北魏均田制的见解,尤为平实可信"。⑤

唐长孺对均田制的实施问题有具体论述,他认为与汉的限田、西晋占田课田制"徒有虚文"不同,"北魏均田制却得到了比较认真的执行",原因是当时"国家掌握了大量的无主抛荒田"。"均田制旨在使地无遗利,人无余力,具体说就是开垦荒田,因此均田制的颁行乃至破坏都和国家掌握荒田的多寡有着至为密切的关联。"不过他又认为均田制"从未彻底地按照法令实施"。⑥

---

① 陈登原:《试论北魏的均田制度》。
② 杨联陞:《晋代经济史释论》,《国史探微》,第 241 页。
③ 李剑农:《中国古代经济史稿》第二卷《魏晋南北朝隋唐部分》,第 160—161、165 页。日本学者也有类似的看法,如宫崎市定云:"这项法令的目的,一方面是为了开垦荒芜土地。""当时正在五胡十六国的民族斗争之后,人口极度减少,无主的土地到处任其荒芜"。(《东洋朴素主义的民族和文明主义的社会》,第 59 页)
④ 汪篯:《北魏均田令试释》,《汉唐史论稿》,第 148 页。
⑤ 朱寰主编:《亚欧封建经济形态比较研究》,第 4 页。
⑥ 唐长孺:《魏晋南北朝隋唐史三论——中国封建社会的形成和前期的变化》,第 127、129 页。

两说之间的矛盾显而易见。王仲荦认为均田制仅仅是将政府掌握的荒地进行分配,"在均田实施之际,国家必然拥有大量荒地来供还授之用"①。苑士兴认为均田制得以推行的社会条件之一是,"当时一方面大族地主的庄园拥有大量土地,占有大量佃户;另一方面国家掌握广大的荒芜土地,严重地缺乏劳动力"。此外,均田制的推行"是在中央政权比较强大时,才有力量限制大族地主,才能以超经济的力量推行均田制度"②。汪篯认为"均田制是荒地收授制和限田制相结合的制度。田令关于把荒地按份额授给农民的规定是带强制性的"③。杨志玖认为"露田本是官家所掌握的荒闲无主之田,由政府授给没有土地的人来耕种"④。但这种情况不宜扩大化,"北魏政府固然可以把官地荒地分给人民,作为均田的一部分,但决不能认为全部均田制都是建筑在官荒地的基础上"⑤。何兹全指出:"均田制的实施还必须具备两个基本条件。一是必须有大批荒地可供使用,二是官府必须能够掌握、支配这些土地,也就是说皇权必须强大到能够辖制地方豪强。"当时北方地区"土地抛荒的现象仍很严重。而当时北魏豪族地主势力也还未强大到能与皇权抗衡的地步。因此,孝文帝推行均田制的条件已基本具备了"⑥。何启民认为:北魏建国以后"地广人稀","在

---

①王仲荦:《魏晋南北朝史》下册,第534页。
②苑士兴:《北魏至隋唐的均田制度》,《中国历代土地制度问题讨论集》,第327页。
③汪篯:《两汉至南北朝大族豪强大土地所有制的发展和衰落》,《汉唐史论稿》,第141页。
④杨志玖:《论均田制的实施及其相关问题》。
⑤杨志玖:《关于北魏均田制的几个问题》。
⑥白寿彝总主编:《中国通史》第五卷《中古时代·三国两晋南北朝时期》上册(本册主编何兹全),第325页。

长期战乱之后，土地早已无主，自然而然地，土地就是国有了"；
"为使得土地得以有效使用，而政府亦能得到充分的赋税收入起
见，遂有孝文帝太和十年均田制的颁布"。① 如前所述，"长期战
乱"云云实属无根之谈。万绳楠认为："太和均田之所以可能，有
两个原因。一是所谓均田并非把全国土地拿来重新分配，而是把
荒闲无主的田拿来均给；二是均给之田，包括了人户世业及从便
买卖以合均给之数的土地。"②朱绍侯认为"均田制首先是在国有
土地上实行的。当时北魏政府所掌握的大量无主荒地，正是均田
制得以颁行的物质基础"③。蒋福亚认为"均田制下还受的土地
是无主荒地（国有土地），无主荒地的多寡是均田制能否推行的先
决条件"④。陈连庆说："想要均给民田，首先要有土地。这些土
地，一是北边一带拓跋氏累世经营的屯垦地区，一是拓跋氏不断
封禁的良田、苑囿、牧场、猎场，一是中原一带由于战乱、饥荒以及
其他原因不断出现的无主荒地。"⑤

韩国磐认为"均田制就是北魏用官田荒地束缚农民进行奴役
的新的生产杠杆"，"封建国家掌握大量官田荒地，是推行均田制
不可缺少的条件"，而当时"官田荒地大量存在，可供均田之用"。
此外，"不断的人民反抗斗争，促成了均田制的推行"。⑥ 按韩氏
提出的后一个条件比较独特，这是阶级斗争史观在均田制研究中

①何启民：《北朝门第经济之研究》，《中古门第论集》，第 199 页。
②万绳楠：《魏晋南北朝史论稿》，第 266 页。
③朱绍侯：《魏晋南北朝土地制度与阶级关系》，第 148 页。
④蒋福亚：《均田制实施期间丁男年限不断缩小的原因》，《魏晋南北朝经济
　史探》，第 173 页。
⑤陈连庆：《〈晋书·食货志〉校注　〈魏书·食货志〉校注》，第 275 页。
⑥韩国磐：《北朝隋唐的均田制度》，第 99、59、61 页。

的表现,改革开放之前的学界大多持此观点,如王仲荦即认为"北魏均田制的实施,是在当时紧张的阶级斗争形势之下被迫进行的"①。不过,没有充分的史料依据显示人民反抗斗争与均田制推行之间有何必然联系。陈守实说:"均田只不过在原有地主所有制的土地关系上和大片荒地空地上,按照劳动力来加以调整而已。""政府的主要目的""并不在平分土地,使耕者有其田"。② 郑学檬等认为"均田制下所授土地是荒地","均田制实际上不是全面的土地分配,而是局部地调整土地占有关系"。③ 张泽咸说:"自北魏至唐,没有哪一个朝代按照田令规定受足了农民的均田数额,它没有损害贵族、官僚和大地主的私有土地,即使是一般农民的私有田地也没有抽出来重新分配。封建国家所能做的只是将官府所能控制的可耕荒地分配给无地和少地的人们。"④乌廷玉认为"实施均田制度""还必须具备物质条件,这就是国家必须掌握大量无主荒地,这一条件当时是具备的"。⑤ 杜士铎也承袭了上述观点,认为"均田制名曰'均田',实际上是基本保持原有的封建土地占有不均的状况"。或者说"均田制的实行,肯定了自耕农对原耕土地的占有,并以荒田分配给无地缺地农民"。⑥ 何德章也持相同的观点,谓"均田令下土地的'还'与'受',都只在原本属于公有的空荒地上进行"⑦。

---

①王仲荦:《魏晋南北朝史》下册,第 524 页。

②陈守实:《中国古代土地关系史稿》,第 157 页。

③郑学檬等:《简明中国经济通史》,第 143 页。

④张泽咸:《唐五代赋役史草》,第 6 页。又可参见同书第 60—63 页。

⑤乌廷玉:《中国历代土地制度史纲》,上卷,第 192 页。

⑥杜士铎主编:《北魏史》,第 232 页。

⑦赵德馨主编:《中国经济通史》第三卷(本卷作者何德章),第 347 页。

虽然研究者几乎都不否认均田制是北魏王朝颁布的土地制度法规，但关于其是否真正落实或推行，则有不同的看法。陶希圣、武仙卿指出："均田法令的规定，虽然这样的整齐，至于是否能发生效力，实为历来研究者所争辩的问题。他们的意见多半认为均田制度的实施，仅是立足于法令，实行的程度，恐怕是微乎其微，著者的意见，也是这样。"①贺昌群认为：北魏和隋唐的均田"主要在京畿内的封建国有土地上施行"，"把均田、占田作为一种普遍施行于全国范围的土地制的看法，是不全对的"。② 其说显然过于狭隘，敦煌吐鲁番文书显示，即便是在西州的敦煌吐鲁番等地也都施行了均田制，只是未必能够严格按照均田令规定的亩数进行受田。谭惠中认为"均田制不仅没有触动豪族地主的土地所有制，而且也没有普遍地把土地授给农民"，进而断言："保证豪族占有大量土地，限制农民只能占有少量的土地，这就是北魏均田制的阶级实质。"③结合北魏颁行均田制的背景以及李安世均田疏、孝文帝均田诏的精神，可知此说无疑是荒谬的，原因就在于其从教条主义的阶级观点出发，对相关历史记载作出了曲解。梁方仲提出："晚近学者"对于占田、课田制和均田制实行程度问题，"一致的结论是倾向于这些制度只是有名无实的一点上面，从此可以暴露出来历朝的统治阶级的真正动机，欺骗人民的方法和他们丑恶的面貌"。④ 赵俪生一方面认为，均田制是"骗人的"看法不值一驳；另一方面又认为，"均田制的实施，从北魏孝

---

①陶希圣、武仙卿：《南北朝经济史》，第25页。
②贺昌群：《汉唐间封建的国有土地制与均田制》，第119页。
③谭惠中：《关于北魏均田制的实质》。
④梁方仲：《户调制与均田制的社会经济背景》，《中国社会经济史论》，第105页。

文帝时就是不普遍的、打折扣的"。① 可见其对均田制是否得到真正实施还是持保留意见的,或者说他并不否认均田制具有欺骗性的一面。

傅筑夫指出:"均田制实行的前提条件是地广民稀,政府必须掌握足够多的土地,才能按法令规定的标准授田,如果是地狭人稠,则均田制就无法贯彻了。""均田制并没有全面推行,至少有若干地方并未实行","即使有些地方表面上遵照法令,实行授田,权贵豪门每每凭借权势,上下其手","高祖以后,均田制就渐成有名无实,形同具文"。② 按傅氏之说有其合理之处,但谓孝文帝以后均田制"就渐成有名无实,形同具文",则未必符合实际。汪篯指出:"有说均田制是一纸空文,或只是部分地区实行,南方没有实行,盖是以为均田制是平均分田,看到田没有平均分便认为未实行。田令原意并不是平均分地,这法令能执行得通也正因为不是平均分地。最初北魏实行均田,只是把一部分大族控制不稳的土地和人口转移到国家手中。"③可见汪氏一方面肯定均田制确曾得到实行,另一方面又对均田制实行的程度大打折扣了。王永兴在研究西魏大统十三年文书后得出了这样的认识:"封建统治者实行均田制并不是要保证每一受田农民都有足够数量的土地,更不是平均使用土地;他们实行均田制是为了增强封建国家的权力。""魏孝文帝时期的北魏、西魏、北周、隋和唐代前期,封建国家比较

①赵俪生:《中国土地制度史》,第 101、333、108 页。
②傅筑夫:《中国封建社会经济史》,第三册,第 228、231、233—234 页。
③汪篯:《两汉至南北朝大族豪强大土地所有制的发展和衰落》,《汉唐史论稿》,第 141 页。

强有力,是和认真实行均田制有关系的。"①也就是说,他从大统文书中得到的认识,可以推而广之为对北魏和隋唐均田制实行情况的一般看法。但事实上,均田制实施的近三百年间,国家权力的强弱并不一致,有时变化还是很大的,则其说有着难以解释的内在矛盾。杨际平说:"对于北朝的土地还授,却无任何资料可以证明其经常进行。相反,足以证明北朝土地还授未经常进行的历史资料却不少。""北朝地令(田令)规定的土地还授,多未切实施行。""不能排除在个别时期,在个别地方,实施土地还授的可能性。但就全国而言,大规模的、全国性的土地还授,应该说并未实行,或者说只是进行帐面上的调整,流于形式。"②可见其虽未完全否定均田制的实施,但总的来看还是认为流于形式而未曾真正实行。就现存史料来看,不仅没有可以证明北朝土地还授经常进行的资料,事实上也没有什么有力的证据证明北朝土地还授未经常进行。因为关于北朝均田制实施情况的直接的历史记载极为零星,何来不少历史资料以证明土地还授未经常进行?

何兹全认为:南北朝隋唐时代,"国家把国有土地,以均田的方式平均分配于农民,从而便以户或口作单位,使农民向国家出课役"。"均田制度使土地平均的分配与各农家,而且使土地与农民密切地结合为一个东西。"③毫无疑问,何氏不仅认为均田制确曾得到实施,而且是向农民平均分配土地。堀敏一认为"田地的

①王永兴:《介绍敦煌文书西魏大统十三年(547年)的计帐户籍残卷》,《陈门问学丛稿》,第261—262页。
②杨际平:《北朝隋唐"均田制"新探》,第142、148页。
③何兹全:《南北朝隋唐时代的经济与社会——〈中国中古寺院经济·序论〉》,原载天津《益世报》1937年5月18、25日《食货周刊》,收入《中国社会史研究导论》,第706—707页。

授受确曾实行","北魏分裂之后,西魏在敦煌地区还依照均田制实行土地授受"。① 以此逆推,北魏时期均田制曾在全国广大地区加以推行自无疑问。孝文帝时,高闾上表中曾谓"知劳逸之难均,分民土以齐之"云云②。宣武帝时,河北地区发生水灾,崔楷上疏论减灾,谓"其实上叶御灾之方,亦为中古井田之利。即之近事,有可比伦"云云③。韩国磐的解释是:"所谓'近事'可与井田制比拟者,所谓'分民土以齐之',舍均田制而外更无其他。"也就是说,"均田法令颁布后,确在北魏推行开来"。④ 曹贯一说:"所谓均田制,即是各封建王朝对国有土地(官田)实行按农户人口计口授田的制度,也就是创建自耕农民土地所有制度。""均田制是贯彻执行了的,并且取得了一些效果。"⑤谷霁光说:"均田制度,确曾施行过而且不同程度地产生了效果,不能说均田制只是一纸空文。"⑥漆侠也持类似看法,他认为"北魏是实行了均田制的","那种认为均田制不过是一纸空文的说法,显然是不符合历史实际的"。⑦ 高敏也认为,"北魏的均田法令确实获得了执行"⑧。关于

①〔日〕堀敏一:《均田制的研究》,第 134 页。

②《魏书》卷五四《高闾传》,第四册,第 1205 页。

③《魏书》卷五六《崔楷传》,第四册,第 1254 页。

④韩国磐:《北朝隋唐的均田制度》,第 89 页。

⑤曹贯一:《中国农业经济史》,第 327、333 页。

⑥谷霁光:《怎样从封建生产关系来理解均田制度的实质》,《谷霁光史学文集》第二卷《经济史论》,第 256 页。不过,谷氏在另文中的认识却与此并不一致:"北魏均田制的颁布,系在迁就事实,兼救时弊,于是成为一富有伸缩性而不彻底的空泛法令。实行结果,自不免发生事实上的困难,而制度本身亦不免引起其它弊病,终于未解决国计与民生两大问题。"(《秦汉隋唐间之田制》,同上书,第 118 页)

⑦漆侠:《关于中国封建经济制度发展阶段问题》。

⑧高敏主编:《中国经济通史·魏晋南北朝经济卷》,上册,第 308 页。

均田制实施的具体流程,郑欣进行了具体推断,指出:"北朝的授田方法,并不是完全打乱当时的土地占有状况,按'先贫后富'的原则进行土地重新分配。而是第一步,先处理私人原有的桑田,对这部分土地一律不动,仍归原主所有,但要充作应受的桑田、倍田。第二步,处理私人原有的露田,这类土地也要先由原主依法留足应受的各类田的数额。此后才轮着第三步,政府拿官田、无主荒地和富户多余的土地,对无地或少地的人进行授受;在均田制执行好的地区,这一步可能是按'先贫后富'的原则进行授田。"①

最后还需一提,程应镠对均田制的实施问题提出了比较独特的看法,认为北魏"均田令的实行","就地区而言,只限于中原;就

① 郑欣:《北朝均田制度散论》,《魏晋南北朝史探索》,第 177—178 页。日本学者杉山佳男认为:"只有国家一律实行给田才会有均等的课税。然而,现实中的均田制决非如此。""均田制的结果必然是强化对这些贫户的剥削","故贫户阶层经常处于没落的危险之中"。均田制"对当时大土地所有的官僚贵族阶层并没有重大的打击。这是因为依靠国家保障最低限度的授田'自立'的小农,归根到底不可能因此真正自立,所以他们必须在大土地所有者之下,作为雇农或者佃农生产劳动"。(《从西域出土文书看均田制的实施状况》,《唐代均田制研究选译》,第 423—424 页)朱雷通过对吐鲁番出土文书的考察,就唐代均田制下"受田"与均田农民原有"私田"的关系得出了这样的认识:"在均田制的实施过程中,并不触动旧有的土地占有关系。即或是拥有小块土地的自耕农、半自耕农的土地,也不曾触动。但在均田制施行的情况下……这些私有土地,均已纳入均田制的轨道,并作为'已受',记入手实、户籍之中。""私有土地(或先前拥有,或后陆续买得)虽已纳入已受永业数内,但遇到种种原因之故,应作'退田'时,却又不会因之而损失'私产'。"也就是说,唐代"均田制下,并未触动私有土地制度"。(《唐代"均田制"实施过程中"受田"与"私田"的关系及其他》,《敦煌吐鲁番文书论丛》,第 152—154 页)虽然没有具体例证,但推测北魏均田制实施的基本原则应该和唐制差别不大。

对象来说,只限于坞壁主、中小地主、自耕农和一部分从坞壁主的控制之下自立了门户的荫附"。① 程氏将北魏均田令的实施范围局限于中原地区,而不是整个统治区域,但并未提出确凿证据。从西魏大统十三年敦煌籍帐文书以及唐代敦煌吐鲁番文书来看,西魏和唐代的西北边疆地区也都实行了均田制,推断北魏实行均田制的地区不会仅仅是中原地区。就实施对象来说,程氏所言坞壁主乃是一个假想的阶层,实际上是把它当作豪强的别称来看待的。从西魏和唐代文书来看,官人之家("台资""职资")并没有被排除在均田制之外。程氏又谓"'宰民之官',也可以因官位的高低享有不同的公田上的收益",也就证明他是承认官贵也被纳入了均田令的实施对象,因其所言正是均田令规定的内容。

万志英是美国研究中国史的著名学者,其近著《剑桥中国经济史:古代到 19 世纪》被认为是"一部可以使广大读者全方位了解中国经济史研究的佳作","能够从中得知中国经济史的最新研究成果,从而改善他们对于中国经济史的认识"。② 关于北魏均田制的实施情况,他说:"按照均田法分配的土地,可能主要由荒地和未开垦的田地构成。土地分配极可能主要在人口稀少但土地相对丰富的区域展开。"③也就是说,均田制并未作为一部统一的土地法规而在北魏全国各地都得到贯彻执行。不过,万氏又通过西魏大统文书所显示的敦煌地区实行均田制的事例推断:"土地分配以及死后收归国有的政策,可以在远离首都的偏远地区成功

---

① 程应镠:《论北魏实行均田令的对象与地区——北魏均田制研究之一》,尹达、张政烺等主编《纪念顾颉刚学术论文集》,上册,第 389 页。
② 李伯重:《从历史中发现中国奇迹的根源(代序)》,第 6、7 页(〔美〕万志英:《剑桥中国经济史:古代到 19 世纪》)。
③〔美〕万志英:《剑桥中国经济史:古代到 19 世纪》,第 155 页。

实施,足以说明北魏在全境推广均田制的成功。"①按其前面的说法,均田制只是在地广人稀的局部地区实行了,土地资源稀缺的敦煌地区显然不属于均田制能够实施的地区,而西魏大统文书却表明均田制的确在敦煌地区得到了实施,然而万氏在作出"北魏在全境推广均田制的成功"的判断的同时却并未否定其前说,遂致前后表述自相矛盾,难以自洽。万氏前文还认为:"由于没有对土地所有制进行彻底的改变,也没有像王莽那样建立全民所有制,均田制未能得以推进。"②究竟怎样才能算作是"对土地所有制进行彻底的改变"?万氏没有明言,想来应该是其所谓的"全民所有制"的对立面——个体所有制,或者说是土地私有制。因为既不是私有制又不是公有制,故而"均田制未能得以推进",这显然更是难以自圆其说的。应该说,北魏均田制之所以能够产生久远的历史影响,或者说均田制得以在历史上存续近三百年之久,就在于它与乌托邦主义的王莽"王田制"有着根本的不同,万氏居然以王莽的"全民所有制"来衡量北魏均田制,实在是匪夷所思。

第三节　关于均田制的所有制性质问题

北宋司马光在主编《资治通鉴》时,向参与长编修撰的刘恕提出了这样的问题:"井田废久矣,天下皆民田也。魏计人口及奴婢,皆以田给之,其亦有说乎?"司马光大概是感觉到北魏均田制与井田制有一定关联,才向刘恕提出了这一问题。刘恕的回答

---

①〔美〕万志英:《剑桥中国经济史:古代到 19 世纪》,第 156 页。
②〔美〕万志英:《剑桥中国经济史:古代到 19 世纪》,第 155 页。

是:"魏、齐、周、隋享国日浅,兵革不息,农民常少而旷土常多,故均田之制存。至唐承平日久,丁口滋众,官无闲田,不复给受,故田制为空文。《新唐书·食货志》言'口分世业之田坏而为兼并',其意似指以为井田之比,失之远矣。"在刘氏看来,北宋欧阳修、宋祁在《新唐书·食货志》中所言"口分世业之田坏而为兼并"似乎表明他们将均田制与井田制相联系,亦即两制有相通之处,而他自己的看法则完全不同。刘氏明确提出,北魏"均田制度""非如三代井田也"。① 南宋史家郑樵认为,均田制之"口分、世业虽非井田之法,而得三代之遗意"②。这是继刘恕之后宋代学者对均田制性质所作的又一重要论断。

宋元之际,马端临在所撰《文献通考》中引水心叶氏(叶适)对均田制的评论,主要是从比较的视角分析唐代均田制与井田制的不同,其中有云:

　　周之制最不容民迁徙,惟有罪则徙之。唐却容他自迁徙,并得自卖所分之田。方授田之初,其制已自不可久,又许之自卖,民始有契约文书,而得以私自卖易。故唐之比前世,

---

① [宋]刘羲仲:《通鉴问疑》,《景印文渊阁四库全书》史部四四四"史评类",第六八六册,第9页上·下栏、10页上栏;[宋]刘元高编:《三刘家集·刘恕·通鉴议论》,《景印文渊阁四库全书》集部二八四"总集类",第一三四五册,第551页下栏、552页下栏。

② 《通志》卷六一《食货略一·赋税》,《景印文渊阁四库全书》史部一三二"别史类",第三七四册,第268页上栏。王应麟云:"《唐志》云,口分世业之田坏而为兼并。似指以为井田之比,失之远矣。"(《玉海》卷一七六《食货·田制·唐口分世业田》,《景印文渊阁四库全书》子部二五三"类书类",第九四七册,第541页下栏)按其说不太明晰,但可以感觉到王氏不认为均田制与井田制有相似或相通之处。

其法虽为粗立,然先王之法亦自此大坏矣。后世但知贞观之
法,执之以为据,故公田始变为私田,而田终不可改。盖缘他
立卖田之法,所以必至此。田制既坏,至于今,官私遂各自立
境界,民有没入官者,则封固之,时或召卖,不容民自籍。所
谓私田,官执其契券,以各征其直。要知田制所以坏,乃是唐
世使民得自卖其田始。前世虽不立法,其田不在官,亦不在
民。唐世虽有公田之名,而有私田之实。其后兵革既起,征
敛烦重,遂杂取于民。远近异法,内外异制。民得自有其田
而公卖之,天下纷纷,遂相兼并,故不得不变而为两税,要知
其弊实出于此。①

叶适虽然对北魏均田制并无明确看法,但从关于唐代均田制的论
述中也可以感觉到他对整个均田制的认识。叶适之所以对均田
制在总体上持否定态度,很重要的一点便是因为均田制允许民
"得自卖所分之田",从而引起古代田制的根本变化,导致了后世
田制的败坏。他认为"唐世虽有公田之名,而有私田之实",以现
代土地所有权的概念而论,就是唐代均田制在表面上看是公有
制,而其实质则是私有制。这应该是历史上第一次就均田制的土
地所有制形态问题所作的判断。

马端临的看法与叶适有异,他认为北魏均田制"与王莽所行
异矣,此所以稍久而无弊欤"②。也就是说,北魏均田制与王莽的
"王田"制有本质的区别,并不是将全国私有土地充公之后再重新
分配的国有土地制度。换言之,北魏均田制具有土地私有制的性

---

①《文献通考》卷二《田赋考二·历代田赋之制》,第一册,第49页。
②《文献通考》卷二《田赋考二·历代田赋之制》,第一册,第41页。

质。这当然与叶适的看法有相通之处,不过他明确表示并不认同叶适的上述看法:

> 水心言唐方使民得立券自卖其田,而田遂为私田,此说恐亦未深考。如萧何买民田自污;贡禹有田一百五十亩,被召之日,卖其百亩以供车马。则自汉以来,民得以自买卖田土矣。盖自秦开阡陌之后,田即为庶人所擅,然亦惟富者贵者可得之。富者有赀可以买田,贵者有力可以占田,而耕田之夫率属役于富贵者也。王翦为大将,请美田宅甚众,又请善田者五人。可以见其时田虽在民,官未尝有授田之法,而权贵之人亦可以势取之,所谓善田则属役者也。苏秦曰:"使我洛阳有田二顷,安能复佩六国相印?"盖秦既不能躬耕,又无赀可以买田,又无权势可以得田,宜其贫困无赖也。①

马端临并未对叶适有关唐代均田制允许田地买卖的观点提出异议,表明他也持有类似的看法,不过他并不同意这一现象始自唐代均田制的判断,而是认为从秦国商鞅变法"开阡陌"之后即已开始。马氏熟悉前代典制,他在鸟瞰唐前土地买卖历史的基础上所提出的看法也就更为公允。换言之,土地买卖并非均田制所独有的特征,而是自秦汉以来即已普遍存在的社会现实,均田制自然不能超越这一社会现实而凭空臆造出允许土地买卖的条款。不过总体来看,均田制虽然允许土地买卖,但并不鼓励买卖行为,而且还在一定程度上加以限制和约束。

----

① 《文献通考》卷二《田赋考二·历代田赋之制》,第一册,第49页。

所有权是土地制度的核心问题①,诚如英国马克思主义史学家汤普森所言:"没有复杂的使用权、获得权和占有权概念,土地制度就一天也不能存在。"②也就是说,使用权、获得权和占有权乃是所有权的体现形式或其实现途径③。学界大多认为,中国古代

---

①林甘泉认为:"土地制度的核心是土地所有制。在前资本主义社会,生产方式的性质是由土地所有制性质所决定的。土地所有制形式决定人们在生产中的相互关系,以及劳动产品的交换和分配关系。""土地所有制的法律表现是土地所有权。""一般说来,土地所有制的形成在前,而土地所有权的确立在后。"(《中国封建土地制度史》第一卷,《绪论》第3、4页)

②转引自沈汉《英国土地制度史》前言,第2页。萨缪尔森和诺德豪斯对土地和土地所有权的定义是:"土地是最有价值的自然资源。在法律上,'土地'的所有权包括一系列的权利与义务,例如占有的权利、耕种的权利、拒绝使用的权利,以及进行建筑的权利。"(《经济学(第十九版)》,上册,第447页)这一表述虽然对土地的现代属性有所涉及,但总的来看还很不完备,主要是占有和使用权,而未涉及收益权、转让(买卖)和遗赠(继承)权,而且对其所言"义务"更没有交代。

③胡如雷云:"占有地租权、土地继承权和土地买卖权等条件,是判断各种土地所有权界限的基本原则。"(《中国封建社会形态研究》,第22页)杜正胜云:"通常所谓人民的土地私有权至少必须具备两项条件,一是土地登记在私人名下,古书称作'名田'或'占田';二是登记人可以卖买、赠与、交换、继承,或以其他方式处置所登记的土地。这两项更以第一项为前提。"(《编户齐民——传统政治社会结构之形成》,第142页)林甘泉认为"土地所有权的内部结构"有不同层次的表现:"占有权、经营权、使用权、收益权、处分权,等等。"(《中国封建土地制度史》第一卷,《绪论》第6页)直到改革开放之初,中国经济学界对所有权的认识基本上都是遵照马列的指示,认为所有权包括了所有、占有、支配、使用四种权力。(参见苏绍智《试论生产资料的所有权、占有权、支配权和使用权——对社会主义生产资料所有制的具体分析》;蒋学模:《关于生产资料的所有权、占有权、支配权和使用权的探讨》)随着改革开放的不断深入,经济学界出于出(转下页注)

并无罗马法中的土地所有权概念①,但有官田、公田与私田之分。《周礼·地官》述"载师"之职掌,包括"以官田、牛田、赏田、牧田任远郊之地"。郑司农(众)云:"官田者,公家之所耕田。"郑玄云:"官田,庶人在官者其家所受田也。"②比较而言,先郑说得其本义。北宋范祖禹云:"唐初定均田,有给田之制,盖犹有在官之田也。其后租庸调法坏而为两税,给田之制因不复见,盖官田益

(接上页注)谋划策或政策解读的考虑,对包括土地所有权在内的所有制或所有权问题进行了大量的探讨,总的来看主要涉及的是所有权和使用权或经营管理权的分合问题。刘守英说:"土地产权是一个社会最基础的制度安排","必须有关于土地如何使用、收益与转让等的明确的、可实施的规则,从而给予使用它的人以稳定性"。(《土地制度与中国发展》,第57、58页)无论是土地还是其它方面的产权制度,若无关于继承权的规定,自不能说是完备的制度。林毅夫认为:"中国很早就有了家庭农场和不限制具有一定身份的人才能继承土地的所有权制度,允许劳动力自由流动,以及灵活的社会流动性等等,这些都是其巨大的早期成就的重要贡献性因素。"(《制度、技术与中国农业发展》,第272页)事实上,中国历史上从未出现过"不限制具有一定身份的人才能继承土地的所有权制度",法律对土地所有权的继承者的身份有严格的规定或限制。至于"允许劳动力自由流动,以及灵活的社会流动性等等"情况,似乎也没有什么史料依据予以证实。

①张传玺的看法有所不同,他认为:"法律保障土地私有权,这是中国自战国以来的土地私有制度的必然反映,是土地的主要占有者的地主阶级的意志的体现。""法律保障土地私有权"体现有三:"首先体现在法律保障土地所有者依法行使占有、使用和处分土地的权利方面。这些权利一般是耕种、出租、典当、出卖、遗留给子孙等";二"是官府有责任依法除去对私有权的妨害";三"是封建国家乃至皇帝不能任意侵夺民田,如有需要,只能依法征购或征用"。(《论中国封建社会土地所有权的法律观念》,《秦汉问题研究(增订本)》,第133、135页)

②[清]孙诒让:《周礼正义》卷二四,第四册,第938页。

少矣。"①按范氏所云"在官之田"或"官田",是指口分田,而在北魏均田制中即为露田。明太祖"洪武初,令官田起科每亩五升三合五勺,民田每亩三升三合五勺,重租田每亩八升五合五勺,芦地每亩五合三勺四抄,草塌地每亩三合一勺,没官田每亩一斗二升"②。合而论之,则"没官田"本为民田(私田),因被官府没收而改变了所有制性质,成为了官田;"芦地""草塌地"亦当为民田。"重租田"中既有"没官田",又有"民田"。③ 顾炎武云:"然而官田,官之田也,国家之所有,而耕者犹人家之佃户也。民田,民自有之田也。各为一册而征之。犹夫《宋史》所谓'一曰官田之赋,二曰民田之赋',《金史》所谓'官田曰租,私田曰税'者,而未尝并也。"④顾氏以"国家之所有"解释"官田",与郑司农说有相通之

① [宋]范祖禹撰,[宋]吕祖谦注:《唐鉴》卷二《高祖下》,《景印文渊阁四库全书》史部四四三"史评类",第六八五册,第479页下栏。又,清人陆世仪云:"官田者,在官之田也。三代以上,田皆在官,故为人上者,得以行井田,施赏罚。三代以下,田皆私田,富者兼并,贫者无立锥。"([清]陆世仪撰,[清]张伯行编:《思辨录辑要》卷一八《治平类》,《景印文渊阁四库全书》子部三〇"儒家类",第七二四册,第155页上栏)

② [明]徐溥等撰,李东阳等重修:《明会典》卷一九《户部四·事例》,《景印文渊阁四库全书》史部三七五"政书类",第六一七册,第227页下栏。《明史》卷七八《食货志二·赋役》所载略有同异:"太祖定天下,官、民田赋,凡官田亩税五升三合五勺,民田减二升,重租田八升五合五勺,没官田一斗二升。"(第七册,第1896页)

③ 《明史》卷七八《食货志二·赋役》于"没官田一斗二升"后云:"惟苏、松、嘉、湖,怒其为张士诚守,乃籍诸豪族及富民田以为官田,按私租簿为税额。而司农卿杨宪又以浙西地膏腴,增其赋亩加二倍,故浙西官、民田视他方倍蓰,亩税有二三石者。大抵苏最重,松、嘉、湖次之,常、杭又次之。"(第七册,第1896页)

④ [清]顾炎武著,陈垣校注:《日知录校注》卷一〇"苏松二府田赋之重"条,上册,第584页。按《宋史》卷一七四《食货志上二》:"宋制岁(转下页注)

处,但更为明确①。顾炎武之前,唐鹤征在其所撰万历《武进县志》中对"官田"作了颇为清晰的定义:"官田者,朝廷之有,而非细民之产。耕之者,乃佃种之人,而非得业之主。所费者,乃兑佃之需,而非转鬻之价。所输者,乃完官之租,而非民田之赋。"顾炎武在其所撰《天下郡国利病书》中收录了以上文字②。

(接上页注)赋,其类有五:曰公田之赋,凡田之在官,赋民耕而收其租者是也。曰民田之赋,百姓各得专之者是也。"(第一三册,第4202页)此即顾氏所引《宋史》之原文。"官田曰租,私田曰税",出自《金史》卷四六《食货志一》,第四册,第1028页。

①顾氏对官田、民田涵义的解释,实有其所生活时代的制度基础。《明史》卷七七《食货志一·田制》:"明土田之制,凡二等:曰官田,曰民田。初,官田皆宋、元时入官地。厥后,有还官田,没官田,断入官田,学田,皇庄,牧马草场,城壖苜蓿地,牲地,园陵坟地,公占隙地,诸王、公主、勋戚、大臣、内监、寺观赐乞庄田,百官职田,边臣养廉田,军、民、商屯田,通谓之官田。其余为民田。"(第七册,第1881页)

②[清]顾炎武:《天下郡国利病书》(一)《常镇备录·武进县志·征输》,万历"十六年(1588),知府谭桂议"中夹注"唐鹤征曰",《顾炎武全集》(13),第753页。关于"唐鹤征称之为'朝廷之有'的国有土地"的性质,日本著名明清史学家森正夫认为:"这里所说的国家土地所有制并不是凌驾于私人土地所有制(细民之产)之上的,因此在承认国家土地所有制的同时,不会对私人土地所有制带来造成制约(?)。所谓'朝廷之有',其前提是私人土地所有制的普遍存在。换句话说,所谓'朝廷之有',就是土地私有制框架下归国家所有的那一部分,反过来说就是'国家拥有的私有土地'。"(《明代江南土地制度研究》,第418页)虽然不能把"'朝廷之有'的国有土地"看作"凌驾于私人土地所有制(细民之产)之上",但也不能得出相反的观点,说这种国有土地"就是土地私有制框架下归国家所有的那一部分"——"国家拥有的私有土地"。国家(朝廷)并非私人(细民),国家所有和私人所有是不能混同的两类概念。虽然当时官田的数量远少于民田,但两者并不具有从属关系,而是相对和并存的关系。在唐鹤征看来,"官、民一则之说,殊为可恨",这正是他界定官田的出发点,亦即为了驳斥混淆或模糊官田和民田界限的说法,他才对官田从所有权、经营权、租佃权诸方面作出明确的定义。

关于均田制所体现的土地所有制性质,现代学者在研究均田制时一般都要触及这一问题。刘道元认为均田制为土地国有制,他说:"土地由国有以计口授田而私有化、而兼并、而争讼,为免除社会的纠纷,确保国有的权利,只有实行均田了。""均田的目的在土地使用的机会均等,并使户调的负担平均,以防止土地私有化及土地的兼并。"①陶希圣、武仙卿说:"我们对北魏均田制度的理解,只认为是国家庄园下一种课耕的政策,而不是平均土地的实行,只顾到一个人能耕种土地的多少,并未注意一个人所有土地的多少。"其说似可理解为北魏均田制具有国家土地所有制的性质。不过他们又认为均田制有"使私有土地的扩大"的一面,"及至均田制度实施,将一些无主的土地重确定其所有权,永业田只授不收,露田准予买卖,使所受的土地多少具备了私有的性质"。②由此看来,陶、武二氏认为北魏均田制具有国有和私有混合所有制的性质,但以国家土地所有制为主。

关于均田制的性质,或其所体现的土地所有权问题,新中国成立后的马克思主义史学家尤为重视,几乎所有关于北魏均田制研究的论著中都要涉及所有权问题③。在上文所引诸家观点中,

①刘道元:《中国中古时期的田赋制度》,第 89、95—96 页。刘氏还认为:北魏均田制并不是"将领域内的垦田按着条例均分",而是"保留大族的土地,仅分国有的土地"。(第 99 页)

②陶希圣、武仙卿:《南北朝经济史》,第 15—17 页。

③关于土地所有权概念,马克思主义经典作家有这样的论断:"土地所有权的前提是,一些人垄断一定量的土地,把它作为排斥其他一切人的、只服从自己个人意志的领域。"(卡尔·马克思:《资本论》第三卷,《马克思恩格斯全集》第二十五卷下册,第 695 页)"完全的、自由的土地所有权,不仅意味着毫无阻碍和毫无限制地占有土地的可能性,而且也意味着把它出让的可能性。"(弗·恩格斯:《家庭、私有制和国家的起源》,同(转下页注)

大多对均田制的性质有所涉及。有一部分学者在主张均田制与北魏前期计口授田制具有直接继承关系的同时，还特别强调其体现了拓跋鲜卑的农村公社性质。李亚农认为"北魏的均田制具有氏族制和农村公社的土地制度的特点"，"均田制并非封建土地所有制，而是氏族制社会末期的土地制度，既符合于儒家的圣贤之教，又适合于拓跋氏族的保守的要求，而孝文帝也乐于施行这种制度来缓和保守派的反抗，于是在中国历史上便昙花一现地出现了开倒车的均田制"。① 这一观点源于他对北魏前期社会性质和土地制度的独特认识："北魏的人民，绝大多数都是由国家机关（同时也是拓跋族的氏族机构）分配田地来耕种的，因而北魏的土地的绝大部分都不属于任何个人，而是拓跋氏族公有的。这是氏族制社会的土地制度。""拓跋族的统治阶层在侵入中原之后，本族的人们还长期地过着游牧生活，因而土地私有的观念不深，土地占有欲不强。"②李氏对北魏前期社会性质和土地制度的认识乃凭空臆断，没有什么事实根据，北魏前期的国家机关并非氏族机构，拓跋族本族人并未在侵入中原后长期过着游牧生活，而北魏

（接上页注）上书，第二十一卷，第 190 页）"所有制的最初形式无论是在古代世界或中世纪都是部落所有制，这种所有制在罗马人那里主要是由战争决定的，而在日耳曼人那里则是由畜牧业所决定的。在古代民族中，由于一个城市里同时居住着几个部落，因此部落所有制就具有国家所有制的形式，而个人的所有权则局限于简单的 possessio（占有），但是这种占有也和一般部落所有制一样，仅仅涉及到地产。"（卡尔·马克思、弗·恩格斯：《德意志意识形态》，同上书，第三卷，第 69—70 页）"私法和私有制是从自然形成的共同体形式的解体过程中同时发展起来的。""在私法中，现存的所有制关系表现为普遍意志的结果。"（同上书，第 71 页）
①《李亚农史论集》，第 361、365 页。
②《李亚农史论集》，第 361、363 页。

的土地既不是拓跋氏族公有的,均田制也并非在历史上仅仅昙花一现(李氏认为隋代均田制与北魏均田制差别很大,故有此论)。因此,李氏对均田制特点的把握自然无异于空中楼阁[1]。贺昌群不同意李亚农对北魏均田制及其社会性质的看法,认为"北魏的公田制不是氏族制社会的土地公有制,而是上接汉魏,下启隋唐的封建的国有土地制"。"均田制的基础建筑在封建的国有土地制上",而"封建的国有土地制,历史上称为公田、官田或草田"。[2]

北魏均田制具有农村公社特征或村社性,此说在学界曾有较大影响力。王仲荦认为均田制"带有村社性",他对均田制所体现的土地所有制性质有如下概括:

> 均田制是带有村社性的一种封建土地所有制度。均田农民从政府那里取得均田土地,均田的土地所有权是属于国家的,农民年老免课和身死,均田中的露田都得归还国家,国家通过露田的还授制度,把均田农民束缚在国家均田土地之上,限制了他们的自由迁徙,并对他们进行田租、户调、力役(后来以庸代役)的剥削,从这点看来,均田农民基本上是封建土地制度上的带有依附性的农民;但是,均田制规定,"诸桑田皆为世业,身终不还",而且一开始就规定桑田在某种限度内可以自由买卖,所谓"盈者得卖其盈,不足者得买所不足",到了后来,桑田的自由买卖,更是公开,从这一点看来,

---

① 对李氏之说的辩驳,参见粟寄沧《论北魏社会经济的性质问题——评李亚农先生关于"拓跋族的前封建制"的理论》。
② 贺昌群:《汉唐间封建的国有土地制与均田制》,第26、11页。

均田农民又带有小土地所有者的性质。①

也就是说,均田制既具有国家土地所有制的性质,又在一定程度上体现出土地私有制的性质。农业与畜牧业的最大区别就在于,农业需在固定的土地上进行生产,农民也要定居生活,而畜牧业则需在一定区域内随季节进行迁徙,所谓逐水草而居。因此,对于农民而言,能够安居乐业是最基本的生存条件,至于是否被限制自由迁徙,是否被束缚在土地之上,似乎并不能作为他们是否具有依附性身份的判断标准。

唐长孺亦主张均田制具有国家土地所有制的性质,并认为其"具有公社土地制度的特征",最主要的表现是:"农民对他的份地没有个人所有权,国家保证农民得使用一块耕地。这块耕地只按劳动力分配,未到一定年龄者不能受田,年老者则应退还。这里体现了公社集体所有制。另一方面桑田具有不完整的私有性质,而耕种收获也完全由私人支配,这里又体现了个体私有制。马克思曾经指出农村公社的特征就在于公社所有固有的公有与私有的二重性,均田制度正是体现了这个特征。"②此外,"在均田令颁布以前的计口受田及劝课农桑,带有明显的村社分配土地的色

---

① 王仲荦:《魏晋南北朝史》下册,第 526 页。按王氏就此问题最早的论述见于所著《北魏初期社会性质与拓跋宏的均田、迁都、改革》,载《文史哲》1955 年第 10 期。此外,又在所著《北周六典》一书中对均田制的所有制形态做了更为简明扼要的表述:"井田制有其双重性,即原始社会之公有制及阶级社会之私有制。公有制日以消亡,私有制日以占统治地位,而井田制以亡。均田制亦有其双重性,私有制自始即占主导地位。公有制残存形态,不过体现于土地之授予及土地卖买之受其制约而已。其后土地已不足供授受,卖买亦无重责,而均田制以亡。"(上册,第 107 页)
② 唐长孺:《均田制度的产生及其破坏》。

彩"，北魏前期的"贫富相通"及"人牛力相贸"之制，"均是带有村社性的"。"均田制还规定三长之内有相互同恤的义务，所谓'孤独瘰老笃疾贫穷不能自存者，三长内迭养食之'。进丁受田时'先贫后富'，罪流及绝户的土地作为公田授受之际，首先'给其所亲，未给之间，亦借其所亲'。这些原则都体现了村社分配土地的遗迹。"①徐德嶙亦有类似看法，他认为"均田制是属于国有土地制的范畴，是由农村公社土地村有制演变而来，还保存有农村公社中的某些旧有的制度和性质的"②。

韩国磐特别强调均田制的村社性，他说："由于拓跋族内耕地私有制不发达，因而能够将土地视为公社共有，将畿内计口授田办法发展推广而为均田制；并且，拓跋族内还确实保存着一些'贫富相遗（通）''有无相助'的共有制的残存。""这种贫富相通的共有制的残存，同样也反映到均田制内"，"便使均田制带来了不少的公社特征"。③ 陈连庆也认为均田制"是鲜卑族农村公社与中原固有土地制度相结合的产物"④。关于均田制的公社性质，俞伟超指出：拓跋鲜卑"在从军事民主制阶段迅速封建化的过程中，曾给广大汉人居住区域带来了村社阶段的土地占有制的影响，出现

---

① 唐长孺：《魏晋南北朝隋唐史三论——中国封建社会的形成和前期的变化》，第 125—126 页。
② 徐德嶙：《均田制的产生和破坏》。
③ 韩国磐：《南北朝经济史略》，第 242 页。韩氏将"公社特征"概括为："一为土地的定期还授，一为同邻里的居民有无相通，互相帮助，以及近亲之间的照顾等"。"拓跋部入据中原的初期，进行分土定居，从血缘关系过渡到地缘关系，从氏族公社转变为农村公社。"（《北朝隋唐的均田制度》，第 51 页）说到底，这种特征与先秦时期的井田制、授田制及宗法制可谓若合符节。
④ 陈连庆：《〈晋书·食货志〉校注 〈魏书·食货志〉校注》，第 275 页。

了均田制"。计口授田制度(均田制),"究其原始,自然会与村社制度有关,而拓跋鲜卑原本是游牧民族,在游牧民族那里是不会发生定期分配土地的制度的。均田制的出现,显然不能从拓跋鲜卑的早期社会形态中寻找渊源"。① 可见俞氏肯定北魏均田制具有村社性质,但并不认为其渊源是在拓跋鲜卑的民族传统。杨际平说:"北魏地令以及齐、周、隋、唐有关'均田'之制的田令,确实带有明显的公社特点。""'均田制'的历史渊源来自两个方面,一是来自中国古代有关井田制的传说,以及两汉以来受此影响而提出的各种限田建议与西晋的占田课田制等等;一是来自鲜卑拓跋部的农村公社传统。比较而言,后者的影响更大,更为直接。"②如上所引,南宋郑樵谓均田制能"得三代之遗意",所谓"三代之遗意"与现代学者所云"村社"或"农村公社"似有相通之处。

杨志玖不同意唐长孺关于均田制具有农村公社土地制度性质的看法,谓"唐先生所举的均田制的几个特征,只是表面上和公社相似,最多只能说是带有公社的遗习,不能把它认为是公社本身"③。王治来认为"均田制的基础是土地的国家所有制而不是氏族或公社的所有制"④。胡寄窗也认为"均田制绝不象有些人所说那样是拓跋族带来的'公社性'的东西"⑤。赵俪生不同意均田制具有氏族制和农村公社性质的观点,但他又认为:"公社和公有制在均田制中已经不应该占有重要的位置和起重要的作用

①俞伟超:《中国古代公社组织的考察——论先秦两汉的单—僤—弹》,第 3、166 页。
②杨际平:《北朝隋唐"均田制"新探》,第 385 页。
③杨志玖:《关于北魏均田制的几个问题》。
④王治来:《均田制的产生及其实质——北魏社会研究评论》。
⑤胡寄窗:《中国经济思想史》,中册,第 278 页。

了","仅仅从漠南'计口授田'中遗留下来某些公社的残余,在均田制中不起主导的作用"。"公社和公社土地所有制,并不占什么重要的地位,也不起什么重要的作用"。① 这一观点后来似乎有所变化,其在《中国土地制度史论要》中说:"(计口授田)其中不无氏族公社许多制度的残存。如土地分配的原则,是'先贫后富'。这一原则在中原领主制下几乎是不可想象的;但在拓跋族统治下,不仅均田制中吸收进去了……还有一个原则是'人牛力相贸',这是一种换工制度……土地分配的另一个原则,是'给其所亲'或者'借其所亲',即按血缘关系的亲近,作为配给土地优先的条件。以上这三个原则,足以证明拓跋族氏(氏族)公社制某些原则,存留在'计口授田'之中。"②在《中国土地制度史讲稿》中则说:"'计口受田'绝不是什么'公社'制的残余,而是封建国家强制手段的一种。"③由此可见,赵氏对于北魏"计口授田"或均田制中有无公社制残余并无定见。类似情况在朱绍侯的相关论述中亦可看到,他先是认为"均田制开始施行时,还保有浓重的农村公社计口受田的残余",后来又说李安世均田疏"哪里是什么公社传统","分明是儒家思想的体现","均田制关于照顾老小贫病者的规定,倒毋宁说是源于儒家思想"。④

杨向奎认为恭宗时代的授田制度(人牛力相贸)"是孝文帝均田制的原始形态。政府是大土地所有者,下贫之家是政府的农奴"。均田制中的"还受田是农民为政府耕种的官田,永业田……

---

① 赵俪生:《有关均田制的一些辨析》,《寄陇居论文集》,第 42、45 页。
② 赵俪生:《中国土地制度史》,第 97 页。
③ 赵俪生:《中国土地制度史》,第 338 页。
④ 朱绍侯:《魏晋南北朝土地制度与阶级关系》,第 333、154 页。

是政府为了维持简单的再生产的办法"。① 侯外庐认为,"屯田、占田以至均田,是封建社会土地国家所有制形式的发展,是东方封建主义的秘密"②。其说虽颇为含糊,但可以看出他的基本观点是认为均田制为国有制形式的土地所有制。漆侠认为"曹魏屯田、北魏隋唐的均田,都是封建国家土地所有制",北魏"均田主要地是把国有土地分配给无地农民"。③ 唐长孺早期的观点是"具备着公社特征的均田制只能是封建国家土地所有制的特殊形式",或者说"北魏均田令基本上是不承认土地私有制的"。④ 不过其观点后来又有所调整,他说:"均田制就法律条文而言,可以看成是土地国有制。它规定露田有授有还,所有权归国家;桑田的买卖有限制,20亩是基本数不能买卖,超过20亩的才能出卖,不足20亩才能买进。这些是具有土地国有制的性质的。但是其实际施行的情况并不如此。""均田制的条文虽是土地国有制,但它与土地买卖的传统不相适应,因而行不通。土地的买卖从来没有由于均田制的实行而停止,只是可能受到一点阻碍而已。均田制是不是国家土地所有制的问题可以商榷。"⑤杨志玖认为:"从法令上看,露田全部归国家所有,桑田的私有权也是不完整的。""它是承认土地私有的一种国家所有制,也就是和土地私有制平行的国家土地所有制。因为它和土地私有制并存,所以它不能维

①杨向奎:《试论东汉北魏之际中国封建社会的特征》,《绎史斋学术文集》,第59、61页。
②侯外庐:《魏晋南北朝社会经济的构成》,《中国封建社会史论》,第143页。
③漆侠:《关于中国封建经济制度发展阶段问题》。
④唐长孺:《均田制度的产生及其破坏》。
⑤唐长孺:《魏晋南北朝隋唐史》,《大师讲史》,中册,第147页。

持多久,最后终于被私有制挤掉了。"①李埏也有类似看法,他说:
"土地国有制的首要原则是平均分配土地给农民耕种,把农民提
高到自耕农的状况。井田制如此,均田制也如此。"对于北魏均田
制并未作具体说明,他认为唐代均田制"授的田是国有土地,并
不没收私有土地","这就意味着承认私人的土地所有权,以国
有土地授予无地少地的贫苦农民,使之成为自耕农"。② 虽然并
未明确均田制所体现的国有制和私有制主次如何,但可以感觉到
他是主张均田制为国有制和私有制二元并存或具有混合所有制

---

①杨志玖:《关于北魏均田制的几个问题》。又可参见同氏《论均田制的实施
　及其相关问题》。
②李埏:《三论中国封建土地国有制》。龙登高认为北魏至唐代中叶"均田制
　在我国存在了约三百年,这是我国土地国有制的重要发展阶段"(《中国传
　统市场发展史》,第 100 页)。此与乃师李埏之说不尽相同。他又认为:
　"在均田制下,土地由国家授受,自由的土地市场在法律上不复存在。北
　魏至隋的均田令,土地买卖主要限于桑田,唐代均田制下,土地买卖有所
　放宽……即使唐代放宽之后,土地进入市场仍然相当有限。"(同上)由此
　可见,是否存在"自由的土地市场",乃是其判断土地国有制与私有制的标
　准。以此标准而论,不仅中国古代在均田制时代之前应该没有土地国有
　制,其后是否出现过真正的土地私有制也是有疑问的。既然承认均田制
　实施其间存在土地买卖,即便不是在"自由的土地市场"上进行交易,也仍
　然不能否定其所具有的私有制性质。其后,他还依据杨际平的研究而提
　出了这样的看法:"北魏隋唐的均田制""并非国家普遍授田制,更不是平
　均分配土地的理想化制度,其基础还是土地私有产权制度"。(《地权市场
　与资源配置》,第 3 页)在最近的著作中,他认为:"在土地私有制下,家庭
　财产的多寡成为短缺经济下农户生育的天然约束因素,因此中国历代家
　庭平均规模都不到五口。"(《中国传统地权制度及其变迁》,第 19 页)按此
　说,则"中国历代"皆为"土地私有制",虽未明确提及均田制,但均田制实
　施的时代自然是在"中国历代"的范围之内,看来他已完全放弃了原来所
　持的均田制为国有制(或混合所有制)说。

的性质①。韩国磐虽未明确论及均田制的所有制性质,但亦有与此类观点比较接近的看法,认为均田制就是将大量的游离于政府编户之外的浮游人口和依附于豪强的隐户"掌握到手中","是拓跋魏束缚人民于土地上以榨取更多赋税的办法"。"浮户和隐户是直接控制在或即将控制在强宗豪族手中的户口,将他们争取到国家手中,同时也就不得不是对强宗豪族隐占户口的限制","则私有大土地的发展也必然受到限制"。②

刘尧庭的看法与此不同,他认为"北魏的均田制度,丝毫没有妨碍大地主大奴隶主对于劳动人民的剥削,均田之前,他们是大土地所有者,均田之后,他们依然是田连阡陌"。或者说,"北魏的均田制度,是一种封建的土地所有制度,他巩固了保护了大土地的所有制,并不是消灭大土地的所有制"。③ 谷霁光认为:"各朝实行均田制,一般只是承认地主占有和继续占有以及扩大占有的现状,对已经占有和扩大占有在法令上又给予适当限制以维护地主阶级本身秩序和中央集权的确立与稳定,不能强调其给予农民以土地的作用。封建所有制形式,仍是以地主私人占有为主,封建国有土地在当时不是主要形式。"④陈守实亦有类似看法,他说:

①刘玉峰在考察唐前期土地所有权问题时得出了这样的结论:"唐前期的土地所有权状况和结构是以国有土地占主导的国有土地和私有土地并存的二元结构。同时,国有土地和私有土地的具体形态又是多种多样的,故可进一步称之为'官私二元、以官为主、形态多样'的土地所有权状况和结构。"(《唐前期土地所有权状况探讨》)这应该是学界对均田制性质二元说或混合所有制说的最明晰的认识。
②韩国磐:《南北朝经济史略》,第 240 页。
③刘尧庭:《北魏均田制度的形成》。
④谷霁光:《怎样从封建生产关系来理解均田制度的实质》,《谷霁光史学文集》第二卷《经济史论》,第 257 页。

"因为按照均田制文献来推测,并非人人受田,另外奴婢牛均可受田,私有制的大土地占有,获得生长园地;屯田、佃田,都很自然的存在着。""土地私有制的范围,即使在文献上作单纯考察,亦已超过政府可能支配的土地,而且大土地所有者获得合法的存在,奴婢与牛同样可以买卖,同样可以受田;只有绝户归公,桑田继承恒从现口,稍微有些不同,但亦不可能免除私有制的损蚀;还受以生死为断,除绝户外,就是子孙的传承。"①很显然,陈氏主张均田制促进了土地私有制的发展,也可以说均田制具有土地私有制的性质。胡寄窗认为"均田思想是以地主所有制及农民小私有制为其客观基础的"②,表明其不主张均田制具有土地国有制的性质。万绳楠一方面认为"北魏均田根本不是从国有、私有出发,而是着眼于生产",另一方面又认为"封建社会的土地占有形态,总是以地主的土地占有形态为主要形态。事实上均田制不仅丝毫没有触动原来私人占有的土地,而且通过奴婢受田的办法,发展了地主的土地所有制"。③ 这一观点的一个重要依据是,均田制允许露田买卖,基于这一错误认识,其对均田制性质的判断就要大打折扣了。陈仲安认为均田制的实施"非但没有侵犯地主占有的土地,而且以奴婢耕牛受田的方式保证他们在均田制下广占土地"④。程应镠说:均田令中"坞壁主占有的土地和奴婢完全被保持下来了","坞壁主大土地所有制和奴婢占有制是丝毫没有被侵犯的"。

①陈守实:《中国古代土地关系史稿》,第154—155页。
②胡寄窗:《中国经济思想史》,中册,第289页。
③万绳楠:《魏晋南北朝史论稿》,第270页。
④陈仲安:《十六国北朝时期北方大土地所有制的两种形式》。

"对劳动人民来说,均田令保证了地主阶级对于农民的剥削。"①
其看法和上述学者并无不同,只是换了一种说法而已。

胡如雷认为:"在均田制实行的范围内,桑田和永业田基本上
是私有土地,露田和口分田的国有性质超过了私有性质,在数量
上虽然桑田和永业田少于露田和口分田,但在原则上,也是前者
成为后者的界限。"亦即"反映土地私有制原则对土地国有制原则
的优势","即令在均田制的推行中,我们也看到了地主土地所有
制日益发展的消息"。② 也就是说,他虽然承认均田制具有部分土
地国有制的因素,但就其所有权而言乃是以土地私有制特别是以
地主土地所有制为主,所体现的主要还是土地私有制性质③。林
甘泉主张均田制具有土地私有制的性质,他说:"北魏到隋唐所颁
布的均田令","并非是对私有制的否定。因为在均田令施行期
间,先前存在的各种私有土地,并没有改变其原来的所有权。请
授的露田和口分田虽然规定身死归还官府,而且禁止买卖,但一
经授给之后,很少有归还的。至于桑田和永业田,自始就可以买
卖,所以地主阶级的土地兼并也仍然得以通行无阻"。④ 有学者一
方面认为"均田制的实施,并未限制住大土地所有制的发展",另
一方面又认为北朝均田制"对于封建大土地所有制的发展也起到
一定的限制作用"。这与其对均田制所有制性质的模棱两可的看
法相呼应:"均田包括私有和国有两种土地","无论说均田制是土

---

①程应镠:《论北魏实行均田令的对象与地区——北魏均田制研究之一》,
　《纪念顾颉刚学术论文集》,上册,第389—390页。
②胡如雷:《中国封建社会形态研究》,第41—43页。
③胡氏的相关论述又可参见其所著《从汉末到唐中叶的封建土地所有制形
　式》,《隋唐五代社会经济史论稿》,第266—282页。
④林甘泉主编:《中国封建土地制度史》第一卷,《绪论》第18页。

地国有制还是土地私有制,都是不正确的"。① 杨际平说:"从令文的角度看,北朝隋唐的'均田制',似乎是一种国有的土地制度。""均田制名义上虽具土地国有形式,但在具体实施时,实质上还是一种土地私有制,它并未改变秦汉以来我国土地所有制的性质。"②蒋福亚说:"在均田制下,还受的土地是无主荒地,也即按习惯传统属于封建政府所有的国有土地。"③"均田制度没有触动地主私有土地,它是北中国地主土地所有制进一步发展下的产物。均田制度只是用桑田的名义包罗了私有土地,借以限制大土地所有制的进一步发展。"④何德章认为:"均田制没有改变当时土地占有的实际状况",并且"最大限度地保护了私有大地产者的利益"。这与其所持"均田制的主旨为发展个体小农经济"之说存在着矛盾。⑤ 周国林对露田的国有制性质也表示怀疑:"不少露田原本是农民多年私有的土地,为何一道均田令就将其变成国有土地了? 豪门大族借机以奴婢的名义占有大量露田,如果露田是国有土地,他们又如何发展地主土地所有制? 事实上,均田令实施后北方地主土地所有制仍然在发展中。"⑥虽未明言,但可以感觉

①田昌五、漆侠总主编:《中国封建社会经济史》第二卷(本卷主编朱大渭、张泽咸),第122、101页。
②杨际平:《北朝隋唐"均田制"新探》,第383—384页。
③蒋福亚:《魏晋南北朝社会经济史》,第287页。
④蒋福亚:《均田制实施期间丁男年限不断缩小的原因》,《魏晋南北朝经济史探》,第173页。
⑤赵德馨主编:《中国经济通史》第三卷(本卷作者何德章),第345—346页。
⑥周国林:《唯物史观视阈下的中国古代土地制度变迁·魏晋南北朝时期土地制度演变的轨迹》。周氏又云:"农民依据均田令获得露田,他人不得侵占,'守分之田,永免于凌夺矣',这就是事实上的私有了。"此证其主张露田亦为私有制性质的土地,遗憾的是史书的原文是"守分之士"(转下页注)

到他不认为均田制具有土地国有制的性质。

赵俪生认为"均田制是国家对土地所有权又企图干预、又不得不妥协——这样一种二重性的表现"①。换言之,均田制既具有私有制的性质,又具有国有制的性质,但以何者为主则不甚明了。高敏持相似的观点,认为均田制"不触动地主土地私有制","既限制又承认原有的私有土地制","它具有保护国有土地和私有土地的二重性"。② 均田制"是一种特殊的封建国有土地制,是汉魏以来封建国有土地制的变态延续"。"均田制是封建统治者强迫农民同所有权属于封建国家的荒闲地相结合,从而把农民固着于土地并榨取农民膏血的一种经济制度。实行此制的目的在于保证封建统治者的役源与税源,以巩固封建统治的基础。"不过他又认为,"均田制也是一种封建的土地私有制与封建的国有土地制相结合的制度"。③ 看来其观点也是前后自相矛盾,并不完全统一。朱绍侯既肯定均田制"是一种带强制性的国有土地还受制度",同时又认为它"是保护土地私有制的",不仅"对土地私有权毫无触动",而且还"是维护大土地所有制的"。然而因其"对土地买卖的限制,从立法形式上破坏了土地私有权的完整性,并对大土地所有者兼并小农多少有所限制"。④ 这对立的两种观点如何统一,也存在着问题,若非制度本身的矛盾,就是理解上有偏差。杜士铎亦承袭了上述观点,认为北魏均田制"具有国有和私有双重性

(接上页注)而非"守分之田",知其判断是在误引史料基础上作出的。
①赵俪生:《有关均田制的一些辨析》,《寄陇居论文集》,第42页。
②高敏:《秦汉魏晋南北朝土地制度研究》,第156页。
③高敏:《北魏均田法令校释——兼论北魏均田制的实质》,《魏晋南北朝社会经济史探讨》,第210—211页。
④朱绍侯:《魏晋南北朝土地制度与阶级关系》,第148、150—151页。

质,属于还授范围的土地,农民只有使用权而无所有权;官吏所受公田,也只有占有权而无所有权;这属于国有性质。不还授、可以在一定范围买卖的桑、麻田,属于私有性质"[1]。按北魏均田令只规定桑田在一定条件下可以买卖,但作为还受之田的麻田具有和露田相同的属性,并无准予买卖的规定,至少从法律规定的角度而言,麻田与桑田并非同一类型的土地。孔庆明等一方面认为"曹魏的屯田制⋯⋯北魏的均田制都把土地视为国有","法律注重保护土地国有权";另一方面又认为"北魏的均田制也没有否认土地私有制","它也没有否定土地买卖"[2]。但主次关系如何,未作明确的判断。

郑欣认为:北魏以后的"均田制基本上是属于封建国有土地制度,均田农民耕种的大部分土地(露田)是属于国家的,他们没有所有权";"均田农民的身份是高于农奴、低于自耕农的国家依附农民"[3]。关于均田制下的地主土地,他认为"一部分被划为桑田,地主对它只有不完整的所有权,大部分被划为露田,地主对它只有使用权、占有权而无所有权"。不过,由于"实际上在整个北朝都很少进行经常性的土地还受工作",因而"地主对露田的占有权是十分牢固的"[4]。也就是说,地主土地所有制在均田制下并没有受到根本性冲击。武建国认为"授田与限田相统一"是均田制"明显的特征",或者说"均田制的基本立法精神和实质"即:"授田包括国家直接授予土地和对人户已经占有的土地实行名义上的授受,从而将全国土地都纳入于均田制之下;田令中所规定的

---

[1]杜士铎主编:《北魏史》,第232页。
[2]孔庆明等:《中国民法史》,第188页。
[3]郑欣:《三国时期封建社会的变革》,《魏晋南北朝史探索》,第17页。
[4]郑欣:《北朝均田制度散论》,《魏晋南北朝史探索》,第180—181页。

受田数额是人户占田的最高限额。其实质,乃是全国土地的最高所有权属于国家,官僚、地主、百姓等臣民依照一定的标准和条件'均平'占有土地(通过国家授受的方式而占有)的土地制度。"①武氏与李埏的合著中持类似观点,认为"土地国有制的首要原则是平均分配土地给农民耕种,把农民提高到自耕农的状况。井田制如此,均田制也如此",不过又认为均田制"承认私人的土地所有权"。②"均田制下的土地既然可以买卖,说明土地占有者对土地已具有私有权。因此,均田制的土地所有制结构中从一开始就存在着私有性(主要是桑田),并朝着私有制的方向不断演进。"尽管如此,"土地占有者只能在国家法令所准许的范围内买卖土地",故此"私有权又是十分不完整的"。换言之,均田制"具有国有和私有两重性质"。③ 或者说均田制是以国有制为主体的混合型土地制度。赵冈、陈钟毅认为:"均田制的基础是土地国有化。北魏政府把长期战乱后所遗留的无主荒地,产权不确定或已发生争执的农地,以及有主的私有土地一概没收,化为公地,然后计口分配给有劳动力之人去耕种"。"不过均田法并未完全放弃土地私有制。""宅地与桑田同,亦为世业。这两类土地实质上变成了使用人的私有土地,不过在数量上政府设有限制。"④谓均田制将"有主的私有土地一概没收,化为公地"而重新分配,显然有悖常理,而与事实大相径庭。不仅如此,"无主荒地"已无主人可言,当然也就不存在"没收"的问题。对于"产权不确定或已发生争执的农地",恐怕也不能"一概没收"了事,否则李安世也就没有必要奏

---

①武建国:《均田制研究》,第 1—2 页。
②李埏、武建国主编:《中国古代土地国有制史》,前言,第 12—13 页。
③武建国:《均田制研究》,第 184、205 页。
④赵冈、陈钟毅:《中国土地制度史》,第 29 页。

上均田疏来谈论这一问题。

朱雷结合敦煌吐鲁番文书的记载论唐代均田制的实施,认为:"均田制的推行,并不意味着触动了封建大土地所有制";"虽各代皆行均田制,但丝毫没有触动封建官僚的私有土地";"均田制的实施也不触动那些自耕农或半自耕农所拥有的小块土地"。[①]虽然他并不否认唐代均田制确曾"受田"实施,但可以感觉到其主张为均田制下的土地关系是以土地私有制为主的。姜伯勤认为北魏均田令中的"所谓'受田',其中桑田(永业田)其实是原有'私田'的重新登记,而以公田等分配而来的露田是一种附终期的私田"[②]。他从法权和中西比较角度对北魏至唐代均田制的所有权问题提出了比较独到的看法:"在均田令时代,百姓永业田的业主(本主)具有私田所有权,但在继承、买卖、贴赁、质诸方面受到体现国家权力的公法的限制,说明封建时代的土地所有权是不完全的、有条件的,而口分田之上,除了口分田本主拥有有限期的权利外,同一块土地上仍凝聚着一定的国家权利,如终期收回土地的权力。因此,百姓口分田上体现了一块土地上私权与公权的重叠。""要把所有权作为一种独立的关系、一种特殊的范畴、一种抽象的和永恒的观念来下定义,这只能是形而上学或法学的幻想。""用使用权、占有权、所有权的层次架构来分析汉唐田制,并不符合中国历史实际。'田制'时代的土地所有权是一种国家法律承认的'不逾制'的实际占有。"[③]其说看似颇有理据,可是一方面认为不能"用使用权、占有权、所有权的层次架构来分析汉唐田制",

---

① 朱雷:《唐代"均田制"实施过程中"受田"与"私田"的关系及其他》,《敦煌吐鲁番文书论丛》,第 150—151 页。
② 朱寰主编:《亚欧封建经济形态比较研究》,第 10 页。
③ 朱寰主编:《亚欧封建经济形态比较研究》,第 6 页。

另一方面又给"'田制'时代的土地所有权"下定义,显然也是自相矛盾的。具体而言,他认为:"中国'田制'时代只有'公田'是国有土地,'名田'、'占田'都是私田。均田令时代北魏桑田和唐永业田是在继承和买卖上有限制的私田。然而,在汉唐田制时代'私田'之私,是强调这种财产权力的主体是私人而不是皇帝或官家,强调的是'私主之田',而不是强调近代意义的'私有之田'。这种私主并不具有近代的排他性的私有权,相反,在这种'私田'之上,往往会重叠着国家权力。"①比较来看,其说与上述赵俪生、高敏的看法有相通之处。

综合来看,学界关于北魏均田制性质的观点大体可细分为五类:一、土地国有制;二、土地私有制;三、国有制为主的混合所有制;四、私有制为主的混合所有制;五、模棱两可。持三、四类观点者较多,而认为是单纯的土地国有制或私有制的观点较少,所以基本上也可分为两大类。如上所述,同样是认为均田制具有土地国有制或公有制的性质,但各家的具体观点和论证角度并不完全一致,甚至有本质的区别。均田制从北魏中叶开始实施到唐代中

①朱寰主编:《亚欧封建经济形态比较研究》,第7页。在本书中,姜伯勤还认为"中国封建土地所有权的特征是有条件的土地私有,编户自耕农的所有制尤其如此,他们在人身上表现了对封建国家的从属性"(第152页)。王毓铨云:"构成古代中国封建历史上的编户齐民的主体的农民(明代的"民户")的身分不可以说是'自由的''独立的'。他们的人身和其他编户的人身一样是属于皇帝的。在周朝,是属于周王的。所以皇帝可以役其人身,税其人身,迁移其人身,固着其人身。""在古代中国的编户齐民中,自由和独立的事实是不存在的,可能连这两个概念也没有。"(《〈中国历史上农民的身分〉写作提纲》,《莱芜集》,第377页)事实上在国家产生之后,对国家没有人身从属性的个人,无论是古代社会还是现代社会,恐怕都是非常之少的。

叶崩溃,经历了近三百年的时间,期间无论政治局势抑或社会经济状况,都曾发生过巨大的变化,即便是均田令的相关规定,唐代与北魏也有较大不同,有些差异甚至带有根本性,其所体现的土地所有制性质自然不宜一概而论。①

　　日本学界对北魏均田制的性质问题进行了大量的讨论,与中国学者多从理论上抽象把握不同,日本学者主要进行的是实证研究。兹以气贺泽保规关于均田制研究史的综述为主②,将其主要观点作一扼要介绍。关于均田制下受田农民的地位,主要的观点有三种:(1)志田不动麿认为:北魏均田制下奴婢的受田意味着其农奴化,而均田制的对象主要是农奴性农民,均田制就是为了抑

① 刘守英认为:"从秦汉至唐朝中叶,中国土地制度呈现国家均田与贵族占田并行即土地国家所有和私人所有并行的格局。""北魏和唐朝初期,推行均田制,农户按每个男性劳动力分得土地百亩,保证了土地较为平均地分配。"(《土地制度与中国发展》,第155—156页)由此看来,刘氏认为北魏均田制具有国家土地所有制的性质。刘氏曾长期任职于政府经济决策咨询机构,其观点可以代表应用经济学界对历史学或经济史学界相关研究成果的采纳,然而遗憾的是刘氏此说存在明显的错误。首先,均田制并非只在"北魏和唐朝初期""推行",而是从北魏孝文帝时期开始一直延续到唐朝中叶,其推行的朝代包括北魏后期、东魏·北齐、西魏·北周、隋朝和唐朝前期;其次,各朝代均田制的授(受)田对象和数量并不完全相同,也就只有唐代勉强可以算作"按每个男性劳动力分得土地百亩"。又,方行认为:"北魏到唐代中叶的五百年间,封建国家基于征调赋役和抑制土地兼并的需要,实行均田制。""均田制下的自耕农并不能无阻碍和无限制的占有土地,其土地所有权是不自由、不完全的。"(《中国封建社会农民的经营独立性》)他并未明言均田制时代的自耕农究竟拥有何种形式的不自由、不完全的所有权,但推测应该是指有限的私有权。

② 〔日〕气贺泽保规:《战后日本的中国史论争·均田制研究的展开》,刘俊文主编《日本学者研究中国史论著选译》第二卷《专论》,第402—404页。按以下引文除特别注明者外,均出自气贺泽此文。

制豪族的扩张,"在无主地和荒芜土地上安插自由民,保障其生活,以确保获取租税"。① （2）宫崎市定认为:从曹魏屯田到西晋课田再到北魏均田,"是针对富裕百姓经营庄园式土地,国家推进国家式庄园的发展过程",其下的农民则"处于佃农（农奴）地位"。② （3）加藤繁认为:均田制在"容许役使奴婢（奴隶）的豪族、大官僚大土地所有制存在"的同时,又"抑制其土地兼并,将中等程度以下的大多数农民限定在自耕农地位"。③ 比较而言,加藤说更符合历史实际。以上观点与各自对均田制所反映的土地所有制性质的认识有密切关系。玉井是博认为,"北魏均田制是复兴古代井田制的土地公有主义和财产平均主义的精神,是从试图均分土地和缓和贫富悬殊的社会政策目的上着眼"④。宫崎市定也是公有说的主张者,但具体的观点有所差别,他认为"北魏对除富豪剩余田以外的所有土地征收地租,从而获得了土地的第一次所有权。土地国有的原则在这里被树立起来了"。不过,他并不否认在国有制之下土地私有现象的存在,认为"土地国有主要只是原则,即使在法律上,富民也可以照样拥有不交纳租税的剩余

① 参见〔日〕志田不动麿《北朝の均田制度》,《東洋中世史》(《世界歴史大系》四)。
② 参见〔日〕宫崎市定《晋武帝户调式研究》,刘俊文主编《日本学者研究中国史论著选译》第四卷《六朝隋唐》,第109—133页。同氏又云:北魏均田制"一方面默认富民的土地私有权,一方面按照土地国有的原则不分贫富皆课以相同的税役"(《东洋朴素主义的民族和文明主义的社会》,第59页)。
③ 参见〔日〕加藤繁《唐宋时代の荘園の組織並に其の聚落としての発達に就きて》,《狩野教授還暦記念支那学論叢》,收入《支那経済史考証》上卷。汉译文《唐宋时代的庄园组织及其成为村落而发展的情况》收入《中国经济史考证》第一卷,第185—208页。
④ 参见〔日〕玉井是博《唐時代の土地問題管見》,收入《支那社会経済史研究》。

田";"何况,均田令是否如法律精神那样得到彻底地实施,也还是个疑问"①。仁井田陞持土地私有说,认为井田制和王莽的王田制不是公有制,北魏到唐的均田制也不是公有制。具体而言,"均田制是在国家附加有条件与限制的土地私有权基础上,分成长期永久的私有权(北魏的桑田宅地,唐的永业田、园宅地)和有限的一定的私有权(北魏的露田、麻田,唐的口分田),而所谓私有权,其特征是背后仍然隐藏着王土思想"②。志田不动麿对此深表赞同③。以上是战前日本学界有关均田制性质问题的代表性观点,比较来看,以法制史大家仁井田陞的观点最为恰当④。

战后日本学界对均田制性质问题的理解发生了较大的变化,以堀敏一的观点最具系统性和代表性,他认为均田制的基本性质"就是国家对小农直接统治体制的再建和维持"⑤,或者说"是专制权力对土地与农民的直接统治,是专制国家重新实行对农民

①参见〔日〕宫崎市定《晋武帝户调式研究》,刘俊文主编《日本学者研究中国史论著选译》第四卷《六朝隋唐》,第 126 页。同氏又云:孝文帝时代,"树立了土地国有的原则,并颁布了均田法,均田法既尊重拥有大量土地的豪族的既得权益,又将土地分配给人民使其能各自谋生"(《东洋朴素主义的民族和文明主义的社会》,第 58 页)。
②参见〔日〕仁井田陞《古代日本、支那の土地私有制》。又可参见同氏《中国法制史》,第 218 页。
③参见〔日〕志田不动麿《北朝の均田制度》,《東洋中世史》(《世界歷史大系》四)。
④关于北魏均田制,仁井田陞又认为桑田和宅地为"无限期永久性的土地私有权",而露田和麻田则为"有限期的土地私有权"。其认识基础是"中国历史上实行所谓土地公有主义的时期,迄今为止还未曾有过"。(《中国法制史》,第 219 页)这样看来,仁井田氏对中国历史上土地所有制的整体面相的判断存在偏差,对北魏均田制的所有制性质的认识亦非的论。
⑤此为窪添庆文对堀氏基本观点的概括,参见所著《近年来日本的魏晋南北朝史研究》,《魏晋南北朝隋唐史资料》第 12 辑。

（自立小农民）的个别人身支配"①。他说："在均田制下，农民原则上各自耕作国家授与的田地。与这一体制相适应的是秦汉以来发展起来的良人和贱口的身份差别。因此除一部分的贱民外，国家原则上是不承认一般良民之间相互支配和从属的关系。""良人全部置于国家直接统治下，一律成为授田对象，一律负担课役。部曲被认为和奴婢一样是与良人相对的私隶属，他们同奴婢附籍于主人家，隋炀帝以后，在免除负担国家课役的同时，也停止授给他们口分田、永业田。""均田制下的露田和桑田、口分田和永业田之间，在制度上尽管一种是国家在个人一生的某段时期里授给的土地，而另一种则是可以传给子孙后代的土地，但国家对于后者的制约和干涉也是强有力的。可以认为不存在土地所有权上的区别。""均田制下的土地分为公田和私田"，"均田制下所授与的、允许使用到老、死的私田和暂时租佃的公田，完全是不同的权利关系。私田的拥有者必须负担租庸调等公课，而公田的租佃人则负担比租庸调高得多的田租或地子，这也反映了它们之间的区别。因此，很明显，将均田制下的土地（口分田、永业田等）看作单纯的土地公有或国有，把均田制下的农民当作国家的佃农的观点是不能成立的。""私田的所有权是一种国家既承认私人的一定权利，又可以施加某种限制的所有权。国家权利并不是超越所有权

---

① 此为气贺泽保规对西嶋定生和堀敏一基本观点的概括，参见所著《战后日本的中国史论争·均田制研究的展开》，刘俊文主编《日本学者研究中国史论著选译》第二卷《专论》，第 422 页。杨勇以现代产权制度变迁理论为据分析北魏均田制，认为均田制是"国家通过强制性的权力对全国的土地实行了全面的进入，以形成国家与农户之间的'直接依赖关系'，重建国家的税收收入基础——小农土地所有制"（《北魏均田制下产权制度变迁分析》）。此与堀敏一的观点并无差别。

的公权,而就体现在所有权内。"①尽管堀氏认为"单纯地进行土地到底是国有还是私有,二者非此即彼的争论是没有意义的"②,但从上述论断可以看出他对均田制的土地所有权性质其实也是有明确主张的。谷川道雄的观点最为独特,他不大赞同堀敏一对均田制性质的理解,认为"均田制并非单纯法规的集成,其中还贯彻了理念的依据","这就是士大夫农本主义的立场"。均田制"未必就是以否认大土地所有为原则的",相关制度"正是士大夫在土地经营中自我抑制的另一种表现形式"。③ 这是与其豪族共同体理论紧密相关的观点,但想象的成分太大,而与当时的社会现实恐怕相差甚远。

另外,英国著名汉学家崔瑞德(杜希德)(1925—2006)认为:"自三世纪以来,历代王朝一再试图推行各种国家土地分配制。最后一种为'均田制',它最早行于北魏,隋唐经修改后继续实行,它原来的目的是想通过慷慨地分地给农民,使之最大限度地利用土地和提高农民的生产力水平,同时又限制财产过分集中在个人手中。这一制度规定,土地被分配给男丁供他有生之年生产,而男丁必须向国家纳税和服劳役。通过均田制度授予的土地使用权限于拥地人的生前,而且只给使用权。对分得土地的处理是严

---

①〔日〕堀敏一:《均田制的研究》,第 248、354、357、365—366 页。严耀中在论及均田制的性质时认为,"所谓均田制实质上是国家政权对普通农民加紧实行人身控制的一种手段。""所谓均田制云云并无'均田'之实。""均田制度表面上被称为田制,实质上是一种人身控制制度,一种用田亩树产把人户束缚住的政治设计。"(《从课督农桑再看北朝均田制的性质》,《魏晋南北朝史考论》,第 56、57 页)其说在所有均田制论述中最为独特,似乎受到了堀敏一观点之启发,但实际却与堀说大相径庭。
②〔日〕堀敏一:《均田制的研究》,第 6 页。
③〔日〕谷川道雄:《中国中世社会与共同体》,第 255—256 页。

格限制的。这一制度始终未能很好地实行。均田法有许多漏洞,它们容许官户和贵族成员相当合法地积累大量地产。一般分配的土地有部分可以由拥地人的后嗣继承,只要他们符合取得土地的条件,随着时间的推移,一大部分成了这类世袭的土地。""此外,在这一制度下,大部分农户被授予的土地中有的是它(他)们自己的。"①其所言"只给使用权"的土地即是口分田(北魏的露田),而"部分可以由拥地人的后嗣继承"或者说"世袭的土地"则是指永(世)业田(北魏的桑田)。应该说,其对均田制的认识还比较初步。艾森斯塔得以大唐帝国为例,对以农业作为基础的中国的经济结构进行了简明扼要的论述,认为国家"为土地的最高所有者","事实上这里只有不同类型的土地使用权,而不是土地所有权",继承隋制的唐代均田制,其"土地使用权被严格地限制于户籍结构以内"。② 很显然,其主张均田制属于国家土地所有制,受田农民并不拥有土地所有权和占有权。不过他又认为唐代"中国的农民在法律上和事实上都可以自由出卖土地,并可以在可能的时候购买土地"③。只有土地使用权而没有土地所有权,但却可以自由出卖土地,这样矛盾身份怎么能够在一个唐代农民身上得到统一呢?唐代农民可能事实上可以自由出卖土地,但在法律上还是有一定的约束(见下),不能说是充分的自由。但要说均田制下的唐代农民只有土地使用权而没有所有权,恐怕并非事实

---

① 〔英〕崔瑞德编:《剑桥中国隋唐史》,第 25—26 页。
② 〔以〕S. N. 艾森斯塔得:《帝国的政治体系》(闫步克译),第 38—39 页。按其观点来自于西方汉学家的研究成果,并非属于自己的研究心得。参见〔以〕S. N. 爱森斯塔德《帝国的政治体系》(沈原等译,张博伦校),第 120 页注③、121 页注①。
③ 〔以〕S. N. 艾森斯塔得:《帝国的政治体系》,第 76 页。

真相。此外,他将历史官僚制政权中的农民群体分为三种主要类型:"(1)相对自由的农民,一些田产的所有者;(2)依附农民类型,例如农奴;和(3)被剥夺的和无所归依的农村劳工。"[1]应该说其分类还是颇为到位的,以此为标准来看,唐代均田制下的农民显然不会是后两类,那就只能是第一类,作为"一些田产的所有者"而不具备所有权,显然也是说不通的。[2]

第四节　均田制的所有制性质申论

均田制究竟是土地国有制还是私有制,唐律的相关规定可作参证。《唐律疏议·户婚律》:"诸盗耕种公、私田者,一亩以下笞三十,五亩加一等;过杖一百,十亩加一等,罪止徒一年半。荒田,减一等。强者,各加一等。苗子归官、主。"则无论熟田还是荒田,公田归官府,私田属本主。公田当即公廨田或职分官田,私田当即民户所受均田土地。又条:"诸妄认公、私田,若盗贸卖者,一亩

---

① 〔以〕S. N. 艾森斯塔得:《帝国的政治体系》,第 211 页。按"被剥夺的和无所归依的农村劳工",沈原等译本作"被征用和非隶属性的农业劳动者"(第 343 页),似更恰切。

② 〔加〕卜正民主编《哈佛中国史》对北魏均田制有这样的叙述:"北方国有土地的主要制度是均田制。公元 486 年,北魏孝文帝采用了在晋朝体制基础上的修订版本。为了加强皇权,国有土地以家庭为单位,分给农民,农民需要缴纳赋税和服劳役。""用于制造丝绸并缴纳赋税的桑田可作为世业田,终身不还,还可以世袭。由于这样的土地在有产出以前需要几十年的培育,因此会在家族内代代相传。""法律也试图限制官员和世家大族兼并土地,但是这样的限制和汉代的措施一样,都没有效果。"(〔美〕陆威仪:《分裂的帝国:南北朝》,第 135 页)毫无疑问,是书对北魏均田制的认识应该说比较粗疏,尤其对桑田的认识还有严重的错误。

以下笞五十,五亩加一等;过杖一百,十亩加一等,罪止徒二年。"
疏议曰:"妄认公、私之田,称为己地,若私窃贸易,或盗卖与人
者⋯⋯依令:'田无文牒,辄卖买者,财没不追,苗子及买地之财并
入地主。'"据此,则上条所言"主"即地主,亦即田地的主人。又
条:"诸在官侵夺私田者,一亩以下杖六十,三亩加一等;过杖一
百,五亩加一等,罪止徒二年半。园圃,加一等。"疏议曰:"律称
'在官',即是居官挟势。侵夺百姓私田者⋯⋯或将职分官田贸易
私家之地,科断之法,一准上条'贸易'为罪,若得私家陪贴财物,
自依'监主诈欺'。"则百姓之田即为私田,职分之田即为官田。又
条:"诸盗耕人墓田,杖一百;伤坟者,徒一年。即盗葬他人田者,
笞五十;墓田,加一等。仍令移葬。若不识盗葬者,告里正移埋,
不告而移,笞三十。即无处移埋者,听于地主口分内埋之。"疏议
曰:"'即无处移埋者',谓无闲荒之地可埋,听于地主口分内埋
之。"据此,墓田亦为私有土地,其所有权受到法律的保护,死人埋
葬或在"闲荒之地",或在"地主口分内"。又"诸里正依令授人田
课农桑"条疏议,谓"若应合受田而不授,应合还公田而不收,应合
课田农而不课,应课植桑、枣而不植"云云。[1] 若此,则"公田"即
为应还之田——口分田。总的来看,公田的内涵虽然并不统一,
但主要是指与私田相对的官田而言,私田则是百姓之田;地主对
其私田的所有权受到法律保护,包括墓田在内的百姓私田,与公
田一样不得被妄认、盗卖、盗耕。由此可见,在均田制下国家承认
和保护百姓对私田的所有权,永业田为私有土地自不待言,口分
田在很大程度上也可以看作是私有土地,只要拥有这块土地,其

———————

①《唐律疏议》卷一三《户婚律》,第 244、245—246、246、246—247、249 页。

正当权益就不得被侵犯。①

　　又,《唐律疏议·户婚律》:"诸卖口分田者,一亩笞十,二十亩加一等,罪止杖一百;地还本主,财没不追。即应合卖者,不用此律。"疏议曰:"'口分田',谓计口受之,非永业及居住园宅。辄卖者,《礼》云'田里不鬻'",谓受之于公,不得私自鬻卖,违者一亩笞十,二十亩加一等,罪止杖一百,卖一顷八十一亩即为罪止。地还本主,财没不追。'即应合卖者',谓永业田家贫卖供葬,及口分田卖充宅及碾硙、邸店之类,狭乡乐迁就宽者,准令并许卖之。其赐田欲卖者,亦不在禁限。其五品以上若勋官,永业地亦并听卖。故云'不用此律'。"②一直到唐玄宗时期制定的法令中仍有相同的规定,开元二十五年《令》云:"诸庶人有身死家贫无以供葬者,听卖永业田,即流移者亦如之。乐迁就宽乡者,并听卖口分。(卖充住宅、邸店、碾硙者,虽非乐迁,亦听私卖。)诸买地者,不得过本制,虽居狭乡,亦听依宽制,其卖者不得更请。凡卖买,皆须经所部官司申牒,年终彼此除附。若无文牒辄卖买,财没不追,地还本主。""诸田不得贴赁及质,违者财没不追,地还本主。若从远役外

---

①堀敏一认为公田和私田并非一成不变,而是随着国家的授给和回收而发生转化。他说:"诚然,私田是国家授给的土地。它原是公田,但由于封授,便成了私田。当它再次被回收后,又成了公田。这具体地反映了国家的支配贯彻到了私田。""将均田制下的土地(口分田、永业田等)看作单纯的土地公有或国有,把均田制下的农民当作国家的佃农的观点是不能成立的。"(《均田制的研究》,第365—366页)在堀氏看来,均田制虽然可以看作是土地私有制,但却受制于国家权力,而非绝对的或纯粹的所有权。相应地,他认为露田、麻田、口分田和桑田、永业田"这两种土地之间,不存在所有权不同的问题",而只是"以种植的作物种类来区别"。(同上书,第143页)这种看法显然是不到位的。

②《唐律疏议》卷一二《户婚》,第242页。

任,无人守业者,听贴赁及质。其官人永业田及赐田,欲卖及贴赁者,皆不在禁限。"①也就是说,在民户迁居及因贫困无法安葬亡故家人时,经申请并经相关政府机构批准方可出卖永业田,若自狭乡徙居宽乡则可将永业田和口分田一并出卖,这意味着全部均田土地都可以进行买卖。就买家而言,已有土地和所购买土地的总数不能超过均田制规定的应受田数,即便是在狭乡也可以拥有和宽乡同样的土地。由于北魏均田令也有关于从"地狭之处"徙居到"土广民稀之处"的相关规定,因而也应该有允许徙居民户出卖原有均田土地(包括露田)的法律条款,最有可能是在《正始律》中体现出来。

一般情况下,均田土地不得租赁或进行抵押,但在"远役外任,无人守业"的情况下是允许租赁和抵押的。而官人的永业田及赐田,无论是出卖还是租赁都没有限制。对普通无官宦的民户而言,虽然通过买地而拥有土地的数额比较有限,最多也就达到富裕的自耕农层次,但既然土地在一定条件下允许租赁和抵押,富户拥有土地的数额自然会超越宽乡"本制"("宽制"),土地集中的趋势也就在所难免。对卖家而言,在土地出卖之后,政府将不再重新授予②,一般情况下没有官吏身份的这类土地出卖者就会变成无产者,脱离自耕农阶层。自狭乡徙居宽乡者大概也不会被授予土地,而应该是用其在狭乡所得卖地款购置新的更多的土地,也可能鼓励垦荒种植。毫无疑问,这已经是一种土地私有制,

①《通典》卷二《食货二·田制下》,第一册,第31—32页。
②《新唐书》卷五一《食货志一》:"凡庶人徙乡及贫无以葬者,得卖世业田。自狭乡而徙宽乡者,得并卖口分田。已卖者,不复授。"(第五册,第1342页)

公有制的外壳已所剩无几①。至安史之乱均田制遭到彻底破坏，从而完全确立了土地私有制的主体地位。

如上所引，虽然制度规定在不得已时可以买卖田地，但同时又规定："凡卖买，皆须经所部官司申牒，年终彼此除附。"可见实际操作手续相当麻烦，决非轻而易举之事，因而现实中田地买卖现象可能并不普遍。与出土文献所见大量唐代租赁、借贷、雇佣契约相比，几乎见不到买地券②，即是明证。北魏均田制对于田地买卖的要求更为严格，太和均田令规定只有桑田（相当于唐代永业田）可以买卖："诸桑田皆为世业，身终不还，恒从见口。有盈者无受无还，不足者受种如法。盈者得卖其盈，不足者得买所不足。不得卖其分，亦不得买过所足。"③由此可见，桑田虽然可以买卖，但有着严格的条件限制，即以现有人口为标准，一户所拥有的桑田数额若超出均田令规定的标准即允许将多余部分卖出，若少于规定的标准则允许将不足部分买入，无论卖出或买入，均不能过限④。也就是说，作为私田的桑田虽然可以买卖，但并不是完全意

---

① 梁方仲云："唐代对于土地买卖的限制比北魏时放松得多。在一定条件下，不止是桑田（永业田），并且露田（口分田）都允许买卖。""从土地买卖的'自由'来说，买主所享受的程度比卖主多得许多，而高级官僚享受得最多。""对于买主进行土地兼并时自然是提供了有利的条件。"（《中国历代户口、田地、田赋统计》，第477—478页）

② 参见张传玺主编《中国历代契约会编考释》。按安史之乱前所见仅有武周延载元年（694）丹徒县伍松超买地砖券（上册，第250页），而此券为死葬冥契，并非现实中的买卖契约。

③ 《魏书》卷一一〇《食货志》，第八册，第2854页。

④ 堀敏一认为：桑田"买卖的规定，不是国家放松田地管制，促使农民间的阶级分化"；"国家正是期望利用农民间的土地买卖，来调整土地所有的不均等"。（《均田制的研究》，第146页）

义上的自由买卖。露田虽然没有明确规定是否可以买卖,但从比较严格的还受规定推断,北魏均田制下的露田应该是不允许买卖的。从所有权角度而论,北魏均田制还不能看作是纯粹的土地私有制,似可看作是土地国有制和私有制相结合的一种混合所有制。不过,从制度设计者的初衷而言,显然是要限制豪强兼并,同时也有鼓励自耕农土地所有制发展的意图,自可理解为是为了保护私人小土地所有制。

古代罗马法中有"对所有物的支配权"的规定,亦即所有权,包括使用权、受益权和处分权,具有绝对性、排他性和永续性的特点。尽管如此,所有权仍然会受到特定条件的限制。①《拿破仑法典》第 544 条规定:"所有权是对于物有绝对无限制地使用、收益及处分的权利,但法令所禁止的使用不在此限。"②按"法令所禁止"即可看作是受到特定条件的限制,也就是说所谓"绝对无限制"性的所有权在特定条件下其实也会转换为相对有限制性。法国无政府主义思想家蒲鲁东(1809—1865)对所有权作了系统研究,他认为所有权包含"出卖权、互易权、赠与权;改变权、改造权、消费权、毁弃权、使用权和滥用权等等",而收益权是所有权存在的前提,故他提出了"定理——所有权是所有人对一件标明为他自己的东西所主张的那种收益权"。③ 美国史学家魏特夫说:"所有权是公认的个人处理某一特定物体的权利。""只有当业主有权无限期拥有土地,并且能够把土地出让给他的社会集团以外的人

---

① 参见周枬《罗马法原论》,第 299—304 页。
② 《拿破仑法典(法国民法典)》,第 72 页。
③ 〔法〕蒲鲁东:《什么是所有权:或对权利和政治的原理的研究》,第 174 页。

时,我们才能根据公认惯例称其为完全的土地私有制。"①在古代农业社会,土地是最主要的财产,自然也是最主要的资源和财富,土地所有权与财产权(财产所有权)几乎可以同等看待。法国古典经济学家萨伊说:"财产权意味着能够自由处置自己的财产。"②也就是说,能够自由处置(使用、买卖、遗赠等)财产是拥有该财产的所有权的标志。其说虽然颇为简略,但直击要害,道出了财产权最根本的属性。当代英国政治学家安德鲁·海伍德对财产权概念的解释如下:"财产的所有权,表现为对一个物体存在着权利和权力,也表现为对与该物体有关责任和义务的承认。""财产权可以被设想为私人财产权、公共财产权或国家财产权。私人财产权是个人或机构排除他人使用某物或获益于某物的权利。""公共财产权建立在集体成员共享对财产的处置权利的基础上,集体中的任何人都不能行使'排除权利',除非涉及集体之外的成员。国家财产权是属于国家的私有财产权。""国家财产权和公共财产权这两个概念常常是相互混淆的。"③就北魏均田制下的土地而言,桑田与古代罗马法和《拿破仑法典》所规定的所有权若合符节,与蒲鲁东对所有权的定义也没有什么出入,具有萨伊所说财产权、魏特夫所理解的土地所有制、海伍德所解释的私人财产权的基本特征。因此,北魏均田制下的桑田是完全可以归结为私人土地使用权或土地私有制范畴的。

霍尔巴赫认为:"确定人及其劳动产品之间的必要关系是所

①〔美〕卡尔·A·魏特夫:《东方专制主义——对于极权力量的比较研究》,第235、287页。
②〔法〕萨伊:《政治经济学概论:财富的生产、分配和消费》,第501页。
③〔英〕安德鲁·海伍德:《政治学核心概念》,第176页。

有权的基础","要求人们耗费体力和智力获得的一切物品的所有权,应该归属个人"。① 其所言所有权显然是指私有权。以此为标准理解北魏均田制,因其收获物全都归于生产者私人所有,故无论是露田还是桑田、麻田、园宅地,都具有私有权的属性。恩格斯在论及土地所有权时,强调"完全的、自由的、可以出售的土地所有权",指出:"完全的、自由的土地所有权,不仅意味着毫无阻碍和毫无限制地占有土地的可能性,而且也意味着把它出让的可能性。"②也就是说,拥有土地所有权意味着不仅对其名下的土地的占有是完全自由的,而且也有权出售或出让。毫无疑问,恩格斯所言土地所有权是指私有权。也只有地主或自耕农所拥有的自己可以完全支配的土地才能满足土地私有权的要件,而佃农所租种的土地由于并不具备"毫无阻碍和毫无限制地占有"和出售、出让的条件③。以此为标准来看北魏的均田制,应该说桑田由于可以买卖(虽然有一定的限制条件)从而完全具备了私有权的条件,而露田则属于不完全具备,但也不能说露田的所有权就归国家,毕竟露田的占有者、使用者是受田民户。就收获物或收益权而言,国家通过税收的方式对桑田和露田的产出进行分成,但最主要的收益权应该说还是归于受田民户。就转让继承权而言,桑田既可以买卖又可以继承,满足了作为所有权的要件,而露田虽然有还田规定,但在符合受田规定的时限内受田者可以完全地、自由地占有和使用并获取收益,国家无权进行干预或剥夺其权利。

---

① 〔法〕霍尔巴赫:《自然政治论》,第 32、33 页。

② 〔德〕弗·恩格斯:《家庭、私有制和国家的起源》,《马克思恩格斯全集》第二十一卷,第 191、190 页。

③ 中国古代租佃制发展到后期阶段时,佃农的土地也可以进入市场交易,但还是要满足更苛刻的条件,并不是可以随意出卖的。

就国家而言,露田还田后仍然是用来受田,而不是为了出卖,虽然名义上国家有权出卖,但实际上却从未发生过国家出售露田的行为,也就是说国家出卖田地并不具有现实操作性,换言之,虽然国家享有这种权力,但它其实是一种虚制。因此,露田也就不能被认为是具有完全意义上的国家所有权,甚至可以说它更多地体现的是一种受田者的私人所有权。如果说均田制体现了一种国有制和私有制的混合所有制,也应该是以私有制为主而国有制为辅的制度。当然,或许也可以说国家通过受田以收取租税,因而国家与受田民户之间构成了一种租佃关系。然而若按此标准,则不论是露田还是桑田,甚至历史时期民户的所有土地都可以这样理解,这种泛国有制论只强调共性而泯灭了个性,显然是不足取的。

维科指出:"民政国家的对一切国家财产的支配权",是"不受任何私方或公方干扰的"。这种权力也被称作"民政所有权",他认为"在罗马法里","最高民政权力对属于臣民所有的任何财产都可任意处理,包括臣民的人身连同所得财产,他们的工作成绩和他们的劳动都在内,任何时候只要有必要,就可以向他们征收赋税或对他们的土地行使管领权——伦理神学家们以及民法著作家们现在把这种管领权称为对产业的支配权或征用权……正如他们现在提到关于这种权力时把它称为国家的根本法律。因为这种管领权既然涉及土地本身,君主们自然不能随便行使它,除非是为着保持他们的政权的财产。"①维氏所说的民政所有权或最高民政权力实即宪法权力或国家法权,表明国家政权拥有对其统治区域内的土地(及人民)的最高所有权或最终裁决权,若谓这种权力即为与土地私有制相对立的土地国有制或公有制,则无论

---

① 〔意〕维科:《新科学》,第 316、328、330 页。

古今中外就不可能存在私有制。很显然,这种权力并不等同于土地国有制或公有制。英国著名哲学家托马斯·霍布斯(1588—1679)认为:"臣民的土地私有权是排斥所有其他臣民使用土地的一种权利,但却不能排斥主权者,不论是会议(议会?)还是君主都一样。"也就是说,"主权者作为国家人格的代表者",拥有对土地的最终所有权,臣民的土地私有权要受制于主权者。[①] 以此而论,北魏均田制下居于还受之列的土地——露田和麻田——其实也只是受到主权者的制约,并不能成为否定其具有臣民的土地私有权性质的理由。

杨国桢认为:"专制国家在自耕农土地上攫取了部分地租的转让,显示了国家土地所有权的现实存在,自耕农随之而来承担一定的经济义务,因而也就存在着一定的封建依附关系。在这层意义上说,他们又不是自由农民。他们有不完全的等级权利,即具有不完全享有权利的身份。"[②]按所谓"部分地租的转让"是指国家向自耕农征收赋税,也就是说,由于自耕农对国家"承担一定的经济义务"——缴纳赋税,从而让国家"攫取了部分地租的转让",这表明中国古代自耕农的私有土地所有权是不完全的,因而其身份也是不完全的——"具有不完全享有权利的身份",亦即不能自由支配自己的人身,与国家"存在着一定的封建依附关系"。推而论之,则凡是向国家缴纳赋税者都不可能独立拥有对自己财产(无论是土地还是其它)的所有权,甚且其身份也不是自己完全所有的,而是与国家"存在着一定的封建依附关系"。若此,则无论中外古今,世界各国的国民只要是纳税者,便都不拥有独立的

---

① 〔英〕霍布斯:《利维坦》,第 193 页。
② 杨国桢:《明清土地契约文书研究(修订版)》,第 5 页。

财产所有权,也与国家存在着封建的人身依附关系。很显然,这种理解是荒诞不经的,也就反证杨氏的以上论说有悖常理,难以成立。安·奥斯本以荒地开垦及其引发的纠纷案件为主要例证,探讨了清代的产权与税收的关系,其基本论断是:"财产权的取得与缴纳赋税之间联系紧密","税收的缴纳似乎成为了获得所有权的关键",或者说"只要是缴过税的土地就被推定为合法所有"——"一个家庭耕种一块土地而且纳税、服劳役即被认可为这块土地的所有人"。① 也就是说,正是由于按国家法律规定缴纳赋税或纳税服役,才使得自耕农或地主获得了对自己土地的独立的所有权,从而能够支配自己的人身,成为了摆脱依附性的拥有自由身份的人。

德国古典哲学创始人康德(1724—1804)认为"使用任何东西的主要条件就是对它的占有",他对"占有和所有权"作了如下阐释:

> 任何人,如果他想坚持有权利把一个物作为他的(财产),他必须把该物作为一个对象占有它。假如它不是该对象真正的占有者或所有者,那么,当别人未得到他的同意而动用该物时,不算构成对他的侵犯或损害。因为,如果一物对他说来是一件外在物,而且他与该物没有任何权利的关系,那么,如果对该物有什么影响,也不能把他作为主体而影响到他,也不会给他造成任何不公正,除非他与该物有所有

---

① 〔美〕曾小萍等编:《早期近代中国的契约与产权》第四章,第 125、122、123、117 页。

权的关系。①

若按其说,则某人对某物的占有实际上意味着该人对该物的所有权。英国著名法律史家梅因(1822—1888)也有类似观点:

> 当一个"无主物"、也就是当一个还没有或者从来没有成为完全所有权的物件被占有时,占有人所以被允许成为所有人,是出于这样一种感觉,即所有的贵重物件天然地是一种绝对占有的主体……除了"占有人"以外还没有一个人被授与过财产权。简言之,"占有人"成为所有人,因为所有的物件都被假定为应该是属于某个人的财产,同时也因为没有一个人比他对这特定物件有更好的所有权。②

无论是露田、桑田、麻田和园宅地,具有受田资格的北魏编户齐民都具备了对其所受田地的实际占有,自然也就拥有了对其名下各类田地的所有权——私有权。虽然存在一定的约束——露田有还受之制,桑田需在规定时间内种植规定数量的桑、榆、枣、果,但总的来看不但田地的使用——生产活动完全由占有者自行安排,而且田地上的劳动所得也完全归生产者所有和支配。由此来看,将北魏均田制看作是土地私有制也自有其道理。

德国著名哲学家黑格尔(1770—1831)对所有权问题有着更为系统的论述,他认为"所有权在意志对物的关系上"体现为"直接占有""使用""转让"三个环节:"直接占有是所有权的第一个

---

① 〔德〕康德:《法的形而上学原理:权利的科学》,第54、57页。
② 〔英〕梅因:《古代法》,第146页。

环节。使用也同样是取得所有权的方式。然后第三个环节是两者的统一,即通过转让而取得占有。"①以此而论,桑田无疑具有全格的所有权,而露田和麻田因为不具有转让权故而其所有权是不完整的,但所有权最主要的要素还是具备的。康德和梅因以实际占有作为所有权的主要标志,更适于认识历史上的初始所有权;黑格尔将所有权分解为直接占有、使用和转让三个环节,更全面地反映了历史和现实中所有权的基本形态。不论如何,实际占有或直接占有是所有权最核心的要素,使用权和转让权其实都是从占有权中衍生而来。具体到土地所有权,黑格尔认为:"谁使用耕地,谁就是整块耕地的所有人。""当我占有并耕种土地时,不仅犁沟为我所有,连同犁沟在内的土地都是我的。"②若按此说,则均田制下编户齐民的所有土地都具备了"为我所有"的条件。黑氏还从另外的角度对所有权作了界定:"我作为物的完全所有者,既是价值的所有者,同时又是使用的所有者。""我们可能一般地是物的所有人,而同时却不是物的价值所有人;不能出卖或质押其财物的家庭,就不是价值的所有人。"③所谓"价值的所有者"即是拥有了直接占有、使用和转让三种权利的人,而"使用的所有者"则是只拥有了直接占有、使用而不拥有转让权的人。以此而论,历史上自耕农既是"价值的所有者",当然"同时又是使用的所有者";佃农则不是"价值的所有者",而只是"使用的所有者";地主如果自己不亲自进行耕作,而将土地全部出租,则其仅仅只是"价值的所有者",否则即是"价值的所有者"和部分"使用的所有

---

①〔德〕黑格尔:《法哲学原理　或自然法和国家学纲要》,第70、83页。
②〔德〕黑格尔:《法哲学原理　或自然法和国家学纲要》,第77、69页。
③〔德〕黑格尔:《法哲学原理　或自然法和国家学纲要》,第80、81页。

者"。就北魏均田制下的桑田而论，编户齐民既是"价值的所有者"和"使用的所有者"，而露田和麻田则是"使用的所有者"，一定程度上也可以看作是部分"价值的所有者"。待到露田和麻田也出现了能被转让的情况后，编户齐民的土地所有权就变成了全格所有权——真正的私有权，然而到那时他们却受到土地兼并的威胁，甚至连对土地的占有和使用权也难以得到保障了。

新制度经济学奠基人、诺贝尔经济学奖得主罗纳德·科斯在其代表作《社会成本问题》一文中认为："但土地所有者实际上所拥有的是实施一定行为的权力。土地所有者的权力并不是无限的。""对个人权力无限制的制度实际上就是无权力的制度。"①虽然科斯也是法学家，但他对土地所有权的界定并不明晰，不过能够感觉到他心目中的所有权乃是有限度的所有权或使用权，是一种受到约束的权力。其说实际上是对数百年前霍布斯之说的因袭，但却没有霍说那样明晰。至于说"对个人权力无限制的制度"，无论在历史上还是在现实中压根就不可能存在，恐怕只有独裁者才有可能享有这种完全绝对的权力，但其并非一般性的"个人"，而且对独裁者"权力无限制的制度"显然也不能被看作是"无权力的制度"，而是具有巨大的强制力和破坏力的制度。② 历

————————

① 〔美〕罗纳德·哈里·科斯：《企业、市场与法律》，第 123 页。
② 深受科斯学说影响的张五常在《〈佃农理论〉的前因后果》中说："我在1969 年定下后来被行内接受了的私有产权的定义。那就是私产包括三种权利：使用权（或决定使用权）、自由转让权、不受干预的收入享受权。有了这三种权利，所有权（Ownership Right）是不需要的。"（《佃农理论：应用于亚洲的农业和台湾的土地改革》，"前言"第 33 页）按私有权或私有产权包括使用权、转让权、用益权，并非始自张氏的定义，而是从古代罗马法中就已有了明确的规定，《拿破仑法典》及近代学者的定义，几乎都包含了这三项基本权利，怎么会等到 1969 年才会由张氏予以界定而后（转下页注）

史上的暴君所拥有的正是这种权力,其对本国人民甚至世界的危害可以说无以复加。美国学者奥尔斯顿等认为:"社会最基本的制度包括决定产权的法律制度。产权界定或划分赋予个人对特定资产——比如说土地——的权利范围。产权通常包括排斥非所有者使用的权利、从资源的使用和投资中获得租金的权利,以及将资源出卖或转让他人的权利。"①诚如其所说,决定产权的法律制度乃是社会最基本的制度之一,而北魏均田制无疑就是决定产权——土地所有权——的法律制度。对于贫困国家的农民来说,"土地所有权"若处于"缺乏保障的状态",则"会阻碍生产率的提高";②反之,土地所有权若能够得到保障,则会促进生产率的提高。毫无疑问,北魏均田制所体现的社会状态正是后者。

总的来看,就北魏均田制下的各类田地而言,桑田具备了所有权的全部三种权利——使用权、受益权和处分权,而麻田和露田则具备了前两种权利,至于第三种权利在具备一定条件的基础上也能部分拥有。以此而论,可以说北魏均田制下的编户齐民所拥有的是一种不完全的产权,或者说北魏均田制是一种以私有制为主的混合经济制度。按照萨缪尔森为代表的新古典综合学派的主张,这种混合经济制度是有利于推动社会经济发展的。

(接上页注)才被行内所接受呢? 其实,张氏对私有产权的定义与学界对所有权或私有权概念的基本共识并无不同,当然也就不会是由其新创的理论。

①〔美〕李·J. 奥尔斯顿等:《巴西亚马孙河流域暴力和土地产权制度的变迁》,〔美〕德勒巴克等编《新制度经济学前沿》,第 177 页。按该文所言制度即是以产权为核心的土地制度。

②〔瑞典〕冈纳·缪尔达尔著,塞思·金缩写:《亚洲的戏剧:南亚国家贫困问题研究》,第 251 页。

【下篇】
三长制及相关问题

第十二章　孝文帝改革前北魏赋税制度的变化

　　国家政权的存在,统治机构的运行,都离不开人力与财力的支撑。帝王、贵族、官僚等寄生阶层的生活需求和奢侈享乐,同样也需要耗费大量的物质资源。因此,统治者向被统治者征发赋税徭役,既是宣示国家主权的重要方式,更是维持统治的基本要求,也是满足统治阶级利益的主要途径。① 古往今来,鲜有例外。国家政权的存续必以财力为后盾,而国家财力主要来自于全体国民所缴纳的赋税。理查德·琼斯说:"中国皇帝的权力和财富,和其他东方统治者的一样,是和他作为帝国统治下最高土地所有者的权利有密切关系,或者不如说是建立在这种权力上的。"②古代国

---

①胡如雷说:"在封建社会,赋税和徭役是支撑封建国家大厦的主要经济支柱。"(《中国封建社会形态研究》,第74页)张泽咸认为:"我国封建时代的赋税和徭役都是实现国家权力的法权形式。赋税是封建国家的主要经济支柱";"赋税收入是维持国家赖以存在的财政基础"。(《唐五代赋役史草》,第477、463页)姜伯勤认为:中国封建社会"在私田上所收取的赋税,是封建国家政权存在的经济体现,是国家公权存在的结果",其中"自耕农所交部分则是国家对编户统治权的经济体现"。(朱寰主编:《亚欧封建经济形态比较研究》,第12页)
②〔英〕理查德·琼斯:《论财富的分配和赋税的来源》,第95页。

家的工商业大多并不发达,作为主要经济部门的农业便成为赋税的最重要的来源。琼斯认为:"在亚洲各地,所有的君主,对他们领地内的土地都曾拥有绝对的主权","那里的人民普遍地是君主的佃户,君主是唯一的所有人"。"这种普遍的依赖君主维持生活,是东方世界里连续不断的专制主义的真正基础,正如它是君主的税收以及他们所在的社会采取的形式的基础。"[①]应该说,琼斯所言同包括北魏在内的中国古代的情形是吻合的。

第一节　中国古代与西方近代赋税论概略

《周礼》载太宰之职,"以九赋敛财贿","以九式均节财用"。九赋即是国家的财政收入,包括邦中、四郊、邦甸、家削、邦县、邦都、关市、山泽、币余之赋;九式即是国家的财政支出,包括祭祀、宾客、丧荒、羞服、工事、币帛、刍秣、匪颁、好用之式。[②] 这可以说

①〔英〕理查德·琼斯:《论财富的分配和赋税的来源》,第5—6页。
②〔清〕孙诒让:《周礼正义》卷三,第一册,第90、100页。按宋人郑伯谦云:"公田以为税,私田以出赋,征敛则为赋税之总名。家征、力征,则以一家余夫之力言之;夫征、地征,则以一夫私田之赋言之。""税以足食,赋以足军国之用。""国之大用,有祭祀,有宾客,有丧荒、羞服,有工事、币帛,有刍秣、匪颁、好用,不取诸民,于谁责而供之?"(《太平经国书》卷三《养民:论太宰九职任民》《税赋:论太宰九赋九贡》,《景印文渊阁四库全书》经部八六"礼类",第九二册,第206页上·下栏、207页上栏)所谓"家征"即是按户征收,"力征"即是按丁征收,"地征"则是按田地征收。应该说,郑氏在《周礼》基础上对赋税概念、征收方式、用途和来源的论说,简明而确当。又一宋人叶时把赋税分为"任民之税"(九职)和"任地之税"(九赋),谓"民有业则有贡,地有利则有征"。(《礼经会元》卷一上《赋敛》,同上书,第20页上栏)其说亦颇为简要。

是历史早期对赋税及其用途的最全面的概括。《汉书·刑法志》：
"税以足食，赋以足兵。"颜师古注："税者，田租也。赋，谓发敛财
也。"①按"足食"是指满足皇室及各级官吏的日常生活和公共事
务费用，"足兵"是指满足军人的日常生活、装备、训练及战争费
用。《汉书·高帝纪上》"初为算赋"下注引如淳曰："《汉仪注》：
民年十五以上至五十六出赋钱，人百二十为一算，为治库兵车
马。"②《汉书·食货志上》对税赋及其功用有更为具体明晰的表
述："税谓公田什一及工商衡虞之入也。赋共车马甲兵士徒之役，
充实府库赐予之用。税给郊社宗庙百神之祀，天子奉养百官禄食
庶事之费。"颜师古注："赋谓计口发财，税谓收其田入也。什一，
谓十取其一也。工、商、衡、虞虽不垦殖，亦取其税者，工有技巧之
作，商有行贩之利，衡虞取山泽之材产也。"③东汉史家班固及唐代
史家颜师古对赋税性质和用途所作的这一归纳，可谓简明扼要，
切中肯綮。

基于欧洲的社会历史和现状，近代西方学者对赋税的定义，
与中国古代学者的定义有所不同。④法国启蒙思想家孟德斯鸠
（1689—1755）说："国家的收入是每个公民所付出的自己财产的
一部分，以确保他所余财产的安全或快乐地享用这些财产。"⑤按
前者即指赋税，后者则指赋税的效用。法国重农学派创始人弗朗

①《汉书》卷二三《刑法志》，第四册，第 1081、1083 页。按北监本、殿本、四库
　本"发敛财"作"发赋敛财"。
②《汉书》卷一上《高帝纪上》，第一册，第 46 页。
③《汉书》卷二四上《食货志上》，第四册，第 1120 页。
④关于中世纪和文艺复兴时期的赋税论，参见〔美〕理查德·邦尼主编《经济
　系统与国家财政——现代欧洲财政国家的起源：13—18 世纪》第一章
　（〔德〕埃伯哈德·伊斯曼著），第 23—40 页。
⑤〔法〕孟德斯鸠：《论法的精神》，上册，第 213 页。

斯瓦·魁奈（1694—1774）对农业国家赋税的来源和用途有明确的定义："对于满足国家需要的经费来说所必需的赋税,在一个农业国家里……它只不过是土地年产品中的一个部分……只不过是从属于土地所有者的土地收益中所分得的一个部分——在我看来,这个土地收益就是指扣除用于耕作的劳动费用以及用于准备耕作所必需的其他预付支出而剩余的那部分产品。所有这些支出都从他们收获的产量中得到补偿,而剩余的部分就是纯产品,它构成国家的收入和土地所有者的收入。"①所谓"耕作的劳动费用"可以看作是人力资本——工资或相当于工资的部分(对于自行耕种者来说无需进行支付),"准备耕作所必需的其他预付支出"可以看作是物质资本——生产的资本投入,而"纯产品"则是在全部生产物中扣除前两者后的剩余,也就是生产的净收益或净利润。净收益由国家和土地所有者——耕种者——共同获得,属于国家的部分便以赋税的名目予以缴纳,属于耕种者私人的部分则成为保障其生活需求的来源。法国古典经济学家让·巴蒂斯特·萨伊(1767—1832)的认识比较明确,他说:"所谓课税,是指一部分国民产品从个人之手转到政府之手,以支付公共费用或供公共消费。不论它具有什么名称,赋税,捐献,租税……它实际上都是政府在某一时候加在个人或团体上的负担,以应付政府认为应由人民出钱的消费。"②英国古典经济学家大卫·李嘉图

①〔法〕弗朗斯瓦·魁奈:《中华帝国的专制制度》,第145页。〔英〕爱德华·威斯特说:"所谓总产品,我当然指的是不计生产费用的全部产品;而净产品则指在偿还了生产费用之后剩下的总产品。"(《论资本用于土地》,第6页)与魁奈之说比较,"总产品"相当于"土地年产品","净产品"相当于"纯产品"。
②〔法〕萨伊:《政治经济学概论:财富的生产、分配和消费》,第501页。

（1772—1823）说："赋税是一个国家的土地和劳动的产品中由政府支配的部分；它最后总是由该国的资本中或是由该国的收入中支付的。"①

李嘉图和萨伊之前，英国古典经济学创始人亚当·斯密（1723—1790）在《国富论》中有专篇《论君主或国家的收入》，其中对赋税问题作了系统深刻的专题论述。他说："（文明大国的必要开支）其中的大部分必须由各种赋税来支付；换言之，人民必须将自己收入的一部分贡献出来以弥补君主或国家公共收入的不足。""所有国家都根据自己的最佳判断，力图将自己的赋税设计得尽可能地平等，尽可能地明确，在缴纳时间和方式上尽可能地方便纳税人。""就像欧洲大部分地区的教会主要是由一种不与地租成比例而与土地产物成比例的土地税来维持一样，亚洲许多国家的政府也主要是由这样一种土地税来维持的。"②按"斯密把田庄主从出租的田庄中所得的收入称之为'地租'"，亦即"从田地产品中，或者说从这些产品的货币总值中，减去租地者支付工人的工资和经营费用以及投资的一般利润之后，剩余之数即为'地租'"。③ 很显然，斯密所定义的"地租"与魁奈所定义的"纯产品"

①彼罗·斯拉法主编：《李嘉图著作和通信集》第一卷《政治经济学及赋税原理》，第 127 页。该句又译作："税收就是一定比例的供政府支配的土地和劳动产品，最终总是用本国的资本或者收入来支付。"（第 229 页）
②〔英〕亚当·斯密：《国富论》下册，第 902、904、913—914 页。又可参见〔英〕坎南编著《亚当·斯密关于法律、警察、岁入及军备的演讲》，第 245—254 页。
③〔德〕约翰·冯·杜能：《孤立国同农业和国民经济的关系》，第 29 页。另一德国经济学家威廉·罗雪尔说："从土地收益中扣除工资和利息等项之后余下的部分才是地租。"（《历史方法的国民经济学讲义大纲》，第 30 页）其认识应该也是来自亚当·斯密。

是相通的,不同的是,斯密所说是租佃关系下的地租(佃农耕种地主土地),而魁奈所说是土地所有者(地主、自耕农)的纯产品,这应该与其所处时代和国家的生产关系的整体状况有关。

早在斯密之前,英国古典经济学之父、统计学创始人威廉·配第(1623—1687)就对赋税问题作了系统论述,其关于地租的观点亦颇具影响力,他认为土地耕种者的收获物,"扣除了自己的种子,并扣除了自己食用及为换取衣服和其他必需品而给予别人的部分之后,剩下的谷物就是这一年这块土地的当然的正当的地租;象这样七年的平均数,或者说,形成歉收和丰收循环周期的若干年的平均数,就是用谷物表示的这块土地的一般地租"①。毫无疑问,斯密的地租概念即是承袭配第之说并加以发展的结果。李嘉图认为:"地租是为使用土地的原有和不可摧毁的生产力而付给地主的那一部分土地产品。"②瑞士古典经济学家西斯蒙第(1773—1842)说:"我们清楚地知道,在任何文明的国家里,全部土地,无论好坏,无论已耕地或荒地都是有主的,要末属于私人,要末属于公家;因此,如果得不到主人的同意任何人也不能垦殖

---

① 〔英〕配第:《赋税论》,《配第经济著作选集》,第41页。关于这段文字的另一译文是:"除去来年播种的种子,自身所直接消费的,以及用于交换衣服和其他物质必需品者外,所剩余的一部分谷物便是那块土地在那一年内的自然的或真正的地租;而这种谷物在七年内——或正确地说,在一定的周期内,在此周期内丰收和凶年平均计算——的平均量;便是那块土地的普通的谷物地租。"(〔英〕马歇尔:《经济学原理》下卷,第294页注①)
② 彼罗·斯拉法主编:《李嘉图著作和通信集》第一卷《政治经济学及赋税原理》,第55页。按另一种翻译是,地租是"为了使用土壤的原始的不可破坏的力量而付给地主的那部分土地产品"(〔美〕约瑟夫·熊彼特:《经济分析史》第二卷,第445页)。

这些土地,而经土地所有者同意所支付的价格,人们称为地租。"①
虽然他并不同意李嘉图的地租论,但两人对地租的定义其实并无
二致。英国古典经济学家理查德·琼斯(1790—1855)认为:"如
果这片土地是属于别人的,单是这种情况就使得农民立刻对土地
所有者负有进贡的义务,于是产品的一部分作为'地租'被分配
掉。"或者说,"土地的生产如果超过耕种者本人的生活所需",使
得"他有能力付给土地所有者一些报酬",此即为"地租的起
源"。② 德国经济学家洛贝尔图斯(1805—1875)认为:"租金是无
需任何劳动、凭财产而获得的一种收入。租金因其所凭借的财产
是土地或是资本而分为地租和资本租金。""耕作业以及土地和资
本的私有制是租金的基础。"③法国无政府主义思想家蒲鲁东
(1809—1865)认为,"按照产生收益权的东西的不同,收益有着各
种不同的名称:依靠土地,就是地租"④。马歇尔夫妇从各种不同
的角度对地租作了定义和解释,可以说在诸家中最为全面,兹选
取其中的两条:"土地租金是指在自由竞争条件下土地所有者通
过让渡土地使用权而获得的收入。""土地租金是指,从土地上获
取的平均收成扣除普通农场主所投入的资本和所获得的利润后
的剩余回报。"⑤比较来看,配第的地租论仅从耕种者单方面进行

①〔瑞士〕西斯蒙第:《政治经济学新原理:或论财富同人口的关系》,第
　　185—186 页。
②〔英〕理查德·琼斯:《论财富的分配和赋税的来源》,第 2、3 页。
③〔德〕卡·洛贝尔图斯:《关于德国国家经济状况的认识:五大原理》,第
　　108、116 页。
④〔法〕蒲鲁东:《什么是所有权:或对权利和政治的原理的研究》,第 72 页。
⑤〔英〕阿尔弗雷德·马歇尔、玛丽·佩利·马歇尔:《马歇尔文集》第 1 卷
　　《产业经济学》,第 124、125—126 页。

阐释,而斯密则从租佃关系角度立论,自然更有说服力。李嘉图等人对地租的定义,实际上是对斯密地租论的继承,而与配第的观点有所区别。①

　　无产阶级革命导师马克思(1818—1883)认为:"一切类型"的地租都"有一个共同点",即"地租的占有是土地所有权借以实现的经济形式,而地租又是以土地所有权,以某些人对某些地块的所有权为前提"。但"在劳动孤立进行和劳动的社会性不发展的情况下,(地租)直接表现为直接生产者对一定土地的产品的占有和生产"。② 马克思还从多个角度对赋税给出了定义,他说:"捐税体现着表现在经济上的国家存在。""国家存在的经济体现就是捐税。"③"赋税是政府机器的经济基础,而不是其他任何东西。"④"赋税是官僚、军队、教士和宫廷的生活源泉,一句话,它是行政权力整个机构的生活源泉。强有力的政府和繁重的赋税是同一个概念。"⑤恩格斯(1820—1895)说:"为了维持这种公共权力(按即国家权力),

①关于古典经济学家的地租论,又可参见〔美〕约瑟夫·熊彼特《经济分析史》第二卷,第445—455页。萨缪尔森对地租的定义有不同表述,先是认为"土地这种供给弹性不足的生产要素的收益被称为(纯粹经济)地租"(独著《经济学》上册,第305页)后来又调整为"地租是使用土地的价格"(和诺德豪斯合著《经济学(第十九版)》,第384页)前者是从土地所有者的角度而言,后者则是从土地使用(租借)者的角度而言。应该说,其表述乃是对古典经济学地租论的因袭和简化。

②〔德〕卡尔·马克思:《资本论》第三卷,《马克思恩格斯全集》第二十五卷下册,第714—715页。

③卡·马克思:《道德化的批评和批评化的道德》,《马克思恩格斯全集》第四卷,第342页。

④卡·马克思:《哥达纲领批判》,《马克思恩格斯全集》第十九卷,第32页。

⑤卡·马克思:《路易·波拿巴的雾月十八日》,《马克思恩格斯全集》第八卷,第221页。

就需要公民缴纳费用——捐税。捐税是以前的氏族社会完全没有的。"①也就是说,捐税是阶级社会或私有制的产物,自国家产生之日便有了捐税,捐税与国家政权相始终,捐税既是国家权力的经济体现,同时也是支撑国家政权维护其公共权力的经济基础。配第将"国家的公共经费"主要分为"军事费"和"行政官吏的俸禄"两大类②。斯密对"君主或国家的费用"进行了全面系统的研究,将其分为"国防支出""司法支出""公共工程和公共机构的支出"和"维持君主尊严的支出"四个方面加以考察③。西斯蒙第说:"应该把赋税看成是自己对政府保护他们人身和财产所付的报酬,使每个人按照他从社会所获得的福利,和社会为他所付出的费用纳税,是合理的事情。"④蒲鲁东说:"政府必须维持它的军队、进行一些建筑工程、支付公务员的薪金;为了偿付这些费用,它就必须征收捐税。""为什么要缴纳捐税呢? 为了要保证每一个人能够行使他的天然权利——自由权、平等权、安全权和所有权;为了要在国内维持秩序;为了要建设一些有关公共利益的和福利的事业。"⑤此与孟德斯鸠之说比较近似,但又更为具体。虽然表述各异,但可以看出马克思、恩格斯对于捐税的定义与斯密等古典经济学家的看法并无二致,而蒲鲁东之说还关注到赋税支出的更多面相——除了支撑公共权力或国家政权的强力统治外,还要

---

① 〔德〕弗·恩格斯:《家庭、私有制和国家的起源》,《马克思恩格斯全集》第二十一卷,第 195 页。

② 参见〔英〕配第《赋税论》,《配第经济著作选集》,第 17 页。

③ 参见〔英〕亚当·斯密《国富论》下册,第 785—894 页。

④ 〔瑞士〕西斯蒙第:《政治经济学新原理:或论财富同人口的关系》,第 360 页。

⑤ 〔法〕蒲鲁东:《什么是所有权:或对权利和政治的原理的研究》,第 72 页。

维护和促进社会秩序、福利和公平正义,体现了小资产阶级的社会主义理想。

美国首位诺贝尔经济学奖得主保罗·萨缪尔森(1915—2009)对赋税的历史有这样的表述:"在很久以前,赋税纯然是为了当权者的需要而向无权无势的人征取的。"[1]其说虽然太过简略,但赋税的几个基本要素都有所体现。毫无疑问,赋税的征收具有悠久的历史——自从人类社会有了统治与被统治的关系就已经产生,它是由被统治者所提供而用来满足统治者的——既要保障国家机器的运转或公共权力的行使费用,也要满足统治阶级的生活欲求。赋税征发的对象在中国古代各个时期不尽一致,但不管是在何时,作为传统农业社会,农业地区无疑是主要的税源地,而农民自然也是主要的纳税人口。中国古代重农政策的一个主要出发点,即在于农业人口对于国家财政的贡献具有无可比拟的重要性。如果没有农业人口提供的税赋,统治机构便无法运行,国家政权也就失去了存在的基础,统治阶级的生活和享受更是无源之水。[2] 能否正常征发赋税也就成了判断该政权统治效力的一个重要因素,税制的变化与社会的发展可谓息息相关,在很

---

[1]〔美〕萨缪尔森:《经济学》上册,第 229 页。按萨缪尔森对赋税的完整定义是:"赋税是政府购买公有物品的资金来源。赋税也给改变收入分配的福利转移支出提供资金。征收赋税的总的方式影响人们之间的最终的收入分配。"(第 250 页)此定义涵括了赋税的收入和分配及其相互关系,对征收主体——政府——有明确交代,但未指出征收对象,但可以感觉到其所言"人们"既是赋税的收益者,实际上也是征收对象。萨氏关于赋税制度的全面概述,见本书第 228—250 页。

[2]就欧洲古代历史而论,亦无大异,如拜占庭时代"政府的收入主要来自农业,财政收入则主要用于维护庞大的军事支出和官僚机构的支出"(厉以宁:《罗马—拜占庭经济史》下编,第 536 页)。

大程度上反映了政权的强弱兴衰,成为认识其社会性质的重要指标。北魏一朝税制的变化,自然也具有这样的特征。

第二节　租赋征发与"九品混通"

从北魏建立到北方统一的半个世纪时间里,国家最重要的财源即是战争掠夺。史载"自太祖定中原,世祖平方难,收获珍宝,府藏盈积"①。举其大者如:"登国六年(391)破卫辰,收其珍宝、畜产,名马三十余万,牛羊四百余万,渐增国用。""世祖即位,开拓四海","纳其方贡以充仓廪,收其货物以实库藏"。"神䴥二年(429),帝亲御六军,略地广漠。分命诸将,穷追蠕蠕,东至瀚海,西接张掖,北度燕然山,大破之,虏其种落及马牛杂畜方物万计。其后复遣成周公万度归西伐焉耆,其王鸠尸卑那单骑奔龟兹,举国臣民负钱怀货,一时降款,获其奇宝异玩以巨万,驼马杂畜不可胜数。度归遂入龟兹,复获其殊方瑰诡之物亿万已上。"②不过"靠劫掠来供给毕竟不是最终的解决办法","强迫其臣民纳贡"(缴纳赋税)乃是"专制君主""确保自己有固定收入"的重要方式。③ 北魏统治者对农业生产的重要性从王朝建立伊始就有比较充分的认识,如最早在河套地区的屯田成为支撑其抵抗后燕大军进攻的重要经济基础,平定河北地区之后马上实行计口受田及离散部落等重大举措,大力发展农业生产。尤其是在占领河北地区

①《魏书》卷一一〇《食货志》,第八册,第2851页。
②《魏书》卷一一〇《食货志》,第八册,第2849、2850、2851页。
③〔英〕约翰·希克斯:《经济史理论》,第17页。

之后,农业在北魏国民经济中的地位逐渐上升,向农业人口征税也就提上了议事日程。

北魏政府对农业人口征收赋税,从道武帝时期就已开始。皇始二年(397)正月初一,拓跋珪率大军南征后燕过程中"大飨群臣于鲁口",后燕"左卫将军慕容腾寇博陵,杀中山太守及高阳诸县令长,抄掠租运"。① 这表明,此前北魏已向占领地区的农业人口征收租赋以供应军队之需。同年"夏四月,帝以军粮未继,乃诏征东大将军东平公元仪罢邺围,徙屯钜鹿,积租杨城"②。拓跋仪在杨城所"积租"显然是来自对征服地区民众的掠夺。在占领后燕首都中山后不久,天兴元年(皇始三年)正月拓跋仪率魏军攻克邺城,拓跋珪自中山经常山之真定、赵郡之高邑行幸邺城,随即又"自邺还中山","诏大军所经州郡,复赀租一年,除山东民租赋之半"。③ 当时北魏军队在经过的州郡进行的"赀租"或"租赋"征发,应该属于对征服地区的抄掠,是一种战时财政征收体制,还不是正常的国家赋税征收。当其时,"右军将军尹国先督租于冀州,闻帝将还,谋反,欲袭信都";"广川太守贺卢杀冀州刺史王辅,驱勒守兵,抄掠阳平、顿丘诸郡,遂南渡河,奔慕容德"。④ 所谓"督租"即是勒兵抄掠,亦即用武力胁迫手段以获取租赋,其目的仅在于补充军粮,而非用于国家政权的运作。天兴二年(399)八月,"除州郡民租赋之半"⑤。按"州郡民"即指一两年前北魏占领的山西和河北各州郡的农业人口。也就是说,北魏军队在占据这些

①《魏书》卷二《太祖纪》,第一册,第28页。
②《魏书》卷二《太祖纪》,第一册,第29页。
③《魏书》卷二《太祖纪》,第一册,第31页。
④《魏书》卷二《太祖纪》,第一册,第31、32页。
⑤《魏书》卷二《太祖纪》,第一册,第35页。

农耕地区之后马上就开始向当地民众征收租赋,这既是主权的宣示,又是维持其统治机器尤其是军费开支所必需。毫无疑问,北魏赋税制度脱胎于战时财政体制,而且在较长一段时期内主要是为战争服务的。

明元帝时期,对农业人口征收租赋的政策仍在继续。泰常三年(418)"八月,雁门、河内大雨水,复其租税。九月甲寅(廿一,11.5),诏诸州调民租,户五十石,积于定、相、冀三州"[①]。这表明北魏政府是以"户"为单位向地方民众征收租税的,征收民租并不限于特定地区,而是遍及所统治区域的各州。泰常三年九月的这次征调民租每户高达五十石之多,若非强宗大族,必定是极其苛重的负担,而要运送到定、相、冀三州囤积之地,对于距离较远的民户而言,负担将更为沉重。此次征调民租的目的,无疑是为了保证河北平原北魏驻军的军粮供给,同时也是为南北朝之间在黄河沿岸的军事对抗和争夺提供后勤储备[②]。反过来看,平时民户的租税负担应该不会苛重到这个程度。以上情形还表明,当时北魏政府大概已经建立了管理民众的户籍制度。租税即农业税,农业生产的发展是保证及时足额征收租税的前提,地方官的治理状况自然不容忽视。就在前一年即泰常二年二月丙午(初四,3.7)诏中有云:"今东作方兴,或有贫穷失农务者。其遣使者巡行天下,省诸州,观民风俗,问民疾苦,察守宰治行。"[③]明元帝于泰常四年四月"辛巳(廿二,5.31),南巡,幸雁门。赐所过无出今年租

---

①《魏书》卷三《太宗纪》,第一册,第59页。

②关于明元帝时期与东晋——刘宋在黄河沿岸的军事对抗及争夺河南诸镇的战争,参见拙著《北魏政治史》二,第496—533页。

③《魏书》卷三《太宗纪》,第一册,第57页。

赋"。五月"己亥(初十,6.18),车驾还宫。复所过一年租赋"。①按雁门正是前一年因大水而免除租税的地区,看来当地的状况并未得到改善,明元帝南巡当与此有关。泰常六年"二月,调民二十户输戎马一匹、大牛一头"。三月"乙亥(廿七,5.14),制六部民,羊满百口输戎马一匹。发京师六千人筑苑,起自旧苑,东包白登,周回三十余里"。②按戎马用于装备军队,是组成拓跋骑兵的基础,大牛即成年牛,应该用于运送战争物资。泰常七年九月,明元帝"幸桥山"并"东幸幽州","见耆年,问其所苦,赐爵号。分遣使者循行州郡,观察风俗。冬十月甲戌(初五,11.4),车驾还宫,复所过田租之半"。③这些措施表明,当时北魏统治区的民户除了要缴纳"租赋""租税"或"田租"外,有时还得向政府提供马和牛以供战争之需。而"筑苑"则是为了饲养这些征调来的戎马和大牛。《魏书·周几传》:"迁左民尚书。神瑞(414—416)中,并州饥民游食山东,诏几领众镇博陵之鲁口以安集之。泰常(416—423)初,白涧、行唐民数千家负嶮不供输税,几与安康子长孙道生宣示祸福,逃民遂还。"④由此可见,民户管理和赋税征收是由左民尚书负责的⑤。

———————

①《魏书》卷三《太宗纪》,第一册,第 59 页。
②《魏书》卷三《太宗纪》,第一册,第 61 页。
③《魏书》卷三《太宗纪》,第一册,第 62 页。
④《魏书》卷三〇《周几传》,第三册,第 726 页。
⑤《隋书》卷三三《经籍志二》史部霸史篇:"《秦纪》十卷。"本注:"记姚苌事。魏左民尚书姚和都撰。"(第四册,第 963 页)据此推断,姚和都任北魏左民尚书应在后秦灭亡不久,亦当在明元帝时期。"左民尚书"始见于东晋,史载陆纳由吴兴太守"征拜左民尚书"(《晋书》卷七七《陆纳传》,第七册,第 2027 页)。刘宋"左民尚书领左民、驾部二曹"(《宋书》卷三九《百官志上》,第四册,第 1235 页),为尚书六部之一。齐、梁、陈均设其职。北魏左民尚书的渊源难以确知。

综上所述,北魏政府的赋税征收从道武帝占领并州及平定河北平原后就已开始,征收的对象自然是以河北平原为主的农耕地区的民户。河北及河东大部地区无疑是北魏最主要的农业区,随着政治局势的日趋稳定,这一广大地域的农业生产水平将会迅速得到恢复,从而为北魏统治机器的运转以及兼并战争的顺利进行提供越来越重要的保障。①

太武帝始光四年(427)"十有二月,行幸中山,守宰贪污免者十数人。癸卯(初四,428.1.6),车驾还宫。复所过田租之半"②。这是三十年前占据河北地区以来北魏君主第一次来到这一地域

---

① 早在曹魏时期,河北地区就已是最重要的农耕区。魏明帝太和(227—233)年间杜恕上疏云,"冀州户口最多,田多垦辟,又有桑枣之饶,国家征求之府"(《三国志》卷一六《魏书·杜恕传》,第二册,第499页)。卢毓《冀州论》云:"冀州,天下之上国也。""膏壤千里,天地之所会,阴阳之所交,所谓神州也。"(《初学记》卷八《州郡部·河东道》,第一册,第176页)北魏宣武帝时崔楷上疏,谓"冀定数州"乃"华壤膏腴"之地(《魏书》卷五六《崔楷传》,第四册,第1253页),是最重要的农业区。孝明帝时侍中元晖上书论政要,谓"河北数州,国之基本";"国之资储,唯藉河北"。(同书卷一五《昭成子孙·元晖传》,第二册,第380页)当然,明元帝时期河北地区在北魏国民经济中的地位还远未达到这种程度,由于道武帝征服后燕之初便将大量河北居民迁徙到代北以实京都,使得这一地域出现了地广人稀的局面,上引泰常三年九月甲寅诏便反映了这种状况。直到近三十年后,河北地区人少地多的局面仍未彻底改观。太武帝太平真君六年(445)十一月,使永昌王仁、高凉王那分领六州兵二万骑,"南略淮泗以北,徙青徐之民以实河北"。七年二月"永昌王仁至高平,擒刘义隆将王章,略金乡、方与,迁其民五千家于河北。高凉王那至济南东平陵,迁其民六千余家于河北"。(同书卷四下《世祖纪下》,第一册,第100页)关于魏晋南北朝时期河北地区的开发与经济发展,参见蒋福亚《魏晋南北朝河北经济的发展》,《魏晋南北朝经济史探》,第62—75页;《魏晋南北朝社会经济史》,第186—188页。

② 《魏书》卷四上《世祖纪上》,第一册,第73页。

巡视,表明河北地区战略地位的上升,很重要的原因便是农业在北魏国民经济中比重的增加。太武帝致力于北方的统一,军队的粮草供应必不可少,这就必须以农耕地区作为后盾。军队的后勤供给及其转运,需要大量的人力来承担,拓跋骑兵忙于征战,自然难以为之,故只能由北魏治下的农业人口承担,但这又会严重制约农业生产的正常进行。延和三年(434)二月戊寅(十五,3.10),诏曰:

> 朕承统之始,群凶纵逸,四方未宾,所在逆僭。蠕蠕陆梁于漠北,铁弗肆虐于三秦。是以旰食忘寝,抵掌扼腕,期在扫清逋残,宁济万宇。故频年屡征,有事西北,运输之役,百姓勤劳,废失农业,遭离水旱,致使生民贫富不均,未得家给人足,或有寒穷不能自赡者,朕甚愍焉。今四方顺轨,兵革渐宁,宜宽徭赋,与民休息。其令州郡县隐括贫富,以为三级,其富者租赋如常,中者复二年,下穷者复三年。刺史守宰当务尽平当,不得阿容以罔政治。明相宣约,咸使闻知。[1]

诏书颁布之时,北魏已经平定了宿敌铁弗赫连夏政权,占领了关陇地区,农业条件优越的关中平原为北魏所有。太武帝此诏意在通过对统辖区域贫富不同的民户的赋税政策进行调整,来缓和社会矛盾,使贫民百姓不至于被沉重的赋税负担压垮,同时也能保证北魏政府得到足够的赋税收入。这是北魏历史上第一次根据农业人口的财产状况而将其划分为富者、中者、下穷者三等,并以此作为赋税征收的指标。

---

① 《魏书》卷四上《世祖纪上》,第一册,第83页。

过了不到两年,太延元年(435)十二月甲申(初一,436.1.5)诏提出了巩固统治的基本原则:"操持六柄,王者所以统摄;平政理讼,公卿之所司存;劝农平赋,宰民之所专急;尽力三时,黔首之所克济。各修其分,谓之有序。"①然而,当时的情况并不理想。诏书还对地方治理问题提出了具体要求:

> 自今以后,亡匿避难,羁旅他乡,皆当归还旧居,不问前罪。民相杀害,牧守依法平决,不听私辄报复,敢有报者,诛及宗族;邻伍相助,与同罪。州郡县不得妄遣吏卒,烦扰民庶。若有发调,县宰集乡邑三老计赀定课,衰多益寡,九品混通,不得纵富督贫,避强侵弱。太守覆检能否,核其殿最,列言属州。刺史明考优劣,抑退奸吏,升进贞良,岁尽举课上台。②

很显然,如何更好地控制广大的农业人口,并在恢复和发展生产的基础上完成国家所需的赋税征调,是摆在太武帝为首的北魏统治集团面前的重要政治议题。此诏最值得注意之处在于确定了"发调"的标准,即"计赀定课",具体而言则是"九品混通"。也就是说,县令与"乡邑三老"根据民户资产的多寡而确定户等为高下九等,并将其作为"发调"的标准,亦即按"九品混通"的原则确定统一的"发调"额度,在具体征发时则据此上下浮动③。

---

①《魏书》卷四上《世祖纪上》,第一册,第 86 页。
②《魏书》卷四上《世祖纪上》,第一册,第 86 页。
③唐长孺云:"九品混通之意就是'衰多益寡'","在原则上应该富人多纳,贫人少纳,或竟不纳,当然事实上从汉以来便已'从富督贫,避强侵弱'了"。(《魏晋户调制及其演变》,《魏晋南北朝史论丛》,第 67 页)李（转下页注）

如上所述,延和三年二月戊寅诏根据贫富程度将州郡县民户分为富者、中者、下穷者三等,并规定分别免除中者和下穷者二年、三年的租赋。这只是一个临时性的措施,在优复期限过后,中、下户依然按正常标准缴纳租赋,即在第三、第四年,中等户和下穷户仍与富户以相同的额度缴纳租赋。然而仅仅过了不到两年时间,也就是中等户即将恢复缴纳租赋的前夕,太延元年十二月甲申诏又明确规定在"发调"时"计赀定课",实行"九品混通"。① 这是以延和二年将农业人口按贫富划分为富、中、下穷三等户并据之征收或优复租赋的临时性举措为基础,进一步细化和制度化的结果。由此可见,北魏前期课调是以户为单位进行征发

(接上页注)剑农云:"所谓'九品混通'者,即就民户贫富差为九品,以多补少,平均每户须纳帛二匹、絮二斤、丝一斤、粟二十石耳。"(《中国古代经济史稿》第二卷《魏晋南北朝隋唐部分》,第 152 页)陈仲安云:"所谓'九品',就是按贫富划分等级,所谓'混通',就是高下通扯,取其平均数。"(《十六国北朝时期北方大土地所有制的两种形式》)何兹全认为:"魏晋南北朝的地主,在政治上、社会上都是有特权的,甚至法律面前,他们和平民也是不平等的。他们自身不负担役调,还可以荫庇亲族、部曲、客不负担役调。"(《中国社会史研究导论》,第 671 页)按地主若非官贵,便属于平民,平民地主未必能够享有政治上的特权,也不可能完全没有赋税徭役负担,何氏显然是将地主与官贵等同了起来。官贵由于政治上的特权,在大多数情况下会占有较多的土地而成为地主,但占有较多土地的地主未必都可以成为官贵。不仅魏晋南北朝如此,大多数朝代恐怕也是这样。

① 杜正胜云:"秦汉赋役,'头会箕敛',是以个人为单位的,但还有通乡合计的'乡算',显示古代聚落均赋的遗留。""政府征敛的赋役以乡为单位,再由乡有秩按乡民贫富,等差负担。""曹操的平赀政策系沿袭两汉以来的传统。计赀出赋当然与古代聚落之均赋颇有出入,但聚落共同体的一些精神还是可以寻绎的。"(《古代聚落的传统与变迁》,《第二届中国社会经济史研讨会论文集》,第 238 页)北魏太武帝规定以"九品混通"之法发调,且由"县宰集乡邑三老计赀定课",可以说比较典型地反映了聚落共同体的精神,或者说正是当时基层社会宗主督护制的体现。

的。关于具体的征发额度,当时也作了明确规定。《魏书·食货志》云:

> 先是,天下户以九品混通,户调帛二匹、絮二斤、丝一斤、粟二十石。又入帛一匹二丈,委之州库,以供调外之费。①

按"幅广二尺二寸、长四十尺为一匹"②,帛二匹即八丈。这是自太延元年十二月直到太和八年(484)六月俸禄制颁布之前近半个世纪时间里北魏王朝的户调制度。将户调与调外之费合而计之,则当时每户需向北魏政府缴纳帛三匹二丈、絮二斤、丝一斤、粟二十石,若再加上运输费用,无疑是颇为沉重的负担。

历史上户调作为人民主要的赋税负担始于汉魏之际,建安九年(204)曹操令云:"其收田租亩四升,户出绢二匹、绵二斤而已,他不得擅兴发。"③事实上在建安五年就曾按户征收绵绢,其后在曹操统治区域逐渐推行④。此后几个世纪,户调绢绵与田租共同构成农业人口的基本赋税。走马楼吴简显示,孙吴时期的赋税亦有租、调之分⑤。《晋书·食货志》载"户调之式","丁男之户岁输绢三匹、绵三斤,(丁)女及次丁男为户者半输"⑥。《晋故事》云:"凡民丁课田,夫五十亩,收租四斛、绢三匹、绵三斤。……九品相

---

① 《魏书》卷一一〇《食货志》,第八册,第 2852 页。
② 《魏书》卷一一〇《食货志》,第八册,第 2852 页。
③ 《三国志》卷一《魏书·武帝纪》注引《魏书》,第一册,第 26 页。
④ 参见唐长孺《魏晋户调制及其演变》,《魏晋南北朝史论丛》,第 60、64 页。
⑤ 参见王素《吴简所见的"调"应是"户调"》,及于振波《走马楼吴简初探》卷四《汉调与吴调》,第 91 页。不过,也有研究者认为吴简中的"调"并非户调,而是征调、调配之意,兹不具述。
⑥ 《晋书》卷二六《食货志》,第三册,第 790 页。

通,皆输入于官,自如旧制。"①综合来看,西晋户调式的规定即是:以男丁为户主的课田民户,每年需缴纳调绢三匹、绵三斤及租四斛,丁女及次丁男为户者减半——调绢一匹半、绵一斤半及租二斛。这是一个平均数,而在具体征收时地方官则将课田民户依贫富差别分为九品而缴纳不同数量的租调②。很显然,北魏的户调"九品混通"之制是在承袭西晋户调制度的基础上进行调整的结果。就户调(包括调外之费)而言,北魏的帛(绢)三匹二丈、絮二斤、丝一斤非常接近西晋的绢三匹、绵三斤,而租粟二十石则比西晋租四斛(石)高得多。

　　总体来看,北魏前期民户的租调负担远远大于西晋太康年间,这与各自所处的时代背景有关。西晋平吴之后,大规模战争结束,社会局势比较稳定,以较低的赋税额度即可维持国家机器的正常运转。史称"是时天下无事,赋税平均,人咸安其业而乐其事"③。而北魏前期颁布租调九品混通之制时,北方的征服兼并战争尚未结束,同时还要面对国力强于北魏的南朝刘宋政权。尽管

①《初学记》卷二七《宝器部·绢》,第三册,第 657—658 页。

②唐长孺云:"既然以家赀为标准,就应有贫富多少之差,为什么曹魏、西晋却规定绢绵每户征收额呢? 我认为这一个定额只是交给地方官统计户口征收的标准,其间贫富多少由地方官斟酌,但使每户平均数合于这个定额而已。"(《魏晋户调制及其演变》,《魏晋南北朝史论丛》,第 67 页)

③《晋书》卷二六《食货志》,第三册,第 791 页。按西晋九品相通的租调制度为十六国一些政权所继承。《晋书》卷一〇四《石勒载记上》:"勒以幽冀渐平,始下州郡阅实人户,户赀二匹,租二斛。"(第九册,第 2724 页)卷一二一《李雄载记》:"其赋男丁岁谷三斛,女丁半之,户调绢不过数丈,绵数两。事少役稀,百姓富实,闾门不闭,无相侵盗。然雄意在招致远方,国用不足,故诸将每进金银珍宝,多有以得官者。"(第一〇册,第 3040 页)这表明只有在和平年代,并在最大限度地控制境内全部民户的基础上,才能保持较低的赋税征收额度。

战争中可获得大量的战利品,但主要用于对官僚贵族的赏赐,而为了保证巨额的军费和军粮支出,以及维持国家机器的正常运转,就必须向农业人口进行苛重的征敛。此外,两朝户调之多寡可能还与社会上户口之大小有关。西晋武帝时期虽然门阀士族的力量开始膨胀,但他们属于免税阶层,承担户调的普通民户应该还是以家内人口较少的自耕小农为主。经过十六国动乱,北魏前期豪强宗族势力强大,作为家内人口较多的大家族,他们是当时主要的纳税阶层。

所谓"九品相通"或"九品混通"之"九品",即上、中、下品各分三等,《魏书·食货志》载"租输三等九品之制","上三品户入京师,中三品入他州要仓,下三品入本州"。① 走马楼吴简显示,孙吴时期的赋税即按户等征收。吴简有两条"户品"标题简:

☐上中下品户数簿(贰·215)

☐☐谨以所领户出钱上中下品人名为簿(贰·8256)②

毫无疑问,孙吴时期的户等也是分为上、中、下品。此外又可见到

---

① 《魏书》卷一一〇《食货志》,第八册,第 2852 页。岑仲勉云:"按三等即上、中、下三等。上等再分为上上、上中和上下三品,中等分为中上、中中和中下,下等分为下上、下中和下下,合成九品。这个制度系按'所管之户,量其资产,类其强弱',评为九品以定征税的多少,主要属于财政的性质。"(《府兵制度研究》,第 18 页)按下引《张邱建算经》中的问题对九等户的名目有明确记载。

② 长沙简牍博物馆等:《长沙走马楼三国吴简·竹简〔贰〕》,下册,第 721、885 页。

不少记有"户上品""户中品""户下品"的简文,还可见到"下品之下"的少量简文。就目前刊布的简文来看,孙吴户等似分为上品、中品、下品及下品之下四等,但不排除上、中、下三品又各分为三等亦即共分九等的可能性①。从西晋实行户调"九品相通"之制推断,曹魏已有户等九品制度的可能性不小。不论如何,最晚在西晋时期已有了如同后来北魏九品户等的制度。北魏的上三品、中三品、下三品"三等九品之制",最大可能还是对前代相关制度的承袭,而非其所独创。

区分户等是为了使家庭财产与赋税负担合理挂钩,即所谓"计赀定课",故确定户等的标准即是家"赀"的多少。吴简中可见到大量"赀十""赀二十""赀五十""赀一百""赀二百""赀三百""赀一千""赀五千"等不同等级的赀簿简牍,具体如:"右龙家口食六人 中赀 五 十"(竹简壹·5356),"凡口五事 筭三事 赀 五 十"(竹简壹·7368),"凡口八事六 第五事三 赀一 百"(竹简壹·7818)②,"右举家口食八人 赀五十"(竹简贰·2330),"右师家口食六人筭二 中 赀五十"(竹简贰·2500)③。这些都应该属于"计赀定课"的簿籍。吴简中可见"模乡郡吏陈坤(?)故户上品出钱一万二千","模乡郡吏何奇故户上品出钱一万二千","模乡大男胡车故户上品出钱一万二千"(竹

①凌文超认为:孙吴"或将民户划分为新、故户,各分三品,或以户赀高下为标准进行征调",户赀"至少有九级之多"。(《走马楼吴简上中下品户数簿整理与研究——兼论孙吴的户等制》)果如此,则孙吴实际上已存在户分三品九等之制,但目前所见证据还不足以作出这种推测。

②长沙市文物考古研究所等:《长沙走马楼三国吴简·竹简〔壹〕》,下册,第1006、1046、1056页。

③长沙简牍博物馆等:《长沙走马楼三国吴简·竹简〔贰〕》,下册,第764、768页。

简贰·8257—8259），即可证户品与课赋之间存在关系。① 吐鲁番出土北凉赀簿显示了"当时计赀制度的主要内容和公文程式的特点"，"计赀的统计以里为单位，按户计算。首标人名，其下记录各色田、园若干，赀合若干"。②

赀簿最晚在汉代就已出现，如所熟知的居延汉简候长礼忠赀簿简③：

> 候长觻得广昌里公乘礼忠年卅
> 小奴二人直三万　用马五匹直二万　宅一区万
> 大婢一人二万　牛车二两直四千　田五顷五万
> 轺车二乘直万　服牛二六千　●凡訾（赀）直十五万
>
> 37·35

后代赀簿如走马楼吴简与吐鲁番北凉赀簿，与此具有基本相似的要素。一般来说，赀簿是作为缴纳算赋或户调的依据，秦汉以后至唐代两税法实施前一千年间的制度大体如此。西晋的"九品相通"与北魏的"九品混通"，应该就是以赀簿为基础确定户调和赀

①长沙简牍博物馆等：《长沙走马楼三国吴简·竹简〔贰〕》，下册，第885页。参见高敏《吴简中所见孙权时期户等制度的探讨——读〈长沙走马楼三国吴简·竹简〔壹〕〉札记之三》，《长沙走马楼简牍研究》，第92—102页；黎虎《关于"吏民"的界定问题——原"吏民"之五》，《先秦汉唐史论》，下册，第546—562页；于振波《略论走马楼吴简中的户品》，及《略说走马楼吴简之名籍》（《简帛研究》二〇〇八，第242—245页）、《从走马楼吴简看其时长沙居户的贫富差别》（《走马楼吴简研究论文精选》，上册，第579—588页）。
②朱雷：《吐鲁番出土北凉赀簿考释》，《敦煌吐鲁番文书论丛》，第8—9页。
③谢桂华等：《居延汉简释文合校》，上册，第61页。

赋标准的,所谓"计訾定课"是也。候长礼忠訾簿汉简只有訾(訾)的统计,看不到关于算钱的相关内容,而吴简訾簿简中包括家口、事役、算赋、家訾等项目,部分也有户等的记录。

关于九品混通制度下赋税的具体征收,可通过《张邱建算经》所载一道算术题来作具体了解:

> 今有率户出绢三匹,依贫富欲以九等出之,令户各差除二丈。今有上上三十九户,上中二十四户,上下五十七户,中上三十一户,中中七十八户,中下四十三户,下上二十五户,下中七十六户,下下一十三户。问九等户,户各应出绢几何?
>
> 答曰:上上户,户出绢五匹;上中户,户出绢四匹二丈;上下户,户出绢四匹;中上户,户出绢三匹二丈;中中户,户出绢三匹;中下户,户出绢二匹二丈;下上户,户出绢二匹;下中户,户出绢一匹二丈;下下户,户出绢一匹。
>
> 术曰:置上八等户,各求积差,上上户十六,上中户十四,上下户十二,中上户十,中中户八,中下户六,下上户四,下中户二,各以其户数乘而并之。以出绢匹丈数乘凡户,所得以并数减之,余以凡户数而一,所得即下下户。递加差,各得上八等户所出绢匹丈数。[①]

按:《张邱建算经》亦作《张丘建算经》,《隋书·经籍志三》著录"《张丘建算经》二卷"[②]。《旧唐书·经籍志下》载"张丘建算经

---

①《张邱建算经》卷中,《李俨钱宝琮科学史全集》,第四卷,第 277—278 页。
②《隋书》卷三四《经籍志三》,第四册,第 1025 页。

一卷",其下小注"甄鸾撰"。① 《新唐书·艺文志三》载"《张丘建算经》一卷",其下小注"甄鸾注",此外又有李淳风"注《张丘建算经》三卷"。② 张丘建或张邱建其人,生平事迹于史无考,该书自序末云"清河张邱建谨序",可知其出于清河张氏。四库"提要"推断其"当为隋初人"。③ 《宋史·礼志八·吉礼八》载追封"自昔著名算数者",包括"晋姜岌成纪男,张丘建信成男,夏侯阳平陆男,后周甄鸾无极男"。④ 据此,似以张邱建为晋人。王仲荦最早用此条算题解释北魏"九品混通"之制⑤,对其成书年代提出了"北朝后期""北魏初""北魏前期"三种不完全相同的判断⑥。钱宝琮亦以此例题作为该书断代的依据,"断定《张邱建算经》的编写年代是在公元 466 年到 485 年间"⑦。严敦杰、李俨认为"张邱建为北魏初人,似可无疑"⑧。冯立昇认为《张邱建算经》"成书是

---

① 《旧唐书》卷四七《经籍志下》,第六册,第 2039 页。
② 《新唐书》卷五九《艺文志三》,第五册,第 1545、1547 页。
③ 《景印文渊阁四库全书》子部一〇三"天文算法类",第七九七册,第 253 页上栏、251 页下栏。按该书"提要"为戴震所撰。
④ 《宋史》卷一〇五《礼志八》,第八册,第 2552 页。
⑤ 参见王仲荦《北魏初期社会性质与拓跋宏的均田、迁都、改革》。
⑥ 王仲荦在《魏晋南北朝物价考》中引《张丘建算经》,"锦价""丝价"及"绢价"条括注"北朝后期","鸡价"条括注"北魏初","车价"条括注"北魏前期"。(《金泥玉屑丛考》,第 78、79、84、95 页)
⑦ 钱宝琮:《张邱建算经提要》,《李俨钱宝琮科学史全集》,第四卷,第 251 页。吴文俊主编《中国数学史大系》第四卷《西晋至五代》(本卷主编沈康身)完全因袭了钱宝琮关于《张邱建算经》断代的看法(第 51 页)。
⑧ 严敦杰撰,李俨注:《南北朝算学书志》,《李俨钱宝琮科学史全集》,第一〇卷,第 516 页。

在公元 430 年以后"，具体来说是在公元 431—450 年。① 郭书春等认为，"可以确定张丘建为 5 世纪中叶今山东临清、河北清河一带人"②。虽然各家判断并不完全一致，但基本上都认可《张邱建算经》为北魏时人著作。然而，从该书所载相关例题来看，虽然不乏北魏初前期的内容，但亦有北魏后期才能有的制度，如钱作为交换媒介进入流通领域（绢钱并行）③，洛阳和邺作为仅见地名在该书中不止一次出现，反映的只能是北魏迁都以后的状况。凡此，都是北魏前期成书说所不能解释的，谓该书完成于北魏孝文帝迁都之后理由似更充分。

上引例题正好反映了北魏九品混通的现状，并非是对西晋制度的追述。从该题来看，所谓户等九品就是将民户依其"贫富"而分为上上、上中、上下、中上、中中、中下、下上、下中、下下九个户等。在具体征收时，将民户平均每户应纳税额按等差进行折算，再分摊到不同户等之中。此外，《张邱建算经》卷中还记载了一道

---

① 冯立昇：《〈张邱建算经〉的成书年代》，李迪主编《数学史研究文集》第一辑，第 46—49 页。

② 卢嘉锡总主编：《中国科学技术史·数学卷》（本卷主编郭书春、副主编李兆华），第 189 页。

③《张邱建算经》卷上："今有丝一斤八两，直绢一匹。今持丝一斤，裨钱五十，得绢三丈。今有钱一千，问得绢几何？答曰：一匹二丈六尺六寸太半寸。""今有甲贷乙绢三匹。约限至不还，匹日息三尺。今过限七日，取绢二匹，偿钱三百。问一匹直钱几何？答曰：七百五钱十七分钱之十五。"（《李俨钱宝琮科学史全集》，第四卷，第 269、270 页）按《魏书》卷一一〇《食货志》："天安（466—467）、皇兴（467—471）间，岁频大旱，绢匹千钱。"（第八册，第 2852 页）据此，似北魏前期并非完全不行钱币，则《张邱建算经》成书于北魏中叶的可能性亦不能完全排除。当然，"绢匹千钱"中的"钱"更有可能并非现实中行用的钱，而仅仅作为一种计价标的物，类似于黄金本位或美元本位制中的黄金或美元。

例题,反映的应该也是以九品混通之制征收赋税的情形:"今有户出银一斤八两一十二铢。今以家有贫富不等,令户别作差品,通融出之。最下户出银八两,以次户差各多三两。问户几何?答曰:一十二户。"①按"户别作差品,通融出之",显然体现的就是九品混通之制的基本原则。史书中未见北魏以银作为征收物的记载,但亦不排除偶尔为之的可能。《张邱建算经》卷上:"今有金方七,银方九,秤之适相当。交易其一,金轻七两。问金、银各重几何?答曰:金方重十五两十八铢,银方重十二两六铢。"②《齐民要术》载"种菘、芦菔","秋中卖银,十亩得钱一万"。③ 宣武帝延昌元年(512)《孙抚买地砖券》:"彬州故民孙抚、孙妻赵丑女用银钱一万,买墓地四方十顷,上下诸官,莫横使侵夺。"④很明显,银钱在当时是被用作交换媒介的⑤。在此交易中,一顷地用银钱一千,购一亩地则需银钱十。虽然此乃阴间的土地交易凭证,但可以看作是现实情况的曲折反映,或者说在社会现实中,一定存在着类似的土地买卖活动。由此可见,北魏时期确曾有过以银或银钱作为交换媒介的情况。

北魏太武帝太平真君四年(443)六月庚寅(廿一,8.2),诏曰:"朕承天子民,忧理万国,欲令百姓家给人足,兴于礼义。而牧守令宰不能助朕宣扬恩德,勤恤民隐,至乃侵夺其产,加以残虐,非

<hr>

① 《李俨钱宝琮科学史全集》,第四卷,第 272 页。
② 《李俨钱宝琮科学史全集》,第四卷,第 270 页。
③ [后魏]贾思勰著,缪启愉校释:《齐民要术校释》卷三《蔓菁》,第 188 页。
④ 叶昌炽撰,柯昌泗评:《语石 语石异同评》卷五,第 363 页。
⑤ 《魏书》卷一一〇《食货志》:"世宗延昌三年春,有司奏长安骊山有银矿,二石得银七两。其年秋,恒州又上言,白登山有银矿,八石得银七两,锡三百余斤,其色洁白,有逾上品。诏并置银官,常令采铸。"(第八册,第 2857 页)想来银官铸造的银制品,除了器皿和装饰品外,应该还有银钱。

所以为治也。今复民赀赋三年,其田租岁输如常。牧守之徒,各厉精为治,劝课农桑,不听妄有征发。有司弹纠,勿有所纵。"①由此来看,当时民众的负担有"赀赋"和"田租"两类,性质有较大的差别,上文多次出现的"租赋"即指田租和赀赋。"田租"是土地税,是按田地的多少为标准征收;"赀赋"当即"计赀定课",是按资产的多寡为标准征收。具体而言,帛三匹二丈、絮二斤、丝一斤为赀赋,粟二十石为田租。赀赋在实际征收过程中,实行"九品混通",不过地方官"妄有征发"或"纵富督贫,避强侵弱"的现象似乎十分普遍。太平真君四年六月庚寅诏仅优复赀赋,而田租则需照常征收。这是因为当时大规模的征服兼并战争已经结束,国库中充斥着大量的珍宝丝帛等财物,由于可以长期贮存,能够满足多年需要,故可暂缓征发。而粮食则不同,不仅不宜长期保存,而且皇室成员、王公贵族乃至官府作坊的服役者,更重要的是数量可观的军人,都要消耗大量的粮食,故不可一日或缺。此诏与延和三年二月戊寅诏所体现的精神,可谓如出一辙,孝文帝均田诏和李安世均田疏也是这一精神的延续,均田诏和均田疏所针对的问题在这两份诏书中已经初步提出。

赀赋和田租合称租赋,构成当时农业人口的主要经济负担,也是北魏国家最主要的财政来源。当然,在战争中的大肆掠夺也是北魏财政收入的重要途径,不过这种方式随着大规模兼并战争的结束而退居其次,越来越微不足道。太平真君九年"夏五月甲戌(初四,6.20),以交阯公韩拔为假节、征西将军、领护西戎校尉、

---

① 《魏书》卷四下《世祖纪下》,第一册,第 96 页。又,太延三年(437)"二月乙卯(初九,3.31),行幸幽州,存恤孤老,问民疾苦;还幸上谷,遂至代。所过复田租之半"(《魏书》卷四上《世祖纪上》,第一册,第 87 页)。可见免民赀赋、田租或者租赋并免,往往根据实际情况而定,并无一定之规。

鄯善王,镇鄯善,赋役其民,比之郡县"①。从北魏占领西域鄯善国后实行的这一举措推断,当时北魏境内的郡县民众不仅要承担租赋,而且还要负担更为沉重的徭役,如上引延和三年二月戊寅诏所言战争中的"运输之役"。

第三节　杂调免除与"租输三等九品之制"

文成帝兴安二年(453)正月"癸未(初九,2.3),诏与民杂调十五"②。这是文成帝即位之初为了稳定社会政治局势而采取的缓和阶级矛盾的举措。由此可见,当时民众的负担除了租赋徭役外还有杂调。关于这次免除杂调的决策,《魏书·食货志》有具体记载:

> 先是太安中,高宗以常赋之外杂调十五,颇为烦重,将与除之。尚书毛法仁曰:"此是军国资用,今顿罢之,臣愚以为不可。"帝曰:"使地利无穷,民力不竭,百姓有余,吾孰与不足。"遂免之。③

按"常赋"即常调,据前引《食货志》记载,为"户调帛二匹、絮二斤、丝一斤",及"调外之费""帛一匹二丈"。所谓"杂调十五",意涵比较模糊,可能是指杂调与户调的比例,即杂调相当于户调之

①《魏书》卷四下《世祖纪下》,第一册,第 102 页。
②《魏书》卷五《高宗纪》,第一册,第 112 页。
③《魏书》卷一一〇《食货志》,第八册,第 2852 页。

半。另一种可能是指杂调十五斛，不可能是十五匹，因为数量太大。① 不管怎样，两者相加，还有田租及缴纳租调时的运费，故民户的实际负担无疑会大大加重。太武帝前期一系列征服兼并战争，以及后期平定盖吴之乱、远征刘宋的大规模战争，都需要大量的物资和力役为后盾，广大的农业人口为此付出了沉重的代价。加之文成帝即位前，朝廷政局经历了严重的动荡局面，可以说形势相当严峻。尤其是征服兼并战争的结束，"军国资用"基本可以消除。这是减轻民众一半杂调负担政策实施的背景。《论语·颜渊》载有若答鲁哀公之问云："百姓足，君孰与不足？"②可见儒家的民本思想是文成帝这次免除杂调的理论基础。

太安元年(455)六月癸酉(十三，7.13)，诏"遣尚书穆伏真等三十人，巡行州郡，观察风俗"，第一条便是"农不垦殖，田亩多荒，则徭役不时，废于力也"。③ 主要目的是通过使者巡察以发现地方统治存在的各方面问题，充分体现出发展农业生产在当时地方统治中所具有的重要性。太安四年春，文成帝东巡—南巡，途经广宁温泉宫—平州—辽西黄山宫—碣石山(乐游山)—信都—广川，"三月丁未(初三，4.2)，观马射于中山。所过郡国赐复一年"④。"赐复"的项目没有具体说明，应该是民众租、赋、役、调等各类负

---

①陈连庆认为"杂调十五""有两种解释：一、杂调占十分之五，即半数都是杂调。二、杂调凡十五种。两种解释都可讲通，似以后者为长。"(《〈晋书·食货志〉校注 〈魏书·食货志〉校注》，第262页)我以为后一种可能性应该没有。《五曹算经》卷四《仓曹》："今有二千七百户，户责租米一十五斛，问计几何？"(《李俨钱宝琮科学史全集》，第四卷，第322页)若"杂调十五"是指十五斛，则此题所反映的很可能即是北魏征收杂调的情况。
②《论语集注》卷六，《四书章句集注》，第135页。
③《魏书》卷五《高宗纪》，第一册，第114页。
④《魏书》卷五《高宗纪》，第一册，第116页。

担。同年五月壬戌(十九,6.16),诏曰:

> 朕即阼至今,屡下宽大之旨,蠲除烦苛,去诸不急,欲令物获其所,人安其业。而牧守百里,不能宣扬恩意,求欲无厌,断截官物以入于己,使课调悬少,而深文极墨,委罪于民。苛求免咎,曾不改惧。国家之制,赋役乃轻;比年已来,杂调减省。而所在州郡,咸有逋悬,非在职之官绥导失所,贪秽过度,谁使之致? 自今常调不充,民不安业,宰民之徒,加以死罪。申告天下,称朕意焉。①

按诏书所言"比年已来,杂调减省",即指兴安二年正月免除杂调的政策。诏书中提及的"课调"即是"常调",亦即"赋役"之赋——租赋——赀赋和田租之和。太安五年九月戊辰(初三,10.15)诏,遣责"牧守莅民,侵食百姓,以营家业,王赋不充",规定"自今诸迁代者,仰列在职殿最,案制治罪","主者明为条制,以为常楷"。② 很显然,文成帝把能否完成国家规定的租赋征收任务作为考核地方官政绩的最主要标准,表明租赋收入已成为国家财政的根本性支柱,相应的农业已成为国民经济的决定性产业。同年十二月戊申(十五,460.1.23),在赈济发生旱灾的六镇等州镇的诏书中,谓其即位以来"薄赋敛以实其财,轻徭役以纾其力,欲令百姓修业,人不匮乏"云云③。按赋敛即租赋、王赋。轻徭薄赋的

---

①《魏书》卷五《高宗纪》,第一册,第 116—117 页。
②《魏书》卷五《高宗纪》,第一册,第 117—118 页。
③《魏书》卷五《高宗纪》,第一册,第 118 页。

目的是为了使百姓有一定的财力,维持正常的生产生活①。

然而,现实情况并不尽如人意,大多数地方官对朝廷的诏令充耳不闻,依然苛虐治民,使得百姓的处境十分艰难。和平二年(461)正月乙酉(廿八,2.23),诏曰:

> 刺史牧民,为万里之表。自顷每因发调,逼民假贷,大商富贾,要射时利,旬日之间,增赢十倍。上下通同,分以润屋。故编户之家,困于冻馁;豪富之门,日有兼积。为政之弊,莫过于此。其一切禁绝,犯者十匹以上皆死。布告天下,咸令知禁。②

按同年"五月癸未(廿八,6.21),诏南部尚书黄卢头、李敷等考课诸州"③。此举乃是为了落实正月乙酉诏而采取的具体步骤。从乙酉诏书来看,地方长官州刺史和大商富贾互相勾结,在征发租调之际逼迫民户借高利贷,利息之高令人瞠目,地方长官则与富商分成获利。其结果是贫穷的编户齐民雪上加霜,衣食难保,不得不忍饥挨饿,而豪强富贾则积聚了大量财富,贫富分化日益严重。地方官的不断侵食,还有不时之徭役征发和天灾的侵袭,普通的编户齐民很难有余粮缴纳租赋,这就为地方官和大商富贾乘机渔利提供了新的契机,从而使得广大的自耕农遭受更加沉重的

---

① 孟子曰:"易其田畴,薄其税敛,民可使富也。"赵岐注:"易,治也。""庶民治其田畴,薄其税敛,不逾什一,则民富矣。"(《孟子注疏》卷一三下《尽心章句上》,《十三经注疏》,下册,第 2768 页中栏)很显然,北魏文成帝诏所体现的治国理念与孟子之说是相通的。
② 《魏书》卷五《高宗纪》,第一册,第 119 页。
③ 《魏书》卷五《高宗纪》,第一册,第 119 页。

盘剥,处于水深火热之中而难以摆脱困境。

地方长官为了完成租调征发任务而与大商富贾进行勾结,既是出于贪念而乘机渔利,更是慑于两三年前颁布的严苛法令的威力。如上所引,太安四年五月壬戌诏规定,"自今常调不充,民不安业,宰民之徒,加以死罪"。民是否安业并无一定标准,而常调是否完成则有明确额度及时限,否则地方长官将会人头落地。地方长官与大商富贾狼狈为奸压榨百姓,便是基于这种背景。这也表明,大商富贾或豪富之门对北魏基层社会的控制力相当强大,若地方长官得不到他们的有力支持,则很难维持对地方的实际控制。两年余之后,和平四年三(四)月乙巳(初一,5.4)诏有云:"今内外诸司、州镇守宰,侵使兵民,劳役非一。自今擅有召役,逼雇不程,皆论同枉法。"①看来文成帝虽然多次颁布诏令并遣使巡察,对地方长官的治理提出了一系列严格的要求,力图通过改善吏治而使地方政治出现良性有序的局面,使广大的编户齐民能够在维持生计的同时完成国家的赋役征发,但事实上吏治状况迄未得到改观,地方长官对朝廷的三令五申大多置若罔闻,无动于衷,继续我行我素。

总的来看,文成帝时期非常关注地方长官的治理以及因赋役征发而引起的社会问题,特别是力图改善编户齐民因承受多重盘剥所面临的悲惨境遇,反映了农业人口与北魏统治关系的密切程度超过了以往任何一个时期。当时下层民众的困境来自于沉重的赋役负担及官商的勾结欺压,不过除文成帝初年"诏与民杂调十五"外,北魏政府很少采取减轻赋役剥削的举措。整个文成帝一朝,自然灾害看来并不严重,仅见两次就自然灾害发布政令:太

---

① 《魏书》卷五《高宗纪》,第一册,第 121 页。

安五年(459)十二月戊申(十五,460.1.23)因"六镇、云中、高平、二雍、秦州遍遇灾旱,年谷不收",下诏"遣开仓廪以赈之;有流徙者,谕还桑梓;欲市籴他界,为关傍郡,通其交易之路"。① 然而,并未见到减免租赋的相关举措。和平四年(463)"冬十月,以定、相二州霣霜杀稼,免民田租"②。这是文成帝时唯一一次因天灾而免民田租。

献文帝即位刚过二十天,便于和平六年(465)六月乙丑(初四,7.12)下诏云:"夫赋敛烦则民财匮,课调轻则用不足,是以十一而税,颂声作矣。先朝权其轻重,以惠百姓。""今兵革不起,畜积有余,诸有杂调,一以与民。"③文成帝初年虽然下诏免除了相当于常赋一半的杂调,然而"未几,复调如前",因此方有献文帝初年"诸有杂调,一以与民"政策的实行,此后杂调便从民众的负担中消失了,"于是赋敛稍轻,民复赡矣"。④ 杂调的取消,与当时大规模战争已经结束的大背景有关。就北魏统治者的主观愿望来看,似不再打算发动大规模战争。这一政治决策从文成帝初年就已开始,"太安""和平"等年号即是其体现。史载献文帝时期"至天安(466—467)、皇兴(467—471)间,岁频大旱,绢匹千钱"⑤。但并未见到北魏政府实行与赋役征发或减免有关的措置,主要是因为当时北魏与刘宋军队在淮北地区激战正酣。

延兴(471—476)年间,献文帝虽已禅位于孝文帝,但仍以太上皇身份执掌国政。延兴三年"秋七月,诏河南六州之民,户收绢

①《魏书》卷五《高宗纪》,第一册,第118页。
②《魏书》卷五《高宗纪》,第一册,第121页。
③《魏书》卷六《显祖纪》,第一册,第125—126页。
④《魏书》卷一一〇《食货志》,第八册,第2852页。
⑤《魏书》卷一一〇《食货志》,第八册,第2852页。

一匹、绵一斤、租三十石"①。数年前,北魏从刘宋手中得到河南淮北诸州,为了稳定当地局势,在最初几年并未征收赋税。河南六州具有适宜农耕的优越条件,因而成为继河北、关中地区之后北魏又一个重要的租赋来源地。按:"绢一匹、绵一斤"应即赀赋,租三十石应即田租,也就是说,北魏对民户征收的赀赋为绢和绵,而田租则为粮食。当时其它地区民户的租赋为"帛二匹、絮二斤、丝一斤、粟二十石",这样对河南六州民户的户调征收就比其它地区的民户赀赋少收绢(帛)一匹、绵(絮)一斤、丝一斤,而田租(粟)则多收十石。因具体物价指数无从得知,两者间的换算关系难以确定,但想来应该相去不远。之所以多收租而少收绵绢,是因为粮食生产容易进行,而绵绢的生产必须经过种桑养蚕纺织等环节,尤其桑树的成长需要一定的年限产量方能提高。就在对河南六州之民征收户调的同时,北魏朝廷又对发生扭曲的绢布度量制度进行了纠正。《魏书·食货志》:"旧制,民间所织绢、布,皆幅广二尺二寸,长四十尺为一匹,六十尺为一端,令任服用。后乃渐至滥恶,不依尺度。高祖延兴三年秋七月,更立严制,令一准前式,违者罪各有差,有司不检察与同罪。"②北魏时期尺度凡三变,中尺略长于前尺,其时所行当为前尺,一尺约合今 27.9 厘米③,则一匹约为 6.85 平方米,一端约为 10.275 平方米。

延兴三年九月"辛丑(廿八,11.3),诏遣使者十人循行州郡,检括户口。其有仍隐不出者,州、郡、县、户主并论如律"④。此举

①《魏书》卷七上《高祖纪上》,第一册,第 139 页。
②《魏书》卷一一〇《食货志》,第八册,第 2852 页。
③参见梁方仲《中国历代度量衡变迁表》,《中国历代户口、田地、田赋统计》,第 541、543 页。又可参见丘光明《中国历代度量衡考》,第 68—69 页。
④《魏书》卷七上《高祖纪上》,第一册,第 139 页。

表明,当时北魏全国各地有不少民户并未列入国家户籍,而北魏政府的租赋是按户征收的,大量隐户的存在自然会对政府的财政收入产生很大影响。同年"冬十月,太上皇帝亲将南讨。诏州郡之民,十丁取一以充行,户收租五十石,以备军粮"①。很显然,上个月的括户举措与此有着密切关系,亦即括户的直接目的是为了增加参与太上皇南讨行动的士兵和力役人数,以及提供更为充足的军粮供给。由此推断,献文帝大概想发动一次规模巨大的针对南朝的军事行动。其时南朝宋明帝新死,后废帝即位不久,政局扑朔迷离,边境防务遭到削弱,北魏献文帝欲乘机南侵,企图实现南北一统。大规模检括全国户口,以征收更多的兵员和军粮,从而为南伐行动的开展提供有力保障。不过,这次军事行动最终并没有得到落实,而是变成太上皇对北魏南方地区的巡视。"十有一月戊寅(初五,12.10),诏以河南七州牧守多不奉法,致新邦之民莫能上达,遣使者观风察狱,黜陟幽明。其有鳏寡孤独贫不自存者,复其杂徭;年八十已上,一子不从役;力田孝悌、才器有益于时、信义著于乡闾者,具以名闻。癸巳(二十,12.25),太上皇帝南巡,至于怀州。所过问民疾苦,赐高年、孝悌力田布帛。"②献文帝本来是想对河南六州新民普征租赋,这既是对河南六州主权的进一步宣示,又是为了扩大政府的财源。而通过使者循行,献文帝了解到"河南七州牧守多不奉法",造成下情不能上达,于是再向这一地区派遣使者进行考察,并采取缓和矛盾的措施。在此基础上,献文帝亲自南巡,当然之前的遣使和相关措施也可以说是为献文帝的南巡铺路。

---

① 《魏书》卷七上《高祖纪上》,第一册,第 139 页。
② 《魏书》卷七上《高祖纪上》,第一册,第 139—140 页。

由于河南地区的社会局势并不稳定,献文帝放弃了最初打算的大规模南讨行动,转而通过遣使及亲自南巡等举措来缓和河南地区的社会矛盾,以稳定当地的社会局势。次年"十有一月,分遣侍臣循河南七州,观察风俗,抚慰初附"①。看来河南地区的形势在前一年两次使者巡察和献文帝南巡之后并未得到根本改观,故有是举。在不到两年时间里,献文帝对河南地区给予了如此密切的关注,可以说意味深长,这是北魏统治政策即将发生转变的一个信号。值得注意的是,在延兴三、四年北魏境内发生了范围较广的灾荒,政府也采取了相应的措施:三年,"州镇十一水旱,亏民田租,开仓赈恤"。四年,"州镇十三大饥,亏民田租,开仓赈之"。② 延兴四年波及十三州镇的大饥荒,究竟是由新的天灾所引起,还是前一年十一州镇的水旱灾害引起的连锁反应,史书中没有明确记载。不管怎样,北魏政府都采取了"亏民田租,开仓赈恤"双管齐下的救灾措施。当时民众的负担除田租外还有赀赋,没有免除赀赋的相关记载,表明赀赋仍需缴纳。

延兴五年四月"癸未(十九,6.8),诏天下赋调,县专督集,牧守对检送京师,违者免所居官"③。这是关于赋税征收输送方式的一次重大改革,也表明当时民众对国家的经济负担不仅仅是田租,故可推测前两年的"亏民田租"不会涉及免除赀赋的问题。从上引相关记载推断,在此之前赋调可能由州刺史负责督集,这次改为"县专督集"反映了北魏对地方控制力的强化。以往赋税的

---

① 《魏书》卷七上《高祖纪上》,第一册,第 141 页。
② 《魏书》卷七上《高祖纪上》,第一册,第 140、141 页。
③ 《魏书》卷七上《高祖纪上》,第一册,第 141 页。

征收输送方式并无明确记载,但从杂调需"委之州库"推断,延兴五年前常赋和田租——租赋、赋调可能都要送至京师,民户缴纳赋税自然要花费大量的人力和财力,无形中加重了民众的负担。《魏书·食货志》:

> 刘彧淮北青、冀、徐、兖、司五州告乱请降,命将率众以援之。既临其境,青、冀怀贰,进军围之,数年乃拔。山东之民咸勤于征戍转运,帝深以为念。遂因民贫富,为租输三等九品之制:千里内纳粟,千里外纳米;上三品户入京师,中三品入他州要仓,下三品入本州。[1]

周一良云:"粟即未舂之谷",米(小米)则为已舂之谷,"唐代未舂之粟一斗舂出小米六升,北魏比例大致应相同,故千里外纳米,其运送耗费较纳粟可省百分之四十也"。[2]《五曹算经》载有如下例题:

> 今有粟七百五十斛,问为粝米几何? 答曰:四百五十斛。
> 今有粟二百九十斛,问为粺米几何? 答曰:一百五十六斛六斗。
> 今有粟五百六十斛,问为糳米几何? 答曰:二百六十八斛八斗。
> 今有粟三百六十二斛,问为御米几何? 答曰:一百五十

---

①《魏书》卷一一〇《食货志》,第八册,第2852页。
②周一良:《〈魏书〉札记·粟、谷、榆、枣》,《魏晋南北朝史札记》,第395、396页。

二斛四升。①

按此,则粝米、粺米、繫米和御米的出米率分别为六成、五成四、四成八和四成二(约)。御米最精细,故出米率最低。无法确定"千里外纳米"之米究为粝、粺、繫、御之哪一种,抑或皆有其分,即便是最粗糙的粝米,出米率也只有原粮粟的六成。之所以规定"千里内纳粟"而"千里外纳米",显然是为了节省远途运输的成本,因为运米量比运粟量至少也要节省四成之多。规定上、中、下等户的租调分别入京师、他州要仓和本州,亦与距离远近和运输成本有关,因为对于山东民户而言,京师平城路途最为遥远,运输成本也就最高,本州自然最近,运输成本也就最低。因此推测,租调的运输费用可能要由民户承担。

关于"租输三等九品之制"颁行的具体时间,《食货志》的记载并不明确。《册府元龟·邦计部五·赋税一》载"献文以和平六年(465)五月即位,六月诏",诏文引自《魏书·显祖纪》。其下云:"是年,因民贫富,为租输三等九品之制:千里外纳米,上三品入京师,中三品入他州要仓,下三品入本州。"②此不仅脱"千里内纳粟"之语,同时所载制度实施之时间也是对《魏书·食货志》上下文误读所致。《食货志》上引记载前的文字是:"显祖即位,亲行俭素,率先公卿,思所以赈益黎庶。至天安、皇兴间,岁频大旱,绢匹千钱。"③毫无疑问,"租输三等九品之制"的实行与献文帝皇兴年间平定青齐地域有关,而不是早在和平六年献文帝即位之初。

①《五曹算经》卷三《集曹》,《李俨钱宝琮科学史全集》,第四卷,第319页。
②《册府元龟》卷四八七《邦计部五》,第六册,第5826页上栏。
③《魏书》卷一一〇《食货志》,第八册,第2852页。

与《册府元龟》的记载相比,《通典·食货五·赋税中》载此制,作"庄帝即位,因人贫富,为租输三等九品之制"云云①,更可谓张冠李戴。

北魏"租输三等九品之制"与延兴五年四月癸未所颁诏令之间的关系难以确定,两者很可能为同一事。在此之前,除杂调之外民户的租赋似乎全都要送往京师,之后则根据户等高下分别输入京师、他州要仓和本州,而运输费用则由纳税民户承担无疑。通过这次改革,中下层民户的负担应该有较大程度的减轻。然而,在实际执行过程中却出现了严重弊端。《魏书·李䜣传》:"未几而复为太仓尚书,摄南部事。用范摽、陈端等计,令千里之外,户别转运,诣仓输之。所在委滞,停延岁月,百姓竞以贷赂各求在前,于是远近大为困弊。道路群议曰:'畜聚敛之臣,未若盗臣。'"②由此来看,"租输三等九品之制"当为献文帝接受李䜣建议而实行的制度,不过《李䜣传》的记载可能存在疏误。③

---

① 《通典》卷五《食货五》,第一册,第 94 页。按此又为 [宋] 马端临《文献通考》卷二《田赋考二·历代田赋之制》(第一册,第 41 页)及 [清] 张英、王士禛等《御定渊鉴类函》卷一三三《政术部一二·赋税一》(《景印文渊阁四库全书》子部二九一"类书类",第九八五册,第 557 页上栏)所因袭。[宋] 吕祖谦《历代制度详说》卷三《赋役·制度》:"后魏天安以来,比岁旱饥,重以青徐用兵,山东之民,疲于赋役。显祖命因民贫富,为三等输租之法等,为九品。千里内纳粟,千里外纳米,上三品输平城,中输他州,下输本州。"(《景印文渊阁四库全书》子部二二九"类书类",第九二三册,第 923 页下栏)虽然对制度本身的记载有欠准确,但对制度实施时间的记载则比《通典》和《册府元龟》确切。

② 《魏书》卷四六《李䜣传》,第三册,第 1041 页。

③ 《隋书》卷二四《食货志》载北齐河清三年令:"垦租皆依贫富为三枭。其赋税常调,则少者直出上户,中者及中户,多者及下户。上枭输远处,中枭输次远,下枭输当州仓。三年一校焉。租入台者,五百里内输粟,(转下页注)

第四节　均田制和三长制实施前税制的变化

　　献文帝死后,冯太后又一次临朝听政,其时距俸禄制、均田制和三长制等改革新政的颁布只有十年左右的时间。改革前的财政问题,在支出和收入两方面均有值得关注之处。就支出而言:太和三年(479)"十有一月癸卯(初五,12.4),赐京师贫穷、高年、疾患不能自存者衣服布帛各有差"。四年六月丁卯(初二,6.25),"以䌷绫绢布百万匹及南伐所俘赐王公已下"。七月壬子(十八,8.9),"诏会京师耆老,赐锦彩、衣服、几杖、稻米、蜜、面,复家人不徭役"。六年二月"癸丑(廿八,4.2),赐王公已下清勤著称者谷帛有差"。八年"五月己卯(初七,6.16),诏赈赐河南七州戍兵"。[1]在三年半时间里,北魏朝廷进行了五次赐予,两次是针对京师地区的弱势人群,两次是针对王公贵族,一次是针对河南七州的戍兵,以最后一次最为独特。仅太和四年六月一次就向王公贵族赐予䌷绫绢布达百万匹之多,相当于五十万户民户(以每户五口计,为二百五十万人)一年的调帛总数,无疑是一笔相当可观的数目。由此可见,当时北魏的国库已颇为充盈,这是文成帝以来北魏政府鼓励农业生产发展,并把农业地区的赋税作为国家基本财源的政策发挥作用的结果。

(接上页注)五百里外输米;入州镇者,输粟。人欲输钱者,准上绢收钱。"(第三册,第 678 页)这显然是对北魏献文帝时期所实行的"租输三等九品之制"的继承和变通。由此推测,"租输三等九品之制"很可能在孝文帝以后仍然继续实行。

[1]《魏书》卷七上《高祖纪上》,第一册,第 147、148、149、151、153 页。

就收入而言：太和六年二月辛卯（初六，3.11），诏曰："灵丘郡土既褊塉，又诸州路冲，官私所经，供费非一。往年巡行，见其劳瘁。可复民租调十五年。"乙未（初十，3.15），诏曰："萧道成逆乱江淮，戎旗频举。七州之民既有征运之劳，深乖轻徭之义，朕甚愍之。其复常调三年。""秋七月，发州郡五万人治灵丘道。八月癸未朔（初一，8.30），分遣大使巡行天下遭水之处，丐民租赋，贫俭不自存者，赐以粟帛。"十二月丁亥（初七，483.1.1），诏曰："朕以寡薄，政缺平和，不能仰缉纬象，蠲兹六沴。去秋淫雨，洪水为灾，百姓嗷然，朕用嗟愍，故遣使者循方赈恤。而牧守不思利民之道，期于取办。爱毛反裘，甚无谓也。今课督未入及将来租算，一以丐之。有司勉加劝课，以要来穰，称朕意焉。"[1]七年正月"丁卯（十八，2.10），诏青、齐、光、东徐四州之民，户运仓粟二十石，送瑕丘、琅邪，复租算一年"[2]。这五项措施是在不到一年时间内颁布的，主要是对民众困境的优复，颇有集中解决问题的意味，当然也可能纯属巧合。

　　以上各项措施中，有两项是为了赈济灾荒而减免租赋，涉及所有受灾地区。还有两项仅与灵丘郡有关。太和六年二月辛卯

<hr/>

[1]《魏书》卷七上《高祖纪上》，第一册，第151—152页。

[2]《魏书》卷七上《高祖纪上》，第一册，第152页。按"四州之民户运仓粟二十石"，此为百衲本《魏书》及《册府元龟》卷四九○《邦计部八·蠲复二》（第六册，第5858页下栏）之文字，它本《魏书》俱作"二十万石"（参见中华书局点校本《魏书》卷七上"校勘记"〔一六〕，第一册，第159页）。《北史》卷三《魏本纪三·高祖孝文帝纪》（第一册，第99页）及《通志》卷一五下《后魏纪十五下·孝文帝》（元大德三山郡庠刻元明递修本）作"四州户运仓粟二十万石"，《册府元龟》卷四九八《邦计部一六·漕运》（第六册，第5964页下栏）作"四州之民运仓粟二十万石"。按若无"万"字则指每户运粟量，若有"万"字则指四州民户运粟总量，此当以后者为是。

诏显示，灵丘郡土地比较贫瘠，又地处京师与中原连接的交通枢纽，当地民众的负担极为沉重，不仅要为"官私所经"提供服务，花费不菲，而且严重影响农业生产的正常进行。前一年冯太后和孝文帝一行经灵丘南巡，了解到当地的具体状况，遂有"复民租调十五年"的特殊政策的实行。此举还有一个目的，就是为了给数月之后灵丘道的修治提供方便。灵丘道修治动用州郡民众达五万之众，灵丘当地人应该首当其冲，甚至可能几乎全都要加入到灵丘道的修治或相关的服务中来，同时还要占用一部分耕地，对当地农业生产的负面影响自不待言。灵丘当地的社会治安状况原本就不容乐观①，若处理不当，难保修治灵丘道时不会出现问题。不论如何，动用五万人修治灵丘道，无疑是一个大工程，反映了北魏统治者希望京师和中原地区交通联系进一步顺畅的目的，这样既可以保证中原地区的租赋更顺利地运送到京师，也有利于加强对中原地区的政治控制。

延兴年间太上皇当政期间，曾下诏对河南六州之民普征租调，后虽有"复杂徭"之举，但并不曾减免租调，而太和六年二月乙未诏对河南七州之民"复常调三年"，应该是一次重要的举措，其背景是南朝政局的变化。当时萧道成刚刚建立南齐，北魏统治者害怕靠近南朝边境的河南民众为南方新朝的政策所吸引，从而影响边境地区的稳定，遂有免除这一广大地域民众常调三年的优惠措施的颁布。此举反映出当时北魏的国库还是比较充盈的，而这与此前河南七州民众缴纳赋税的贡献密不可分。太和七年正月丁卯诏四州民户运仓粟送瑕丘、琅邪，显然是出于军事需要而向边地转运官仓的粮食。此四州之民不仅要承担人力，而且可能还

---

① 参见《魏书》卷八九《酷吏·张赦提传》，第六册，第1922页。

有路途食宿费用。不管怎样,民户因承担国家的劳役而受到免除租算(租赋、常调)的优待,还是颇为少见的。青、齐、光、东徐四州即属河南七州,故此举可能还因为当时河南七州之民正处在"复常调三年"的优待期。

上述情形显示,北魏政府的政策不是从如何增加财政收入的角度考虑问题,而是从尽量减轻民众的负担方面着眼,这是一个值得关注的重要变化。如上所述,从太武帝太延元年(435)开始,北魏农业人口的赋税为每户调帛二匹、絮二斤、丝一斤及租粟二十石,还有作为"调外之费"的帛一匹二丈①。延兴三年(473)七月后,"河南六(七)州之民,户收绢一匹、绵一斤、租三十石"②。太和八年六月丁卯(廿六,8.3),下诏班行俸禄制③,赋税额度同时作出了相应调整:"户增帛三匹、粟二石九斗,以为官司之禄。后增调外帛满二匹。所调各随其土所出。"④所谓"随其土所出",即绢乡司、冀、雍等十九州"贡绵绢及丝",麻土幽、平、并等十八州及司、冀、雍等州部分不宜桑蚕的郡县"以麻布充税"。⑤ 这样,民户的赋税额度就变成了帛五匹、絮二斤、丝一斤、粟二十二石九斗

---

① 此外,又有"杂调"作为"军国资用",文成帝和献文帝曾两度下诏免除杂调,到和平六年(465)六月之后便被废除。然而,其后不久似乎又恢复了杂调征收。

② 《魏书》卷七上《高祖纪上》,第一册,第139页。

③ 参见《魏书》卷七上《高祖纪上》,第一册,第153—154页。

④ 《魏书》卷一一〇《食货志》,第八册,第2852页。同书卷七上《高祖纪上》载班禄诏云:"户增调三匹、谷二斛九斗,以为官司之禄。均预调为二匹之赋,即兼商用。"(第一册,第154页)

⑤ 《魏书》卷一一〇《食货志》,第八册,第2852—2853页。按西魏大统十年(544)苏绰所为"六条诏书"中,谓"绢乡先事织纴,麻土早修纺绩"云云(《周书》卷二三《苏绰传》,第二册,第390页)。可见当时把"贡绵绢及丝"的地区称为"绢乡","以麻布充税"的地区称为"麻土"。

及调外帛一匹二丈(后增至二匹)。与之前的赋税额度相比,共计增加帛三匹或三匹二丈、粟二石九斗。由此来看,俸禄制班行后,租粟部分的增加额度较少,在原有基础上再增加 14.5%,而调绢的部分增加幅度很大,若按"绢一匹当绵三斤"之制折算,则絮(熟丝)二斤、丝(生丝)一斤似可折合绢一匹,亦即在原有基础上再增加 66.7%(三分之二)或 77.8%(九分之七),若不计调外之费,则增加了整整一倍。可以这样说,献文帝初年停收的杂调又回到了民众的负担之中,而且还有了大幅度增加。这种情况也显示,官俸支出在国家财政总收入中占比较重,实行俸禄制后民众的负担特别是绢帛的缴纳成为不小的一笔数目,必须广开财源,尤其是要为绢帛需求量的增加提供有效渠道。在俸禄制班行仅仅过了一年之后便下达了均田令,在均田土地中专门划出桑田的部分并规定必须种植桑树,应该与此颇有关系。

孝文帝班禄诏有谓,"虽有一时之烦,终克永逸之益"[1]。所谓"一时之烦",是指民众的负担暂时的确加重了;所谓"永逸之益",则是指俸禄制实行后官吏贪赃枉法的行为会受到遏制,从长远来看民众会得到更大的实惠,因而具有很大的优越性。这是因为班禄诏同时还规定:"罢诸商人,以简民事";"禄行之后,赃满一匹者死"。也就是说,从北魏政府的主观愿望而言,实行俸禄制后严禁官吏的贪赃枉法行为,意味着不会再有官吏和商人勾结侵食民众的状况发生,故"一时之烦"可致"永逸之益"。虽则如此,但"一时之烦"就在眼前,而"永逸之益"却是很难达到的。因此,从根本上改变旧税制势所必然。值得注意的是,俸禄制颁布后赋税的增加只维持了一年半的时间,到三长制设立时即被

_____

[1]《魏书》卷七上《高祖纪上》,第一册,第 154 页。

新的赋税制度所取代,也就是说,这一较高的赋税征收额度很大可能只在太和九年实行了一次,故其造成的负面影响自然也就十分有限。

第十三章　从宗主督护制到三长制

　　北魏前期主要依靠豪强大族控制地方基层社会,县以下并无类似汉晋时期的乡、里机构,而是由乡村中有威望的老者——"乡邑三老"或"乡老""父老"——承担起管理宗族并协助地方长官稳定基层社会的任务,此即历史上的"宗主督护制"。关于北魏前期宗主督护制的具体情况,史书记载极其零星,难窥其梗概,通过对中外历史上类似制度的比较,有助于加深对该制度的认识。北魏前期的宗主属于强宗大族的代表人物,宗主督护制可以看作是父家长制的一种变体,与魏晋十六国时期的豪强大主属于同一个阶层,但与西晋末年以来出现的具有军事割据性质的坞堡或坞壁主不同,主要还是一种社会性和经济性的存在。在北魏稳定的中央集权体制下,是没有军事割据性的地方势力存在的空间的。宗族势力在协助北魏地方长官进行统治的同时,也对北魏政府的利益构成了威胁,在征收赋税徭役时和地方官及商人勾结,危害到普通小农的利益,从而有可能影响基层社会的稳定,更主要的是他们还接纳了大量的依附民,侵蚀了政府控制的编户齐民,阻截了国家赋税徭役的来源,成为中央集权体制的重要隐患。通过健全地方基层行政组织,和均田制相配套以解决豪强荫户问题,稳定自耕农为基础的基层社会,就成为北魏政府加强中央集权的必要环节。

第一节　关于宗主督护制

北魏三长制设立之前县以下是否存在乡里组织,学界有不同认识。太武帝太延元年(435)十二月甲申(初一,436.1.5)诏云:"若有发调,县宰集乡邑三老计赀定课,哀多益寡,九品混通,不得纵富督贫,避强侵弱。太守覆检能否,核其殿最,列言属州。"①严耕望认为三长"性质之乡官,在北魏初期本已有之",其证据即是太武帝此诏,并谓"北魏盖自初兴即已承置,非始于太武也。此条所示,三老之职在协助县令,计赀定课,亦如孝文三长之比"②。李安世均田疏论及流民返乡后可能出现的问题,"又年载稍久,乡老所惑,群证虽多,莫可取据"③。《魏书·崔挺传》:"博陵安平人也。""父郁,濮阳太守。挺幼居丧尽礼。少敦学业,多所览究,推人爱士,州间亲附焉。每四时与乡人父老书相存慰,辞旨款备,得者荣之。"④按"乡人父老"与"乡邑三老""乡老"当为同义语,乡老即乡人父老、乡邑三老之简称,即乡村中年长且有威望权势者,并不是类似汉代具有官长身份的"掌教化"之乡三老⑤,也当与北

---

①《魏书》卷四上《世祖纪上》,第一册,第 86 页。
②严耕望:《中国地方行政制度史——魏晋南北朝地方行政制度》,下册,第 681 页。
③《魏书》卷五三《李安世传》,第四册,第 1176 页。
④《魏书》卷五七《崔挺传》,第四册,第 1263—1264 页。
⑤参见《汉书》卷一九上《百官公卿表上》,第三册,第 742 页;《续汉书·百官志五》,《后汉书》第一二册,第 3624 页;《宋书》卷四〇《百官志下》,第四册,第 1258 页。

魏后来作为乡党长吏的三长有别。北魏前期的"乡邑三老"或"乡
老",应该就是乡村中比较有威望的老者——父老①,即宗族中的
年高德劭者,他们在基层社会具有举足轻重的影响力,"宗主督
护"盖即此类人也②。献文帝时北魏平定青齐地域后,"徙二城
(东阳、历城)民望于下馆,朝廷置平齐郡怀宁、归安二县以居
之"③。按"民望"与乡老有相似性,"二城民望"是指在青齐地域
有影响但又无官宦的家族,他们在北魏占领之前被刘宋地方政府
集中安置到东阳、历城这两个州治居住。这类人在北魏后期依然
存在,孝文帝太和二十年(496)三月"丁丑(十四,4.12),诏诸州
中正各举其乡之民望年五十以上守素衡门者,授以令长"④。很显
然,孝文帝诏中所言"民望"与太武帝诏中所言"乡邑三老"应该
属于同一类型的人。宣武帝时梁秦二州刺史邢峦上表谓,"彼土
(巴州)民望,严、蒲、何、杨,非唯五三;族落虽在山居,而多有豪

---

① 父老是基层社会的民意代表,如:献文帝时拓跋库汗为殿中给事,"每奉使
    察行州镇,折狱以情,所历皆称之。秦州父老诣阙乞库汗为刺史者,前后
    千余人,朝廷许之"(《魏书》卷一五《昭成子孙·辽西公意烈传附库汗
    传》,第二册,第385页)。孝文帝时拓跋浑为凉州镇将,"临镇清慎,恩著
    凉土。更满还京,父老皆涕泣追送,若违所亲"(卷一六《道武七王·南平
    王浑传》,第二册,第400页)。孝明帝时李韶由冀州刺史"转定州刺史",
    "及赴中山,冀州父老皆送出西境,相聚而泣"(卷三九《李韶传》,第三册,
    第887页)。关于秦汉时期的父老,参见杜正胜《古代聚落的传统与变
    迁》,《第二届中国社会经济史研讨会论文集》,第246—249页。
② 《四民月令》正月条:"谒贺君、师、故将、宗人父兄、父友、友亲、乡党耆老。"
    ([东汉]崔寔著,缪启愉辑释,万国鼎审订:《四民月令辑释》,第1页)北魏
    之"乡邑三老"或"乡老"与此"乡党耆老"相类。
③ 《魏书》卷五〇《慕容白曜传》,第三册,第1119页。
④ 《魏书》卷七下《高祖纪下》,第一册,第179页。

右"①。可见"民望"与"豪右"相差无几②。

北魏前期存在宗主督护制当无疑义,但相关的文献记载却极为稀罕。赵郡平棘人李灵为太武帝神䴥中征士,文成帝初年死于洛州刺史任上。其孙"显甫,豪侠知名,集诸李数千家于殷州西山,开李鱼川方五六十里居之,显甫为其宗主。以军功赐爵平棘子,位河南太守"③。这是除李冲所言"宗主督护"之外文献中唯一一例明确为"宗主"的记载,然其与北魏前期之宗主督护实无多大干系,不能作为典型材料以论证宗主督护制。不过,由此也可以认识到,北魏前期的宗主所督护者应该主要还是其同宗族之人,且担任宗主者当为宗族中的强力人物。甘肃临泽出土建兴元年(313)争讼简牍文书中,可见到"(孙)司马是宗长""(孙)丞是宗长"的记载④。二人在孙氏宗族中的特殊地位,通过简牍可以得

①《魏书》卷六五《邢峦传》,第四册,第1442页。
②北朝后期的碑刻中也可见到大量冠以"都民望"或"民望"的人物,参见[清]王昶《金石萃编》卷三〇《东魏一》兴和二年(540)《禅静寺刹前铭敬史君之碑》、卷三一《东魏二》武定七年(549)《武德于府君等义桥石像之碑》,第一册。
③《北史》卷三三《李灵传附显甫传》,第四册,第1202页。
④关于临泽晋简的录文、考释和研究,参见杨国誉《"田产争讼爰书"所展示的汉晋经济研究新视角——甘肃临泽县新出西晋简册释读与初探》,赵莉、周银霞《"西晋建兴元年临泽县廷决断孙氏田坞案册"所反映的河西乡里制》,张荣强《甘肃临泽新出西晋简册考释》,张朝阳《汉晋民事司法变迁管测:基于甘肃临泽〈田产争讼爰书〉的探讨》。按临泽简牍文书中有明确的时间记载:"建兴元年十二月壬寅初十一日壬子";"建兴元年十二月壬寅十五日丙午";"十二月四日";"十二月六日";"十二月七日"。研究者一致判断此为西晋愍帝年号,并据此将该文书的朝代定为西晋。著者同意文书中的年号为西晋愍帝建兴元年的判断,但当时文书所在地的实际统治者却不是已经分崩离析的西晋王朝,而是已在河西实际(转下页注)

到清晰的认识。大体来看,北魏前期的"宗主"以及"乡人父老""乡邑三老""乡老"之类人员,与西晋末年地方基层社会中的"宗长",应该具有相似的身份,都是基层乡里组织遭到破坏后承担维持民间宗族社会秩序功能的特殊人员,其对宗族的管理职能是得到官方认可的。北魏孝文帝太和十一年前,齐州刺史韩麒麟上表,谓"守宰有阙,宜用(土人)豪望,增置吏员,广延贤哲"①。韩麒麟所言"豪望",当即青齐地域豪强大族的领袖,亦即"宗长""民望""乡老"之类人物,或其中更有权威及影响力者。又临泽争讼简牍文书中还可见到"老民孙发",似为宗族中年长有威望者,但并非是得到官方授权或认可的宗族领导者。"老民"与史籍所见"父老""民望"当有相通之处。唐长孺指出:"'民望'是指未出仕的当地人士,主要是当地大姓。""所谓'望'即族望之'望'。"②

关于北魏宗主督护制最早的系统性研究,当推余逊《读魏书李冲传论宗主制》一文③。余氏赞同乃师陈寅恪在《隋唐制度渊源略论稿·礼仪篇》中提出的观点:"魏初宗主督护之制,盖与道武时离散部落为编户一事有关,实本胡部之遗迹,不仅普通豪族之兼并已也。"④按离散部落的核心问题就是将原归酋长统领的部落民改为国家所有的编户齐民,而与李冲所言宗主督护制下"民

(接上页注)统治十余年的张轨。因此,该文书不能被看作是西晋简牍,而应该是前凉时期民间田产争讼的文书,这一点必须予以明确。
①《魏书》卷六〇《韩麒麟传》,第四册,第 1332 页。
②唐长孺:《跋敬史君碑》,《山居存稿》,第 116 页。
③余逊:《读魏书李冲传论宗主制》,《中央研究院历史语言研究所集刊》第二十本下册(1948 年)。
④陈寅恪:《隋唐制度渊源略论稿》,第 40 页。

多隐冒"的状况迥然不同,且离散部落是用汉制取代胡族部落制度,自然也就不是什么"胡部之遗迹"①。余氏接着再论"永嘉丧乱后之聚族自保",认为"避难坞堡,必为聚族而居,堡坞主帅,必为强族领袖,足以号令宗亲乡里者"。"夫既聚族而居,宗豪之力,足以指挥族党,庇护同姓。北土又以数世同居,长幼百口为美俗,则强宗大族为人所荫附,浸至五十家、三十家为一户,亦不足异矣。"继而再论"后魏羁縻强族安辑流民之政策",认为在永嘉乱后北方五胡割据之局中,"坞主之指挥,转胜于城邑守长之条教。滋扰之时既久,乡里魁率,大抵世继其任。所凭者厚,其势益强,割据之君,愈不敢轻易更张。虽明知豪右所为,不合法令,然犹不得不苟容隐忍。必俟形势安定,乃能徐为之所。宗主制之行于魏初,而得延迟至孝文时始变革者,其故即由于此。""宗主制者,以督护之责,委之大族豪右,而不必检校其户口。斯豪强之所甚愿。故宗主制与羁縻政策,如辅(轴?)车之相依。此立三长校户口,必至孝文时始能行,而不能见之于魏初也。"其说甚有理据,可为不刊之论。

邢义田认为:"世代不迁的农村聚落大抵因婚姻建立起浓厚的血缘关系。少数几族人聚居一处……族中的长者就是聚落的领袖。后来的乡三老、里父老一类的人物应渊源于此。《公羊传·宣公十五年》何休注谓里'选其耆老有高德者名曰父老',是可信的。""强大的父老力量在一个血缘性联系破灭的聚落里是不

---

① 陈连庆论三长制的作用,谓其"以汉族先进的地方基层组织清扫鲜卑族部落组织的残迹"(《〈晋书·食货志〉校注 〈魏书·食货志〉校注》,第289页)。虽未明言,但应该是受到陈著和余文的影响而得出的认识。

可能存在的。"①古希腊时期，"家庭常常由亲属中的老人主持，各家所繁衍的村坊同样地也由年辈最高的长老统率"②。欧洲中世纪的乡村也有类似北魏"乡老"或"民望"的人："村庄有当权者，是一个领主，或者是几个领主中的一个和他们的代表，领主的徭役庄园的管理者就是这个代表。这个'村里最老的人'（按照不同的地区）被称为舒尔特（Schulte）、苏尔策（Schulze）或者是舒尔特海斯（Schulheiss，在南方），有时也被称为农民会长（burmester）。"③这些村庄的当权者自然也是当地经济实力强大的宗族领袖。亚当·斯密说："出身与财产""是个人之间相互区别的两个重要根源，因此也是在人们当中自然而然地形成权威和服从的主要原因"。"无论在哪里，暴发户永远都不如名门望族那样受人尊敬。""人们很容易服从于他们自己以及他们的祖先过去一直服从的家族，但当另一个从来不被他们承认有任何优越性的家族来统治他们时，他们就会怒火中烧。"④在阿尔及利亚卡比尔人的"不分居家庭"中，"家庭财产通常由全体家庭成员推选的年长者管理。他买卖、租佃土地，安排播种和收割，订立买卖契约，掌管家庭开支和收取家庭进项；他的权力决不是无限制的；凡是比较重要的事情特别是在买卖不动产的时候，他都必须征询全体家庭成员的意见。在其他方面，他在处理家庭财产时是不受限制的。如果他的活动损害了家庭的利益，家庭有权撤换他并任命新的管

①邢义田：《汉代的父老、僤与聚族里居——汉侍廷里父老僤买田约束石券读记》，《天下一家：皇帝、官僚与社会》，第 453、455 页。
②〔古希腊〕亚里士多德：《政治学》卷一，第 6 页。
③〔德〕汉斯—维尔纳·格茨：《欧洲中世纪生活》，第 145 页。
④〔英〕亚当·斯密：《国富论》下册，第 808、807 页。

理者代替他"。① 看起来北魏前期宗主督护制下的"宗主"与卡比尔人掌管家庭事务的年长的管理者颇有相似之处。毫无疑问,北魏前期的乡邑三老(乡人父老、乡老),正是当时基层宗族社会结构的反映。

史载李祥(李安世父)"学传家业,乡党宗之。世祖诏州郡举贤良,祥应贡,对策合旨,除中书博士"②。由此推测,李祥在入仕前的身份应该就是宗主督护。《魏书·裴骏传》:

> 河东闻喜人。父双硕,本县令,假建威将军、恒农太守,安邑子。……骏幼而聪慧,亲表异之……弱冠,通涉经史,好属文,性方检,有礼度,乡里宗敬焉。盖吴作乱于关中,汾阴人薛永宗聚众应之,屡残破诸县,来袭闻喜。县中先无兵仗,人情骇动,县令忧惶,计无所出。骏在家闻之,便率厉乡豪曰:"在礼,君父有危,臣子致命。府县今为贼所逼,是吾等徇节之秋。诸君可不勉乎!"诸豪皆奋激请行,骏乃简骑骁勇数百人奔赴。贼闻救至,引兵退走。刺史嘉之,以状表闻。会世祖亲讨盖吴,引见骏,骏陈叙事宜,甚会机理。世祖大悦,顾谓崔浩曰:"裴骏有当世才具,且忠义可嘉。"补中书博士。浩亦深器骏,目为三河领袖。③

受到"乡里宗敬"而被崔浩"目为三河领袖"的裴骏,为河东裴氏

①〔德〕卡·马克思:《马·柯瓦列夫斯基〈公社土地占有制〉一书摘要》,《马克思恩格斯全集》第四十五卷,第309—310页。
②《魏书》卷五三《李孝伯传附兄祥传》,第四册,第1174页。
③《魏书》卷四五《裴骏传》,第三册,第1020—1021页。

家族的代表人物,其出仕前的身份应该就是宗主督护,其在乡里的影响力除了基于其所具有的优异的才学修养,还因为其父曾任本县闻喜令和恒农太守,是当地显赫的政治人物。而响应盖吴之乱的汾阴人薛永宗,作为大族河东薛氏(蜀薛)的代表人物之一,同样也应该具有宗主督护的身份①。值得注意的是,裴骏在对抗薛永宗时"率厉乡豪"以及"诸豪皆奋激请行"的记载,那么这里的"乡豪""诸豪"是否也是宗主督护呢? 看来应该不是。裴骏所动员的"骁勇数百人"即为"乡豪""诸豪",仅闻喜一个县至少就有数百人之多,显然不可能都是宗主督护,但有可能就是李冲所言"五十、三十家方为一户"之户主或其家内身强力壮者。他们中的佼佼者今后有可能会成为宗主督护的人选。

　　《魏书·陆馛传》:

---

① 学界常将居于河东的大族蜀薛作为坞壁主的典型代表而一再提及,然而现存史料中完全看不到这种记载。薛初古拔(洪祚)"真君中,盖吴扰动关右,薛永宗屯据河侧,世祖亲讨之。乃诏拔纠合宗乡,壁于河际,断二寇往来之路"(《魏书》卷四二《薛辩传附初古拔传》,第三册,第 942 页)。这是常被引用当作薛氏坞壁的证据,然而它只能说明在平定卢水胡盖吴和薛氏同宗薛永宗叛乱时,薛初古拔"纠合宗乡"在黄河沿岸建立起防线,如果能够算作坞壁(坞堡)的话,也只具有临时性和军事性,而不具有社会性和经济性。关于河东薛氏,刘淑芬有全面论述,参见《北魏时期的河东蜀薛》,《台湾学者中国史研究论丛·家族与社会》,第 259—281 页。刘文对薛氏的身份作了这样的定位:"在北魏实施三长制之前,作为众多的宗族、乡人领袖的河东蜀薛的领导者'三薛',无疑地是长久以来河东汾阴的豪强。"(第 275 页)很显然,这一定位比之将薛氏作为坞壁主显然更符合实际。赵冈认为:"坞壁之组织出现","只是战乱时期人民为了自卫而组成的,其军事目的高于生产目的。换言之,在坞壁的组织之下,人民为了安全保障而牺牲农业生产的效率。这些非常时期的集团,承平以后,慢慢就会解散。军事需要没有了,就不值得牺牲农业生产效率"。(《重新评价中国历史上的小农经济》)按其说颇有理据。

兴安(452—454)初,赐爵聊城侯,出为散骑常侍、安南将军、相州刺史,假长广公。为政清平,抑强扶弱。州中有德宿老名望重者,以友礼待之,询之政事,责以方略。如此者十人,号曰"十善"。又简取诸县强门百余人,以为假子,诱接殷勤,赐以衣服,令各归家,为耳目于外。于是发奸摘伏,事无不验。百姓以为神明,无敢劫盗者。①

由此可见,地方长官要搞好统治,还必须依靠当地"有德宿老名望重者"及"强门"子弟。他们虽然未必全都是宗主督护,但宗主督护必定是从他们中产生的。太武帝太延元年十二月甲申(初一,436.1.5)诏又云:"劝农平赋,宰民之所专急;尽力三时,黔首之所克济。""民相杀害,牧守依法平决,不听私辄报复,敢有报者,诛及宗族;邻伍相助,与同罪。州郡县不得妄遣吏卒,烦扰民庶。"②按"宰民"即"牧守"——"州郡县"长官,"黔首"即"民""民庶"。延和三年(434)二月戊寅(十五,3.10)诏云,"其令州郡县隐括贫富,以为三级"③。足见当时州郡县长官直接治民,在县以下并无基层行政组织。

杨向奎认为:北魏自"道武帝皇始以后","基层政权中仍然残存着浓厚的氏族制度","宗主督护"制"是以血缘为基础的氏族残余制度"。"拓跋氏统一中原以后,没有恢复秦汉的乡亭制度,也没有立即建立起'三长'制度,在原来的宗族组织的基础上,加上父系家长式的统治,就是所谓宗主督护制,这在中国的封建社

①《魏书》卷四○《陆馛传》,第三册,第904页。
②《魏书》卷四上《世祖纪上》,第一册,第86页。
③《魏书》卷四上《世祖纪上》,第一册,第83页。

会内加重了原始社会的色彩。"①按其所言原始社会,当指农村公社。唐长孺认为:"在宗主督护制下面,宗主是大姓之长,他所管辖的宗族非常之多……虽说宗族组织,实际上也包含非同族的亲戚乡里以及投靠的荫户。这种宗主督护制下的大户制来源是坞堡组织。和平时期坞堡解散,作为坞堡组织主体的宗族仍然存在。各族政权……仍然视聚居的大姓为一个部落,宗主督护制就是在这样一种认识下建立的。在鲜卑政权看来,宗主如同部落酋长,负责征集赋税、调发徭役。"②虽然没有明确指出,但能够感觉到唐氏对宗主督护制性质的看法与杨氏之说并无二致,亦即具有氏族社会的特征或原始社会的色彩,也可以说是农村公社的一种表现形式。陈仲安认为:"宗主督护制的特征是合户制,即所谓'百室合户,千丁共籍','五十、三十家方为一户'。在政府户籍上作为一户,实际上包括许多经济上相对独立的家庭。"吐鲁番北凉赀簿残卷显示,户内各家的"土地是分别统计的,说明他们在经济上是各自独立的家庭,然而计算赀产却合并在一起",且赀产"统归""户主名下"。③ 按"百室合户,千丁共籍"的现象在记载北魏历史的文献中并未见到,虽然不能完全排除其可能性,总归可能性不会太大。北魏前期的情况应该还是像李冲所言,以"五十、三十家方为一户"的大户比较多见。史载杨播家族在北魏末年的情形是,"一家之内,男女百口,缌服同爨,庭无间言。魏世以来,

①杨向奎:《试论东汉北魏之际中国封建社会的特征》,《绎史斋学术文集》,第55—56页。
②唐长孺:《魏晋南北朝隋唐史三论——中国封建社会的形成和前期的变化》,第100页。
③陈仲安:《十六国北朝时期北方大土地所有制的两种形式》。

唯有卢渊兄弟及播昆季,当世莫逮焉"①。由此可知,就北魏一代而论"男女百口"的大家族也就只有弘农杨氏和范阳卢氏家族。这样的大家庭内部的一夫一妇的小户,大概也不会超过三十户。李冲所言三五十户构成一个大家庭的现象,也不一定就是基层社会的普遍情况。或如唐长孺所言,宗主所辖应该还包括了所荫冒的依附民户在内,且不一定都是本宗族成员。据《魏书·食货志》《高祖纪上》的相关记载,可以确定,在三长制设立前每家农户所负担的赋税额度为帛七匹、絮二斤、丝一斤、粟二十二石九斗②。这一税额大体上与改革后十户左右的均田农户的赋税额度相当,如果考虑到北魏前期户等九品混通及非常规的征敛较多,则上等户的赋税额度差不多与改革后二三十户或三五十户均田农户的赋税额度相当。在统一的君主专制王朝,无论如何也不会允许其境内坞堡林立,由成百上千个依附民户组成一个豪强大族遍布全国各地。涉及北魏前期宗主督护制的许多论著,几乎都将"百室合户,千丁共籍"作为其基本特征,可以说既无史料依据,也是有悖常理的。

具有悠久历史的印度和俄罗斯的"村落"体制,与北魏前期的

①《魏书》卷五八《杨播传》,第四册,第 1302 页。又,北齐名臣杨愔为杨播弟津之子,《北齐书》卷三四《杨愔传》载"愔一门四世同居,家甚隆盛,昆季就学者三十余人"(第二册,第 453 页)。此乃杨愔少时即北魏后期之事,与《魏书》所载颇为相符。
②此据《魏书》卷一一〇《食货志》(第八册,第 2852 页)、卷七上《高祖纪上》(第一册,第 154 页)的相关记载确定。按日本学者堀敏一的推算同此,参见所著《均田制的研究》,第 111 页。谷霁光的推算是"户调帛六匹二丈、粟二十二石九斗",参见所著《论汉唐间赋税制度的变化》,《谷霁光史学文集》第二卷《经济史论》,第 189 页。陈仲安确定的额度是"帛五匹二丈、絮二斤、丝一斤、粟二十二石九斗",参见前揭陈文。

宗主督护制有一定的相似性。梅因在《古代法》中对印度的"村落共产体"进行了考察,指出"印度'村落共产体'一方面是一个有组织的宗法社会,另一方面又是共同所有人的一个集合。组成它的人们相互之间的个人关系是和他们的财产所有权不能辨别地混淆在一起的"。在这种"被公认为非常古老的"制度下,"财产中没有经过分割的一个份额"亦即"共有的领地有时由一个选任的管理人加以管理,但在一般情况下,在某些省份中,始终是由年事较高的宗亲、也就是由血族中最长一支系的最年长的代表来管理"。"它是一个有组织的社会,它不但管理着共有基金,并且通过一整套的官吏来管理着内政、警务、司法以及税赋和公共义务的分配。"按其所言管理"村落共产体"事务的"最年长的代表",与北魏的宗主显然有共同之处,而其所言"官吏"显然并非真正意义上的官吏,而只是管理"村落共产体"事务的"最年长的代表"的帮手,协助其承担治安管理及赋税征收等基本职责。梅因认为:"俄罗斯的村落并不是人们的偶然集合,也不是根据契约组成的联合体;它们是和印度那些村落一样天然组织起来的共产体。""在俄罗斯'村落'中,村民之间是假定有一种宗亲的关系的,人格权和所有权是混杂在一起的,在内政方面亦有多种多样的自发规定,这一切就使它几乎完全和印度'共产体'重复。"①按所谓"人格权"即人身依附关系,而"所有权"主要当然是指土地所有权。虽然均田制和三长制是在否定宗主督护制的基础上设立的全新的制度,但不可忽视的是,新制度是在旧制度的土壤上产生出来的,因而也不可能完全清除旧制度的遗痕,在均田制和三长制中存在某些村社残余,或者说具有宗主督护制社会的某些形态,亦

---

① 以上引文见〔英〕梅因《古代法》,第 147、148、151 页。

非完全没有可能。

上引太武帝太延元年十二月甲申诏,谓"若有发调,县宰集乡邑三老计赀定课"云云,表明具有宗主身份的乡邑三老的一个重要职能便是协助县令征收赋税。韦伯把中世纪欧洲"实现王室收入的方法"归纳为四种,第四种"就是把这种职能委托给酋长或地主。这样,王公就规避了行政组织的问题。他把征税,有时也把征兵的工作转移给一种早已存在的私人性质的机构。这就是罗马在帝国时代,当文明从沿海向内地传播,而帝国从主要是一个沿海城市同盟转变为一个封建割据国家的时候,曾经发生过的情况"。"现在既把征税和征兵的职能强加在它身上,于是大地主(即有产者),也就变成为支配阶级了,直到查士丁尼时代还依然如此。他们所统治的依附人口虽然使他们能够提供赋税,但帝国行政体制却没有能同帝国本身的发展并驾齐驱。在行政技术方面,这种情况的特点反映在下述事实上:在都市出现的同时又出现了封建割据地区,在这些地区居于首脑地位的是为国家负责征税和征兵的土地贵族。在戴克里先统治下,这项基本原则已推行于整个帝国。每一个人都被包括进地方纳税单位以内,而不准离去。当经济和政治重心已从沿海移到内地时,这样一个地区的首脑通常就是这个地区的领主。"[①]为罗马帝国在征服地区承担征税和征兵的职能的酋长或地主,与北魏前期的乡邑三老——宗主督护——颇有相通之处,他们的职能相似——负责赋税徭役的征发,身份也相近——都是各自所在区域的大地主。正如韦伯叙及古代埃及的赋税征收时所言,"所以把征税工作交到私人手里,正

---

① 〔德〕马克斯·韦伯:《经济通史》,第 39—40 页。

是因为缺乏可靠的行政机构"①,北魏前期之所以把县以下的征税工作交到宗主手里,也正是因为还没有建立起类似汉晋时期那样的乡里机构,而当三长制确立以后宗主便完成了其历史使命而不再有存在的必要。北魏最终以三长制取代了宗主督护制,将县以下地方基层社会纳入到国家行政组织系统之中,促使这类具有封建割据性质的制度被中央集权体制的垂直管理所代替,而罗马帝国的这类人则进一步发展为代表帝国进行地方统治的政治经济首脑,成为一方诸侯。北魏的宗主督护要受制于地方州郡县的约束,应该说其独立性总归还是有限的,其实力远远逊色于罗马帝国的具有地方首脑地位的土地贵族,其影响力自然也是不可同日而语的。当然,宗主督护制废罢后,他们或其后人作为在地方有实力的人大多也会被纳入三长系统进行效力,但其身份地位已然发生了实质性变化。

第二节　北魏前期遍地坞壁说驳议

程应镠认为:"永嘉乱后,坞壁遍布于北方,虽经石勒、苻坚的统一,其势不衰。北魏统一中原,所遇到的最顽强的抵抗,仍然是这一种地方的坞壁势力。""北魏孝文帝的改革,其中重要的一项,便是对这些坞壁主展开政治和经济的斗争。"②他又说:"北魏征服中原,和汉族坞壁主(即所谓豪强)争夺民户的斗争,始终不曾停止。坞壁主是自西晋灭亡之后长期割据地方的一个强大势

---

① 〔德〕马克斯·韦伯:《经济通史》,第38页。
② 程应镠:《四世纪初至五世纪末中国北方坞壁略论》。

力。""均田令所要解决的矛盾,是北魏朝廷和汉族坞壁主对民户的争夺。"①他还认为北魏"便在坞壁星罗棋布的地区之内,实行了均田"②。程氏的这三种不同表述,很显然反映的认识并无不同,他将汉族豪强和坞壁主等同起来,也将宗主等同于坞壁主,并认为自西晋末年至北魏孝文帝实施均田制时"长期割据地方",且这一强大势力曾对北魏统一中原进行过"最顽强的抵抗",其后北魏朝廷又与之进行"争夺民户的斗争"。不排除两晋之际和十六国时期的坞壁主多为汉族豪强的可能,但并非所有汉族豪强都是坞壁主。而北魏前期特别是统一北方以后,不仅见不到坞壁主的踪影,汉族豪强皆为坞壁主自然也就完全没有着落。相应地,北魏朝廷与汉族坞壁主争夺民户以及均田令就是为了解决这种矛盾,也都没有史实依据。北魏统一或征服中原时,的确遇到过顽强的抵抗,但最主要的是其他政权的正规武装——占领河北地区时遇到后燕政权军队的强劲抵抗,占领河南地区时遇到刘宋守军的誓死抵抗,而在占领关陇时则遇到赫连夏军队的负隅顽抗。北魏占领关中不久便发生了盖吴之乱——卢水胡部族在刘宋支援下发动的武装斗争,可以说是最接近坞壁主反抗北魏朝廷的行动,但却与汉族豪强没有干系。至于程文所举河北地区反抗北魏统治的"群盗""盗贼""劫盗"之类,是否都是明元帝以为的"大为民蠹"之"郡国豪右",他们是不是也都能被作为坞壁主看待?从现存史料中得不出这种判断。《魏书·陆馛传》载其在相州刺史任上"为政清平,抑强扶弱"事云:"州中有德宿老名望重者,以友

①程应镠:《论北魏实行均田令的对象与地区》,《纪念顾颉刚学术论文集》,第385页。按下所言程文即指此文,不再一一注明。
②程应镠:《农业劳动力与三国两晋南北朝田制的变化关系》,《流金集》,第44页。

礼待之,询之政事,责以方略,如此者十人,号曰'十善'。又简取诸县强门百余人,以为假子,诱接殷勤,赐以衣服,令各归家,为耳目外。于是发奸摘伏,事无不验。百姓以为神明,无敢劫盗者。"[1]程文引此,谓"陆馛是个鲜卑贵族,和地方坞壁势力勾结得很好,以至'百姓以为神明,无敢劫盗'"。在这里,他的确是将"有德宿老名望重者"和"强门"与坞壁主等同起来了,但却无法把他们与所谓"劫盗"画上等号。可见把反抗北魏统治的"劫盗"之类当作坞壁主或其势力在程文中也是难以自圆其说的。程文又引孝文帝时李崇在兖州刺史任上置楼悬鼓以防盗事,其辞云:"兖土旧多劫盗,崇乃村置一楼,楼悬一鼓,盗发之处,双槌乱击。四面诸村始闻者挝鼓一通,次复闻者以二为节,次后闻者以三为节,各击数千槌。诸村闻鼓,皆守要路,是以盗发俄顷之间,声布百里之内。其中险要,悉有伏人,盗窃始发,便尔擒送。诸州置楼悬鼓,自崇始也。"[2]此处之"劫盗"神出鬼没,北魏地方政府并不能像有固定的坞壁那样知其所在,显然他们也不是什么坞壁主或坞壁势力,事实上程文也是把他们当作"人民暴动"来看待的,而坞壁主或坞壁势力恐怕并不能归于"人民"的范畴吧。

陈仲安认为:"从十六国到北魏前期,是坞堡主经济和由此演变而成的宗主督护制经济占统治地位。其特征是坞堡主、宗主对土地拥有支配权力。"如李显甫开李鱼川即是"建立坞堡组织。他当宗主,实际上也就是坞堡主"。[3] 一方面认为宗主督护制经济是

----

① 《魏书》卷四〇《陆俟传附馛传》,第三册,第 904 页。
② 《魏书》卷六六《李崇传》,第四册,第 1465—1466 页。按《资治通鉴》卷一三五《齐纪一》系其事于高帝建元四年(482)九月(第九册,第 4250 页),然未知何据。
③ 陈仲安:《十六国北朝时期北方大土地所有制的两种形式》。

由坞堡主经济演变而成,意即两者并非完全等同,另一方面又将两者完全等同起来,其认识存在着明显的矛盾。王育民认为:"北方魏晋以来,纠合乡里保据坞壁的豪强地主,其依附人口佃客、部曲等对对官府'皆无官役',每一坞壁事实上就等于一个小的独立王国。北魏和十六国的统治者一样,也只得承认这一既成事实,并进而任命坞主为宗主督护,以行使基层政权的职能。"①试想一下,如果基层政权都是"小的独立王国"——坞壁,人人"皆无官役",那么北魏王朝的统治机器如何能够正常运转,还能谈得上是中央集权的专制统治吗?问题是,《魏书》等文献中何以完全见不到北魏时期坞壁的踪影呢?齐涛认为在实行宗主督护制的同时,"北魏王朝通过州、郡、县、乡、里体系,仍控制着相当一部分人户";"北魏王朝尽管名义上也实行整齐的州、郡、县、乡、里的编制,但其中却横亘着坞壁与宗主督护这样一个实际存在";"北魏政府承认坞壁的合法性与坞主对所属部众的统辖权,一概任命他们为宗主督护"。② 在他看来,北魏设立三长制之前在县以下存在着统一的乡、里组织,同时还有大量的坞壁与宗主督护,宗主督护即是坞壁主。虽未明言,但可以感觉到齐氏的这种认识与陈仲安之说具有因袭关系。然而遗憾的是,除了可以确定宗主督护制的存在外,现存史料中看不到北魏前期有乡、里组织和坞壁的存在,宗主督护即坞壁主之说更是无从求证。

黎虎将汉魏晋北朝时期北方坞堡及其制度特点归纳为三点:"(一)具有坚固、周密防御设施和功能的城堡式建筑。""它们都有坚固的围墙和高大的碉楼,显示了其聚众自保的特征。""(二)

---

① 王育民:《十六国北朝人口考索》。
② 齐涛:《魏晋隋唐乡村社会研究》,第 20、19 页。

坞堡建筑规模宏大。""一个坞堡的人数从一千多人到数万人之间都有,而以三四百户,二千人左右者较多。""(三)坞堡组织具有浓厚的宗族共同体色彩。""坞堡中的个体家庭土地占有比较平均,坞主与坞众一样参加劳动,他们在生产中的均劳逸,生活中的互恤危难,社会关系和政治关系中的相对平等和民主,都体现了坞堡的共同体色彩。"①北魏前期史料中未见到关于坞堡的明确记载,在北方统一社会安定的政治局面下,坞堡的存在既无必要,也不会被允许。就宗主督护制下的农村基层社会而言,虽然与坞堡一样具有宗族共同体的色彩,但宗主督护制下以三五十家为一户的大家族,与一个坞堡共同体往往具有三四百户的规模相比悬殊颇大。而且北魏前期出现的以户等九品混通征税,以及李安世均田疏所言贫富严重分化的社会现实,也与坞堡共同体中"相对平等和民主"的状况格格不入。因此,北魏前期宗主督护制的存在并不能说明当时仍然延续晋末十六国时期的坞壁或坞堡制度,将宗主督护等同于坞壁主的认识显然难以成立。事实上,即便是坞壁中的居民并非都是"百室合户,千丁共籍",也并非是坞壁主的依附民,而不纳入国家户籍之中。②《西凉建初十二年(公元四一六)敦煌郡敦煌县西宕乡高昌里户籍残卷》,可见到九户户籍并存(首尾两户残),其中七户户籍前皆有"建初十二年正月籍"字

---

① 黎虎:《汉魏晋北朝中原大宅、坞堡与客家民居》。

② 周国林认为:"北魏前期不置乡官,而建立以宗族为基础的宗主督护制。宗主占有广阔土地,驱使依附人户为之耕种。依附者不在官府簿籍,任凭宗主奴役剥削,官府不得征调,亦不能干预,这对国家治理极为不利。"(《唯物史观视阈下的中国古代土地制度变迁·魏晋南北朝时期土地制度演变的轨迹》)谓"北魏前期不置乡官"是准确的认识,然其所言"宗主"之特权表现却没有什么史料依据。

样(一户完整户籍前无,疑为录文脱漏),户主身份(兵、散、大府吏)、姓名、年龄前皆为"敦煌郡敦煌县西宕乡高昌里",每户户籍后皆书"居赵羽坞"。[①] 此户籍残卷当为居住在赵羽坞的人户的合籍,但各家各户的户籍是独立的,各自有单独的户主和家庭成员,想来他们的生活、生产应该是独立的,纳税服役等也应该是各自承担的。对于居住在赵羽坞的这些家庭来说,坞壁与村庄实际上并无太大的差别,只是由于坞壁有较强的防卫功能,若遇到寇敌侵犯,进行自保的能力无疑比普通村庄更强。

与程应镠和陈仲安等人的观点有很大差异,杨际平则认为北魏设立三长制之前就连宗主督护制也并非真实的存在,而是存在乡里一级基层政权机构。[②] 其最重要的证据为敦煌出土绢本《金光明经卷第二》新附写经书跋语:"皇兴五年,岁在辛亥,大魏定州中山郡卢奴县城内西坊里住,原乡凉州武威郡祖厉(?)县梁泽北乡武训里方亭南、苇亭北张缲主,父宜曹讳曷,息战保兴……兴造素经……欲令流通本乡……"[③]按:"原乡"当为张缲主在北凉时期的家乡住址,并不说明北魏时期仍然具有相同的建制。卢奴县为定州、中山郡治所,此文书仅能证明北魏献文帝时期在城市中存在里坊制(是否为通制,难以确定),而不能证明北魏前期在县以下就有乡里政权机构。至于墓志中出现的太和十年以前的乡里,如司马金龙夫妇墓表所记"河内郡温县肥(倍)乡孝敬里"[④],

①中国科学院历史研究所资料室:《敦煌资料》第一辑,第3—7页。
②参见杨际平《北朝隋唐"均田制"新探》,第50—53页;杨际平、李卿《李显甫集诸李开李鱼川史事考辨——兼论魏收所谓的太和十年前"唯立宗主督护"》。
③原件图版见〔日〕藤枝晃《中国北朝写本的三个分期》。
④山西省大同市博物馆等:《山西大同石家寨北魏司马金龙墓》。

并不能完全证明现实中温县就存在肥(倍)乡孝敬里的基层政权组织。2011年出土于大同御河东市公安局工地的毛德祖妻张智朗石椁铭文云:"惟大代和平元年(460)岁在庚子七月辛酉朔乙酉日(廿五,8.27),故使持节、散骑常侍、镇远将军、汝南庄公荧阳郡阳武县安平乡禅里里毛德祖妻太原郡榆次张智朗,年六十八,遘疾终没。"①按毛德祖原为刘宋司州刺史,在宋少帝景平元年(北魏明元帝泰常八年,423)四月乙未(廿九,5.24)北魏攻克虎牢时被俘,并于宋文帝"元嘉六年(429),死于房中,时年六十五"②。对其入魏后的经历,传世文献并未留下任何信息,而张智朗石椁铭文显示,毛德祖入魏后被授官封爵,从使持节、镇远将军推测,很可能还被任命为都督、刺史一类地方行政长官。铭文还显示,在张智朗生活的时代,即北魏道武帝登国八年至文成帝和平元年近七十年间,北魏并州太原郡榆次县并无乡里组织。据《魏书·地形志上》可知,榆次县于太武帝太平真君九年(448)并于晋阳县,直到宣武帝景明元年(500)恢复③,则铭文所记张智朗籍贯所在之县于其死时已不存在。若按现实而言,本应该作"太原郡晋阳"为是。铭文所记毛德祖籍贯荧(荥)阳郡阳武县安平乡禅里里,其乡里名称恐怕也不是在北魏现实中存在的。史载因"父祖并没于贼中,德祖兄弟五人相携南渡"④,从毛德祖年龄推断,其南渡当在北魏建立之前无疑。南渡后毛德祖便与其故乡脱离了关系,即便是在被俘前担任刘宋司州刺史时恐怕也无暇顾及返乡之

---

①毛德祖妻张智朗石椁现藏大同市博物馆,感谢该馆骆东峰先生提供相关材料。
②《宋书》卷九五《索虏传》,第八册,第2329页。
③《魏书》卷一〇六上《地形志上》,第七册,第2466页。
④《晋书》卷八一《毛宝传附宗人德祖传》,第七册,第2129页。

事。因此，有理由认为张智朗石椁铭文所记其夫毛德祖籍贯中的乡里名称，应该和司马金龙夫妇墓表中所记肥（倍）乡孝敬里一样，在当时现实中并不存在。《魏书·释老志》："延兴二年（472）夏四月，诏曰：'比丘不在寺舍，游涉村落，交通奸猾，经历年岁。令民间五五相保，不得容止。无籍之僧，精加隐括，有者送付州镇，其在畿郡，送付本曹。若为三宝巡民教化者，在外赍州镇维那文移，在台者赍都维那等印牒，然后听行。违者加罪。'"①由此诏书可见，当时民间并不存在乡里组织②。《水经注·巨马水》"又东南过容城县北"下注："巨马水又东，郦亭沟水注之。水上承督亢沟水于遒县东，东南流，历紫渊东。余六世祖乐浪府君自涿之先贤乡爰宅其阴，西带巨川，东翼兹水，枝流津通，缠络墟圃。匪直田渔之赡可怀，信为游神之胜处也。其水东南流，又名之为郦亭沟。"③据《魏书·郦范传》，道元为郦范之子，范"祖绍，慕容宝濮阳太守。太祖定中山，以郡迎降，授兖州监军"④。按"太祖定中山"是在公元397年冬，推测郦道元六世祖乐浪府君之迁居当在350—360年，属于十六国前燕统治时期。则"涿之先贤乡"为

①《魏书》卷一一四《释老志》，第八册，第3038页。

②侯旭东认为"北朝的大部分时间里农村存在着乡里制"，"县以下的乡里编制仍属于正在行用的制度"。不过就北魏而言，他认为"目前所知北魏太和十七年（493年）乡村中开始出现乡里编制"，谓《张玄墓志》所载"太和十七年薨于蒲坂城建中乡孝义里"，"这是最早关于村落中存在乡里的记载"。（《北朝乡里制与村民的空间认同》，《北朝村民的生活世界——朝廷、州县与村里》，第140、142页）若《张玄墓志》所载为现实存在的乡里，则其应该早于太和十七年就已存在，因为墓志明载"蒲坂城"，故不得作为农村中存在乡里制的证据，而只能作为城市中存在乡里制的证据。

③[后魏]郦道元注，杨守敬、熊会贞疏：《水经注疏》卷一二《巨马水》，上册，第1115—1116页。

④《魏书》卷四二《郦范传》，第三册，第949、951页。

前燕之建制,而其六世祖徙居之地,即直到北魏晚期郦氏之祖宅所在地,从郦道元的描述中完全看不到有关乡里的信息,也就反证北魏时期其地并无乡里建制。

唐长孺认为:"西晋政权瓦解,北方各地大姓实际上统治各自的乡土。大姓豪强以坞营堡主、宗主的身份,以宗族乡里为基础,组成封建集团,他们是家长,又是封建领主和武装首领。"①唐氏对此还有更具体的说明:"西晋永嘉乱后,北方原有地方机构遭到破坏,新的统治秩序还没有建立起来。根基深厚的宗族、乡里是当时最活跃和最可靠的社会基层力量。当时北方坞壁林立,坞壁的群众基础和相互联系的纽带便是宗族、乡里。坞壁主对于所统率的群众既是家长,又是领主;所有群众都是他的领民,又是包括子弟宾客的家族组成的武装就是家兵和部曲。他们在坞壁主统率下从事战斗和生产,坞壁是战时的特殊组织,在长期混战中,坞壁时兴时灭,随着北方走向统一,有的被消灭,有的自行解散。坞壁消失,宗族组织仍然存在。北魏前期,不置乡官,建立以宗族为基础的宗主督护制,这是对北方实际情况的承认,也是鲜卑拓跋部贵族所能理解的基层组织形式。"②有明确的史料记载显示,十六国时期的北方地区存在着大量的坞壁,但其在北魏时期是否存续并无任何史料记载,故而认为在北魏统一北方后坞壁组织消亡,无疑是谨严之论。然而,也有学者将宗主与坞主相等同,并因此而认为宗主督护制在历史上存在了近两百年之久,高敏即持此种观点:"'宗主督护'之制,确实实行于西晋末年,因为它是十六国

①唐长孺:《跋敬史君碑》,《山居存稿》,第117页。
②唐长孺:《魏晋南北朝时期的客和部曲》,《魏晋南北朝史论拾遗》,第11—12页。

统治者在原来的乡里组织失去存在基础和'宗主'、'坞主'的堡壁大量存在的条件下控制坞壁居民的有效方式。"①虽然可以把西晋永嘉乱后十六国时期的坞主当作北魏宗主督护之前身，但却不能认为十六国的坞主即是宗主督护，或者说北魏前期的宗主督护即是坞主。

应该说，坞主与宗主虽然关系密切，但两者并非总是可以等同，坞主多为宗主，但应该也有例外，宗主则不必一定是坞主，而在宗主督护制下几乎与坞主无关。两者虽存在承继关系，但却有本质不同。坞堡或坞壁具有军事性，坞主是武装起来的流民帅，是战争年代的产物；宗主督护制下的基层社会则不具有军事性，仅仅具有社会性和经济性，宗主是和平年代基层社会的宗族领袖。宗主是得到北魏朝廷认可的用以控制地方基层社会的社区领袖，不排除他们也会有一定的武装力量以保护家族财产，但不得与政府相对抗。如对于像赵郡李波、灵丘罗思祖、河北郡韩马两姓那样的武力较强且违抗地方政府统治的强宗大族，北魏王朝的对策便是毫不含糊地进行严厉打击。又，《晋书·石勒载记上》载石勒攻陷壶关后，"元海（刘渊）命勒与刘零、阎罴等七将率众三万寇魏郡、顿丘诸垒壁，多陷之，假垒主将军、都尉"②。《资治通鉴》怀帝永嘉二年（308）十一月亦载其事，谓"百姓望风降附者五

---

①高敏：《北魏"宗主督护"制始行时间试探——兼论"宗主督护"制的社会影响》，《秦汉魏晋南北朝史论考》，第 193 页。陈连庆也有类似看法，认为李冲上言所述三长制设立前宗主督护、民多荫附的情况，"就是沿袭燕、秦的传统"（《〈晋书·食货志〉校注 〈魏书·食货志〉校注》，第 286 页），亦即十六国时期已有类似情况。

②《晋书》卷一〇四《石勒载记上》，第九册，第 2710 页。

十余垒,皆假垒主将军、都尉印绶"云云①。前秦末年苻丕下诏,谓
"公侯牧守,垒主乡豪,或勤力国家,乃心王室,各率所统,以孟冬
上旬,会大驾于临晋"云云②。《资治通鉴》载晋孝武帝太元十年
(385)三月,西燕慕容冲"以其子谦为冯翊太守,使招集三辅之民。
冯翊垒主邵安民等责谦"。次年六月,慕容"永传檄四方公侯牧
守,垒主民豪,共讨姚苌"。③ 比较而言,垒主的军事性比坞主更
强。亦有著述将《晋书·石勒载记上》所载"垒主"等同于宗主,
当然也是误读。

第三节　三长制的确立及其决策过程

在颁布俸禄制之时,北魏政府大概尚未通盘考虑赋税制度的
改革,只是在继承北魏前期赋税制度的基础上将各级官吏的俸禄
开支加入到赋税征收额度中,使得编户齐民本来就已相当沉重的
赋税负担徒增砝码。然而仅仅过了一年多时间,北魏政府便对赋
税制度进行了彻底改革。太和十年(486)"二月甲戌(十三,
4.2),初立党、里、邻三长,定民户籍"④。史称"魏初不立三长,故
民多荫附。荫附者皆无官役,豪强征敛,倍于公赋"⑤。这表明三
长制的设立就是为了解决"民多荫附"于豪强以及由此带来的不
输"公赋"的问题,因此在设立三长制的同时也就相应地颁布了新

---

①《资治通鉴》卷八六《晋纪八》,第六册,第 2739 页。
②《晋书》卷一一五《苻丕载记》,第九册,第 2945—2946 页。
③《资治通鉴》卷一〇六《晋纪二八》,第七册,第 3341、3365—3366 页。
④《魏书》卷七下《高祖纪下》,第一册,第 161 页。
⑤《魏书》卷一一〇《食货志》,第八册,第 2855 页。

的赋税制度。其时,给事中李冲(450—498)上言:

> 宜准古,五家立一邻长,五邻立一里长,五里立一党长,
> 长取乡人强谨者。邻长复一夫,里长二,党长三。所复复征
> 戍,余若民。三载亡愆则陟用,陟之一等。其民调,一夫一妇
> 帛一匹,粟二石。民年十五以上未娶者,四人出一夫一妇之
> 调;奴任耕、婢任绩者,八口当未娶者四;耕牛二十头当奴婢
> 八。其麻布之乡,一夫一妇布一匹,下至牛,以此为降。大率
> 十匹为公调①,二匹为调外费,三匹为内外百官俸,此外杂
> 调②。民年八十已上,听一子不从役。孤独、癃老、笃疾、贫穷
> 不能自存者,三长内迭养食之。③

---

① 按"公调",《魏书》各本原作"工调",似不可解。《通典》卷五《食货五·赋
税中》(第一册,第 92 页)、《册府元龟》卷四八七《邦计部五·赋税一》(第
六册,第 5826 页下栏)、《资治通鉴》卷一三六《齐纪二》武帝永明四年
(486)二月(第九册,第 4271 页)均作"公调",中华书局点校本《魏书·食
货志》改从之。又,《初学记》卷二七《宝器部·绢》:"《晋故事》:凡民丁课
田,夫五十亩,收租四斛,绢三匹,绵三斤。……其余,租及旧调绢,二户三
匹、绵三斤,书为公赋。九品相通,皆输入于官,自如旧制。"(第三册,第
657—658 页)按北魏之"公调"与西晋之"公赋"当具相同性质。
② 按《通典》卷五《食货五·赋税中》,本句作"大率十匹中五匹为公调,二匹
为调外费,三匹为内外百官俸"(第一册,第 92 页)。又按宋代文献载此,
《册府元龟》卷四八七《邦计部五·赋税一》、卷五〇四《邦计部·丝帛》
(第七册,第 6055 页下栏)及《资治通鉴》因袭《魏书·食货志》(《册府》卷
五〇四作"私调外费",无"此外杂调"语;《通鉴》作"此外复有杂调"),《通
志》卷六一《食货略一·赋税》(《景印文渊阁四库全书》史部一三二"别史
类",第三七四册,第 263 页下栏)、《文献通考》卷二《田赋考二·历代田赋
之制》(第一册,第 37 页)因袭《通典》。
③《魏书》卷一一〇《食货志》,第八册,第 2855 页。

由此可见,李冲建议北魏朝廷遵照古制设立县以下地方行政组织邻、里、党,分别由邻长、里长、党长负责管理,并对三长的用人标准、任职待遇和激励原则作出规定,尤为重要的是还提出了均田制下新的赋税制度。此外,三长还要承担对丧失生活自理能力的弱势人群实施社会救助的职能。这次与三长制一同颁布的新的赋税制度,无疑是与均田制的实施相配套的改革新政。李安世均田疏主要是就均田制实施中的问题提出宏观解决方案,并不涉及具体的均田制条规,而李冲上言则提出了有关三长制和新税制的具体内容,两者截然不同。比较而言,均田制要比三长制和新税制复杂得多,是一部系统完整的土地法规,统治集团内部可能经过了较长时间的议定,而三长制和新税制则完全出于李冲的独断。李冲上奏时正式的官职是"内秘书令、南部给事中",之前为"秘书中散,典禁中文事,以修整敏惠,渐见宠待",是太皇太后冯氏的亲信近臣,不排除冯太后授意李冲制定三长制的可能性。史载李冲奏上三长制的背景是:"旧无三长,惟立宗主督护,所以民多隐冒,五十、三十家方为一户。冲以三正治民,所由来远,于是创三长之制而上之。"[①]三长制确立后,邻、里、党即成为北魏县以下地方基层行政组织,与州、郡、县共同构成了北魏统治全国的地方行政系统的有机组成部分。孝明帝时卢同上书,谓"今请征职白民,具列本州、郡、县、三长之所"云云[②],正是这种社会现实的反映。三长选取"乡人强谨者",即有威望有能力且遵纪守法之人充任,分别复除其家一、二、三个丁男的兵役(邻长当即

---

① 《魏书》卷五三《李冲传》,第四册,第 1179—1180 页。
② 《魏书》卷七六《卢同传》,第五册,第 1682 页。

本人)①。如果任期三年内无过错则升迁一等,即邻长升为里长,里长升为党长,党长大概可升迁为县佐吏。

如上所引,李冲建议设立三长制的背景是:"魏初不立三长,故民多荫附。荫附者皆无官役,豪强征敛,倍于公赋。"李冲明言"荫附者皆无官役",但是否要缴纳赋税即租调,并不明确。从"豪强征敛,倍于公赋"来看,似乎也不交赋税,而是向其所荫附的户主即"豪强"缴纳租赋。② 就北魏政府而言,租调的部分应该是通过向农户大额征收的赋税中体现出来,或者说,北魏政府认可豪

①《周礼·地官》:"乡大夫之职,各掌其乡之政教禁令。正月之吉,受教法于司徒,退而颁之于其乡吏,使各以教其所治,以考其德行,察其道艺。以岁时登其夫家之众寡,辨其可任者。国中自七尺以及六十,野自六尺以及六十有五,皆征之。其舍者,国中贵者、贤者、能者、服公事者、老者、疾者皆舍。以岁时入其书。"郑司农云:"征之者,给公上事也。舍者,谓有复除舍不收役事也。……服公事者,谓若今吏有复除也。"(《周礼注疏》卷一二,《十三经注疏》,上册,第716页中栏)按走马楼吴简显示,"汉代'吏有复除'的制度为孙吴所继承"(黎虎:《"吏户"献疑——从长沙走马楼吴简谈起》,《先秦汉唐史论》,下册,第319页)。北魏对于三长之家的复除也是继承了自《周礼》以来"服公事者"的"复除"传统。又按敦煌西魏大统十三年籍帐文书中荡寇将军(台资)刘文成为"课户上",然其夫妻皆为"不课"口。(参见〔日〕曾我部静雄《中国律令史的研究》,第394—400页;〔日〕堀敏一《均田制的研究》,第250—354页)北魏的三长之家应该也属于课户,因为只是部分复除,故对其家中丁男的"复征戍"勉强可以看作是属于不课口。

②明代周忱在《与行在户部诸公书》中言及"大户苞荫"之弊云:"所谓大户苞荫者,豪世富贵之家,或以私债准折人丁男,或以威力强夺人子息。或全家佣作,或分房托居。赐之姓而目为义男者有之,更其名而命为仆隶者有之。凡此之人,既得为其役属,不复更其粮差。甘心倚附,莫敢谁何。由是豪家之役属日增,而南亩之农夫日以减矣。"(〔明〕程敏政:《明文衡》卷二七《书》,《景印文渊阁四库全书》集部三一二"总集类",第一三七三册,第814页上、下栏)推想北魏荫附者(苞荫之户)的情形亦当与此相近。

强的荫户权利,而豪强则要向北魏政府缴纳大额的租赋,实际上也就间接地体现了其所隐庇人家对政府承担的经济义务。可以确定的是,荫户并不承担官役,由于官役必须亲自承担,不存在直接和间接之分。当然,也不能完全排除豪强会将自己应服的官役转嫁给依附民的情况发生。这样看来,对北魏政府而言,"民多荫附"所造成的后果主要是影响到徭役的征发,而对税收的影响应该不会太大。北魏前期半个多世纪,军队主要是由鲜卑子弟为主的非汉民族成员组成,以汉族为主的农户与兵役关系不大,因此"荫附者皆无官役"的影响也就比较有限。到孝文帝时期,情况发生了巨大变化。除了边镇地区及代北极个别区域的游牧部落(如尔朱部)之外,北魏境内的鲜卑族由于汉化程度的提升,其原本所具有的游牧民族在当兵打仗方面的优势不复存在,加之其人口数量远比汉人为少,征召从事农业生产的原鲜卑族男丁当兵已不能满足兵源之需。在这种情况下,当兵已不再是鲜卑子弟的专属,汉人服役当兵成为北魏兵源的主要渠道,而大量依附民不服官役严重影响到兵役的征发。因此,改变豪强荫附民户的现状也就势在必行。

亚当·斯密所言英格兰的情形——"地主都是实际纳税人,但税款通常是由佃户垫付的"[1],可以说与李冲所言三长制设立前北魏的基层社会具有一定的相似性。斯密又云:"有些地主不要求用货币而要求用诸如谷物、牲畜、家禽、葡萄酒和油等实物支付地租,还有些地主要求用劳务支付地租。""凡是实行这种做法的国家,佃户总是贫穷得像乞丐,而且实行得越严格,贫困程度就越

---

[1]〔英〕亚当·斯密:《国富论》下册,第 905 页。

严重。"①北魏前期无货币流通,依附民自然是以实物地租或劳务地租的形式效力于豪强,正如李冲所言"豪强征敛,倍于公赋"。斯密对苏格兰古代农民的赋役负担有这样的描述:"在古代,农民除了必须向地主缴纳地租之外,还有为地主服各种劳役的义务。然而,这种劳役既没有在租约中明确约定过,也没有任何法律明文规定过,而是完全视庄园或领地的需要而定——只要地主有令,就得随叫随到。这种劳役,使佃农苦不堪言。""农民必须为国家提供的各种公共劳役,也不比上述私人劳役少,而且同样非常专断随意。""农民的负担,除了如上所述的劳役之外,还有必须缴纳的公共赋税。纳税义务的随意性和压迫性也不亚于劳役。古代的领主虽然不愿以金钱形式为君主提供任何援助,但是却会毫不犹豫地听任君主向自己的佃农征收所谓的贡税。"②由此可见,租种地主土地的古代苏格兰农民所承担的地租和劳役负担,与北魏时期依附于豪强地主的"荫附者"颇为相似。不仅如此,古代苏格兰农民还要承担"对国家提供的各种公役"及"公共赋税",其负担看来比不承担官役的北魏荫附民还要重,不过这也意味着其与地主的人身依附关系也比较弱。中世纪法国的情形与苏格兰类似,布洛赫说"每个佃农都依附于其领主,整个中世纪流行的一句话言简意赅地说明了这种现象:佃农是领主的'臣仆'"。"佃农要对领主尽两种义务:交纳佃租,提供劳役。""租税本身已很重,但更重的还是劳役。加洛林时代,佃农除了是债务人,更主要的是服劳役者。"③韦伯对十八世纪德国东部的农民生活有这样的

---

① 〔英〕亚当·斯密:《国富论》下册,第 908 页。
② 〔英〕亚当·斯密:《国富论》上册,第 490 页。
③ 〔法〕马克·布洛赫:《法国农村史》,第 85、87 页。

描述:"农民已经变成为地产的附属物。他们没有可靠的世袭产权,甚至往往连终身期的产权都没有……他们必须担负家庭服役,这和英国封建法律中的劳役相似;也就是不仅他们本人须服劳役,而他们的子女还必须去地主家充当奴仆……地主可以强迫任何一个农奴接受一块保有地。最后,地主还有任意加强劳役税和夺佃的权力。"①克柳切夫斯基笔下十六世纪俄罗斯"纳税的农民份地所承担的贡赋"——或者说是拥有纳税份地的农民所承担的贡赋,与斯密笔下苏格兰农民的赋役负担颇有相似之处,也可以作为认识北魏依附民所受"豪强征敛"情况的一个参照。他说:

> 份地要向君主纳粮、交税、服徭役,然后要向土地占有者交钱、交粮食和其他细小杂物,如鸡蛋、母鸡、干酪、熟羊皮等等,最后,还要为主人干活。索洛维茨寺院的合同向它的一个村子的农民解释了干活包括哪些内容:农民为寺院的耕地耕作和下种,修理寺院的房舍和谷仓,修建新的房子,取代旧的房子,往寺院运送木材和劈柴,赶马车把寺院的粮食运到沃洛格达,然后从那里把盐运回来。②

就北魏的农民而言,编户齐民所负担的是"向君主纳粮、交税、服徭役",而荫户则要向其所依附的豪强"交钱、交粮食和其他细小杂物",并且"还要为主人干活",虽然所交杂物以及干活的具体内容未必完全相同,但应该相去不远。就北魏豪强地主的田庄上,除了进行农耕生产外,很有可能还饲养牛羊,种植桑麻,因此荫户

---

① 〔德〕马克斯·韦伯:《经济通史》,第57—58页。
② 〔俄〕瓦·奥·克柳切夫斯基:《俄国史教程》第二卷,第299—300页。

所交杂物包括干酪、熟羊皮的可能性是存在的，此外还应该包括丝、麻及其织成品。因为北魏直到均田制和三长制颁布之时，并未铸造和使用钱币，作为交换媒介（货币）的是布帛，故而他们向豪强地主所交财物中自然也不会有钱。犹可一提，缪尔达尔所描述的南亚国家的大地主与佃农的关系，其实也与北魏和欧洲的情形相去不远："除地租以外，南亚地主常常在特定场合从佃农那里收取传统'礼物'、劳役和其他各种报偿。古老的占有制的这些残余因素，有时由于人口压力不断加大，造成压迫机会增多而变得更加沉重。"[1]很显然，大地主对佃农或豪强地主对荫户的剥削压迫，无论什么时代、什么地区看来都没有太大差别，这是具有普遍性的历史和社会现象。

北魏朝廷在接到李冲的上奏后，并未立即作出答复，而是采取了非常慎重的办法，广泛征求官僚集团的意见。史称"书奏，诸官通议，称善者众。高祖从之，于是遣使者行其事"[2]。《魏书·李冲传》：

> 文明太后览而称善，引见公卿议之。中书令郑羲、秘书令高祐等曰："冲求立三长者，乃欲混天下一法。言似可用，事实难行。"羲又曰："不信臣言，但试行之。事败之后，当知愚言之不谬。"太尉元丕曰："臣谓此法若行，于公私有益。"咸称："方今有事之月，校比民户，新旧未分，民必劳怨，请过今秋，至冬闲月，徐乃遣使，于事为宜。"冲曰："民者，冥也，可使

---

①〔瑞典〕冈纳·缪尔达尔著，塞思·金缩写：《亚洲的戏剧：南亚国家贫困问题研究》，第202—203页。
②《魏书》卷一一〇《食货志》，第八册，第2855页。

由之,不可使知之。若不因调时,百姓徒知立长校户之勤,未见均徭省赋之益,心必生怨。宜及课调之月,令知赋税之均。既识其事,又得其利,因民之欲,为之易行。"著作郎傅思益进曰:"民俗既异,险易不同,九品差调,为日已久。一旦改法,恐成扰乱。"太后曰:"立三长,则课有常准,赋有恒分,苞荫之户可出,侥倖之人可止,何为而不可?"群议虽有乖异,然惟以变法为难,更无异义。遂立三长,公私便之。①

以上记载显示,李冲所上三长制和新税制遭到以中书令郑羲、秘书令高祐为首的中秘群官的激烈反对,而得到宗室贵族元(拓跋)丕的支持。值得注意的是,中书、秘书两省的官员几乎都是汉族士人,绝大多数出身于北方世家大族,郑羲即是代表性人物。

郑羲为荥阳开封人,是北方汉族高门荥阳郑氏在北魏官僚集团中的代表人物,其母为长乐潘氏之女,也是北方有影响的大族②,其妻为太武帝、文成帝时期的名臣赵郡李孝伯之女,同时与陇西李冲亦有姻亲关系,冯太后又为孝文帝"纳其女为嫔"。荥阳郑氏在朝廷影响力之大,于此可见一斑,而在其乡里的影响力当然就更大了。献文帝"天安(466—467)初,刘彧司州刺史常珍奇据汝南来降,显祖诏殿中尚书元石为都将赴之,并招慰淮汝,遣(郑)羲参石军事"。这一任命即是考虑郑羲在河南地区的影响力及熟悉当地形势之故,在北魏占领河南淮北的军事行动中郑羲果然发挥了突出的作用。孝文帝"延兴(471—476)初,阳武人田智

---

① 《魏书》卷五三《李冲传》,第四册,第1180页。
② 太武帝神麚四年(431)征士中即有"长乐潘天符",见《魏书》卷四八《高允传》所载高允《征士颂》(第三册,第1080页)。

度,年十五,妖惑动众,扰乱京索。以羲河南民望,为州郡所信,遣羲乘传慰谕。羲到,宣示祸福,重加募赏,旬日之间,众皆归散。智度奔颍川,寻见擒斩"。按"河南民望"的记载便充分反映了郑氏家族在乡里的强大势力。郑羲共有五兄(白驎、小白、洞林、叔夜、连山),"并恃豪门,多行无礼,乡党之内,疾之若雠"。① 毫无疑问,荥阳郑氏是当时典型的豪强大族,郑羲可以说是宗主督护的代言人,其家族有大量的荫户自不待言,肯定也不止"五十、三十家方为一户"。毋庸置疑,三长制所针对的正是这样的家族。

北方地区自十六国以来由于战乱的影响,豪强荫附民户的现象十分突出②,北魏前期的宗主督护制正是通过对这种现象的认

---

① 以上见《魏书》卷五六《郑羲传》及附传,第四册,第 1237—1238、1243 页。直到宣武帝时,荥阳郑氏仍然横行乡里,为不法豪强大族的典型。《魏书》卷八八《良吏·宋世景传》:"寻加伏波将军,行荥阳太守。郑氏豪横,号为难治。济州刺史郑尚弟远庆先为苑陵令,多所受纳,百姓患之。世景下车,召而谓之曰:'与卿亲,宜假借。吾未至之前,一不相闻,今日之后,终不相舍。'而远庆行意自若。世景绳之以法,远庆惧,弃官亡走。于是僚属畏威,莫不改肃。"(第五册,第 1902 页)关于北魏荥阳郑氏家族的研究,参见〔日〕窪添庆文《北魏における荥阳郑氏》。
② 比较突出的事例如:前燕慕容暐时,"政尚宽和,百姓多有隐附",尚书仆射悦绾"定制","出户二十余万"。(《晋书》卷一一一《慕容暐载记》,第九册,第 2852—2853 页)南燕慕容德时尚书韩𧨑上疏,谓其时"皇室多难,威略未振",宜"养兵厉甲,广农积粮","而百姓自秦、晋之弊,迭相荫冒,或百室合户,或千丁共籍,依托城社,不惧燻烧,公避课役,擅为奸宄。""今宜隐实黎萌,正其编贯,庶上增皇朝理物之明,下益军国兵资之用。"慕容德采纳这一建议,"遣其车骑将军慕容镇率骑三千,缘边严防,备百姓逃窜。以𧨑为使持节、散骑常侍、行台尚书,巡郡县隐实,得荫户五万八千"。(同上卷一二七《慕容德载记》,第一〇册,第 3169—3170 页)唐长孺认为:"从'迭相荫冒'这一句话看来,就知道这种合户是凭借宗族相荫,取得复除权利以'公避课役'的手段。这里所述虽指南燕境内,然整个黄河流域大概也差不多。"(《均田制度的产生及其破坏》)

可以谋求基层社会的稳定①。但当战争完全结束,北魏王朝的财政完全依赖于农业人口的赋税收入之时,其与拥有大量荫户的地方豪强大族的矛盾便在所难免,此时豪强便成了北魏政府加强中央集权的对立物。均田制虽然也有北魏政府与豪强大族争夺民户的意图,但主要意在吸引民众主动脱离豪强大族的控制而成为政府的编户齐民,就政府方面而言属于被动接受。三长制则是通过有计划的普查和清理户籍,将豪强大族荫附下的民户检括出来,变成北魏政府所控制的纳税服役人口——编户齐民,这是北魏政府抑制豪强大族势力的积极主动的行为。②

　　黎虎认为:"中国古代编户制度""是血缘性的地方基层编制被地缘性的官僚政治和地方基层人口编制制度所取代的产物","地缘性的乡里关系与血缘性的宗族关系的结合,成为中国古代社会基层结构的特点之一"。③ 就北魏时期的基层社会结构而言,宗主督护制时代可以看作是以血缘性的宗族关系为主的社会,三长制时代可以看作是以地缘性的官僚政治和地方基层人口编制制度为主的社会。不过,在宗主督护制时代,纯粹的血缘性宗族关系也不能够完全支配地方基层社会,宗主还必须得到北魏政府的授权,才能行使其督护职能。而在三长制确立后,地方基层社

---

①与上引唐长孺观点相近,胡寄窗也认为"宗主督护是陈旧领主经济时代的宗法组织残余和豪族地主势力结合的产物"(《中国经济思想史》,中册,第295页)。

②杜正胜云:"凡政府比较有效掌握编户齐民之时,人民负担比较均等,社会也比较稳定。反之则政权不伸,政府与豪强世家争夺人口,庇荫扩张,匿户风行,户籍制度破坏,齐民负担转重,结果不是国家积弱,就是社会混乱。"(《编户齐民——传统政治社会结构之形成·序》,第5页)

③黎虎:《"吏民"的一体性——原"吏民"之四》,《先秦汉唐史论》,下册,第531页。

会也还存在着血缘性宗族关系,不仅因为聚族而居的现状不可能发生改变,而且三长的担任者尤其是党长往往需要宗族中有威望的人担任,与原来的宗主督护的担任者重合的现象应该不能完全避免。不管怎样,北魏前期宗主对县以下地方基层社会发生决定性影响的状况,在三长制设立后将会一去不返,北魏政府的行政体制的触角也将会深入到社会各个角落,地方豪强大族的切身利益受到影响自是必然。对于这种重大的制度改变,他们在朝廷的代表人物不会无动于衷。

作为豪强大族代表人物的郑羲反对实行三长制,自在情理之中。高祐出身于河北大族勃海高氏,其家族在当时的具体情况史无明载。比较而言,陇西李氏出身的李冲虽然也是兄弟六人(一人早卒),家族人丁兴旺,但这一家族早就离开其乡里而在河西走廊发展,西凉被灭后又流亡西域伊吾,当北魏消灭北凉后,李冲之父李宝又带领家人回到酒泉,不久便迁居北魏京师平城。李氏在北魏的发展则是基于其家族成员的仕宦,而与乡里无任何关联。①这是一个典型的官僚贵族家庭,而与自魏晋特别是十六国以来就生活在黄河南北本乡本土的荥阳郑氏、勃海高氏等北方豪门大族完全不同。李冲之所以能够提出三长制和新税制,从而彻底动摇和瓦解从十六国以来迅速膨胀的豪门大族势力,其着眼点完全是为了巩固北魏王朝的中央集权统治,也是因为与其家族利益没有丝毫的瓜葛之故。总的来看,朝臣中虽然有一定数量的官员反对实行三长制,但大多数官员并非激烈反对,而是主张不应在"有事之月,校比民户",以免引起混乱。他们希望在当年秋收后的"闲月"(冬季)遣使实施。三长制颁布于太和十年二月中旬,其时正

①参见拙著《北朝时期的陇西李氏》,《北魏政治与制度论稿》,第150—164页。

当春季大忙时节,自属"有事之月"。不过,此条诏令颁布后并不意味着马上就可操作"定民户籍"之事。这是因为三长制在全国范围内的确立,必定要在法令颁布一段时间后才能够完成,而三长制确立后校比民户也还需要一个准备过程。据上引李冲之言,可知"校户"当在"调时"——"课调之月"即缴纳赋税的月份进行,然具体时间史无明载。

宗主督护制是北魏王朝对守法的地方豪强特权的认可,而对于作乱犯上的土豪恶霸,坚决镇压可以说是一以贯之的基本国策。无论在北魏前期还是后期,并无什么改变。如崔休在宣武帝初年担任勃海太守,"下车先戮豪猾数人,广布耳目,所在奸盗,莫不擒翦。百姓畏之,寇盗止息,清身率下,勃海大治"①。可以说,"群盗""奸盗"往往是豪强势力对北魏地方政府发起的挑战,大多是由不满地方统治的豪强组织和策划的。又如"灵丘罗思祖宗门豪溢,家处隘险,多止亡命,与之为劫。显祖怒之,孥戮其家。而思祖家党,相率寇盗。(张)赦提应募求捕逐,乃以赦提为游徼军将,前后禽获,杀之略尽"②。北魏统治者如此残酷地镇压不法豪强,虽可惩一时之患,却难以从根本上解决问题,甚至有可能引起更大的骚乱。如何消除豪族对北魏统治的消极影响,就成为摆在统治集团面前的重要议题。古罗马法学家塞克司吐斯·塞西留斯对哲学家法伏林说:"法律有种种长处和补救方法","依据时代习尚,国家制度性质,当前利益的考虑和应予矫正的弊风会有变动和起伏。在性质上,法律决非一成不变的,相反地,正如天空

---

①《魏书》卷六九《崔休传》,第五册,第 1526 页。
②《魏书》卷八九《酷吏·张赦提传》,第六册,第 1922 页。

和海面因风浪而起变化一样,法律也因情况和时运而变化"。① 毫无疑问,法律法规或者说国家制度的变革是最理想的出路,俸禄制、均田制、三长制随之应运而生。

然而,要想把豪强大族控制的基层社会的行政权和财政权完全收归朝廷却并非易事,很容易引起他们的反弹,史称三长制设立后"豪富并兼者尤弗愿也"②,足见他们反对之激烈。北魏政府要想有力地控制基层社会,就必然要掌握对土地和民户的控制权,通过均田制掌握土地控制权,而对民户的控制权则必须通过普查和清理户籍方能完成。若无冠冕堂皇的理由,仅仅单纯地进行户籍普查和清理,并不一定能收到明显的效果。即使能够清理出一定数量的依附民户,如果没有适宜的政策和制度的配合,也就难以保证他们不会再回到豪强门下。因此,李冲建议要将"校户"与"均徭省赋"结合起来,使民众知道校户的结果是为了均徭省赋,他们在成为政府的编户齐民后,不仅能够得到均田土地,并且赋役负担还会大大降低,也就能够吸引他们主动脱离豪强的控制。只有这样,三长制和新税制才能得到认真贯彻执行,足见李冲的方案乃是一个巧妙的构思。

如上所述,三长制得以实施,冯太后的主张发挥了决定性作用。虽然未见孝文帝在讨论中发言,但他必定参与了这次讨论。在统治集团内部达成统一认识后,孝文帝即下诏实行三长制,诏文曰:

---

①原载盖里乌斯的《阿提卡之夜》第 20 卷第 1 节,转引自〔德〕黑格尔《法哲学原理 或自然法和国家学纲要》,第 8 页。按《阿提卡之夜》已有中国法制出版社 2021 年版中译本(〔古罗马〕奥卢斯·革利乌斯:《阿提卡之夜(16—20 卷)》)。
②《魏书》卷一一○《食货志》,第八册,第 2856 页。

夫任土错贡,所以通有无;井乘定赋,所以均劳逸。有无通则民财不匮,劳逸均则人乐其业。此自古之常道也。又邻里乡党之制,所由来久。欲使风教易周,家至日见,以大督小,从近及远,如身之使手,干之总条,然后口算平均,义兴讼息。是以三典所同,随世涝隆;贰监之行,从时损益。故郑侨复丘赋之术,邹人献盍彻之规。虽轻重不同,而当时俱适。自昔以来,诸州户口,籍贯不实,包藏隐漏,废公阃私。富强者并兼有余,贫弱者鬻口不足。赋税齐等,无轻重之殊;力役同科,无众寡之别。虽建九品之格,而丰堉之土未融;虽立均输之楷,而蚕绩之乡无异。致使淳化未树,民情偷薄。朕每思之,良怀深慨。今革旧从新,为里党之法,在所牧守,宜以喻民,使知去烦即简之要。①

史称"自太和十年已后诏册,皆帝之文也"②,则此诏应出自孝文帝之手,既反映了北魏统治集团的意志,也代表了孝文帝对这一改革新政的认识。为了实现"民财不匮""人乐其业"的理想社会,就必须"通有无""均劳逸",而要做到这一点,则要实行"任土错贡""井乘定赋"。也就是说,合理的土地制度和赋税制度,是实现天下太平的前提,而赋税制度的公平合理尤为重要,只有"口算平均",方能"义兴讼息"。③

---

① 《魏书》卷一一〇《食货志》,第八册,第 2855—2856 页。
② 《魏书》卷七下《高祖纪下》,第一册,第 187 页。
③ 布阿吉尔贝尔认为,"赋税负担的公平分配问题"相当重要,"赋税对国家的破坏就不是由于税额,而是由于分配的不公平"。(《法国详情》,《布阿吉尔贝尔选集》,第 90 页)很显然,此与北魏孝文帝三长诏中"口算平均"的思想完全一致。

第四节　关于校户与括户

《周礼·地官·小司徒》:"及三年则大比,大比则受邦国之比要。"郑玄注:"大比,谓使天下更简阅民数及其财物也。"郑司农(众)云:"五家为比,故以比为名。今时八月案比是也。要谓其簿。"贾公彦疏云:"'今时八月案比是也'者,汉时八月案比而造籍书。"①《续汉书·礼仪志中》:"仲秋之月,县道皆案户比民。"②《后汉书·安帝纪》载元初四年(117)秋七月诏"方今案比之时"下,李贤注:"《东观记》曰:'方今八月案比之时。'谓案验户口,次比之也。"③同书《皇后纪·序》"汉法常因八月筹人"下,李贤注引《汉仪注》:"八月初为筹赋,故曰筹人。"④可见汉代"案比"以定算赋是在每年八月初。其制从西汉建立伊始就已确立。《汉书·高帝纪上》载汉四年"八月,初为算赋"⑤。张家山汉简《二年律令·户律》与史籍记载可互相印证:"恒以八月令乡部啬夫、吏、令史相襍案户籍,副臧(藏)其廷。""民宅园户籍、年细籍、田比地籍、田命籍、田租籍,谨副上县廷。""民欲先令相分田宅、奴婢、财物,乡部啬夫身听其令,皆参辨券书之,辄上如户籍。……所分田宅,不为户,得有之,至八月书户。""民欲别为户者,皆以八月户时,非户

<hr>

①《周礼注疏》卷一五,《十三经注疏》,上册,第 711 页上栏。参见[清]孙诒让《周礼正义》卷二〇,第三册,第 775—776 页。

②《续汉书·礼仪志中》,《后汉书》第一一册,第 3124 页。

③《后汉书》卷五《安帝纪》,第一册,第 227 页。

④《后汉书》卷一〇上《皇后纪上》,第二册,第 400 页。

⑤《汉书》卷一上《高帝纪上》,第一册,第 46 页。

时勿许。"①关于"案比"的具体情形,《后汉书·江革传》:"建武末年,与母归乡里。每至岁时,县当案比,革以母老,不欲摇动,自在辕中挽车,不用牛马,由是乡里称之曰'江巨孝'。""案比"下李贤注云:"案验以比之,犹今兒(貌)阅也。"②《二年律令·户律》对此有具体规定:"民皆自占年。小未能自占,而毋父母、同产为占者,吏以□比定其年。自占、占子、同产年,不以实三岁以上,皆耐。产子者恒以户时占⋯⋯"③可见"案比"即案验比定户籍,民户需自行到乡里申报登记,年幼者则由其父母代为申报,别户及新生儿登入户籍,亦应在八月"户时"亦即"案比"之时。④

北朝以后的户籍编造,可从唐代和金代的相关制度见其一斑。《唐六典·尚书户部》:"每一岁一造计帐,三年一造户籍。县以籍成于州,州成于省,户部总而领焉。"本注:"诸造籍起正月,毕三月,所须纸笔、装潢、轴帙皆出当户内,口别一钱。计帐所须,户别一钱。"⑤《新唐书·食货志一》:"凡里有手实,岁终具民之年与地之阔陿,为乡帐。乡成于县,县成于州,州成于户部。又有计

---

①张家山二四七号汉墓竹简整理小组:《张家山汉墓竹简〔二四七号墓〕(释文修订本)》,第54、56页。
②《后汉书》卷三九《江革传》,第五册,第1302页。按〔晋〕袁宏《后汉纪》卷一一《章帝纪》系其事于建初元年(《两汉纪》,下册,第208页)。
③《张家山汉墓竹简〔二四七号墓〕(释文修订本)》,第53页。户籍相关簿籍,《二年律令·户律》载"民宅园户籍、年细籍、田比地籍、田命籍、田租籍"(同上书,第54页)。
④邢义田结合文献和简牍资料对汉代八月案比制度尤其是案比地点问题作了详尽考证,参见《汉代案比在县或在乡?》,《治国安邦:法制、行政与军事》,第211—241页。
⑤《唐六典》卷三《尚书户部》,第74页。

帐,具来岁课役,以报度支。"①《唐会要·籍帐》:"开元十八年
(730)十一月敕:诸户籍三年一造,起正月上旬,县司责手实、计帐
赴州,依式勘造,乡别为卷,总写三通。其缝皆注某州某县某年
籍,州名用州印,县名用县印。三月三十日纳讫,并装潢,一通送
尚书省,州县各留一通。所须纸笔、装潢并皆出当户内口,户别一
钱。其户每以造籍年预定为九等,便注籍脚。有析生新附者,于
旧户后以次编附。"②《金史·食货志一》:"凡户口计帐,三年一
籍。自正月初,州县以里正、主首,猛安谋克则以寨使,诣编户家
责手实,具男女老幼年与姓名,生者增之,死者除之。正月二十日
以实数报县,二月二十日申州,以十日内达上司,无远近皆以四月
二十日到部呈省。"③

综上所述,秦汉校户造籍是在秋后进行,唐代以后则是在开
春进行。唐代和金代的造籍均始于正月上旬,先从乡村基层的统
计确认开始,经过县、州,最后呈报尚书省(户部)。唐代完成的期
限是三月三十日,金代是四月二十日。以此推测并揆诸常理,秦
汉时期的造籍以八月初从乡里开始,经过县、郡统计申报,最快也
要到十月、十一月才能最后完成。北魏三长制下的"校比民户"究
竟是在何时进行,史无明载。太和十年"二月甲戌(十三,4.2),初
立党、里、邻三长,定民户籍"④。似乎"定民户籍"是与设立三长

①《新唐书》卷五一《食货志一》,第四册,第 1343 页。
②《唐会要》卷八五《籍帐》,下册,第 1559 页。关于唐代计帐、户籍制度,参
　见朱雷《唐代"手实"制度杂识——唐代籍帐制度考察》《唐代"乡帐"与
　"计帐"制度初探——吐鲁番出土唐代"乡帐"文书复原研究》,《敦煌吐鲁
　番文书论丛》,第 97—112、159—189 页。
③《金史》卷四六《食货志一》,第四册,第 1032 页。
④《魏书》卷七下《高祖纪下》,第一册,第 161 页。

同时进行的,但实际上可能性不大。法令颁布后传达到全国各地必然要经过一定的时间,而地方郡县在接到此法令后要物色并最终确定辖区的党、里、邻三长,也不可能一蹴而就,"校比民户"更是只能在三长设立之后才能进行。不管怎样,可以确定的是,北魏设立三长后最初的"校比民户"不可能像唐代那样是在正月进行,很可能还是像汉代一样在秋后即八月进行。八月初正当秋收之后,北魏李冲所言于"调时"或"课调之月"进行"校户",可以说与此颇相符合。由此推测,北魏三长制设立后之"定民户籍"或"校比户口"亦当在八月进行,其具体情形亦当与汉代相若。郑羲等人所言"闲月"虽然无事,但人口却有可能因外出而不宜掌控①,"课调之月"虽属大忙时节,然其时民户都在家忙活,可以进行全面地简阅。

均田令规定田地的还受"恒以正月"②,第一次均田当在太和十年正月实施。通过均田制吸引流亡人口或依附于豪强的"苞荫之户",再通过设立三长制来"定民户籍",使其成为政府治下的编户齐民,这是最为有效的途径。汉代"算民的重要作用在确定身份以及由身份所引起的赋役义务的改变"③,北魏"定民户籍"或"校比户口"亦当具有类似的功能。唐人陈章甫《与吏部孙员外

①俄罗斯历史上关于允许农民离开土地时间的有关规定可以作为参照:"伊凡三世的法典为此确定了一个必须遵守的时期:秋季尤里耶夫节(11月26日)前后各一周。而普斯科夫邦十六世纪则规定了另一个法定的农民离开日期,即斋戒期前的最后一次荤食日(11月14日)。这就是说,当完成一切田间工作时,农民可以离开土地,双方互相清账。"(〔俄〕瓦·奥·克柳切夫斯基:《俄国史教程》第二卷,第288—289页)

②《魏书》卷一一〇《食货志》,第八册,第2854页。

③邢义田:《汉代案比在县或在乡?》,《治国安邦:法制、行政与军事》,第225页。

书》云："夫籍者，所以编户口，计租税耳。"①此言可谓得其本义，编定户籍的根本目的就在于保证赋税徭役的征发。按李冲之意，在清明前后颁布设立三长、校户和新税制的相关法令，则民户经过一季的春耕秋收，在当年的"课调之月"即可感受到"均徭省赋之益"。"苞荫之户"尝到了"赋税之均"的甜头，自然就不会再回到豪强的怀抱，从而坚定其成为政府编户齐民的信心。若在冬季闲月设立三长并"定民户籍"，虽然不会影响生产活动，但民户却难以较快感受到均徭省赋的好处，大大降低了其脱离豪强依附的吸引力，更重要的是，均田制实施后大量新的受田民户能否被完全编入政府户籍，恐怕也很难保证。不过，从均田令田地还受"恒以正月"的规定推断，北魏的"校户"应该是在正月之前完成，因为田地还受的前提是受田人口的变化，而这正是户籍的核心内容。

史载秦益二州刺史李洪之"善御戎夷，颇有威惠"，"深居山谷"的赤葩渴郎羌，主动"求编课调，所入十倍于常"。② 由此可见，政府掌握的编户数量的增多乃是课调收入增加的前提。从上下文推断，时当俸禄制颁布前不久。北魏前期主要依靠豪强大族控制地方基层社会，总的来说合作关系占据主流，但同时也存在着矛盾和斗争，有时甚至以极端方式表现出来，典型者如李安世对相州广平人李波家族的镇压③。地方豪族力量过于强大，必然会使政府掌握的编户齐民数量减少，不但在经济上分割北魏政府的财政收入，而且也会在政治上干扰对地方的有效统治，影响北魏王朝的中央集权，其危害尤其不可忽视。北魏地方政府与豪强

---

① [清]董诰等编：《全唐文》卷三七三，第三册，第3789页下栏。
②《魏书》卷八九《酷吏·李洪之传》，第六册，第1919页。
③参见《魏书》卷五三《李安世传》，第四册，第1176—1177页。

的斗争可以说从来就没有停止过。太和五年(481)前,宗室近亲任城王云担任使持节、都督陕西诸军事、征南大将军、长安镇都大将、雍州刺史。"云廉谨自修,留心庶狱,挫抑豪强,群盗息止,州民颂之者千有余人。文明太后嘉之,赐帛千匹。"①豪强势力的纵容,是"群盗"频发的温床,对北魏地方政府的统治构成了严重的威胁。任城王云对豪强的"挫抑",不仅为州民所广泛拥护,也得到了最高统治者的大力支持。

历史的经验值得重视,李冲的建议很可能借鉴了十余年前韩均括户的经验。韩均在担任定州和青冀二州刺史时,"恤民廉谨,甚有治称"。转任广阿镇大将、都督定冀相三州诸军事,"清身率下","禁断奸邪"。"后均所统,劫盗颇起,显祖诏书诮让之。又以五州民户殷多,编籍不实,以均忠直不阿,诏均检括,出十余万户。""复授定州刺史","延兴五年(475)卒"。② 韩均"检括""五州民户"即可"出十余万户",当时"编籍不实"之严重可见一斑。从上下文来看,五州即定、冀、相三州和青州、东青州,可能还包括广阿镇,属于北魏最重要的经济重心区域。韩均临终前任定州刺史,"轻徭宽赋,百姓安之"③。之所以能够出现"轻徭宽赋,百姓安之"的局面,显然与他之前进行的括户有关,新增加的编户齐民大多为小户口,按租输三等九品之制,他们的赋税负担并不太重。甚至还有这样的可能性,因为编户新入籍,定州的赋税额度仍按原来的标准征收,若纳税户口增加而赋税总额未变,则每户的赋税负担将会大大减轻,"轻徭宽赋"盖由于此。

①《魏书》卷一九中《景穆十二王中·任城王云传》,第二册,第462页。
②《魏书》卷五一《韩茂传附子均传》,第四册,第1128—1129页。
③《魏书》卷五一《韩茂传附子均传》,第四册,第1129页。

韩均的括户并非个人行为,而是北魏政府在全国范围内进行户口大"检括"的一个环节。延兴三年(473)九月"辛丑(廿八,11.3),诏遣使者十人循行州郡,检括户口;其有仍隐不出者,州、郡、县、户主并论如律"①。韩均括户的事例显示,这次全国范围内的"检括户口"的确取得了较大成效。尽管如此,由于没有进一步的配套措施跟进,故未能从整体上动摇强宗大族的社会基础。韩均"检括"出的十余万户想必大多来自豪强大族的荫户,延兴三年括户诏所提及的"户主"即便不全是"五十、三十家方为一户"的户主,恐怕也应该占有较大的比重。"五十、三十家方为一户"的大户主,无疑是宗主督护制的主体,也是当时北魏县以下控制基层社会的主要力量,国家赋税徭役的承担者当以此类大户为主。明元帝泰常三年(418)"九月甲寅(廿一,11.5),诏诸州调民租,户五十石,积于定、相、冀三州"②。孝文帝延兴三年"冬十月,太上皇帝亲将南讨。诏州郡之民,十丁取一以充行,户收租五十石,以备军粮"③。此两诏中的"户"即是这种大户④,亦即拥有多少不等的依附民户和奴婢的豪强大族和中小地主,而非通常意义上五口之家的自耕小农家庭。

　　从九品混通或租输三等九品之制来看,北魏前期农业人口中

①《魏书》卷七上《高祖纪上》,第一册,第 139 页。
②《魏书》卷三《太宗纪》,第一册,第 59 页。
③《魏书》卷七上《高祖纪上》,第一册,第 139 页。
④李剑农云:"延兴三年秋七月,诏河南六州民户每户出租三十石,同年十月又诏州郡每户出租五十石,两者共达八十石,此决非一般小户之所能胜其负担。"(《中国古代经济史稿》第二卷《魏晋南北朝隋唐部分》,第 151 页)唐长孺云:"北魏前期户租重至三五十石,实际上即是对北魏一家三五十户的一种默认。"(《魏晋南北朝隋唐史三论——中国封建社会的形成和前期的变化》,第 122 页)

存在着大小不等的各种民户，其比例尽管无从得知，但县以下地方基层社会的方方面面必然由大族势力所主导则无疑问。从献文帝到冯太后和孝文帝统治的仅仅十一二年时间，北魏政府接连对协助其控制地方基层社会的强宗大族下手，反映了北魏王朝加强中央集权的迫切政治需要，集中体现了历史发展的趋势。由于大规模战争的结束，从农耕地区征收赋税几乎成了北魏政府财政收入的唯一渠道，而大量的自耕农户通过各种方式的"隐冒"，主动或被动地成为地方豪强大族的依附民，这就使得北魏政府的赋税徭役征发往往不得不受制于这些强宗大族。久而久之，自然会对北魏政权的统治产生消极影响。尤其是冯太后临朝听政以来约十年间，由于天灾不断，导致大量贫民流亡他乡，沦为豪强大族的依附民，有的甚至被卖为奴婢。对北魏政府来说，无论就财政收入和徭役征发还是正常的地方控制、社会安定而言，这都是非常不利的。冯太后和孝文帝决定进行改革，就必然要解决这一问题。为了把北魏建设成为上追三代、下绍汉魏的理想社会，从农村土地制度、地方基层社会组织和财政体制的改革入手就是最为便捷的一条途径。可以说，以冯太后和孝文帝为首的北魏统治集团找到了解决问题的突破口，显示了很高的政治智慧和远见卓识。

东汉末年人徐干在其所撰《中论·民数》篇中，对"民数"（户口）在统治中的重要性作了深刻的论析：

> 治平在庶功兴，庶功兴在事役均，事役均在民数周。民数周，为国之本也。……事役既均，故民尽其力而人竭其力，然而庶功不兴者未之有也。庶功既兴，故国家殷富，大小不匮，百姓休和，下无怨疚焉，然而治不平者未之有也。……故

民数者,庶事之所自出也,莫不取正焉。以分田里,以令贡赋,以造器用,以制禄食,以起田役,以作军旅。国以之建典,家以之立度,五礼用修,九刑用措者,其惟审民数乎?

上引孝文帝立三长诏所言"通有无""均劳逸"——"赋税齐等,无轻重之殊","力役同科,无众寡之别",与徐干所言"事役均"可同等而论。或者说,孝文帝诏的立意与徐干之论可谓词异而理同。体味徐干之论,有助于更好地理解北魏实施三长制的意图。徐干还从正反两方面来论证"民数"对于"为政"之作用:

《周礼》"孟冬,司寇献民数于王,王拜而受之,登于天府,内史、司会、冢宰贰之",其重之如是也。今之为政者,未知恤已矣。譬由无田而欲树艺也,虽有良农,安所措其强力乎?是以先王制六乡六遂之法,所以维持其民而为之纲目也。使其邻比相保相爱,刑罚庆赏相延相及,故出入存亡臧否顺逆可得而知矣。如是奸无所窜,罪人斯得。迨及乱君之为政也,户口漏于国版,夫家脱于联伍,避役(一作"逋逃")者有之,弃捐者有之,浮食者有之,于是奸心竞生,伪端并作矣。小则盗窃,大则攻劫,严刑峻法不能救也。①

由此可见,民数(户口)关乎国家之治乱,民数周则国以治,户口漏则国以乱。徐干所言乱君为政之种种情形,与李安世均田疏、李

①[汉]徐干:《中论》卷下,《景印文渊阁四库全书》子部二"儒家类",第六九六册,第501页上栏、下栏—502页上栏。按《通典》卷三《食货三·乡党》引徐伟长《中论》(第一册,第56页),文字略有差异。

冲三长疏、孝文帝均田诏和三长诏中所提及的社会状况,可以说若合符节。正因如此,在孝文帝君臣看来,当时的现状不能继续维持下去,欲避免乱政,实现治世,唯有进行改革而别无它途。

第十四章　北魏新税制的确立及其它

　　统治者对民众征收赋税,既是主权的宣示,又是维持其统治机器特别是军费开支的需要。北魏建立之后的半个世纪,战争中的掠夺一直是政府最重要的财源,特别是在平定后燕、大夏、北燕、北凉等十六国后期政权时将其国库一扫而空,席卷而归,大大充实了北魏的国力。[①] 另一方面,北魏在占领河北平原等农耕地区过程中即开始向农业人口征收赋税,随着时间的推移,农业税收在财政收入中的比重逐渐提高。北方统一以后,战争的剧减使得北魏王朝通过掠夺获得战利品的机会越来越少,为了维持政权的运行,自必要加大对其统治下的广大农业人口的赋税征收。[②]

[①] 参见《魏书》卷一一〇《食货志》,第八册,第 2851 页。

[②] 此非北魏特色,而是世界历史上的普遍现象。亚当·斯密说:“土地是一种更加稳定和更加持久的资金来源。因此,国有土地的地租是许多超越游牧状态的大国的公共收入的主要来源。”(《国富论》下册,第 436 页)在伊斯兰教征服印度过程中,“如果被征服者在他们被征服前就接受了伊斯兰教,或者某个国家由于投降而从异教徒手中转到穆斯林手中,那么所征服的土地就只须缴纳地亩税,伊玛目就没有权利把土地加以分配”。“土地一旦被课以地亩税——这样它就构成统一的经常收入总额中的一部分归整个正教徒社会享用,——就不再由伊玛目支配。”(〔德〕卡·马克思:《马·柯瓦列夫斯基〈公社土地占有制〉一书摘要》,《马克思（转下页注）

在太和八年俸禄制颁布之前约百年间,北魏税制经历了从临时性的租赋征发到"九品混通"、再到"租粟三等九品之制"的变化。

第一节 "一齐民于编户"

在均田制颁布以后,配套相应的赋税制度便成为最迫切的现实问题。欲使之得到落实,按原有的基层社会治理方式显然是不可能的。诚如上引颁三长诏所言,当时社会上久已存在的现实是,"诸州户口,籍贯不实,包藏隐漏,废公罔私。富强者并兼有余,贫弱者糊口不足"[1]。在孝文帝看来,尽管当时的制度已经是"赋税齐等,无轻重之殊;力役同科,无众寡之别",但实际上"九品之格""均输之楷"(即租输三等九品之制)并没有得到认真的落实[2],其根源就在于豪强兼并,北魏政府没有办法完全掌握地方民户的户口。因此,只有"革旧从新",废除宗主督护制,实行三长制,"校比户口",将豪强大族所控制的民户变为编户齐民,然后按新税制征收赋税徭役,才是实现天下太平的有效途径。此即李安

(接上页注)恩格斯全集》第四十五卷,第 265、266 页)。拓跋鲜卑征服中国北方过程中,对原有土地关系有无调整未见明确记载,很可能的情况是,只要认可和服从北魏的统治,就应该会保留原有的土地占有关系,而被征服者的义务——或者说认可和服从北魏统治的体现——则是向北魏统治者缴纳赋税。

[1]又,孝文帝均田诏谓"富强者并兼山泽,贫弱者望绝一廛"(《魏书》卷七上《高祖纪上》,第一册,第 156 页),可见由于豪强兼并而致贫富分化异常严重,的确是当时的一大社会问题。

[2]孝文帝同诏中所言"丰埆之土"是指肥沃和贫瘠的土地,"蚕绩之乡"是指种桑养蚕(丝织)和种麻纺织的地区——均田令中的桑田和麻田地域。

世均田疏所言"恤彼贫微,抑兹贪欲,同富约之不均,一齐民于编户"①。毫无疑问,三长制和新税制是不可分割的一体两翼,也可以说俸禄制、均田制和三长制、新税制是密切相关的一个有机体,构成北魏孝文帝经济体制改革的完备系统。官吏俸禄的班发是以赋税的增加为前提的,因此可以说俸禄制是均田制、三长制和新税制的催化剂;由于俸禄制规定对官吏的贪赃枉法予以严惩,而均田制、三长制和新税制的实施必须以吏治的清明为前提,因此可以说俸禄制也是均田制、三长制和新税制实施的保障机制。在均田制、三长制和新税制颁布之后,规定"州郡县官依户给俸",将地方长官的俸禄和其治下的民户数量联系起来,显然有着激励的用意,这样可以鼓励地方长官在"定民户籍"或"校比户口"时下大力气,并且在以后的统治中尽可能多地增加户口。

三长制规定五家为邻、五邻为里、五里为党,分设邻长、里长、党长对基层民户进行管理,这样由一百二十五家组成的党便成为县以下拥有行政权的最高一级组织,党长取代宗主督护对基层社会行使管理权。② 依附于强宗大族的民户自然必须纳入邻、里、党的组织系统,他们不再受豪强地主的保护并为其效力,而是作为均田农民拥有受田的权利并直接承担向政府纳税服役的义务。

---

①《魏书》卷五三《李安世传》,第四册,第 1176 页。按西魏大统十年(544),宇文泰大行台度支尚书、领著作、兼司农卿苏绰"为六条诏书,奏施行之"。"其六,均赋役",曰:"夫平均者,不舍豪强而征贫弱,不纵奸巧而困愚拙,此之谓均也。"(《周书》卷二三《苏绰传》,第二册,第 382、390 页)这可以看作是对北魏均田制和三长制精神的继承。

②近十年后,北魏迁都洛阳,从出土墓志的记载来看,洛阳并未实行三长制,而是实行乡里制。参见拙作《北魏洛阳里坊制度探微》。在当时全国其他地区的城市中,究竟实行的是类似的乡里制还是三长制,因无直接的史料佐证,难以判断,至少在乡村地区应该普遍实行三长制。

新税制的确立,也正是以这种三长治下的均田农民为基础的。若没有对民户的全面掌握,无论均田制、三长制还是新税制都只能是空中楼阁;反之,这三项改革新政的实施,自然也就提供了政府完全控制基层民户的充足的理由,强宗大族占有的依附民将因不符合规定而不再得到政府的认可。诺思认为"组织的出现源于制度诱因,源于组织与制度之间的互动方式"[1],其所谓制度即博弈规则,组织即博弈者。若就北魏孝文帝的经济制度改革而论,俸禄制、均田制和新税制都属于制度的范畴,而三长制则属于组织的范畴。正是由于实施俸禄制、均田制和新税制之需,或者说因为制度诱因而建立了三长制——农村基层行政组织。不仅如此,均田制等制度的实施自然需要三长承担其责,双方的互动或者博弈即成为保证制度实施以实现经济绩效或推动经济增长的发动机。无论如何,北魏朝廷通过遣使"定民户籍"或"校比民户",即普查和清理全国现有民户的详细情况以确立新的户籍制度,是保证改革新政实施的先决条件。"孝文定三长之制,最主要之目的为正户籍,平赋税。"[2]赋税徭役以户为单位进行征发,北魏前期即

---

[1]〔美〕罗伯特·威廉·福格尔:《道格拉斯·诺思和经济理论》,〔美〕约翰·N.德勒巴克等编《新制度经济学前沿》,第32页。

[2]严耕望:《中国地方行政制度史——魏晋南北朝地方行政制度》,下册,第681页。又,日本学者冈崎文夫认为:"设立三长制的动机是巩固村落团体,维持国家的版籍。其真实目的是改变以往的差调法而采用新税法,通过三长等机关进行征收。"(《南北朝に於ける社会经济制度》,第178页)胡寄窗认为三长制"体现了当时的劳动与财政政策",宗主督护制与三长制分别是"宗法的社会劳动编组与地区的社会劳动编组,虽然性质上都是封建的,但后者却是进步的"。(《中国经济思想史》,中册,第294—295页)胡氏从劳动组织角度认识宗主督护制与三长制,其说最为独特,从劳动经济学而论,自有其可行性。以"宗法的社会"与"地区的社会"区分三长制实施前、后的社会状况,也是准确的认识。

有专门官职负责户口统计,史载薛野䐖在文成帝时为"给事中,典民籍事,校计户口,号为称职"①。而"定民户籍"必须和"均徭省赋"同时进行,方能避免或降低因改革新政的实行滋扰百姓而引发的不满情绪,这从三长制设立之初"百姓咸以为不若循常"②,即可窥见一斑。

依附于豪强并受其保护的民众,在没有感受到政府的权威以及能够保证其生存的情况下,必然会有许多疑惑,不大可能愿意主动脱离宗主而成为政府的编户齐民,若以后政府不能有效地保护并保证他们能够过上正常的生活,则如何面对其原有的宗主便成为他们不得不考虑的问题。因此,基层行政性社会组织的确立并能够有效地行使职能,乃是必不可少的环节。有了代表朝廷意志的基层组织作保障,加之成为编户齐民可以受田,成为土地的主人,自然会有很大的吸引力,大量的荫户脱离豪强控制也就成为必然。钩稽现存史料,还没有看到能够明确显示均田制实施后"苞荫之户"转变为编户齐民的具体途径的相关记载。究竟是依附民通过申报户口的方式主动脱离豪强地主③,还是由地方基层政府组织——特别是三长以检括的方式强制依附民脱离豪强地主④,抑

---

① 《魏书》卷四四《薛野䐖传》,第三册,第 995 页。
② 《魏书》卷一一〇《食货志》,第八册,第 2856 页。
③ 郑欣认为:"由于在均田制下农民能够受田,而且剥削较轻,所以大量隐漏人户就纷纷向国家呈报户口。"(《魏晋南北朝时期的人口和户籍制度》,《魏晋南北朝史探索》,第 209 页)
④ 王治来认为:"三长制的实行,不仅能从豪强大族的隐冒之下夺取一部分劳动人手,而且使得一般人民逃避国家赋税也比较困难。"(《均田制的产生及其实质——北魏社会研究评论》)周一良认为:三长制施行以后,"荫附于大族的身分低下的户口,才是三长制检括的对象"(《从北魏几郡的户口变化看三长制的作用》,《魏晋南北朝史论集续编》,第 63 页)。

或是两种方式都有，难以作出十分清晰的判断。《魏书·食货志》谓"魏初不立三长，故民多荫附"①，表明"民多荫附"与"不立三长"具有因果关系，或者说"立三长"即是为了解决"民多荫附"的问题。正如冯太后所言，"立三长，则课有常准，赋有恒分，苞荫之户可出，侥幸之人可止"。很显然，解决"民多荫附"的问题是北魏政府积极主动的行为。《魏书·高祖纪下》载"初立党、里、邻三长，定民户籍"②，《外戚传上》载"初立三长，以（间）庄为定户籍大使"③，《尧暄传》载"始立三长，暄为东道十三州使，更比户籍"④，虽然并未明言三长制设立之初进行了类似十余年前韩均括户那样的行动，但这种可能性极大。从常理来看，依附于豪强大族的民户要在均田制和三长制颁行之初全都能够领会制度精神，认识到将给他们带来更加稳定和富足的生活，似乎不大可能，故而政府通过派遣大使监督州郡县及三长，以便快速实现苞荫之户向编户齐民的转变。荫户脱离豪强地主而成为编户齐民，对他们来说具有身份解放的意义。韦伯在论及欧洲庄园制的瓦解时指出："农业庄园组织解体""意味着农民和农业工人的人身解放和迁徙自由，意味着土地从农民的公社组织和大领主的权力中解放出来"。具体则有三种方式："第一，通过对农民的剥夺，于是农民变成了自由但无土地的人"；"第二，通过对大领主的剥夺，领主失去了土地，而农民变得既自由而又有土地"；"最后，它也可以通过两种方法的结合而出现，农民变得既自由而又有一部分土地"。⑤ 北

---

① 《魏书》卷一一〇《食货志》，第八册，第 2855 页。
② 《魏书》卷七下《高祖纪下》，第一册，第 161 页。
③ 《魏书》卷八三上《外戚上·间毗传》，第五册，第 1816 页。
④ 《魏书》卷四二《尧暄传》，第三册，第 954 页。
⑤ 〔德〕马克斯·韦伯：《经济通史》，第 59 页。

魏通过均田制和三长制将豪强地主的荫户变为编户齐民,当然不能与欧洲中世纪末期庄园制的瓦解相提并论,但还是有可比性的,首先它意味着依附民身份的解放或提高,其次则是豪强地主的势力受到削弱,随着其名下荫户的清出,其对土地的占有除了其家庭现有丁男丁女等符合受田条件的人口外,就只能依靠所占有的奴婢和丁牛数量,不排除有一部分土地因超标而收归国有而被重新分配的可能。这样看来,与韦伯所提及的第二、三种方式在一定程度上有相通之处,当然均田制和三长制并不意味着豪强地主庄园制的瓦解,因此豪强地主所拥有的土地有可能减少,但不可能被剥夺,而依附民的身份地位有所提高,但不会成为有迁徙自由的人,不仅他们不会,现有自耕农也不享有迁徙自由,这是由当时的社会条件所决定的。在严格的户籍制度管控之下,"个体农民不但被束缚在土地上,而且还被束缚在他所在的村庄上"[1],要实现迁徙自由无疑是天方夜谭。

所谓"定民户籍"或"更比户籍",主要针对的不是已经在籍的编户齐民,而应该是没有纳入北魏政府户籍的依附民,虽然不排除两制施行后依附民主动脱离豪强大族的可能性,但应该不会太多。"定民户籍"或"更比户籍"最主要的是要把豪强地主名下的依附民全都纳入北魏政府控制的户籍之中,当然也包括将官贵豪强名下的奴婢明确纳入其主人的户籍,因为不论是良人还是奴婢,他(她)们都具有受田资格,即便是暂时还没有受田资格的年

---

[1]〔德〕马克斯·韦伯:《经济通史》,第38页。按此为韦氏对古代埃及和美索不达米亚以及日本从7世纪到10世纪班田制时代相关制度的描述,用来反映北魏均田制时代的状况也是恰当的。事实上,在整个中国历史上民户被严格控制在户籍制度之下的情形,几乎无不如此,正如韦氏所言,"一个农民如不能证明他的户籍,事实上就是一个歹徒"(同上页)。

幼者或已超过受田年龄的年老者,以及均田令所提及的老弱病残等各类人群,同样必须进入政府的户籍之中。只有建立准确完整的户籍册,均田制的实施才有保障。也就是说,推行三长制乃是实施均田制的前提,或者说是实施均田制的必不可少的一个环节,自然也就成为均田制实施的重要保障。孝文帝均田诏谓"今遣使者循行州郡,与牧守均给天下之田",可见为了实施均田诏,北魏王朝派出了均田使者,然而均田使的具体担任者于史无闻,推断史书所载以定户籍为职责的间庄和尧暄实际上还肩负着均田的任务,即是孝文帝均田诏所言"使者"。"暄为东道十三州使",与孝文帝均田诏"今遣使者循行州郡,与牧守均给天下之田"完全相符,表明其出使不仅仅在于推行三长制、定民户籍,同时还与州郡长官一道负责均田制的实施。亨廷顿说:"几乎所有成功的土地改革,都需要建立起专司其事的机构。凡是在没有设置这种机构的地方……改革就会毫无效果。此外,通常还需要动员官僚机构中的大批人员到农村去具体办理改革。"①与政治学大师亨廷顿通过考察现当代世界各地的土地改革而得出的认识完全一致,北魏王朝在颁布均田制的同时还健全了县以下地方基层行政组织——三长制,并且派遣定户籍大使进行指导和监督,为与地方州郡长官一道负责三长制和均田制两项改革新政的落实,为这一次划时代的土地改革的实施提供了组织上的保障。所不同的是,现当代世界各地的土地改革几乎全都是一次性的,因而代表政府参与土地改革法令落实的人员也是一次性的,而北魏的均田制则是有受有还,不仅有均田制颁布后的首次受田,而且还有以后随着受田对象的更替而进行的调整,因此代表政府负责均田制

①〔美〕塞缪尔·P. 亨廷顿:《变化社会中的政治秩序》,第 364 页。

施行的人员也就不能是一次性的。毫无疑问，均田制颁布后的首次受田最为关键，因此需要均田使和州郡长官共同负责，其后的田地还受则是由新设立的三长职司其事，从而使得均田制的实施有了可靠的组织保障。

与三长制同时颁布的新税制是以一夫一妇为基本征税单位的，而这正是均田制受田的基本对象。也就是说，一夫一妇为主体组成的小农家庭是改革新政所提倡的基层民户的基本结构，表明改革新政的直接矛头便是原来占有主导地位的"五十、三十家方为一户"的豪族大户。这在李安世的均田疏、孝文帝的均田诏等文书中都有深刻的阐述。诚如冯太后所言，三长制和新税制的实施，将使"苞荫之户可出，侥倖之人可止"，宗主督护制也就成为空中楼阁，其退出历史舞台便是理所当然。"苞荫之户"在本质上具有良人身份，无论其是否主动依附，豪强均不得再占有，必须将他们纳入政府户籍之内进行管理。然而，将苞荫之户归入三长治下，成为政府直接掌握的编户齐民，并不意味着政府对豪强大族的利益完全置若罔闻。事实上，北魏政府在与豪强争夺人口的同时，还尽可能对其利益予以关照，这主要体现在均田制关于奴婢和耕牛受田的规定上。

与此同时，对于豪强所拥有的身为贱民的奴婢，北魏政府原则上承认其所有权，一般不予干涉，而均田制规定奴婢和耕牛均可受田，就在一定程度上照顾了豪强的经济特权，使其原本所拥有的土地不被或少被充公。不过，豪强对奴婢的所有权并非毫无节制，北魏政府在均田制和三长制颁布前夕，曾发布诏令解放了一批奴婢。在太和九年八月诏书中规定："今自太和六年已来，买定、冀、幽、相四州饥民良口者，尽还所亲。虽娉为妻妾，遇之非理,情不乐者亦离之。"①从太和六年以来,北魏经济重心区河北平原发生了严重的水灾,导致饥民流离失所,不少人被卖为奴,这些人原为良人,本应在改革新政颁布后成为政府的编户齐民,若不予解放将会使政府在改革新政颁布后损失不少可以承担纳税服役义务的均田民户。② 之所以将解放奴婢的对象确定为太和六年

①《魏书》卷七上《高祖纪上》,第一册,第156页。

② 对于因饥荒而被掠卖为奴婢者,二十年前北魏政府就曾下诏予以解放。《魏书》卷五《高宗纪》载,和平四年(463)八月壬申(三十,9.28)诏曰:"前以民遭饥寒,不自存济,有卖鬻男女者,尽仰还其家。或因缘势力,或私行请托,共相通容,不时检校,令良家子息仍为奴婢。今仰精究,不听取赎,有犯加罪。若仍不检还,听其父兄上诉,以掠人论。"(第一册,第121页)孝文帝太和九年八月诏应该是对这一政策的延续。同书卷六七《崔光传》:"皇兴初,有同郡二人并被掠为奴婢,后诣光求哀,光乃以二口赎免。高祖闻而嘉之。"(第四册,第1488页)可见奴婢可以赎免为良人,对于有能力者赎免奴婢的行为孝文帝是鼓励的。宣武帝时南来裴植之母"年逾七十,以身为婢,自施三宝,布衣麻菲,手执箕帚,于沙门寺洒扫。植弟瑜、粲、衍并亦奴仆之服,泣涕而从,有感道俗。诸子各以布帛数百赎免其母。于是出家为比丘尼,入嵩高,积岁乃还家"(《魏书》卷七一《裴植传》,第五册,第1571页)。此虽为特殊情况,但亦反映出奴婢需交付赎金方能被免为良人。孝文帝以后,抑掠良人为奴婢是法律所禁止的行为。同书卷一六《道武七王·京兆王继传》:"世宗时,除征虏将军、青州刺史,转平北将军、恒州刺史,入为度支尚书。继在青州之日,民饥馁,为家僮取民女为妇妾,又以良人为婢,为御史所弹,坐免官爵。"(第二册,第402页)宣武帝时邢峦为梁秦二州刺史经略巴蜀,后御史中尉崔亮党附侍中元晖、卢昶,"奏劾峦在汉中掠良人为奴婢。峦惧为昶等所陷,乃以汉中所得巴西太守庞景民女化生等二十余口与晖"(卷六五《邢峦传》,第四册,第1446页)。羊祉为秦梁二州刺史,"天性酷忍,又不清洁。坐掠人为奴婢,为御史中尉王显所弹免"(卷八九《酷吏·羊祉传》,第六册,第1923页)。北魏《盗律》规定:"掠人、掠卖人、和卖人为奴婢者,死。"(卷一一一《刑罚志》,第八册,第2880页)统治者对奴婢态度的转变,反映了北魏社会文明程度的提高。威廉·罗雪尔说:"在古代各民族中也重复着下述规律:即发(转下页注)

以后新出现的奴婢,可能与太和五年对户籍制度的改革有关。太和五年七月"甲戌(十六,8.26),班乞养杂户及户籍之制五条"①。这次改革的具体内容不得而知,但应该是一份比较全面的户籍制度的法令,特别是其中有与"乞养杂户"相关的规定。

当然,奴婢和耕牛受田虽然意味着豪强可以拥有远多于普通民户的土地,但也不是无偿多占土地,因为奴婢和耕牛的生存也需要土地供养,而且奴婢和耕牛也有纳税的义务,只是其纳税额度远比良人为低。具体而言,一夫一妇受露田六十亩(不计倍田)、桑田二十亩或麻田十五亩,而已受田奴婢八口的税额相当于一夫一妇的税额,若以奴婢各四口计,则在相同受田额度下其税额仅为良人的四分之一。耕牛一头受田三十亩,二十头的税额仅相当于一夫一妇的税额,则在相同受田额度下其税额仅为良人的六分之一至七分之一,若以每户受田仅四牛的限度计,则其受露田数为一百二十亩,超过一夫一妇所受田之总数,而其应纳税额却极少,甚至可以忽略不计。毫无疑问,这是对豪强大族的经济优待,但与改革前他们所拥有的经济和政治特权相比,应该说还是有差距的。

还有一点值得关注,奴婢可受田并承担纳税义务,尽管严格说来其所受田地是属于主人的,但毕竟意味着国家从法律层面承认其人"格"存在,甚至有着和良人近似的某一侧面。奴婢不再仅仅是主人纯粹的私有物,他们还需纳入国家土地户口册,并且其

(接上页注)展了的经济文化使对农奴的态度日益缓和,并且频繁地要求把他们解放出来。"(《历史方法的国民经济学讲义大纲》,第64—65页)。北魏的解放奴婢特别是法律对掠买奴婢的禁止,自然也体现了北魏经济文化的发展。

①《魏书》卷七上《高祖纪上》,第一册,第151页。

受田额度几乎完全同良人一样,同时又要承担一定的纳税义务。由于在土地户口册中标注了奴婢受田的额度,这就使得其不仅仅具有奴隶身份,而且还具有国家和豪强的农奴的双重身份,一旦具备适宜的条件,受田的奴婢也就有可能摆脱其农奴身份而转变为自耕小农。

　　胡如雷认为:"中国封建社会的奴婢虽然法律地位低下,不能与'良人'平等,可以任人买卖,然而他们毕竟与奴隶社会的奴隶有某种程度上的差异。"又谓"农业奴婢是农奴化的奴隶","是封建性质的农业劳动者"。① 胡寄窗云:"北魏均田思想主张所有的奴婢都和一般人一样分配土地,它以法律形式肯定了使用奴婢劳动以进行农业及农副业生产的合法性,这不特不意味奴隶制的重现,相反的,正足以表示较典型的农奴制之出现。"②有研究者提出了与此完全不同的看法,认为均田制"可以把各类包荫户清理出来,列为国家编户。各种包荫户实质上都是农奴。消除农奴制,不能不具有重大的历史意义"③。按此说与日本学者堀敏一的看法比较接近,堀氏云:"随着大土地所有的发展,在地主直接经营土地的周围也发展着佃客制,可是均田制使佃客成为独立的均田农民,促使佃客制瓦解,只保留了地主直接经营地上的奴隶制。"④

---

① 胡如雷:《中国封建社会形态研究》,第137、141页。
② 胡寄窗:《中国经济思想史》,中册,第286页。
③ 田昌五、漆侠总主编:《中国封建社会经济史》第二卷(本卷主编朱大渭、张泽咸),第101页。
④〔日〕堀敏一:《均田制的研究》,第160页。堀氏还分析了采取这一做法的原因:"所以有可能这样做,大概是由于当时奴隶制发展这一现实吧。北魏初期,通过征服战争,把被征服民作为奴婢进行分配的情况和刚才说到的僮隶一样,是很普遍的,同时,在乱世中,因贫困而卖身的庶民也很多。即使在施行均田制时,在和南朝等的战争中,被掠夺来当奴婢(转下页注)

应该说,堀氏的判断更加准确,包荫户从法律身份上来说仍属良人,作为依附民他们虽有近似农奴的一面,但应该属于比农奴地位更高的佃农。不过同后世与地主之间不具有人身依附关系的佃农相比,北魏的包荫户并非编户齐民,而是与地主存在着较强的人身依附关系,因而其身份地位也就下降到近乎农奴的程度。北魏的奴婢从法律身份上来说虽属贱人,但其具有和良人一样的受田资格且承担向国家纳税的义务(尽管税额很低),因而其身份在均田制实行后应该说有较大程度的提高,似可向农奴看齐。王仲荦认为:"自西魏至唐,奴婢的名字已经附籍主户,反映了北魏均田制实施已后,由于奴婢可以受田,因此奴婢地位有所提高。"[1]何兹全认为:"魏晋南北朝的奴隶是已经依附民化的奴隶。他们的劳动,常常和客联系在一起,起的是客的作用。"[2]蒋福亚认为均田制下的受田奴婢,"他们已是奴婢其名,依附民其实了"[3]。

亚当·斯密指出:"继古代的奴隶耕作者之后,逐渐出现了一种新的农民,在今天的法国,他们被称为分益佃农。"他对这种分益佃农制作了这样的概述:"种子、牲畜、农具,总之,耕种土地所必需的全部资本,全都由地主提供。耕种所得的产物,在扣除了双方认可的维持原资本所需的份额之外,其余部分在地主与农民之间平分。当农民离开农场或被驱逐出农场时,所有资本都必须

——————————
(接上页注)的现象仍有增无减。另一方面,荒芜田地的出现,即使是落后的奴隶制经营,由于田地的扩大,提高生产也是不难做到的。"

[1]王仲荦:《奴婢上户籍始于北魏》,《蜡华山馆丛稿》,第 78 页。
[2]何兹全:《中国古代社会》,第 546 页。
[3]宁可主编:《中国经济发展史·魏晋南北朝卷》(本卷撰写者蒋福亚),第一册,第 599 页。又可参见同书第 665—666 页。

还给地主。"①与法兰西的分益佃农相比，北魏的依附民与地主之间似乎具有更强的人身依附关系，但两者的生产经营似乎有一定的可比性②。斯密又云："继分益佃农之后，极其缓慢地出现在历史舞台上的农民，可以称为'真正的农民'。他们使用自己的资本耕作土地，不过要向地主缴纳一定数量的地租。"③斯密所言"真

①〔英〕亚当·斯密：《国富论》上册，第 485 页。
②威廉·罗雪尔说："分益农业经营，领主与农民之间各得收获之一半，前者提供资本，后者仅提供劳力。这在苏格兰高原及革命前的法国极为普遍。"（《历史方法的国民经济学讲义大纲》，第 63 页）。"分益佃农"又译作"对分制"或"分成制佃农"。西斯蒙第说："在意大利，在法国和西班牙的一部分地区，也可以说，在古罗马帝国的绝大部分地区，领主把自己的土地分给了自己的奴隶，并且和他们规定平分收成的实物，这就是所谓的平分收获的经营方式。""直到现在，意大利在法律用语中还继续把对分制佃农称为 coloni（小农）。这也是罗马法对自由农民的称呼。也许就因为在野蛮时代曾有过平分收成的办法，如今在平分收成的契约中仍然照老习惯保留着这个名称。"（《政治经济学新原理：或论财富同人口的关系》，第 122 页正文及注①）英国经济学家理查德·琼斯对历史上的地租制度作了系统研究，其中即包括希腊、罗马、法国、西班牙等国的"分成制佃农"，他说："分成制佃农是一种农民佃户，他们用劳动力从土地上取得自己的工资和生活。他们缴纳一种产品地租给土地所有人，从这个土地上他们取得粮食。地主除了供给佃农居住生活在那里的土地以外，还供给农具和牲畜等帮助他的劳动。因此，人们可以认为缴给地主的报酬由两个不同部分构成：一部分是农具和牲畜等资本的利润，另一部分是地租。"（《论财富的分配和赋税的来源》，第 51 页）马歇尔说："分成制一词原来只适用于地主对半分成的那些场合；但是通常被用于各种分成的场合，不论地主的分成若干。分成制必须与垫资制相区别，在垫资制下，地主至少供给一部分资本，佃户自理农场，自负盈亏，每年给地主的土地和资本缴纳固定的报酬。"（《经济学原理》下卷，第 301 页注①）
③〔英〕亚当·斯密：《国富论》上册，第 488 页。西斯蒙第对"出租制的经营"有更为具体的描述，他说："地主通过租契形式把从未耕种的土地租让给农民，永远向农民征收固定的租赁费；佃户则要负责经管或亲（转下页注）

正的农民"看来也不拥有土地所有权,严格来说其身份也属于佃农,他们只是从地主手中租种土地,但其全部的生产经营活动及其所需费用均自行承担,因而具有更多的自耕农的属性。斯密在论述欧洲(苏格兰)封建领主社会时有云:"租佃土地进行耕种的农民无论从哪个方面来看,都是依附于大地主的,就像他的侍从或奴仆一样。虽然说这些耕种者并不是奴隶,但是充其量也不过是可以随意令其退租的佃农。"①很显然,北魏前均田制时代依附于豪强地主的包荫户,与欧洲封建领主社会中"依附于大地主的"佃农颇为相像②。关于大地主与其依附民的关系,斯密又云:"无论是奴仆、侍从,还是佃农,他们的生活资料全都来自地主的恩赐,而他们能否继续享受这种恩赐则完全取决于地主的心意。因此,大地主可以驾驭他的奴仆、侍从和佃农,并必然对受其驾驭的奴仆、侍从和佃农产生一种权威。这种权威构成了所有古代贵族的权力的基础。"③虽然奴仆、侍从和佃农身份并不完全一样,但他们作为大地主奴役的对象却具有同一性,就此而言,奴婢和佃农

(接上页注)自承担田地里的各种工作,提供耕畜、农具和农业资本,自己出卖收获的劳动果实和缴纳税款。佃户本人负责对一切农事方面操心和赢取利润,他把这些事看做一项投机买卖,他按照自己所投入的资本期待着相应的收益。"(《政治经济学新原理:或论财富同人口的关系》,第 139 页)

① 〔英〕亚当·斯密:《国富论》上册,第 513 页。

② 〔英〕亚当·斯密:《国富论》上册,第 513 页。克柳切夫斯基把"对分佃农"看作"半自由农民",他对俄罗斯历史上的佃农有这样的描写:"所谓佃农,就是指在私人占有的土地上干活的农民。他们是自由农人,根据一年一次的契约租种土地,可分得四分之一或二分之一的实物,并有权从一个地主转到另一个地主那里去。"(《俄国史教程》第二卷,第 93 页)

③ 〔英〕亚当·斯密:《国富论》上册,第 514 页。

亦非迥然有别①。

　　北魏在占领后燕河北地区之后出现了第一批杂户，天兴元年正月拓跋珪从中山撤军之时，"徙山东六州人吏及徒何·高丽·杂夷三十六署、百工伎巧十余万口以充京师"②。这些"百工伎巧"随即成为杂户、官户、营户。《魏书·食货志》："先是，禁网疏

①关于奴隶、农奴与佃农及自由民之异同，刘易斯说："农奴制大大优于奴隶制……农奴有权结婚，而且在这方面他们同自由民生活一样。农奴通常也有权有一些自由支配的时间，有一些自己耕种的土地，有些农奴还可以是分成或对半分成的佃户。在农奴制最发达的时期，农奴被束缚在土地上，是指农奴没有主人的允许不得到别的地方去；但是农奴的义务仅仅是缴纳固定的地租，因此，农奴有一切动力为自己生产多于地租的产品。"（《经济增长理论》，第132—133页）可以看出，农奴比佃农具有更强的依附性，其行动会受到主人的约束，但两者并非迥然有别，有时农奴也可以成为自由度较大的佃农。克柳切夫斯基说："借贷是古代罗斯农民向私人土地占有者租地常用的普遍的办法，无论在任何地方它都使农民的人身或多或少地依附于土地占有者。普斯科夫的佃农通常也向土地占有者借款，称为分成制贷款。但是，契约义务并没有限制雇农的人身自由。根据罗斯法典，没有偿清贷款而且从主人那里跑掉的债农，就成为主人可以完全支配的奴仆。"按罗斯法典编成于十一、十二世纪，而在十五世纪下半叶编成的普斯科夫法典中，逃亡债务农在返回后是不会被改变身份的。（《俄国史教程》第二卷，第93—94页）

②《北史》卷一《魏本纪一·太祖道武帝纪》，第一册，第17页。按《魏书》载其事，卷二《太祖纪》作"徙山东六州民吏及徒何·高丽·杂夷三十六万、百工伎巧十万余口以充京师"（第一册，第32页），卷一一〇《食货志》作"分徙吏民及徒何种人、工伎巧十万余家以充京都"（第八册，第2849—2850页）。又《册府元龟》卷四八六《邦计部四·迁徙》作"徙山东六州民吏及徙（徒）何·高丽·杂夷三十六署、百工伎巧十万口"（第六册，第5818页下栏），《资治通鉴》卷一一〇《晋纪三二》安帝隆安二年正月作"徙山东六州吏民、杂夷十余万口以实代"（第八册，第3463页）。中华书局点校本《魏书》卷二"校勘记"〔九〕："'三十六署'或是后燕所置署数，或一般泛称。这里'万'当是'署'字之讹。"（第47页）

阔,民多逃隐。天兴(399—404)中,诏采诸漏户,令输纶绵。自后诸逃户占为细茧、罗縠者甚众。于是杂、营户帅遍于天下,不隶守宰,赋役不周,户口错乱。始光三年(426)诏一切罢之,以属郡县。"①按"采诸漏户,令输纶绵"的制度,来自于"绫罗户民乐葵"的建议②。"绫罗""细茧""罗縠"是专门从事丝织业的民户,河北地区是重要的桑蚕养殖区,擅长丝织业的民户众多,他们为了逃避沉重的赋役,宁可"私附"于杂、营户帅而成为杂户、营户,也不愿意充当从事农业生产并向政府纳税服役的编户齐民。由此可以想象,当时普通编户所受剥削之沉重。在平城官府服役的这一数量庞大的"百工伎巧"群体,曾深刻影响到北魏道武帝死后政局的走向。《魏书·安同传》:"清河王绍之乱,太宗在外,使夜告同,令收合百工伎巧,众皆响应奉迎。"安同是商贾出身的辽东胡人,时为外朝大人、北新侯、安远将军,从河北地区迁徙到平城的百工伎巧很可能即由其负责管理。明元帝时,并州"刺史擅用御府针工古弼为晋阳令,交通财贿,共为奸利"③。按"御府针工"当然是百工伎巧,属于杂户之列。

北周武帝"建德六年(577),齐平后,帝欲施轻典于新国,乃诏凡诸杂户,悉放为百姓。自是无复杂户"④。可知"杂户"是身份低于普通百姓的贱民阶层。北齐文宣帝天保二年(551)"九月壬申(初二,10.16),诏免诸伎作、屯、牧、杂色役隶之徒为白户"⑤。

---

①《魏书》卷一一〇《食货志》,第八册,第2850—2851页。
②参见《魏书》卷九四《阉官·仇洛齐传》,第六册,第2013—2014页。
③《魏书》卷三〇《安同传》,第三册,第712—713页。
④《隋书》卷二五《刑法志》,第三册,第709页。
⑤《北齐书》卷四《文宣帝纪》,第一册,第55页。

按"白户"即非杂色之户,是指具有良人身份的普通民户①;"杂色役隶之徒"即为杂户,"是指专为官府从事各种各样徭役的特殊户"②。北魏杂户的来源与北魏初年以来的战争关系颇为密切,主要是被征服地区的平民百姓或拥有一技之长的工匠,后来也有服刑期满的罪犯等。杂户的身份是世袭的,诚如周武帝所言:"杂役之徒,独异常宪,一从罪配,百世不免。"③按《唐律》规定,杂户是专门隶属于官府的国家贱民④,北齐杂户归五兵尚书都兵曹所掌⑤,表明其工作主要是为军队制造装备。唐代工、乐、杂户、官户

---

① 文献中有关"白户"之记载颇为稀见。[清]吴清鹏《换门神》诗有云:"门神莫喜亦莫愁,去年白户今朱楼。"(《笏庵诗》卷五,清咸丰五年刻吴氏一家稿本)可知"白户"与"朱楼"反义相对,前者指寒门贫户,后者指豪门大户。[清]吴璿《飞龙全传》第一回中,张光远谓赵匡胤之语,其中有"寒门产贵子,白户出公卿"之句(第6页)。"寒门"与"白户"相偶,义涵自亦相近。《再生缘》(《龙凤再生缘》)第二十七回记郦明堂(孟丽君)会试"中了第一名会元",右相梁鉴欲"招亲",明堂云"先世及家父俱无甲第,务农为生",梁相云"贤契家世务农,乃能有才貌若此",所谓白户出公卿是也。([清]陈端生原著,佚名改写:《再生缘》,第194、195页)由此可知,所谓"白户"即是"家世务农"之"无甲第"(非官贵)人家。

② [日]堀敏一:《均田制的研究》,第335页。

③ 《周书》卷六《武帝纪下》,第一册,第103页。

④ 《唐律疏议》卷三《名例律》:"若奸监临内杂户、官户、部曲妻及婢者,免所居官。"疏议曰:"杂户者,谓前代以来配隶诸司职掌,课役不同百姓,依令'老免、进丁、受田,依百姓例',各于本司上下。"(第57页)卷一二《户婚律》:"诸养杂户男为子孙者,徒一年半;养女,杖一百。"疏议曰:"杂户者,前代犯罪没官,散配诸司驱使,亦附州县户贯,赋役不同白丁。若有百姓养杂户男为子孙者,徒一年半;养女者,杖一百。"(第238页)又《唐六典》卷六《尚书刑部》:"凡配官曹,长输其作;番户、杂户,则分为番。"本注云:"番户一年三番,杂户二年五番,番皆一月。"(第193页)

⑤ 《隋书》卷二七《百官志中》,第三册,第753页。

等官府贱民身份相当①,属于同一阶层。

魏初三帝曾将隶户赐予有功之臣,如:外朝大人安同,"太祖班赐功臣,同以使功居多,赐以妻妾及隶户三十"②。后秦亡国,姚兴之子姚黄眉(太宗昭哀皇后之弟)投奔北魏,"太宗厚礼待之,赐爵陇西公,尚阳翟公主,拜驸马都尉,赐隶户二百"③。散骑常侍司马楚之,"从征凉州,以功赐隶户一百"④。明元帝初年,拜李宏"安东将军、寿春侯,赐隶户二十二"⑤。隶户应该是与杂户地位相当的官府贱民,因其隶于官府作坊服役而得名,可能仅在京师手工业作坊中有隶户,而杂户则在二十多年时间里遍布河北许多地方。唐代已无隶户,与之相当者应即官户。《隋书·刑法志》:"魏虏西凉之人,没入名为隶户。魏武入关,隶户皆在东魏,后齐因之,仍供厮役。"⑥按这两条论断皆有误。第一条的来源当为《魏书·阉官·赵黑传》:"本凉州隶户。""海生而凉州平,没入为阉人,因改名为黑。"⑦按赵黑(海)"本凉州隶户",意指其家原本为北凉的隶户,因其本非良人,故在平定凉州后被北魏虏入平城而刑为阉人,阉人自然不是隶户。北魏道武帝、明元帝就曾向大臣赐予隶户,隶户自然不是从平定北凉才出现的。到北魏末年

<hr>

① 《唐律疏议》卷一四《户婚律》"诸杂户不得与良人为婚"条,疏议云"工、乐、杂户、官户,依令'当色为婚'"。(第270—271页)又《唐六典》卷六《尚书刑部》:官奴婢"一免为番户,再免为杂户,三免为良人"。本注云:"诸律、令、格、式有言官户者,是番户之总号,非谓别有一色。"(第193页)
② 《魏书》卷三〇《安同传》,第三册,第712页。
③ 《魏书》卷八三上《外戚上·姚黄眉传》,第五册,第1814页。
④ 《魏书》卷三七《司马楚之传》,第三册,第856页。
⑤ 《魏书》卷三三《李先传》,第三册,第790页。
⑥ 《隋书》卷二五《刑法志》,第三册,第709页。
⑦ 《魏书》卷九四《阉官·赵黑传》,第六册,第2016页。

时,当年作为战争俘虏的隶户或杂户的后代可能已为数不多,而且经过孝文帝延兴、太和年间的几次举措,北魏初年以来的隶户或杂户估计全都脱离隶户阶层。北魏末年的隶户或杂户大概差不多都来自罪犯,上引周武帝解放杂户诏即是明证。

太武帝始光三年废除杂、营户帅制度后,北魏朝廷官府中仍然存在类似杂户或隶户的伎作户。太平真君五年(444)正月戊申(十二,2.16)诏云:"自王公已下至于庶人,有私养沙门、师巫及金银工巧之人在其家者,皆遣诣官曹,不得容匿。"①此诏意在压抑佛教,但从中可见王公贵族是不允许在家"私养"金银工巧之人的。又同月庚戌(十四,2.18)诏规定:"今制:自王公已下至于卿士,其子息皆诣太学;其百工伎巧、驺卒子息,当习其父兄所业,不听私立学校。"②文成帝和平四年(463)十二月壬寅(初二,12.27)诏云:"今制:皇族、师傅、王公侯伯及士民之家,不得与百工伎巧卑姓为婚,犯者加罪。"③这就从制度上进一步明确了百工伎巧低于良人的卑贱身份。《魏书·太祖纪》载平定中山后徙民事,将"山东六州民吏"与"百工伎巧"分开记述,亦反映了这一点。太和五年所班五条"乞养杂户及户籍之制",既有可能是重申对私养杂户的限制,同时更可能是规定私养杂户需得到朝廷批准,要完成相应的程序,"乞养"盖指此意。当然也不排除此次班制"可能是重点登记地方豪族私养的杂户,以便于国家掌握他们"④。

延兴二年(472)"夏四月庚子(十八,5.11),诏工商杂伎尽听

①《魏书》卷四下《世祖纪下》,第一册,第 97 页。
②《魏书》卷四下《世祖纪下》,第一册,第 97 页。
③《魏书》卷五《高宗纪》,第一册,第 122 页。
④〔日〕堀敏一:《均田制的研究》,第 339 页。

赴农"①。太和元年(477)八月丙子(廿五,9.18),诏曰:"工商皂隶,各有厥分,而有司纵滥,或染清流。自今户内有工役者,推上本部丞,已下准次而授。若阶藉元勋、以劳定国者,不从此制。"②唐长孺就此解释道:"我想这一条的'工商'和上引延兴二年(四七二年)诏书的'工商'实际上专指工匠而言,只是在习惯上沿用工商并称的成语而已,所以下文但称'户内有工役者'而不及商贾。这种'户内有工役者'也即是伎作户,他们的身分与皂隶类似,可是此时在伎作户内居然有人挤进了士大夫的行列,做了限于士族充当的清官。为了保障士族特权,皇帝下了这张诏书,只允许其充任服役机构内管理工役的卑官,所谓本部丞。即使如此限制,还有人很不高兴。"③又,太和十一年"十有一月丁未(廿六,12.26),诏罢尚方锦绣绫罗之工,四民欲造,任之无禁。其御府衣服、金银、珠玉、绫罗、锦绣,太官杂器,太仆乘具,内库弓矢,出其太半,班赍百官及京师士庶,下至工商皂隶,逮于六镇戍士,各有差"④。由于自北魏初年以来数以万计甚至更多的百工伎巧等杂户或隶户、伎作户在宫廷官府作坊服役,他们用全国的贡赋绢帛丝绵等物生产出大量的衣服珍宝杂器之类,充斥着国库。然而,当时国家亟需解决的却是因天灾引起的饥荒问题,面对粮食的不

①《魏书》卷七上《高祖纪上》,第一册,第 137 页。

②《魏书》卷七上《高祖纪上》,第一册,第 144 页。

③唐长孺:《拓跋国家的建立及其封建化》,《魏晋南北朝史论丛》,第 236—237 页。

④《魏书》卷七下《高祖纪下》,第一册,第 163 页。同书卷一一〇《食货志》:"时承平日久,府藏盈积,诏尽出御府衣服珍宝、太官杂器、太仆乘具、内库弓矢刀鉾十分之八、外府衣物缯布丝纩诸所供国用者,以其太半班赍百司,下至工商皂隶,逮于六镇边戍,畿内鳏寡孤独贫癃者,皆有差。"(第八册,第 2856 页)

足,这些珍玩便显得无足轻重。而人数繁多的百工伎巧还要不断消耗经长途跋涉从华北平原乃至淮北、关中、河西走廊等各个地区运输而来的粮食,对于当时的北魏朝廷而言无疑是极其沉重的负担。这种客观现实也促使孝文帝和冯太后对传统制度进行调整。人数众多的工商伎作之户,在近百年的历史进程中,他们的阶层意识也在成长,其中自然也会出现一定数量有政治才能的人,他们有可能通过各种渠道进入官场,甚至有人进入清官的行列。这也使得这一阶层有了为其代言的人物,迁都后韩显宗上言孝文帝,认为当时朝廷"开伎作宦途,得与膏粱华望接阁连甍,何其略也"①。可见当时伎作户按制度可以进入仕途,而且其社会地位也与官僚士族看齐。②

均田令颁布之初,李安世出任相州刺史。"初广平人李波宗族强盛,残掠生民,前刺史薛道㧑亲往讨之,波率其宗族拒战,大破㧑军。遂为逋逃之薮,公私成患。""安世设方略诱波及诸子侄三十余人,斩于邺市,境内肃然。"③孝文帝迁都后,薛胤为河北太守。"郡带山河,路多盗贼。有韩、马两姓,各二千余家,恃强凭险,最为狡害,劫掠道路,侵暴乡间。胤至郡之日,即收其奸魁二

---

①《魏书》卷六〇《韩显宗传》,第四册,第 1341 页。

②关于北魏隶户、杂户等的相关研究,参见唐长孺《拓跋国家的建立及其封建化》,《魏晋南北朝史论丛》,第 227—243 页;张维训《略论杂户的形成和演变》;高敏《杂户考》,《魏晋南北朝社会经济史探讨》,第 279—312 页;〔日〕濱口重國《唐王朝の賤人制度》,第 289—318、329—336 页;〔日〕堀敏一《均田制の研究》,第 335—345 页;同氏《北朝雑戶制の再考察》,《日野開三郎博士頌壽記念論集 中国社会・制度・文化史の諸問題》,第 158—175 页。

③《魏书》卷五三《李安世传》,第四册,第 1176—1177 页。

十余人，一时戮之"。① 北魏末年，李仲琁为弘农太守，"先是宫、牛二姓阻险为害，仲琁示以威惠，并即归伏"②。这些不法强宗大姓，对北魏的地方统治构成了严重的威胁，成为重点打击的对象。

然而，并不是所有强宗大姓都具有危害性，绝大多数地方大族拥护北魏政府的统治，成为北魏治理地方的主要依靠力量。因此，北魏政府在一定程度上又鼓励守法的大家族的存在。《魏书·裴植传》："植虽自州送禄奉母及赡诸弟，而各别资财，同居异爨，一门数灶，盖亦染江南之俗也。"③按裴植于宣武帝初年自寿春归降北魏。这一记载表明，当时北魏的习俗与"各别资财，同居异爨，一门数灶"的"江南之俗"有很大不同。事实上，对于同一家族内部的世代同居共财，无论是在三长制确立之前还是之后，北魏政府不仅不反对，而且还予以鼓励和表彰。高门大族陇西李"冲兄弟六人，四母所出，颇相忿阋。及冲之贵，封禄恩赐皆以共之，内外辑睦。父亡后同居二十余年，至洛乃别第宅，更相友爱，久无间然"④。范阳卢氏家族"一门三主，当世以为荣"。"同居共财，自祖至孙，家内百口。在洛时有饥年，无以自赡，然尊卑怡穆，丰俭同之。亲从昆弟，常旦省谒诸父，出坐别室，至暮乃入。朝府之外，不妄交游。其相勖以礼如此。"⑤弘农杨"播家世纯厚，并敦义让，昆季相事，有如父子"。"兄弟旦则聚于厅堂，终日相对，未曾入内。有一美味，不集不食。厅堂间，往往帏幔隔障，为寝息之所，时就休偃，还共谈笑。""一家之内，男女百口，缌服同爨，庭无

①《魏书》卷四二《薛辩传附胤传》，第三册，第943页。
②《魏书》卷三六《李顺传附仲琁传》，第三册，第845页。
③《魏书》卷七一《裴植传》，第五册，第1571—1572页。
④《魏书》卷五三《李冲传》，第四册，第1189页。
⑤《魏书》卷四七《卢玄传》，第三册，第1062页。

间言。魏世以来,唯有卢渊兄弟及播昆季,当世莫逮焉。"①博陵崔氏家族在崔挺年轻时"三世同居,门有礼让。于后频值饥年,家始分析,挺与弟振推让田宅旧资,惟守墓田而已"②。其子孝芬,"叔振既亡之后,孝芬等奉承叔母李氏,若事所生,旦夕温清,出入启觐,家事巨细,一以谘决。每兄弟出行,有获财物,尺寸已上,皆内李氏之库,四时分赉,李自裁之。如此者二十余岁"③。顿丘李平、李奖父子均曾任要职,北魏后期"奖阖门百口,同居京洛"④。顿丘卫国人许绚出身官宦之家,"闺门雍睦,三世同居。吏部尚书李神儁常称其家风"⑤。清河张烈在北魏末年为瀛州刺史,"更满还朝,因辞老还乡里。兄弟同居怡怡然,为亲类所慕"⑥。

周一良指出:三长制施行以后,史书还把当时"上百口的数世同居作为佳话记述,足见这些不是三长制所要检查搜括的户口"⑦。上述世代官宦的高门大族,不仅与国家的赋役征发无关,而且还可享有国秩、俸禄、亲恤等大量收入。有些家族在北魏初

①《魏书》卷五八《杨播传》,第四册,第 1302 页。史载"元颢内逼","孝庄徙御河北",临行执行北中郎将杨侃曰:"朕停卿蕃寄移任此者,正为今日。但卿尊卑百口,若随朕行,所累处大。卿可还洛,寄之后图。"(《魏书》卷五八《杨侃传》,第四册,第 1283 页)杨侃为杨播之弟。北齐名臣杨愔为杨播弟津之子,"愔一门四世同居,家甚隆盛,昆季就学者三十余人"。(《北齐书》卷三四《杨愔传》,第二册,第 453 页)是指杨愔少时即北魏后期之事,与《魏书》所载一致。
②《魏书》卷五七《崔挺传》,第四册,第 1264 页。
③《魏书》卷五七《崔挺传》,第四册,第 1271 页。
④《魏书》卷六五《李平传附子奖传》,第四册,第 1455 页。
⑤《魏书》卷四六《许彦传附绚传》,第三册,第 1037 页。
⑥《魏书》卷七六《张烈传》,第五册,第 1686 页。
⑦周一良:《从北魏几郡的户口变化看三长制的作用》,《魏晋南北朝史论集续编》,第 63 页。

前期曾得到不少赏赐,同时又经营产业,成为豪富之家,如杨播之弟杨椿《诫子孙书》即云,"我家入魏之始,即为上客,给田宅,赐奴婢、马牛羊,遂成富室"①。这些高门大族是北魏统治的重要依靠力量,而且大多离开了本乡本土,一般是在京师居住,其家族利益与北魏政权的权益并不矛盾。当然,无论均田制还是三长制,主要针对的是广大的庶民阶层,与官贵之家并不相干。而没有官位的乡里豪门也有不少同居共财的事例,只要他们是北魏的顺民,其行为有利于基层社会的和谐稳定,也会受到社会的敬异和朝廷的表彰而著称于世。延昌四年(515)九月乙巳(初五,9.28),孝明帝生母胡太后"亲览万机"之际下诏,其中即有"孝子、顺孙、义夫、节妇,表其门闾,以彰厥美"的内容。② 的确可以这样认为:"有孝行义迹的人,往往因乡里称美、而由州县奏请朝廷旌表其义行美迹。至于表扬的方式,仍延续着后汉以来'表其门闾'的传统,在其住处所在的里闾或所居住房屋,竖立旌表文字的标记;称之为'标其里闾'或'表其门闾'。"③

数世同居意味着祖孙几代缌服同爨,体现了晚辈对长辈的孝顺,自然属于应该大力表彰的行为。史书所载事例如:"东郡小黄县人董吐浑、兄养,事亲至孝,三世同居,闺门有礼。景明(500—503)初,畿内大使王凝奏请标异,诏从之。"④河东闻喜人吴悉达,"昆弟同居四十余载,闺门和睦,让逸竞劳。虽于俭年糊饘不继,宾客经过,必倾所有。每守宰殡丧,私办车牛,送终葬所。邻人孤

①《魏书》卷五八《杨椿传》,第四册,第1289页。
②《魏书》卷九《肃宗纪》,第一册,第222页。
③刘淑芬:《北齐标异乡义慈惠石柱——中古佛教社会救济的个案研究》,《台湾学者中国史研究论丛·城市与乡村》,第79—80页。
④《魏书》卷八六《孝感·阎元明传》附载,第五册,第1884页。

贫窭困者,莫不解衣辍粮以相赈恤。乡间五百余人诣州称颂焉。刺史以悉达兄弟行著乡里,板赠悉达父勃海太守"①。河中蒲坂人石文德,"五世同居,闺门雍睦"。"梁州上言天水白石县人赵令安、孟兰彊等,四世同居,行著州里。诏并标牓门闾。"②博陵安平人李几,"七世共居同财,家有二十二房,一百九十八口,长幼济济,风礼著闻,至于作役,卑幼竞进。乡里嗟美,标其门闾"③。北海密人王间"数世同居,有百口";"太山刘业兴四世同居,鲁郡盖俦六世同居,并共财产,家门雍睦,乡里敬异。有司申奏,皆标门闾"。④ 这种家族内的同居共财有利于乡村社会的和谐稳定,也不会影响国家正常的赋役征发,自然应该受到鼓励和表彰。

全汉昇云:"北魏太和八年以前的税率,最使我们一时感到奇怪的是:每一户缴纳的田租为什么多到二十几三十石? 这一点,如果我们知道当日'三十五十家方为一户'的事实,便不会觉得惊奇了。这许多人口或家数所以要隐蔽于一户之下,其主要目的为减轻租税的负担,对于政府实是一种很大的损失。因此,跟着均田法施行之后,到了太和十年,由于给事中李冲的建议,政府便创立三长制,即五家立一邻长,五邻立一里长,五里立一党长,以便检察一户荫蔽大量人口或家数的流弊。每户的人口或家数既然减少,政府遂重新规定一夫一妇及奴婢耕牛等应纳的租调。"⑤的确如此,改革前、后的税额差距如此之大,反映了均田制和三长制实行前、后北魏社会状况尤其是家庭结构的巨大变化。改革之前

①《魏书》卷八六《孝感·吴悉达传》,第五册,第 1885 页。
②《魏书》卷八七《节义·石文德传》及附载,第五册,第 1890 页。
③《魏书》卷八七《节义·李几传》,第五册,第 1896 页。
④《魏书》卷八七《节义·王间传》,第五册,第 1896 页。
⑤全汉昇:《中古自然经济》。

北魏农业人口的家庭结构中,包括了不少以强宗大族占有大量依附民户为特征的大家庭,故在九品混通之法下,整体上有能力负担繁重的户调额度。改革之后以一夫一妇为基本单位的自耕小农家庭的数量大增,随着"五十、三十家方为一户"的大家庭多被拆分,政府户籍中编户的数量急剧增加,因此即便户调负担缩减十分之一以下,政府的财政收入总体上并不会减少。尤其是三长制的确立,北魏政府的控制力触及每一个自耕小农家庭,偷税漏税或者不能按时缴纳赋税的行为将大大减少,从而使政府的财政收入能够得到有力的保障。而在以往,由于地方政府不能完全控制县以下的基层社会,也就难以避免偷税漏税行为的发生,地方长官为了谋取私利往往与豪强和商人相互勾结,狼狈为奸,情况有可能更为糟糕。在改革之前,自耕小农家庭(细民)当然也有不少,但在政府沉重的赋役负担和豪强大族的欺凌双重重压之下,加上连续不断的自然灾害,其生存空间越来越小,大多不得不接受豪强荫庇而成为其依附民,或者背井离乡,另谋生路。这在李安世均田疏中有生动的描述。

　　值得注意的是,改革之前北魏赋税征收的对象还有一类人口,就是从北魏初年平定河北平原以来就已出现的计口受田民,对他们的征税额度应该与其它地区的农业人口无异,而他们的家庭结构绝大多数可能规模并不大,或许就是以一夫一妇构成的小农家庭为主。若然,则他们的赋税负担就相当沉重。然而需要从另一个角度考虑这一问题,在他们当初被迁徙到新的居住地之后,是完全赤贫的人群,开始新生活的所有的生产生活资料,包括住宅、耕地、农具、耕牛等,全都是北魏政府提供给他们的[1]。徙民

---

[1]孝庄帝永安二年(529),七十五岁高龄的太保、侍中杨椿告老（转下页注）

的最重要目的就是令其在政府授给的田地上从事农业生产并承担赋税徭役,因此计口受田民非常类似屯田民①,其身份可称之为国家隶农或佃农,对他们的剥削额度自然要大大高于普通的自耕农阶层。也可以这样说,北魏实行均田制和三长制之前,主要的农业劳动者有三类:一是国家佃农性质的计口受田民;二是被强宗大族所控制的隶农、债役农或者说农奴性质的依附民;三是家庭规模不大的自耕小农。通过实施均田制和三长制,自耕小农的地位得到提升,前两类性质相似的农业劳动者则被转化为直接隶属于国家户籍的编户齐民——自耕农,拥有了自己独立居住的园宅和进行生产的耕地,并且由于桑田的所有权也归其所有,其身份地位因而发生了根本性的变化。

(接上页注)归家,"椿临行,诫子孙",开篇即云:"我家入魏之始,即为上客,给田宅,赐奴婢、马牛羊,遂成富室。自尔至今二十年,二千石、方伯不绝,禄恤甚多。"(《魏书》卷五八《杨椿传》,第四册,第1289页)按杨椿"高祖结,仕慕容氏,卒于中山相。曾祖珍,太祖时归国,卒于上谷太守"(同卷《杨播传》,第四册,第1279页)。道武帝天兴元年十二月(399.1.23—2.21),"徙六州二十二郡守宰、豪杰、吏民二千家于代都"(卷二《太祖纪》,第一册,第34页)。杨珍入魏无疑即在此时,这是在杨椿告老归家一百三十年前,其《诫子孙书》原文必为"自尔至今百三十年"。杨珍为后燕官贵,故在入魏时得到"上客"待遇,不仅给予田宅,还赐以奴婢、马牛羊,而当时迁居的后燕普通百姓作为新民也应该给予田宅和极少量的马牛羊,以便其开始进行生产,不大可能赏赐奴婢给他们。

① 日本学者堀敏一即"把计口受田制的地位比为魏的屯田制。原因之一是它并非执行于国境内的所有郡县,而是以部分地域的居民为基础的制度"。他认为"计口受田民可能作为国有地的耕作者,对国家负有不同于一般郡县民的负担"。(《均田制的研究》,第98页及98页注②)

第二节　北魏税制的巨变

在三长制和新税制确立后,单位人口赋税的征收额度发生了极大的变化。新税制规定:"其民调,一夫一妇帛一匹、粟二石","其麻布之乡,一夫一妇布一匹"。① 由此来看,帛一匹或布一匹、粟二石,大体上就是一户均田农民所应负担的赋税额度。由于"民年十五以上未娶者,四人出一夫一妇之调;奴任耕、婢任绩者,八口当未娶者四;耕牛二十头当奴婢八",故即便每户还有未娶妻的丁男及有耕织能力的奴婢和耕牛,其所负担的赋税额度也不会大幅增加,甚至翻番的可能性都不大。而与此相比,俸禄制班行后、三长制设立前的税制的有关规定则要繁重得多,两者的差距大相径庭。其时每户农民所负担的赋税额度,本为帛七匹、絮二斤、丝一斤、粟二十二石九斗。若减去太和八年增加的作为"官司之禄"的帛三匹、粟二石九斗及调外帛二丈,仍需缴纳帛三匹二丈、絮二斤、丝一斤、粟二十石。很显然,新旧税制的征收额度相差不下十倍,故史称"事施行后,计省昔十有余倍"②,并非夸大之词。

不过,新税制下一夫一妇的赋税额度并不仅仅是帛一匹或布一匹、粟二石,实际负担则要重于此。孝明帝初年,任城王澄司空

①《魏书》卷一一〇《食货志》,第八册,第2855页。张泽咸认为:"北朝自实施均田制以来,基本上是对丁男、中男授田,因而也是计丁征租。"(《唐五代赋役史草》,第8页)北朝自当包括北魏,而北魏均田制绝非如张氏所言"基本上是对丁男、中男授田",赋税征收也并非"计丁征租"。

②《魏书》卷一一〇《食货志》,第八册,第2856页。

仓曹参军张普惠上疏云："仰惟高祖废大斗、去长尺、改重秤，所以爱万姓，从薄赋。知军国须绵、麻之用，故云幅度之间，亿兆应有绵、麻之利，故绢上税绵八两，布上税麻十五斤。"①如何正确理解张普惠所言"绢上税绵八两，布上税麻十五斤"，对于认识孝文帝的新税制至关重要。从字面来看，似应为：孝文帝太和十年新税制改革后，"帛"一匹很可能是折合成绵八两（桑土）或麻十五斤（麻乡）来缴纳的。若此，则绵八两、麻十五斤大约是当时纺织一匹绢、布的原料。然而，事实却并非如此。西晋"户调之式：丁男之户，岁输绢三匹、绵三斤，女及次丁男为户者半输"②。表明在征绢的同时还要加收绵。梁武帝定制："丁男调布绢各二丈、丝三两、绵八两，禄绢八尺、禄绵三两二分，租米五石，禄米二石。丁女并半之。"③在布、绢之外还要征收丝、绵。太和十年前北魏赋税征收实行九品混通之法，正税也是在征收纺织成品的同时，还要征收初加工的原料，即绢帛与絮丝并征，具体为"户调帛二匹、絮二斤、丝一斤、粟二十石"④。北齐河清三年令规定："率人一床，调绢一匹、绵八两（凡十斤绵中，折一斤作丝。），垦租二石，义租五斗。奴婢各准良人之半。牛调二尺，垦租一斗，义租五升。垦租送台，义租纳郡，以备水旱。"⑤北周六官制下的赋税额度为："有室者岁不过绢一匹、绵八两、粟五斛，丁者半之。其非桑土，有室

---

①《魏书》卷七八《张普惠传》，第五册，第 1736 页。
②《晋书》卷二六《食货志》，第三册，第 790 页。又，《初学记》卷二七《宝器部·绢》引《晋故事》云："凡民丁课田，夫五十亩，收租四斛、绢三疋、绵三斤。"（第三册，第 657 页）
③《隋书》卷二四《食货志》，第三册，第 674 页。
④《魏书》卷一一〇《食货志》，第八册，第 2852 页。
⑤《隋书》卷二四《食货志》，第三册，第 677—678 页。

者布一匹、麻十斤,丁者又半之。"①可见北齐、北周均为调绢一匹之外再缴绵八两。隋文帝初年颁布均田制的同时对赋税制度进行了规定:"丁男一床,租粟三石,桑土调以绢絁,麻土以布。绢絁以匹,加绵三两;布以端,加麻三斤。单丁及仆隶各半之。"②唐高祖"武德七年(624),始定律令",其"赋役之法:每丁岁入租粟二石;调则随乡土所产,绫、绢、絁各二丈,布加五分之一。输绫、绢、絁者,兼调绵三两;输布者,麻三斤"。③即规定民户在缴纳纺织成品的同时还要加收原料。

综合以上情况推断,张普惠所言北魏孝文帝以后的新税制,也应该是在帛(绢或布)一匹之外再缴绵八两或麻十五斤。《魏书·于忠传》:"忠既居门下,又总禁卫,遂秉朝政,权倾一时。初,太和中军国多事,高祖以用度不足,百官之禄四分减一。忠既擅权,欲以惠泽自固,乃悉归所减之禄,职人进位一级。旧制:天下之民绢、布一匹之外,各输绵、麻八两。忠悉以与之。"④所谓"旧制"应该就是指孝文帝以来的新税制,此处明确记载全国民户的赋税除绢布一匹之外,还要征收绵、麻八两,两者必须同时缴纳。对照张普惠的上疏,《于忠传》"绵、麻八两"的记载不确,应为"绵

① 《隋书》卷二四《食货志》,第三册,第679页。
② 《隋书》卷二四《食货志》,第三册,第680页。
③ 《旧唐书》卷四八《食货志上》,第六册,第2088页。又,《唐律疏议》卷一三《户婚律》"诸差科赋役违法及不均平"条,疏议引《赋役令》:"每丁,租二石;调絁、绢二丈,绵三两,布输二丈五尺,麻三斤。"(第252页)《唐六典》卷三《尚书户部》:"课户每丁租粟二石;其调随乡土所产绫、绢、絁各二丈,布加五分之一。输绫、绢、絁者绵三两,输布者麻三斤,皆书印焉。(若当户不成匹、端、屯、綟者,皆随近合成。)"(第76页)由此可见,绫、绢、絁乃随乡土所产,只缴二丈。
④ 《魏书》卷三一《于忠传》,第三册,第743页。

八两、麻十五斤"①。尽管如此,孝文帝新税制仍然远比旧税制为轻,故张普惠予以高度赞扬:"万姓得废大斗、去长尺、改重秤,荷轻赋之饶,不适于绵麻而已,故歌舞以供其赋,奔走以役其勤。天子信于上,亿兆乐于下。故《易》曰:'悦以使民,民忘其劳。'此之谓也。"②当然,在实际征收赋税过程中,地方长官往往上下其手,加重民众的负担,这在《魏书·杨津传》中有明确记载:"延昌(512—515)末,起为右将军、华州刺史……先是受调绢匹,度尺特长,在事因缘,共相进退,百姓苦之。津乃令依公尺度其输物,尤好者赐以杯酒而出;所输少劣,亦为受之,但无酒,以示其耻。于是人竞相劝,官调更胜旧日。"③按征收调绢时"度尺特长"很可能并非只是华州一地的现象。《魏书·食货志》所载太和十年新税制还规定:"大率十匹为公调,二匹为调外费,三匹为内外百官俸。此外杂调。"④这表明"杂调"是与公调、调外费和内外百官俸三种经费并列的一种赋税名目。按照上引张普惠之疏,推测"杂调"即为常调之外所征收的绵八两或麻十五斤。若此,则《通典·食货五·赋税中》作"大率十匹中五匹为公调,二匹为调外费,三匹为内外百官俸"⑤,当属臆改,未必符合原意。

《魏书·食货志》把太和十年改革后的赋税名目分为公调、调外费、内外百官俸及杂调四种名目,看来应该是从经费支出的角度所作的命名:公调当即公共事业费用,亦即维持国家机器运转

---

①又可参见郑欣《北朝均田制度下的租调剥削》,《魏晋南北朝史探索》,第289页。

②《魏书》卷七八《张普惠传》,第五册,第1736页。

③《魏书》卷五八《杨津传》,第四册,第1297页。

④《魏书》卷一一〇《食货志》,第八册,第2855页。

⑤《通典》卷五《食货五·赋税中》,第一册,第92页。

的费用,所谓"国用""军国之用"或"度支岁用"(见下)当即公调;调外费(调外帛)在上一章(第四节)已有论说,主要是地方政府防备灾荒之用;内外百官俸无需说明,是用来支付全国所有官吏俸禄的;杂调则属于"常赋之外"的征敛,可以看作是对公调的补充①。这几项税收原本是按名目分门别类加以征收的,而在太和十年新税制颁布后则统一合并到户调(常赋)之中征收,但杂调——绵八两或麻十五斤——则有可能是在常赋之外另行征收,然其始征时间难以确定。南朝民众缴纳的户调常被统称为"三调",在南朝齐、梁二代时有因灾荒饥馑而蠲免三调的举措②。《资治通鉴》齐武帝永明十一年(493)八月癸未(初五,9.1)"蠲除三调及众逋"下,胡三省注:"三调,谓调粟、调帛及杂调也。"③北魏孝明帝时,宰相任城王澄"奏利国济民所宜振举者十条",其"四曰五调之外,一不烦民,任民之力,不过三日"。④ 可知当时的户调

---

① 《魏书》卷一五《昭成子孙·常山王遵传附子素传》:"高宗即位,务崇宽征,罢诸杂调。有司奏国用不足,固请复之。"(第二册,第375页)卷一一〇《食货志》:"先是太安中,高宗以常赋之外杂调十五,颇为烦重,将与除之。尚书毛法仁曰:'此是军国资用,今顿罢之,臣愚以为不可。'"(第八册,第2852页)可见杂调就其征收而论属于"常赋之外"的征敛,就其用途或支出而论则属于"国用"("军国资用")的开支,与常赋的用途一致,也就是对常赋的补充。

② 参见《南齐书》卷二《高帝纪下》建元二年六月癸未诏,卷三《武帝纪》永明五年九月丙午诏,卷四《郁林王纪》永明十一年八月癸未诏,卷六《明帝纪》建武二年十二月丁酉诏,卷七《东昏侯纪》永元元年六月甲子诏(第一册,第36、54、69、88、98页),卷五五《孝义·韩灵敏传附会稽永兴倪翼之母丁氏传》(第二册,第959页);《梁书》卷二《武帝纪中》天监十六年正月辛未诏,卷三《武帝纪下》大通元年正月辛未诏,大同四年八月甲辰诏(第一册,第56、71、82页)。

③ 《资治通鉴》卷一三八《齐纪四》,第九册,第4335页。

④ 《魏书》卷一九中《景穆十二王中·任城王澄传》,第二册,第475页。

又被统称为"五调"。关于五调的记载仅见于此,其具体名目无法确知,推测有两种可能:一是上述的四种税调名目,将常调绢帛和谷粟一分为二;另一种可能是指构成户调的绢、布、绵、麻和粟五种物品。后一种可能性似乎不大,因为桑乡的民户只需缴纳绢、绵、粟,麻土的民户只需缴纳布、麻、粟,不存在五种物品都要缴纳的情形。

三长制设立、新税制颁布后,北魏实际的纳税人口究竟是多少呢?如上文所引,三长制规定"邻长复一夫,里长二,党长三。所复复征戍,余若民"。也就是说,只有三长本应承担的兵役被免除(党长和里长除了其本人外,还可免除其家另外两个和一个丁男的兵役),而赋税和其它差役按规定仍需承担。若按全国约四百万至五百万户计算①,则当时北魏全国一年的赋税总额约为绢四百万匹、粟八百万石及绵三百二十万斤或麻六千万斤(孝文帝后期),至绢五百万匹、粟一千万石及绵四百万斤或麻七千五百万斤(孝明帝前期)。当然,这是一组颇为粗略的数字,一则北魏时期并没有留下准确的人口统计数字,再则此估值仅以一夫一妇组成的小家庭计算,忽略了人丁较多的大家庭以及奴婢、丁牛和次丁等因素。也就是说,北魏政府一年实际的赋税征收总额应该高于此一估值。当然,此仅就农业人口所缴纳的赋税(户调)而论,其实北魏的财政收入中还有其它来源,下文将对此加以考察。

三长制下"邻长复一夫,里长二,党长三"的规定,实际上也可以看作是对三长任职资格的注解,亦即:党长的担任者其家中至

---

① 北魏全盛期的人口约为五百万户,不低于二千五百万。(参见本书第十五章所附"关于北魏的户口总数")这是北魏新税制实施近四十年后的情况,推测新税制实施之初全国户口总数不会超过四百万户。

少得有三个丁男,里长的担任者其家中至少得有两个丁男,而邻长的担任者其家中至少得有一个丁男。或者也可以这样理解,在由一百二十五户编户齐民组成的一个党中,至少会有一户人家的丁男达到三人、五户人家的丁男达到两人,从而满足党长、里长的任职条件,当然满足邻长任职条件的人家肯定会大大超过二十五家。也就是说,最低限度每个党得有一百三十二个丁男。这一规定还表明,三长都应该由丁男担任,次丁、老男和弱势人群都不具备任职条件,当然丁女也不可能担任三长。此无疑即为所谓"强谨者"的一个重要因素。考虑到三长担任者"三载亡愆则陟",亦即不可能都是终身任职(任至老免卸任),故而一党之内三丁、一里之内二丁的家庭至少应该翻倍才行,但推测上限不会超过五倍。以翻倍计,则一党之内有丁男:三丁之家二,二丁之家十,一丁之家则为一百一十三,合计丁男一百三十九①。以此类推,则依次为:三丁之家三,二丁之家十五,一丁之家则为一百零七,合计丁男一百四十六;三丁之家四,二丁之家二十,一丁之家则为一百零一,合计丁男一百五十三;三丁之家五,二丁之家二十五,一丁之家则为九十五,合计丁男一百六十。以全国四百万至五百万户计,则共有三万二千至四万个党(十六万至二十万个里,八十万至一百万个邻),丁男依次为:四百二十二万四千至五百二十八万,四百四十四万八千至五百五十六万,四百六十七万二千至五百八十四万,四百八十九万六千至六百一十二万,五百一十二万至六百四十万。也就是说,北魏全国户数在四百万时丁男人数的下限为四百二十二万四千人(实际下限为四百四十八万八千人)、上限

---

①此统计忽略了次丁、老男和寡妇等其他弱势人群为户者,则实际丁男人数有可能低于此数。下同。

为五百一十二万人,全国户数在五百万时丁男人数的下限为五百二十八万人(实际下限为五百五十六万人)、上限为六百四十万人。因为民户中还有次丁、老男和寡妇等其他弱势人群为户者,故而北魏全国的实际丁男总数当在此一估值之下。在考虑北魏后期全国赋税总收入时,必须要顾及丁男人数的这种弹性空间。事实上,在考虑赋税总收入时还要将其他具有纳税义务者如奴婢和丁牛等算进来。

《魏书·韩麒麟传》:

> 太和十一年,京都大饥,麒麟表陈时务曰:……往年校比户贯,租赋轻少。臣所统齐州,租粟才可给俸,略无入仓。虽于民为利,而不可长久。脱有戎役,或遭天灾,恐供给之方,无所取济。可减绢布,增益谷租,年丰多积,岁俭出赈。所谓私民之谷,寄积于官;官有宿积,则民无荒年矣。[1]

这一记载表明,在新税制实行当年的太和十年,由于粟在户调中所占比例大幅度下降,结果造成齐州"租粟才可给俸,略无入仓"的局面。从韩麒麟上表来看,入藏齐州仓库的物资除了用于发放官俸外,还要防备"戎役"及"天灾"——军费或战争经费及灾荒救济经费。由于齐州处于南北朝边境地带,故需储备战争经费,但在内地大多数地方未必需要这笔经费,而维持地方治安的经费当然必不可少,灾荒救济经费在所有地方财政中都是不可或缺的,这也是调外帛或调外之费的主要支出渠道。表文显示,齐州当时的租赋似乎并未上缴国库,这可能与齐州距离京师平城路途

---

[1]《魏书》卷六〇《韩麒麟传》,第四册,第 1332—1333 页。

遥远且有可能需要储备战争经费有关,应该不具有普遍性。还有一点,租赋收缴后看来优先用于支付当地官员的俸禄,这是俸禄制班行后的新情况。韩麒麟希望调整新税制中绢布与谷租的比例,以和籴之法丰积俭出,从而为解决饥荒问题提供制度保障。

【附】西魏大统文书所见租调制度

西魏大统十三年敦煌籍帐文书是学界研究北朝土地制度和户籍制度最重要的实物证据,其学术价值无与伦比。文书中的户籍租调制度所体现的应该是西魏大统十年苏绰新制颁布后的制度,然而由于文献阙载,苏绰新制的具体内容无从得知,其中是否包含田制的内容亦不能确定,即便有也一定是在北魏后期均田制基础上所进行的改革,一定程度上也能够看到北魏制度的痕迹。兹就王永兴对该文书的解读,对此问题略作申说。在讨论文书中"户主天富分""妻吐归分""户主皮乱分""妻处姬分"等记载时,王氏引用《魏书·食货志》所载均田令有关条文,指出:"西魏北周的均田制承袭了太和九年的均田制,丁男丁妻都可受田,也应有再倍之田,也要强调'诸一人之分,正从正,倍从倍'。因此,这件文书户籍部分在受田段亩后标明是某某分,而且 1 户之内夫妻兄弟的受田都分别记录。"[1]按大统十三年文书虽然可以反映西魏的均田制,但却未必能够反映北周的均田制,文书反映的究竟是西魏均田制对北魏均田制的继承,还是其本身就是北魏均田制的体

---

①王永兴:《介绍敦煌文书西魏大统十三年(547 年)的计帐户籍残卷》,《陈门问学丛稿》,第 264—265 页。

现？在论述文书中"征收租调的三等制"时，王氏指出"课户上"刘文成户和侯老生户"每一受田口纳租 2 石"，"课户中"叩延天富户和王皮乱户"每一受田口纳租 1 石 7 斗 5 升"，表明"户等高的纳租多，低的纳租少"。王氏提出"这一问题还应进一步研究"，究竟是指对户等与纳租多少的关系，还是这种制度所反映的时代问题，未知所以。前者不言自明，故其所指当为后者。《隋书·食货志》"后周太祖作相，创制六官。……其赋之法，有室者，岁不过绢一匹，绵八两，粟五斛；丁者半之。其非桑土，有室者，布一匹，麻十斤；丁者又半之。丰年则全赋，中年半之，下年三之，皆以时征焉。若艰凶札，则不征其赋。司役掌力役之政令。凡人自十八以至五十有九，皆任于役。"①与之相较，大统十三年籍帐文书可对应者为十八岁成丁以及丰年布一匹的规定，余则无一相合。② 王永兴的看法是："课丁纳布的数量与隋志所载的制度一致，纳麻的数量比制度规定的少很多，因计帐残缺，纳租粟的数量无法计算。上述的情况可能由于敦煌地区当时的具体条件，也可能由于丰年中年下年，因而租调数量各不相同。"按其说未谛。如果说与年成有关，则只有在丰年时的纳布数量能够相符，若以其它年成解释，则一概相悖。实际上，隋志所载是六官制成立时确定的赋役制

①《隋书》卷二四《食货志》，第三册，第 679 页。
②《隋书》卷二四《食货志》载北齐河清三年令："男子十八以上，六十五已下为丁"；"率以十八受田，输租调，二十充兵，六十免力役，六十六退田，免租调"。（第三册，第 677 页）大统文书中的成丁年龄与此相同，杨际平认为："西魏、北周与东魏、北齐互为敌国，东魏、北齐的制度不可能因袭西魏、北周规定。换言之，西魏、北齐的上述规定应出于同源。亦即，北魏太和九年以后，曾将应受田男女的年龄从 15 岁提高到 18 岁。与此同时，还对租调制度作了某些修改。"（《关于西魏大统十三年敦煌计帐户籍文书的几个问题》，《魏晋南北朝史研究》，第 426 页）按其说可从。

度,到魏恭帝三年(556)才开始实行①,比之大统十三年晚了将近十年,自然不可能得出正确认识。

《魏书·食货志》载李冲请求设立三长制的同时,还提出了新的赋税制度:"其民调,一夫一妇帛一匹、粟二石。民年十五以上未娶者,四人出一夫一妇之调;奴任耕、婢任绩者,八口当未娶者四;耕牛二十头当奴婢八。其麻布之乡,一夫一妇布一匹,下至牛,以此为降。"②那么,大统十三年籍帐文书中的租调额度与此有无相合之处呢? 兹将 B 类文书所载七户的丁口租调情况列表如下:

①《周书》卷二《文帝纪下》:魏恭帝"三年(556)春正月丁丑(初一,1.28),初行《周礼》,建六官"(第一册,第34、36页)。
②《魏书》卷一一〇《食货志》,第八册,第2855页。

西魏大统十三年敦煌籍帐文书（B）人户丁口租调额度

户主	户等	丁男（口）	丁妻（口）	贱丁（口）	牛（头）	租总（石）	输租（石）	折草（石/亩）	调布（匹）	调麻（斤）
刘文成	合资（荡寇将军）	1	1			4	2.5	1.5/3	1	2
侯老生	课户上	2	1		1	6	3.75	2.25(4.5)	1.5	3
其天婆罗门	课户上	1	1		2	4.3	2.8（2.5良，0.3牛）	1.5/3	1.1(1良，0.1牛)	2
?		2	1	1婢		6.45	4.2(3.75良，0.45贱)	2.25/4.5	1.75（1.5良，0.25贱）	3.8(3良，0.8贱)
叩延天富	课户中	1	1			3.5	2	1.5/3	1	2
王皮乱	课户中	1	1			3.5	2	1.5/3	1	2
白丑奴	课户中	3（进丁1）	2			8.75	5	3.75/7.5	2.5	5

上表所列七户中只有一户的户主和户等因残缺而不知,前、后对照,当为课户上或课户中,最主要的是丁口及缴纳租调的额度全部清晰可见,这为分析租调征收额的制度常规提供了有利条件。先来看租的总额度。一台资(刘文成户)和一课户上(侯老生户)为每丁二石(牛无租),一课户上(其天婆罗门户)为每丁二石、每牛一斗五升,三课户中(叩延天富户、王皮乱户、白丑奴户)为每丁一石七斗五升。一未知户主、户等之户三良丁、一贱丁共计六石四斗五升,若为课户中,则三良丁租额为五石二斗五升,一贱丁为一石二斗五升,奴婢租额为良丁的七成多,此可能性不大,故推断该户应为课户上。若然,则三良丁租额为六石,一贱丁为四斗五升。不过此户情况特殊,除户主夫妇外,"息男众僧乙卯生年拾叁　实年十八";"婢来花己未生年究　实年十八进丁"。原因虽无法得知,但从明确写进户籍来看这种情况应该是得到官方认可的,想来二人或其中一人的租调额度有可能在制度规定的基础上发生变化。租的实际征收分为输租和折输草,具体比例如下:刘文成户和侯老生户为62.5:37.5,其天婆罗门和缺名户约为65.12:34.88(其中良:牛和良:贱比同为58.14:6.98),叩延天富户、王皮乱户和白丑奴户约为57.14:42.86。总的来看,良人每丁的租额台资和课户上为二石,课户中为每丁一石七斗五升,贱丁或为四斗五升,丁牛为一斗五升。与李冲所言一夫一妇粟二石相比,台资及课户上均超出一倍,课户中超出七成,奴婢与丁牛的租额亦不完全相同。此外,仅就输租部分而言,贱丁和牛所占比率相同,均为良丁的8.33%,亦即十二分之一。比较台资、课户上与课户中的租额,良丁每丁分别为二石和一石七斗五升,相差八分之一(12.5%)。贱丁和丁牛无相关资料进行比较,其租额是否与户等有关无从得知。

再来看调布和麻的额度。刘文成户二丁调布一匹、麻二斤，侯老生户三丁一牛调布一匹二丈、麻三斤，其天婆罗门户二丁二牛调布一匹四尺、麻二斤，未知名户三丁一贱丁调布一匹三丈（良一匹二丈、贱一丈）、麻三斤八两（良三斤、贱八两），叩延天富户、王皮乱户二丁调布一匹、麻二斤，白丑奴户五丁（一新进）调布二匹二丈、麻五斤，据此可以确定：刘文成户、叩延天富户、王皮乱户和白丑奴户每丁调布半匹（二丈）、麻一斤；侯老生户每丁调布半匹（二丈）、麻一斤，牛无调①；其天婆罗门户每丁调布半匹（二丈）、麻一斤，每牛调布一丈；未知名户良人每丁调布半匹（二丈）、贱丁一丈，麻良人每丁一斤、贱丁八两。由此可见，除了侯老生户牛无调（或漏登）外，不论户等高低，各户调额没有差别：良人每丁调布半匹（二丈）、贱丁（婢）一丈，麻良人每丁一斤、贱丁八两，每牛调布一丈（无调麻）。很显然，大统十三年籍账文书所体现的调布、麻的征收额度，与西魏末年开始实行的制度相差甚大，可以说毫无关系，而与孝文帝改革后的新税制比较相符。前引李冲上言，新税制下"麻布之乡，一夫一妇布一匹"，七户全部符合，且未婚丁男的纳税额为一夫一妇之半，与李冲所言"民年十五以上未娶者，四人出一夫一妇之调"亦颇合拍，不排除北魏实际颁行的制度对成丁年龄和调布（帛）额度加以调整的可能性，亦有可能在北魏晚期曾做过调整。李冲言"民年十五以上未娶者，四人出一夫一妇之调；奴任耕、婢任绩者，八口当未娶者四；耕牛二十头当奴婢八"，亦即有生产能力的奴婢八口及耕牛二十头征调额度相当于一夫一妇之调，也就是一匹。在大统文书中贱丁（婢）与牛调皆

──────────

① 如前所述，侯老生户之牛一头并未受田，其不纳租调盖与此有关。王仲荦云："耕牛未受田者，不出租调。"（《北周六典》，上册，第 115 页）

为四分之一匹,贱丁的调布额度比太和新税制多出一倍,与良丁的增加比率相同,丁牛的调布额度则多出五倍。颇疑孝文帝太和十年(亦有可能在十四年或十六年)实际颁行的新税制中,未婚丁男和成丁奴婢、丁牛的调额都进行了一定程度的调整。若此,则奴婢和丁牛受田虽然有照顾官贵或豪强大族等大土地所有者的意图,但却要大打折扣,国家政权扩大税收缴纳总额的意图进一步加强。此外,在李冲上言中并未提及在调绢或调布之外还要加征纺织原料,但从孝明帝时期张普惠的上疏中可以得知,北魏政府在税收中的确于绢、布之外还要加征绵、麻。西晋户调式及北魏前期、南朝梁、北齐、北周和隋、唐各朝也都是在纺织成品之外附加征收数额不等的原料。

北魏太和十年前绢帛与絮丝并征,具体为"户调帛二匹、絮二斤、丝一斤"①。大统文书所记调额与此比较,恰为一半,且纺织成品与原料的比例完全相同,均为 1:2。西晋户调式和南朝梁、北齐、北周及隋唐赋税征收额度所见绢、绵(丝)或布、麻之比,均与此不同。北齐河清令中,"奴婢(调、租)各准良人之半,牛调二尺",牛调额度与李冲上言所提无异,奴婢与良人之比则与大统文书相同。李冲所上太和新税制是按"一夫一妇"的小农家庭作为基本征税单位的,夫、妇双方具有均等的义务,而均田制所体现的受田的权利也是如此。而在上列其它各朝则有所不同,西晋户调式按"丁男之户",梁朝按"丁男"且"丁女半之",北齐按"人一床",北周按"有室者",隋朝按"丁男一床",唐高祖武德七年令按"每丁",除梁、唐外实际都按一夫一妇的家庭为征税基本单位,但主要强调的是丁男(夫)。比较而言,大统文书更接近北魏太和新

---

① 《魏书》卷一一〇《食货志》,第八册,第 2852 页。

税制。北齐河清令与北周新税制中,每户(一夫一妇)"调绢一匹、绵八两"或"绢一匹、绵八两",完全相同。按"绵八两"在孝明帝时张普惠所提当时税制中即是如此,绢一匹也是太和新税制一夫一妇的征收额度,北齐和北周制度之源均为北魏太和新税制自无疑义。租额则有较大差别,北齐为"垦租二石,义租五斗",北周为"粟五斛",为北齐之倍。不排除北魏太和新税制在租"粟二石"之外加征义租五斗之可能,但更可能是在李彪建议设立和籴制度之后。北齐租调"奴婢各准良人之半",北周则是"丁者半之"。按北齐奴婢之"半"当为一良丁之半,北周未婚之丁当为"有室者"即夫妇之半。前者与大统文书所见调的征收比例相同,后者则应为各朝通例(如隋朝租调"单丁及仆隶各半之",是指"丁男一床"的一半),大统文书也不例外。北齐"牛调二尺"之外纳"垦租一斗,义租五升",调绢和垦租为良丁十分之一,义租则为五分之一。北齐麻土的调布、麻的征收额度未见记载,北周为"有室者布一匹、麻十斤,丁者又半之"。大统文书与调布一匹对应的是麻二斤,可谓相差甚远。张普惠疏中所言北魏孝文帝以后的新税制当是帛(绢或布)一匹之外缴绵八两或麻十五斤,而《魏书·于忠传》所载有异:"旧制:天下之民绢、布一匹之外,各输绵、麻八两。忠悉以与之。"[1]亦即绢一匹、绵八两或布一匹、麻八两。虽然额度不完全相同,但体现的征税原理则无二致。这一原理来自于西晋户调式,并经北魏前、后期而传诸北齐、北周和隋、唐。

除了上已提及的以一夫一妇为基本征税单位的精神,奴婢和丁牛纳税也是北魏太和新税制的基本精神,北齐加以继承并为之

---

[1]《魏书》卷三一《于忠传》,第三册,第743页。

画上了句号。大统文书中贱丁婢和牛纳税正体现了这一精神，也就是说它是对北魏太和新税制的承袭和变通，而与其后西魏末年制定实行的六官制下的新税制毫无关系。相应地，大统文书所体现的均田制也与六官制下的均田制毫无关系，而是对北魏均田制的承袭和变通，反过来也就成为认识北魏均田制的重要资料。还有一点需要提及，在大统文书中户等高低只与租额相挂钩，但与调布、麻的多少无关，这一点也应该体现的是北魏税制的精神。北魏前期有租粟三等九品之制，很大可能为太和新税制所继承，从大统文书逆推，新税制中租额可能不再细分为九品，而是仅划分为三等，再加上台资户。台资户的租调额度与课户上相同，其差别或许体现在受田或徭役（有可能免除兵役）上。

第三节　关于屯田及其它征收

《魏书·食货志》：

（太和）十二年，诏群臣求安民之术，有司上言："请析州郡常调九分之二，京都度支岁用之余，各立官司，丰年籴贮于仓，时俭则加私之一，粜之于民。如此，民必力田以买绢，积财以取粟。官，年登则常积，岁凶则直给。又别立农官，取州郡户十分之一，以为屯民。相水陆之宜，断顷亩之数，以赃赎杂物市牛科给，令其肆力。一夫之田，岁责六十斛，甄其正课并征戍杂役。行此二事，数年之中，则谷积而民足矣。"帝览而善之,寻施行焉。自此公私丰赡,虽时有水旱,不为灾也。①

时当韩麒麟上表的次年,孝文帝"诏群臣求安民之术"的背景是:太和"十一年,大旱,京都民饥。加以牛疫,公私阙乏,时有以马驴及橐驼供驾挽耕载"。虽然采取了"诏听民就丰"及"为粥于街衢,以救其困"的赈济措施,但还是出现了"郊甸间甚多馁死者"的惨状,孝文帝下诏将御府、太官、太仆、内库、外府所藏"诸所供国用者,以其大半班赏百司,下至工商皂隶,逮于六镇边戍,畿内鳏寡孤独贫癃者,皆有差"。② 这对于刚刚实行了社会经济制度改革的北魏统治集团来说,无疑是一个极其严峻的挑战,虽然几项改革措施有可能极大地改善社会经济状况,但却不会产生立竿见影的功效,孝文帝希望统治集团能够集思广益,找到解决当前危机的快速而有效的办法。实行和籴和屯田的方案是当时在朝担任秘书丞的李彪所提出的,属于李彪"上封事七条"中第三条的内容③,其蓝本为汉家常平及魏氏屯田制度。毫无疑问,屯田制度是与均田制度并行的两种不同制度,认为北魏均田制渊源中有曹魏屯田制度的因素,显然是不能成立的。

虽然史书记载李彪的建议受到孝文帝赞赏并且予以"施行",但具体是如何施行的,却未见到任何相关记载。《食货志》关于屯田与和籴还有这样的记载:"自徐、扬内附之后,仍世经略江淮,于是转运中州,以实边镇,百姓疲于道路。乃令番戍之兵,营起屯

---

① 《魏书》卷一一〇《食货志》,第八册,第 2856—2857 页。按"断顷亩之数",《魏书》卷六二《李彪传》(第四册,第 1386 页)及《北史》卷四〇《李彪传》(第五册,第 1455 页)作"料顷亩之数",当以后者为是。
② 《魏书》卷一一〇《食货志》,第八册,第 2856 页。
③ 参见《魏书》卷六二《李彪传》,第四册,第 1385—1386 页。

田;又收内郡兵资与民和籴,积为边备。"①按"徐、扬内附"是指原属南朝的彭城和寿春归入北魏版图事,彭城归魏是在献文帝天安元年(466)九月,寿春归魏是在宣武帝景明元年(500)正月。② 关于北魏中后期屯田的具体例证如:约在孝文帝太和四至八年间,因"州镇戍兵,资绢自随,不入公库,任其私用,常苦饥寒",徐州刺史薛虎子上表建议在其治下实施屯田:"窃惟在镇之兵,不减数万,资粮之绢,人十二匹,即自随身,用度无准,未及代下,不免饥寒。""徐州左右,水陆壤沃,清、汴通流,足盈激灌,其中良田十万余顷。若以兵绢市牛,分减戍卒,计其牛数,足得万头。兴力公田,必当大获粟稻。一岁之中,且给官食。半兵耘植,余兵尚众,且耕且守,不妨捍边。一年之收,过于十倍之绢;暂时之耕,足充数载之食。于后兵资,唯须内库,五稔之后,谷帛俱溢。匪直戍士有丰饱之资,于国有吞敌之势。"对此上表,史载"高祖纳之"。③看来薛虎子的建议被朝廷采纳并得到了实施。宣武帝时杜纂"又诣赭阳、武阴二郡,课种公田,随供军费,除南秦州武都太守"④。没有见到关于李彪的和籴和屯田方案施行的任何记载,究竟是不打折扣地完全落实了,或者只是部分地落实了,甚或并未真正落到实处,全都不得而知。要划拨出来十分之一的民户进行屯田,并非小事一桩,究竟是以什么标准进行划拨的? 屯田区设在哪些地方? 是在原有的耕地上进行屯田,还是对荒地进行开发? 这一

---

①《魏书》卷一一〇《食货志》,第八册,第 2858 页。
②参见《魏书》卷六《显祖纪》、卷八《世宗纪》,第一册,第 127、192 页。《文献通考》卷二五《国用考三·漕运》"后魏自徐、扬内附之后"下小注:"徐州,今彭城;扬州,今寿州。"(第二册,第 729 页)
③《魏书》卷四四《薛虎子传》,第三册,第 996—997 页。
④《魏书》卷八八《良吏·杜纂传》,第五册,第 1905 页。

连串的问题都找不到答案。就和籴或常平仓制度而言,在不久之后的《职员令》中并无任何体现,似乎表明这两项制度并不具有常规性。

关于和籴相关的记载有:韦朏由秘书郎中"稍迁左军将军,为荆、郢和籴大使"①。从下文来看,时当孝明帝后期。孙绍于孝明帝"正光(520—525)初,兼中书侍郎,使高丽。还,为镇远将军、右军将军。久之,为徐、兖和籴使"②。鹿悆"初为真定公元子直国中尉","子直出镇梁州,悆随之州。州有兵粮和籴,和籴者靡不润屋,悆独不取,子直强之,终不从命"。"普泰(531)中,加征东将军,转卫将军、右光禄大夫、兼度支尚书、河北五州和籴大使。"③这是关于北魏和籴的所有记载,全都是在北魏晚期,就区位而言,荆、郢、徐、兖和梁州都是在南部边疆地区,只有河北五州是在内地,这些地方在当时都属于战区。此与上引《食货志》所载"自徐、扬内附之后""收内郡兵资与民和籴,积为边备"的情形相当,而与李彪所提在全国普行和籴制度的建议并无关联。那么,李彪的建议究竟是搁置了还是真的施行了?《魏书·高祖纪下》:太和二十年十二月"戊辰(初十,497.1.28),置常平仓"。在此之前,本月"甲子(初六,1.24),以西北州郡旱俭,遣侍臣循察,开仓赈恤。乙丑,开盐池之禁,与民共之"。④ 在李彪上表的次年四月,"州镇十五大饥,诏所在开仓赈恤"⑤。毫无疑问,当时还不可能落实李彪所提议的和籴制度。此后直到太和二十年十二月才又见到"开仓

①《魏书》卷四五《韦阆传附朏传》,第三册,第1015页。
②《魏书》卷七八《孙绍传》,第五册,第1725页。
③《魏书》卷七九《鹿悆传》,第五册,第1762、1765页。
④《魏书》卷七下《高祖纪下》,第一册,第180页。
⑤《魏书》卷七下《高祖纪下》,第一册,第165页。

赈恤"的记载,推测这次"西北州郡旱俭"应该是孝文帝下决心"置常平仓"的直接原因,而"开盐池之禁"似乎也显示北魏政府希望以民间自助的办法解决经济困难。如果当时在全国各地都设置了常平仓,则和籴应该成为地方长官一项基本的职责,似无派遣和籴使之必要。以上关于和籴使的记载表明,北魏朝廷是把和籴作为一项特殊的政务来对待的,也就表明和籴并非常规制度,完全有理由怀疑即便是孝文帝下达了"置常平仓"的诏令,但未必不打折扣地全面落实了。时当北魏迁都之初,孝文帝正忙于进行南伐战争,同时还穿插着到全国各地进行巡察,加之新都洛阳的建设已提上日程,国家的财政开支骤然增加,一时未必能够拿出足够的资金在全国各地设置常平仓并进行和籴事宜。其后不到两年半时间,孝文帝病故,宣武帝时期继续并扩大南伐战争,同时还完成了都城洛阳的建设,需要花费大量的费用自不待言。

设置常平仓或施行和籴制度是为了赈济灾荒,那么在"置常平仓"记载之前和之后,北魏的赈济制度是否有明显的改变?在太和二十年十二月之后,首先看到的记载是:孝文帝去世、宣武帝即位之年的太和二十三年,"是岁,州镇十八水,民饥,分遣使者开仓赈恤"。次年即景明元年(500),"是岁,十七州大饥,分遣使者开仓赈恤"。[1] 其后在宣武帝时期还可见到两次遣使赈恤的记载:永平四年(511)"二月壬午(十六,3.30),青、齐、徐、兖四州民饥甚,遣使赈恤"。"延昌元年(512)春正月乙巳(十四,2.16),以频水旱,百姓饥弊,分遣使者开仓赈恤"。[2] 孝明帝时期也可见到相关记载:熙平二年(517)"冬十月庚寅(初二,11.1),以幽、冀、沧、

①《魏书》卷八《世宗纪》,第一册,第192页。
②《魏书》卷八《世宗纪》,第一册,第210、211页。

瀛四州大饥,遣尚书长孙稚、兼尚书邓羡、元纂等巡抚百姓,开仓赈恤"。"戊戌(初十,11.9),以光州饥弊,遣使赈恤。"① 大体上从太武帝时期开始,在遇到灾荒时北魏朝廷往往会下达开仓赈恤的诏令,应该是由当地的地方长官来具体施行。遣使开仓赈恤是不是就是从"置常平仓"以后出现的新的举措? 如果是,则可以认为是和籴制度赈济职能的体现。然而,答案是否定的。孝文帝延兴二年(472)十一月"壬辰(十四,12.29),分遣使者巡省风俗,问民疾苦"②。时当太上皇摄政时期。虽然不能确定是否会进行开仓赈恤,但却与遣使开仓赈恤的安抚目的——除了监督地方长官开仓赈恤之外,还具有代表朝廷安抚慰问受灾民众的意味——有相通之处。比较明确的记载始于孝文帝开始听政之初:太和六年十二月丁亥(初七,483.1.1)诏有曰:"去秋淫雨,洪水为灾,百姓嗷然。朕用嗟愍,故遣使者循方赈恤。而牧守不思利民之道,期于取办。爱毛反裘,甚无谓也。今课督未入及将来租算,一以丐之。有司勉加劝课,以要来穰,称朕意焉。"八年十二月,"诏以州镇十五水旱,民饥,遣使者循行,问所疾苦,开仓赈恤"。③ 从中能够感受到使者赈恤的真实用意。可以看出,遣使开仓赈恤并不始于"置常平仓"以后,故而也就并不能据此而认为当时就一定施行了和籴制度。

关于北魏屯田的职官设置,虽然在《魏书·官氏志》中未见记载,但在列传中却能考见。《范绍传》:"值义阳初复,起绍除宁远将军、郢州龙骧府长史,带义阳太守。其年冬,使还都,值朝廷有

①《魏书》卷九《肃宗纪》,第一册,第226页。
②《魏书》卷七上《高祖纪上》,第一册,第137—138页。
③《魏书》卷七上《高祖纪上》,第一册,第152、155页。

南讨之计,发河北数州田兵二万五千人,通缘淮戍兵合五万余人,广开屯田。八座奏绍为西道六州营田大使,加步兵校尉。绍勤于劝课,频岁大获。"①按宣武帝正始元年(504)八月"乙酉(十一,9.5),元英攻义阳,拔之"②。"义阳初复"即指此。《穆崇传附子琳传》:"为安戎令,颇有吏干。随长孙稚征蜀有功,除尚书屯田郎中。"③按孝明帝孝昌二年(526)六月,"绛蜀陈双炽聚众反,自号始建王","诏假镇西将军、都督长孙稚讨双炽,平之"④。"长孙稚征蜀"即指此。《山伟传》:"及庄帝入宫,仍除伟给事黄门侍郎。先是,伟与仪曹郎袁昇、屯田郎李延孝、外兵郎李奂、三公郎王延业方驾而行,伟少居后。"⑤按"庄帝入宫"是指尔朱荣发动河阴之变扶持孝庄帝称帝事。以上记载显示,在北魏尚书省有屯田郎中、屯田郎(或为同一官职)。西晋置屯田曹尚书,为尚书六曹之一,在尚书省三十四曹郎中有屯田郎,当属屯田尚书所辖⑥。梁朝二十二尚书郎中有屯田郎⑦。北齐尚书省二十八曹,其中屯田曹为尚书右丞所掌十一曹之一,屯田曹隶于祠部尚书,"掌藉田、诸州屯田等事"⑧。北齐制度与北魏制度有密切的传承关系,推测北魏屯田郎或屯田郎中亦可能隶属于祠部尚书,职掌也应该相同。

---

① 《魏书》卷七九《范绍传》,第五册,第1756页。
② 《魏书》卷八《世宗纪》,第一册,第197页。
③ 《魏书》卷二七《穆崇传附子琳传》,第二册,第677页。
④ 《魏书》卷九《肃宗纪》,第一册,第244页。
⑤ 《魏书》卷八一《山伟传》,第五册,第1793页。
⑥ 参见《宋书》卷三九《百官志上》,第四册,第1235页;《晋书》卷二四《职官志》,第三册,第732页。
⑦ 参见《隋书》卷二六《百官志上》,第三册,第721页。
⑧ 《隋书》卷二七《百官志中》,第三册,第753页。

事实上,北魏初年就曾实施屯田①,北魏前期也有屯田官职见于记载②,北魏后期的尚书屯田郎应该是对前期制度的继承。上引《范绍传》可见"河北数州田兵二万五千人"的记载,表明北魏后期在河北地区存在军屯,但与李彪所言民屯不可等同,而且二万五千人与全国编户的十分之一(约为四十至五十万户)也是相差甚远。范绍在西道六州所开屯田,是由调遣的河北数州田兵和缘淮戍兵各二万五千人承担的,显然也是军屯无疑,是为北魏进行的南伐战争积蓄粮草。种种迹象显示,李彪提出的抽调全国编户十分之一进行屯田的方案似乎并未真正落实,虽然在内地部分地区存在军屯,且不排除在某些地区亦有民屯的可能性,但总的来看并无大规模的民屯,对于广大的编户齐民来说,均田制应该仍是其维持生活的最基本的土地制度。

　　除了以户调名目征收的农业税之外,北魏的财政收入中还应包括畜牧业以及盐业、矿业和官营手工业等方面的收入,也包括外国朝贡物品以及边境互市所得③。朝贡物品和互市所得,主要是奇珍异宝和奢侈品之类,且属于有来有往,大体相当于对等收支,故在考虑财政收入时可以忽略不计。农业税征收的非粟类物

---

①《魏书》卷一一〇《食货志》:"太祖定中原,接丧乱之弊,兵革并起,民废农业。方事虽殷,然经略之先,以食为本,使东平公仪垦辟河北,自五原至于椅阳塞外为屯田。"(第八册,第 2849 页)卷一五《昭成子孙·秦明王翰子仪传》:"徙封东平公,命督屯田于河北,自五原至椅阳塞外,分农稼,大得人心。"(第二册,第 371 页)

②《魏书》卷三一《于烈传》:"延兴初,敕领宁光宫宿卫事。迁屯田给纳。"(第三册,第 737 页)

③《魏书》卷一一〇《食货志》:"自魏德既广,西域、东夷贡其珍物,充于王府。又于南垂立互市,以致南货,羽毛齿革之属无远不至。神龟、正光之际,府藏盈溢。"(第八册,第 2858 页)

资——绢、布、帛、绵、麻等都可以看作是家庭手工业的产物,故而农业税也可以说包括了家庭手工业的税收在内。至于其它的民间私营手工业,如作为基本生活用品的陶瓷器具、修建房屋的砖瓦以及铁制农具和菜刀等物,其生产、销售以及是否征税等情况,没有任何流传下来的信息可供了解。此外,应该还有在京师等城市地区所征收的市场税。

首先,来看畜牧业。北魏太武帝消灭赫连夏之后,在秦陇河西之地设置牧场,“畜产滋息,马至二百余万匹,橐驼将半之,牛羊则无数”。孝文帝时,“复以河阳为牧场,恒置戎马十万匹,以拟京师军警之备。每岁自河西徙牧于并州,以渐南转”,“而河西之牧弥滋矣”。[①] 河西、河阳牧场的畜牧业生产无疑属于国家所有,国营牧场上的产品——马、牛、羊及骆驼自然也都是属于北魏国家的,在国家需要时可以随时征用,也就不存在交税的问题。此外,在漠南地区进行畜牧业生产的高车部族也为北魏国家提供了大量的畜产品。太武帝征讨柔然,“高车诸部望军而降者数十万落,获马牛羊亦百余万。皆徙置漠南千里之地,乘高车,逐水草,畜牧蕃息……岁致献贡,由是国家马及牛、羊遂至于贱,毡皮委积”[②]。与农业税缴纳农产品相似,高车人的“献贡”为畜产品——马、牛、羊(肉)及其毡皮,也可以看作是实物税。不过,农业税中绢帛可以作为交换媒介,同时还具有货币功能(商品货币),故而农业税征收的绢帛和谷粟也就可以看作是钱、粮同征。对于曾经以游牧为生的拓跋鲜卑统治阶层及其家庭成员来说,对畜牧业产品的需求肯定要大于汉族王朝的统治阶层,这种消费可以抵消一部分对

---

① 《魏书》卷一一〇《食货志》,第八册,第 2857 页。
② 《魏书》卷一〇三《高车传》,第六册,第 2309 页。

农产品的消费,节约纳入国库的谷粟和绢帛等物的使用量,在考虑北魏国家财政的收支问题时,绝对不能忽视这一因素。关于北魏时期的畜牧业,本书有较系统的考述。

其次,来看矿冶业。北魏的矿冶业主要是金银铜铁等金属矿藏的开发和器物制造。太和十九年(495)铸造五铢钱,标志着北魏铜冶业的兴起。太和五铢发行后,"内外百官禄皆准绢给钱,绢匹为钱二百"。无法确定两者的成本孰高孰低,故亦难以判断北魏政府是否从中获得额外的收益——若铜矿开采、冶炼和铜钱铸造的费用低于铜钱面值,则铸钱即为有利可图,反之则为无利可图且需额外投入;若两者等值,则是不赔不赚,但这种情况应该不大可能。北魏政府在铸钱的同时,"在所遣钱工备炉冶,民有欲铸,听就铸之。铜必精练,无所和杂"。① 也就是说,铸钱并非官府垄断的行业,这表明铸钱的投入很可能要大于钱币的面值,并非有利可图,北魏后期钱币流通并不顺畅应该就反映了这种情况。银矿的发现和采铸也是到了北魏晚期:"世宗延昌三年(514)春,有司奏:长安骊山有银矿,二石得银七两。其年秋,恒州又上言:白登山有银矿,八石得银七两、锡三百余斤,其色洁白,有逾上品。诏并置银官,常令采铸。"②孝明帝神龟元年(518)闰七月"甲辰(廿一,9.11),开恒州银山之禁,与民共之"③。看来银矿的开采

① 《魏书》卷一一〇《食货志》,第八册,第 2863 页。
② 《魏书》卷一一〇《食货志》,第八册,第 2857 页。按白登山银矿后世无闻,估计在北魏末年就枯竭。《钦定大清会典则例》卷四九《户部·杂赋上》:康熙十五年(1676),"又定差官往陕西临潼等处试采银矿";"二十二年,停止……陕西等省开采"。(《景印文渊阁四库全书》,史部三七九"政书类",第六二一册,第 535 页下栏)停止开采的原因,未必就是上谕所言"开采之事,甚无益于地方",最大可能还是矿源已经枯竭。
③ 《魏书》卷九《肃宗纪》,第一册,第 228 页。

也未必有太大利益,否则北魏政府也不会采取这种措施。北魏的黄金则来自西南地区,"汉中旧有金户千余家,常于汉水沙淘金,年终总输。后临淮王彧为梁州刺史,奏罢之"①。北魏宣武帝正始元年"闰十二月癸卯朔(初一,505.1.21),萧衍行梁州事夏侯道迁据汉中来降,假尚书邢峦镇西将军,率众以赴之"②。此为汉中进入北魏之始。临淮王彧担任梁州刺史史无明载,《魏书·食货志》载其事于宣武帝延昌三年与孝明帝熙平(516)初之间,则汉中金户输金被废罢疑当在宣武、孝明两朝交替之际,持续了一共不到十年的时间。关于铁器铸造,《食货志》云:"又其铸铁为农器、兵刃,在所有之,然以相州牵口冶为工,故常炼锻为刀,送于武库。"③可见铁器铸造极为普遍,在北魏全国随处可见,这自然是因其需求无处不在。虽然没有明确记载,但推测北魏时期铁器铸造应该不需要交税,民间其它制造业(诸如陶瓷器和砖瓦烧制以及非金属农具等的生产)也应该不必交税。

再次,来看盐税。北魏的盐税主要来自河东盐池。食盐为人体所必须,在古代是非常重要的商品资源,甚至可以说是战略资源。明元帝时期占领河东之地后的一个多世纪,河东盐池即是北魏最主要的食盐供应地,也是北魏财政收入的一个重要来源。《魏书·食货志》:"河东郡有盐池,旧立官司以收税利,是时罢之。而民有富强者,专擅其用;贫弱者,不得资益。延兴(471—476)

---

① 《魏书》卷一一〇《食货志》,第八册,第 2857 页。《陕西通志》卷四三《物产一·货属》引《名医别录》:"金。梁州都有,生水沙中作屑,谓之生金。"(《景印文渊阁四库全书》史部三一一"地理类",第五五三册,第 482 页下栏)今汉中市及下辖略阳、勉县、洋县仍有多家金矿正在运营。

② 《魏书》卷八《世宗纪》,第一册,第 198 页。

③ 《魏书》卷一一〇《食货志》,第八册,第 2857 页。

末,复立监司,量其贵贱,节其赋入,于是公私兼利。世宗即位,政存宽简,复罢其禁,与百姓共之。其国用所须,别为条制,取足而已。自后豪贵之家,复乘势占夺;近池之民,又辄障吝。强弱相陵,闻于远近。"①北魏王朝何时在河东盐池"立官司以收税利",在现存史料中看不到相关记载,而其"罢之"的具体时间从上文中亦难作出判断,从下文来看只能得出是在延兴末之前。在《魏书》本纪中对盐池之禁的开、罢有三次明确记载:孝文帝太和二十年十二月"乙丑(初七,497.1.25),开盐池之禁,与民共之"②。宣武帝景明四年(503)七月"庚午(二十,8.27),诏还收盐池利以入公"。正始三年(506)"夏四月乙未(初一,5.8),诏罢盐池禁"。③孝明帝神龟(518—520)初,朝廷接受太师、高阳王雍和太傅、清河王怿等人的上奏,"复置监官以监检焉。其后更罢更立,以至于永熙"④。盐池之禁的开罢与否可能关涉多种因素,既涉及国家的财政收入,也与地方治理有关。罢禁本来是希望"与百姓共之",但结果却是"强弱相陵",反而引发纷争,造成治理危机。河东解人柳崇在朝担任尚书右外兵郎中,"于时河东、河北二郡争境,其间有盐池之饶,虞坂之便,守宰及民皆恐外割。公私朋竞,纷嚣台府。高祖乃遣崇检断,民官息讼"⑤。按"二郡争境"主要应该围绕盐池归属而展开,这次事件当发生于太和二十年底孝文帝"开盐池之禁"后。孝明帝末年长孙稚上表,谓孝文帝"创置盐官,而

①《魏书》卷一一〇《食货志》,第八册,第 2862 页。
②《魏书》卷七下《高祖纪下》,第一册,第 180 页。
③《魏书》卷八《世宗纪》,第一册,第 202 页。
④《魏书》卷一一〇《食货志》,第八册,第 2862 页。
⑤《魏书》卷四五《柳崇传》,第三册,第 1029 页。

加典护,非为物而竞利,恐由利而乱俗"①,道出了设置盐官的原因。高阳王雍和清河王怿等在上奏中也指出,盐池开禁后出现了"取用无法,或豪贵封护,或近者吝守,卑贱远来,超然绝望"的混乱现象,"是以因置主司,令其裁察,强弱相兼,务令得所",他们认为在盐池"置监司"可起到"防奸息暴,断遣轻重"的积极作用。从其所引"鼓吹主簿王后兴等词"可知,其时"供百官食盐二万斛",未知此"百官"仅指朝官,还是指内外百官,抑或还包括了皇家用度。上奏提及的"绕池之民尉保光等擅自固护,语其障禁,信于官司,取与自由,贵贱任口",即属于"豪贵封护""近者吝守"的实例。尤为重要的是,上奏提到盐池税率为"十一之税"。② 据长孙稚所言,河东盐池税相当于当时冀、定二州"常调之绢","略论盐税,一年之中,准绢而言,犹不应减三十万匹也,便是移冀、定二州置于畿甸"。③ 以此而论,则当时冀、定二州的总户数约为三十万,人口当在一百五十万左右④。按十一税的比率推算,河东盐池的年产值高达三百万匹,至少相当于北魏全国一年常调绢总量的

---

① 《魏书》卷二五《长孙稚传》,第八册,第648页。
② 《魏书》卷一一〇《食货志》,第八册,第2862页。
③ 《魏书》卷二五《长孙稚传》,第八册,第648页。
④ 《魏书》卷七上《高祖纪上》:太和七年(483)"三月甲戌(廿五,4.18),以冀、定二州民饥,诏郡县为粥于路以食之。又弛关津之禁,任其去来"。"六月,定州上言,为粥给饥人,所活九十四万七千余口。"九月,"冀州上言,为粥给饥民,所活七十五万一千七百余口"。(第一册,第152—153页)两者相加则为一百六十九万八千七百余口,很可能就是当时冀、定二州的总人口。经过均田制时代约四十年的经济发展,到北魏人口极盛期二州总人口很可能不低于二百五十万口,但经过战乱的破坏河北地区当时的人口数量肯定会大大下降。据此来看,长孙稚所说应该是指当下而非极盛期二州的人口。

一半左右。盐池税与户调一样属于经常性的税收项目,是北魏财政收入的不可忽视的一个来源,也是对国家主体税——农业税——的有力补充,在北魏末年战乱时期无法保证农业税有效征收的情况下,盐池税的作用显得尤为重要。

此外,还有一些临时性的征收,一般是在诸如战争爆发的非常时期实行,这在北魏末年就有突出的体现。"正光后,四方多事,加以水旱,国用不足,预折天下六年租调而征之。百姓怨苦,民不堪命。"①对于遭受水旱灾害的民众而言,政府即便不实施赈济,至少也应该采取减免租赋以使其得以生存,然而北魏政府却因为战争引起的财政危机,反其道而行之,居然预先将六年的租调一次性征收。即使遇上连续丰收的年景,要让民户一次性承担如此繁重的赋税,恐怕也是很难办到的。这种恶政只能把广大民众推向政府的对立面,自然是行不通的,也就是说开源的办法不可能真正得到落实。无法开源,就只能节流。"有司奏断百官常给之酒,计一岁所省合米五万三千五十四斛九升,糵谷六千九百六十斛,面三十万五百九十九斤。其四时郊庙、百神群祀依式供营,远蕃使客不在断限。而后寇贼转众,诸将出征,相继奔败,所亡器械资粮不可胜数,而关西丧失尤甚,帑藏益以空竭。有司又奏内外百官及诸蕃客廪食及肉悉二分减一,计终岁省肉百五十九万九千八百五十六斤,米五万三千九百三十二石。"②开源的对象是民——农业生产者,而节流的对象主要则是官,即通过削减官员及远蕃使客的"常给之酒"和"廪食及肉"等福利待遇的办法减轻财政负担,主动权掌握在北魏政府手中,具有可操作性。其后,

①《魏书》卷一一〇《食货志》,第八册,第2860—2861页。
②《魏书》卷一一〇《食货志》,第八册,第2861页。

北魏政府还采取了其它的增加财政收入或减轻财政负担的举措，主要还是从开源角度着手。"孝昌二年（526）冬，税京师田租亩五升，借赁公田者亩一斗。又税市，入者人一钱，其店舍又为五等，收税有差。"①一农一商，实施的区域仅仅是京师，因为当时北魏大多数地区已处于战争状态下，朝廷的政令大概只能推行于京师地区。就农业税而言，民田的租额是原有调租的五倍，而公田的租额则是民田的一倍，为原有民田的十倍。可能原本并无市场税和商业税，入市收税和按五等征收店舍税是一个新的举措。这些举措或可解一时之困，却很难从根本上解决问题。随着战争进程和财政危机的扩大，北魏朝廷又有了新的举措。"庄帝初，承丧乱之后，仓廪虚罄，遂班入粟之制。输粟八千石，赏散侯；六千石，散伯；四千石，散子；三千石，散男。职人输七百石，赏一大阶，授以实官。白民输五百石，听依第出身，一千石，加一大阶；无第者输五百石，听正九品出身，一千石，加一大阶。诸沙门有输粟四千石入京仓者，授本州统，若无本州者，授大州都；若不入京仓，入外州郡仓者，三千石，畿郡都统，依州格；若输五百石入京仓者，授本郡维那；其无本郡者，授以外郡；粟入外州郡仓七百石者，京仓三百石者，授县维那。"②很显然，这一政策的出发点仍然是为了开源。入粟之制的对象包括平民、职人和僧人等不同的人群，因为他们各自的需求或者说成就感是不同的，自然不能采取一刀切的办法。对于无爵者而言，贵族身份具有吸引力，根据输粟的多寡可以封赏散侯、散伯、散子、散男四等爵位，而王、公属于高级贵族的封号，并不在封赏之列，也就是说即便是统治危机十分严重的情

---

①《魏书》卷一一○《食货志》，第八册，第 2861 页。
②《魏书》卷一一○《食货志》，第八册，第 2861 页。

况下仍要保持高级爵位的垄断性。职人只是取得了任官的资格和品阶,通过输粟可以提高官阶并得到实官。对白民而言,可以通过输粟改变其身份,获得任官的资格和品阶,成为职人,进入官员候选队伍。对于僧人而言,可以通过输粟而获得不同层次的僧官,看来当时不乏比较富有的僧人。可以说,这是为当时社会各阶层人员量身定做的一套用以解决财政危机的制度,其性质类似于后世的捐纳制度,也可以说是捐纳制度的前身。然而,就当时的社会状况来看,这一制度恐怕也不可能真正得到施行。

第十五章　三长制的源流、职能和作用

　　如前所述,俸禄制和均田制都是在参照历史上中原王朝的制度并结合儒家经典(也包括相关制度)的基础上制定出来的,可谓渊源有自。因为都是以解决紧迫的社会现实问题为出发点,故而并不是是对旧制的照搬和复原,而是根据社会现实需要所创立的新的制度。同样,与俸禄制和均田制相配套的三长制自然也不会例外。

第一节　三长制的渊源流变

　　史称李"冲以三正治民,所由来远,于是创三长之制而上之"①。孝文帝立三长诏亦云,"邻里乡党之制,所由来久"②。李冲和孝文帝是三长制制定的当事人,他们的看法清楚地表明,三长制乃是参考古代有关制度而制定的。王夫之云:"拓拔氏太和九年,从李冲之请,五家立邻长,五邻立里长,五里立党长,此里长

①《魏书》卷五三《李冲传》,第四册,第1180页。
②《魏书》卷一一〇《食货志》,第八册,第2855页。

之名所自昉也。冲盖师《周礼》之遗制而设焉。"①诚如其所言,三长制的构想的确来源于儒家经典《周礼》有关地方行政组织系统的规定。然而,关于北魏三长制与《周礼》之间的具体关系,王夫之并无论述。《周礼·地官·遂人》:

> 遂人掌邦之野。以土地之图,经田野,造县鄙形体之法。五家为邻,五邻为里,四里为酂,五酂为鄙,五鄙为县,五县为遂,皆有地域沟树之使,各掌其政令刑禁,以岁时稽其人民,而授之田野,简其兵器,教之稼穑。……以岁时登其夫家之众寡及其六畜车辇,辨其老幼废疾与其施舍者,以颁职作事,以令贡赋,以令师田,以起政役。②

按邻、里、酂、鄙、县、遂分设遂师、遂大夫及县正、鄙师、酂长、里宰、邻长为其长,执掌其政。其所领具体户数可列表如下③:

	邻	里	酂	鄙	县	遂
家	5	5×5=25	25×4=100	100×5=500	500×5=2500	2500×5=12500

北魏三长制规定"五家立一邻长,五邻立一里长,五里立一党长"④,分别相当于《周礼》的邻长、里宰、酂长。据《周礼》规定,邻长、里宰、酂长的职能分别为:"邻长掌相纠相受,凡邑中之政相赞。徙于他邑,则从而授之。""里宰掌比其邑之众寡与其六畜、兵器,治其政令。以岁时合耦于锄,以治稼穑,趋其耕耨,行其秩叙,

---

①[清]王夫之:《读通鉴论》卷一四《(齐)武帝》,中册,第462页。
②《周礼注疏》卷一五,《十三经注疏》,上册,第740页中栏、741页上栏。
③《周礼注疏》卷一五,《十三经注疏》,上册,第741—743页。
④《魏书》卷一一〇《食货志》,第八册,第2855页。

以待有司之政令,而征敛其财赋。""鄼长各掌其鄼之政令,以时校登其夫家,比其众寡,以治其丧纪、祭祀之事。若作其民而用之,则以旗鼓兵革帅而至。若岁时简器,与有司数之。凡岁时之戒令皆听之,趋其耕耨,稽其女功。"①北魏三长的职能亦当类此。当然,作为后世创立的一项新的制度,北魏三长制与《周礼》遂人之制也并非完全相同,其差别表现在:一是党长与鄼长名称有别,所领户数亦不同;二是里宰与里长名称有异。因此,《周礼》邻—里—鄼—鄙—县—遂系统应该只是北魏三长制的渊源之一。

《周礼》还有一套行政组织系统,也应该是北魏三长制的渊源之一。《周礼·地官·大司徒》:"令五家为比,使之相保;五比为闾,使之相受;四闾为族,使之相葬;五族为党,使之相救;五党为州,使之相赒;五州为乡,使之相宾。"②分设乡师、乡大夫及州长、党正、族师、闾胥、比长为其长,执掌其政。与遂人系统比较,可列表如下③:

遂人系统	邻	里	鄼	鄙	县	遂
乡党系统	比	闾	族	党	州	乡
各领家数	5	5×5=25	25×4=100	100×5=500	500×5=2500	2500×5=12500

很显然,北魏三长制还借用了《周礼》乡党系统中"党"的名称,但官长名称有异,一为党长、一为党正,而且北魏的党为基层组织第三级,《周礼》中的党为第四级,且所领户数亦有四倍之差。北魏三长又称三正,即由党正之名而来。四里为鄼、四闾为族,在两个系统中之所以出现此唯一的四进制,与其它五进制有别,大

---

①《周礼注疏》卷一五,《十三经注疏》,上册,第742页下栏、743页上·中栏。
②《周礼注疏》卷一〇,《十三经注疏》,上册,第707页上栏。
③《周礼注疏》卷一二,《十三经注疏》,上册,第716—719页。

概是为了合于一百之数①。日本学者宫川尚志云:"这个制度中的里与汉代以来接近于实际聚落形态的百户之里不同,它是依照《周礼》古制规划的行政村落,显然是仿照六乡六遂制中二十五家为一闾里而制订的,是以十家以下为下级单位、数十家构成中级单位、百家前后为上级单位的三级自治制度。"②北魏三长制的构想毫无疑问源自《周礼》,但又不完全是对《周礼》所载地方行政制度的生搬硬套,而是根据北魏当时亟需建立县以下基层行政组

---

① [清]王鸣盛《周礼军赋说》卷一《六乡》:"蔡德晋云:比、闾以五为数,族独以四为数者,以用四则成百数,复用五则奇零不整齐也。""朱氏曰:出军之制,五人为伍,五伍为两,四两为卒,到第三,便著一个四,成一百人。若又是五,则成百二十五人,便有奇零不整齐处。"(《嘉定王鸣盛全集》,第三册,第1442、1444页)

② [日]宫川尚志:《六朝時代の村について》,《六朝史研究 政治・社会篇》;汉译文《六朝时代的村》,刘俊文主编《日本学者研究中国史论著选译》第四卷《六朝隋唐》,第99—100页。日本学者冈崎文夫认为,"所谓三长制,只不过是以《周礼》所载乡党之法为准则,设置五家一邻长、五邻一里长,五里一党长的所谓三长,其性质与西晋时实行的乡里制有相似之处"(《南北朝に於ける社会経済制度》,第173页)。严耕望云,三长制"无异一自治组织,非专为平赋役矣"。(《中国地方行政制度史——魏晋南北朝地方行政制度》,下册,第686页)法国学者谢和耐认为:"(北魏时期)农民阶级受一种军事编制制度的控制,它使人联想到了秦代的做法。五家为一'邻',五邻为一'里',五里为一'党',在每一级上都设置对官府负责的长。"之所以会得出如此偏颇的认识,就在于他对北魏统治政策或方针的总体判断有严重偏差:"北魏实行了一种'法家'式的政策,以国家在人口控制和分配中的干预为标志,但这种干预同时又由于草原尚武民族的粗犷和严厉特征而更加激化了,游牧民具有某种把定居居民视同牲畜的倾向。"(《中国社会史》,第159页)北魏初年的统治方针有体现法家的因素,但到孝文帝时期已经完全以儒家学说作为统治思想了,以《周礼》制度作为渊源的三长制所体现的自然更是儒家的治国理念,也绝不是什么军事编制制度,与秦代的做法没有多少相似性。

织的形势需要,设立了既与《周礼》相似又有所不同的五家为邻、五邻为里、五里为党的新制度。《释名·释州国》载周制云:"五家为伍,以五为名也。又谓之邻。邻,连也,相接连也。又曰比,相亲比也。五邻为里,居方一里之中也。五百家为党。党,长也,一聚所尊长也。"①据此,则东汉末年已有将周制地方基层组织理解为邻、里、党的记载②。

北魏三长制与《周礼》乡遂之制既有一定的继承性,又有实质性的区别,其区别主要表现在两者的职能差异上。《周礼》乡遂制的基本职能是维持基层治安,实施社会救助,开展礼仪教化,主要体现的是社会和公共职能。北魏三长制自然也具有这方面的职能,如对丧失生活能力者进行抚养,但更偏重在校比户口,落实露田的还受,以及督促民户按时纳税和服役,主要体现的是行政和财政职能。三长制的职能实际上还参考了《周礼》军旅之制。《周礼·地官·小司徒》:"五人为伍,五伍为两,四两为卒,五卒为旅,五旅为师,五师为军。以起军旅,以作田役,以比追胥,以令贡赋。乃均土地,以稽其人民而周知其数。""乃经土地而井牧其田野,九夫为井,四井为邑,四邑为丘,四丘为甸,四甸为县,四县为都,以任地事而令贡赋,凡税敛之事。"③这样看来,北魏三长制乃是综合《周礼》遂人制、乡党制和军旅制并对之做了重大改造的产物。

《汉书·百官公卿表上》:"大率十里一亭,亭有长。十亭一

---

① [东汉]刘熙撰,[清]毕沅疏证,[清]王先谦补:《释名疏证补》卷二,第59—60页。
② 周代基层行政社会组织,现实中未必如《周礼》所载那样整齐划一。关于周秦时期乡里制度的实态,参见杜正胜《古代聚落的传统与变迁》,《第二届中国社会经济史研讨会论文集》,第216—221页。
③ 《周礼注疏》卷一一,《十三经注疏》,上册,第711页上、中、下栏。

乡,乡有三老、有秩、啬夫、游徼。三老掌教化。啬夫职听讼,收赋
税。游徼徼循禁贼盗。"①《续汉书·百官志五》:"乡置有秩、三
老、游徼",小乡置啬夫。有秩及啬夫为一乡之长,"皆主知民善
恶,为役先后,知民贫富,为赋多少,平其差品"。"三老掌教化。
凡有孝子顺孙、贞女义妇、让财救患及学士为民法式者,皆扁表其
门,以兴善行。游徼掌徼循,禁司奸盗。"又有乡佐、亭长。乡佐
"主民收赋税",亭长"以禁盗贼""主求捕盗贼"。乡、亭之下,"里
魁掌一里百家,什主十家,伍主五家,以相检察。民有善事恶事,
以告监官"。②《宋书·百官志下》载"汉制",县以下基层组织及
其职能是:"五家为伍,伍长主之;二五为什,什长主之;十什为里,
里魁主之;十里为亭,亭长主之;十亭为乡,乡有乡佐、三老、有秩、
啬夫、游徼各一人。乡佐、有秩主赋税,三老主教化,啬夫主争讼,
游徼主奸非。"③与《续汉志》《宋志》对照,《汉表》未载"乡佐",对

①《汉书》卷一九上《百官公卿表上》,第三册,第 742 页。
②《续汉书·百官志五》,《后汉书》第一二册,第 3624—3625 页。按尹湾汉
　简《集簿》载"县邑侯国卅八","乡百七十","县三老卅八人,乡三老百七
　十人",则每县、每乡各置三老一人,是有定额编制的乡官。此可与《汉书》
　卷一上《高祖纪上》汉二年(前 205)"春正月"条的记载相印证:"举民年五
　十以上,有修行,能帅众为善,置以为三老,乡一人。择乡三老一人为县三
　老,与县令丞尉以事相教,复勿繇戍。以十月赐酒肉。"(第一册,第 33—34
　页)又,三老位列"吏员"之前,则其属于无固定职司的官吏,其"掌教化"的
　职能即具有这种性质。据《吏员簿》所载,乡有秩、乡啬夫、游徼、乡佐每县
　皆有,同时又有官有秩、官啬夫、官佐位居乡有秩、乡啬夫、乡佐之前,当为
　县吏,官有秩仅三县有之,官啬夫也并非每县皆有。参见连云港市博物馆
　等《尹湾汉墓简牍》,第 77 页。又,居延汉简中亦有不少关于有秩、乡佐、
　啬夫的记载,兹不具述。相关研究,参见谢桂华《尹湾汉墓所见东海郡行
　政文书考述》,《尹湾汉墓简牍综论》,第 25、33—36、38—42 页;廖伯源《简
　牍与制度:尹湾汉墓简牍官文书考证》(增订版)。
③《宋书》卷四〇《百官志下》,第四册,第 1258 页。

"有秩"的职掌亦无记载，推测当有脱文和错简。有秩、啬夫的职掌，《续汉志》和《宋志》的记载不完全一致，但有秩具有掌赋税征收的职能则无疑义。

比较来看，北魏三长制比汉代乡里制更为简单。县以下最高级别的基层组织，汉代乡所辖户口高达万户，而北魏党所辖户口为一百二十五户，仅比汉代第三层级的里所辖户口稍多而已。这一差别实际上也体现了两个时代人口密度的巨大差异。按上引《续汉志》，乡有秩及啬夫"皆主知民善恶"，则"监官"即指乡之长吏。又载县"各署诸曹掾史"，"五官为廷掾，监乡五部，春夏为劝农掾，秋冬为制度掾"，属于上一级监官。刘昭注引《风俗通》曰："啬者，省也。夫，赋也。言消息百姓，均其役赋。"①则乡啬夫之名即因其掌赋税职能而来②。晋代郡国及县皆置职吏若干、散吏若干，其人数多少随所领户口之多少而定。又"农月皆随所领户多少为差，散吏为劝农"。县户五百以上"皆置乡"，"乡置啬夫一人"；"县率百户置里吏一人，其土广人稀，听随宜置里吏，限不得减五十户"。③ 按晋代散吏所为之"劝农"当即劝农掾之职④。劝

---

①《续汉书·百官志五》，《后汉书》第一二册，第3623—3624页。

②秦汉时期，除了乡啬夫外，还有不同名目的啬夫。关于先秦秦汉啬夫的全面研究，参见裘锡圭《啬夫初探》，《云梦秦简研究》，第226—301页。关于秦代啬夫，参见高敏《论〈秦律〉中的"啬夫"一官》，《云梦秦简初探》（增订本），第170—186页。

③《晋书》卷二四《职官志》，第三册，第746—747页。

④劝农之职古已有之，《诗经》所见"田畯"、《周礼》所载"司稼"即是，参见杜正胜《古代聚落的传统与变迁》，《第二届中国社会经济史研讨会论文集》，第241—242页。

农掾在汉晋碑铭及简牍中均可见到①。总的来看,汉代县以下地方基层组织主要负责赋役征发、治安管理和民众教化,其中赋役

---

① 敦煌悬泉汉简及居延新简中,数见"劝农掾"职名。(胡平生、张德芳:《敦煌悬泉汉简释粹》,第 92 页;甘肃省文物考古研究所等:《居延新简——甲渠候官与第四燧》,第 69、487 页)《隶释》所载汉代残碑题名,可见"中部劝农""南部劝农"及"北部劝农掾"等职名。([宋]洪适:《隶释·隶续》,第 449 页)长沙东牌楼东汉简牍,可见"东部劝农邮亭掾""左部劝农邮亭掾",是为一人兼劝农、邮亭二掾之职。(长沙市文物考古研究所等:《长沙东牌楼东汉简牍》,释文第 71—72 页)类似职名还见于其他东汉碑铭,如"兼劝农掾兵马掾"(谢桂华等:《居延汉简释文合校》,上册,第 26 页)、"劝农贼捕掾"(高文:《汉碑集释》(修订本),第 175 页)、"劝农督邮书掾"(吉木布初、关荣华:《四川昭觉县发现东汉石表和石阙残石》;凉山彝族自治州博物馆等:《四川凉山州昭觉县好谷乡发现的东汉石表》)之类。长沙走马楼吴简中亦可见"中部劝农督邮书掾"(壹 6971)。走马楼吴简可见"劝农掾"(贰 5888、6181,叁 7211,柒 3143、3176)、"□农掾"(贰 5005,肆 4486、5510)、"都乡劝农掾"(肆 4523—1,柒 3242)、"小武陵乡……劝农掾"(肆 4331)、"桑乡……劝农掾"(贰 8883)、"东乡劝农掾"(《发掘报告》J22—2543、2695,第 32、34 页;柒 3250)、"广成乡劝农掾"(《发掘报告》第 32 页、33 页图 36)、"平乡……劝农掾"(肆 4373、4348)、桑乡"劝农"(肆 4877)等职名。按《发掘报告》J22—2695"东乡劝农掾"又释读作"南乡劝农掾"。相关简牍,参见长沙市文物考古研究所等《长沙走马楼二十二号井发掘报告》,《长沙走马楼三国吴简·嘉禾吏民田家莂》,第 32、34 页,及《长沙走马楼三国吴简·竹简〔壹〕》;长沙简牍博物馆等《长沙走马楼三国吴简·竹简〔贰〕》《长沙走马楼三国吴简·竹简〔叁〕》《长沙走马楼三国吴简·竹简〔肆〕》《长沙走马楼三国吴简·竹简〔柒〕》。据此推断,孙吴时期亦承东汉制度,在县以下普设乡劝农掾。侯旭东云:孙吴临湘侯国的"乡设有'乡劝农掾'、'乡吏'与'乡典田掾'三类吏。乡劝农掾负责掌管本乡居民的户籍"(《长沙走马楼三国吴简所见'乡'与'乡吏'》,《北朝村民的生活世界——朝廷、州县与村里》,第 395—396 页)。其后,《晋彭祈碑》碑阴题名可见"中部劝农"及"西部劝农"职名。([宋]赵明诚撰,金文明校证:《金石录校证》卷二〇,第 346 页)似西晋亦有乡部劝农掾。推测曹魏亦当有类似制度。

征发无疑是根本性的职能,故由乡长负责。北魏的三长与汉代的乡里制度有较大差别,汉代乡长则为有俸禄的官职,而北魏的党长与里长、邻长一样都是没有俸禄的吏职。《续汉书·百官志五》:"(乡)有秩,郡所署,秩百石,掌一乡人;其乡小者,县置啬夫一人。"①尽管如此,但二者作为县以下基层组织的性质则基本无异,因此其职能应该是相通的,或者说比较相似。

认为魏晋南北朝时期有独立的与民户并存的"吏户",曾是学界主流的看法。黎虎 2005—2009 年在《历史研究》《中国史研究》等刊发表的系列论文,对此进行了深入辨析,并对"吏民"问题作了全面系统的研究,认为"并无独立的'吏户'","凡编制于乡里基层之中的编户均属'吏民'的范畴"。② 这一论断理据充分,令人信服。北魏三长虽然可以被当作"乡官",但其既非品官,自然也没有俸禄,并不真正享有"官"的待遇,不过谓其为基层吏职当无疑义。不言而喻,北魏三长与其所领邻、里、党的民户必定登记于相同的民籍之中,并不属于什么独立的吏籍,想来其它朝代的此类"乡官"或"乡吏"在户籍上也不会有何特殊,此可作为吏民同籍说的有力佐证。又,《西凉建初十二年(公元四一六)敦煌郡敦煌县西宕乡高昌里户籍残卷》为"居赵羽坞"的多户户籍的合籍(存九户,首尾两户残),其中户主身份有兵、散、大府吏,同属于"敦煌郡敦煌县西宕乡高昌里"③。这表明不论户主身份如何,其户籍均按居住的乡里村坞合而为一,并未按户主身份各自归类,

①《续汉书·百官志五》,《后汉书》第一二册,第 3624 页。
②黎虎:《"吏户"献疑——从长沙走马楼吴简谈起》《魏晋南北朝"吏户"问题再献疑——"吏"与"军吏"辨析》《魏晋南北朝"吏户"问题三献疑——"吏户"论若干说法辨析》,收入《先秦汉唐史论》下册。
③中国科学院历史研究所资料室:《敦煌资料》第一辑,第 3—7 页。

从而有力地证明，当时并无独立的吏户，也没有独立的兵户。这些标为兵、吏的户主只是立户时的身份，而非世代传承的具有家族标志的身份特征。西凉只存在了二十二年时间，在西凉为兵、吏，本人或父祖、子孙自然未必在之前和之后的政权也为兵、吏，这是显而易见的道理。在延续较长的王朝里，情况可能会有所不同，不过尚无更明确的资料来证明。唐代户籍资料显示，各种身份的人户按共同的居住地合为一籍登记，而非按身份各自归类，参见《唐天宝六载（公元七四七）敦煌郡敦煌县龙勒乡都乡里户籍残卷》《唐大历四年（公元七六一）沙州敦煌县悬泉乡宜禾里手实》①。

　　三长制在实行的过程中逐渐发生了一些变化，北魏以后对不合时宜之处进行了改革。首先来看西魏时期对三长制的调整。西魏大统十年（544），宇文泰在其大行台度支尚书、领著作、兼司农卿苏绰的建议下，"减官员，置二长"。苏绰又"为六条诏书，奏施行之"。"其三，尽地利"条云："若有游手怠惰，早归晚出，好逸恶劳，不勤事业者，则正长牒名郡县，守令随事加罚，罪一劝百。""其四，擢贤良"条论省官云："非直州郡之官，宜须善人，爰至党族闾里正长之职，皆当审择，各得一乡之选，以相监统。夫正长者，治民之基。基不倾者，上必安。""其六，均赋役"条云："租税之时，虽有大式，至于斟酌贫富，差次先后，皆事起于正长，而系之于守令。"②按"六条诏书"中所言"正""正长""党族闾里正长"即指"二长"，亦即党长、里长（正）。这表明直到西魏大统十年前仍在实行三长制，其后西魏及北周则实行二长制，县以下仅有党族、闾

---

①中国科学院历史研究所资料室：《敦煌资料》第一辑，第35—80页。
②《周书》卷二三《苏绰传》，第二册，第382、385、388、390页。

里二长(正)治民,并无比邻之设①。透过苏绰"六条诏书"相关内容,也能够窥见北魏三长的基本职能。

从东魏时期元孝友奏表可知②,东魏时都城仍为里坊制,并未实行三长制,里坊为京邑基层单位,不仅不是三长制的二十五家为一里,甚至有七八百家为一里的现象。北魏宣武帝时甄琛上表,谓"京邑诸坊,大者或千户、五百户"云云③,所指即是"方三百步为一里"的里坊④。从洛阳城户数推断,每里辖户平均在四百余户左右。王公贵族宅第华广,所占面积大,一里所辖户数少,普通民户尤其工商伎作之户住宅狭小,一里所辖户数则多。"四夷里"所住外国侨民每户人口较少,一里甚至多达三千余户⑤。总之,京城里坊制下之里是以面积大小为准,与三长制下以民户数量为准的里有实质差别。北魏孝文帝太和十年以后县以下地方行政组织为邻、里、党三长制,这是政府法令所明文规定的制度。东魏北齐时期三长制发生了局部变化和改革,但它仍然是县以下地方基层行政组织的基本形式。另一方面,大约从北魏迁都前后开始,

---

①这一改革即是通过减少正长数量以降低复除人数,增加纳税服役人口。参见〔日〕福岛繁次郎《北周の村落制》,《中国南北朝史研究》,第304页。

②参见《北齐书》卷二八《元孝友传》,第二册,第385页。

③《魏书》卷六八《甄琛传》,第四册,第1514页。

④《洛阳伽蓝记》卷五《城北·京师建制及郭外诸寺》:"京师东西二十里、南北十五里,户十万九千余。庙社宫室府曹以外,方三百步为一里。里开四门,门置里正二人、吏四人、门士八人。"(〔后魏〕杨衒之撰,周祖谟校释:《洛阳伽蓝记校释》,第227—228页)

⑤《洛阳伽蓝记》卷二《城东·景宁寺》:城南归正里,"南来投化者多居其内……里三千余家"(《洛阳伽蓝记校释》,第104页)。又卷三《城南·龙华寺》载四夷里"附化之民,万有余家"(第132页),则平均每里约有二三千家之众。

地方基层出现了向类似西晋乡里制复归的倾向。在都城洛阳未实行三长制,而是以里坊制为核心的乡里制;同时在外州县似乎也出现了现实的乡、里名称。这种向汉晋乡里制复归的倾向,实际上是中古地方基层组织从三长制向隋唐乡里制转变的滥觞①。

隋文帝初年"颁新令,制人五家为保,保有长;保五为闾,闾四为族,皆有正。畿外置里正比闾正,党长比族正,以相检察焉"②。开皇九年(589)正月,"陈国平"。二月"丙申(初二,2.22),制五百家为乡,正一人;百家为里,长一人"。③ 隋炀帝大业五年(609),民部侍郎裴蕴有鉴于当时"禁网疏阔,户口多漏"及诈小诈老以逃避租赋的现象十分猖獗,"因是条奏,皆令貌阅。若一人不实,则官司解职,乡正、里长皆远流配。又许民相告,若纠得一丁者,令被纠之家代输赋役"。④ 由此可见,当时县以下已非里党之制,而是乡里建制。这一变革在隋文帝时期就已发生。开皇初年李德林与于翼、高颎等受敕"同修律令","格令班后,苏威每欲改易事条"。"威又奏置五百家乡正,即令理民间辞讼"。李德林表示反对,谓"欲于一乡之内,选一人能治五百家者,必恐难得。又即时要荒小县,有不至五百家者,复不可令两县共管一乡"。隋文

---

① 参见拙作《北魏洛阳里坊制度探微》。

② 《隋书》卷二四《食货志》,第三册,第680页。

③ 《隋书》卷二《高祖纪下》,第一册,第32页。

④ 《隋书》卷六七《裴蕴传》,第六册,第1575页。同书卷二四《食货志》:"是时山东尚承齐俗,机巧奸伪,避役惰游者十六七。四方疲人,或诈老诈小,规免租赋。高祖令州县大索貌阅,户口不实者,正长远配,而又开相纠之科。大功已下,兼令析籍,各为户头,以防容隐。于是计帐进四十四万三千丁,新附一百六十四万一千五百口。"(第三册,第681页)此与《裴蕴传》所载"是岁大业五年也。诸郡计帐,进丁二十四万三千,新附口六十四万一千五百",无论时间还是计帐进丁口均不合。

帝"敕令内外群官,就东宫会议"①。乡里之制应该就是在此次会议之后所设立②。

第二节　三长制的职能

从三长制的渊源《周礼》相关制度推测,均田、校户和征发赋役应为北魏三长制的基本职能。何双全通过分析以居延汉简为主的秦汉简牍资料,将汉代乡以下基层行政组织"里"的职能归纳为四点:"农业生产的管理";"征收赋税与地租等";"户籍管理和选派兵役";"维护社会治安"。除此之外,还要承担"诸如里人之间的民事纠纷、劳务输出、做工经商、贯彻朝廷的各种政策法令、张贴宣传、学习布告等等"事务③。北魏的三长亦当具有类似职能。孝文帝立三长诏云:"欲使风教易周,家至日见,以大督小,从近及远,如身之使手,干之总条,然后口算平均,义兴讼息。"④这是对三长制职能的具体说明。也就是说,从教化、赋税和治安等方面维护基层社会秩序乃是三长制的基本职能。前引宫川尚志之语,谓北魏三长制为"三级自治制度",严耕望亦谓三长制"无异一

①《隋书》卷四二《李德林传》,第四册,第 1200 页。
②据《隋书》卷四二《李德林传》(第四册,第 1207 页),乡里制的设立是在开皇十年之前,然结合同书卷五六《卢恺传》的记载(第五册,第 1384 页),当在开皇九年。关于隋代乡里建制的成立,参见〔日〕气贺泽保规《隋代郷里制に関する一考察》。
③何双全:《〈汉简·乡里志〉及其研究》,《秦汉简牍论文集》,第 175—178 页。
④《魏书》卷一一〇《食货志》,第八册,第 2855—2856 页。

自治组织,非专为平赋役矣"①。如果说宗主督护制具有几分自治性质还有可能,而作为具有地方基层行政组织的三长制则难说有多少自治性,否则设立三长制便无必要。三长制的一系列职能(见下)显示,其行使职权不是基于民间自治的名义,而是基于国家政权所赋予的行政性权力。法国学者谢和耐认为:"(北魏时期)农民阶级受一种军事编制制度的控制,它使人联想到了秦代的做法。五家为一'邻',五邻为一'里',五里为一'党',在每一级上都设置对官府负责的长。"之所以会得出如此偏颇的认识,就在于他对北魏统治政策或方针的总体判断有严重偏差:"北魏实行了一种'法家'式的政策,以国家在人口控制和分配中的干预为标志,但这种政策同时又由于草原尚武民族的粗犷和严厉特征而更加激化了,游牧民具有某种把定居民视同牲畜的倾向。"②北魏初年的统治方针有体现法家的因素,但到孝文帝时期已经完全以儒家学说作为统治思想了,以《周礼》制度作为渊源的三长制所体现的自然更是儒家的治国理念,也绝不是什么军事编制制度,看不出与秦代的做法有多少相似性,更与草原尚武民族的习性毫无关系。可以说,对于三长制性质的认识,宫川、严氏和谢氏各执一偏,均未得其中的。

三长制的教化职能,可从高祐在西兖州的治理略窥一斑。《魏书·高祐传》:"出为持节、辅国将军、西兖州刺史,假东光侯,镇滑台。祐以郡国虽有太学,县、党宜有黉序,乃县立讲学,党立教学,村立小学。又令一家之中,自立一碓,五家之外,共造一井,

①严耕望:《中国地方行政制度史——魏晋南北朝地方行政制度》,下册,第686页。
②〔法〕谢和耐:《中国社会史》,第159页。

以供行客,不听妇人寄春取水。又设禁贼之方,令五五相保,若盗发则连其坐,初虽似烦碎,后风化大行,寇盗止息。"①从上下文来看,当在三长制设立之后。《资治通鉴》齐武帝永明五年(487)末载"(高)祐出为西兖州刺史,镇滑台。以郡国虽有学,县、党亦宜有之,乃命县立讲学,党立小学"②。看来司马光也认为高祐任西兖州刺史并在县、党设立学校之事应在三长制设立之后不久。"五家之外,共造一井"以及"令五五相保",均与五家为邻、五邻为里、五里为党的建制相吻合。此例充分表明,当时北魏已在县以下地方基层确立了以党长为首的三长制。

在三长制的职能中,尤以赋役征发最为重要。孝明帝时张普惠上奏有云:"今宫人请调度,造衣物,必度忖秤量。绢布,匹有尺丈之盈,一犹不计其广;丝绵,斤兼百铢之剩,未闻依律罪州郡。若一匹之滥,一斤之恶,则鞭户主,连三长,此所以教民以贪者也。"③北齐宋孝王所撰《关东风俗传》云:"亦有懒惰之人,虽存田地,不肯肆力,在外浮游。三正卖其口田,以供租课。"④按"三正"即三长,这是三长负责赋税征收的明证。三长处于地方行政组织的最底层,直接治民并负责均田、校户,督促农业生产,因此对户

---

① 《魏书》卷五七《高祐传》,第四册,第 1261 页。按"县立讲学,党立教学,村立小学",《北史》卷三一《高允传附祐传》所载亦同(第四册,第 1136 页),点校本《魏书》据百衲本作"县立讲学,党立小学",并谓《通鉴》亦如此,且上文只提及县、党而未及村,北魏亦无村一级乡间组织,故以为《魏书》原本当作"县立讲学,党立小学"为是(卷五七"校勘记"〔二〕,第 1277 页)。此处村或为里之别名,一里二十五户,设一小学亦非绝对没有可能。

② 《资治通鉴》卷一三六《齐纪二》,第九册,第 4279 页。

③ 《魏书》卷七八《张普惠传》,第五册,第 1736 页。

④ 《通典》卷二《食货二·田制下》"北齐"条引,第一册,第 28 页。

口和土地的管理便成为其最基本的职责。周武帝建德六年(577)十一月,"初行《刑书要制》。……正长隐五户及十丁以上、隐地三顷以上者,至死"①。按西魏大统十年以后置党族、间里二长,北周《刑书要制》中的"正长"即指党长和里长(正)。北魏三长应该亦有类似的职责②。

租调兵役乃是当时民户所承担的公共义务,从《魏书·孝感传》阎元明事迹可见一斑:"阎元明,河东安邑人也。少而至孝,行著乡闾。太和五年,除北随郡太守。元明以违离亲养,兴言悲慕,母亦慈念,泣泪丧明。元明悲号上诉,许归奉养。一见其母,母目便开。刺史吕寿恩列状上闻,诏下州郡,表为孝门,复其租调兵役,令终母年。"③负责兵役征发的相关事宜,也是北魏三长的基本职能。孝明帝时,司空、侍中、尚书令任城王澄向临朝听政的胡太后"奏利国济民所宜振举者十条",其中"七曰边兵逃走,或实陷没,皆须精检;三长及近亲,若实隐之,征其代输,不隐勿论"。④"肃宗世,朝政稍衰,人多窃冒军功。"卢同上书,谓"今请征职白民,具列本州、郡、县、三长之所"⑤。东魏时散骑常侍孙搴进计,"大括燕、恒、云、朔、显、蔚、二夏州、高平、平凉之民以为军士,逃隐者身及主人、三长、守令罪以大辟,没入其家。于是所获甚

①《周书》卷六《武帝纪下》,第一册,第105页。
②在欧洲中世纪,"领主在他广为分散的保有地上各设一个庄司或庄头,负责向周围依附于领主的农民征收赋税,并监督他们履行各项义务"(〔德〕马克斯·韦伯:《经济通史》,第47页)。此与中国古代包括北魏三长制在内的基层乡里组织的职能是相通的。
③《魏书》卷八六《孝感·阎元明传》,第五册,第1884页。
④《魏书》卷一九中《景穆十二王中·任城王澄传》,第二册,第475页。
⑤《魏书》卷七六《卢同传》,第五册,第1682页。

众"①。这些事例充分显示,北魏后期以来三长在兵役征发中起着重要的作用。太和二十年"冬十月戊戌(初八,10.30),以代迁之士皆为羽林、虎贲。司州之民,十二夫调一吏,为四年更卒,岁开番假,以供公私力役"②。前者属于扩充禁卫军的兵源,安抚由代京迁洛之兵士;后者则为征发畿内民丁为更卒番上,以供官府机构及官贵个人之安保服务等。外州郡县民丁之服役,可能主要也是供本州"公私力役",亦有可能还包括戍守边地。可以想象,"公私力役"的征发应该就属于三长的职责范围③。

维护民间社会治安,是北魏三长的又一重要职能。在任城王澄上奏十条中,"九曰三长禁奸,不得隔越相领,户不满者,随近并合"④。宋世景在宣武帝时行荥阳太守,"终日坐于厅事,未尝寝息。县史、三正及诸细民,至即见之,无早晚之节。来者无不尽其情抱,皆假之恩颜,屏人密语。民间之事,巨细必知,发奸摘伏,有若神明"⑤。由此可见,三长对其所管辖民户具有"禁奸""发奸摘

---

①《北齐书》卷二四《孙搴传》,第二册,第 342 页。
②《魏书》卷七下《高祖纪下》,第一册,第 180 页。
③万志英认为:"三长制将负有兵役义务的男性以 15 人为单位分组,组内每人轮替服役一年(也就是每人每十五年服一次兵役)。"(《剑桥中国经济史:古代到 19 世纪》,第 158、157 页)。其说既没有给出史料依据(事实上也不可能有相关的历史记载),也是有悖常理的——用何种办法能把全国的丁男分为平均十五个人的编组,又是如何保证同组的十五个人在十五年间都能健康地活着,或者不会超过服役的年龄? 遗憾的是,类似这样想当然的说法在该书中颇不少见。虽然没有明说,但可以判断万氏此说乃是因袭日本学者渡边信一郎的观点——认为北魏末东魏初的"三五发卒"意即"十五丁征发一兵"(《中国古代の财政と国家》,第 336—338 页)。渡边氏望文生义,万氏不察,遂致以讹传讹。
④《魏书》卷一九中《景穆十二王中·任城王澄传》,第二册,第 47 末曾 5 页。
⑤《魏书》卷八八《良吏·宋世景传》,第五册,第 1902 页。

伏"的职责。在三长制实行之后,三长(三正)便成为沟通郡县与民间社会的桥梁,宋世景之所以能够知悉民间之事,三长的报告显然是一个重要渠道。

　　实施社会救助,是北魏三长的基本职能之一。三长制规定:"孤独、癃老、笃疾、贫穷不能自存者,三长内迭养食之。"①太和十一年大旱导致京都饥荒,"诏听民就丰。行者十五六,道路给粮禀,至所在,三长赡养之"②。三长具有负责地方教化的职能,这在三长制设立之初即有明确规定。太和十一年十月甲戌(廿二,11.23),诏曰:"乡饮礼废,则长幼之叙乱。孟冬十月,民闲岁隙,宜于此时导以德义。可下诸州,党里之内,推贤而长者,教其里人父慈、子孝、兄友、弟顺、夫和、妻柔。不率长教者,具以名闻。"③由此可见,"养老、教化、兴学,亦皆以邻里党为单位"④。

　　三长是地方基层民户的具体管理者,与僧尼剃度相关的事宜也属于其职责范围。北魏后期佛教盛行,佛教徒众人数极为庞大,对王朝统治而言有利有弊,政府在鼓励佛教的同时又有制度限制其发展,如规定"年常度僧"的人数及具体操作办法。奴婢剃度为僧尼在当时比较普遍,成为佛教发展壮大的一条重要途径,而这是政府法令所不允许的。熙平二年(517)春,灵太后就度僧尼之事发令,规定"奴婢悉不听出家",禁止"僧尼辄度他人奴婢"以及"养亲识及他人奴婢子,年大私度为弟子"。令文最后对地方各级行政组织的责任作出明确规定:"私度之僧,皆由三长罪不及

---

①《魏书》卷一一〇《食货志》,第八册,第2855页。
②《魏书》卷一一〇《食货志》,第八册,第2856页。
③《魏书》卷七下《高祖纪下》,第一册,第162—163页。
④严耕望:《中国地方行政制度史——魏晋南北朝地方行政制度》,下册,第686页。

己,容多隐滥。自今有一人私度,皆以违旨论。邻长为首,里、党各相降一等。县满十五人,郡满三十人,州镇满三十人,免官,僚吏节级连坐。私度之身,配当州下役。"①北魏三长的这一职能,也可以看作是其"校户"或管理民户职能的曲折反映。

　　唐律中对唐代乡村社会管理者里正的职能有具体的规定,考虑到北魏至唐代均田制的连续性,则唐代里正的职能与北魏三长的职能也应该具有继承性。因此,透过《唐律疏议》中有关里正职能的规定,有助于加深对北魏三长职能的认识。唐代乡里制与隋制大致相同,唐高祖"武德七年(624),始定律令","百户为里,五里为乡,四家为邻,五家为保。在邑居者为坊,在田野者为村。"②具体而言,"两京及州县之郭内分为坊,郊外为村"③。"每里置正一人,(若山谷阻险、地远人稀之处,听随便量置。)掌按比户口,课植农桑,检察非违,催驱赋役。在邑居者为坊,别置正一人,掌坊门管钥,督察奸非。并免其课役。在田野者为村,别置村正一人,其村满百家增置一人,掌同坊正。其村居如满十家者,隶入大村,不须别置村正。"④又,"保有长,以相禁约"⑤。唐代亦设乡正⑥,但乡正之职很少见于文献记载。在唐代乡村,里正直接治民,其作用看来非同小可,大体与北魏的党长地位相当。由此推测,将

①《魏书》卷一一四《释老志》,第八册,第3043页。按三长的这一职能,严耕望最早论及,参见所著《中国地方行政制度史——魏晋南北朝地方行政制度》,下册,第685页。
②《旧唐书》卷四八《食货志上》,第六册,第2088、2089页。
③《唐六典》卷三《尚书户部》,第73页。
④《通典》卷三《食货三·乡党》,第一册,第63—64页。
⑤《唐六典》卷三《尚书户部》,第73页。
⑥《旧唐书》卷四五《舆服志》:"诸州县佐史、乡正、里正、岳渎祝史、斋郎,并介帻,绛褠衣。"(第六册,第1946页)

北魏党长的职能理解为"掌按比户口,课植农桑,检察非违,催驱赋役",应该相去不远。唐律的相关条款对唐代里正的职责有具体明确的规定,诸如:保证户口如实登记①;催督课役合法征发②;报告灾害及应减免课役程度③;负责民田还受及督课农桑④;防止

① 《唐律疏议》卷一二《户婚律》:"诸里正不觉脱漏增减者,一口笞四十,三口加一等;过杖一百,十口加一等,罪止徒三年。若知情,各同家长法。"疏议曰:"里正之任,掌案比户口,收手实,造籍书。不觉脱漏户口者,脱谓脱户,漏谓漏口,及增减年状,一口笞四十,三口加一等;过杖一百,十口加一等,罪止徒三年。里正不觉脱户者,听从漏口法,不限户内口之多少,皆计口科之。……若知脱漏增减之情者,总计户内脱漏增减之口,同家长法。……其脱、漏户口之中,若有知情、不知情者,亦依并满之法为罪。"(第233页)

② 《唐律疏议》卷一二《户婚律》:"诸里正及官司,妄脱漏增减以出入课役,一口徒一年,二口加一等。赃重,入己者以枉法论,至死者加役流;入官者坐赃论。"疏议曰:"里正及州、县官司,各于所部之内,妄为脱漏户口,或增减年状,以出入课役,一口徒一年,二口加一等,十五口流三千里。若有因脱漏增减,取其课调入己,计赃得罪,重于脱漏增减口罪者,即准赃以枉法论,计赃至死者加役流;其赃入官者,坐赃论。其品官受赃虽轻,以枉法论,一匹以上即除名,不必要须赃重。众人之物,亦累倍而论之。"(第235页)又条:"诸相冒合户者,徒二年;无课役者,减二等。(谓以疏为亲及有所规避者。)主司知情,与同罪。"疏议曰:"'主司知情与同罪',主司谓里正以上,知冒户情,有课役、无课役,各与同罪。"(第240—241页)

③ 《唐律疏议》卷一三《户婚律》:"诸部内有旱涝霜雹虫蝗为害之处,主司应言而不言及妄言者,杖七十。覆检不以实者,与同罪。若致枉有所征免,赃重者,坐赃论。"疏议曰:"依令:'十分损四以上,免租;损六,免租、调;损七以上,课、役俱免。若桑、麻损尽,各免调。'其应损免者,皆主司合言。主司,谓里正以上。里正须言于县,县申州,州申省,多者奏闻。其应言而不言及妄言者,所由主司杖七十。其有充使覆检不以实者,与同罪,亦合杖七十。若不以实言上,妄有增减,致枉有所征免者,谓应损而征,不应损而免,计所枉征免,赃罪重于杖七十者,坐赃论,罪止徒三年。既是以赃致罪,皆合累倍而断。"(第247页)

④ 《唐律疏议》卷一三《户婚律》:"诸里正,依令:'授人田,课农(转下页注)

征人冒名相代①;维持地方社会治安②。《唐律疏议·户婚律》"里

(接上页注)桑。'若应受而不授,应还而不收,应课而不课,如此事类违法者,
失一事,笞四十。"疏议曰:"依《田令》:'户内永业田,每亩课植桑五十根以
上,榆、枣各十根以上。土地不宜者,任依乡法。'又条:'应收授之田,每年
起十月一日,里正预校勘造簿,县令总集应退应受之人,对共给授。'又条:
'授田:先课役,后不课役;先无,后少;先贫,后富。'其里正皆须依令造簿
通送及课农桑。若应合受田而不授,应合还公田而不收,应合课田农而不
课,应课植桑、枣而不植,如此事类违法者,每一事有失,合笞四十。"(第
249页)又条:"诸部内田畴荒芜者,以十分论,一分笞三十,一分加一等,罪
止徒一年。"疏议曰:"'部内',谓州县及里正所管田。……不耕谓之荒,不
锄谓之芜。若部内总计,准口受田,十分之中,一分荒芜者,笞三十。假若
管田百顷,十顷荒芜,笞三十。'一分加一等',谓十顷加一等,九十顷荒芜
者,罪止徒一年。……里正一身得罪。"(第248页)
① 《唐律疏议》卷一六《擅兴律》:"若部内(诸征人)有冒名相代者,里正笞五
十,一人加一等。"疏议曰:"部内有冒名者,谓里正所部之内,有征人冒名
相代,里正不觉,一人里正笞五十,一人加一等,九人徒二年。"(第303页)
② 《唐律疏议》卷一八《贼盗律》:"诸造畜蛊毒,(谓合成蛊,堪以害人者。)
及教令者,绞;造畜者同居家口虽不知情,若里正(坊正、村正亦同。)知而
不纠者,皆流三千里。"(第337页)卷二〇《贼盗律》:"诸部内有一人为盗
及容止盗者,里正笞五十。(坊正、村正亦同。)"(第379页)卷二四《斗讼
律》:"诸强盗及杀人贼发,被害之家及同伍即告其主司。"疏议曰:"强盗及
以杀人贼发,被害之家及同伍共相保伍者,须告报主司者,谓坊正、村正、
里正以上。"(第449页)又条:"诸监临主司知所部有犯法,不举劾者,减罪
人罪三等。"疏议曰:"'监临',谓统摄之官。'主司',谓掌领之事及里正、
村正、坊正以上。"(第449页)卷二八《捕亡律》:"诸部内容止他界逃亡浮
浪者,一人里正笞四十,(谓经十五日以上者。坊正、村正同里正之罪。若
将家口逃亡浮浪者,一户同一人为罪。)四人加一等……各罪止徒二年。
其官户、部曲、奴婢,亦同。"(第539—540页)卷三〇《断狱律》:"诸监临之
官因公事,自以杖捶人致死及恐迫人致死者,各从过失杀人法。"问曰:"里
正、坊正、村正及主典,因公事行罚前人致死,合得何罪?"答曰:"里正、坊
正、村正等,唯掌追呼催督,不合辄加笞杖,其有因公事相殴击者,理同凡
斗而科。主典检请是司,理非行罚之职,因公事捶人者,亦与里正等同。"
(第560—561页)

正授人田课农桑违法"条,疏议曰:"假有里正,应课而不课是一事,应受而不授是二事,应还而不收是三事,授田先不课役后课役是四事,先少后无是五事,先富后贫是六事,田畴荒芜是七事,皆累为坐。"①唐代里正的基本职能于此可见一斑②。以此逆推,对北魏三长的职能亦可得到更为全面的认识。

【附】关于北魏汉族民丁的兵役问题

北魏前期不乏以汉人当兵的事例,如明元帝末年青州刺史刁雍在南部边境"招集义众,得五千人",又"招集谯、梁、彭、沛民五千余家,置二十七营,迁镇济阴"。③ 又如乐安博昌人蒋少游,"慕容白曜之平东阳,见俘入于平城,充平齐户,后配云中为兵"④。家居北海剧县之勃海蒋人高聪,北魏"大军攻克东阳,聪徙入平城,与蒋少游为云中兵户"⑤。宣武帝时期尚书令高肇奏言,谓"故沙门昙曜,昔于承明元年(476),奏凉州军户赵苟子等二百家为僧祇户"云云⑥。按刁雍"招集义众"及"置二十七营"是在公元423—424年,北魏平定凉州是在439年,平定青齐是在469年。由此可见,北魏前期已有汉人当兵的情况,但主要是在边境地区通过招

①《唐律疏议》卷一三《户婚律》,第250页。
②贺昌群认为:"里正在隋唐地方政治基层组织上占重要地位,它是封建统治者的触须";"唐代的里正,和后世的保正之类一样,直接对劳动人民作威作福"。(《汉唐间封建的国有土地制与均田制》,第129页)
③《魏书》卷三八《刁雍传》,第三册,第866页。
④《魏书》卷九一《术艺·蒋少游传》,第六册,第1970页。
⑤《魏书》卷六八《高聪传》,第四册,第1520页。
⑥《魏书》卷一一四《释老志》,第八册,第3042页。

募或在占领新的领土后以被征服地区的民众作为兵户戍守边地，大概不会把他们当作攻城略地的主力军。《宋书·臧质传》："（拓跋）焘与（臧）质书曰：'吾所遣斗兵，尽非我国人，城东北是丁零与胡，南是三秦氐、羌。设使丁零死者，正可减常山、赵郡贼；胡死，正减并州贼；氐、羌死，正减关中贼。卿若杀丁零、胡，无不利。'"①这是北魏太武帝末年（450）率大军南侵刘宋时的情况，足见当时北魏军队的构成除了其"国人"（鲜卑）外，还有其他善战的少数民族成员。但当时肯定有汉人承担军粮运输等后勤保障工作，但是否有汉人也在军中参加征战呢？

张泽咸云：北魏太武帝时，"开始较多地征用汉人为步兵"。"在南北战争中，刘宋所俘魏兵已有不少河内的汉族农民。文成帝时，皮豹子镇守关中，所统长安之兵主要由汉民充当。"②宋文帝元嘉二十七年（450）北伐，柳元景为西路军前方总指挥，《宋书·柳元景传》记载了宋军抵达潼关前夕的一幕，其文曰：

> 元景轻骑晨至，虏兵之面缚者多河内（治所在今河南沁阳县）人，元景诘之曰："汝等怨王泽不浃，请命无所，今并为虏尽力，便是本无善心。顺附者存拯，从恶者诛灭，欲知王师正如此尔。"皆曰："虐虏见驱，后出赤族，以骑蹙步，未战先死，此亲将军所见，非敢背中国也。"诸将欲尽杀之，元景以为不可，曰："今王旗北扫，当令仁声先路。"乃悉释而遣之，家在关里（指函谷关以西）者，符守关诸军听出，皆称"万岁"

---

① 《宋书》卷七四《臧质传》，第七册，第 1912 页。
② 张泽咸：《魏晋北朝的徭役制度》，《魏晋隋唐史论集》第二辑，第 115 页。

而去。①

可见当时北魏军队中有河内人和关里人,然而对他们的族属未作明确记载,从柳元景与他们之间的对答以及"皆称'万岁'而去"的情况,推断其为汉人当接近实际。从北魏太武帝发给臧质的书信来看,作为魏军前锋的士兵既非鲜卑,亦未见到汉人的踪影,但从以上记事来看,北魏军队在作战时似乎是以汉人为步兵来打头阵,给鲜卑铁骑开路,以便最大限度地保留以拓跋部成员为主的鲜卑骑兵的有生力量。北魏文成帝兴安二年(453)正月,宋将萧道成等与仇池氏军攻围武都城,北魏秦雍荆梁益五州都督、仇池镇将皮"豹子分兵将救之",上表有云:"臣所领……长安之兵,役过期月,未有代期,衣粮俱尽,形颜枯悴,窘切恋家,逃亡不已。"②此"长安之兵"当即《宋书》所载"家在关里者",但是不是就是汉人或太武帝所言三秦氏、羌,抑或两者兼而有之,均难以作出明确判断。从皮豹子所言情状来看,与后文所及薛虎子所言徐州戍兵的情状颇为类似,显示当时已有自带衣粮、有服役期限的番代之兵③,故不排除当时的确存在张泽咸所言由汉族农民服兵役的可能性。

《魏书·毛脩之传》:

①《宋书》卷七七《柳元景传》,第七册,第 1912 页。
②《魏书》卷五一《皮豹子传》,第三册,第 188 页。
③古日耳曼人"强迫服役的佃户替贵族们当兵打仗,还自带行军费用",而纳税的罗马平民们也是"自带费用服兵役"。在意大利历史学家维科看来,"他们不是想发财出去当兵,而是被严酷情况逼迫,非当兵不可"。(〔意〕维科:《新科学》,第 340 页)"自带费用服兵役"无疑是一种双重剥削和役使,北魏自带衣粮的番兵同样也应该都是被逼迫使然。

刘裕之擒姚泓,留子义真镇长安,以脩之为司马。及赫
连屈丐破义真于青泥,脩之被俘,遂没统万。世祖平赫连昌,
获脩之,神䴥中,以脩之领吴兵讨蠕蠕大檀,以功拜吴兵将
军,领步兵校尉。后从世祖征平凉有功,迁散骑常侍、前将
军、光禄大夫。脩之能为南人饮食,手自煎调,多所适意。世
祖亲待之,进太官尚书,赐爵南郡公,加冠军将军,常在太官,
主进御膳。从讨和龙,别破三堡,赐奴婢、牛羊。是时,诸军
攻城,宿卫之士多在战陈,行宫人少。云中镇将朱脩之,刘义
隆故将也,时从在军,欲率吴兵谋为大逆,因入和龙,冀浮海
南归。以告脩之,脩之不听,乃止。①

按朱脩之是在北魏太武帝神䴥四年(431)二月魏军攻占滑台后被
俘的刘宋守将②。以上记载显示,毛脩之和朱脩之所领皆为"吴
兵",显然都是他们从南方带到北魏的原有部下。以此类推,从刘
宋归降的司马楚之、司马天助等人所领亦应该是他们各自原有的
部下,而不会是北魏政府再配给他们的新的兵员。毛脩之参与北
伐柔然时所领为其从赫连夏带来的旧部,其担任吴兵将军领步兵
校尉在朝宿卫时所领依然是这些吴兵,其从征平凉(夏)及从讨和
龙(北燕)时所领部众应该也不会有大的变化。"这些汉兵不是按
规范集兵制度征集起来的军队,在北魏国家军队中仅居非常次要
的地位。"③
　　常规性地征收汉族民丁服兵役,在北魏前期未见到明确记

---

① 《魏书》卷四三《毛脩之传》,第三册,第 959—960 页。
② 参见《魏书》卷四上《世祖纪上》,第一册,第 78 页。
③ 陈玉屏:《魏晋南北朝兵户制度研究》,第 188 页。

载。道武帝天赐元年(404)九月,"又制诸州各置都尉以领兵"①。都尉所领州兵的来源并无明确记载,当时是否确立了通过征发汉人当兵的徭役制度,据此还难以作出判断。次年正月,"又制诸州置三刺史,刺史用品第六者,宗室一人,异姓二人,比古之上、中、下三大夫也。郡置三太守,用七品者。县置三令长,八品者。刺史、令长各之州县,以太守上有刺史,下有令长,虽置而未临民"②。刺史由宗室一人、异姓二人担任,太守实为虚设可以不论,那么三令长会不会也是由宗室一人、异姓二人担任呢?应该不会,一则不可能有那么多宗室成员,二则宗室也不会担任这么低的官职。异姓刺史二人中汉人和非汉族胡人是如何分配的——是不是各占一人?尤其是三令长的人选条件,就所能见到的史料而言都是未知数③。在北魏初占河北地区局势还不稳定的情况下,地方各州都尉所领兵完全由汉人组成,这是不可想象的。从常理推断,在州郡兵中很可能也有部分汉人,不过以汉族民丁为地方州郡兵

①《魏书》卷一一三《官氏志》,第八册,第 2974 页。
②《魏书》卷一一三《官氏志》,第八册,第 2974 页。
③谷霁光最早论及此问题,认为"两汉人之外,或另简鲜卑一人督察之。北魏之与新附汉人,不能信任,因有刺史对理之制"(《谷霁光史学文集》第四卷《杂著》,第 115 页)。孙同勋认为:"异姓之中有鲜卑贵族与中原大姓。由当时惯例刺史、太守、令长往往用本地大姓为之,则此三头之制很可能即是宗室,鲜卑贵族与中原大姓三势力的分权制。"(《拓跋氏的汉化及其他》,第 43 页)就州刺史而言,这种可能性不小,但就县令长而言则断无此可能。严耀中认为:"县一级设置三位主官恐怕也是有名无实的。"三刺史制"是在北魏前期""在缘边和战略要地等驻扎内朝禁军的地方,其领兵之将兼任当地刺史,一个州才会有了三刺史"。(《关于北魏"三刺史"制度的若干诠释》,《魏晋南北朝史考论》,第 238、244 页)因无明确具体的史料记载,其诠释也只是推测而已,何况"内朝禁军"也不会驻扎在缘边和战略要地——因军事之需临时派出倒是有可能的。

之主要来源,应该有一个较长的过程。

道武帝天赐"四年五月,增置侍官,侍直左右,出内诏命,取八国良家、代郡·上谷·广宁·雁门四郡民中年长有器望者充之"①。按侍官兼具禁卫武官与内侍文官的性质,此四郡民应该以汉人为主或全都属于汉人。此举也可以看作是北魏政权吸收汉人进入禁卫军系统的举措,但这只是有严格限制条件的一过性举措。孝明帝正光(520—525)末魏兰根为长史随都督李崇征讨柔然,其对李崇的进言中有云:"缘边诸镇,控摄长远。昔时初置,地广人稀,或征发中原强宗子弟,或国之肺腑,寄以爪牙。"②与此同时,参与北征指挥的宗室广阳王渊上书有云:"昔皇始以移防为重,盛简亲贤,拥麾作镇,配以高门子弟,以死防遏,不但不废仕宦,至乃偏得复除。当时人物,忻慕为之。"③两人所言应即一事,由此可知,北魏在边镇设置之初,曾征发中原强宗(高门)子弟及拓跋部族成员戍守边地,然其具体情况已难求证,疑与天赐四年取八国良家及四郡民充侍官的举措相似,应该也是去担任军官而非普通士兵,同样也应该是一过性举措,并未确立稳定的制度。

太武帝太平真君五年(444)"六月,北部民杀立义将军、衡阳公莫孤,率五千余落北走。追击于漠南,杀其渠帅,余徙居冀、相、定三州为营户"④。孝文帝延兴元年(471)"冬十月丁亥(初二,10.31),沃野、统万二镇敕勒叛。诏太尉、陇西王源贺追击,至枹罕,灭之,斩首三万余级;徙其遗迸于冀、定、相三州为营户"。二

---

① 《魏书》卷一一三《官氏志》,第八册,第 2974 页。
② 《北齐书》卷二三《魏兰根传》,第一册,第 329 页。
③ 《魏书》卷一八《太武五王·广阳王渊传》,第二册,第 429 页。
④ 《魏书》卷四下《世祖纪下》,第一册,第 97 页。

年三月,"连川敕勒谋叛,徙配青、徐、齐、兖四州为营户"。① 孝文帝初年两次反叛的均为敕勒(高车),而太武帝时期叛逃的"北部民"的族属史未明载,但从"五千余落"的记载来看,其必定为游牧部落,为柔然或敕勒的可能性较大②。太平真君七年五月,卢水胡"盖吴复聚杏城,自号秦地王,假署山民,众旅复振。于是遣永昌王仁、高凉王那督北道诸军同讨之"。"六月甲申(初二,7.11),发定、冀、相三州兵二万人屯长安南山诸谷,以防越逸。丙戌(初四,7.13),发司、幽、定、冀四州十万人筑畿上塞围,起上谷,西至于河,广袤皆千里"。③ 此次为镇压卢水胡盖吴叛乱而征发的定、冀、相三州兵二万人,其中应该就有两年前徙居冀、相、定三州为营户的北部叛民④。所发修筑长城的司、幽、定、冀四州十万人,则应

---

① 《魏书》卷七上《高祖纪上》,第一册,第 135、136—137 页。

② 宣武帝时有"蠕蠕、高车民他莫孤率部来降"的记载(《魏书》卷八《世宗纪》,第一册,第 205 页)。明元帝时,外戚柔然人闾大肥"领禁兵讨蠕蠕,获其大将莫孤浑"(卷三〇《闾大肥传》,第三册,第 728 页)。太武帝时尉眷"与平阳王长孙翰击蠕蠕","蠕蠕部帅莫孤率高车骑五千乘来逆,眷击破之"。(卷二六《尉眷传》,第二册,第 656 页)可见莫孤为柔然或高车部帅比较常见的名字,立义将军、衡阳公莫孤为莫孤浑或莫孤的可能性较大。

③ 《魏书》卷四下《世祖纪下》,第一册,第 97 页。

④ 《魏书》卷五八《杨椿传》:"复以本将军除定州刺史。自太祖平中山,多置军府,以相威摄。凡有八军,军各配兵五千,食禄主帅军各四十六人。自中原稍定,八军之兵渐割南戍,一军兵统千余,然主帅如故,费禄不少。椿表罢四军,减其帅百八十四人。州有宗子稻田,屯兵八百户,年常发夫三千,草三百车,修补畦堰。椿以屯兵惟输此田课,更无徭役,及至闲月,即应修治,不容复劳百姓,椿亦表罢。朝廷从之。"(第四册,第 1287 页)按"八军之兵渐割南戍"应该是一个比较长期的过程,究竟何时开始,何时减少到"一军兵统千余",已无从得知。太武帝平定盖吴之乱时所发三州兵,其中也应该就有来自定州八军的兵士。结合《杨椿传》记载,推测徙配河北及山东诸州为营户的北镇叛民,很可能也被用来进行屯田。

该是从四州汉族民户中临时征发的力役。太武帝时因"南州大水,百姓阻饥"。尚书令刘洁上奏,有云:"而郡国之民,虽不征讨,服勤农桑,以供军国,实经世之大本,府库之所资。自山以东,偏遇水害,频年不收,就食他所。"①由此可见,当时以汉族农耕地区为主体的"南州"或山东地区的"郡国之民",并无服兵役的义务。

　　大概直到孝文帝初年,北魏州郡兵可能仍然以非汉族出身者为主力。太和四年至八年间(480—484),徐州刺史薛虎子因"州镇戍兵,资绢自随,不入公库,任其私用,常苦饥寒",上表建议在徐州实施屯田,谓"窃惟在镇之兵,不减数万,资粮之绢,人十二匹,即自随身,用度无准,末及代下,不免饥寒"云云。史载"在州戍兵,每岁交代,虎子必亲自劳送"。②这些需要每年番代的"州镇戍兵",虽然其身份并无明确记载,但几乎可以肯定,他们主要来源于从事农业生产的汉族民丁。也就是说,至少到孝文帝太和初期,亦即均田制和三长制实施的前夕,汉族民丁已经有了普遍服兵役的义务。就薛虎子所在的徐州而言,应该始于淮北归入北魏版图之后,到他担任刺史上表时也就十几年的时间。孝文帝初年也许是北魏开始实施普遍兵役制的时间③。《魏书·食货志》:"(太和)十二年(488),诏群臣求安民之术。有司上言:'……又

---

①《魏书》卷二八《刘洁传》,第二册,第687—688页。按《资治通鉴》卷一二二《宋纪四》系其事于文帝元嘉八年(北魏太武帝神䴥四年,431)二月,第八册,第3830页。

②《魏书》卷四四《薛虎子传》,第三册,第996—997页。

③邹达对北魏兵制做了系统考述,认为:北魏前期主要是拓跋鲜卑本族兵和被征服的外族兵,"外族兵实少汉人在内"。"至孝文倾心汉化,汉人始得正式参军;唯在孝文以前也有被偶一使用。""征兵和募兵孝文以后也渐普遍。"(《北魏的兵制——五胡北朝兵制之二》)

别立农官,取州郡户十分之一,以为屯民。相水陆之宜,断顷亩之数,以赃赎杂物市牛科给,令其肆力。一夫之田,岁责六十斛,甄其正课并征戍杂役。……'"据同书《李彪传》,知此为秘书丞李彪"上封事七条"之三的内容。由此可见,在此之前"州郡户"已经开始服兵役了①。北齐"河清三年(564)定令",男子"率以十八受田,输租调,二十充兵,六十免力役"。② 唐长孺据此认为,"北朝所谓兵,兼力役言之,非但指兵役"③。王仲荦亦云:"所谓充兵者,谓承担力役也。"④鲁才全的看法相近:"北朝的'兵'","常常不是专指从事征戍的兵,而是指从事力役的民夫。例如'发山东诸州兵'就是指征发山东诸州民夫的意思"⑤。征发汉人承担力役在北魏建国初便已开始,若此则亦可谓汉人自北魏初年即有当兵之义务。

第三节　三长身份与其复除问题

常景上表谓"今之三长,皆是豪门多丁为之"(见下),其说容有夸张。因为一党一百二十五户,担任三长者多达三十一人,无

①何兹全即据此认为"孝文帝以后,汉人服兵役问题就比较明确了"(《府兵制前的北朝兵制》,《读史集》,第334页)。
②《隋书》卷二四《食货志》,第三册,第677页。
③唐长孺:《唐书兵志笺正》,第14页。
④王仲荦:《北周六典》,上册,第114页。
⑤鲁才全:《北朝的徭役制度》,《中国古代史论丛》一九八二年第三辑,第174页。

论如何也不可能全都出于豪门,否则当时的豪门也太多了①。柳僧习在北魏末年为颍川郡守,"地接都畿,民多豪右。将选乡官,皆依倚贵势,竞来请托"②。严耕望云:"乡官者,自州郡功曹主簿皆是,但亦必包括三长。是三长皆由守宰选本党里邻中之豪富者委任之。"③按颍川郡守柳僧习所选乡官自不包括州府佐史,只能是本郡佐史。至于三长,最大可能还是由县令具体选用,郡守是否会参与意见或加以定夺,无从得知。颍川郡欲为"乡官"之"豪右",若包括三长,恐怕只能是党长,而不可能是邻长和里长。最大的可能是,党长由县令负责选用,而邻长和里长由党长负责选用或推荐。关于三长担任者的身份,学界的观点多与上引严耕望之说相近:田余庆认为"秦汉以降,乡党之长例以强健豪民为之"④,所言乡党之长自当包括北魏三长无疑;陈连庆认为北魏"三长一职主要由大族垄断","非豪强莫属";⑤齐涛认为"所谓乡人强谨者,非豪族大户莫属"⑥。此外,亦有著述谓"三长多由地

---

① 《春秋公羊传注疏》卷一六《宣公十五年》"初税亩"下何休注:"在田曰庐,在邑曰里。一里八十户,八家共一巷。中里为校室,选其耆老有高德者名曰父老,其有辩护伉健者为里正,皆受倍田,得乘马。父老比三老孝弟官属,里正比庶人在官吏。"(《十三经注疏》,下册,第 2287 页上栏)可以说北魏前期的宗主督护类似于此处之"父老",而北魏后期的三长则类似于此处之"里正"。"强谨者"与"辩护伉健者"可以等而视之。
② 《周书》卷二二《柳庆传》,第二册,第 369 页。
③ 严耕望:《中国地方行政制度史——魏晋南北朝地方行政制度》,下册,第 686 页。
④ 田余庆:《秦汉魏晋南北朝人身依附关系的发展》,《秦汉魏晋史探微》(重订本),第 66 页。
⑤ 陈连庆:《〈晋书·食货志〉校注 〈魏书·食货志〉校注》,第 297—298 页。
⑥ 齐涛:《魏晋隋唐乡村社会研究》,第 28 页。

方上的大户充任"①。黎虎指出:"吴简资料表明'吏'出自上、中、下品全体'吏民'",而汉代"文献资料也表明'吏'并非仅仅出自富裕者,也同样出自贫穷者"。②北魏三长的选用应该也是这种状况,因为当时三长内部不可能有那么多富户豪民可供选任。

即便要从每一百二十五户中取一豪富者、强健豪民或出身豪强大族、豪族大户之人为党长,未必全国所有地区都能够符合条件,而从每五户、二十五户中所取之邻长、里长也都是豪富者或强健豪民,恐怕只能是天方夜谭。试想在每五户中即至少有一户为豪强大族、豪族大户,也就是说北魏遍地都是豪族大户,那会是怎样的一个社会! 历史判断不能违背常识,此可作为一典型反证。何兹全认为"三长皆由本乡有威望者担任"③,比之将"乡人强谨"者理解为豪强大族之类,显然更接近原意。然而,即便是"有威望者",在党长和里长的选择上或可做到,而要在五家中取一人为邻长恐怕也是勉为其难的。谓三长"由强健谨慎的乡民充当"④,应该是对史文最接近原意的理解。上引常景表"求权发(三长)为兵",谓"顷来差兵,不尽强壮"云云,表明"强壮"乃是充当三长的基本条件,或者说只有强壮者为之也才能够较好地承担其职能。维科在述及罗马帝国时期的历史时有云:"平民们的护民官马喜阿斯·腓力普在公众中高喊道:'两千名贵族竟占据应分配给足

---

①田昌五、漆侠总主编:《中国封建社会经济史》第二卷(本卷主编朱大渭、张泽咸),第 101 页。

②黎虎:《关于"吏民"的界定问题——原"吏民"之五》,《先秦汉唐史论》,下册,第 551 页。

③白寿彝总主编:《中国通史》第五卷《中古时代·三国两晋南北朝时期》上册(本册主编何兹全),第 326 页。

④〔日〕东亚研究所编:《异民族统治中国史》,第 27 页。

足三十万公民的全部土地';三十万正是当时罗马人口的总数。"①按三十万公民即三十万男丁,对应的户数至少当不少于二十万,则一百五十个公民当中有一名贵族,或者约一百户当中最多有一户为贵族之家。北魏的情况或许与罗马帝国没有可比性,但思考三长任职者身份时作一参考似亦有助于问题的理解。谓北魏一个党可能会有一两个豪族富户,但一个里、一个邻都会有豪族富户则是绝无可能的事。

侯旭东认为三长并非地方豪右所乐为,他说:"纵然存在豪门为三长的现象,通常'三长'责任众多,风险不少,待遇菲薄,非人所艳羡,对地方豪右吸引力不大。""在实际生活中,'三长'的确也不为人所重视。"按侯氏所列重要理由之一是,三长对其管内生活困难者及饥民有赡养责任,他说:"李冲还建议'孤独癃老笃疾贫穷不能自存者,三长内迭养食之',要求由三长负责赡养所管民户中的老弱病残、生活无依者。这实在是件苦差使,而且还实行过。太和十一年(公元487年),平城大饥,朝廷允许百姓外出就食,据说'行者十五六',当时规定'道路给粮廪,至所在,三长赡养之',朝廷还'遣使者时省察焉'。这笔开支对三长来说必定不少。三长制存在的104年间,至少有55年发生过水旱灾,出现过饥荒,平均不到2年一次。如果沿用这一办法,三长的负担相当沉重。"若果真如此,则三长不仅是负担沉重,显然更是无力消受。然而,事实恐非如此。首先,李冲所言对难以维生者"三长内迭养食之",应该是要求三长管内的民户轮流供给食物养活,以免其被饿死,绝不是要由三长担任者尽赡养之责。当然,三长应该也有同管内其他民户一样的供养义务。其次,太和十一年的救济饥民的

---

①〔意〕维科:《新科学》,第341页。

行为是由北魏朝廷所主导的一次行动,是相当特殊的一件事,不可推而论之,而认为以后其它年份发生灾荒时也一定会照此办理。不仅如此,这次救济活动亦并非要所经之处的三长承担赡养费用,而是由政府供给饥民沿途所需食物,到就食之所后由"三长赡养之",且此亦非由三长担任者对其赡养,应该还是用类似"三长内迭养食之"的办法,即由该三长管内的民户共负赡养之责,只不过三长要承担组织协调工作。此外,侯氏认为"三长身系朝廷户口的增减","三长不但要保证所辖民户不流失,还要负责他们的租课",或者说"他们要为朝廷的利益控制人口,避免隐丁匿口、逃户与私度,还要替朝廷征发赋役"。这是多么重要而不可或缺的角色!然而,这样的角色恐怕很难说成是"在村落日常生活中的地位也不足挂齿"吧。①

由于三长需要承担较多责任,地方豪族成员未必都乐意为之。不过,责任与权力对等,风险与机遇并存,管理五户、二十五户、一百二十五户人家的邻长、里长、党长,由于可免除一夫、二夫、三夫的兵役,对无官无职的百姓而言已不算待遇菲薄,何况他们还有可能利用手中掌握的权力上下其手,谋取额外的好处和利益,应该说吸引力还是大于排斥性。汉元帝时谏大夫贡禹上言农夫之苦,谓"已奉谷租,又出稿税,乡部私求,不可胜供"。颜师古曰:"稿,禾秆也。""言乡部之吏又私有所求,不能供之。"②汉顺帝初年,尚书令左雄"上疏陈事"云:"乡官部吏,职斯禄薄,车马衣服,一出于民,廉者取足,贪者充家,特选横调,纷纷不绝,送迎烦

---

① 本段所引侯旭东文均出自《北朝"三长制"》,《北朝村民的生活世界——朝廷、州县与村里》,第 130、127—128、133 页。
② 《汉书》卷七二《贡禹传》,第一〇册,第 3075、3076 页。

费,损政伤民。"李贤注:"斯,贱也。"①按汉代乡官位于职官系统的最末端,而北魏三长地位则更低,连品官都不是,但两者在地方行政系统中的位置基本上相当,北魏一党户数远比汉代一乡户数要少,主要是两个时代户口数的巨大差异所致。不难想象,北魏三长同样也应该会拥有与汉代"乡官部吏"类似的特权。

三长制确立后,党、里、邻长取代宗主督护直接治民,成为沟通民户和地方行政机构的桥梁,也是北魏政府控制基层社会的主要代表。党、里、邻长均"取乡人强谨者",可分别免除其家三、二、一夫的兵役("复征戍"),但要承担租调和力役等其它公共义务。因此,党、里、邻长不能算作官吏,仍然属于民的阶层,虽然从这个意义上也不是不可以说三长制具有地方基层社会自治制度的色彩,但毕竟其主流已与北魏前期由豪族为代表的"宗主督护"控制基层社会的状况大相径庭。一百二十五户设一党长,辖五里长、二十五邻长,免除兵役的人口共计三十八人。若以一夫一妇的小户计,约占丁男总数的三成;若一家不止一口丁男,则这一比例当小于此数。② 宣武帝初年,司州牧广阳王"嘉表请于京四面筑坊三

---

①《后汉书》卷六一《左雄传》,第七册,第 2017—2018 页。

②唐长孺云:"由宗主督护制改变为三长制,把五十、三十家相合的大户分为小户,使三长成为户口检查及租调征发的负责者,三长不像过去宗主、宗主那样代表其宗族家庭对外交涉而是政府委派的乡官。""作为乡官的三长就是对政府负责的农村管理员,从设立三长目的上看来就已知道他们的职务首先是检查户口。……他们负有征集租课的责任。"(《均田制度的产生及其破坏》)严耕望云:"三长之立,其本意既在均赋税,平徭役,故终魏世皆以此为主要职任。"(《中国地方行政制度史——魏晋南北朝地方行政制度》,下册,第 685 页)周一良云:"党里邻三长负责检查户口,催督租赋,征发徭役和兵役。"(《从北魏几郡的户口变化看三长制的作用》,《魏晋南北朝史论集续编》,第 52 页)

百二十,各周一千二百步,乞发三正复丁,以充兹役,虽有暂劳,奸盗永止。诏从之"①。按"三正"即三长②,"三正复丁"即指因其本人或家人为党、里、邻长而得以免除徭役的丁男。由此可见,"三正复丁"只是免除其"征戍"之役,而租调和一般的力役则不能被免除。事实上,在战时兵员紧缺之时,他们也成为被征发的对象。孝明帝后期"杜洛周反于燕州",行台常"景表求勒幽州诸县悉入古城,山路有通贼之处,权发兵夫,随宜置戍,以为防遏。又以顷来差兵,不尽强壮,今之三长,皆是豪门多丁为之,今求权发为兵。肃宗皆从之"。"景遣府录事参军裴智成发范阳三长之兵以守白崌"。③ 按"今之三长,皆是豪门多丁为之",即是对三长制设立之初"取乡人强谨者"担任三长之制的延续。由于三长有复除征戍之役的优待,且有可能利用手中掌握的权力在行使职能时上下其手,故三长之职特别是地位最高的党长当为乡里豪门所

---

① 《魏书》卷一八《太武五王・广阳王嘉传》,第二册,第428—429页。
② 唐长孺云,三正"即三长之异名"(《均田制度的产生及其破坏》)。严耕望云,"三长一称三正"(《中国地方行政制度史——魏晋南北朝地方行政制度》,下册,第686页)。按隋文帝开皇初年所颁新令,规定"五家为保,保有长;保五为闾,闾四为族,皆有正。畿外置里正,比闾正,党长比族正"(《隋书》卷二四《食货志》,第三册,第680页)。日本学者松本善海据此认为,"三正为畿内之制,与此相对三长为畿外即外州之制"(《北朝における三长・三正両制の関系》,《中国村落制度の史的研究》,第352页)。侯旭东谓其"考证辨析入微,令人称道"(《北朝"三长制"》,《北朝村民的生活世界——朝廷、州县与村里》,第125页)。按北魏京城洛阳实行里坊制度,设里正管理里坊,但并无党正与邻正之职,故不存在与京外州县的三长制相对应的三正制度。虽然不排除隋制继承北魏制度的可能性,但未见任何确凿证据证明北魏的制度是畿内为三正、畿外或外州为三长,松本氏论述看似周详,实则求之过深。
③ 《魏书》卷八二《常景传》,第五册,第1804页。

青睐。"复三夫"意味着其家至少有三个男丁,而三长"取乡人强谨者",一则因其有实力和能力代表政府管控民户,再则还可笼络基层豪强为政府效力,消弭其离心倾向。正因如此,当中央政府控制力下降时,地方基层社会的离心力就会上升。

鲁才全认为:"'乞发三正复丁,以充兹役'提出了一个新的情况,即此时的三正(即三长)复丁不仅有权不服兵役,就连徭役也是不负担的,所以要由皇帝批准方可征发。""三长免役特权的扩大化,表明地方豪强势力的发展。"[1]张泽咸也认为:"担任三长的人""本身往往是地主","既是'豪门'之家,又是'多丁'之户,他们自然要千方百计首先规避本家的各种负担,并尽力扩大自己所能拥有的权利。三长制推行只有几年,贵族元嘉曾提出请求,征发'三正复丁'以筑洛阳的坊市。可见,三长们一开始除了免征戍而外,已是不服各种徭役"。[2] 谓三长担任者"往往是地主",出于"豪门"和"多丁"之户,前者属于臆猜,后者则是过分拘泥于史文。若说管辖一百二十五户的党长都是出于豪强或豪门,已经比较勉强,而管辖二十五户的里长和五户的邻长皆出身豪强或豪门则更加没有可能。里长和党长出于"多丁"之户应该没有问题,但邻长则未必全都如此。《魏书·世宗纪》:景明二年(501)"九月丁酉(初六,10.3),发畿内夫五万人筑京师三百二十三坊,四旬而罢"[3]。可见广阳王嘉上奏的时间,并非张氏所言"三长制推行只有几年"之时,而是在三长制推行十四五年之后。畿内夫五万五

①鲁才全:《北朝的徭役制度》,《中国古代史论丛》一九八二年第三辑,第178页。
②张泽咸:《魏晋北朝的徭役制度》,《魏晋隋唐史论集》第二辑,第108—109页。
③《魏书》卷八《世宗纪》,第一册,第194页。

千人,若按"三正复丁"计算,需要从十八万余户中征发①,应该就是当时畿内编户的总数。之所以由"三正复丁"承担,可能是考虑到他们大多身体强健,同时政治上也比较可靠,毕竟一下子集中这么多人到京师服役,不可等闲视之。"三正复丁"被征发修筑京师里坊,正是他们没有免除征戍之外的其它徭役的典型表现,而不是相反。

元孝友于"文襄"时(东魏武定年间)奏表有云:

> 令制:百家为党族,二十家为闾,五家为比邻。百家之内,有帅二十五人,征发皆免。苦乐不均,羊少狼多,复有蚕食。此之为弊久矣。京邑诸坊,或七八百家唯一里正、二史,庶事无阙,而况外州乎?请依旧置三正之名不改,而百家为族,四闾,闾二比。计族少十二丁,得十二匹赀绢。②

史称"诏付有司,议奏不同",看来元孝友的建议并未被统治者所采纳。按"百家为族,四闾,闾二比",《北齐书》现存版本多作"百

---

① 若按十八万户计,则党长复丁为(180000÷125)×3 = 1440×3 = 4320 人;里长复丁为(1440×5)×2 = 7200×2 = 14400 人;邻长复丁为(7200×5)×1 = 36000 人。三正复丁合计为 4320+14400+36000 = 54720 人。与五万五千人还差二百八十人(55000—54720),一党的复丁数为三十八人,则二百八十个复丁意味着要从七个多党中出人,代表的实际户数是九百二十一户。据此,可以得出当时参与京师洛阳里坊修筑的三正复丁要从十八万零九百二十一户中出人,若平均每户以六口计,则为 1085526 人,广阳王嘉时任司州牧,推测当时司州的编户齐民总数约为十八万余户、一百万至一百一十万口。

② 《北齐书》卷二八《元孝友传》,第二册,第 385 页。

家为於四闾,(闾)二比",《北史》卷一六"族"亦作"於"①,《魏书》卷一八作"而百家为四闾,闾二比"②。若此,则一闾二十五家,无法分为二比,显然并非元孝友奏表之原文,此处必有错简讹字。北齐河清三年(564)令规定,"十家为比邻,五十家为闾里,百家为族党"③。可以说这一改革基本上是按元孝友的思路制定的,即减少帅长人数,增加服役人丁数量。两相对照,元孝友奏表原文很可能应为"百家为族,二闾,闾五比",或"百家为二闾,闾五比"。北魏旧制,百家之内有邻长二十人、里长四人,共二十四人(又,党长接近一人);东魏现行制度,有邻(比邻)长二十人、闾长五人、党(党族)长一人,共二十六人;元孝友方案,有邻(比)长十人、闾长二人、党长一人,共十三人;北齐河清三年令,有邻(比邻)长十人、闾(闾里)长二人、党(族党)长一人,也是十三人。东魏时因党族辖户比北魏时少,因此两朝每一党(党族)可免徭役的帅长其实相差无几。

元孝友谓"百家之内,有帅二十五",无论是以往的北魏制度,还是当时正在实行的东魏制度,人数都有些微出入。比较而言,东魏的帅长人数在总户数中的比例略高于北魏,而元孝友方案和北齐河清三年令中,百家之内帅长人数几乎减半,从而使得纳税服役人丁的数量大大增加,有利于改变"苦乐不均"的现状。元孝友所言"征发皆免",看来不仅仅是免除徭役,还包括免缴赋税,而北魏三长只享受免除兵役的优待,但不能免除赋税和兵役之外的差役。若按总户数四百万至五百万户计算,则北魏全国共有三万

---

① 《北史》卷一六《太武五王·临淮王谭传附曾孙孝友传》,第二册,第 609 页。
② 《魏书》卷一八《太武五王·临淮王谭传附曾孙孝友传》,第二册,第 423 页。
③ 《隋书》卷二四《食货志》,第三册,第 677 页。

二千（4000000÷125）至四万（5000000÷125）个党，十六万（32000×5）至二十万（40000×5）个里，八十万（160000×5）至一百万（200000×5）个邻，三长总人数为九十九万二千（32000+160000+800000）至一百二十四万（40000+200000+1000000）个。北魏一个党即一百二十五户的复除人数为三十八人——（1×3）+（5×2）+（25×1）=38，则全国复除总人数为一百二十一万六千（32000×38）至一百五十二万人（40000×38）。很显然，这是一个非常庞大的数字，可见北魏政府为了加强对地方基层社会的控制付出了巨大的成本和代价。在北魏末年战争冲突不断加剧的年代，征发三正复丁当兵参战，也就成为解决兵源短缺的必然选择。如果按照东魏制度计算，则一个党族（族党）即一百户的复除人数为三十三人（〔1×3〕+〔5×2〕+〔20×1〕=33）①。若"征发皆免"且复除人数同于北魏计算，则全国二百万户的复除总人数为七十六万人（〔2000000÷100〕×38=20000×38=760000）。也就是说，很可能有近四成左右的人丁能够免除赋税和徭役，考虑到部分家庭不止一个男丁，则这一比例应该有所降低，但不大会低于三分之一，元孝友所说"羊少狼多"虽然有所夸张，但的确可以说触目惊心。北齐制度每百户的帅长人数降至十二人，只有不及东魏的一半，仍以二百万户计，复除总人数为二十四万人（〔2000000÷100〕×12=20000×12=240000）。这样，仅就赋税的收入而论，可增加绢四十二万匹、绵三十三万六千斤及垦租八十四万石、义租二十一万石。此数字同样仅以一夫一妇组成的小家庭计算，忽略了人丁较多的

---

① 元孝友谓按其方案，"计族省十二丁"，则每党族帅长人数会降至二十一人，高于"百家为四闾，闾二比"所得数字（〔1×3〕+〔4×2〕+〔8×1〕=19）。

大家庭,以及奴婢、丁牛和次丁等因素,故而只是一个粗略的估算①。

第四节　三长制的作用

　　明人湛若水曰:"三长既立,万民表正,上有经费,下无侵害,壮有复夫,穷有迭养,而民俗厚矣。李冲之言,岂非经国要务哉。"②与湛氏对三长制给予高度肯定不同,明清之际的王夫之却提出了近乎否定性的评价:"三长之立,李冲非求以靖民,以覈民之隐冒尔。拓拔氏之初制,三五十家而制一宗主,始为一户,略矣,于是而多隐冒。冲立繁密之法,使民无所藏隐,是数罟以尽鱼之术,商鞅之所以强秦而涂炭其民者也。"③毫无疑问,"覈民之隐冒"是北魏设立三长制的重要动机,但也不尽其然,而将其与商鞅之法相比附则更是离题颇远。王氏认为地方基层制度应该以因地制宜为原则,"而不可合南北、齐山泽、均刚柔、一利钝,一概强天下以同而自谓均平"。"天下之大,田赋之多,人民之众,固不可以一切之法治之也。"有鉴于此,乡里之长的设置应该遵循这样的原则:"酌古今之变,参事会之宜,简其数而网不密,递相代而互相

―――――――――

①若按北魏后期户调(东魏及北齐河清三年令颁布前很可能仍执行此制度)计,则为四十二万匹、八十四万石,加绵三十三万六千斤或麻六百三十万斤。此数字同样只以一夫一妇组成的小家庭(床)计算,而忽略了其他因素。
②[明]湛若水:《格物通》卷五六《正万民下》,《景印文渊阁四库全书》子部二二"儒家类",第七一六册,第490页上、下栏。
③[清]王夫之:《读通鉴论》卷一四《(齐)武帝》,中册,第463页。

制,则疲羸者不困,而强豪者不横。若李冲之法,免其赋役,三载无过,则升为党长,复其三夫,吾知奸民之恣肆无已矣。"①就理想而言,其说自有理据。但作为国家制度,若非整齐划一,则更易引发混乱。

北魏太武帝西征北凉前夕,"诏公卿为书"数列河西王沮渠牧犍之罪状,其中第二罪即是"民籍地图,不登公府,任土作贡,不入司农"。② 名义上北凉是北魏的藩属国,故而需通过掌控其"民籍地图"并令其"任土作贡"以体现这种臣属关系。"民籍地图"是"任土作贡"的前提,只有掌握了"民籍地图",才能够做到"任土作贡"。③ 若就国内统治而言,在制定户籍的基础上征收赋税乃是体现国家权力的唯一有效途径。户籍是征收赋税的依据,也是国

---

① [清]王夫之:《读通鉴论》卷一四《(齐)武帝》,中册,第463页。
②《魏书》卷九九《卢水胡沮渠蒙逊传附牧犍传》,第六册,第2207页。
③侯旭东据此认为,"至晚到太武帝时北魏已有民籍"(《北朝"三长制"》,《北朝村民的生活世界——朝廷、州县与村里》,第117页)。按其说似不确。《魏书》卷一〇三《高车传附薛干部传》:"及平统万,薛干种类皆得为编户矣。"(第六册,第2313页)这表明北魏在平定赫连夏首都统万城时就已经存在户籍制度。不仅如此,按常理北魏国家政权建立之初就应该建立户籍制度,因为只有有了户籍制度才能有效地管理治下民众,并征收赋税、征发徭役。事实也是如此。《魏书》卷八三上《外戚上·贺讷传》:"其后离散诸部,分土定居,不听迁徙,其君长大人皆同编户。"(第五册,第1812页)卷一一三《官氏志》:"凡此四方诸部,岁时朝贡。登国(386—396)初,太祖散诸部落,始同为编民。"(第八册,第3014页)韩国磐认为,离散部落后拓跋部成员"大部份随着分土定居而下降为负担赋税兵役的农民"(《魏晋南北朝史纲》,第422页)。陈寅恪认为:"由部落变成编户,是胡族社会组织上的一个进化。"(万绳楠整理:《陈寅恪魏晋南北朝史讲演录》,第106页)离散部落的时间,史书记载不太明确,学界比较普遍的看法是在北魏占领后燕河北地区之后,也就是说,最晚在其时北魏就已经存在户籍制度,这比侯旭东的推断早了四十年左右。

家对民众控制权的体现。《魏书·刘藻传》:"时北地诸羌数万家,恃险作乱,前后牧守不能制,奸暴之徒,并无名实,朝廷患之,以藻为北地太守。藻推诚布信,诸羌咸来归附。藻书其名籍,收其赋税,朝廷嘉之。"①据上下文推断,时当献文帝时期。在刘藻出任北地太守之前,数万家羌人"并无名实",亦即未被纳入北魏政府的户籍之中,自然也就不会纳税服役。就北魏政府而言,这些不服从统治的羌人即是"恃险作乱"的"奸暴之徒"。而刘藻以诚信为怀,吸引其归附,并将他们登记入籍,成为政府掌控的编户齐民,并以之为据进行赋税征收。这样,"奸暴之徒"便成为了顺民,不再"恃险作乱",地方治安得到了稳定,更主要的是增加了政府的财政收入。

北魏设立三长制的最主要目的就是负责实施均田和征发赋税徭役,而其前提则是"校比户口",初立三长时即宣布"定民户籍"便充分体现了这一点。北魏实行三长制后的户籍制度,其具体情形不得而知,不过从西魏大统十三年籍帐文书中应该能够看到北魏户籍制度的大致面貌②,该籍帐虽然反映了西魏苏绰改革后的计帐户籍之法,但不可能完全抛开北魏旧制而完全另创新制。北魏孝明帝时尚书左仆射元晖"上书论政要",其"三曰:国之资储,唯藉河北。饥馑积年,户口逃散,生长奸诈,因生隐藏,出缩老小,妄注死失。收人租调,割入于己。人困于下,官损于上。自非更立权制,善加检括,损耗之来,方在未已。请求其议,明宣条

①《魏书》卷七〇《刘藻传》,第五册,第 1549 页。
②参见〔日〕山本達郎《敦煌発見計帳樣文書殘簡——大英博物館所藏スタイン将來漢文文書六一三号》(上、下);唐耕耦、陆宏基《敦煌社会经济文献真迹释录》第一辑,第 42—57 页。

格"。① 由此推测,北魏实行三长制后的户籍格式,其上所书包括该户家庭成员之姓名、老小、死失及租调额度等内容,此外还应包括均田制下所受田地的四至、类别、数量等内容,拥有耕牛、奴婢的家庭则应体现其数量和受田情况。如此来看,北魏后期的户籍与西魏大统十三年敦煌籍帐文书的格式很有可能完全一致。

《旧唐书·食货志上》:"凡天下人户,量其资产,定为九等。每三年,县司注定,州司覆之。""每岁一造计帐,三年一造户籍。州县留五比,尚书省留三比。""天下籍始造四本,京师及东京尚书省、户部各贮一本,以备车驾行幸,省于载运之费焉。"②对此,《唐六典·尚书户部》有更具体的记载:

> 每一岁一造计帐,三年一造户籍。县以籍成于州,州成于省,户部总而领焉。(诸造籍起正月,毕三月,所须纸笔、装潢、轴帙皆出当户内,口别一钱。计帐所须,户别一钱。)凡天下之户,量其资产,定为九等。(每三年,县司注定,州司覆之,然后注籍而申之于省。)每定户以仲年,(子、卯、午、酉。)造籍以季年。(丑、辰、未、戌。)州、县之籍恒留五比,省籍留九比。凡户之两贯者,先从边州为定,次从关内,次从军府州;若俱者,各从其先贯焉。③

北魏时期大概不一定就有这么严密的制度,但造籍的基本原则可能已部分或全部出现。

---

① 《魏书》卷一五《昭成子孙·元晖传》,第二册,第 380 页。
② 《旧唐书》卷四八《食货志上》,第六册,第 2089 页。
③ 《唐六典》卷三,第 74 页。

太和十一年(487)大旱,"诏听民就丰",并令道路所经"三长赡养之"。①《魏书·高祖纪下》载太和十一年七月己丑(初六,8.10)诏曰:"今年谷不登,听民出关就食。遣使者造籍,分遣去留,所在开仓赈恤。"②造籍有利于全面掌握京师地区饥民的具体状况,合理安排去留人口,保证救济工作的井然有序,避免因一时混乱而造成不必要的人口损失。关于这次"听民出关就食"的决策及其执行情况,《魏书·神元平文诸帝子孙·东阳王丕传》有具体记载:

> 寻迁太尉、录尚书事。……高祖、文明太后引见公卿于皇信堂,太后曰:"今京师旱俭,欲听饥贫之人出关逐食。如欲给过所,恐稽延时日,不救灾窘;若任其外出,复虑奸良难辨。卿等可议其所宜。"丕议:"诸曹下大夫以上,人各将二吏,别掌给过所,州郡亦然。不过三日,给之便讫,有何难也?"高祖从之,四日而讫。③

可见在作出"听饥贫之人出关逐食"的决策之后,孝文帝和冯太后就是否"给过所(通行证)"的问题又专门与公卿大臣进行了讨论,并接受宰相东阳王丕的建议,决定对出关就食者给予过所。给过所当与造籍相联系,即先登记户籍再发放过所。为了让饥民迅速离开京师到外地逐食以摆脱饥困,仅用四天的时间便完成了这一工作。时间如此仓促,疏漏必然难免。关于当时造籍的具体

---

① 《魏书》卷一一〇《食货志》,第八册,第2856页。
② 《魏书》卷七下《高祖纪下》,第一册,第162页。
③ 《魏书》卷一四《神元平文诸帝子孙·东阳王丕传》,第二册,第357—358页。

程序及存在的问题,可从同年九月庚戌(廿八,10.30)诏中窥见一斑:

> 去夏以岁旱民饥,须遣就食,旧籍杂乱,难可分简,故依局割民,阅户造籍,欲令去留得实,赈贷平均。然乃者以来,犹有饿死衢路,无人收识。良由本部不明,籍贯未实,廪恤不周,以至于此。朕猥居民上,闻用慨然。可重遣精检,勿令遗漏。①

按"去夏"指本年度刚刚过去的夏天,而非前一年夏天。此诏显示,在这次造籍之前已有户籍,但比较混乱,于是借"听民就丰"之机重新登记户籍,具体办法是"依局割民,阅户造籍"。然而事实是,户籍登记工作并未做到尽善尽美,结果出现了因"廪恤不周"而"饿死衢路,无人收识"的现象②,使"去留得实,赈贷平均"的计划未能得到完全落实。孝文帝因此下诏"重遣精检,勿令遗漏",以使户籍登记更加全面准确。由此亦可推断,在三长制颁布后全国各地校比民户的工作也不会做到完美无缺,"籍贯未实"的情况大概比较普遍。据《魏书·公孙邃传》记载,孝文帝和冯太后曾就这次"依局割民,阅户造籍"工作的实效征询公卿意见。从孝文帝之言可知,所谓"依局割民"即是"方割畿内及京城三部",亦即对畿内及京城三部的土地进行条块划分,民户与土地的关系也作了相应的调整。从南部尚书公孙邃的回答来看,"方割"的主要目的

---

① 《魏书》卷七下《高祖纪下》,第一册,第 162 页。
② 《魏书》卷一一〇《食货志》:"留业者,皆令主司审核,开仓赈贷。其有特不自存者,悉检集,为粥于术(街)衢,以救其困。然主者不明牧察,郊甸间甚多馁死者。"(第八册,第 2856 页)

是为了"众赋易办"①,也可以说是为了更好地落实新税制。总之,北魏朝廷以这次"听民就丰"为契机,对京师地区的土地进行了条块划分,在编制新户籍的基础上确定去留人口,对即将出关就食的饥民发放过所。"依局割民"和"阅户造籍",显然也就是落实均田制和三长制的具体规定。对于留在京师的贫民,北魏政府则赐予一定的国有土地,八月"辛巳(廿八,10.1),罢山北苑,以其地赐贫民"②。不难想象,在实施均田制和三长制时全国各地很可能也进行了类似"依局割民"和"阅户造籍"乃至将国有土地赐予贫民的工作。

《魏书·张彝传》:

> 初,彝曾祖幸所招引河东民为州,裁千余家,后相依合,至于罢入冀州,积三十年,析别有数万户,故高祖比校天下民户,最为大州。彝为黄门,每侍坐以为言,高祖谓之曰:"终当以卿为刺史,酬先世诚效。"③

又本传载张彝"曾祖幸,慕容超东牟太守,后率户归国。世祖嘉之,赐爵平陆侯,拜平远将军、青州刺史。祖准之袭,又为东青州刺史。父灵真,早卒"。彝"高祖初,袭祖侯爵"④。按张幸在南燕慕容超时"率户归国",应该是在北魏明元帝时,从"赐爵平陆侯"推断,其最初有可能是被派往河东任职,故能"招引河东民为州"。

---

① 参见《魏书》卷三三《公孙邃传》,第三册,第 786 页。
②《魏书》卷七下《高祖纪下》,第一册,第 162 页。
③《魏书》卷六四《张彝传》,第四册,第 1433 页。
④《魏书》卷六四《张彝传》,第四册,第 1427 页。

明元帝永兴五年(413)"夏四月,河东民薛相率部内属"①。张幸"招引河东民为州"当即指此,因其曾在南燕任职,故以所招引河东民户设青州,令其为刺史统领。也就是说,这千余家内属的河东民户,后被北魏政府迁徙到河北平原,并专门划出一块区域设置青州进行安置管理。张幸死后,其子准之袭爵平陆侯,继任刺史之职,同时或不久又改为东青州刺史。约在立三长之前三十年,即文成帝时代将东青州并入冀州②。到三长制设立前夕,原来的这千余家河东民已经发展成为数万户,在三长制颁布后校比户口时被列入编户齐民,冀州因而也成了北魏全国户口最多的州。这一记载从一个侧面反映了北魏人口增长以及编户齐民扩充的一类途径。千余家河东民经过三十年而变为数万户,既有人口自然增殖的因素,更是"析别"所致,则"析别"前的原有民户与李冲所言"五十、三十家方为一户"应该相去不远。

太和十四年(490)"十有二月壬午(十九,491.1.14),诏依准丘井之式,遣使与州郡宣行条制,隐口漏丁,即听附实。若朋附豪势,陵抑孤弱,罪有常刑"③。由此可见,这次派遣使者"宣行"的"条制"即是"依准丘井之式"制定出来的,而"宣行条制"的目的在于使"隐口漏丁,即听附实"。诏书还特别强调,使者若依附或勾结豪强,欺凌压抑势单力薄者,则要受到法律制裁。这表明,虽

①《魏书》卷三《太宗纪》,第一册,第53页。
②张彝为清河东武城人,在北魏时期应该隶属于冀州。宣武帝时"彝追高祖往旨,累乞本州,朝议未许"。孝明帝时张彝死于羽林军暴动,"彝亡后,灵太后云:'彝屡乞冀州,吾欲用之,有人违我此意。若从其请,或不至是,悔之无及。'乃赠使持节、卫将军、冀州刺史"。(《魏书》卷六四《张彝传》,第四册,第1433页)
③《魏书》卷七下《高祖纪下》,第一册,第167页。

然均田制和三长制已经颁布数年时间,但在实施过程中还是遇到了豪强的干扰,尤其是在校比户口上不够彻底,有一些隐口漏丁并未如实登记。若结合上引《周礼·地官·小司徒》"均土地""稽其人民而周知其数""经土地而井牧其田野""任地事而令贡赋"等等记载,可以说"丘井之式""条制"就是指不久前颁行的均田制、三长制及新税制,关涉北魏乡村社会管理的诸方面。因此,这次遣使的目的就是为了进一步宣传和监督并落实均田制、三长制及新税制。

《周礼·地官·小司徒》:"九夫为井,四井为邑,四邑为丘,四丘为甸,四甸为县,四县为都。"①据此,丘井之制下各级组织所领人口(夫)可列表如下:

丘井之制	井	邑	丘	甸	县	都
各领夫数	9	9×4＝36	36×4＝144	144×4＝576	576×4＝2304	2304×4＝9216

《释名·释州国》:"周制:九夫为井,其制似井字也。四井为邑。邑,犹俋也,邑人聚会之称也。四邑为丘。丘,聚也。四丘为甸。甸,乘也,出兵车一乘。鄙,否也,小邑不能远通也。县,县也,县系于郡也。郡,群也,人所群聚也。"②据此,东汉末年刘熙所见《周礼》中"都"作"郡",当以"郡"为是,"都"乃形近而讹。

太和十四年十二月壬午诏的颁布,主要是为了解决实行均田制和三长制后的遗留问题。均田制和三长制在颁布后马上就开始实施,北魏朝廷派遣使者分头到全国各地,和当地的地方官一道进行均田和校户。按逻辑关系,应该是先校户、立三长而后行

---

①《周礼注疏》卷一一,《十三经注疏》,上册,第711页下栏。
②[东汉]刘熙撰,[清]毕沅疏证,[清]王先谦补:《释名疏证补》卷二《释州国第七》,第58—59页。

均田。柔然人零陵王闾（郁久闾）豆（庄）为文成帝舅子，"太和中，初立三长，以庄为定户籍大使，甚有时誉"①。尧暄"太和中，迁南部尚书。于时始立三长，暄为东道十三州使，更比户籍。赐独车一乘，厩马四匹"②。清河东武城人张彝"善于督察，每东西驰使有所巡检，彝恒充其选。清慎严猛，所至人皆畏伏，俦类亦以此高之"③。从上下文推断，时任主客曹散令的张彝应该也参与了实施均田制和三长制的出使活动，不过应该并非担任大使。太和十一年齐州刺史韩麒麟"表陈时务"，谓"往年校比户贯，租赋轻少。臣所统齐州，租粟才可给俸，略无入仓"云云。④ 这表明太和十年的确进行了校户的工作，意味着齐州已经设立了三长制。与三长制一同颁布的新税制，由于每户税额大大降低，结果使得齐州的赋税总额大为减少。也就是说，当时的确是按新税制规定的标准征收赋税的，并且太和十年十一月"议定州郡县官依户给俸"之制也得到了实行。太和十年齐州"租粟才可给俸，略无入仓"，一则说明新税制下"租赋轻少"，同时也表明"校比户贯"的成效有限，也可能齐州豪强荫附的现象并不严重，因而未能检括出多少荫户。三长制实行之初齐州的户数无从得知，但一二十年后齐州的户数是在七万户左右⑤。周一良考察并统计淮北五州从归魏前夕到东魏时期八十年间户口的巨大变化，认为："淮北四州和豫州淮西之地 467 年归入北魏之后，在献文帝、冯太后和孝文帝统治之下，政局比较稳定，社会经济有所发展，人口因而增长。""这

①《魏书》卷八三上《外戚上・闾毗传》，第五册，第 1816 页。
②《魏书》卷四二《尧暄传》，第三册，第 954 页。
③《魏书》卷六四《张彝传》，第四册，第 1428 页。
④《魏书》卷六〇《韩麒麟传》，第四册，第 1332—1333 页。
⑤参见《魏书》卷一九上《景穆十二王上・济阴王诞传》，第二册，第 448 页。

一时期,北朝经济的繁荣发展,是淮北州郡改隶北朝以后户口增长的原因之一。同时,淮北州郡户口之增加,和北魏推行三长制也有密切关系。特别是户数的普遍、显著、大幅度增多,正是三长制得到切实推行,取得明显成绩的结果。"①政局稳定和制度优化这两种因素都是存在的,但孰轻孰重难明究竟。

据《魏书·地形志·序》《通典·历代盛衰户口》并结合《晋书·地理志·总叙》的相关记载,可知均田制和三长制实施三四十年后北魏全盛时的人口约为五百万户,约二千五百万至三千万口,这是一个相当可观的数字。在古代农业社会中,"农业人户的增减,为社会经济发展或萎缩的重要标志"②。卜凯指出:

---

① 周一良:《从北魏几郡的户口变化看三长制的作用》,《魏晋南北朝史论集续编》,第61—62页。按王育民也是选择淮北四州和豫州淮西之地归魏后的户口增长来说明"三长制推行后析出了大量人户",认为"北魏户口的增长,除人口的自然增殖外,主要是在三长制、均田制和以"一夫一妇"为纳税单位的租调制三者相互配合之下,"苞荫之户可出",即大户分解的结果"。(《十六国北朝人口考索》)遗憾的是,其对周一良的先行研究只字未提(周文原载《社会科学战线》1980年第4期)。事实上,人户析出只能是在三长制推行之初对户口增长发生作用,而在均田制和三长制等积极的社会经济政策的助推下,在社会安定的政治局面下,八十年间人口的自然增殖应该是户口增长的主要原因。侯旭东认为:"户口的增加不能说没有立三长的功劳,但亦难以排除自然增长。这样两组数据时间相距较远,用来分析三长制的实效终属间接。"他认为《魏书·地形志》所载"太和十一年以来数年大规模的增置郡县必是朝廷掌握的人口增加所致,官领户口的增多当然与太和十年开始进行的立三长,整顿户籍有不可分割的联系。换言之,这次分置州郡直接反映了初立三长的成效"。(《北朝"三长制"》,《北朝村民的生活世界——朝廷、州县与村里》,第112、119页)
② 方行:《中国封建社会农民的经营独立性》,《中国经济史研究》1995年第1期。宁可认为:"通过人口的增殖以获得大量的劳动力是个体小生产农业内在的经济的要求,是个体小生产农业存在和发展的必要条(转下页注)

一个国家的各种经济生活,都直接要受人口问题的影响。而在乡村社会里面,其影响尤大。人口的疏密,影响于一地方耕种方法的精粗,而耕种方法的精粗,又须视农工供给的多寡。人口疏密,也影响于农民生活程度的高低。盖一定数量之生产物,大众皆倚为生活之源泉。甚至连乡村社会的治安和秩序,多少也受人口疏密所支配。若失业者过多,盗匪常因而充斥。所以要研究任何乡村问题,人口方面,确有他的相当位置的。①

卜氏之说可谓简明扼要,切中肯綮。均田制、三长制及新税制的实施,对北魏社会经济的恢复和发展的确起到了很大的促进作用,史称"事施行后,计省昔十有余倍,于是海内安之"②。太和十二年,孝文帝又接受李彪建议,实施和籴及屯田制度,"自此公私丰赡,虽时有水旱,不为灾也"③。史载孝明帝"神龟(518—520)、正光(520—525)之际,府藏盈溢"④。谓北魏均田制、三长制和新税制等新经济政策实施后取得了巨大成效——包括人口(民户)的增长以及国家和民众财富的增加,显然并非无中生有,而是有其根据的。宋人胡寅在评述北魏均田制时有云:"有经世安民之虑者,未尝不欲体国经野。患在上无复古之君,幸而其说或行,均

(接上页注)件。也正因为是这样,个体小生产农业可以容纳比较稠密的人口,而人口的增长往往就标志着封建社会生产力的增长,人口的减少,则标志着生产力的衰退。"(《试论中国封建社会的人口问题》)
①〔美〕卜凯:《中国农家经济》,下册,第430页。
②《魏书》卷一一〇《食货志》,第八册,第2856页。
③《魏书》卷一一〇《食货志》,第八册,第2857页。参见同书卷六二《李彪传》,第四册,第1385—1386页。
④《魏书》卷一一〇《食货志》,第八册,第2858页。

田制产功未十一,则以贵戚近习不便而罢者多矣。独魏孝文慨然有志于先王之道,以李安世片言而力行之。自是邦有常赋,官有常禄,赇赂殆绝,而民力宽裕,其效如响。然则美政良法,非人君诚信而愿为,其孰能强之?"①胡氏将均田制与赋税和俸禄制联系起来观察,应该说颇有见地②。诚然,只有做到邦有常赋、官有常禄,才有可能止贪、裕民,实现太平社会。不过,其成效却并非立竿见影,需要经过一段时间才能显现。可以肯定的是,三长制在稳定基层社会、实施社会救助方面则是立即发生了效力。太和"十一年,大旱,京都民饥,加以牛疫,公私阙乏,时有以马驴及橐驼供驾挽耕载。诏听民就丰。行者十五六,道路给粮廪,至所在,三长赡养之"③。毫无疑问,当时三长制已经确立,三长已承担起管理基层社会的职能。阿瑟·刘易斯说:"推广新技术要求进行许许多多的变革,不仅在经济和社会结构方面进行变革","土地改革往往是成功地推广农业技术的必要前提"。④ 贾思勰《齐民要术》所载农业生产技术和经验,既有对汉代以降相关文献记载的承袭,更多地还是北魏晚期北方旱地农业生产实践的体现,比较全面地反映了北魏均田制实施后农业生产技术的情况,总的来看是具有科学性和先进性的农业科技知识。北魏晚期北方地区农业生产活动中先进技术的推广和普及,无疑与均田制的实施具

---

① [宋]胡寅:《致堂读史管见》卷一一《齐纪·武帝》,《四库全书存目丛书》史部二八〇,第101页下栏、102页上栏。

② 不过,现实生活的复杂性往往又会使法令的实施发生扭曲,产生消极甚至相反的效果。王仲荦云:"或者美均田制,称为良法美意,可以经国久远,吾未之敢信也。"(《北周六典》,上册,第109页)或即针对上引胡寅之说而发。

③《魏书》卷一一〇《食货志》,第八册,第2856页。

④〔美〕阿瑟·刘易斯:《经济增长理论》,第231页。

有因果关系①。

　　布洛赫认为中世纪欧洲因移民拓垦而"不断复兴","这种繁荣,是因为人口增加才提供了可能性"。② 诺贝尔经济学奖得主库兹涅茨(1901—1985)通过研究现代各国经济增长,认为"经济结构的变化必然引导到人口统计形式(出生率和死亡率、家庭结构的、人口的地区分布等等)的变化","人均产值和生产率的高增长率是与经济结构的改变紧密地联系在一起的"。③ 这一认识具有普遍性。熊彼特指出:"直到十八世纪中叶",经济学家一致认识到"众多和不断增加的人口是财富最重要的象征,是财富的主要原因;它本身就是财富——是任何民族最大的资产"。④ 他在论及经济增长时,也是将"人口和财富的增长"作为基本要素。在《经济变动的分析》一文中说:"所谓'增长',就是指连续发生的经济事实的变动","人口的增长,引起每年至多百分之几的劳动供给量的增加(历史上每年增加3%就已经是高的了),就是突出的例子"。⑤ 诚如熊彼特所说,十八世纪中叶或者说马尔萨斯以前的大多数古典经济学家都认为人口增长对国家政权具有积极作用。威廉·配第说:"人口少是真正的贫穷。有八百万人口的国家,要比面积相同而只有四百万人口的国家不仅富裕一倍。"⑥与配第同

---

① 将北魏均田制与《齐民要术》所载农业生产技术联系起来进行考察,日本学者古贺登作过系统研究,参见《均田法と犁共同体》。
②〔法〕马克·布洛赫:《法国农村史》,第32页。
③ 西蒙·库兹涅茨:《各国的经济增长》,第436页。
④〔美〕约瑟夫·熊彼特:《经济分析史》第一卷,第380页。
⑤〔美〕约瑟夫·熊彼特:《经济发展理论——对于利润、资本、信贷、利息和经济周期的考察》,第70—71、289页。
⑥〔英〕配第:《赋税论》,《配第经济著作选集》,第32页。

为英国政治算术家的人口学之父约翰·格劳恩特(1620—1674)认为"君主由于其人民的众多而富强",原因就在于"人手乃财富之父,土地乃孕育财富之母"。① 英国重商主义者蔡尔德(1630—1699)也有相似观点,主张人口的多寡反映了国家的贫富程度,认为"凡是可以使一国人口减少的事物,都可以使一国贫穷";"世界上文明地区的大多数国家的贫富,多少是与人口的多寡成正比的"。② 换言之,人口的增长乃是国家富强的表现。就认识人地关系不太紧张的中国古代农业社会而言,以上的说法也是适宜的。大卫·休谟指出:"任何社会的幸福和它的人口兴旺是必要的互为依存的条件。"③亚当·斯密明确指出:"一国繁荣最明确的标识,就是居民人数的增加。"④威廉·罗雪尔也有近似看法:"人口的密度与高度发展的经济、政治、道德、文化阶段有内在的联系。一国的繁荣期是其人口最多同时他们的需要得到充分满足的时期。"⑤霍尔巴赫认为人口增长与农业发展或人民幸福之间具有因果互动关系,他说:"人口增长促使农业的兴旺和发展,国家的人

①语出格劳恩特《关于死亡统计表的民族的和政治的观察》第 8 章第 14 节,转引自亚·莫·卡尔—桑德斯《人口问题——人类进化研究》,第 7 页。
②〔英〕蔡尔德:《贸易论》第十章,转引自〔英〕马歇尔《经济学原理》上卷,第194 页。亚·莫·卡尔—桑德斯在《人口问题——人类进化研究》中引用了蔡尔德关于人口问题的两句话:"对一国人口的任何关怀,总会对这个国家的改进有所裨益。""世界上文明地区大多数国家的贫富程度,或多或少和它们的人民众寡成比例,而不和它们的土地肥瘠成比例。"(第 7 页)
③转引自亚·莫·卡尔—桑德斯《人口问题——人类进化研究》,第 8 页。
④〔英〕亚当·斯密:《国民财富的性质和原因的研究》,上卷,第 64 页。或译作:"任何国家的繁荣最具有决定意义的标志就是它的居民数目的增长。"(亚·莫·卡尔—桑德斯:《人口问题——人类进化研究》,第 8 页)
⑤〔德〕威廉·罗雪尔:《历史方法的国民经济学讲义大纲》,第 122 页。

口越多,人民越应该使土地丰产";"人民越是幸福,人口就增长越快"。① 魁奈指出:"只有在一个贤明政府的统治下,一国才会有庞大的人口,因为腐败的政府只能破坏财富和人。""在一个大帝国中,众多的人口只能是一个贤明政府统治的结果。"②西斯蒙第说,"我们经常把人口的增长看成是繁荣和政治清明的标志"③。其说虽然颇为简略,但却综合了上述两种观点,可以说更为全面。人口增长促进国家的繁荣,是因为众多的人口可以保证充足的财源和兵源,也就是说国家的经济和军事实力主要通过人口的多少来体现。不仅重农主义者有这样的主张,其后的重商主义者的主张也没有多大变化,马克斯·韦伯指出:"重商主义意味着国家作为一个政治权力而得到了发展,而这种发展是直接由增加人民的纳税能力来实现的","他们知道得很清楚国家财富的来源是纳税能力,他们之所以千方百计把由于通商而有绝迹之虞的货币保留在国内,完全是为了增加纳税能力。重商主义计划中的第二点(这和作为这个制度特征——追求实力的政策显然有直接关系)就是促进最大限度的人口增长"。虽然基于不同的社会发展阶段和经济状况,重商主义者和重农主义者的经济思想有重大差别,但最大限度地促进人口增长以使国家富强繁荣的主张却是一致的。诺思指出:"人口增长是古代经济史上最重要的基本要素;对古代社会经济成就的评价,确实应从人口增长开始。"④毫无疑问,

①〔法〕霍尔巴赫:《自然政治论》,第300页。
②语出《中国的专制主义》,转引自何兆武等主编《中国印象——世界名人论中国文化》,上册,第57、58页。
③〔瑞士〕西斯蒙第:《政治经济学新原理:或论财富同人口的关系》,第414页。
④〔美〕道格拉斯·C·诺思:《经济史上的结构和变革》,第108页。

人口增长与古代经济发展之间存在正比例关系,这是近代以来经济学界的普遍共识。

与以上看法不完全一致,马尔萨斯反对无节制地鼓励人口增长,认为人口的过度增加会导致贫困的发生,不过他并不否认人口增长与财富增加之间具有正比例关系,认为"财富的增加""会刺激人口增长",或者说"当生活资料增加的时候,人口总是增加"。① 也就是说,人口数量是衡量财富或生活资料丰裕程度的指标,亦即人口的增长是财富增加或生活资料丰裕的体现。他还认为,"较强的人口增殖力,为贫困和罪恶所抑制"②。反过来也可以说,在没有或甚少贫困和罪恶的社会,人口就一定会增长。这样的社会,自然也就是西斯蒙第所言"繁荣和政治清明的"社会。不过,西斯蒙第的看法是有附加条件的,他认为"财富和人口并不是国家繁荣的绝对标志;国家繁荣的标志在于财富和人口的比例。各个阶层如果都能得到温饱,财富才是一件好东西;只有每个人都确能通过劳动得到适当的生活,人口才是一个优点"。③ 其说显然是受到了马尔萨斯人口论的影响。不论如何,人口乃是经济发展的第一位要素,只有人的劳动才能进行生产活动(即便是现代人工智能也不能完全离开人而发挥其效能),而人也是产品的消费者,因此也是生产的促进者。马尔萨斯人口论在现代经济学界仍然有较大影响力,诚如萨缪尔森所说:"仅仅增加人口数量并不必然意味着经济发展。正如马尔萨斯以来的经济学者所警告的那样,无限制的人口增长很可能会使收益递减规律发生作

---

① 〔英〕马尔萨斯:《人口原理 附:人口原理概观》,第 31、55 页。
② 〔英〕马尔萨斯:《人口原理 附:人口原理概观》,第 55 页。
③ 〔瑞士〕西斯蒙第:《政治经济学新原理:或论财富同人口的关系》,第 23 页。

用,从而妨碍按人口平均的生活水平的提高。这会造成问题。"①
不可否认的是,由于最近一两百年来世界各国的人口增长速度大
都较快,世界总人口比整个古代历史时期的人口极大值增加了十
倍或者更多,人口问题一度成为不少发展中国家经济社会发展的
巨大压力,包括中国在内的一些国家实现了旨在减缓人口增长速
度的计划生育政策。然而,现代科技进步及国际贸易活跃又对经
济学的收益递减率构成了挑战,而生育率的降低或由于城市化而
引起的生育意愿的减缓以及老龄社会的到来,使得衡量传统的人
地关系的尺度发生了很大的改变。包括中国在内的曾经以极限
降低生育率为国策的国家,提高生育率又成为了新的迫切的社会
问题。也可以说,虽然与古代衡量人口增长与经济发展关系的尺
度并不相同,但仍然不能说人口的增减与经济社会发展没有密切
的关系。

　　总的来看,北魏三长制的构想源于《周礼》关于地方行政组织
系统的规定:邻长、里长、党长分别相当于《周礼》乡遂系统之邻
长、里宰、鄹长,党长则是对《周礼》乡党系统"党正"之名的效法,
而从其职能来看又不能排除《周礼》军旅制的影响。三长是北魏
政府控制基层社会的主要代表,是沟通民户和地方行政机构的桥
梁。其设立的初衷是为了实施均田、校比户口和征发赋役,负责
地方教化、督促农业生产、维护社会治安、实施社会救助也是三长
的基本职能。北魏前期主要依靠豪强大族控制地方基层社会,然
而豪强势力的发展却越来越不利于中央集权,对社会稳定、经济
发展和政府财源都有消极的影响。三长制的确立有助于解决豪
强荫附现象,为均田制和新税制的实施提供了方便,对开展饥荒

---

① 〔美〕萨缪尔森:《经济学》下册,第 187 页。

救济,促进社会经济的恢复和发展,维持地方基层社会的稳定,应该说都起到了积极作用。北魏政府在最大限度控制民户的基础上,保证赋税徭役的征发,应该是三长制设立的主要目的,因此三长制可以看作是以经济职能为主体的制度。如果说北魏前期的宗主督护制具有地方基层社会自治制度的性质,而三长制的设立则意味着北魏县以下地方基层行政组织的健全,标志着北魏朝廷的控制力从县深入到乡村,北魏朝廷不再依赖地方豪族即可对基层社会实施有效统治。

【附】关于北魏极盛期的户口总数问题

《魏书·地形志·序》:"正光(520—525)已前,时惟全盛,户口之数,比夫晋之太康,倍而已矣。"①考《晋书·地理志·总叙》:"太康元年(280),平吴,大凡户二百四十五万九千八百四十,口一千六百一十六万三千八百六十三。"②据此,则北魏全盛时户口约为四百九十一万九千六百八十户,三千二百三十二万七千七百二十六口。《魏书·地形志·序》的记载可能并无确切依据,其下文云:"永安末年,胡贼入洛,官司文簿,散弃者多,往时编户,全无追访。今录武定之世以为志焉。"③可见魏收并未见到正光前的户口文簿,故其所言只是他作为历史亲历者的一种感觉而已,不可完全当作事实来看。更重要的一点,假设其所言"比夫晋之太康,倍

---

①《魏书》卷一○六上《地形志上》,第七册,第 2455 页。
②《晋书》卷一四《地理志上》,第二册,第 415 页。
③《魏书》卷一○六上《地形志上》,第七册,第 2455 页。

而已矣"有很高的可信度,虽然其所言为"户口",但两个朝代户均口数不可能完全一致,甚至有很大差别。朱大渭统计西晋太康时期相当于曹魏旧境的户均口数为 6.57 人①,根据对《魏书·地形志》所载东魏武定户、口数统计所得户均口数为 3.78 或 3.8 人②。东魏武定时期经过北魏末年战乱也才过了十年左右时间,人口的恢复还比较有限,其反映的户均口数应该低于实际数字,但又不可能达到西晋的户均口数,恐怕还是以五口为宜。《通典》亦载上引《魏书·地形志·序》之文字,"倍而已"作"倍而余",杜佑据此云:"今云'倍而余'者,是其盛时则户有至五百余万矣"。③ 可见杜佑是将魏收所言当作户数来看待的。若北魏正光前户口极盛期的户数为五百万大体可信,按户均口数约五人统计④,则总人口约为二千五百万人,可能与实际相去不会太远。

《三国志·魏书·陈群传》"不过一大郡"下裴松之注:"案

①参见朱大渭《魏晋南北朝南北户口的消长及其原因》,《六朝史论》,第304 页。

②参见周国林《关于三长制历史作用的评价》,袁祖亮《十六国北朝人口蠡测——与王育民同志商榷》。

③《通典》卷七《食货七·历代盛衰户口》,第一册,第 146 页。按曹贯一谓"北魏盛时有户 5,000,000、口 20,000,000"(《中国农业经济史》,第 365页),其文献出处为《通典·历代盛衰户口》。然而《通典》正文之言"明帝正光以前""全盛"时"户口之数,比夫晋太康倍而余矣",又在本注中推算"其盛时则户有五百余万矣"。既未载有户五百万,更未载有口二千万,曹氏当是误抄误引它书(文)相关文字而致。又按《三国志》卷二二《魏书·陈群传》"不过一大郡"下裴松之注:"案《晋太康三年地记》,晋有三百七十七万,吴、蜀户不能居半。"(第三册,第 637 页)北魏全盛时户数若为晋太康三年户数之倍,则有六百多万户。

④周国林统计西汉至刘宋十七次人口数字,所见户均口数大体是在五口上下浮动,参见上揭周文。

《晋太康三年地记》,晋户有三百七十七万,吴、蜀户不能居半。"①

《通典》下文又载:经过北魏末年战乱,北魏"分为东、西二国",
"今按旧史,户三百三十七万五千三百六十八"。北齐"为周师所
灭(577),有户三百三万二千五百二十八、口二千万六千八百八
十";北周"大象(579—580)中,有户三百五十九万、口九百万九千
六百四"。② 按大象年间北周已灭北齐而统一北方,其时蜀地也早
为其所占,而当时人口却只有不到一千万人,实在匪夷所思,即便
是作为未统一前的北周人口数,似乎也有点保守。平均每户人口
才有两个半多一点,更表明这一口数有很大问题,同时也与西魏
大统十三年敦煌籍帐文书中的家庭人口结构很不匹配。若北周
统一北方后的户数为三百五十九万,则其统一前的户数只有五十
五万七千四百七十二户,显然是不可能的③。而北齐户、口数所显
示的户均口数将近七人,应该也不是真实情况。袁祖亮认为北周
三百五十九万户、九百万九千六百四口是统一前的户口数,并对
户均 2.5 人的原因进行了解释④。窃以为此户数为北周统一前的
可能性的确较大,但口数偏少应该还是由于记载有误,而非其他
原因。

---

① 《三国志》卷二二《魏书·陈群传》,第三册,第 637 页。

② 《通典》卷七《食货七·历代盛衰户口》,第一册,第 146—147 页。

③ 谷霁光认为"北周实际户数不会只有六十万","当有二百万(民户)"。
(《府兵制度考释》,第 68 页正文及注①)

④ 参见袁祖亮《十六国北朝人口蠡测——与王育民同志商榷》。龚书铎总主
编《中国社会通史·秦汉魏晋南北朝卷》(本卷主编曹文柱)谓"北周有人
口 900 万"(第 65 页),显然也是将《通典》所载"大象中"户口数作为北周
占领北齐前的人口数。齐陈骏也有类似看法:"对于杜佑在《通典》里所说
的 359 万户的数目,我倒怀疑是仅指原北周统治区域而言的,并不包括原
北齐地区在内。"(《隋代户数增长质疑》,《枳室史稿》,第 163 页)

何兹全云:"《文献通考》卷一〇《户口考》:'后魏正光以前时惟全盛户口之数,比夫晋太康倍余矣。'又:'按晋太康平吴后户二百四十五万九千八百,口千六百一十六万三千百六十三。'故约定北魏人口为三千二百万。"[1]陈连庆《〈魏书·食货志〉校注》云:"正光五年的户口数字既然倍于太康,则人口数字约为五百余万户,三千二百万口左右。"[2]还有著述统计北魏晚期户口数并与魏、晋户口数比较,以显示其增长程度,认为"这种高速增长,除自然增殖外,还由于内迁胡族和隐匿人口的著籍"[3]。按其说有其道理,但不够全面,因为除了"内迁胡族"外,北魏在统一北方过程中接纳了十六国政权的所有人口,其中当以汉族人口居多,此外还在与南朝的对抗中极大地扩展了疆域,原属南朝政权的不少土地纳入北魏版图,这是北魏人口增长的重要因素。此外,人口的快速的自然增殖必须要有和平稳定的社会环境,特别是农业生产的发展,而隐匿人口的著籍则与均田制和三长制的实施以及大规模的括户等举措具有密切的关系。还需指出,该书在述及相关问题时存在明显疏误:(1)将倍于晋太康之户口数定在熙平元年(516),与史实不符,《魏书》的记载是"正光已前",但并未确指是哪一年。(2)谓"至庄帝永安(528—530)年间,有户3375368",注云"据《通典》《通志》《通考》均指为尔朱氏之乱以后户口数",然《通典》在该户数之前又载"分为东、西二国"云云,则实为东、西魏分裂后之户数,具体何年并不明确。(3)将《魏书》之《地形志》

---

①何兹全:《中古时代之中国佛教寺院》,《中国社会史研究导论》,第 68 页注①。

②陈连庆:《〈晋书·食货志〉校注　〈魏书·食货志〉校注》,第 221 页。

③田昌五、漆侠总编:《中国封建社会经济史》第二卷(本卷主编朱大渭、张泽咸),第 14 页。

误作《地理志》。

有著作对北魏人口高峰值作出了如下判断:"北魏人口总数达到 3000 万以上。"①"北魏的人口高峰出现在 6 世纪 20 年代,估计有 3000 万左右。"②"到正光年间(520—524),在籍人口可达 3200 多万。"③"在 6 世纪 20 年代,北方的北魏和南方梁政权控制下的人口,大约可超过 5000 万左右。"④虽然以上估计可能比较接近实际,但遗憾的是全都没有指出任何文献依据。《中国人口史》引用《魏书·地形志》的记载并列出了《通典》《晋书·地理志》所载数据,其结论性判断是:"以 6 世纪 20 年代北魏的 3000 余万人口,加上南朝梁同时期的 2000 万,南北人口的总数合计已经超过 5000 万,这是比较保守的估计。"其"推算"过程是:"从太延五年(439 年)灭北凉统一北方算起,到正光前的神龟二年(519 年),北魏经历了 80 年的恢复和发展。""如果这一阶段的人口年平均增长率以 7‰计,总增长率可以达到 1.75 倍。北魏人口的起点以低于十六国起点的 1800 万计,高峰数可达 3150 万,这应该是北魏人口高峰的下限。如果以 2000 万作为起点,高峰数应为 3500 万,这大致可以视为北魏人口高峰的上限。"⑤这完全是一笔糊涂账,只可当作是数字游戏而已。因为作为推算基础和依据的 7‰及 1800 万或 2000 万全都出于揣测,则其结论自然也就没有什么可信度。

─────────

①龚书铎总主编:《中国社会通史·秦汉魏晋南北朝卷》(本卷主编曹文柱),第 65 页。

②葛剑雄主编:《中国移民史》第二卷《先秦至魏晋南北朝时期》,第 299 页。

③路遇、滕泽之:《中国人口通史》,上册,第 290—291 页。

④邹逸麟主编:《中国历史人文地理》,第 134 页。

⑤葛剑雄主编:《中国人口史》第一卷《导论、先秦至南北朝时期》,第 474—475 页。

作者之所以如此推算,恐怕还是为了暗合《魏书·地形志》所载正光以前人口倍于晋之太康的记载。事实上,在北魏统一北方后三十年淮北五州(青、冀、徐、兖、司)进入北魏版图,以及后来多次南伐战争中对南朝领土的蚕食,括户以及均田制和三长制实行后苞荫户的析出,都是北魏人口增长的重要因素,而以估算的十六国人口高峰值为基数并确定一个假想的增长率来估算北魏人口高峰值之上、下限,无论就史实还是逻辑而论,都是不能成立的①。

综上所述,可知均田制和三长制实施三四十年后北魏全盛时的人口约为五百万户、二千五百万口,亦有可能接近三千万口。对于只占半壁江山的北魏政权来说,这是一个相当可观的数字,在同一区域土地上,这一人口数大概保持了近千年之久,很可能直到明朝中叶才被赶超,不能不说是一个经济奇观,充分体现了北魏社会经济制度改革所取得的巨大成就。

①朱大渭对魏晋南北朝户口问题做了极为详尽的探讨,参见《魏晋南北朝南北户口的消长及其原因》,《六朝史论》,第302—336页。关于十六国北朝人口的研究,又可参见王育民《十六国北朝人口考索》,袁祖亮《十六国北朝人口蠡测——与王育民同志商榷》。王氏认为"北魏正光前(520年)""淮河流域及其附近地区的户口,已经恢复到东汉时的水平"。其推算相当于北魏统治区域的东汉户数为四百七十六万六千余户,若按每户平均口数合计则为二千五百余万口。袁氏谓王氏的统计欠妥,认为"正光年间北魏的总口数约有1900多万,充其量加上隐漏户口也不过二千一二百万",低于东汉永和五年同区域人口数。二氏所得人口数均低于《魏书·地形志序》所载正光前人口为西晋太康倍数的记载,必须提出有力的证据否定《魏书·地形志序》的记载才能证成其说。

结　语

——北魏社会经济制度改革综论

一

　　法国启蒙思想家、国家学说及法学理论奠基人孟德斯鸠
（1689—1755）说："中国并不因为被征服而丧失它的法律。""改
变是必然的，不是征服者改变，就是被征服者改变。不过在中国，
改变的一向是征服者。""他们逐渐地被被征服的人民所同化，要
比被征服的人民被他们所同化容易一些。"①德国古典哲学家谢林
（1775—1854）说："我们看到的天的原则也就是中国人生活和国
家中统辖一切、支配一切的原则。""这一原则是如此的强大，外来
的东西只能在自己的教化范围内维持一段时间，很快就被这一原
则固有的同化力量所同化并从属于它。中国两次被征服，但中国

————————

① 〔法〕孟德斯鸠：《论法的精神》，上册，第314页。

总以他们的法则和生活方式战胜了征服者。"①法国历史学家、政治社会学奠基人托克威尔（1805—1859）说："在被征服者是先进民族，而征服者却处于半开化状态的情形下，就像北方民族侵入罗马帝国，或蒙古族入主中华帝国时那样，野蛮人通过军事征服所赢得的权力，能使之与被征服的文明民族达到同等水平，并共同向前发展，直到被对方同化为止。一方拥有实力，另一方拥有智力；前者需要被征服者的知识和技艺，后者则羡慕征服者的权力。于是，野蛮人将文明人请入他们的宫廷，文明人则向野蛮人开放了自己的学校。"②马克思主义经典作家更是将这种征服者与被征服者的关系上升到历史规律来看待。马克思（1818—1883）说："野蛮的征服者总是被那些他们所征服的民族的较高文明所征服，这是一条永恒的历史规律。"③恩格斯（1820—1895）说："每

---

① 〔德〕弗里德里希·威廉·约瑟夫·冯·谢林:《中国——神话哲学》，〔德〕夏瑞春编《德国思想家论中国》，第 141—142、143 页。
② 〔法〕托克威尔:《美国的民主》，转引自〔美〕魏斐德《洪业——清朝开国史》，第 1 页。按此段文字的另一种译文是:"当被征服的民族是开化的民族，而进行征服的民族是半野蛮的民族时，比如象罗马帝国被北方民族入侵时，或象中国被蒙古人入侵时，胜利赋予蛮族的权力足以使他们达到文明人的水平，并能把他们的平等地位保持到文明人变成他们的对手的时候。一个凭借武力，另一个依靠智力。前者钦佩被征服者的学识和技术，后者羡慕征服者的权势。最后，野蛮人把开化人请进他们的宫殿，而开化人则对野蛮人开放他们的学校。"（〔法〕托克维尔:《论美国的民主》〔董果良译〕，上册，第 385 页）虽然两种译文用语差别甚大，但涵义基本接近，唯董氏译文中并无开化的被征服者同化野蛮的征服者之意。
③ 〔德〕马克思:《不列颠在印度统治的未来结果》，《马克思恩格斯选集》第二卷，第 70 页。按另一版本的译文有所不同:"野蛮的征服者，按照一条永恒的历史规律，本身被他们所征服的臣民的较高文明所征服。"（同上书第一卷，第 768 页）

一次由比较野蛮的民族所进行的征服,不言而喻地都阻碍了经济
的发展,摧毁了大批的生产力。但是在长时期的征服中,比较野
蛮的征服者,在绝大多数情况下,都不得不适应征服后存在的比
较高的'经济情况';他们为被征服者所同化,而且大部分甚至还
不得不采用被征服者的语言。"①北魏历史的发展充分证明了以上
论断的正确性②。北魏政权统治北中国一个半世纪的时间,包括
社会经济制度在内的统治方略的创革,乃是拓跋统治者被其所征
服的汉族文明同化的结果,或者说,既是其"不得不适应征服后存
在的比较高的'经济情况'"的产物,也是其主动适应被征服地区
的更为先进的政治体制和社会文化状况的产物③。瑞士著名历史

---

① 〔德〕恩格斯:《反杜林论》,《马克思恩格斯选集》第三卷,第 222 页。按此
　　为 1972 年版译文,1995 年版译文略有差别:"由比较野蛮的民族进行的每
　　一次征服,不言而喻,都阻碍了经济的发展,摧毁了大批的生产力。但是
　　在长时期的征服中,比较野蛮的征服者,在绝大多数情况下,都不得不适
　　应由于征服而面临的比较高的'经济状况';他们为被征服者所同化,而且
　　多半甚至不得不采用被征服者的语言。"(第 526—527 页)
② 关于征服者与被征服者的"文明"之间的影响或文明在不同地区的传播问
　　题上,英国著名哲学家伯特兰·罗素(1872—1970)的看法值得关注,他
　　说:"历史告诉我们,文明传播到新的地区,而不集中在一个地带,常是由
　　于军事征服的结果。当一个很文明的集团征服一个比较不文明的集团的
　　时候,要是被征服者较之征服者不算太落后的话,他们可以很快学会任何
　　主人想要教导的东西。不过,相反的情况也常常发生:当征服者是不文明
　　的时候,要是征服战争时间为时不久,破坏不大,他们也往往能够向自己
　　的臣服者学习。""虽然征服对于文明范围的扩大有着很大的影响,但经常
　　损害它的质量。"(《如何阅读历史(以过去作为未来的解说)》,田汝康等
　　选编《现代西方史学流派文选》,第 207 页)应该说,其说更为全面审慎。
③ 王国斌在提及非汉族王朝统治中国的历史时认为:"除了蒙古人外,成功
　　的征服者都采纳了许多中国的统治原则与机构。因此中国反复地驯化了
　　征服者。""蒙古人仅能统治中国 100 多年(1264—1368),其原因(至少
　　是部分原因)是他们不愿更多地采纳中国原有的统治原则。"(转下页注)

学家布克哈特(1818—1897)对征服者的看法有所不同,他认为"历史上有健康的野蛮,因为这种野蛮里包含能够变善和创新的特性,同时也有纯粹消极的和毁灭性的野蛮"①。也就是说,只有"包含能够变善和创新的特性"的野蛮的征服者,才有可能最终"被那些他们所征服的民族的较高文明所征服",建立北魏政权的拓跋鲜卑统治者也正是属于这种"健康的野蛮",而非"纯粹消极的和毁灭性的野蛮"。北魏初年典章制度的确立和孝文帝时期的制度改革,集中反映了其民族性中"包含能够变善和创新的特性"。

　　孝文帝太和八年九月二十八日(484.11.2)、九年十月十三日(485.11.6)、十年二月十三日(486.4.2),北魏王朝先后颁布了俸禄制(包括更严厉的惩贪条款)、均田制和三长制(包括新的赋税制度)。这是孝文帝社会经济制度改革的主要内容,三项改革法令虽然是在三个年头颁布的,但实际间隔却只有一年五个月时间,其间的密切关系不言自明②。改革图强,自当雷厉风行。拖泥

(接上页注)(《转变的中国——历史变迁与欧洲经验的局限》,第89、90页)
　　其说并不十分准确,事实上即便是蒙古人建立的元朝,也还是"采纳了许多中国的统治原则与机构"。在历史上统治中国(或中国北方)的非汉族王朝中,虽然蒙古统治者本身的汉化程度有限,但在"统治原则与机构"上仍然是以中国传统的制度为主。退一步说,若认为蒙古人"不愿更多地采纳中国原有的统治原则"可以成立,也不能把元朝灭亡的原因归之于它。北魏孝文帝实行了全盘的汉化改革,在改革之后北魏政权也就只维持了不到半个世纪便灭亡了。秦朝与汉朝、隋朝和唐朝,在政治制度上并无多大差别,但各自存在的时间却大相径庭,也可以作为理解这一问题的旁证。
①〔瑞士〕雅各布·布克哈特:《世界历史沉思录》,第155页。
②堀敏一认为:"在制度实行后很短的时期内,俸禄制、均田制和三长制(以及同时发布的从某种意义上说的均赋制),明显地作为一个整体实行了。"(《均田制的研究》,第112页)

带水,瞻前顾后,浅尝辄止,显然与改革精神背道而驰。此后在孝文帝执政的剩余十三年多的时间里,几乎再未对社会经济制度进行大的调整或进一步改革,足见这三项改革措施已经到位,乃是深思熟虑的产物,而非临时性措置。按照新制度经济学理论,"制度变迁在发展过程中是不可避免的","只有在政府收益高过费用时,政府才建立新制度"。① 此单纯就经济因素而论,自然不能说是全面的认识。事实上,无论古今中外,政府在建立新制度时并不总是从经济利益考虑,有时为了巩固统治,仅仅出于政治的动机也会建立新制度。当然,非经济性的新制度也不一定不会产生经济效益,如某一加强社会治安的新制度的建立,最初或许并未考虑经济因素,制度建立伊始必然会是付出费用而不一定会带来收益,然而一旦社会治安得到加强,经济环境得到改善,自然就会促进经济增长,从而有可能产生"收益高过费用"的长期绩效。正如美国著名政治学家亨廷顿(1927—2008)所说:土地改革的"眼前后果通常是农业生产力和产量的降低。但从长远来看,则生产力和产量都会趋于增长"②。

和平年代官吏没有俸禄,维持生计都有可能出现困难,要追求高水平的生活享受自然难以办到。人的趋利本性在权力加持下会进一步膨胀,在没有更顺畅的聚集财富的环境里,贪污受贿便成为官吏改善经济条件的最主要途径,其结果必然是出现吏治的败坏。吏治的败坏势必激化社会矛盾,导致地方社会局面动荡不安,而欲巩固统治则无异缘木求鱼。政府给官吏发放俸禄,似

①林毅夫:《关于制度变迁的经济学理论:诱致性变迁与强制性变迁》,《财产权利与制度变迁——产权学派与新制度学派译文集》,第 374 页。
②〔美〕塞缪尔·P. 亨廷顿:《变化社会中的政治秩序》,第 348 页。

888 | 北魏社会经济制度研究

乎是天经地义的事,但发放俸禄并不意味着一定就能够改善吏治,官吏从此就不再贪腐。作为阶级社会具有自利属性的人,官吏会利用手中掌握的一切权力而无限放大其贪欲,对于直接治民的地方官来说,其贪腐行为的危害尤为巨大。北魏最高统治者班行俸禄制的初衷,就是要在保证官吏基本经济来源的前提下,杜绝吏治腐败的现象,故而在班行俸禄制的同时,还颁布了修订后的惩治贪赃枉法的法律条款,其严厉程度在历史上绝无仅有,可谓重典惩恶。《管子》云:"法度行则国治";"法令之不行,万民之不治"。①《淮南子》云:"法者,天下之度量而人主之准绳也。""有法者而不用,与无法等。"②在国家治理中,严格执法具有无比的重要性,诚如宋人杨万里所言:"法不必行,不如无法";"有法而不用,不如无法"。③ 至少在孝文帝统治时期,俸禄制的惩贪条款是

①黎翔凤:《管子校注》卷二一《明法解》、卷二二《国蓄》,下册,第 1211、1264 页。
②何宁:《淮南子集释》卷九《主术训》,中册,第 659、663 页。
③[宋]杨万里:《诚斋集》卷八八《千虑策·治原中》、卷九〇《千虑策·刑法下》,《景印文渊阁四库全书》集部一〇〇"别集类",第一一六一册,第 159 页上栏、189 页下栏。何以"有法而不用,不如无法"? 杨万里的解释是:"无法,则民未测其罪之所当;有法而不用,则民知其法之不足忌。有法而民不忌,是故布之号令,不曰号令,而曰空言;垂之简书,不曰简书,而曰文具。法至于为空言、文具,是无法贤于有法也。"(第 189 页下栏)维科认为"法律的基本特性——即法律普遍实用"(《新科学》,第 256 页),反过来说,如果法律不能做到"普遍实用",则其基本特性也就难以保持,遂流于空言、具文。亚里士多德云:"法律所以能见成效,全靠民众的服从,而遵守法律的习性须经长期的培养,如果轻易地对这种或那种法制常常作这样或那样的废改,民众守法的习性必然消减,而法律的威信也就跟着削弱了。"(《政治学》卷二,第 81 页)法律之所以能够生效,就在于其所具有的威严——具备权威性且必须严格遵守。若轻易废改,则民众无所适从,也就难以得到严格遵守;若不能得到严格遵守,则其权威性必定会遭到削弱,甚至可能成为具文。长此以往,自然就会导致有法反而不如无法的严重后果。

得到了严格执行的,俸禄制颁布之初就有多达六位担任地方长官的宗室诸王被赐死,此外还有外戚成员因贪赃枉法和苛酷施政而被处死。然而,随着北魏晚期王朝统治的没落,政纲弛废,法令难以严格执行,惩贪条款也就渐渐流于形式①。毫无疑问,严刑峻法并非济世良药,民心所向才是王道根本②。

在古代中国社会,国家的财源比较单一,若抛开战争年代对战利品的掠夺,正常的财源主要是农耕居民提供的赋税。工商业税虽然不可或缺,但毕竟难以与农业税相提并论,尤其在商品货币经济并不发达的魏晋南北朝更是如此③。"民以食为天",维持

①诺贝尔经济学奖得主乔治·阿克洛夫(1940—)指出:现代宏观经济学"双重均衡"模型认为,"在大多数人遵循规范的情况下","违规行为会使违规者被认定为不寻常且不合理的'坏'人,因此违规者将受到惩罚。这种惩罚的前景使这一规范得到执行"。在相反的情况下,"大多数人违反了规范,违反者不会被认为是一个特殊的'不合理的'人。于是,违规行为就变成了法不责众的行为。因此,规范将得不到执行"。(《回望当年:过去60年宏观经济学的教训》)也就是说,这种现象其实具有普适性,规范是否得到执行,或违规行为是否受到惩罚,其前提在于大多数人是否遵循规范。若推而广之,则所有法律法规的执行也具有这样的特征,而大多数人是否遵循法律法规,关键在于执法环境和执法者的能力——若统治者的执政能力强,则大多数人会遵循法律法规,严格执法将得到保障,而执政能力强只能建立在政治清明的基础上。若政治衰败则会出现相反的情况,由于大多数人不能遵循法律法规,法律法规也就得不到执行。
②[宋]陈渊云:"古语有之:凡举大事,必顺民心。民心所向,天意从之。而得民心有道,所欲与之、聚之,所恶勿施尔矣。"([宋]沈度编:《默堂集》卷一八《与王帅》,《景印文渊阁四库全书》集部七八"别集类",第一一三九册,第477页上栏)
③林毅夫在《李约瑟之谜:工业革命为什么没有发源于中国》一文中说:"中世纪的中国,大型的商业和金融组织就已存在,并且十分兴旺,其中大部分为名门望族所有。"(《制度、技术与中国农业发展》,第266—267页)据括注及书后参考文献,知其说来自Wolfram Eberhard(艾伯华)(转下页注)

人们生存的口粮如果短缺,则必定要发生饥荒,进而引起社会的动荡,此乃统治之大忌,故历代统治者几乎无不提倡重农抑商(重本抑末)。在农耕社会里,农业是根本,商业是末业,但商业的利润往往高于农业的收益,商业的过度膨胀会激发人们的逐利行为,从事农业生产的人口就要减少,很可能引发严重的粮食危机,进而动摇统治根基。当然,商人的奸巧及流动性强的特点,也是统治者所忌讳的,如果不加遏制,发展到一定程度也会成为统治的离心力量。① 国家出现以来,任何时代纳税人都是国家财政收入的提供者,自然也就是国家政权的基石。因此,赋税征收的基本原则应该是,"永远不能对纳税人维持生活所必需的那部分收入征税",或者说"纳税时期越使纳税人感到方便并且有能力缴付,也越是好税"。② 对北魏政府来说,要保证官吏俸禄的发放,财政支出势必要比俸禄制班行前大大增加,对现有纳税者加税很可能会征收其"维持生活所必需的那部分收入",这显然并非治国良

(接上页注)于 1956 年发表的论文,不太确定其所言"中世纪的中国"具体是指哪个年代,若以欧洲中世纪始于 395 或 476 年相比附,则当始于东晋十六国晚期或南北朝前期;若按林氏文中的论述来看,似乎是指汉代以后的历史时期。不管怎样,魏晋南北朝后期应该可以放在其所言"中世纪的中国"的范围之内,然而遗憾的是,包括北魏在内,没有任何史料能够证明这一时期存在"为名门望族所有"的"十分兴旺"的"大型的商业和金融组织"。

①《管子》在世界历史上最早提出以农为本、重本抑末的治国理念并对之作了系统深刻的阐述,认为:"粟者,王之本事也,人主之大务,有人之途,治国之道也。""(王天下)必国富而粟多也。夫富国多粟,生于农,故先王贵之。凡为国之急者,必先禁末作文巧。""奸巧不生则民治。"(《管子校注》卷一五《治国》,中册,第 927、924、926 页)

②〔瑞士〕西斯蒙第:《政治经济学新原理:或论财富同人口的关系》,第 368、373 页。

策。理想的解决办法当然是广开财源,也就是要通过扩充纳税者的数量,或者说以增加农业人口的税收额度为主要的手段。俸禄制班行的同时又规定了新的赋税制度,并且明确规定俸禄发放出自何处。对北魏政府而言,赋税的增收应该有两个渠道:一是每个在籍农户即编户齐民的税率比以往提高,一是迅速扩大在籍人口数量以稀释赋税增加给每个农户所带来的负担。满足前一个渠道的前提是,农业生产水平的提高,在古代社会主要靠天吃饭的情况下,这一点并不容易办到,但从三项经济制度改革颁布前后孝文帝采取的兴修水利的举措可以看出,的确有着提高单位面积产量的考虑。此外,官吏贪赃枉法以及官商勾结盘剥农户的现象的减少或杜绝,也有利于大大减轻农户的隐形负担,或者说,虽然国家赋税征收额度增加了,但农户的实际负担却不升反降。俸禄制班行的同时严厉打击地方官的贪腐行为,以及改变以往收税过程中的官商勾结行为,即是为此目的而来。第二个渠道其实也是大有可为的,因为当时有大量的流民、浮户或依附于豪强的荫户没有进入国家户籍系统,是不向国家纳税的编外之民。解决这一问题的办法,也就是接着实行的均田制和三长制。

增加政府财源的一个重要前提便是农业生产总量的提高,而农业生产总量的提高自然要以全部农业人口生产能力的提升为基础,亦即诺贝尔经济学奖得主阿瑟·刘易斯(1915—1991)所说的"总人口人均产出的增长"[①]。促进经济增长或经济发展,不仅仅是国家财政收入的需要,而欲实现孝文帝均田诏所提出的"兴富民之本"的目标,也必须要做到这一点。正如诺贝尔经济学奖得主保罗·克鲁格曼(1953—)所说:"一个国家提高其生活水平

①〔英〕阿瑟·刘易斯:《经济增长理论》,第6页。

的能力几乎完全取决于该国提高人均产出的能力。"①另一诺奖得主冈纳·缪尔达尔(1898—1987)在研究南亚贫穷国家的发展问题时指出:"提高人口或劳动力的人均产出是一切发展计划的共同目标。"②英国新古典经济学创始人阿尔弗雷德·马歇尔(1842—1924)认为,"在社会历史中曾有各个阶段,而在这些阶段中土地所有权所产生的收入之特点,支配了人类的关系"③,可以说土地所有权是支配人类历史的重要动力。马氏夫妇合著的《产业经济学》中就欧洲大陆上经营规模与产出的关系问题提出了这样的看法:"自耕农所获得的产出与所投入的劳动之间的比值,要低于英国农场所获得的产出与所投入的劳动之间的比值。但是,自耕农的每英亩土地产出很高,并且,从总体上来看,他将自己的全部份额都贡献给了国家的农业财富。"④就单位面积的产出或产量来说,自耕农土地上要高于较大规模农场,这种现象在农业机械化普及之前的农业生产中应该具有普遍性。具体到北魏均田制实施的前后,豪强地主庄园上的农业生产与均田制下以一夫一妇为主的自耕农家庭的生产相比,则单位面积产量也应该是后者高于前者,而且均田农户土地产量的提高不仅可以改善自身的生活状况,而且也会提高国家的财富总量。在马氏看来,自耕农土地之所以具有比较优势,是因为"自耕农非常热爱他们所拥有的

①转引自〔美〕保罗·萨缪尔森、威廉·诺德豪斯《经济学(第十九版)》,下册,第1119页。

②〔瑞典〕冈纳·缪尔达尔著,塞思·金缩写:《亚洲的戏剧:南亚国家贫困问题研究》,第37页。

③〔英〕马歇尔:《经济学原理》上卷,"原著第八版序言",第19—20页。

④〔英〕阿尔弗雷德·马歇尔、玛丽·佩利·马歇尔:《马歇尔文集》第1卷《产业经济学》,第92页。

土地,并视土地为友;非常乐意将自己的收入投入到土地上;非常想知道每一平方码土地的历史",他们利用"自己擅长的耕种方法",特别是"他们对土地的坚持不懈的热情却为其带来了总产量的大幅提高"。在充分肯定大农场生产优越性的他们看来,自耕农的生产热情所产生的"优势使得深耕细作的农业在小规模的耕地上和大规模的耕地上一样成功"。最为关键的因素或者说自耕农之所以用极大的热情进行精耕细作,就"在于他们拥有所耕种土地的所有权"。① 也正是由于有了对其所耕种土地的所有权,从而生发出的巨大的生产积极性,有利于提高单位面积土地的产出率。

不过,在五世纪晚期的生产力条件下,北魏均田制下亩产量的提高虽然是有可能的,但受限于当时的农业技术条件,亩产量的显著提高却决非易事,也可以说,实际上很难通过提高单位面积产量来达到显著增收——无论是农民家庭收入还是政府财政收入——的目的。其它的办法就是增加耕地面积,总的来看,由于人少地多,有不少荒地可供开垦,只是需要人手来耕种。缪尔达尔对南亚国家的农业生产状况的调查显示:"即使没有任何创新,甚至除了工作时间再长一点、更有效一点之外,无需任何投资,农业的产量也可望得到明显提高。"②工作时间的延长和效率的提高可从两方面来理解,既可以是现有劳动力劳动强度和勤劳程度的增加,也可以是投入农业生产的劳动力数量的增加。就北魏均田制来说,两方面的因素都是存在的。一方面,均田制使得

①〔英〕阿尔弗雷德·马歇尔、玛丽·佩利·马歇尔:《马歇尔文集》第 1 卷《产业经济学》,第 94、92 页。
②〔瑞典〕冈纳·缪尔达尔著,塞思·金缩写:《亚洲的戏剧:南亚国家贫困问题研究》,第 226 页。

国家掌握的以自耕农为主的现有编户齐民的土地产权得到明确，有了足以维持生产生活的土地资源——露田、桑田或麻田、居住园宅，无疑将会大大提高他们的生产积极性，而均田制所规定的指导和督促生产的条规——露田种粮，桑田种桑、榆、枣、果且在三年内种毕，麻田种麻、园宅地种菜——也是调动农民生产积极性的推动力。马歇尔夫妇对欧洲大陆上自耕农生产热情的描述，完全可以作为理解北魏均田农民的参照。另一方面，则是增加劳动力的数量，亦即扩大政府掌握的直接投入农业生产劳动的人口总数。在均田制颁布前确有不少民众因"困饥流散"而游离于国家掌握的编户体系之外，如何通过合理的制度使他们加入到政府掌控的生产者行列，成为纳税服役人口，便是一个亟须解决的问题。未纳入国家户籍的民户虽不乏逃亡山泽为流民、浮户者，但更多的则是依附于豪强大族而成为其依附民。均田制通过向全国所有民户受田以吸引流民回归，同时使得更多的依附民身份发生转变，即改变其农奴身份而成为独立的自耕农——国家直接控制下的编户齐民，从国家分得田地进行耕种，收获后按税法向国家缴纳赋税并按规定服役。在均田制颁布之前十余年，韩均曾受命在河北五州检括户口，一次性括得十余万户，未入政府户籍的民户之多可想而知。在均田制实施后究竟有多少民户被纳入政府户籍，没有明确的记载，但肯定不是一个小的数目。李安世均田疏提出"民困饥流散，豪右多有占夺"，可见贫困和饥荒引起的民户流亡乃是豪右占夺土地和依附民的主要原因。因此，均田制的制定和施行还有一个目的，就是为了解决当下存在的饥荒问题，这也是政府与豪强争夺民户的根本办法。按照孝文帝均田诏所言，为了实现"天下太平，百姓丰足"的目标，遂"均给天下之田"，以便"劝课农桑，兴富民之本"。布克哈特认为"一场重大的危机发展到一定阶段的时候,它不可避免地导致穷困和贪欲这两个社会问题突然变得尖锐起来"①,虽然孝文帝改革前的北魏社会表面看来并未处于一场重大危机之中,但危机的征兆——穷困和贪欲这两个社会问题应该说已经比较尖锐,相应地也会给社会的稳定和政府的财政收入带来不利的影响。可以确定的是,俸禄制主要是为了解决官吏的贪欲问题,而均田制则是为了解决民众的穷困问题,三长制则是配合俸禄制和均田制的实施,同时也是为了稳定基层社会和保证赋税徭役的征发。美国著名历史学家斯特雷耶(1904—1987)说:"因为人类的活动都是相互关联的,孤立的改革不能持久。每一个意义重大的改革都需要在有关各领域进行一系列的变革。"②北魏孝文帝的社会经济制度改革即是"在有关各领域进行一系列的变革",其得以持久就在于它们不是孤立的改革,而是解决社会经济问题的系统工程。

北魏政府在吸引流民和浮户并与豪强大族争夺依附民的过程中,仅仅依靠均田制吸引这些民户自觉入籍不见得会有多大效果,为此还必须有相应的制度配套以便实施校比民户的工作,三长制随之应运而生。北魏政府在制定俸禄制、均田制的同时,必定也在考虑如何以在籍人口的增加和耕地面积的扩大为基础,来提高农业产出总量,从而增加政府的财政收入。俸禄制附加的惩贪条款旨在改善地方吏治,有助于减轻民众受到的盘剥,使其能够进行正常的生产生活,从而提高生产效率。均田制意在扩充政府掌控的在籍民户,加大耕地的开发和利用程度,目的也是为了

---

① 〔瑞士〕雅各布·布克哈特:《世界历史沉思录》,第169页。
② 〔美〕约瑟夫·R.斯特雷耶:《四世纪和十四世纪》,《现代史学的挑战——美国历史协会主席演说集(1961—1988)》,第205页。

提高农业产出的总量。不可否认，在籍民户的扩充意味着可以服役的丁男人数的增多，自然也就有利于政府的徭役兵役的征发。若考虑到改革前一段时间饥荒严重的社会现实，可以看出这三项经济制度改革——尤其是均田制——还有一个重要目的，就是通过发展农业生产以改善民众的生存状况，使他们能够在遇到天灾时平安度过危机，不至于饿死沟壑或背井离乡——豪强大族也会利用这样的机会，接纳更多的依附民。无论是社会上有过多的流民，还是豪强势力的膨胀，对北魏王朝中央集权体制都构成了威胁，因此解决流民问题和豪强兼并问题，也是出于维护和加强王朝统治特别是稳定基层社会的需要。

美国著名经济史学家亚历山大·格申克龙(1904—1978)在考察十九世纪俄国经济思想史时，得出了"农奴的解放无疑是扩展紧张并借此促进随后的经济发展的一个决定性步骤"的论断①。北魏均田制和三长制实行后豪强荫户加入编户齐民行列，也类似于"农奴的解放"，这一重大举措无疑成为以后北魏经济发展的一个重要因素。当然，不可否认两者还是有差别的，十九世纪俄国"农奴的解放"主要是促进了以工业化为主的经济发展，而北魏的"农奴的解放"仍然是对传统的农业经济发展的影响。马歇尔夫妇认为：南欧部分地区盛行的对分佃耕制，"地主为了确保自己在土地产出中的分成，对对分佃农做出了很多规定。因为，受到了这些规定的困扰和阻碍，再加之对分佃农只能按照一个固定的比例来分享自己的劳动成果，所以，与自耕农相比，对分佃农没有那么强烈的努力耕种的动机"。比较而言，"自耕农却依然怀着一种坚持不懈的热情将更多的劳动投入到所耕种的土地上"。因而

---

① 〔美〕亚历山大·格申克龙：《经济落后的历史透视》，第187页。

"耕种者拥有土地的所有权"应该是最受经济学家青睐的一种土地所有制①。也就是说,自耕农土地所有制优于租佃制,当然更要优于农奴制。金陵大学农业经济系主任卜凯(John Lossing Buck,1890—1975)教授在1920—1930年代组织了两次大规模的中国农村经济调查,调查结果显示,当时中国农村的土地占有及自耕农与佃农的经济状况的基本数据是:"中国土地几尽为私有,国有者仅百分之七。""私有农地属于农民自有者四分之三弱,租种者四分之一强。自耕农之田场面积大于佃农。前者平均一·七一公顷,后者一·四四公顷。因此自耕农占农民半数以上,半自耕农不及三分之一。佃农仅百分之一七。凡农民自有农舍,而作物用地完全租自他人者,皆列为佃农,而不为半自耕农。""中国今日最合双方利益者,当为耕者自有制。"②由此可见,佃农不仅土地数量少于自耕农,加之向地主支付的地租额度恐怕也要高于自耕农所负担的国家赋税,故佃农的经济地位肯定也低于自耕农。虽然相距时代遥远,但可以确定的是,北魏前均田制时代依附于豪强地主的荫户,其经济地位必定要比后代身份完全自由的佃农还要低,当然也就和自耕农不可同日而语。在均田制和三长制实行后,随着身份地位的转变,他们的社会地位将会得到很大程度的改善,相应地他们的经济地位也会大大地提高。

在北魏建国以来几近一个世纪的时间里,并无县以下地方基层行政组织,基层社会的稳定主要是由"乡邑三老"等构成的"宗

①〔英〕阿尔弗雷德·马歇尔、玛丽·佩利·马歇尔:《马歇尔文集》第1卷《产业经济学》,第95、98页。
②卜凯主编:《中国土地利用》第一章《中国农业概论》(卜凯著),第9页。在不同区域(小麦地带与水稻地带)的比例有所差异,参见该书第六章《土地》(卜凯著),第236页。

主督护"负责的。也可以说,北魏前期的基层社会是一种松散的地方自治状态,这种状态无疑有利于豪强大族势力的发展,但对中央集权体制的加强而言却并非总是有利因素。这些宗主督护实际上就是地方豪强,北魏政府收缴赋税、征发徭役少不了他们的参与和协助,饥荒年代还可接纳部分流民为其依附民,暂时缓解社会的危机状态。不可否认,他们对于北魏前期基层社会的稳定曾经发挥过积极作用。但就长期来看,大量的依附民为豪强所有,政府掌控的在籍民户数量就要缩小,对巩固统治必然会带来消极作用。纳税服役人口的减少,至少会造成两方面的问题,要么政府的税收和徭役受到影响,要么现有在籍民户的负担有所加重。前者会给财政收入带来消极影响,有可能减少公共服务人员和兵士的来源,阻碍国家机器的正常运转;后者则会限制农业生产的发展,减缓人口的繁衍和增殖,不利于基层社会的稳定和繁荣。无论哪一方面,都是北魏政府所不愿看到的,因此跟豪强大族争夺人口,削弱豪强势力,便成为巩固统治的必由之路。为此,有必要借鉴秦汉魏晋时期基层社会的治理模式,健全县以下地方基层行政组织,以取代原来由豪强大族所承担的管理基层民众的公共职能,由基层行政组织负责户籍管理和赋税徭役的征发,负责均田还受并督促农业生产,化解民间纠纷,稳定基层乡村社会。正是在此背景下,李冲参照古制而制定出了邻、里、党三长之制。

俸禄制颁布的同时还对赋税制度作了调整,过了一年多时间又与三长制同时颁布了新税制,而编户齐民通过均田制拥有了属于自己的田地,这是赋税征收的前提,充分表明俸禄、均田、三长制这三项制度改革与税制之间的密切关系。毫无疑问,以在籍人口的扩充和农业生产的发展为基础的财政收入的增加,乃是开源活水,具有很强的可持续性,与一味地加强剥削和榨取属于截然不同的统治思路。这三项新制度是在改革大背景之下,由北魏统治集团中的有识之士提出,并得到了最高统治者冯太后和孝文帝的赞同,最后以诏书或法令的形式颁布,随即在全国加以推行。太和八年俸禄制颁布后每户赋税额度有较大程度的增加,但仅过了一年多时间,北魏政府便对税制进行了彻底改革。太和十年二月在设立邻、里、党三长的同时,颁布了更为公平合理的新税制,规定帛一匹或布一匹、粟二石(实际还要再缴绵八两或麻十五斤),大体上即为一户均田农民所应负担的赋税额度。整体来看,北魏于太和九年十月颁布均田制,意在吸引民众主动脱离豪强大族的控制而成为政府的编户齐民,三长制则是通过有计划地普查和清理户籍将豪强大族荫附下的民户检括出来,变成政府所控制的纳税服役人口,新税制则以"均徭省赋"为原则来减轻民众的负担,使其脱离豪强控制,从而增加国家的财政收入。

二

亚里士多德(前384—322)云:"变革实在是一件应当慎重考虑的大事。"[1]改革传统制度并非轻易可以为之,自当谨慎从事。参与均田制等改革决策的北魏孝文帝君臣对此有着清醒的认识,如在讨论确立三长制时,"群议虽有乖异,然惟以变法为难,更无异义"。刘易斯说:"革新者始终是少数。新思想最初总是由一两个人或极少数人付诸实施的","改革到什么程度取决于某个社会领导人的素质"。"如果一个国家在适当的时候很幸运地拥有正

---

①〔古希腊〕亚里士多德:《政治学》卷二,第81页。

确的领袖,它就有可能开创新的局面。"①北魏太和年间的经济改革及其后的政治、社会、文化等领域的全方位改革,正是由于有了孝文帝这样一位杰出帝王的领导,的确可以说是"在适当的时候很幸运地拥有正确的领袖"。不可忽视的是,经济改革的顺利进行,离不开曾经两度临朝听政拥有很高威望的冯太后的大力支持。参与新制度制定的官员虽然只是北魏统治集团的极少数,但他们却代表了当时的先进文化和进步力量,影响了改革的方向和进程。亨廷顿指出:"像其它改革一样,土地占有状况的改革也需要政治体系内部权力的集中和扩大。更具体地说,这首先需要把权力集中在一个立志改革的新兴社会精英集团的手中,其次还需要动员农民有组织地参与改革的实施。"②毫无疑问,均田制颁布时的北魏王朝完全具备"政治体系内部权力的集中和扩大",稳定的中央集权的君主专制体制能够保证改革新政的制定和执行,同时以孝文帝为首的改革派成员深受以儒家思想为主的汉族传统文化的影响,代表了当时进步的社会力量③——大体相当于亨廷顿所言"立志改革的新兴社会精英集团"。均田制和三长制相配套,惠及包括依附民和奴婢在内的几乎全部农业生产劳动者——自耕农和依附民地位的改善自不待言,奴婢由于有资格受田且租赋负担更低也会受到主人的善待,故而也可以看作是"动员农民有组织地参与改革的实施",何况负责均田制具体实施的三长本身就是编户齐民的成员,同时属于均田制实施的对象。可以说,俸禄制、均田制和三长制是对北魏社会各阶层力量的全面动员,

①〔英〕阿瑟·刘易斯:《经济增长理论》,第 178、515 页。
②〔美〕塞缪尔·P. 亨廷顿:《变化社会中的政治秩序》,第 364 页。
③参见拙著《北魏政治史研究》,第 177—194 页。

无论是统治阶级还是被统治阶级,都能受惠于改革新政的实施。当然,最大的成效还是北魏王朝统治的巩固,诚如亨廷顿所说:"土地改革对政治制度有着极大的稳定作用","会使农民从潜在的革命力量转变成为基本的社会保守力量"。① 或者也可以说,"如果制度能及时调整,把行为转化为促进增长的经济活动,则暴力不一定会产生"②。通过制度改革以促进经济增长,也可以看作是北魏孝文帝所采取的"止盗之方",这比单纯的高压政策与镇压行动显然更为高明。

俸禄制的提出者史无明载,但从出身勃海高氏的汉族士人高闾上议维护俸禄制并阐释俸禄制的意义来看,高闾很可能就是俸禄制的制定者,其所任之职为中书监,而中书省是负责诏令起草的机构,且其精通《周礼》典制,熟悉前代历史故实,与俸禄制所体现的内涵可谓若合符节。均田制的制定者具体为谁亦无明确记载,但赵郡李氏出身的汉族士人李安世奏上均田疏,史载"后均田之制起于此矣",推测均田制的制定者应该就是李安世,至少也应该是主要的参与者。李安世时为南部给事中,是掌管中原汉地及北魏南方地区事务的南部尚书之次官,十余年前韩均括户的地区即是其职司范围。透过李安世均田疏对均田制旨趣的阐释,作出其为均田制制定者或主要规划者的认识,当与事实相去不远。高闾以及游明根、高祐等汉族士人中的佼佼者,很可能都参与了均田制的制定。三长制的制定者很明确,就是陇西李氏出身的汉族士人李冲,其所任官职为内秘书给事中,是殿内机要部门内秘书

①〔美〕塞缪尔·P. 亨廷顿:《变化社会中的政治秩序》,第 347、345 页。
②〔美〕李·J. 奥尔斯顿等:《巴西亚马孙河流域暴力和土地产权制度的变迁》,〔美〕德勒巴克等编《新制度经济学前沿》,第 177 页。按该文所言制度即是以产权为核心的土地制度。

省的次官,也是冯太后的宠臣。若谓李冲参与均田制的制定,亦应合乎情理。总之,这三项改革措施都是出于巩固统治的现实需要而制定出来的,具有深厚文化素养的汉族士人发挥了巨大作用,他们所掌握的儒家经学和历史知识,以及对社会现实的充分关照,还有忧国忧民的士人情怀,故能提出符合时代要求的新制度,可以说代表了社会发展的趋势和进步的方向。更为重要的是,孝文帝参与了相关法令的制定、决策和最终文本的确定,发挥了主心骨作用。

在北魏统治集团内部,对这三项改革措施存在不同的认识,尤其是在俸禄制班行初和三长制决策时,均有人明确表示反对。俸禄制的实施以增加国家的赋税收入为前提,因此就表面或短期来看,制度推行后民众的负担无疑会有所加重。徐州刺史薛虎子的上疏显示,俸禄制实施之初当地民众的负担的确有大幅度增加。当然,也可能是因为徐州地处东南边疆,情况似乎较为特殊,未必具有普遍性。薛虎子在肯定俸禄制的积极意义的同时,希望北魏朝廷能够区别不同地域,加以灵活处置。冯太后就此专门批示,谓"不可以小有不平,便亏通式"。宗室元老淮南王他则"奏求依旧断禄,文明太后令召群臣议之"。淮南王他反对的理由难以确知,不过从冯太后专门召集王公大臣开会讨论,足见其非同小可。中书监高闾上表反驳"断禄"之议,认为:"君班其俸,垂惠则厚;臣受其禄,感恩则深。于是贪残之心止,竭效之诚笃;兆庶无侵削之烦,百辟备礼容之美。斯则经世之明典,为治之至术。"至于此前为何官吏没有俸禄,在他看来是因为"自中原崩否,天下幅裂,海内未一,民户耗减,国用不充,俸禄遂废"。高闾还将"置立邻党,班宣俸禄"作为冯太后和孝文帝"动遵礼式,稽考旧章"的产物。高闾明言,俸禄制具有改善吏治、加强君臣关系的作用,可使

"苛慝不生,上下无怨,奸巧革虑,窥觎绝心"。反之,"若不班禄,则贪者肆其奸情,清者不能自保"。高闾从历史、现实和理论结合的角度,系统阐述了班行俸禄制的必要性以及俸禄制的政治作用,既有力地批驳了反对俸禄制的观点,又有助于更好地理解俸禄制的重大意义。

李冲奏上三长制和新税制后,"文明太后览而称善,引见公卿议之"。中书令郑羲、秘书令高祐等以为"言似可用,事实难行",郑羲甚至说"事败之后,当知愚言之不谬",足见其反对之强烈。宗室元老太尉拓跋丕赞同实行三长制,认为"此法若行,于公私有益"。按照李冲的解释,可知三长制是为实现"校户"和"均徭省赋"两个目标而设。著作郎傅思益认为:"九品差调,为日已久,一旦改法,恐成扰乱。"主要是就新税制而言。冯太后赞同实行三长制的理由是:"立三长,则课有常准,赋有恒分,苞荫之户可出,侥倖之人可止。"可以说,此语相当简明而又精准地道出了这一制度的实用价值。值得注意的是,反对三长制的郑羲、高祐、傅思益皆为北方汉人大族,他们与地方乡里社会有着紧密的联系,这在郑羲身上有充分的体现。郑羲为荥阳郑氏代表人物,其妻为赵郡李氏代表人物李孝伯之女。他在乡里拥有很大的影响力,史称"羲河南民望,为州郡所信"。荥阳郑氏是典型的豪强大族,郑羲五兄"并恃豪门,多行无礼,乡党之内,疾之若雠"。三长制所针对的"五十、三十家方为一户"的豪门,正是荥阳郑氏这样的家族。故郑羲对三长制的反对,可以确定乃是其维护家族利益的体现。相较而言,陇西李氏是在四十年前从河西走廊迁居北魏京师平城的,是一个脱离了本土而在城市居住的世家大族,在地方没有乡里势力。同样作为宗室贵族的拓跋丕也没有像荥阳郑氏那样的乡里势力。也就是说,三长制的"校户"所针对的是类似荥阳郑氏的乡里豪强型大族,不会影响城居型官僚贵族的利益。

北魏前期接续十六国以来战乱影响下的基层社会局面,通过对豪强荫附民户现象的认可,以宗主督护制维持基层社会的稳定。而在和平安定时期,王朝财政几乎完全依赖于农业人口缴纳的赋税,则拥有大量荫户的地方豪强大族便成了中央集权体制的对立物,必须加以改变。均田制具有吸引依附民主动脱离豪强大族而成为编户齐民的目的,三长制则通过有计划的普查和清理户籍,将豪强大族的荫户变为编户齐民,是北魏政府抑制豪强大族的积极主动行为。正因与其家族利益毫无瓜葛,李冲才能够提出彻底动摇和瓦解豪强大族势力的三长制和新税制,其着眼点乃是为了巩固北魏王朝的中央集权统治。比较来看,在各项社会经济制度改革中,均田制虽然也有与豪族势力争夺依附人口的目的,但在具体的制度规定上又对豪族的利益有明确的考量,因而也就未见到反对者,似乎得到北魏统治集团的一致赞成。不过,反对俸禄制和三长制的官贵也不是从自身的阶层或家族利益言说,而是从是否便民或扰民的角度进行阐述。事实上,一个新的制度的出现一开始总会有麻烦、不便和不太适应之处,关键是从长远来看是否能够改善统治,是否有助于建立良性有序的社会,推动社会的发展和进步,而不必计较一时一事的得失。

著名经济史家吴承明(1917—2011)认为:"经济发展—制度改革—社会变迁,在最高层次上都要受文化思想的制衡。"[1]北魏孝文帝时代的社会经济制度改革,是参照儒家经典、历史传统并对社会现实需求有着充分把握的基础上,由具有深厚经史修养的汉族士人制定出来的。孝文帝班禄诏有云:"置官班禄,行之尚

---

[1]吴承明:《经济史:历史观与方法论》,《吴承明集》,第404页。

矣。《周礼》有食禄之典,二汉著受俸之秩。逮于魏晋,莫不聿稽往宪,以经纶治道。自中原丧乱,兹制中绝,先朝因循,未遑厘改。朕永鉴四方,求民之瘼,夙兴昧旦,至于忧勤。故宪章旧典,始班俸禄。"李安世均田疏谓,"井税之兴,其来日久;田莱之数,制之以限"。孝文帝均田诏有云:"(朕)每览先王之典,经纶百氏,储畜既积,黎元永安。爰暨季叶,斯道陵替。"均田制充分体现了儒家的民本思想,也有对井田制参照的因素,同时还是对占田制等传统制度的承袭和变革。为了解决"魏初不立三长,故民多荫附,荫附者皆无官役,豪强征敛,倍于公赋"的问题,李冲提出"宜准古,五家立一邻长,五邻立一里长,五里立一党长"。李冲所言"古"制乃是《周礼》所载相关制度,与官吏领受俸禄一样,两汉、魏晋同样是在县以下设有地方基层行政组织,以加强对地方的治理和负责赋税徭役的征发。就儒家经典而言,特别是《周礼》所载相关制度,俸禄制、均田制和三长制的制定都有所参考,孝文帝班禄诏已公开了这一秘密。而秦汉魏晋以来的历史显示,俸禄制、地方基层行政组织以及规范的田制和税制,都是巩固统治所不可或缺的。就北魏的统治现实而言,也是特别急需健全和完善相应的制度,才能适应和平时期统治广大农耕地区的需要。总体而言,北魏孝文帝时期的全部改革,有一个明确的一以贯之的指导思想,就是以《周礼》等儒家经典的相关记载为指导,以两汉魏晋的历史传统为关照,以解决当下的社会现实问题为出发点,以巩固北魏王朝的统治为总体目标。或者说,儒家经典、历史传统和社会现实乃是孝文帝改革思想的三大要素,改革的成功就在于将此三者有机结合起来,这在均田制等社会经济制度改革上显得尤为突出。广而论之,历史上每一次成功的改革其实无不兼顾了经典

（理论）、历史（传统）和现实（社会）三大要素①。若将三者割裂，或忽略其中某一、二方面，都属于短视行为，也就不可能取得真正的成功，甚至从改革初衷而言就是挂羊头卖狗肉。明辨历史上的真改革和假改革，也是评价改革的一个基本立足点。

均田制、三长制和新税制三位一体，确立起新的农村土地制度、地方基层行政组织和赋税征收机制，构成北魏孝文帝社会经济体制改革的完整系统，彰显了孝文帝和冯太后为首的北魏统治集团的高度政治智慧和远见卓识②，为解决北魏中叶的社会问题

---

①钱穆在《中国社会演变》一文中认为，北魏均田制"是由北方门第中的中国知识分子，根据历史传统所提供"（《国史新论》，第 21 页）。V. W. 拉坦在《诱致性制度变迁理论》一文中提出："纵观历史，社会知识使制度绩效和制度创新得以增进，这主要是通过成功先例的逐渐积累或作为行政与管理知识与经验的副产品来实现的。在最近的一个世纪，社会科学知识的进步已为制度创新的效率开辟了新的可能性。""对社会科学知识的需求是由对更为有效的制度绩效的需求中派生出来的。社会科学知识可能会经由现存的制度或通过促进新的更为有效的制度的发展和创新而导致更为有效的制度绩效。"（《财产权利与制度变迁——产权学派与新制度学派译文集》，第 353 页）实际上，拉坦所言与著者从孝文帝改革中所得出的制度改革或创新的三大要素——经典（理论）、历史（传统）和现实（社会）——涵义是颇为相近的。毫无疑问，制度改革或创新总是出于现实（社会）的需求，而社会知识可与经典（理论）相提并论，成功先例或行政与管理知识、经验主要是指历史（传统），但不排除有部分经典（理论）的成分。著者相关认识——"孝文帝改革的指导思想""是儒家经典、历史经验和现实政治三者有机结合的产物"，最早是在 1985 年撰写的论文《北魏孝文帝政治思想散论》中提出的（《北魏政治与制度论稿》，第 100 页）。

②英国启蒙思想家约翰·洛克认为，"改进土地和正当地利用土地是施政的重要艺术"（《政府论下篇——论政府的真正起源、范围和目的》，第 28 页）。北魏均田制将荒地作为露田授予民户，并且鼓励狭乡民户移居宽乡耕垦荒田，无疑属于"改进土地"的措施，而均田制对民户受田以及将田地划分为露田、桑田和麻田等类别且规定其种植用途等，毫无疑（转下页注）

找到了有效的突破口。俸禄制的班行，使得中央和地方各级官吏都能够通过正常的制度领受薪俸，统治积极性将会大大提高，虽然意在杜绝官吏贪赃枉法的目的未必能够完全达到，但肯定会有助于减缓统治阶级队伍尤其是地方官吏的贪腐行为。吏治的清明，必然能够促进农业生产的发展，赋税徭役的征发也就有了更好的保障。俸禄的发放是以国家税收的增加为前提的，而税收的增加不应通过无端的征敛，而应通过农业生产的发展和编户齐民的增加来实现，均田制和三长制也正是通过这两个途径来扩大财源的举措。也可以说，俸禄制是均田制和三长制实施的动因，而均田制则具有核心和基础的地位。西方新古典经济学"承认各个经济量的普遍相互依存"，或者说主张"经济体系各要素之间普遍相互依存的概念"。① 北魏孝文帝时代的经济体制改革为其说提供了有力的佐证。不但经济体系各要素之间存在普遍相互依存的关系，而且经济与政治、社会、文化之间也存在着普遍相互依存的关系。孝文帝的社会经济体制改革，既是为了解决当时极为迫切的"民困饥流散"的社会经济问题，同时也具有政治性目的——为了改善并巩固北魏王朝的统治；而其制定和实施则是因为以孝文帝为首的北魏最高统治集团抓住了当时社会问题的症结，做出了能够对症下药的高水平决策，以及改革新政的贯彻落实，都是

（接上页注）问可以看作是"正当地利用土地"。因此，以洛克对政府的评判标准而论，均田制无疑也是体现了北魏政府很高的施政艺术。

① 〔美〕约瑟夫·熊彼特：《经济分析史》第三卷，第 358 页。熊彼特本人也是认同这种主张的，他认为"一切经济现象之间充满着广泛的相互依存关系"，"这种无所不在的互相依存关系乃是根本性的事实"。（《经济分析史》第一卷，第 365 页）

其执政能力的充分体现①;而在制定改革新政时充分参考并借鉴了历史的经验——成功的制度蓝本和有益的统治经验,这自然离不开孝文帝君臣所掌握的历史文化知识。

格申克龙指出:"在某种意义上,抛弃既有的价值模式的异常行为确实可以被视为一种推动经济变迁的动态力量。"②价值具有物质性和精神性两个层面,其所言价值模式具有物质性自无疑义,似乎还应该有精神性的一面。格氏还认为"要想在落后的国家中冲破停滞的壁垒,唤起人们的希望,将他们的精力投入于经济发展,下一剂猛药将比保证更好的资源配置甚至更低的面包价格更迫切"。所谓"猛药"是指"摆脱重重的陈规与偏见",亦即"精神状态的更新"。③ 很显然,格氏说的就是思想的解放和观念的更新,当然这必须以统治者改变政策路线或行为方式作为前

---

① 亨廷顿说:"集中的权力能够颁布土地改革法令,但只有广泛扩展的权力才能使这些法令成为现实。"(《变化社会中的政治秩序》,第 364 页)证之以北魏均田制的颁布与实施,其说也是基本相符的,三长制的确立无疑即属于"广泛扩展的权力"。亨氏门生弗朗西斯·福山认为,"经济发展只靠好的经济政策是推动不起来的;还必须要有一个为居于其中的人民考虑的国家,它能够保障法律和秩序、财产权、法治以及政治稳定"(《历史的终结与最后的人》,第 359 页)。其说是在亨氏基础上所做的变通,所考察的对象是现当代世界,虽然表面看来颇有理据,但仔细体会还是存在矛盾的,因为好的经济政策必定是由好的政府——能够保障法律和秩序、财产权、法治以及政治稳定的政府——所制定的,只有为本国人民考虑的国家才能够制定出好的经济政策,自然也能够采取有力的举措保证其施行。不过,一个不考虑本国人民利益的坏的政府必定制定不出好的经济政策,但不排除其能够让坏的政策贯彻落实,从而祸害人民的可能性。当然,一个无能的政府既不可能制定出好的政策,也未必有能力使其政策真正得到贯彻执行。
② 〔美〕亚历山大·格申克龙:《经济落后的历史透视》,第 71 页。
③ 〔美〕亚历山大·格申克龙:《经济落后的历史透视》,第 31、32 页。

提。其所言"资源配置"显然是指以生产关系为核心的经济制度，"面包价格"自然就是以食物价格为核心的物价水平。他把思想观念的解放在经济发展中的推动作用看得比制度改革和物价调整更为重要，与其所研究的主题密切相关，但这种认识还不能说具有普适性。当然，如果推而论之，若将制度也看作是精神层面或者按马克思主义的观点是属于上层建筑的表现，则其说也可以用来认识北魏孝文帝的改革——不论就物质还是精神层面而言，以其说理解北魏孝文帝的社会经济制度改革，也有一定的相通之处。就俸禄制而言，从百官无禄到普班俸禄，不但是制度的巨变，也可以说是价值模式的巨变。俸禄制班行后，不仅延续了上百年时间（若算上北魏之前的十六国时期，则接近两百年时间）的做官没有俸禄的价值模式得以彻底改观，而且对于官吏贪赃枉法的惩处力度也比以往超出了十倍之巨。实际上，在俸禄制班行前的基本价值模式是，官吏没有俸禄，但可以通过贪污受贿的方式获取利益，大多数情况下也会得到朝廷的默许或者说是变相的鼓励，而俸禄制班行后则是做官必有俸禄，但贪赃枉法的空间已被挤压到近乎为零。如果不考虑俸禄制班行后的税率调整，则俸禄制主要是针对统治阶级或社会上层，而均田制和三长制主要针对的则是被统治阶级或社会下层。均田制和三长制实行前，豪强荫附民户的现象颇为普遍，虽然也曾有过括户的举措，但这种现象未能得到彻底禁止，依附民或农奴阶层的存在既是社会现实，一定程度上也得到官方的默许。也就是说，有一部分良民脱离或不进入官方户籍系统的情形是被认可的，而在均田制和三长制实行后，这种情形将会发生彻底改观，虽然不能完全杜绝豪强荫户的现象，但从制度和观念上看是不再被允许的。奴婢和良民一样拥有受田的同等权利，同时也有一定的纳税的义务，这也是亘古未有的巨大变化。就县以下地方基层社会而言,原来是由豪强大族为核心的宗主督护制控制地方,或者说对地方基层社会的管理权是由政府授权或默认各地的强宗大族领袖直接负责,而在税收中商人也发挥了重要的作用,想来其对地方基层社会也有着不小的影响。但在三长制确立后,地方基层社会的管理权则由政府任命的三长承担,不排除三长中地位较高的党长由原来的宗主担任的可能性,但毕竟从制度上说已有本质不同,而且三长中的大部分人与原来的宗主无涉,他们是由得到官方认可的"强谨"的乡民充任。当然,税收额度和税收方式的变化,每年的露田的还受,以及对弱势人群的照顾,诸如此类,都是对原有价值模式的强烈冲击,也可以说在俸禄制和惩贪制、均田制、三长制和新税制(俸禄制班行时曾对税制进行调整,但很快便被同三长制一起颁布的新税制所取代)实行之前和实行之后,北魏社会的价值模式发生了革命性变化,而正是这种巨变有力地推动了北魏的经济发展和社会进步。

三

　　宣武帝时期,北魏出现了"四方无事,国富民康"的社会局面①。又过了十年左右,孝明帝时期的繁荣景象在杨衒之笔下有生动描绘:"当时四海晏清,八荒率职","百姓殷阜,年登俗乐。鳏寡不闻犬豕之食,茕独不见牛马之衣"。"于时国家殷富,库藏盈

---

① 《魏书》卷一九中《景穆十二王中·任城王澄传附子顺传》,第二册,第481页。按此载于其"十六"岁时,下文载"以父忧去职","时年二十五",而其父《任城王澄传》载"神龟二年(519)薨,年五十三"(第480页),则其生于494年,十六岁当宣武帝永平二年(509)。

溢,钱绢露积于廊者,不可校数。"①北魏经济发展取得了如此巨大的成就,与二三十年前实行的均田制、三长制等社会经济制度改革无疑有着密不可分的关系。吴承明认为:"经济发展和制度革新必然引起社会结构、社会群体组织和行为的变迁。社会结构的变化也会影响经济发展,例如在魏晋南北朝时期。"②北魏孝文帝时期的社会经济制度改革,解决了长期困扰北魏统治的一系列问题:因百官无禄而导致的吏治腐败,因严重灾荒而引发的"民困饥流散",因地方行政组织缺失而出现的豪强势力的扩张。毫无疑问,这些改革有利于北魏社会的稳定和统治的巩固,或者说孝文帝时期的社会经济制度改革有利于北魏经济的增长,增加了国家的财富,促进了国力的增强。《管子》谓"善为国者,必先富民,然后治之",富民则以发展农业生产为第一要义。"民事农则田垦,田垦则粟多,粟多则国富。国富者兵强,兵强者战胜,战胜者地广。"③在管子(前 723—645)看来,农业生产的发展不但能够实现民众的富裕,更是国家富强的先决条件。孝文帝的社会经济制度改革,正好印证了《管子》所提出的"凡治国之道,必先富民"④的政治经济学原理。富民之政也是实现社会文明和巩固统治的保障,所谓"仓廪实则知礼节,衣食足则知荣辱"⑤。北宋张耒

---

① [后魏]杨衒之撰,周祖谟校释:《洛阳伽蓝记校释》卷四《城西·开善寺》,第 163、166 页。

② 吴承明:《经济史:历史观与方法论》,《吴承明集》,第 404 页。

③ 《管子校注》卷一五《治国》,中册,第 924 页。

④ 《管子校注》卷一五《治国》,中册,第 924 页。

⑤ 《管子校注》卷一《牧民》,上册,第 2 页。同篇又曰:"国有四维。一维绝则倾,二维绝则危,三维绝则覆,四维绝则灭。""何谓四维?一曰礼,二曰义,三曰廉,四曰耻。"(第 11 页)按礼义廉耻与礼节荣辱义近,足见在管子看来仓廪实、衣食足是统治得以巩固的前提和保证。

（1054—1114）认为："天下之乱,起于无礼,无礼起于衣食不足,衣食不足起于经界不正,井田不均,沟洫不修,田事不勤。""盖衣食不足于下,则礼乐不备于上,礼乐废则乱随之而作。夫惟田事备而衣食丰,衣食丰而礼乐备,礼乐备而和乐兴,和乐兴而人君有福禄寿考之盛。"①不难看出,其说乃是对管子学说的继承和发展。把土地制度和土地占有状况归于衣食不足的原因之列,虽然未必完全合乎北宋的现状,但用来理解北魏均田制对于巩固统治的意义似乎更为恰当。十七至十八世纪欧洲的重商主义者认为,"经济与政治是相辅相成的",或者说"财富与权力有密切的关系","增加国家的财富,是增强国力最主要的方法"。他们坚信"国家若能增加财富,就能增加权力;而国家利用权力,也可增加财富"。当然,重商主义者所言"促进经济增长,增加国家财富"的方法就是发展工商业②。若将工商业换作农业,则其主张放到中国古代绝大多数时期也都具有普适性,北魏时期经济与政治的关系也是可以这样来理解的。比较而言,中国先贤在经济与政治的关系或者说经济对政治的决定作用的认识上,还考虑到介乎二者之间的社会秩序和文明教化,比之千百年之后的西哲的看法更加全面。

诚如诺贝尔经济学奖得主保罗·萨缪尔森(1915—2009)所

---

① [宋]张耒:《柯山集》卷三九《说·诗杂说十四首》,《景印文渊阁四库全书》集部五四"别集类",第一一一五册,第338页下栏、339页上栏。按[宋]李樗、黄櫄《毛诗李黄集解》卷二七(经部六五"诗类",第七一册,第506页上、下栏)及[宋]段昌武《段氏毛诗集解》卷二十(经部六八"诗类",第七四册,第750页上栏)并引"张文潜曰","和乐"作"和平"。

② [美]斯梅尔塞:《经济社会学的历史发展》,苏国勋等主编《二十世纪西方社会理论文选Ⅲ:社会理论的知识学建构》,第12—13页。

言,"每一种新的改良在带来利益的同时,也必须付出代价"①。不可否认,北魏孝文帝经济改革之初,增税、均田、校户等工作在一定程度上增加了民众的负担,也给他们带来了比以往更多的烦扰。但是,很快改革的效益便显现出来:俸禄的发放和对贪腐的惩治,大大减轻了贪官污吏对民众的盘剥程度;均田制的推行,保证了农户对土地的占有权,耕者有其田,生产积极性和效率都会得到提高;三长制的实施,削弱了豪强势力,扩大了编户齐民数量。萨缪尔森指出:"不止一位农业经济学者认为,土地改革与生产率具有密切的关系。许多成功的使耕者有其田的土地改革,实际上'把沙子变成了黄金'。"②毫无疑问,以"兴富民之本"为宗旨的北魏均田制也可以看作是"使耕者有其田的土地改革",其在促进农业生产率方面也可以说发挥了"把沙子变成了黄金"的巨大作用。诺贝尔经济学奖得主道格拉斯·诺思(1920—2015)在概述自己的学术成就时指出:"在对欧洲的研究中,我们把产权的形成看做是经济绩效的关键";"创建可以改变成本—收益比率并兼顾各方利益的制度是经济绩效的主要问题,因为这必将导致有效的(亦即生产性的)经济和政治制度的创立"。③ 以此而论北魏孝文帝的社会经济制度改革,应该说亦颇有相通之处。均田制属于

---

① 〔美〕萨缪尔森:《经济学》下册,第 285 页。罗纳德·科斯在《社会成本问题》一文中认为:"我们必须考虑各种社会格局的运行成本(不论它是市场机制还是政府管理机制),以及转成一种新制度的成本。"(《企业、市场与法律》,第 124 页)很显然,科斯所言"成本"与萨缪尔森所言"代价"意涵没有多大差别。

② 〔美〕萨缪尔森:《经济学》下册,第 191 页。

③ 道格拉斯·诺思:《绪论》,〔美〕约翰·N·德勒巴克等编《新制度经济学前沿》,第 20 页。

产权的形成或确立当无疑义,而它和俸禄制、新税制相结合自可看作是"改变成本—收益比率并兼顾各方利益的制度",因此相关制度的创建必然会带来经济绩效,促进效率的提高和产量的增长。

古典经济学之父亚当·斯密(1723—1790)认为,"构成一个国家的真实财富和收入的,是该国的土地和劳动的年产品的价值"[①],揭示了前工业社会国家财富和收入的真实来源——农民(农业劳动者)在土地上的劳动产出。英国著名经济学家、人口学家马尔萨斯(1766—1834)说:"土壤的肥瘠、劳动阶级个人努力程度的大小、机械化或技术程度的高低,都会使两个国家中支配等量劳动和支配等量劳动产品的能力发生巨大的差别。"[②]以现代经济学术语比对,所谓支配劳动和支配劳动产品的能力意指促进经济增长的能力,而"土壤"即自然资源,"劳动阶级"即人力资源,"机械化或技术程度"即技术水平,现代经济增长理论的四要素(见下)已占其三。实际上,"劳动阶级个人努力程度"不仅是指劳动者在生产上所付出的辛勤劳动,应该还包括他们为了收获更多更优质的生产品所进行的投资,这样看来马氏之说已经具备了经济增长理论的四要素。现代宏观经济学之父凯恩斯(1883—1946)曾提及"中央控制机构能够成功地把总产量推进到相当于在现实中可能达到的充分就业水平"[③],也可以说充分就业水平是使总产量最大化的前提。而北魏李安世均田疏所言"欲使土不旷功,民罔游力",显然与现代经济学所指充分就业的意涵是相通

---

① 〔英〕亚当·斯密:《国富论》上册,第432页。
② 〔英〕马尔萨斯:《商品的价值》,《政治经济学论文五篇》,第134页。
③ 〔英〕约翰·梅纳德·凯恩斯:《就业、利息和货币通论(重译本)》,第392页。

的。以此而论,北魏均田制也正是通过使耕者有其田的土地改革而实现劳动人口的充分就业,从而使全社会的总产量或财富达到最大化。此外,亚当·斯密所言"每一个人改善自身境况的一致的、经常的、从不间断的努力,是社会财富、国民财富以及私人财富所赖以产生的根本动力"①,马尔萨斯所言"劳动阶级个人努力程度的大小"亦无不同,李安世均田疏"欲使土不旷功,民罔游力"和孝文帝均田诏"劝课农桑,兴富民之本"或"天下太平,百姓丰足",其思想主张显然也是相通的。农业生产是劳动力和土地相结合以获得产出的过程:直接获取粮食、油料、果菜、药材及能源(做饭、取暖)、纺织、建筑原料等植物资源,通过放牧或种植饲料以间接获取肉、蛋、奶及皮毛等动物资源。这两者缺一不可,没有土地资源,自然不可能进行生产,没有劳动力在土地上的投入,也不可能有任何收获。充分利用土地资源,使具有生产能力的所有劳动者都能够努力进行生产,最大限度地实现劳动力和土地资源的结合,无疑是提高农业生产总量的最为有效的途径。这与近代以来主要依靠技术革新——种子改良、化肥农药、机械生产等在农业中的大规模运用——促使生产效率的提高完全不同。缪尔达尔在论及改善南亚国家的劳动力问题时说:"应该对数以百万计的人加以诱导,直接通过教育、宣传、领导、控制或强迫,间接通过增加资本投资、改进生产技术,以及改革有关土地所有权的制度结构这些方法来改造变化了的工作条件,以改变他们对待就业与工作的传统态度。"在缪氏看来,"当同时存在许多闲置的劳动

---

① 〔英〕亚当·斯密:《国富论》上册,第435页。

时,更一般地说,当劳动供应充足时,劳动效率通常较低"。① 北魏均田制实施前的情况当然不可能与缪氏所研究的现代南亚国家完全相同,但作为传统农业社会还是有相通之处的。缪氏所说导致劳动效率较低的原因,与李安世均田疏中所言土地"旷功"的原因大致相同;李安世提出"欲使土不旷功,民罔游力",与缪氏解决相关问题的思路——"增加现有劳动供给"以促进农业生产——是一致的。孝文帝均田诏所言"劝课农桑"相当于缪氏提出的直接诱导方法——"教育、宣传、领导、控制或强迫"劳动力进行生产劳动,均田制的建立则属于缪氏提出的间接诱导方法之——"改革有关土地所有权的制度结构",均田制规定在桑田上栽种桑、榆、枣、果有利于民众积累财富,一定程度上也可以看作是缪氏间接诱导方法中的"增加资本投资、改进生产技术"。

按照现代宏观经济发展理论,"经济增长无疑需要架构在劳动、自然资源、资本和技术这四个车轮之上",或者说这四者是推动经济增长的基本要素。它又被表述为:人力资源、自然资源、资本存量、技术和企业家精神;人力资源、自然资源、资本、技术变革和创新;劳动力、资本、资源和创新;劳动力、资源、资本、技术。②

---

① 〔瑞典〕冈纳·缪尔达尔著,塞思·金缩写:《亚洲的戏剧:南亚国家贫困问题研究》,第200、206页。

② 〔美〕保罗·萨缪尔森、威廉·诺德豪斯:《经济学(第十九版)》,下册,第865、859、910、912页。在萨氏独著《经济学》中,则被表述为:"发展的关键在于四个基本因素:人口、自然资源、资本形成(国内的或进口的)和技术。"(下册,第201页)此处的人口显然是指具有劳动能力的人口,而非包括了不具有劳动能力的其他人口。诺贝尔经济学奖得主詹姆斯·托宾说:"潜在的实际国民生产总值","它的增长趋势依赖于生产性资源、劳动力和资本的增长,也依赖于不断提高生产率的技术进步"。(《〈就业法〉指导下的财政与货币政策》,《通向繁荣的政策——凯恩斯主义论文集》,第34页)表述虽略有差别,而其意涵则相同。

这是就现代经济而论,但若不纠结于各要素的具体内容,对理解古代经济增长也有其适用性。在这四个车轮中,当以劳动力或人力资源最为根本。《周易·系辞下》谓"何以聚人曰财"①,便是孔子(前551—479)对这一问题的高度概括。财产、财富是人的劳动的产物,是表现经济发展水平的基本指标,因此劳动力或人力资源即成为财产、财富的象征。无论任何时代,若欲促进经济增长,就必须要有劳动投入的增加,不独现代经济如此。就北魏均田制时代而言,由于改革废止了豪强荫户的权力,大量的依附民脱离豪强控制而成为国家的编户齐民,从而大大增加了劳动力数量,由于有了可以由自己支配的均田土地,这些由依附民转变而来的自耕农,其劳动积极性的提高毋庸置疑。奴婢受田不仅可以消解豪强地主对均田制的抵触,也有利于提高奴婢的社会地位,并使其成为社会最基本的劳动者。"劳动投入包括劳动力数量和劳动大军的技能。"在现代工业经济和信息经济环境中,劳动者的技能"是经济增长的最重要的因素"。② 而在古代农业经济环境中,具有基本生产技能的劳动者的数量则是提高产量的根本保证。在均田制和三长制推行后,劳动力数量的扩充为北魏经济增长提供了可观的人力资源。当然,农业生产技能也并非可有可无,从《齐民要术》的相关记载中可以充分感受到北魏均田制时代农业生产技术所能达到的高度和普及程度。就古代农业社会而言,自然资源主要是指能够用于生产的土地,均田制主要也是为了调整人地关系——最大限度地提高土地的利用率和产出率。资本的内涵

---

①《宋本周易注疏》卷一二,下册,第740页。

②〔美〕保罗·萨缪尔森、威廉·诺德豪斯:《经济学(第十九版)》,下册,第859—860页。

古今发生了巨大变化,但作为生产投资和民众财富的基本元素,其意涵还是相通的,均田诏提及的"储蓄既积,黎元永安"的目标,既包括了对资本在经济社会发展中重要性的认识,也表明北魏孝文帝深知富民安邦这一巩固统治的真谛——资本或财富的丰裕是保障良好的经济社会环境的必要条件。总之,一项或一系列能够促进社会经济发展的政策或制度,必定是顺应了历史发展的趋势,同时也与政治经济学基本原理多有契合。

缪尔达尔的研究显示:"与西方国家的情况不同(至少像习惯上判断的那样),南亚的状况可能属于这种情形:促进社会和经济的平等是达到显著的长期生产增长的先决条件。"反之,"忽视不平等问题的农业改革政策不可能取得重要的、特别是长期的结果"。[①] 虽然时代和地域都不同,但均田制实施前的北魏与保留了诸多古代传统的南亚都属于贫困社会,应该说还是颇有一致之处的,因而在推动社会生产出现显著的长期增长的基本理念方面也就有了共通性。北魏均田制完全可以看作是以"促进社会和经济的平等"为宗旨的,其所以获得成功并能够在历史上延续近三百年之久,即是其适应中古时期中国社会情势之故。缪氏对南亚社会问题的认知可以说和北魏孝文帝君臣的认知是相通的,正是基于这种认知,他对解决南亚贫困问题开出的药方也几乎和北魏均田制完全相同:"从劳动力利用的观点看,彻底的土地再分配有一个激动人心的可取之处。它带来一种保证,即通过克服盘踞在不平等的传统模式之中对工作的阻碍因素,为农村劳动力在心理和态度上的重大转变打下基础。土地的彻底分配可能鼓励获得土

[①]〔瑞典〕冈纳·缪尔达尔著,塞思·金缩写:《亚洲的戏剧:南亚国家贫困问题研究》,第 243、244 页。

地所有权的人更为努力地工作,并利用农闲季节作些增加产出的改进事宜。更为重要的是,这个方法可能会克服盛行的收益分成制正在衰减的影响。与此同时,由于土地再分配而使土地减少的自耕农也会更加努力地工作,以弥补至少部分损失的收入。"①北魏均田制是为了消除"民有余力""地有遗利"的现状,使土地和劳动力更好地结合并充分发挥其效能,显然与缪氏所言"劳动力利用"并无二致。以"平等"为原则的"彻底的土地再分配",与北魏均田制在基本精神上也不会有什么差别,而其作用或目的——克服传统模式对农业生产的阻碍因素,从心理和态度上提振农业劳动力的生产积极性,可以鼓励土地所有权获得者更努力地进行生产以提高产量——也是完全一致的。犹如北魏均田制要从豪强地主手中解放包荫之户一样,这种土地再分配自然会瓦解盛行的租佃制——"收益分成制的佃农和其他佃农以及没有土地的劳工,即土地再分配中获益最多的这个集团"②——从而削弱大地主的力量,也会使得因平均分配土地而削减了一部分土地的土地所有者——无论是地主还是富裕自耕农——更加卖力地投入生产,以弥补由此而带来的潜在的损失,此亦与北魏均田制削弱豪强力量的情状相当。为了保证土地再分配得以长期贯彻执行,缪氏提出了相应的辅助措施:"转移给真正的耕种者的所有权也容易受到当前盛行的同一势力的侵蚀。要使之成为永久的改进,彻底的土地再分配必须用同样彻底的勾销借债人的旧债来补充,禁止向

---

① 〔瑞典〕冈纳·缪尔达尔著,塞思·金缩写:《亚洲的戏剧:南亚国家贫困问题研究》,第 244 页。
② 〔瑞典〕冈纳·缪尔达尔著,塞思·金缩写:《亚洲的戏剧:南亚国家贫困问题研究》,第 245 页。

放债人再借新债,并以立法禁止土地的抵押和买卖。"①所谓"同一势力"即是指大地主阶层,与北魏的豪强地主相当,缪氏提出的辅助措施实际上就是防止分配的土地再次遭到新的兼并,首先是勾销放债人与借债人——原有的地主与佃农——之间的债务,同时还要防止新的债务关系的出现,而土地的抵押和买卖——土地兼并——往往与新的债务关系相伴随,需要通过法律法规予以禁绝。北魏均田制有明确的禁止或限制土地买卖的条款,但未见关于债务问题的规定,但若按均田制的规定严格执行,则不会产生新的债务关系,至于旧的债务关系在荫户脱离所依附的豪强地主之日起,他们之间的人身依附关系自然也会解除,相应地经济上的依附关系——包括债务关系——也应该一笔勾销。从以上的比较来看,北魏均田制与近一千六百年之后伟大的经济学家缪尔达尔针对南亚贫困问题而提出的应对方案几近相同,所不同的是,北魏孝文帝君臣对贫困问题的认知和应对方案完全落到了实处,而缪氏的方案还停留在纸面,而且他也深知其方案必然遭遇巨大阻力而难以落实,故而又提出了退一步的局部性的替代方案——不触动现有土地所有关系,而只给分成制佃农等没有土地的人分配小块能够维持其生存的土地的所有权,这种通过"有限的重新分配"而"将不可剥夺和不受限制的拥有并使用土地的权利交到没有土地的人手里"②,就可以消解阻碍南亚农业经济增长的分成租佃制。在缪氏看来,这种做法就是"通过土地所有权给

---

① 〔瑞典〕冈纳·缪尔达尔著,塞思·金缩写:《亚洲的戏剧:南亚国家贫困问题研究》,第 245 页。

② 〔瑞典〕冈纳·缪尔达尔著,塞思·金缩写:《亚洲的戏剧:南亚国家贫困问题研究》,第 250 页。值得注意的是,学界对北魏均田制的实施也有与此类似的认知。

予那些失去尊严的人们以尊严"①,这与北魏均田制将依附性很强的豪强地主的荫户变为政府的编户齐民——自耕农——有着极大的相似性。有充分的理由认为,孝文帝君臣对北魏社会经济问题的认知及其应对方案具有极大的超前性,代表了社会进步和前进的方向。

在著名的自由主义经济学家米塞斯(1881—1973)看来,"革命——即内战——就会推翻不受欢迎的政体和丧失人心的统治者,取而代之的是多数人认为更有助于增进其利益的制度和当政者"②。也就是说,统治者只有能够增进多数人的利益方为得人心,其政权才能够得到巩固,反之则会因为丧失人心而被推翻,或者说能否得人心便成为统治能否维系的最根本的问题。英国政治哲学家威廉·葛德文(1756—1836)认为:"进行社会改良要有充分的把握取得良好的结果",就得有一种"有利于照顾普遍的利益"的政治社会状态。③ 诺贝尔经济学奖得主斯蒂格利茨(1943—)在研究包括中国在内的现当代世界各国的改革时提出:改革的"共识"应该是"绝大多数的人将很快从改革中获益,并且改革从某种程度上来说是公平的"。"包容也是共识过程的重要组成部分。虽然经济学家长期以来一直都在寻找有利于所有人,至少不伤害任何人的政策——他们长期以来也意识到,事实上几乎没有任何变革会有利于所有人。但是偏离社会大众的变革,将不可能得到广泛的支持。因此,平均主义的政策,即改革的成果

①〔瑞典〕冈纳·缪尔达尔著,塞思·金缩写:《亚洲的戏剧:南亚国家贫困问题研究》,第250页。
②〔奥〕路德维希·冯·米塞斯:《经济科学的最终基础:一篇关于方法的论文》,第106页。
③〔英〕威廉·葛德文:《政治正义论》,第184页。

被广泛享用,是非常重要的。"①按其说与中国古代贤哲及米塞斯所提倡的为政之道——得民心者得天下②——实际上是相通的。斯氏之说不仅适合观察现当代世界各国的改革,而且也有助于认识古代中国的改革——无论是经济改革,还是政治、社会改革。注意改革的公平性和普惠性,使社会中绝大多数人都能够"很快从改革中获益",无疑是十分重要的,也是改革能否成功的关键。在观察改革的成败得失时,不但要看到短期效益,还要关注中长期效益。有些改革在短期内或许能够产生明显的效益,但就中长期来看却带来了负面效果,甚至有可能得不偿失。若处理不好各种利益关系,不能兼顾公平正义,则改革的初始成果便有可能被特权阶层和利益集团所攫取,进而带偏改革的方向,从而出现极少数人获得暴利而绝大多数人利益受损的糟糕局面。总的来看,

---

① 〔美〕约瑟夫·斯蒂格利茨:《斯蒂格利茨经济学文集》第六卷(下)《发展与发展政策》,第 429、364 页。

② 老子曰:"圣人无心,以百姓心为心。"(朱谦之:《老子校释》,第 194 页)管子曰:"政之所兴,在顺民心;政之所废,在逆民心。"(《管子校注》卷一《牧民》,上册,第 13 页)孟子曰:"得天下有道:得其民,斯得天下矣。得其民有道:得其心,斯得民矣。得民心有道:所欲与之、聚之,所恶勿施尔也。""善政,不如善教之得民也。善政民畏之,善教民爱之,善政得民财,善教得民心。"朱熹注:"政,谓法度禁令,所以制其外也。教,谓道德齐礼,所以格其心也。""得民财者,百姓足而君无不足也;得民心者,不遗其亲,不后其君也。"(《孟子集注》卷七《离娄章句上》、卷一三《尽心章句上》,《四书章句集注》,第 280、353 页)虽然孟子将善政与善教分为两个不同层次的概念,但从得民心的具体内涵"所欲与之、聚之,所恶勿施尔也"来看,其实质还是"善政",也可以说善政是基础,没有经济的发展,再怎么教化都不可能造就良好的社会局面。就此而论,孟子之说与管子所言"仓廪实而知礼节,衣食足而知荣辱"又是相通的。总之,在经济发展基础上达成社会的公平正义,应该就是善政和善教的宗旨。

由于农业生产总量的增长，无论是北魏政府还是基层民户，都从改革后的经济发展中得到了好处。即便是北魏政府所要抑制的豪强势力，由于社会的安定和奴婢、耕牛受田而得到了一定实惠，长期来看其利益受损并不严重，甚至也不排除获益的可能。处于社会最底层的奴婢，也由于其能够和良人一样受田且其负担的赋税甚低，从而受到主人的重视，生活境遇大大改善应无疑义。美国著名经济学家戴维斯和诺斯指出："在每种情形下，成功的创新导致总收入的增加，而且在原则上可能没有人在这一过程中受损。"[1]以此为标准进行评判，北魏均田制等经济制度改革无疑可以看作是"成功的创新"，正因如此，它们也就具有了长久的生命力。

现代发展经济学认为："要建立和维持一个健康的经济环境，政府的作用至关重要。政府必须推行法治，强调合同的有效性，防治腐败，并使其政策有利于竞争和创新。"[2]北魏孝文帝的社会经济制度改革与之相对照，也颇有契合之处。俸禄制、均田制和三长制及配套的相关制度——与俸禄制同时颁布的惩治贪赃枉法的规定，与三长制同时颁布的新的赋税制度以及对生活不能自理者的供养规定，充分显示了北魏政府在"建立和维持一个健康的经济环境"中所发挥的至关重要的作用。各项制度都是国家的正规法令，北魏政府为了制度的贯彻落实进行了卓有成效的工作，诸如俸禄制颁布后的惩贪举措，派遣使者与州郡长官一道落实均田制，三长制为均田制和新税制的实施提供了长效机制。由

---

①L. E. 戴维斯、D. C. 诺斯：《制度创新的理论：描述、类推与说明》，《财产权利与制度变迁——产权学派与新制度学派译文集》，第291页。

②〔美〕保罗·萨缪尔森、威廉·诺德豪斯：《经济学（第十九版）》，下册，第916页。

于官吏都能够领取俸禄,削弱了他们的贪腐动机,加之惩贪法规的威力,极大地遏制了地方官的腐败行为,均田制和三长制则阻塞了豪强荫户的途径,拥有了均田土地的自耕农的生产积极性必定会大大提高。凡此种种,无疑都属于北魏政府所营造的"健康的经济环境",也就是刘易斯所说的"政府处事正确"[①]。现代应用微观经济学认为:"政府的核心经济目标是帮助社会按其意愿配置资源","它集中于经济生活中的生产什么和如何生产这两个问题"。政府的经济职能被归结为四个方面:"1. 提高经济效率;2. 减少经济不公平;3. 通过宏观经济政策稳定经济;4. 执行国际经济政策。"[②]这是就当代政府的经济行为而论,但证之以北魏孝文帝改革,除了第四点可以不论外,其它三点还是颇为相符的。本书的研究表明,均田制等制度无疑属于北魏政府"通过宏观经济政策稳定经济"的行为,并且达到了"提高经济效率"和"减少经济不公平"的作用。由于照顾到社会各类人群的基本利益,改革新政所体现的"经济目标"的确可以看作是"帮助社会按其意愿配置资源",露田、桑田、麻田、园宅地的区分及相关的生产要求——如露田种粮,桑田种桑、榆、枣、果,麻田种麻,园宅地作为居住庭园及种菜,桑田上桑、榆、枣、果须在三年内种毕——自然都属于"生产什么和如何生产"的问题。

[①]〔英〕阿瑟·刘易斯:《经济增长理论》,第 501 页。依循刘易斯之说,林毅夫认为"对一个民族的经济增长来说,比文化素质更为重要的是政府的政策","政府政策对经济增长的重要性是怎么强调也不为过分的"。(《关于制度变迁的经济学理论:诱致性变迁与强制性变迁》,《财产权利与制度变迁——产权学派与新制度学派译文集》,第 402 页)

[②]〔美〕保罗·萨缪尔森、威廉·诺德豪斯:《经济学(第十九版)》,上册,第 511—512 页。

英国著名社会学家吉登斯(1938—)认为:"一系列相对迅速的变迁会产生一个长期的发展契机。也就是说,只有首先完成了某些关键性的制度变革,长期的发展才有可能。"①毫无疑问,北魏孝文帝的社会经济制度改革即属于"一系列相对迅速的变迁"或"关键性的制度变革",正是这些制度变革为北魏社会经济的发展提供了契机。"历史的本质在于变化。"②变化有积极和消极之分,无论是经济增长还是社会发展都属于积极变化,自然也就离不开合乎时宜的社会经济制度的推动。改革以后,北魏国力空前强大,得以在不久之后实现复杂而艰巨的迁都计划,在迁都以后又能够顺利进行一系列政治文化改革,完成新都洛阳的城建重任,并且在南伐战争中将国境从黄河流域拓展到淮汉流域,确立了北魏历史上最大的领土版图。虽然说北魏在改革之后四十年左右的孝明帝中叶就陷入了动荡局面且在其后十年彻底分裂,作为一个王朝结束了历史的存在,但孝文帝改革的成果却得以延续下去,成为直到唐朝中叶两个多世纪各王朝立国的基石之一,产生了长期发展的巨大效用。北魏的灭亡,绝不是孝文帝改革所引发或诱致,而恰恰是由于政局的恶化使得改革新政难以为继,是改革新政遭到彻底破坏的结果。马克思认为,"在经济衰退时期,政治力量和经济力量之间就会发生冲突,从而导致整个社会的瓦解"③。就北魏晚期的情势来看,正处在政治衰退和腐化没落的时期,政治力量和经济力量之间的矛盾和冲突就会加剧,主要表现

①〔英〕吉登斯:《社会的构成:结构化理论大纲》,第363页。
②〔瑞士〕雅各布·布克哈特:《世界历史沉思录》,第22页。
③这是美国社会学家斯梅尔塞对马克思观点的概括,参见所著《经济社会学的历史发展》,苏国勋等主编《二十世纪西方社会理论文选Ⅲ:社会理论的知识学建构》,第15页。

为政治对经济的遏制和阻碍,而经济的衰退又会对政治发生消极影响,由于其间的矛盾和冲突不能及时得到调适,最终导致社会崩溃局面的出现。不仅北魏晚期如此,而且中国历代王朝的晚期类似的情形总是一再上演,成为治乱兴亡历史大势的最突出的一个表现。

总的来看,孝文帝时期颁行的俸禄制、均田制及三长制和新税制,乃是涉及北魏社会性质的巨大变革,不仅对北魏社会经济的发展起到了积极的推动作用,有力地巩固了北魏王朝的政治统治,而且也是中古时期社会大变革的起点①,是隋唐大一统帝国和贞观之治、开元盛世出现的助推器。按照新制度经济学观点,"产权经常被看做经济增长和发展的必要条件"②,"产权不仅提供了

---

① 日本东洋史大家西嶋定生认为,"有无均田制是关系到国家政权结构上的特点的重要问题"(《中国经济史研究》,第 202 页)。蒙思明认为,均田制与三长制"是中国社会演变过程中的一件大事","六朝门阀的力量所以能较早消灭于北方,赖有此制度;北朝承丧乱之余,而能有充分的人力物力以合并南朝,亦赖有此制度;隋唐以来口分永业的田制,亦沿此制度"。(《北魏实施均田制与三长制的年代问题》,《魏晋南北朝的社会》,第 227 页)钱穆认为:"北魏本以部落封建制立国,逮三长、均田制行,则政体上逐渐从氏族封建变为郡县一统,而胡、汉势力亦因此逐渐倒转。"(《国史大纲》,上册,第 336 页)钱氏注意到均田制与三长制的巨大意义自属灼见,但谓两制实行前北魏为部落封建制,而其后则为郡县制,显然与事实不符。可以说,北魏自实行"离散部落"之后,其统治的主要地区实行的即是郡县制,部落制只在北边部分区域(如北镇和秀容川等地)存在。均田制与三长制并不涉及胡、汉民族问题,其实行自然与所谓"胡、汉势力"的"倒转"毫不相干。事实上,若不考虑北镇地区,则北魏孝文帝的改革(主要是迁都后的汉化改革)并不是要扶汉抑胡,而是要消除胡、汉畛域,使鲜卑族为主的胡族转变为汉人。
② 〔美〕约翰·V·C·奈:《关于国家的思考:强制世界中的产权、交易和契约安排的变化》,〔美〕德勒巴克等编《新制度经济学前沿》,第 164 页。

影响经济绩效的投资和其他经济行为的动因,而且决定谁是社会经济的参与者并界定财富的分配"①。也就是说,产权制度不仅能够推动社会经济的发展,而且也决定了社会成员所能获得的经济权利和责任。具体到北魏均田制,一方面它有助于推动北魏社会经济的发展,另一方面它决定了官贵豪强和自耕农、奴婢等不同的社会成员的经济权利和责任。无论如何,在均田制下豪强地主不得拥有荫户,从而否定了良人之间的人身依附关系,在历史上首次对奴婢的经济权责作出明确的规定,有利于其社会地位的改善,这些都会对社会生产关系产生巨大影响。由于依附民成为国家的编户,地主和农民的土地占有关系必将得到调整,国家与民众(无论是地主还是普通自耕农)的关系也会得到调整,统治基础自然就会发生相应的变化。按照马克思主义社会发展学说,作为法律制度的均田令虽然属于上层建筑的范畴,但体现生产关系或生产资料所有制的土地制度或土地所有权则属于经济基础的范畴,是决定社会性质的关键因素。在北魏均田制下,由于改变土地占有关系或土地所有权,促使北魏社会性质也发生了相应的变化,并且这种变化随着均田制的延续而得以巩固和加强。

吴承明认为:"历史上看,经济体制或制度的良窳对经济发展与否有决定性作用。"②这与发展经济学的基本主张是相通的。作

---

① 〔美〕李·J. 奥尔斯顿等:《巴西亚马孙河流域暴力和土地产权制度的变迁》,〔美〕德勒巴克等编《新制度经济学前沿》,第 177 页。
② 吴承明:《传统经济·市场经济·现代化》,《吴承明集》,第 230 页。又在《经济发展、制度变迁和社会与文化思想变迁的关系》一文中加以重申:"一般说,生产和(或)交换的发展要求制度的革新,而在一定的生产力水平下,制度的良窳决定经济的盛衰。"(同上书,第 351 页)此亦见于《经济史:历史观与方法论》一文(第 403 页)。

为新制度经济学创始人,诺斯更强调技术与制度因素在经济增长中的作用,他认为"技术变迁与制度变迁是社会与经济演进的基本核心"①。若按马克思主义经济学说,"技术变迁"乃是指生产力的发展,而"制度变迁"则是指生产关系的变化。诺斯还认为,"制度在社会中起着更为根本性的作用;它们是决定长期经济绩效的基本因素"②。所谓"长期经济绩效",似可作为经济增长或经济发展来理解。一般来说,以技术变迁为标志的生产力的发展会随着时代的前进而加速其进程,换言之,距现代社会时间越久远,技术变迁的速度会越缓慢。正如年鉴学派史学大师布罗代尔(1902—1985)所言:"全部生产力依赖于技术水平,而技术水平的变化是缓慢的。"③在与传统农耕社会相适应的铁器时代,总体来说生产技术保持在一个相对稳定的状态,但反映生产关系和上层建筑的制度变迁则会发生比较频繁的变化,特别是后者更是如此。因此,制度变迁往往就成为决定农耕社会生产发展的更为经常性的因素,政府的政策措施或制度改革对经济施加的影响比之技术变迁的作用显得更为突出。诺斯之说主要是根据西方经济史特别是近代以至当下的美国经济案例而得出的——"制度变迁

①〔美〕道格拉斯·C·诺斯:《制度、制度变迁与经济绩效》,第138页。
②〔美〕道格拉斯·C·诺斯:《制度、制度变迁与经济绩效》,第143页。
③〔法〕费尔南·布罗代尔:《人口学和人文科学的范围》,《论历史》,第161页。邓小平提出的"科学技术是第一生产力"的著名论断,与布氏"全部生产力依赖于技术水平"之说显然是相通的。又,"科学技术是第一生产力"与罗斯托的以下看法更为一致:"如果人类要同他们的物质环境达到动态平衡,科学和技术必将发挥决定性的作用。"(《这一切是怎么开始的——现代经济的起源》,第6页)

乃现代经济增长的必要条件"①,但证之以北魏社会经济史,一定程度上也是相符的。北魏初年的"离散部落"和"计口授(受)田",太武帝时期的"人牛力相贸",孝文帝时期的俸禄制和惩贪制、均田制、三长制和新税制,显然都属于"制度变迁"的范畴,而正是这些制度对北魏的社会性质发生了巨大影响,决定了北魏的"长期经济绩效"——促进了北魏经济的增长和社会的发展。不仅如此,由于均田制和配套的新税制被后世的两魏齐周和隋唐诸朝所继承②,在历史上存续了近三个世纪之久,从而对中古时期中国社会经济的发展产生了深远的影响。纵观中外历史,似乎很难找到这样延续之久和影响之大的社会经济制度③。

尤其值得提出的是,为了贯彻落实均田制和新税制,强有力地控制地方基层社会,北魏确立了三长制并规定三长享有复除(免服)兵役的优待(一至三人),以北魏均田制时代粗略的户口总数估算,三长复除人数大概高达一百二十万至一百五十万人左右,表明北魏政府为了实施改革新政而付出了巨大的成本和代价。毫无疑问,北魏均田制的贯彻落实,以及赋税徭役的顺利征发,地方基层社会的稳定和安宁,也都是由于付出了这样巨大的成本和代价而得到的回报。诺贝尔经济学奖得主西奥多·舒尔茨(1902—1998)等经济学家认为:"进行体制革新,是因为它明显

---

① 〔美〕罗伯特·威廉·福格尔:《道格拉斯·诺思和经济理论》,〔美〕约翰·N·德勒巴克等编《新制度经济学前沿》,第31页。
② 虽然各朝根据实际情况有所调整,但总的来看其基本精神并未发生根本的变化。
③ 至于俸禄制和三长制,虽然可以看作是对秦汉魏晋相关制度的复活,但后世——一直到帝制时代结束——制度的精神应该说更接近孝文帝改革后的制度,故而也可以说这两项制度改革的影响更为持久和深远。

有利于社会个人或团体付出的代价。只有社会的利益超过代价，才能证明体制的变化是可行的。"①北魏孝文帝时期社会经济体制的改革，无论是个人还是政府都会付出一定的代价，但总的来看改革所带来的利益明显超过了所付出的代价，改革后的新制度之所以在历史上能够长期延续，也正是由于收益远大于成本之故。不可忽视的是，北魏以后的东魏北齐、西魏北周和隋唐各朝，在继承均田制的同时，事实上也继承了北魏的三长制或者说地方基层行政组织。当然，无论均田制还是地方基层行政组织也都不是完全照搬北魏制度，而是根据局势的变化作了一定程度的调整，但不管怎样，各朝的财政体制和地方治理模式应该说和北魏孝文帝改革新政所体现的理路并无不同，其影响可谓既深且远。借用布克哈特概述"文化"与"时代"关系的文字，可以说均田制及其配套的赋税制度等作为重要的制度文化曾经给近三百年的中古均田制时代"浓浓地染上了自己的颜色"，并且在很大程度上"主导了当时的生活"②。斯蒂格利茨指出："制度必须适应和反映一个社会与经济的历史和文化。""运行良好的经济体制是有很强适应能力的……运行良好的经济体制是自我矫正的体制。"③以之而论均田制，可以说北魏所开创的这一制度之所以能够在历史上延续近三个世纪之久，就是因为它不仅适应了该时代的"社会与经济的历史和文化"，而且也"是有很强适应能力的"并能够"自我矫正的体制"。均田制不仅适应了五、六世纪之交的北魏后期的社会状况，而且在政治连续性接连遭到打破——几次朝代更迭——

---

① 〔日〕早见雄次郎、〔美〕弗农·拉坦：《农业发展：国际前景》，第 57 页。

② 〔瑞士〕雅各布·布克哈特：《世界历史沉思录》，第 57 页。

③ 〔美〕约瑟夫·斯蒂格利茨：《斯蒂格利茨经济学文集》第一卷（上）《信息经济学：基本原理》，"作者自序"，第 2 页。

之后仍然得以延续下来,显示了强大的生命力,自然也是其适应能力或自我矫正能力的充分体现。随着唐代社会结构和经济体制的变化,尤其是经过安史之乱的剧烈冲击,均田制和租庸调制存在的社会土壤不再,中古社会终于从均田制时代走向两税法时代,田制不立,土地私有制遂成为社会经济制度的根本特征①。这一变化发端于北魏均田制和三长制、新税制,完成于唐代两税法。商鞅"废井田,开阡陌"以来,纠缠了上千年的公田和私田问题,亦即土地国有制和私有制问题,终于经过自北魏均田制到唐代两税法近三百年的演变而画上了句号②。从此以后,直到现代中国土

①田余庆认为:"均田制的实行和废弃,反映了封建社会从魏晋到隋唐的过渡。"(《秦汉魏晋南北朝人身依附关系的发展》,《秦汉魏晋史探微》(重订本),第93页)按其意在强调均田制在中古历史转变中的巨大作用,但表述却比较含混,究竟是均田制的实行,还是均田制的废弃,抑或是均田制从实行到废弃的整个历史过程,反映了魏晋到隋唐两个历史阶段的过渡?很显然,三者皆非。如果要把均田制和这两个历史阶段联系起来,窃以为当谓均田制是魏晋到隋唐社会过渡的桥梁或桥梁之一。田氏认为"这个过渡的重要历史内容之一就是,一方面'百室合户、千丁共籍'那样的大族逐渐衰落,另一方面封建政权也终于普遍承认依附关系发展的现状"(同上)。按其说亦有未审。一方面,"百室合户、千丁共籍"只是十六国一度出现的大姓豪强坞堡割据的状况,曹魏没有,西晋大部分时间也没有,而北魏前期的宗主督护大体则是"五十、三十家方为一户"。也就是说,"百室合户、千丁共籍"只是十六国曾经出现过的特例,不能看作是魏晋后隋唐前社会的一般情形。另一方面,既然大族已经衰落,相应地依附关系也会大大削弱,不应该出现封建政权"普遍承认依附关系发展的现状"。就北魏均田制而言,由于均田制实施后豪强荫户不再受到认可,自然也就不存在依附关系被普遍承认的问题。至于官贵豪强合法拥有奴婢,应该不属于封建依附关系的范畴,而是奴隶制残余的表现。
②徐中舒云:"(战国)授田制崩溃以后,公社再也没有份田分割与公社成员了。公社虽然失去了它的经济基础,但是它仍能以宗法形式保持它的残迹。汉代的限田和乡举里选,王莽的王田,魏、晋的九品中正,(转下页注)

地改革前夕,私有制一直都是土地制度的主流,期间虽有个别回流,但都是昙花一现,转瞬即逝而已。

(接上页注)北魏的三长和均田,隋、唐的均田和租、庸、调,假使没有这个基础,它的设计和施行也就成为不可想像的事了。一个以公有财产为基础的社会,向一个以私有财产为基础的社会过渡,它的过程在中国是进行得非常缓慢的。公有制一步一步地萎缩,私有制一步一步地伸张,一直要等到唐代两税法的施行,这才是私有制过渡完成之时。"(《试论周代田制及其社会性质》,《徐中舒历史论文选辑》,下册,第 893 页)按徐氏将战国授田制崩溃后直至唐代两税法实施前的土地制度及汉代的乡举里选和魏晋的九品中正制看作是以宗法形式保持的公社的残迹,显然并不是恰当的看法,因为公社虽然属于公有制的一种表现形式,但公有制并不完全等同于公社或公社的残迹。不过,他对中国古代社会从公有制向私有制演化的大势的概括还是比较合理的。

参考文献

一、古代典籍（一）：标点本及影印单行本

［战国］韩非著，陈奇猷校注：《韩非子新校注》，上海：上海古籍出版社，2000 年。

［战国］吕不韦著，陈奇猷校释：《吕氏春秋新校释》，上海：上海古籍出版社，2002 年。

［汉］司马迁撰，［南朝宋］裴骃集解，［唐］司马贞索隐，［唐］张守节正义：《史记》，北京：中华书局，1959 年。

［汉］班固撰，［唐］颜师古注：《汉书》，北京：中华书局，1962 年。

［汉］韩婴撰，许维遹校释：《韩诗外传集释》，北京：中华书局，1980 年。

［汉］许慎撰，［清］段玉裁注：《说文解字注》，上海：上海古籍出版社，1981 年。

［东汉］崔寔著，缪启愉辑释，万国鼎审订：《四民月令辑释》，北京：农业出版社，1981 年。

［汉］刘珍等撰，吴树平校注：《东观汉记校注》，郑州：中州古籍出版社，1987 年。

［汉］班固撰，［清］陈立疏证，吴则虞点校：《白虎通疏证》，北京：中华书局，1994 年。

［汉］贾谊撰，阎振益、钟夏校注：《新书校注》，北京：中华书局，2000 年。

［汉］荀悦：《汉纪》，张烈点校《两汉纪》，北京：中华书局，2002 年。

［汉］刘熙撰，［清］毕沅疏证、王先谦补，祝敏彻、孙玉文点校：《释名疏证补》，北京：中华书局，2008 年。

［汉］郑玄注，［唐］孔颖达疏：《礼记正义》，《十三经注疏》（上册），北京：中华书局，1980 年。

［汉］郑玄笺，［唐］孔颖达疏：《毛诗正义》，《十三经注疏》，（上册），北京：中华书局，1980 年。

［魏］王弼、［晋］韩康伯注，［唐］孔颖达正义：《宋本周易注疏》，北京：中华书局，1988 年。

［魏］嵇康著，戴明扬校注：《嵇康集校注》，北京：中华书局，2014 年。

［晋］陈寿撰，［南朝宋］裴松之注：《三国志》，北京：中华书局，1959 年。

［晋］司马彪撰，［梁］刘昭注补：《续汉书志》（《后汉书》），北京：中华书局，1965 年。

［晋］王嘉撰，［梁］萧绮录，齐治平校注：《拾遗记》，北京：中华书局，1981 年。

［晋］陶潜著，龚斌校笺：《陶渊明集校笺》，上海：上海古籍出版社，1996 年。

［晋］葛洪撰,周天游校注:《西京杂记》,西安:三秦出版社,
2006 年。

［晋］葛洪撰,古求知等校注:《肘后备急方校注》,北京:中医
古籍出版社,2015 年。

［南朝宋］范晔撰,［唐］李贤等注:《后汉书》,北京:中华书
局,1965 年。

［梁］沈约:《宋书》,北京:中华书局,1974 年。

［梁］萧子显:《南齐书》,北京:中华书局,1972 年。

［唐］姚思廉:《陈书》,北京:中华书局,1972 年。

［梁］萧统编,［唐］李善注:《文选》,上海:上海古籍出版社,
1986 年。

［后魏］杨衒之撰,周祖谟校释:《洛阳伽蓝记校释》,北京:中
华书局,1963 年。

［北魏］郦道元注,杨守敬、熊会贞疏,段熙仲点校,陈桥驿复
校:《水经注疏》,南京:江苏古籍出版社,1989 年。

［后魏］贾思勰著,缪启愉校释:《齐民要术校释》,北京:农业
出版社,1998 年。

［北齐］魏收:《魏书》,北京:中华书局,1974 年。

［北齐］颜之推撰,王利器集解:《颜氏家训集解》,上海:上海
古籍出版社,1980 年。

［唐］徐坚等:《初学记》,北京:中华书局,1962 年。

［唐］令狐德棻等:《周书》,北京:中华书局,1971 年。

［唐］李百药:《北齐书》,北京:中华书局,1972 年。

［唐］姚思廉:《梁书》,北京:中华书局,1973 年。

［唐］魏徵等:《隋书》,北京:中华书局,1973 年。

［唐］房玄龄等:《晋书》,北京:中华书局,1974 年。

［唐］李延寿：《北史》，北京：中华书局，1974 年。

［唐］李延寿：《南史》，北京：中华书局，1975 年。

［唐］杜牧著，［清］冯集梧注：《樊川诗集注》，上海：上海古籍出版社，1978 年。

［唐］欧阳询撰，汪绍楹校：《艺文类聚》，上海：上海古籍出版社，1982 年。

［唐］元稹撰，冀勤点校：《元稹集》，北京：中华书局，1982 年。

［唐］长孙无忌等撰，刘俊文点校：《唐律疏议》，北京：中华书局，1983 年。

［唐］李吉甫撰，贺次君点校：《元和郡县图志》，北京：中华书局，1983 年。

［唐］张彦远著，范祥雍点校：《法书要录》，北京：人民美术出版社，1984 年。

［唐］白居易：《白氏六帖事类集》，北京：文物出版社，1987 年。

［唐］杜佑撰，王文锦等点校：《通典》，北京：中华书局，1988 年。

［唐］李林甫等撰，陈仲夫点校：《唐六典》，北京：中华书局，1992 年。

［唐］义净著，王邦维校注：《南海寄归内法传校注》，北京：中华书局，1995 年。

［唐］孙思邈著，李景荣等校释：《备急千金要方校释》，北京：人民卫生出版社，1998 年。

［后晋］刘昫等：《旧唐书》，北京：中华书局，1975 年。

［宋］司马光编著，［元］胡三省音注，"标点资治通鉴小组"标点：《资治通鉴》，北京：中华书局，1956 年。

［宋］欧阳修、宋祁：《新唐书》，北京：中华书局，1975 年。

［宋］张载著,章锡琛点校:《张载集》,北京:中华书局,1978年。

［宋］朱熹:《四书章句集注》,北京:中华书局,1983年。

［宋］庄绰:《鸡肋编》,北京:中华书局,1983年。

［宋］彭大雅:《黑鞑事略》,北京:中华书局,1985年。

［宋］朱熹、吕祖谦撰,［清］江永注:《近思录集注》,上海:上海书店,1987年。

［宋］徐梦莘:《三朝北盟会编》,上海:上海古籍出版社,1987年。

［宋］洪迈:《容斋随笔》,上海:上海古籍出版社,1996年。

［宋］彭乘:《墨客挥犀》,孔凡礼点校《侯鲭录 墨客挥犀 续墨客挥犀》,北京:中华书局,2002年。

［宋］赵明诚撰,金文明校证:《金石录校证》,桂林:广西师范大学出版社,2005年。

［宋］陈均编,许沛藻等点校:《皇朝编年纲目备要》,北京:中华书局,2006年。

［宋］王应麟著,［清］翁元圻等注,栾保群、田松青、吕宗力校点:《困学纪闻》(全校本),上海:上海古籍出版社,2008年。

［宋］马端临著,上海师范大学古籍研究所、华东师范大学古籍研究所点校:《文献通考》,北京:中华书局,2011年。

［宋］苏易简著,石祥编著:《文房四谱》,北京:中华书局,2011年。

［宋］朱长文著,何立民点校:《墨池编》,杭州:浙江人民美术出版社,2012年。

［宋］李心传撰,胡坤点校:《建炎以来系年要录》,北京:中华书局,2013年。

［宋］王溥:《唐会要》,北京:中华书局,1955年。

［宋］李昉等：《太平御览》，北京：中华书局，1960年。

［宋］李昉等：《太平广记》，北京：中华书局，1961年。

［宋］李昉等：《文苑英华》，北京：中华书局，1966年。

［宋］王钦若等：《册府元龟》，北京：中华书局，1960年。

［宋］王钦若等：《宋本册府元龟》，北京：中华书局，1989年。

［宋］洪适：《隶释·隶续》，北京：中华书局，1985年。

［元］脱脱等：《辽史》，北京：中华书局，1974年。

［元］脱脱等：《金史》，北京：中华书局，1975年。

［元］脱脱等：《宋史》，北京：中华书局，1977年。

［明］李时珍著：《本草纲目》（校点本），第一、三、四册，北京：人民卫生出版社，1975、1978、1981年。

［明］宋濂等：《元史》，北京：中华书局，1976年。

［明］徐光启撰，石声汉校注：《农政全书校注》，上海：上海古籍出版社，1979年。

［明］缪希雍撰，夏魁周等校注：《神农本草经疏》，北京：中国中医药出版社，1997年。

［明］吕坤撰，王国轩、王秀梅整理：《吕坤全集》，北京：中华书局，2008年。

［明］朱橚撰，倪根金校注，张翠君参注：《救荒本草校注》，北京：中国农业出版社，2008年。

［明］高濂著，王大淳点校：《遵生八笺》，杭州：浙江古籍出版社，2017年。

《永乐大典》，北京：中华书局，1986年。

［清］张廷玉等：《明史》，北京：中华书局，1974年。

［清］吴璿著，孟庆锡点校：《飞龙全传》，北京：人民文学出版社，1981年。

　　[清]王聘珍撰，王文锦点校:《大戴礼记解诂》，北京:中华书局，1983年。

　　[清]赵翼著，王树民校证:《廿二史札记校证》，北京:中华书局，1984年。

　　[清]陈端生原著，佚名改写，孙菊园校点:《再生缘》，长沙:湖南文艺出版社，1986年。

　　[清]孙诒让撰，王文锦、陈玉霞点校:《周礼正义》，北京:中华书局，1987年。

　　[清]顾嗣立编:《元诗选初集》乙集《湛然居士集》，北京:中华书局，1987年。

　　[清]王先谦撰，沈啸寰、王星贤点校:《荀子集解》，北京:中华书局，1988年。

　　[清]王夫之著，舒士彦点校:《读通鉴论》，北京:中华书局，1998年。

　　[清]王先慎撰，钟哲点校:《韩非子集解》，北京:中华书局，1998年。

　　[清]孙诒让撰，孙启治点校:《墨子间诂》，北京:中华书局，2001年。

　　[清]钱大昕著，方诗铭、周殿杰校点:《廿二史考异》，上海:上海古籍出版社，2004年。

　　[清]顾祖禹撰，贺次君、施和金点校:《读史方舆纪要》，北京:中华书局，2005年。

　　[清]胡渭著，邹逸麟整理:《禹贡锥指》，上海:上海古籍出版社，2006年。

　　[清]顾炎武著，陈垣校注:《日知录校注》，合肥:安徽大学出版社，2007年。

［清］王鸣盛：《周礼军赋说》，陈文和主编《嘉定王鸣盛全集》第三册，北京：中华书局，2010 年。

［清］顾炎武：《天下郡国利病书》，《顾炎武全集》，上海：上海古籍出版社，2011 年。

［清］孙承泽著，王剑英点校：《春明梦余录》，北京：北京出版社，2018 年

［清］徐松辑：《宋会要辑稿》，北京：中华书局，1957 年。

［清］阮元校刻：《十三经注疏》，北京：中华书局，1980 年。

［清］董诰等编：《全唐文》，北京：中华书局，1983 年。

［清］厉鹗：《宋诗纪事》，上海：上海古籍出版社，1983 年。

［清］王昶：《金石萃编》，北京：中国书店，1985 年。

《清高宗实录》，北京：中华书局，1986 年。

［清］陆耀：《切问斋文钞》，金陵钱氏刊本，清同治八年（1869）。

［清］端方：《陶斋藏石记》，涊阳端氏刊本，清宣统元年（1909）。

［清］盛康辑：《皇朝经世文编续编》，台北：文海出版社，1972 年。

［清］饶玉成辑：《皇朝经世文编续集》，清光绪八年（1882）江右饶氏双峰书屋刊本。

［清］吴清鹏：《笏庵诗》，清咸丰五年（1855）刻吴氏一家稿本。

《大正新修大藏经》，台北：新文丰出版公司，1983 年。

朱谦之：《老子校释》，北京：中华书局，1984 年。

王明：《抱朴子内篇校释》，北京：中华书局，1985 年。

程树德撰，程俊英、蒋见元点校：《论语集释》，北京：中华书局，1990 年。

苏舆撰，钟哲点校：《春秋繁露义证》，北京：中华书局，1992年。

王利器校注：《盐铁论校注（定本）》，北京：中华书局，1992年。

吴毓江撰，孙启治点校：《墨子校注》，北京：中华书局，1993年。

黄怀信等撰，李学勤审定：《逸周书汇校集注》，上海：上海古籍出版社，1995年。

刘俊文：《唐律疏议笺解》，北京：中华书局，1996年。

陈文和主编：《嘉定钱大昕全集》，南京：江苏古籍出版社，1997年。

钱宝琮校点：《算经十书》，《李俨钱宝琮科学史全集》，沈阳：辽宁教育出版社，1998年。

余大钧译注：《蒙古秘史》，石家庄：河北人民出版社，2001年。

徐元诰撰，王树民、沈长云点校：《国语集解》，北京：中华书局，2002年。

黎翔凤撰，梁运华整理：《管子校注》，北京：中华书局，2004年。

曹胜高、安娜译注：《六韬·鬼谷子》，北京：中华书局，2007年。

陈高华、张帆、刘晓、党宝海点校：《元典章》，北京：中华书局、天津：天津古籍出版社，2011年。

二、古代典籍（二）：《四库全书》本及其他

（《景印文渊阁四库全书》，台北：台湾商务印书馆，1986年）

［周］尉缭:《尉缭子》,子部三二"兵家类",第七二六册。

［周］韩非撰,［元］何犿注:《韩非子》,子部三五"法家类",第七二九册。

［汉］毛亨传、［汉］郑玄笺、［唐］孔颖达疏、［唐］陆德明音义:《毛诗注疏》,经部六三"诗类",第六九册。

［汉］扬雄撰,［晋］郭璞注:《輶轩使者绝代语释别国方言》,经部二一五"小学类",第二二一册。

［汉］徐干:《中论》,子部二"儒家类",第六九六册。

［魏］张揖:《广雅》,经部二一五"小学类",第二二一册。

［晋］杜预:《春秋释例》,经部一四〇"春秋类",第一四六册。

［晋］刘徽注,［唐］李淳风注释:《九章算术》,子部一〇三"天文算法类",第七九七册。

［梁］顾野王撰,［唐］孙强增补,［宋］陈彭年等重修:《重修玉篇》,经部二一八"小学类",第二二四册。

［梁］萧统:《昭明太子集》,集部二"别集类",第一〇六三册。

［北周］甄鸾注经,［唐］李淳风注释,刘孝孙撰细草:《张邱建算经》,子部一〇三"天文算法类",第七九七册。

［唐］王焘:《外台秘要方》,子部四二"医家类",第七三七册。

［唐］李籍:《九章算术音义》,子部一〇三"天文算法类",第七九七册。

［唐］赵蕤:《长短经》,子部一五五"杂家类",第八四九册。

［唐］李匡乂:《资暇集》,子部一五六"杂家类",第八五〇册。

［唐］马总:《意林》,子部一七八"杂家类",第八七二册。

［唐］冯贽:《云仙杂记》,子部三四一"小说家类",第一〇三五册。

［唐］陈子昂:《陈拾遗集》,集部四"别集类",第一〇六五册。

［唐］常建：《常建诗》，集部一〇"别集类"，第一〇七一册。

［唐］白居易：《白氏长庆集》，集部一九"别集类"，第一〇八〇册。

［唐］杜荀鹤：《唐风集》，集部二二"别集类"，第一〇八三册。

［宋］史浩：《尚书讲义》，经部五〇"书类"，第五六册。

［宋］苏辙：《诗集传》，经部六四"诗类"，第七〇册。

［宋］李樗、黄櫄：《毛诗李黄集解》，经部六五"诗类"，第七一册。

［宋］王质：《诗总闻》，经部六六"诗类"，第七二册。

［宋］段昌武：《段氏毛诗集解》，经部六八"诗类"，第七四册。

［宋］程公说：《春秋分记》，经部一四八"春秋类"，第一五四册。

［宋］王昭禹：《周礼详解》，经部八五"礼类"，第九一册。

［宋］叶时：《礼经会元》，经部八六"礼类"，第九二册。

［宋］郑伯谦：《太平经国书》，经部八六"礼类"，第九二册。

［宋］卫湜：《礼记集说》，经部一一二"礼记类"，第一一八册。

［宋］戴侗：《六书故》，经部二二〇"小学类"，第二二六册。

［宋］郑樵：《通志》，元大德三山郡庠刻元明递修本。

［宋］郑樵：《通志》，史部一三二"别史类"，第三七四册。

［宋］董煟：《救荒活民书》，史部四二〇"政书类"，第六六二册。

［宋］范祖禹撰、［宋］吕祖谦注：《唐鉴》，史部四四三"史评类"，第六八五册。

［宋］刘羲仲：《通鉴问疑》，史部四四四"史评类"，第六八六册。

［宋］朱熹、吕祖谦同编，叶采集解：《近思录》，子部五"儒家

类”,第六九九册。

［宋］真德秀:《西山读书记》,子部一一"儒家类",第七〇五册。

［宋］项安世:《项氏家说》,子部一二"儒家类",第七〇六册。

［宋］陈旉:《农书》,子部三六"农家类",第七三〇册。

［宋］唐慎微撰,曹孝忠校,寇宗奭衍义:《证类本草》,子部四六"医家类",第七四〇册。

［宋］许叔微:《类证普济本事方》,子部四七"医家类",第七四一册。

［宋］张杲:《医说》,子部四八"医家类",第七四二册。

［宋］朱长文:《墨池编》,子部一一八"艺术类",第八一二册。

［宋］不著撰人:《宣和书谱》,子部一一九"艺术类",第八一三册。

［宋］岳珂:《宝真斋法书赞》,子部一一九"艺术类",第八一三册。

［宋］叶适:《习学记言》,子部一五五"杂家类",第八四九册。

［宋］吕祖谦:《历代制度详说》,子部二二九"类书类",第九二三册。

［宋］祝穆:《古今事文类聚别集》,子部二三三"类书类",第九二七册。

［宋］王应麟:《玉海》,子部二五三"类书类",第九四七册。

［宋］张君房:《云笈七签》,子部三六七"道家类",第一〇六一册。

［宋］张耒:《柯山集》,集部五四"别集类",第一一一五册。

［宋］陈渊撰,［宋］沈度编:《默堂集》,集部七八"别集类",第一一三九册。

［宋］楼钥：《攻媿集》，集部九二"别集类"，第一一五三册。

［宋］杨万里：《诚斋集》，集部一〇〇"别集类"，第一一六一册。

［宋］戴复古：《石屏诗集》，集部一〇四"别集类"，第一一六五册。

［宋］刘元高编：《三刘家集》，集部二八四"总集类"，第一三四五册。

［宋］郑虎臣：《吴都文粹》，集部二九七"总集类"，第一三五八册。

［宋］计有功：《唐诗纪事》，集部二一八"诗文评类"，第一四七九册。

［宋］胡寅：《致堂读史管见》，《四库全书存目丛书》，第二八〇册，济南：齐鲁书社，1996 年。

［金］张元素：《保命集》，子部五一"医家类"，第七四五册。

［元］王祯：《农书》，子部三六"农家类"，第七三〇册。

［元］司农司：《农桑辑要》，子部三六"农家类"，第七三〇册。

［元］鲁明善：《农桑衣食撮要》，子部三六"农家类"，第七三〇册。

［元］吾衍：《闲居录》，子部一七二"杂家类"，第八六六册。

［元］陶宗仪：《说郛》，子部一八三、一八八"杂家类"，第八七七、八八二册。

［元］杨瑀：《山居新话》，子部三四六"小说家类"，第一〇四〇册。

［元］俞琰：《席上腐谈》，子部三六七"道家类"，第一〇六一册。

［元］郝经：《陵川集》，集部一三一"别集类"，第一一九二册。

［元］赵孟頫:《松雪斋集》,集部一三五"别集类",第一一九六册。

［元］洪希文:《续轩渠集》,集部一四四"别集类",第一二〇五册。

［元］吴景奎:《药房樵唱》,集部一五四"别集类",第一二一五册。

［明］冯复京:《六家诗名物疏》,经部七四"诗类",第八〇册。

［明］王祎:《大事记续编》,史部九一"编年类",第三三三册。

［明］杨一清:《关中奏议》,史部一八六"诏令奏议类",第四二八册。

［明］何孟春:《何文简疏议》,史部一八七"诏令奏议类",第四二九册。

［明］王世贞:《嘉靖以来首辅传》,史部二一〇"传记类",第四五二册。

［明］王鏊:《姑苏志》,史部二五一"地理类",第四九三册。

［明］徐溥等撰,李东阳等重修:《明会典》,史部三七五"政书类",第六一七册。

［明］丘濬:《大学衍义补》,子部一八"儒家类",第七一二册。

［明］湛若水:《格物通》,子部二二"儒家类",第七一六册。

［明］鲍山:《野菜博录》,子部三七"农家类",第七三一册。

［明］朱橚:《普济方》,子部五四、五六、五九、六〇、六一、六四"医家类",第七四八、七五〇、七五三、七五四、七五五、七五八册。

［明］孙一奎:《赤水玄珠》,子部七二"医家类",第七六六册。

［明］张萱:《疑耀》,子部一六二"杂家类",第八五六册。

［明］周祈:《名义考》,子部一六二"杂家类",第八五六册。

［明］方以智:《通雅》,子部一六三"杂家类",第八五七册。

［明］方以智:《物理小识》,子部一七三"杂家类",第八六七册。

［明］曹安:《谰言长语》,子部一七三"杂家类",第八六七册。

［明］文震亨:《长物志》,子部一七八"杂家类",第八七二册。

［明］张应文:《清秘藏》,子部一七八"杂家类",第八七二册。

［明］徐元太:《喻林》,子部二六四"类书类",第九五八册。

［明］顾起元:《说略》,子部二七〇"类书类",第九六四册。

［明］陈耀文:《天中记》,子部二七二"类书类",第九六六册。

［明］高启:《凫藻集》,集部一六九"别集类",第一二三〇册。

［明］王冕:《竹斋集》,集部一七二"别集类",第一二三三册。

［明］孙绪:《沙溪集》,集部二〇三"别集类",第一二六四册。

［明］王世贞:《弇州四部稿》,集部二二〇"别集类",第一二八一册。

［明］程敏政:《明文衡》,集部三一二"总集类",第一三七三册。

［清］王夫之:《周易稗疏》,经部三三"易类",第三九册。

［清］陈启源:《毛诗稽古编》,经部七九"诗类",第八五册。

［清］陈大章:《诗传名物集览》,经部八〇"诗类",第八六册。

［清］乾隆十三年敕撰:《钦定礼记义疏》,经部一一八"礼类",第一二四册。

［清］秦蕙田:《五礼通考》,经部一三六"礼类",第一四二册。

［清］徐乾学:《资治通鉴后编》,史部一〇三"编年类",第三四五册。

［清］雍正九年敕编:《圣祖仁皇帝圣训》,史部一六九"诏令奏议类",第四一一册。

［清］阿桂等:《钦定满洲源流考》,史部二五七"地理类",第四九九册。

［清］傅恒、刘统勋、于敏中等:《钦定皇舆西域图志》,史部二五八"地理类",第五〇〇册。

［清］赵弘恩等监修,黄之隽等编纂:《江南通志》,史部二七〇"地理类",第五一二册。

［清］岳濬等监修,杜诏等编纂:《山东通志》,史部二九八"地理类",第五四〇册。

［清］刘于义等监修、沈青崖等编纂:《陕西通志》,史部三一一"地理类",第五五三册。

［清］鄂尔泰等监修,靖道谟等编纂:《云南通志》,史部三二八"地理类",第五七〇册。

［清］《钦定大清会典则例》,史部三七九"政书类",第六二一册。

［清］嵇璜、曹仁虎等:《钦定续文献通考》,史部三八四"政书类",第六二六册。

［清］嵇璜、曹仁虎等:《钦定续通典》,史部三九七"政书类",第六三九册。

［清］陆世仪撰、［清］张伯行编:《思辨录辑要》,子部三〇"儒家类",第七二四册。

［清］鄂尔泰、张廷玉等撰,董诰等补:《钦定授时通考》,子部三八"农家类",第七三二册。

［清］汪灏等:《御定佩文斋广群芳谱》,子部一五一"谱录类",第八四五册。

［清］何琇:《樵香小记》,子部一六五"杂家类",第八五九册。

［清］张英、王士祯等:《御定渊鉴类函》,子部二九一、二九

五、二九八"类书类",第九八五、九八九、九九二册。

　　[清]陈元龙:《格致镜原》,子部三三七、三三八"类书类",第一〇三一、一〇三二册。

　　[清]陆陇其:《三鱼堂文集》,集部二六四"杂家类",第一三二五册。

　　[清]汤右曾:《怀清堂集》,集部二六四"杂家类",第一三二五册。

　　《御定全唐诗》(四),集部三六五"总集类",第一四二六册。

　　[清]张豫章等:《御选明诗》,集部三八三"总集类",第一四四四册。

　　[清]俞樾:《群经平议》,《续修四库全书》,第 178 册,上海:上海古籍出版社,1997 年。

三、考古资料

　　赵万里集释:《汉魏南北朝墓志集释》,北京:科学出版社,1956 年。

　　中国科学院历史研究所资料室:《敦煌资料》第一辑,北京:中华书局,1961 年。

　　国家文物局古文献研究室、新疆维吾尔自治区博物馆、武汉大学历史系编:《吐鲁番出土文书》,第一、二册,北京:文物出版社,1981 年。

　　朱锡禄:《武氏祠汉画像石》,济南:山东美术出版社,1986 年。

　　唐耕耦、陆宏基:《敦煌社会经济文献真迹释录》第一辑,北京:书目文献出版社,1986年。

罗福颐主编:《秦汉南北朝官印征存》,北京:文物出版社,1987年。

谢桂华、李均明、朱国炤:《居延汉简释文合校》,北京:文物出版社,1987年。

北京图书馆金石组编:《北京图书馆藏中国历代石刻拓本汇编》第二、七册,郑州:中州古籍出版社,1989年。

甘肃省文物考古研究所、甘肃省博物馆等:《居延新简——甲渠候官与第四燧》,北京:文物出版社,1990年。

睡虎地秦墓竹简整理小组:《睡虎地秦墓竹简》,北京:文物出版社,1990年。

王建中、闪修山:《南阳两汉画像石》,北京:文物出版社,1990年。

薛文灿、刘松根:《河南新郑汉代画像砖》,上海:上海书画出版社,1993年。

张传玺主编:《中国历代契约会编考释》,北京:北京大学出版社,1995年。

连云港市博物馆、东海县博物馆、中国社会科学院简帛研究中心、中国文物研究所:《尹湾汉墓简牍》,北京:中华书局,1997年。

高文:《汉碑集释》(修订本),开封:河南大学出版社,1997年。

高文:《四川汉代石棺画像集》,北京:人民美术出版社,1998年。

长沙市文物考古研究所、中国文物研究所、北京大学历史学系走马楼简牍整理组编著:《长沙走马楼三国吴简·嘉禾吏民田家莂》,北京:文物出版社,1999年。

胡平生、张德芳:《敦煌悬泉汉简释粹》,上海:上海古籍出版社,2001年。

长沙市文物考古研究所、中国文物研究所、北京大学历史学系走马楼简牍整理组编著:《长沙走马楼三国吴简·竹简〔壹〕》,北京:文物出版社,2003年。

张家山二四七号汉墓竹简整理小组:《张家山汉墓竹简〔二四七号墓〕》(释文修订本),北京:文物出版社,2006年。

长沙市文物考古研究所、中国文物研究所:《长沙东牌楼东汉简牍》,北京:文物出版社,2006年。

长沙简牍博物馆、中国文物研究所、北京大学历史学系走马楼简牍整理组编著:《长沙走马楼三国吴简·竹简〔贰〕》,北京:文物出版社,2007年。

长沙简牍博物馆、中国文物研究所、北京大学历史学系走马楼简牍整理组编著:《长沙走马楼三国吴简·竹简〔叁〕》,北京:文物出版社,2008年。

毛远明校注:《汉魏六朝碑刻校注》第九册,北京:线装书局,2008年。

颜娟英主编:《北朝佛教石刻拓片百品》,台北:"中央研究院"历史语言研究所,2008年。

于省吾:《双剑誃古器物图录》,北京:中华书局,2009年。

长沙简牍博物馆、中国文化遗产研究院、北京大学历史学系走马楼简牍整理组编著:《长沙走马楼三国吴简·竹简〔肆〕》,北京:文物出版社,2011年。

陈伟主编:《里耶秦简牍校释》第一卷,武汉:武汉大学出版社,2012年。

长沙简牍博物馆、中国文化遗产研究院、北京大学历史学系、故宫博物院古文献研究所走马楼简牍整理组编著:《长沙走马楼三国吴简·竹简〔柒〕》,北京:文物出版社,2013年。

长沙简牍博物馆、中国文化遗产研究院、北京大学历史学系、故宫博物院古文献研究所走马楼简牍整理组编著:《长沙走马楼三国吴简·竹简〔捌〕》,北京:文物出版社,2015 年。

内蒙古文物工作队:《内蒙古扎赉诺尔古墓群发掘简报》,《考古》1961 年第 12 期。

山西省大同市博物馆、山西省文物工作委员会:《山西大同石家寨北魏司马金龙墓》,《文物》1972 年第 3 期。

洛阳博物馆:《洛阳北魏画象石棺》,《考古》1980 年第 3 期。

盖山林:《内蒙阴山山脉狼山地区岩画》,《文物》1980 年第 6 期。

周口地区文化局文物科、淮阳太昊陵文物保管所:《淮阳于庄汉墓发掘简报》,《中原文物》1983 年第 1 期。

刘庆柱:《陕西长武县出土太和元年地券》,《文物》1983 年第 8 期。

马玉基:《大同市小站村花圪塔台北魏墓清理简报》,《文物》1983 年第 8 期。

伊克坚、陆思贤:《土默特左旗出土北魏时期文物》,《内蒙古文物考古》总第 3 期(1984 年)。

扬州博物馆:《江苏仪征胥浦 101 号西汉墓》,《文物》1987 年第 1 期。

吉木布初、关荣华:《四川昭觉县发现东汉石表和石阙残石》,《考古》1987 年第 5 期。

中国社会科学院考古研究所、河北省文物研究所:《河北磁县湾漳北朝墓》,《考古》1990 年第 7 期。

赵越:《内蒙古额右旗拉布达林发现鲜卑墓》,《考古》1990 年第 10 期。

徐光冀:《河北磁县湾漳北朝大型壁画墓的发掘与研究》,《文物》1996年第9期。

刘瑞娥、朱家龙:《鸡鸣驿北魏壁画墓清理随想》,《呼和浩特文物》总第4期(1999年)。

山西省考古研究所、大同市考古研究所:《大同市北魏宋绍祖墓发掘简报》,《文物》2001年第7期。

大同市考古研究所:《山西大同下深井北魏墓发掘简报》,《文物》2004年第6期。

山西省大同市考古研究所:《大同湖东北魏一号墓》,《文物》2004年第12期。

大同市考古研究所:《山西大同迎宾大道北魏墓群》,《文物》2006年第10期。

大同市考古研究所:《山西大同沙岭北魏壁画墓发掘简报》,《文物》2006年第10期。

凉山彝族自治州博物馆、昭觉县文管所:《四川凉山州昭觉县好谷乡发现的东汉石表》,《四川文物》2007年第5期。

殷宪、刘俊喜:《北魏尉迟定州墓石椁封门石铭文》,《文物》2011年第12期。

四、中文著作

白寿彝总主编:《中国通史》第五卷《中古时代·三国两晋南北朝时期》,上册(本册主编何兹全),上海:上海人民出版社,1995年。

岑仲勉:《府兵制度研究》,上海:上海人民出版社,1957年。

曹贯一：《中国农业经济史》，北京：中国社会科学出版社，1989年。

陈登原：《中国田赋史》，上海：商务印书馆，1936年。

陈捷先、札奇斯钦编辑：《姚从吾先生全集（一）——历史方法论》，台北：正中书局，1971年。

陈连庆：《中国古代史研究——陈连庆教授学术论文集》，长春：吉林文史出版社，1991年。

陈连庆：《〈晋书·食货志〉校注　〈魏书·食货志〉校注》，长春：东北师范大学出版社，1999年。

陈守实：《中国古代土地关系史稿》，上海：上海人民出版社，1984年。

陈寅恪：《隋唐制度渊源略论稿》，北京：中华书局，1963年。

陈玉屏：《魏晋南北朝兵户制度研究》，成都：巴蜀书社，1988年。

陈振汉：《社会经济史学论文集》，北京：经济科学出版社，1999年。

陈仲安、王素：《汉唐职官制度研究》，北京：中华书局，1993年。

邓之诚：《中华二千年史》，北京：中华书局，1983年。

杜正胜：《编户齐民——传统政治社会结构之形成》，台北：联经出版事业公司，1990年。

范文澜、蔡美彪等著：《中国通史》，北京：人民出版社，1994年。

傅克辉：《魏晋南北朝籍账研究》，济南：齐鲁书社，2001年。

傅筑夫：《中国封建社会经济史》三，北京：人民出版社，1984年。

高敏：《云梦秦简初探》（增订本），郑州：河南人民出版社，1981年。

高敏:《秦汉魏晋南北朝土地制度研究》,郑州:中州古籍出版社,1986年。

高敏:《魏晋南北朝社会经济史探讨》,北京:人民出版社,1987年。

高敏主编:《中国经济通史·魏晋南北朝经济卷》,北京:经济日报出版社,1998年。

高敏:《秦汉魏晋南北朝史论考》,北京:中国社会科学出版社,2004年。

高敏:《魏晋南北朝史发微》,北京:中华书局,2005年。

高敏:《长沙走马楼简牍研究》,桂林:广西师范大学出版社,2008年。

葛剑雄主编:《中国移民史》第二卷《先秦至魏晋南北朝时期》,福州:福建人民出版社,1997年。

葛剑雄主编:《中国人口史》,上海:复旦大学出版社,2002年。

龚书铎总主编:《中国社会通史·秦汉魏晋南北朝卷》(本卷主编曹文柱),太原:山西教育出版社,1996年。

公孙愈之(顾孟余):《中国农民问题》,天津:中国国民党天津特别市宣传部,1928年。

谷霁光:《府兵制度考释》,上海:上海人民出版社,1962年。

谷霁光:《谷霁光史学文集》,南昌:江西人民出版社、江西教育出版社,1996年。

韩国磐:《魏晋南北朝史纲》,北京:人民出版社,1983年。

韩国磐:《北朝隋唐的均田制度》,上海:上海人民出版社,1984年。

韩国磐:《南北朝经济史略》,厦门:厦门大学出版社,1990年。

贺昌群:《汉唐间封建的国有土地制与均田制》,上海:上海人民出版社,1958 年。

何炳棣:《黄土与中国农业的起源》,香港:香港中文大学,1969 年。

何兹全:《魏晋南北朝史略》,上海:上海人民出版社,1958 年。

何兹全:《读史集》,上海:上海人民出版社,1982 年。

何兹全:《中国古代社会》,郑州:河南人民出版社,1991 年。

何兹全:《中国社会史研究导论》,北京:商务印书馆,2010 年。

侯绍庄:《中国古代土地关系史》,贵阳:贵州人民出版社,1997 年。

侯外庐:《中国封建社会史论》,北京:人民出版社,1979 年。

侯旭东:《北朝村民的生活世界——朝廷、州县与村里》,北京:商务印书馆,2005 年。

胡寄窗:《中国经济思想史》,上海:上海财经大学出版社,1998 年。

胡如雷:《中国封建社会形态研究》,北京:生活·读书·新知三联书店,1979 年。

黄烈:《中国古代民族史研究》,北京:人民出版社,1987 年。

蒋福亚:《魏晋南北朝社会经济史》,天津:天津古籍出版社,2004 年。

蒋福亚:《魏晋南北朝经济史探》,兰州:甘肃人民出版社,2004 年。

金景芳:《论井田制度》,济南:齐鲁书社,1982 年。

金景芳、吕绍纲、吕文郁:《孔子新传》,长沙:湖南出版社,1991 年。

康乐:《从西郊到南郊——国家祭典与北魏政治》,台北:稻乡出版社,1995 年。

孔庆明、胡留元、孙季平:《中国民法史》,长春:吉林人民出版社,1996年。

劳榦:《魏晋南北朝简史》,北京:中华书局,2018年。

黎虎:《魏晋南北朝史论》,北京:学苑出版社,1999年。

黎虎:《先秦汉唐史论》,北京:北京师范大学出版社,2016年。

李剑农:《中国古代经济史稿》第二卷《魏晋南北朝隋唐部分》,武汉:武汉大学出版社,2005年。

李景汉:《北京郊区乡村家庭生活调查札记》,北京:生活·新知·读书三联书店,1981年。

李亚农:《周族的氏族制与拓跋族的前封建制》,上海:华东人民出版社,1954年。

李亚农:《李亚农史论集》,上海:上海人民出版社,1978年。

李埏、武建国主编:《中国古代土地国有制史》,昆明:云南人民出版社,1997年。

李根蟠:《中国农业史》,台北:文津出版社,1997年。

李泽厚:《论语今读》,合肥:安徽文艺出版社,1998年。

厉以宁:《资本主义的起源——比较经济史研究》,北京:商务印书馆,2003年。

厉以宁:《罗马—拜占庭经济史》,北京:商务印书馆,2006年。

梁方仲:《中国历代户口、田地、田赋统计》,上海:上海人民出版社,1980年。

梁方仲:《中国社会经济史论》,北京:中华书局,2008年。

廖伯源:《简牍与制度:尹湾汉墓简牍官文书考证(增订版)》,桂林:广西师范大学出版社,2005年。

林甘泉主编:《中国封建土地制度史》第一卷(林甘泉、童超著),北京:中国社会科学出版社,1990年。

林毅夫:《制度、技术与中国农业发展》,上海:上海三联书店、上海人民出版社,1992年。

刘道元:《中国中古时期的田赋制度》,北京:新生命书局,1934年。

刘守英:《土地制度与中国发展》,北京:中国人民大学出版社,2018年。

刘志雄、杨静荣:《龙与中国文化》,北京:人民出版社,1992年。

柳诒徵撰,蔡尚思导读:《中国文化史》,上海:上海古籍出版社,2001年。

龙登高:《中国传统市场发展史》,北京:人民出版社,1997年。

龙登高:《地权市场与资源配置》,福州:福建人民出版社,2012年。

龙登高:《中国传统地权制度及其变迁》,北京:中国社会科学出版社,2018年。

龙登高主编:《中国土地制度史》,北京:中国社会科学出版社,2022年。

卢嘉锡总主编:《中国科学技术史·农学卷》(本卷主编董恺忱、范楚玉),北京:科学出版社,2000年。

卢嘉锡总主编:《中国科学技术史·数学卷》(本卷主编郭书春、副主编李兆华),北京:科学出版社,2010年。

逯耀东:《从平城到洛阳——拓跋魏文化转变的历程》,北京:中华书局,2006年。

路遇、滕泽之:《中国人口通史》,济南:山东人民出版社,2000年。

吕思勉:《两晋南北朝史》,上海:上海古籍出版社,1983年。

吕思勉:《中国制度史》,上海:上海教育出版社,1985年。

马长寿:《乌桓与鲜卑》,桂林:广西师范大学出版社,2006年。

马克垚主编:《中西封建社会比较研究》,上海:学林出版社,1997年。

蒙思明:《魏晋南北朝的社会》,上海:上海人民出版社,2007年。

缪钺:《读史存稿》,北京:生活·读书·新知三联书店,1963年。

宁可主编:《中国经济发展史》,北京:中国经济出版社,1999年。

彭浩:《张家山汉简〈算数书〉注释》,北京:科学出版社,2001年。

彭信威:《中国货币史》,上海:上海人民出版社,1958年。

齐陈骏:《枳室史稿》,兰州:甘肃文化出版社,2005年。

齐涛:《魏晋隋唐乡村社会研究》,济南:山东人民出版社,1995年。

钱穆:《国史大纲》,北京:商务印书馆,1994年。

钱穆:《国史新论》,北京:生活·读书·新知三联书店,2001年。

钱穆:《论语新解》,北京:生活·读书·新知三联书店,2002年。

钱穆讲授、叶龙记录整理:《中国经济史》,北京:北京联合出版公司,2019年。

丘光明编著:《中国历代度量衡考》,北京:科学出版社,1992年。

沈汉:《英国土地制度史》,上海:学林出版社,2005年。

沈家本:《历代刑法考》,北京:中华书局,1985年。

史念海:《河山集》,北京:生活·读书·新知三联书店,1963年。

孙同勋：《拓跋氏的汉化及其他》，台北：稻乡出版社，2005 年。

唐长孺：《魏晋南北朝史论丛》，北京：生活·读书·新知三联书店，1955 年。

唐长孺：《三至六世纪江南大土地所有制的发展》，上海：上海人民出版社，1957 年。

唐长孺：《唐书兵志笺正》，北京：科学出版社，1957 年。

唐长孺：《魏晋南北朝史论丛续编》，北京：生活·读书·新知三联书店，1959 年。

唐长孺：《魏晋南北朝史论拾遗》，北京：中华书局，1983 年。

唐长孺：《山居存稿》，北京：中华书局，1989 年。

唐长孺：《魏晋南北朝隋唐史三论——中国封建社会的形成和前期的变化》，武汉：武汉大学出版社，1992 年。

唐长孺：《魏晋南北朝隋唐史》，《大师讲史》中，北京：中共中央党校出版社，2007 年。

唐庆增：《中国经济思想史》上卷，上海：商务印书馆，1936 年。

汤明檖：《中国古代社会经济史》，郑州：中州书画社，1982 年。

陶希圣、武仙卿：《南北朝经济史》，北京：商务印书馆，1937 年。

田昌五、漆侠总主编：《中国封建社会经济史》第二卷（本卷主编朱大渭、张泽咸），济南：齐鲁书社，1996 年。

万国鼎：《中国田制史》，南京：正中书局，1934 年。

万绳楠：《魏晋南北朝史论稿》，合肥：安徽教育出版社，1983 年。

万绳楠整理：《陈寅恪魏晋南北朝史讲演录》，合肥：黄山书社，1987 年。

王思明等主编：《万国鼎文集》，北京：中国农业科学技术出版社，2005 年。

王仲荦:《北周六典》,北京:中华书局,1979 年。

王仲荦:《魏晋南北朝史》(下册),上海:上海人民出版社,1980 年。

王仲荦:《蜡华山馆丛稿》,北京:中华书局,1987 年。

王仲荦:《金泥玉屑丛考》,北京:中华书局,1998 年。

吴承洛:《中国度量衡史》,商务印书馆,1937 年初版(上海),1957 年修订重印第一版(北京)。

吴承明:《吴承明集》,北京:中国社会科学出版社,2002 年。

吴荣曾:《战国授田制研究》,《先秦两汉史研究》,北京:中华书局,1995 年。

吴文俊主编:《中国数学史大系》第四卷《西晋至五代》(本卷主编沈康身),北京:北京师范大学出版社,1999 年。

武建国:《均田制研究》,昆明:云南人民出版社,1992 年。

武建国:《汉唐经济社会研究》,北京:人民出版社,2010 年。

乌廷玉:《中国历代土地制度史纲》,长春:吉林大学出版社,1987 年。

谢宝富:《北朝婚丧礼俗研究》,北京:首都师范大学出版社,1998 年。

邢义田:《天下一家:皇帝、官僚与社会》,北京:中华书局,2011 年。

邢义田:《治国安邦:法制、行政与军事》,北京:中华书局,2011 年。

邢义田:《地不爱宝:汉代的简牍》,北京:中华书局,2011 年。

薛瑞泽:《嬗变中的婚姻——魏晋南北朝婚姻形态研究》,西安:三秦出版社,2000 年。

严耕望:《唐代交通图考》第五卷《河东河北区》,台北:"中央研究院"历史语言研究所专刊之八十三,1986 年。

严耕望:《中国地方行政制度史——魏晋南北朝地方行政制度》,上海:上海古籍出版社,2007 年。

杨伯峻:《论语译注》,北京:中华书局,1980 年。

杨国桢:《明清土地契约文书研究(修订版)》,北京:中国人民大学出版社,2009 年。

杨际平:《北朝隋唐"均田制"新探》,长沙:岳麓书社,2003 年。

叶昌炽撰,柯昌泗评:《语石 语石异同评》,北京:中华书局,1994 年。

于振波:《走马楼吴简初探》,台北:文津出版社,2004 年。

袁林:《两周土地制度新论》,长春:东北师范大学出版社,2000 年。

张金龙:《北魏政治史研究》,兰州:甘肃教育出版社,1996 年。

张金龙:《北魏政治与制度论稿》,兰州:甘肃教育出版社,2003 年。

张金龙:《北魏政治史》二、四、五、八,兰州:甘肃教育出版社,2008 年。

张景明:《中国北方草原古代金银器》,北京:文物出版社,2005 年。

张泽咸:《唐五代赋役史草》,北京:中华书局,1986 年。

赵德馨主编:《中国经济通史》第三卷(本卷作者何德章),长沙:湖南人民出版社,2002 年。

赵冈、陈钟毅:《中国经济制度史》,北京:中国经济出版社,1991 年。

赵冈:《农业经济史论集:产权、人口与农业生产》,北京:中国农业出版社,2001年。

赵冈:《历史上的土地制度与地权分配》,北京:中国农业出版社,2003年。

赵冈、陈仲毅:《中国土地制度史》,北京:新星出版社,2006年。

赵靖主编、石世奇副主编:《中国经济思想通史》第二卷,北京:北京大学出版社,1995年。

赵俪生:《寄陇居论文集》,济南:齐鲁书社,1981年。

赵俪生:《中国土地制度史》,济南:齐鲁书社,1984年。

郑欣:《魏晋南北朝史探索》,济南:山东大学出版社,1989年。

郑学檬、蒋兆成、张文绮:《简明中国经济通史》,哈尔滨:黑龙江人民出版社,1984年。

中国大百科全书编委会:《中国大百科全书·中国地理》,北京:中国大百科全书出版社,1993年。

周枏:《罗马法原论》,北京:商务印书馆,1994年。

周其仁:《产权与制度变迁:中国改革的经验研究》,北京:社会科学文献出版社,2002年。

周一良:《魏晋南北朝史札记》,北京:中华书局,1985年。

周一良:《魏晋南北朝史论集续编》,北京:北京大学出版社,1991年。

朱大渭:《六朝史论》,北京:中华书局,1998年。

朱寰主编:《亚欧封建经济形态比较研究》,长春:东北师范大学出版社,1996年。

朱雷:《敦煌吐鲁番文书论丛》,兰州:甘肃人民出版社,2000年。

朱绍侯:《魏晋南北朝土地制度与阶级关系》,郑州:中州古籍出版社,1988年。

邹逸麟主编:《中国历史人文地理》,北京:科学出版社,2001年。

邹逸麟:《椿庐史地论稿》,天津:天津古籍出版社,2005年。

五、中文论文

陈得芝:《元察罕脑儿行宫今地考》,《蒙元史研究丛稿》,北京:人民出版社,2005年。

陈登原:《试论北魏的均田制度》,《人文杂志》1957年第3期。

陈梦家:《亩制与里制》,河南省计量局主编、丘光明等编《中国古代度量衡论文集》,郑州:中州古籍出版社,1990年。

陈平、王勤金:《仪征胥浦101号西汉墓〈先令券书〉初考》,《文物》1987年第1期。

陈爽:《走马楼吴简所见奴婢户籍及相关问题》,《吴简研究》第一辑,武汉:崇文书局,2004年。

程应镠:《四世纪初至五世纪末中国北方坞壁略论》,《上海师范大学学报》1979年第1期。

程应镠:《论北魏实行均田令的对象与地区——北魏均田制研究之一》,尹达、张政烺等主编《纪念顾颉刚学术论文集》,成都:巴蜀书社,1990年。

程应镠:《农业劳动力与三国两晋南北朝田制的变化关系》,《流金集》,上海:上海古籍出版社,1995年。

陈仲安:《十六国北朝时期北方大土地所有制的两种形式》,《武汉大学学报》(哲学社会科学版)1980年第4期。

邓文宽:《北魏末年修改地、赋、户令内容的复原与研究——以西魏大统十三年计帐为线索》,《出土文献研究续集》,北京:文物出版社,1989年。

冻国栋:《隋代俸禄制度一瞥》,《中国中古经济与社会史论稿》,武汉:湖北教育出版社,2005年。

杜绍顺:《北魏何时始行俸禄制》,《史学月刊》1986年第6期。

杜正胜:《古代聚落的传统与变迁》,许倬云、毛汉光、刘翠溶主编《第二届中国社会经济史研讨会论文集》,台北:汉学研究资料及服务中心丛刊·论著类第1种,1983年。

方德修:《吕思勉先生著述系年》,《蒿庐问学记:吕思勉生平与学术》,北京:生活·读书·新知三联书店,1996年。

方行:《中国封建社会农民的经营独立性》,《中国经济史研究》1995年第1期。

方行:《中国封建社会的土地市场》,《中国经济史研究》2001年第2期。

傅举有:《从〈齐民要术〉看北魏对桑田的规定》,《光明日报》1964年7月29日。

干志耿、孙秀仁:《关于鲜卑早期历史及其考古遗存的几个问题》,《民族研究》1982年第1期。

高恒:《汉代上计制度论考——兼评尹湾汉墓木牍〈集簿〉》,连云港市博物馆、中国文物研究所《尹湾汉墓简牍综论》,北京:科学出版社,1999年。

高伟:《从尹湾简牍"春种树"面积资料谈西汉东海郡的蚕桑、纺织业》,连云港市博物馆、中国文物研究所《尹湾汉墓简牍综论》,北京:科学出版社,1999年。

何炳棣：《华北原始土地耕作方式：科学、训诂互证示例》，《农业考古》1991 年第 1 期。

何启民：《北朝门第经济之研究》，《中古门第论集》，台北：台湾学生书局，1978 年。

何双全：《〈汉简·乡里志〉及其研究》，甘肃省文物考古研究所《秦汉简牍论文集》，兰州：甘肃人民出版社，1989 年。

侯外庐：《中国封建社会土地所有制形式的问题——中国封建社会发展规律商兑之一》，《历史研究》1954 年第 1 期。

胡如雷：《从汉末到唐中叶的封建土地所有制形式》，《隋唐五代社会经济史论稿》，北京：中国社会科学出版社，1996 年。

黄烈：《拓跋鲜卑早期国家的形成》，《魏晋隋唐史论集》第 2 辑，北京：中国社会科学出版社，1983 年。

黄盛璋：《江陵凤凰山汉墓简牍及其在历史地理研究上的价值》，《文物》1974 年第 6 期。

蒋福亚：《长沙走马楼吴简所见奴婢杂议》，《首都师范大学学报》（社会科学版）2006 年第 6 期。

蒋学模：《关于生产资料的所有权、占有权、支配权和使用权的探讨》，《社会科学研究》1981 年第 4 期。

景有泉：《关于北魏俸禄制的几个问题》，《东北师大学报》（哲学社会科学版）1988 年第 5 期。

孔令平：《中世纪前期英国的田制与北魏均田制的比较研究》，《世界历史》1981 年第 5 期。

黎虎：《北魏前期的狩猎经济》，《历史研究》1992 年第 1 期。

黎虎：《汉魏晋北朝中原大宅、坞堡与客家民居》，《文史哲》2002 年第 3 期。

李解民：《扬州仪征胥浦简书新考》，《长沙三国吴简暨百年来简帛发现与研究国际学术研讨会论文集》,北京:中华书局,2005 年。

李埏:《孟子的井田说和分工论——读〈孟子〉札记》,《社会科学战线》1991 年第 1 期。

李埏:《三论中国封建土地国有制》,《思想战线》1996 年第 1 期。

梁家勉:《有关〈齐民要术〉若干问题的再探讨》,《农史研究》第二辑,北京:农业出版社,1982 年。

林树中:《江苏丹阳南齐陵墓砖印壁画探讨》,《文物》1977 年第 1 期。

凌文超:《走马楼吴简中所见的生口买卖——兼谈魏晋封建论之奴客相混》,《史学集刊》2014 年第 4 期。

凌文超:《走马楼吴简上中下品户数簿整理与研究——兼论孙吴的户等制》,《中国经济史研究》2016 年第 3 期。

刘淑芬:《北齐标异乡义慈惠石柱——中古佛教社会救济的个案研究》,梁庚尧、刘淑芬主编《台湾学者中国史研究论丛·城市与乡村》,北京:中国大百科全书出版社,2005 年。

刘淑芬:《北魏时期的河东蜀薛》,黄宽重、刘增贵主编《台湾学者中国史研究论丛·家族与社会》,北京:中国大百科全书出版社,2005 年。

刘尧庭:《北魏均田制度的形成》,《新史学通讯》1953 年 6 月号。

刘业农:《北朝的均田制》,《文史哲》1955 年第 2 期。

刘玉峰:《唐前期土地所有权状况探讨》,《文史哲》2005 年第 4 期。

卢开万:《"代迁户"初探》,《武汉大学学报》(哲学社会科学版)1980 年第 4 期。

卢开万:《李显甫开李鱼川之时间考》,《中国古代史论丛》一九八二年第三辑,福州:福建人民出版社,1982 年。

鲁才全:《北朝的徭役制度》,《中国古代史论丛》一九八二年第三辑,福州:福建人民出版社,1982 年。

鲁西奇:《甘肃灵台、陕西长武所出北魏地券考释》,《中国经济史研究》2010 年第 4 期。

鲁西奇:《北魏买地券三种考释》,《魏晋南北朝隋唐史资料》第 26 辑,2010 年。

吕一飞:《北魏立三长制年代质疑》,《许昌师专学报》(社会科学版)1991 年第 1 期。

骆明、陈红军:《汉代农田布局的一个缩影——介绍淮阳出土三进陶院落模型的田园》,《农业考古》1985 年第 1 期。

罗二虎:《试论古代墓葬中龙形象的演变》,《四川大学学报》(哲学社会科学版)1986 年第 1 期。

孟世凯:《殷商时代田猎活动的性质与作用》,《历史研究》1990 年第 4 期。

蒙文通:《中国历代农产量的扩大和赋役制度及学术思想的演变》,《古史甄微》,成都:巴蜀书社,1999 年。

莫任南:《匈奴的军事制度》,《中国史研究》1987 年第 3 期。

宁可:《试论中国封建社会的人口问题》,《中国史研究》1980 年第 1 期。

漆侠:《关于中国封建经济制度发展阶段问题》,《山东师院学报》(社会科学版)1978 年第 6 期。

齐陈骏:《均田制是地主土地所有制的补充形式》,《枳室史稿》,兰州:甘肃文化出版社,2005 年。

齐思和:《孟子井田说辨》,《中国史探研》,北京:中华书局,1981年。

乔梁、杨晶:《早期拓跋鲜卑遗存试析》,《内蒙古文物考古》2003年第2期。

裘锡圭:《啬夫初探》,中华书局编辑部编《云梦秦简研究》,北京:中华书局,1981年。

全汉昇:《中古自然经济》,《中央研究院历史语言研究所集刊》第十本(1941年)。

荣新江:《吐鲁番新出〈前秦建元二十年籍〉研究》,《中华文史论丛》2007年第4期。

沈刚:《长沙走马楼三国吴简所见"生口"买卖问题补论》,《烟台大学学报》(哲学社会科学版)2016年第2期。

宿白:《东北、内蒙古地区的鲜卑遗迹——鲜卑遗迹辑录之一》,《文物》1977年第5期。

粟寄沧:《论北魏社会经济的性质问题——评李亚农先生关于"拓跋族的前封建制"的理论》,《武汉大学学报》(哲学社会科学版)1957年第1期。

孙继民:《走马楼〈嘉禾吏民田家莂〉所见孙吴的亩制》,《中国农史》2002年第2期。

孙天福:《北魏桑田种树小考》,《西南师范学院学报》(社会科学版)1982年第3期。

苏绍智:《试论生产资料的所有权、占有权、支配权和使用权——对社会主义生产资料所有制的具体分析》,《学术月刊》1962年第6期。

谭惠中:《关于北魏均田制的实质》,《历史研究》1963年第5期。

唐耕耦：《西魏敦煌计帐文书以及若干有关问题》，《文史》第九辑（1980 年）。

唐长孺：《均田制度的产生及其破坏》，《历史研究》1956 年第2 期。

唐长孺：《读〈李波小妹歌〉论北朝大族骑射之风》，《唐长孺社会文化史论丛》，武汉：武汉大学出版社，2001 年。

唐赞功：《云梦秦简所涉及土地所有制形式问题初探》，中华书局编辑部编《云梦秦简研究》，北京：中华书局，1981 年。

陶希圣：《齐民要术里田园的商品生产》，《食货》第 3 卷 4 期（1936 年）。

田余庆：《秦汉魏晋南北朝人身依附关系的发展》，《秦汉魏晋史探微》（重订本），北京：中华书局，2004 年。

苏俊：《内蒙古和林格尔北魏壁画墓发掘的意义》，《中国文物报》1993 年 11 月 28 日，第 3 版。

王棣：《从〈邓延天富等户残卷〉看西魏北周的均田制度》，《山西大学学报》（哲学社会科学版）1981 年第 1 期。

王棣：《从〈邓延天富等户残卷〉看西魏北周的一些剥削制度》，《华南师院学报》（哲学社会科学版）1981 年第 2 期。

王素：《吴简所见"调"应是"户调"》，《历史研究》2001 年第4 期。

王永兴：《介绍敦煌文书西魏大统十三年（五四七年）计帐户籍残卷（斯〇六一三背）》，《陈门问学丛稿》，南昌：江西人民出版社，1993 年。

王育民：《十六国北朝人口考索》，《历史研究》1987 年第2 期。

王毓铨：《〈中国历史上农民的身分〉写作提纲》，《莱芜集》，北京:中华书局,1983年。

王仲荦:《北魏初期社会性质与拓跋宏的均田、迁都、改革》,《文史哲》1955年第10期。

汪篯:《关于农民的阶级斗争在封建社会中的历史作用问题》,《汪篯隋唐史论稿》,北京:中国社会科学出版社,1981年。

汪篯:《北魏均田令试释》,《汉唐史论稿》,北京:北京大学出版社,1992年。

魏斌:《李鱼川推理》,《读书》2019年第5期。

魏明孔:《北魏立三长、行均田孰先孰后》,《西北师大学报》(社会科学版)1991年第2期。

武建国:《西魏大统十三年残卷与北朝均田制的有关问题》,《思想战线》1984年第2期。

武仙卿:《北魏均田制度之一考察》,《食货》第3卷第3期(1936年)。

吴树平:《云梦秦简所反映的秦代社会阶级状况》,中华书局编辑部编《云梦秦简研究》,北京:中华书局,1981年。

夏鼐:《我国古代蚕、桑、丝、绸的历史》,《考古》1972年第2期。

谢桂华:《尹湾汉墓所见东海郡行政文书考述》,连云港市博物馆、中国文物研究所《尹湾汉墓简牍综论》,北京:科学出版社,1999年。

熊曲:《论长沙走马楼吴简中"生口"及相关问题》,《出土文献研究》第十二辑,上海:中西书局,2013年。

熊铁基、王瑞明:《秦代的封建土地所有制》,中华书局编辑部编《云梦秦简研究》,北京:中华书局,1981年。

徐德嶙:《均田制的产生和破坏》,《华东师大学报》(人文科学）1957 年第 1 期。

徐中舒：《试论周代田制及其社会性质》，《徐中舒历史论文选辑》，北京：中华书局，1998 年。

许倬云：《汉代的精耕农作与市场经济》，《求古编》，台北：联经出版事业公司，1982 年。

严敦杰撰、李俨注：《南北朝算学书志》，《李俨钱宝琮科学史全集》第十卷，沈阳：辽宁教育出版社，1998 年。

严耕望：《北魏尚书制度考》，《中央研究院历史语言研究所集刊》第十八本（1948 年）。

严耕望：《唐代纺织工业之地理分布》，《唐史研究丛稿》，香港：新亚研究所，1969 年。

严耀中：《从课督农桑再看北朝均田制的性质》《关于北魏"三刺史"制度的若干诠释》，《魏晋南北朝史考论》，上海：上海人民出版社，2010 年。

杨国誉：《"田产争讼爰书"所展示的汉晋经济研究新视角——甘肃临泽县新出西晋简册释读与初探》，《中国经济史研究》2012 年第 1 期。

杨际平：《关于西魏大统十三年敦煌计帐户籍文书的几个问题》，《魏晋南北朝史研究》，成都：四川省社会科学院出版社，1986 年。

杨际平：《论北魏太和八年的班禄酬廉》，《厦门大学学报》（哲学社会科学版）1994 年第 1 期。

杨际平：《唐田令的"户内永业田课植桑五十根以上"——兼谈唐宋间桑园的植桑密度》，《中国农史》1998 年第 3 期。

杨际平、李卿：《李显甫集诸李开李鱼川史事考辨——兼论魏收所谓的太和十年前"唯立宗主督护"》，《厦门大学学报》2003 年第 3 期。

　　杨康荪:《北魏均田制建置散论》,《上海师范大学学报》(哲学社会科学版)1986 年第 1 期。

　　杨向奎:《试论东汉北魏之际中国封建社会的特征》,《绎史斋学术文集》,上海:上海人民出版社,1983 年。

　　杨勇:《北魏均田制下产权制度变迁分析》,《史学月刊》2005 年第 8 期。

　　杨振红:《龙岗秦简诸"田"、"租"简释义补正——结合张家山汉简看名田宅制的土地管理和田租征收》,《简帛研究》二〇〇四,桂林:广西师范大学出版社,2006 年。

　　杨志玖:《关于北魏均田制的几个问题》,《南开大学学报》(人文科学)1957 年第 4 期。

　　杨志玖:《论均田制的实施及其相关问题》,《历史教学》1962 年第 4 期。

　　余逊:《读魏书李冲传论宗主制》,《中央研究院历史语言研究所集刊》第二十本下册(1948 年)。

　　于振波:《从张家山汉简看汉名田制与唐均田制之异同》,《湖南城市学院学报》(人文社会科学版)2005 年第 1 期。

　　于振波:《略论走马楼吴简中的"户下奴婢"》,《船山学刊》2005 年第 3 期。

　　于振波:《略论走马楼吴简中的户品》,《史学月刊》2006 年第 2 期。

　　于振波:《略说走马楼吴简之名籍》,《简帛研究》二〇〇八,桂林:广西师范大学出版社,2010 年。

　　于振波:《从"傅籍"到"丁中"——对吴简中"口、事、笇、事"比例关系的考察》,长沙简牍博物馆《走马楼吴简研究论文精选》,

长沙：岳麓书社,2016 年。

于振波：《从走马楼吴简看其时长沙居户的贫富差别》,长沙简牍博物馆《走马楼吴简研究论文精选》,长沙：岳麓书社,2016 年。

袁祖亮：《十六国北朝人口蠡测——与王育民同志商榷》,《历史研究》1991 年第 2 期。

苑士兴：《北魏至隋唐的均田制度》,历史研究编辑部《中国历代土地制度问题讨论集》,北京：生活·读书·新知三联书店,1957 年。

张博泉：《嘎仙洞刻石与对拓跋鲜卑史源的研究》,《黑龙江民族丛刊》1993 年第 1 期。

张朝阳：《汉晋民事司法变迁管测：基于甘肃临泽〈田产争讼爰书〉的探讨》,《华东政法大学学报》2017 年第 1 期。

张传玺：《论中国封建社会土地所有权的法律观念》,《秦汉问题研究(增订本)》,北京：北京大学出版社,1995 年。

张金龙：《北魏御史台政治职能考论》,《中国史研究》1997 年第 4 期。

张金龙：《北魏洛阳里坊制度探微》,《历史研究》1999 年第 6 期。

张景明、王德荣：《从群虎图岩画谈中国北方草原地区的虎纹装饰》,《内蒙古文物考古》2001 年第 2 期。

张萍：《也谈北魏立三长的年代》,《许昌师专学报》(社会科学版)1992 年第 1 期。

张维训：《试论北魏的食邑制度——拓跋魏封建化的措施之一》,《厦门大学学报》(哲学社会科学版)1979 年第 4 期。

张维训：《略论杂户的形成和演变》,《中国史研究》1983 年第 1 期。

张维训：《北魏前期的租调制度》,《中国社会经济史研究》

1987 年第 3 期。

张荣强:《甘肃临泽新出西晋简册考释》,《魏晋南北朝隋唐史资料》第三十二辑(2015 年)。

张泽咸:《魏晋北朝的徭役制度》,黄烈主编、唐耕耦、李斌城副主编《魏晋隋唐史论集》第二辑,北京:中国社会科学出版社,1983 年。

赵莉、周银霞:《"西晋建兴元年临泽县廷决断孙氏田坞案册"所反映的河西乡里制》,《敦煌研究》2013 年第 4 期。

郑滦明:《湾漳北齐皇陵壁画墓神禽瑞兽分析》,《文物春秋》2002 年第 2 期。

郑学檬:《关于"均田制"的名称、含义及其和"请田"关系之探讨》,方行主编《中国社会经济史论丛——吴承明教授九十华诞纪念文集》,北京:中国社会科学出版社,2006 年。

周国林:《关于三长制历史作用的评价》,《华中师范大学学报》(哲学社会科学版)1990 年第 2 期。

周国林:《唯物史观视阈下的中国古代土地制度变迁·魏晋南北朝时期土地制度演变的轨迹》,《中国社会科学》2020 年第 1 期。

周秀女:《从敦煌户籍残卷 S.0613 号看北朝均田制的若干问题》,《浙江师范学院学报》(社会科学版)1982 年第 4 期。

邹达:《北魏的兵制——五胡北朝兵制之二》,《大陆杂志》第一四卷八期(1968)。

六、中文译著(文)

〔德〕马克思:《不列颠在印度统治的未来结果》,中共中央马克思恩格斯列宁斯大林著作编译局《马克思恩格斯选集》第二卷，北京：人民出版社，1972 年；第二版，第一卷，北京：人民出版社，1995 年。

〔德〕卡·马克思：《道德化的批评和批评化的道德》，中共中央马克思恩格斯列宁斯大林著作编译局《马克思恩格斯全集》第四卷，北京：人民出版社，1958 年。

〔德〕卡·马克思：《路易·波拿巴的雾月十八日》，中共中央马克思恩格斯列宁斯大林著作编译局《马克思恩格斯全集》第八卷，北京：人民出版社，1961 年。

〔德〕卡·马克思：《哥达纲领批判》，中共中央马克思恩格斯列宁斯大林著作编译局《马克思恩格斯全集》第十九卷，北京：人民出版社，1963 年。

〔德〕卡尔·马克思：《资本论》第三卷，中共中央马克思恩格斯列宁斯大林著作编译局《马克思恩格斯全集》第二十三、二十五卷下册，北京：人民出版社，1974 年。

〔德〕卡·马克思：《路易斯·亨·摩尔根〈古代社会〉一书摘要》，中共中央马克思恩格斯列宁斯大林著作编译局《马克思恩格斯全集》第四十五卷，北京：人民出版社，1985 年。

〔德〕卡·马克思：《马·柯瓦列夫斯基〈公社土地占有制〉一书摘要》，中共中央马克思恩格斯列宁斯大林著作编译局《马克思恩格斯全集》第四十五卷，北京：人民出版社，1985 年。

〔德〕卡·马克思、弗·恩格斯：《德意志意识形态》，中共中央马克思恩格斯列宁斯大林著作编译局《马克思恩格斯全集》第三卷，北京：人民出版社，1960 年。

〔德〕弗·恩格斯：《家庭、私有制和国家的起源》，中共中央马克思恩格斯列宁斯大林著作编译局《马克思恩格斯全集》第二十一卷,北京:人民出版社,1965年。

〔德〕恩格斯:《反杜林论》,中共中央马克思恩格斯列宁斯大林著作编译局《马克思恩格斯选集》第三卷,北京:人民出版社,1972年/1995年(第二版)。

〔日〕森谷克己著,陈昌蔚译:《中国社会经济史》,上海:商务印书馆,1936年。

〔日〕加藤繁著,吴杰译:《中国经济史考证》,北京:商务印书馆,1959年。

〔日〕宫崎市定著,刘永新、韩润棠译,孙毓棠校订:《东洋朴素主义的民族和文明主义的社会》,北京:商务印书馆,1962年。

〔日〕东亚研究所编:《异民族统治中国史》,韩润棠、张廷兰、王维平等译,孙毓棠校订,北京:商务印书馆,1964年。

〔日〕山本达郎著,谭两宜译:《敦煌发现计账式的文书残简——大英博物馆所藏斯坦因带来的汉文文书六一三号》(上、下),《魏晋南北朝隋唐史资料》第三、四辑(1981、1982年)。

〔日〕池田温著,龚泽铣译:《中国古代籍帐研究》,北京:中华书局,1984年。

〔日〕西嶋定生著,冯佐哲、邱茂、黎潮译:《中国经济史研究》,北京:农业出版社,1984年。

〔日〕堀敏一著,韩国磐、林立金、李天松等译:《均田制的研究》,福州:福建人民出版社,1984年。

〔日〕藤枝晃著,白文译、李爱民校:《中国北朝写本的三个分期》,《敦煌研究》1990年第2期。

〔日〕山本达郎著,艾廉莹译:《敦煌发现籍帐中的"自田"(续篇)》,《唐代均田制研究选译》,兰州:甘肃教育出版社,1992年。

〔日〕杉山佳男著,王儇、韩昇译:《从西域出土文书看均田制的实施状况》，《唐代均田制研究选译》，兰州：甘肃教育出版社，1992年。

〔日〕宫崎市定著，夏日新译：《晋武帝户调式研究》，刘俊文主编《日本学者研究中国史论著选译》第四卷《六朝隋唐》，北京：中华书局，1992年。

〔日〕宫川尚志著，夏日新译：《六朝时代的村》，刘俊文主编《日本学者研究中国史论著选译》第四卷《六朝隋唐》，北京：中华书局，1992年。

〔日〕气贺泽保规著，夏日新译：《战后日本的中国史论争·均田制研究的展开》，刘俊文主编《日本学者研究中国史论著选译》第二卷《专论》，北京：中华书局，1993年。

〔日〕窪添庆文著，牟发松译、李少军校：《近年来日本的魏晋南北朝史研究》，《魏晋南北朝隋唐史资料》第十二辑，武汉：武汉大学出版社，1993年。

〔日〕早见雄次郎、〔美〕弗农·拉坦：《农业发展：国际前景》，吴伟东、翟正惠、卓建伟、胡平译，王广森、佟蔚校，北京：商务印书馆，1993年。

〔日〕前田正名著，李凭、孙耀、孙蕾译：《平城历史地理学研究》，北京：书目文献出版社，1994年。

〔日〕谷川道雄著，马彪译：《中国中世社会与共同体》，北京：中华书局，2002年。

〔日〕佐川英治：《北齐标异乡义慈惠石柱所见的乡义与国家的关系》，牟发松主编《社会与国家关系视野下的汉唐历史变迁》，上海：华东师范大学出版社，2006年。

〔日〕仁井田陞著，牟发松译：《中国法制史》，上海：上海古籍出版社，2011年。

〔日〕森正夫著,伍跃、张学锋译,范金民、夏维中审校:《明代江南土地制度研究》,南京:江苏人民出版社,2014年。

〔日〕冈崎文夫著,肖承清译:《魏晋南北朝通史》,上海:中西书局,2020年。

〔古罗马〕塔西佗著,马雍、傅正元译:《阿古利可拉传 日耳曼尼亚志》,北京:商务印书馆,1959年。

〔英〕梅因著,沈景一译:《古代法》,北京:商务印书馆,1959年。

〔法〕孟德斯鸠著,张雁深译:《论法的精神》,北京:商务印书馆,1961年。

〔英〕坎南编著,陈福生、陈振骅译:《亚当·斯密关于法律、警察、岁入及军备的演讲》,北京:商务印书馆,1962年。

〔英〕彼罗·斯拉法主编,郭大力、王亚南译:《李嘉图著作和通信集》第一卷《政治经济学及赋税原理》,北京:商务印书馆,1962年。

〔法〕路易·勃朗著,何钦译:《劳动组织》,北京:商务印书馆,1962年。

〔美〕康芒斯著,于树生译:《制度经济学》,北京:商务印书馆,1962年。

〔法〕萨伊著,陈福生、陈振骅译:《政治经济学概论:财富的生产、分配和消费》,北京:商务印书馆,1963年。

〔德〕黑格尔著,王造时译:《历史哲学》,北京:商务印书馆,1963年。

〔美〕斯开勒:《历史精神的体现者:弗莱德利克·威廉·迈特兰》,《美国历史协会主席演说集(1949—1960)》(何新等译,黄巨兴校),北京:商务印书馆,1963年。

〔英〕马歇尔著,朱志泰译:《经济学原理》上卷,北京:商务印书馆,1964 年。

〔瑞士〕西斯蒙第著,何钦译:《政治经济学新原理:或论财富同人口的关系》,北京:商务印书馆,1964 年。

〔古希腊〕亚里士多德著,吴寿彭译:《政治学》,北京:商务印书馆,1965 年。

〔英〕马歇尔著,陈良璧译:《经济学原理》下卷,北京:商务印书馆,1965 年。

〔美〕卜凯主编,乔启明等译《中国土地利用》,台北:台湾学生书局,1977 年。

李浩培、吴传颐、孙鸣岗译:《拿破仑法典(法国民法典)》,北京:商务印书馆,1979 年。

〔美〕萨缪尔森著,高鸿业译:《经济学》上册,北京:商务印书馆,1979 年。

〔英〕威廉·葛德文著,何慕李译:《政治正义论》,北京:商务印书馆,1980 年。

〔德〕卡·洛贝尔图斯著,斯竹、陈慧译:《关于德国国家经济状况的认识:五大原理》,北京:商务印书馆,1980 年。

〔英〕威廉·配第著,陈冬野、马清槐、周锦如译:《配第经济著作选集 赋税论》,北京:商务印书馆,1981 年。

〔英〕亚当·斯密著,严复译:《原富》,北京:商务印书馆,1981 年。

〔美〕路易斯·亨利·摩尔根著,杨东莼、马雍、马巨译:《古代社会》,北京:商务印书馆,1981 年。

冀朝鼎著,朱诗鳌译:《中国历史上的基本经济区与水利事业的发展》,北京:中国社会科学出版社,1981 年。

〔法〕蒲鲁东著,孙署冰译:《什么是所有权:或对权利和政治的原理的研究》,北京:商务印书馆,1982年。

〔法〕迭朗善译,马香雪转译:《摩奴法典》,北京:商务印书馆,1982年。

〔美〕萨缪尔森著,高鸿业译:《经济学》下册,北京:商务印书馆,1982年。

田汝康、金重远选编:《现代西方史学流派文选》,上海:上海人民出版社,1982年。

〔英〕亚·莫·卡尔—桑德斯著;宁嘉风译,楠木校:《人口问题——人类进化研究》,北京:商务印书馆,1983年。

〔波斯〕拉施特主编,余大钧、周建奇译:《史集》,北京:商务印书馆,1983年。

〔英〕亚当·斯密著,郭大力、王亚南译:《国民财富的性质和原因的研究》,北京:商务印书馆,1983年。

〔英〕阿瑟·刘易斯著,周师铭、沈丙杰、沈伯根译:《经济增长理论》,北京:商务印书馆,1983年。

陈玮译:《休谟经济论文选》,北京:商务印书馆,1984年。

〔法〕布阿吉尔贝尔著,伍纯武、梁守锵译:《布阿吉尔贝尔选集》,北京:商务印书馆,1984年。

〔美〕德·希·珀金斯著,宋海文等译,伍丹戈校:《中国农业的发展(1368—1968年)》,上海:上海译文出版社,1984年。

〔英〕霍布斯著,黎思复、黎廷弼译,杨昌裕校:《利维坦》,北京:商务印书馆,1985年。

〔美〕何炳棣著,马中译:《中国农业的本土起源(续)》,《农业考古》1985年第1期。

〔德〕约翰·冯·杜能著,吴衡康译,谢钟准校:《孤立国同农业和国民经济的关系》,北京:商务印书馆,1986 年。

〔德〕威廉·罗雪尔著,朱绍文译:《历史方法的国民经济学讲义大纲》,北京:商务印书馆,1986 年。

〔英〕约翰·希克斯著,厉以平译:《经济史理论》,北京:商务印书馆,1987 年。

〔英〕卡·波普尔著,何林、赵平译:《历史主义的贫困》,北京:社会科学文献出版社,1987 年。

〔法〕托克维尔著,董果良译:《论美国的民主》,北京:商务印书馆,1988 年。

〔罗马〕查士丁尼著,张企泰译:《法学总论:法学阶梯》,北京:商务印书馆,1989 年。

〔德〕夏瑞春编,陈爱政等译:《德国思想家论中国》,南京:江苏人民出版社,1989 年。

〔意〕维科著,朱光潜译:《新科学》,北京:商务印书馆,1989 年。

〔美〕卡尔·A·魏特夫著,徐式谷、奚瑞森、邹如山等译,邹如山校订:《东方专制主义——对于极权力量的比较研究》,北京:中国社会科学出版社,1989 年。

〔美〕塞缪尔·P. 亨廷顿著,王冠华、刘为等译,沈宗美校:《变化社会中的政治秩序》,北京:生活·读书·新知三联书店,1989 年。

〔英〕崔瑞德(杜希德)编,中国社会科学院历史研究所西方汉学研究课题组译:《剑桥中国隋唐史》,北京:中国社会科学出版社,1990 年。

〔美〕约瑟夫·熊彼特著,何畏、易家详等译,张培刚、易梦虹、杨敬年校:《经济发展理论——对于利润、资本、信贷、利息和经济周期的考察》,北京:商务印书馆,1990年。

〔美〕罗纳德·哈里·科斯著,盛洪、陈郁译校:《企业、市场与法律》,上海:上海三联书店,1990年。

〔美〕约瑟夫·R. 斯特雷耶著,葛一峰译,姜文彬校:《四世纪和十四世纪》,王建华等译《现代史学的挑战——美国历史协会主席演说集(1961—1988)》,上海:上海人民出版社,1990年。

〔古希腊〕赫西俄德著,张竹明、蒋平译:《工作与时日　神谱》,北京:商务印书馆,1991年。

〔英〕约翰·穆勒著,赵荣潜、桑炳彦、朱泱等译,胡企林、朱泱校:《政治经济学原理——及其在社会哲学上的若干应用》,北京:商务印书馆,1991年。

〔法〕马克·布洛赫著,余中先、张朋浩、车耳译:《法国农村史》,北京:商务印书馆,1991年。

〔德〕康德著,沈叔平译:《法的形而上学原理:权利的科学》,北京:商务印书馆,1991年。

〔美〕约瑟夫·熊彼特著,朱泱、孙鸿敞、李宏、陈锡龄译:《经济分析史》第一卷,北京:商务印书馆,1991年。

〔美〕西奥多·舒尔茨著,郭熙保、周开年译,郭熙保、刘有锦校:《经济增长与农业》,北京:北京经济学院出版社,1991年。

〔英〕马尔萨斯著,朱泱、胡企林、朱和中译:《人口原理　附:人口原理概观》,北京:商务印书馆,1992年。

〔美〕约瑟夫·熊彼特著,杨敬年译,朱泱校:《经济分析史》第二卷,北京:商务印书馆,1992年。

〔美〕约瑟夫·熊彼特著,朱泱、易梦虹、李宏、陈国庆、杨敬年、陈锡龄译:《经济分析史》第三卷,北京:商务印书馆,1992年。

〔以〕S. N. 艾森斯塔得著,阎步克译:《帝国的政治体系》,贵阳:贵州人民出版社,1992 年。

〔英〕理查德·琼斯著,于树生译:《论财富的分配和赋税的来源》,北京:商务印书馆,1994 年。

〔法〕霍尔巴赫著,陈太先、眭茂译:《自然政治论》,北京:商务印书馆,1994 年。

〔美〕道格拉斯·C·诺思著,厉以平译:《经济史上的结构和变革》,北京:商务印书馆,1992 年。

〔美〕道格拉斯·C·诺斯著,刘守英译:《制度、制度变迁与经济绩效》,上海:上海三联书店,1994 年。

〔美〕R. 科斯、A. 阿尔钦、D. 诺斯等著,刘守英等译:《财产权利与制度变迁——产权学派与新制度学派译文集》,上海:上海三联书店、上海人民出版社,1994 年。

〔法〕谢和耐著,耿昇译:《中国社会史》,南京:江苏人民出版社,1995 年。

〔英〕约翰·洛克著,叶启芳、瞿菊农译:《政府论下篇——论政府的真正起源、范围和目的》,北京:商务印书馆,1996 年。

〔俄〕瓦·奥·克柳切夫斯基著,贾宗谊、张开译,展凡校:《俄国史教程》第二卷,北京:商务印书馆,1997 年。

〔美〕汤普逊著,耿淡如译:《中世纪经济社会史(300—1300 年)》,北京:商务印书馆,1997 年。

〔美〕詹姆斯·托宾著,何宝玉译:《通向繁荣的政策——凯恩斯主义论文集》,北京:经济科学出版社,1997 年。

〔英〕吉登斯著,李康、李猛译:《社会的构成:结构化理论大纲》,北京:生活·读书·新知三联书店,1998 年。

〔美〕魏斐德著,陈苏镇、薄小莹等译:《洪业——清朝开国史》,南京:江苏人民出版社,1998 年。

〔美〕杨联陞著,陈国栋译:《晋代经济史释论》,《国史探微》,沈阳:辽宁教育出版社,1998 年。

〔美〕王国斌著,李伯重、连玲玲译:《转变的中国——历史变迁与欧洲经验的局限》,南京:江苏人民出版社,1998 年。

〔南非〕罗伯特·克利特加德著,杨光斌、何庄、刘伯星等译,夏勾校:《控制腐败》,北京:中央编译出版社,1998 年。

〔德〕黑格尔、康德等著,何兆武、柳卸林主编:《中国印象——世界名人论中国文化》,桂林:广西师范大学出版社,2001 年。

〔印〕阿马蒂亚·森著,王宇、王文玉译:《贫困与饥荒》,北京:商务印书馆,2001 年。

〔美〕韩献博著,李天虹译:《汉代遗嘱所见女性、亲戚关系和财产》,《简帛研究》二○○一(下),桂林:广西师范大学出版社,2001 年。

〔英〕M. M. 波斯坦主编,郎立华、黄云涛、常茂华等译,郎立华校订:《剑桥欧洲经济史》第一卷《中世纪的农业生活》,北京:经济科学出版社,2002 年。

〔德〕汉斯—维尔纳·格茨著,王亚平译:《欧洲中世纪生活》,北京:东方出版社,2002 年。

〔俄〕B. A. 李特文斯基主编、〔中〕张广达等副主编,马小鹤翻译,余太山审订:《中亚文明史》第三卷《文明的交会:公元 250 年至 750 年》,北京:中国对外翻译出版公司,2003 年。

〔美〕约翰·N·德勒巴克、约翰·V·C·奈编,张宇燕等译:《新制度经济学前沿》,北京:经济科学出版社,2003 年。

〔法〕马克·布洛赫著,张绪山译,郭守田、徐家玲校:《封建社会》上卷《依附关系的成长》,北京:商务印书馆,2004 年。

苏国勋、刘小枫主编:《二十世纪西方社会理论文选Ⅲ:社会理论的知识学建构》,上海:上海三联书店,2005 年。

　　〔德〕马克斯·韦伯著,姚曾廙译,韦森校订:《经济通史》,上海:上海三联书店,2006 年。

　　〔美〕丹尼斯·塞诺著,北京大学历史系民族史教研室译:《丹尼斯·塞诺内亚研究文选》,北京:中华书局,2006 年。

　　〔瑞士〕雅各布·布克哈特著,金寿福译:《世界历史沉思录》,北京:北京大学出版社,2007 年。

　　〔美〕约瑟夫·斯蒂格利茨著,纪沫、陈工文、李飞跃译:《斯蒂格利茨经济学文集》第一卷(上)《信息经济学:基本原理》,北京:中国金融出版社,2007 年。

　　〔美〕约瑟夫·斯蒂格利茨著,纪沫、仝冰、海荣译:《斯蒂格利茨经济学文集》第六卷(下)《发展与发展政策》,北京:中国金融出版社,2007 年。

　　〔英〕安德鲁·海伍德著,吴勇译:《政治学核心概念》,天津:天津人民出版社,2008 年。

　　〔法〕费尔南·布罗代尔著,刘北成等译:《论历史》,北京:北京大学出版社,2008 年。

　　〔美〕李丹著,张天虹、张洪云、张胜波译,刘北成校:《理解农民中国——社会科学哲学的案例研究》,南京:江苏人民出版社,2008 年。

　　〔美〕保罗·克鲁格曼、罗宾·韦尔斯著,赵英军、沈可挺、辜海笑、朱勤等译:《宏观经济学》,北京:中国人民大学出版社,2009 年。

　　〔美〕韩森著,梁侃、邹劲风译:《开放的帝国:1600 年前的中国历史》,南京:江苏人民出版社,2009 年。

　　〔美〕曾小萍、欧中坦、加德拉编,李超等译:《早期近代中国的契约与产权》,杭州:浙江大学出版社,2011 年。

〔美〕亚历山大·格申克龙著,张凤林译:《经济落后的历史透视》,北京:商务印书馆,2012 年。

〔美〕保罗·萨缪尔森、威廉·诺德豪斯著,萧琛等译:《经济学(第十九版)》,北京:商务印书馆,2012 年。

〔美〕弗朗西斯·福山著,陈高华译,孟凡礼校:《历史的终结与最后的人》,桂林:广西师范大学出版社,2014 年。

〔瑞典〕冈纳·缪尔达尔著,塞思·金缩写,方福前译:《亚洲的戏剧:南亚国家贫困问题研究》,北京:商务印书馆,2015 年。

〔美〕卜凯著,张履鸾译:《中国农家经济》,太原:山西出版传媒集团·山西人民出版社,2015 年。

〔英〕亚当·斯密著,贾拥民(上)、陈叶盛(下)译:《国富论》,北京:中国人民大学出版社,2016 年。

〔英〕马尔萨斯著,何新译:《商品的价值》,《政治经济学论文五篇》,北京:商务印书馆,2016 年。

〔美〕陆威仪著,李磊译,周媛校:《分裂的帝国:南北朝》(〔加〕卜正民主编:《哈佛中国史》02),北京:中信出版社,2016 年。

〔英〕琼·罗宾逊著:《资本积累论》,于树生译,北京:商务印书馆,2017 年。

〔德〕古斯塔夫·冯·施穆勒著,黎岗译:《国民经济、国民经济学及其方法》,北京:商务印书馆,2017 年。

〔美〕万志英著,崔传刚译:《剑桥中国经济史:古代到 19 世纪》,北京:中国人民大学出版社,2018 年。

〔美〕理查德·邦尼主编,沈国华译:《经济系统与国家财政——现代欧洲财政国家的起源:13—18 世纪》,上海:上海财经大学出版社,2018 年。

〔英〕阿尔弗雷德·马歇尔、〔英〕玛丽·佩利·马歇尔著,肖卫东译:《马歇尔文集》第 1 卷《产业经济学》,北京:商务印书馆,2019 年。

〔美〕乔治·阿克洛夫著,黄健栓译:《回望当年:过去 60 年宏观经济学的教训》,《比较》2020 年第 1 期。

〔以〕S. N. 爱森斯塔德,沈原、张旅平译,张博伦校:《帝国的政治体系》,北京:商务印书馆,2021 年。

七、日文论著

〔日〕仁井田陞:《古代支那、日本の土地私有制》,《國家學會雜誌》第 43 卷 12 号及 44 卷 2、7、8 号(1929、1930 年)。

〔日〕清水泰次:《北魏均田考》,《東洋学報》第 20 卷 2 号(1932 年)。

〔日〕岡崎文夫:《魏晋南北朝通史》,東京:弘文堂書房,1932 年。

〔日〕岡崎文夫:《南北朝に於ける社会経済制度》,東京:弘文堂書房,1935 年。

〔日〕河地重造:《北魏王朝の成立とその性格について——徙民政策の展開から均田制へ》,《東洋史研究》第 12 卷 5 号(1953 年)。

〔日〕虎尾俊哉:《敦煌文書における税租》,《古代文化》第 3 卷 10 号(1959 年)。

〔日〕仁井田陞:《中国法制史研究 土地法·取引法》,東京:東京大学出版会,1960 年。

〔日〕田村実造:《均田法の系譜——均田法と計口受田制との関係》,《史林》第 45 巻 6 号(1962 年)。

〔日〕濱口重國:《唐王朝の賤人制度》,京都:東洋史研究会,1966 年。

〔日〕古賀登:《均田法と犁共同体》,《早稲田大学大学院文学研究科紀要》第 17 号(1971 年)。

〔日〕堀敏一:《均田制の研究——中国古代国家の土地政策と土地所有制》,東京:岩波書店,1975 年。

〔日〕気賀沢保規:《隋代郷里制に関する一考察》,《史林》第 58 巻 4 号(1975 年)。

〔日〕松本善海:《中国村落制度の史的研究》,東京:岩波書店,1977 年。

〔日〕福島繁次郎:《北周の村落制》,《中国南北朝史研究》,東京:名著出版,1979 年。

〔日〕池田温:《中国历代墓券略考》,東京大学《東洋文化研究所紀要》第 86 号(1981 年)。

〔日〕関尾史郎:《北魏における勧農政策の動向——均田制発布以前を中心として》,《史学雑誌》第 91 巻 11 号(1982 年)。

〔日〕堀敏一:《北朝雑戸制の再考察》,《日野開三郎博士頌壽記念論集　中国社会・制度・文化史の諸問題》,東京:中国書店,1987 年。

〔日〕堀敏一:《中国古代史の視点——私の中国史学(一)》,東京:汲古書院,1994 年。

〔日〕川本芳昭:《魏晋南北朝時代の民族問題》,東京:汲古書院,1998 年。

〔日〕窪添慶文:《北魏における荥阳鄭氏》,《お茶の水史学》

第 51 号（2007 年）。

〔日〕玉井是博：《唐時代の土地問題管見》，《史學雜誌》第 33 卷 8—10 号（1922 年），收入氏著《支那社会経済史研究》，東京：岩波書店，1942 年。

〔日〕志田不動麿：《北朝の均田制度》，《東洋中世史》（《世界歴史大系》四），東京：平凡社，1934 年。

〔日〕志田不動麿：《北魏三長制制定年代攷略》，《歴史学研究》第 3 卷 6 号（1935 年）。

〔日〕西村元佑：《北魏均田攷》，《竜谷史壇》第 32 号（1949 年）。

〔日〕西村元佑：《中国経済史研究　均田制度篇》，京都：東洋史研究会，1968 年。

〔日〕曽我部静雄：《律令を中心とした日中関係史の研究》，《中国律令史の研究》，東京：吉川弘文館，1968 年。

〔日〕佐佐木栄一：《いわゆる計帳様文書をめぐって——麻田の班給を中心として》，《集刊東洋学》第 22 号（1969 年）。

〔日〕佐佐木栄一：《李安世の上奏と均田制の成立——上奏年次の追求を通して》，《東北学院大学論集　歴史学・地理学》第 2 号（1971 年）。

〔日〕佐藤智水：《北魏皇帝の行幸について》，《岡山大学文学部纪要》第 5 号（1984 年）。

〔日〕佐佐木栄一：《北魏均田法の基礎的研究（三）——狭郷規定をめぐって》，《東北大學東洋史論集》第 5 輯（1992 年）。

〔日〕佐川英治：《三長・均田兩制の成立過程——『魏書』の批判的檢討をつぅじて》，《東方學》第 97 輯（1999 年）。

〔日〕佐川英治：《北魏均田制の目的と展開研究——奴婢給

田を中心として》，《史學雜誌》第 110 編 1 号（2001 年）。

〔日〕佐川英治：《北魏均田制研究の動向》，《中國史學》第 11 卷（2001 年）。

苏哲：《魏晋南北朝壁画墓の世界——繪に描かれた群雄割拠と民族移動の時代》，東京：白帝社，2007 年。

〔日〕渡辺信一郎：《中國古代の財政と國家》，東京：汲古書院，2010 年。

后　记

　　本书初稿完成于 2010 年,本来是与《北魏政治史》七《孝文帝时代》(下)一起撰写而成的,目的是要对北魏孝文帝时代的改革全像做一细致考察,由于相关内容主要涉及的是社会经济制度的变革问题,并且贯通北魏一代而论,故而决定以后单独出版。然近年诸事纷杂,难以集中时间再作较大程度的修改,不得不搁置下来。不过偶尔拿出过目,并随文进行若干小修小改,主要还是以文字润色为主,近期又将全部文献出处在注文中标注了页码,以符合当下学术论著引文的通例。

　　在拙著《北魏政治史》出版之前,学界有关北魏历史的研究主要集中在若干个点上,本书所论相关制度即为其中的重要内容,尤其均田制还属于二十世纪五六十年代中国史学界研究的热点和焦点问题,是所谓"五朵金花"中土地制度史的重要内容。日本东洋史学界亦曾就此展开过大量研究,直到上世纪末才基本停歇下来。北朝隋唐均田制合并研究的专著,中日学界均曾有数种出版。敦煌吐鲁番文书的发现极大地推动了唐代均田制研究的深化,而关于北魏均田制迄今为止几乎没有直接相关的出土文献可资利用,问题的推进和解决主要还得依赖于对传世文献的理解和分析。以往的研究论文虽然不少,也取得了一定的成绩,但因受

"阶级斗争"理论和教条主义史观的不良影响,大多偏于一隅而未能从宏观和微观两方面紧扣时代背景进行研究,相关论断也就不能完全经得起时间的检验。有鉴于此,本书力求从对史料的准确阐释出发,不掺杂先入为主的预设判断,原原本本,实事求是,所有认识和结论都以对史料的全面掌握和细致分析为基础。无论是俸禄制、均田制还是三长制、新税制,均着眼于北魏历史发展的长时段,或者超出北魏放在更久的历史长河中进行考察,以便弄清楚制度的传承变化以及与时代背景、社会政治形势和儒家思想之间的关系。与所有科学研究一样,历史研究也是探求愈精微,其义愈广大,诚如古人所言"读史在推见至隐"①,本人的学术研究也是力求践行这样的原则,可谓虽不能至,而心向往之。

缪尔达尔说:"应该客观地阐述事实:语焉不详如同言过其实一样都有片面性。"②其说不仅适用于经济学,也符合历史学的基本规则。本书试图在充分掌握相关史料的基础上,以孝文帝的各项社会经济制度改革为中心,对北魏社会经济制度进行系统研究,力求全面深刻地探究相关制度的内涵、因革及其相互关系,结

---

① 〔明〕曹安:《谰言长语》,《景印文渊阁四库全书》子部一七三"杂家类",第八六七册,第50页上栏。〔清〕陆陇其《苏眉声〈读史影言〉序》云:"其论事必推见至隐,自源及流,如医者之洞见五脏。"(《三鱼堂文集》卷八,《景印文渊阁四库全书》集部二六四"杂家类",第一三二五册,第137页下栏)按"推见至隐"本出《史记》卷一一七《司马相如列传》之"太史公曰",谓"《春秋》推见至隐,《易》本隐之以显"云云。韦昭曰,"推见事至于隐讳";李奇曰,"隐犹微也。言其义彰而文微"。(第九册,第3073页)古人所谓"见微知著"或"发潜阐幽""阐幽显微"等语,其文义实与"推见至隐"相近。

② 〔瑞典〕冈纳·缪尔达尔著,塞思·金缩写:《亚洲的戏剧:南亚国家贫困问题研究》,第15页。

合具体时代背景对制度设立和演变的原因作出恰如其分的阐释，同时对制度的作用和意义进行深入的揭示。本人虽竭尽所能，但不敢保证一定达到了预期目标。（2016 年初冬，著者谨识）

本书初稿于 2019 年初有幸被评为"2018 年度教育部哲学社会科学研究后期资助重大项目"，感谢著名历史学家黎虎教授和陈其泰教授的鼎力推荐，也感谢项目评审专家及教育部社科评价中心所给予的充分肯定和大力支持！近四年来，对书稿内容又做了不少补充、修改和完善，劳心耗神，难以言表。感谢博士生朱富春、杨浩烨、任建芳、黄伟协助核校文稿并订正了若干疏误①！最后，要特别感谢中华书局周绚隆、张继海两位领导及历史编辑室胡珂主任对本书出版所给予的大力支持！

蓦然回首，本书从开始撰写到如今定稿，已然过去了十五个春秋，真可谓岁月如梭，不禁感慨系之。（2023 年初春，著者补记）

---

① 附带说明：本书所引文献并未完全恪守所引用版本的标点符号，而是根据著者对文义的理解作了必要调整，此类情况一般不作具体解释和说明。